SIGILOS BANCÁRIO E FISCAL

Homenagem ao Jurista José Carlos Moreira Alves

Oswaldo Othon de Pontes Saraiva Filho
Vasco Branco Guimarães

Coordenadores

SIGILOS BANCÁRIO E FISCAL

Homenagem ao Jurista José Carlos Moreira Alves

Belo Horizonte

2011

© 2011 Editora Fórum Ltda.

É proibida a reprodução total ou parcial desta obra, por qualquer meio eletrônico, inclusive por processos xerográficos, sem autorização expressa do Editor.

Conselho Editorial

Adilson Abreu Dallari
André Ramos Tavares
Carlos Ayres Britto
Carlos Mário da Silva Velloso
Carlos Pinto Coelho Motta
Cármen Lúcia Antunes Rocha
Clovis Beznos
Cristiana Fortini
Diogo de Figueiredo Moreira Neto
Egon Bockmann Moreira
Emerson Gabardo
Fabrício Motta
Fernando Rossi
Flávio Henrique Unes Pereira

Floriano de Azevedo Marques Neto
Gustavo Justino de Oliveira
Jorge Ulisses Jacoby Fernandes
José Nilo de Castro
Juarez Freitas
Lúcia Valle Figueiredo (*in memoriam*)
Luciano Ferraz
Lúcio Delfino
Márcio Cammarosano
Maria Sylvia Zanella Di Pietro
Oswaldo Othon de Pontes Saraiva Filho
Paulo Modesto
Romeu Felipe Bacellar Filho
Sérgio Guerra

Luís Cláudio Rodrigues Ferreira
Presidente e Editor

Coordenação editorial: Olga M. A. Sousa
Revisão: Cida Ribeiro
Bibliotecárias: Lissandra Ruas Lima – CRB 2851 – 6ª Região
Tatiana Augusta Duarte – CRB 2842 – 6ª Região
Indexação: Fernanda de Paula Moreira – CRB 2629 – 6ª Região
Capa, projeto gráfico e formatação: Walter Santos

Av. Afonso Pena, 2770 – 15º/16º andares – Funcionários – CEP 30130-007
Belo Horizonte – Minas Gerais – Tel.: (31) 2121.4900 / 2121.4949
www.editoraforum.com.br – editoraforum@editoraforum.com.br

S576 Sigilos bancário e fiscal: homenagem ao Jurista José Carlos Moreira Alves / Coordenadores: Oswaldo Othon de Pontes Saraiva Filho; Vasco Branco Guimarães. Belo Horizonte: Fórum, 2011.

702 p.
ISBN 978-85-7700-405-8

1. Direito constitucional. 2. Direito tributário. 3. Direito administrativo. I. Saraiva Filho, Oswaldo Othon de Pontes. II. Guimarães, Vasco Branco.

CDD: 341.2
CDU: 342

Informação bibliográfica deste livro, conforme a NBR 6023:2002 da Associação Brasileira de Normas Técnicas (ABNT):

SARAIVA FILHO, Oswaldo Othon de Pontes; GUIMARÃES, Vasco Branco (Coord.). *Sigilos bancário e fiscal*: homenagem ao Jurista José Carlos Moreira Alves. Belo Horizonte: Fórum, 2011. 702 p. ISBN 978-85-7700-405-8.

Sumário

Apresentação
Oswaldo Othon de Pontes Saraiva Filho 15

Segredos Bancário e Fiscal Relacionados com a Administração Tributária e o Ministério Público
Oswaldo Othon de Pontes Saraiva Filho 17
1. Introdução 17
2. Os sigilos bancário e fiscal como nuances do direito constitucional fundamental à inviolabilidade da vida privada e da comunicação de dados 18
3. Os sigilos bancário e fiscal e a Administração Tributária 23
4. A jurisprudência do STF e do STJ relacionada com a transferência do sigilo bancário ao Fisco sem prévia intermediação do Poder Judiciário 46
5. Impossibilidade de o Ministério Público da União ter, em regra, acesso direto a dados realmente amparados pelos sigilos bancário e fiscal, sem a prévia intermediação da autoridade judiciária – Exposição das jurisprudências do STF e do STJ 54
6. Impossibilidade de os Ministérios Públicos estaduais terem acesso direto de dados, realmente amparados pelos sigilos bancário e fiscal, sem a prévia intermediação da autoridade judiciária 69
7. Dados cadastrais 74
8. Conclusão 78
   Referências 79

Sigilo Bancário e Privacidade
Ives Gandra da Silva Martins 85
1. Introdução 85
2. Sigilo bancário nacional e internacional 87
3. Sigilo bancário e segurança jurídica 91
4. Casos de quebra possíveis 92
5. Poder Judiciário: justo e neutro 95
6. O poder da autoridade fiscal 97
7. Arbítrio e responsabilização de autoridades 98
8. Tratamento internacional 101
9. Combate à criminalidade e sigilo bancário 102

Sigilo Bancário: Privacidade e Liberdade
Tercio Sampaio Ferraz Junior 105
A equação liberdade/poder 105
O Estado moderno 110
O tema da privacidade no contexto do Estado 113
Sigilo bancário, a Constituição Federal e a lei complementar 115
Conclusão: sigilo e privacidade no mundo tecnológico 128

El Intercambio Internacional de Información con Especial Referencia al Secreto Bancario
Mª Esther Sánchez López, Pedro José Carrasco Parrilla 131
I   Introducción 131
II   Fundamento 134
III   Reflexiones acerca de la eficacia del intercambio de información. El secreto bancario 139
3.1   Los obstáculos al intercambio internacional de información 139
3.2   El secreto bancario en cuanto límite a la aportación de información ... 141
3.3   Algunas consideraciones en torno a la eficacia del intercambio de datos con trascendencia tributaria 144

Sigilos Bancário e Fiscal
Ricardo Lobo Torres 147
1   A interação entre o sigilo bancário e o fiscal 147
1.1   O princípio da transparência fiscal 148
1.2   O princípio da proteção da concorrência 150
2   Normas antissigilo bancário 152
3   Sigilo fiscal 156
3.1   O sigilo fiscal no Brasil 156
3.2   A troca internacional de informações 157
4   Conclusões 159

O Segredo Bancário (Uma Interpretação dos Estudos da OCDE)
Vasco Branco Guimarães 161
1   Introdução 161
2   O conceito de segredo bancário 162
2.1   Os valores constitucionais inerentes ao segredo bancário 163
2.1.1 Na perspectiva do depositante 166
2.1.2 Na perspectiva da instituição bancária ou financeira 167
2.1.3 Na perspectiva de terceiros 168
2.1.3.1 Autorizados 168
2.1.3.2 Não autorizados 169
2.2   A derrogação do segredo bancário 169
2.2.1 Acesso directo 169
2.2.2 Acesso indirecto 170
3   Os trabalhos da OCDE no âmbito do segredo bancário – Breve historial e resumo das principais posições 170
4   O ponto de situação dos trabalhos na OCDE 172
5   Principais conclusões 173

Troca Internacional de Informações Fiscais
Marco Aurélio Greco 175
1   Pano de fundo 175
2   Por onde começar 176
3   Importância da informação 177
4   Diferenças no fiscalizar 179
4.1   Objeto da informação 179
4.2   De quem obter a informação 180
4.3   Momento da obtenção da informação 180

4.4	Foco da fiscalização	180
4.5	Quem busca a informação	180
4.6	Como obter as informações	181
4.7	Complexidade	181
4.8	Onde está a informação	181
5	Problemas ligados à troca internacional de informações	181
5.1	Acesso à informação	181
5.2	Compartilhamento	184
5.3	Custos de obtenção da informação	184
5.4	Tempo de resposta	185
5.5	Direitos do contribuinte	185
5.5.1	Rever a concepção de igualdade	186
5.5.2	Rever concepção de liberdade	186
5.6	Linguagem a adotar	187
5.7	Amplitude do uso da informação fornecida	187
6	Conclusão	187

Sigilo Fiscal em Portugal
Abílio Manuel de Almeida Morgado 189

Sigilos Bancário e Fiscal como Corolário do Direito à Privacidade em Confronto com os Interesses do Fisco e do *Parquet*
Vittorio Cassone 223

1	Introdução	223
2	Sigilos bancário e fiscal são institutos autônomos e, conforme a finalidade, espécies de um mesmo gênero	224
3	As normas anteriores à CF/88 e duas decisões do STF	224
4	As normas na vigência da Constituição de 1988 e a jurisprudência do STF	227
5	Os sigilos bancário e fiscal, o Ministério Público, e a jurisprudência do STF	245
6	Conclusões	256

A Natureza do Sigilo da Função da Autoridade Administrativa e Fiscal
Aurélio Pitanga Seixas Filho 261

Sigilo Bancário: Crónica de uma Morte Anunciada
J.L. Saldanha Sanches, João Taborda da Gama 269

I	Sigilo bancário e o direito fundamental à ocultação de rendimentos	269
II	Verdade e mentira da declaração e poderes da Administração Fiscal	271
III	A derrogação do sigilo bancário enquanto poder administrativo inspectivo	272
IV	Privacidade, intimidade e demagogia	273
V	A crise financeira e a estocada final no sigilo bancário	281
VI	O sigilo bancário na recente legislação portuguesa	284
a)	Evolução	284
b)	Informação automática	285
c)	Informação a pedido	287
VII	O acesso às contas bancárias como poder-dever da Administração Fiscal e a coerência do sistema	288

Sigilos Bancário e Fiscal
Ricardo Mariz de Oliveira 291
1   Um tema tão antigo, mas nunca esquecido! 291
2   Um "velho" texto do ano 2000 292
3   As alterações legislativas a partir de 2001 295
4   Uma visão sucinta da legislação brasileira no final da primeira década do século XXI 302
       Quanto ao sigilo fiscal 302
       Quanto ao sigilo bancário 304
5   Conclusão 311
       Um tema antigo, mas agora também obsoleto 311

Sigilos Fiscal e Bancário
Adilson Rodrigues Pires 315
1   O fundamento constitucional do sigilo 315
2   A intimidade como direito à liberdade 317
3   Os pressupostos e os direitos da fiscalização e da Administração Fiscal 319
4   As garantias e os direitos do contribuinte 322
5   O aparente conflito entre interesses público e privado 324
6   Divergências acerca da quebra do sigilo bancário 326
7   Sigilo bancário e sigilo fiscal 327
8   Conclusão 329

Sigilos Bancário e Fiscal como Corolários do Direito à Privacidade
Kiyoshi Harada 331
1   Introdução 331
2   O sigilo bancário 332
2.1   Natureza jurídica do sigilo bancário 332
2.2.   O sigilo bancário como espécie de segredo profissional 332
2.3   O sigilo bancário como corolário do direito à privacidade 334
3   Os sigilos bancário e fiscal em confronto com os interesses do Fisco e do *Parquet* .. 336
3.1   Noções introdutórias 336
3.2   Evolução legislativa 337
3.3   Quebra do sigilo bancário e reserva de jurisdição 339
3.4   Quebra do sigilo bancário pelo Ministério Público 343
3.5   Quebra do sigilo bancário pela autoridade administrativa 345
4   Conclusões 349

O Intercâmbio de Informações sobre Matéria Tributária entre Administrações Estrangeiras: Posição Atual e Especificidades no Brasil
Antônio de Moura Borges, Laila José Antônio Khoury 351
1   Considerações iniciais 351
2   Conceito e requisitos do intercâmbio de informações entre Administrações Tributárias estrangeiras 355
3   Métodos do Intercâmbio de Informações entre os Estados 357
3.1   Intercâmbio de informações a pedido 358
3.2   Intercâmbio automático de informações 359
3.3   Intercâmbio espontâneo de informações 360

3.4	Fiscalizações tributárias simultâneas	362
3.5	Fiscalizações tributárias no exterior	362
4	Limitações quanto ao pedido, ao fornecimento e à utilização das informações pelas Administrações Tributárias	363
5	Constitucionalidade da cláusula e dos acordos para o intercâmbio de informações relativas a tributos	370
6	Posição hierárquica dos tratados sobre matéria tributária no ordenamento jurídico infraconstitucional do Brasil	376
7	Conclusão	378
	Referências	379

O Sigilo e o Direito ao Contraditório e à Ampla Defesa no Âmbito das Comissões Parlamentares de Inquérito – Uma Breve Análise

Pedro Paulo de Rezende Porto Filho, Rodrigo Mauro Dias Chohfi 381

	Introdução	381
I	Do fundamento constitucional do sigilo	382
II	Da Comissão Parlamentar de Inquérito e do controle pelo Supremo Tribunal Federal – Breves anotações	384
III	Do direito ao contraditório e à ampla defesa	388
	Conclusão	392

Aviso de Incêndio: Sigilo Fiscal e Restrições do Brasil ao Art. 26 da Convenção Modelo da Organização para a Cooperação e Desenvolvimento Econômico (OCDE)

Arnaldo Sampaio de Moraes Godoy 395

1	Introdução	395
2	Tratados para evitar a bitributação	397
3	A Lei Complementar nº 105/2001 e a jurisprudência	405
4	A vontade e a representação na ordem internacional	410
5	Conclusões	411
	Referências	412

Troca de Informações com base em Tratados Internacionais e os Sigilos Fiscal e Bancário

Marcos Aurélio Pereira Valadão 415

1	Introdução	415
2	Sigilo fiscal no Direito brasileiro	416
2.1	Bases legais do sigilo fiscal	416
2.2	Hipótese de troca de informações sob sigilo fiscal entre Administrações Tributárias	418
3	Sigilo bancário no Direito brasileiro	420
3.1	Bases legais do sigilo bancário	420
3.2	Hipóteses de repasse de informações sob sigilo bancário	426
3.3	Aspectos específicos	427
4	Tratados internacionais e a troca de informações	429
4.1	O ambiente atual da troca de informações e o Fórum Global da Transparência	430
4.2	Os tratados sobre dupla tributação	431
4.2.1	A cláusula padrão dos modelos da OCDE e da ONU	432
4.2.2	Da inexistência de obstáculos referentes ao sigilo bancário nos modelos da OCDE e ONU	433

4.3	Os tratados de dupla tributação dos quais o Brasil faz parte	435
4.4	Tratados sobre troca de informações em matéria tributária	438
4.5	Tratados brasileiros de cooperação aduaneira	439
4.6	Tratados de cooperação jurídica internacional	441
5	Considerações finais	441
	Referências	442

CONSIDERAÇÕES ACERCA DOS SIGILOS BANCÁRIO E FISCAL, DO DIREITO FUNDAMENTAL DE INVIOLABILIDADE DA PRIVACIDADE E DO PRINCÍPIO FUNDAMENTAL DA SUPREMACIA DO INTERESSE PÚBLICO SOBRE O PRIVADO

Aldemario Araujo Castro 445

1	Introdução	445
2	Do sigilo fiscal	446
2.1	Dificuldades e caminhos para a delimitação da extensão	446
2.2	Legislação relacionada	447
2.3	Extensão do sigilo fiscal	450
2.4	Quebra e transferência do sigilo fiscal	452
3	Do sigilo bancário	453
3.1	Panorama atual	453
3.2	O sigilo bancário e a inviolabilidade de dados	455
3.3	O sigilo bancário e a privacidade	455
4	Conclusões	460
	Referências	461

SIGILOS BANCÁRIO E FISCAL: POSSIBILIDADE DE QUEBRA PELA ADVOCACIA-GERAL DA UNIÃO E LIMITES

José Roberto da Cunha Peixoto 463

	Introdução	463
1	O sigilo bancário: possibilidade de quebra pela Advocacia-Geral da União e limites	465
1.1	Conceito de sigilo bancário	465
1.2	Origem histórica do sigilo bancário	466
1.3	Teorias sobre sigilo bancário	469
1.4	Disciplina constitucional e legal no Brasil	470
1.5	Lei Complementar nº 105/2001	472
1.6	A posição da Procuradoria do BACEN	475
1.7	A jurisprudência do Supremo Tribunal Federal e do Superior Tribunal de Justiça	476
1.8	Argumentos favoráveis à transferência de dados bancários à Advocacia-Geral da União e limites	483
2	Sigilo fiscal: possibilidade de quebra pela Advocacia-Geral da União e limites	487
2.1	Sigilo patrimonial	487
2.2	Disciplina constitucional e legal	488
2.3	Penalidades ao agente público que deixa de declarar seus bens	491
2.4	Fundamentos legais e doutrinários para a requisição de informações patrimoniais pela AGU e pelo Ministério Público	492
2.5	A jurisprudência do Supremo Tribunal Federal e do Superior Tribunal de Justiça	494
3	Conclusão	497
	Referências	499

O Comportamento do Contribuinte em face dos Fundamentos Políticos do Tributo e a sua Postura diante dos Sigilos Bancário e Fiscal

Maurin Almeida Falcão 501
1 Introdução 501
2 Fundamentos políticos da relação entre o Estado e o cidadão-contribuinte 502
3 Aspectos axiológicos determinantes do comportamento do contribuinte 507
4 Os sigilos bancário e fiscal, o cidadão-contribuinte e a rejeição natural ao tributo 509
5 Conclusão 511
Referências 511

Sigilos Bancário e Fiscal. Administração Tributária. LC nº 104/01 e LC nº 105/01. Considerações

Francisco de Assis Oliveira Duarte 513
Introdução 513
1 Sigilos bancário e fiscal à luz da LC nº 104/01 e da LC nº 105/01 515
2 Relação jurídico-tributária 515
2.1 Fiscalização tributária 516
2.2 Da proteção da vida privada e da intimidade 516
3 Sigilo bancário 517
3.1 A quebra de sigilo bancário 519
3.2 Os sigilos bancário e fiscal e a Administração Tributária 521
4 CTN e lei complementar 522
4.1 O verbete "código" – Definição 524
4.2 Breve histórico sobre o CTN 525
4.3 A teleologia do CTN 525
4.4 Das normas gerais sobre Direito Tributário 525
4.5 Direitos fundamentais e sigilo bancário/fiscal 528
4.6 Acesso ao sigilo bancário – LC nº 104 e LC nº 105/2001 – Autorização legal 532
4.7 Os sigilos bancário e fiscal no Direito brasileiro 533
4.8 A constitucionalidade da LC nº 105/01 534
5 Conclusão 537
Referências 539

O Sigilo Bancário no Ordenamento Jurídico Brasileiro – Visão Contemporânea (Fevereiro de 2010)

José Augusto Delgado 541
1 Introdução 541
2 Sigilo bancário. Indagações formuladas em 2001 pelos organizadores do III Colóquio Internacional de Direito Tributário 542
3 Considerações gerais sobre sigilo bancário 543
4 O sigilo bancário no Direito Comparado 544
5 O sigilo bancário e o direito à intimidade e à privacidade das pessoas 553
6 A segurança jurídica e acesso indiscriminado de agentes do Poder Público às informações bancárias 562
7 Casos de admissibilidade da quebra do sigilo bancário 564
8 O Supremo Tribunal Federal e a quebra do sigilo bancário 566
9 Sistema mais justo para a quebra do sigilo bancário 572
10 Autoridade fiscal e faculdade incondicionada de quebrar o sigilo bancário 574

11	Responsabilidade da autoridade administrativa que quebrar o sigilo bancário de forma inconsistente e indevida	575
12	O sigilo bancário e o tratamento que lhe é dado por alguns doutrinadores	575
13	Compatibilização do combate à criminalidade internacional com o respeito à segurança jurídica, a fim de evitar a fuga de investimentos do país	578
14	Conclusão	582

O Sigilo e a Lei Tributária: Transparência, Controle da Legalidade, Direito à Prova e a Transferência do Sigilo Bancário para a Administração Tributária na Constituição e na Lei Complementar nº 105

Eurico Marcos Diniz de Santi 583

1	Sigilo bancário! Para quê? Objeto de análise: *transferência do sigilo* e o direito de acesso da Administração Tributária à movimentação bancária dos contribuintes	584
2	Questões objeto de análise	585
3	Definindo e demarcando (i) as informações protegidas constitucionalmente em nome da intimidade e da vida privada do indivíduo e que não são objeto de controvérsia nas ADINs; (ii) áreas de informação *fora do núcleo de proteção* e que são objeto de obrigações tributárias; e (iii) transferência do sigilo: entre mitos, sacralizações, generalizações apressadas e desconhecimento dos termos da LC nº 105	586
3.1	Áreas de proteção ao sigilo: zonas de proteção alegadas nas ADINs que não são objeto de controvérsia	590
3.2	Áreas de informação *fora do núcleo de proteção* da intimidade e da vida privada e que já são objeto de obrigações acessórias na legislação ordinária: o problema dos tributos declaratórios e os cupins tributários (*fiscal termites*)	593
3.3	Transferência do sigilo: entre mitos, sacralizações, generalizações apressadas e desconhecimento dos termos da LC nº 105	595
4	Narrativa legal, dos fatos às normas: sobre o direito de acesso às informações bancárias pela Administração Tributária	597
4.1	A Lei nº 4.595/64: o dever de sigilo das instituições financeiras e a garantia do direito de acesso às informações pelo Fisco	597
4.2	Restrição do uso amplo das informações da CPMF e manutenção dos termos do artigo 38 da Lei nº 4.595/1964	600
4.3	Advento da LC nº 105, afastando a restrição ao uso amplo das informações da CPMF e a atualização dos termos do artigo 38 da Lei nº 4.595/1964	600
4.4	Espelho legal: o artigo 38 da Lei nº 4.595/1964 e a LC nº 105	600
4.4.1	Artigo 5º da LC nº 105: informes financeiros	602
4.4.2	Artigo 6º da LC nº 105: informações em processo ou procedimento administrativo	602
4.5	Plena vigência da LC nº 105 e as ADINs interpostas	602
5	Perspectiva global: tendências políticas internacionais sobre o "sigilo bancário" e a orientação da OCDE para que todos os países-membros permitam o acesso às informações bancárias para propósitos tributários	603
6	"A morte do segredo bancário suíço" e a inexistência de fundamento semelhante na Constituição ou na legislação brasileira	608
6.1	Razões históricas do sigilo bancário suíço: espiões nazistas e pressão dos franceses	608
6.2	A morte do segredo bancário suíço, transconstitucionalismo: a pressão dos EUA e da UE na formação de um novo cenário jurídico global	609
6.3	Da inexistência de obstáculo constitucional ou legal no Brasil à transferência do sigilo bancário para a Administração Tributária	610

7	É injustificada a generalização do medo da transferência do sigilo bancário	611
8	O receio do uso ilícito da competência administrativa de transferência do sigilo (quebra do sigilo) pretendendo justificar o exercício absoluto e abusivo dos direitos à intimidade e à vida privada	612
9	Desconhecimento dos termos da LC nº 105 e sua regulamentação: sem tributos, não há Estado; sem Estado, não há propriedade: sem propriedade, para que serve o sigilo bancário?	613
10	Legalidade como instrumento da igualdade (*caput* do artigo 5º modulando seus incisos X, XII e LV) que se impõe ao sigilo bancário em face da necessidade da prova, motivação do ato de lançamento, que realiza e concretiza a legalidade	615
10.1	Legalidade e a necessidade da prova como motivação do ato de lançamento, delimitando o núcleo do direito à intimidade e à privacidade, previstos no artigo 5º, inciso X, da Constituição	617
10.2	Legalidade e a interpretação do artigo 5º, inciso XII, da Constituição, como confirmação da importância da garantia à prova também para as comunicações telefônicas	620
10.3	Legalidade e necessidade da transferência do sigilo bancário como realização dos meios de prova inerentes ao devido processo legal	621
10.4	Legalidade e interpretação do artigo 145, §1º, da Constituição, como fundamento da eficácia do Sistema Tributário Nacional desenhado pelo legislador constituinte	624
11	Conclusão: resposta às questões objeto de análise	625

Affinchè la Funzione Pubblica non si Trasformi in Privilegio, è Necessario Rispettare il Principio di Proporzionalità
Giovanni Moschetti 635

1	Esigenze di continuità e regolarità delle più alte funzioni pubbliche o immunità?	635
2	Il "lodo Alfano" quale tentativo di eludere fondamentali principi costituzionali	637
3	Lodo Alfano e principio di proporzionalità	637

Acquisizioni Bancarie e Profili Costituzionali: le Aporie della Soluzione Italiana
Salvatore Muleo 683

1	Premessa: le esigenze di fondo delle acquisizioni bancarie nel contemperamento degli interessi in gioco	683
2	Le disposizioni in esame tra presunzioni, finzioni e sanzioni improprie	684
a)	Quanto ai versamenti non giustificati	684
b)	Quanto ai prelevamenti. In particolare, l'equazione prelevamenti uguale ricavi e la difficile sopravvivenza di una sanzione impropria, ove configurabile, alla luce del d.lgs. 472 del 1997	685
3	La centralità del fatto da indagare	687
4	La discussa necessità del contraddittorio procedimentale e le conseguenze della sua violazione	687

Sobre os Autores 691

Índice de Assuntos 695

Índice da Legislação 699

Índice Onomástico 701

Apresentação

Nesta obra, destacados juristas pátrios e estrangeiros prestam uma singela homenagem ao eminente jurista José Carlos Moreira Alves, notoriamente, um dos maiores do nosso país, tratando do relevante e atual tema do segredo bancário e do sigilo fiscal.

Com a usual seriedade científica, os autores abordam e opinam sobre questões relativas aos sigilos bancário e fiscal, segundo a privacidade e a liberdade, corolários do direito constitucional à vida privada e à inviolabilidade da comunicação de dados, e a relativização deles, bem como os limites para a transferência desses sigilos em face das CPIs, e, nomeadamente, do Ministério Público e da Administração Tributária — a controvérsia sobre se o §1º do art. 145 da Constituição brasileira teria ou não autorizado o acesso direto de dados bancários ao Fisco, mesmo sem prévia autorização judicial, ou seja, a existência e o alcance da reserva de jurisdição; a questão da reclamada imparcialidade e os princípios da publicidade e da moralidade administrativas; a controvérsia se os dados gerais ou meramente cadastrais estariam ou não amparados; o intercâmbio interno e internacional dos segredos bancário e fiscal; o tratamento dado em alguns países europeus e o recomendado pela OCDE; a interação entre o sigilo bancário e o fiscal e o combate à evasão fiscal, ao crime; e a proteção dos princípios constitucionais da igualdade, da capacidade contributiva e da livre concorrência; entre outros enfoques.

A par dessa justa homenagem ao ilustre jurista Moreira Alves, tenho certeza de que este livro contribuirá, efetivamente, para auxiliar os magistrados, professores, advogados e estudantes a uma ponderada e bem fundamentada interpretação das normas constitucionais e legais pertinentes a este controvertido assunto.

Oswaldo Othon de Pontes Saraiva Filho

Segredos Bancário e Fiscal Relacionados com a Administração Tributária e o Ministério Público

Oswaldo Othon de Pontes Saraiva Filho

Sumário: 1 Introdução – **2** Os sigilos bancário e fiscal como nuances do direito constitucional fundamental à inviolabilidade da vida privada e da comunicação de dados – **3** Os sigilos bancário e fiscal e a Administração Tributária – **4** A jurisprudência do STF e do STJ relacionada com a transferência do sigilo bancário ao Fisco sem prévia intermediação do Poder Judiciário – **5** Impossibilidade de o Ministério Público da União ter, em regra, acesso direto a dados realmente amparados pelos sigilos bancário e fiscal, sem a prévia intermediação da autoridade judiciária – Exposição das jurisprudências do STF e do STJ – **6** Impossibilidade de os Ministérios Públicos estaduais terem acesso direto de dados, realmente amparados pelos sigilos bancário e fiscal, sem a prévia intermediação da autoridade judiciária – **7** Dados cadastrais – **8** Conclusão – Referências

1 Introdução

Este livro foi concebido e realizado com a finalidade de prestarmos uma singela homenagem ao jurista José Carlos Moreira Alves.

Moreira Alves, além de, unanimemente, ser considerado como um dos mais brilhantes juristas brasileiros, autor de relevantes obras jurídicas e de inúmeras lições em seus percucientes votos como magistrado, destaca-se por sua singular simplicidade e pelo alto espírito público, de modo que, em todos os elevados cargos que o ilustre homenageado exerceu — Ministro, por mais duas décadas, e Presidente do Supremo Tribunal Federal, Presidente da República, em substituição ao Presidente de então José Sarney, Presidente do Poder Legislativo federal e do Poder Constituinte, quando da instalação dos trabalhos legislativos de 1987, ao instalar a Assembleia Nacional Constituinte, que culminou com a Constituição da República, promulgada em 5 de outubro de 1988, Procurador-Geral da República, professor universitário em cursos de graduação e de pós graduação em Direito, sempre agiu com o exemplar senso de prestar, de maneira extremamente dedicada e competente, um serviço público em proveito de cada indivíduo e da coletividade.

Portanto, por tudo que tem feito, e feito com ingente qualidade, por ter agido sempre com grande humanismo, esta homenagem é das mais justas.

Analisarei, neste artigo, o sigilo bancário e a viabilidade jurídica ou não do acesso direto da Administração Tributária e do Ministério Público da União e dos Estados a dados bancários das pessoas, mormente os gerais ou cadastrais, e da transferência do sigilo fiscal, em especial, referente a dados cadastrais da Administração Tributária, diretamente, para o Ministério Público, tudo com o escopo de fiscalização tributária, investigação criminal e administrativa, recuperação de ativos, inquéritos civis e ações de improbidade administrativa.

A nossa abordagem procurará apresentar e seguir, sempre quando existente, a jurisprudência que vem se firmando do Supremo Tribunal Federal e do Superior Tribunal de Justiça sobre esta matéria.

2 Os sigilos bancário e fiscal como nuances do direito constitucional fundamental à inviolabilidade da vida privada e da comunicação de dados

A Constituição Federal de 1988 estipula no seu art. 5º, incisos X e XII, como direitos fundamentais a inviolabilidade da intimidade, vida privada, e não de dados informatizados em si, mas da comunicação restringida de dados (liberdade de negação da comunicação).[1]

A respeito da interpretação do inciso X do art. 5º da Constituição brasileira e a diferenciação de intimidade e vida privada,[2] já destaquei:

> Direito à intimidade é o direito de estar sozinho. Intimidade é aquilo que não se compartilha com ninguém, são os pensamentos mais íntimos e secretos, os sentimentos, desejos e as tendências, às vezes, inconfessáveis.
>
> Direito à vida privada é o direito ao resguardo de fatos ou das relações pessoais, sendo, assim, algo só compartilhado a um grupo restrito de pessoas mais íntimas, cônjuge, familiares, alguns poucos amigos ou profissionais da inteira confiança do indivíduo que faz a discrição (sacerdotes, psiquiatras, psicólogos, advogados).[3]

---

[1] CF/1988 – "Art. 5º. (...) X – são invioláveis a intimidade, a vida privada, a honra e a imagem das pessoas, assegurado o direito a indenização pelo dano material ou moral decorrente de sua violação; (...) XII – é inviolável o sigilo da correspondência e das comunicações telegráficas, de dados e das comunicações telefônicas, salvo, no último caso, por ordem judicial, nas hipóteses e na forma que a lei estabelecer para fins de investigação criminal ou instrução processual penal".

[2] Para Manoel Gonçalves Ferreira Filho (*Comentários à Constituição Brasileira de 1988*. São Paulo: Saraiva, 1990. v. 1, p. 36): "Vida privada, como é óbvio, opõe-se à vida privada. Esta é a que se desenrola perante os olhos da comunidade. Assim, é conhecida de muitos e pode ser conhecida de todos. A vida privada é a que se desenvolve fora das vistas do público, perante, eventualmente, um pequeno grupo de íntimos. Compreende, portanto, a intimidade, isto é, a vida em ambiente de convívio, no interior de um grupo fechado e reduzido, normalmente, o grupo familiar".

[3] SARAIVA FILHO, Oswaldo Othon de Pontes. O sigilo bancário e a administração tributária (LC nº 105/2001; IN-RFB nº 802/2007). *Revista Fórum de Direito Tributário – RFDT*, Belo Horizonte, v. 34, p. 41-42, jul./ago. 2008.

Embora os sigilos fiscal e bancário não estejam previstos explicitamente, na Carta Política de 1988 como um direito fundamental, o fato é que tanto o Supremo Tribunal Federal, quanto o Superior Tribunal de Justiça os enxergam como corolários do direito à inviolabilidade da intimidade e da vida privada e da comunicação de dados.

Outrossim, transcreva-se o que já dissertei sobre a exegese do mais polêmico inciso XII do art. 5º da Constituição da República, ou seja, sobre a inviolabilidade da comunicação de dados, ou seja, a liberdade do indivíduo de comunicar algo ou de negar a transferência dessa comunicação para terceiros:[4]

> Em verdade, o Excelso Supremo Tribunal Federal tem afirmado, em várias ocasiões, que a inviolabilidade referida do inciso XII do artigo 5º da Carta Magna refere-se à intromissão ou interceptação da comunicação de dados e não ao registro de dados.
>
> Assim, no inciso XII do art. 5º da Lei Fundamental, na linha da lição de Sepúlveda Pertence (MS nº 21.729-4/DF), o que se protege é a comunicação de dados, é a interceptação indevida da comunicação de dados, por quem não tem justo motivo de ter acesso aos mesmos, não os dados em si mesmos, o que tornaria impossível qualquer investigação administrativa, fosse qual fosse, e a própria declaração dos contribuintes para fins do imposto de renda.
>
> Nesse diapasão, traga-se à colação o magistério do Ministro Nelson Jobim, em voto proferido no julgamento do RE nº 219.780/PE:
>
> Passa-se, aqui, que o inciso XII não está tornando inviolável o dado da correspondência, da comunicação, do telegrama. Ele está proibindo a interceptação da comunicação dos dados, não dos resultados. Essa é a razão pela qual a única interceptação que se permite é a telefônica, pois é a única a não deixar vestígios, ao passo que nas comunicações por correspondência telegráfica e de dados é proibida a interceptação porque os dados remanescem; eles não são rigorosamente sigilosos, dependem da interpretação infraconstitucional para poderem ser abertos. O que é vedado de forma absoluta é a interceptação da comunicação da correspondência, do telegrama. Por que a Constituição permitiu a interceptação da Comunicação telefônica? Para manter os dados, já que é a única em que, esgotando-se a comunicação, desaparecem os dados. Nas demais, não se permite porque os dados remanescem, ficam no computador, nas correspondências etc. (RE nº 219.780/PE, Rel. Min. Carlos Velloso, DJ, 10 set. 1999, p. 23)
>
> Destarte, a inviolabilidade é a intromissão no momento da comunicação ou transmissão de dados informáticos, e não os dados em si mesmos, pois, em caso contrário, o contribuinte, com base na interpretação equivocada do inciso XII, do artigo 5º, da Constituição da República, poderia até deixar de cumprir a obrigação de entregar a sua declaração para fins do imposto de renda, alegando que a mesma se encontra em formato eletrônico, e, por isso, ele estaria protegido, pretensamente de forma absoluta por força da Constituição, pelo sigilo de dados, pelo direito à privacidade![5]

---

[4] No XX Simpósio Nacional de Direito Tributário, prevaleceu a concepção de que o contribuinte, com base no art. 5º, inciso LXIII, poderia ficar calado, negar à Administração Tributária informação ou documento exigido legalmente, para não se incriminar. Isto ocorrendo, a solução para o Fisco seria apreender livros ou documentos pelo auditor fiscal localizados ou tributar por arbitramento, ou requerer ordem judicial para a obtenção do documento ou dado ou correspondência por meio de pedido de busca e apreensão (MARTINS, Ives Gandra da Silva et al. (Coord.). *Crimes contra a ordem tributária*. 4. ed. São Paulo: Centro de Extensão Universitária, Revista dos Tribunais, 2002).

[5] SARAIVA FILHO, op. cit., p. 49-50.

O respeitado jurista Tercio Sampaio Ferraz Junior corrobora, com mais detalhes, a questão da inviolabilidade da interpretação da comunicação de dados do inciso XII do art. 5º da Constituição brasileira de 1988, *in verbis*:

> O sigilo de dados é uma hipótese nova, colocada pela Constituição Federal de 1988 (art. 5º, XII). A inovação trouxe comigo dúvidas interpretativas que merecem, por isso mesmo, uma reflexão mais detida.
>
> Em primeiro lugar, a expressão "dados", constante do inc. XII, manifesta uma certa impropriedade (Bastos, Martins, 1993, p. 73). Os citados autores reconhecem que por "dados" não se entende o objeto de comunicação, mas uma modalidade tecnológica de comunicação. Clara, nesse sentido, a observação de Manoel Gonçalves Ferreira Filho (1986, p. 38): "Sigilo de dados. O direito anterior não fazia referência a essa hipótese. Ele veio a ser previsto sem dúvida, em decorrência do desenvolvimento da informática. Os dados aqui são os dados informáticos (v. incs. XII e LXXII)". A interpretação faz sentido. Como já fiz observar em outro passo (cf. Ferraz Jr., 1993, p. 440 e SS.), o sigilo, no inc. XII do art. 5º, está referindo à *comunicação*, no interesse da defesa da privacidade. Isso é feito, no texto, em, dois blocos: a Constituição fala em sigilo "da correspondência e das comunicações telegráficas, *de* dados e das comunicações telefônicas". Note-se, para a caracterização dos blocos, que a conjunção *e* une correspondência com telegrafia, segue-se uma vírgula e depois, a conjunção de dados com comunicações telefônicas. Há uma simetria nos dois blocos. Obviamente o que se regula é *comunicação* por correspondência e telegrafia, *comunicação* de dados e telefonia. O que fere a inviolabilidade do sigilo é, pois, entrar na comunicação alheia, fazendo o que devia ficar entre sujeitos que se comunicam privadamente passar ilegitimamente ao domínio de um terceiro. Ou seja, a inviolabilidade do sigilo garante, em uma sociedade democrática, os cidadãos contra a intromissão clandestina ou não autorizada por eles na comunicação entre si, por exemplo, a censura de correspondência, realizada por um terceiro, sem o conhecimento dos correspondentes ou a manipulação clandestina de arquivos de computador (*hacher*). Por *outro lado*, se alguém elabora para si um cadastro sobre certas pessoas, com informações marcadas por avaliações negativas, e o torna público, poderá estar cometendo difamação, mas não quebra sigilo de dados. Se esses dados, armazenados eletronicamente, são transmitidos, privadamente, a um parceiro, em relações mercadológicas, para defesa do mercado (banco de dados), também não estará havendo quebra de sigilo. Mas se alguém **entra nessa transmissão**, como um terceiro que nada tem a ver com a relação comunicativa, ou por ato próprio ou porque uma das partes lhe cede o acesso indevidamente, estará violado o sigilo de dados.
>
> A distinção é decisiva: o objeto protegido pelo inc. XII do art. 5º da CF — ao assegurar a inviolabilidade do sigilo — não são os dados em si, mas a sua comunicação. A troca de informações (comunicação) é que não pode ser violada por sujeito estranho à comunicação. De outro modo, se alguém, não por razões profissionais, ficasse sabendo legitimamente de dados incriminadores relativos a uma pessoa, ficaria impedido de cumprir o seu *dever* de denunciá-lo!
>
> Quando, por outro lado, alguém — um outro — intercepta uma mensagem, por exemplo, abre uma carta que não lhe foi endereçada, ocorre violação do sigilo. Não importa o conteúdo da comunicação epistolar, não importa, pois, que na carta, esteja apenas a reprodução de um artigo de jornal publicado na véspera. O sigilo terá sido violado de qualquer modo, mesmo se o conteúdo da correspondência é público, pois a proteção não é para o que consta da mensagem (tecnicamente, o chamado *relato* ou *conteúdo* comunicado), mas para a ação de enviá-la e recebê-la.

Visto desse ângulo, toma seu correto sentido o disposto no inc. XII do art. 5º da CF quando ali se admite, *apenas*, para a comunicação telefônica e, assim mesmo, só para fins de investigação criminal ou instrução processual penal, por ordem judicial, a quebra do sigilo. Antes de mais nada, note-se que, dos quatro meios de comunicação mencionados — correspondência, telegrafia, dados, telefonia —, só o último se caracteriza por sua instantaneidade. Isto é, a comunicação telefônica só é *enquanto ocorre*. Encerrada, não deixa vestígios no que se refere ao relato das mensagens e aos sujeitos comunicadores. É apenas possível, *a posteriori*, verificar qual unidade telefônica ligou para outra. A gravação de conversas telefônicas por meio do chamado "grampeamento" é, pois, necessária para que o conteúdo possa ser conservado.

Como isso é tecnicamente possível, o constituinte autorizou essa única exceção à inviolabilidade do sigilo de comunicação, mas, com essa única ressalva, não permitiu absolutamente a entrada de terceiros na comunicação alheia, ainda que, em nome do interesse público, um juiz viesse a autorizá-la — a Constituição, na verdade (art. 5º, XII), ressalva a investigação criminal ou instrução processual, mas também, excepcionalmente, em caso de estado de defesa (art. 136, §1º, I, *b*) no estado de sítio (art. 139, III), admite possíveis restrições ao sigilo da correspondência e das comunicações.

Essa proibição absoluta, porém, não significa que, no interesse público, não se possa ter acesso — *a posteriori* — à identificação dos sujeitos e ao conteúdo ou relato das mensagens comunicadas. Por exemplo, o que se veda é uma autorização judicial para interceptar correspondência, mas não para requerer busca e apreensão de documentos (cartas, ofícios). Essa observação nos coloca, pois, claramente, que a questão de saber quais *elementos de uma mensagem* podem ser fiscalizados e requisitados não se confunde com a questão de saber se e quando uma autoridade *pode entrar no processo comunicativo* entre dois sujeitos. São coisas distintas que devem ser examinadas distintamente. Assim, pó exemplo, solicitar ao juiz que permita à autoridade acesso à movimentação bancária de alguém não significa pedir para *interceptar* suas ordens ao banco (sigilo de comunicação), mas acesso a dados armazenados (sigilo da mensagem informada).

A primeira solicitação — salvo se o meio for o telefone, porque aí o dado se perde — é inadmissível; já a segunda, é possível. Ou seja, o processo comunicativo, durante sua ocorrência, entre o cliente e o banco, quer por correspondência, por telex, por meios eletrônicos etc., não pode ser interceptado. Mas, depois de encerrado o processo comunicativo, é possível obrigar, por exemplo, por ordem judicial, o receptor de uma mensagem a revelá-la a terceiros, mesmo sem autorização do emissor, ou obrigar este a revelar o conteúdo da mensagem que enviou, sem autorização do receptor. Sempre mediante autorização judicial? Em que circunstâncias, em que limites? É nessa questão que aparece o problema do sigilo bancário.[6]

Em nota de rodapé no mesmo artigo, Ferraz Junior complementa o seu pensamento, entendendo eu que, nas explicitações abaixo, o que está, afinal, sendo amparado é a intercepção da comunicação de dados, no momento da ocorrência dessa comunicação (CF, art. 5º, XII), e algo realmente da vida privada que fora comunicado, ou seja, algum dado do interesse exclusivamente privado, que outra pessoa não tenha justo motivo para ter ciência, que fora espontaneamente, sem imposição legal, comunicado (CF, art. 5º, X), como confessa o festejado jurista no final de sua anotação:

---

[6] FERRAZ JUNIOR, Tercio Sampaio. Sigilo bancário, a Constituição Federal e a Lei Complementar n. 105/2001. In: FERRAZ JUNIOR, Tercio Sampaio. *Direito constitucional*: liberdade de fumar, privacidade, Estado, direitos humanos e outros temas. Barueri: Manole, 2007. p. 168-171.

Em seu voto no MS 21.279, Pleno, 05.10.95 (*RTJ* 179/225, 270), o Ministro Néri da Silveira entendeu que a proteção a que se refere o art. 5º, XII, da CF, é da comunicação "de dados" e não dos "dados em si", ainda quando armazenados em computador. Esse posicionamento vem sendo utilizado por alguns para justificar que *e-mail já aberto* não gozaria da proteção constitucional. Parece-me que não é esse o sentido atribuído àquela proteção. A proteção à *liberdade de comunicar* refere-se a um processo de *interação*. Ocorre do emissor para o receptor e vice-versa. Toda mensagem enviada (conteúdo) leva consigo também outra mensagem, referente à *relação* entre emissor e receptor. Quem diz: "Você está triste" também emite uma outra informação: "este é o modo como quero que você veja como eu vejo você" (*cometimento ou relação comunicacional*). Nessa relação é que está a liberdade de comunicar. Ou seja, o e-mail transmitido e recebido (e aberto) contém também a informação sobre a *relação*: "isto é para você e não para terceiros que nada têm a ver com a nossa relação". Nesse sentido, violar e-mail já aberto é violar a proteção à liberdade de comunicar, pois ainda significa *interceptar a comunicação (relação)*. O mesmo vale para uma correspondência enviada. Como, porém, o conteúdo da comunicação pode, tecnicamente, ser separado da relação comunicativa, o juiz pode autorizar, com restrições, o acesso a ele (respeitados, por exemplo, a intimidade, a inviolabilidade do domicílio, o postulado *nemo tenetur se detegere*: ninguém é obrigado a se auto-incriminar etc.). Por isso o acesso ao "dado em si mesmo" (o e-mail recebido e aberto, a carta aberta pelo destinatário) exige autorização judicial.[7]

Portanto, estou que a inviolabilidade da comunicação de dados protege esta comunicação no momento em que ela está ocorrendo, sendo vedada a intercepção nesse instante. O que fica desta comunicação, inclusive dados informatizados, pode estar amparado por outro direito constitucional — o direito à vida privada. Mas se o dado nada tem a ver com a intimidade ou vida privada, não há de se falar em sigilo.

Ainda a este respeito, transcrevam-se trechos dos votos dos senhores Ministros Sepúlveda Pertence e Moreira Alves, proferidos por ocasião do julgamento do MS nº 21.729-4/DF:

> O SENHOR MINISTRO SEPÚLVEDA PERTENCE – Seja qual for o conteúdo da referência dada no inciso XII, este é absolutamente inviolável. O que, a meu ver, mostra, para não se chegar a uma desabrida absurdidade da Constituição, a ter que concluir que se refere à comunicação de dados. Só, afinal, a telefonia é relativa, porque pode ser quebrada por ordem judicial, o que é fácil de entender, pois a comunicação telefônica é instantânea, ou se colhe enquanto ela se desenvolve, ou se perdeu a prova; já a comunicação de dados, a correspondência, a comunicação telegráfica, não, elas deixam provas que podem ser objeto de busca e apreensão. O que se proíbe é a intervenção de um terceiro num ato de comunicação, em todo o dispositivo, por isso só com relação à comunicação telefônica se teve de estabelecer excepcionalmente a possibilidade de intervenção de terceiros para se obter esta prova, que de outro modo perder-se-ia.
>
> O SENHOR MINISTRO MOREIRA ALVES – Mas veja V. Exa que isso reforça ainda a possibilidade de que só a autoridade judiciária pode autorizar, porque mesmo com relação àquelas outras comunicações não se fala em ordem judicial, porque é ordem judicial para efeito de interceptação, mas ninguém nega que pode haver ordem judicial para busca e apreensão. Agora, a Constituição se refere a isso para efeito de interceptação, porque as palavras voam, enquanto que os escritos permanecem, então

---

[7] FERRAZ JUNIOR, *op. cit.*, p. 171.

isso demonstra que esse texto constitucional, que não afasta evidentemente a busca e apreensão judicial, mesmo nesse caso excepcional de comunicação, que é de palavras, e que, portanto, precisa ser feito de imediato, isso mostra que só o Poder Judiciário é que poderia, conseqüentemente naquela outra violação, levando-se em conta o conceito de privacidade, com um certo elastério, mesmo assim esse conceito não seria absoluto, seria relativo, e sendo assim aplicar-se-ia o mesmo princípio daqueles outros que também são relativos e que estão no inciso XII, que são a autorização judicial para comunicação realmente, enquanto que nos outros casos é a busca e apreensão, porque nunca ninguém sustentará que busca e apreensão ficaria barrada por inviolabilidade constitucional, senão seria o paraíso do crime.

Assim, os institutos do sigilo bancário e do sigilo fiscal, repita-se, embora não tenham sido expressamente nomeados, pela Constituição, como direitos fundamentais, são tidos, pela jurisprudência pátria, como amparados, por igual forma, pelas mesmas razões, pela Constituição brasileira, como corolário da inviolabilidade da vida privada e da comunicação de dados.

Assim, em que pese, normalmente, os dados, documentos e informações, considerados amparados pelos sigilos bancário e fiscal, tragam conteúdos meramente econômicos, mas relacionados com o direito à propriedade, que deve ter função social, excepcionalmente, e com muito esforço, pode-se considerar que eles podem guardar consigo informações e dados pertinentes ao direito à vida privada e à liberdade de comunicação de dados.

De modo que se pode entender que os sigilos bancário e fiscal são espécies do gênero *right of privacy* — direito à privacidade.

De há muito tempo, defendemos tese de que a Constituição brasileira de 1988 autoriza, com base no seu art. 145, §1º, que a Administração Tributária tenha, por exemplo, acesso direto à declaração de pessoas físicas e jurídicas, para fins da fiscalização e arrecadação do imposto sobre a renda e proventos de qualquer natureza, mesmo que os informes estejam armazenados em dados digitais ou eletrônicos e que tenha acesso a dados bancários dos contribuintes, em ambos os casos, sem a prévia intermediação do Poder Judiciário.

Não se pode olvidar que o direito à privacidade e o direito à liberdade de comunicação de dados, previstos nos incisos X e XII do art. 5º da Constituição da República, devem ser interpretados condicionados ou com a ponderação do que consta, além do princípio da legalidade do inciso II do art. 5º do art. 150, I do art. 37, *caput*, todos da Constituição da República, do que consta no *caput* do mesmo art. 5º, vale transcrever, que *"todos são iguais perante a lei, sem distinção de qualquer natureza, garantindo-se aos brasileiros e aos estrangeiros residentes no país a inviolabilidade do direito à vida, à liberdade, à igualdade, à segurança e à propriedade, nos termos seguintes (...)"*.

3 Os sigilos bancário e fiscal e a Administração Tributária

Como palavras propedêuticas, cabe colocar que todos nós temos o direito de viver em um Estado fiscal democrático de direito. Estado este que garanta os direitos — direito à vida, à liberdade, à propriedade, à vida privada, à intimidade, e assim por diante; e imponha os deveres, tendo em vista o interesse público, em especial, o dever de respeito aos direitos alheios, e faça a intermediação entre os membros da sociedade, evitando todo e qualquer abuso de poder e o domínio dos mais poderosos em relação aos mais fracos.

E para que o Estado moderno possa desincumbir essa sua missão, além do combate ao desperdício de dinheiro público, o que se dá em duas frentes — com a guerra contra a corrupção e a luta contra o emprego inadequado ou ineficiente dos recursos públicos —, ele tem que arrecadar o que necessita, devendo exercer, para tanto, com eficácia e eficiência, a sua atividade fiscalizadora, inclusive possuindo meios de confrontar se os sujeitos passivos das relações jurídicas tributárias estão cumprindo corretamente ou não as obrigações acessórias, estabelecidas pela legislação tributária, como, por exemplo, se o que os contribuintes estão declarando, para fins do imposto de renda, corresponde aos valores que se encontram depositados em contas bancárias.

Afinal de contas, a sistemática de autoliquidação, por parte dos contribuintes (e o consequente lançamento, expresso ou tácito, por homologação, ou, de outra forma, o lançamento de ofício do que foi omitido ou declarado incorretamente), implica na possibilidade de a Administração Tributária possuir instrumentos mais eficazes e eficientes de fiscalização, sob pena de se manter uma hipocrisia fiscal, não se cumprimento, realmente, os princípios constitucionais da legalidade, da igualdade e da capacidade contributiva, princípios estes destinados a amparar os contribuintes, verdadeiros direitos dos contribuintes.

Nos dias de hoje, a maioria dos impostos são liquidados, pelos próprios contribuintes, com base em elementos que eles dispõem e que a Administração Tributária teria muita dificuldade em obter e confrontar, sem que disponha de adequados mecanismos de fiscalização, como o acesso direto dela às informações bancárias.

De fato, hodiernamente, o Poder Executivo deixou para segundo plano a condição de aplicador *ex officio* das normas tributárias, para assumir, com mais proeminência, a condição de fiscalizador, de controlador das atividades de liquidação de tributos efetuadas pelos sujeitos passivos das obrigações tributárias.

Aliás, a importância de se conferir maior eficiência aos meios de fiscalização tributária ganha relevo em face da economia globalizada em que vivemos, bem como diante da informatização, onde pode se dar o comércio virtual, com dificuldade adicional para o Fisco verificar a ocorrência de fatos geradores, caso não declarados pelos particulares contratantes, como, por exemplo, a baixa de um arquivo de um programa de computador, onde a transferência do *software* ocorre diretamente de um computador para outro.

O ganho de eficiência dos meios da fiscalização tributária, e a consequente maior arrecadação do que é legalmente devido, o que já foi notado pela sociedade brasileira imediatamente após a publicação da Lei Complementar nº 105, de 10 de janeiro de 2001, que permite a transferência direta do sigilo bancário para a Administração Tributária, traz, entre nós, a clara percepção de que os verdadeiros inimigos e concorrentes desleais dos contribuintes são aqueles que, com a hipócrita sacralização do direito à vida privada, e, apostando, assim, nas amarras e na ineficiência do Fisco, conseguem se evadir de suas obrigações tributárias, principais e acessórias, forçando o Estado, que não pode prescindir da arrecadação que lhe é necessária, a tributar, cada vez mais, os que pagam os tributos honestamente, o que vai de encontro à razoabilidade da tributação, proporcionadora da liberdade, justamente aquilo que o Estado fiscal visa a assegurar.

Como bem desabafou o Professor da Faculdade de Direito da Universidade de Coimbra, Doutor José Cassalta Nabais: "Com efeito, é de todo insustentável a situação a que uma parte significativa e crescente de contribuintes se conseguiu alcandorar, fugindo descaradamente e com assinalável êxito aos impostos. É insustentável pela receita perdida que origina e, conseqüentemente, pelo *apartheid* fiscal que a mesma provoca, desonerando os *fugitivos* fiscais e sobrecarregando os demais contribuintes que, não podendo fugir aos impostos, se tornam verdadeiros reféns ou cativos do Fisco por impostos alheios".[8]

Além das normas dos incisos XIV e XXXIII do art. 5º da Constituição brasileira, os sigilos bancário, funcional e fiscal têm relação com o preceito do §1º do art. 145 da mesma Carta Política, o qual faculta à Administração Tributária, respeitados os direitos individuais, isto é, conservando a privacidade e o sigilo dos dados recebidos, e nos termos da lei razoável, a identificação do patrimônio, dos rendimentos e das atividades econômicas dos contribuintes, *especialmente*— ou seja, esta palavra que pode significar especificamente (não exclusivamente), ou principalmente —, para conferir efetividade aos objetivos da pessoalidade de alguns impostos, da igualdade no tratamento tributário e da capacidade contributiva.

Embora assegure a todos o acesso à informação, ressalva o art. 5º, inciso XIV, *in fine*, da Constituição Federal, "o sigilo da fonte, quando necessário ao exercício profissional".

O art. 5º, inciso XXXIII, da Constituição da República, dispõe que *todos têm direito a receber dos órgãos públicos informações de seu interesse particular, ou de interesse coletivo ou geral, que serão prestadas no prazo da lei, sob pena de responsabilidade, ressalvadas aquelas cujo sigilo seja imprescindível à segurança da sociedade e do Estado.*

Ora, a Constituição brasileira confere aos entes da Federação o mais e os fins — o poder de tributar, para que estes obtenham receitas para atender aos seus encargos, inclusive possa garantir o direito à vida, à liberdade, à igualdade, à vida privada, etc. (arts. 145, *caput*, incisos I a III; 148; 149 e 195; 153, *caput*, incisos I a VII; 154, I e II, 155, *caput*, incisos I a III; e 156, *caput*, incisos I a III) —, obviamente, ofereceu também aos respectivos Poderes Executivos o menos e os meios — a competência ampla de fiscalização, para viabilizar a arrecadação legalmente prevista.

Além disso, a Constituição da República Federativa do Brasil, no §1º do art. 145, dispõe que, *sempre que possível, os impostos terão caráter pessoal e serão graduados segundo a capacidade econômica dos contribuintes*, e, principalmente *para conferir efetividade* aos princípios da pessoalidade e da capacidade contributiva, *faculta à Administração Tributária identificar, respeitados os direitos individuais*, isto é, com a mantença, por parte da Administração fiscal, do segredo bancário que lhe foi transferido e de conformidade com o devido processo legal (com os princípios da razoabilidade e da proporcionalidade), *e nos termos da lei, o patrimônio, os rendimentos e as atividades econômicas do contribuinte.*

---

[8] NABAIS, José Casalta. Algumas reflexões sobre o actual Estado fiscal. *Revista Fórum de Direito Tributário – RFDT*, Belo Horizonte, n. 4, p. 113, jul./ago. 2003.

Tenho defendido que no §1º do art. 145, da Constituição da República encontra-se a autorização de relativização, para a Administração Tributária, da inviolabilidade do direito à vida privada (CF, art. 5º, X) e da comunicação de dados (CF, art. 5º, XII), incluso o sigilo bancário, independentemente de prévia determinação judicial,[9] especialmente ou principalmente no que diz respeito aos dados gerais ou cadastrais insusceptíveis de revelar algo da vida privada de quem quer que seja.

Desse modo, a própria Constituição autoriza a transferência direta, da instituição financeira para a Administração Tributária, de dados bancários sigilosos, com a comutação de sigilo bancário para os sigilos funcional e fiscal, tendo, assim, a Administração Tributária a obrigação legal de manter o sigilo, conservando-se, pois, os sigilos bancário e fiscal perante terceiros.

Ademais, a Constituição Federal de 1988, no seu art. 5º, *caput*, proclama que *todos são iguais perante a lei, sem distinção de qualquer natureza, garantindo-se a inviolabilidade do direito à igualdade*. O mesmo Estatuto Constitucional, no seu art. 150, inciso II, veda a instituição de *tratamento desigual entre contribuintes que se encontrem em situação equivalente, proibida qualquer distinção em razão de ocupação profissional ou função por eles exercida, independentemente da denominação jurídica dos rendimentos, títulos ou direitos*.

É inerente à atividade da Administração ter acesso às informações bancárias a fim de poder desempenhar o seu poder-dever de fiscalização. E isso para a perseguição de objetivos que a própria Constituição lhe impõe na concretização da justiça fiscal e, em última instância, do princípio da igualdade que consagra.

De fato, a capacidade contributiva, informador sob o aspecto fiscal do princípio da igualdade no tratamento tributário, consiste, segundo o magistério de Ricardo Lobo Torres, "em legitimar a tributação e graduá-la de acordo com a riqueza de cada qual, de modo que os ricos paguem mais e os pobres, menos".[10]

E como realçou, com maestria, o pranteado professor da Faculdade de Direito da Universidade de Lisboa Doutor José Luís Saldanha Sanches, em palestra proferida, em Brasília, em 18 de fevereiro de 2001, no Simpósio Internacional sobre Sigilo Bancário, uma promoção do Centro de Estudos *Victor Nunes Leal*: "Os sistemas de tributação, com base no rendimento e a atribuição de uma igualdade de tratamento a todos os contribuintes, constituem assim uma concretização do princípio da igualdade fiscal na medida em que *a igualdade fiscal exige não apenas a igualdade na legislação, mas também a igualdade na aplicação da lei*".

Impende ponderar que não tem muito sentido conceber que o contribuinte poderia alegar direito à vida privada, para se negar a prestar, em obediência à determinação legal, informações ao Fisco de fatos de conteúdo econômico, que, embora possam, eventualmente, revelar algo da vida privada, sejam indispensáveis, caso contrário, haveria uma enorme dificuldade de o Fisco tributar corretamente, segundo a lei, com a observância, na realidade, dos princípios constitucionais tributários da pessoalidade do imposto de renda e da capacidade contributiva (CF, art. 145, §1º), da igualdade tributária (CF, art. 150, II) e da livre concorrência (CF, arts. 170, IV; e 173, §4º).

---

[9] SARAIVA FILHO, *op. cit.*, p. 31-109.
[10] TORRES, Ricardo Lobo. *Tratado de direito constitucional, financeiro e tributário*. Rio de Janeiro: Renovar, 1999. v. 3, p. 334.

E mais: um dos objetivos fundamentais da República Federativa do Brasil é *construir uma sociedade livre, justa e solidária* (CF/88, art. 3º).

A ordem econômica na Constituição do Brasil, fundada na valorização do trabalho humano e na livre iniciativa, tem por fim assegurar a todos a existência digna, conforme os ditames da justiça social, observado, entre outros princípios, o da livre concorrência (CF, arts. 1º, *caput*, incisos II, III e IV, e 170, *caput*, inciso IV).

Pode ser acrescentado, ainda, que a evasão e a sonegação fiscal também são combatidas pela Carta Política brasileira quando ela reza que *a lei reprimirá o abuso do poder econômico que vise à dominação dos mercados, à eliminação da concorrência e ao aumento arbitrário dos lucros* (CF, §4º do art. 173).

Insta observar que a Constituição brasileira, no *caput* do art. 37, estatui que *a Administração Pública obedecerá*, entre outros princípios, *o da legalidade, o da impessoalidade, o da moralidade e o da eficiência*.

Todos esses princípios constitucionais, entre outros, e o real cumprimento de todos eles, apoiam a transferência direta do sigilo bancário para a Administração Tributária e demonstram a constitucionalidade dos preceptivos da Lei Complementar nº 105/2001.

Cumpre, ainda, ponderar que o direito não existe e as normas jurídicas não podem ser interpretadas para amparar torpezas e proporcionar impunidades de quem comete ilegalidades.

Todo o conteúdo da vida econômica dos contribuintes, guardado nos bancos, deve ter sido declarado pelos próprios contribuintes, quando do cumprimento de suas próprias obrigações acessórias, estipuladas pela legislação tributária, no interesse da arrecadação e da fiscalização dos tributos, de modo que não se pode, juridicamente, entender que os dados e informes bancários sejam tidos como sigilos para o Fisco, em nome da proteção da vida privada e da comunicação de dados informáticos, embora sejam sigilosos para terceiros que não tenham autorização legal nem justo motivo para ter acesso a eles.

Assim, em nível infraconstitucional, dispõe o *caput* do art. 195 da Lei nº 5.172, de 25 de outubro de 1966 — Código Tributário Nacional —, recebida pela Carta Política de 1988 com o *status* de lei complementar, que, *para os efeitos da legislação tributária, não têm aplicação quaisquer disposições legais excludentes ou limitativas do direito de examinar mercadorias, livros, arquivos, documentos, papéis e efeitos comerciais ou fiscais, dos comerciantes industriais ou produtores, ou da obrigação destes de exibi-los*.[11] [12] [13]

---

[11] Súmula nº 439 do STF: "Estão sujeitos à fiscalização tributária ou previdenciária quaisquer livros comerciais, limitado o exame aos pontos objeto da investigação".

[12] A respeito do art. 195, do CTN, Leandro Paulsen (*Direito tributário*: Constituição e Código Tributário à luz da doutrina e da jurisprudência. 12. ed. Porto Alegre: Livraria do Advogado: ESMAFE, 2010. p. 1249) apresenta a seguinte ementa do acórdão do STJ: "fiscalização tributária. Art. 195 do CTN. Ausência de violação do sigilo bancário. Publicidade que reveste as informações que deveriam ter sido prestadas. I – As indagações da Fazenda Pública referentes ao patrimônio líquido, tipos de fundos, taxa de administração e conta de escrituração não caracterizam violação ao sigilo bancário, sendo tais informações inerentes às atividades das instituições financeiras. II – Negando-se a instituição financeira de prestar as aludidas informações, tem-se como válida a aplicação de multa" (STJ, 1ª T., REsp nº 224.500/MG, Rel. Min. Francisco Falcão. abr./05).

[13] Transcreva-se ementa do acórdão da 5ª T. do STJ, no HC nº 18.612/RJ, Rel. Min. Gilson Dipp, j. em 17.12.2002, *DJ* de 17.03.2003, p. 244, destacado por Hugo de Brito Machado Segundo (*Código Tributário Nacional*: anotações à Constituição, ao Código Tributário Nacional e às Leis Complementares 87/1996 e 116/2003. São

A seu turno, o preceptivo do art. 197, *caput*, incisos I a VII, do Código Tributário Nacional dispõe que várias pessoas, entre elas *bancos, casas bancárias, Caixas Econômicas e demais instituições financeiras, mediante intimação escrita, são obrigados a prestar à autoridade administrativa todas as informações de que disponham com relação aos bens, negócios ou atividades de terceiros.*

Esta norma do art. 197 do CTN, que expressamente inclui os bancos e demais instituições financeiras entre as pessoas obrigadas a prestar à autoridade administrativa todas as informações de que dispunham com relação aos bens, negócios ou atividades de terceiros, foi assim comentada por Paulo de Barros Carvalho (*Curso de direito tributário*. 18. ed. São Paulo: Saraiva, 2007. p. 553-365):

> Em princípio, *todas as pessoas* físicas ou jurídicas, públicas ou privadas, *devem colaborar com as autoridades administrativas, prestando as informações de que dispuserem acerca de bens, negócios ou atividades de terceiros, quando instadas a fazê-lo*. É da essência dos atos administrativos a finalidade de ordem pública, de modo que as colaborações prestadas aos agentes, no exercício regular de suas atribuições funcionais, se incorporam àquele objetivo que visa ao bem comum. (destaquei)

Já o parágrafo único do art. 197 do mesmo *Codex* estatui que *obrigação acessória supra não abrange a prestação de informações quanto a fatos sobre os quais o informante esteja legalmente obrigado a observar segredo em razão de cargo, ofício, função, ministério, atividade ou profissão.*

É relevante notar que Paulo de Barros Carvalho, embora tenha citado o psicólogo, o médico, o advogado, o sacerdote dentre aqueles que não estão cometidos do dever de prestar as informações previstas no art. 197, não coloca entre os exonerados os banqueiros ou as instituições financeiras (*Op. cit.*, p. 554).

Esse, aliás, é o entendimento de Aliomar Baleeiro (*Direito tributário brasileiro*. 11. ed. Atualizado por Misabel Derzi. Rio de Janeiro: Forense, 1999. p. 993):

> Não se conceberia que o advogado e o padre, por ex., fossem compelidos a devassar confidências recebidas em função de sua atividade, quando outras leis os garantem em função dessa atividade, contra delações a que se obrigarem, e até os punem se as fizerem (Cód. Penal, art. 154).
>
> *Não é, porém, o caso dos banqueiros*, p.ex., que não são adstritos às mesmas regras éticas e jurídicas de sigilo. Em princípio *só devem aceitar e ser procurados para negócios lícitos e confessáveis*. Diversa é a situação do advogado, do médico e do padre, cujo dever profissional não tranca os ouvidos a todos os desvios de procedimento ético ou jurídico, às vezes conhecidos somente da consciência dos confidentes.

O Egrégio Superior Tribunal de Justiça reconheceu a obrigatoriedade de Administradora de *shopping center* exibir documentos de terceiros, com supedâneo nos arts. 195, *caput*, e 197, inciso III, ambos do Código Tributário Nacional. Transcreva-se a ementa do aludido acórdão:

Paulo: Atlas, 2007): "Os documentos e os livros que se relacionam com a contabilidade da empresa não estão protegidos por nenhum tipo de sigilo e são, inclusive, de apresentação obrigatória por ocasião das atividades fiscais. II. Tendo em vista o poder de fiscalização assegurado aos agentes fazendários e o caráter público dos livros contábeis e notas fiscais, sua apreensão durante a fiscalização, não representa nenhuma ilegalidade. Precedente. Ordem denegada".

STJ – 2ª Turma – Recurso Especial nº 201.459/DF, Rel. Min. Franciulli Netto:

Ementa: Recurso especial – Alínea "a" – Tributário – Mandado de segurança – Administradora de shopping center – Exibição de documentos elaborados com base nos relatórios de vendas das lojas administradas – Obrigatoriedade – Artigos 195, *caput* e 197, inciso III do CTN.

O dever de prestar informações à autoridade fiscal não se restringe ao sujeito passivo das obrigações tributárias, ou seja, o contribuinte ou responsável tributário, alcançando também a terceiros, na forma prevista em lei.

Dispõe o artigo 195, caput do CTN que, "para efeitos da legislação tributária, não têm aplicação quaisquer disposições legais excludentes ou limitativas do direito de examinar mercadorias, livros, arquivos, documentos, papéis e efeitos comerciais ou fiscais dos comerciantes, industriais, ou produtores, ou da obrigação destes de exibi-los".

Impõe o artigo 197 do mesmo Codex, por seu turno, obrigação a terceiros de fornecer dados que auxiliem a atuação dos auditores fiscais, inserindo-se, dentre as pessoas jurídicas elencadas, empresas da modalidade da recorrente, administradora das lojas do Shopping Conjunto Nacional, situado nesta capital.

Forçoso concluir, dessarte, que não merece censura o v. acórdão proferido pelo Tribunal de Justiça do Distrito Federal e Territórios. Como bem ponderou o ilustre revisor da apelação, "a apelante dispõe de documentos comerciais que permitem ao fisco verificar possíveis irregularidades e mesmo evasão fiscal. A sua recusa não é legítima. Pouco importa não seja contribuinte do ICMS. Há obrigação dela em fornecer os documentos. É o que estabelece o art. 197 do CTN, segundo o qual as administradoras de bens — caso da impetrante — estão obrigadas a prestar, à autoridade administrativa, todas as informações que dispõe quanto aos bens, negócios ou atividades de terceiros".

Recurso especial não provido. (Acórdão publicado na íntegra na *Revista Fórum de Direito Tributário – RFDT*, n. 30, p. 223-228, nov./dez. 2007)

A Lei Complementar nº 105, de 10 de janeiro de 2001 (*DOU* de 11.01.2001), no seu art. 5º, *caput* e §2º, permite que a Administração Tributária da União receba, diretamente dos bancos, informes genéricos acerca de movimentações financeiras e autoriza ao Poder Executivo disciplinar, inclusive quanto à periodicidade e aos limites de valor, os critérios segundo os quais as instituições financeiras informarão à Administração Tributária da União as operações financeiras efetuadas pelos usuários de seus serviços, restringindo-se tais informes à identificação dos titulares das operações (do número de inscrição no CPF ou CNPJ do usuário que realizou essas movimentações) e aos montantes globais, periodicamente, movimentados, vedada a inserção de qualquer elemento que permita identificar a sua origem ou a natureza dos gastos a partir deles efetuados.

O *caput* do art. 6º da mesma lei complementar dispõe que *as autoridades e os agentes fiscais tributários da União, dos Estados, do Distrito Federal e dos Municípios somente poderão examinar documentos, livros e registros de instituições financeiras, inclusive os referentes a contas de depósitos e aplicações financeiras, quando houver processo administrativo instaurado ou procedimento fiscal em curso e tais exames sejam considerados indispensáveis pela autoridade administrativa competente*

Quanto ao art. 5º da LC nº 105, a autorização, na espécie, de transferência do sigilo de dados bancários gerais ou cadastrais apenas para a Administração Tributária federal deve-se à relevância dessas informações, para que o Fisco federal identifique o cumprimento correto das obrigações relativas ao imposto sobre renda e proventos de qualquer natureza.

Cumpre destacar que as informações, recebidas pela Secretaria da Receita Federal do Brasil, com base no art. 5º da Lei Complementar nº 105 limitam-se à identificação de montantes globais movimentados e do correspondente número de inscrição no CPF ou CNPJ da pessoa que promoveu essas movimentações financeiras, dados esses que são utilizados para cruzamento com as demais informações constantes dos sistemas da Secretaria da Receita Federal do Brasil, nomeadamente, os rendimentos declarados anualmente, por força de lei, pelas pessoas físicas e jurídicas.

Embora esta questão seja ainda mais controversa, impende dizer, em defesa da lei, que a autorização dada ao Poder Executivo, para a disciplina da *periodicidade* e dos *limites de valor*, para que as instituições financeiras informem à Administração Tributária da União os montantes globais movimentados pelos usuários de seus serviços, não significa que somente o Chefe do Poder Executivo, por meio de decreto, poderia disciplinar essas matérias, podendo expedir atos administrativos normativos a autoridade ou o órgão incumbido por lei, conforme assentado por nossa Excelsa Corte Constitucional, nos julgamentos dos Recursos Extraordinários nºs 225.655/PB (*DJ* de 27.04.2000), 224.285/CE (*DJ* de 28.05.1999) e 225.602/CE (*DJ* de 06.04.2001).

Pode-se mencionar que questões de mera regulamentação quanto à periodicidade e ao limite de valores, a serem informados pelas instituições financeiras ao Fisco Federal, como já explicitamente autorizado pela lei complementar, devem ser disciplinadas por normas infralegais, pois elas estão sujeitas às constantes mutações de conveniência da fiscalização, pelas próprias variações da economia, ou da inflação, ou de capacidade de análise desses dados, por parte da Receita Federal do Brasil.

A propósito, o dever de informar ao Fisco no interesse da arrecadação e fiscalização tributária decorre de obrigação acessória, que, consoante o §2º do art. 113, do Código Tributário Nacional, é matéria da competência da "legislação tributária", expressão, que abrange, além da lei em sentido estrito (LC nº 105/2001), os atos normativos expedidos pelo Poder Executivo (Decreto nº 4.489/2002, e da Instrução Normativa RFB nº 802/2007).

No caso em análise, a determinação para que as instituições financeiras encaminhem dados bancários genéricos de seus clientes ao Fisco federal foi estabelecida pelo art. 5º da Lei Complementar nº 105/2001, sendo que o Decreto nº 4.489/2002 e a Instrução Normativa RFB nº 802/2007 simplesmente regulamentaram a obrigação prevista em lei.

Tercio Sampaio Ferraz Junior considera constitucional a transferência direta, sem a intermediação do Poder Judiciário, de dados amparados pelo sigilo bancário, como corolário da inviolabilidade da vida privada e da comunicação de dados, da instituição financeira para a Administração Tributária, mas entende inconstitucional o *caput* do art. 5º da Lei Complementar nº 105 de 2001, que permite a transferência ao Poder Executivo da atribuição de disciplinar, inclusive quanto à *periodicidade* e aos *limites de valor*, os critérios segundo os quais as instituições financeiras informarão à Administração Tributária da União as operações financeiras efetuadas pelos usuários de seus serviços. Transcreva-se a opinião da festejado jurista:

Não resta dúvida que tanto a privacidade quanto a inviolabilidade de sigilo de dados, inseridas no art. 5º da Constituição Federal, são uma peça fundante da própria cidadania, ao lado de outros direitos fundamentais ali expressos. O sigilo, nesse sentido, tem a ver com a segurança do cidadão, princípio cujo conteúdo valorativo diz respeito à exclusão do arbítrio, não só de parte da sociedade como sobretudo do Estado, que só pode agir submisso à ordem normativa que o constitui. (...)

Por outro lado, o Poder Público não pode ser inibido de exercer suas funções, mormente de fiscalização, por isso que a própria Constituição, no rol mesmo dos direitos fundamentais, prevê o sigilo de dados privativos que protege o cidadão, mas não aquele interesse do cidadão cujo sentido social é primordial, o dever de fiscalização impõe, afinal, ao Fisco, na coleta e no tratamento dos dados, igual sigilo.

O sopesamento necessário entre essas duas premissas nos leva a entender que montantes de operações não fazem parte nem da intimidade nem da vida privada. Não permite a administração tributária (que deles tem o dever de sigilo, sendo inconstitucional sua comunicação a outros entes administrativos que não têm o mesmo dever). Mas entendemos também que o art. 5º da Lei Complementar n. 105/2001 contém uma delegação inconstitucional ao Poder executivo, sendo que a própria lei deveria disciplinar os critérios que menciona.[14]

Cumpre refletir que existe também no Direito Tributário os princípios da legalidade e da tipicidade, mas essa legalidade não precisa ser totalmente estrita, nem essa tipicidade totalmente fechada; pelo menos, nem sempre precisa ser.

O que se depara aqui, após a explícita permissão de acesso direto de informes bancários por parte da Administração Tributária federal, é, em segundo lugar, com uma norma em branco sobre modos ou procedimentos da fiscalização tributária e sobre obrigação tributária acessória de instituições financeiras de encaminhar dados no interesse da fiscalização tributária, matérias que decorrem da competência ampla da *legislação tributária* (expressão que abrange normas infralegais) e não da lei em sentido estritamente técnico (CTN, arts. 113, §2º, e 194).

Aliás, norma em branco é admissível tanto no Direito Tributário, quanto no Direito Penal, sem que se possa falar em prejuízo ao princípio da legalidade ou dano à reserva de lei complementar.

Leis em branco são as de definição típica ou genérica e, às vezes, contêm *sanctio juris* determinada, prevendo ela mesmo a necessidade de sua complementação ou explicitação por outro diploma legal (em sentido amplo).

Ressalta-se que, consoante o art. 113, §2º, c/c o art. 115, ambos do Código Tributário Nacional, a disciplina de obrigação tributária acessória, no interesse da arrecadação e fiscalização dos tributos, compete a "legislação tributária", e não a lei em sentido estrito, não estando essa matéria inserta no âmbito da reserva legal do art. 97 do mesmo *Codex*.

Insta observar que o §2º do art. 5º da Lei Complementar nº 105 autoriza, apenas, transferências de informações genéricas ou cadastrais quanto à identificação da pessoa que tem conta bancária com a instituição financeira, os montantes globais periodicamente movimentados, vedada inserção de qualquer elemento que permita identificar a sua origem ou a natureza dos gastos a partir deles efetuados.

---

[14] FERRAZ JUNIOR, *op. cit.*, p. 187-188.

Ora, normalmente, a transferência de tais dados genéricos e cadastrais não chega a ponto de trazer perigo de se desvendar algo da vida privada ou da intimidade de quem quer que seja, mormente se esses dados se referirem a pessoas jurídicas.

Destarte, esses dados genéricos cadastrais não estão protegidos pelo direito à vida privada e à intimidade em relação ao Fisco, embora, como aludido, se possa até admitir que mesmo essas matérias estariam protegidas pelo sigilo bancário nas relações privadas, para obstar a bisbilhotice de terceiros particulares.

Ora, o que pode haver de sigiloso, de privativo, com a transferência direta, por parte das instituições financeiras para o Fisco, de informes globais acerca de valores, periodicamente, movimentados e de números dos respectivos CPFs, com o escopo de controle com outros elementos que, eventualmente, possa dispor a Receita Federal do Brasil, se o ordenamento jurídico pátrio determina que até mesmo o mais humilde das pessoas naturais declare ao Fisco os totais dos seus rendimentos, suas atividades econômicas e a variação do seu patrimônio, via declaração do IRPF?

Presumivelmente, os rendimentos declarados, pelas pessoas físicas para a Receita Federal, para fins de fiscalização do imposto de renda, devem ser, normalmente, compatíveis com os totais dos valores movimentados, investidos ou depositados em instituições financeiras.

Da mesma forma, o que tem de sigiloso na transferência dessas informações sobre movimentações globais de pessoas jurídicas e os respectivos CNPJs, se elas próprias estão obrigadas, pela legislação tributária, a declarar ao Fisco os totais de seus rendimentos, suas atividades econômicas e a respectiva variação patrimonial, tudo no interesse da fiscalização e da arrecadação do IRPJ? Se as sociedades anônimas estão obrigadas, por lei comercial, a publicar seus balanços em jornais de alta circulação?

Aliás, nos termos do art. 1º, inciso I, e do art. 2º, inciso I, ambos da Lei nº 8.137, de 27 de dezembro de 1990, constitui crime contra ordem tributária omitir informação ao Fisco ou omitir declaração sobre rendas.

Ademais, as pessoas jurídicas fazem questão de divulgar, por toda mídia, os recordes seguidos dos seus lucros, com vistas à obtenção de mais investimentos e à valorização de suas ações!

Aduza-se que defender que pessoa jurídica tem vida privada e intimidade, algo inerente ao espírito, ao âmbito psicológico das pessoas naturais, e que suas movimentações financeiras ou seus dados bancários estariam protegidos pelo sigilo bancário frente ao Fisco beira ao contrassenso, ainda mais diante dos já antigos dispositivos do art. 195 do Código Tributário Nacional, que dispõe: *"Para efeitos da legislação tributária, não têm aplicação quaisquer disposições legais excludentes ou limitativas do direito de examinar mercadorias, livros, arquivos, documentos, papéis e efeitos comerciais ou fiscais dos comerciantes, industriais ou produtores, ou da obrigação destes de exibi-los"*, e do art. 197 do mesmo *Codex*, segundo o qual *os bancos, casas bancárias, caixas econômicas e demais instituições financeiras são obrigadas a prestar à autoridade administrativa todas as informações de que disponham com relação aos bens, negócios ou atividades de terceiros*.

O montante movimentado em uma instituição financeira pode ser proveniente do total de rendimentos do contribuinte, sendo determinado, de forma nada clandestina, mas por lei, que os próprios contribuintes sejam obrigados a declarar à Receita

Federal do Brasil a totalidade de seus rendimentos, e as instituições financeiras sejam, também, obrigadas a informar tais dados ao Fisco.

Enfatize-se que os informes bancários genéricos ou cadastrais, relativos a meros números frios, ao número de inscrição do cliente da instituição financeira na Receita Federal do Brasil, estão, normalmente, mais encaixados entre um dos instrumentos de defesa da propriedade (relativos ao *ter*), como proteção contra curiosidade, sem justo motivo, de terceiros ou concorrentes, sujeito, pois, à relativização, por lei, em face do interesse público predominante e da função social da propriedade.

Quando o pedido de informações aos bancos se insere nos elementos que permitam a identificação da origem e da destinação das movimentações financeiras (quem recebeu de quem, quem pagou a quem?), ou da natureza dos gastos a partir deles efetuados (o que comprou, em que loja?), informes, documentos, livros e registros de instituições financeiras, que poderão ser obtidos pela Administração Tributária, desde que devidamente motivada a respectiva solicitação, segundo o procedimento estabelecido no §4º e do art. 5º, quando dirigida ao próprio contribuinte, e no *caput* do art. 6º, da Lei Complementar nº 105/2001, quando direcionada à instituição financeira, aí, a coisa muda de figura, embora não tenha o Fisco, de qualquer modo, o menor interesse de se imiscuir na vida privada dos contribuintes.

Contudo, nos casos logo acima referidos, onde excepcionalmente algo da privacidade poderia ser desvendado, as informações e os documentos, os registros estão protegidos pelo sigilo bancário, pois, repita-se, poderiam revelar alguma relação com a vida privada do contribuinte.

Todavia, o nome da pessoa, o número de inscrição no CPF ou CNPJ, se tem conta bancária em determinada instituição financeira, se a pessoa é de posses ou não, ora, tudo isto não se oculta, é, em geral, percebido pelos outros, no próprio convívio social e profissional; em absoluto, não há, aqui, matéria sigilosa em relação ao órgão do Estado que recebeu da Constituição e da lei complementar autorização para identificar o patrimônio, os rendimentos e as atividades econômicas dos contribuintes.

Imaginem o *nonsense* e o absurdo paranoico, se alguém pensasse: – "o conhecimento do meu nome (ou o número do meu CPF) é só para mim e os mais íntimos", ou coisa parecida, quando o cheque emitido já disponibiliza esses elementos.

Pois bem, o §4º do art. 5º da Lei Complementar nº 105/2001 reza que recebidas as informações bancárias genéricas, *se detectados indícios de falhas, incorreções ou omissões, ou de cometimento de ilícito fiscal, decorrentes do cruzamento de outras informações constantes dos sistemas da Receita Federal do Brasil, em especial, provenientes dos rendimentos declarados anualmente pelas pessoas físicas e jurídicas,* a autoridade administrativa competente poderá instaurar um procedimento investigatório junto aos próprios contribuintes selecionados, *podendo requisitar, com fundamentação específica,* vale dizer, com indicação de fatos concretos e precisos referentes a todos os aspectos do objeto investigado, as informações e os documentos de que necessitar, que deram suporte aqueles montantes globais movimentados, bem como realizar fiscalização ou auditória para a adequada apuração dos fatos, tudo em obediência ao disposto no §4º do art. 5º da supracitada lei, regulamentada no Decreto nº 4.489, de 28 de novembro de 2002 e na Instrução Normativa da RFB nº 802, de 27 de dezembro de 2007.

Reza ainda a norma do *caput* do art. 6º da Lei Complementar nº 105/ 2001, regulamentada pelo Decreto nº 3.724, de 10 de janeiro de 2001, que *as autoridades e os agentes fiscais tributários da União, dos Estados, do Distrito Federal e dos Municípios somente poderão examinar documentos, livros e registros de instituições financeiras, inclusive os referentes a contas de depósitos e aplicações financeiras, quando houver processo administrativo instaurado ou procedimento fiscal em curso e tais exames sejam considerados indispensáveis pela autoridade administrativa competente.*

Assim, somente a partir da detecção de eventuais indícios de irregularidades tributárias decorrentes do já mencionado cruzamento das informações, e observados os critérios de relevância e interesse fiscal, é que a Receita Federal do Brasil instaura um procedimento de fiscalização junto aos contribuintes selecionados, o que possibilita a requisição e o exame dos documentos, por exemplo, extratos bancários, que deram suporte àqueles montantes globais movimentados, desde que observado o rito previsto no art. 6º da Lei Complementar nº 105/2001, regulamentado pelo Decreto nº 3.724, de 10 de janeiro de 2001.

Em consonância com o parágrafo único do art. 6º da Lei Complementar nº 105/2001, *o resultado dos exames, as informações e os documentos a que se refere este artigo serão conservados em sigilo, observada a legislação tributária.*

Assim, nessas fases, previstas no §4º do art. 5º e no *caput* do art. 6º da Lei Complementar nº 105, é que poderá haver interseção com algo relacionado com a vida privada e a intimidade.

Contudo, embora não estejam as informações gerais, chamadas de cadastrais, coligidas pela Receita Federal do Brasil, com base no art. 5º, *caput*, §§1º e 2º, da Lei Complementar nº 105/2001, protegidas pelo direito à privacidade, pelo menos, frente à Administração Tributária, mesmo assim, não poderá acontecer, na espécie, quebra de sigilo algum, pois o §5º do mesmo art. 5º assegura que todas as informações bancárias, recebidas com esteio no art. 5º, *caput*, §§1º e 2º, serão conservadas sob o manto protetor do sigilo fiscal, na forma da legislação em vigor.

Assim também o preceito do §5º do art. 5º, em comento, assegura que estarão amparadas pelo sigilo fiscal as informações sigilosas, recebidas com base no mesmo art. 5º, da Lei Complementar nº 105/2001.

Posição radical em sentido contrário, exigindo-se prévia autorização judicial, para que a Administração Tributária simplesmente exerça a sua função exclusiva de fiscalizar os tributos, na prática, inviabilizaria a fiscalização eficiente do imposto sobre renda e proventos de qualquer natureza: a cada fiscalização demandaria um pedido específico ao Poder Judiciário, que já exaurido de demandas, certamente atrasaria a investigação e a pesquisa, contribuindo para a decadência do crédito fiscal, ou mesmo inviabilizaria a necessária fiscalização tributária, sendo esta indispensável para o real cumprimento dos princípios constitucionais da legalidade, da eficiência administrativa, da pessoalidade do imposto de renda, da igualdade tributária, da capacidade contributiva e da livre e justa concorrência.

Em defesa do art. 6º da Lei Complementar nº 105 se pode dizer que os informes, documentos, livros e registros bancários, tidos como protegidos pelo sigilo bancário, com possibilidade de ter algumas nuances com a vida privada e a intimidade, obtidos pela Receita Federal do Brasil, com supedâneo nesse dispositivo legal, não levam, em verdade, à quebra de sigilo, mas à transferência de sigilo bancário para o sigilo fiscal.

Assim é que reza o parágrafo único do art. 6º da Lei Complementar nº 105/2001, que *o resultado dos exames, as informações e os documentos a que se refere este artigo serão conservados em sigilo, observada a legislação tributária.*

Pondere-se, pois, que, em quaisquer hipóteses, esses informes, documentos, livros e registros bancários não estão sendo transmitidos para qualquer pessoa, para a curiosidade gratuita de algum particular ou mesmo concorrente, o que poderia justificar alguma limitação, mas para a Administração Tributária, que tem justo motivo e mesmo o dever de ter ciência desses dados, no uso da autoexecutoriedade do seu poder de polícia, para efeito de atender às exigências constitucionais de eficiência administrativa (CF, art. 37, *caput*) quanto à identificação do patrimônio, dos rendimentos e das atividades econômicas dos contribuintes, especialmente, para conferir efetividade aos princípios do caráter pessoal do imposto sobre a renda, da igualdade material e da capacidade contributiva (CF, art. 145, §1º; art. 150, II).

Repise-se que, por força da legislação tributária, os próprios contribuintes são obrigados a apresentar ao Fisco a totalidade de seus rendimentos, a identificação de suas atividades econômicas e profissionais e suas situações patrimoniais.

Ademais, o art. 10 da Lei Complementar nº 105, de 10.01.2001, alerta que *a quebra de sigilo, fora das hipóteses autorizadas nesta lei complementar, constitui crime e sujeita os responsáveis à pena de reclusão, de um a quatro anos, e multa, aplicando-se, no que couber, o Código Penal, sem prejuízo de outras sanções cabíveis.*

Na mesma linha, o art. 11 da Lei Complementar nº 105/2001, adverte que *o servidor público que utilizar ou viabilizar a utilização de qualquer informação obtida em decorrência da quebra de sigilo de que trata esta lei complementar responde pessoal e diretamente pelos danos decorrentes, sem prejuízo da responsabilidade objetiva da entidade pública, quando comprovado que o servidor agiu de acordo com orientação oficial.*

Aliás, desde a edição da Lei Complementar nº 105, de 10 de janeiro de 2001, tem a Receita Federal do Brasil se empenhado em conservar a discrição e o sigilo dos informes bancários recebidos.

E isto tem ocorrido em face do princípio da moralidade administrativa, sem dúvida (CF, art. 37, *caput*), mas também pela certeza de que os auditores fiscais da Receita Federal do Brasil, simples agentes administrativos, têm de que eles mesmos estão sendo controlados, tanto internamente, no âmbito da própria Receita Federal, como pelos próprios contribuintes, pelo Ministério Público, e pelo Poder Judiciário, de modo que o menor deslize significará a aplicação da pena administrativa de perda do cargo, a obrigação pessoal civil de indenizar a pessoa prejudicada, e a pena criminal de privação da liberdade física. Pelo Poder Judiciário, porque os órgãos desse poder, a qualquer tempo, poderão ter o controle dos requisitos legais da transferência dos informes bancários, e da mantença no âmbito do sigilo fiscal de matéria amparada pelo sigilo bancário. De modo que, sem ostentarem as garantias de ocupantes de cargos políticos, é razoável que se pense que os ocupantes de cargos meramente administrativos são bastante ciosos de suas responsabilidades na mantença de dados sigilosos, pois sabem das consequências gravíssimas, que, certamente, cairão sobre eles, caso ocorra qualquer quebra de sigilo.

Pode-se dizer, então, em quaisquer hipóteses, que não há, a rigor, previsão de quebra de sigilo bancário, mas a mera transferência, com todas as garantias, de sigilo bancário para sigilo fiscal.

Insta, pois, ressaltar que a Constituição brasileira, além de garantir que a Administração Pública atue dentro da legalidade e da eficiência, observando os princípios da razoabilidade e da proporcionalidade (CF, art. 37, *caput*, e art. 5º, LIV), exige também que a Administração respeite os princípios da impessoalidade (ou finalidade) e da moralidade administrativa, o que implica a imparcialidade da Administração Pública.

Por força desses princípios, os atos da Administração Pública e de seus agentes em geral, especialmente os agentes fiscais, devem conter a maior eficiência possível, pela obrigação de prestarem uma boa administração, observando-se a honestidade, a boa-fé, a lealdade, a moderação, a discrição, a economicidade, a sinceridade, sem que possa existir qualquer inconfessável desejo de prejudicar ou beneficiar este ou aquele administrado.[15]

Cumpre realçar a seguinte lição do jurista luso Antônio José Brandão, colhido do conhecido artigo Moralidade administrativa:

> (...) tanto infringe a moralidade administrativa o administrador que, para atuar, foi determinado por fins imorais ou desonestos, como aquele, que desprezou a ordem institucional, embora movido por zelo profissional, invade a esfera reservada outras funções, ou procura obter mera vantagem para o patrimônio a sua guarda. Em Ambos estes casos, os seus atos são infiéis à idéia que tinha de servir, pois violam o equilíbrio que deve existir entre todas as funções, ou, embora mantendo ou aumentando o patrimônio gerido, desviam-se do fim institucional, que é o de concorrer para a criação do bem comum.[16]

As autoridades administrativas fiscais competentes para examinar as informações bancárias dos contribuintes, além de não terem mesmo qualquer interesse em se imiscuir na vida privada dos contribuintes, estando a isto proibidos por força do princípio da moralidade administrativa, também não têm o interesse de proporcionar a arrecadação a qualquer custo, mas, sim, pretendem apenas propiciar, com o seu legítimo e eficiente trabalho de fiscalização, a arrecadação do que legalmente for devido.

Um outro ponto, que pode ser defendido, diz respeito ao fato de a Receita Federal do Brasil, diferentemente do Ministério Público, não ser um terceiro parcial.

Em verdade, a Receita Federal, em sua ação de identificação de movimentações financeiras, não acusa quem quer que seja, ela está, apenas e tão somente, constatando dados. Ela não é parte acusadora, só faz o seu dever de fiscalização.

Ao realizar tal fiscalização, a Receita Federal parte do pressuposto do que é normal, ou seja, de que há inteira coincidência entre o que está declarado, para fins de imposto de renda, e os montantes movimentados ou depositados nas instituições financeiras.

Insta observar que, numa posição técnica rigorosa, na fase de fiscalização, nem sequer a Administração é credora, pois, aí, ainda não existe o crédito tributário parcial ou definitivamente constituído.

---

[15] MARTINS, Ives Gandra da Silva (Coord.). *O princípio da moralidade no direito tributário.* São Paulo: Centro de Extensão Universitária: Revista dos Tribunais, 1998. p. 188. (Pesquisas Tributárias. Nova série, n. 2).

[16] BRANDÃO, Antônio José. Moralidade administrativa. *Revista de Direito Administrativo*, Rio de Janeiro, v. 25, p. 459, jul./set. 1951.

Ademais, a Receita Federal do Brasil, ao realizar essa fiscalização, está desempenhando papel de terceiro, devidamente, autorizado pela própria Constituição (art. 145, §1º) e pela Lei Complementar nº 105/2001 (arts. 5º e 6º).

E mais, conforme já ponderado, os informes genéricos encaminhados à Receita Federal do Brasil, em obediência ao art. 5º, *caput*, §§1º e 2º, da lei complementar, nem sequer poderão alcançar algo das relações das pessoas, amparado pelo direito à privacidade, tendo mais relação com o direito à propriedade, relativo por natureza, devido à função social da mesma e do relevante interesse público prevalecente.

Não se pode olvidar que a Administração fiscal tem, também, a obrigação de ser imparcial, em cumprimento ao princípio da moralidade administrativa, prevista no *caput* do art. 37 da Constituição Federal.

Eventualmente, passando a existir um crédito, e após a sua constituição definitiva, decorrente de dados obtidos de várias origens, não só de procedência bancária, a Fazenda Pública, representada pela Procuradoria da Fazenda Nacional, passa a ser parte, mas, nessa fase, a execução fiscal, se for o caso, se dará no âmbito e com a intermediação do Poder Judiciário.

Assim, há razoabilidade na exegese no sentido de que o cumprimento do disposto nos arts. 5º e 6º da Lei Complementar nº 105 não representa interceptação clandestina no momento da comunicação de dados entre o correntista e a instituição financeira (CF, art. 5º, XII), mas sim a transferência posterior de dados bancários a uma pessoa que não é parte e que está autorizada, de forma ostensiva, pela Constituição (art. 145, §1º) a ter acesso a esses informes.

Por essa linha de interpretação, o §1º do art. 145, c/c o art. 192, ambos da Lei Suprema, como óbvia exceção aos preceitos constitucionais dos incisos X e XII do art. 5º, transformando o sigilo bancário em sigilo fiscal, e com a observância do devido processo legal, atribui competência à lei complementar, para disciplinar a forma como a Administração Tributária possa ter acesso aos dados bancários dos contribuintes, independentemente de prévia intermediação do Poder Judiciário, tudo, principalmente, para conferir maior eficácia ao princípio da pessoalidade dos impostos, quando possível, e aos princípios da igualdade do tratamento fiscal e da capacidade contributiva.

Cumpre ponderar, com respaldo na própria jurisprudência do Excelso Supremo Tribunal Federal (ADIn nº 1.790/DF; RE nº 219.780/PE), que a Constituição brasileira de 1988 não coloca o sigilo bancário e o próprio direito à privacidade em confronto com a Administração Tributária entre as matérias obrigatoriamente resguardadas no âmbito da reserva de jurisdição judicial.

Por outro lado, cumpre ponderar que órgãos ou instituições, como o Ministério Público e o Tribunal de Contas da União, que, aliás, não receberam autorização constitucional e de lei complementar para receber, diretamente, transferência de sigilo bancário (o que é muito relevante), não têm mesmo necessidade maior de receber a transferência da matéria sigilosa sem prévia intermediação do Poder Judiciário.

Isso pela simples razão de que, nesses casos, há, por parte desses órgãos, ciência do objeto investigado e a identificação das pessoas possivelmente envolvidas, diante de fortes indícios contra elas.

Assim, pela menor amplitude ou pelo menor número desses casos, não haveria maiores problemas de se requerer, nessas hipóteses, que o Poder Judiciário examinasse, previamente, o pedido fundamentado de transferência de matéria sigilosa.

A necessidade da Administração Tributária é bem distinta, e esta diferença, facilmente, pode ser explicada e compreendida.

A Administração Tributária, no mundo de hoje, numa economia globalizada, em que, num simples clique no *mouse* do computador, fortunas são transferidas de uma conta bancária para outra, de um continente para o outro, reclama, para o enfrentamento desta realidade e para o cumprimento das exigências constitucionais, meios mais rápidos e eficiência de fiscalização.

Não é de se esperar, *rogata venia*, que as necessárias rapidez e eficiência, reclamadas pela Constituição à Administração Tributária, possam ser atendidas pelo Poder Judiciário, não por falta de esforço e de elevado espírito público de seus ilustrados membros, mas em face da sua combatida morosidade, fato imputado à ingente sobrecarga de processos que os senhores magistrados são instados a dar vazão.

Cumpre ressaltar, pois, que, além da obrigação de atuar dentro da moralidade, buscando ser imparcial, a Constituição da República exige, ainda, da Administração Pública eficiência (CF, art. 37, *caput*), e, para que isto possa se tornar realidade, no âmbito da fiscalização tributária, faculta à Administração identificar, mantendo-se o sigilo e nos termos da lei, o patrimônio, os rendimentos e as atividades econômicas dos contribuintes, em especial, para que seja real, e não meramente para "inglês" ver, a maior vivência do caráter pessoal do imposto de renda e dos princípios da igualdade material, não só formal, do tratamento tributário e da capacidade contributiva (CF, art. 145, §1º; art. 150, II).

Os princípios da legalidade e da igualdade, neste incluso o princípio da capacidade contributiva, que nada mais é que informador, do ponto de vista estritamente fiscal, da isonomia tributária, são os princípios maiores e prevalecentes no Estado Democrático de Direito, pois proporcionam o bem maior, a finalidade do Direito e da existência do próprio Estado, que é a realização da justiça, a consecução do bem comum.

Ora, para atender a esses reclamos da própria Constituição brasileira, que, na prática, poderá se materializar com uma fiscalização tributária eficiente, é que a Lei Complementar nº 105/2001, no atacado art. 5º, autoriza a Receita Federal do Brasil ter acesso a esses informes bancários genéricos, independentemente de prévia autorização judicial.

Sem eles, devido à imensidão de fatos geradores que se sucedem, ao imenso número de contribuintes (praticamente incontável), às dificuldades, cada dia mais crescentes, da fiscalização tributária, parte devido à necessidade de a Administração ter que tolerar que a maioria dos tributos, inclusive o imposto de renda, seja autoliquidada pelos próprios contribuintes, parte devido à globalização da economia, e à facilidade incrível de fugas de dinheiro, inclusive por meio de um simples clique no *mouse* de um computador, quando rendimentos volumosos podem ser, facilmente, escondidos, até em bancos de outros países e em paraísos fiscais, talvez, a Receita Federal não teria como ter conhecimento exato de eventual esquecimento, omissão, ou sonegação, e quem seriam esses relapsos ou sonegadores.

Se, ao final, for definido que a Receita Federal do Brasil não poderia ter acesso direto até mesmos aos dados genéricos, vale dizer, os totais globais movimentados, em determinado período, pelos contribuintes, e os respectivos números dos clientes dos bancos inscritos no CPF ou no CNPJ, dados que não poderão levar ao conhecimento de qualquer coisa, a menor que seja, pertinente à privacidade, como previsto no art. 5º, §§1º e 2º, da Lei Complementar nº 105/2001, aí, praticamente, os únicos dados que a Receita Federal poderia obter, por si mesma, seriam as informações que os contribuintes corretos e de boa vontade não se negarem a transmitir a ela.

Que eficiência se pode esperar da Administração Tributária (CF, art. 37, *caput*; art. 145, §1º) nesse quadro, em que a interpretação constitucional, advogada por alguns, concede amplos direitos aos contribuintes, mesmo os que, usual e patologicamente, cometem "irregularidades" fiscais, e nega quase tudo à Administração Tributária em detrimento dos contribuintes corretos? Como os direitos humanos da grande maioria dos contribuintes de legalidade tributária, de igualdade no tratamento fiscal, de graduação da tributação em confronto com a maior ou menor capacidade contributiva poderão, com eficácia e eficiência, ser materializados pela Administração Tributária brasileira?

Os tributos devidos, facilmente, sofreriam evasão, em detrimento dos que não têm como fugir da tributação, em prejuízo da maioria da sociedade brasileira, sobretudo os mais pobres, e do nosso país, que tem pela Constituição e pelas leis direito de arrecadar esses tributos sonegados, em decorrência da eficiência de sua Administração Tributária.

Portanto, estou que interpretação no sentido de negar acesso direto de dados, informes e documentos bancários, por parte do Fisco — sobretudo os genéricos ou cadastrais, que podem possibilitar que a Administração Tributária passe a desconfiar de contribuintes, até então, insuspeitos, — favorecendo, assim, àqueles que têm condições de usar os bancos para esconder dinheiro e fugir da tributação, levando o Fisco a buscar tributar cada vez mais onerosamente os contribuintes, que não têm como escapar da tributação, vai, também, de encontro aos princípios constitucionais da razoabilidade e da proporcionalidade (CF, art. 5º, LIV) e da moralidade (CF, art. 37, *caput*).

A propósito, entendo que da mesma forma que a Administração Tributária deve observar o princípio da moralidade administrativa, cabe, também, ao sujeito passivo adotar o mesmo princípio no cumprimento de suas obrigações tributárias e em suas relações jurídicas com o ente tributante.[17]

Ademais, insta ressaltar que, no caso do art. 5º, em especial, o *caput* e os §§1º, 2º e 5º, da Lei Complementar nº 105, não há a menor possibilidade de se relacionar informes acerca da transferência dos valores globais movimentados e sobre o número de inscrição na CPF ou CNPJ dos usuários dos serviços bancários com a proteção de qualquer aspecto do direito à privacidade, de modo que, neste caso, nem sequer é exigível a motivação do ato de transmissão desses dados genéricos cadastrais.

Enfatize-se, que não é adequado se estender à Administração Tributária decisões do Supremo Tribunal Federal sobre o sigilo bancário em relação ao Ministério Público e ao Tribunal de Contas da União, visto que, nesses casos, não existe expressa autorização constitucional, nem há previsão de lei complementar, permitindo a

---

[17] MARTINS, Ives Gandra da Silva (Coord.). *O princípio da moralidade no direito tributário*. 2. ed. São Paulo: Centro de Extensão Universitária, Revista dos Tribunais, 1998. p. 198-199. (Pesquisas Tributárias. Nova série, n. 2).

transferência de matéria sigilosa, independentemente de prévia autorização judicial, como, contrariamente, sucede no caso da transferência direta do sigilo bancário para a Administração Tributária.

E, como concebemos, o preceito constitucional do §1º do art. 145 autoriza à Administração Tributária o acesso direto de dados, informes e documentos bancários.

A respeito da norma do art. 145, §1º, da Constituição brasileira, traz-se à colação a interpretação dado por tributaristas do tomo de Hugo de Brito Machado, Zelmo Denari, Aurélio Pitanga Seixas Filho e Wagner Balera, espinçados da obra *Princípios constitucionais tributários* [MARTINS, Ives Gandra da Silva (Coord.). São Paulo: Resenha Tributária, 1993. (Caderno de pesquisas tributárias, n. 18)], *in verbis*:

– Hugo de Brito Machado:

Ocorre que na questão formulada pela douta Comissão Organizadora do Simpósio fez-se referência ao *§1º do art. 145*, da vigente Constituição, como norma que, por estabelecer o direito ao sigilo, estaria protegida pela "cláusula pétrea".

Na verdade, porém, o citado dispositivo constitucional não estabelece direito individual nenhum. Cuida, isto sim, da faculdade da administração tributária de, respeitados os direitos individuais e nos termos da lei, identificar o patrimônio, os rendimentos e as atividades econômicas do contribuinte. *Institui, portanto, uma restrição àqueles direitos individuais.*

A prefalada faculdade da Administração, aliás, é absolutamente indispensável ao exercício da atividade tributária. Não tivesse a Administração a faculdade de identificar o patrimônio, os rendimentos e as atividades econômicas do contribuinte, não poderia tributar, a não ser na medida em que os contribuintes, espontaneamente, declarassem ao fisco os fatos tributáveis. O tributo deixaria de ser uma prestação pecuniária compulsória, para ser uma prestação voluntária, simples colaboração do contribuinte, prestada ao Tesouro Público.

Certamente a questão da compatibilidade dessa faculdade com aqueles direitos individuais é das mais delicadas. É difícil, na verdade, determinar até que ponto pode o Fisco penetrar na intimidade do contribuinte.

Não se pode, *todavia*, admitir a posição extremada dos que sustentam a impossibilidade de identificação dos elementos necessários à cobrança do tributo, a pretexto de preservar o direito individual ao sigilo, ou à intimidade. (Op. cit., p. 85-86 – os destaques não constam do original)

– Zelmo Denari:

Sem embargo, tenho por mim que o art. 145, §1º, da Constituição Federal, não tutela — segundo faz crer a pergunta — o direito ao sigilo de dados, mas sim o princípio da capacidade contributiva, permitindo à Administração pública adotar procedimento que, de certa forma, se opõe àquele previsto nos incisos X e XII do art. 5º da CF.

De fato, a citada disposição normativa constitucional permite que a administração tributária identifique o patrimônio, os rendimentos e as atividades econômicas do contribuinte, sem desrespeito aos direitos individuais.

Quais seriam esses direitos? Todos, à exceção daqueles previstos nos incisos X e XII, os quais, justamente, foram ressalvados no texto em exame.

Por todo o exposto estou convencido de que o art. 145, §1º da Constituição Federal, sobre hospedar o princípio constitucional do respeito à capacidade contributiva, atua como limite ao alcance incidental de norma de mesma hierarquia. Trata-se, portanto, ao longo das considerações feitas no início deste trabalho, de ressalva à matéria tributária, em obséquio, ainda, ao princípio da autoridade pública, que prioriza o interesse público frente ao direito privado. (Op. cit., p. 184-185 — os destaques não constam no original)

– Aurélio Pitanga Seixas Filho:

A autorização concedida pelo parágrafo primeiro do artigo 145 da Constituição Federal de 1988 para a autoridade fiscal identificar o patrimônio, os rendimentos e as atividades econômicas do contribuinte, nada veio a acrescentar à ordem jurídica brasileira, porquanto a autoridade fiscal competente para cobrar imposto incidente sobre o patrimônio ou a renda de uma pessoa tem competência; também, e concedida por lei, de fiscalizar o correto pagamento do imposto.

Para isto, tem o Fisco um dever-poder, para identificar o patrimônio e os rendimentos auferidos pelos contribuintes, com discricionariedade sobre o momento, a oportunidade e a forma de agir.

Por sua vez, os contribuintes não possuem qualquer direito subjetivo de se furtarem a identificar (confessar ou declarar) para o Fisco todo o patrimônio, todos os seus rendimentos e todas as suas operações tributadas, já que sonegar bens ou rendimentos está tipificando legalmente como crime.

Com respeito à inviolabilidade do sigilo de dados previsto no artigo quinto, inciso XII, da Constituição de 1988, seria bom lembrar que os direitos dos indivíduos são restringidos pelos direitos de seus semelhantes, no singular ou no plural (direitos individuais ou coletivos), preponderando o interesse da sociedade sobre o individual.

(Op. cit., p. 245-246 – os destaques não constam do original)

– Wagner Balera:

Para garantir plena eficácia à diretriz da capacidade contributiva, a parte final do §1º do art. 145, da Lei Magna, autoriza a administração tributária a identificar o patrimônio, os rendimentos e as atividades econômicas do contribuinte.

A Constituição não poderia ter normas entre si tão incompatíveis como os incisos X e XII do art. 5º e aquela inscrita na parte final do §1º do art. 145. Por isso mesmo o último dos dispositivos citados faz a ressalva relativa aos direitos individuais.

O sigilo de dados é garantido, mas poderá vir a ser quebrado, *nos termos da lei.*

Aqui não entram em linha de conta a intimidade à vida privada, a honra e a imagem das pessoas que, como atributos da sua personalidade, estão sob reserva de sigilo e sob proteção constitucional.

São considerados, para fins de tributação, aspectos da vida econômica da pessoa. Seus negócios que, gerando riquezas, podem ser objeto de tributação.

Se certa correspondência desvela um negócio jurídico que pode ser objeto de tributação, esse documento deixa de pertencer à esfera privada e pode, nos limites da lei, ser submetido ao crivo dos agentes do Fisco.

Se determinada conta bancária denota movimento incompatível com a vida fiscal do contribuinte, tais dados podem desencadear investigação que deva arrecadar elementos nos documentos particulares do sujeito passivo dos tributos. (*Op. cit.*, p. 379-380 – os destaques não constam do original)

Portanto, os preceitos do art. 5º, *caput*, §§1º e 2º, da Lei Complementar nº 105/2001 são plenamente razoáveis e proporcionais, sendo mesmo indispensáveis para que as exigências constitucionais dos arts. 37, *caput*, e 145, §1º, possam, enfim, ser atendidas.

Outrossim, as normas do §4º do art. 5º e do *caput* do art. 6º, ambos da Lei Complementar nº 105/2001, respeitam o devido processo legal material, tendo em vista o apoio dos princípios expostos no *caput* do art. 37, e no §1º do art. 145, ambos da Constituição Federal, sendo de se ressaltar que, nesses casos, o pedido de informes e documentos bancários deverão ser devidamente motivados ou fundamentados, inclusive, na hipótese do *caput* do art. 6º, as autoridades tributárias e os agentes fiscais somente poderão ter acesso a documentos, livros e registros de instituições financeiras, até mesmo os referentes a contas de depósitos e aplicações financeiras, quando houver processo administrativo instaurado ou procedimento fiscal em curso e tais exames sejam considerados indispensáveis pela autoridade administrativa competente.

Uma penúltima ponderação diz respeito à necessidade de não se permitir que a preocupação *romântica* com a defesa de um determinado direito constitucional seja exagerada, desarrazoada, sem, também, levar em consideração a realidade, a prevalência do interesse público e, sobretudo, a existência de outros valores e exigências constitucionais, inclusive relativos aos direitos humanos.

Estamos diante do direito à privacidade de um lado, mas será que esse direito poderia ser oposto ao Fisco quando a Constituição (art. 145, §1º) e a Lei Complementar nº 105/2001 (mormente o art. 5º, §§1º, 2º e 5º, mas também o §4º do art. 5º e o art. 6º) facultam à Administração Tributaria, com claras ressalvas ao art. 5º, incisos XI e XII, e nos termos dessa lei complementar, o acesso direto desses dados e informes bancários, sobretudo os gerais ou cadastrais, nomeadamente, para que seja real a igualdade do tratamento fiscal e para que a tributação ocorra gradativamente de conformidade com verdadeira capacidade contributiva?

Na realidade, além do direito/dever de ter a Administração Tributária maior eficiência na sua missão de fiscalização e controle (CF, art. 37, *caput*), está na balança, de outro lado, o direito fundamental dos contribuintes honestos, que são a maioria dos domiciliados no país — os que sofrem tributação na fonte, os que não têm como fugir da tributação —, de ter uma carga tributária suportada com igualdade e justiça por todos os que estão, por lei, sujeitos às mesmas incidências tributárias, o direito que têm o cidadão e o contribuinte de que todos paguem tributo de acordo com a respectiva capacidade contributiva. Estes sim são direitos fundamentais, que devemos estar atentos e dar integral prevalência. Mesmo porque até mesmo o mais ingênuo dos estudantes de direito já deve ter aprendido, certamente, que o Direito não pode ser aplicado para proteger torpeza ou "irregularidades" de quem quer que seja. O Direito não ampara nunca, não dá refúgio a quaisquer ilicitudes.

Não é razoável, em nome da excepcional possibilidade de dados da privacidade do cidadão serem desvendados, entre os números frios das movimentações financeiras e das contas bancárias, fato impossível de ocorrer com a aplicação do art. 5º da Lei Complementar nº 105/2001, muito excepcionalmente possível com a aplicação do art. 6º da mesma lei, se possa impedir que a Receita Federal possa ter maior eficiência no cumprimento de sua missão constitucional e legal.

Ademais, impende ressaltar que o *caput* do art. 1º da Carta Magna de 1988 reza que a República Federativa do Brasil constitui-se em Estado Democrático de Direito, e o *caput*, inciso I do art. 3º da mesma Carta Política dispõe que o Brasil tem como um dos objetivos fundamentais a construção de uma sociedade livre, justa e solidária.

Destarte, mostra-se até mesmo absolutamente incompatível com a ideia de Estado Democrático de Direito (CF, art. 1º, *caput*, art. 3º, I) a possibilidade de se tolerar que o mau contribuinte tenha qualquer direito de dificultar ou tornar ineficiente a colheita de dados, especialmente os genéricos, por parte do Fisco, ou mesmo de tornar inacessível à Administração fiscal, na prática, rendimentos, atividades econômicas e propriedades tributáveis, cujos consequentes recursos, caso averiguados e arrecadados, via tributação, constituem, praticamente, no regime capitalista, no Estado integrante do neoliberalismo, que possui escassas receitas originárias, a única forma de distribuição de renda e de realização de justiça social.

Da mesma forma, não se constrói uma sociedade livre se alguns poucos têm reconhecido o privilégio nada democrático e jurídico de, na prática, fugir, com normalidade, da tributação, enquanto que os outros sofrem, como válvula de escape, o aumento, cada vez maior da carga tributária do país, por força das necessidades de gastos e investimentos do Estado em vista do interesse comum.

Não se pode construir nessa diversidade perversa de tratamento fiscal uma tributação e, de resto, uma sociedade justa e solidária se os honestos e os que não podem fugir da tributação, os que só são tributados na fonte, que, na realidade, são os que carregam o país nas costas, sustentando os gastos públicos, enquanto que os cometem esquecimentos ou omissões ou mesmo os que cometem, de modo contumaz e descarado, irregularidades fiscais ficam tranquilos na sua impunidade, acobertados pela incapacidade ou ineficiência impostas à Administração Tributária, não pela Constituição, mas pela interpretação míope, sem razoabilidade e desvinculada da realidade, que alguns, mesmo com boa intenção, talvez por questão ideológica, de sobrepor o interesse privado ao irrenunciável interesse público, são levados a dar aos textos constitucionais (CF, art. 3º, *caput*, inciso I).

Prevalecendo a exegese de que a Administração Tributária só poderia ter acesso a dados bancários mediante prévia autorização judicial, para uma parcela de nossa população valerá a pena correr o risco, posto que muito dificilmente as "irregularidades" fiscais serão descobertas, sequer suspeitas trarão, já que não declaradas espontaneamente.

Na realidade, lamentavelmente, um número considerável de malfeitores aposta, justamente, na morosidade e na incapacidade de a Administração Tributária ter acesso rápido e eficiente ao total de seus rendimentos, às suas movimentações financeiras e aos seus dados bancários genéricos, e assim acalentados, pretendem usar o Direito em favor de sua própria torpeza e cometem "irregularidades" fiscais, sabendo que os rendimentos por eles informados na declaração para fins de imposto de renda, em atendimento à exigência legal, não coincidem com sua movimentação financeira ou com seus saldos bancários, assim mesmo eles estão cientes de que terão muito mais possibilidades da mantença de sua impunidade. Os verdadeiros cidadãos, as pessoas de bem, nada têm a temer, pois sabem que não cometeram irregularidade alguma, estão seguros que procuram os bancos para cuidar de negócios lícitos, estão cientes de que existe total coincidência entre os rendimentos declarados para fins do imposto de renda e suas movimentações ou seus saldos bancários.

Se prevalecer interpretação contrária ao que estamos defendendo, não adiantaria a Constituição ter dado aos entes da Federação o poder de tributar, se não se considerar que há, sim, dentro da própria Constituição e nos termos da lei complementar, a correspondente e inseparável faculdade de a Administração Tributária fiscalizar com plena eficiência, dentro do seu poder de polícia, dentro da autoexecutoriedade, que caracteriza os atos administrativos.

Este verdadeiro *apartheid* fiscal tenderia a ser acrescido em desrespeito a outros direitos humanos e valores constitucionais (CF/1988, art. 1º, *caput*, incisos III, IV; art. 2º; art. 3º, *caput*, incisos I, II, III e IV; art. 5º, *caput*, incisos I, XIII, XXII, XXIII, XXXII, XLI, LIV; art. 37, *caput*; inciso XVIII; art. 145, *caput*, e §1º; art. 147; art. 148; art. 149; art. 195; §4º do art. 177; art. 239; art. art. 146-A; art. 150, *caput*, incisos I, II, IV, §§6º e 7º; art. 153; art. 154, *caput*, incisos I e II; art. 155; art. 156; art. 170, *caput*, incisos II, III, IV, V, VIII; art. 173, §4º, art. 192).

Impende considerar que, por ocasião do julgamento do Agravo Regimental em Inquérito nº 897-5/DF, o Supremo Tribunal Federal, em sessão plenária, decidiu que o sigilo bancário pode ser transferido sem a necessidade de prévia audiência da pessoa fiscalizada ou investigada.

Por fim, cumpre, ainda, mencionar a juridicidade da transferência, por parte da Secretaria da Receita Federal do Brasil, de dados gerais ou cadastrais dos contribuintes à Procuradoria-Geral da Fazenda Nacional, que, aliás, compõe a Administração Tributária federal, para que esta cumpra a sua missão legal de verificar a legalidade do lançamento tributário definitivo, inscrever e cobrar créditos da dívida ativa da União (CF/1988, art. 131, §3º; LC nº 73/1993, art. 12, *caput*, incisos I e II; Decreto-Lei nº 4.320/1964, art. 39, §§1º e 5º — recebido, pela CF de 1988 com *status* de lei complementar; Decreto-Lei nº 147/1967, arts. 1º, *caput*, inc. II; 13, *caput*, inc. IV, 16, inc. I, alíneas "a" e "b"; e 22; Lei nº 6.830/1980, art. 2º, §4º; Lei nº 9.028/1995, art. 4º; Lei nº 11.457/2007, art. 23).

Ainda quanto ao sigilo funcional fiscal, cabe enfatizar que o *caput* do art. 198, do Código Tributário Nacional, com redação determinada pela Lei Complementar nº 104, de 10 de janeiro de 2001, veda, sem prejuízo do disposto na legislação criminal, a divulgação, por parte da Fazenda Pública ou de seus servidores, de informação obtida em razão do ofício sobre a situação econômica ou financeira do sujeito passivo ou de terceiros e sobre a natureza de seus negócios ou atividades.

A seu turno, os preceptivos dos incisos I e II do §1º do art. 198 do CTN (com redação dada pela LC nº 104/2001) ressalvam, além dos casos previstos no art. 199, do mesmo diploma legal, do dever de sigilo fiscal nas restritas hipóteses de requisição de autoridade judiciária no interesse da justiça; ou de solicitações de autoridade administrativa no interesse da Administração Pública, desde que comprovada a instauração regular do processo administrativo, no órgão ou na entidade respectiva, com o objetivo de investigar o sujeito passivo, a que se refere a informação, por prática, não de quaisquer crimes, mas, exclusivamente, por prática de infração administrativa.

No que concerne, especificamente, ao sigilo fiscal, a hipótese prevista no art. 198, §1º, inciso II, do CTN, mesmo excluídos os dados bancários (LC nº 105/2001, art. 3º, *caput*, §§1º e 2º), aparentemente, tem amparo constitucional controverso, ou seja, não é induvidoso que sempre se poderá encontrar supedâneo constitucional, isto é, a justificativa da prevalência do princípio da publicidade (CF, art. 37, *caput*), já que não se buscaria, em alguns casos, atos administrativos ou dados inerentemente públicos.

Comentando o preceptivo do inciso II do §1º do art. 198 do Código Tributário Nacional (acrescentado pela LC nº 104/2001), Regina Helena Costa expressa o seguinte entendimento:

> No entanto, cumpre registrar que a exceção contemplada no inciso II do §1º do art. 198 padece de inconstitucionalidade, uma vez que autoriza a divulgação, pela Fazenda Pública, de informações relativas ao sujeito passivo ou terceiros, mediante solicitação de autoridade administrativa, com objetivo de investigar prática de infração administrativa, o que abrange, inclusive, aquelas informações protegidas por sigilo bancário (arts. 197, II. CTN, e 6º da Lei Complementar n. 105/2001).
>
> Ofensa, na hipótese, é à mesma cláusula final do §1º do art. 145, CR, que permite apenas à autoridade fiscal o acesso a tais dados, e não a quaisquer autoridades administrativas.[18]

Não há ainda jurisprudência sobre a juridicidade do preceptivo do inciso II do §1º do art. 198 do CTN.

Em relação ao sigilo bancário, no entanto, o §1º do art. 3º, da Lei Complementar nº 105, de 10 de janeiro de 2001, dispõe que *dependem de prévia autorização do Poder Judiciário a prestação de informações e o fornecimento de documentos sigilosos solicitados por comissão de inquérito administrativo destinada a apurar responsabilidade de servidor público por infração praticada no exercício de suas atribuições, ou que tenha relação com as atribuições do cargo em que se encontre investido.*

Já o §2º do art. 198 do CTN (redação acrescentada pela LC nº 104/2001), que está, inseparavelmente, relacionado com o controvertido preceito do inciso II do §1º, com o inciso I do §3º, do mesmo art. 198, e com o art. 199 do mesmo código, dispõe que, nas hipóteses do inciso II do §1º do art. 198, e do art. 199, ambos do mesmo *Códex, o intercâmbio de informação sigilosa, no âmbito da Administração Pública, será realizado mediante processo regularmente instaurado, e a entrega será feita pessoalmente à autoridade solicitante, mediante recibo, que formalize a transferência e assegure a preservação do sigilo.*

Por sua vez, o §3º do art. 198 diz *não ser vedada*, isto é, não constitui sigilo fiscal, *a divulgação de informações relativas a: I – representações fiscais para fins penais; II – inscrições na Dívida Ativa da Fazenda Pública,* com a iniciação da fase executória, cujo processo é público; *III – parcelamento ou moratória,* tendo em vista, entre outros princípios, o da publicidade (CF, art. 37, *caput*).

Dispõe, ainda, o art. 199, *caput*, do CTN: *A Fazenda Pública da União e as dos Estados, do Distrito Federal e dos Municípios prestar-se-ão mutuamente assistência para a fiscalização dos tributos respectivos e permuta de informações, na forma estabelecida, em caráter geral ou específico, por lei ou convênio.*

Já o parágrafo único do art. 199 do CTN reza que *a Fazenda Pública da União, na forma estabelecida em tratados, acordos ou convênios, poderá permutar informações com Estados estrangeiros no interesse da arrecadação e da fiscalização de tributos*

A autorização para a transferência do sigilo fiscal entre as Administrações tributárias do art. 199 do CTN está prevista no preceito do inciso XXII do art. 37 da

---

[18] COSTA, Regina Helena. *Curso de direito tributário*: Constituição e Código Tributário Nacional. São Paulo: Saraiva, 2009. p. 319.

Constituição brasileira, segundo o qual "as administrações tributárias da União, dos Estados, do Distrito Federal e dos Municípios, (...) atuarão de forma integrada, inclusive com o compartilhamento de cadastros e de informações fiscais, na forma da lei ou convênio".

Isto em harmonia com o disposto no *caput* do art. 7º do Código Tributário Nacional, segundo o qual *a competência tributária*, ou seja, o poder de instituir tributo e legislar plenamente sobre ele *é indelegável*, não constituindo, entretanto, delegação de competência, *a atribuição das funções de arrecadar, fiscalizar tributos ou de executar leis, serviços, atos ou decisões administrativas em matéria tributária, conferida por uma pessoa jurídica de direito público a outra.*

4 A jurisprudência do STF e do STJ relacionada com a transferência do sigilo bancário ao Fisco sem prévia intermediação do Poder Judiciário

Embora a nossa Augusta Corte Constitucional não se tenha pronunciado especificamente sobre a questão da constitucionalidade do fornecimento de informações sobre movimentação bancária de contribuintes, pelas instituições financeiras, diretamente ao Fisco, o que poderá suceder a qualquer momento diante da existência, no Excelso Pretório, da ADIn nº 2.390, da ADIn nº 4.010 e no RE nº 601.314, onde o STF reconheceu a repercussão geral, mostra-se defensável e razoável a tese da constitucionalidade dos arts. 5º e 6º da Lei Complementar nº 105/2001, sob o principal argumento de que o §1º do art. 145 da Constituição Federal de 1988 teria criado outra exceção ao direito à privacidade e à inviolabilidade da comunicação de dados,[19] dando autorização para a transferência direta de dados bancários da instituição financeira para a Administração Tributária.

Assim é que o Supremo Tribunal Federal, por sua 2ª Turma, embora tenha repetido que a garantia do sigilo bancário (CF, art. 5º X) não tem caráter absoluto, estando as exceções a tal garantia disciplinadas em normas infraconstitucionais, não conheceu, por unanimidade de votos do Recurso Extraordinário nº 219.780-PE, Relator o Senhor Ministro Carlos Velloso, pelo fato de o recurso especial não ter prosperado por falta de prequestionamento da matéria legal (CTN, art. 197, parágrafo único) e o recurso extraordinário ter discutido questão sob o ponto de vista puramente constitucional, Ponderou-se, ainda, que o art. 145, §1º, da Constituição Federal também suscita questão infraconstitucional que não foi prequestionada no caso. Transcreva-se a respectiva ementa do acórdão:

> CF, art. 5º, X. I. – Se é certo que o sigilo bancário, que é espécie de direito à privacidade, que a Constituição protege art. 5º, X não é um direito absoluto, que deve ceder diante do interesse público, do interesse social e do interesse da Justiça, certo é, também, que ele há de ceder na forma e com observância de procedimento estabelecido em lei e com respeito ao princípio da razoabilidade. No caso, a questão foi posta, pela recorrente, sob o ponto

---

[19] Reza a primeira parte do §3º, do art. 58, da CF/88: "As comissões parlamentares de inquérito, que terão poderes de investigação próprios das autoridades judiciais".

de vista puramente constitucional, certo, entretanto, que a disposição constitucional é garantidora do direito, estando as exceções na norma infraconstitucional. II. – R.E. não conhecido. (RTJ, VOL-00172-01 PP-00302)

Milita, no entanto, a favor da constitucionalidade, em especial do art. 5º, mas também do art. 6º da Lei Complementar nº 105/2001, isto com fundamento no art. 145, §1º, e no art. 37, *caput*, ambos da Carta Política de 1988, a decisão de nossa Corte Constitucional, na ADIn nº 1.790/DF, que, em face do art. 5º, LXXII, *in fine*, do Estatuto Político, admitiu a legitimidade da transferência de registros de dados pessoais de clientes, sem prévia determinação judicial, e inclusive mediante remuneração, por parte de estabelecimentos comerciais e instituições financeiras com o escopo de proteção de créditos privados e do lucro, como uma faceta "inextirpável da economia fundada nas relações massificadas de crédito", o que denota que o acesso a tais sistemas de dados decorre das exigências de eficiência da economia capitalista, de modo que se pode supor que a mesma eficiência deve ser possibilitada para a fiscalização tributária, tendo em vista as exigências constitucionais de observância e aplicação do caráter pessoal do imposto de renda e dos princípios constitucionais da igualdade do tratamento fiscal e da capacidade contributiva, da moralidade e do devido processo legal material.

Da mesma forma, atua no sentido da presunção da constitucionalidade do art. 5º (que, aliás, quanto a isto, dúvida alguma pode existir, tendo em vista que trata apenas de transferência de dados genéricos e cadastrais, sem qualquer interseção com a privacidade dos clientes das instituições financeiras) e do art. 6º da LC nº 105/2001, o decidido no Mandado de Segurança nº 23.480 (*DJU* de 15 set. 2000, p. 119), que, entre outras decisões com igual teor,[20] restou expresso, com supedâneo do art. 58, §3º, da Lei Suprema, que a quebra ou transferência de sigilos bancário, fiscal e de registros telefônicos (mas não de interceptação da comunicação telefônica), susceptível de ser objeto de decreto de Comissões Parlamentares de Inquérito, não está coberta pela reserva absoluta de jurisdição que, contrariamente, resguarda outras garantias constitucionais, como a busca domiciliar (CF, art. 5º, XII), a interceptação telefônica (CF, art. 5º, XII) e, em regra, a decretação de prisão (CF, art. 5º, LXI).

Enfatize-se que, por ocasião do julgamento do Agravo Regimental em Inquérito nº 897-5/DF, o Supremo Tribunal Federal, em sessão plenária, além de ter assentado que "a quebra do sigilo bancário não afronta o art. 5º X e XII da Constituição Federal (Precedente: PET 577)", decidiu que o sigilo bancário pode ser transferido sem a necessidade de prévia audiência do investigado, tendo em vista que, como bem explicaram os senhores Ministros Carlos Velloso e Celso de Mello, tornando-se necessária a obtenção da prova por esse meio, deve ser *posta no ventre dos autos, não havendo de se cogitar da instauração incidental do contraditório em procedimento nitidamente qualificado pela nota da unilateralidade e da inquisitividade, aí* então, ou a partir daí ocorrerá o contraditório, ou seja, "o princípio do contraditório não prevalece na fase inquisitorial" (*DJU* 24 mar. 1995, p. 6806).

---

[20] Assim, na mesma senda, cumpre conferir o decidido pelo Augusto Pretório no Mandado de Segurança nº 23.452/RJ, Rel. Min. Celso de Mello, no Mandado de Segurança nº 21.729/DF, Rel. Min. Francisco Rezek.

No mesmo caso, assim se pronunciou o Senhor Ministro Sepúlveda Pertence: "Admitindo-se que não se trata de garantia absoluta de sigilo, mas que, ao contrário, pode ele ser quebrado em favor de investigação criminal, parece-me patente que é impossível estabelecer, como regra geral, um contraditório prévio para saber da procedência do pedido de autorização judicial para a diligência. Do contrário, na hipótese extrema, teríamos, antes da autorização de uma escuta telefônica, que estabelecer um contraditório com quem seria o objeto dessa escuta, de modo a frustrar, antecipadamente, a investigação".

Também nesse mesmo agravo regimental, o Senhor Ministro Moreira Alves corroborou: "também nego provimento ao agravo até porque há outros tipos de providências que são absolutamente incompossíveis com o contraditório, como, por exemplo, o pedido de bloqueio de bens e a busca e apreensão".

Antes da Carta Política de 1988, o Supremo Tribunal Federal sempre admitiu essa relativização do segredo bancário frente à Administração fiscal. Essa afirmação encontra-se respaldada, por exemplo, na decisão unânime da 3ª Turma do Pretório Excelso, por ensejo do julgamento do RMS nº 15.925-GB:

RECURSO DE MANDADO DE SEGURANÇA N. 15.925-GB

Relator: O Sr. Min. Gonçalves de Oliveira.

Recorrente: Banco Francês e Italiano para América do Sul S.A.

Recorrida: União Federal.

Sigilo bancário. Agentes do Imposto de Renda. Ação fiscal nos Bancos, Recurso não provido. (*RTJ* 37/373)

O relator do RMS, retrofocalizado, o Senhor Ministro Gonçalves de Oliveira, assim efetuou o seu relatório e votou:

RELATÓRIO

O SR. MINISTRO GONÇALVES DE OLIVEIRA: – o Banco interpõe recurso ordinário do acórdão do Tribunal Federal de Recursos, denegatório de segurança, confirmatório da sentença de primeira instância.

O Banco pretende recusar esclarecimentos sobre conta de cliente correntista. A ementa do acórdão é esta:

– Sigilo bancário. Informações destinadas à Divisão do Imposto sobre a Renda. O sigilo bancário só tem sentido enquanto protege o contribuinte contra o perigo da divulgação ao público, nunca quando a divulgação é para o fiscal do imposto de renda que, sob pena de responsabilidade, jamais poderá transmitir o que lhe foi dado a conhecer.

VOTO

– Nego provimento ao recurso. Não há perigo de devassa ou quebra de sigilo bancário, porquanto, como assinala o parecer, os Agentes Fiscais do Imposto de Renda são obrigados ao sigilo (art. 301, Decreto 47.373/59), sob pena de responsabilidade. (*Opus citatum*, p. 374-375)

Ainda antes da Carta Política de 1988, o Supremo Tribunal Federal, por sua 1ª Turma, teve uma outra oportunidade para interpretar os retrodestacados dispositivos do Código Tributário Nacional, o que ocorreu por ocasião do julgamento do RE nº 71.640-BA:

RECURSO EXTRAORDINÁRIO N. 71.640-BA

Relator: O SR. MINISTRO DJACI FALCÃO.

Recorrente: Banco da Bahia S.A.

Recorrido: Prefeitura Municipal de Salvador.

Sigilo bancário. As decisões na instância ordinária entenderam que em face do Código Tributário Nacional o segredo bancário não é absoluto. Razoável inteligência do direito positivo federal, não havendo ofensa ao disposto no art. 153, §9º, da Lei Magna, nem tampouco negativa de vigência do art. 144 do C. Civil.

O objetivo do *writ* era afastar a exigência de apresentação de fichas contábeis, ao fundamento de violação de sigilo bancário. Inocorrência de dissídio jurisprudencial. Recurso extraordinário não conhecido. (*RTJ* 59/571)

O Excelentíssimo Senhor Ministro Djaci Falcão, em seu voto condutor da decisão acima referida, esclarece com extrema propriedade o real entendimento daquela Corte, aduzindo, *verbo ad verbum*:

O SR. MINISTRO DJACI FALCÃO (Relator):

Insurgiu-se o impetrante do mandado de segurança contra a intimação de agentes do Fisco municipal, — para apresentação no prazo de 72 horas, de "fichas contábeis do Razão referente a contratos subsidiários efetuados com terceiros para refinanciamento".

As decisões na instância ordinária entenderam que em face da Lei 4.595, de 31.12.64, e do Código Tributário Nacional, o segredo bancário não é absoluto, devendo a Fazenda Pública, sob pena de responsabilidade criminal, guardar o devido sigilo.

Ao ver do recorrente teria havido negativa de vigência do disposto no art. 38, da Lei 4.595, de 31.12.64. Dispõe o art. 38:

"As instituições financeiras conservarão sigilo em suas operações ativas e passivas e serviços prestados".

"§5º Os agentes fiscais tributários do Ministério da Fazenda e dos Estados somente poderão proceder a exame de documentos, livros e registros de contas de depósitos, quando houver processo instaurado e os mesmos forem considerados indispensáveis pela autoridade competente".

"§6º O disposto no parágrafo anterior se aplica igualmente à prestação de esclarecimento e informes pelas instituições financeiras às autoridades fiscais, devendo sempre estas e os exames serem conservados em sigilo, não podendo ser utilizados senão reservadamente".

Entendeu, todavia o responsável aresto que ao caso se aplica o art. 195 do Código Tributário Nacional, verbis:

Art. 195. Para os efeitos da legislação tributária, não têm aplicação quaisquer disposições legais excludentes ou limitativas do direito de examinar mercadorias, livros, arquivos, documentos, papéis e efeitos comerciais ou fiscais dos comerciantes, industriais ou produtores, ou da obrigação destes de exibi-los.

Completando o alcance deste preceito, dispõe o art. 197:

Mediante, intimação escrita, são obrigados a prestar à autoridade administrativa todas as informações de que dispunham com relação aos bens, negócios ou atividades de terceiros:

"II – os bancos, casas bancárias, caixas econômicas e demais instituições financeiras".

Diz textualmente o ilustre Desembargador Relator:

Claro está que restringida foi a garantia do sigilo, em relação aos efeitos da fiscalização tributária, rompendo com a legislação anterior, como se depreende da letra do Código Tributário Nacional e Lei 4.595, revogatória do preceito do art. 17 do Código Comercial, para obrigarem as instituições financeiras prestar todas as informações de que dispõe com relação aos bens, negócios ou atividades de terceiros às autoridades administrativas (f. 77v. e 78).

Trata-se de interpretação acertada. A regra do art. 195 abrange, não há dúvida, os Estados e Municípios. Cuidando da preservação do sigilo profissional, escreve o Prof. Aliomar Baleeiro:

"Não é, porém, o caso dos banqueiros por exemplo, que não estão adstritos às mesmas regras éticas e jurídicas de sigilo. Em princípio só devem aceitar e ser procurados para negócios lícitos e confessáveis. Diversa é a situação do advogado, do médico e do padre, cujo dever profissional lhes não tranca os ouvidos a todos os desvios de procedimento ético ou jurídico, às vezes conhecidos somente da consciência dos confidentes" (Direito tributário brasileiro, p. 550-551).

E mais:

"Os Bancos podem ser compelidos a informar ou fornecer cópia dos bordereaux dos títulos descontados e das duplicatas ou cambiais sacados contra o contribuinte, a fim de apurar-se a exata natureza ou volume de seus negócios (CTN, art. 197, II)". (op. cit., p. 547)

Conclui-se do exposto que não há cogitar ofensa ao preceito inserido no art. 153, §9º, da Lei Magna, nem tampouco em negativa de vigência do artigo 144 do C. Civ., e da regra contida na Lei 4.595, de 31.12.64.

Finalmente, convém repetir que a finalidade do writ foi afastar a exigência de apresentação de fichas contábeis, por importar em violação do sigilo bancário. Por isso, nesta altura não há que se examinar a questão relativa a legitimidade do imposto de prestação de serviço, como pretende a recorrente, ferindo o tema sem indicar vulneração de lei federal. Óbvio que tal questão poderá vir a ser objeto de apreciação noutra provocação jurisdicional.

Diante do exposto não conheço do recurso. (*Op. cit.*, p. 573-574)

Felizmente, a jurisprudência do Egrégio Superior Tribunal de Justiça, já supedâneo na Constituição Federal de 1988, se consolidou no sentido favorável da constitucionalidade e legalidade da transferência direta e imediata, pelas instituições financeiras à Administração Tributária, de dados, informes e documentos bancários, corroborando, assim, o que estamos defendendo neste e em artigos anteriores desde o ano de 1995, conforme demonstra a transcrição das seguintes ementas de acórdãos:

STJ – T1 – AC nº 6.257/RS, Rel. Min. LUIZ FUX, decisão por unanimidade de votos:

Ação cautelar. Tributário. Normas de caráter procedimental. Aplicação intertemporal. Utilização de informações obtidas a partir da arrecadação da CPMF para a constituição de crédito referente a outros tributos. Retroatividade permitida pelo art. 144, §1º do CTN.

1. O resguardo de informações bancárias era regido, ao tempo dos fatos que compõe a presente demanda (ano de 1998), pela Lei 4.595/64, reguladora do Sistema Financeiro Nacional, e que foi recepcionada pelo art. 192 da Constituição Federal com força de lei complementar, ante a ausência de norma regulamentadora desse dispositivo, até o advento da Lei Complementar 105/2001.

2. O art. 38 da Lei 4.595/64, revogado pela Lei Complementar 105/2001, previa a possibilidade de quebra do sigilo bancário apenas por decisão judicial.

3. Com o advento da Lei 9.311/96, que instituiu a CPMF, as instituições financeiras responsáveis pela retenção da referida contribuição, ficaram obrigadas a prestar à Secretaria da Receita Federal informações a respeito da identificação dos contribuintes e os valores globais das respectivas operações bancárias, sendo vedado, a teor do que preceituava o §3º do art. 11 da mencionada lei, a utilização dessas informações para a constituição de crédito referente a outros tributos.

4. A possibilidade de quebra do sigilo bancário também foi objeto de alteração legislativa, levada a efeito pela Lei Complementar 105/2001, cujo art. 6º dispõe: "*Art. 6º As autoridades e os agentes fiscais tributários da União, dos Estados, do Distrito Federal e dos Municípios somente poderão examinar documentos, livros e registros de instituições financeiras, inclusive os referentes a contas de depósitos e aplicações financeiras, quando houver processo administrativo instaurado ou procedimento fiscal em curso e tais exames sejam considerados indispensáveis pela autoridade administrativa competente*".

5. A teor do que dispõe o art. 144, §1º do Código Tributário Nacional, as leis tributárias procedimentais ou formais têm aplicação imediata, ao passo que as leis de natureza material só alcançam fatos geradores ocorridos durante a sua vigência.

6. Norma que permite a utilização de informações bancárias para fins de apuração e constituição de crédito tributário, por envergar natureza procedimental, tem aplicação imediata, alcançando mesmo fatos pretéritos.

7. A exegese do art. 144, §1º do Código Tributário Nacional, considerada a natureza formal da norma que permite o cruzamento de dados referentes à arrecadação da CPMF para fins de constituição de crédito relativo a outros tributos, conduz à conclusão da possibilidade da aplicação dos artigos 6º da Lei Complementar 105/2001 e 1º da Lei 10.174/2001 ao ato de lançamento de tributos cujo fato gerador se verificou em exercício anterior à vigência dos citados diplomas legais, desde que a constituição do crédito em si não esteja alcançada pela decadência.

8. Inexiste direito adquirido de obstar a fiscalização de negócios tributários, máxime porque, enquanto não extinto o crédito tributário a Autoridade Fiscal tem o dever vinculativo do lançamento em correspondência ao direito de tributar da entidade estatal.

9. Processo cautelar acessório ao processo principal.

10. Juízo prévio de admissibilidade do recurso especial.

11. Ausência de *fumus boni juris* ante à impossibilidade de êxito do recurso especial.

12. Ação Cautelar improcedente. ("Revista Fórum de Direito Tributário" nº 8, pp. 181 a 189)

STJ – T2 – AgRg no REsp nº 1.063.610/SP, Rel. Min. Humberto Martins, decisão por unanimidade de votos:

Tributário e Administrativo – Quebra de sigilo bancário pela Administração – Possibilidade, desde que comprovada a prévia abertura de procedimento administrativo e seja a medida razoável e proporcional – Súmula 83/STJ – Alegação nova de abertura de processo administrativo – Impossibilidade – Súmula 7/STJ.

1. Não se nega que a Administração, após a LC 105/01, pode ter acesso às informações bancárias do contribuinte, na forma instituída pela Lei n. 10.174/01, sem a intervenção judicial, mas isto se dá apenas quando existente procedimento administrativo.

2. A Corte de origem nega a existência de processo administrativo. A UNIÃO alega a existência. Controvérsia que não pode ser objeto de recurso especial. Súmula 7/STJ.

Agravo regimental improvido. ("Revista Fórum de Direito Tributário" nº 42, pp. 227 a 229)

STJ – T1 – AgRg nos EDcl no REsp nº 1.135.908/SP, Rel. Min. Luiz Fux, decisão por unanimidade de votos:

Agravo regimental. Tributário. Quebra do sigilo bancário sem autorização judicial. Constituição de créditos tributários referentes a fatos imponíveis anteriores à vigência da Lei Complementar 105/2001. Aplicação imediata. Artigo 144, §1º, do CTN. Exceção ao princípio da irretroatividade. Julgamento, pela primeira seção, do recurso especial representativo de controvérsia (resp1. 134.665/sp). Multa por agravo regimental manifestamente infundado. Artigo 557, §2º, do CPC. Aplicação.

1. A quebra do sigilo bancário sem prévia autorização judicial, para fins de constituição de crédito tributário não extinto, é autorizada pela Lei 8.021/90 e pela Lei Complementar 105/2001, normas procedimentais, cuja aplicação é imediata, à luz do disposto no artigo 144, §1º, do CTN (Precedente da Primeira Seção submetido ao rito do artigo 543-C, do CPC: REsp 1.134.665/SP, Rel. Ministro Luiz Fux, julgado em 25.11.2009, *DJe* 18.12.2009).

2. O §1º, do artigo 38, da Lei 4.595/64 (revogado pela Lei Complementar 105/2001), autorizava a quebra de sigilo bancário, desde que em virtude de determinação judicial, sendo certo que o acesso às informações e esclarecimentos, prestados pelo Banco Central ou pelas instituições financeiras, restringir-se-iam às partes legítimas na causa e para os fins nela delineados.

3. A Lei 8.021/90 (que dispôs sobre a identificação dos contribuintes para fins fiscais), em seu artigo 8º, estabeleceu que, iniciado o procedimento fiscal para o lançamento tributário de ofício (nos casos em que constatado sinal exterior de riqueza, vale dizer, gastos incompatíveis com a renda disponível do contribuinte), a autoridade fiscal poderia solicitar informações sobre operações realizadas pelo contribuinte em instituições financeiras, inclusive extratos de contas bancárias, não se aplicando, nesta hipótese, o disposto no artigo 38, da Lei 4.595/64.

4. O §3º, do artigo 11, da Lei 9.311/96, com a redação dada pela Lei 10.174, de 9 de janeiro de 2001, determinou que a Secretaria da Receita Federal era obrigada a resguardar o sigilo das informações financeiras relativas à CPMF, facultando sua utilização para instaurar procedimento administrativo tendente a verificar a existência de crédito tributário relativo a impostos e contribuições e para lançamento, no âmbito do procedimento fiscal, do crédito tributário porventura existente.

5. A Lei Complementar 105, de 10 de janeiro de 2001, revogou o artigo 38, da Lei 4.595/64, e passou a regular o sigilo das operações de instituições financeiras, preceituando que não constitui violação do dever de sigilo a prestação de informações, à Secretaria da Receita Federal, sobre as operações financeiras efetuadas pelos usuários dos serviços (artigo 1º, §3º, inciso VI, c/c o artigo 5º, *caput*, da aludida lei complementar, e 1º, do Decreto 4.489/2002).

6. As informações prestadas pelas instituições financeiras (ou equiparadas) restringem-se a informes relacionados com a identificação dos titulares das operações e os montantes globais mensalmente movimentados, vedada a inserção de qualquer elemento que permita identificar a sua origem ou a natureza dos gastos a partir deles efetuados (artigo 5º, §2º, da Lei Complementar 105/2001).

7. O artigo 6º, da lei complementar em tela, determina que: "Art. 6º As autoridades e os agentes fiscais tributários da União, dos Estados, do Distrito Federal e dos Municípios somente poderão examinar documentos, livros e registros de instituições financeiras, inclusive os referentes a contas de depósitos e aplicações financeiras, quando houver processo administrativo instaurado ou procedimento fiscal em curso e tais exames sejam considerados indispensáveis pela autoridade administrativa competente. Parágrafo único. O resultado dos exames, as informações e os documentos a que se refere este artigo serão conservados em sigilo, observada a legislação tributária".

8. O lançamento tributário, em regra, reporta-se à data da ocorrência do fato ensejador da tributação, regendo-se pela lei então vigente, ainda que posteriormente modificada ou revogada (artigo 144, caput, do CTN).

9. O artigo 144, §1º, do *Codex* Tributário, dispõe que se aplica imediatamente ao lançamento tributário a legislação que, após a ocorrência do fato imponível, tenha instituído novos critérios de apuração ou processos de fiscalização, ampliado os poderes de investigação das autoridades administrativas, ou outorgado ao crédito maiores garantias ou privilégios, exceto, neste último caso, para o efeito de atribuir responsabilidade tributária a terceiros.

10. Consequentemente, as leis tributárias procedimentais ou formais, conducentes à constituição do crédito tributário não alcançado pela decadência, são aplicáveis a fatos pretéritos, razão pela qual a Lei 8.021/90 e a Lei Complementar 105/2001, por envergarem essa natureza, legitimam a atuação fiscalizatória/investigativa da Administração Tributária, ainda que os fatos imponíveis a serem apurados lhes sejam anteriores (Precedentes da Primeira Seção: EREsp 806.753/RS, Rel. Ministro Herman Benjamin, julgado em 22.08.2007, *DJe* 01.09.2008; EREsp 726.778/PR, Rel. Ministro Castro Meira, julgado em 14.02.2007, *DJ* 05.03.2007; e EREsp 608.053/RS, Rel. Ministro Teori Albino Zavascki, julgado em 09.08.2006, *DJ* 04.09.2006).

11. A razoabilidade restaria violada com a adoção de tese inversa conducente à conclusão de que Administração Tributária, ciente de possível sonegação fiscal, encontrar-se-ia impedida de apurá-la.

12. A Constituição da República Federativa do Brasil de 1988 facultou à Administração Tributária, nos termos da lei, a criação de instrumentos/mecanismos que lhe possibilitassem identificar o patrimônio, os rendimentos e as atividades econômicas do contribuinte, respeitados os direitos individuais, especialmente com o escopo de conferir efetividade aos princípios da pessoalidade e da capacidade contributiva (artigo 145, §1º).

13. Destarte, o sigilo bancário, como cediço, não tem caráter absoluto, devendo ceder ao princípio da moralidade aplicável de forma absoluta às relações de direito público e privado, devendo ser mitigado nas hipóteses em que as transações bancárias são denotadoras de ilicitude, porquanto não pode o cidadão, sob o alegado manto de garantias fundamentais, cometer ilícitos. Isto porque, conquanto o sigilo bancário seja garantido pela Constituição Federal como direito fundamental, não o é para preservar a intimidade das pessoas no afã de encobrir ilícitos.

14. O suposto direito adquirido de obstar a fiscalização tributária não subsiste frente ao dever vinculativo de a autoridade fiscal proceder ao lançamento de crédito tributário não extinto.

15. *In casu*, a autoridade fiscal pretende utilizar-se de dados da CPMF para apuração de crédito tributário anterior a janeiro de 2001, tendo sido instaurado procedimento administrativo, razão pela qual não merece reforma o acórdão regional.

16. À luz da novel metodologia legal, publicado o acórdão do julgamento do recurso especial, submetido ao regime previsto no artigo 543-C, do CPC, os demais recursos já distribuídos, fundados em idêntica controvérsia, deverão ser julgados pelo relator, nos termos do artigo 557, do CPC (artigo 5º, I, da Res. STJ 8/2008).

17. Ademais, a alegação de que "a regra do §1º, do artigo 144, do CTN, somente se aplica quando o procedimento de fiscalização for posterior à sua entrada em vigor, o que não ocorre no presente caso", não infirma o entendimento exarado no âmbito de recurso especial representativo da controvérsia.

18. O agravo regimental manifestamente infundado ou inadmissível reclama a aplicação da multa entre 1% (um por cento) e 10% (dez por cento) do valor corrigido da causa, prevista no §2º, do artigo 557, do CPC, ficando a interposição de qualquer outro recurso condicionada ao depósito do respectivo valor.

19. Deveras, "se no agravo regimental a parte insiste apenas na tese de mérito já consolidada no julgamento submetido à sistemática do art. 543-C do CPC, é certo que o recurso não lhe trará nenhum proveito do ponto de vista prático, pois, em tal hipótese, já se sabe previamente a solução que será dada ao caso pelo colegiado", revelando-se manifestamente infundado o agravo, passível da incidência da sanção prevista no artigo 557, §2º, do CPC (Questão de Ordem no AgRg no REsp 1.025.220/RS, Rel. Ministra Eliana Calmon, Primeira Seção, julgada em 25.03.2009).

20. Agravo regimental desprovido, condenando-se a agravante ao pagamento de 1% (um por cento) a título de multa pela interposição de recurso manifestamente infundado (artigo 557, §2º, do CPC). (in: DJe de 1º.07.2010)

5 Impossibilidade de o Ministério Público da União ter, em regra, acesso direto a dados realmente amparados pelos sigilos bancário e fiscal, sem a prévia intermediação da autoridade judiciária – Exposição das jurisprudências do STF e do STJ

Examinarei as questões desse capítulo fazendo uma visita à jurisprudência que vem se firmando no âmbito do Excelso Supremo Tribunal Federal e do Egrégio Superior Tribunal de Justiça.

No Mandado de Segurança nº 21.729-4/DF (DJ de 19.10.2001), impetrado pelo Banco do Brasil S.A. em face do Procurador-Geral da República, por ter o referido órgão do Parquet solicitado diretamente àquele banco, sem a intermediação do Poder Judiciário, informações sobre concessão de empréstimos, subsidiados pelo Tesouro Nacional, com base em plano de governo, a empresas do setor sucroalcooleiro, julgamento ocorrido em 5 de outubro de 1995, decidiu a nossa Corte Constitucional, em sessão plenária, tendo em vista o art. 129, incisos VI e VIII, da Constituição Federal,[21] o art. 38 da Lei nº 4.595/1964 e o art. 8º, da Lei Complementar nº 75/1993,[22] que não cabia ao Banco do Brasil negar, ao Ministério Público, informações sobre nomes de subsidiados pelo erário federal, sob invocação do sigilo bancário, em se tratando de requisição de informações e documentos para instruir procedimento administrativo instaurado em defesa do patrimônio público, prevalecendo, na espécie, o princípio constitucional do art. 37, caput, da publicidade da Administração Pública, em

---

[21] CF/1988 – "Art. 129. São funções institucionais do Ministério Público: (...) VI – expedir notificações nos procedimentos administrativos de sua competência, requisitando informações e documentos para instruí-los, na forma da lei complementar respectiva; (...) VIII – requisitar diligencias investigatórias e a instauração de inquérito policial, indicando os fundamentos jurídicos de suas manifestações processuais".

[22] LC nº 75/1993 – "Art. 8º. Para o exercício de suas atribuições, o Ministério Público da União poderá, nos procedimentos de sua competência: (...) II – requisitar informações, exames, perícias e documentos de autoridades da Administração Pública direta ou indireta; (...) IV – requisitar informações e documentos a entidades privadas; (...) VIII – ter acesso incondicional a qualquer banco de dados de caráter público ou relativo a serviço de relevância pública; (...) §2º Nenhuma autoridade poderá opor ao Ministério Público, sob qualquer pretexto, a exceção de sigilo, sem prejuízo da subsistência do caráter sigiloso da informação, do registro, do dado ou do documento que lhe seja fornecido".

confronto com a proclamada reserva de jurisdição em relação à relativização dos direitos previstos nos incisos X e XII do art. 5º da Carta Política.

No referido julgamento, o Supremo Tribunal Federal, por seu Tribunal Pleno, e por maioria de votos, deixou registrado que, ressalvadas as hipóteses de informações e dados real ou inerentemente públicos, como os relativos aos atos de gestão de dinheiros públicos, quando deve prevalecer o princípio da publicidade da Administração (CF/1988, art. 37, *caput*), nos demais casos, quando envolvidos direitos individuais, os preceptivos do art. 129, incisos VI e VIII, da Constituição da República, não autorizam a quebra do sigilo bancário — ou, pela mesma razão, do sigilo fiscal — pelo Ministério Público, embora tenha sido admitido que os sigilos reconhecidos constitucionalmente como direitos individuais fundamentais à vida privada e à inviolabilidade da comunicação de dados não sejam absolutos, podendo ser transferidos ou quebrados apenas por ordem judicial.

Ficou definido, então, no julgamento do Mandado de Segurança nº 21.729-4/DF, pela mencionada decisão do Excelso Pretório, que as normas do art. 8º, inciso II e IV e §2º da Lei Complementar nº 75/1993, e, podemos depreender, como de resto de qualquer outra norma legal ou de outra lei complementar que regulamente os preceptivos constitucionais do art. 129, combinado com o art. 192[23] do art. 5º, incisos X e XII, não foram autorizadas pela Constituição da República a conferir ao Ministério Público competência para obter diretamente, sem a intermediação do Poder Judiciário, a transferência de sigilos, assegurados, pela mesma Carta Política, aos indivíduos como decorrentes do *right of privacy*, isto pelo fato de inexistir, na Lei Suprema, norma expressa em sentido contrário.

Insta destacar que, por ocasião do julgamento do *Habeas Corpus* nº 87.654-4-PR, a 2ª Turma do Augusto Supremo Tribunal Federal, relatora a senhora Ministra Ellen Gracie, por votação majoritária, esclareceu que o sigilo fiscal, da mesma forma que o sigilo bancário, *nada mais é que um desdobramento do direito à intimidade e à vida privada*, devendo, pois, a sua legítima transferência submeter-se à prévia autorização judicial, tendo admitido, no entanto, que o Código Tributário Nacional não veda a divulgação de informações relativas a representações fiscais ao Ministério Público para fins penais (CTN, art. 198, §3º, inciso I, preceptivo acrescentado pela LC nº 104/2001), o que não configura afronta ao sigilo fiscal.

Transcreva-se a ementa do acórdão do STF no referido HC nº 87.654-4/PR:

> Crime contra a ordem econômica (Lei 8.176/91). Inquérito policial instaurado com base em apreensão ilícita de documentos. Trancamento pretendido.
>
> 1. Eventual vício na primeira apreensão, que foi desconstituída judicialmente, não contamina a segunda apreensão, que foi precedida de prévia autorização judicial. Discutível, ademais, cogitar-se de apreensão ilícita, uma vez que a comunicação de possível crime ao Ministério Público não configura afronta ao sigilo fiscal (CTN, art. 198, §3º, I).
>
> 2. Habeas corpus indeferido. (*RTJ* 199-2, p. 727)

---

[23] CF/1988 (com redação dada pela EC nº 40/2003) – "Art. 192. O sistema financeiro nacional, estruturado de forma a promover o desenvolvimento equilibrado do País e a servir aos interesses da coletividade, em todas as partes que o compõem, abrangendo as cooperativas de crédito, será regulado por *leis complementares* que disporão, inclusive, sobre a participação do capital estrangeiro nas instituições que o integram" (grifei).

O suprafocalizado *habeas corpus* decorreu de acórdão da 5ª Turma do Egrégio Superior Tribunal de Justiça, que indeferiu medida idêntica e que ficou assim ementado:

> STJ – T5 – *HABEAS CORPUS* Nº 42.693 – PR
>
> Relatora: Ministra Laurita Vez
>
> EMENTA: *habeas corpus*. Crime contra a ordem econômica. Trancamento do inquérito policial. Ilicitude da prova reconhecida. Inquérito trancado. Obtenção de nova prova do fato em posterior investigação realizada legalmente. Vício anterior que não contamina as novas provas obtidas.
>
> 1. Se as provas que instruem o novo inquérito policial foram obtidas com a quebra judicialmente autorizada dos sigilos bancário, fiscal e telefônico dos indiciados, não há como tachá-los de ilícitos, porquanto desvinculados da prova anteriormente colhida com vício. (*DJ* de 24.10.2005)

Embora sendo institutos diferentes, os sigilos bancário e fiscal são corolários do direito à privacidade e à inviolabilidade da comunicação de dados, aplicando-se, consequentemente, ao segundo (sigilo fiscal) as mesmas exegeses dadas pelas decisões de nossa Corte Constitucional quanto ao primeiro (sigilo bancário) em relação ao Ministério Público, sendo certo que cabe ao Supremo Tribunal Federal, como guardião da Constituição, dizer a última palavra em termos de interpretação constitucional.

Pondere-se que os dados acobertados pelo sigilo fiscal, além dos informes prestados à Administração Tributária pelos próprios contribuintes, ou os obtidos pelo Fisco em decorrência dos cruzamentos das informações prestadas pelos sujeitos passivos dos tributos,[24] tudo isso no específico interesse da fiscalização e da arrecadação dos tributos, muitas vezes, alcança também os dados relativos ao sigilo bancário dos contribuintes, transmitidos pelas instituições financeiras, razão pela qual, por serem, algumas vezes, os sigilos fiscal e funcional (CF, art. 5º, XIV) até mais abrangentes, merecem o mesmo amparo constitucional do sigilo bancário, como espécies que são do direito à vida privada, à inviolabilidade da comunicação de dados e ao segredo profissional.

Transcrevam-se, neste ponto, os seguintes trechos de ementas de acórdãos do Supremo Tribunal Federal a respeito da matéria em comento:

> STF – T2 – RE n 215.301/CE
>
> RELATOR: MIN. CARLOS VELLOSO
>
> EMENTA: – Constitucional. Ministério Público. Sigilo bancário: quebra. C.F., art. 129, VIII.
>
> I. – A norma inscrita no inc. VIII, do art. 129, da C.F., não autoriza ao Ministério Público, sem a interferência da autoridade judiciária, quebrar o sigilo bancário de alguém. Se se tem presente que o sigilo bancário é espécie de direito à privacidade, que a C.F. consagra, art. 5º, X, somente autorização expressa da Constituição legitimaria o Ministério Público

---

[24] CTN, art. 13, "§2º: Obrigação acessória decorre da legislação tributária e tem por objeto as prestações, positivas ou negativas, nela previstas no interesse da arrecadação ou da fiscalização dos tributos".

a promover, diretamente e sem a intervenção da autoridade judiciária, a quebra do sigilo bancário de qualquer pessoa.

II. – R.E. não conhecido. (*DJ* de 28.05.1999)

STF – T2 – Ag. Reg. no AI Nº 541.265-8/SC
Relator: Min. Carlos velloso
EMENTA: Constitucional. Recurso extraordinário. Ofensa à Constituição. Ministério Público. Sigilo bancário. Quebra. Mediante ordem judicial. Precedentes.
(...)
VI. – O entendimento desta Suprema Corte consolidou-se no sentido de não possuir caráter absoluto a garantia dos *sigilos bancário e fiscal*, sendo facultado ao juiz decidir acerca da conveniência da sua quebra em caso de interesse público relevante e suspeita razoável de infração penal. Precedentes. VII. – Agravo não provido. – Destaquei. (*DJ* de 04.11.2005)

STF – T2 – Ag. Reg. no RE n 318.136-0/RJ
Relator: Min. Cezar peluso
EMENTAS: 1. *RECURSO. Extraordinário. Inadmissibilidade. Instituições Financeiras. Sigilo bancário. Quebra. Requisição. Ilegitimidade do Ministério Público. Necessidade de autorização judicial. Jurisprudência assentada. Ausência de razões novas. Decisão mantida. Agravo regimental improvido*. Nega-se provimento a agravo regimental tendente a impugnar, sem razões novas, decisão fundada em jurisprudência assente na Corte.

2. *RECURSO. Agravo. Regimental. Jurisprudência assentada sobre a matéria. Caráter meramente abusivo. Litigância de má-fé. Imposição de multa. Aplicação do art. 557, §2º, cc. arts. 14, II e III, e 17, VII, do CPC*. Quando abusiva a interposição de agravo, manifestamente inadmissível ou infundado, deve o Tribunal condenar a agravante a pagar multa ao agravado. (*DJ* de 06.10.2006)

STF – Tribunal Pleno – Ag. REG. no INQ. 2.206-3/DF
Relator: Min. Marco Aurélio
EMENTA: *Inquérito – Diligência – Extensão. O deferimento de diligência requerida pelo Ministério Público há de fazer-se em sintonia com as balizas subjetivas e objetivas da investigação em curso, descabendo providências que extravasam o campo da razoabilidade, como, por exemplo, a quebra de sigilo bancário generalizada*. (*DJ* de 02.02.2007)

Impende trazer à colação trechos do didático voto do senhor Ministro Carlos Mário da Silva Velloso, proferido em um dos julgamentos suprafocalizados, o do Recurso Extraordinário nº 215.301, *ipsis litteris*:

Quando do julgamento, pelo Plenário, do MS 21.729-DF, Relator o Ministro Marco Aurélio, julgamento concluído em 05/10/95, (...) o Supremo Tribunal Federal examinou a questão tendo em vista a Lei Complementar nº 75, de 20.5.93.

Aqui, em sede de recurso extraordinário, entretanto, isto não pode ocorrer, dado que o contencioso de direito comum não integra o recurso extraordinário.

A questão, portanto, somente pode ser visualizada tendo o que dispõe o dispositivo constitucional que se alega violado, o art. 129, VIII, da C.F.:

Art. 129. São funções institucionais do Ministério Público:

(...)

VIII – requisitar diligencias investigatórias e a instauração de inquérito policial, indicados os fundamentos jurídicos de suas manifestações processuais.

(...)

Ora, no citado inc. VIII, do art. 129, da C.F., não está escrito que poderia o órgão do Ministério Público requerer, sem a intervenção da autoridade judiciária, a quebra do sigilo bancário de alguém. E se considerarmos que o sigilo bancário [como o sigilo fiscal] é espécie de direito à privacidade que a Constituição consagra, art. 5º, inc. X, somente autorização expressa da Constituição legitimaria a ação do Ministério Público para requerer, diretamente, sem a intervenção da autoridade judiciária, a quebra do sigilo bancário de qualquer pessoa.

No voto que proferi na Petição 577-DF, caso Magri, dissertei a respeito do tema (*RTJ* 148/366), asseverando que o direito ao sigilo bancário não é, na verdade, um direito absoluto — não há, aliás, direitos absolutos — devendo ceder, é certo, diante do interesse público, diante do interesse social, diante do interesse da justiça, conforme, esclareça-se, tem decidido o Supremo Tribunal Federal. Todavia, deixei expresso no voto que proferi no MS 21.729-DF, por se tratar de um direito que tem *status* constitucional, a quebra não pode ser feita por quem não tem o dever de imparcialidade. Somente a autoridade judiciária, que tem o dever de ser imparcial, por isso mesmo procederá com cautela, com prudência e com moderação, é que, provocada pelo Ministério Público, poderá autorizar a quebra do sigilo. O Ministério Público, por mais importantes que sejam as suas funções, não tem a obrigação de ser imparcial. Sendo parte — advogado da sociedade — a parcialidade lhe é inerente. Então, como poderia a parte, que tem interesse na ação, efetivar, ela própria a quebra de um direito inerente à privacidade, que é garantido pela Constituição? Lembro-me de que, no antigo Tribunal Federal de Recursos, um dos seus mais eminentes membros costumava a afirmar que *"o erro do juiz o tribunal pode corrigir, mas quem corrigirá o erro do Ministério Público?"* (...)

Em suma, o art. 129, VIII, não autoriza ao Ministério Público quebrar, diretamente, o sigilo bancário das pessoas.

Destarte, consoante a jurisprudência de nossa Corte Constitucional, numa interpretação conforme à Constituição, os preceitos do art. 129, *caput*, incisos VI e VIII, da Carta Política de 1988, não autorizam a transferência direta ao Ministério Público de dados protegidos pelo sigilo bancário ou fiscal.[25]

Sendo assim, ou seja, inexistindo ressalva expressa da Constituição em relação ao Ministério Público, e tendo em vista que o Supremo Tribunal Federal considera que os sigilos bancário e fiscal são nuances do direito constitucional à privacidade e à inviolabilidade da comunicação de dados, lei infraconstitucional alguma, nem sequer lei complementar, poderia, fora de parâmetros constitucionais, restringir ou limitar um direito individual fundamental.

Com efeito, por essa interpretação dada por nossa Corte Constitucional, as normas do art. 198, §1º, inciso II, e §2º, dispositivos acrescentados pela LC nº

---

[25] Ao contrário do decidido em relação ao art. 198, VI e VIII, da CF/1988, quanto ao MP, o STF ainda não decidiu se a norma do art. 145, §1º, da CF/1988, autorizaria ou não a Administração Tributária a ter acesso direito ao sigilo bancário, independentemente de prévia intervenção do Poder Judiciário. Reza o art. 145, §1º, da CF: "Sempre que possível, os impostos terão caráter pessoal e serão graduados segundo a capacidade econômica do contribuinte, facultado à administração tributária, especialmente para conferir efetividade a esses objetivos, identificar, respeitados os direitos individuais e nos termos da lei, o patrimônio, os rendimentos e as atividades econômicas do contribuinte".

104/2001, só podem ser lidas no sentido de que a transferência ao Ministério Público de matéria realmente acobertada pelo sigilo fiscal poderá suceder mediante prévia intervenção judicial.

No mesmo diapasão, ou seja, no sentido de ser ilegal a quebra dos sigilos bancário e fiscal efetuada sem a devida autorização judicial, é a jurisprudência do Egrégio Superior Tribunal de Justiça, órgão com o poder de dizer a interpretação definitiva de normas infraconstitucionais, conforme demonstram, a título ilustrativo, as seguintes ementas de acórdãos, *in verbis*:

> STJ – T5 – RO em MS nº 15.552/SP
>
> Relator: Ministro Félix Fischer
>
> Processual e penal. Recurso ordinário em mandado de segurança. Quebra de sigilo bancário e fiscal. Ministério Público. Legitimidade. Decisão suficientemente fundamentada. Necessidade da medida para fins de investigação criminal.
>
> I – Tem o Ministério Público legitimidade para requerer ao Poder Judiciário a quebra de sigilo bancário, porquanto a ordem jurídica confere explicitamente poderes amplos de investigação ao Ministério Público – art. 129, incisos VI e VIII, da Constituição Federal, e art. 8º, incisos II e IV, e §2º, da Lei Complementar nº 75/1993. Precedentes.
>
> II – A proteção ao sigilo bancário não consubstancia direito absoluto, cedendo passo quando presentes circunstâncias que denotem a existência de interesse público relevante ou de elementos aptos a indicar a possibilidade de prática delituosa.
>
> III – Mostra-se suficientemente fundamentada a decisão judicial que, ao determinar a quebra dos sigilos bancário e fiscal, requerida em inquérito policial, indica suficientemente indícios de prática delituosa e os motivos pelos quais a medida se faz necessária, bem como indica com precisão o objeto da investigação e a pessoa investigada.
>
> Recurso a que se nega provimento. (*DJ* de 19.12.2003)

> STJ – T5 – RHC nº 20.329/PR
>
> Relatora: Ministra Jane Silva
>
> Recurso em *habeas corpus* – Crimes contra a ordem tributária, contra o sistema financeiro e de lavagem de dinheiro – Investigações preliminares – Quebra do sigilo fiscal do investigado – Inexistência de autorização judicial – Requisição feita pelo membro do ministério público diretamente à receita federal – Ilicitude da prova – Desentranhamento dos autos – Trancamento do inquérito policial – Impossibilidade – Existência de outros elementos de convicção não contaminados pela prova ilícita – Dado parcial provimento ao recurso.
>
> I. A requisição de cópias das declarações de imposto de renda do investigado, feita de forma unilateral pelo Ministério Público, se constitui em inequívoca quebra de seu sigilo fiscal, situação diversa daquela em que a autoridade fazendária, no exercício de suas atribuições, remete cópias de documentos ao *parquet* para a averiguação de possível ilícito penal.
>
> II. A quebra do sigilo fiscal do investigado deve preceder da competente autorização judicial, pois atenta diretamente contra os direitos e garantias constitucionais da intimidade e da vida privada dos cidadãos.
>
> III. As prerrogativas institucionais dos membros do Ministério Público, no exercício de suas funções, não compreendem a possibilidade de requisição de documentos fiscais sigilosos diretamente junto ao Fisco.

IV. Devem ser desentranhadas dos autos as provas obtidas por meio ilícito, bem como as que delas decorreram.

V. Havendo outros elementos de convicção não afetados pela prova ilícita, o inquérito policial deve permanecer intacto, sendo impossível seu trancamento.

VI. Dado parcial provimento ao recurso. (*DJ* de 22.10.2007)

STJ –T2 – AgRg no REsp 325.997/DF

Relator: Ministro Castro Meira

Administrativo. Quebra de sigilo bancário. Banco Central do Brasil.

1. Os poderes de fiscalização do Banco Central do Brasil, como órgão de fiscalização do sistema bancário, estão limitados às informações acerca de operações, de ativo, de passivo e de quaisquer outros dados que possam auxiliar o BACEN no exercício de suas atribuições, oriundas das instituições financeiras ou das pessoas físicas ou jurídicas, inclusive as que atuem como instituição financeira.

2. Não se deve confundir o poder de fiscalização atribuído ao BACEN, com o poder de violar o sigilo bancário, que é norma de ordem pública.

3. Agravo Regimental improvido. (*RSTJ* 184/156)

STJ – T2 – EDcl no AgRg no REsp nº 325.997/DF

Relator: Ministro Castro Meira

Processual civil. Embargos de declaração. Contradição e omissão inexistentes. Sigilo bancário. Banco Central do Brasil.

1. Não se vislumbra estejam as razões de decidir dissociadas da causa, como quer fazer entender o embargante. Se a legislação — tanto constitucional, quanto infraconstitucional —, não distingue o cidadão comum do dirigente de instituição financeira, não pode o Judiciário fazer a pretendida distinção.

2. Não há que se confundir a prestação de informações com quebra de sigilo bancário, vedado pela Constituição Federal e só permitida, mediante autorização judicial.

3. Não prospera a pretensão do embargante, pois não se vislumbra a ocorrência das hipóteses previstas no artigo 535 do CPC.

4. Embargos de declaração rejeitados. (*DJ* de 28.02.2005)

STJ – T1 – RO-MS nº 8.716/GO

Relator: Ministro Milton Luiz Pereira

Ação Cautelar (exibição de documentos bancários). Legitimidade do Ministério Público Estadual. Providências Investigatórias Urgentes e Preparatórias para o Inquérito Civil e a Ação Civil Pública. Constituição Federal, arts. 5., X e XII, 37, 127 e 129. Lei 4.595/64 (art. 38). Lei 7.347/85. Lei 4.728/65 (art. 4º, §2º) e Lei 8.625/93 (arts. 25 e 26).

1. À parla de relevante interesse público e social, ampliou-se ao âmbito de atividades do Ministério Público para realizar atividades investigatórias, alicerçando informações para promover o inquérito e ação civil publica (C.F., arts. 127 e 129, III – Lei 7.347/85, arts. 1. e 5.).

2. O sigilo bancário não é um direito absoluto, quando demonstradas fundadas razões, podendo ser desvendado por requisição do Ministério Público em medidas e procedimentos administrativos, inquéritos e ações, mediante requisição submetida ao Poder Judiciário.

3. A "quebra de sigilo" compatibiliza-se com a norma inscrita no art. 5.,X e XII, CF, cônsono jurisprudência do STF.

4. O princípio do contraditório não prevalece no curso das investigações preparatórias encetadas pelo Ministério Público. (RE 136.239 – Ag.Reg. em Inquérito 897 – *DJU* DE 24.03.95).

5. Não constitui ilegalidade ou abuso de poder, provimento judicial aparelhando o MP na coleta de urgentes informações para apuração de ilícitos civis e penais.

6. Recurso improvido. (*DJ* de 25.05/.1998)

Destaque-se do voto do senhor Ministro Castro Meira, nos EDcl no AgRG no REsp nº 325.997, o seguinte trecho:

No recurso especial o ora embargado pede que "se delimite o alcance do poder fiscalizatório do Banco Central em face do direito ao sigilo bancário, proclamando-se que a eventual quebra do sigilo pela autarquia federal encontra-se adstrita — tanto quanto se impõe à autoridade fiscal e ao próprio Ministério Público — à prévia autorização judicial, mediante requerimento contendo a demonstração da necessidade da medida". Aponta violação ao artigo 38 da Lei nº 4.595/64.

No voto condutor do recurso especial, após análise dos dispositivos legais pertinentes, restou consignado:

"Da análise das normas atinentes ao assunto, dúvida não há de que a legislação conferiu ao Banco Central alguns poderes como órgão de fiscalização do sistema bancário, e esses poderes estão limitados às informações oriundas das 'instituições financeiras ou das pessoas físicas ou jurídicas', inclusive as que 'atuem como instituição financeira (§7º do art. 44 da Lei 4.595/64), vale dizer, informações acerca de suas operações, de seu ativo, de seu passivo e quaisquer outros dados que possam auxiliar o BANCEN no exercício de suas atribuições. Todavia, não se deve confundir o poder fiscalizatório atribuído ao BANCEN, com o poder de violar o sigilo bancário, que é norma de ordem pública". (fls. 222).

Interposto, pelo Banco Central do Brasil, Recurso Extraordinário nº 461.366-2/DF, em face do suprafocalizado *decisum* do STJ, sustentando ofensa ao art. 5º, inciso X, da Constituição Federal, sob a alegação de que o sigilo bancário não estaria inserido na "cláusula de reserva de jurisdição",[26] não se revestindo, pois, de caráter absoluto, e aduzindo, ainda, que obstar suas atividades fiscalizadoras em nome do sigilo bancário implicaria sobrepor o interesse privado (do dirigente bancário) ao público e acobertar práticas ilícitas,[27] concebeu a 1ª Turma do Supremo Tribunal Federal, por maioria de votos, conduzido pelo voto do relator, o senhor Ministro Marco Aurélio, que o preceito regedor da espécie, tendo em conta o sistema da Constituição, seria o do art. 5º, inciso XII, isto é, a regra seria como expressado no voto do Relator do

---

[26] Em voto vencido, neste RE nº 461.366-DF, o emérito Ministro Sepúlveda Pertence deixou registrado, com sua usual sensatez: "Eu gostaria, independentemente da causa, de delimitar este campo. Não vejo no art. 5º, XII, nada que diga respeito a sigilo bancário. Entendo, com muita reserva, que o sigilo bancário, em geral, é protegido pela privacidade, sem leva-lo a ponto da chamada reserva da primeira palavra ao Judiciário. Antecipando um pouco o voto que, provavelmente, não proferirei na ADIn sobre a Lei complementar 105, tenho muita dúvida sobre prova de crime, porque guardada em registro bancário, se inclua na esfera da privacidade".

[27] Transcreva-se trecho do voto vencido do Ministro Carlos Britto, que estampa lúcida ponderação: "E para sanear esse estratégico setor do Sistema Financeiro, penso que subtrair ao Banco Central esse poder de polícia para saber, não é para divulgar, de movimentação bancária de contas de dirigentes, é empobrecer a funcionalidade da Constituição e fragilizar esse sistema por ela concebido, inclusive, no plano da moralidade".

feito, o "sigilo de dados" (e não a inviolabilidade da comunicação de dados, como, a nosso ver, corretamente assumido pelo Plenário do STF em casos anteriores: MS nº 21.729-4/DF, in *DJ* de 19.10.2001; e RE nº 418.416/SC, in *DJ* de 19.12.2006), somente podendo ocorrer o seu afastamento por ordem judicial. Por fim, considerou a 1ª Turma do STF, nesse julgamento, que a referida autarquia federal confundira o poder de fiscalização com o de afastar sigilo de dados.

Transcreva-se a ementa do acórdão do RE nº 461.366-2/DF, publicada no *DJ* de 05.10.2007, *in verbis*:

> Sigilo de dados – Atuação fiscalizadora do Banco Central – Afastamento – Inviabilidade.
> A atuação fiscalizadora do Banco Central do Brasil não encerra a possibilidade de, no campo administrativo, alcançar dados bancários de correntistas, afastando o sigilo previsto no inciso XII do artigo 5º da Constituição Federal.

Por ocasião do julgamento desse recurso extraordinário, o senhor Ministro Ricardo Lewandowski corroborou em seu voto:

> Entendo (...) que a quebra do *sigilo fiscal* e *bancário* constitui medida excepcionalíssima, *coberta pela reserva de jurisdição*, como *sempre tem afirmado o Supremo Tribunal Federal, inclusive em face do Ministério Público,* cujas atribuições cresceram muito, como nós sabemos, com a nova Constituição. *Não se admite a quebra desses sigilos por meio de procedimentos administrativos.*
>
> Creio que a competência de fiscalizar as entidades financeiras atribuída ao Banco Central, que é amplíssima, não compreende, *data vênia*, esta possibilidade de ingressar na esfera privada dos dirigentes destas mesmas instituições financeiras.
>
> Acredito que, nesse caso, *é preciso que isso ocorra dentro de um procedimento formal, de caráter judicial, com autorização das autoridades deste Poder,* que é independente, neutro e se coloca acima dos interesses da própria máquina administrativa. (Os destaques não constam do original)

Cabe transcrever a ementa do acórdão do Supremo Tribunal Federal, decorrente do julgamento, em sessão plenária, do RE nº 418.416/SC, que trata sobre a interpretação do inciso XII do art. 5º da Constituição Federal de 1988, relator o Ministro Sepúlveda Pertence:

> EMENTA: (...) **II. Quebra de sigilo bancário**: prejudicadas as alegações referentes ao decreto que a determinou, dado que a sentença e o acórdão não se referiram a qualquer prova resultante da quebra do sigilo bancário, tanto mais que, dado o deferimento parcial de mandado de segurança, houve a devolução da documentação respectiva.
> **III. Decreto de busca e apreensão: validade**.
> 1. Decreto específico, que somente permitiu que as autoridades encarregadas da diligência selecionassem objetos, dentre aqueles especificados na decisão e na sede das duas empresas nela indicadas, e que fossem "interessantes à investigação" que, no caso, tinha pertinência com a prática do crime pelo qual foi efetivamente condenado o recorrente.
> 2. Ademais não se demonstrou que as instâncias de mérito tenham invocado prova não contida no objeto da medida judicial, nem tenham valorado qualquer dado resultante da extensão dos efeitos da decisão determinante da busca e apreensão, para que a Receita Federal e a "Fiscalização do INSS" também tivessem acesso aos documentos

apreendidos, para fins de investigação e cooperação na persecução criminal, "observado o sigilo imposto ao feito".

IV – Proteção constitucional ao sigilo das comunicações de dados – art. 5º, XII, da CF: ausência de violação, no caso.

1. Impertinência à hipótese da invocação da AP 307 (Pleno, 13.12.94, Galvão, DJU 13.10.95), em que a tese da inviolabilidade absoluta de dados de computador não pode ser tomada como consagrada pelo Colegiado, dada a interferência, naquele caso, de outra razão suficiente para a exclusão da prova questionada — o ter sido o microcomputador apreendido sem ordem judicial e a conseqüente ofensa da garantia da inviolabilidade do domicílio da empresa — este segundo fundamento bastante, sim, aceito por votação unânime, à luz do art. 5º, XI, da Lei Fundamental.

2. Na espécie, ao contrário, não se questiona que a apreensão dos computadores da empresa do recorrente se fez regularmente, na conformidade e em cumprimento de mandado judicial.

3. Não há violação do art. 5º, XII, da Constituição que, conforme se acentuou na sentença, não se aplica ao caso, pois não houve "quebra de sigilo das comunicações de dados (interceptação das comunicações), mas sim apreensão de base física na qual se encontravam os dados, mediante prévia e fundamentada decisão judicial".

4. A proteção a que se refere o art. 5º, XII, da Constituição, é da comunicação 'de dados' e não dos 'dados em si mesmos', ainda quando armazenados em computador. (cf. voto no MS 21.729, Pleno, 5.10.95, red. Néri da Silveira – RTJ 179/225, 270).

V – Prescrição pela pena concretizada: declaração, de ofício, da prescrição da pretensão punitiva do fato quanto ao delito de frustração de direito assegurado por lei trabalhista – C. Penal, arts. 203; 107, IV; 109, VI; 110, §2º e 114, II; e Súmula 497 do Supremo Tribunal – (DJ de 19.12.2006)

Na doutrina, Juliana Garcia Belloque corrobora:

Pretende-se extrair das atribuições descritas, insculpidas no art. 129 da Constituição da República, a atribuição do Ministério Público para requisitar diretamente às instituições financeiras, sob pena de crime de desobediência, informações pertinentes a investigações civis ou criminais por eles desenvolvidas, mesmo quando o cumprimento da ordem implique violação dos sigilos fiscal ou financeiro.

Nossos Tribunais, no entanto — em interpretação sistemática do texto constitucional, aplicando-se o princípio da prevalência dos direitos humanos —, apontaram a insuficiência deste dispositivo para se conferir tal poder à instituição, já que, constituindo o sigilo financeiro modalidade de manifestação do direito à intimidade, consagrado constitucionalmente como direito individual fundamental, suas limitações devem decorrer de mandamentos expressos e inequívocos, mesmo quando contidos em normas igualmente constitucionais. Também estas, em sendo mitigadoras de direitos fundamentais, merecem interpretações restritivas.[28]

Novidades neste campo não param de surgir, isto é, emergiram decisões do Supremo Tribunal Federal e do Superior Tribunal de Justiça que admitem estar, em regra, a relativização do sigilo fiscal sujeita à reserva constitucional de jurisdição.

---

[28] BELLOQUE, Juliana Garcia. *Sigilo bancário*: análise da LC 105/2001. São Paulo: Revista dos Tribunais, 2003. p. 137.

Transcreva-se, a este respeito, a ementa do acórdão da 2ª Turma do Augusto Pretório, emanada do julgamento do Recurso Extraordinário nº 535.478-4/SC, ocorrido em 28 de outubro de 2008, relatora a senhora Ministra Ellen Gracie, do qual restou demonstrado a legitimidade do Ministério Público para requerer ao Poder Judiciário a transferência do sigilo fiscal, com o fito de confrontação de dados da CPMF com a declaração de Imposto de Renda (Lei nº 10.174/2001), *in verbis*:

> Direito Processual Penal. Recurso extraordinário. Mandado de segurança. Pedido de afastamento de sigilo bancário e fiscal de investigado. Procedimento judicial. Poderes investigatórios do Ministério Público. Improvimento da parte conhecida.
>
> 1. As questões de suposta violação ao devido processo legal, ao princípio da legalidade, ao direito de intimidade e privacidade e ao princípio da presunção de inocência, têm natureza infraconstitucional e, em razão disso, revelam-se insuscetíveis de conhecimento em sede de recurso extraordinário.
>
> 2. As argüições de violação aos princípios e garantias do devido processo legal, legalidade, presunção de inocência e intimidade, evidentemente, tocam em temas de natureza infraconstitucional, não havendo que se cogitar de afronta direta às normas constitucionais apontadas.
>
> 3. Da mesma forma, não merece ser conhecido o apelo extremo na parte em que se alega violação aos princípios do contraditório, ampla defesa e devido processo legal.
>
> 4. Remanesce a questão afeta à possibilidade de o Ministério Público promover procedimento administrativo de cunho investigatório e o possível malferimento da norma contida no art. 144, §1º, I e IV, da Constituição Federal.
>
> 5. No caso concreto, tal debate se mostra irrelevante, eis que houve instauração de inquérito policial para apurar fatos relacionados às movimentações de significativas somas pecuniárias em contas bancárias, sendo que o Ministério Público requereu, a título de tutela cautelar inominada, a concessão de provimento jurisdicional que afastasse o sigilo dos dados bancários e fiscais do recorrente. Tal requerimento foi feito junto ao juízo competente e, portanto, não se tratou de medida adotada pelo Ministério Público sem qualquer provimento jurisdicional.
>
> 6. Contudo, ainda que se tratasse da temática dos poderes investigatórios do Ministério Público, melhor sorte não assistiria ao recorrente. A denúncia pode ser fundamentada em peças de informação obtidas pelo órgão do MPF sem a necessidade do prévio inquérito policial, como já previa o Código de Processo Penal. Não há óbice a que o Ministério Público requisite esclarecimentos ou diligencie diretamente a obtenção da prova de modo a formar seu convencimento a respeito de determinado fato, aperfeiçoando a persecução penal, mormente em casos graves como o presente que envolvem altas somas em dinheiro movimentadas em contas bancárias.
>
> 7. A hipótese não envolve a eficácia retroativa da Lei nº 10.174/01 — eis que esta se restringiu à autorização da utilização de dados para fins fiscais —, e sim a apuração de ilícito penal mediante obtenção das informações bancárias.
>
> 8. Recurso parcialmente conhecido e, nesta parte, improvido. (*Revista Fórum de Direito Tributário*, n. 39, p. 215-223)

Também, surgiu à tona outro caso interessante — o Mandado de Segurança nº 22.801-6/DF, impetrado pelo Banco Central do Brasil contra ato do Tribunal de Contas da União, que pretendia acesso, via terminal eletrônico de dados, às transações do Sistema de Informações daquela autarquia — SISBACEN —, ocasião em que o

Supremo Tribunal Federal, relator o senhor Ministro Menezes Direito, em sessão plenária, por unanimidade de votos, concedeu a segurança, nos termos da ementa do respectivo acórdão abaixo transcrita:

> EMENTA
>
> Mandado de Segurança. Tribunal de Contas da União. Banco Central do Brasil. Operações financeiras. Sigilo.
>
> 1. A Lei Complementar nº 105, de 10/1/01, não conferiu ao Tribunal de Contas da União poderes para determinar a quebra do sigilo bancário de dados constantes do Banco Central do Brasil. O legislador conferiu esses poderes ao Poder Judiciário (art. 3º), ao Poder Legislativo Federal (art. 4º), bem como às Comissões Parlamentares de Inquérito, após prévia aprovação do pedido pelo Plenário da Câmara dos Deputados, do Senado Federal ou do plenário de suas respectivas comissões parlamentares de inquérito (§§1º e 2º do art. 4º).
>
> 2. Embora as atividades do TCU, por sua natureza, verificação de contas e até mesmo o julgamento das contas das pessoas enumeradas no artigo 71, II, da Constituição Federal, justifiquem a eventual quebra de sigilo, não houve essa determinação na lei específica que tratou do tema, não cabendo a interpretação extensiva, mormente porque há princípio constitucional que protege a intimidade e a vida privada, art. 5º, X, da Constituição Federal, no qual está inserida a garantia ao sigilo bancário.
>
> 3. Ordem concedida para afastar as determinações do acórdão nº 72/96 – TCU – 2ª Câmara (fl. 31), bem como as penalidades impostas ao impetrante no Acórdão nº 54/97 – TCU – Plenário. (*DJe* n. 047 – Divulgação 13.03.2008 – Publicação 14.03.2008)

Da mesma forma, recentemente, em janeiro de 2008, no Mandado de Segurança nº 27.091/DF, relator do feito, o senhor Ministro Gilmar Mendes, suspendeu, em decisão liminar, acórdão do Tribunal de Contas da União, que determinava ao secretário da Receita Federal do Brasil que apresentasse, em quinze dias úteis, informações sigilosas de contribuintes registradas no banco de dados do Siscomex (Sistema Integrado de Comércio Exterior). Nesse *writ of mandamus*, alegou o secretário que a imposição do TCU, que daria acesso irrestrito a informações de contribuintes que não manipularam verbas públicas ou que não estão submetidos à fiscalização da Corte de Contas, não encontra respaldo na Constituição Federal e nem no Código Tributário Nacional (art. 198, §1º, inc. II, e §2º). Ao deferir o pedido de medida liminar, no aludido mandado de segurança, o senhor Ministro Gilmar Mendes, justificando a plausibilidade jurídica para o deferimento do pedido, lembrou que o STF entende que a quebra do sigilo de dados dos contribuintes, ou seja, do sigilo fiscal, só pode ocorrer quando fundamentada nas hipóteses constitucionalmente autorizadas ao Poder Legislativo ou por ordem do Poder Judiciário, tendo ponderado, ainda, Sua Excelência que, para verificar os procedimentos adotados para habilitação de pessoas físicas no Siscomex, o TCU pretendia ter acesso amplo e irrestrito às informações gerenciais e operacionais da Secretaria da Receita Federal do Brasil.

Impende transcrever trechos da supracitada decisão concessiva de liminar (divulgada no *DJe* nº 19, em 01.02.2008), em favor do Secretário da Receita Federal do Brasil, para que aquela autoridade se abstivesse de fornecer ao Tribunal de Contas da União, informações amparadas pelo sigilo fiscal – MS nº 27.091-8-MC/DF, *verbo ad verbum*:

(...)

Constato, inicialmente, a competência do Supremo tribunal Federal para processar e julgar, originariamente, o presente feito, nos termos do art. 102, I, d, da Constituição Federal, redação dada pela EC 45/2004. Verifico que o acórdão nº 1.835/2007, proferido pelo egrégio Tribunal de Contas da União, decorre de representação formulada pela equipe de auditoria da Secretaria de Macroavaliação Governamental (Semag), em face da negativa da Receita Federal do Brasil (SRFB) em conceder pleno acesso às informações registradas no Sistema Integrado de Comércio Exterior (Siscomex), em especial, "aos processos de habilitação de importadores, exportadores e internadores da Zona Franca de Manaus.

Em sede de cognição sumária, evidencia-se a plausibilidade jurídica no pedido, tendo em vista que, para proceder a verificação dos procedimentos adotados para habilitação de pessoas físicas no Siscomex, pretende-se o acesso amplo e irrestrito às informações gerenciais e operacionais que envolvem aquele órgão da Secretaria da Receita Federal do Brasil.

Cumpre salientar que o Plenário desta Suprema Corte, em 17.12.2007, abordou questão em tudo similar ao da presente impetração, quando do julgamento do MS 22.801/DF, rel. Min. Menezes Direito, pronunciando-se pela *impossibilidade de se proceder a quebra de sigilo dos contribuintes, por ser medida excepcional de afastamento dessa garantia constitucional, que só pode ser elidida, fundamentadamente,* **nas hipóteses constitucionalmente autorizadas** ao Poder Legislativo ou, ainda, por ordem emanada do Poder Judiciário.

Nesse sentido: MS 26.895-MC/DF, rel. Min. Celso de Mello, *DJ* 12/09/2007; MS 25.812-MC/DF, rel. Min. Nelson Jobim, *DJ* 27/01/2006; MS 25.361-MC/DF, *DJ* 23/05/2005 e MS 24.750/DF, *DJ* 02/02/2004, de minha relatoria; MS 25.298-MC/DF, rel. Min. Cezar Pelluso, *DJ* 21/03/2005 e MS 23.956/DF, rel. Min. Ellen Gracie, *DJ* 18/05/2001; dentre outros.

Ante o exposto, defiro o pedido de medida liminar, para suspender a exigência contida no item 9.2 do Acórdão nº 1.835/2007, resultante do julgamento realizado nos autos do Processo TC nº 025.686/2006-7, pelo Plenário do tribunal de Contas da União. Após, dê-se vista dos autos à Procuradoria-Geral da República. (os destaques não constam do original)

Outrossim, a 5ª Turma do Egrégio Superior Tribunal de Justiça, por ocasião do julgamento do Recurso em Mandado de Segurança nº 25.375-PA, realizado em 19 de fevereiro de 2008, confirmou, por unanimidade, a jurisprudência daquele Pretório sobre a impossibilidade da transferência direta do sigilo fiscal ao Ministério Público, como demonstra a ementa do respectivo acórdão, a seguir transcrita:

Recurso em mandado de segurança. Procedimento investigatório criminal. Quebra de sigilo fiscal pelo Ministério Público. Ausência de autorização judicial. Impossibilidade.

I – A proteção ao sigilo bancário e fiscal não consubstancia direito absoluto, cedendo passo quando presentes circunstâncias que denotem a existência de interesse público relevante ou de elementos aptos a indicar a possibilidade de prática delituosa (Precedentes).

II – Entretanto, o Ministério Público não tem legitimidade para proceder a quebra de sigilo bancário e fiscal sem autorização judicial (Precedentes).

Recurso desprovido. (*DJe* 07.04.2008)

Destarte, diante unicamente do estágio atual da jurisprudência, praticamente pacificada, dos Tribunais Superiores pátrios, impõe-se que se chegue às seguintes deduções parciais, inclusive para não favorecer a impunidade com o surgimento de provas ilícitas (CF, art. 5º, LVI),[29] às vezes, contaminadoras até mesmo de outras provas, quando das provas ilícitas decorrentes:

1ª. em regra, a Constituição Federal de 1988 e as Leis Complementares nºs 75/1993, 105/2001, 104/2001, o Código Tributário Nacional e a Lei nº 8.625/1993 não admitem a transferência direta de dados protegidos pelos sigilos bancário e fiscal diretamente ao Ministério Público da União, e, com maior razão, ao Ministério Público dos Estados e ao Ministério Público junto aos Tribunais de Contas, sem a prévia autorização do Poder Judiciário;[30] [31]

2ª. em matéria de interpretação constitucional, a última palavra cabe ao Supremo Tribunal Federal, guardião da Constituição da República, de modo que se pode repisar que a própria Constituição é aquilo que a nossa Corte Constitucional disser que ela é, da mesma forma que a interpretação definitiva de leis infraconstitucionais compete ao Superior Tribunal de Justiça, de modo que, para o nosso direito positivo, a interpretação correta da norma legal é aquela que o STJ assentar;

3ª. e, de fato, pelos precedentes coligidos, o STF tem decido que os preceptivos do art. 129, incisos VI e VIII, da Constituição Federal não autorizam a quebra do sigilo bancário, nem do sigilo fiscal, sem a prévia autorização do Poder Judiciário;

4ª. como o sigilo bancário e o sigilo fiscal, embora institutos diferentes, são, igualmente, corolários do direito à vida privada e à inviolabilidade da comunicação de dados, isto é, a interceptação, por terceiro, da comunicação de dados, e não os dados em si, sujeitos estes sempre à determinação judicial de busca e apreensão (CF, art. 5º, X e XII), ambos direitos individuais fundamentais, só norma constitucional expressa poderia autorizar a transferência direta de tais matérias sigilosas ao Ministério Público, como sucede com o preceito constitucional do §3º do art. 58, que atribui às *comissões parlamentares de inquérito poderes de investigação próprios das autoridades judiciais*;

5ª. outrossim, mesmo sem a declaração de inconstitucionalidade de leis complementares que tratam sobre os sigilos bancário e fiscal, as jurisprudências do STF e o STJ, numa interpretação conforme, admitem que se conclua que,

---

[29] CF/1988, art. 5º, *caput*, inciso LVI: "são inadmissíveis, no processo, as provas obtidas por meios ilícitos".

[30] No sentido de que o Ministério Público não recebera autorização de lei complementar para obter, diretamente, transferência de matéria sigilosa, necessitando de prévia intermediação do Poder Judiciário, cf. artigo do autor deste parecer, Oswaldo Othon de Pontes Saraiva Filho, "O sigilo bancário e a administração tributária (LC nº 105/2001; IN-RFB nº 802/2007)", decorrente da adaptação das Informações AGU/SF/Nº 06/2008, apresentadas pelo Exmo. Sr. Presidente da República ao STF, na ADIn nº 4.010, requerida pelo Conselho Federal da OAB (*Revista Fórum de Direito Tributário – RFDT*, Belo Horizonte, v. 34, p. 54, 61, jul./ago. 2008). Naquela ocasião, defendi, apaixonadamente, a tese de que a transferência direta do sigilo bancário para a Administração Tributária, de que trata o art. 5º, da LC nº 105/2001, tinha como base constitucional o §1º do art. 145 da CF.

[31] Também, nesse sentido, a doutrina de Paulo Quezado e Rogério Lima (*Sigilo bancário*. São Paulo: Dialética, 2002. p. 79): "Com a *venia* das autoridades que perfilham tais posicionamentos, discordamos de ambas as correntes. A nosso ver, salta aos olhos de qualquer intérprete, que compreenda a Constituição sistematicamente, que ao MP não foi dado quebrar por si só o sigilo bancário, apesar de que, quando se analisa a literalidade da LC 73/93, vê-se que o legislador não permitiu a quebra diretamente pelo MP (art. 6º, XVIII, *a*)".

de modo geral, ninguém pode obstar ao Ministério Público a informação, o registro, o dado ou o documento sob a alegação do sigilo, desde que tenha havido antes a devida intermediação da autoridade judiciária (CTN, art. 198, I);

6ª. também é razoável que se admita que tais jurisprudências toleram a transferência direta ao Ministério Público de informações e dados relacionados com os sigilos bancário e fiscal, com a dispensa de autorização judicial, nas seguintes hipóteses específicas:

I. quando deva prevalecer o princípio da publicidade (CF, art. 37, *caput*), sendo as informações e os dados requisitados, inerentemente, públicos, e estando em baila o patrimônio público, como, por exemplo, as informações e os dados decorrentes de gestão do dinheiro público (STF – Tribunal Pleno – MS nº 21.729);

II. por ocasião de encaminhamento de informações relativas às representações fiscais para fins penais, nos termos do Código Tributário Nacional, art. 198, §3º, inciso I, preceptivo acrescentado pela Lei Complementar nº 104/2001 (2ª Turma do STF, HC nº 87.654-4-PR);

III. não se tratando de pedido generalizado de transferência de sigilo fiscal, para pesquisa de eventuais cometimentos de ilicitudes, à primeira vista, enquanto melhor se pacifica esta controvérsia, embora aparenta existir, no momento, uma certa tendência jurisprudencial em sentido contrário, admite-se, nos temos legais, e com a devida ponderação caso a caso, por parte da Administração, a transferência direta ao Ministério Público de restritos dados identificadores, realmente, gerais ou cadastrais (o que não se confunde com o inteiro cadastro de clientes ou contribuintes, já que existe a parte confidencial dos cadastros, que não deve ser levada a conhecimento de terceiros, e outros que são de domínio público), que não possam desvendar algo da intimidade ou da vida privada do indivíduo, como aqueles dados que as pessoas, normalmente, utilizam ou revelam em suas relações com os outros, e, dedutivelmente, não se importam que os mesmos sejam revelados, nomeadamente, o nome completo, número do CPF ou CNPJ, registro geral ou número da carteira de identidade, filiação, idade; em regra, o endereço, o estado civil, a profissão, ou outros dados de idêntica natureza.[32]

7ª. à exceção das Administrações Tributárias (CF, art. 145, §1º; e art. 37, inc. XXII, CTN, art. 199), também, de acordo com a jurisprudência, que vem se firmando, não há norma constitucional que autorize a transferência dos sigilos bancário e fiscal a outros órgãos ou entidades federais, aliás, na maioria dos casos, nem mesmo lei complementar autoriza tal transferência para a Polícia Federal, o Tribunal de Contas da União, o Banco Central do Brasil, e à Controladoria-Geral da União, com a explicitação da possibilidade da transferência de dados gerais e cadastrais à Procuradoria-Geral da Fazenda

---

[32] Cf. artigo de Paul Medeiros Krause (O sigilo bancário e os dados cadastrais. *In*: JANTALIA, Fabiano (Coord.). *A regulação jurídica do sistema financeiro nacional*. Rio de Janeiro: Lumen Juris, 2009. p. 147-158).

Nacional, com o fito de representação judicial e extrajudicial da União em matéria de natureza fiscal, já que referido órgão jurídico compõe, dentro de suas pertinentes atribuições legais, juntamente com a Secretaria da Receita Federal do Brasil, a Administração Tributária federal;

8ª. no que concerne, especificamente, ao sigilo fiscal, a hipótese prevista no art. 198, §1º, inciso II, do CTN, mesmo excluídos os dados bancários (LC nº 105/2001, art. 3º, *caput*, §§1º e 2º), aparentemente, não tem amparo constitucional, ou seja, muito dificilmente se poderá encontrar supedâneo constitucional, isto é, a justificativa da prevalência ao princípio da publicidade (CF, art. 37, *caput*), já que não se buscaria, no caso, atos administrativos ou dados inerentemente públicos;

9ª. isto, obviamente, não impede que o órgão ou ente da Administração Pública, em que o servidor ocupe cargo público, possa ter acesso direto aos dados fiscais do seu servidor, quando este tenha, anteriormente, autorizado expressamente.

6 Impossibilidade de os Ministérios Públicos estaduais terem acesso direto de dados, realmente amparados pelos sigilos bancário e fiscal, sem a prévia intermediação da autoridade judiciária

Divirjo, *data venia*, daqueles que advogam a possibilidade de o Ministério Público dos Estados ter acesso direto, sem a intermediação da autoridade judiciária, de matérias realmente amparadas pelo sigilo fiscal, onde não predomina o princípio da publicidade da Administração Pública, nem estão em foco simples informes ou dados identificadores cadastrais, inclusive, disponíveis para conhecimento público em publicações periódicas (listas telefônicas) ou em bancos de dados privados (cartórios, SERASA, SPC, etc.).

Isto, ainda quando a Constituição Federal, ao estabelecer, no art. 129, as funções institucionais do Ministério Público, deixa explicado, de acordo com os seus artigos 128, *caput*, incisos I e II, e 130, que tal instituição abrange o Ministério Público da União, que, por sua vez, compreende o Ministério Público Federal, o Ministério Público do Trabalho, o Ministério Público Militar, o Ministério Público do Distrito Federal e Territórios; os Ministérios Públicos estaduais; e o Ministério Público junto aos Tribunais de Contas.[33]

Em primeiro lugar, insta observar que qualquer norma jurídica que restrinja ou relativize o sigilo fiscal, como corolário do direito constitucional fundamental à vida privada e à inviolabilidade da comunicação de dados, além de dever ter assento constitucional, como reclama a jurisprudência do STF, deve, ainda, ser interpretada restritivamente, evitando-se interpretação extensiva, sem supedâneo em expressa e clara disposição legal.[34]

Em segundo lugar, como visto, a jurisprudência do Excelso Supremo Tribunal Federal é no sentido de que os preceptivos do art. 129, incisos VI e VIII, da Carta

---

[33] Comentário de BELLOQUE, *op. cit.*, p. 137.
[34] Comentários de Juliana Garcia Belloque ao art. 129, VI e VIII, da CF/1988, no livro citado, p. 137.

Política, de 1988, não chegam a ponto de autorizar a transferência direta dos sigilos bancário e fiscal ao Ministério Público, independentemente de ordem judicial (STF – MS nº 21.729; RE nº 215.301).

Portanto, parece que incorrerem em equívoco os que pretendem aplicar ao controverso caso de acesso direto de dados fiscais por parte do Ministério Público matéria que, repita-se, a Constituição da República não prevê. O decido, pelo STF, por ocasião do julgamento da ACO nº 730-5/RJ (*DJ* de 11.11.2005), quando, mesmo com a omissão da Lei Complementar nº 105/2001, reconheceu-se à Comissão Parlamentar de Inquérito de Assembleia Legislativa, em simetria com o expressamente previsto no art. 58, §3º, da Constituição Federal, o poder investigatório próprio da autoridade judiciária de receber diretamente do Banco Central do Brasil dados protegidos pelo sigilo bancário, tendo em vista a observância obrigatória, pelos Estados-Membros, de aspectos fundamentais decorrentes do equilíbrio federativo e da separação dos Poderes.

Ademais, o sigilo fiscal e suas hipóteses de relativização são regulamentados por normas gerais de Direito Tributário, que, nos termos do art. 146, *caput*, inciso III, do Estatuto Político, devem ser veiculadas por lei complementar (CTN, art. 198, com as inovações da LC nº 104/2001),[35] não bastando lei ordinária.

E, como vimos, a exegese, que os Tribunais Superiores pátrios têm oferecido, pelo menos até aqui, a essa matéria, inclusive com supedâneo no art. 198 do CTN, com as inovações da LC nº 104/2001, numa interpretação conforme à Constituição, admite apenas a transmissão direta de dados fiscais ao Ministério Público, sem a prévia autorização judicial, quando deva prevalecer o princípio da publicidade (CF, art. 37, *caput*), sendo as informações e os dados requisitados inerentemente públicos e estando em baila o patrimônio público; quando os dados solicitados sejam meramente identificadores cadastrais, ou seja, de conhecimento público, nem haja interesse de negação de comunicação, não sendo verdadeiramente sigilosos; e nos casos de transmissão de informações relativas às representações fiscais para fins penais.

---

[35] O "caput" do art. 198 da Lei nº 5.172, de 25 de outubro de 1966 — Código Tributário Nacional —, recebida pela Constituição Federal com o *status* de lei complementar, com a redação dada pela Lei Complementar nº 104, de 10 de janeiro de 2001, estabelece o sigilo fiscal, ao dispor que, "sem prejuízo do disposto na legislação criminal, é vedada a divulgação, por parte da Fazenda Pública ou de seus servidores, de informação obtida em razão do ofício sobre a situação econômica ou financeira do sujeito passivo ou de terceiros e sobre a natureza e o estado de seus negócios ou atividade". Além da hipótese do artigo 199 do Código Tributário Nacional, o mesmo diploma legal, no seu §1º do artigo 198, prevê duas exceções ao sigilo fiscal: "I – requisição de autoridade judiciária no interesse da justiça; II – solicitações de autoridade administrativa no interesse da Administração Pública, desde que seja comprovada a instauração regular de processo administrativo, no órgão ou na entidade respectiva, com o objetivo de investigar o sujeito passivo a que se refere a informação, por prática de infração administrativa". §2º do art. 198 do CTN estatui: "O intercâmbio de informação sigilosa, no âmbito da Administração Pública, será realizado mediante processo regularmente instaurado, e a entrega será feita pessoalmente à autoridade solicitante, mediante recibo, que formalize a transferência e assegure a preservação do sigilo". Já o §3º do artigo 199 estabelece: "Não é vedada a divulgação de informações relativas a: I – representações fiscais para fins penais; II – inscrições na Dívida Ativa da Fazenda Pública; III – parcelamento ou moratória. Por fim, assim dispõe o art. 199 do CTN: A Fazenda Pública da União e as dos Estados, do Distrito Federal e dos Municípios prestar-se-ão mutuamente assistência para a fiscalização dos tributos respectivos e permuta de informações, na forma estabelecida, em caráter geral ou específico, por lei ou convênio. Parágrafo único. A Fazenda Pública da União, na forma estabelecida em tratados, acordos ou convênios, poderá permutar informações com Estados estrangeiros no interesse da arrecadação e da fiscalização de tributos".

Aliás, numa interpretação analógica e sistemática, insta colimar que a Lei Complementar nº 105, de 10 de janeiro de 2001, não confere ao Ministério Público a atribuição para requisitar e obter diretamente dados bancários sigilosos.

O que vai ao encontro da tese que os preceitos do art. 198, §1º, inciso II, e §2º do art. 198 do Código Tributário Nacional, acrescentados pela Lei Complementar nº 104, de 10 de janeiro de 2001, não atribuem ao Ministério Público o poder de obter, diretamente, sem a prévia intervenção do Poder Judiciário, dados e informações, amparados pelo sigilo fiscal, isto, além da tradição do nosso direito, repita-se, pelo fato de a Lei Complementar nº 105, da mesma data, não ter autorizado ao *Parquet* a quebra, por si só, do sigilo bancário.

Ademais, corroboram tal exegese o dispositivo do art. 1º, §4º, da Lei Complementar nº 105/2001, que reza que *a quebra de sigilo poderá ser decretada, quando necessária para apuração de ocorrência de qualquer ilícito, em qualquer fase do inquérito ou do* **processo judicial**, bem como o art. 3º do mesmo diploma legal, que dispõe que *serão prestadas pelo Banco Central do Brasil, pela Comissão de Valores Mobiliários e pelas instituições financeiras* **as informações ordenadas pelo Poder Judiciário**, *preservado o seu caráter sigiloso mediante acesso restrito às partes,* **que delas não poderão servir-se para fins estranhos à lide**.

Outrossim, como já exposto, a exegese, que tem sido dada, hodiernamente, pelo Egrégio Superior Tribunal de Justiça, ao art. 8º, incisos II, IV, VIII, §2º, da lei específica, ou seja, a Lei Complementar nº 75/1993, que dispõe sobre a organização, as atribuições e o estatuto apenas do Ministério Público da União, é no sentido de que o Ministério Público pode ter acesso a dados sigilosos, ninguém podendo opor ao órgão do *Parquet* a exceção de sigilo, mas, em regra, desde que haja prévia autorização judicial.

E, de fato, podendo o Ministério Público figurar, numa relação jurídica processual na condição de parte, falta-lhe, evidentemente, a indispensável imparcialidade, que é dever diferenciador da autoridade judiciária, para a decretação da quebra do sigilo fiscal (STF – RE nº 155.301; RE nº 461.366).

Juliana Belloque vai além:

> Além disso, o perfil do Ministério Público, desenhado pela Constituição da República de 1988, no qual sobressai a defesa da ordem jurídica, não lhe retira da posição de parte processual, mormente nas causas penais e nas ações civis públicas. Não há como negar que ele constitui um dos sujeitos da relação processual, interessado perante a decisão jurisdicional final, ao qual são atribuídos ônus processuais. O fato de o membro do Ministério Público não deduzir pretensões próprias em juízo e apenas representar o poder-dever de punir do Estado — ao qual não incumbe a imposição de penas àqueles contra quem não se conseguiu reunir provas suficientes à condenação — não autoriza a afirmação de que à instituição não possa ser atribuído interesse no processo penal.
>
> A componente interessado da relação processual não cabe a atribuição de poder gerador de desequilíbrio incompatível com o devido processo legal. O outro não seria o resultado caso tivesse o Ministério Público poder de requisitar diretamente às instituições financeiras as informações sob a tarja do sigilo.
>
> O modelo atual do processo justo exige a atuação paritária das partes em contraditório, munidas com igualdade de armas, ou seja, em posição de equilíbrio...".[36]

---

[36] BELLOQUE, *op. cit.*, p. 140, 141.

Aliás, o preceito do art. 6º, *caput*, inciso XVIII, alínea "a", da própria Lei Complementar nº 75/1993, espanca qualquer dúvida a respeito da necessidade, regra geral, de o Ministério Público requisitar à autoridade judiciária a transferência tanto do sigilo bancário, como do sigilo fiscal, ao explicitar que *compete ao Ministério Público representar ao órgão judicial competente para a quebra de sigilo da correspondência e das comunicações telegráficas, de dados e das comunicações telefônicas, para fins de investigação criminal ou instrução processual penal*.

Neste ponto, insta trazer à colação o magistério do douto Juiz Federal Erik Frederico Gramstrup:

> *A contrario sensu*, não dispõem do poder de quebrar o sigilo bancário: a) as comissões de sindicância que apuram responsabilidade de servidores públicos, porque devem dirigir pedido ao Poder Judiciário; b) o Ministério Público que, da mesma forma, deve solicitá-lo à autoridade judiciária competente. Isto costuma ser contraditado com a invocação do art. 129, inc. VI, da Constituição, que permite a requisição de informações nos procedimentos internos daquele órgão. A Lei Complementar nº 75/1993, estruturante do Ministério Público da União, art. 8º, permite a determinação dirigida tanto a entidades públicas (inc. II), quanto às privadas (inc. IV). Isoladamente interpretadas, essas disposições indicariam o contrário do que concluímos. Regras semelhantes constam da lei orgânica nacional do *Parquet* (Lei nº 8.625/1993, art. 26, incs. I, "b" e II). Mas nenhum ato normativo pode ser entendido fora do sistema. Em se tratando de informes que o ordenamento tutela com segredo especial, regulamentando franquia constitucional, o tratamento dado pela lei específica prevalece sobre aquelas normas gerais. E se a LC 105 omitiu o Ministério Público dentre as ressalvas ao sigilo de que trata, este silêncio é inteligido como proposital. Outra razão está em que, se a Constituição desejasse, teria investido o MP dos mesmos poderes instrutórios que adjudicou às Comissões Parlamentares de Inquérito, estas investidas de atribuições parajudiciais ou, se se preferir chamar assim, jurisdição investigatória extraordinária. Se a Lei Maior não o fez, é porque não o desejava. O *Parquet* tem um poder geral de inquirição e requisição de informações, contrastando em casos particulares como o presente. O que não o impede de formular requerimento perante o órgão competente do Poder Judiciário. c) a Comissão de Valores Mobiliários, sujeita à idêntica ressalva.[37]

A seu turno, a norma do art. 15, *caput*, inciso I, da Lei Complementar nº 40, de 14 de dezembro de 1981, que estabelece normas gerais a serem adotadas na organização do Ministério Público estadual, estipula, como uma das atribuições dos Promotores de Justiça, promover diligencias e requisitar documentos, certidões e informações de qualquer repartição pública ou órgão federal, estadual ou municipal, da Administração direta ou indireta, mas ressalva as hipóteses legais de sigilo e de segurança nacional.

Mas, vamos além, será que as normas do art. 26, *caput*, inciso I, alínea "b", e §2º, da Lei ordinária nº 8.525, de 12 de fevereiro de 1993, que institui a Lei Orgânica Nacional do Ministério Público e que dispõe sobre normas gerais para a organização do Ministério Público dos Estados, daria guarida à tese de que o Ministério Público

---

[37] GRAMSTRUP, Erik Frederico. Sigilo fiscal e bancário: fundamentos normativos e principiológicos da quebra. In: PIZOLIO, Reinaldo; GAVALDÃO JR, Jayr Viégas (Coord.). *Sigilo fiscal e bancário*. São Paulo: Quartier Latin, 2005. p. 237-239.

dos Estados poderia receber diretamente da Administração Pública dados amparados pelo sigilo bancário ou fiscal, sem a necessidade de prévia autorização judicial?

A resposta é dada pelo próprio intérprete maior e último da lei infraconstitucional, cabendo transcrever ementa do acórdão da 5ª Turma do Egrégio Superior Tribunal de Justiça, embora o respectivo julgamento tenha ocorrido antes da publicação da Lei Complementar nº 104/2001:

> *HABEAS CORPUS* nº 2.352-8/RJ
>
> Ementa: Ministério Público Estadual. Poderes. Lei 8.625/93. Sigilo bancário. Quebra por aquisição direta de promotor público. Impossibilidade.
>
> A criação de novas hipóteses de quebra do sigilo bancário não previstas na Lei 4.595/64, ou a forma de acesso a informações bancárias sigilosas, só pode ser fruto de lei complementar, não de lei ordinária, de que é espécie a Lei 8.625, de 12/02/93, instituidora da Lei Orgânica do Ministério Público.
>
> Além disso, o art. 26, II, da referida Lei 8.625 contém autorização genérica que não afasta a exceção da proibição de violação de sigilo. O §2º desse mesmo artigo define uma hipótese de responsabilidade do membro do Ministério Público, não de autorização de quebra de sigilo.
>
> O acesso a informações bancárias, cobertas pelo sigilo, pode e deve ser obtido pelo Ministério Público através do Poder Judiciário.
>
> *Habeas corpus* deferido. (*DJ* de 09.05.1994).[38]

Parece-me que esta exegese é compartilhada pela maioria dos ilustres membros do Ministério Público, tendo em vista a prática difundida de se requisitar a transferência dos sigilos bancário e fiscal à autoridade judiciária.

Corrobora o que fora dito acima o testemunho de Carlos Alexandre Marques, digno Promotor de Justiça do Estado de Goiás: "Centrando a análise na atuação ministerial, tem-se que o sigilo bancário e fiscal pode e deve ser quebrado mediante decisão judicial quando houver inequívoco interesse em se descobrir a verdade sobre fato maculado de ilicitude civil, penal, tributária ou administrativa, porquanto o que a lei veda é o fornecimento indiscriminado e imotivado de informações sigilosas".[39]

Para encimar, volto a trazer a lume o seguinte trecho de artigo doutrinário, no qual admito que não deveria haver maiores problemas no pedido do Ministério Público ao órgão judicial competente, para a transferência do sigilo bancário ou fiscal, ao invés de se buscar afastar o Poder Judiciário da análise prévia da viabilidade ou não da relativização de direitos assegurados pela própria Lei Maior:

> Por outro lado, cumpre ponderar que o Ministério Público e o Tribunal de Contas da União, estes que, aliás, não receberam autorização de lei complementar para obter, diretamente, transferência de sigilo bancário (o que é muito relevante), não têm mesmo necessidade maior de receber a transferência de matéria sigilosa sem prévia intermediação do Poder Judiciário.

---

[38] Cf. precedentes: STJ – RHC 1.290, *DJ* de 21.10.91; STJ – HC 1.458, *DJ* de 07.12.92.

[39] MARQUES, Carlos Alexandre. A natureza do pedido de quebra de sigilo bancário e fiscal e alguns comentários práticos da atuação do Ministério Público. *Revista dos Tribunais*, v. 736, ano 86, p. 536, 1997.

Isto pela simples razão de que, nesses casos, há, por parte desses órgãos, ciência do objeto investigado e a identificação das pessoas possivelmente envolvidas, diante de fortes indícios contra elas.

Assim, não haveria maiores problemas de se requerer, nesses casos, que o Poder Judiciário examinasse, previamente, o pedido fundamentado de transferência de matéria sigilosa.[40]

7 Dados cadastrais

A respeito deste controvertido tema dos dados cadastrais em cotejo com o direito à vida privada e à inviolabilidade de comunicação de dados, Tercio Sampaio Ferraz Junior leciona que, em regra, os elementos identificadores cadastrais são de conhecimento público e fornecidos sem qualquer constrangimento, não havendo de falar em sigilo que os envolva.

Assim, segundo Ferraz Jr., distinguem-se, entre os dados cadastrais, os que exteriorizam relações de convivência privada ou uma comunicação restringida (liberdade de negação) e os simples elementos de identificação, que não se busca esconder do conhecimento público. Aqueles continuariam resguardados pela Constituição em face do direito à privacidade e à inviolabilidade da comunicação de dados. Esses, em si mesmos, não são sigilosos. São protegidos tão somente quando compõem relações de convivência privativa, envolvendo a liberdade de negação da comunicação.[41]

Já abordei esse tema de dados cadastrais de identificação:

> Todavia, o nome da pessoa, o número de inscrição no CPF ou CNPJ, se tem conta bancária em determina instituição financeira, se a pessoa é de posses ou não, ora, tudo isto não se oculta, é, em geral, percebido pelos outros, no próprio convívio social e profissional, não havendo, aqui, em absoluto, matéria sigilosa em relação ao órgão do Estado, que recebeu da Constituição[42] e da lei complementar[43] autorização, para identificar o patrimônio, os rendimentos e as atividades econômicas dos contribuintes.
>
> Imaginem-se o contra-senso e o absurdo paranóico, se alguém pensasse: "o conhecimento do meu nome (ou o número do meu CPF) é só para mim e os mais íntimos", ou coisa parecida.
>
> (...)
>
> *A privacidade, na espécie, está, portanto, protegida, quando a norma da lei complementar restringe a transmissão das informações, por parte das instituições financeiras, a simples informações cadastrais dos contribuintes usuários de serviços bancários, é dizer meros dados que identificam a pessoa em suas relações sociais, comerciais e com o Poder Público* (nome, CPF, endereço), *aliás a identificação dos nomes das pessoas faz parte da comunicação humana: ninguém tem identificação só para si mesmo ou para pessoas mais chegadas, o nome das pessoas é mesmo para os outros, para o mundo.*[44]

---

[40] SARAIVA FILHO, Oswaldo Othon de Pontes. O sigilo bancário e a administração tributária (LC nº 105/2001; IN-RFB nº 802/2007). *Revista Fórum de Direito Tributário – RFDT*, Belo Horizonte, v. 34, p. 54, jul./ago. 2008.

[41] FERRAZ JUNIOR, Tercio Sampaio. Sigilo de dados: o direito à privacidade e os limites à função fiscalizadora do Estado. *Revista dos Tribunais*, São Paulo, v. 1, p. 141-154, out./dez. 1992.

[42] CF/1988, art. 145, §1º.

[43] LC nº 70/1991, art. 12; e LC nº 105/2001, art. 5º, §2º.

[44] SARAIVA FILHO, Oswaldo Othon de Pontes. O sigilo bancário e a administração tributária... *Revista Fórum de Direito Tributário – RFDT*, Belo Horizonte, v. 34, p. 42-43, 86, jul./ago. 2008.

O dado sigiloso, amparado pela Constituição, é o relativo à intimidade e à vida privada, e não todo e qualquer dado. Aquele pode ser relativizado, em regra, por ordem judicial.

A seu turno, o que a Lei Suprema protege é a interceptação da comunicação de dados, e não do dado em si. Caso contrário, repita-se, estaria inviabilizada qualquer fiscalização ou investigação direta por parte da Administração. Assim, dados não sigilosos, contidos em registros públicos, de notório conhecimento público, podem ser transferidos a terceiros, independentemente de intervenção judicial.

Ainda a esse respeito, embora reconhecendo-se que a questão ainda não se encontra assentada no âmbito do Poder Judiciário, cumpre mencionar que tanto o Supremo Tribunal Federal como o Superior Tribunal de Justiça não consideram sigilosos — e, portanto, não protegidos pelo direito à privacidade e pela liberdade de negação da comunicação — os dados públicos, como são o registro de ajuizamento de ação de execução ou de lavratura de protestos, os dados cadastrais de entidades como SERASA, SPC, SERPRO, alguns desses entes, que prestam serviços de proteção do crédito, inclusive, repassam informações cadastrais de consumidores de forma onerosa a quem os solicita.

Impende, neste ponto, repisar o fato de que a nossa Corte Constitucional, por ocasião do julgamento da *ADIn nº 1.790/DF*, ter admitido a legitimidade da transferência de registros de dados de clientes, provenientes de bancos de dados privados, por parte de estabelecimentos comerciais e instituições financeiras, com interesses eminentemente creditícios e comerciais. Afirmou-se então:

> A convivência entre a proteção da privacidade e os chamados arquivos de consumo, mantidos pelo próprio fornecedor de crédito ou integrados em bancos de dados, tornou-se um imperativo da economia da sociedade de massas: De viabilizá-la cuidou o CDC, segundo o molde das legislações mais avançadas: ao sistema instituído pelo Código de Defesa do Consumidor para prevenir ou reprimir abusos dos arquivos de consumo, hão de submeter-se as informações sobre os protestos lavrados, uma vez obtidas na forma prevista no edito impugnado e integradas aos bancos de dados das entidades credenciadas à certidão diária de que se cuida: é o bastante a tornar duvidosa a densidade jurídica do apelo da argüição à garantia da privacidade, que há de harmonizar-se à existência de bancos de dados pessoais, cuja realidade a própria Constituição reconhece (art. 5º, LXXII, *in fine*) e entre os quais os arquivos de consumo são um dado inextirpável da economia fundada nas relações massificadas de crédito. (ADIn nº 1.790, Rel. Min. Sepúlveda Pertence, *DJ*, 8 set. 2000).[45]

Insta transcrever, nesse diapasão, as seguintes ementas de acórdãos do Superior Tribunal de Justiça:

EDcl no RMS 25.375/PA

Penal. Embargos de declaração no recurso ordinário em mandado de segurança. Procedimento investigatório criminal. Dados cadastrais obtidos junto ao banco de dados do Serpro. Inexistência de sigilo fiscal ou bancário. Recurso parcialmente provido.

---

[45] SARAIVA FILHO, Oswaldo Othon de Pontes. Espinçado do artigo: O sigilo bancário e a administração tributária (LC nº 105/2001; IN-RFB nº 802/2007). *Revista Fórum de Direito Tributário – RFDT*, Belo Horizonte, v. 34, p. 47, jul./ago. 2008.

(...)

III – Não estão abarcados pelo sigilo fiscal ou bancário os dados cadastrais (endereço, nº telefônico e qualificação dos investigados) obtidos junto ao banco de dados do Serpro. Embargos parcialmente acolhidos, com efeitos infringentes, para dar parcial provimento ao recurso. (*DJe* 02.02.2009)

STJ – REsp 1.038.272/RS

Civil e processual. Ação de indenização. Dano moral. Inscrição na serasa. Protesto de título. Fato verídico. Omissão na comunicação no cadastro da ré. CDC, art. 43, §2º.

I. Constatado que o protesto contra a autora constante nos registros da SERASA é fato verdadeiro, não se configura o dever de indenizar pela não comunicação à devedora, notadamente porque a existência do apontamento é informação de domínio público, que pode ser coletada pelos bancos de dados e órgãos cadastrais dispensadas daquela providência pelo princípio da publicidade imanente.

II. Recurso não conhecido. (*DJe* 25.08.2008)

Nos casos acima, os dados cadastrais foram obtidos pelo Ministério Público sem a existência de vínculo entre as informações das pessoas com qualquer segredo ou sigilo delas.

Insta destacar a ementa do acórdão da 2ª Turma do Superior Tribunal de Justiça no Recurso Ordinário nº 16.897-RJ, que denegou pedido da SERASA, para não repassar ao Poder Público estadual dados cadastrais, sob alegação de sigilo, *verbis*:

Administrativo. Recurso ordinário. Mandado de segurança. Súmula 266/STF. Inaplicabilidade. Órgão oficial de defesa do consumidor. Requisição de informações cadastrais. Art. 55, § 4º, do CDC. Possibilidade.

(...)

2. A atividade econômica da recorrente já revela que os dados requisitados não estão protegidos legalmente por sigilo. A SERASA repassa informações cadastrais de consumidores de forma onerosa a quem os solicita. Descabida é a recusa ao Poder Público Estadual, representado por seu órgão de defesa do consumidor, baseada em sigilo de dados que são transmitidos cotidianamente a outros interessados.

3. A notificação expedida pelo órgão estadual de defesa do consumidor em nada prejudica qualquer segredo industrial ou comercial da impetrante. O ente público não atua no mercado e nem pode utilizar as informações requeridas para fazer concorrência com a recorrente.

4. Caso o ente público utilize ou divulgue tais informações em finalidades outras que não estejam vinculadas à defesa do consumidor, caberá ao titular dos dados divulgados postular a responsabilização por eventual dano moral.

5. Os concessionários de serviços públicos estão impedidos de informar aos serviços cadastrais de consumidores, por força de norma local — Lei Estadual fluminense nº 3.762/02 —, a situação de inadimplência dos seus usuários.

6. O ato de verificar se a recorrente ainda tem acesso a esse tipo de informação configura etapa de uma apuração que, nos termos do art. 55, § 4º, do CDC, se inclui no rol de atribuições legais dos órgãos oficiais de defesa do consumidor.

7. Recurso ordinário improvido. (*DJ* 06.09.2004 p. 183).

Em sentido contrário, no entanto, temos as seguintes ementas de acórdãos do Superior Tribunal de Justiça:

STJ – T6 – RHC 8.493/SP

Rel. Min. Luiz Vicente Cernicchiaro

Ementa: RHC – Constitucional – Processual penal – Informações cadastrais – Sigilo – Quando uma pessoa celebra contrato especificamente com uma empresa e fornece dados cadastrais, a idade, o salário, endereço, é evidente que o faz a fim de atender às exigências do contratante. Contrata-se voluntariamente. Ninguém é compelido, é obrigado a ter aparelho telefônico tradicional ou celular. Entretanto, aquelas informações são reservadas, e aquilo que parece ou aparentemente é algo meramente formal pode ter conseqüências seríssimas; digamos, uma pessoa, um homem, resolva presentear uma moça com linha telefônica que esteja no seu nome. Não deseja, principalmente se for casado, que isto venha a público. Daí, é o próprio sistema da telefonia tradicional, quando a pessoa celebra contrato, estabelece, como regra, que o seu nome, o seu endereço e o número constarão no catálogo; entretanto, se disser que não o deseja, a companhia não pode, de modo algum, fornecer tais dados. Da mesma maneira, temos cadastro nos bancos, entretanto, de uso confidencial para aquela instituição, e não para ser levado a conhecimento de terceiros. (*DJ* de 02.08.1999, p. 224)

STJ – T2 – REsp 306.570/SP

Rel. Min. Eliana Calmon

Ementa: Execução fiscal – Requisição de informação de endereço do réu ao banco central. Impossibilidade. 1. Embora na hipótese dos autos não se pretenda, através de requisição ao Banco Central, obter informações acerca de bens do devedor passíveis de execução, mas tão-somente o endereço, o raciocínio jurídico a ser adotado é o mesmo. 2. O contribuinte ou o titular de conta bancária tem direito à privacidade em relação aos seus dados pessoais, além do que não cabe ao Judiciário substituir a parte autora nas diligências que lhe são cabíveis para demandar em juízo. 3. Recurso especial não conhecido. (*DJ* de 18.02.2002, p. 340).

Diante, pois, dos dois acórdãos do STJ acima destacados (RHC nº 8.493/SP e REsp nº 306.570/SP, sendo que, no último caso, outro motivo contribuiu para o desfecho do *decisum*), não se pode negar que, talvez, venha até a prevalecer a tendência da jurisprudência em considerar que mesmo os dados gerais ou cadastrais, mas apresentados pelo indivíduo aos bancos ou à Administração Tributária, para os devidos fins específicos, tratar-se-ia de dados sigilosos e de comunicação exclusiva, não podendo ser transferidos a outras pessoas, mesmo que do Poder Público, sem ordem judicial.

Ainda persiste, pois, dúvida quanto aos dados, mesmo gerais ou cadastrais, prestadas aos bancos, empresas privadas, por contratos privados, mas com a recomendação de mantença de sigilo sobre os mesmos, ou para a Administração Tributária, com o fito exclusivo do cumprimento de uma obrigação fiscal, devam ser tidos como sigilosos, protegidos pela liberdade de negação de comunicação e, assim, resguardados pelos sigilos bancário e fiscal.

Certo que defendemos, no corpo deste trabalho, que a Administração Tributária, para que possa exercer com eficiência a fiscalização tributária continuada, em termos de vigilância, tem autorização da Constituição Federal (art. 145, §1º) e de lei complementar (LC nº 105/2001, art. 5º; e LC nº 70/1991, art. 12) para ter acesso a dados gerais ou cadastrais dos contribuintes, estejam eles onde estiverem.

Por outro lado, à primeira vista parece pelo menos razoável supor que a transferência de dados pessoais cadastrais púbicos que possam ser localizados em entes até mesmo privados que elaboram e negociam tais dados — como as entidades prestadoras de serviço de proteção ao crédito, que hoje em dia praticamente ninguém delas pode ficar incólume — não fere à vida privada, nem à liberdade de negação de comunicação, mesmo que esses dados estejam em guarda do Poder Público.

Da mesma forma, pelo menos enquanto não haja pacificação da jurisprudência, é aceitável que os entes públicos, que tenham autorização em lei complementar, possam também receber de bancos ou da Administração Tributária esses dados gerais ou cadastrais de clientes ou contribuintes.

Avive-se que o nome, o fato de a pessoa ser cliente de determinado banco, o número da conta corrente, os números de documentos, emitidos pelo Poder Público, o CPF ou GGU e a carteira de identidade são essencialmente públicos e estão impressos na própria folha de cheque, que circula à vontade, nada disso fazendo supor que haja algo de íntimo ou privativo, nem que exista algo que o interessado não deseje que seja divulgado.

No que tange ao sigilo fiscal ou funcional, com supedâneo em assentada jurisprudência do STF e do STJ, opina-se no sentido de que, ressalvadas as hipóteses retrolistadas no curso deste artigo, as autoridades da Administração Pública têm o dever de resistir — e se for o caso indo ao Poder Judiciário[46] — à solicitação de transferência de sigilo fiscal feitas diretamente por todos os ramos do Ministério Público da União (nos termos do art. 24 da Lei Complementar nº 75, de 20 de maio de 1993, membros Ministério Público Federal, Ministério Público do Trabalho, Ministério Público Militar e Ministério Público do Distrito Federal e Territórios), além de membros do Ministério Público junto aos Tribunais de Contas, sem prévia autorização judicial.

8 Conclusão

Diante de todo o exposto, cabe concluir que, embora o Supremo Tribunal Federal não tenha ainda enfrentado e pacificado especificamente esta questão, mostra-se defensável e razoável a tese da constitucionalidade dos arts. 5º e 6º da Lei Complementar nº 105/2001, sob o principal argumento de que o §1º do art. 145 da Constituição Federal de 1988 teria criado exceção ao direito da privacidade e da inviolabilidade da comunicação de dados, dando autorização para a transferência direta de dados bancários da instituição financeira para a Administração Tributária.

Especialmente diante das interpretações dadas às normas pertinentes da Constituição brasileira e de leis infraconstitucionais que vêm se pacificando dia a dia no bojo da jurisprudência do Supremo Tribunal Federal e do Superior Tribunal de Justiça, forçoso é concluir que o sigilo bancário somente poderá ser transferido ao Ministério Público mediante autorização judicial e que a Administração só está

---

[46] Cf. Parecer nº GQ-110, com o "Aprovo" Presidencial, em 10/9/96, publicado no Diário Oficial de 12/9/1996, que adotou o Parecer nº AGU/PRO-04/96, de 02/09/1996, da lavra do ilustre Consultor da União, Dr. Miguel Pró de Oliveira Furtado, que aconselha a submissão da questão concernente a pedido por parte do TCU de informações e dados sigilosos ao Poder Judiciário.

autorizada a atender à solicitação do Ministério Público da União, do Ministério Público dos Estados, e do Ministério Público junto aos Tribunais de Contas, em casos em que, como o de gestão de dinheiro público, deva prevalecer o princípio da publicidade administrativa, ou, em conformidade com o estágio atual da jurisprudência, embora pareça existir uma certa tendência jurisprudencial em sentido contrário, de dados identificadores realmente gerais ou cadastrais, com exceção dos bancários, que não possam desvendar algo da intimidade ou da vida privada do indivíduo, como aqueles dados públicos que as pessoas normalmente utilizam ou revelam em suas relações sociais ou públicas, e não se importam, ou pelo menos não aparentam se importar, que os mesmos sejam revelados, nomeadamente, o nome completo, número do CPF ou CNPJ, registro geral ou número da carteira de identidade, idade; em regra, o endereço, o estado civil, a profissão, ou outros dados de idêntica natureza.

Entretanto, por precaução, diante de dois precedentes do STJ (Acórdãos do RHC nº 8.493/SP e Resp nº 306.570/SP), poderiam os agentes e as autoridades responsáveis pelos sigilos considerar mais conveniente, pelo menos até que melhor se firme a jurisprudência a respeito, que mesmo a transferência de dados bancários e fiscais gerais ou cadastrais dependem, salvo exceções previstas na Constituição (CF, art. 37, *caput*; art. 58, §3º; e art. 145, §1º), de decisão de autoridade judiciária, comportando quiçá aqui também uma interpretação conforme à Constituição;

Conclui-se também que, independentemente de pedido, cabe à Administração, encaminhar aos Ministérios Públicos, quando comportar, informações relativas às representações fiscais para fins penais.

Nos demais casos, quer a solicitação seja feita pelo Ministério Público da União, quer pelo Ministério Público dos Estados, ou do Ministério Público junto às Cortes de Contas, o atendimento somente pode suceder mediante prévia ordem judicial.

É de todo recomendável, pois, que acompanhemos as interpretações que vêm prevalecendo do âmbito das jurisprudências do STF e STJ sobre as matérias aqui tratadas. Caso contrário, estar-se-ia favorecendo, na visão atual da jurisprudência dos Tribunais Superiores pátrios, a geração de provas ilícitas.[47]

Referências

ANDRADE, José Carlos Vieira de. *Os direitos fundamentais na constituição portuguesa de 1976*. Coimbra: Almedina, 1987.

BELLOQUE, Juliana Garcia. *Sigilo bancário*: análise da LC 105/2001. São Paulo: Revista dos Tribunais, 2003.

BRANDÃO, Antônio José. Moralidade administrativa. *Revista de Direito Administrativo*, Rio de Janeiro, v. 25, jul./set. 1951.

---

[47] Tenho dois amos: a jurisprudência assentada do STF em matéria de interpretação de norma constitucional e a jurisprudência pacificada do STJ em matéria de interpretação de lei infraconstitucional. De modo que, no sentido das conclusões expostas neste parecer, encontra-se a jurisprudência atual dos nossos Tribunais Superiores, e, tudo leva a crer, que parece ser esta a tendência da jurisprudência pátria futura.

BRASIL, Supremo Tribunal Federal – 2ª Turma. Acórdão do Recurso Extraordinário nº 535.478-4/SC, Relatora Ministra Ellen Gracie. *Revista Fórum de Direito Tributário – RFDT*, Belo Horizonte, n. 39, p. 215-223, maio/jun. 2009.

BRASIL. Advocacia Geral da União. Parecer nº GQ 110, de 9.9.1996, "Aprovo" Presidencial em 10.9.1996. *Parecer nº AGU/PRO-04/96*, da lavra de Miguel Pró de Oliveira Furtado. *Sigilo bancário e fiscal – submissão ao Poder Judiciário. In*: DO, 12 set. 1996, e *RDDT*, São Paulo, n. 14, p. 108-126, nov. 1996.

BRASIL. Superior Tribunal de Justiça – 1ª Turma. Acórdão da Ação Cautelar nº 6.257/RS, Rel. Min. Luiz Fux. *Revista Fórum de Direito Tributário – RFDT*, Belo Horizonte, n. 8, p. 181-189, mar./abr. 2004.

BRASIL. Superior Tribunal de Justiça – 2ª Turma. Acórdão do Agravo Regimental no Recurso Especial nº 1.063.610/SP, Rel. Min. Humberto Martins. *Revista Fórum de Direito Tributário – RFDT*, Belo Horizonte, n. 42, p. 227-229, nov./dez. 2009.

BRASIL. Superior Tribunal de Justiça – 2ª Turma. Acórdão do Recurso Especial nº 201.459/DF. *Revista Fórum de Direito Tributário – RFDT*, Belo Horizonte, n. 30, p. 223-228, nov./dez. 2007.

BUSHATSKY, Jaques (Coord.). *Código Tributário Nacional e sistema constitucional tributário*. São Paulo: Thomson-IOB, 2006.

CARVALHO, Paulo de Barros. *Curso de direito tributário*. 18. ed. São Paulo: Saraiva, 2007.

CASSONE, Vittorio. Sigilo bancário: critério de interpretação constitucional. *Revista Fórum de Direito Tributário – RFDT*, Belo Horizonte, n. 18, p. 87-113, nov./dez. 2005.

CASTILHOS, Núbia Nette Alves Oliveira de. O sigilo fiscal e o fornecimento de informações protegidas ao Tribunal de Contas da União: uma leitura à luz do texto constitucional e do art. 198 do Código Tributário Nacional. *Revista Fórum de Direito Tributário – RFDT*, Belo Horizonte, n. 41, p. 135-145, set./out. 2009.

COÊLHO, Sacha Calmon Navarro. *Curso de direito tributário brasileiro*. 9. ed. Rio de Janeiro: Forense, 2006.

COSTA, Regina Helena. *Curso de direito tributário*: Constituição e Código Tributário Nacional. São Paulo: Saraiva, 2009.

COVELLO, Sérgio Carlos. *O sigilo bancário*: com particular enfoque na sua tutela civil. São Paulo: Leud, 1991.

COVELLO, Sérgio Carlos; COVAS, Silvânio. A ilegitimidade do Ministério Público para requisitar diretamente informações sigilosas às instituições financeiras. *Revista de Direito Bancário e do Mercado de Capitais*, São Paulo, ano 2, n. 5, p. 145-156, maio/ago. 1999.

FABRETTI, Láudio Camargo. *Código Tributário Nacional comentado*. 7. ed. São Paulo: Atlas, 2007.

FERRAZ JUNIOR, Tercio Sampaio. *Direito constitucional*: liberdade de fumar, privacidade, Estado, direitos humanos e outros temas. Barueri: Manole, 2007.

FERRAZ JUNIOR, Tercio Sampaio. Sigilo bancário. *Revista Fórum de Direito Tributário – RFDT*, Belo Horizonte, n. 1, p. 64-80, 2003.

FERRAZ JUNIOR, Tercio Sampaio. Sigilo de dados: o direito à privacidade e os limites à função fiscalizadora do Estado. *Revista dos Tribunais*, São Paulo, v. 1, p. 141-154, out./dez. 1992.

FERREIRA FILHO, Manoel Gonçalves. *Comentários à Constituição Brasileira de 1988*. São Paulo: Saraiva, 1990. v. 1.

FOLMANN, Melissa. *Sigilo bancário e fiscal*: à luz da LC 105/2001 e Decreto 3.724/2001. Curitiba: Juruá, 2001.

GRAMSTRUP, Erik Frederico. Sigilo fiscal e bancário: fundamentos normativos e principiológicos da quebra. *In*: PIZOLIO, Reinaldo; GAVALDÃO JR, Jayr Viégas (Coord.). *Sigilo fiscal e bancário*. São Paulo: Quartier Latin, 2005.

GRECO, Marco Aurélio. O sigilo do fisco e perante o fisco. *In*: PIZOLIO, Reinaldo; GAVALDÃO JR, Jayr Viégas (Coord.). *Sigilo fiscal e bancário*. São Paulo: Quartier Latin, 2005.

GRECO, Marco Aurélio. Sigilo bancário e a Lei Complementar nº 105/01. *Revista Fórum de Direito Tributário – RFDT*, Belo Horizonte, n. 1, p. 81-89, 2003.

JESUS, Damásio de. Crimes contra a ordem tributária. *In*: MARTINS, Ives Gandra da Silva *et al*. (Coord.). *Crimes contra a ordem tributária*. 4. ed. São Paulo: Centro de Extensão Universitária, Revista dos Tribunais, 2002.

KRAUSE, Paul Medeiros. O sigilo bancário e os dados cadastrais. *In*: JANTALIA, Fabiano (Coord.). *A regulação jurídica do sistema financeiro nacional*. Rio de Janeiro: Lumen Juris, 2009.

MACHADO SEGUNDO, Hugo de Brito. *Código Tributário Nacional*: anotações à Constituição, ao Código Tributário Nacional e às Leis Complementares 87/1996 e 116/2003. São Paulo: Atlas, 2007.

MACHADO, Hugo de Brito. *Comentários ao Código Tributário Nacional*. São Paulo: Atlas, 2005. v. 3.

MARQUES, Carlos Alexandre. A natureza do pedido de quebra de sigilo bancário e fiscal e alguns comentários práticos da atuação do Ministério Público. *Revista dos Tribunais*, v. 736, ano 86, p. 535-538, 1997.

MARTINS, Ives Gandra da Silva (Coord.). *Caderno de pesquisas tributárias*: princípios constitucionais tributários. São Paulo: Resenha Tributária, 1993. v. 18.

MARTINS, Ives Gandra da Silva (Coord.). *Crimes contra a ordem tributária*. 3. ed. São Paulo: Centro de Extensão Universitária, Revista dos Tribunais, 1998. (Pesquisas Tributárias. Nova série, n. 1).

MARTINS, Ives Gandra da Silva (Coord.). *O princípio da moralidade no direito tributário*. 2. ed. São Paulo: Centro de Extensão Universitária, Revista dos Tribunais, 1998. (Pesquisas Tributárias. Nova série, n. 2).

MARTINS, Ives Gandra da Silva (Coord.). *Princípios constitucionais tributários*. São Paulo: Resenha Tributária, 1993. (Caderno de pesquisas tributárias, n. 18).

MARTINS, Ives Gandra da Silva; MENDES, Gilmar Ferreira. Sigilo bancário, direito de autodeterminação sobre informações e princípio da proporcionalidade. *Repertório IOB de Jurisprudência*, São Paulo, Caderno 1, n. 24, p. 436-438, dez. 1992.

MAZZILLI, Hugo Nigro. *Regime jurídico do Ministério Público*: análise do Ministério Público na Constituição, na Lei Orgânica Nacional do Ministério Público, na Lei Orgânica do Ministério Público da União e na Lei Orgânica do Ministério Público paulista. 6. ed. São Paulo: Saraiva, 2007.

MENDES, Gilmar Ferreira; COELHO, Inocêncio Mártires; BRANCO, Paulo Gustavo Gonet. *Curso de direito constitucional*. São Paulo: Saraiva, 2007.

NABAIS, José Casalta. Algumas reflexões sobre o actual Estado fiscal. *Revista Fórum de Direito Tributário – RFDT*, Belo Horizonte, n. 4, p. 91-120, jul./ago. 2003.

OLIVEIRA, José Jayme de Macêdo. *Código Tributário Nacional*: comentários, doutrina e jurisprudência. 5. ed. São Paulo: Saraiva, 2010.

PAULSEN, Leandro. *Direito tributário*: Constituição e Código Tributário à luz da doutrina e da jurisprudência. 12. ed. Porto Alegre: Livraria do Advogado: ESMAFE, 2010.

PIZOLIO, Reinaldo; GAVALDÃO JR., Jayr Viégas (Coord.). *Sigilo fiscal e bancário*. São Paulo: Quartier Latin, 2005.

QUEZADO, Paulo; LIMA, Rogério. *Sigilo bancário*. São Paulo: Dialética, 2002.

ROQUE, Maria José Oliveira Lima. *Sigilo bancário e direito à intimidade*. Curitiba: Juruá, 2001.

SANCHES, José Luís Saldanha. Segredo bancário e tributação do lucro real. In: *Estudos de direito contabilístico e fiscal*. Coimbra: Coimbra Ed., 2000.

SARAIVA FILHO, Oswaldo Othon de Pontes. O acesso de dados bancários por parte do fisco: a transferência do sigilo bancário para o sigilo fiscal. In: PIZOLIO, Reinaldo; GAVALDÃO JR., Jayr Viégas (Coord.). *Sigilo fiscal e bancário*. São Paulo: Quartier Latin, 2005.

SARAIVA FILHO, Oswaldo Othon de Pontes. O acesso direto aos dados bancários por parte do fisco: a transferência do sigilo bancário para o sigilo fiscal. *Revista Fórum de Direito Tributário – RFDT*, Belo Horizonte, n. 11, p. 63-109, set./out. 2004.

SARAIVA FILHO, Oswaldo Othon de Pontes. O princípio da moralidade no direito tributário. MARTINS, Ives Gandra da Silva (Coord.). *O princípio da moralidade no direito tributário*. São Paulo: Centro de Extensão Universitária, Revista dos Tribunais, 1998. (Pesquisas Tributárias. Nova série, n. 2).

SARAIVA FILHO, Oswaldo Othon de Pontes. O sigilo bancário e a administração tributária (LC nº 105/2001; IN-RFB nº 802/2007). *Revista Fórum de Direito Tributário – RFDT*, Belo Horizonte, v. 34, p. 31-109, jul./ago. 2008.

SARAIVA FILHO, Oswaldo Othon de Pontes. Relativizar o sigilo bancário em face da administração tributária. *Fórum Administrativo – FA*, Belo Horizonte, n. 6, p. 746-767, ago. 2001.

SARAIVA FILHO, Oswaldo Othon de Pontes. Sigilo bancário e a administração tributária. *Cadernos de Direito Tributário e Finanças Públicas*, São Paulo, n. 11, p. 55-69, 1995.

SARAIVA FILHO, Oswaldo Othon de Pontes. Sigilo bancário e fisco: uma análise constitucional. *Consulex*: Revista Jurídica, Brasília, v. 5, n. 108, p. 24-30, 2001.

SARAIVA FILHO, Oswaldo Othon de Pontes. Sigilo bancário e *right of privacy*. *Consulex*: Revista Jurídica, Brasília, v. 4, n. 41, p. 65, maio 2000.

SARAIVA FILHO, Oswaldo Othon de Pontes. Sigilo bancário e tributário. In: *III colóquio internacional de direito tributário = III colóquio internacional de derecho tributário*. São Paulo: La Ley: IOB: A Thomson company, 2001.

SARAIVA FILHO, Oswaldo Othon de Pontes. Sigilo fiscal: transferência ao Ministério Público: análise da correspondente jurisprudência do STF e do STJ. *Revista Fórum de Direito Tributário – RFDT*, Belo Horizonte, v. 39, p. 9-49, maio/jun. 2009.

SARAIVA FILHO, Oswaldo Othon de Pontes. Sigilos bancário e fiscal em face da administração tributária e do Ministério Público. *Fórum Administrativo – FA*, Belo Horizonte, n. 100, p. 175-206, jun. 2009.

SCAFF, Fernando Facury. Sigilo fiscal e reserva de jurisdição. *RDDT*, São Paulo, n. 71, p. 60-71, ago. 2001.

SILVA, José Afonso da. *Comentários contextual à Constituição*. 7. ed. São Paulo: Malheiros, 2010.

TORRES, Ricardo Lobo. *Tratado de direito constitucional, financeiro e tributário*. Rio de Janeiro: Renovar, 1999. v. 3.

VALENTE, Christiano Mendes Wolney. *Sigilo bancário*: obtenção de informações pela administração tributária federal. Rio de Janeiro: Lumen Juris, 2006.

Informação bibliográfica deste texto, conforme a NBR 6023:2002 da Associação Brasileira de Normas Técnicas (ABNT):

SARAIVA FILHO, Oswaldo Othon de Pontes. Segredos bancário e fiscal relacionados com a administração tributária e o Ministério Público. *In*: SARAIVA FILHO, Oswaldo Othon de Pontes; GUIMARÃES, Vasco Branco (Coord.). *Sigilos bancário e fiscal*: homenagem ao Jurista José Carlos Moreira Alves. Belo Horizonte: Fórum, 2011. p. 17-83. ISBN 978-85-7700-405-8.

Sigilo Bancário e Privacidade

Ives Gandra da Silva Martins

Sumário: 1 Introdução – 2 Sigilo bancário nacional e internacional – 3 Sigilo bancário e segurança jurídica – 4 Casos de quebra possíveis – 5 Poder Judiciário: justo e neutro – 6 O poder da autoridade fiscal – 7 Arbítrio e responsabilização de autoridades – 8 Tratamento internacional – 9 Combate à criminalidade e sigilo bancário

1 Introdução

No livro em homenagem ao Ministro Moreira Alves, o único brasileiro que presidiu os quatro poderes neste país (Poder Judiciário, como presidente do STF, presidência da República, em substituição ao Presidente José Sarney, presidência do Poder Legislativo, quando da instalação dos trabalhos legislativos de 1987, e Poder Constituinte, ao instalar a Assembleia Nacional Constituinte), quero lembrar que em seus votos e manifestações públicas (palestras), apesar de não se ter comprometido com algumas teses ainda pendentes de julgamento junto ao STF, parece ter encampado a inteligência de que:

a) sigilo bancário diz respeito à intimidade das pessoas;[1]

b) não é um direito absoluto, podendo ser quebrado pelo Poder Judiciário;[2]

---

[1] Na palestra proferida no Centro de Extensão Universitária, na abertura do XXIV Simpósio Nacional de Direito Tributário declarou: "Mas, com relação a outra problemática que se apresenta nesse questionamento, a tendência do Tribunal é hoje evidente no sentido de que o sigilo bancário é protegido principalmente pelo direito à intimidade" [*Tributação na internet*. São Paulo: Revista dos Tribunais: Centro de Extensão Universitária, 2001. p. 31. (Pesquisas Tributárias. Nova Série, n. 7)].

[2] Na palestra citada: "O certo é que o Tribunal tem sempre entendido que esses direitos individuais são relativos. Isso não foi feito para acobertar crimes; não foi feito para acobertar sonegação — que não deixa de ser crime, obviamente — não foi feito para acobertar atos ilícitos. Desde o momento que há um direito individual e, portanto, um direito fundamental do indivíduo, é preciso que se observem restrições a respeito dessa relatividade" (*op. cit.*, p. 32).

c) em caso de dinheiro público (banco oficial), o Ministério Público pode fazê-lo;[3]

d) as CPIs têm direito à quebra de sigilo por terem poderes investigatórios próprios do Poder Judiciário;[4]

e) caberá ao STF decidir se a autoridade administrativa (LC nº 105/01) poderá ou não quebrá-lo, pendendo três ADIs de julgamento sobre a matéria desde 2001.[5]

Em decisão em que indeferiu pedido da Receita Federal em Brasília, votou:

EMENTA: Agravo regimental em recurso extraordinário. Possibilidade de quebra de sigilo bancário pela autoridade administrativa sem prévia autorização do Judiciário. 2. Recurso extraordinário provido monocraticamente para afastar a Aplicação do art. 8º da Lei nº 8.021/1990 ('iniciado o procedimento fiscal, a autoridade fiscal poderá solicitar informações sobre operações realizadas pelo contribuinte em instituições financeiras, inclusive extratos de contas bancárias, não se aplicando, nesta hipótese, o disposto no art. 38 da Lei nº 4.595, de 31 de dezembro de 1964.") e restabelecer a sentença de primeira instância. 3. Aplicação de dispositivo anterior em detrimento de norma superveniente, por fundamentos extraídos da Constituição, equivale à declaração de sua inconstitucionalidade. Precedentes. 4. Agravo regimental provido, por maioria de votos, para anular a decisão monocrática e remeter o recurso extraordinário para julgamento do Plenário,[6]

no que foi seguido por seus pares.

---

[3] Na mesma palestra: "O problema que já surgiu no Tribunal foi o de saber se era possível ao Ministério Público, como ocorrera na hipótese sob julgamento, quebrar o sigilo bancário. E depois de uma grande discussão se entendeu que aquele caso não era um caso apropriado para essa decisão. Por quê? Porque se tratava justamente da quebra de sigilo bancário com relação ao Banco do Brasil, no que dizia respeito a uma operação de financiamento de natureza pública, em que o Banco do Brasil agia, de certa forma, como um ente governamental. E, conseqüentemente, até o Tribunal de Contas podia fazer uma auditoria no banco para verificar os dados relativos àquela operação, que era uma operação em que se empregava dinheiro público. E por isso é que se admitiu, neste caso, que houvesse a quebra por parte do Ministério Público" (op. cit., p. 33).

[4] Novamente na mesma palestra: "Aqui estamos diante de um problema que é diferente daquele outro, de decretação, de coerção compulsiva, de coerção sob pena de prisão e, portanto, até decretação de prisão por parte de CPIs. Porque aqui o problema da quebra de sigilo diz respeito à parte investigatória e, consequentemente, não é providência de ordem cautelar que não diz respeito a atividade investigatória. Não se tem admitido esse poder de prisão para CPIs por isso. Porque não se trata de poder de investigação.

Quando se trata de matéria de investigação, a própria Constituição dá expressamente às CPIs as mesmas atribuições que tem o Poder Judiciário. E, portanto, o mesmo poder que tem o Poder Judiciário. Nesse sentido tem sido um entendimento do Tribunal" (op. cit., p. 34).

[5] Ainda na referida palestra: "Mas não se discutiu o problema que aqui se põe, com relação às autoridades administrativas, que têm reivindicado essa possibilidade, de quebrar o sigilo bancário sob a alegação de que e uma das maneiras pelas quais é possível aferir-se a sonegação por parte do contribuinte. Em contrapartida, há também a circunstância de que não é nenhuma imposição demasiada exigir-se que se peça uma autorização judicial.

Agora, o problema de saber se é possível ou não à lei complementar estender essa autorização às autoridades administrativas, o Tribunal, a respeito, não tem nenhuma posição. Daí a razão de eu ficar naquele problema de falar sem dizer.

Mas também aqui é um problema cuja gravidade não é tão grande, porque os juízes — e nisso honra se faça ao Poder Judiciário, que hoje serve de saco de pancada para todos — a não ser em casos bastante raros, não têm negado essa autorização. Desde o momento em que realmente a necessidade dessa medida esteja justificada, a autorização tem sido concedida" (op. cit., p. 34).

[6] RE nº 261278 AgR/PR – PARANÁ, Rel. Min. Gilmar Mendes, DJe, 1º ago. 2008).

É ainda de sua lavra o voto seguinte:
O SENHOR MINISTRO MOREIRA ALVES (RELATOR):

1. A meu ver, o pedido da Delegacia da Receita Federal em Brasília deve ser indeferido, em face do disposto no §1º do artigo 38 da Lei 4.595, de 31.12.64, verbis: "§1º As informações e esclarecimentos ordenados pelo Poder Judiciário, prestados pelo Banco Central do Brasil ou pelas instituições financeiras, e a exibição de livros e documentos em Juízo, se revestirão sempre do mesmo caráter sigiloso, só podendo a eles ter acesso as partes legítimas na causa, que deles não poderão servir-se para fins estranhos à mesma".

2. Em face do exposto, voto no sentido do indeferimento da solicitação em causa.[7]

Nada obstante, ainda à espera de uma decisão sobre a medida cautelar interposta pelo CNC em 2001, quero, todavia, nesta homenagem ao Ministro Moreira Alves, colocar a minha posição pessoal, reiterada no Brasil e em inúmeros congressos nacionais e internacionais.[8]

2 Sigilo bancário nacional e internacional

O constituinte brasileiro bem o afirma,[9] visto que, ao colocá-lo sob a proteção dos incisos X e XII do artigo 5º — o mais relevante artigo, pois voltado ao verdadeiro destinatário da Constituição, ou seja, o cidadão —, guindou-o ao nível de

---

[7] INQ nº 732-3-DF.

[8] ADI nº 2386: Em memorial, como advogados da Confederação Nacional do Comércio, lembramos Fátima Fernandes Rodrigues de Souza e eu que: "Trata-se, ademais, de *argumentação ofensiva ao Poder Judiciário*, que nunca negou autorização para a quebra de sigilo, quando presentes os pressupostos de sua concessão, bem demonstrando que o que se pretende com os dispositivos impugnados é, ilegitimamente, fazer prevalecer objetivos secundários do Estado — meramente arrecadatórios — sobre os objetivos primários que lhe toca curar, ou seja, *o respeito aos direitos fundamentais caracterizadores do Estado de Direito*.
Nem se diga que o dever de confidencialidade representaria proteção a tais direitos.
Primeiro, porque esse dever, à evidência, não assegura os direitos do contribuinte contra a atuação arbitrária da própria Administração, parte na relação tributária, e de seus agentes fiscais.
Segundo, porque esse dever está em grande parte comprometido, quer pela ineficiência da Administração em proteger adequadamente os dados fiscais (é fato público e notório, amplamente divulgado pela imprensa e reconhecido pelas autoridades fazendárias, que, no ano passado, dias após o encerramento do prazo para entrega das declarações de imposto de renda, dados extraídos desses documentos eram vendidos pelos camelôs nas ruas de São Paulo), quer por que o próprio Estado vem procurando relativizá-lo por meio de atos legislativos, como se vê das recentes alterações que a LC 104/01 introduziu nos arts. 198 e 199 do CTN".

[9] O Ministro Carlos Mário Velloso (Petição nº 577 – Questão de Ordem)-DF, RTJ 148/366 esclarece: "O sigilo bancário protege interesses privados. É ele espécie de direito à privacidade, inerente à personalidade das pessoas e que a Constituição consagra (CF, art. 5º, X), além de atender 'a uma finalidade de ordem pública, qual seja, a de proteção do sistema de crédito' registra Carlos Alberto Hagstrom, forte no magistério de G Ruta ('Lê Secret Bancaire em Droit Italien', Rapport, pág. 17; Carlos Alberto Hagstrom, 'O sigilo Bancário e o Poder Público', Rev. De Direito Mercantil, 79/34). Não é ele um direito absoluto, devendo ceder, é certo, diante do interesse público, do interesse da justiça, do interesse social, conforme, aliás, tem decidido esta Corte (RMS nº 15.925-GB, Relator o Ministro Gonçalves de Oliveira, RE nº 71.640-BA, Relator Ministro Djaci Falcão, RTJ 59/571; MS 1.047, Relator Ministro Ribeiro da Costa, Rev. Forense 143/154; MS 2.172, Relator Ministro Nelson Hungria, DJ de 5-01-54; RE nº 94.608-SP, Relator Ministro Cordeiro Guerra, RTJ 110/195). Esse caráter não absoluto do segredo bancário, que constitui regra em direito comparado, no sentido de que deve ele ceder diante do interesse público, é reconhecido pela maioria dos doutrinadores (Carlos Alberto Hagstrom, ob. cit., pág. 37; Sérgio Carlos Covello, 'O Sigilo Bancário como Proteção à Intimidade', Rev. dos Tribunais, 348/27; Ary Brandão de Oliveira, 'Considerações Acerca do Segredo Bancário', Rev. de Dir. Civil, 23.114, 119). O Segredo há de ceder, entretanto, na forma e com observância de procedimento estabelecido em lei".

cláusula pétrea da lei suprema, impossível de ser afastada até mesmo por emenda constitucional, à luz do artigo 60, §4º, inciso IV da Carta Magna.[10]

Os três dispositivos têm a seguinte dicção:

Art. 5º – Inciso X: "são invioláveis a intimidade, a vida privada, a honra e a imagem das pessoas, assegurado o direito a indenização pelo dano material ou moral decorrente de sua violação";

Art. 5º – Inciso XII: "é inviolável o sigilo da correspondência e das comunicações telegráficas, de dados e das comunicações telefônicas, salvo, no último caso, por ordem judicial, nas hipóteses e na forma que a lei estabelecer para fins de investigação criminal ou instrução processual penal";

Art. 60 – §4º, inciso IV: "Não será objeto de deliberação a proposta de emenda tendente a abolir: (...) IV. os direitos e garantias individuais".

Antes mesmo de sua conformação nos termos atrás mencionados, já o legislador ordinário declarara que o princípio diz respeito à privacidade, a ponto de o artigo 198 do CTN, quando da edição da Lei nº 5.172/66 — antes, portanto, de sua desfiguração pela LC nº 105/2001, de duvidosa constitucionalidade — já vedava à autoridade fiscal revelar qualquer informação sobre o contribuinte obtida em razão do exercício funcional.

O artigo 198 do CTN está versado no seguinte discurso:

Art. 198. Sem prejuízo do disposto na legislação criminal, é vedada a divulgação, por parte da Fazenda Pública ou de seus servidores, de informação obtida em razão do ofício sobre a situação econômica ou financeira do sujeito passivo ou de terceiros e sobre a natureza e o estado de seus negócios ou atividades. (Redação dada pela Lcp nº 104, de 10.1.2001)

§1º Excetuam-se do disposto neste artigo, além dos casos previstos no art. 199, os seguintes: (Redação dada pela Lcp nº 104, de 10.1.2001)

I – requisição de autoridade judiciária no interesse da justiça; (Incluído pela Lcp nº 104, de 10.1.2001)

II – solicitações de autoridade administrativa no interesse da Administração Pública, desde que seja comprovada a instauração regular de processo administrativo, no órgão

---

[10] Escrevi: "Em posição diversa, entendo que os direitos e garantias individuais são aqueles direitos fundamentais plasmados no texto constitucional — e apenas nele — afastando-se, de um lado, da implicitude dos direitos não expressos ou de veiculação infraconstitucional, assim como restringindo, por outro lado, aqueles direitos que são assim considerados pelo próprio texto e exclusivamente por ele.
Assim sendo, o artigo 150 faz expressa menção a direitos e garantias individuais, como tais conformados no capítulo do sistema tributário. Tal conformação, à evidência, oferta, por este prisma a certeza de que está ela no elenco complementar do artigo 150 e, por outro, que é tido pelo constituinte como fundamental.
Por tal perfil, apenas os direitos e garantias individuais expressamente expostos no artigo da Constituição, seriam cláusulas pétreas.
O Supremo Tribunal Federal parece ter hospedado tal exegese no momento em que não acatou como cláusula pétrea, o direito individual do contribuinte a estar assegurado por um sistema tributário inelástico, com a válvula de escape decorrente da competência residual da União, visto que não era expressa a cláusula.
Na ocasião, a E.C. nº 3/93, entretanto, foi tisnada por aqueles que defendiam que os direitos individuais não seriam cláusulas pétreas, pois o S.T.F. acatou as cláusulas expressas.
Assegurou, pois, o Pretório Excelso, os contribuintes, ao reconhecer a prevalência do explícito princípio da anterioridade, ou seja, o direito de não ser tributado no mesmo exercício, apesar de a exigência ser decorrente de emenda constitucional" (*Comentários à Constituição do Brasil*. 2. ed. São Paulo: Saraiva, 1999. v. 4, t. I, p. 414).

ou na entidade respectiva, com o objetivo de investigar o sujeito passivo a que se refere a informação, por prática de infração administrativa. (Incluído pela Lcp nº 104, de 10.1.2001)

§2º O intercâmbio de informação sigilosa, no âmbito da Administração Pública, será realizado mediante processo regularmente instaurado, e a entrega será feita pessoalmente à autoridade solicitante, mediante recibo, que formalize a transferência e assegure a preservação do sigilo. (Incluído pela Lcp nº 104, de 10.1.2001)

§3º Não é vedada a divulgação de informações relativas a: (Incluído pela Lcp nº 104, de 10.1.2001)

I – representações fiscais para fins penais; (Incluído pela Lcp nº 104, de 10.1.2001)

II – inscrições na Dívida Ativa da Fazenda Pública; (Incluído pela Lcp nº 104, de 10.1.2001)

III – parcelamento ou moratória. (Incluído pela Lcp nº 104, de 10.1.2001).

É interessante notar que a própria LC nº 105/2001 — elaborada nos fechados gabinetes da Receita Federal e cuja constitucionalidade é duvidosíssima —, para ser utilizada pelo governo, foi regulamentada com "n" exigências — de rigor, 11 — para que apenas um círculo limitado de agentes fiscais federais e em hipóteses claramente definidas pudesse quebrar o sigilo bancário, preservando-se as informações que, desde 1966, o Código Tributário Nacional impõe a guarda.[11]

No Brasil, estranhamente não se apurou até hoje o vazamento de informações tributárias de mais de 1 milhão de contribuintes, cujos dados, de responsabilidade exclusiva da Receita, foram negociados por variados agentes — chegaram a ser vendidos na Rua Santa Efigênia, em São Paulo, por "camelôs" para quem quisesse adquiri-los, até mesmo marginais —, com repulsa da população e olímpica inação da Receita, para identificar e punir os funcionários culpados por essa evidente quebra de privacidade daqueles que foram atingidos pela revelação de seus dados patrimoniais.

O sigilo bancário é uma defesa da privacidade, entendida esta como elemento da personalidade, que não diz respeito apenas a aspectos íntimos, mas também à externalidade, como, por exemplo, os dados patrimoniais.

---

[11] Aliomar Baleeiro, que relatou na Câmara dos Deputados o projeto do CTN, escreveu: "Garantia de sigilo ao sujeito passivo. Em princípio, o CTN, como aliás o direito anterior, notadamente o relativo ao imposto sobre a renda, garante ao sujeito passivo e a terceiros o sigilo a respeito de sua respectiva situação financeira ou econômica, a natureza e o estado de seus negócios ou atividades.
É vedado à pessoa de Direito público divulgar informação obtida em razão do ofício, o mesmo aplicando-se às autoridades, estas como órgão imediato da pessoa de Direito Público, e aos funcionários, estes como agentes técnicos e jurídicos dela.
Autoridades e funcionários podem responder criminalmente pela violação desse dever (C.P. de 1941, art. 325), além da ação de responsabilidade civil contra a pessoa de Direito Público, que tem ação regressiva contra seus agentes, se procederem com dolo ou culpa (Constituição Federal, redação da Emenda de 17/10/69, art. 107 e parágrafo único).
Aliás, conforme as circunstâncias, a divulgação do segredo funcional poderá assumir aspectos do crime de excesso de exação, que o C.P. de 1941, art. 316, §1º, define: "Se o funcionário exige imposto, taxa ou emolumento que sabe indevido, ou, quando devido, emprega na cobrança meio vexatório ou gravoso, que a lei não autoriza. Pena – detenção de 6 meses a 2 anos, ou multa de Cr$1,00 a Cr$10,0". Dec.-lei nº 3.914, de 1941 (*Direito tributário brasileiro*. 10. ed. Rio de Janeiro: Forense, 1981. p. 620).

A terceiros que detenham tais informações não é dado revelá-las, sob risco de perderem a credibilidade e poderem ser acionados por danos patrimoniais e morais, inclusive.[12]

O homem nasceu *ut operaretur*, para viver e "trabalhar", sendo lícito amealhar um patrimônio que lhe permita assegurar uma velhice tranquila. É lícito que não tenha interesse de divulgá-lo publicamente. Certas autoridades, por sua vez, são ávidas por holofotes da mídia, sendo desesperadamente atraídas pelas colunas sociais, municiando-as com informações sigilosas, nesta vanglória de serem citados pela imprensa. Tal tipo de mau servidor público violenta constantemente direitos fundamentais dos cidadãos.

A maioria da sociedade não frequenta e nem deseja frequentar colunas sociais e espera que sua privacidade e intimidade, pessoal e patrimonial, sejam preservadas, incomodando-se sempre que atingidos pela publicidade indevida ou pela violação de seus direitos.

A movimentação patrimonial de bens mobiliários que o sigilo bancário visa a proteger, portanto, diz respeito à intimidade e privacidade das pessoas.[13]

---

[12] O Ministro José Celso de Mello, na já citada Petição nº 577 (Questão de Ordem)-DF, RTJ 148/366 citada, ensina: "A tutela jurídica da intimidade constitui — qualquer que seja a dimensão em que se projete — uma das expressões mais significativas em que se pluralizam os direitos da personalidade. Trata-se de valor constitucionalmente assegurado (CF, art. 5º, X), cuja proteção normativa busca erigir e reservar, *em favor do* indivíduo — e contra a ação expansiva do arbítrio do Estado — uma esfera de autonomia intangível e indevassável pela atividade persecutória do Poder Público, apta a inibir e a vedar o próprio acesso dos agentes governamentais. (...)
A quebra do sigilo bancário — ato que, por si só, revela extrema gravidade jurídica — situa-se nesse contexto, em que valores contrastantes — como o princípio da autoridade, *de um lado*, e o postulado das liberdades pública, *de outro*, guardam, entre si, nítidas relações de tensão dialética.
Impõe-se, portanto, que os agentes da *persecutio criminis*, submetam-se à atuação moderadora e arbitral do Poder Judiciário, cujos órgãos, ponderando os interesses que se antagonizam, permitam, ou não, o acesso das autoridades policiais às informações concernentes às operações, ativas e passivas, realizadas pelas pessoas sob investigação com as instituições financeiras.
A relevância do direito ao sigilo bancário — que traduz, na concreção do seu alcance, uma das projeções realizadoras do direito à intimidade — impõe, por isso mesmo, ao Poder Judiciário, cautela e prudência na determinação de ruptura da esfera de privacidade individual, que o ordenamento jurídico, em norma de salvaguarda, pretendeu submeter à cláusula tutelar de reserva.
Sem elementos fundados de suspeita, como a existência concreta de indícios idôneos e reveladores de possível autoria de prática delituosa, não há como autorizar a *disclosure* das informações bancárias reservadas" (destaques no original).

[13] O Ministro José Delgado esclarece: "O direito à intimidade está protegido, em nossa Carta Magna, no art. 5º, X, ao registrar que "são invioláveis a intimidade, a vida privada, a honra e a imagem das pessoas, assegurado o direito a indenização pelo dano material ou moral decorrente de sua violação".
O direito ao sigilo bancário, por ser uma extensão do direito à intimidade, integra a categoria dos direitos da personalidade, portanto, de natureza fundamental.
O exame dos aspectos constitucionais referentes ao sigilo bancário revela que ele faz parte do leque previsto pela Constituição para proteção à vida íntima do cidadão.
O Professor Sérgio Carlos Covello, em trabalho publicado na *Revista dos Tribunais* de nº 648, p. 27-30, consagrou o entendimento de que o direito ao sigilo bancário comporta limitações, por dever se considerar interesses decorrentes das exigências sociais e tendo em vista a guarda do bem comum.
O mencionado doutrinador afirmou que "(...) a faculdade que tem o cidadão de manter afastados do conhecimento de outrem circunstâncias pertinentes à sua personalidade (...) (o sigilo ou direito ao segredo), que assume cada dia maior relevância em vista da massificação social vivenciada pelo mundo todo, nesta era de avanço científico e tecnológico".
Mais adiante, no mesmo trabalho, acrescentou que "(...) tanto o direito à intimidade como o sigilo bancário operam como um *jus excludendi alios*, pelo qual o indivíduo põe barreira em torno de sua vida privada, vedando que outros a conheçam ou nela interfiram. Ambos asseguram, desse modo, a espontaneidade e a liberdade pessoais" [São Paulo: Revista dos Tribunais: Centro de Extensão Universitária, 2000. p. 110. (Pesquisas Tributárias. Nova Série, n. 6)].

3 Sigilo bancário e segurança jurídica

É de se lembrar a Súmula nº 182 do TFR, hoje STJ, nos seguintes termos:

> É ilegítimo o lançamento do imposto de renda arbitrado com base apenas em extratos ou depósitos bancários.

O fato de a súmula hospedar inteligência pela desconsideração de tais critérios decorre da profusão de autos de infração lavrados exclusivamente à luz de movimentação bancária. Vale dizer, a parte não neutra, ao obter as informações, pretendia ver, na infinidade de lançamentos, que integra a movimentação linear de contas bancárias, aquisições de disponibilidade sucessivas, sendo essa estratégia felizmente atalhada pela Justiça.[14]

O próprio antigo Secretário da Receita Federal, Dr. Everardo Maciel, homem culto e competente, não conseguiu ser imparcial ao declarar, no Senado Federal, que, apenas com base na movimentação geradora de CPMF, haveria sonegação no Brasil de 850 bilhões de reais (vale dizer 4/5 do PIB nacional!!!), conforme noticiado por todos os jornais. Tal informação, à evidência, não leva em conta que essa contribuição incide muitas vezes sobre as mesmas riquezas, sendo inconsistente a conclusão.

E o fez porque é parte e sentia-se na obrigação de obter receita tributária a qualquer custo, em face do acordo com o FMI, pelo qual o Brasil deveria gerar "superávits" primários, seja qual fosse a política de arrecadação a ser adotada, mesmo que tal política geradora de recursos pudesse representar a negação de autêntica política tributária.

O Ministro Carlos Mário Velloso, com propriedade, notara que a falta de isenção do governo é patente, pois jamais é imparcial. Nem mesmo o Ministério Público é imparcial. Lê-se em seu voto, no RE nº 215.301/0 CE, o seguinte:

> Pode o Ministério Público, portanto, presentes as normas do inc. VIII, do art. 129 da C.F., requisitar diligências investigatórias e requisitar a instauração de inquérito policial, indicando os fundamentos jurídicos de suas manifestações processuais. As diligências investigatórias e a instauração de inquérito policial deverão ser requisitadas, obviamente, à autoridade policial.
>
> *Ora, no citado inc. VIII, do art. 129, da C.F., não está escrito que poderia o órgão do Ministério Público requerer, sem a intervenção da autoridade judiciária, a quebra do sigilo bancário de alguém. E se considerarmos que o sigilo bancário é espécie de direito à privacidade que a Constituição consagra, o art. 5º, inc. X, somente autorização expressa da Constituição legitimaria a ação do Ministério Público para requerer, diretamente, sem a intervenção da autoridade judiciária, a quebra do sigilo bancário de qualquer pessoa.*

---

[14] O Ministro Domingos Franciulli Neto escreve: "O postulado de que o Estado Democrático de Direito o sigilo bancário só pode ser quebrado por decisão judicial, afora a exceção aberta em favor das Comissões Parlamentares de Inquérito (art. 58, §3º, da CF), é dogma aceito pela doutrina e perfilhado pelos nossos tribunais superiores.
Assentado esse princípio, cumpre advertir que o deferimento ou indeferimento da quebra desse sigilo não pode ser exteriorizado em meros despachos. Faz-se necessária decisão motivada.
Na r. decisão do Excelso Supremo Tribunal Federal retro referida (item nº 2), frisou o insigne Ministro Carlos Velloso que "na verdade, pode o Judiciário requisitar, relativamente a pessoas e instituições, informações que implicam quebra do sigilo (Lei 4.595/64, art. 38, §1º). A faculdade conferida ao Judiciário pressupõe, entretanto, que a autoridade judiciária procederá com cautela, prudência e moderação, virtudes inerentes à magistratura, ou que os magistrados devem possuir" (Pesquisas Tributárias. Nova Série, n. 6, *op. cit.*, p. 137).

No voto que proferi na Petição 577-DF, caso Magri, dissertei a respeito do tema (RTJ 148/366), asseverando que o direito ao sigilo bancário não é, na verdade, um direito absoluto – não há, aliás, direitos absolutos – devendo ceder, é certo, diante do interesse público, diante do interesse social, diante do interesse da justiça, conforme, esclareça-se, tem decidido o Supremo Tribunal Federal. Todavia, *deixei expresso no voto que proferi no MS 21.729-DF, por se tratar de um direito que tem status constitucional, a quebra não pode ser feita por quem não tem o dever de imparcialidade. Somente a autoridade judiciária, que tem o dever de ser imparcial, por isso mesmo procederá com cautela, com prudência e com moderação, é que, provocada pelo Ministério Público, poderá autorizar a quebra do sigilo. O Ministério Público, por mais importantes que sejam as suas funções, não tem obrigação de ser imparcial. Sendo parte – advogado da sociedade – a parcialidade lhe é inerente. Então, como poderia a parte, que tem interesse na ação, efetivar, ela própria, a quebra de um direito inerente à privacidade, que é garantido pela Constituição?* Lembro-me de que, no antigo Tribunal Federal de Recursos, um dos seus mais eminentes membros costumava afirmar que "o erro do juiz o tribunal pode corrigir, mas quem corrigirá o erro do Ministério Público?" *Há órgãos e órgãos do Ministério Público, que agem individualmente, alguns, até, comprometidos com o poder político. O que não poderia ocorrer, indago, com o direito de muitos, por esses Brasis, se o direito das pessoas ao sigilo bancário pudesse ser quebrado sem maior cautela, sem a interferência da autoridade judiciária, por representantes do Ministério Público, que agem individualmente, fora do devido processo legal e que não têm os seus atos controlados mediante recursos?*[15] (grifos meus)

Ora, permitir esta quebra a quem é parte e está apenas interessado em obter receitas, a ponto de imaginar irregularidades em tudo a que tem acesso — se a Receita fosse imparcial, não lavraria tantos autos e não perderia tantas questões —, é trazer um elemento de insegurança evidente.

Há, ademais, o risco de que relações e situações de alta confidencialidade possam se tornar públicas, em face de inconfidência permanente seja da Receita, seja do Ministério Público — ultimamente, alguns dos membros desta última instituição têm frequentado as colunas da imprensa mais do que renomados políticos e homens da mídia —, inviabilizando negociações relevantes e podendo gerar concorrência desleal entre empresas.

As operações bancárias devem, pois, ser preservadas, com o sigilo inerente, de resto, assegurado pela Constituição, para que as relações jurídicas realizadas através do sistema financeiro sejam garantidas. O acesso indiscriminado gera *insegurança* e o que é pior, em época de globalização da economia, *transferência* de investimentos, que poderiam ser realizadas no Brasil, para outros países, onde o sigilo é preservado, como ocorre na maior parte das nações civilizadas.[16]

4 Casos de quebra possíveis

Para evitar-se o arbítrio fiscal ou a sonegação fiscal acobertada pelo sigilo bancário, cabe a uma autoridade neutra definir se há ou não possibilidade de quebra, ou seja, a autoridade judicial.

---

[15] *DJ*, 28 maio 1999.
[16] No MS nº 21729-4 (*Apud* Parecer GQ 110, de 09 de setembro de 1996 da AGU, in, RDDT 14108) o *Ministro Marco Aurélio* declara: "Em última análise, tenho que o sigilo bancário está sob proteção do disposto nos incisos X e XII do artigo 5º da Constituição Federal. *Entendo que somente é possível afastá-lo por ordem judicial*" (grifos na transcrição).

O Ministro Maurício Corrêa, com propriedade, levantou jurisprudência a respeito, que transcrevo:

> A jurisprudência desta Corte, consolidada e cristalizada a partir do julgamento dos citados MS nº 1.047-SP e nº 1.959-DF, é rica em precedentes que nunca deixaram de entender que o sigilo bancário é um direito individual não absoluto, *podendo ser rompido somente em casos especiais onde há prevalência do interesse público e, mesmo assim, por determinação judicial*. Além dos dois citados, anoto os seguintes precedentes que, de alguma forma, abordam o tema: RHC nº 31.611, Rel. designado Min. AFRÂNIO COSTA, j. em 25/07/51, in DJU de 28/09/53, pág. 2.880 (apenso ao nº 222); MS nº 2.172, Rel. Min. NELSON HUNGRIA, j. em 10/07/53, in DJU de 05/01/54; RMS nº 2.574-MG, Rel. Min. VILLAS BOAS, j. em 08/07/57, in RTJ 2/429; RMS nº 9.057-MG, Rel. Min. GONÇALVES DE OLIVEIRA, j. em 13/09/61, in RTJ 20/84; RMS nº 15.925-GB, Rel. Min. GONÇALVES DE OLIVEIRA, j. em 20/05/66, in RTJ 37/373; AG nº 40.883-GB, Rel. Min. HERMES LIMA, j. em 10/11/67, in DJU de 06/03/68; RE nº 71.640-BA, Rel. Min. DJACI FALCÃO, j. em 17/09/71, in RTJ 59/571; RE nº 82.700-SP, Rel. Min. XAVIER DE ALBUQUERQUE, j. em 11/11/75, in RTJ 76/655; MS nº 21.172-AM, Rel. Min. SOARES MUÑHOZ, j. em 27/09/78, in DJU de 20/10/78; RE nº 94.608-SP, Rel. Min. CORDEIRO GUERRA, j. em 06/04/84, in RTJ 110/196; AG (AgRg) nº 115.469-1/SP, Rel. Min. RAFAEL MAYER, j. em 28/11/86, in DJU de 12/12/86; HC nº 66.284-MG, Rel. Min. CARLOS MADEIRA, j. em 24/05/88, in RTJ 127/891; HC nº 67.913-SP, rel. p/o ac. Min. CARLOS VELLOSO, j. em 16/10/90, in RTJ 134/309; PET nº 577 (Questão de Ordem)-SP, rel. Min. CARLOS VELLOSO, j. em 25/03/92, in RTJ 148/366; AGRINQ nº 897, Rel. Min. FRANCISCO REZEK, j. em 23/11/94, in DJU de 24/10/95.[17] (grifos meus)

Nada me parece mais claro do que este caminho, razão pela qual entendo que a Lei Complementar nº 105/2001 não foi endereçada ao sonegador, mas exclusivamente contra o Poder Judiciário para afastá-lo como julgador moderado, abrindo campo para uma certa dose de arbítrio, que o governo deseja ter para cobrir sua incapacidade em cortar despesas, em uma Federação maior do que o PIB e em que as autoridades não primam pela boa gestão da coisa pública. Escrevi a respeito da lei o seguinte:

> A questão da quebra do sigilo bancário, a meu ver, tem sido veiculada pela imprensa, com bastante freqüência e com muita emotividade, nos pronunciamentos de autoridades e especialistas, não poucas vezes os preconceitos pró e contra o Fisco prevalecendo sobre sua juridicidade.
>
> O cerne do problema reside em que a quebra do sigilo bancário constante da lei complementar n. 105/2001 é, fundamentalmente, uma questão jurídica e, exclusivamente, à luz da qualidade de diploma legislativo é que deve ser examinada.
>
> E, por este prisma, não procede a afirmação de que o sigilo bancário, sem a lei complementar, não poderia ser quebrado.
>
> Nada mais inconsistente do que a afirmação de que o sistema anterior protegia os sonegadores.
>
> Jamais o sistema assegurou a sonegação. Sempre o sigilo bancário pôde ser aberto, com mansa e pacífica jurisprudência da Suprema Corte autorizando tal providência, bastando que a autoridade fiscal demonstrasse a existência de indícios.

---

[17] MS nº 21.729-4-DF, *Revista Dialética*, n. 1, p. 21-22, 1995.

Vale dizer, jamais o sonegador foi protegido pelo sistema civilizado adotado antes da lei complementar n. 105/2001, segundo regime legal e democrático próprio de países mais avançados que o Brasil, como Estados Unidos, Suíça, Portugal etc. Nestes países basta que a autoridade demonstre, junto ao Poder Judiciário, a existência de qualquer das mesmas 11 hipóteses que a regulamentação da lei complementar n. 105/2001 hospedou, para que um juiz determine que as informações bancárias sejam fornecidas ao Fisco.

O que o sistema anterior permitia, à evidência, era a proteção, não do sonegador, mas do bom contribuinte contra o arbítrio fiscal, contra eventual perseguição política aos críticos mais severos do governo, aos bodes expiatórios criados para, no estilo do romance de Orwell (1984), demonstrar que o Poder Público funciona.

O sistema anterior, portanto, garantia o Fisco contra o sonegador e o bom contribuinte contra o Fisco, cabendo a um poder técnico e neutro dizer se os indícios eram ou não suficientes para permitir a quebra do sigilo bancário.

Ora, o que a nova lei pretendeu foi afastar o Poder Judiciário deste exame preliminar, outorgando, exclusivamente, à Receita o direito de invadir a privacidade das pessoas independente da participação do Poder Judiciário.

Por essa razão, o vice-presidente do Supremo Tribunal Federal, o Presidente da Superior Tribunal de Justiça e o Presidente do Tribunal de Justiça de São Paulo, percebendo que a lei não é contra o sonegador — que nunca teve proteção do Judiciário — mas contra o Poder Judiciário, encarregado de preservar as garantias constitucionais, manifestaram-se no sentido de ser a referida lei de manifesta inconstitucionalidade. É que os direitos fundamentais do contribuinte (art. 5º incisos X e XII) não podem ser violados, cabendo ao Poder Técnico, que é o guardião da lei, preservar os direitos do Estado e aqueles da sociedade, como têm feito tantas vezes, ao atalhar tentativas de quebra de sigilo, por parte da Receita Federal mal fundamentadas.

Não é demais rememorar que todos os que se manifestaram até hoje, são, como o Secretário da Receita Federal, contrários à sonegação, inclusive eu, já tendo, em sucessivas oportunidades, inclusive junto ao próprio Secretário da Receita — que prezo e respeito — apresentado sugestões de melhoria do sistema tributário, muitas vezes com sua concordância.

O problema, todavia, não é este. A sonegação deve ser combatida e pode ser combatida com os instrumentos legais antes existentes. O que não se pode é pisotear direitos fundamentais do contribuinte, alijando o Poder Judiciário do exame desta questão, o que de resto, o inciso XXXV do art. 5º da C.F. proíbe.

Parece-me, pois, que a questão é, pois, meramente jurídica. A lei complementar afasta direitos fundamentais dos contribuintes (art. 5º incisos X, XII e XXXV) e não objetiva proteger o sonegador de quebra do sigilo — proteção que nunca teve — mas impedir o Poder Judiciário de exercer a função de Poder Neutro, que defende o Fisco contra o sonegador e o bom contribuinte contra o Fisco. É, aliás, a tônica dos sucessivos editoriais do "Estado", que aplaudo.

Só posso entender tal medida como repressão envidada pelo Poder Executivo a um Poder, que, por ter que preservar a Constituição, muitas vezes, tem se tornado um poder incômodo ao Governo, que, infelizmente, nos últimos tempos, não prima pelo respeito a direitos fundamentais da sociedade.[18]

---

[18] O *Estado de S.Paulo*, p. 2, 30 jan. 2001.

Estou convencido de ser este o melhor caminho para preservar a intimidade e a privacidade do bom contribuinte e permitir a quebra do sigilo do mau, sempre sendo o magistrado aquele com poderes de, ponderando as provas apresentadas pelo Fisco (bastam indícios), determinar ou não a quebra do sigilo. O sistema sempre funcionou bem, não se justificando a edição da duvidosa Lei Complementar nº 105/2001, já questionada no Judiciário.[19]

5 Poder Judiciário: justo e neutro

O Supremo Tribunal Federal, mesmo após a Lei Complementar nº 105/2001, tem negado a quebra do sigilo bancário sempre que os indícios não são suficientes.[20]

---

[19] A Ministra Ellen Gracie Northfleet preleciona: "1) ACR 1999.04.01.112402-3/SC – R. Trib. Reg. Fed. 4ª Reg. Porto Alegre, a. 11, n. 36, p. 43-428, 2000:
"O sigilo bancário é um direito protegido constitucionalmente, decorrente do direito à privacidade inerente à personalidade (Constituição Federal, artigo 5º, inciso X). Todavia, é pacífico o entendimento da jurisprudência pátria no sentido de que não se trata de um princípio absoluto.
Assim sendo, havendo indícios da prática de um delito, tem o Judiciário não só o poder, como também o dever de autorizar sua quebra, em conformidade com os dispositivos da Lei nº 4.595/64.
Impõe-se, portanto, a verificação da presença, no caso em tela, dos requisitos essenciais para a realização da diligência requerida pelo 'parquet', quais sejam a existência de elementos de prova mínimos de autoria do delito ou de sua materialidade ou elementos fundados de suspeita, com a existência concreta de indícios reveladores de possível autoria de prática delituosa.
Ademais, é mister que haja uma relação de pertinência entre a prova pretendida, com as informações bancárias, e o objeto das investigações em curso, a fim de que reste induvidoso que a providência requerida é indispensável ao êxito das investigações (...)" (grifamos).

[20] Em 30.01.2001 assim despachou o Ministro Carlos Mário Velloso: "Na decisão que proferi no MS 23.843-RJ, impetrado por Carlos Augusto Saade Montenegro, escrevi: '(...) A jurisprudência do Supremo Tribunal Federal é no sentido de que as Comissões Parlamentares de Inquérito, para decretar a quebra do sigilo bancário, fiscal e ou telefônico de pessoas por elas investigadas, têm que fundamentar a sua decisão, tal como ocorre com as autoridades judiciais, indicando a necessidade objetiva da medida.
Indico. Por exemplo, o decidido nos MMSS 23.452-RJ, Relator o Ministro Celso de Mello (Plenário, 16/09/99, DJ de 12/05/2000) e 23.619-DF, Relator o Ministro Octávio Gallotti (Plenário, 04/05/200, DJ de 07/12/2000).
Ora, se as Comissões Parlamentares de Inquérito têm poderes de investigação próprios das autoridades judiciais (CF, art. 58, §3º), têm, também, as mesmas obrigações destas. E estabelece a Constituição, no art. 93, IX, que as decisões judiciais serão fundamentadas, sob pena de nulidade.
Assim posta a questão, tenho como configurados, no caso, os requisitos do *fumus boni juris* e do *periculum in mora*. É que, não deferida a liminar, o sigilo será quebrado e a segurança restará prejudicada. É claro que, se a decisão que decretou a quebra do sigilo está, ao contrário do alegado, fundamentada, poderá a autoridade apontada coatora, no prazo das informações, trazê-la aos autos, o que propiciará o reexame da questão.
Comunique-se o teor desta decisão à autoridade impetrada, solicitando-se-lhe que preste, no prazo legal, as informações que entender necessárias ao julgamento do *writ*.
Dê-se ciência do teor desta ao Banco Central do Brasil e à Secretaria da Receita Federal (...)'.
No caso, determinou-se a quebra do sigilo bancário do impetrante (fl. 13), certo que essa quebra já se efetivou. O mandado de segurança, pois, sob tal aspecto, está prejudicado, nos termos das decisões que tenha proferido (v. transcrição acima). Aliás, tenho concedido as liminares argumentando: 'não deferida a liminar, o sigilo será quebrado e a segurança estará prejudicada'.
Todavia, resta um pedido que me parece ainda não prejudicado, o contido sob *c*, fl. 8: 'que a mesma Comissão Parlamentar de Inquérito adote as mais rígidas providências visando a preservação do sigilo dos documentos apresentados'. Impedir, entretanto, que a Comissão aprecie tais documentos não me parece possível, aqui, *tendo em vista que a quebra do sigilo já foi efetivada.*
Assim, defiro a liminar, em parte, para que o exame dos documentos fique adstrito à CPI, *apenas, adotando esta rígidas providências para que os documentos a ela encaminhados não sejam divulgados.*
Comunique-se o teor desta decisão à autoridade impetrada, solicitando-lhe que preste, no prazo legal, as informações que entender necessárias ao julgamento do *writ*" (decisão publicada no *DJU*, 07 fev. 2001) (grifos meus).

Indícios de sonegação, lavagem de dinheiro, peculato, concussão, corrupção ativa ou passiva, excesso de exação, negociações que impliquem abuso de poder econômico e questões de família podem ser objeto de solicitações para quebra de sigilo.

Não estou convencido que a saída de recursos para o exterior seja suscetível, já que a Constituição Federal autoriza a entrada e saída de qualquer cidadão com os seus bens (art. 5º, inciso XV), conforme a dicção seguinte:

> é livre a locomoção no território nacional em tempo de paz, podendo qualquer pessoa, nos termos da lei, nele entrar, permanecer ou *dele sair com seus bens*. (grifos meus)

E os termos da lei — tem que ser lei e não resolução do Banco Central ou mero ato administrativo — não poderiam impor hipóteses de *inviabilização* da saída. Já neste sentido elaborei três pareceres, para clientes diversos, todos eles vencedores nas ações ajuizadas contra a abusiva atuação governamental, que pretendia ver evasão de divisas em operações de remessa de recursos ou saída de valores superiores ao previsto nas resoluções do Banco Central.[21]

---

[21] Escrevi: "Aspecto que merece reflexão pelos estudiosos do Direito, em face de manchetes sensacionalistas de jornais e de afirmações bombásticas de autoridades, diz respeito à denominada 'evasão de divisas', sempre que se torna conhecido o fato de que alguém enviou recursos para fora do país.
Ao comentar, com Celso Bastos, a Constituição Brasileira, em 15 volumes, pela Editora Saraiva, repetidas vezes, debruçamo-nos sobre certos direitos fundamentais dos cidadãos, que, apesar de consagrados pela lei suprema, muitas vezes não são respeitados nem por autoridades, nem por veículos de comunicação social.
Um deles é aquele constante do art. 5º, inciso XV, da lei maior, cuja dicção é a seguinte:
'XV. é livre a locomoção no território nacional em tempo de paz, podendo qualquer pessoa, nos termos da lei, nele entrar, permanecer ou dele sair com seus bens'.
De início, é necessário lembrar que este dispositivo é cláusula imodificável da Carta Magna, não podendo ser afastado nem mesmo por emenda constitucional, por ser direito individual e estar o artigo 60, §4º, inciso IV do texto maior, assim redigido:
'§4º Não será objeto de deliberação a proposta de emenda tendente a abolir: (...) IV. os direitos e garantias individuais'.
Em seguida, é necessário ter presente que o comando constitucional consagra o direito pleno de qualquer pessoa de se locomover com seus bens, dentro e fora do país.
Todos os indivíduos, brasileiros, residentes ou não, podem entrar e sair do Brasil e podem movimentar seus bens dentro e fora do país, estando a livre circulação de bens e pessoas consagrada pela lei máxima.
A Constituição refere-se, todavia, que a regulação desta entrada e saída, dar-se-á por lei.
A lei a que se refere, o constituinte, é lei no sentido formal e material, isto é, emanada à luz do processo legislativo do artigo 59 da Constituição Federal, que apenas permite 7 tipos de instrumentos legislativos, a saber:
'Art. 59 O processo legislativo compreende a elaboração de:
I. emendas à Constituição;
II. leis complementares;
III. leis ordinárias;
IV. leis delegadas;
V. medidas provisórias;
VI. decretos legislativos;
VII. resoluções'.
Resolução do Banco Central, Decreto, Ato Normativo, Instrução Normativa, Parecer Normativo ou qualquer outro ato que veicule manifestações do Executivo *não são lei* com o condão de explicitar o inciso XV do artigo 5º da Constituição Federal.
Por outro lado, o que pretende o constituinte dizer — e o faz repetidas vezes — quando declara que aquele dispositivo constitucional depende de lei? Quer, por acaso, dizer que a Constituição se subordina ao livre arbítrio do legislador inferior ou, ao contrário, que cabe ao legislador ordinário apenas explicitar o princípio máximo?
À evidência, — e já o Supremo Tribunal Federal decidiu a respeito —, cabe ao legislador apenas a função *explicitadora*, não podendo aumentar, restringir ou alterar o alcance da norma constitucional.

É que a própria lei não pode amputar direito concedido como cláusula pétrea pela Constituição, visto que sua função é apenas regulá-lo, mas não o eliminar.

Não vejo, pois, o porquê da quebra do sigilo bancário.

6 O poder da autoridade fiscal

Entendo não ser justo que a autoridade fiscal seja "parte e juiz" e tenha o poder de decidir a quebra de sigilo de qualquer contribuinte.

Infelizmente, em todas as instituições não há moralidade absoluta. Todas elas sofrem pressões próprias da natureza humana decaída e estão sujeitas à corrupção, razão pela qual os homens que as compõem nem sempre veem no exercício das dignas funções públicas um caminho de servir à sociedade, mas ao contrário de servir-se dela.

Montesquieu, ao formular a sua teoria tripartida do poder, afirma ser necessário que o poder controle o poder, porque o homem não é confiável no poder, algo que permeia a história narrada do ser humano, desde os primeiros tempos, não devendo ter sido diferente na pré-história.[22]

Se pudesse, nitidamente, seria a Constituição que se subordinaria à legislação complementar ou ordinária, e não estas à Constituição.

Se apenas pode explicitar o conteúdo dos comandos supremos, pergunta-se: poderia o legislador infraconstitucional limitar a livre circulação de bens e pessoas, constante do inciso XV, do artigo 5º, apenas permitindo a saída de bens a determinadas circunstâncias e não a outras?

Claramente, não, pois, se o fizesse, estaria impondo um impedimento à livre circulação de bens para fora do país, que não consta do dispositivo constitucional.

Pela Constituição, qualquer pessoa pode trazer e levar seus bens do país, pois é uma garantia constitucional que nenhuma lei pode retirar. O legislador inferior jamais pode se opor ao legislador superior.

Por esta linha de raciocínio, qualquer dispositivo legal que restrinja a saída de bens, a título de 'evasão de divisas', é de manifesta inconstitucionalidade.

A meu ver, o Governo tem o direito — e isto de forma inequívoca — de verificar se aqueles bens não são frutos da sonegação, corrupção, narcotráfico, etc., podendo punir a pessoa cidadã ou não, que promova essa movimentação, jamais por evasão de divisas, mas simplesmente por sonegação, peculato, crime de lavagem de dinheiro etc., pois a natureza da falta é outra.

O bom contribuinte, todavia, aquele que tem seus bens legitimamente declarados, está autorizado, pela Constituição, a fazer circular seus bens dentro e fora do país, já tendo o Poder Judiciário, em controle difuso, derrubado ações governamentais que pretendiam enquadrar, como evasão de divisas, a conduta de cidadãos que levavam para fora recursos declarados e de sua legítima propriedade. A alguns desses casos fiz referência, no livro 'Da sanção tributária' (Editora Saraiva).

O artigo 5º, inciso XV, da Constituição desautoriza, pois, qualquer lei restritiva que impeça a livre circulação de bens legitimamente adquiridos, sendo 'cláusula pétrea' no direito pátrio" (jornal *Valor Econômico*, p. B2, 22 mar. 2001).

[22] Escrevi: "Montesquieu, ao idealizar o seu "Do espírito das leis", fá-lo a partir de duas realidades que o impressionam vivamente, a saber: o sucesso político do modelo inglês e a absoluta descrença na natureza humana.

Do modelo inglês tira, pelas lições de Locke e por sua observação pessoal, a certeza de que o controle exercido pela monarquia e pelo povo sobre o Parlamento e o Gabinete ofertaria a estabilidade à harmonia de poderes, posto que ninguém poderia exercê-los de forma absoluta, em função dos freios e contra-freios inerentes ao sistema.

Montesquieu introduz, de forma didática, o estudo da tripartição dos poderes, acrescentando à observação da experiência inglesa e aos ensinamentos de Locke o Poder Judiciário como poder independente.

É interessante notar que a lição inglesa — não permitindo seja realçado o Poder Judiciário, visto que o exercício da administração da justiça, na tradição costumeira insular, é menos dádiva do Estado e do monarca que um direito conquistado pelo povo — leva Montesquieu a nele descortinar um complexo orgânico formado a partir da *práxis* dos romanos, pela influência do pretorianismo semi-independente e da lição dos bárbaros e povos autóctones, cuja existência milenar tornara o direito repetitivo.

Não se deve, pois, dar a quem tem poder o direito de ser árbitro das suas próprias decisões, visto que como diz Lord Acton: "o poder corrompe e o poder absoluto corrompe absolutamente".

À evidência, em todas as instituições há também homens dignos, justos e verdadeiramente servidores públicos, mas a lei deve ser dirigida para abrigar todas as situações, razão pela qual não pode ignorar a fraqueza do ser humano no exercício do poder e de um poder tão forte, como é aquele de retirar da sociedade o dinheiro que ganhou para destinar aos interesses nem sempre claros da Administração Pública e, muitas vezes, não voltada à prestação de serviços públicos, mas apenas a mera manutenção dos detentores do poder, no poder.

Nada mais lógico, portanto, que um poder neutro, como, baseado nas lições de Locke, Montesquieu sugeriu para que se reduza ao mínimo as injustiças tributárias e o arbítrio fiscal, sempre possível no campo da imposição.[23]

7 Arbítrio e responsabilização de autoridades

Em qualquer hipótese, ou seja, se prevalecer a tese de que apenas cabe ao Poder Judiciário a autorização para a quebra do sigilo ou aquela outra constante da Lei Complementar nº 105/2001, sendo o agente fiscal o responsável pela quebra do sigilo, a responsabilização de quem foi arbitrário é prevista em lei.

Não se esquece, por outro lado, da presença da Igreja até a Reforma. Assim, não obstante à época de Montesquieu o poder-dever de julgar e a certeza da administração de justiça tenha evoluído, na Inglaterra, a razoável grau de independência, Locke não chega a descortinar força própria de separação, como o faz Montesquieu.
Montesquieu intui a importância de tal independência, na medida em que a natureza humana é fraca e a fraqueza, a serviço da força do poder, provoca, decorrencialmente, a prática de uma justiça injusta.
A necessidade, portanto, de o poder controlar o poder, fá-lo separar o exercício de feitura das leis (Poder Legislativo), de execução das normas (Poder Executivo) e de interpretação oficial do direito e aplicação da Justiça (Poder Judiciário). Ao dizer: 'Acontece sempre que todos os homens, quando têm poder, se inclinam a seu abuso, até encontrar limites' e ao concluir que é necessário que o 'poder constitua um freio para o poder', sintetiza sua concepção a partir da descrença na natureza humana.
À clássica tipologia externa dos governos bons ou maus, assim como governos monárquicos, aristocráticos ou democráticos, ou ainda na preocupação da época, a sua divisão em repúblicas, monarquias e governos despóticos, acrescenta-se, em Montesquieu, a tipologia interna da divisão dos poderes, quaisquer que sejam as formas exteriores apresentadas. Sua pessoal visão exclui, entretanto, os governos despóticos, isto porque a tripartição apenas se torna possível em governos moderados.
É Montesquieu criticado no período, porque se entendia que o poder dividido não é poder, não sendo acionável, convenientemente, nos momentos de crise nacional, em face dos próprios freios criados. O tempo veio demonstrar, todavia, que há mecanismos capazes de dar eficiência maior de funcionamento ao sistema misto que ao poder absoluto e concentrado" (*Comentários à Constituição do Brasil*. São Paulo: Saraiva, 1988. v. 1, p. 75-76).

[23] O livro *Direitos fundamentais do contribuinte*, com a colaboração dos seguintes autores: Adriana Piraíno, Américo Masset Lacombe, Antonio José da Costa, Antonio Manoel Gonçalez, Cecília Maria Marcondes Hamati, Dirceu Antonio Pastorello, Diva Malerbi, Domingos Franciulli Neto, Douglas Yamashita, Edison Carlos Fernandes, Fátima F. Rodrigues de Souza, Fernando de Oliveira Marques, Fernando Facury Scaff, Francisco de Assis Alves, Helenilson Cunha Pontes, Ives Gandra da Silva Martins, João Francisco Bianco, José Augusto Delgado, Eduardo Soares de Melo, José Ruben Marone, Kiyoshi Harada, Luiz Antonio Caldeira Miretti, Maria Teresa de Carcomo Lobo, Marilene Talarico Martins Rodrigues, Oswaldo Othon de Pontes Saraiva Filho, Plínio José Marafon, Ricardo Lobo Torres, Ricardo Mariz de Oliveira, Rogério Vidal Gandra da Silva Martins, Valdir de Oliveira Rocha, Vinícius T. Campanile, Vittorio Cassone, Wagner Balera e Yoshiaki Ichihara (co-ed. Centro de Extensão Universitária e Ed. Revista dos Tribunais, 2000), cuidou da matéria. A esmagadora maioria dos doutrinadores entendeu que sem Poder Judiciário não pode haver quebra do sigilo bancário.

O artigo 37, §6º, da Constituição Federal cuida da responsabilização civil do Estado e do agente, para o primeiro em qualquer hipótese, e para o segundo nas hipóteses de dolo ou culpa, com a redação seguinte:

> As pessoas jurídicas de direito público e as de direito privado prestadoras de serviços públicos responderão pelos danos que seus agentes, nessa qualidade, causarem a terceiros, assegurado o direito de regresso contra o responsável nos casos de dolo ou culpa.[24]

Como se percebe, o princípio da moralidade administrativa é aquele que levou o constituinte a dispor da forma que o fez, em todas as hipóteses em que o Estado lese o cidadão, gerando-lhe danos patrimoniais ou morais.[25]

Nitidamente, a quebra do sigilo, etc., de forma arbitrária, pode provocar despatrimonialização e danos morais, devendo o Estado e o agente fiscal, em ação

---

[24] Escrevi: "Reza, o 'caput' do artigo 37 da Constituição Federal, que: 'A administração pública direta, indireta ou fundacional, de qualquer dos Poderes da União, dos Estados, do Distrito Federal e dos Municípios obedecerá aos princípios de legalidade, impessoalidade, moralidade, publicidade e, também ao seguinte: (...)', estando, seu parágrafo 6º, assim redigido: 'As pessoas jurídicas de direito público e as de direito privado prestadoras de serviços públicos responderão pelos danos que seus agentes, nessa qualidade, causarem a terceiros, assegurado o direito de regresso contra o responsável nos casos de dolo ou culpa'.
Como se percebe, qualquer lesão causada pelo Poder Público ao cidadão, gera o direito deste de responsabilizar civilmente o Estado. Já ao Estado cabe o direito de regresso contra o agente que provocou a lesão.
Ora, o princípio da responsabilidade objetiva do Estado, estatuído no artigo 37 §6º da Constituição Federal, decorre do princípio da moralidade administrativa, o mais relevante princípio que norteia a Administração Pública.
Tanto para a doutrina, como para a jurisprudência, tal princípio —-o da moralidade-- supera, em importância, todos os demais, meros princípios formais (legalidade, publicidade e impessoalidade), visto que a Administração imoral contamina, macula, deteriora, corrói os valores da sociedade e deve ser punida.
O Estado não pode exigir serviços e depois não os pagar, sob a alegação de que tais utilidades, de que usufruiu, foram prestadas à Administração anterior e por ela deveriam ter sido pagas. Governo que assim age, age imoralmente, fere os princípios da ética, devendo seus integrantes ser responsabilizados penal e civilmente, com as ações de ressarcimento propostas, simultaneamente, contra o Estado e o agente causador da lesão.
O constituinte considerou de tal relevância a ética do Administrador, que, para não permitir que o agente imoral escape do pagamento, tornou, em relação a ele, imprescritível a ação de ressarcimento, conforme determina o §5º do artigo 37, assim redigido: 'A lei estabelecerá os prazos de prescrição para ilícitos praticados por qualquer agente, servidor ou não, que causem prejuízos ao erário, ressalvadas as respectivas ações de ressarcimento'.
Em outras palavras, o Administrador aético, que gere prejuízos à sociedade, mesmo depois de ter deixado o poder e até o fim de sua vida, poderá ser acionado para indenizar o dano que causou, sendo sua responsabilidade civil imprescritível.
Até por ação popular se poderá acionar o 'administrador ímprobo', outro mecanismo que o constituinte colocou à disposição da sociedade, para exigir moralidade de seu servidor, na administração da coisa pública" (*Questões de direito administrativo*. Florianópolis: Obra Jurídica, 1999. p. 70-71).

[25] Hely Lopes Meirelles ensina: "A moralidade administrativa constitui, hoje em dia, pressuposto de validade de todo ato da Administração Pública (CF, art. 37, caput). Não se trata — diz Hauriou, o sistematizador de tal conceito   da moral comum, mas sim de uma moral jurídica, entendida como 'o conjunto de regras de conduta tiradas da disciplina interior da Administração'. Desenvolvendo sua doutrina, explica o mesmo autor que o agente administrativo, como ser humano dotado da capacidade de atuar, deve, necessariamente, distinguir o Bem do Mal, o honesto do desonesto. E, ao atuar, não poderá desprezar o elemento ético de sua conduta. Assim, não terá que decidir somente entre o legal e o ilegal, o justo e o injusto, o conveniente e o inconveniente, o oportuno e o inoportuno, mas também entre o honesto e o desonesto. Por considerações de Direito e de Moral, o ato administrativo não terá que obedecer somente à lei jurídica, mas também à lei ética da própria instituição, porque nem tudo que é legal é honesto, conforme já proclamavam os romanos: "non omne quod licet honestum est". A moral comum, remata Hauriou, é imposta ao homem para sua conduta externa; a moral administrativa é imposta ao agente público para sua conduta interna, segundo as exigências da instituição a que serve e a finalidade de sua ação: o bem comum" (*Direito administrativo brasileiro*. 21. ed. São Paulo: Malheiros, 1990. p. 83).

de regresso, responder pelos prejuízos causados à imagem e ao patrimônio do contribuinte, mesmo que devedor do imposto. Isto porque a consequência do acesso indiscriminado pode ultrapassar os limites da mera relação jurídico-tributária, com efeitos negativos sobre os negócios e as sempre delicadas relações com as instituições financeiras, que, a título de protegerem-se, podem cortar o crédito de contribuintes acionados pelo Fisco.

É de se lembrar que a responsabilidade do agente fiscal pela quebra, por culpa ou dolo, é imprescritível, como determina o artigo 37, §5º, assim redigido:

> A lei estabelecerá os prazos de prescrição para ilícitos praticados por qualquer agente, servidor ou não, que causem prejuízos ao erário, *ressalvadas as respectivas ações de ressarcimento*.[26] (grifos meus)

Do ponto de vista penal, também o fato é punível pelo artigo 316, §1º, do Código Penal, assim redigido:

> §1º Se o funcionário exige imposto, taxa ou emolumento que sabe indevido, ou, quando devido, emprega na cobrança meio vexatório ou gravoso, que a lei não autoriza: – Pena: detenção, de 6 meses a 2 anos, ou multa.[27]

Não há, portanto, como afastar a responsabilidade do agente fiscal que, contra a orientação jurisprudencial, quebrar indiscriminadamente o sigilo bancário, sem autorização judicial, principalmente se a quebra demonstrar a inexistência de qualquer ilícito.

Caberá, nas respectivas ações, ao Poder Judiciário definir o nível de responsabilidade, em cada caso, do agente fiscal.

---

[26] Manoel Gonçalves Ferreira Filho escreve: "Parecem deduzir-se duas regras deste texto mal redigido. Uma, concernente à sanção pelo ilícito; outra, à reparação do prejuízo. Quanto ao primeiro aspecto, a norma 'chove no molhado': prevê que a lei fixe os respectivos prazos prescricionais. Quanto ao segundo, estabelece-se de forma tangente a imprescritibilidade das ações visando ao ressarcimento dos prejuízos causados" (*Comentários à Constituição Brasileira de 1988*. São Paulo: Saraiva, 1990. v. 1, p. 260).

[27] Paulo José da Costa Jr. comenta: "1. Conceito: É a firma clássica de concussão, que é o excesso de exação (crimen superexactionis).
Exação é a cobrança rigorosa e exata do tributo (taxas e impostos) ou emolumentos.
O funcionário, embora não se locuplete às custas do erário público ou do patrimônio do particular, excede-se em suas funções, quer exigindo tributo ou emolumento indevido, quer cobrando tributo devido, de forma irregular (vexatória e gravosa).
Taxa é a contribuição referente a um serviço prestado pela administração pública.
Imposto é a contribuição paga pelo cidadão ao Estado.
Emolumentos são custas cobradas pelo Estado.
2. Objetividade jurídica: É o bom andamento, o regular funcionamento da administração pública.
3. Sujeitos: Sujeito ativo do crime, que é próprio, é o funcionário público.
O Código anterior, em seu art. 219, referia-se expressamente ao "empregado público encarregado de arrecadação, cobrança ou administração de quaisquer rendas ou dinheiros públicos, ou da distribuição de algum imposto".
Sujeito passivo é o Estado, pelo descrédito à administração pública. Também o particular é considerado sujeito passivo do delito, num plano acessório.
4. Conduta: Duas as espécies de conduta descritas pela norma: 1) a exigência indevida do tributo (imposto ou taxa) ou do emolumento; 2) sua cobrança vexatória ou gravosa.
Em ambas as hipóteses, a contribuição obtida é encaminhada aos cofres públicos. O funcionário público não aufere qualquer vantagem patrimonial, o que justifica a pena branda, detenção de seis meses a dois anos, ou simples multa" (*Comentários ao Código Penal*. 2. ed. São Paulo: Saraiva, 1990. v. 3, p. 465).

8 Tratamento internacional

Em 1990, a OCDE elaborou relatório em que analisa o tratamento da quebra do sigilo em relação a 17 países, em que na Parte III destaca-se a seguinte menção:

> Almost all countries, however, put restrictions on third party obligations (see column 2 of Table 6). In some cases these relate to the amounts involved (information may not be required upon payments below a certain threshold). In many countries requests for information are restricted to specifically identified taxpayers. Most countries place time limits on these obligations and require professional and business secrecy to be respected. In all countries there are administrative or legal fines — ranging from monetary amounts to imprisonment — for not supplying the required information.[28]

Percebe-se, nitidamente, predominância do princípio de preservação do direito dos contribuintes e de restrição aos poderes do Estado. Em quase todos, o Poder Judiciário pode ser acionado.

Há países que, todavia, não adotam o mesmo sistema. Compreende-se, a razão que os levou a adotar técnica diversa.

A Itália optou por autorizar a quebra do sigilo, sem autorização judicial, em face da operação "mãos limpas" de combate ao crime organizado e à corrupção predominante.

O seu sistema, todavia, seria inadaptável ao Brasil, lembrando-se que as testemunhas, na Itália, podem ficar detidas por algum tempo — como ocorreu durante o regime militar no Brasil, em que as CGIs prendiam "testemunhas", como forma de garantir a "isenção" de seus depoimentos. É bem verdade que alguns magistrados pretendem atingir a liberdade das pessoas, exclusivamente para ouvi-las, detendo-as por 5 ou 10 dias. O STF tem contestado tal arbitrária atuação da magistratura.

A Argentina, às voltas, permanentemente, com cíclicas crises políticas e militares, tem na quebra indiscriminada um resquício dos regimes ditatoriais que a dominaram.

Na maior parte dos países, todavia, permanece o princípio democrático de que a quebra é possível, em determinadas hipóteses, mediante autorização judicial, como no texto anteriormente exposto.[29]

---

[28] *Tax Payers' Rights and Obligations*: a Survey of the Legal Situation in OECD Countries. Paris: OCDE, 1990. p. 16.

[29] Maria Teresa Carcomo Lobo ensina: "O direito à privacidade, em que se insere o sigilo bancário, tem de ser preservado de investidas revisionistas que alterem o sistema de valores e afetem a unidade intrínseca da ordem constitucional.

Por oportuno, refiro-me à preocupação inscrita no Plano de Ação do Conselho da União Européia e da Comissão das Comunidades Européias sobre a melhor forma de aplicar as disposições do Tratado de Amsterdã relativas à criação de um espaço de liberdade, de segurança e de justiça, onde expressamente se consigna: "A liberdade pressupõe igualmente o respeito de todos os direitos humanos fundamentais, incluindo a proteção contra todas as formas de discriminação.

Outro aspecto fundamental da liberdade que merece especial atenção no contexto da atual sociedade da informação, em rápida mutação, é o respeito pela privacidade e, nomeadamente, pela proteção de dados pessoais Numa altura em que estão a ser criados ficheiros de dados pessoais e se procede ao intercâmbio de informações com vista a melhorar a cooperação policial e judiciária em matéria penal, é verdadeiramente essencial sublinhar o justo equilíbrio entre a segurança pública e a proteção da privacidade dos indivíduos.

Mas o fato de o sigilo bancário revestir a natureza de cláusula pétrea não afasta a possibilidade de, em circunstâncias especiais e com rigorosa observância do devido processo legal, vir a ser quebrado. Circunstâncias essas que radicam em valores outros, igualmente tributários, de proteção constitucional.

9 Combate à criminalidade e sigilo bancário

O combate à criminalidade sempre se faz, através do Poder Judiciário, que é quem pode condenar ou absolver um criminoso.

Nada mais legítimo que seja aquele que decida a quebra do sigilo, sempre que os indícios sinalizem que as atividades financeiras estão sendo utilizadas para viabilizar a criminalidade internacional, lavagem de dinheiro, narcotráfico, sonegação, corrupção, etc.[30]

O Poder Judiciário é a maior garantia contra a insegurança que gera a ação das autoridades que devem reprimir a criminalidade, ao se auto-outorgarem poderes investigatórios sem limites, com o que se eleva o arbítrio, que é uma das formas de crime da administração.

Por outro lado, sobre "assegurar maior segurança" — a expressão "assegurar a segurança" está no artigo 5º da Constituição Federal —, evita a fuga de investimentos, pois todos os investidores passam a estar garantidos contra o arbítrio, por força de um poder neutro e justo, que também não garantirá os criminosos e os sonegadores contra o Fisco.[31]

A autorização judicial é a maior garantia constitucional para o Fisco e o Estado, contra o crime organizado e especificamente contra a sonegação, e para o bom contribuinte, contra o arbítrio fiscal e a concussão.

Creio, de rigor, que seja esta a única forma de compatibilizar o combate à criminalidade, a segurança jurídica e a manutenção de investimentos.

Pela Constituição, qualquer pessoa pode trazer e levar seus bens do país, pois é uma garantia constitucional que nenhuma lei pode retirar. O legislador inferior jamais pode se opor ao legislador superior.

Por esta linha de raciocínio, qualquer dispositivo legal que restrinja a saída de bens, a título de "evasão de divisas", é de manifesta inconstitucionalidade.

A meu ver, o governo tem o direito — e isto de forma inequívoca — de verificar se aqueles bens não são fruto da sonegação, corrupção, narcotráfico, etc., podendo punir a pessoa cidadã ou não, que promova essa movimentação, jamais por evasão de divisas, mas simplesmente por sonegação, peculato, crime de lavagem de dinheiro, etc., pois a natureza da falta é outra.

O bom contribuinte, todavia, aquele que tem seus bens legitimamente declarados, está autorizado, pela Constituição, a fazer circular seus bens dentro e fora do país, já

Vou mais longe. A quebra de sigilo, em determinados casos aferíveis em sede jurisdicional, só acresce à sua natureza de cláusula pétrea, porquanto a finalidade objetivada no art. 5º, XII, é proteger eficazmente a privacidade naquilo em que ela é digna do resguardo constitucional. E não para dar cobertura a comportamentos que violam e agridem o normativo jurídico vigente.

Com este posicionamento, respondo à segunda parte da questão no sentido de que reputo constitucional a quebra do sigilo bancário mediante autorização judicial" [São Paulo: Revista dos Tribunais: Centro de Extensão Universitária, 2000. p. 198. (Pesquisas Tributárias. Nova Série, n. 6)].

[30] A lei brasileira de combate a lavagem de dinheiro tem o nº 9.613, de 03.03.1998.

[31] José Cretella Jr. ensina: "Comentamos, neste livro, o ideal dos constituintes, expresso no Preâmbulo, de "assegurar o exercício dos direitos, sociais e individuais, como a segurança", repetindo-se, agora, no art. 6º, que "a Constituição assegura a inviolabilidade dos direitos concernentes à segurança". Nos dois passos da Constituição, podemos observar os vocábulos "assegurar a segurança", o que reflete a falta de cuidado com a linguagem e o estilo do diploma mais importante e significativo da Nação Brasileira. *Garantir a segurança é, de fato, garantir o exercício das demais liberdades, porque a vis inquietativa impede o homem de agir*" (*Comentários à Constituição Brasileira de 1988*. Rio de Janeiro: Forense Universitária, 1989. v. 1, p. 185, grifos meus).

tendo o Poder Judiciário, em controle difuso, derrubado ações governamentais que pretendiam enquadrar, como evasão de divisas a conduta de cidadãos que levavam para fora recursos declarados e de sua legítima propriedade. A alguns desses casos fiz referência, no livro *Da sanção tributária* (Saraiva).

O artigo 5º, inciso XV, da Constituição desautoriza, pois, qualquer lei restritiva que impeça a livre circulação de bens legitimamente adquiridos, sendo "cláusula pétrea" no direito pátrio.

São Paulo, Julho de 2009.

Informação bibliográfica deste texto, conforme a NBR 6023:2002 da Associação Brasileira de Normas Técnicas (ABNT):

MARTINS, Ives Gandra da Silva. Sigilo bancário e privacidade. *In*: SARAIVA FILHO, Oswaldo Othon de Pontes; GUIMARÃES, Vasco Branco (Coord.). *Sigilos bancário e fiscal*: homenagem ao Jurista José Carlos Moreira Alves. Belo Horizonte: Fórum, 2011. p. 85-103. ISBN 978-85-7700-405-8.

Sigilo Bancário:
Privacidade e Liberdade

Tercio Sampaio Ferraz Junior

Sumário: A equação liberdade/poder – O Estado moderno – O tema da privacidade no contexto do Estado – Sigilo bancário, a Constituição Federal e a lei complementar – Conclusão: sigilo e privacidade no mundo tecnológico

Uma reflexão sobre o sigilo bancário em sua relação com a privacidade e a liberdade merece ser precedida por uma importante equação: a equação liberdade/poder.

A equação liberdade/poder

Nessa equação, a liberdade condiciona a análise. *Liberdade* é, sem dúvida, um dos termos mais controvertidos e mais decisivos da experiência jurídica. Para uns, ela precede o direito e explica sua possibilidade. Para outros, ela resulta do direito e só tem sentido a partir dele (cf. FERRAZ JUNIOR. *Estudos de filosofia do direito*. São Paulo: Atlas, 2003. p. 75 *et seq*.). Já disse, em algum lugar, que *liberdade todos sentem quando a perdem, mas ninguém sabe dizer o que é*. As constituições modernas a erigem como cerne de sua estrutura. Mas essa estrutura gira em torno do *poder*. No fundo, se a liberdade é um núcleo, o Direito Constitucional é um modo específico de lidar com o poder. Talvez se deva ver o poder como o centro da dogmática jurídica constitucional. *Dogmática* é um modo de saber jurídico que, voltado para a decidibilidade de conflitos, pressupõe pontos de partida postos fora de questionamento. A liberdade é um deles. Mas pensar dogmaticamente exige *inventio* e *argumentatio*. Pois o alvo é a tomada de decisão. E decisão requer poder. É sobre o poder que o pensamento dogmático se constrói, ao explicitar-lhe as condições, as finalidades, os pressupostos e os limites. Nesses termos, a dogmática constitucional é dogmática do poder. Cujo dogma fundamental é a liberdade. E aí está o paradoxo da sua problemática.

No Direito Constitucional, essa problemática principia com o próprio entendimento de *direito subjetivo público*. Jellinek (*System der subjetktiven öffentlichen Rechte*, 1892 – ed. 1963), que o formulou pela primeira vez num contorno dogmático, valeu-se de sua teoria do *status*, entendido *status* como a posição do indivíduo perante o Estado, derivada de sua qualidade de membro (cidadão). Como estrutura do direito subjetivo comporta, além do *sujeito* (o titular), um *objeto* (uma faculdade), um *conteúdo* (um âmbito) e uma proteção processual (ação).

No conteúdo (âmbito próprio) do direito subjetivo público à liberdade em suas várias manifestações (informação, opinião, privacidade, consciência, ir e vir, iniciativa econômica, etc.), conferido por força de pretensão juridicamente protegida, ela é definida como a omissão de interferência do Estado na esfera de ação do indivíduo. Como entender essa esfera? Aqui entra a noção de *status negativus*: se o próprio Estado está submetido à ordem jurídica constitucional, então a subordinação do indivíduo ao Estado (soberania) deve estar limitada ao que a ordem prescreve. Ora, aquilo que resta ao indivíduo, subtraídas todas as limitações juridicamente (leia-se, constitucionalmente) estabelecidas para a ação individual, isto constitui a esfera de ação livre do indivíduo: *ser livre* como equivalente a *não poder ser ilegalmente coagido*.

Deste modo, a liberdade, nas suas diversas expressões (liberdade de informação, de opinião, privacidade), embora nomeada na norma constitucional, é apenas *liberdade de* (interferência do Estado), ou seja, identifica-se, constitucionalmente, com ações irrelevantes dos sujeitos perante o Estado: *qualquer opinião, qualquer informação, qualquer situação íntima*. Nesta medida, porém, enquanto expectativa protegida de omissão e de tolerância, no sentido de "não importa que atividade", a expressão *liberdade* não fornece nenhum padrão ou medida que o indivíduo esteja legitimado a opor ao Estado ou a outro indivíduo ou à sociedade. Sendo conceito de conteúdo meramente negativo (*não* poder ser coagido legalmente) torna-se conceito vazio, enquanto tomado em si mesmo.

Não obstante todas as dificuldades, a influência das concepções de Jellinek, no direito público, foi bastante significativa. A dogmática constitucional, porém, não deixou de perceber os problemas dali emergentes, logo entendendo superada a tese de que toda liberdade seria simplesmente liberdade de coação ilícita, na medida em que, no constitucionalismo que se seguiu, o poder legislativo deixava de ser o intérprete autorizado das normas constitucionais. Com isto, minimizavam-se os problemas referentes à concepção da própria liberdade, permanecendo, contudo, como princípio diretor, a noção de *campo de ação do indivíduo* que, abstração feita das possibilidades restritivas atribuídas ao Estado pela constituição, ficaria ao seu autônomo critério. Neste sentido, Carl Schmitt iria falar, em sua teoria do Estado burguês, da ilimitação (*Unbegrenzheit*) principiológica da liberdade, contra limitação (*Begrenzheit*) principiológica do exercício estatal do poder de impor restrições (*Verfassungslehre*, Berlin, 1957, p. 126). À diferença de Jellinek, Schmitt afirmaria a existência de um limite absoluto à possibilidade de imposições restritivas do legislador, que o impediria, ao cabo, de eliminar o direito de "liberdade enquanto tal". O que significa, porém, "enquanto tal" ficaria sem resposta.

A dogmática constitucional tenta contornar esse problema, tentando redefinir a liberdade, ainda nos termos de *status negativus*, primeiro, por meio de uma explicação *estrutural* e, depois, de uma explicação *pelos efeitos*.

A *explicação estrutural* parte do pressuposto de que a imperatividade das normas tem dois caracteres estruturais: finalidade e imediatidade (cf. LERCHE. *Überma und Verfassungsrecht*, Bonn, 1961, p. 262). *Finalidade* significa que toda imperatividade normativa (e a do Poder Público em grau extremo) tem por objetivo influenciar a autodeterminação do indivíduo, onde há norma (como império), o indivíduo está limitado na disponibilidade para definir seus próprios objetivos. Já a *imediatidade* — *lex prima facie valet* — significa que o comando autoritativo da norma é poder no sentido (weberiano) de chance de obter obediência, independentemente de motivos e interesses dos endereçados.

Ora, toda finalidade decorre de uma imediatidade, mas nem toda imediatidade implica finalidade. Por exemplo: a imposição de impostos (sobre a renda, sobre serviços) abrange imediatamente o exercício das profissões, mas dela não decorre uma finalidade (orientar ou planejar ou limitar o exercício profissional e, portanto, influir na autodeterminação do indivíduo quanto aos objetivos profissionais). Segue daí que a liberdade (profissional) é definida como o campo marginal da ação que resta para o indivíduo, dentro do qual os objetivos (finalidade) de sua ação não são atingidos pela imediatidade do comando.

Esta explicação — estrutural —, contudo, não nos salva do dilema liberdade de informação/privacidade. Pois mesmo que se pudesse identificar um conjunto de comandos referentes ou ao ato de informar (liberdade de informação) ou de ser como lhe apraz sem que ninguém tenha nada com isso (privacidade), mostrando que de sua imediatidade não decorre nenhuma finalidade, esse campo marginal de definição de suas próprias finalidades continua conceito meramente negativo, que não confere nem padrão nem medida ao ser livre. Continua, pois, faltando a segunda vinculação, estimada positivamente: ser livre para quê? Ou, no caso: liberdade de informar *para que*? *Versus* liberdade de não ter devassada sua vida *para quê*? Ou seja, o aspecto negativo é claro: em ambas, liberdade *de* interferência na informação ou na privacidade; mas qual é mais relevante, positivamente: o público ou o privado?

Em outras palavras: ninguém pode ser coagido a não informar (imediatidade), cabendo a cada qual definir o que deseja informar (finalidade). Por outro lado: ninguém pode ser coagido a revelar sua própria intimidade (imediatidade), cabendo a cada um definir o que objetiva com sua intimidade (finalidade). Se a liberdade repousa na finalidade, no confronto dos dois espaços (o que informar *versus* o que resguardar), o vazio se repete (informar até o limite da intimidade, resguardar até o limite do interesse em informar). A ausência de padrão ou medida repete-se nessa redefinição estrutural da liberdade.

A outra explicação, *pelo efeito*, procura uma resposta a essa objeção. A proteção à liberdade tem de ser vista não pela estrutura — forma do ato normativo —, mas pelo efeito que este provoca na conduta. Reconhece-se, então, que o efeito imperativo da norma é apenas *um* dos efeitos possíveis. Trata-se de um efeito imediato. Mas pode haver outros, por exemplo, a influência da constelação de interesses sociais na conduta individual. Por exemplo, as vantagens conjunturais da regulamentação normativa do mercado atacadista sobre o varejista. O efeito sobre o empresário e sua motivação é, aqui, mediato. Ora, qualquer influência na autodeterminação individual, seja consequência imediata (imperatividade da norma), ou seja mediata (modo de regulamentação de interesses econômicos), é sempre restrição ao indivíduo.

Em outras palavras, não importa se a finalidade do ato resulta da imediatidade ou da mediatidade do comando, todo comando sempre restringe a autodeterminação dos objetivos da ação do indivíduo. A liberdade, portanto, não decorre da estrutura dos comandos normativos, mas da possibilidade de opção, conforme um cálculo de risco e de interesse, entre os efeitos normativos. Mas, nesse caso, como entender a liberdade? Que significa esta margem de efeitos, aberta à opção?

Se toda normatividade delimita inevitavelmente a própria motivação da ação (finalidade), a opção inerente aos fins, na configuração de direitos fundamentais, exige que se vá além de questões formais e se entre na discussão da própria práxis estatal e social de motivação da liberdade mesma. Isto é, a liberdade é algo que se promove e se realiza. Mas do quê, ou seja, de que liberdade estamos falando?

Para esclarecer a questão, valeria a pena recorrer a uma distinção, proposta por Dahrendorf (Reflexões sobre a liberdade e a igualdade. In: *Sociedade e liberdade*, Brasília, 1981, p. 246), entre conceito problemático e assertivo de liberdade.

Pelo primeiro, existiria liberdade numa sociedade se esta fosse capaz de obviar e até eliminar todos os impedimentos que restrinjam um indivíduo, salvo os de sua própria natureza. Pelo segundo, liberdade existe numa sociedade se e quando a chance de autorrealização é percebida e assume forma no efetivo comportamento humano. Com esta distinção, pretende Dahrendorf dar conta da diferença entre as características negativas e positivas da liberdade que, segundo ele, baseia-se num mal-entendido (é impossível isolar aquelas características) e só serve a um pressuposto restritivo (liberdade como mera *possibilidade* de autorrealização do homem).

A relação entre esses dois conceitos, porém, não é evidente. Não o sendo, continua difícil arbitrar conflitos entre liberdades — caso de informação *versus* privacidade —, pois não é claro em que medida a eliminação de impedimentos implica a percepção da chance de autorrealização e sua efetivação, e vice-versa. Ou seja, continua difícil a realização jurídica, simultânea, da liberdade de informação e da privacidade. Assim, se estendemos ao máximo a liberdade de informar no sentido problemático (mínimo de impedimento à opinião e sua manifestação) isto não implica necessariamente um aumento da chance de aproveitamento efetivo da privacidade (sentido assertivo), e a extensão ao máximo da privacidade (mínimo de impedimento à intimidade, à vida privada) não implica percepção e efetivo aproveitamento da chance de autorrealização da liberdade de informar (sentido assertivo).

Esses impasses da dogmática constitucional nos revelam, afinal, que o enigma esteja talvez na concepção das liberdades constitucionais em termos, basicamente, de *status negativus*.

Como vimos, a concepção de liberdade por meio da negação (não impedimento) torna o conceito vazio. Pela mera negação é impossível extrair do conceito um padrão ou uma medida material. Assim, ou enveredamos pelo caminho da busca de um preenchimento material do conceito, situando-nos socialmente, ou então seguimos o caminho da liberdade como conceito ético legitimante da responsabilização nas relações humanas em termos de uma ética de convicção, ou substituindo-o por uma ética de resultados cujo centro motor é a relação custo/benefício.

O segundo termo da equação é o poder.

Tradicionalmente, o poder não é incorporado pela dogmática jurídica como um elemento básico. Via de regra, ele não é desprezado, mas encarado como um fato extrajurídico, o que ocorre sobretudo no direito privado, mas também no direito público, onde a noção é esvaziada por limitadas concepções expostas nas teorias gerais do Estado.

O jurista usa a expressão "poder", dando-lhe conotações diferentes, conforme a necessidade teórica, sem que os sentidos diferentes possam ser trazidos a um denominador comum, por exemplo:

    a) no direito público, o poder é assinalado nos processos de formação do direito, na verdade como um elemento importante, mas que esgota sua função quando o direito surge, passando daí por diante a contrapor-se a ele nos termos de uma dicotomia entre *poder* e *direito*, como se nascido o direito, o poder se mantivesse um fenômeno perigoso, a ser controlado sempre em sentido de poder do Estado juridicamente limitado;

    b) assim, poder seria, inicialmente, *alguma coisa*, poder é coisa, uma substância, no homem, na natureza. Fala-se em força, em faculdade ou capacidade para agir, fazer. Algo que o homem detém, ganha, perde, limita, aumenta. Poder nesta acepção tem a ver com *império*, capacidade de produzir obediência, atributo essencial da autoridade política, judiciária, legislativa, administrativa, policial.

    c) para o Direito, o poder como capacidade de produzir obediência é conceito intimamente ligado ao de direito subjetivo e às vezes até se confunde com ele. Neste sentido, usa-se poder como *faculdade*, faculdade de exigir contribuições pecuniárias (poder tributário), faculdade de agir e reagir protegido pela lei (poder jurídico), faculdade para exercer certa função (poder legal ou competência), faculdade de exercer livremente a autoridade segundo seu arbítrio em certas circunstâncias (poder discricionário), etc.

Mas poder é também, ainda no sentido substancial de algo, coisa, um instrumento, algo que serve para fazer alguma coisa: tem-se poder como se tem um martelo para pregar pregos. Assim, por exemplo, falamos do "poder público" como o conjunto de órgãos por meio dos quais o Estado e outras pessoas públicas exercem funções específicas, através do qual o Estado mantém sua própria soberania. Aqui não se trata bem de faculdade, disposição para agir, qualidade derivada das virtualidades próprias da natureza humana, mas algo objetivo, que subsiste na natureza e da qual o homem se *apossa*, em que é culturalmente engendrado e do qual nos servimos. Aqui poder é força, *vis* que se obtém pelo controle da natureza (dominar um rio, represando-o) ou pelo controle dos objetos culturais (dominar uma relação de troca, pela aquisição de dinheiro — poder aquisitivo). Ou seja: poder como algo (substância), poder como faculdade (humana) de produzir obediência, poder como instrumento de exercício de império e de soberania.

Diante dessa diversidade de percepções tanto da liberdade, quanto do poder, é que se coloca o encaminhamento teórico (e prático) da equação liberdade/poder. Nesse terreno, os diversos temas constitucionais abordados conhecem uma espécie de pano de fundo, o qual é, sem dúvida, um dos grandes desafios que se põe à garantia e à afirmação da liberdade como um dos pilares dos direitos fundamentais em face do poder, nesse limiar do século XXI, que já vem sendo visto como o século da sociedade informatizada.

No fulcro da equação liberdade/poder aparece o tema do Estado moderno.

O Estado moderno

A ideia do Estado moderno surge, pois, neste contexto. Seu pressuposto está no reconhecimento do governo como uma unidade de ordem permanente, não obstante as transformações e as mudanças que se operam no seio da sociedade e cujo núcleo organizador está na soberania.

O Estado, como vai dizer V. E. Orlando (*Principii di diritto ammnistrativo*, Florença, 1919), afirma-se como pessoa: é nessa afirmação que se contém sua capacidade jurídica, é esse o momento que corresponde à noção de soberania. No entanto, a concepção do Estado como pessoa jurídica não pode deixar de significar concepção do Estado como atualização perene das forças econômicas da sociedade. Neste sentido, aquela concepção implica necessariamente a ideia de que o Estado subordina, via de regra, as suas atividades aos preceitos do direito que ele declara: não no sentido de que se circunscreve a missão de tutelar os direitos individuais, mas no sentido de que não delimita a priori a sua esfera de interferência, de que fixa a priori a juridicidade de toda e qualquer interferência neste ou naquele outro setor da produção humana, com o intuito de realizar o bem-estar geral.

Na palavra dos juristas, o Estado é, contudo, caracterizado pelo alto grau de formalização de sua constituição. Seus elementos estruturais, como a divisão dos poderes, o conceito de lei, o princípio da legalidade da administração, a garantia dos direitos fundamentais e a independência do Judiciário, contêm em si mesmo as condições de seu modo de atuação: reconhecidos como válidos, eles devem produzir um efeito específico, adaptável aos condicionamentos sociais. Mas, internamente, eles obedecem a uma estrutura peculiar, implícita na noção de soberania: a estrutura hierárquica.

Na verdade, a relação entre direito, poder e força, na teoria da soberania, aponta para um paradoxo: a força está dentro e esta fora. Fora, como um elemento irredutível a qualquer racionalização. Dentro, numa forma domesticada (pelo direito). Essa estrutura paradoxal explica os dilemas da teoria e as teorias que fazem da soberania um conceito metafórico: por exemplo, *moeda de duas faces* (Bobbio). Nesse sentido, a ideia de poder como uma espécie de *catalizador*: um fator capaz de engendrar a norma jurídica a partir de uma profusão de possibilidades normativas. A metáfora, porém, produz um desconcerto conceitual em termos de sua racionalização: ela *mostra* o conceito, mas não o *demonstra*.

As dificuldades de uma racionalização conceitual por força do paradoxo que ela enfrenta são passíveis de uma explicação, perceptível na construção da noção de soberania com base em um elemento de ordem antropológica que lhe é inerente: a *hierarquia*.

A noção de hierarquia aponta para fundamentos que se enraízam na natureza animal do ser humano.

Walter Burkert ("Vergeltung" zwischen Ethologie und Ethik, publicação da Carl Friedrich von Siemens Stiftung por meio da Mayo Miesbach Druckerei und Verlag, 1994) relata, a propósito, interessantes estudos com chimpanzés. Nestes, o observador não deixa de constatar contrarreações acompanhadas de irritação não só como contrapartida direta e imediata, mas mesmo quando algum tempo decorre: um comportamento "vingativo" pode ocorrer em face de um comportamento inamistoso, cometido na presença do chimpanzé dominante (chamado Alpha), horas depois, quando Alpha não está mais presente. Trata-se de reações *homeostáticas*, que asseguram a permanência de situações ambientais favoráveis a indivíduos e grupos, por meio de compensações e perturbações. O animal, num primeiro momento, foge, mas a fuga não é a estratégia mais eficaz. Daí vem a agressão, a contra-agressão, a pressão. Na agressão está contida a explosão de fúria, uma espécie de programação biológica que oferece, ainda que curta e não objetiva, uma resistência a forças contrárias.

Mas a agressão, mesmo entre os chimpanzés, parece estar controlada pela presença do chimpanzé Alpha. Ela é limitada por uma espécie de "hierarquia" grupal. A quebra da "hierarquia", por sua vez é "punida". O Alpha reage à insubordinação, ao que se ligam fortes emoções. Às emoções submetidas a controle, dos subordinados, contrapõe-se a emoção sem limites do "chefe", o que explica as lutas agressivas em disputa da posição superior.

Observa Burkert (em outra obra: cf. *Creation of the Sacred*: Tracks of Biology in early Religions, Harvard University Press, 1996, p. 83 *et seq.*) um sistema de graduação bem estabelecido nas sociedades primatas. Nesses termos, a atenção dos "subordinados" é sempre voltada para aqueles que lhes estão acima numa *hierarquia*.

Ora, essa ideia de um grau superior é algo que os seres humanos costumam visualizar imediata e genericamente numa dimensão vertical muito mais que numa relação horizontal, por exemplo, numa forma centrípeta. Na verdade, nisso não há propriamente uma *lógica*: o que domina a imaginação humana é uma reminiscência do *habitat* pré-humano. Nesse *habitat*, as árvores forneciam tanto alimento quanto segurança, possibilidade de escapar de predadores, e também possibilidade de jogar o jogo dos saltos de graus, isto é, de um galho para outro. Da árvore deriva a imagem do vertical. Daí a veneração, presente em quase todas as religiões, da supremacia do mais alto (a montanha, donde o céu, onde habitam os deuses) e os correspondentes sentimentos de inferioridade e superioridade, bem como noções como a de valores e ideais mais altos.

Nos primatas, essas características do sistema gradual ligam-se à proximidade física, mas nos seres humanos, graças ao código linguístico, elas ganham alguma independência do espaço e do tempo, mas persistem através das distâncias e dos anos.

A noção de *hierarquia* pode ser vista, assim, como um conceito capaz de dar conta dessa independência, somada à persistência, não obstante as dificuldades de sua racionalização. Introduzida, no século V, como *termo* pela influente obra do neoplatônico Pseudo-Dionysius Aeropagita, ela aponta para a totalidade dos seres, dominada por uma grande e dourada cadeia de autoridade, procedente de um único princípio: o Uno.

Esse elemento é visível quando se encaram diferentes formas de *retribuição*, ora como *indenização*, ora como *apenação*.

Nesse sentido, Burkert propõe que a noção de *retribuição*, e, por consequência, a noção de *pena*, admite dois modelos. Um visa à equiparação de uma pretensão e de uma contrapretensão. O outro fixa-se numa hierarquia a ser protegida e mantida. O primeiro chama Burkert de *horizontal*; o segundo de *vertical*. Ambos podem aparecer numa mesma regra: "concilia-te com quem te infligiu um dano, vinga-te de quem te ofendeu", diz Chilon, um dos sete sábios. *Retribuir* pode significar, assim, *retificar* (ajustar o equilíbrio entre uma coisa e outra, uma ação e outra), mas também *descontar* (no sentido vulgar de infligir um castigo correspondente: por exemplo, a criança que, quando sofre uma ação agressiva de outra, *desconta* a agressão sofrida).

Na prática da retribuição, porém, os dois modelos implicam-se. No prólogo do Código de Hamurabi está dito que o rei ali está "para que o forte não esmague o fraco". Isto indica que, de certo modo, o modelo horizontal precisa do vertical e até se subordina a ele. Com isto, de algum modo, eles se interpenetram: a pena (em grego: *poine*) é quitada pela satisfação resultante da compensação. Daí a ideia de que vingar-se de quem faz uma maldade seja algo *justo*. Com isto, ambiguamente, a contrarreação, enquanto contra-agressão, toma também o caráter de câmbio, pagamento, compensação, indenização e reconciliação. Explica-se, assim, a necessidade, no direito, de distinguir, civilmente, entre multa punitiva e multa compensatória. E também a dificuldade de esclarecer a diferença, de natureza, entre a pena criminal e a pena civil, bem como a resistência em aceitar-se a indenização pecuniária por danos morais.

Em contraste com o comportamento animal, os seres humanos desenvolvem uma espécie de procedimentalização das reações que, de um lado, permite a sociabilização dos processos (que corresponde ao sentido de *sanção* como estabelecimento cerimonial da retribuição) e, de outro, o contato com meios de pagamento que possibilitam a indenização como troca. Ambas, a sociabilização e a indenização, pressupõem a língua (código significativo) e, com isto, uma homeostase por meio de um mundo objetivamente estabilizado (criado pela linguagem) onde ocorrem as negociações. Assim, os procedimentos retributivos dos seres humanos não são primitivos nem desenvolvidos. Primitivismo e desenvolvimento são conceitos impróprios ao caso. No ser humano, mesmo a vingança, por meio de *procedimentos com base linguística*, torna-se orientada e dirigida, não obstante o seu fundamento emocional.

Com essa mesma base teórica, tornam-se compreensíveis os rituais de submissão, como o inclinar-se até o solo diante do superior, não olhar diretamente nos seus olhos, mas também o beija-mão e o deixar-se abençoar, e, mais dramaticamente, as regras de capitulação em assuntos de guerra. Entende-se, também, o sentido da expressão *súplica, suplicar*, corrente na linguagem jurídica, que vem do latim *suplex* (dobrar os joelhos), donde *supplicatio*.

Torna-se possível, assim, aproximar *submissão* e *soberania*, com base na mesma estrutura hierárquica. Nos jogos políticos, enquanto a dialética contínua de agressão e ansiedade é um dado evidente, pela hierarquia ela é estabilizada por essa estrutura de poder — a soberania — em que a presença concreta do superior é substituída por um mecanismo abstrato. Esse mecanismo, de um lado, guarda a reminiscência da superioridade do mais alto, de sua força efetiva e do medo que ela inspira — donde certa correlação entre soberania e opressão —, mas, de outro, permite o entendimento até mesmo da ideia de igualdade civil, baseada no postulado de que o poder deve operar num círculo de equivalência: ser governado para, por sua vez, governar.

Isso faz com que, na noção de soberania, força e direito guardem uma relação ambígua. Como poder hierárquico supremo, a soberania tem na força do superior (elemento de fundo animal) um dado incontornável e não racionalizável e, ao mesmo tempo, mediado por metáforas racionalizadoras, como as que se desenvolveram, por exemplo, nas teorias contratualistas da era moderna sobre o *estado de natureza*.

Nesse contexto, soberania, força e sociedade organizada fizeram presente, de longa data, a questão da privacidade.

O tema da privacidade no contexto do Estado

A distinção entre a esfera pública e a privada, que para os romanos e os gregos era clara, perde nitidez na era moderna, que se vê atravessada pela noção do *social*, comum tanto ao público (político) como ao privado (familiar).

A afirmação generalizada da *sociabilidade* da natureza humana trouxe o problema da distinção entre o social público (área da política) e o social privado (área do econômico, do mercado), donde o aparecimento de duas novas e importantes dicotomias que estão na raiz dos direitos humanos modernos: Estado e sociedade, sociedade e indivíduo. É nesse contexto que surge a privacidade. O social privado, o mercado, passa a exigir a garantia de um interesse comum (livre concorrência, propriedade privada dos bens de produção) que não se confunda com o governo (política), embora dele precise para ser garantido. Mas contra a presença abrangente e avassaladora desse interesse comum, isto é, do mercado que nivela os homens à mercadoria, contrapõe-se a privacidade do indivíduo (FERRAZ JUNIOR. *Introdução ao estudo do direito*, São Paulo, 1988, p. 131). O direito à privacidade, portanto, é uma figura moderna, construída a partir da esfera privada e nela delineada, em contraposição ao social e, por extensão, ao político.

Analisando-se, pois, o público e o privado na sua acepção contemporânea, deve-se reconhecer que o público-político é dominado pelo princípio da transparência e da igualdade; já o social-privado está sob o domínio do princípio da diferenciação (no sentido do direito de ser diferente, por exemplo, à maneira de Stuart Mill (*On Liberty*, New York/London, 1975, p. 70); por fim, o terreno da individualidade privativa é regido pelo *princípio da exclusividade*.

Este último, como mostra Hannah Arendt, com base em Kant (cf. LAFER, Celso. *A reconstrução dos direitos humanos*, São Paulo, 1988, p. 267), visa a assegurar ao indivíduo a sua identidade diante dos riscos proporcionados pela niveladora pressão social e pela incontrastável impositividade do poder político. Aquilo que é exclusivo é o que passa pelas opções pessoais, afetadas pela subjetividade do indivíduo e que não é dominada nem por normas nem por padrões objetivos. O princípio da exclusividade comporta três atributos principais: a solidão (donde o desejo de estar só), o segredo (donde a exigência de sigilo) e a autonomia (donde a liberdade de decidir sobre si mesmo como centro emanador de informações). A privacidade tem a ver, pois, com esta possibilidade de criar para si e para um círculo que lhe é próprio um âmbito seu, do qual se excluem terceiros (aqueles que participam de *outros* interesses e círculos comunicativos).

No recôndito da privacidade se esconde, em primeiro lugar, a intimidade. A intimidade não exige publicidade, porque não envolve direitos de terceiros. No âmbito da privacidade, a intimidade é o mais exclusivo dos seus direitos.

No que tange à *intimidade,* trata-se da informação daqueles dados que a pessoa guarda para si e que dão consistência à sua pessoalidade, dados de foro íntimo, expressões de autoestima, avaliações personalíssimas com respeito a outros, pudores, enfim, dados que, quando constantes de processos comunicativos, exigem do receptor extrema lealdade e alta confiança, e que, se devassados, desnudariam a personalidade, quebrariam a consistência psíquica, destruindo a integridade moral do sujeito. Seu correlato, em face de um eventual receptor, é o sigilo profissional (CF art. 5º, XIV).

Em termos do princípio da exclusividade, diríamos que esta é, nesses casos, de grau máximo. Em consequência, o emissor *pode* comunicar tais dados, se o desejar, mas a ninguém é dado *exigir* dele a informação transmitida, salvo em casos especialíssimos em que a intimidade de alguém venha a interferir na intimidade de outrem: o direito de não ser obrigado a revelar situações íntimas é limitado pelo direito de o receptor recusar informações íntimas que lhe firam a própria intimidade. Por isso, em processos que versem situações íntimas, a lei garante o sigilo. A inexigibilidade desses dados, salvo quando alguém se vê por eles ferido na sua própria intimidade, faz deles um limite ao direito de acesso à informação (art. 5º, XIV, da CF).

No que diz respeito à *vida privada*, é a informação de dados referentes às opções da convivência, como a escolha de amigos, a frequência de lugares, os relacionamentos civis e comerciais, ou seja, de dados que, embora digam respeito aos outros, não afetam (embora, no interior da própria convivência, possam vir a afetar) direitos de terceiros (exclusividade da convivência). Pelo sentido inexoravelmente comunicacional da convivência, a vida privada compõe, porém, um conjunto de situações que, usualmente, são informadas sem constrangimento. São dados que, embora privativos — como o nome, endereço, profissão, idade, estado civil, filiação, número de registro público oficial, etc. —, condicionam o próprio intercâmbio humano em sociedade, pois constituem elementos de identificação que tornam a comunicação possível, corrente e segura. Por isso, a inviolabilidade da privacidade pela proteção desses dados em si, pelo sigilo, não faz sentido. Assim, a inviolabilidade de informações referentes à vida privada só tem pertinência para aquelas associadas aos elementos identificadores usados nas relações de convivência, as quais só dizem respeito aos que convivem. Dito de outro modo, os elementos de identificação só são protegidos quando compõem *relações* de convivência privativas: a proteção é para *elas*, não para eles. Em consequência, simples cadastros de elementos identificadores (nome, endereço, RG, filiação, etc.) não são protegidos. Mas cadastros que envolvam *relações* de convivência privadas (por exemplo, nas relações de clientela, desde quando é cliente, se a relação foi interrompida, as razões pelas quais isto ocorreu, quais os interesses peculiares do cliente, sua capacidade de satisfazer aqueles interesses, etc.) estão sob proteção. Afinal, o risco à integridade moral do sujeito, objeto do direito à privacidade, não está no nome, mas na exploração do nome, não está nos elementos de identificação que condicionam as relações privadas, mas na apropriação dessas relações por terceiros a quem elas não dizem respeito. Pensar de outro modo seria tornar impossível, no limite, o acesso ao registro de comércio, ao registro de empregados, ao registro de navio, etc., em nome de uma absurda proteção da privacidade.

Por último, a honra e a imagem. A privacidade, nesse caso, protege a informação de dados que envolvam avaliações (negativas) do comportamento, que, publicadas, podem ferir o bom nome do sujeito, isto é, o modo como ele supõe e deseja ser visto pelos outros. Repita-se que o direito à privacidade protege a honra, podendo ocorrer a inviolabilidade do sigilo referente a *avaliações* que um sujeito faz sobre outro e que, por interferir em sua honra, comunica restritivamente, por razões de interesse pessoal. É o caso, por exemplo, de cadastros pessoais que contêm avaliações negativas sobre a conduta (mau pagador, devedor impontual e relapso, etc.). No tocante à imagem, para além do que ela significa de boa imagem, assimilando-se, nesse sentido, à honra, a proteção refere-se a dados que alguém fornece a alguém e não os deseja ver explorados por terceiros (por exemplo, comercialmente).

Por estas considerações, pode-se perceber que o âmbito da privacidade (o objeto do direito subjetivo, cujo conteúdo é a faculdade de excluir terceiros) tem a ver com aquilo que é nuclear para a autoconsistência *moral* da pessoa, ou seja, da pessoa moral ou física, que lhe confere um lugar na convivência e que não pode ser aberto a qualquer um, salvo por sua iniciativa ou pela iniciativa conjunta dos participantes, e em relação ao que se garante a faculdade de resistir (de excluir) a indevida intromissão de outros. Este âmbito, cuja existência formal pode ser reconhecida como um universal humano, conhece, porém, variações ditadas pelo tempo, pelo lugar, pelos costumes, etc.

Nesse contexto deve ser inserida a temática do sigilo bancário.

Sigilo bancário, a Constituição Federal e a lei complementar

O sigilo bancário não é tema expresso na Constituição Federal. Sua discussão, em termos constitucionais, na doutrina e na jurisprudência, vem por meio do entendimento do inciso XII, correlacionado com os incisos X e XIV do art. 5º, que tratam, respectivamente, da inviolabilidade do sigilo da correspondência, das comunicações telegráficas, de dados e das comunicações telefônicas (XII), do direito à privacidade (X) e do segredo profissional (XIV). Particularmente importante é a discussão em torno da inviolabilidade do sigilo de dados, expressão que não existia nas constituições anteriores. Não sendo expressa a menção a sigilo bancário na Constituição, seu estatuto constitucional depende de interpretação.

O art. 38 da Lei nº 4.595/64, recebida como complementar, determina, em seu *caput*: "As instituições financeiras conservarão sigilo em suas operações ativas e passivas e serviços prestados". O art. 1º da Lei Complementar nº 105/01 manteve, genericamente, a obrigação de manter sigilo, explicitando no parágrafo 3º as exceções ao dever de sigilo e no 4º os casos autorizados de quebra.

Do disposto nesse artigo depreende-se, primeiro, que o sigilo é uma *obrigação* imposta às instituições financeiras, cuja violação, fora das hipóteses autorizadas, constitui crime (art. 10). Trata-se de obrigação perante o cliente e um direito perante terceiros que exijam a sua quebra. Desta obrigação pode a instituição ser excepcionada quando a prestação de informações é determinada pelo Poder Judiciário, mas os dados, de acordo com aquela lei, permaneciam sigilosos no interior da causa (art. 38 da Lei nº 4.595/64 que, neste ponto, parece-me, permanece em vigor). Segundo, que a lei entende que o sigilo tem por objeto "operações ativas e passivas e serviços prestados". A Lei Complementar nº 105/01, art. 5º, ordena que o Poder Executivo disciplinará os critérios segundo os quais as instituições financeiras informarão à Administração Tributária da União as operações efetuadas pelos usuários de seus serviços. Como tais operações são documentadas e, hoje, armazenadas em bancos de dados, haveria espaço para subsumir o sigilo bancário ao sigilo de dados de que fala a Constituição no seu art. 5º, XII, entendendo que o sigilo bancário estaria até diretamente ali agasalhado? Por outro lado, como nelas se diz de operações e serviços *prestados*, poder-se-ia invocar, para o prestador, o sigilo profissional, remetendo a base constitucional ao inciso XIV do art. 5º? Mais ainda, como fica a questão perante o disposto no art. 5º, XII?

Assim posta, a questão parece relativamente simples, mas, na verdade, envolve controvérsia.

O sigilo de dados é uma hipótese nova, trazida pela Constituição Federal de 1988 (art. 5º, XII). A inovação trouxe com ela dúvidas interpretativas que merecem, por isso mesmo, uma reflexão mais detida.

Em primeiro lugar, a expressão "dados", constante do inciso XII, manifesta uma certa impropriedade (BASTOS, Celso Ribeiro; MARTINS, Ives Gandra da Silva, p. 73). Os citados autores reconhecem que por "dados" não se entende o objeto de comunicação, mas uma modalidade tecnológica de comunicação. Clara, nesse sentido, a observação de Manoel Gonçalves Ferreira Filho (p. 38): "Sigilo de dados. O direito anterior não fazia referência a essa hipótese. Ela veio a ser prevista, sem dúvida, em decorrência do desenvolvimento da informática. Os dados aqui são os dados informáticos (v. incs. XII e LXXII)". A interpretação faz sentido. Como já fiz observar em outro passo (cf. FERRAZ JUNIOR. *Sigilo de dados*: o direito à privacidade e os limites à função fiscalizadora do Estado. *Revista da Faculdade de Direito da USP*, 1993, p. 440 *et seq.*), o sigilo, no inciso XII do art. 5º, está referido *à comunicação*, no interesse da defesa da privacidade. Isto é feito, no texto, em dois blocos: a Constituição fala em sigilo "da correspondência e das comunicações telegráficas, de dados e das comunicações telefônicas". Note-se, para a caracterização dos blocos, que a conjunção *e* une correspondência com telegrafia, segue-se uma vírgula e depois, a conjunção de dados com comunicações telefônicas. Há uma simetria nos dois blocos. Obviamente o que se regula é *comunicação* por correspondência e telegrafia, *comunicação* de dados e telefonia. O que fere a inviolabilidade do sigilo é, pois, entrar na *comunicação* alheia, fazendo com que o que devia ficar entre sujeitos que se comunicam privadamente passe ilegitimamente ao domínio de um terceiro. Ou seja, a inviolabilidade do sigilo garante, numa sociedade democrática, o cidadão contra a intromissão clandestina ou não autorizada pelas partes na comunicação entre elas, como, por exemplo, censura de correspondência, a figura do *hacker*. Por outro lado, se alguém elabora para si um cadastro sobre certas pessoas, com informações marcadas por avaliações negativas, e o torna público, poderá estar cometendo difamação, mas não quebra sigilo de dados. Se estes dados, armazenados eletronicamente, são transmitidos, privadamente, a um parceiro, em relações mercadológicas, para defesa do mercado (banco de dados), também não estará havendo quebra de sigilo. Mas se alguém *entra nesta transmissão*, como um terceiro que nada tem a ver com a relação comunicativa, ou por ato próprio ou porque uma das partes lhe cede o acesso sem o consentimento da outra, estará violado o sigilo de dados.

A distinção é decisiva: o objeto protegido pelo inciso XII do art. 5º da CF, ao assegurar a inviolabilidade do sigilo, não são os dados em si, mas a sua comunicação. A troca de informações (comunicação) é que não pode ser violada por sujeito estranho à comunicação. Doutro modo, se alguém, não por razões profissionais, ficasse sabendo legitimamente de dados incriminadores relativos a uma pessoa, ficaria impedido de cumprir o seu *dever* de denunciá-los!

Quando, por outro lado, alguém — um outro — intercepta uma mensagem, por exemplo, abre uma carta que não lhe foi endereçada, ocorre violação de sigilo. Não importa o conteúdo da comunicação epistolar, não importa, pois, que na carta, esteja apenas a reprodução de um artigo de jornal publicado na véspera. O sigilo terá sido violado de qualquer modo, mesmo se o conteúdo da correspondência é público, pois a proteção não é para o que consta da mensagem (tecnicamente, o chamado *relato* ou *conteúdo* comunicado), mas para a ação de enviá-la e recebê-la.

Visto deste ângulo, toma seu correto sentido o disposto no inciso XII do art. 5º da CF quando ali se admite, *apenas* para a comunicação telefônica e, assim mesmo, só para fins de investigação criminal ou instrução processual penal, por ordem judicial, a quebra do sigilo. Note-se, antes de mais nada, que dos quatro meios de comunicação ali mencionados — correspondência, telegrafia, dados, telefonia — só o último se caracteriza por sua instantaneidade. Isto é, a comunicação telefônica só é *enquanto ocorre*. Encerrada, não deixa vestígios no que se refere ao relato das mensagens e aos sujeitos comunicadores. É apenas possível, *a posteriori*, verificar qual unidade telefônica ligou para outra. A gravação de conversas telefônicas por meio chamado "grampeamento" é, pois, necessária para que o conteúdo possa ser conservado.

Como isto é tecnicamente possível, o constituinte autorizou esta única exceção à inviolabilidade do sigilo de comunicação, mas, com essa única ressalva, não permitiu absolutamente a entrada de terceiros na comunicação alheia, ainda que em nome do interesse público um juiz viesse autorizá-los (a Constituição, na verdade, — art. 5º, XII —, ressalva a investigação criminal ou instrução processual, mas também, excepcionalmente, em caso de estado de defesa — art. 136, §1º, 1, b, e —, e no estado de sítio — art. 139, III — admite possíveis restrições ao sigilo da correspondência e das comunicações).

Esta proibição absoluta, porém, não significa que, no interesse público, não se possa ter acesso — *a posteriori* — à identificação dos sujeitos e ao conteúdo ou relato das mensagens comunicadas. Por exemplo, o que se veda é uma autorização judicial para interceptar correspondência, mas não para requerer busca e apreensão de documentos (cartas, ofícios). Esta observação nos coloca, pois, claramente, que a questão de saber quais *elementos de uma mensagem* podem ser fiscalizados e requisitados não se confunde com a questão de saber se e quando uma autoridade *pode entrar no processo comunicativo* entre dois sujeitos. São coisas distintas que devem ser examinadas distintamente. Assim, por exemplo, solicitar ao juiz que permita à autoridade acesso à movimentação bancária de alguém não significa pedir para interceptar suas ordens ao banco (sigilo da comunicação), mas acesso a dados *armazenados* (sigilo da mensagem informada).

A primeira solicitação — salvo se o meio for o telefone, porque aí o dado se perde — é inadmissível; já a segunda é possível. Ou seja, o processo comunicativo, durante sua ocorrência, entre o cliente e o banco, quer por correspondência, por telex, por meios eletrônicos, etc., não pode ser interceptado. Mas, depois de encerrado o processo comunicativo, é possível obrigar, por exemplo, por ordem judicial, o receptor de uma mensagem a revelá-la a terceiros, mesmo sem autorização do emissor ou obrigar este a revelar o conteúdo da mensagem que enviou, sem autorização do receptor. Sempre mediante autorização judicial? Em que circunstâncias, em que limites? É nesta questão que aparece o problema do sigilo bancário.

A análise do inciso X do art. 5º da Constituição nos orienta a resposta: os limites devem ser buscados naquelas informações transmitidas que, em termos de *privacidade*, são constitutivas da integridade moral da pessoa. O problema, portanto, é saber se as operações de crédito, ativas e passivas, e os serviços prestados constituem o âmbito da privacidade de alguém.

Há certas informações, situações, vivências, sentimentos, que o indivíduo faz privativos, só seus, excluindo outros do acesso a eles. A CF diz que eles são invioláveis. Trata-se do direito fundamental à privacidade (art. 5º, X). Em questão está o direito de o indivíduo excluir do conhecimento de terceiros aquilo que a ele só é pertinente e que diz respeito ao seu modo de ser exclusivo no âmbito de sua vida privada.

Trata-se de um direito subjetivo fundamental. Como *direito subjetivo*, manifesta uma estrutura básica, cujos elementos são o *sujeito*, o *conteúdo* e o *objeto*. O *sujeito* é o titular do direito. Em se tratando de um dos direitos fundamentais do indivíduo, o sujeito é toda e qualquer pessoa, física ou jurídica, brasileira ou estrangeira, residente (ou transeunte — cf. MELLO FILHO, p. 20) no País (art. 5º, *caput*). O *conteúdo* é a faculdade específica atribuída ao sujeito, que pode ser a faculdade de constranger os outros ou de resistir-lhes (caso dos direitos pessoais) ou de dispor, gozar, usufruir (caso dos direitos reais). A privacidade, como direito, tem por conteúdo a faculdade de constranger os outros ao respeito e de resistir à violação do que lhe é próprio, isto é, das situações vitais que, por dizerem a ele só respeito, deseja manter para si, ao abrigo de sua única e discricionária decisão. O *objeto* é o bem protegido, que pode ser uma *res* (uma coisa, não necessariamente física, no caso de direitos reais) ou um interesse (no caso dos direitos pessoais). No direito à privacidade, o objeto é, sinteticamente, a integridade moral do sujeito.

Tanto conteúdo quanto objeto são muito claros no art. 12 da Declaração Universal dos Direitos do Homem, de 1948, em que se lê: "Ninguém sofrerá intromissões arbitrárias na sua vida privada, na sua família, no seu domicílio ou na sua correspondência, nem ataques à sua honra e reputação. Contra tal intromissões ou ataques toda pessoa tem direito à proteção da lei". No Brasil, a Lei nº 5.250/67, ainda em vigor (Lei de Imprensa), estabelece responsabilidade civil nos casos de calúnia e difamação se o fato imputado, ainda que verdadeiro, disser "respeito à vida privada do ofendido e a divulgação não foi motivada em razão de interesse púbico".

O direito à privacidade tem raízes modernas. No antigo Direito Romano, a oposição entre o público e o privado tinha a ver com a separação entre o que era de utilidade comum e o que dizia respeito à utilidade dos particulares. Com base nesta distinção, afirmava-se a supremacia do público sobre o privado. Mas o público, como já se esboçava na Grécia antiga, passando a princípio básico das democracias modernas, é também o que aparece, que é visível a todos, em oposição ao secreto, ao segredo, ao ato de um poder por isso arbitrário, isto é, porque não se mostra. Já o privado é o que pertence à ordem do que não se mostra em público, do que não se informa a todos nem deve ou precisa ser transparente, por dizer respeito às exigências vitais de cada indivíduo, impostas pela necessidade de sobrevivência, que circunscreviam o âmbito do privativo.

Isto posto, cabe a pergunta: em que sentido podem subsumir-se as operações ativas e passivas e serviços prestados pelas instituições financeiras e do que elas são obrigadas, por lei, ao sigilo, ao âmbito objetivo do direito à privacidade? Enquadram-se, *genericamente*, na proteção constitucional à intimidade, à vida privada, à imagem e à honra, as operações ativas e passivas do cliente com o banco, bem como os serviços que este lhe presta?

Trata-se, usualmente, de relações (e respectiva documentação), que se relacionam, sem dúvida, ao cliente e ao seu banco. Créditos concedidos, débitos contraídos, ordens dadas e executadas, saldos consumidos ou ainda existentes, tudo isto compõe um universo de âmbito privado. Mas sua pertinência *usual* ao âmbito privado não induz, por necessidade estritamente formal (relação lógica de *gênero/espécie*), ao terreno constitucional da privacidade. Afinal, nem tudo o que compõe o âmbito privado pertence ao âmbito da privacidade. Por exemplo, a aquisição de um imóvel é realizada por escritura pública, ocorre no âmbito do direito privado, mas não pertence ao âmbito da privacidade. Mas os motivos pessoais pelos quais alguém adquire a propriedade não podem ser devassados, pois pertencem à sua intimidade.

O que poderá definir, pois, essa pertinência é uma razão de ordem finalística: a proteção da consistência psicossocial do sujeito contra a pressão exercida pela sociedade e, se ilegítima, pelo Estado. Por conta dessa consistência é possível perceber que o fundamento da privacidade não é a propriedade, mas a liberdade (cf. sobre essa discussão na Suprema Corte americana, Posner. *The Economics of Justice*, 1987). A privacidade não protege posses, propriedades, mas relações: de confiança, de lealdade, estratégicas, de proteção ao foro íntimo contra a curiosidade, etc. Daí a importância da exclusão de terceiros e da resistência à intromissão.

Não é tão simples subsumir os sigilos do mundo econômico, em especial da pessoa jurídica, à privacidade. Até porque estes parecem ter, antes, um acentuado sentido de propriedade, mais do que de liberdade. Recordo que durante anos a burocracia do INPI, no Brasil, exigia que o segredo de fonte do *softer*, objeto de contrato de transferência de tecnologia, fosse revelado ao adquirente, sob pena de impedir a sua realização.

Assim, se quisermos entender como *privacidade* a proteção de sigilo conferida a operações bancárias, a segredos industriais e comerciais, a estratégia de mercado, as declarações de renda, etc. teremos que admitir que ela não é instituída porque constitui uma defesa da propriedade (para isto existem outros institutos, como as patentes, as marcas, as tecnologias, a autoria), mas tem antes uma relevância pragmática, no contexto do regime econômico da concorrência, num sentido próprio de proteção da pessoa contra a intromissão indevida de terceiros. Entende-se, assim, que se trata de uma proteção legítima, de ordem constitucional, cujo objeto não é o documento *de posse* da instituição financeira, mas a *liberdade* de relação nele consistente. Por isso, também, se essa liberdade não é afetada, nada impede que o documento possa ser requisitado.

Na espécie, uma informação de operações bancárias pode, portanto, *ter uma repercussão* no plano da privacidade (embora possa ter também no campo da propriedade), como, por exemplo, a conta bancária que alguém mantém em nome de um filho publicamente não reconhecido e que, por alguma razão de pudor, não deseja revelar a ninguém. Ou o empréstimo obtido pela empresa junto à instituição financeira, que pode ter um sentido contábil, mas fazer parte, também, de uma estratégia de expansão (livre iniciativa) num mercado disputado. Por isso se entende o cuidado do *legislador* em preservar, genericamente, as operações e serviços bancários, mas também a cautela da jurisprudência em traçar limites. Veja-se, por exemplo, o posicionamento do Tribunal de Justiça de Minas Gerais no julgamento do Mandado de Segurança nº 397 em antigo acórdão de 02.12.53 e, no mesmo sentido, a 20.06.79, também a manifestação do 2º Tribunal de Alçada Cível de São Paulo em arresto relatado pelo Des. Joaquim Francisco, em cujo voto se lê:

> (...) Ora, o primeiro documento — o relatório do fiscal Milton da Silva Torres — é peça meramente informativa de uso interno do Banco, no processamento de um pedido de financiamento. Demais disso, o interesse das partes exauriu-se nos esclarecimentos obtidos quando da tomada do depoimento daquele fiscal, como testemunha, confirmando que foi o indeferimento do Banco para o custeio de um cafezal a ser erradicado.
>
> Quanto ao segundo documento — cópia do indeferimento do pedido de financiamento feito pelo autor ou pelo Sr. Alcides dos Santos — basta que o Banco informe ao Juízo qual o motivo determinante do indeferimento ou somente confirme o indeferimento, sem remeter peças ou informação que envolvam *juízo de valor*; a serem resguardadas pelo dever-direito de sigilo bancário. (RT 529/150, grifei)

Com a mesma cautela, a doutrina também é cuidadosa ao distinguir diferentes situações. Veja-se, a propósito, o que diz Covello (*Sigilo bancário*, São Paulo, 1991, p. 93):

> O fato de a pessoa ser cliente do Banco deve ficar sob sigilo?
>
> A resposta não é tão simples como pode parecer à primeira vista. Bernardino Gonzaga entende que esse fato é hoje corriqueiro e banal de modo que a divulgação de que o indivíduo é cliente do estabelecimento bancário não constitui violação do dever de reserva, especialmente porque é difícil nos dias que correm, alguém não ser cliente de Banco ou não recorrer ao Banco para obter algum serviço.
>
> Certo é também que muitas vezes esse fato é notório, sendo mesmo comum a hipótese de o próprio cliente propalar a sua condição de cliente de determinado Banco como traço de "status" ou, então, para fazer do Banco seu agente de cobrança. Certas entidades filantrópicas divulgam até pelos meios de comunicação o número de suas contas bancárias com o fito de arrecadarem donativos através da instituição financeira. Onde há notoriedade, não há falar em segredo, muito menos em obrigação de segredo a cargo do Banco.

A revelação do nome é muito distinta da revelação do nome *aliada* ao serviço. É o que nota o mesmo autor, ao comentar:

> Não obstante, é de considerar que, em determinados casos, convém ao cliente ocultar esse informe, como ocorre, por exemplo, quando alguém contrata a locação de cofre de segurança com o estabelecimento de crédito. A maior vantagem desse serviço, além da segurança da custódia, é o seu caráter sigiloso, pois presume-se que o usuário do cofre tenha interesse em ocultar de terceiro a própria circunstância de ter a disponibilidade da caixa de segurança no estabelecimento bancário. Também a custódia de títulos e valores e, bem assim, o depósito pecuniário revestem esse mesmo caráter, por isso que, para o Banco, é sempre melhor calar.

Em relação, porém, ao nome, sua posição não deixa dúvida:

Agora, a revelação de que determinada pessoa se vale dos serviços de caixa do Banco não nos parece constituir violação do segredo, porque esse fato é corriqueiro, nos dias atuais. O Banco não esconderijo.

Pois bem, por disposição legal e em face do resguardo da privacidade, com relação a operações ativas e passivas e a serviços prestados, as instituições financeiras são obrigadas a guardar sigilo. O sigilo, porém, a que estão obrigadas, componente estrutural do direito do cliente, não implica, sempre e necessariamente, que estejamos falando de privacidade. A própria Constituição não alia sigilo apenas à privacidade.

O direito à privacidade, assim, não é propriamente um gênero *do*, mas apenas *tem a ver com* o direito à inviolabilidade do domicílio (estar-só), da correspondência (segredo), etc. Pontes de Miranda vê na inviolabilidade da correspondência e do segredo profissional um direito fundamental de "negação", uma liberdade de "negação". Como direito subjetivo fundamental aqui também há de se distinguir entre o objeto e o conteúdo. O objeto, o bem protegido, é, no dizer de Pontes, a liberdade de "negação" de comunicação do pensamento. O conteúdo, a faculdade específica atribuída ao sujeito, é a faculdade de resistir ao devassamento, isto é, de manter o sigilo (da informação materializada na correspondência, na telegrafia, na comunicação de dados, na telefonia). A distinção é importante. Sigilo não é o bem protegido, não é o objeto do direito fundamental à privacidade. Diz respeito à faculdade de agir (manter sigilo, resistir ao devassamento), conteúdo estrutural do direito.

Como faculdade, porém, a manutenção do sigilo não está a serviço apenas da liberdade *individual* de "negação" de comunicação. Serve também à sociedade e ao Estado. Veja-se, a propósito, o inciso XXXIII do art. 5º da CF, que assegura a todos receber, dos órgãos públicos, informações de seu interesse particular, ou de interesse coletivo ou geral, "ressalvadas aquelas cujo sigilo seja imprescindível à segurança da sociedade e do Estado". Nada obsta que um banco oficial ou o banco central estivesse realizando uma grande operação cambial que, no interesse da soberania econômica do País devesse ser mantida sob sigilo. Aqui, o sigilo seria faculdade (conteúdo) atribuída *à* sociedade e ao Estado (sujeitos), em proteção de sua segurança (objeto). Haveria, portanto, um equívoco em falar-se em *direito ao sigilo* tomando a faculdade (conteúdo) pelo bem protegido (objeto), como se tratasse em si de um único direito fundamental. Ao contrário, é preciso reconhecer que o sigilo, a faculdade de manter sigilo, pode dizer respeito a informações privadas (inciso XII do art. 5º) ou de interesse da sociedade ou do Estado (inciso XXXIII do mesmo artigo). No primeiro caso, o bem protegido é uma liberdade de "negação" e daí, a privacidade. No segundo, a segurança coletiva ou um interesse de soberania.

A liberdade de "negação" de informar o próprio pensamento tem a ver com a privacidade. Ninguém pode ser constrangido a informar sobre a sua privacidade. Mesmo a liberdade de omitir informação privativa é, porém, também um fato que tem por limite a liberdade de comunicar uma informação privativa: esta possibilidade é *um fato* que está na base da denúncia e do comportamento do denunciante. Diante deste *fato*, a Constituição não o proíbe, mas ressalva e garante o sigilo profissional, isto é, a faculdade de resistir ao devassamento de informações mesmo ilegais que um sujeito, em razão de sua profissão, pode lhe ver confiadas (art. 5º, XIV). Mesmo assim, nem todo ofício está protegido pelo sigilo profissional: só aquele que, por sua natureza, exige a confidência ampla no interesse de quem confidencia. É o caso do médico, do advogado, do padre, do psicólogo, etc., mas que, na palavra de Baleeiro, não alcança a profissão de banqueiro (*Direito tributário brasileiro*, Rio de Janeiro, 1972, p. 550). Fora aqueles casos, a denúncia é uma possibilidade e até uma exigência.

Note-se, pois, que a faculdade de resistir ao devassamento (de manter sigilo), conteúdo estrutural de diferentes direitos fundamentais, não é um fim em si mesmo, parte indiscernível de um direito fundamental (uma espécie de direito fundamental da pessoa ao sigilo) mas um instrumento fundamental, cuja essência é a assessoriedade. A inviolabilidade do sigilo, como tal, pode garantir o indivíduo e sua privacidade ou a privacidade de terceiros ou ainda a segurança da sociedade e do Estado. No campo do exercício profissional, pode garantir a confidência, mesmo ilegal, que alguém ouve em razão de ofício. Mas não acoberta a ilegalidade perpetrada no âmbito da privacidade e da qual alguém, sem violência física ou mental, tem notícia.

A inviolabilidade do sigilo, não sendo faculdade *exclusiva* a serviço da privacidade (é também da segurança da sociedade e do Estado), é *conditio sine qua non* (condição), mas não é *conditio per quam* (causa) do direito fundamental à privacidade. Ou seja, se não houver inviolabilidade do sigilo, não há privacidade, mas se houver inviolabilidade do sigilo isto não significa que haja privacidade (pode haver outra coisa, como a segurança do Estado ou da sociedade). O direito à privacidade, em consequência, sendo um fundamento em si mesmo, permite dizer que a privacidade de um indivíduo só se limita pela privacidade de outro indivíduo (como a liberdade de um só encontra limite na liberdade do outro). O mesmo, porém, não vale para a inviolabilidade do sigilo, cuja instrumentalidade remete à avaliação ponderada dos fins, a chamada *Abwägung* (sopesamento) da dogmática constitucional alemã (GRABITZ, Eberhard. *Freiheit und Verfassungsrecht*, Tübingen, 1976, p. 5). Ou seja, o posicionamento largamente difundido, na jurisprudência e na doutrina, de que o sigilo bancário é *relativo*, não se refere à privacidade das relações ou do foro íntimo, mas à instrumentalidade do sigilo.

Tudo isso mostra, em síntese, que, quando a Constituição garante a inviolabilidade do sigilo, o princípio do sopesamento exige que o intérprete saiba distinguir entre o devassamento que fere o direito à privacidade, no seu objeto, em relação com outros objetos de outros direitos até, também protegidos pelo sigilo. Mostra também que o sigilo bancário, embora tenha a ver com privacidade, não conhece uma subsunção imediata na Constituição, embora esta, tendo em vista a inviolabilidade do direito à privacidade, exija do legislador a máxima cautela com a publicidade das relações privadas.

Isto nos conduz ao problema seguinte: a obrigação de sigilo, imposta, em nome dessa cautela, às instituições financeiras, pode ser excepcionada?

O problema, conhecido como a possibilidade de quebra de sigilo bancário, tem duas facetas: uma refere-se ao *fundamento objetivo*, isto é, em nome de que interesse a privacidade pode ser excepcionada; outra, ao *fundamento subjetivo*, isto é, quem pode excepcionar.

No início da década de 1990, o Ministro Carlos Mário Velloso, relator de decisão que tinha por objeto o sigilo bancário, não teve dúvidas em afirmar, que não se tratava de "um *direito absoluto,* devendo ceder, é certo, diante do *interesse público, do interesse da justiça, do interesse social*, conforme aliás tem decidido esta Corte" (grifei; segue copiosa citação da jurisprudência do STF e da doutrina — cf. STF, Sessão Plenária, ac. de 25.03.92). Do mesmo modo, no mundo financeiro internacional (e na legislação brasileira mais recente), já se notam importantes mudanças no conceito de sigilo bancário quando estão envolvidas atividades criminosas (SPENCER, David E. Capital Flight and Bank Secrecy: the End of an Era?. *International Financial Law Review*, London, May, 1992).

O direito de acesso a informação é proclamado, de forma genérica, no inciso XIV do art. 5º da CF, fazendo-se ali a ressalva para o sigilo de fonte, quando necessário ao exercício profissional. Por extensão, estão também ressalvadas as informações que dizem respeito à intimidade, à vida privada, que afetem a honra e a imagem. Neste sentido, os atos processuais são públicos, mas correm em segredo de justiça quando dizem respeito a informações referentes à intimidade (inc. LX).

O acesso a informações, no processo administrativo, é assegurado a qualquer pessoa que tenha interesse atingido por ato constante do processo ou que atue na defesa do interesse coletivo ou geral, ressalvado o sigilo imprescindível à segurança da sociedade e do Estado (inc. XXXIII).

Esses dispositivos mostram uma preocupação do constituinte em buscar o devido equilíbrio entre o público e o privado, mais especificamente, o privativo, no que toca à obtenção de informações. O interesse público, assim, prevalece se a informação requisitada está a seu serviço (é imprescindível). Prevalece ainda sobre o interesse privado se o sigilo deve ser mantido por razões públicas (segurança da sociedade e do Estado). Não prevalece contra o segredo profissional. Quando se trata de informação sobre intimidade, exige que esta seja conservada, ocorrendo uma espécie não de quebra do sigilo, mas de transferência de sigilo. E quando se trata de sigilo da comunicação (correspondência, telegrafia, dados, telefonia), a prevalência do privado é absoluta, ressalvada a telefonia, só com autorização judicial e só para fins de investigação criminal ou instrução processual penal, e as situações de estado de sítio e de defesa. Como esclarecido, esta prevalência é para qualquer tentativa de interceptação da comunicação, não para a requisição, *a posteriori*, de informações comunicadas.

Se há interesse público envolvido, o sigilo privado sobre informações armazenadas pode ser excepcionado. Tais interesses são os que a doutrina considera *primários*, ou interesses da coletividade como um todo, mas não os interesses *secundários*, que o Estado, pelo só fato de ser sujeito de direitos, poderia ter, como qualquer outra pessoa (cf. sobre esses termos Celso Antônio Bandeira de Mello, citando Alessi, em *Curso de direito administrativo*, São Paulo, 1996, p. 30).

Para os interesses primários, o princípio da publicidade, portanto, impera nos processos administrativos. Mas a lei geral dos processos administrativos (Lei nº 9.784/99, art. 2º, parágrafo único), não obstante a previsão expressa da Constituição Federal (art. 37), ressalva as hipóteses de sigilo previstas na própria Constituição. E a Lei nº 8.884/94, que disciplina o processo administrativo de competência dos órgãos de defesa da concorrência, prevê o respeito ao sigilo legal na requisição de documentos e informações (artigos 7º, IX, 14, II).

Na verdade, o que se observa destes dispositivos, constitucionais e legais, é que, no confronto entre o princípio da transparência, que domina a esfera pública, e o da exclusividade, que domina a privacidade, há uma percepção de que entre as duas esferas se insere a esfera do social e do mercado. Por isso, há uma forte tendência em submeter a privacidade à transparência, *se o interesse público é primário e patente*, mas procurando garantir a privacidade contra os interesses do mercado. Assim, o processo judicial manifesta, por si, um interesse público; por isso, em princípio, deve ser transparente, salvo se estiver em questão a intimidade. Os processos administrativos, por envolver matéria de interesse público, devem ser transparentes, ressalvado o sigilo legal quando então alguns documentos poderiam ser protocolados em apartado. Ou seja, nestes casos, o sigilo não seria, propriamente, quebrado, mas "transferido" de órgão para órgão, *mantendo-se, porém, perante outros* (sobre este conceito, v. SARAIVA FILHO, Oswaldo Othon. Sigilo bancário e administração tributária, *RT – Cadernos de Direito Tributário e Finanças Públicas*, 1995, II/57).

No que se refere ao sigilo bancário, esse posicionamento significaria que o sigilo é inviolável perante outros agentes privados (mercado), mas não perante autoridades, *mas desde que obrigadas ao sigilo*. Em consequência, violável perante o mercado, só mediante autorização judicial. A questão, porém, está longe de ser pacífica e envolve a existência de competência conferida diretamente pela Constituição.

Assim, em favor da possibilidade de quebra de sigilo bancário diretamente por parte do Fisco, mediante processo administrativo específico, há quem defenda a interpretação de que tanto a Lei Complementar nº 105/01, como o CTN (art. 197-II) teriam supedâneo constitucional no art. 145 da CF, que daria à Receita aquela competência, o que tem levantado grandes objeções. As posições mais rígidas são, então, no sentido de que só o Poder Judiciário teria essa competência ou, quando muito, uma CPI do Congresso Nacional, posto que o art. 58 §3º da CF lhe conferiria poderes de investigação próprios das autoridades judiciais.

Examinemos o problema.

A questão do fundamento subjetivo, isto é, de quem pode quebrar o sigilo, também ganha sentido na reflexão sobre a privacidade como um direito fundado na liberdade e não na propriedade.

Se o fundamento estivesse no direito de propriedade, faria sentido a tese de que, estando um determinado órgão obrigado ao sigilo, a transferência de documento sigiloso a outro, igualmente obrigado ao sigilo, significaria apenas a transferência de posse do documento. De resto, o sigilo estaria preservado.

Sucede, porém, que aquele fundamento está no direito de liberdade. Donde, o problema do sigilo bancário está antes na hipótese de proteção contra a intromissão indevida de terceiros. A exclusividade é exclusão de qualquer um que possa ter *outro interesse marcado pela parcialidade*. Ou seja, o princípio da exclusividade, tendo a ver com a liberdade de omitir informação, permite que alguém possa ver garantido o seu direito de um outro sujeito privado, alheio a uma relação, informar-se sobre o conteúdo das relações entre um emissor e um receptor sem autorização de um deles ou de ambos, mas também de ficar calado perante a autoridade investigadora ou de que informações de posse desta, porque obtidas ilegitimamente, não possam ser utilizadas contra ele.

É o que se percebe no voto do Ministro Velloso, pronunciado no RE nº 215.301, CE (*DJ*, 28.05.99, RTJ 169/700), tendo por tema a quebra de sigilo bancário pelo Ministério Público. Reiterando que o sigilo bancário é direito que deve ceder "diante do interesse público, diante do interesse social, diante do interesse da justiça", esclarece que, todavia, "a quebra não pode ser feita por quem não tem o dever de imparcialidade". Em seu voto, aprovado por unanimidade pela Segunda Turma (Ministros Marco Aurélio, Maurício Corrêa, Nelson Jobim, ausente Néri da Silveira), considera que o Ministério Público, "por mais importantes que sejam suas funções, não tem a obrigação de ser imparcial".

Por outro lado, a exclusão de quem tem outro interesse marcado pela parcialidade reafirma a hipótese de que só o juiz, por ter o dever de imparcialidade, é autoridade competente para a quebra de sigilo. Ressalvas a essa competência exclusiva só ocorrem ou porque a própria Constituição as faz em relação a alguma autoridade cuja competência inclui a do juiz (caso das CPIs do Congresso) ou porque, na sua materialidade, o *outro* interesse, em si próprio, não é parcial, mas é público e primariamente público. Seria este o caso da Administração Tributária?

O STF, assim, afirmando que o sigilo bancário tem fundamento constitucional no direito à privacidade, decidiu, por apertada margem, que o Ministério Público, conquanto não tivesse, na Constituição, clara competência para exigir, sem autorização judicial, informação protegida pelo referido sigilo, poderia fazê-lo, desde que se tratasse de operação bancária envolvendo verbas públicas (MS nº 21.729, DF, relator Ministro Marco Aurélio, 05.10.95). Ou seja, matizava-se a incompetência genérica (ninguém, salvo o Poder Judiciário e as CPIs) pelo princípio da publicidade (ressalvada a investigação sobre objeto de interesse público primário).

Entendo que esta posição busca fundamento numa concepção do sigilo bancário como um objeto relevante para a esfera da privacidade e assim definido em lei, mas submetido às relatividades próprias da exigência instrumental de sigilo. Assim, o sigilo há de ser mantido se não há interesse público primário nele envolvido. Neste caso, só a autoridade judicial pode quebrá-lo ou a CPI do Congresso, nos limites de sua competência constitucional. Havendo interesse público primário é preciso que este esteja constituído pelo próprio documento exigido (caso de operação com verbas públicas) e não que seja mero instrumento para a perseguição de outro interesse ainda que público.

Como ficaria, então, a quebra de sigilo bancário pela própria autoridade fiscal, sem autorização judicial? Estaria admitido, falando-se de interesse público primário? em que limites a autoridade fiscal pode exercer sua atuação fiscalizadora, no que diz respeito ao disposto nos incisos X e XII do art. 5º da CF?

O art. 174 da Constituição determina que o Estado, como agente normativo e regulador da atividade econômica, exerça, dentre outras, a função de fiscalização, na forma da lei. *Fiscalizar*, um dos sentidos da palavra controlar (cf. COMPARATO, p. 14), significa vigiar, verificar e, nos casos de anormalidade, censurar (Caídas Aulete: verbete *fiscalizar*). Fiscalização é, pois, vigilância, donde verificação continuada e, detectada a anormalidade, é censura. O acesso continuado a informações faz parte da fiscalização. Sem isso não há vigilância. O acesso intermitente, na verificação da anormalidade, faz parte da censura, que implica castigo, punição.

A competência da administração fazendária para o exercício da função fiscalizadora encontra embasamento constitucional em vários dispositivos.

Por exemplo, na prevenção (vigilância) e repressão (censura) do contrabando e do descaminho, em sua área de competência, ela é afirmada no art. 144, §1º, II.

Já o art. 145, §1º, ao estabelecer o princípio da capacidade contributiva conforme o qual os impostos, sempre que possível, devem ter caráter pessoal e ser graduados, faculta à Administração Tributária, "especialmente para conferir efetividade a esses objetivos, identificar, respeitados os direitos individuais e nos termos da lei, o patrimônio, os rendimentos e as atividades econômicas do contribuinte". Esta faculdade de identificar está ligada à implementação de um princípio. Note-se que o constituinte usa a expressão *especialmente* para conferir a faculdade referida. Este advérbio, em português, significa "de modo especial; particularmente; principalmente; nomeadamente" (Aulete: verbete *especialmente*). Ou seja, pode significar exclusivamente (só para aquela espécie) ou principalmente (sobretudo, mas não só para aquela espécie). Ora, tendo em vista a função fiscalizadora da Administração Tributária, parece-nos que o advérbio está usado no segundo e não no primeiro sentido. Ou seja, o constituinte, de um lado, escreveu *especialmente* porque a mencionada faculdade de identificar não é de presunção óbvia para o efeito de assegurar efetividade àquele princípio e, se não fosse aí inscrita, não se poderia inferir a sua autorização. De outro lado, porque o fez expressamente, admitiu, ao fazê-lo, implicitamente e *a contrario sensu*, que a identificação de patrimônio, rendimento e atividades econômicas do contribuinte é uma presunção da função fiscalizadora da Administração Tributária. Interpretar de outro modo é tornar impossível a exigência de declaração de bens, de rendimentos, etc.

Por cautela, embora isso nem fosse preciso, o dispositivo exige respeito aos direitos individuais. Ademais que a identificação se faça nos termos da lei. Isto vale tanto para o caso especial, como para a fiscalização em geral.

No que se refere à fiscalização em geral, vale, em termos legais, o disposto no art. 5º da Lei complementar nº 105/01. Até agora falamos da fiscalização intermitente, que procede mediante processo instaurado. Resta-nos examinar o teor daquele artigo.

Trata-se de informações contínuas, referentes à identificação de titulares de operações financeiras e seus montantes, vedada a identificação da origem e natureza dos gastos. Feriria tal identificação a privacidade enquanto autoconsistência moral da pessoa?

Como se vê, está aqui a possibilidade de se exigirem informações cadastrais relativas a nome, filiação, endereço e número de inscrição no CPF ou CGC, aliada a montantes das operações.

Que este tipo de dado possa ser exigido pela administração fazendária, no exercício da fiscalização *intermitente*, parece-me plausível. O art. 5º da Lei Complementar nº 105/01 refere-se, porém, à fiscalização *continuada*, em termos de vigilância. O que se pretende é alcançar, pelo cruzamento de cadastros de nomes, endereços, filiação (para os casos de homonímia) e número do CPF ou CGC, aliados a montantes, são pistas que conduzam a eventuais fraudes, como uso de documento fiscal falso, ou de terceiros, omissão de receita, etc. O interesse da fiscalização não está, aí, na identificação das relações de convivência próprias da vida privada, mas na identificação de um documento oficial (CPF, CGC) e o respectivo portador e montantes operacionalizados. *Não* se quer atingir o *uso* do serviço (bancário, de cartão de crédito, etc.), mas a *identidade tributária* do usuário e o montante de sua movimentação financeira. É este dado e somente este dado que, não estando protegido pela privacidade, pode ser exigido sem a necessidade de processo instaurado.

Poder-se-ia contra-argumentar que, ao fornecer os elementos identificadores do usuário e dos montantes, estar-se-ia também fornecendo dados referentes à sua vida privada. Em questão, está a fiscalização-vigilância, isto é, a requisição de dados sem a instauração de processo. Afinal, compõem os montantes das operações um dado da privacidade, interditando-se à administração o acesso à sua comunicação (entre instituição financeira e cliente)?

Não resta dúvida de que tanto a privacidade quanto a inviolabilidade de sigilo de dados, inseridas no art. 5º da Constituição Federal, são uma peça fundante da própria cidadania, ao lado de outros direitos fundamentais ali expressos. O sigilo, nesse sentido, tem a ver com a segurança do cidadão, princípio cujo conteúdo valorativo diz respeito à exclusão do arbítrio, não só de parte da sociedade como sobretudo do Estado, que só pode agir submisso à ordem normativa que o constitui. Nestes termos, a cidadania, exigência do princípio republicano, que a reclama como uma espécie de fundamento primeiro da vida política e, por consequência, do Estado, *antecede* o Estado, não sendo por ele instituída. É ela que constitui a distinção entre o público e o privado, sob pena de perversão da soberania popular (CF, art. 1º, parágrafo único). As competências estabelecidas e atribuídas ao Estado devem, pois, estar submetidas ao reconhecimento do indivíduo como cidadão, cuja dignidade se corporifica em direitos fundamentais.

Por outro lado, o Poder Público não pode ser inibido de exercer suas funções, mormente a de fiscalização, por isso que a própria Constituição, no rol mesmo dos direitos fundamentais, prevê o sigilo para atividades do próprio Estado. Quando o assunto envolve inviolabilidade de sigilo de dados privativos que protege o cidadão, mas não aquele interesse do cidadão cujo sentido social é primordial, o dever de fiscalização impõe, afinal, ao Fisco, na coleta e no tratamento dos dados, igual sigilo.

O sopesamento necessário entre essas duas premissas leva-me a entender que montantes de operações não fazem parte nem da intimidade nem da vida privada. Não perante a Administração Tributária (que deles tem o dever de sigilo, sendo inconstitucional sua comunicação a outros entes administrativos que não têm o mesmo dever). Mas entendo, também, que o art. 5º da Lei Complementar nº 105/01 contém uma delegação inconstitucional ao Poder Executivo, sendo que a própria lei deveria disciplinar os critérios que menciona.

Aliás, recentemente, o STF proferiu julgamento em caso paradigmático, fazendo bem a distinção entre poder fiscalizatório do BACEN e a quebra do sigilo bancário, poder que não é dado ao órgão fiscalizador:

> A Turma, por maioria, negou provimento a recurso extraordinário interposto pelo Banco Central do Brasil – BACEN em que sustentada a ofensa à CF 5.º X, sob a alegação de que o sigilo bancário não estaria inserido na 'cláusula de reserva de jurisdição', não se revestindo, pois, de caráter absoluto. Aduziu a referida autarquia que obstar suas atividades fiscalizadoras em nome do sigilo bancário implicaria sobrepor o interesse privado ao público e acobertar práticas ilícitas. Entendeu-se que o BACEN, ao articular a transgressão ao citado dispositivo constitucional, pretendia ver proclamada não a preservação da intimidade, da vida privada, da honra e da imagem das pessoas, mas a possibilidade de ter-se a colocação, em segundo plano, sob tal ângulo, do sigilo de dados. Assim, o preceito regedor da espécie, tendo em conta o sistema da Constituição, seria o

da CF 5.º XII. Asseverou-se que a regra é o sigilo de dados, somente podendo ocorrer o seu afastamento por ordem judicial e, mesmo assim, objetivando a investigação criminal com instrução processual penal. Considerou-se, por fim, que o BACEN confundira o poder de fiscalização com o de afastar sigilo de dados. A Min. Cármen Lúcia, com ressalvas quanto à fundamentação, desproveu o recurso por reputar que, no caso, não estaria vedada à aludida autarquia a autorização judicial. Vencidos os Ministros Carlos Britto e Sepúlveda Pertence que davam provimento ao recurso. Este asseverou que a espécie envolveria a incidência da L 4595/64, recebida pela CF como lei complementar do sistema financeiro nacional, em que prevista uma série de proibições específicas aos diretores de instituições financeiras, e que não encontrava na citada CF 5.º XII, relação com o sigilo bancário, incluindo-o, com reserva, na proteção à privacidade, sem levá-lo, contudo, ao ponto da chamada 'reserva da primeira palavra ao Judiciário'. O primeiro, por sua vez, reputando equivocada a premissa do acórdão impugnado no sentido de que não se confundiria o cidadão com o dirigente de banco, aduziu que subtrair do BACEN esse poder de polícia para saber de movimentação bancária de contas de dirigentes de instituições financeiras seria empobrecer a funcionalidade da Constituição e fragilizar o sistema por ela concebido, inclusive no plano da moralidade. (STF, 1.ª T., RE 461366-DF, rel. Min. Marco Aurélio, j. 3.8.2007, m.v., *DJU*, 17.08.2007)

Conclusão: sigilo e privacidade no mundo tecnológico

A questão prática/jurídica do controle de dados põe-se, atualmente, em um novo contexto filosófico e tecnológico.

Nesse sentido, a tecnologia da criptografia (senhas secretas que bloqueiam as informações) também já é uma realidade e legislações do primeiro mundo já se ocupam dela. Em jogo está, neste particular, de um lado, o combate à criminalidade e à fraude (lavagem de dinheiro é um exemplo), de outro a garantia da dignidade enquanto autodeterminação por meio de participação em redes comuns. Quanto às senhas, já existe a figura do criptossistema assimétrico que, de um lado, garante a autenticidade das informações (assinaturas bancárias, acesso a contas) e, de outro, a questão legal de como obrigar o dono da senha a abrir o segredo. Isto é, a questão do sigilo bancário, por exemplo, tornar-se-á tecnicamente muito mais complexa, não se reduzindo à simples e absoluta proteção individual de dados "pertencentes" a alguém, mas à proteção do próprio circuito de dados.

Discute-se, assim, a hipótese de dois princípios reguladores da, por assim dizer, liberdade *informática*: o da razoabilidade da exigência de quebra (de senhas), de um lado, e o do limite da proteção de extensão de dados sobre terceiros, de outro.

Assim, a quebra de senhas por força de coação legal ou a possibilidade de armazenamento (público ou privado) de dados devem estar restritas a objetivos claros e expressos, em função dos quais são instaurados a quebra e o armazenamento. Quanto a este último, a possibilidade da *"digitalização da personalidade"* — a redução do "autor" a números — *deve ocorrer como exceção e não como regra*.

Por sua vez, a eventual quebra de sigilo de senhas fica submetida à regra da *"transparência do acesso"*, isto é, ninguém, nem mesmo a autoridade pública, pode ter acesso a informações sem registro informatizado do agente público que as acessa, com igual transparência da liberdade de decisão de alguém (agente público ou privado), sobre as circunstâncias (como, com quem, quando, em que extensão) da ocorrência da comunicação de terceiros. Essas duas transparências evitariam o devassamento (público ou privado) da *comunicação* privada de dados, mas devendo prever, simultaneamente, a responsabilidade do agente privado protegido, então jungido a encarar a *comunicação* mesma como um bem *em comum e não como um bem apropriável*.

Entrementes, como, na verdade, esta nova situação tecnológica tende a criar nova clivagem social — informatizados e não informatizados — o mundo atual já vê surgirem novas figuras, como a do "TTP – trusted third parties" em termos de exigência de que não apenas um único terceiro receptor de informações, mas pelo menos mais de um possam ter acesso a senhas (conceito da confiança repartida). A ideia é de que a proteção da liberdade informatizada (liberdade em reciprocidade), sendo proteção *da comunicação* e não *do agente isolado*, exige um mínimo de *comunidade de acesso*. Temos, destarte, do lado privado, terceiros independentes que oferecem seus serviços de intermediação (uma espécie de notário tecnológico). E, do lado público, a eleição de terceiros institucionalizados, independentes, mas sempre certos e nominados (identificáveis), dentro da Administração. Num caso e no outro, requer-se, de todo modo, forte controle por meio daqueles tradicionais terceiros institucionalizados, o Poder Judiciário, mas desde que dotados de conveniente infraestrutura tecnológica (em termos de instrumentos e de conhecimentos) que os capacite, igualmente, a *atuar em rede*.

Por último, saliente-se, neste quadro, que a liberdade de informar, conjugada com o direito de acesso a informações e a proibição do anonimato (CF, art. 5º, incisos IV, IX, XIV), ilumina de modo peculiar a inviolabilidade do sigilo da correspondência e das comunicações telegráficas, da comunicação eletrônica de dados e das comunicações telefônicas (inciso XII).

Pode-se dizer que a Constituição, neste sentido, não subordina as mensagens comunicadas à propriedade de determinados sujeitos, a fim de fundar *direitos de propriedade* (inviolabilidade do sigilo como inviolabilidade da *propriedade* das mensagens), mas formula ao legislador o dever de assegurar organizadamente o *processo de comunicação*, por meio de dispositivos que tanto garantam aos interessados uma formulação aberta de informações, passível de ser por eles reconhecida e concretizada, quanto impeçam estratégias comunicacionais de manipulação (*grampeamento*, violação do circuito informático), a divulgação de informações inexatas (proteção da imagem) ou que firam a privacidade (armazenamento).

Em outras palavras, a inviolabilidade do sigilo, de um lado, não é dos dados, mas da *comunicação* de dados. Por exemplo, mesmo a transmissão eletrônica de dados reconhecidamente *públicos* deve estar protegida.

Por outro lado, a proteção ao sigilo não implica a manipulação do meio informático: a liberdade que se garante é de participação em comum de processos informacionais, donde a legitimidade dos dispositivos que impedem manipulações como lavagem de dinheiro, evasão fiscal, etc.

O que se propõe, afinal, nestas reflexões, é uma alteração no antigo princípio do Iluminismo, segundo o qual a dignidade humana está centrada na liberdade individual e a liberdade de um termina onde começa a liberdade do outro. Com efeito, o que está sendo proposto é que a dignidade humana deva estar centrada no *viver em livre comunicação um com o outro*. Na verdade, hoje, o que deveria ser dito é que *a liberdade de um começa onde **começa** a liberdade do outro*. Esta fórmula talvez nos fizesse pensar que o indivíduo deva deixar de ser visto como um ente isolado (agente) que se relaciona *com* outros (paciente) e vice-versa, mas como um *ente comunicativo*, uma *unidade agente/paciente*, numa rede de conexões. Ou seja, ninguém é *ou* agente *ou* paciente nas suas relações, mas sempre agente/paciente num complexo comunicativo (rede). O fato aí reconhecido é que, fora desta rede (rede de informações comerciais, jornalísticas, de cadastramentos, de registros civis, de registros bancários, de empregados na empresa, de informações em geral, etc.), qualquer um, se pensado isoladamente, é um nulo. Em consequência, a proteção jurídica da liberdade/dignidade se experimentaria nessa rede e só seria apropriadamente pensada se a própria rede fosse livre enquanto um processo de comunicação. Isto é, indivíduo e seu meio ambiente informático formariam um todo essencialmente uno: sistema social de comunicação.

Informação bibliográfica deste texto, conforme a NBR 6023:2002 da Associação Brasileira de Normas Técnicas (ABNT):

FERRAZ JUNIOR, Tercio Sampaio. Sigilo bancário: privacidade e liberdade. *In*: SARAIVA FILHO, Oswaldo Othon de Pontes; GUIMARÃES, Vasco Branco (Coord.). *Sigilos bancário e fiscal*: homenagem ao Jurista José Carlos Moreira Alves. Belo Horizonte: Fórum, 2011. p. 105-130. ISBN 978-85-7700-405-8.

El Intercambio Internacional de Información con Especial Referencia al Secreto Bancario

Mª Esther Sánchez López
Pedro José Carrasco Parrilla

Sumario: I Introducción – II Fundamento – III Reflexiones acerca de la eficacia del intercambio de información. El secreto bancario – 3.1 Los obstáculos al intercambio internacional de información – 3.2 El secreto bancario en cuanto límite a la aportación de información – 3.3 Algunas consideraciones en torno a la eficacia del intercambio de datos con trascendencia tributaria

I Introducción

El deber *de aportar información con trascendencia tributaria* cabe referirlo, como sabemos, tanto al *propio* contribuyente afectado por el cumplimiento del deber de contribuir y *titular* de los datos solicitados por parte de la Administración tributaria como a aquellos que poseen información relevante en orden a la aplicación de los tributos *referida a terceras personas*, en virtud de sus *"relaciones económicas, profesionales o financieras"* con las mismas, tal como prevé, en el seno de la legislación española, el artículo 93 de la Ley General Tributaria[1] (en adelante, LGT).

Señalado lo anterior, es preciso aclarar desde este momento que aunque nuestras reflexiones se van a centrar en el intercambio de datos a nivel internacional. Sin embargo, y teniendo en cuenta que dichas normas, tanto en el ámbito interno como

---
[1] Precepto a cuyo tenor se dispone lo siguiente: "Las personas físicas o jurídicas, públicas o privadas, así como las entidades mencionadas en el apartado 4 del artículo 35 de esta ley, estarán obligadas a proporcionar a la Administración tributaria toda clase de datos, informes, antecedentes y justificantes con *trascendencia tributaria relacionados con el cumplimiento de sus obligaciones tributarias o deducidos de sus relaciones económicas, profesionales o financieras con otras personas"*.

comunitario, se remiten en muchos casos a lo dispuesto en los diversos ordenamientos domésticos, es inexcusable aludir, a lo largo de nuestro trabajo, a lo establecido en los mismos y, en concreto, en la normativa española.

Pues bien, siendo importante la primera modalidad de aportación de datos señalada mas arriba, nos parece más interesante centrarnos en esta exposición en la segunda forma de aportación de información apuntada, y ello tanto por los *problemas* que plantea como por la *importancia* que esta clase de deberes ha ido adquiriendo en los últimos años, tanto a nivel de la normativa *interna* de los distintos Estados como también a *nivel internacional*, tal como tendremos ocasión de exponer más adelante.

Una muestra de ello, en el ámbito concreto del ordenamiento jurídico español, la encontramos en lo dispuesto en la Exposición de Motivos de la Ley 36/2006, de 29 de noviembre, de Medidas para la Prevención del Fraude Fiscal, en la que se señala lo siguiente:

> "Por un lado, se recogen un conjunto de medidas tendentes a potenciar las facultades de actuación de los órganos de control, con remoción de los obstáculos procedimentales que pudieran perjudicar la eficacia de la respuesta al fenómeno del fraude", recogiéndose, asimismo, "medidas que van a permitir una mejora sustancial de la información de que dispone la Administración tributaria. En ellas no se persigue tanto aumentar la cantidad o volumen de la información disponible como mejorar la calidad de ésta y la inmediatez en su utilización, ya que esto resulta clave en una detección rápida y con éxito de las defraudaciones tributarias".

Una muestra más de la *relevancia de la aportación de información* en el seno del sistema tributario español, con proyección internacional, la encontramos en la previsión, contenida en la D.A. 1ª de la citada Ley 36/2006, en la que se establece que dejarán de tener la consideración de paraíso fiscal aquellos países o territorios *que firmen con España un tratado para evitar la imposición fiscal internacional con cláusula de intercambio de información o un acuerdo de intercambio de información en materia tributaria en el que expresamente se establezca que dejan de tener dicha consideración*, desde el momento en que dichos tratados o convenios se apliquen. Esto es, y como queda señalado, el legislador español *ha condicionado* la calificación de paraíso fiscal de un determinado Estado o territorio al cumplimiento por parte del mismo de un *efectivo intercambio de información*[2] con nuestro país lo que pone de manifiesto, de nuevo, la relevancia

---

[2] Decimos *intercambio efectivo* dado que la Disposición Adicional segunda del Real Decreto 1804/2008, de 3 noviembre, (que desarrolla lo dispuesto en el artículo mencionado en el texto) preceptúa que se podrá considerar que existen *limitaciones* en el intercambio de información tributaria con un país o territorio cuando, respecto a la entrega de la información requerida conforme a lo previsto en el convenio para evitar la doble imposición internacional con cláusula de intercambio de información o en el acuerdo de intercambio de información en materia tributaria que sea de aplicación, se produzca cualquiera de los siguientes supuestos:
a) Cuando transcurridos seis meses sin haberse aportado la información requerida y previo un segundo requerimiento de información respecto al mismo contribuyente, no se aporte la información en el plazo de tres meses. A estos efectos, los plazos expresados se computarán a partir del día siguiente a aquel en que se tenga constancia de la recepción de los requerimientos de información por el país o territorio en cuestión.
b) Cuando transcurridos más de nueve meses desde que se formuló el requerimiento de información, el país o territorio en cuestión no preste colaboración alguna en relación a dicho requerimiento o ni siquiera acuse su recibo.
c) Cuando un país o territorio se niegue a aportar la información requerida, no estando fundamentada la negativa en alguno de los supuestos establecidos en la disposición del convenio para evitar la doble imposición

otorgada tanto a la aportación como al intercambio de datos con trascendencia tributaria en orden a controlar los comportamientos de evasión fiscal.

También, a *nivel internacional*, tal como comentábamos al comienzo, y en el seno concretamente de la Unión Europea, se vienen llevando a cabo desde hace tiempo importantes esfuerzos en orden a fomentar la colaboración entre las Administraciones tributarias de los distintos Estados miembros en su modalidad específica de intercambio de información, siendo buena muestra de ello la conocida Directiva 77/799/CEE, relativa a la asistencia mutua de los Estados miembros en materia de impuestos directos, y otras Normas que, en el ámbito comunitario, regulan esta cuestión[3] así como el Código de Conducta, elaborado en torno a la idea de intentar combatir la competencia fiscal perniciosa y que toma como *quicio* sobre el que gira la efectividad de su aplicación el intercambio de información entre los diversos Estados que conforman la Unión Europea. Contexto en el que no deben olvidarse, de otro lado, los trabajos llevados a cabo en esta misma línea en el seno de otras organizaciones, como la OCDE,[4] a través de los distintos *Informes Progreso*, elaborados a partir del año 1998[5] hasta nuestros días, así como la publicación, en el año 2002, de un Modelo Acuerdo de Intercambio de información en materia fiscal, elaborado por el grupo de Trabajo del Foro Global de la OCDE y presidido por Malta y Holanda, o los esfuerzos realizados en este mismo sentido por parte de la ONU.[6]

Pues bien, entre las *razones* que pueden encontrarse detrás de esta situación, y volviendo de nuevo al ámbito de la *normativa doméstica*, cabría apuntar, junto a la complejidad que, en muchos casos, van adquiriendo los sistemas fiscales y que ha provocado tanto la dificultad de *controlar* las actuaciones de los contribuyentes como, en consecuencia, el aumento de las posibilidades de evasión fiscal, el importante cambio, motivado en buena medida por la situación anterior, que se ha producido en el procedimiento de aplicación de los tributos y que ha llevado a la imposición de obligaciones y deberes a sujetos distintos del deudor de la obligación tributaria en sentido estricto, siendo expresivo de ello la opinión doctrinal en orden a calificar esta situación como una auténtica *universalización* de las relaciones fisco-contribuyente.

De otro lado, y *en ámbito internacional*, también han sido, fundamentalmente, razones de *control* de los contribuyentes que, en el contexto de globalización y de

---

internacional con cláusula de intercambio de información o en el acuerdo de intercambio de información en materia tributaria que regula la posibilidad de denegar un requerimiento de información tributaria.

d) Cuando la información que se proporcione a la Administración tributaria española no permita conocer los datos que constituyen el objeto del requerimiento de información tributaria, bien porque sea distinta a la requerida bien porque resulte ser incompleta.

[3] Por ejemplo, el Reglamento 92/218/CEE, de 27 de enero de 1992 relativo a la cooperación en el ámbito del IVA al que deroga el Reglamento (CE) nº 1798/2003, del Consejo, de 7 de octubre de 2003, relativo a la cooperación administrativa en el ámbito del IVA.

[4] Organización muy activa en el planteamiento de debates sobre la adecuación del ejercicio del poder tributario a la nueva realidad actual y en la formulación de propuestas de actuación y que, desde sus comienzos, como es conocido, tuvo en cuenta en sus trabajos las posibilidades que ofrecía el mecanismo de asistencia mutua en su modalidad de intercambio de información.

[5] Documentos entre los que cabe mencionar el Acuerdo de 22 de mayo de 1996, el Informe de 1998 del Comité de Asuntos Fiscales (*Harmful tax competition. An emerging global issue*), el Informe de 2000 del Foro de Competencia Fiscal Perjudicial (*Towards Global tax co-operation*), el Informe de Progreso de 2001 (*Progress Report*) y el Informe de progreso de 2004 (*The OCDE's Project on harmful tax practices: the 2004 progress report*).

[6] Organización que, desde 1992, creó un Comité de Expertos sobre Cooperación Internacional en Cuestiones de Tributación.

internacionalización de la economía en que nos encontramos inmersos, realizan operaciones en diversos Estados, las que han llevado a situar, en base a motivos diversos, en el intercambio de información una de las *claves* esenciales en orden a evitar los comportamientos de elusión fiscal siendo cierto, en este sentido, tal como ha señalado Owens, que "el hecho de que un sector considerable de contribuyentes posean importantes posibilidades de fraude y evasión fiscal no deja de plantear graves problemas de justicia tributaria".[7]

No es difícil inferir, en consecuencia, de cuanto llevamos expuesto que *es la lucha contra la evasión fiscal y, por ende, contra la injusticia tributaria* que ello genera la *razón primordial* que se encuentra detrás de la *expansión* de los deberes de información tributaria,[8] tanto en el seno de la normativa interna de los distintos Estados (si bien no con el mismo grado de desarrollo en todos ellos, según tendremos ocasión de exponer) como en el ámbito internacional, siendo expresiva de dicha idea la opinión de Soler Roch cuando afirma que "el intercambio de información entre Estados se ha convertido en *la piedra angular del proceso dirigido al objetivo de conseguir una tributación efectiva* o, si se prefiere utilizar un concepto más amplio y comúnmente utilizado, *al objetivo de la lucha contra el fraude fiscal*".[9] Punto que abordaremos con más detalle en el apartado siguiente.

II Fundamento

Aunque, *en esencia*, y según se acaba de apuntar, existe coincidencia en la razón última que *justifica* la solicitud de información tributaria, tanto en el contexto de la normativa interna como en el marco internacional, nos parece importante abordar esta cuestión con algo más de detalle en el presente apartado. Y ello porque la identificación correcta del fundamento del deber de aportación de datos aparece como condición inexcusable en orden a suministrar las pautas que trazan el camino por el que debe discurrir tanto el *presupuesto* como los *límites* de dicho deber. Temas en los que, por razones de espacio así como de delimitación del objeto de este trabajo, no vamos a entrar, dejando apuntado únicamente que ambas cuestiones se encuentran

---

[7] OWENS, J.: "Curbing Harmful Tax Competition", *Intertax*, núms. 8-9, 1998, pág. 231. Línea en que también se sitúan las palabras de GOMEZ-POMAR RODRIGUEZ, J.: "Presente y futuro del intercambio de información y la asistencia mutua en las relaciones fiscales internacionales", *Crónica Tributaria*, núm. 71, 1994, pág. 61, cuando señala que "resulta del todo inadmisible para el Estado que los contribuyentes sujetos a imposición por su renta mundial puedan escapar al control y al cumplimiento de sus deberes fiscales acudiendo al expediente de ubicar sus inversiones o actividades económicas en el extranjero. Puede afirmarse, por tanto, que la principal función que desempeña el intercambio de información es la servir de instrumento de control de las obligaciones tributarias de los contribuyentes que realizan operaciones económicas internacionales".

[8] Expansión que ha llegado a dimensiones tales como para llegar a afirmarse por parte de la doctrina la existencia de un "redimensionamiento de los deberes de información" (vid. CAAMAÑO ANIDO, M.A. y CALDERON CARRERO, J.M.: "Globalización económica y poder tributario: ¿Hacia un nuevo Derecho Tributario?", *Revista Española de Derecho Financiero*, núm. 129, 2006, págs. 273 y 280).

[9] Vid. SOLER ROCH, M.T.: Prólogo al libro de Martinez Giner *La protección jurídica del contribuyente en el intercambio de información entre Estados*, Ed. Iustel, Madrid, 2008, pág. 9, (la cursiva es nuestra). Línea en que también ha señalado el propio MARTINEZ GINER, L.A.: *La protección jurídica del contribuyente en el intercambio de información entre Estados*, Ed. Iustel, Madrid, 2008, pág. 17, que "la relevancia que en la actualidad tiene el intercambio de información tributaria entre distintos Estados hunde sus raíces en la necesidad de encontrar mecanismos útiles y eficaces que permitan combatir el fraude y la evasión fiscal".

necesitadas de concreción tanto en nuestra normativa domestica como en el ámbito internacional y comunitario, no siendo ésta una cuestión en absoluto baladí.

De este modo, y comenzando por la *legislación doméstica española*, la doctrina y también nuestro Tribunal Constitucional,[10] además de otros tribunales inferiores, han situado en la *realización del deber de contribuir constitucionalmente consagrado en el artículo 31.1 de la CE*,[11] el fundamento de la solicitud de datos con trascendencia tributaria a sujetos distintos del contribuyente titular de los mismos.

En este sentido, y siendo cierto que el *tenor literal* de dicho precepto constitucional lleva a entender que únicamente contribuye quien lleva a cabo de modo efectivo el *pago* del tributo, creemos es esclarecedora la opinión de la doctrina al afirmar, que el art. 31.1 CE en ningún momento está señalando que la forma de contribuir al gasto "se reduzca al rudimentario esquema de que los ciudadanos paguen sus impuestos", pues "al gasto se contribuye no solamente realizando prestaciones dinerarias, sino además, mediante la ordenación de las conductas ciudadanas conforme a las exigencias del ordenamiento tributario y que no deben ser otras que aquellas que permitan la más eficaz aplicación de los tributos".[12] Opinión que encuentra, además, sentido y fundamento dentro de la idea general de que la posición del tercero obligado a informar adquiere importancia y aparece como una *manifestación del deber de contribuir* por la *particular posición* en que éste se encuentra en relación a un hecho que adquiere relevancia en el procedimiento de aplicación del tributo, en referencia al cual es establecido el deber (siendo este el caso, por ejemplo, del deber de información impuesto al retenedor acerca de las cantidades retenidas).

Dentro del marco, por otro lado, de la normativa reguladora del intercambio de datos en el *ámbito internacional* se han esgrimido diversas razones justificativas del mismo.

Así, en primer término, y partiendo del entendimiento del intercambio de información tributaria en el seno de un ordenamiento globalizado, se ha hecho patente la necesidad de articular instrumentos de *control* de las obligaciones tributarias de aquellos contribuyentes que realizan operaciones en el extranjero y donde el movimiento de personas, mercancías y capitales es cada vez mayor debiendo subrayar, en esta línea, junto a Casado Ollero, la dificultad de "encontrar operaciones

---

[10] Ha señalado, en este sentido, entre otras, la STC 233/2005, de 26 de septiembre, que "(...) no cabe duda de que el 'deber de comunicación de datos con relevancia tributaria se convierte, entonces, en un *instrumento necesario, no sólo para la contribución justa a los gastos generales (art. 31.1 CE)*, sino también para una gestión tributaria eficaz, modulando el contenido del derecho fundamental a la intimidad personal y familiar del art. 18.1 CE –F.J. 5º" (La cursiva es nuestra).

[11] Precepto a cuyo tenor se establece lo siguiente: "Todos contribuirán al sostenimiento de los gastos públicos de acuerdo con su capacidad económica mediante un sistema tributario justo inspirado en los principios de igualdad y progresividad que, en ningún caso, tendrá alcance confiscatorio".

[12] Vid. ESEVERRI MARTINEZ, E.: "Las posiciones subjetivas derivadas de la aplicación de los tributos", en *Estudios de derecho y Hacienda. Homenaje al Profesor César Albiñana García-Quintana*, Vol. II, Madrid, 1987, pág. 863. La cursiva es nuestra. También se han manifestado en esta misma línea, entre otros, ESCRIBANO, F.: *La configuración jurídica del deber de contribuir. Perfiles constitucionales*, Civitas, Madrid, 1988, págs. 265 y 266, quien afirma que cabe advertir, en el diseño de la norma Fundamental, un "cambio de signo en la configuración jurídica del deber de contribuir" al que ya no es posible asignar una finalidad meramente recaudatoria o de allegar fondos al Erario público y SANCHEZ LOPEZ, M.E.: *Los deberes de información tributaria desde la perspectiva constitucional*, Centro de Estudios Políticos y Constitucionales, Madrid, 2001, págs. 36 y ss.

económicas o financieras de un cierto volumen en las que no afloren uno o varios elementos extranjeros que induzcan a plantearlas en términos internacionales".[13]

Finalidad, pues, a la que daría cumplimiento el mencionado intercambio internacional de datos con trascendencia tributaria siendo posible afirmar que "el cometido de control de las obligaciones tributarias no representa otra cosa sino administrar información"[14] lo que requiere, como *premisa*, de *una cooperación administrativa intensa* dirigida, precisamente, a la consecución de un eficaz desarrollo de las funciones de las Administraciones tributarias de los distintos Estados. Cuestión, en relación con la cual, a pesar de que se están dando pasos adelante, propiciados fundamentalmente por los impulsos realizados en este sentido por parte de instituciones como la Unión Europea o la OCDE, no es posible, por motivos diversos, hablar, a día de hoy, de la existencia de una *eficaz cooperación*, materializada a través de las actuaciones de intercambio de información entre los diversos Estados, lo que tiene indudables *efectos negativos* tanto en lo que se refiere a la *alteración de las estructuras impositivas* de los distintos Estados así como en referencia a la *erosión de los principios clásicos de justicia tributaria*[15] que conllevan los comportamientos de evasión tributaria.

En segundo lugar, y dentro de esta misma línea de argumentación, ha señalado la doctrina que el intercambio de información se articula como *un instrumento al servicio de la realización del deber de contribuir*. De este modo, y como ha indicado Calderon Carrero, "cuando un país asiste a otro obteniendo los datos solicitados no hace otra cosa que proteger su propio deber de contribuir, aunque de manera indirecta".[16] Afirmación detrás de la cual, y desde nuestra perspectiva, además de la *ausencia de un auténtico interés fiscal supranacional* (al que aludiremos más adelante) se encuentra el *principio de reciprocidad* que viene presidiendo la realización de los intercambios de datos en el ámbito internacional y comunitario y que ha sido objeto de *crítica*, acertadamente en nuestra opinión, tanto por parte de la doctrina,[17] de las

---

[13] Vid. Prólogo al libro de SANTA-BARBARA RUPEREZ, J.: *La no discriminación fiscal*, Edersa, Madrid, 2001, págs. 33 y 34.

[14] PITA, C.: "Intercambio de información y Administración tributaria", *Revista Iberoamericana de Derecho Tributario*, núm. 6, 1997, pág. 577.

[15] Sentido en que se ha referido GARCIA PRATS, F.A.: "Incidencia del Derecho Comunitario en la configuración jurídica del Derecho Financiero (1) (I): La acción del Tribunal de Justicia de Luxemburgo", *Revista de Derecho Financiero y Hacienda Pública*, núm. 259, 2001, pág. 260, a la "interrelación" del nuevo orden jurídico que representa el Derecho Comunitario "con la proyección y efectividad de los principios de justicia constitucionalizados, así como sus efectos para con el desarrollo de los sistemas tributarios estatales. Línea en que se insertan también las consideraciones vertidas por CRUZ PADIAL, I.: "Globalización económica: sinónimo de desnaturalización tributaria", *Crónica Tributaria*, núm. 109, 2003, pág. 60, quien se refiere al "grado de flexibilización y sacrificio que están experimentando determinados principios como: igualdad, capacidad económica, progresividad, entre otros", siendo "consecuencia de las tensiones a las que se ven sometidos por el proceso de globalización económica que ocurre en los Estados".

[16] Vid. CALDERON CARRRERO, J.M.: "El intercambio de información entre Administraciones tributarias como mecanismo de control del fraude fiscal internacional", *Revista de Derecho Financiero y Hacienda Pública*, núm. 258, 2000, pág. 785.
Línea en que también se ha situado la OCDE al indicar que el intercambio de información resulta esencial para la aplicación de los Convenios de Doble Imposición así como para asegurar la correcta y eficaz aplicación de la *legislación tributaria doméstica* (vid. *Tax information between OECD member countries*. Report by the Commitee on Fiscal Affairs, OCDE, Paris, 1994, págs. 9 y 10).

[17] Señalan, en relación con esta idea, GOMEZ-POMAR RODRIGUEZ, J.: "Presente y futuro del intercambio de información y la asistencia mutua en las relaciones fiscales internacionales", *Crónica Tributaria*, núm. 71, 1994, pág. 65, que el principio de reciprocidad "opera como una especie de techo que limita el intercambio a las posibilidades que ofrece el Estado con menor capacidad de obtener información, en cada relación bilateral", añadiendo, en esta línea, CARMONA FERNANDEZ, N.: *Fiscalidad Internacional*, págs. 588 y 589,

instituciones comunitarias[18] y de la propia OCDE,[19] debido al *obstáculo* que supone la presencia de dicho principio en orden a la efectividad de la finalidad atribuida a dichas actuaciones cuando se trata de intercambiar datos entre distintos Estados.

Principio, de otro lado, en relación con el cual, nos parece interesante destacar la postura española, concretada en el Real Decreto 161/2005, de 11 de febrero, por el que se modifica el Real Decreto 1326/1987, de 11 de septiembre, por el que se establece el procedimiento de aplicación de las directivas de la Comunidad Europea sobre intercambio de información tributaria, la cual destaca en su Preámbulo la incorporación en el artículo 2 de dicha Norma de lo que esta disposición denomina "el principio de actuación por cuenta propia", según el cual:

> La Administración tributaria no debe dar un tratamiento distinto, por razones de derecho o de práctica administrativa, a las peticiones de información de otros Estados miembros que a las propias actuaciones de captación de información con propósitos internos.

Previsión que, como puede deducirse con facilidad, nos parece de enorme importancia en orden a dotar de *auténtica efectividad* a la finalidad asignada al intercambio internacional de información y, en consecuencia, al control de las actuaciones de fraude fiscal en este ámbito. Piénsese, por ejemplo, que la aplicación del principio de reciprocidad hace muy difícil el intercambio de datos con países con un bajo nivel de desarrollo tanto en relación con el procesamiento de la información como en orden a la transmisión de la misma, tal como puede suceder en el seno de la Unión Europea, tras la ampliación de la misma.

---

que "al margen de las pautas de reciprocidad relativas al género de información suministrable –no obtenida contrariando las medidas normativas o la práctica administrativa propia o del otro Estado-, debe destacarse, asimismo, que el intercambio de información girará en buena medida *bajo un principio de reciprocidad* 'efectivo', de modo que la 'generosidad' de las autoridades fiscales en el suministro de información a otro Estado estará directamente ligada a las posibilidades de que dicho Estado receptor de la información, a su vez, suministre o pueda suministrar en el futuro a las autoridades del país informaciones de interés o trascendencia en la aplicación de sus propios impuestos" (la cursiva es nuestra). Idea a la que también se ha referido BUSTAMANTE ESQUIVIAS, M.D.: "Fiscalidad internacional e intercambio de información (Impuestos directos e IVA)", *Instituto de Estudios Fiscales*, DOC núm. 23/2002, pág. 510, al referirse dicha autora al hecho de que "la amplitud de las competencias que la normativa española reconoce a la Administración tributaria española para proporcionar información relativa a terceras personas nos sitúa en una posición claramente favorable a la hora de atender las peticiones que se reciben de terceros países, por lo que, en muchas ocasiones, es necesario hacer el esfuerzo de valorar la idoneidad de proporcionar datos que los países peticionarios no están en condiciones de proporcionar".

[18] La Propuesta de la Comisión Europea, contenida en el nuevo Reglamento de Cooperación en materia de IVA, recomienda el reconocimiento de igual condición a las cesiones de datos a otros países que a otras Administraciones del mismo Estado.

[19] El Comité Fiscal de la OCDE ha observado que, en la práctica, hay Estados que exigen un alto nivel de reciprocidad, lo que obstaculiza los intercambios de información recomendando, por ello, a los Estados miembros que "no exijan tal condicionante o que tan sólo requiera una reciprocidad de mínimos".
En esta línea, y a raíz de la revisión del MC OCDE para 2005, que supuso la modificación del art. 26, mediante la incorporación de dos nuevos párrafos (arts. 26.4 y 26.5) se puso de manifiesto la necesidad del aseguramiento del mecanismo de la obligación de intercambio de información aún en ausencia de un interés fiscal directo por parte de la Administración tributaria del Estado requerido, no debiendo rechazar la petición de información únicamente por la falta de interés propio en dicha información. Dispone, concretamente, el artículo 26.4 MC OCDE lo siguiente: "El Estado requerido utilizará sus medios de recogida de información para obtenerla, aunque él mismo no la necesite para sus propios propósitos fiscales. Esta obligación se sujeta a los límites del apartado anterior, pero en ningún caso podrá declinarse la prestación de asistencia únicamente porque la información carece de interés interno para el Estado requerido".

Circunstancia que no es obstáculo, por otra parte, para afirmar la necesidad de que los Estados cuenten con un *sistema de información tributaria abundante, fiable y actualizada* siendo éste un *esfuerzo* que se impone a los distintos países si realmente se pretende que dicho mecanismo cumpla la finalidad para la que se encuentra previsto que no es otra, en definitiva, tal como se ha avanzado en más de una ocasión, que la de garantizar el *control* de las obligaciones tributarias en el contexto de la globalización en que nos encontramos inmersos.

Señaladas, pues, las razones anteriores, cabe preguntarse si dichos planteamientos *agotan* la función asignada a los deberes de información en el ámbito internacional. Dicho de otra manera, ¿se ciñe la función del intercambio de información entre Administraciones Tributarias de Estados diversos *únicamente* a la correcta aplicación de la normativa tributaria del Estado que solicita la información?. Pues bien, analizando la jurisprudencia emanada del TJCEE y, en concreto, la contenida en el caso *Halliburton Services,* siendo el objeto del mismo el hecho de que la Administración tributaria holandesa únicamente concedía la exención del Impuesto sobre Sociedades en las reorganizaciones societarias a las entidades constituidas conforme a su legislación, dado que no podía controlar la equivalencia jurídica de las entidades nacionales de otros Estados miembros, el Tribunal de Justicia entendió que los Estados miembros no pueden discriminar a un contribuyente (residente o no) ni restringir el ejercicio de las libertades fundamentales que le otorga el Tratado de la Comunidad Europea denegándole la aplicación de una "ventaja fiscal" o un "determinado régimen jurídico" sobre la base de la falta de información sobre su situación personal o sus actividades en otro Estado miembro. Decisión que nos permite poder hablar de un *cambio de enfoque* en relación con el intercambio de información tributaria, entendiéndolo no solamente como un instrumento al servicio del interés de los Estados, sino como un mecanismo de garantía de la posición jurídica de los obligados tributarios.[20] Tema este último al que aludiremos brevemente con posterioridad pero que nos da pie, en este momento, para dejar constancia de algo que no por conocido deja de tener enorme importancia como es el hecho de la influencia de la jurisprudencia comunitaria sobre los ordenamientos tributarios de los Estados miembros.[21]

---

[20] Vid. SANCHEZ LOPEZ, M.E.: "El intercambio de información tributaria. Perspectivas de una nueva significación de este instrumento", *Crónica Tributaria*, núm. 114, 2005, pág. 97.
[21] Idea, en relación con la cual, ha señalado CALDERON CARRERO, que "debe enfatizarse el impacto que ha tenido y tiene la jurisprudencia del TJCE en materia fiscal, toda vez que ésta ha supuesto una revolución extraordinaria de las bases y conceptos sobre los que se asientan los sistemas tributarios nacionales de gravamen de los no residentes y de las inversiones transfronterizas" (vid. "Una introducción al Derecho Comunitario como fuente del Derecho Financiero y Tributario: ¿Hacia un ordenamiento financiero 'bifronte' o 'dual'?", *Revista Española de Derecho Financiero*, núm. 132, 2006, págs. 225 y 226). Línea en que se sitúan también las consideraciones vertidas por CAAMAÑO ANIDO, M.A. y CALDERON CARRERO, J.M.: "Globalización Económica y Poder Tributario: ¿Hacia un nuevo Derecho Tributario?", *cit.*, págs. 261 y 262.

III Reflexiones acerca de la eficacia del intercambio de información. El secreto bancario

3.1 Los obstáculos al intercambio internacional de información

Una vez que se ha dado cuenta de las razones a que obedece la práctica del intercambio de información tributaria, nos parece fundamental dedicar esta última parte de nuestra breve exposición a resaltar algunas ideas en relación con la *eficacia* de dichas actuaciones (de modo especial en el seno de la Unión Europea) así como, y en conexión con ello, en referencia a los *obstáculos* con que, a día de hoy, se enfrenta la realización de dichos intercambios de datos en el ámbito internacional, y entre los que se encuentra el secreto bancario, a los que no solamente se ha referido la doctrina sino también las instituciones internacionales, como la Unión Europea o la OCDE.

Cabe hacer mención, de este modo, y en primer lugar, a la diversidad de las posturas nacionales respecto a la *fiscalidad en general y sobre determinados aspectos* de ella, en particular. Punto en que podría aludirse como muestra significativa a los distintos modos de afrontar la lucha contra la *competencia fiscal*, tanto en el ámbito internacional como en el seno de la Unión Europea.

Nos estamos refiriendo, en concreto, no solamente a las diferentes posturas que los Estados pueden adoptar frente a dicho fenómeno (propiciadas, como es sabido, por distintas clases de intereses) sino, sobre todo, al hecho de que no todos los países entienden del mismo modo la cooperación, materializada a través del intercambio de información, en relación con la lucha frente a la competencia fiscal perjudicial. Realidad a la que cabe añadir los distintos criterios que utilizan tanto la Unión Europea como la OCDE en orden a la delimitación de paraíso fiscal y régimen fiscal perjudicial.

En segundo lugar, debemos referirnos a las diferencias existentes entre las *estructuras impositivas y organizativas* de los distintos Estados. Sentido en que deben destacarse las *importantes asimetrías* existentes en relación con la información a la que tienen acceso las diferentes Administraciones tributarias lo que dificulta, en gran medida, la realización de un intercambio efectivo de información entre Administraciones tributarias siendo un hecho cierto, en este sentido, además, que la *eficacia* del intercambio internacional de información pasa por la *implicación y participación de la totalidad de los Estados*. Circunstancia que ha sido analizada, entre otros autores, por Caamaño Anido y Calderon Carrero señalando que "al objeto de reducir tales asimetrías se pretende que las diferentes administraciones fiscales de los referidos países tengan acceso a las principales fuentes de información con trascendencia tributaria, lo cual requiere la uniformación del Derecho tributario formal".

Pensamos, sin embargo, que dicha situación es difícil de solventar, en el seno concretamente de la Unión Europea, debido, entre otras razones, a las diferencias existentes entre los diversos Estados, tanto en relación con los medios materiales como tecnológicos en orden a llevar a cabo de modo eficaz el intercambio de información entre los diversos Estados (y que se han acrecentado tras la ampliación de la Europa comunitaria) así como a la ausencia de competencias de la Comisión en materia de armonización procedimental. Ciertamente, y como han resaltado también los autores citados, "resulta difícil lograr una coordinación fiscal coherente incidiendo únicamente en los aspectos materiales de los tributos, siendo del todo necesario uniformar especialmente aquellos elementos procedimentales que más afecten a la exacción de los mismos". Muestra de ello es que el Comité Fiscal de la OCDE ha ido incluso más allá de la uniformación coordinada de determinados aspectos sustantivos o materiales del ordenamiento fiscal recomendando expresamente la uniformación de algunos aspectos del Derecho tributario formal que poseen implicaciones constitucionales".

Finalmente, es preciso aludir a la ausencia de una *cultura de la cooperación* en materia de intercambio de información cuyo fundamento podría encontrarse, a nuestro juicio, en la ausencia de conciencia acerca de la existencia de un *interés fiscal supranacional*, esto es, de un interés que traspasa las fronteras de los distintos Estados siendo así que la cooperación interestatal implica, como ha señalado Adoninno, la presencia de *intereses de diversa índole* que deben identificarse en orden a comprender la regulación incluida en las distintas normas existentes en la materia así como las dificultades y problemas que las mismas plantean.[22] Una muestra de ello, como señalaremos a continuación, se materializa en la vigencia en algunos ordenamientos del secreto bancario.

Situación, de otro lado, que, en el seno concreto de la Unión Europea, es posible deducir de la *autarquía fiscal* que todavía es posible constatar en dicho ámbito tras la abolición de las barreras reglamentarias, siendo expresivo de ello las palabras de Casado Ollero con las que se refiere al hecho de que la situación actual se caracteriza "por la coexistencia de *dos fenómenos antagónicos y contradictorios: globalización económica y, paradójicamente, autismo de la fiscalidad,* esto es, "desde una perspectiva económica, el mundo no aparece dividido en estados separados por fronteras, sino como un gran mercado global en el que se intercambian y fluyen con extraordinaria movilidad los diferentes factores económicos y de producción (…) configurando una economía mundial abierta e interrelacionada; mientras que contemplado desde una perspectiva fiscal, el mundo aparece como una yuxtaposición de soberanías fiscales".[23]

Una última cuestión de la que nos gustaría dejar constancia, y de la que tan sólo queremos realizar un apunte, es la referente al *déficit de garantías* existente en relación con la protección del contribuyente afectado por dichas actuaciones, siendo suficientemente expresivas de dicha situación las palabras de Sacchetto, con las que afirma que "con toda probabilidad, la protección del contribuyente constituye el aspecto más débil del intercambio de información".[24] Cuestión, en fin, a la que queremos aludir debido a que, como se ha señalado, los derechos y garantías del obligado tributario ayudarían a una *mayor eficacia del intercambio de información,*

---

[22] ADONINNO, P.: "Lo scambio di informazione fra amministrazioni finanziarie", en *Corso di Diritto Tributario Internazionale*, coordinado por V. UCKMAR, Ed. Cedam, Padova, 2002, pág. 1158.

[23] Vid. CASADO OLLERO, G.: Prólogo al libro de SANTA-BARBARA RUIPEREZ, J., *La no discriminación fiscal*, cit, pág. 35. La cursiva es nuestra.

[24] Vid. SACCHETTO, C.: "La colaboración internacional en materia tributaria", *Boletín de Fiscalidad Internacional*, núm. 15, 1998, pág. 7. Sentido en que también se ha pronunciado ADONINNO, P.: "Lo scambio di informazione fra amministrazioni finanziarie", V. UCKMAR (Coord.), Ed. Cedam, Padova, 2002, pág. 1184, al señalar que la tutela del contribuyente constituye un aspecto muy importante del intercambio de información, siendo, además, el que suscita tal vez más perplejidad, pues las distintas regulaciones del intercambio de información presentan carencias en este punto y la tutela ofrecida por los ordenamientos nacionales es, a menudo, inadecuada.

debido a que el nivel de protección puede afectar al nivel de colaboración con las Administraciones tributarias.[25]

En definitiva, cuanto mayor sea el respeto a los derechos y garantías de los sujetos afectados por dichas actuaciones mayores serán también las posibilidades y la eficacia de la colaboración de los mismos con las Administraciones tributarias en los procedimientos de intercambio de información debiendo ser entendida la protección jurídica del obligado tributario "no como un obstáculo al intercambio de información tributaria entre Estados, sino como un aspecto beneficioso y una oportunidad de mejorar la colaboración con las Administraciones tributarias".[26]

Sin embargo, y aun cuando se ha vislumbrado algún paso adelante en relación con esta cuestión, estamos de acuerdo con Martinez Giner cuando pone de relieve la "incoherencia que supone el interés existente por profundizar en la colaboración administrativa entre Estados y la indiferencia en la tutela de los derechos de los contribuyentes en el plano internacional" refiriéndose, además, a "la necesidad de efectuar una adecuada ponderación de los intereses en conflicto que evite la indefensión del contribuyente y que no obstruya el intercambio de información y por extensión la investigación tributaria".[27]

3.2 El secreto bancario en cuanto límite a la aportación de información

Una muestra de la que hemos denominado en este estudio *ausencia de una cultura de la cooperación* la encontramos en la vigencia en algunos países del secreto bancario.

Situación en relación con la cual, y antes de dar alguna pincelada en acerca de la previsión existente en el derecho español en referencia a este tema, nos parece interesante aludir a un hecho acaecido recientemente. Nos estamos refiriendo concretamente a la aptitud de "flexibilización" del secreto bancario adoptada por parte de Suiza, Austria y Luxemburgo tras las presiones ejercidas por la OCDE y la Unión Europea. Postura que, a nuestro juicio, y sin perjuicio de aparecer como respuesta explícitamente declarada a la pretensión de no inclusión de dichos países en la lista de paraísos fiscales, no creemos que suponga la adopción por parte de los mismos de *una auténtica aptitud de colaboración* con el resto de Administraciones tributarias.

Ello es así, en efecto, y a nuestro modo de ver, en base a las "restricciones" que los Estados mencionados han establecido en orden a llevar a cabo dicha cooperación

---

[25] Vid. CALDERON CARRERO, J.M.: "El intercambio de información entre Administraciones tributarias en un contexto de globalización económica y competencia fiscal perniciosa", en *Las medidas anti-abuso en la normativa interna española y en los convenios para evitar la doble imposición internacional y su compatibilidad con el Derecho Comunitario*, SOLER ROCH, M.T. y SERRANO ANTON, F. (Dirs.), Instituto de Estudios Fiscales, Madrid, pág. 311.

[26] Vid., en relación con esta idea, MARTINEZ GINER, L.A.: *La protección jurídica del contribuyente en el intercambio de información entre Estados, cit.*, pág. 22.

[27] *Op. cit.*, pág. 25. Línea en que también ha señalado ADONINNO, P.: "Lo scambio di informazione fra amministrazioni finanziarie", *cit.*, pág. 1184, que la tutela del contribuyente constituye un aspecto muy importante del intercambio de información, siendo, además, el que suscita tal vez más perplejidad, pues las distintas regulaciones del intercambio de información presentan carencias en este punto y la tutela ofrecida por los ordenamientos nacionales es, a menudo, inadecuada.

y que se materializan en las "condiciones" establecidas por los mismos en orden a suministrar informaciones relacionadas con los datos bancarios de los contribuyentes que operan en dichos países. Límites que se refieren, entre otras cuestiones, al examen "caso por caso" de la petición de información así como la "justificación" de la misma lo que deja, a nuestro juicio (y sin perjuicio de lo que suceda en la práctica a partir de ahora), un *margen de apreciación demasiado amplio* a las Administraciones tributarias de dichos países hasta el punto de poder afirmar que la "flexibilización" (que no supresión) del secreto bancario ha sido, en el caso de los Estados citados, algo más formal que material que, como decimos, nos lleva a poner en duda la aptitud de cooperación manifestada por los mismos.

En referencia, en segundo lugar, a la situación existente en el ámbito del ordenamiento español es preciso señalar, en primer lugar, la ausencia de dicho límite frente a la Administración tributaria disponiendo, en concreto, el artículo 93.3 de la LGT que "el incumplimiento de las obligaciones establecidas en este artículo no podrá ampararse en el secreto bancario". Afirmación que corrobora sobradamente la amplia regulación del deber de aportar información por parte de entidades dedicadas al tráfico bancario y crediticio llevada a cabo de la mano del Real Decreto 1065/2007, de 27 de julio, que aprueba el Reglamento general de las actuaciones y los procedimientos de gestión e inspección tributaria y de desarrollo de las normas comunes de los procedimientos de aplicación de los tributos, de los deberes de información impuestos a las entidades crediticias.[28] Y ello sin perjuicio de dejar constancia de algunos "equívocos" que tuvieron lugar en el pasado en relación a la posible oposición del secreto bancario frente a la Administración tributaria que en ningún momento supusieron la implantación del secreto bancario en nuestro ordenamiento.[29]

Cosa distinta, de otro lado, es que la normativa española haya *condicionado* desde el primer momento la obtención de información de entidades bancarias a la observancia de un *procedimiento concreto*, previsto en el mencionado artículo 93.3 de la LGT y desarrollado por parte del artículo 57 del también citado Real Decreto 1065/2007, en relación *únicamente* con la información referida a los *movimientos de cuentas o de operaciones bancarias*.[30]

Procedimiento, en efecto, que se ciñe, en orden a la obtención de la información que se encuentra en poder de las entidades dedicadas al tráfico bancario y crediticio, bien a la obligación de obtención de *autorización* del órgano competente o bien el consentimiento del obligado tributario (siendo esto último una novedad que incorpora el Real Decreto en relación a lo previsto en la normativa anterior). Además de ello, la solicitud de autorización deberá estar debidamente *motivada*, indicando las razones que aconsejan el requerimiento directo a la entidad bancaria así como "la procedencia,

---

[28] Deberes de aportación de datos a que se refieren los artículos 37 y siguientes de dicha Norma reglamentaria extendiéndose, entre otros aspectos, a la obligación de informar acerca de "cuentas en entidades de crédito" (art. 37), en relación con "préstamos y créditos" (art. 38), acerca de "valores, seguros o rentas" (art. 39), sobre el "libramiento de cheques por parte de las entidades de crédito" (art. 41), acerca de "determinados activos financieros" (art. 42), etc.

[29] Vid., en relación con esta idea, SANCHEZ LOPEZ, M.E.: *Los deberes de información tributaria desde la perspectiva constitucional*, Centro de Estudios Políticos y Constitucionales, Madrid, 2001, págs. 317 y ss.

[30] Concepto en cuya delimitación, y dadas las limitaciones de este trabajo, en este momento no podemos entrar, dejando en este momento constancia de las dificultades que, en algunos casos, conlleva su concreción.

en su caso, de no notificar dicho requerimiento al obligado tributario", según dispone el artículo 57.1 en su párrafo segundo. Aspecto este último en que queremos hacer hincapié debido a que, en la normativa anterior, era obligado notificar al sujeto titular de la información que se iba a proceder a la petición de la misma a la entidad bancaria; requisito, cuya desaparición, aún cuando se justifique por parte del órgano actuario, nos parece que supone un paso atrás en orden a garantizar la posición jurídica del sujeto sometido a dichas actuaciones.[31] Finalmente, la autorización habilitará para llevar a cabo el requerimiento relativo a los movimientos de cuentas bancarias debiendo notificarse a la entidad requerida con indicación de las "cuentas u operaciones objeto del requerimiento, los obligados tributarios afectados y, en su caso, el alcance en cuanto al período de tiempo a que se refiera", debiendo precisarse, además, el *modo* en que se van a llevar a cabo las actuaciones (art. 57.2 del R.D. 1065/2007). Por su parte, la entidad requerida deberá aportar los datos solicitados en el plazo otorgado para ello que no podrá ser inferior a 15 días, contados a partir del día siguiente al de la notificación del requerimiento.

Pues bien, a partir de aquí, nos gustaría realizar una última reflexión en relación con las ideas expuestas. En efecto, y siendo cierto (y esta es la premisa que constituye nuestro punto de partida) que tanto la doctrina como nuestro Tribunal Constitucional[32] reconocen la existencia de una *intimidad económica* que obliga, desde nuestra perspectiva, a sopesar la obtención de información con la protección, fundamentalmente, del derecho a la intimidad, nos preguntamos por qué el supuesto de obtención de información de entidades bancarias es el *único* que se somete a la observancia de un procedimiento concreto en el seno del ordenamiento jurídico

---

[31] Prueba de ello son los múltiples pronunciamientos que declaran la *indefensión* del contribuyente a quien no se ha transmitido dicho requerimiento de información.

[32] Nos parece interesante comprobar la evolución de la jurisprudencia de nuestro Tribunal Constitucional en relación con este tema comenzando desde la primera Sentencia en que tuvo que enfrentarse a ello. Así, en la STC 110/1984, dicho Tribunal se pregunta: "En qué medida el conocimiento de las cuentas bancarias por la Administración debe entenderse comprendido en la zona de la intimidad constitucionalmente protegida", a lo que este Órgano contesta contundentemente que "la respuesta debe ser negativa", añadiendo a renglón seguido que "aún admitiendo como hipótesis que el movimiento de las cuentas bancarias esté cubierto por el derecho a la intimidad, nos encontramos que ante el Fisco operaría un límite justificado a este derecho". Pues bien, los interrogantes que plantea la STC de 1984 parecen resolverse en el Auto del TC 642/1986 en el que se afirma que: "La respuesta que se dio en la mencionada Sentencia (se está refiriendo el Tribunal a la citada anteriormente) ha de reiterarse aquí: "si no hay duda de que, en principio, los datos relativos a la situación económica de una persona y, entre ellos, los que tienen su reflejo en las distintas operaciones bancarias en las que figura como titular, entran dentro de la intimidad constitucionalmente protegida, no puede haberla tampoco de que la Administración se encuentra habilitada, también desde el plano constitucional, para exigir determinados datos relativos a la situación económica del contribuyente". Línea que el Alto Tribunal clarifica en ulteriores pronunciamientos al señalar en la STC 197/2003, de 16 de junio, que: "La colisión entre el derecho fundamental a la intimidad personal y familiar (art. 18.1 CE) y el deber constitucional de contribuir a los gastos públicos (art. 31.1 CE) implica la inexistencia, frente a la Administración tributaria u otros poderes públicos, de un pretendido derecho absoluto e incondicionado a la reserva de los datos económicos del contribuyente con trascendencia tributaria (...) pues ello impediría una distribución equitativa del sostenimiento de los gastos públicos en cuanto bien constitucionalmente protegido (...)". Finalmente, cabe hacer referencia a la STC 233/2005, de 26 de septiembre, en la que declara el Tribunal Constitucional, de manera contundente, que: "si (...) no hay duda de que los datos relativos a la situación económica de una persona entran dentro del ámbito de la intimidad constitucionalmente protegido, menos aún puede haberla de que la información concerniente al gasto en que incurre un obligado tributario, no sólo forma parte de dicho ámbito, sino que a través de su investigación o indagación puede penetrarse en la zona más estricta de la vida privada o, lo que es lo mismo, en 'los aspectos más básicos de la autodeterminación personal' del individuo (SSTC 85/2003, de 8 de mayo, F.J.21; y 99/2004, de 27 de mayo, F.J. 13)".

español, siendo así que el acceso a otros datos en poder de otros profesionales (piénsese en el caso de notarios o abogados) también supone el conocimiento de información perteneciente al ámbito de la intimidad. No creemos, en consecuencia, que, en relación con los datos bancarios, exista una mayor posibilidad de incidencia en el derecho a la intimidad que justifique la previsión de un procedimiento específico para esta clase de datos. Es por ello que, en el seno del sistema tributario español, debería establecerse un procedimiento *único* que salvaguardara, en todos los casos, y en relación con cualquier clase de información que se suministre a la Administración tributaria, la posición jurídica del contribuyente afectado.

3.3 Algunas consideraciones en torno a la eficacia del intercambio de datos con trascendencia tributaria

A partir de lo señalado anteriormente, cabe constatar que tanto en el ámbito de la OCDE como de Unión Europea, específicamente, debido en este último caso a las dificultades que presenta la armonización fiscal (sobre todo en materia de impuestos directos y cuya exposición excede el propósito de este trabajo)[33] los esfuerzos se encaminan a potenciar la *coordinación* entre los diversos Estados, en su modalidad concreta de intercambio de información, lo que supone, además, un *mayor respeto a la soberanía fiscal* de los mismos que el que implica la armonización ya que en ningún momento se pretende uniformizar lo niveles y estructuras impositivas de los distintos países.[34]

Cooperación, pues, que se presenta necesaria en un contexto de globalización de la economía en que existe una diferencia fundamental, tal como ha explicado Soler Roch, entre el control de la riqueza obtenida en el Estado de residencia del contribuyente y la sujeción de los hechos imponibles realizados en otros Estados debido a que, en el primer caso, "el Estado de residencia tiene garantizado el control del cumplimiento por la competencia de la Administración tributaria en dicho territorio", mientras que, en el segundo supuesto mencionado, "el alcance extraterritorial de la norma de sujeción no está cubierto o protegido por un alcance similar de las competencias administrativas". Situación que ha motivado, siguiendo a la autora citada, "*un déficit de control* motivado por la limitación territorial de la competencia administrativa" siendo hoy por hoy prácticamente el único instrumento habilitado desde instancias internacionales y supranacionales el del intercambio de información entre Estados.[35]

Intercambio de información que, como se ha dado cuenta más arriba, se enfrenta a diversos obstáculos que impiden un auténtico *avance*, en muchos casos, de

---

[33] Sobre este tema puede consultarse: CARRASCO PARRILLA, P.J.: "El proceso de armonización fiscal en la Unión Europea", en COLLADO YURRITA, M.A. (Dir.): Estudios sobre fiscalidad internacional y comunitaria, Ed. Colex, Madrid, 2005, págs.193-214.

[34] Sentido en que ha señalado LAMADRID DE PABLO, A.: "El Código de Conducta en materia de fiscalidad de las empresas y su relación con el régimen comunitario de Ayudas de Estado", Instituto de Estudios Europeos, núm. 10, 2005, pág. 7, que "la idea latente en la redacción de este documento es la de actuar planteando la coordinación fiscal como necesaria alternativa a un proceso armonizador que venía evidenciando serias deficiencias. Se pretende ahora avanzar mediante pasos menos ambiciosos pero de mayor efectividad".

[35] Cfr. SOLER ROCH, M.T.: Prólogo al libro de MARTINEZ GINER *La protección jurídica del contribuyente en el intercambio de información entre Estados, cit.*, págs. 9 y 10. La cursiva es nuestra.

dicho mecanismo en orden a prevenir y combatir la evasión fiscal. Razón por la que pensamos que es preciso centrar los esfuerzos en orden a lograr un *reforzamiento* de los mecanismos de colaboración entre los Estados y, en concreto, en su manifestación de intercambio de información que conduzca, más que a un redimensionamiento de los mismos[36] a un aumento de la *eficacia* de dicho mecanismo, tanto en el ámbito internacional como comunitario.

Eficacia de la colaboración que exige, desde nuestra perspectiva, como *premisa ineludible*, la superación de la mencionada perspectiva autárquica debiendo aspirar a la *instauración de una cultura administrativa internacional* basada en la existencia de una *comunidad de intereses* que, concretamente en el ámbito de la fiscalidad, suponga la superación de "la inercia de otorgar mayor prioridad a los expedientes internos que a las solicitudes de información y asistencia de otros Estados miembros".[37]

Autarquía fiscal que, a nuestro modo de ver, *no encaja con la significación* que debe otorgarse al *principio de colaboración interadministrativa en el ámbito internacional*; principio que debería entenderse, si bien somos conscientes de que ello constituye un objetivo aún lejano, como el *establecimiento de una única Administración funcionalmente hablando*. Así, y partiendo de la premisa de que las *Administraciones tributarias no son compartimientos estancos*,[38] dado que su función se encamina a la realización de un objetivo común cual es el de la efectiva y eficaz aplicación de lo tributos, pensamos que son significativas las palabras de Delgado Pacheco cuando afirma que "cuando el cumplimiento del Acta Única y la creación del mercado europeo alcanzan las cotas de abolición de las fronteras fiscales o la libertad absoluta de movimientos de capital, *la cooperación entre las Administraciones tributarias europeas se hace tan necesaria como si se tratase de distintas Administraciones de un mismo Estado federal o descentralizado".*[39] Esto es, y como ha señalado Soler Roch, el problema tal vez no se encuentra, en el ámbito de la fiscalidad internacional, y en relación concreta con el *sistema de control* de las obligaciones tributarias, en el criterio de sujeción a adoptar (residencia o territorialidad) sino en la *"territorialidad de las competencias administrativas"*[40] que, desde nuestra perspectiva, es preciso superar desde dicho *entendimiento global* de las actuaciones correspondientes a las Administraciones tributarias de los diversos Estados.

---

[36] Idea, en relación con la cual, ha señalado SOLER ROCH, M.T.: *op. cit.*, pág. 11, que "asistimos en la actualidad a una auténtica eclosión del intercambio de información entre Estados, como también la mención de las causas palmarias que han motivado esta eclosión, tales como la globalización, la libre circulación de capitales o la competencia fiscal lesiva".

[37] Vid. PEREZ RODILLA, G.: "La colaboración de las Administraciones fiscales en el ámbito de la Unión Europea en la lucha contra el fraude fiscal", en *Manual de Fiscalidad Internacional*, dirigido por T. CORDON EZQUERRO, Instituto de Estudios Fiscales, Madrid, 2001, pág. 562.

[38] Sentido en que ha señalado RAMALLO MASSANET, J.: "Las relaciones interadministrativas en la aplicación de los tributos", *Documentación Administrativa*, núm. 240, 1995, pág. 170, que, si partimos de la premisa de que las Administraciones tributarias no son compartimientos estancos cabe afirmar, en línea de principio, la existencia de una obligación por parte de las mismas de suministrar los elementos que sean útiles y necesarios para el desarrollo de las funciones asignadas a otros entes, añadiendo este autor, además, que "las administraciones públicas por muy atribuida que tengan una competencia (...) siempre podrán dar entrada en el ejercicio de sus funciones (...) a la posibilidad o a la obligación de proporcionar elementos útiles o necesarios para el desarrollo de las funciones de otro ente".

[39] Vid. DELGADO PACHECO, A.: "La asistencia mutua entre Administraciones tributarias", *Revista Impuestos*, 1990, pág. 163. La cursiva es nuestra.

[40] Cfr. SOLER ROCH, M.T.: Prólogo al libro de MARTINEZ GINER, *La protección jurídica del contribuyente en el intercambio de información entre Estados, cit.*, pág. 10.

Condición, por tanto, cuyo cumplimiento debe servir para allanar el camino en orden a la superación del resto de obstáculos que se interponen frente a la eficacia del intercambio de información entre Estados, y que han sido mencionados más arriba, sin cuya efectividad, además, debe considerarse *constantemente inacabado* el edificio del intercambio de información tributaria.

De este modo, y como colofón a nuestra exposición, pensamos que, aunque es evidente que existen otros mecanismos de prevención y lucha frente al fraude fiscal, tanto en el seno de las legislaciones domésticas[41] como en el ámbito internacional, quizá la *eficacia* de éstos se vea muy mermada si no conseguimos un ejercicio *eficiente* del intercambio internacional de información. Meta que se impone como un *importante desafío* que es necesario afrontar si queremos que dicho intercambio de datos cumpla *efectivamente* la función que le ha sido encomendada y que, sin duda, se verá potenciada en el futuro.

Informação bibliográfica deste texto, conforme a NBR 6023:2002 da Associação Brasileira de Normas Técnicas (ABNT):

SÁNCHEZ LÓPEZ, Mª Esther; CARRASCO PARRILLA, Pedro José. El intercambio internacional de información con especial referencia al secreto bancario. *In*: SARAIVA FILHO, Oswaldo Othon de Pontes; GUIMARÃES, Vasco Branco (Coord.). *Sigilos bancário e fiscal*: homenagem ao Jurista José Carlos Moreira Alves. Belo Horizonte: Fórum, 2011. p. 131-146. ISBN 978-85-7700-405-8.

---

[41] Sobre esta cuestión puede consultarse: CARRASCO PARRILLA, P.J., y PATÓN GARCÍA, G. (Dirs.): Fraude fiscal. La experiencia en Costa Rica y España, Ed. IVSTITIA, San José (Costa Rica), 2009.

Sigilos Bancário e Fiscal

Ricardo Lobo Torres

Sumário: 1 A interação entre o sigilo bancário e o fiscal – **1.1** O princípio da transparência fiscal – **1.2** O princípio da proteção da concorrência – **2** Normas antissigilo bancário – **3** Sigilo fiscal – **3.1** O sigilo fiscal no Brasil – **3.2** A troca internacional de informações – **4** Conclusões

1 A interação entre o sigilo bancário e o fiscal

A problemática do sigilo bancário sofre a influência da questão do sigilo fiscal (ex., arts. 5º e 6º da LC nº 105/01). Mas os dois problemas são distintos. O sigilo bancário protege o cidadão contra a divulgação de dados seus que se encontram em poder de instituições financeiras públicas ou privadas. O sigilo fiscal é o que ampara o contribuinte contra a divulgação de informação sobre a sua situação financeira ou econômica por parte de qualquer funcionário do Fisco. As duas espécies de sigilo se encontram em crescente interação.

O denominador comum na temática dos sigilos bancário e fiscal é — principalmente a partir da grande crise financeira de 2008 — *o combate à evasão fiscal*. Antes, a contar da queda do Muro de Berlim, da desconstituição do socialismo real e da globalização econômica, surgira a necessidade de se abrirem os sigilos bancário e fiscal. A década de 1990 e o início do século XXI marcaram a mudança no tratamento do tema, que passou a ser examinado sob a perspectiva dos *direitos individuais* e do combate à *elisão fiscal abusiva*, entendida esta como abuso de direito na manipulação da forma sobre a substância.[1] Mas, com a grave crise de 2008, fundada sobretudo nas falhas regulatórias do Estado da Sociedade de Risco, modificou-se o enfoque, passando a

---

[1] Cf. COOPER, Graene S. *Tax Avoidance and the Rule of Law*. Amsterdam: IBFD, 1997. p. 13 *et seq.*; ZIMMER, Frederick. *Form and Substance in Tax Law*. The Hapue: Kluwer, 2002. Vol. 87ª do Cahiers de Droit Fiscal International.

ênfase ao combate à evasão fiscal, que é crime ou delito fiscal e que se consubstancia em figuras como as dos paraísos fiscais, lavagem de dinheiro, simulações, derivativos sem conteúdo econômico, etc.[2]

O combate à evasão fiscal originada dos sigilos bancário e fiscal se apoia nos princípios da transparência e da proteção da concorrência.

1.1 O princípio da transparência fiscal

A transparência fiscal é um princípio de legitimação do ordenamento tributário internacional e constitucional. Sinaliza no sentido de que a atividade financeira deve se desenvolver segundo os ditames da clareza, abertura e simplicidade. Dirige-se tanto aos organismos financeiros supranacionais quanto às entidades não governamentais. Baliza e modula a problemática da elaboração do orçamento e da sua gestão responsável, da criação de normas antielisivas, da abertura do sigilo bancário e do combate à corrupção.

A transparência, como princípio formal que permeia os princípios possuidores de conteúdo, sejam os vinculados à justiça, sejam os ligados à segurança jurídica, exerce também papel legitimador. Orienta a positivação das normas jurídicas segundo as ideias de clareza, abertura e simplicidade.

O princípio da transparência fiscal, embora não proclamado explicitamente na Constituição, impregna todos os outros princípios constitucionais e se irradia inclusive para o campo da elaboração das normas infraconstitucionais.

O dever de transparência incumbe ao Estado e à Sociedade.

A sociedade deve agir de tal forma transparente, que no seu relacionamento com o Estado desapareça a opacidade dos segredos e da conduta abusiva.

O Estado, por seu turno, deve revestir a sua atividade financeira da maior clareza e abertura, tanto na legislação instituidora de impostos, taxas, contribuições e empréstimos, como na feitura do orçamento e no controle da sua execução.

A *transparência* é o melhor princípio para a superação das ambivalências da Sociedade de Risco. Só quando se desvenda o mecanismo do risco, pelo conhecimento de suas causas e de seus efeitos, é que se supera a insegurança.

O mesmo raciocínio vale para os *riscos fiscais*. Só a transparência na atividade financeira e na conduta do cidadão pode superá-los. O risco fiscal na atividade financeira surge do descontrole orçamentário, da gestão irresponsável de recursos públicos, da corrupção dos agentes do Estado, etc.; a Lei de Responsabilidade Fiscal e o Código de Defesa do Contribuinte, este último em andamento no Congresso Nacional, têm o objetivo de prevenir os riscos fiscais na vertente do Estado. O risco fiscal pode decorrer também da conduta do contribuinte, pelo abuso da forma jurídica no planejamento dos seus negócios ou na organização de sua empresa, pela sonegação e pela corrupção no trato com os funcionários da Fazenda.

---

[2] OECD. Overview of hte OECD'S Work on Contering International Tax Evasion. A Background Information Brief. December 2009: "Desde o início de 2009, a evasão fiscal internacionais para a adoção de *standad* tributário cresceu muito na agenda política, refletindo os escândalos recentes que afetaram os países em todo o mundo e evidenciando que a crise financeira global apoiava-se geralmente nos centros financeiros, como constatou o G.20 na sua reunião de abril de 2009".

A globalização traz diversas consequências no plano da transparência fiscal, principalmente pela ambivalência que a cerca. A globalização produz a riqueza no plano universal e a pobreza no domínio local.[3] Fortalece a cidadania mundial, pela afirmação dos direitos fundamentais; mas cria a miséria e a pobreza para a maior parte da população, o que postula a abertura da cidadania local à dimensão reivindicatória dos direitos sociais, sujeitos à concessão legislativa e ao reconhecimento orçamentário.[4] Torna ameaçadores os riscos fiscais, assim pela insegurança dos capitais voláteis quanto pela diminuição da carga tributária das multinacionais. A *transparência fiscal*, como mecanismo de superação das contradições da globalização, entra simultaneamente no discurso das *entidades supranacionais* e das *organizações locais*.

Alguns organismos supranacionais aderem à luta pela transparência fiscal.

O Banco Mundial, acusado de conduta opaca na concessão de empréstimos aos países em desenvolvimento, principalmente em virtude dos efeitos negativos sobre o meio ambiente, começa a mudar a sua posição a partir dos anos 90, à procura de maior transparência. Por pressão de organizações não governamentais internacionais, o Banco Mundial adotou em 1994 a política de abertura das informações (*information disclosure policy*), com o fito de colocar no domínio público os documentos antes considerados confidenciais e de incentivar a participação pública e o debate sobre o processo de desenvolvimento.[5]

O Fundo Monetário Internacional aprovou, em 16.04.98, o *Code of Good Pratices on Fiscal Transparency – Declaration of Principles*, que "representa o modelo de transparência fiscal que é julgada apropriada para assegurar ao público e ao mercado que o desenho claro da estrutura e das finanças do governo é eficaz e que a saída da política fiscal pode ser estabelecida de forma confiável".[6] O *Code of Good Pratices* contém quatro grandes princípios, com inúmeras subdivisões:

1. Clareza de Competência e Responsabilidades.

1.1. O setor governamental deve se distinguir claramente do resto da economia, e a competência política e administrativa dentro do governo deve ser bem definida.

1.2. Haverá o claro enquadramento legal e administrativo para a atividade fiscal.

2. Disponibilidade pública da informação.

2.1. O público deverá ser plenamente informado da atividade fiscal do governo passada, presente e projetada.

2.2. Os atos públicos devem ser realizados.

3. Preparação, execução e relatório do orçamento aberto.

3.1. A documentação do orçamento deve especificar os objetivos de política fiscal, o enquadramento macroeconômico, a base política para o orçamento e os riscos fiscais mais importantes.

---

[3] Cf. BECK, Ulrich. *O que é globalização?*: equívocos do globalismo: respostas à globalização. São Paulo: Paz e Terra, 1999. p. 106, denuncia "uma nova polarização e estratificação da população mundial em ricos globalizados e pobres localizados"; BAUMAN, Zygmunt. *Globalização*: as consequências humanas. Rio de Janeiro: Jorge Zahar Ed., 1999. p. 25.

[4] Cf. TORRES, Ricardo Lobo. A cidadania multidimensional na era dos direitos. *In*: TORRES, Ricardo Lobo (Org.). *Teoria dos direitos fundamentais*. Rio de Janeiro: Renovar, 1999. p. 298 *et seq*.

[5] Cf. FOX, Jonathan A.; BROWN, L. David. *The Struggle for Accountability. The World Bank, NGOS, and Grassroots Movements*. Cambridge: The Mit Press, 1998. p. 275.

[6] <www.imf.org/external>.

3.2. Os dados do orçamento devem ser classificados e apresentados de forma a facilitar a análise política e a promover a responsabilidade (*accountability*).

3.3. Os procedimentos para execução e monitoramento das despesas aprovadas devem ser especificados claramente.

3.4. O relatório fiscal deve ser periódico, compreensivo e confiável, e deve identificar os desvios do orçamento

4. A integridade da informação fiscal deve ser sujeita à auditoria pública e independente.

A OCDE, da qual não participa o Brasil, também vem exercendo profícua atividade na defesa da transparência fiscal. Elaborou o modelo de convenção, estampando no art. 9º o princípio *arm's length*, que teve por objetivo evitar a elisão fiscal nos preços de transferência. Divulgou e coordenou publicações sobre as leis de responsabilidade fiscal adotadas por diversos países, inclusive a Nova Zelândia e a Austrália. Diante dos problemas surgidos com a crise financeira de 2008, a OCDE passou a realizar, inclusive com a presença de países que a não integram, o Fórum Global de Transparência.[7]

Em síntese, o princípio da transparência, significando clareza, abertura e simplicidade, vincula assim o Estado e a Sociedade e se transforma em instrumento importante para a superação dos riscos fiscais provocados pela globalização. Só a transparência na atividade financeira, consubstanciada na clareza orçamentária, na responsabilidade fiscal, no respeito aos direitos fundamentais do contribuinte, no aperfeiçoamento da comunicação social e no combate à corrupção dos agentes públicos, em contraponto à transparência na conduta do contribuinte garantida pelas normas antielisivas, pelas regras antissigilo bancário e pelo combate à corrupção ativa, pode conduzir à minimização dos riscos fiscais do Estado Democrático de Direito.

1.2 O princípio da proteção da concorrência

A proteção da concorrência torna-se, nesta fase de globalização econômica e de massificação da fiscalidade, um dos mais sensíveis princípios da tributação.

A Emenda Constitucional nº 42, de 19.12.2003, acrescentou um novo artigo à Constituição Federal, dispondo sobre a matéria:

> Art. 146-a – Lei Complementar poderá estabelecer critérios especiais de tributação, com o objetivo de prevenir desequilíbrios da concorrência, sem prejuízo da competência de a União, por lei, estabelecer normas de igual objetivo.

A proteção da concorrência na Constituição Tributária é mera especificação do princípio geral estampado na Constituição Econômica:

> Art. 170 – A ordem econômica, fundada na valorização do trabalho humano e na livre iniciativa, tem por fim assegurar a todos existência digna, conforme os ditames da justiça social, observados os seguintes princípios:

---

[7] OECD. Overview of the OECD'S Work on Contering International Tax Evasion, *cit.*, p. 5.

(...)

IV – livre concorrência

(...)

IX – Tratamento favorecido para as empresas de pequeno porte constituídas sob as leis brasileiras e que tenham a sua sede e administração no País.

Ao Estado fiscal incumbe não apenas se manter neutro frente à concorrência, senão que lhe compete também promover o ambiente propício ao desenvolvimento das forças do mercado. P. Kirchhof anota que o legislador exerce uma função "formativa da igualdade" (*gestaltenden Gleichheit*), determinando o ponto de partida da comparação e influenciando a força concorrencial dos empreendedores.[8] Johanna Hey propõe que se prestigie o princípio da "capacidade de concorrência" (*Wettbewerbsfähigkeit*), mais importante que o da "capacidade contributiva" (*Leistungsfähigkeit*) e inconfundível com o de "neutralidade da concorrência" (*Wettbewerbsneutralität*).[9]

A proteção da concorrência, no plano do Direito Internacional Tributário, se efetiva sobretudo a partir dos tratados contra a dupla tributação. Compreende a partilha da riqueza internacional entre as nações contratantes, de modo a estabelecer regras equitativas de incidência pelos Fiscos nacionais, na busca da harmonização entre os diversos sistemas de tributação e da eliminação dos tratamentos preferenciais e da baixa tributação.

Mas tem por objetivo também estimular as condições de concorrência entre as empresas dos países contratantes. Anota Raupach que o "conceito de lucro das empresas" (*den Begriff der Unternehmensgewinne*) tem o seu significado, no marco da globalização, dependente ainda do ponto de vista da concorrência (*Wettbewerbsgesichtspunkten*) e também da concorrência tributária dos Estados europeus (*Steuerwettbewerb der europäischen Staaten*).[10]

Esse tipo da concorrência vem sendo chamando de "boa concorrência" (*good tax competition*). Explica Hugh Ault:

> O Relatório da OCDE apóia o movimento internacional na direção de bases de incidência mais largas, com poucas preferências e alíquotas gerais menores, que foram em parte o resultado de reações "competitivas" às mudanças nos Estados Unidos e no Reino Unido na metade dos anos 80. Esse tipo de concorrência fiscal teve um impacto positivo no desenvolvimento dos sistemas tributários. Forçou a eliminação das preferências tributárias ruinosas e ineficientes e das taxas marginais e em geral incrementou a eficiência. Essa espécie de *good tax competition* é consentânea com o compromisso geral da OCDE com os princípios do mercado livre.[11]

Há outra concorrência fiscal, danosa ou prejudicial (*bad tax competition*), que se faz à margem dos tratados de dupla tributação e que tem por objetivo criar condições favoráveis de tributação, quase sempre através dos chamados paraísos fiscais (*tax*

---

[8] Steuergleichheit durch Vereinfachung. *In*: FISCHER, Peter (Ed.). *Steuervereinfachung*. Deutsche Steuerjuristische Gesellschaft 21:19, 1989.

[9] Erosion nationaler Besteueungsprinzipien in Binnenmarckt?. *Steuer und Wirtschaft* 4: 323, 2005.

[10] Unternehmen und Unternehmer im Recht der Doppelbesteuerungsabkommen, *cit.*, p. 1068.

[11] Tax Competition: What (If Anything) to do about it?, *cit.*, p. 1118.

havens).¹² Essa concorrência danosa passa a ser combatida nas últimas décadas através de inúmeros instrumentos, inclusive pelas legislações de CFC e de *transfer pricing*, e por organismos internacionais, entre os quais se destaca a OCDE, que elaborou o Relatório sobre a "Concorrência Fiscal Danosa" ("*Harmful Tax Competition*")¹³ e o próprio Conselho da União Europeia, que baixou o Código de Conduta no Domínio da Fiscalidade das Empresas, em 1º de dezembro de 1997.¹⁴

A característica mais relevante da concorrência fiscal danosa é que a promove o próprio Estado Fiscal. Alberto Xavier observa, quanto aos paraísos fiscais e às políticas relativas à concorrência fiscal prejudicial:

> Ambas as práticas têm sido consideradas, por alguns, como modalidades de "elisão" ou "evasão", já não praticadas pelos contribuintes, mas pelos próprios Estados nas suas relações recíprocas, práticas essas que legitimariam medidas de retorsão dos outros Estados com fundamento na autotutela dos seus interesses fiscais.¹⁵

2 Normas antissigilo bancário

No Brasil, a doutrina e a jurisprudência vinham fechando a possibilidade de desvendamento do segredo bancário pela própria autoridade fiscalizadora. Qualquer necessidade de conhecimento das transações bancárias do contribuinte só poderia ser suprida pelo juiz, conforme fixara o Superior Tribunal de Justiça ao interpretar restritivamente o art. 38, §5º da Lei nº 4.595/64.¹⁶ A doutrina, muita vez, radica o sigilo bancário no art. 5º, inciso XII, da Constituição, que declara ser inviolável o sigilo de dados; a interpretação não se sustenta pelo fato de a CF, naquele inciso, apenas autorizar o levantamento do sigilo no caso das comunicações telefônicas, o que inviabilizaria toda a disciplina infraconstitucional do sigilo bancário.¹⁷ O Supremo

---

¹² Cf. AVI-YONAH, Reuven S. Globalization, Tax Competition, and the Fiscal Crisis of the Welfare State. *Harvard Law Review* 113 (7): 1629, 2000, que distingue entre "concorrência tributária danosa e benéfica" (*harmful and beneficial tax competition*).

¹³ *Harmful Tax Competition: Au Emerging Global Issue*, aprovado em 9 de abril de 1998.

¹⁴ Cf. UCKMAR, Victor. Introduzione. In: UCKMAR, Victor (Coord.). *Corso di diritto tributario internazionale*. Padova: CEDAM, 2002. p. 13; GUTMAN, Marcos G. Sociedades extranjeras controladas. Aplicación en la Legislación Argentina. In: II COLOQUIO INTERNACIONAL DE DERECHO TRIBUTARIO. *Normas Tributarias para la Prevención de la Elusión Internacional*. Buenos Aires: CEU/Universidad Austral, 2000. t. II, p. 514.

¹⁵ *Direito tributário internacional do Brasil, cit.*, p. 318.

¹⁶ RESP nº 37.566-5/RS, Ac. da 1ª T., de 02.02.94, Rel. Min. Demócrito Reinaldo, *DJ*, 28 mar. 94 (*RDA*, 197: 174): "Tributário. Sigilo bancário. Quebra com base em procedimento administrativo-fiscal. Impossibilidade. O sigilo bancário do contribuinte não pode ser quebrado com base em procedimento administrativo-fiscal, por implicar indevida intromissão na privacidade do cidadão, garantia esta expressamente amparada pela Constituição Federal (art. 5º, inciso X). Por isso, cumpre às instituições financeiras manter sigilo acerca de qualquer informação ou documentação pertinente à movimentação ativa e passiva do correntista/contribuinte, bem como dos serviços bancários a ele prestados. Observadas tais vedações, cabe-lhes atender às demais solicitações de informações encaminhadas pelo Fisco, desde que decorrentes de procedimento fiscal regularmente instaurado e subscritas por autoridade administrativa competente. Apenas o Poder Judiciário, por um de seus órgãos, pode eximir as instituições financeiras do dever de segredo em relação às matérias arroladas em lei. Interpretação integrada e sistemática dos artigos 38, §5º, da Lei nº 4.595/64 e 197, inciso II e 1º do CTN. Recurso improvido, sem discrepância".

¹⁷ Cf., por todos: MARTINS, Ives Gandra da Silva. Direitos fundamentais do contribuinte. In: MARTINS, Ives Gandra da Silva (Coord.). *Direitos fundamentais do contribuinte*. São Paulo: Revista dos Tribunais; CEU Centro de Extensão Universitária. 2000. p. 65. (Pesquisas Tributárias. Nova Série, n. 6).

Tribunal Federal vincula o segredo bancário ao *direito à intimidade* proclamado no art. 5º, inciso X, da CF, mas reconhece que não é direito absoluto, podendo ser excepcionado pela lei.[18]

Mas a Lei Complementar nº 105, de 10.01.01, veio autorizar a abertura do sigilo bancário em assuntos fiscais a pedido da Administração.[19] A Lei nº 10.174, de 09.01.01, por seu turno, confirmando a orientação traçada pela Lei nº 9.311, de 1996, autorizou o levantamento do sigilo nos casos de discrepâncias entre o pagamento da CPMF e do IR.

O importante, no caso brasileiro, a exemplo do que já acontece no direito de outros povos, é que o sigilo possa ser desvendado pela própria autoridade administrativa indicada na lei, o que permitiria a agilização do processo e a eficácia da fiscalização. De notar que não se advoga aqui a extensão da ação administrativa para o rastreamento generalizado das situações bancárias dos contribuintes, mas a sua limitação aos casos sob suspeita de sonegação e que sejam objeto de procedimento administrativo. Inexiste razão para se manter o tabu do sigilo bancário e sua elevação a direito da liberdade; o princípio constitucional da intimidade cede lugar a outros princípios constitucionais, nomeadamente os da concorrência e da eficiência, no jogo de ponderação de interesses governado pela transferência fiscal.

É bem verdade que após o advento da LC nº 105/2001 e da legislação específica, alterou-se significativamente a jurisprudência. O STJ, ao julgar o RESP nº 687.193,[20] decidiu:

---

[18] RE nº 219.780, Ac. da 2ª Turma, de 13.04.99, Rel. Min. Carlos Velloso, *DJ*, 10 set. 99: "Constitucional. Sigilo bancário: quebra. Administradora de cartões de crédito. CF, art. 5º, X. I. – Se é certo que o sigilo bancário, que é espécie de direito à privacidade, que a Constituição protege art. 5º, X não é um direito absoluto, que deve ceder diante do interesse público, do interesse social e do interesse da Justiça, certo é, também, que ele há de ceder na forma e com observância de procedimento estabelecido em lei e com respeito ao princípio da razoabilidade. No caso, a questão foi posta, pela recorrente, sob o ponto de vista puramente constitucional, certo, entretanto, que a disposição constitucional é garantidora do direito, estando as exceções na norma infraconstitucional. II. – R.E. não conhecido".

[19] "Art. 6º: As autoridades e os agentes fiscais tributários da União, dos Estados, do Distrito Federal e dos Municípios somente poderão examinar documentos, livros e registros de instituições financeiras, inclusive os referentes a contas de depósitos e aplicações financeiras, quando houver processo administrativo instaurado ou procedimento fiscal em curso e tais exames sejam considerados indispensáveis pela autoridade administrativa competente". O dispositivo transcrito foi regulamentado pelo Decreto nº 3.724, de 10.01.01.

[20] Ac. da 2ª T., de 06.12.2005, Rel. Min. Eliana Calmon, *DJU*, 19 dez. 2005, *RDDT*, 126: 240, 2006. No mesmo sentido: Embargos de Divergência em RESP 608.253-RS, Ac. da Primeira Seção do Superior Tribunal de Justiça, de 9.08.2006, Rel. Ministro Teori Albino Zavascki, *DJU*, 4 set. 2006, *RDDT*, 134: 236, 2006: "Direito tributário. Sigilo bancário. LC 105/2001 e Lei 10.174/2001. Uso de dados de movimentações financeiras pelas autoridades fazendárias. Possibilidade. Condições. Aplicação imediata. Precedentes.
1. A Lei 9.311/1996 ampliou as hipóteses de prestação de informações bancárias (até então restritas – art. 38 da Lei 4.595/64; art. 197, II, do CTN; art. 8º da Lei 8.021/1990), permitindo sua utilização pelo Fisco para fins de tributação, fiscalização e arrecadação da CPMF (art. 11), bem como para instauração de procedimentos fiscalizatórios relativos a qualquer outro tributo (art. 11, §3º, com a redação da Lei 10.174/01).
2. Também a Lei Complementar 105/2001, ao estabelecer normas gerais sobre o dever de sigilo bancário, permitiu, sob certas condições, o acesso e utilização, pelas autoridades da administração tributária, a documentos, livros e registros de instituições financeiras, inclusive os referentes a contas de depósitos e aplicações financeiras (arts. 5º e 6º).
3. Está assentado na jurisprudência do STJ que 'a exegese do art. 144, §1º do Código Tributário Nacional, considerada a natureza formal da norma que permite o cruzamento de dados referentes à arrecadação da CPMF para fins de constituição de crédito relativo a outros tributos, conduz à conclusão da possibilidade da aplicação dos artigos 6º da Lei Complementar 105/2001 e 1º da Lei 10.174/2001 ao ato de lançamento de

Administrativo e Tributário – Quebra de sigilo bancário – Lei Complementar 105/2001 – Desnecessidade de autorização judicial.

1. Doutrina e jurisprudência, sob a égide da CF 88, proclamavam ser o sigilo bancário corolário do princípio constitucional da privacidade (inciso XXXVI do art. 5º), com a possibilidade de quebra por autorização judicial, como previsto em lei (art. 38 da Lei 4.595/96).

2. Mudança de orientação, com o advento da LC 105/2001, que determinou a possibilidade de quebra do sigilo pela autoridade fiscal, independentemente de autorização do juiz, coadjuvada pela Lei 9.311/96, que instituiu a CPMF, alterada pela Lei 10.174, 2001, para possibilitar aplicação retroativa.

Em inúmeros outros casos, o STJ procedeu à ponderação de bens, para excluir da proteção do sigilo apenas as situações ligadas ao interesse público da Fazenda Pública, inconfundível com o objetivo meramente arrecadatório.[21]

Tudo indica que o STF começa a aderir à tese da legitimidade do desvendamento do sigilo bancário pela própria Administração. Em julgamento de ADINS propostas contra a LC nº 105/2001 e a Lei nº 10.174, de 2001, os Ministros do Supremo estão votando majoritariamente pela constitucionalidade daquelas leis (5x3).[22]

---

tributos cujo fato gerador se verificou em exercício anterior à vigência dos citados diplomas legais, desde que a constituição do crédito em si não esteja alcançada pela decadência' e que 'inexiste direito adquirido de obstar a fiscalização de negócios tributários, máxime porque, enquanto não extinto o crédito tributário a Autoridade Fiscal tem o dever vinculativo do lançamento em correspondência ao direito de tributar da entidade estatal' (RESP nº 685.708/ES, 1ª Turma, Min. Luiz Fux, *DJ* de 20.06.2005. No mesmo sentido: RESP nº 628.116/PR, 2ª Turma, Min. Castro Meira, *DJ* de 03.10.2005; AgRg no RESP nº 669.157/PE, 1ª Turma, Min. Francisco Falcão, *DJ* de 01.07.2005; RESP nº 691.601/SC, 2ª Turma, Min. Eliana Calmon, *DJ* de 21.11.2005.
4. Embargos de divergência a que se dá provimento".

[21] Cf. RESP nº 306.570, Ac. da 2ª T., Rel. Min. Eliana Calmon, *DJ*, 18 fev. 2002: "O contribuinte ou o titular de conta bancária tem o direito à privacidade em relação aos seus dados pessoais, além do que não cabe ao judiciário substituir a parte autora nas diligências que lhe são cabíveis para demandar em juízo"; Ag no RESP nº 664.522, Ac. da 1ª T., de 15.12.2005, Rel. Min. Luiz Fux, *DJU*, 13 fev. 2006, *RDDT*, 127, p. 224, 2006: "Processual civil. Tributário. Agravo regimental. Execução fiscal. Sigilo bancário. 1. A quebra do sigilo bancário em execução fiscal pressupõe que a Fazenda credora tenha esgotado todos os meios de obtenção de informações sobre a existência de bens do devedor e que as diligências restarem infrutíferas, porquanto é assente na Corte que o juiz da execução fiscal só deve deferir pedido de expedição de ofício à Receita Federal e ao BACEN após o exequente comprovar não ter logrado êxito em suas tentativas de obter as informações sobre o executado e seus bens. 2. (...) 3. In casu, a despeito de a Fazenda Nacional defender o envio de esforços no sentido de localizar bens para fazer face ao crédito tributário, o juízo singular e acórdão recorrido entenderam inexistirem provas a este respeito".
Agravo regimental no inquérito 2001/0060030-7, Ac. da Corte Especial, de 24.06.2002, Rel. Min. Fernando Gonçalves, *DJ*, 12 ago. 2002: "Não representa violação à privacidade ou à intimidade da pessoa, indiciada em inquérito, o pedido judicial de intervenção do Banco Central do Brasil na operacionalização de quebra de sigilo bancário, medida anteriormente concedida e referendada pela Corte Especial, em sede de agravo regimental. Não se promove nenhuma devassa e nem vai se permitir que a pratique o Banco Central do Brasil, cuja função no caso será apenas de mero auxiliar, obrigado quanto ao sigilo das informações recebidas, que não poderão ser utilizadas nem para seu próprio uso, pois, 'aquilo que se fala 'em reserva' a uma pessoa, esta não pode repetir nem mesmo a quem lhe pediu reserva'. No manejo e utilização dos dados haverá sempre a interveniência e o controle judiciais".

[22] "Pedido de vista interrompe julgamento de ação cautelar sobre quebra de sigilo bancário. Pedido de vista da ministra Ellen Gracie interrompeu o julgamento do referendo de medida liminar concedida na ação cautelar (AC 33) para impedir a quebra de sigilo bancário da GVA Indústria e Comércio pela Receita Federal. O julgamento foi retomado na sessão desta sexta-feira (18), no Supremo Tribunal Federal, com o voto-vista do presidente da Corte, ministro Gilmar Mendes. A Cautelar tem o objetivo de dar efeito suspensivo ao Recurso Extraordinário (RE 389808) interposto pela própria GVA". Notícias STF, de 18.12.09. <http://www.stf.jus.br>.

É importante observar que o desvendamento do sigilo bancário implica a transferência do ônus da proteção ao segredo. As autoridades fiscais e até as comissões de inquérito tornam-se responsáveis pela guarda de informações sigilosas do contribuinte.[23]

No direito estrangeiro, o sigilo bancário frente às questões fiscais perdeu muito do seu *status* na década de 1990. Aliás, nos Estados Unidos, a matéria jamais foi alçada a direito fundamental, e a Administração Fiscal sempre teve a possibilidade de ampla investigação. Na Alemanha, o sigilo bancário não é protegido nem pela Constituição, nem pelas leis ordinárias; a abertura da conta pode ser pedida pelas autoridades fiscais no exercício de atividade fiscalizadora regular, nos procedimentos de investigação e nos procedimentos criminais;[24] a proteção judicial se exerce pela aplicação dos princípios constitucionais relacionados com os direitos fundamentais. Na Áustria, o art. 38 da Lei Bancária prevê o levantamento do segredo no caso de razoável suspeita de lavagem de dinheiro ou de pedido de autoridade administrativa nos casos de violações fiscais. Na Itália, havia o tabu do segredo bancário, que aos poucos começou a ser desmitificado diante da necessidade de acertar o passo com as outras nações da União Europeia e da pressão da opinião pública contra o crescimento da evasão fiscal; as Leis nºs 825/1971 e 516/1982 adotaram as primeiras providências; posteriormente, a Lei nº 413, de 30.12.1991, e a decisão da Corte Constitucional de 18.02.1992, que proclamou não ser o segredo bancário um fim em si mesmo, pelo que não poderia representar um obstáculo às investigações sobre as violações tributárias, permitiram que a abertura do sigilo fosse requerida pelas seguintes repartições e autoridades: departamentos de fiscalização do IVA; departamentos do Ministério das Finanças; guarda de Finanças; inspetores centrais; comissões tributárias regionais e provinciais. Na França, reconhece-se a possibilidade de desvendamento do sigilo bancário no interesse da Administração, o que compreende as comunicações sobre a transferência de fundos ao estrangeiro ou vindos do exterior, mas não as informações sobre os *dossiers* da clientela.[25]

Em publicação sobre o problema do sigilo bancário por motivos fiscais,[26] o Comitê de Assuntos Fiscais da OCDE concluiu em seu informe que quase todos os países filiados àquele organismo "autorizam a administração tributária a acessar a informação bancária como exceção à norma geral ou à lei geral que estabelece a confidencialidade da informação bancária". Em alguns poucos países este acesso

---

[23] Mandado de Segurança nº 23452/RJ, Ac. do Tribunal Pleno, de 16.09.1999, Rel. Min. Celso de Mello, <www.stf.jus.br>: "Com a transmissão das informações pertinentes aos dados reservados, transmite-se à Comissão Parlamentar de Inquérito — enquanto depositária desses elementos informativos —, a nota de confidencialidade relativa aos registros sigilosos. Constitui conduta altamente censurável — com todas as consequências jurídicas (inclusive aquelas de ordem penal) que dela possam resultar — a transgressão, por qualquer membro de uma Comissão Parlamentar de Inquérito, do dever jurídico de respeitar e de preservar o sigilo concernente aos dados a ela transmitidos".

[24] Cf. OPPENHOFF, Michael. Germany – The Legal Framework Concerning Bank Secrecy, Money Laundering and Insider Trading. World Reports IX (1), abril de 1997 – <www.hg.org>. BELTRAME, Pierre. Les Pouvoirs d'Investigation de l'Adminstration Fiscale et le Secret Bancaire en Alemagne. *Revue Française de Finances Publiques*, 72, p. 123-132, 2000.

[25] NÉEL, Brigitte. Le Secret Bancaise face aux Exigences Fiscales e Douanières. *Revue Fraçaise de Finances Publiques*, 72, p. 19, 2000.

[26] *Mejorar el acceso a la información bancaria por motivos fiscales*. Paris: OCDE, 2000.

está limitado aos casos de procedimentos penais ou fraudes fiscais. Há várias formas segundo o informe da OCDE, para a obtenção de informações:[27]

a) declaração automática de certos tipos de informação por parte do banco;
b) certos países (França, Hungria, Coreia, Noruega e Espanha) têm bancos de dados interligados com informações bancárias;
c) solicitação direta da Administração Tributária ao banco sobre a situação fiscal de um contribuinte nos casos de delitos fiscais com caráter penal;
d) vários países (Austrália, República Checa, Dinamarca, Finlândia, França, Itália, Noruega, Nova Zelândia, Espanha e Turquia) podem obter informações bancárias sem limite algum; outros têm que utilizar procedimentos concretos, como um requerimento (Canadá), uma citação por via administrativa (Estados Unidos) ou a autorização de um comissário independente (Reino Unido), sendo que em Portugal é necessário procedimento penal em curso e mandado de um tribunal;
e) a Administração Tributária de alguns países está capacitada em certas situações a confiscar documentos bancários ou a entrar em sucursais para examinar diretamente os registros;
f) a maior parte dos países membros pode obter informação bancária sobre uma pessoa livre de suspeitas, mas que tenha tido transações econômicas com outra pessoa sob suspeita de fraude fiscal; além disso, quase todos os países membros podem obter informação bancária sobre um membro da família da pessoa sobre a qual versa a demanda.

Com a crise financeira mundial de 2008, tornou-se dramática a influência das questões de finanças públicas sobre o sigilo bancário e os paraísos fiscais. A correspondente Deborah Berlinck subscreve a seguinte notícia:

> O que está em jogo não é pouco. Estima-se que os paraísos fiscais movimentem US$11,5 trilhões. Com a crise, governos passaram a apoiar o caso cerco a esses países, de olho no aumento de suas receitas. A pressão é grande. O caso mais emblemático dessa mudança é a Suíça. Uma violenta queda de braço com as autoridades americanas levou o maior banco da Suíça – o UBS – a concordar esta semana a entregar os nomes de 4.450 clientes americanos suspeitos de evasão fiscal. Um duro golpe contra o segredo bancário suíço, que já vinha se erodindo nos últimos anos, sob pressão dos EUA.[28]

De modo que a recepção das normas antissigilo bancário, sob a inspiração do princípio da transparência, vem acertar o passo do direito tributário brasileiro com o das nações mais adiantadas.

3 Sigilo fiscal

3.1 O sigilo fiscal no Brasil

O sigilo fiscal no Brasil foi regulado pelo art. 198 do CTN, posteriormente alterado e ampliado pela Lei Complementar nº 104, de 10 de janeiro de 2001:

---

[27] *Ibid.*, p. 36, 37.
[28] *O Globo*, p. 37, 23 ago. 2009.

Art. 198. Sem prejuízo do disposto na legislação criminal, é vedada a divulgação, por parte da Fazenda Pública ou de seus servidores, de informação obtida em razão do ofício sobre a situação econômica ou financeira do sujeito passivo ou de terceiros e sobre a natureza e o estado de seus negócios ou atividades.

§1º Excetuam-se do disposto neste artigo, além dos casos previstos no art. 199, os seguintes:

I – requisição de autoridade judiciária no interesse da justiça;

II – solicitações de autoridade administrativa no interesse da Administração Pública, desde que seja comprovada a instauração regular de processo administrativo, no órgão ou na entidade respectiva, com o objetivo de investigar o sujeito passivo a que se refere a informação, por prática de infração administrativa.

§2º O intercâmbio de informação sigilosa, no âmbito da Administração Pública, será realizado mediante processo regularmente instaurado, e a entrega será feita pessoalmente à autoridade solicitante, mediante recibo, que formalize a transferência e assegure a preservação do sigilo.

§3º Não é vedada a divulgação de informações relativas a:

I – representações fiscais para fins penais;

II – inscrições na Dívida Ativa da Fazenda Pública;

III – parcelamento ou moratória.

3.2 A troca internacional de informações

O art. 199 do CTN, com os acréscimos da Lei Complementar nº 104, de 10 de janeiro de 2001, autoriza as informações mútuas entre as Fazendas da União, Estados e Municípios e a permuta de informações com Estados estrangeiros:

> Art. 199 (...)
> Parágrafo único. A Fazenda Pública da União, na forma estabelecida em tratados, acordos ou convênios, poderá permutar informações com Estados estrangeiros no interesse da arrecadação e da fiscalização de tributos. (AC)

A troca de informações entre os países, fruto do *princípio da transparência*, tornou-se instrumento de grande importância nos últimos anos, diante da nova realidade da globalização econômica e da abertura para o direito cosmopolita. Seus objetivos principais são o combate aos paraísos fiscais e ao segredo bancário. Explica Alberto Xavier:

> Troca alude, isso sim, ao caráter bilateral dos acordos que prevêem esse tipo de assistência administrativa, no sentido de que idêntica obrigação de auxílio assiste a ambos os Estados, em idêntico circunstâncias, e não apenas a um deles, mas sem que as prestações de auxílio, individualmente consideradas, tenham um contrapartida onerosa ou sinalagmática.[29]

---

[29] Troca internacional de informações: as novas tendências. *In*: ROCHA, Valdir de Oliveira. *Grandes questões atuais do direito tributário*. São Paulo: Dialética, 2009. v. 13, p. 10.

A legislação brasileira, nos últimos anos, vem procurando se precaver contra os paraísos fiscais, fonte de grande evasão fiscal através de tributação favorecida e de ocultação de resultados tributáveis. Mas, recentemente, algumas normas jurídicas federais passam a definir o paraíso fiscal também em função da *opacidade* da sua conduta e do fechamento à troca de informações. Assim é que o art. 24 da Lei nº 11.727, de 23.06.2008, modificou o art. 24 da Lei nº 9.430/96, introduzindo-lhe o §4º[30] e acrescentando-lhe o art. 24-A, com a redação dada pela Lei nº 11.941/09.[31] Explica, a propósito, Heleno Torres:

> Como se depreende, o conceito atual de "países com tributação favorecida" compreende países que garantem o sigilo societário e a confidencialidade do beneficiário efetivo dos rendimentos, bem como aqueles que se recusam a cooperar com as autoridades fiscais de outros Estados e que concedem vantagens específicas para investimentos de não residentes, sem condicioná-los ao exercício de atividade econômica.[32]

No plano cosmopolita, destaca-se o trabalho da OCDE, que acaba por influenciar até a conduta de países que não lhe são filiados, como o Brasil. O novo art. 26 da Convenção Modelo da OCDE dispõe sobre a troca de informações.[33] Outros documentos importantes da OCDE são a proposta para a adoção de modelos de transparência e cooperação fiscal[34] e a reformulação da *black list* dos países não cooperativos.[35]

---

[30] "§4º – Considera-se também país ou dependência com tributação favorecida aquele cuja legislação não permite o acesso a informações relativas à composição societária de pessoas jurídicas, à sua titularidade ou à identificação do beneficiário efetivo de rendimentos atribuídos a não residentes".

[31] "Art. 24-A. Aplicam-se às operações realizadas em regime fiscal privilegiado as disposições relativas a preços, custos e taxas de juros constantes dos arts. 18 a 22 desta Lei, nas transações entre pessoas físicas ou jurídicas residentes e domiciliadas no País com qualquer pessoa física ou jurídica, ainda que não vinculada, residente ou domiciliada no exterior.
Parágrafo único. Para os efeitos deste artigo, considera-se regime fiscal privilegiado aquele que apresentar uma ou mais das seguintes características:
I – não tribute a renda ou a tribute à alíquota máxima inferior a 20% (vinte por cento);
II – conceda vantagem de natureza fiscal a pessoa física ou jurídica não residente:
a) sem exigência de realização de atividade econômica substantiva no país ou dependência;
b) condicionada ao não exercício de atividade econômica substantiva no país ou dependência.
III – não tribute, ou o faça em alíquota máxima inferior a 20% (vinte por cento), os rendimentos auferidos fora de seu território;
IV – não permite acesso a informações relativas à composição societária, titularidade de bens ou direitos ou às operações econômicas realizadas".

[32] Operações com países de tributação favorecida: algumas reflexões. *In*: ROCHA, Valdir de Oliveira (Coord.). *Grandes questões atuais do direito tributário*. São Paulo: Dialética, 2009. v. 13, p. 179.

[33] É o seguinte o texto do art. 26 da Convenção Modelo da OCDE, no original inglês:
"Article 26
Exchange of information
1. The competent authorities of the Contracting States shall exchange such information as is foreseeably relevant for carrying out the provisions of this Convention or to the administration or enforcement of the domestic laws concerning taxes of every kind and description imposed on behalf of the Contracting States, or of their political subdivisions or local authorities, insofar as the taxation thereunder is not contrary to the Convention. The exchange of information is not restricted by Articles 1 and 2.
2. Any information received under paragraph 1 by a Contracting State shall be treated as secret in the same manner as information obtained under the domestic laws of that State and shall be disclosed only to persons or authorities (including courts and administrative bodies) concerned with the assessment or collection of, the enforcement or prosecution in respect of, the determination of appeals in relation to the taxes referred to in paragraph 1, or the oversight of the above. Such persons or authorities shall use the information only for such purposes. They may disclose the information in public court proceedings or in judicial decisions".

[34] <www.oecd.org/dataoecd/23/13/42469606>.

[35] <www.oecd.org/document/41/0,3343,en_2649_33767_42857769>.

4 Conclusões

A conclusão que se tira deste artigo é a de que os sigilos bancário e fiscal se encontram em fase de grande transformação, na busca de maior transparência e de proteção da concorrência. A legislação brasileira e o direito comparado caminham no sentido de combater efetivamente a evasão fiscal, em todas as suas manifestações, que foi uma das causas mais relevantes da crise financeira mundial de 2008.

Informação bibliográfica deste texto, conforme a NBR 6023:2002 da Associação Brasileira de Normas Técnicas (ABNT):

TORRES, Ricardo Lobo. Sigilos bancário e fiscal. *In*: SARAIVA FILHO, Oswaldo Othon de Pontes; GUIMARÃES, Vasco Branco (Coord.). *Sigilos bancário e fiscal*: homenagem ao Jurista José Carlos Moreira Alves. Belo Horizonte: Fórum, 2011. p. 147-159. ISBN 978-85-7700-405-8.

O Segredo Bancário
(Uma Interpretação dos Estudos da OCDE)

Vasco Branco Guimarães

Sumário: **1** Introdução – **2** O conceito de segredo bancário – **2.1** Os valores constitucionais inerentes ao segredo bancário – **2.1.1** Na perspectiva do depositante – **2.1.2** Na perspectiva da instituição bancária ou financeira – **2.1.3** Na perspectiva de terceiros – **2.1.3.1** Autorizados – **2.1.3.2** Não autorizados – **2.2** A derrogação do segredo bancário – **2.2.1** Acesso directo – **2.2.2** Acesso indirecto – **3** Os trabalhos da OCDE no âmbito do segredo bancário – Breve historial e resumo das principais posições – **4** O ponto de situação dos trabalhos na OCDE – **5** Principais conclusões

1 Introdução

O segredo bancário é uma expressão da componente económica da intimidade da vida privada e, como tal, merecedor de tutela constitucional na maioria dos países da OCDE. Alguns encontram nesta tutela constitucional uma proibição de acesso aos dados bancários de natureza absoluta e intransponível. São hoje, sem qualquer dúvida, uma minoria. O carácter de protecção da intimidade da vida privada que os dados da conta bancária reflectem não pode pôr em causa outros valores de ordem pública, como a justiça na tributação que um combate à fraude e evasão fiscais inculcam e exigem. O acesso aos dados bancários deverá, por isso, ser cuidadoso e restritivo. Cuidadoso, porque implica uma intromissão na intimidade do depositante e restritivo porque deve ser feito no estrito limite da necessidade pública que fundamenta a autorização de derrogação.

No direito comparado e na terminologia da OCDE, o acesso aos dados bancários apresenta-se como sendo possível por via directa ou indirecta. No acesso directo, a entidade autorizada não necessita da autorização do depositante nem de qualquer entidade superior. Já no acesso indirecto, torna-se necessária a autorização de entidade superior independente com poderes jurisdicionais ou semelhantes.

Como resultado dos trabalhos da OCDE, existe hoje um conjunto alargado de países e territórios que fornecem informação bancária a pedido. Nele se incluem quase todos os chamados *off shores*. Este acesso deverá ser feito por via de acordo bilateral.

No estudo que se segue, analisaremos sucessivamente o conceito de segredo bancário e a sua dimensão constitucional, a derrogação de segredo e os trabalhos da OCDE sobre o tema.

2 O conceito de segredo bancário

Não existe uma definição pacífica e unanimemente aceite para o conceito de segredo bancário. A explicação para isso pode ser encontrada nas diferentes formas de expressão dessa realidade conceitual e nas diferentes fontes de legitimidade que a justificam. A constatação, longe de nos levar para uma posição de afastamento da tarefa da definição, inculca a sua necessidade. Tentemos, então, uma definição de segredo bancário.

Comecemos por entender que o segredo bancário é um direito ao segredo do depositário/cliente da instituição bancária e um dever de segredo da instituição bancária e seus funcionários. Sobre o que é que incide este dever de segredo? Sobre todo e qualquer movimento bancário e dado pessoal que tenha sido fornecido à instituição pelo depositante.

Parece ser claro, mas importa assinalar que os movimentos bancários e dados existentes nas contas são de plena utilização pela instituição depositária para os fins necessários, nomeadamente concessão ou negação de crédito, aconselhamento de investimento, análise de risco, efectivação de transferências e ordens de crédito ou débito, etc.

Estes dados, na medida em que permitem avaliar o perfil de risco do Cliente, são, em termos genéricos, transmissíveis entre instituições bancárias para definir a credibilidade de um cliente para efeitos de concessão de crédito ou emissão de garantias através da criação de centrais de risco.

De igual forma, os bancos centrais têm acesso para efeitos de auditoria ou fiscalização regulamentar aos dados bancários dos depositantes.

Do já afirmado, podemos desde logo afirmar que o segredo bancário é um segredo com limitações, havendo um conjunto alargado de entidades e funcionários com acesso a informação relevante e com poder para utilizar essa informação.

Esta tendência de acesso a dados reservados tem vindo a acentuar-se, havendo cada vez mais entidades autorizadas a aceder aos dados ou com poder de consultar as contas bancárias e seus movimentos. Isto coloca uma questão óbvia, que é a de saber se ainda se pode falar de segredo bancário face ao conjunto de derrogações e ao número de entidades com acesso autorizado a que o mesmo está sujeito.

Sem avançar na resposta, cabe desde logo afirmar que as entidades que têm acesso autorizado aos dados bancários têm elas um dever de segredo sobre os elementos a que tenham acesso.

Mas que valores é que são protegidos pelo segredo bancário?

O conjunto de despesas e aquisições que são revelados pela análise dos movimentos bancários mostram um conjunto de dados e gostos pessoais que identificam um perfil de vida. Neste sentido, o acesso às contas bancárias e aos movimentos efectuados é revelador de aspectos da intimidade do seu titular. A intimidade da vida privada é um valor constitucional que fundamenta o Estado de Direito e o conceito de vida em sociedade, regulando o alcance e teor da possibilidade de intromissão do Estado na vida do cidadão.

2.1 Os valores constitucionais inerentes ao segredo bancário

Em douto acórdão do Tribunal Constitucional de Portugal, que foi registado com o número 278/95 pode ler-se: "(...) está este Tribunal em condições de afirmar que a situação económica do cidadão, espelhada na sua conta bancária, incluindo as operações activas e passivas nela registadas, faz parte do âmbito de protecção do direito à reserva da intimidade da vida privada, condensado no artigo 26º, n.º 1 da Constituição, surgindo o segredo bancário como um instrumento de garantia desse direito. De facto, numa época histórica caracterizada pela generalização das relações bancárias, em que grande parte dos cidadãos adquire o estatuto de cliente bancário, os elementos em poder dos estabelecimentos bancários, respeitantes designadamente às contas de depósito e seus movimentos e às operações bancárias, cambiais e financeiras, constituem uma *dimensão essencial* do direito à reserva da intimidade da vida privada constitucionalmente garantido".

E mais à frente, no douto acórdão citado, escreve-se "(...) só que as restrições ao segredo bancário hão-de constar necessariamente de lei da Assembleia da República ou de decreto-lei emitido no uso de autorização legislativa (para além disso, essa lei ou decreto-lei autorizado há-de obedecer aos requisitos que os n.ºs 2 e 3 do artigo 18º da Lei Fundamental impõem às leis restritivas dos direitos, liberdades e garantias, quais sejam: só são admissíveis nos casos expressamente previstos na Constituição, ou seja, quando o diploma fundamental o autorizar expressamente, devem limitar-se ao necessário para salvaguardar outros direitos ou interesses constitucionalmente protegidos, isto é, devem obedecer ao princípio da proporcionalidade em sentido amplo ou da proibição do excesso, devendo ser, por isso, necessárias, adequadas e proporcionais; e têm de revestir carácter geral e abstracto, não podendo ter efeitos retroactivo, nem diminuir a extensão e o alcance do conteúdo essencial dos preceitos constitucionais)".

A acepção do que se possa entender como "direito à reserva da intimidade" não está definida na Constituição, mas a doutrina tem trabalhado o conceito de forma a dar-lhe conteúdo mais densificado.

É assim que Gomes Canotilho e Vital Moreira, em anotação ao artigo 26º da Constituição da República Portuguesa,[1] densificam o conceito, entendendo que este se desdobra em dois direitos menores: a) o direito a impedir o acesso de estranhos a informações sobre a vida privada e familiar; e b) o direito a que ninguém divulgue as informações que tenha sobre a vida privada e familiar de outrem.

---

[1] CANOTILHO; MOREIRA. *Constituição da República Portuguesa anotada.* 3. ed. Coimbra: Coimbra Ed., 1993. p. 181 *et seq.*

Ainda segundo estes autores, o âmbito normativo do direito fundamental à reserva da intimidade da vida privada e familiar deverá delimitar-se, assim, como base num conceito de vida privada que tenha em conta a referência civilizacional sob três aspectos: 1. o respeito dos comportamentos; 2. o respeito do anonimato; 3. o respeito da vida em relação.

Jorge Miranda e Rui Medeiros, na sua obra *Constituição portuguesa anotada*, escrevem a propósito do direito à reserva da intimidade da vida privada e familiar[2] "(...) Na definição doutrinal do direito tem sido por vezes adoptada (com diferentes versões) a teoria das três esferas (ou teoria dos três graus). Em termos muito elementares podemos dizer que ela distingue: a esfera íntima, a esfera privada e a esfera social. A esfera íntima corresponde ao núcleo duro do direito à intimidade da vida privada; a esfera privada admite ponderações de proporcionalidade; na esfera social estaremos já no quadro do direito à imagem e à palavra e não do direito à intimidade da vida privada. Inicialmente elaborada na Alemanha, esta teoria foi aí objecto de inúmeras críticas e o mesmo tem sucedido em Portugal. Na sua rigidez conceptual, ela não permite responder à extensa diversidade de casos que a tutela da privacidade pode levantar: só permite conceptualizar *a posteriori* os resultados a que por outras vias argumentativas se chegou. A verdade, porém, é que esta teoria pouco mais será do que uma aplicação à reserva da intimidade da vida privada do entendimento geral do regime das restrições aos direitos, liberdades e garantias previsto nos n.ºs 2 e 3 do artigo 18.º da Constituição".

Face a este elencar de posições doutrinais, poderia pensar-se que o direito à reserva da intimidade da vida privada que tem expressão no sigilo bancário seria um direito absoluto que vedaria toda e qualquer intromissão por parte das autoridades. Veremos detalhadamente que assim não é. Jorge Miranda começa por notar que "(...) o direito não merece contudo a abrangência que lhe tem dado a jurisprudência americana, onde o *right to privacy* surge como expressão paradigmática de todos os direitos pessoais".

De uma forma genérica, todos os autores reconhecem que o direito ao sigilo bancário, numa lógica de confronto com outros direitos públicos, deverá ceder, embora os dados obtidos pelas autoridades devam ser utilizados restritivamente e ser objecto de segredo por parte das autoridades ao abrigo da noção de sigilo profissional (fiscal, bancário, de advogado, do magistrado, etc.)

Conforme resulta do Parecer do Conselho Consultivo da Procuradoria-Geral da República nº 138/83, de 5 de Abril de 1984,[3] com a instituição do segredo bancário, pretende-se salvaguardar simultaneamente interesses públicos ou colectivos e interesses de ordem individual.

Nos interesses públicos, ressalta clara a necessidade de confiança e sigilo como componente da poupança e da concessão do crédito componentes a exigir discrição por reveladores da vida privada das pessoas.

De entre os segredos protegidos avulta o segredo bancário, que pode ser visto como um segredo profissional ou como um segredo autónomo, mas que levanta

---

[2] *Idem, op. cit.*, Coimbra: Coimbra Ed., 2005. p. 290.
[3] *Boletim do Ministério da Justiça*, n. 342 (1985).

inevitáveis dificuldades face ao ordenamento constitucional[4] no necessário equilíbrio entre a necessidade de obtenção da informação para a correcta aplicação da norma pública de tributação e o direito à intimidade privada.

O acesso a uma informação protegida pela regra do segredo bancário obriga o seu detentor ao dever de segredo nos mesmos termos em que se encontra o funcionário bancário.

Interessa ter presente que a protecção de dados pessoais[5] sofre algumas derrogações no Direito Tributário, entendendo alguns que o acesso a estes dados pela AF não põe em causa o segredo protegido, face à noção de segredo fiscal e, ao carácter reservado e de estrita aplicação de norma, que o acesso a esses dados visa garantir.

Mas a derrogação de segredo, sem o preenchimento dos requisitos que a lei fixa para a sua efectivação e, o consequente acesso a dados protegidos, ainda que relevantes, também pode dar lugar a responsabilidade civil sempre que daí resultar dano para o contribuinte nomeadamente na sua imagem perante a instituição bancária ou outra relevante.

Por outras palavras, o exercício dos poderes de derrogar implicam uma enorme responsabilidade por parte de quem os usa, nomeadamente na medição atempada e prévia dos eventuais danos a causar.

Por outro lado, convém ter presente que o carácter fundamental dos direitos implica uma graduação e desqualificação dos poderes de inspecção.[6]

Isto resulta, desde logo, dos textos legais que consagram os poderes citados que prevêem que a oposição do contribuinte determina que o poder do fiscal só pode ser exercido "quando ordenado pela autoridade judicial competente".[7]

A necessidade de autorização judicial para exercer os poderes elencados contra a vontade do contribuinte revela o carácter instrumental e adjectivo dos poderes

---

[4] Que esta matéria levanta inevitáveis dificuldades ao nível constitucional e legal parece claro face ao acórdão do Tribunal Constitucional que considera a matéria do sigilo bancário como do foro da intimidade privada. Esta dificuldade está reflectida na posição assumida por Vitor Faveiro que analisa a questão nos seguintes termos: "sigilo bancário: trata-se de um problema duplamente importante quer por ter assento em um princípio de ordem constitucional quer pelo impacto que pode produzir na ordem económica e na própria ordem jurídica do Sistema: na ordem constitucional porque a eventual revogação da lei que o assegura põe em causa a própria constitucionalidade de tal extinção, face ao princípio do artigo 26º da Constituição que garante a privacidade da vida das pessoas sem distinção quanto ao objecto. Na ordem económica, porque o segredo bancário é um dos interesses estimulantes da poupança e guarda de 'pé de meia' individual e de outras operações como o recurso ao crédito, o desconto de letras que as pessoas e as empresas têm interesse em manter secretos. E ainda, na ordem jurídica do Sistema, pois que com um eventual *vide* ainda, sobre o segredo revogação do sigilo bancário, é segura uma nova e grave onda de retorno à tributação de rendimentos normais, ou seja, praticamente, ao retorno ao regime da reforma de 29 para que é manifesta a tendência de muitos dos responsáveis pelo controlo e pela acção directa de fixação da matéria colectável". Conclui este autor que se torna necessário a revisão do art. 26º da CRP para abolir o sigilo bancário. Cfr. FAVEIRO, Vitor. *Debate sobre a reforma fiscal*: observações ao Relatório Silva Lopes e textos das Jornadas Fiscais. Ministério das Finanças, 1999. p. 47. Sobre sigilo bancário numa visão global e na perspectiva das informações fiscais, *vide* Improving acess to bank information for tax purposes, DAFFE/CFA(2000)4/FINAL. Paris: OCDE, publicado a 12 de abril de 2000.

[5] Para o estudo do tratamento dos dados pessoais no direito privado e laboral europeu e italiano, *vide* RICCIUTO, Vicenzo (Org.). *La disciplina del trattamento dei dati personali*. Torino: G. Giappichelli, 1997, em especial capítulo nono, p. 351 *et seq*. referido ao direito da informação entendido como direito a informar e a ser informado e às informações secretas, cfr. p. 359. Sobre os dados fiscais, legislação e técnicas de protecção informática reportadas ao direito italiano, *vide* CARDUCCI, Giulio. *La tutela dei dati aziendali*. Milano, 1999; *vide* ainda, sobre o sigilo fiscal, MORGADO, Abílio. O sigilo fiscal. *CTF*, Lisboa, n. 414, p. 7-62, 2004.

[6] O que legitima a falta de cooperação com as diligências de inspecção nos termos do art. 63º nº 4 da LGT.

[7] Cfr. art. 24 nº 3 do DL 363/78 de 28/11 e nº 2 do art. 63º da LGT.

de fiscalização e uma situação que é de igualdade perante a lei entre o fiscal e o contribuinte.

É neste contexto que o poder dos fiscais é limitado por valores como o domicílio privado, a integridade física, o direito à intimidade e reserva da vida privada, o bom nome, etc. Além destas limitações, existem outras que têm protecção legal como o segredo profissional e o segredo bancário,[8] que só em circunstâncias precisas e delimitadas na lei podem ser derrogadas.

Estas limitações não deverão ser entendidas como coibindo o fiscal de se apresentar e poder visitar os locais que são utilizados para o exercício da profissão ou actividade e de poder solicitar os elementos que entenda por convenientes. Por outro lado, os direitos fundamentais que funcionam como protecção dos seus titulares e como limitações de terceiros que são consagradas na lei têm como escopo a manutenção da vida em sociedade e a salvaguarda de um mínimo essencial à vida com padrões de qualidade dentro dos valores civilizacionais que nos enquadram.

De notar que o depositante pode voluntariamente revelar os dados solicitados.

Esta possibilidade de fornecimento de dados pelo próprio não pode ser estendida aos profissionais que acedem a segredos protegidos por força da profissão. É assim que um advogado não pode revelar dados que possua sobre um seu cliente, nem um médico sobre a ficha clínica do seu paciente, *mesmo que daí possam resultar elementos essenciais para a averiguação de dados fiscais*. A derrogação de segredo profissional[9] só pode resultar de autorização nos termos da lei que o preveja.

2.1.1 Na perspectiva do depositante

O depositante tem uma expectativa real de que as operações bancárias que realiza não sejam do domínio público nem devassadas por quaisquer entidades. São várias as razões que apontam neste sentido:
- o conceito de reserva da intimidade da vida privada na esfera económica;
- a necessidade do sistema de encorajar e tutelar o aforro que pressupõe a máxima reserva por parte das entidades com acesso à informação e o respeito às opções do aforrador;
- o carácter pessoal que as despesas e receitas revelam e que definem o perfil de risco do depositante e a sua capacidade financeira que este não pretende ver revelada a terceiros.

Esta protecção concedida pelo sistema jurídico pode em alguns casos ser derrogada pelo próprio titular do direito. Nos casos em que o direito é consuetudinário ou normativo, a derrogação pelo particular é claramente admissível mesmo que não esteja prevista no normativo aplicável.

---

[8] Em Portugal, o segredo bancário foi objecto de derrogações pela Lei nº 30-G/2000, de 29 de Dezembro de 2000, e em leis mais recentes numa política de flexibilização no acesso pela Administração, embora possa ser sempre sujeita a controlo judicial com efeito suspensivo ou devolutivo.

[9] A derrogação do segredo profissional é geralmente admitida, dependendo da autorização dos corpos profissionais nos casos em que as profissões são de inscrição obrigatória.

É assim que no caso do segredo bancário[10] o titular das contas pode autorizar a sua consulta ou o fornecimento pelo banco dos elementos solicitados pela inspecção.[11]

Por outro lado, o carácter sigiloso dos dados e a sua protecção deverão determinar a possibilidade de controlo jurisdicional dos actos praticados pela Administração para verificação da regra da proporcionalidade e da necessidade na derrogação.

2.1.2 Na perspectiva da instituição bancária ou financeira

O dever de segredo impende sobre os membros dos órgãos de administração ou de fiscalização das instituições de crédito, os seus empregados, mandatários, comitidos ou outras pessoas que lhes prestem serviços a título permanente ou ocasional não podem revelar ou utilizar informações sobre factos ou elementos respeitantes à vida da instituição ou à relação desta com os clientes cujo conhecimento lhes advenha exclusivamente do exercício das suas funções ou da prestação dos serviços.

Relevante também na análise da questão é a constatação de que o dever de segredo não cessa com o termo das funções ou serviços daqueles que acederam ao segredo, ou seja, mesmo depois de terem cessado funções, os detentores do segredo estão obrigados a um dever de sigilo. A isto obriga o carácter reservado e pessoal dos dados bancários e a expressão que são da intimidade da vida privada.

No entanto, e como já se afirmou, existe um conjunto de entidades de supervisão bancária que tem direito a aceder e a receber os dados bancários, bem como todo um conjunto de outras que, por lei da Assembleia da República ou decreto-lei autorizado, tem competência de acesso desde que verificados alguns pressupostos que constam da própria norma.

Estas limitações têm de constar de norma elaborada e restritiva de direitos liberdades e garantias e têm subjacentes interesses públicos relevantes que autorizam o acesso a aspectos da vida privada do cliente bancário.

A violação do dever de segredo tem tutela penal constituindo um tipo criminal sancionável.

A norma prevê a possibilidade de recusa de revelação de dados quando estão em causa segredos profissionais protegidos.

---

[10] Sobre segredo bancário e profissional, *vide* GOMES, Noel. *Segredo bancário e direito fiscal*. Coimbra: Almedina, 2006; VEIGA, Vasco Soares da. *Direito bancário*. Coimbra: Almedina, 1994. p. 163 *et seq.*; SANTIAGO, Rodrigo. *Do crime de violação de segredo profissional no Código Penal de 1982*. Coimbra: Almedina, 1992. p. 228 *et seq.*; PAÚL, Jorge Patrício. O sigilo bancário: sua extensão e limites no direito português. *Revista da Banca*, n. 12, 1989. p. 71 *et seq*. Para uma análise dos valores em causa e as dificuldades no acesso à informação bancária por parte da AF, *vide* NABAIS, José Casalta. *Por um Estado fiscal suportável*: estudos de direito fiscal. Coimbra: Almedina, 2005.

[11] Sobre a relação entre o segredo bancário e a tributação do lucro, *vide* SANCHES, José Luís Saldanha. Segredo bancário e tributação do lucro real. *CTF*, Lisboa, n. 377, p. 24 *et seq.*, jan./mar. 1995.

Referimo-nos, em particular, aos segredos profissionais,[12] de Estado[13] e comercial ou industrial[14] que são limitações à obtenção e/ou comunicação a terceiros do seu conteúdo. Esta limitação consta do artigo 26º da CMOCDE (convenção modelo da OCDE) e da Directiva 77/799/CEE.[15]

2.1.3 Na perspectiva de terceiros

A relação entre o depositante e a instituição bancária é, em princípio, de não acesso por parte de terceiros por ser reservada e pela natureza do direito fundamental que visa salvaguardar. Pode, no entanto, acontecer e acontece por vezes que terceiros tenham acesso a dados que estão protegidos pelo segredo bancário.

Em regra, deverá ser dada a essa informação obtida por terceiro o mesmo tratamento que é exigível à instituição bancária e seus órgãos e funcionários, ou seja, impende sobre estes terceiros a obrigação de não revelar os dados a que tiveram acesso, sendo considerado como crime se, sem autorização do interessado, estes forem revelados.

Há, no entanto, que distinguir entre terceiros autorizados e não autorizados, sendo aplicável a ambas as categorias as considerações anteriores.

2.1.3.1 Autorizados

Por terceiro autorizado entendemos nós todos aqueles que legitimamente podem aceder aos dados bancários sem que façam parte da relação bancária. Dentro desta categoria, podemos encontrar os funcionários do Banco Central, as diversas instituições de supervisão, os magistrados no exercício das suas funções e para os fins previstos na lei, a Administração Fiscal nos termos autorizados pela lei, etc. O acesso é limitado e enquadrado pelo dever de respeito que os dados merecem. O exercício do poder é limitado e exercido nos estritos termos da norma autorizante que fixa os pressupostos, tempo, forma e objectivo da intromissão.

Os terceiros autorizados têm vindo a crescer, sendo cada vez mais as legislações e as situações em que o segredo bancário não é oponível. As razões que presidem à derrogação são, em regra, de ordem pública. Para esse desiderato contribuiu o papel crescente da globalização económica e o revelar dos fenómenos económicos complexos que passaram a estar expostos por essa realidade.

---

[12] Entende-se por segredo profissional a obrigação de reserva em relação ao conhecimento de determinados factos pessoais que vieram ao conhecimento do obrigado a segredo por via da sua actividade profissional. Estão neste caso os segredos profissionais dos médicos, advogados e profissionais bancários. Seria assim ilegal a obtenção de dados com relevância fiscal que não tivesse respeitado os pressupostos de obtenção de segredos protegidos por regras profissionais previstos na lei.

[13] Por segredo de Estado entende-se a obrigação de segredo em relação a assuntos que sejam vitais para a subsistência do próprio Estado, nomeadamente a sua segurança. O pagamento de um serviço de informação vital sobre acto terrorista a um nacional de um país terceiro não deverá, em princípio, ser objecto de informação às autoridades fiscais para efeitos de pagamento de imposto sobre o rendimento.

[14] Por segredo comercial ou industrial entende-se aquele que permite a uma empresa desenvolver uma actividade comercial ou industrial de forma específica. O valor protegido é a vantagem comparativa na eventual concorrência no mesmo ramo ou actividade afim.

[15] Para um estudo comparado da troca de informações e suas limitações, consulte-se *Échange de renseignements fiscaux entre les pays membres de l'OCDE*: vue d'ensemble des pratiques actuelles. Paris: OCDE, 1994.

2.1.3.2 Não autorizados

Um terceiro não autorizado acede ao segredo bancário dolosa ou involuntariamente. Em ambos os casos existe uma proibição de utilização dos dados. Se o acesso é involuntário, não é susceptível de sanção. Se, no entanto, o acesso é doloso, constitui crime por violação de direito à intimidade, independentemente da forma que revestir — violação de correspondência, violação de domicílio, etc.

Enquadrado brevemente o contorno do conceito de segredo bancário, interessa verificar como funciona a derrogação desse segredo e quais as modalidades que pode revestir.

2.2 A derrogação do segredo bancário

O segredo bancário não é um direito absoluto, pelo que pode sofrer derrogações desde que previstas na lei e com fundamento em razões de interesse público. Aquilo que seja a definição do interesse público que permite o acesso aos dados protegidos pelo segredo bancário varia de país para país, sendo a dogmática muito influenciada pela tradição e a prática instituídas.

Em França, por exemplo, o acesso pela Administração Fiscal aos dados protegidos pelo segredo bancário foi instituído no pós-guerra, por um Governo de salvação nacional e desde então tem-se como normal o acesso aos dados bancários pela Administração Fiscal.

Deverá ter-se presente que a derrogação é um acto excepcional que deverá ser criteriosamente fundamentado nos termos legais e obedecer aos requisitos fixados na lei. A consulta dos dados bancários sem o respeito pelos fundamentos legais constitui violação de norma mesmo quando a entidade é legalmente autorizada. A satisfação de uma curiosidade ou a obtenção de dados com vista à sua utilização política ou qualquer outro fim que não o previsto na lei é ilegal.

A forma de acesso aos dados pode ser feita directamente pelas entidades administrativas autorizadas ou através de intervenção judicial. No primeiro caso fala-se em acesso directo, no segundo em acesso indirecto.

2.2.1 Acesso directo

O acesso directo aos dados protegidos pelo segredo bancário é feito pelas autoridades competentes sem necessidade de decisão judicial que a autorize ou legitime. O facto de as autoridades não necessitarem de autorização judicial não significa que não devam cumprir os requisitos legais para a derrogação do segredo bancário. Os critérios e requisitos de utilização, prazos e formas legais deverão ser cuidadosa e escrupulosamente cumpridos por respeito aos valores acima enunciados e aos que a derrogação visa satisfazer. O conteúdo, alcance, escopo, tempo e forma de intervenção deverão ser adaptados em função do objectivo pretendido e deverão restringir-se ao mínimo possível por representarem uma intromissão na vertente económica da vida privada do cidadão.

O argumento é válido, com as devidas alterações, para as pessoas colectivas, embora a intensidade da protecção deva ser modelada pela natureza colectiva da personalidade com menor grau de intimidade porque criação humana destinada à prossecução das actividades económicas com deveres de transparência e de conduta de acordo com as regras da concorrência.

Em anexo consta a lista dos países da OCDE e outras jurisdições em que o acesso aos dados bancários é directo.

2.2.2 Acesso indirecto

O acesso indirecto aos dados bancários implica a utilização de uma entidade intermédia, em regra, um magistrado com poderes para o acto, que autoriza ou denega a derrogação do segredo bancário.

Neste caso, o sistema exige a verificação dos pressupostos por uma entidade independente que assegura que a reserva de intimidade da vida privada não é posta em causa de forma gratuita ou menos cuidadosa.

Pessoalmente é a forma que entendemos como melhor, desde que seja possível assegurar celeridade na resposta judicial ao pedido de consulta dos dados.

3 Os trabalhos da OCDE no âmbito do segredo bancário – Breve historial e resumo das principais posições[16]

A questão do segredo bancário começou a ser tratada com maior atenção pela OCDE em 1998 com um conjunto de estudos sectoriais e inquéritos aos países membros. De início, a questão situava-se ao nível do combate à corrupção, e o assunto era tratado como uma das componentes do Grupo 8 do Comité dos Assuntos Fiscais.

Simultaneamente com os trabalhos do grupo anti-fraude, foi-se desenvolvendo a consciência de que algumas jurisdições não permitiam o acesso a dados bancários, o que punha em causa o combate à lavagem organizada de dinheiro.

Das jurisdições que permitiam o acesso, muitas das movimentações bancárias eram apresentadas como sendo realizadas por razões fiscais (e.g. lavagem do cupon obrigacionista).

A verdadeira dimensão desta economia fiscal motivada por razões de *tax planning* incentivou um conjunto de estudos e acções no seio da OCDE com vista à criação de um entendimento sobre a forma e meios de criar consenso sobre a questão.

Em 2000, a OCDE elaborou um relatório onde se enunciaram as questões que eram consideradas como relevantes para que se conseguisse atingir um padrão em relação ao segredo bancário.

As questões eram as seguintes:

---

[16] Para uma análise desta matéria consulte-se: Improving Access to bank information for tax purposes, OECD, 2000; Improving Access to bank information for tax purposes – the 2003 progress report, OECD, 2003; Improving Access to bank information for tax purposes - the 2003 progress report, OECD, 2007; Tax Co-operation 2009 – towards a level playing field, OECD, 2009.

1. proibição de contas anónimas;
2. possibilidade de identificação por parte das entidades bancárias dos titulares das contas e das transacções efectuadas;
3. revisão de todo e qualquer requisito de interesse próprio como condição de acesso a informação fiscal para fornecer a contrapartes de uma convenção de dupla tributação;
4. revisão das políticas e práticas que impeçam as autoridades fiscais de ter acesso a informação bancária, directa ou indirectamente, com vista à troca de informação fiscal sobre assuntos relevantes criminalmente.
5. tomar as iniciativas necessárias para atingir o acesso à verificação das responsabilidades fiscais ou outros fins fiscais administrativos, com vista a fazer alterações, caso necessário, às leis regulamentos e práticas administrativas.
6. melhorar a capacidade e eficácia dos sistemas de informação.
7. examinar como desenvolver uma estratégia de cumprimento voluntário de forma a permitir que os contribuintes faltosos possam declarar o rendimento e a fortuna omitidos das declarações fiscais através do uso de jurisdições fiscais com segredo bancário restritivo.
8. encorajar economias não OCDE a incrementar acesso a informação bancária para todos os fins fiscais.
9. os países membros da OCDE com territórios dependentes ou associados que têm responsabilidades especiais ou prerrogativas tributárias em relação a outros territórios foram encorajados a promover, dentro do seu quadro constitucional, a implementação das medidas acima referidas.

Em 2003, aquando do relatório de progresso, já não era possível abrir contas anónimas na OCDE, a identificação dos clientes era obrigatória e o interesse próprio tinha deixado de ser requisito para a troca de informações fiscais.

No entanto, o conceito comum de fraude fiscal e o acesso a dados bancários para fins civis ou administrativos não tinham registado grande progresso.

Algumas matérias foram objecto de respostas diferenciadas por parte da Suíça, que exige que na troca de informações para fins criminais o objecto da investigação seja igualmente crime, de acordo com a lei suíça. Nos casos em que a matéria objecto de investigação é crime no país que solicita a informação mas não o é na Suíça, esta pode recusar o fornecimento de dados bancários.

Numa tentativa de tornar a sua posição mais conforme à proposta e linha de trabalho da OCDE, a Suíça encetou um conjunto de revisões de tratados bilaterais de dupla tributação em que definiu o que se entendia como fraude fiscal para o efeito de troca de informações, facilitando por essa via o acesso a este tipo de informação para efeitos fiscais.

Uma zona de trabalho onde não foi possível atingir consenso foi a definição comum do que se entende por crime fiscal. É que a expressão saxónica — *tax fraud* — não corresponde necessariamente à definição de crime fiscal ou fraude fiscal englobando todo um conjunto de realidades que podem ser de natureza administrativa ou civil.

A Suíça e o Luxemburgo não subscreveram o entendimento comum que resultou de um esforço de análise das várias legislações em que fraude fiscal poderia ser definida como uma conduta intencional em que:

- incumprimento do dever legal de registo e escrita (incluindo a preparação ou uso de registos falsos ou incompletos, a sua destruição e a preparação ou uso de documentos falsos).
- incumprimento dos deveres de declaração (incluindo a falta de preenchimento da declaração de rendimentos ou outro qualquer documento oficial com base na qual uma dívida fiscal é baseada).
- a inclusão de informação falsa (incluindo omissão) num documento oficial que conduza a uma redução do montante do imposto a pagar.
- a simulação de transacções ou entidades com o objectivo de reduzir dolosamente o montante de imposto devido.
- a organização de insolvências com o objectivo de obstruir a recolha do imposto.
- o pedido de reembolsos indevidos ou outros benefícios.
- o incumprimento doloso de obrigações fiscais com o objectivo de obter uma redução de rendimento tributável.

Nem todas as legislações tratam esta matéria da mesma maneira, e o poder de punir — *jus poenendi* — é da essência de cada Estado e matéria de reserva de lei da Assembleia da República. Pretender exercer um direito de natureza com base criminal numa base de acordo internacional ou de consenso teórico é muito difícil. Mesmo o órgão autorizado para comparecer nestas reuniões não tem poder para decidir sobre estas matérias.

4 O ponto de situação dos trabalhos na OCDE

Desde que a questão do segredo bancário começou a ser trabalhada no seio da OCDE, muito se modificou nas limitações de acesso aos dados protegidos pelo segredo bancário.

Dos trabalhos efectuados resultou:
a) a proibição de contas anónimas;
b) a identificação do depositante;
c) a eliminação do interesse próprio como requisito para o fornecimento de informação ao abrigo de ADT (acordos de dupla tributação);
d) acordos bilaterais da Suíça com vários países e com a UE para fornecimento de informação sobre poupança;
e) fornecimento automático de informação sobre poupança ao abrigo da Directiva 2003/48/EC, que diz respeito a muitos dos países da OCDE;
f) uso massivo do SMF (Standart Magnetic Format) e STF (Standart Transmission Format) da OCDE e os SF (Standart Format) europeus FISC 39 e FISC 153 na troca automática de informação;
g) implementação de estratégias de cumprimento voluntário e repatriamento de capitais levadas a cabo pelas economias da OCDE (Bélgica, Alemanha; Grécia; Itália; México; Portugal);
h) alargamento das jurisdições fora da OCDE com troca de informação para efeitos fiscais que incluem dados sob segredo bancário

De especial relevância são os trabalhos e acordos feitos com os territórios dependentes que, em regra, tinham legislações opacas ou que dificultavam o acesso aos dados protegidos pelo segredo bancário. Os chamados *off shores* têm vindo a celebrar acordos com as principais economias mundiais de forma a poderem fornecer dados sobre os seus clientes bancários.

Observa-se, no entanto, uma limitação nos avanços do acesso irrestrito, não tendo esta solução — em vigor nos países de raiz anglo-saxónica — sido adoptada como modelo para todos os países da OCDE.

5 Principais conclusões

Do trabalho efectuado, podemos retirar as seguintes conclusões:

a) Não existe uma definição pacífica e unanimemente aceite para o conceito de segredo bancário. O segredo bancário é um *direito ao segredo* do depositário/cliente da instituição bancária e um *dever de segredo* da instituição bancária e seus funcionários.

b) No caso português, a situação económica do cidadão, espelhada na sua conta bancária, incluindo as operações activas e passivas nela registadas, faz parte do âmbito de protecção do direito à reserva da intimidade da vida privada, condensado no artigo 26º, n.º 1 da Constituição da República Portuguesa, surgindo o segredo bancário como um instrumento de garantia desse direito. De facto, numa época histórica, caracterizada pela generalização das relações bancárias, em que grande parte dos cidadãos adquire o estatuto de cliente bancário, os elementos em poder dos estabelecimentos bancários, respeitantes designadamente às contas de depósito e seus movimentos e às operações bancárias, cambiais e financeiras, constituem uma *dimensão essencial* do direito à reserva da intimidade da vida privada constitucionalmente garantido.

c) O conceito se desdobra em dois direitos menores: a) o direito a impedir o acesso de estranhos a informações sobre a vida privada e familiar e b) o direito a que ninguém divulgue as informações que tenha sobre a vida privada e familiar de outrem.

d) O segredo bancário não é um direito absoluto, pelo que pode sofrer derrogações desde que previstas na lei e com fundamento em razões de interesse público. Aquilo que seja a definição do interesse público que permite o acesso aos dados protegidos pelo segredo bancário varia de país para país, sendo a dogmática muito influenciada pela tradição e a prática instituídas.

e) O acesso directo aos dados protegidos pelo segredo bancário é feito pelas autoridades competentes, sem necessidade de decisão judicial que a autorize ou legitime.

f) O acesso indirecto aos dados bancários implica a utilização de uma entidade intermédia, em regra, um magistrado com poderes para o acto, que autoriza ou denega a derrogação do segredo bancário.

g) Em 2000, a OCDE elaborou um relatório onde se enunciaram as questões que eram consideradas como relevantes para que se conseguisse atingir um padrão em relação ao segredo bancário.

h) Desde que a questão do segredo bancário começou a ser trabalhada no seio da OCDE, muito se modificou nas limitações de acesso aos dados protegidos pelo segredo bancário.

i) Observa-se, no entanto, uma limitação nos avanços do acesso irrestrito, não tendo esta solução — em vigor nos países de raiz anglo-saxónica — sido adoptada como modelo para todos os países da OCDE.

Informação bibliográfica deste texto, conforme a NBR 6023:2002 da Associação Brasileira de Normas Técnicas (ABNT):

GUIMARÃES, Vasco Branco. O segredo bancário (uma interpretação dos estudos da OCDE). *In*: SARAIVA FILHO, Oswaldo Othon de Pontes; GUIMARÃES, Vasco Branco (Coord.). *Sigilos bancário e fiscal*: homenagem ao Jurista José Carlos Moreira Alves. Belo Horizonte: Fórum, 2011. p. 161-174. ISBN 978-85-7700-405-8.

Troca Internacional de Informações Fiscais

Marco Aurélio Greco

Sumário: 1 Pano de fundo – 2 Por onde começar – 3 Importância da informação – 4 Diferenças no fiscalizar – 4.1 Objeto da informação – 4.2 De quem obter a informação – 4.3 Momento da obtenção da informação – 4.4 Foco da fiscalização – 4.5 Quem busca a informação – 4.6 Como obter as informações – 4.7 Complexidade – 4.8 Onde está a informação – 5 Problemas ligados à troca internacional de informações – 5.1 Acesso à informação – 5.2 Compartilhamento – 5.3 Custos de obtenção da informação – 5.4 Tempo de resposta – 5.5 Direitos do contribuinte – 5.5.1 Rever a concepção de igualdade – 5.5.2 Rever concepção de liberdade – 5.6 Linguagem a adotar – 5.7 Amplitude do uso da informação fornecida – 6 Conclusão

1 Pano de fundo

O objetivo do presente estudo é traçar um panorama da temática que cerca a troca internacional de informações fiscais. Como tal, limita-se a indicar os principais problemas que cercam o tema, indicando eventuais desdobramentos que podem surgir. Isto tudo de uma perspectiva que leva em conta o ordenamento jurídico brasileiro, com suas peculiaridades. Não se pretende, aqui, aprofundar os vários aspectos do tema, mas apenas desenhar seu perfil geral, a partir do qual cabe o exame pormenorizado de cada faceta ou desdobramento.

O tema da troca internacional de informações fiscais ganhou importância nos últimos 30 anos em razão da profunda mudança sofrida pela economia que se tornou globalizada, a ponto de encararmos com naturalidade o consumo de produtos fabricados nos mais diversos pontos do planeta; hoje é corriqueiro fazer transações financeiras internacionais e aquilo que ocorre no exterior repercute aqui, bastando lembrar os reflexos do desempenho das bolsas no exterior e assim por diante.

Esta nova realidade compromete um dos grandes pilares da tributação, que é a *territorialidade*. Historicamente, a concepção básica que informa a tributação consiste em cobrar tributos sobre eventos de relevância econômica ocorridos dentro de certa dimensão territorial. Porém, no momento como o atual, em que a variável territorial se esfumaça, aparece um grande desafio: como e o que tributar?

Essa mudança repercute numa série de temas que o Direito Tributário está pontualmente enfrentando: preços de transferência, *treaty shopping*, regime de tributação das subsidiárias no exterior (o debate sobre as regras CFC e o sentido do discutidíssimo artigo 74 da MP nº 2158-35), são todos problemas atrelados à globalização, especialmente porque o Brasil deixou de ser um país meramente importador de capitais. Hoje, o Brasil também exporta capitais. Basta ver o número e a relevância das empresas brasileiras que atuam no mercado externo. Diante disso, os temas ligados à tributação internacional passaram a assumir maior importância para as empresas e para o Fisco.

2 Por onde começar

O ponto de partida da análise deste tema é o reconhecimento de que a um país não interessa apenas ter uma lei que preveja certa hipótese abrangente de uma operação que possua dimensão internacional. O ponto central não é a legalidade em si (tema que ocupou a doutrina e a jurisprudência quase que exclusivamente nos últimos 30 ou 40 anos de experiência tributária); o fundamental é ter uma lei eficaz, que seja efetivamente aplicada aos casos que ela visa alcançar.

Da perspectiva da legalidade pura, toda tecnologia sobre a formação da lei, requisitos, elementos ou aspectos da sua hipótese de incidência, critérios de validação constitucional, etc. já foi amplamente desenvolvida.

O grande desafio da atualidade é saber como assegurar a uma lei tributária interna sua plena eficácia diante de operações que envolvem outros países. Trata-se de um desafio, porque nessas operações pode haver o deslocamento para o exterior da base econômica que seria tributável pelos tributos internos, ou seja, pode haver distorções na alocação da renda, sem falar na possibilidade de mascaramento da transação, abusos e assim por diante, com reflexos diretos na arrecadação que deveria ocorrer se fosse assegurada a plena eficácia da lei interna.

Essa não é uma preocupação só do Brasil. Lembremos alguns fatos: no meio da reunião do G-20, realizada no final de 2008, de repente aparece o tema dos paraísos fiscais. Qual a relação entre paraíso fiscal e crise gerada pelos derivativos? Aparentemente nenhuma.

Um segundo evento foi a realização em Berlim, no dia 23 de junho de 2009, de reunião no âmbito da OCDE, da qual participaram 19 Ministros da Fazenda dos países com maiores economias, onde se discutiu claramente o tema da troca de informações fiscais e de como os Fiscos vão se posicionar para tornar mais eficazes suas respectivas legislações. É interessante que a segunda conclusão da reunião de Berlim é no sentido de a transparência e a troca de informações em matéria fiscal serem a base para uma competição equitativa numa economia global e maneiras de assegurar a carga tributária adequada em relação aos contribuintes honestos.[1] Notem

---

[1] "2. They emphasised that transparency and Exchange of information in tax matters are the basis for a fair competition in a global economy and an equitable tax burden weighing on honest taxpayers. They confirmed that the fight against any form of tax offences is a shared responsibility of all countries and territories" (Second Conference on the Fight against International Tax Fraud and Evasion By promoting Transparency and Exchange of Information in Tax Matters, Berlin, 23 June 2009). Disponível em: <www.oecd.org>. Acesso em: 15 jan. 2010.

como é interessante: 19 Ministros da Fazenda, 23 de junho de 2009, dizendo que troca de informações é um instrumento adequado para assegurar a carga tributária justa ao contribuinte honesto. Ou seja, o tema da troca de informações assumiu novo perfil, com reflexo não apenas no âmbito da arrecadação, mas também do efeito que esta produz em relação ao contribuinte que cumpre suas obrigações.

3 Importância da informação

Se o primeiro requisito para tornar uma lei eficaz é o Fisco saber o que aconteceu, pois se não souber o que ocorreu, não poderá aplicar a lei, então o segundo requisito é que ele saiba tudo o que aconteceu e não apenas uma parte da história.

Este é um ponto crítico. Para haver controle, fiscalização, eficiência na aplicação da legislação, a informação é indispensável.

No âmbito interno, vivemos hoje uma experiência muito nítida: implantação das notas fiscais eletrônicas, implantação do SPED (Sistema Público de Escrituração Digital), livros fiscais eletrônicos, etc., tudo a apontar a tendência a um maior e mais preciso acesso do Fisco aos eventos relevantes para fins de tributação.[2] Hoje, se raciocinarmos em termos de SPED, na prática (pelo menos esta é a tendência), o Fisco terá condições de fazer a contabilidade das pessoas jurídicas, porque se todos os dados forem entregues a ele, quem numa etapa seguinte poderá até mesmo fazer a contabilidade, na prática, será o próprio Fisco.

Cabe aqui um *flash* interessante da importância da informação (apenas para sublinhar este ponto). Note-se a alteração introduzida na própria legislação interna. Hoje, para definir paraíso fiscal, o relevante não é tanto a alíquota (deixou de ser apenas a alíquota). A alíquota máxima cobrada por determinado país é uma das variáveis para a definição, mas tão relevante quanto a alíquota é a transparência, ou seja, o fornecimento de informações. Eu diria que hoje é mais importante o fornecimento de informações do que o nível de tributação. De fato, há países que precisam menos que outros da receita tributária por poderem viver de outras fontes (por exemplo, o petróleo). Claro que estes países podem ter uma alíquota de imposto de renda menor. Isto seria suficiente para definir um paraíso fiscal? Não, o que vai defini-lo é a tributação, mas também a falta de transparência, a falta de fornecimento de informações quanto aos eventos e pessoas que por lá agem ou têm seus negócios. Isto aparece também na legislação interna, claramente através da última alteração do artigo 24 da Lei nº 9.430 e da inclusão do artigo 24-A, ao definirem países com tributação favorecida e operações em regime fiscal privilegiado. O §4º do artigo 24 estabelece ser suficiente a falta de transparência para configurar esse tipo de país.[3] Por outro lado, o inciso IV do parágrafo único do artigo 24-A estabelece que a falta de transparência é suficiente para caracterizar privilegiado um regime fiscal, independentemente de a alíquota máxima da tributação da renda ser inferior a

---

[2] Para um exame do sistema, consulte-se o respectivo sítio: <http://www1.receita.fazenda.gov.br/default.htm>. Acesso em: 15 jan. 2010.

[3] Art. 24, "§4º Considera-se também país ou dependência com tributação favorecida aquele cuja legislação não permita o acesso a informações relativas à composição societária de pessoas jurídicas, à sua titularidade ou à identificação do beneficiário efetivo de rendimentos atribuídos a não residentes".

20%.[4] Isto quer dizer que se aquele país não fornecer estas informações aos outros países, as operações realizadas por pessoas ali residentes ou domiciliadas serão tratadas diferentemente; estarão submetidas a um tratamento especial. Daí o peso e a importância das informações.

Por que a informação é importante? A informação é um relevante elemento para a formação da prova do fato gerador e da eventual infração que só poderá ser adequadamente produzida se existirem informações pertinentes e suficientes sobre o que ocorreu.

Neste passo, a análise parece levar a uma conclusão paradoxal, pois em matéria de troca de informações entre Fiscos, temos dezenas de convenções destinadas a editar a dupla tributação da renda (algumas foram celebradas também para prevenir a evasão fiscal em matéria de imposto sobre a renda) celebradas há 20 ou 30 anos, que possuem uma cláusula de troca de informações, mas há um distanciamento entre o que está previsto nas convenções internacionais e a realidade, pois na prática há pouca troca de informações. Realizou-se em junho de 2009 um congresso na Espanha sobre esse tema onde foram apresentadas estatísticas que mostram a discrepância entre o volume de informações trocadas no âmbito do imposto sobre a renda e do IVA. O volume no âmbito do IVA é muitas vezes superior ao do imposto sobre a renda.[5]

No âmbito do imposto sobre a renda, a experiência é existir o texto das convenções com cláusula de troca de informações, acompanhada de quase nenhuma troca efetiva de informações.

Por que tão pouca troca de informações? Por uma razão simples: por falta de interesse de realizar uma tarefa que beneficiará apenas o outro Fisco. Não estou criticando ninguém, apenas relato um quadro de dificuldades enfrentado pelos Fiscos. Assim é, até que acontece uma grande mudança em função de duas constatações: primeira, é a relação que pode haver entre a evasão tributária internacional e a criminalidade internacional, porque a evasão pode estar atrelada à lavagem de dinheiro e aí a troca de informações passa a ser uma questão de interesse mútuo. Segunda: a troca de informações é uma via de mão dupla, porque se ambos os Fiscos realizarem este trabalho no interesse do outro país deixa de ser um puro custo, porque um dispêndio que seria arcado por um país acaba contrabalançado pelo custo que o outro passa a ter. Aí começa a se acelerar a troca de informações em matéria tributária.

Este crescimento de importância é notado por uma série de eventos. Notem esta enumeração: a reunião do G-20; a criação de um comitê internacional de transparência no âmbito da OCDE; a reunião de Berlim; a publicação pela OCDE de modelos de

---

[4] "Parágrafo único. Para os efeitos deste artigo, *considera-se regime fiscal privilegiado aquele que apresentar uma ou mais das seguintes características*: I – não tribute a renda ou a tribute à alíquota máxima inferior a 20% (vinte por cento); II – conceda vantagem de natureza fiscal a pessoa física ou jurídica não residente: a) sem exigência de realização de atividade econômica substantiva no país ou dependência; b) condicionada ao não exercício de atividade econômica substantiva no país ou dependência; III – não tribute, ou o faça em alíquota máxima inferior a 20% (vinte por cento), os rendimentos auferidos fora de seu território; IV – *não permita o acesso a informações relativas à composição societária, titularidade de bens ou direitos ou às operações econômicas realizadas*" (grifei).

[5] Sobre o perfil, tendências e a experiência europeia sobre troca de informações, vejam-se os textos disponíveis no sítio: <www.eatlp.org>. Acesso em: 08 jan. 2010.

acordos sobre troca de informações;[6] duas propostas de diretivas europeias que estão em discussão sobre troca de informações[7] e mecanismos de cobrança do crédito tributário,[8] porque todos já se conscientizaram de que a carta rogatória não é o mais eficiente instrumento para enfrentar este tema e é preciso encontrar alguma outra forma de viabilizar não só a troca de informações como também a cobrança do crédito tributário.

4 Diferenças no fiscalizar

Ao falar de informação fiscal, há relevantes diferenças entre fazer uma fiscalização há 20 anos e realizá-la hoje. Houve uma profunda mudança nestes últimos 20 anos, basicamente em oito aspectos que irei apenas enumerar.

4.1 Objeto da informação

No passado, o Fisco estava preocupado exclusivamente com o fato gerador e a infração. Hoje não tem apenas estas preocupações; está focado também na postura do contribuinte. Assim, por exemplo, a legislação de ICMS do Estado de São Paulo dá realce à postura a ponto de impor condições para ser aceito o registro da pessoa jurídica junto à repartição fiscal estadual; ou seja, não conseguirá a inscrição estadual (ou a inscrição poderá ser cassada ou suspensa) se não passar por uma análise prévia quanto à sua condição econômica, à vida passada de seus sócios, à existência de indícios de que ela estaria sendo utilizada como máscara de terceiros, etc. A lei de ICMS do Estado de São Paulo menciona expressamente as empresas *off shore*, a figura do beneficiário efetivo, contempla a figura da interposição subjetiva (o denominado "laranja"), etc.[9] Enfim, o Fisco quer saber quem é efetivamente a pessoa que pede a inscrição. Isto tem uma razão de ser, porque alguns anos atrás, ocorreram problemas em certas áreas de atividade econômica sujeita a ICMS (especialmente no ICMS-substituição) com o surgimento de pessoas jurídicas criadas para impetrar mandados de segurança que lhes autorizassem comprar mercadorias sem a cobrança do ICMS por substituição tributária. Vendiam o produto e quando o Fisco (vencedor do processo ou depois de obter a suspensão da medida liminar que fora deferida) ia cobrar o ICMS devido, descobria que o controlador era uma pessoa jurídica *off shore* ou então uma pessoa simples que assinou alguns papéis por confiar em alguém, mas sem saber exatamente para que se destinavam. Em suma, não havia ninguém no Brasil para responder pelo tributo. Isto levou à modificação da legislação paulista para exigir requisitos ligados à postura do contribuinte.

Assim, por exemplo, busca-se saber quem pretende obter a inscrição e se há garantias de ter condições de honrar o tributo que será gerado pela atividade econômica. Se existir garantia, obterá a inscrição. Com isto, muda-se o foco; o Fisco não

---

[6] Veja-se: <http://www.oecd.org/dataoecd/15/43/2082215.pdf>.
[7] COM (2009) 29, de 03.02.2009, disponível no sítio: <http://eur-lex.europa.eu>. Acesso em: 15 jan. 2010.
[8] COM (2009) 28, de 02.02.2009, disponível no sítio: <http://eur-lex.europa.eu>. Acesso em: 15 jan. 2010.
[9] Vejam-se os artigos 16 a 21 da Lei Estadual nº 6.374/89, na redação que lhes deu a Lei Estadual nº 12.294/2006.

está preocupado só com o fato gerador, mas também com a postura do contribuinte, porque seu modo de agir permitirá prever ou antecipar os possíveis problemas que podem surgir. Daí a primeira mudança: objeto da fiscalização e informações correlatas.

4.2 De quem obter a informação

Tradicionalmente, o Fisco ia buscar a informação junto ao contribuinte, eventualmente com um terceiro a ele muito próximo. Hoje, grande parte das informações que o Fisco obtém vem de terceiros, não do contribuinte (cadastros oficiais, tabeliães, bancos, etc.).

4.3 Momento da obtenção da informação

Tradicionalmente, a informação é obtida *a posteriori*, muito depois do fato gerador, dois, três, quatro anos depois. Hoje, para a nota fiscal eletrônica ser emitida o contribuinte precisa da liberação eletrônica da Secretaria da Fazenda; ou seja, o contribuinte consulta a Secretaria da Fazenda dizendo "emitirei a nota tal" e o computador informará se pode emiti-la; caso afirmativo, expede-se a nota eletrônica. Portanto, o Fisco tem um controle concomitante ou até mesmo prévio; a mercadoria ainda não saiu e o Fisco já sabe que a nota Fiscal foi emitida.

4.4 Foco da fiscalização

Atualmente, o foco não está apenas num evento pontual; relevante é o perfil da ação do contribuinte, são os padrões repetitivos de conduta. Leiam o acórdão do Supremo Tribunal Federal proferido na medida cautelar decidida na Ação Cível nº 1.657, que trata de caso em que a Receita Federal cancelou o cadastro especial de certa pessoa jurídica para fabricar cigarros.[10] Vejam especialmente o voto do Ministro Cezar Peluso que menciona a reiterada falta de cumprimento da legislação tributária pelo contribuinte. Ora, o que ele está captando aqui? Não está mais captando a falta de pagamento, nem a infração, mas determinado perfil de conduta.

Este é o novo foco da fiscalização, definição de perfis, campo em que se tem um grande trabalho de inteligência para desenhá-los.

4.5 Quem busca a informação

Tradicionalmente, cada Fisco buscava informações por si. Cada um que cuidasse de obter as de seu interesse. Essa era a realidade. Hoje, estamos na época do compartilhamento de informações. Alguém pode perguntar se isso é mera questão ligada às práticas administrativas em si. Não, o compartilhamento é norma constitucional. De fato, o item XXII do artigo 37 da CF/88 prevê que a Administração Tributária da União,

---

[10] *DJ*, 31 ago. 2007, disponível no sítio: <www.stf.jus.br>. Acesso em: 15 jan. 2010.

Distrito Federal, Estados e Municípios terão recursos prioritários para a realização de suas atividades e atuarão de forma integrada, inclusive com compartilhamento de cadastros e de informações fiscais na forma da lei e convênio. Ou seja, a própria Constituição assume que, no âmbito das informações, o Fisco forma uma unidade, posto que o interesse fiscalizatório é um só, e, portanto, as informações obtidas por um são de interesse de todos e por isso devem ser compartilhadas.

O compartilhamento no âmbito nacional é a regra, mas aí surge a seguinte pergunta: cabe compartilhamento internacional?

4.6 Como obter as informações

Tradicionalmente, isto se dá a partir do esforço humano, quase que um trabalho manual. Hoje, a informação é obtida por meios informáticos, o que gera uma série de outras consequências específicas que não são objeto do presente estudo.

4.7 Complexidade

O mundo de 40 anos atrás era muito mais simples do que o mundo atual e o aumento da complexidade repercute na alta complexidade dos controles.

4.8 Onde está a informação

Tradicionalmente estaria num ambiente físico. Assim, por exemplo, na apreensão de um caminhão transportando mercadorias em situação irregular, é possível fotografar objetos e gravar eventos que comprovem a infração. Hoje o ambiente onde se trava a batalha pela busca da informação é o ambiente informático, não só o ambiente informático da empresa, mas também o *laptop* protegido por senhas que talvez ninguém consiga abrir. Há, também, o ambiente dos provedores de espaço que estão em verdadeiros paraísos informáticos. Então, o ambiente no qual obter a informação sofreu outra mudança relevante neste contexto.

5 Problemas ligados à troca internacional de informações

Traçado o perfil dos problemas ligados à informação em geral, cumpre mencionar quais os que cercam a troca internacional de informações. Posso identificar sete problemas principais que serão a seguir expostos de forma sucinta, apenas para dar um panorama geral da temática envolvida.

5.1 Acesso à informação

O primeiro grande problema está ligado à busca e obtenção da informação. Neste tema, estamos falando de dois países em que o contribuinte está num, mas a informação relevante está no outro. O primeiro ponto é como obter essa informação e quais os problemas envolvidos. Se houver tratado ou convenção para troca de informações, a situação será regulada por suas normas, o que auxilia no equacionamento da questão. O problema delicado surge se houver um vício na obtenção da informação que está no outro país.

A pergunta é: o vício na obtenção da informação no outro país contamina o uso que dela for feito aqui? Esta pergunta não tem uma resposta clara. Recordem-se dois precedentes do Supremo Tribunal Federal: o caso da apreensão do computador em que o Supremo decidiu que o vício na origem da obtenção da informação (invasão e apreensão sem autorização judicial) implica obtenção de prova por meio ilícito e as informações não podem ser utilizadas.[11] O segundo precedente é o da apreensão da droga a partir de uma escuta telefônica viciada que permitiu saber que a entrega seria em determinado local e levou a uma campana e à subsequente apreensão. Este caso foi ao Supremo Tribunal Federal e a alegação levantada foi de a escuta não ter sido autorizada, o que implicaria vício na diligência e, por consequência, deveria haver a liberação da droga apreendida. O Supremo Tribunal Federal concluiu ser preciso distinguir entre escuta viciada e diligência (campana e apreensão) não viciada, apesar de ter sido realizada a partir de uma informação obtida por meio viciado. Neste segundo caso, em que não havia vício na apreensão em si, esta foi considerada válida e o *habeas corpus* foi indeferido.[12] O tema central é a extensão da teoria dos frutos da árvore envenenada.[13]

Tomemos outro caso para aprofundar a análise. Trata-se do ocorrido na Europa no denominado "Caso Liechtenstein".[14] O serviço secreto alemão comprou de um funcionário de um banco de Liechtenstein ou de um seu intermediário (há detalhes no caso, que não serão aqui examinados) uma lista de clientes do banco. O serviço secreto alemão entregou para o Fisco alemão, que por sua vez constatou existirem na lista alemães, mas também pessoas de nacionalidade de outros países europeus. Com base na Diretiva Europeia sobre troca de informações (Diretiva 77/799/EEC), a Alemanha enviou espontaneamente cópia dessas informações. Estes países instauraram os procedimentos fiscais para cobrar os impostos que julgassem devidos. Está posto o problema. Discute-se hoje se essa prova está contaminada, pois ela foi obtida ilicitamente. Nem o banco de Liechtenstein nem seu funcionário ou terceiro poderia fornecer este tipo de informação diretamente a outro país. Em suma, a informação foi obtida por meio ilícito. A questão é: e os passos subsequentes também estão? A informação saiu do empregado ou seu intermediário, foi para o serviço secreto alemão, deste para o Fisco alemão e este enviou para os demais Fiscos dos outros países. Está posto o problema e os tribunais ainda não decidiram a questão. No âmbito doutrinário, há divergência; há quem diga que, em relação à Alemanha, estaria viciada até porque ela é que obteve, mas em relação aos demais países não

---

[11] AP 307, Plenário, rel. Min. Ilmar Galvão, *DJ*, 13 out. 95, disponível no sítio: <www.stf.jus.br>. Acesso em: 15 jan. 2010.

[12] HC nº 76.203, 2ª Turma, rel. Min. Nelson Jobim, *DJ*, 17 nov. 2000, disponível no sítio: <www.stf.jus.br>. Acesso em: 15 jan. 2010.

[13] Sobre a extensão dada pela jurisprudência a esta teoria, vejam-se os votos do Min. Celso de Mello proferidos no HC nº 93.050, 2ª Turma, *DJ*, 1º ago. 2008 e no RHC nº 90.376, 2ª Turma, *DJ*, 18 maio 2007, disponíveis no sítio: <www.stf.jus.br>. Acesso em: 15 jan. 2010.

[14] A este respeito, vejam-se as observações de Claudio Sacchetto no texto "Legal protection links with criminal tax proceedings", disponível no sítio: <www.eatlp.org>. Acesso em: 15 jan. 2010, no link do Congresso de 2009, realizado em Santiago de Compostela.

estaria viciada, porque, por exemplo, o Fisco italiano recebeu a informação do Fisco alemão; e, por fim, há quem entenda que tudo está viciado, porque nunca poderia ter sido obtida aquela informação em Liechtenstein. Este é um tema que envolve a obtenção da informação.

Daí a pergunta teórica: e se o Fisco alemão transmitisse essa informação ao Fisco brasileiro, poderia esta prova ser utilizada no Brasil? Seria aceita como prova lícita? Aplicar-se-ia o precedente do computador ou o da droga em que se admitiu que a informação obtida por meio ilícito fosse aceita como notícia e não como meio de prova? O tema jurídico subjacente é o da licitude da prova. Vale dizer: a licitude do meio é examinada de acordo com a lei do país onde a informação se encontra ou de acordo com a lei do país aonde a informação vai ser utilizada?

Há um segundo aspecto ligado à obtenção da informação que diz respeito ao local onde está a informação. Ao pedir certa informação para o Fisco do outro país, a informação pode estar com o próprio Fisco e, neste caso, é só remetê-la, atendidos os critérios e cautelas especificados pela legislação pertinente. Porém, por vezes, não está em mãos do Fisco e aí está o ponto. De fato, para atender ao pedido, o Fisco que recebeu a solicitação precisará buscar essa informação que, eventualmente, está com o contribuinte ou com um terceiro que não seja o contribuinte. Por exemplo, se a pergunta é "quanto o comprador alemão pagou, de acordo com a contabilidade dele, para a empresa brasileira?" A resposta não está com o Fisco alemão, mas na contabilidade e na documentação em mãos da empresa alemã. Há, portanto, duas situações: a informação pode estar nos registros do Fisco ou pode estar com o contribuinte. Aqui surgem dois problemas delicados. Primeiro, o Fisco precisa ir buscar essa informação que não está com ele? Se for buscar, irá fazê-lo em que condições? Abre-se, então, um debate que vou desdobrar mais adiante.

Ainda neste primeiro tópico da obtenção da informação, cabe perguntar se o Fisco de um país poderia pedir informações não a outro Fisco, mas diretamente ao contribuinte do outro país, desde que expressamente autorizado pelo Fisco ao qual o contribuinte está jurisdicionado. Pode haver fornecimento direto de informação a outro Fisco? Desde que haja concordância da autoridade brasileira, isto é admitido no documento assinado pelo Secretário da Receita Federal e o Embaixador Americano em que se autoriza sob certas condições que o Fisco americano peça informações diretamente de contribuintes brasileiros.[15] Lembre-se de que o contribuinte brasileiro está vinculado ao Fisco brasileiro e não a outro. Vejam que, no âmbito estadual (falo de São Paulo), se existe um problema de fiscalização de ICMS, o Fisco do outro Estado não pode entrar no estabelecimento do contribuinte paulista. O Fisco do outro Estado precisa solicitar um credenciamento na Secretaria da Fazenda do Estado de São Paulo que habilite o fiscal do outro Estado a se dirigir ao contribuinte paulista. Em suma, a questão é se o outro Fisco pode ir buscar diretamente a informação. Trata-se de aspecto ligado a esta primeira temática que é a da obtenção da informação.

---

[15] Artigo VI do "Acordo entre o Governo da República Federativa do Brasil e o Governo dos Estados Unidos da América para o Intercâmbio de Informações relativas a Tributos", ainda pendente de apreciação no Congresso Nacional, disponível no sítio: <www.mre.gov.br>. Acesso em: 15 jan. 2010.

5.2 Compartilhamento

Neste tema, a questão é saber qual o instrumento jurídico adequado para compartilhar informações no âmbito internacional. Há uma linha teórica que sustenta haver uma diferença entre tratados e convenções em matéria de evitar dupla tributação — que precisam ser assinados pelo Presidente da República, por um plenipotenciário ou pelo Ministro das Relações Exteriores — e um acordo de troca de informações que poderia ser assinado por outros agentes públicos que não necessariamente o Presidente da República ou os Ministros. Esta segunda linha de argumentação legitimaria o acordo com os Estados Unidos assinado pelo Secretário da Receita Federal.

Este é o primeiro ponto: qual o instrumento jurídico adequado para viabilizar a troca de informações no âmbito internacional. Na minha opinião, as informações que o próprio CTN e a Constituição preveem devam ser compartilhadas entre Fiscos são as de interesse dos Fiscos brasileiros e não de Fiscos estrangeiros. Acordos e convênios mencionados no artigo 199 do CTN e o compartilhamento previsto no artigo 37, XXII, da CF/88, são aqueles celebrados entre entidades brasileiras e não acordos e convênios com outros países. Para o outro país ter informação, ele precisa necessariamente celebrar uma convenção que atenda aos trâmites e formalidades de uma convenção internacional, o que, a meu ver, vicia, por uma razão de forma — além de outras razões que possam ser levantadas —, o acordo celebrado com os Estados Unidos.

Ainda em tema de compartilhamento, outro aspecto diz respeito à fiscalização conjunta. É possível uma fiscalização conjunta realizada em determinado contribuinte, por agentes de dois países? Em tese é, se o respectivo tratado ou convenção assim admitir. Posso dizer aos senhores, que fiscalizações conjuntas são eventos que ocorrerão num horizonte mais próximo do que se imagina.

Terceiro aspecto ligado ao compartilhamento envolve a questão da cláusula de reciprocidade. Imagine-se o seguinte exemplo: o Brasil fornece os dados bancários de certo contribuinte para outro país, mas este outro país responde que os dados bancários de lá não podem ser fornecidos ao Brasil. Aplica-se a cláusula de reciprocidade, ou seja, um país só pode fornecer elementos que o outro também forneça?

5.3 Custos de obtenção da informação

A informação nem sempre está disponível para o Fisco solicitado. Por vezes, para obtê-la, sua obtenção gera custos a serem suportados pelo Fisco ou pelo contribuinte.

Em relação aos custos para o Fisco, a tendência é o Fisco solicitante pagar determinado valor a título de ressarcimento ou dar uma participação no resultado da cobrança. Pode-se facilmente perceber que se o tema dos custos é superado, os Fiscos deixam de reagir negativamente ao fornecimento de informações. E, mais, se podem ganhar algo fornecendo informação, passarão a ter interesse em que a troca de informações se agilize.

Para o contribuinte, porém, o fornecimento de informações no interesse do Fisco do outro país gera despesas a serem por ele suportadas.

5.4 Tempo de resposta

Este também é um problema, pois não adianta pedir se nunca vem a resposta ou não vem a tempo. Para termos uma ideia, nesta proposta em discussão na Europa, há dois tempos: se o Fisco já tem a informação, ele tem um mês para responder; se ele não tem a informação e precisa buscá-la, ele tem seis meses para responder e atender ao pedido do outro Fisco.[16] Este tema está atrelado também ao prazo de extinção do direito de constituir o crédito tributário.

5.5 Direitos do contribuinte

Neste âmbito surgem alguns temas delicados. Minha intenção é alertar para o quadro existente, pois se certos temas não são pensados e elaborados doutrinariamente com antecedência, os contribuintes são, em geral, surpreendidos quando, de repente, aparece no Diário Oficial uma norma regulando a matéria. Por isso, temos de nos antecipar produzindo conhecimento sobre este tema que envolve vários pontos relevantes.

Primeiro ponto: o contribuinte tem direito de saber que o pedido de fornecimento de informações foi formulado pelo outro Fisco ou que seu Fisco o formulou ao outro país?

Segundo ponto: o contribuinte tem direito de receber cópia do que foi solicitado e do que foi informado? Este direito não é pacificamente reconhecido. Há países que não fornecem todos os dados; há, inclusive, um precedente importante nos Estados Unidos em que são discutidos vários aspectos ligados ao tema (é o caso Pacific Fisheries).[17] No Brasil, a pergunta é se o contribuinte tem direito de saber qual foi a informação solicitada pelo outro país e o que o Brasil respondeu e vice-versa. Note-se que o contribuinte brasileiro não está sendo fiscalizado aqui, mas dados a ele relativos estão sendo informados ao outro Fisco. Se o contribuinte brasileiro não tiver conhecimento do que foi informado ou do tipo de informação que foi solicitada pode, em tese, haver violação ao direito à ampla defesa, protegido pelo inciso LV do artigo 5º da CF/88.

Terceiro ponto: e se a informação tiver valor comercial? Vamos figurar uma hipótese usando nomes meramente para fins acadêmicos. A Alemanha está fiscalizando a Opel e pede ao Fisco brasileiro que responda como estão sendo vendidos os veículos *flex* da Volkswagen brasileira (preço de venda, volume de transações, países para os quais exporta, etc.). Ora, quem está sendo fiscalizado lá é um concorrente do contribuinte brasileiro. O brasileiro fornece esta informação para o Fisco brasileiro, mas para uso exclusivo deste. No momento em que o Fisco brasileiro manda para o Fisco alemão e este usa numa fiscalização do concorrente, o Fisco alemão precisará abrir a informação para o outro se defender? Porém, se ele abre para o outro se defender, abriu para o concorrente! Este é o ponto! A informação obtida, se tiver valor comercial,

---

[16] Artigo 7º da Proposta de Diretiva COM (2009) 29, disponível no sítio: <http://eur-lex.europa.eu/pt/index.htm>. Acesso em: 15 jan. 2010.
[17] United States Court of Appeal of the Ninth Circuit, n. 06-35718 D.C. n. CV-04-02436-JLR, disponível no sítio: <http://caselaw.lp.findlaw.com/data2/circs/9th/0635718p.pdf>. Acesso em: 15 jan. 2010.

como será tratada? Surge um dilema, pois quem fornece pode ser lesado porque o concorrente vai obter a informação e se o outro não souber, será lesado porque não terá como se defender a contento. De fato, imagine-se que o Fisco alemão aplique uma sobretaxa a certo veículo por competir com um produto *flex* e o contribuinte alemão pergunta: de onde o Fisco tirou isso? E ele responde: "não conto"! Com isto, haverá cerceamento da defesa. Aí está o problema, como será tratada a informação obtida num país se tiver valor comercial? O brasileiro pode invocar uma cláusula de sigilo oponível ao outro Fisco? Fornece sob sigilo para o Fisco brasileiro e o Fisco alemão não pode contar a ninguém? O Modelo de Convenção da OCDE, em seu artigo 24, "c", e inúmeras convenções celebradas pelo Brasil excluem o fornecimento de informações que envolvam segredos comerciais e industriais,[18] mas a informação pode ser relevante sem que se configure segredo comercial. Ademais, que é um segredo comercial e quem decide se determinada informação envolve um segredo? Acrescente-se ainda que a proibição de fornecimento a terceiros não implica proibição de o Fisco utilizar a informação que diga respeito a segredos comerciais e industriais.

5.5.1 Rever a concepção de igualdade

Outro ponto importante, embora lateral ao foco específico da troca de informações, está ligado à postura do contribuinte brasileiro. Aqui cabe lembrar duas ideias. Temos de rever o princípio da igualdade e o princípio da liberdade em matéria tributária. Igualdade em matéria tributária é o direito de ser "tratado como um igual", não apenas de ser tratado igualmente. É tratar o outro como sou tratado.

5.5.2 Rever concepção de liberdade

O sentido do princípio da liberdade é ninguém poder ser tratado como mero instrumento para objetivos de outrem, pois isto feriria a dignidade da pessoa humana. E aí ganha relevo um tema pouco debatido no Brasil até hoje, qual seja, a definição do limite dos poderes de fiscalização e da competência para exigir condutas do contribuinte através de deveres acessórios. Até onde vai a extensão dos deveres acessórios que são necessários, mas têm caráter complementar à pretensão de exigir o pagamento do tributo devido. Impor deveres acessórios desmesurados ou independente de qualquer pretensão específica é um tipo de abuso do poder de

---

[18] Assim, por exemplo, dispõe o artigo 26 da convenção celebrada com a Itália: "1. As autoridades competentes dos Estados Contratantes trocarão entre si as informações necessárias para aplicar as disposições da presente Convenção e das leis internas dos Estados Contratantes relativas aos impostos que são objeto da presente Convenção, na medida em que a tributação nelas prevista for conforme com a presente Convenção. Todas as informações assim trocadas serão consideradas secretas e só poderão ser comunicadas às pessoas ou autoridades encarregadas do lançamento ou cobrança dos impostos que são objeto da Convenção. 2. O disposto no parágrafo 1 não poderá, em caso algum, ser interpretado no sentido de impor a um dos Estados Contratantes a obrigação: a) de tomar medidas administrativas contrárias a sua legislação ou à sua prática administrativa ou às do outro Estado Contratante; b) de fornecer informações que não poderiam ser obtidas com base na sua legislação ou no âmbito da sua prática administrativa normal ou das do outro Estado Contratante; c) de fornecer informações reveladoras de segredos comerciais, industriais, profissionais ou de processos comerciais ou industriais, ou informações cuja comunicação seja contrária à ordem pública."

legislar e caso de invasão à esfera da dignidade da pessoa humana protegida pela Constituição, posto que o excesso implica transformar aquele que está submetido ao poder do Estado em mero instrumento amorfo de seu interesse.

5.6 Linguagem a adotar

Este parece ser um aspecto de menor relevância, pois à primeira vista há a impressão de que isto se resolveria com a redação na língua de um dos países ou numa terceira língua.

Ocorre que a questão não é mera tradução do texto de uma língua para outra, mas, isto sim, uma questão do significado dos conceitos utilizados em cada uma das línguas. Dou um exemplo. A palavra "receita" tem um significado até certo ponto equivalente em diversas línguas, mas, no Brasil, no âmbito tributário, esta palavra pode assumir significados distintos, pois "receita' no âmbito do imposto sobre a renda significa algo diferente de "receita" no âmbito de PIS e COFINS, como a doutrina e a jurisprudência têm discutido.

Ora, quando o Fisco brasileiro solicitar a outro Fisco, por exemplo, em inglês uma informação para fins de uma exigência no âmbito de PIS/COFINS, será que o outro Fisco dará uma resposta considerando o significado corrente no campo do imposto sobre a renda? Lembre-se de que PIS/COFINS são exigências brasileiras e não há experiência semelhante a esta em muitos outros países.

5.7 Amplitude do uso da informação fornecida

A informação tem natureza tributária e é fornecida a outro Fisco; pergunta-se: sua utilização deve ficar restrita a processos tributários? Ou pode ser usada em processos penais tributários (crimes contra ordem tributária)? Ou pode ser utilizada em processos penais de outra natureza, por exemplo, decorrentes de crimes de lavagem de dinheiro ou contra o sistema financeiro nacional etc.?

Esta, como outras, é questão que abre espaço para debate, pois as convenções preveem, como regra, que o fornecimento das informações se dá apenas às autoridades tributárias do outro país e cercadas de sigilo. Cabe discutir a respeito deste tema.[19]

6 Conclusão

Em suma, a exposição feita mostra a amplitude das questões que cercam o tema da troca internacional de informações fiscais. Procurou-se traçar um perfil dos temas mais relevantes sem pretender exauri-los.

Há muitos pontos a debater e equacionar, pois a troca internacional de informações fiscais afeta interesses tanto do Fisco como dos contribuintes. Nesta análise não se pode ignorar o conjunto de regras que asseguram direitos fundamentais aos contribuintes, particularmente as contidas no artigo 5º da CF/88 que tratam de privacidade, intimidade, ampla defesa e contraditório.

---

[19] A respeito, veja-se o texto de Claudio Sacchetto, citado.

Neste aspecto, a construção das regras que disciplinem a troca de informações deve fundamentar-se na disciplina constitucional brasileira, e as experiências internacionais são muito relevantes, mas não podem ser singelamente transplantadas, posto que o quadro referencial da CF/88 impõe parâmetros inafastáveis a serem atendidos.

O principal é instaurar desde já este diálogo para encontrar um ponto de equilíbrio que assegure os justos interesses do Fisco, ao mesmo tempo em que proteja os direitos dos contribuintes e não os onere desmesuradamente nem prejudique seus legítimos interesses, particularmente sensíveis numa economia cada vez mais globalizada e informatizada.

Informação bibliográfica deste texto, conforme a NBR 6023:2002 da Associação Brasileira de Normas Técnicas (ABNT):

GRECO, Marco Aurélio. Troca internacional de informações fiscais. *In*: SARAIVA FILHO, Oswaldo Othon de Pontes; GUIMARÃES, Vasco Branco (Coord.). *Sigilos bancário e fiscal*: homenagem ao Jurista José Carlos Moreira Alves. Belo Horizonte: Fórum, 2011. p. 175-188. ISBN 978-85-7700-405-8.

SIGILO FISCAL EM PORTUGAL*

Abílio Manuel de Almeida Morgado

1 O presente escrito tem por objecto os fundamentos, o âmbito e os limites do sigilo fiscal em Portugal.

No anterior Código de Processo Tributário, aprovado pelo Decreto-Lei n.º 154/91, de 23 de Abril, o sigilo fiscal era considerado na alínea d) do artigo 17.º do código, no âmbito da exemplificação dos princípios a respeitar pela actividade tributária, nos termos seguintes: "A confidencialidade dos dados relativos à situação tributária dos contribuintes".

Por seu turno, o n.º 1 do artigo 27.º do anterior Regime Jurídico das Infracções Fiscais não Aduaneiras, aprovado pelo Decreto-Lei n.º 20-A/90, de 15 de Janeiro, estipulava: "O dever geral de sigilo sobre a situação tributária dos contribuintes é inviolável, determinando a lei os casos em que a divulgação do segredo fiscal é legítima".

Actualmente, o artigo 64.º da Lei Geral Tributária, aprovada pelo Decreto-Lei n.º 398/98, de 17 de Dezembro, sob a epígrafe "Confidencialidade", estabelece o seguinte:[1] "1 – Os dirigentes, funcionários e agentes da administração tributária estão obrigados a guardar sigilo sobre os dados recolhidos sobre a situação tributária dos contribuintes e os elementos de natureza pessoal que obtenham no procedimento, nomeadamente os decorrentes do sigilo profissional ou qualquer outro dever de segredo legalmente regulado".[2]

---

* Este artigo tem por base um estudo, elaborado, em Dezembro de 2004, para a participação no Seminário sobre *O Princípio do Segredo Estatístico*, de 13 de Janeiro de 2005, organizado pelo Conselho Superior de Estatística, pelo Instituto Nacional de Estatística e pelo Gabinete de Política Legislativa e de Planeamento do Ministério da Justiça. O referido estudo, que está publicado em *Ciência e técnica fiscal*, 414, Julho-Dezembro de 2004, p. 7-62, foi agora sujeito a actualização e a reformulação, não descurando que se destina a ser publicado no Brasil.

[1] Cf., ainda, o n.º 1 do artigo 136.º ("Processo individual") do Código do Imposto sobre o Rendimento das Pessoas Colectivas: "O serviço fiscal competente deve organizar em relação a cada sujeito passivo um processo, com carácter sigiloso, em que se incorporem as declarações e outros elementos que se relacionem com o mesmo".
"2 – Os sujeitos passivos, através de representante devidamente credenciado, podem examinar no respectivo serviço fiscal o seu processo individual".

[2] A actual redacção deste n.º 1 foi dada pela Lei n.º 100/99, de 26 de Julho, alteração esta que se limitou a substituir a expressão "Os funcionários da administração tributária" por "Os dirigentes, funcionários e agentes da administração tributária".

"2 – O dever de sigilo cessa em caso de:

"a) Autorização do contribuinte para a revelação da sua situação tributária;

"b) Cooperação legal da administração tributária com outras entidades públicas, na medida dos seus poderes;

"c) Assistência mútua e cooperação da administração tributária com as Administrações Tributárias de outros países resultante de convenções internacionais a que o Estado Português esteja vinculado, sempre que estiver prevista reciprocidade;

"d) Colaboração com a justiça nos termos do Código de Processo Civil e do Código de Processo Penal.

"3 – O dever de confidencialidade comunica-se a quem quer que, ao abrigo do número anterior,[3] obtenha elementos protegidos pelo segredo fiscal, nos mesmos termos do sigilo da administração tributária.

"4 – O dever de confidencialidade não prejudica o acesso do sujeito passivo aos dados sobre a situação tributária de outros sujeitos passivos que sejam comprovadamente necessários à fundamentação da reclamação, recurso ou impugnação judicial, desde que expurgados de quaisquer elementos susceptíveis de identificar a pessoa ou pessoas a que dizem respeito.

"5 – Não contende com o dever de confidencialidade:

"a) A divulgação de listas de contribuintes cuja situação tributária não se encontre regularizada, designadamente listas hierarquizadas em função do montante em dívida, desde que já tenha decorrido qualquer dos prazos legalmente previstos para a prestação de garantia ou tenha sido decidida a sua dispensa;

"b) A publicação de rendimentos declarados ou apurados por categorias de rendimentos, contribuintes, sectores de actividade ou outras, de acordo com listas que a administração tributária deve organizar anualmente a fim de assegurar a transparência e publicidade.

"6 – Considera-se como situação tributária regularizada, para efeitos do disposto na alínea a) do número anterior, o pagamento integral de quaisquer tributos, a inexistência de situações de mora ou a sua regularização em conformidade com as disposições e planos previstos no Código de Procedimento e de Processo Tributário e demais legislação em vigor".[4]

Na sequência dos artigos 27.º, n.ºs 2 e 3, e 30.º do referido Regime Jurídico das Infracções Fiscais não Aduaneiras, o actual artigo 91.º do Regime Geral das Infracções Tributárias, aprovado pela Lei n.º 15/2001, de 5 de Junho, prevê e pune, como crime tributário comum, a violação dolosa de segredo, incluindo o sigilo fiscal, e o artigo 115.º do mesmo regime prevê e sanciona, como contra-ordenação fiscal, a violação negligente de segredo fiscal.

2 O Direito aborda aquilo a que podemos chamar de protecção da informação, quer delimitando objectivamente a informação a ser preservada, mesmo que o faça

---

[3] Naturalmente, perante a "autorização do contribuinte para a revelação da sua situação tributária", prevista na alínea a) do n.º 2 deste artigo 64.º da Lei Geral Tributária, deixa de colocar-se, porque se extinguiu a obrigação de confidencialidade, qualquer problema de comunicação desta a alguém.

[4] Este n.º 6 foi aditado pela Lei n.º 60-A/2005, de 30 de Dezembro (Orçamento do Estado para 2006), que deu também nova redacção ao n.º 5 [a anterior correspondia exclusivamente à actual alínea b)].

por referência a uma dada actividade, quer delimitando o âmbito subjectivo, que pode corresponder a uma categoria profissional, das pessoas sobre quem faz impender a obrigação de preservar certas informações. Enquadre o Direito a questão predominantemente por uma ou outra dessas vias, ambas são indispensáveis a qualquer obrigação jurídica de segredo e a verdade é que os regimes legais de tutela da informação a preservar delimitam os dados que constituem o seu objecto e estatuem deveres de preservação dos mesmos relativamente a um universo mais ou menos amplo de pessoas.

Bem se compreende, pois, que ambas as vias acabadas de referir estejam presentes no artigo 64.º da Lei Geral Tributária. Nesta disposição, o sigilo fiscal obriga "dirigentes, funcionários e agentes da administração tributária", bem como quem obtiver, se os obtiver ao abrigo do n.º 2 do mesmo artigo, "elementos protegidos pelo segredo fiscal, nos mesmos termos do sigilo da administração tributária" (cf. n.ºs 1 e 3), e tem por objecto "os dados recolhidos sobre a situação tributária dos contribuintes e os elementos de natureza pessoal que obtenham no procedimento, nomeadamente os decorrentes do sigilo profissional ou qualquer outro dever de segredo legalmente regulado" (cf. n.º 1).

Posto isto, é também facilmente compreensível, como resulta, aliás, do n.º 1 do artigo 64.º da Lei Geral Tributária, que o sigilo fiscal se estruture com o apoio do sigilo profissional. No entanto, a menor felicidade sintáctica daquela disposição exige que aqui procuremos clarificar a concatenação entre ambos: o sigilo fiscal e o sigilo profissional.

É biunívoca, segundo entendemos, a relação entre o sigilo fiscal e o sigilo profissional dos dirigentes, funcionários e agentes da Administração Tributária: é o sigilo profissional que, por um lado, se permite operacionalizar o sigilo fiscal, na medida em que acolhe em si o conteúdo deste, quer o conteúdo mais estritamente patrimonial, "os dados recolhidos sobre a situação tributária dos contribuintes", quer o conteúdo mais estritamente pessoal, "os elementos de natureza pessoal" obtidos no procedimento, sem prejuízo, naturalmente, da possibilidade de comunicação do dever de confidencialidade, conforme o n.º 3 do artigo 64.º da Lei Geral Tributária; é o sigilo fiscal que, por outro lado, acolhe os conteúdos de informação, *maxime* "os elementos de natureza pessoal", a ele levados em decorrência do sigilo profissional, que assim é destacado pela lei, no âmbito dos deveres legais de segredo, como patrocinador do conteúdo do sigilo fiscal. Consciente desta relação complexa entre o sigilo fiscal e o sigilo profissional dos dirigentes, funcionários e agentes da Administração Tributária, refere-se o n.º 3 do artigo 64.º da Lei Geral Tributária, como vimos, a "segredo fiscal" e a "sigilo da administração tributária" como os momentos objectivo e subjectivo, respectivamente, de um mesmo sigilo fiscal.

Impõe-se, neste contexto, que relembremos uma antiga norma, inserida num diploma orgânico: a alínea c) do artigo 30.º do Decreto-Lei n.º 363/78, de 28 de Novembro, que impõe ao funcionário da Direcção-Geral dos Impostos o dever de guardar sigilo profissional, "não podendo, nomeadamente, revelar quaisquer elementos sobre a situação profissional e os rendimentos dos contribuintes".

Citando um anterior Parecer do mesmo Conselho Consultivo (o Parecer n.º 110/56, de 14 de Março de 1957), o Parecer n.º 20/94, de 9 de Fevereiro de 1995, do

Conselho Consultivo da Procuradoria-Geral da República[5] refere, quanto ao sigilo profissional: "O exercício de certas profissões, como o funcionamento de determinados serviços exige ou pressupõe, pela própria natureza das necessidade que tais profissões ou serviços visam satisfazer, que os indivíduos que a eles tenham de recorrer revelem factos que interessam à esfera íntima da sua personalidade, quer física, quer jurídica.

"Quando esses serviços ou profissões são de fundamental importância colectiva, porque virtualmente todos os cidadãos carecem de os utilizar, é intuitivo que a inviolabilidade dos segredos conhecidos através do seu funcionamento ou exercício constitui, como condição indispensável de confiança nessas imprescindíveis actividades, um alto interesse público.[6]

---

[5] Este parecer, que não foi homologado, está publicado em *Pareceres da procuradoria-geral da república*, v. VII, p. 109 *et seq*. cf. <http://www.pgr.pt>. "Quando homologados pelas entidades que os tenham solicitado ou a cujo sector respeite o assunto apreciado, os pareceres do Conselho Consultivo (da Procuradoria-Geral da República) sobre disposições de ordem genérica são publicados na 2ª série do *Diário da República* para valerem como interpretação oficial, perante os respectivos serviços, das matérias que se destinam a esclarecer" (cf. n.º 1 do artigo 43.º da Lei n.º 47/86, de 15 de Outubro, o Estatuto do Ministério Público, na redacção da Lei n.º 60/98, de 27 de Agosto; o n.º 2 do mesmo artigo diz: "Se o objecto de consulta interessar a dois ou mais ministérios que não estejam de acordo sobre a homologação do parecer, esta compete ao Primeiro-Ministro").

[6] Com maior relevo para a economia do presente escrito, veja-se: **(1)** o dever de sigilo que existe no âmbito do procedimento de inspecção tributária (artigo 22.º do Regime Complementar do Procedimento de Inspecção Tributária, aprovado pelo Decreto-Lei n.º 413/98, de 31 de Dezembro); **(2)** o dever de sigilo inerente ao Estatuto do Provedor de Justiça (artigo 12.º da Lei n.º 9/91, de 9 de Abril, e o dever de sigilo fiscal a que estava submetido o Defensor do Contribuinte (extinto pelo Decreto-Lei n.º 320-A/2002, de 30 de Dezembro) e os seus serviços de apoio, bem como os órgãos, serviços e agentes da administração tributária que colaborassem nas diligências efectuadas pelo Defensor do Contribuinte (artigo 12.º do Decreto-Lei n.º 205/97, de 12 de Agosto); **(3)** o dever de sigilo relativo à cooperação entre a Polícia Judiciária e a Administração Fiscal em matéria de acesso e tratamento de informação relevante para a investigação criminal (artigo 6.º do Decreto-Lei n.º 93/2003, de 30 de Abril) e o dever de sigilo que incide sobre os dados pessoais tratados no âmbito da interconexão de dados entre os serviços da Administração Fiscal e as instituições da segurança social (artigo 9.º do Decreto-Lei n.º 92/2004, de 20 de Abril) e sobre todos os funcionários e agentes das entidades que tenham acesso à informação recolhida no âmbito do controlo dos montantes de dinheiro líquido que entram ou saem da União Europeia (artigo 8.º do Decreto-Lei n.º 61/2007, de 14 de Março); **(4)** o dever de sigilo que impende sobre os responsáveis do tratamento de dados pessoais, as pessoas que, no exercício das suas funções, tenham conhecimento dos dados pessoais tratados, os membros da Comissão Nacional de Protecção de Dados e os seus funcionários, agentes ou técnicos que exerçam funções de assessoria à Comissão ou aos seus vogais (n.ºs 1, 2 e 4 do artigo 17.º da Lei n.º 67/98, de 26 de Outubro); cf., a este propósito, o regime da protecção de dados pessoais, com o respectivo dever de sigilo, inerente ao cartão de cidadão (Lei n.º 7/2007, de 5 de Fevereiro) e, ainda, o regime de segurança e confidencialidade do tratamento de dados pessoais e da protecção da privacidade das comunicações electrónicas (Lei n.º 41/2004, de 18 de Agosto) e a conservação de dados gerados ou tratados no contexto da oferta de serviços de comunicações electrónicas públicas (Lei n.º 32/2008, de 17 de Julho); **(5)** o dever de segredo dos funcionários públicos (alínea e) do n.º 4 do artigo 3.º do seu anterior Estatuto Disciplinar, aprovado pelo Decreto-Lei n.º 24/84, de 16 de Janeiro, que esclarecia, no n.º 9 do mesmo artigo, que tal dever "consiste em guardar segredo profissional relativamente aos factos de que tenha conhecimento em virtude do exercício das suas funções e que não se destinem a ser do domínio público"; este dever deixou de constar do actual Estatuto Disciplinar dos Trabalhadores que Exercem Funções Públicas, aprovado pela Lei n.º 58/2008, de 9 de Setembro, sendo que o n.º 6 do artigo 3.º deste estatuto tipifica assim o dever de informação: "consiste em prestar ao cidadão, nos termos legais, a informação que seja solicitada, com ressalva daquela que, naqueles termos, não deva ser divulgada"; e os artigos 17.º e 18.º do mesmo diploma prevêem a pena de suspensão e de multa, respectivamente, para quem revelar factos ou documentos relacionados com os procedimentos administrativos, pendentes ou findos, com violação da lei sobre acesso à informação e para quem divulgar informação que legalmente não deva ser divulgada; estas disposições impendem igualmente sobre o pessoal dirigente, de acordo com a norma remissiva do artigo 34.º do respectivo Estatuto, aprovado pela Lei n.º 2/2004, de 15 de Janeiro; cf., ainda, artigo 4.º deste diploma, relativo aos princípios gerais de ética; cf. o dever de segredo inerente às informações relativas ao número fiscal de contribuinte, resultante do n.º 5 do artigo 8.º do Decreto-Lei n.º 463/79, de 30 de Novembro; cf., por fim, artigos 13.º e 14.º do Decreto-Lei n.º 249/98, de 11 de Agosto, quanto ao dever de sigilo dos funcionários da Inspecção-Geral de Finanças — artigos que se mantiveram em vigor por força do Decreto-Lei n.º 79/2007, de

"Daí que a violação da obrigação a que ficam adstritos certos agentes profissionais de não revelarem factos confidenciais conhecidos através da sua actividade funcional — obrigação que enforma o conceito do segredo profissional — seja punível não só disciplinarmente mas também criminalmente".

3 Cada um dos regimes jurídicos de informação preservada, como lhe chamámos (ou de confidencialidade, ou de sigilo, ou de segredo), tem, como se intui, a sua específica fundamentação: "A confidencialidade tem no plano jurídico (...) vários tipos de aplicação. Cada uma, naturalmente, pressuporá uma *ratio* específica, que não é susceptível de ser perspectivada em termos homogéneos e universalizantes".[7]

---

29 de Março — e artigo 21.º do Decreto-Lei n.º 276/2007, de 31 de Julho, quanto ao dever de sigilo inerente à actividade de inspecção); **(6)** o dever de confidencialidade das instituições de segurança social quanto aos "dados de natureza estritamente privada de que disponham, relativos à situação pessoal, económica ou financeira de quaisquer pessoas ou entidades", conforme o artigo 75.º, *maxime* n.º 1, das bases gerais do sistema de segurança social, aprovadas pela Lei n.º 4/2007, de 16 de Janeiro; **(7)** o dever de segredo estatístico, no âmbito do Sistema Estatístico Nacional, cujo regime consta da Lei n.º 22/2008, de 13 de Maio (artigo 6.º deste diploma); **(8)** o dever de segredo profissional dos membros dos órgãos e dos trabalhadores ou prestadores de serviços do Instituto de Seguros de Portugal (artigo 39.º do seu Estatuto, aprovado pelo Decreto-Lei n.º 289/2001, de 13 de Novembro); **(9)** o dever de sigilo profissional no âmbito da supervisão da actividade seguradora (artigos 158.º a 162.º do Decreto-Lei n.º 94-B/98, de 17 de Abril); **(10)** o segredo (profissional) bancário (artigos 78.º a 84.º do Regime Geral das Instituições de Crédito e Sociedades Financeiras, aprovado pelo Decreto-Lei n.º 298/92, de 31 de Dezembro) (cf. AZEVEDO, Maria Eduarda. O segredo bancário. *Cadernos de Ciência e Técnica Fiscal*, 157, 1989); **(11)** o dever de sigilo no âmbito da actividade inerente ao mercado de valores mobiliários (artigos 354.º a 356.º do Código dos Valores Mobiliários, aprovado pelo Decreto-Lei n.º 486/99, de 13 de Novembro); **(12)** o segredo de justiça, nos termos do artigo 86.º do Código de Processo Penal, que, com a recente reforma feita pela Lei n.º 48/2007, de 29 de Agosto, passou a determinar o princípio da publicidade do processo, com as excepções legais e a possibilidade de o segredo de justiça vigorar na fase de inquérito, mediante decisão judicial; cf., ainda, a título de exemplo, artigo 13.º ("Segredo de justiça e profissional") da Lei Orgânica da Polícia Judiciária, Lei n.º 37/2008, de 6 de Agosto, *maxime* as seguintes normas: "Os actos processuais de investigação criminal e de coadjuvação das autoridades judiciárias estão sujeitos ao segredo de justiça nos termos da lei" (n.º 1); "Os funcionários em serviço na PJ não podem fazer revelações públicas relativas a processos ou sobre matérias de índole reservada, salvo o que se encontra previsto nesta lei sobre informação pública e acções de natureza preventiva junto da população e ainda o disposto nas leis de processo penal" (n.º 2); **(13)** o segredo de Estado (Regime do Segredo de Estado, constante da Lei n.º 6/94, de 7 de Abril, e artigo 316.º do Código Penal); **(14)** o dever de segredo profissional que impende sobre os advogados (artigo 87.º do Estatuto da Ordem dos Advogados, aprovado pela Lei n.º 15/2005, de 26 de Janeiro); **(15)** o dever de segredo profissional que impende sobre os solicitadores (artigo 110.º do Estatuto da Câmara dos Solicitadores, aprovado pelo Decreto-Lei n.º 88/2003, de 26 de Abril); **(16)** o sigilo profissional dos revisores oficiais de contas (artigo 72.º do Estatuto da Ordem dos Revisores Oficiais de Contas, aprovado pelo Decreto-Lei n.º 487/99, de 16 de Novembro) e o dever de segredo dos membros do Conselho Nacional de Supervisão e Auditoria e dos respectivos colaboradores (artigo 15.º do Decreto-Lei n.º 225/2008, de 20 de Novembro); **(17)** o sigilo profissional dos jornalistas quanto à revelação das suas fontes de informação (artigo 11.º do Estatuto do Jornalista, constante da Lei n.º 1/99, de 13 de Janeiro); quanto ao dever de sigilo dos membros e dos colaboradores da Comissão da Carteira Profissional de Jornalista, cf. artigo 28.º do Decreto-Lei n.º 70/2008, de 15 de Abril; **(18)** o segredo profissional que impende sobre os médicos (alínea c) do artigo 13.º do Estatuto da Ordem dos Médicos, aprovado pelo Decreto-Lei n.º 282/77, de 5 de Julho); **(19)** o regime da segurança da informação e do dever de segredo inerente à base de dados de perfis de ADN para fins de identificação civil e criminal, criada pela Lei n.º 5/2008, de 12 de Fevereiro, *maxime* artigos 27.º e 28.º e 35.º e 36.º.

Cf., ainda, artigos 195.º ("Violação de segredo"), 196.º ("Aproveitamento indevido de segredo"), 383.º ("Violação de segredo por funcionário") e 384.º ("Violação de segredo de correspondência ou de telecomunicações"), todos do Código Penal.

Cf., por fim, o regime contra-ordenacional e penal da Lei da Protecção de Dados Pessoais, a Lei n.º 67/98, de 26 de Outubro, constante dos artigos 35.º a 49.º, em especial, os artigos 43.º ("Não cumprimento de obrigações relativas a protecção de dados"), 44.º ("Acesso indevido"), 45.º ("Viciação ou destruição de dados pessoais"), 46.º ("Desobediência qualificada") e 47.º ("Violação do dever de sigilo").

[7] CORTE-REAL, Carlos Pamplona; GOUVEIA, Jorge Bacelar; COSTA, Joaquim Pedro Cardoso da. Breves reflexões em matéria de confidencialidade fiscal. *Ciência e Técnica Fiscal*, 368, p. 7-48, out./dez. 1992, *maxime* p. 12 (citação também feita no Parecer n.º 20/94, de 9 de Fevereiro de 1995, do Conselho Consultivo da Procuradoria-Geral da República). Aqueles autores acrescentam (*op. cit.*, p. 12): "Assim, por exemplo, o segredo de justiça

A Lei Geral Tributária, embora desenvolvendo-o e consolidando-o, não trouxe relativamente ao sigilo fiscal uma alteração quanto ao seu âmbito, pois a nova referência aos "elementos de natureza pessoal que obtenham no procedimento, nomeadamente os decorrentes do sigilo profissional ou qualquer outro dever de segredo legalmente regulado" limita-se a explicitar outros momentos normativos de estatuição de deveres de segredo, necessariamente integrantes do "sigilo da Administração Tributária". A Lei Geral Tributária também não influiu nos fundamentos do sigilo fiscal; esta não é, aliás, tarefa que compita ao legislador.

O sigilo fiscal convoca, como seu fundamento, diferentes tutelas jurídicas:[8] da reserva da intimidade da vida privada, da protecção dos dados pessoais e da correcta utilização da informática no âmbito de tais dados, bem como da protecção da confiança na Administração Fiscal por parte dos contribuintes e de terceiros com eles relacionados para efeitos tributários. Estes fundamentos, no sigilo que enformam, confrontam-se inevitavelmente, em termos que retomaremos, com o princípio da administração aberta.[9]

A fundamentação primeira do dever de confidencialidade relativamente à informação "sobre a situação tributária dos contribuintes e os elementos de natureza pessoal" não pode, segundo defendemos, deixar de assentar no direito à reserva da intimidade da vida privada, na dupla perspectiva da proibição de acesso a informações e de divulgação destas,[10] garantido pelo n.º 1 do artigo 26.º da Constituição da

---

terá por fundamento razões ligadas à protecção do bom nome e à própria eficácia da Justiça; já o segredo bancário visa fins diversos, que terão algo a ver com a própria tutela da vida privada dos cidadãos numa óptica patrimonial, mas, sobretudo, com a própria dinâmica do giro bancário; na consagração legal do segredo profissional, *v.g.* segredo que impende sobre funcionários, sobre advogados, sobre médicos, etc., o que está em causa é a tutela da confiança e a protecção de dados instrumentais funcionalmente colhidos, cujo grau de incidência, em termos de intimidade da vida privada, é, sem dúvida, variável, podendo não ser em absoluto sigilosos; (...); no segredo de Estado por fim, é evidente que estão presentes valores de outra índole, situados no plano de defesa da própria soberania nacional".

Veja-se, a este propósito, o regime da segurança de matérias classificadas, decorrente da Lei de Segurança Interna, a Lei n.º 53/2008, de 29 de Agosto. Ao abrigo da alínea d) do n.º 2 do artigo 8.º desta Lei ("Compete ao Conselho de Ministros (...) Fixar, nos termos da lei, as regras de classificação e controlo de circulação dos documentos oficiais e de credenciação das pessoas que devem ter acesso aos documentos classificados"), em termos idênticos aos que vinham de trás, da Lei n.º 20/87, de 12 de Junho, foram aprovadas as Instruções para a Segurança Nacional, Salvaguarda e Defesa das Matérias Classificadas – SEGNAC 1 (Resolução do Conselho de Ministros n.º 50/88, de 8 de Setembro de 1988 – *Diário da República* de 3 de Dezembro de 1988), as Normas para a Segurança Nacional, Salvaguarda e Defesa das Matérias Classificadas, Segurança Industrial, Tecnológica e de Investigação – SEGNAC 2 (Resolução do Conselho de Ministros n.º 37/89, de 1 de Junho de 1989 – *Diário da República* de 24 de Outubro de 1989), as Instruções para a segurança nacional – Segurança das telecomunicações – SEGNAC 3 (Resolução do Conselho de Ministros n.º 16/94, de 24 de Fevereiro de 1994 – *Diário da República* de 22 de Março de 1994), bem como as Normas para a Segurança Nacional, Salvaguarda e Defesa das Matérias Classificadas, Segurança Informática – SEGNAC 4 (Resolução do Conselho de Ministros n.º 5/90, de 28 de Setembro de 1989 – *Diário da República* de 28 de Fevereiro de 1990).

[8] Esta visão plural dos fundamentos do sigilo fiscal é consensual. Ela é assumida por Carlos Pamplona Corte-Real, Jorge Bacelar Gouveia e Joaquim Pedro Cardoso da Costa, *op. cit.*, maxime p. 13-15, 20, no Parecer n.º 20/94, de 9 de Fevereiro de 1995, do Conselho Consultivo da Procuradoria-Geral da República, por João Menezes Leitão, "Confidencialidade fiscal. Elaboração de instruções quanto ao acesso a dados fiscais detidos pela DGCI. Em particular, o regime de acesso às matrizes prediais", Parecer n.º 5/99, de 8 de Fevereiro de 1999, do Centro de Estudos Fiscais (não publicado), p. 71, *maxime* p. 10-23, e por GUERREIRO, Lima. *Lei geral tributária anotada*, 2001, p. 300. Cf., ainda, MESQUITA, Maria Margarida. A protecção da confidencialidade em matéria fiscal. *Ciência e Técnica Fiscal*, 364, p. 211-231, *maxime* p. 215-217, out./dez. 1991.

[9] Neste sentido, cf. CORTE-REAL; GOUVEIA; COSTA, *op. cit.*, p. 9. Cf., ainda, LEITÃO, *op. cit.*, p. 23-30.

[10] Neste sentido se pronunciam Leite Campos, Benjamim Rodrigues e Jorge de Sousa, *Lei geral tributária*, setembro de 2003, p. 326, o Parecer n.º 20/94, de 9 de Fevereiro de 1995, do Conselho Consultivo da Procuradoria-Geral da República e João Menezes Leitão, *op. cit.*, p. 10-14.

República Portuguesa (e pelo artigo 80.º do Código Civil).¹¹ Mas nos fundamentos do sigilo fiscal encontramos outros momentos, dele porventura até mais próximos, em termos operacionais, na medida em que funcionam como garantias daquele direito à reserva da intimidade da vida privada.¹²

Referimo-nos, desde logo, ao fundamento colhido da natureza pessoal dos dados e, assim, dos limites impostos ao tratamento dos mesmos, qual mecanismo privilegiado ao serviço do direito à reserva da intimidade da vida privada, à luz do princípio, presente no n.º 4 do artigo 35.º da Constituição da República Portuguesa, da proibição de acesso a dados pessoais de terceiros e da natureza excepcional da lei que disponha em sentido contrário, bem como da regra, referenciada no n.º 1 do mesmo artigo e que, como veremos, a lei desenvolve, da recolha e tratamento dos dados pessoais em função de finalidades determinadas, explícitas e legítimas e na medida destas.

Deve esclarecer-se que, no entanto, se não afasta a possibilidade de aqueles limites ao tratamento dos dados pessoais se constituírem como fundamento autónomo do sigilo fiscal, na estrita medida em que a protecção da informação pessoal resultar exclusivamente da regra do respeito pela finalidade que presidiu à recolha e tratamento dos mesmos dados pessoais.¹³

O n.º 1 do artigo 64.º da Lei Geral Tributária, ao evidenciar os "elementos de natureza pessoal" ao lado dos "dados recolhidos sobre a situação tributária dos contribuintes" (numa evolução do rigor da terminologia relativamente à alínea d) do artigo 17.º do Código de Processo Tributário), e, assim, ao expressamente identificar as duas dimensões que integram o sigilo fiscal, a mais estritamente pessoal e

---

É-nos útil neste momento a lição de Gomes Canotilho e Vital Moreira, *Constituição da República Portuguesa anotada*. 3. ed. rev. Coimbra: Coimbra Ed., 1993. p. 182: "O âmbito normativo do direito fundamental à reserva da intimidade da vida privada e familiar deverá delimitar-se, assim, com base num conceito de 'vida privada' que tenha em conta a referência civilizacional sob três aspectos: (1) o respeito dos comportamentos; (2) o respeito do anonimato; (3) o respeito da vida em relação".

¹¹ O artigo 26.º da Constituição da República Portuguesa está integrado no âmbito dos direitos, liberdades e garantias pessoais e o seu n.º 1 estatui: "A todos são reconhecidos os direitos à identidade pessoal, ao desenvolvimento da personalidade, à capacidade civil, à cidadania, ao bom nome e reputação, à imagem, à palavra, à reserva da intimidade da vida privada e familiar e à protecção legal contra quaisquer formas de discriminação"; e o n.º 2 do mesmo artigo 26.º estatui: "A lei estabelecerá garantias efectivas contra a obtenção e utilização abusivas, ou contrárias à dignidade humana, de informações relativas às pessoas e famílias". Cf., ainda, n.º 1 do artigo 25.º da Constituição da República Portuguesa ("A integridade moral e física das pessoas é inviolável"). Por seu turno, o artigo 80.º do Código Civil estatui: "Todos devem guardar reserva quanto à intimidade da vida privada de outrem" (cf. n.º1); sendo a extensão da reserva "definida conforme a natureza do caso e a condição das pessoas" (cf. n.º 2).

¹² Sobre esta articulação entre direitos, *maxime* entre direitos fundamentais, com funções de garantia dos mesmos, cf. CANOTILHO; MOREIRA, *op. cit.*, p. 181.

¹³ Não pode, no entanto, deixar de comentar-se a posição de Lima Guerreiro, *op. cit.*, p. 300, quando este considera "insuficiente ou globalmente inadequada" a reserva da intimidade pessoal para fundamentar o sigilo fiscal, preferindo alicerçar este na protecção dos dados pessoais, e retira aquela conclusão na base das seguintes afirmações: "Os dados de natureza patrimonial contidos na declaração de rendimentos não integram maioritariamente a reserva da intimidade pessoal"; "O facto de o segredo fiscal compreender também os dados das pessoas colectivas reforça a ideia de que ele não tem como fundamento a reserva da intimidade pessoal, embora compreenda igualmente os elementos de natureza não patrimonial, mas pessoal, que a Administração fiscal recolha no procedimento". A nosso ver esta opinião não pode aceitar-se, logo na sua fundamentação, quer porque é consensual, *maxime* na nossa jurisprudência constitucional, que a vida privada abrange a situação económica dos cidadãos, quer porque o regime legal de protecção de dados pessoais está vocacionado para as pessoas singulares.

a mais estritamente patrimonial, terá pretendido precisamente, dado o significado personalizado da informação presente em ambas, relevar a pertinência da consideração na estrutura do sigilo fiscal do enquadramento jurídico da protecção dos dados pessoais.

As obrigações de sigilo profissional e de respeito pela finalidade que presidiu à recolha e ao tratamento da informação merecem aqui um outro sublinhado. Debruçámo-nos, ainda há pouco, sobre a concatenação entre o sigilo fiscal e o sigilo profissional dos dirigentes, funcionários e agentes da Administração Tributária. Vimos agora como a garantia da preservação da finalidade inerente à recolha e tratamento dos dados pessoais constitui um instrumento privilegiado da tutela da protecção destes dados. Estamos, pois, em condições de compreender como aquele sigilo profissional e a tutela da preservação desta finalidade se constituem, quer como garantes do sigilo fiscal, quer, na medida em que ambos permitem operacionalizar a tutela da confiança na Administração Fiscal[14] — que sendo Administração Pública está subordinada a princípios fundamentais de actuação[15] —, como momentos que evidenciam essa confiança enquanto fundamento do sigilo fiscal; sendo que importa não esquecer que, pelas razões que já referimos, o respeito pela finalidade da recolha e tratamento dos dados pessoais pode constituir-se como fundamento autónomo do sigilo fiscal.

4 A análise do âmbito do sigilo fiscal permite-nos confirmar o sentido sempre personalizado da protecção da informação por ele efectivada. O âmbito do sigilo fiscal obtém-se naturalmente, para além dos "elementos de natureza pessoal" resultantes do procedimento, pela delimitação do objecto do dever de confidencialidade fiscal inerente aos "dados recolhidos sobre a situação tributária dos contribuintes", nas expressões utilizadas pelo n.º 1 do artigo 64.º da Lei Geral Tributária. Neste ponto, há um caminho doutrinal já trilhado, com pertinência, que importa aqui recuperar.

Refere-se no já citado Parecer n.º 20/94, de 9 de Fevereiro de 1995, do Conselho Consultivo da Procuradoria-Geral da República, emitido ainda a propósito da alínea d) do artigo 17.º do Código de Processo Tributário, que se integram nos "'dados relativos à situação tributária dos contribuintes' (...) quaisquer informações, quaisquer elementos informatizados ou não que reflictam de alguma forma a situação patrimonial dos sujeitos passivos da obrigação de imposto,[16] sejam pessoas singulares,

---

[14] GUERREIRO, op. cit., p. 300, retira do princípio do respeito pela finalidade que presidiu à recolha e ao tratamento da informação, não apenas a garantia da confiança na actuação da Administração Fiscal, mas ainda a garantia de "uma maior eficácia da actividade tributária".

[15] Relembre-se o artigo 266.º da Constituição da República Portuguesa, em especial o seu n.º 2: "Os órgãos e agentes administrativos estão subordinados à Constituição e à lei e devem actuar, no exercício das suas funções, com respeito pelos princípios da igualdade, da proporcionalidade, da justiça, da imparcialidade e da boa fé".

[16] Parece-nos feliz a seguinte passagem de Carlos Pamplona Corte-Real, Jorge Bacelar Gouveia e Joaquim Pedro Cardoso da Costa, op. cit., p. 17-18 (citação também feita no Parecer n.º 20/94, de 9 de Fevereiro de 1995, do Conselho Consultivo da Procuradoria-Geral da República): "(...) não é tanto um dado fiscal isolado que preocupará o legislador quando impõe a confidencialidade fiscal, mas os dados fiscais que digam algo de forma mais ampla acerca da situação patrimonial dos contribuintes. Daí decorre, desde logo, que os dados fiscais confidenciais não excluem o seu carácter económico, como se poderia antever de uma eventual conexão que se admitiu de tais dados com uma perspectiva personalizada ou intimista do princípio da confidencialidade fiscal. Portanto, *deve assentar-se que se tem em vista dados de natureza pessoal sim, mas cujo teor possa retratar, de algum modo, a capacidade contributiva dos cidadãos*". Diz, sobre este mesmo tema, sem grandes preocupações de

ou pessoas colectivas,[17] comerciantes e não comerciantes", não estando abrangidos pelo dever de confidencialidade fiscal "os dados que tenham natureza pública, por serem livremente cognoscíveis por recurso a outras vias jurídico-institucionais, como sejam, *v.g.*, os registos predial, comercial e civil".[18]

Importa sublinhar, em coerência com o que já se afirmou, que o que releva não são os dados fiscais, *de per se*,[19] mas o que eles reflictam, de alguma forma, da situação patrimonial dos contribuintes, isto é, o que releva é o significado que as informações fiscais permitam traduzir, em termos mais ou menos amplos, sobre a intimidade da vida privada de alguém, informações essas que, por isso, se constituem como dados pessoais passíveis de protecção. "Há, pois, que fazer a conjugação do princípio da confidencialidade fiscal com a protecção legal dos dados ditos pessoais, buscando no recurso à noção de capacidade contributiva e de personificação dos dados o critério delimitador do objecto do sigilo fiscal".[20]

---

terminologia, o mesmo Parecer da Procuradoria-Geral da República: "São dados que exprimem a capacidade contributiva: os bens, as actividades, as receitas, os rendimentos, as despesas, os encargos, em suma, tudo o que reflicta ou se prenda com a matéria colectável em causa em cada processo, tudo o que interessa à situação tributária do contribuinte. Ou seja, dados que, preenchendo a relação tributária, interessam sobremaneira à definição e cômputo da obrigação tributária".

[17] O que é confirmado pelo já citado artigo 136.º ("Processo individual") do Código do Imposto sobre o Rendimento das Pessoas Colectivas. No mesmo sentido, cf. CORTE-REAL; GOUVEIA; COSTA, *op. cit.*, p. 19-20, e a então Comissão Nacional de Protecção de Dados Pessoais Informatizados, na sua Deliberação n.º 6/96, de 5 de Março.

[18] No mesmo sentido, cf. CORTE-REAL; GOUVEIA; COSTA, *op. cit.*, p. 18-19, e GUERREIRO, *op. cit.*, p. 301. Cf., a este propósito, o regime de protecção de dados no âmbito do Registo Nacional de Pessoas Colectivas, que inclui o sigilo profissional, constante dos artigos 21.º a 31.º do Decreto-Lei n.º 129/98, de 13 de Maio (*maxime* artigos 21.º, 22.º, n.º 1, e 31.º).

[19] Que assim, não sendo públicos, poderão ser *"dados estritamente fiscais, mas de índole 'neutra' em termos de expressão personalizada de uma situação tributária"*, como dizem Carlos Pamplona Corte-Real, Jorge Bacelar Gouveia e Joaquim Pedro Cardoso da Costa, *op. cit.*, p. 19; que já antes tinham dito, como vimos (cf. n. 16): "(...) não é tanto um dado fiscal isolado que preocupará o legislador quando impõe a confidencialidade fiscal, mas os dados fiscais que digam algo de forma mais ampla acerca da situação patrimonial dos contribuintes". No mesmo sentido, (cf. <http://www.cstaf.pt/>) Acórdãos do Tribunal Central Administrativo do Sul de 7 de Novembro de 2006 (Processo n.º 1398/06) e de 26 de Junho de 2007 (Processo n.º 1824/07).

[20] CORTE-REAL; GOUVEIA; COSTA, *op. cit.*, p. 18, onde concretizam: "A verdade, porém, é que quando esteja em causa, *v.g.* o acesso à situação matricial de um prédio, não é a perspectiva de uma leitura dessa capacidade contributiva que relevará. Como não o será sempre que se procure obter qualquer informação ligada a bens, actos ou factos que relevem, enquanto tais, em termos de incidência real. Diferente será o caso se tais informações forem solicitadas em função dos respectivos titulares. Aí já ressaltará uma preocupação da personalização, que naturalmente implica a confidencialidade desses dados".

Diga-se, a este propósito, que não podemos acompanhar João Menezes Leitão, *op. cit.*, p. 33-44, quanto às consequências hermenêuticas que ele retira das diferenças de redacção entre a alínea d) do artigo 17.º do anterior Código de Processo Tributário, que referia "dados relativos à situação tributária dos contribuintes", e o n.º 1 do artigo 64.º da actual Lei Geral Tributária, que refere "dados recolhidos sobre a situação tributária dos contribuintes e os elementos de natureza pessoal". Diz João Menezes Leitão que esta evolução de redacção traduz um alargamento do objecto da confidencialidade fiscal, tendo esta passado a compreender "todo e qualquer dado recolhido pela Administração Tributária que seja concernente por qualquer forma à situação tributária dos contribuintes, (...) não apenas os dados susceptíveis de implicarem uma óptica personalizada (*hoc sensu*), (...) mas igualmente os elementos ou informações referentes a bens, actos ou factos que assumam relevo para efeitos de incidência real (...), mesmo um puro dado isolado, ainda que não forneça *prima facie* dessa situação uma leitura parcelar ou global, (...) mesmo que não acarretem imediatamente qualquer global 'perspectivação personalizada'". Esta hermenêutica resultaria não só da nova expressão "recolhidos", mas também do confronto que agora se faz entre "situação tributária dos contribuintes" e "elementos de natureza pessoal". Por outro lado, apontaria ainda no mesmo sentido a recolha das situações em que na Lei Geral Tributária se utiliza a expressão "situação tributária" (por oposição, por vezes, a "situação tributária global"), pois ela revelaria que tal expressão designaria "qualquer dado relevante para o apuramento de

Importa, igualmente, perspectivar, a partir dos dados publicitáveis trabalhados pela Administração Fiscal, o que vem de referir-se sobre o âmbito do sigilo fiscal. Se se compreende que não seja aceitável que pela visualização de conjunto de diferentes dados públicos se argumente no sentido da violação do sigilo fiscal, escapando assim tais dados a este sigilo,[21] já o mesmo não poderá dizer-se daqueles dados publicitáveis. Neste ponto, as matrizes prediais são um bom exemplo, podendo dizer-se quanto a elas que, se os elementos constantes das inscrições matriciais relativamente aos bens imóveis podem ser divulgados, em coerência com a função de publicitação que compete às matrizes, "já não será assim (...) quando, eventualmente, se solicitar informação relativa a todos os bens imóveis pertencentes a um dado indivíduo"[22] ou através da simples identificação deste.[23] Voltaremos a esta questão mais tarde.

---

factos tributáveis, susceptíveis como tal de influírem, positiva ou negativamente, na existência e consistência de obrigações tributárias, ou seja, qualquer elemento que seja obtido para tomar conhecimento de que se verificaram certos pressupostos tributários e para a fixação dos elementos da correspondente relação jurídica de imposto". Como consequência desta sua visão, João Menezes Leitão conclui que deixou de poder falar-se em "dados fiscais neutros", enquanto sinónimo de dados fiscais que não expressam uma situação tributária personalizada, embora mantenha utilidade a noção de "dados publicitáveis" (ao lado dos dados públicos e dos dados sigilosos), mas reflectindo agora a legitimidade para a eles se aceder. Quanto a nós, uma tal posição peca por excesso absoluto de formalismo. Desde logo, não conseguimos, de todo, ver na evolução ora em análise do elemento literal, *de per se*, o significado tão profundo que se descreveu; depois, a nova referência aos "elementos de natureza pessoal" visa, como vimos já, relevar uma das duas dimensões que integram o sigilo fiscal, a mais estritamente pessoal, ao lado da mais estritamente patrimonial, e, assim mesmo, a pertinência da consideração na estrutura do sigilo fiscal do enquadramento jurídico da protecção dos dados pessoais, sem que daqui, como bem se compreende, possa extrair-se algum significado quanto ao âmbito específico da noção de "situação tributária"; em terceiro lugar, parece-nos óbvio que o significado desta mesma noção não pode enclausurar-se num pretenso sentido global uniforme, antes relevando o significado de cada um dos contextos normativos (independentemente da crítica que poderia fazer-se à concreta edificação daquele pretenso sentido global uniforme a partir dos vários contextos normativos); por fim, privilegiamos, decisivamente, uma visão teleológica a uma visão literal, e aquela aponta claramente para fundamentos, já nossos conhecidos, que reconduzem o sigilo fiscal a finalidades de preservação de momentos significantes do ponto de vista da personalização da informação.

[21] Veja-se como o regime do controlo público da riqueza dos titulares de cargos políticos, constante da Lei n.º 4/83, de 2 de Abril, alterada pela Lei n.º 25/95, de 18 de Agosto, impõe obrigações de declaração, junto do Tribunal Constitucional, de rendimentos (precisamente por referência às declarações fiscais relativas ao Imposto sobre o Rendimento das Pessoas Singulares), de património e de cargos sociais, sendo que tais informações estão acessíveis à consulta de qualquer cidadão.

[22] CORTE-REAL; GOUVEIA; COSTA, *op. cit.*, p. 18-19. No mesmo sentido, cf. LEITÃO, *op. cit.*, p. 52-57, que releva ainda, a este propósito, a necessidade de respeito pela finalidade tributária da informação constante das matrizes prediais. No mesmo sentido se pronunciou também a então Comissão Nacional de Protecção de Dados Pessoais Informatizados, na sua Deliberação n.º 6/96, de 5 de Março (cf. <http://www.cnpd.pt/>), que acrescentou que uma tal informação sobre quais os imóveis pertencentes a determinada pessoa ou entidade não está no âmbito das atribuições da repartição de finanças, que, para mais, colidiria com a finalidade determinante da recolha dos dados pela Administração Fiscal. Em função desta deliberação, foi alterado, pela Lei n.º 10-B/96, de 23 de Março, o n.º 1 do artigo 32.º do então Código da Contribuição Autárquica, no sentido de confinar o acesso de terceiros às matrizes relativamente à repartição de finanças da área da situação dos prédios. Sobre este aspecto, cf. GUERREIRO, *op. cit.*, p. 301-302.

[23] Concordamos, pois, com João Menezes Leitão, *op. cit.*, p. 51-59, *maxime* p. 52, 57, quando ele retira da referência daquele n.º 1 do artigo 32.º do Código da Contribuição Autárquica, citado na nota anterior, às "inscrições matriciais" (e não genericamente às matrizes prediais) "uma intenção delimitativa que passa pela necessária referência aos artigos matriciais sob que se encontram inscritos os prédios na matriz sempre que se pretenda consultar ou pedir documento comprovativo sobre os elementos constantes dessas inscrições", "pelo que não se deveria dar satisfação a um pedido de acesso a tais dados com simples menção do contribuinte seu titular". Neste ponto, o mesmo autor conclui (*op. cit.*, p. 69): "Não é, pois, publicitável a informação matricial reportada exclusivamente ao contribuinte possível titular de dados matriciais".

Concretizando: quando se pretenda conhecer as diversas origens do rendimento de um certo contribuinte; ou se se pretender, ainda que com menor alcance informativo, saber os rendimentos declarados por um dado sujeito passivo no âmbito de uma das categorias do IRS; ou ainda se se solicitar uma indicação relativa a todos os prédios detidos por um contribuinte, estar-se-á perante situações de carácter reservado, por consequência abrangidas pelo princípio da confidencialidade fiscal (...).[24]

Eis como, pela delimitação do seu âmbito, se confirma a pertinência da consideração na estrutura do sigilo fiscal do enquadramento jurídico da protecção dos dados pessoais, seu fundamento próximo, nos termos que já detalhámos. Somos assim remetidos para a Lei da Protecção de Dados Pessoais, a Lei n.º 67/98, de 26 de Outubro, que transpõe para a ordem jurídica nacional a Directiva n.º 95/46/CE, do Parlamento Europeu e do Conselho, de 24 de Outubro de 1995, relativa à protecção das pessoas singulares no que diz respeito ao tratamento dos dados pessoais e à livre circulação desses dados.[25] Esta Lei foi aprovada no respeito pelo artigo 35.º da Constituição da República Portuguesa, disposição revista em 1982, 1989 e 1997 e também ela integrada no seio dos direitos, liberdades e garantias pessoais.[26]

A Lei da Protecção de Dados Pessoais estabelece o princípio geral (cf. artigo 2.º) de que "O tratamento de dados pessoais deve processar-se de forma transparente e no estrito respeito pela reserva da vida privada, bem como pelos direitos, liberdades e garantias fundamentais". Atenta a definição de "dados pessoais", constante da alínea a) do artigo 3.º da mesma lei ("qualquer informação, de qualquer natureza e independentemente do respectivo suporte, incluindo som e imagem, relativa a uma pessoa singular identificada ou identificável [...]"), determina esta, no âmbito das

---

[24] CORTE-REAL; GOUVEIA; COSTA, *op. cit.*, p. 19 (citação também feita no Parecer n.º 20/94, de 9 de Fevereiro de 1995, do Conselho Consultivo da Procuradoria-Geral da República).
[25] Importa, nesta matéria, não esquecer os trabalhos pioneiros do Conselho da Europa, que deram origem à Convenção de 1981 para a protecção das pessoas em relação ao tratamento automatizado de dados de carácter pessoal, a qual entrou em vigor, em Portugal, em 1 de Janeiro de 1994 (Aviso n.º 227/93, de 5 de Novembro).
[26] É o seguinte o conteúdo do artigo 35.º da Constituição da República Portuguesa, que tem por epígrafe "Utilização da informática": "1 – Todos os cidadãos têm o direito de acesso aos dados informatizados que lhes digam respeito, podendo exigir a sua rectificação e actualização, e o direito de conhecer a finalidade a que se destinam, nos termos da lei.
"2 – A lei define o conceito de dados pessoais, bem como as condições aplicáveis ao seu tratamento automatizado, conexão, transmissão e utilização, e garante a sua protecção, designadamente através de entidade administrativa independente.
"3 – A informática não pode ser utilizada para tratamento de dados referentes a convicções filosóficas ou políticas, filiação partidária ou sindical, fé religiosa, vida privada e origem étnica, salvo mediante consentimento expresso do titular, autorização prevista por lei com garantias de não discriminação ou para processamento de dados estatísticos não individualmente identificáveis.
"4 – É proibido o acesso a dados pessoais de terceiros, salvo em casos excepcionais previstos na lei.
"5 – É proibida a atribuição de um número nacional único aos cidadãos.
"6 – A todos é garantido livre acesso às redes informáticas de uso público, definindo a lei o regime aplicável aos fluxos de dados transfronteiras e as formas adequadas de protecção de dados pessoais e de outros cuja salvaguarda se justifique por razões de interesse nacional.
"7 – Os dados pessoais constantes de ficheiros manuais gozam de protecção idêntica à prevista nos números anteriores, nos termos da lei".
Relembre-se, a este propósito, o artigo 159.º da Lei de Organização e Funcionamento dos Tribunais Judiciais, Lei n.º 52/2008, de 28 de Agosto, que estatui sobre a utilização da informática para o tratamento de dados relativos à gestão dos tribunais judiciais, à tramitação processual e ao arquivo. Deixou de fazer-se referência nesta norma à necessidade de "respeito pelas disposições constitucionais e legais em vigor", que constava do artigo 132.º da anterior Lei de Organização e Funcionamento dos Tribunais Judiciais, Lei n.º 3/99, de 13 de Janeiro, o que obviamente em nada significa a caducidade de tais limites constitucionais e legais.

especificações da "qualidade dos dados" pessoais (cf. artigo 5.º), que o tratamento destes dados deve ser feito "de forma lícita e com respeito pelo princípio da boa fé" e que os mesmos devem ser recolhidos tendo em vista "finalidades determinadas, explícitas e legítimas", só podendo ser tratados, em qualquer momento, de forma compatível com essas finalidades, as quais constituem o parâmetro da adequação, da pertinência e da proibição do excesso da sua recolha e tratamento (cf. alíneas a), b) e c) do n.º 1 do artigo 5.º). A Lei disponibiliza a qualquer pessoa o recurso legal aos "meios administrativos ou jurisdicionais para garantir o cumprimento das disposições legais em matéria de protecção de dados pessoais" (cf. artigo 33.º), bem como a obtenção da reparação do prejuízo sofrido do responsável pelo tratamento ilícito de dados ou por qualquer outro acto que viole disposições legais em matéria de protecção de dados pessoais (cf. n.º 1 do artigo 34.º).[27]

---

[27] Após definir as condições de legitimidade do tratamento de dados pessoais (cf. artigo 6.º), a Lei da Protecção de Dados Pessoais estabelece (cf. artigo 7.º) o princípio (e os termos das respectivas excepções) da proibição de "tratamento de dados pessoais referentes a convicções filosóficas ou políticas, filiação partidária ou sindical, fé religiosa, vida privada e origem racial ou étnica, bem como o tratamento de dados relativos à saúde e à vida sexual, incluindo os dados genéticos" (cf. o já citado n.º 3 do artigo 35.º da Constituição da República Portuguesa). A mesma lei revela especial atenção quanto à criação e manutenção de registos centrais e ao tratamento de dados relativos a pessoas suspeitas de actividades ilícitas, infracções penais, contra-ordenações e decisões que apliquem penas, medidas de segurança, coimas e sanções acessórias, bem como quanto ao tratamento de dados pessoais para fins de investigação criminal (cf. artigo 8.º). Sobre a interconexão de dados pessoais, definida na alínea i) do artigo 3.º, incide o artigo 9.º da lei, incidindo os artigos 10.º a 13.º sobre os direitos do titular dos dados (respectivamente, de informação, de acesso, de oposição e de não sujeição a certas decisões individuais tomadas exclusivamente com base no tratamento automatizado de dados). Os artigos 14.º a 16.º da lei ora em análise fixam as regras relativas à segurança do tratamento de dados pessoais, protegendo-os "contra a destruição, acidental ou ilícita, a perda acidental, a alteração, a difusão ou o acesso não autorizados" (cf. n.º 1 do artigo 14.º). Para além das regras do artigo 17.º sobre o sigilo profissional, já atrás referidas, o conteúdo restante da Lei da Protecção de Dados Pessoais incide sobre a transferência de dados (artigos 18.º a 20.º), sobre a Comissão Nacional de Protecção de Dados (artigos 21.º a 31.º), sobre códigos de conduta (artigo 32.º) e sobre a tutela administrativa e jurisdicional, já antes referida neste escrito, incluindo o direito contra-ordenacional e penal (artigos 33.º a 49.º).
Dois diplomas muito recentes contêm normas próximas de exigência de respeito do segredo de justiça e do sigilo profissional, conforme o referido artigo 17.º da Lei da Protecção de Dados Pessoais: a Lei n.º 73/2009, de 12 de Agosto (cf. artigo 14.º), que aprova as condições e os procedimentos a aplicar para instituir o sistema integrado de informação criminal, de acordo com o disposto no artigo 11.º da Lei n.º 49/2008, de 27 de Agosto (Lei de Organização da Investigação Criminal), através da implementação de uma plataforma para o intercâmbio de informação criminal que assegure uma efectiva interoperabilidade entre sistemas de informação dos órgãos de polícia criminal; e a Lei n.º 74/2009, de 12 de Agosto (cf. artigo 5.º), que aprova o regime aplicável ao intercâmbio de dados e informações de natureza criminal entre as autoridades dos Estados membros da União Europeia, transpondo para o Direito interno a Decisão Quadro n.º 2006/960/JAI, do Conselho, de 18 de Dezembro.
Quanto à cooperação entre a Polícia Judiciária e a Administração Fiscal em matéria de acesso e tratamento da informação de natureza tributária relevante para as acções de investigação criminal, cf. o Decreto-Lei n.º 93/2003, de 30 de Abril; e quanto à interconexão de dados entre os serviços da Administração Fiscal e as instituições da segurança social, cf. o Decreto-Lei n.º 92/2004, de 20 de Abril; ambos os diplomas impõem obrigações de sigilo quanto aos dados objecto da sua regulamentação (cf., respectivamente, artigos 6.º e 9.º). No uso da autorização legislativa concedida pelo artigo 143.º da Lei n.º 53-A/2006, de 29 de Dezembro (Orçamento do Estado para 2007), o Decreto-Lei n.º 309/2007, de 7 de Setembro, regulou o relacionamento de dados (incluindo dados relativos a impostos e dados dos registos de bens imóveis e móveis sujeitos a registo), no domínio do acesso e do tratamento da informação necessária, para assegurar, no âmbito dos sistemas de protecção social da Administração Pública, o controlo do cumprimento das obrigações contributivas, a atribuição rigorosa das prestações sociais, a eficácia na prevenção e no combate à fraude e evasão e o apuramento de indicadores quantitativos de apoio à gestão de recursos humanos. O artigo 11.º deste diploma estatui "deveres de sigilo e confidencialidade" que impendem sobre as entidades responsáveis pelo tratamento destes dados e sobre as pessoas que a estes acedam em razão das suas funções. Por outro lado, o artigo 48.º da Lei n.º 55-B/2004, de 30 de Dezembro (Orçamento do Estado para 2005), já concedera ao Governo autorização legislativa, para, ouvida a Comissão Nacional de Protecção de Dados e no sentido de "melhorar a eficácia no combate à fraude e à evasão fiscal", estabelecer a interconexão de dados entre a Administração Fiscal (e a segurança social) e

O conjunto de direitos atribuídos ao titular dos dados, como dizem Gomes Canotilho e Vital Moreira,[28] "tende a densificar o moderno *direito à autodeterminação informacional*, impedindo-se que o homem se transforme em 'simples objecto de informações'", acrescentando que "A operatividade de todos estes direitos exige que a informatização de direitos pessoais obedeça a certos princípios que a doutrina tem sublinhado: (a) a *publicidade* (...); (b) *justificação social* (...); (c) a *transparência* (...); (d) a *especificação de finalidades* (...); (e) a *limitação da recolha* (...); (f) *princípio da fidelidade* (...); (g) a *limitação da utilização* (...); (h) as *garantias de segurança* (...); (i) a *responsabilidade* (...); (j) *princípio da política de abertura* (...); (l) *princípio de limitação no tempo* (...)".

É importante relembrarmos aqui algo que já dissemos: os fundamentos convocados pelo sigilo fiscal confrontam-se com o princípio da administração aberta. Isto para esclarecermos, embora de forma muito breve, que esse confronto gera delimitações imanentes entre diferentes momentos constitucionais, cuja concretização remete inevitavelmente o operador jurídico para uma ponderação dos interesses reais em confronto, de acordo com critérios normativos fornecidos pelo próprio n.º 2 do artigo 268.º da Constituição da República Portuguesa — com reflexo no n.º 1 do artigo 65.º do Código do Procedimento Administrativo[29] — e também pelo artigo 64.º da Lei Geral Tributária.[30]

---

a Polícia Judiciária, "que sejam relevantes para as investigações sobre crimes tributários, branqueamento de capitais e financiamento do terrorismo", bem como entre a Administração Fiscal e as conservatórias dos registos automóvel e predial, "por forma a facilitar o acesso em tempo real da Administração fiscal respectivamente aos registos de compras e vendas de veículos e aos registos de compras e vendas de propriedade imobiliária, para efeitos de cruzamento dessas informações com os registos tributários dos contribuintes e da segurança social e verificação da veracidade das suas declarações". Esta autorização legislativa, que se frustrou, tem uma história atribulada, iniciada logo com o artigo 47.º da Lei n.º 107-B/2003, de 31 de Dezembro (Orçamento do Estado para 2004) — a qual foi parcialmente utilizada com o referido Decreto-Lei n.º 92/2004, de 20 de Abril — e deu origem a um debate político aceso, também protagonizado por posições públicas da Comissão Nacional de Protecção de Dados (cf. <http://www.cnpd.pt/>).

[28] *Op. cit.*, p. 216.

[29] Refere o n.º 2 do artigo 268.º da Constituição da República Portuguesa: "Os cidadãos têm também o direito de acesso aos arquivos e registos administrativos, sem prejuízo do disposto na lei em matérias relativas à segurança interna e externa, à investigação criminal e à intimidade das pessoas"; e refere o n.º 1 do artigo 65.º do Código do Procedimento Administrativo: "Todas as pessoas têm o direito de acesso aos arquivos e registos administrativos, mesmo que não se encontre em curso qualquer procedimento que lhes diga directamente respeito, sem prejuízo do disposto na lei em matérias relativas à segurança interna e externa, à investigação criminal e à intimidade das pessoas". Como se vê, estas disposições apontam expressamente o critério de resolução do conflito entre os valores da intimidade da vida privada e a transparência administrativa.
O regime do acesso aos documentos administrativos e sua reutilização consta da Lei n.º 46/2007, de 24 de Agosto, que revogou a Lei n.º 65/93, de 26 de Agosto. Naquela, começando por estatuir-se a regra da Administração aberta ("O acesso e a reutilização dos documentos administrativos são assegurados de acordo com os princípios da publicidade, da transparência, da igualdade, da justiça e da imparcialidade"), trata-se das restrições ao direito de acesso (cf. artigo 5.º), acautelando-se a preservação de informações relevantes para a segurança, interna ou externa, do Estado, remetendo-se para legislação própria o acesso a documentos sobre matérias sujeitas ao segredo de justiça, assegurando-se as especificidades do acesso aos documentos administrativos preparatórios de uma decisão ou constantes de processos não concluídos e do acesso a inquéritos ou sindicâncias, cuidando-se do acesso por parte de terceiros a documentos nominativos e a documentos que contenham segredos comerciais, industriais ou sobre a vida interna de uma empresa, bem como sujeitando-se a comunicação apenas parcial os documentos administrativos sob que impendam restrições de acesso. Regula-se, ainda, a comunicação de dados de saúde (cf. artigo 6.º) e o uso ilegítimo de informações, quer porque violem o direito de autor e os direitos de propriedade industrial, quer porque desvirtuem a finalidade da comunicação que tenha sido feita do conteúdo dos documentos nominativos (cf. artigo 8.º).

[30] É nesta lógica de limites constitucionais imanente que se fundamentam os acórdãos do Tribunal Central Administrativo do Sul de 7 de Novembro de 2006 (Processo n.º 1398/06) e de 26 de Junho de 2007 (Processo n.º 1824/07). Cf. <http://www.cstaf.pt/>.

No âmbito da protecção de dados pessoais, deve reconhecer-se uma especial intensidade nessa delimitação constitucional do princípio da administração aberta, dados os princípios, a que já nos referimos, presentes nos n.ºs 3 e 4 do artigo 35.º da Constituição da República Portuguesa, respectivamente, da proibição de tratamento, salvo situações excepcionais bem delimitadas, de dados referentes a convicções filosóficas ou políticas, filiação partidária ou sindical, fé religiosa, vida privada e origem étnica, princípio este assumido e desenvolvido no artigo 7.º da Lei da Protecção de Dados Pessoais, e da proibição de acesso a dados pessoais de terceiros e da natureza excepcional da lei que disponha em sentido contrário.

O Parecer n.º 20/94, de 9 de Fevereiro de 1995, do Conselho Consultivo da Procuradoria-Geral da República, ainda por referência à norma da alínea d) do artigo 17.º do Código de Processo Tributário, diz-nos, sintetizando, com pertinência e com utilidade para o presente momento deste escrito, o seguinte: "(...) pode afirmar-se que em matéria relativa a elementos detidos pela Administração o princípio é o do livre acesso; porém, em determinadas áreas sensíveis vigora o princípio inverso, a proibição de acesso salvo se e na medida prevista em 'lei', que respeite e hierarquize os interesses em jogo. A intimidade da vida privada é um desses campos sensíveis, e a situação patrimonial insere-se no vasto campo da vida privada. Por conseguinte, os dados referentes à situação patrimonial de um indivíduo, que a Administração tenha recolhido para determinado fim, só podem ser revelados a terceiros — outros sectores da Administração — nos casos previstos na lei, para responder a um motivo social imperioso e na medida estritamente necessária, no justo equilíbrio entre o interesse que postula a revelação e a protecção da intimidade da vida privada. E, se a intimidade da vida privada é inerente à pessoa física, ao indivíduo, nada impedirá que, na prossecução de outros valores, a lei venha alargar a defesa de acesso a elementos relativos à situação patrimonial das pessoas colectivas, estabelecendo para estas um regime paralelo ao traçado para as pessoas singulares". O mesmo Parecer acrescenta: "Resulta do conjunto das disposições citadas, e nomeadamente da alínea d) do artigo 17.º do Código de Processo Tributário, um regime de 'segredo' sobre os dados relativos à situação tributária dos contribuintes, pessoas individuais ou colectivas. Ao privilegiar-se aqui um direito de reserva respeita-se, em primeiro lugar, a intimidade da vida privada, princípio com dignidade constitucional (arts. 26.º, 35.º), expressamente ressalvado quando se disciplinou o princípio da Administração Pública aberta (268.º, n.º 2), alargando-se nessa protecção os dados relativos às pessoas colectivas que, para este preciso efeito, surgem equiparadas às pessoas singulares". E, depois de confirmar que "Na confidencialidade fiscal (...) privilegia-se essencialmente a tutela da intimidade da vida privada, mas (...) deve ter-se ainda em conta o respeito pela relação de confiança entre o contribuinte e a Administração (...)", conclui o mesmo Parecer: "Não há assim qualquer contradição entre o princípio da administração aberta (...) e o reconhecimento da confidencialidade fiscal (...)".[31]

---

[31] É precisamente da necessidade de solucionar a colisão dos direitos fundamentais à protecção da intimidade da vida privada e à transparência da actuação administrativa que parte a reflexão de Carlos Pamplona Corte-Real, Jorge Bacelar Gouveia e Joaquim Pedro Cardoso da Costa, concluindo-se com afirmação idêntica à citada no texto (cf. *op. cit.*, p. 10-11, 15-16). Cf., ainda, no sentido da compatibilidade entre o princípio da administração aberta e o sigilo fiscal, Lima Guerreiro, *op. cit.*, p. 301. Cf., por fim, n.º 1 do artigo 36.º do Código Penal: "Não é ilícito o facto de quem, em caso de conflito no cumprimento de deveres jurídicos ou de ordens legítimas da autoridade, satisfizer dever ou ordem de valor igual ou superior ao do dever ou ordem que sacrificar".

São devidas duas referências para encerrar o presente momento deste escrito. A primeira para esclarecer que o artigo 64.º-A da Lei Geral Tributária, aditado pela Lei n.º 30-G/2000, de 29 de Dezembro, visa especiais garantias de confidencialidade quanto à informação bancária a que a Administração Fiscal possa ter acesso, fazendo impender sobre o Ministro das Finanças a definição de "regras especiais de reserva da informação a observar pelos serviços da administração tributária no âmbito dos processos de derrogação do dever de sigilo bancário".[32]

---

[32] O actual regime do acesso pela Administração Fiscal a informações bancárias, incluindo as protegidas pelo segredo bancário, foi moldado pela Lei n.º 30-G/2000, de 29 de Dezembro (cf. BARBOSA, Paula Elisabete. Do valor do sigilo: o sigilo bancário, sua evolução, limites: em especial o sigilo bancário no domínio fiscal: a reforma fiscal. *Revista da Faculdade de Direito da Universidade de Lisboa*, v. XLVI, n. 2, p. 1229-1292, 2005). Com esse objectivo, esta lei alterou o artigo 63.º da Lei Geral Tributária (cujo n.º 2 hoje nos diz: "O acesso à informação protegida pelo sigilo profissional, bancário ou qualquer outro dever de sigilo legalmente regulado depende de autorização judicial, nos termos da legislação aplicável, excepto nos casos em que a lei admite a derrogação do dever de sigilo bancário pela administração tributária sem dependência daquela autorização"), aditou a esta os artigos 63.º-A e 63.º-B, bem como o artigo 64.º-A, referido no texto, previu (cf. artigo 14.º), por referência ao Código Penal, o crime de desobediência qualificada em articulação com os novos regimes dos artigos 63.º-A e 63.º-B da Lei Geral Tributária e, no seio do Código de Procedimento e de Processo Tributário, alterou os artigos 146.º e 214.º e aditou os artigos 146.º-A a 146.º-D, estes destinados a, em coerência com aquele novo regime do artigo 63.º-B da Lei Geral Tributária, instituir e regular o processo especial de derrogação do dever de sigilo bancário, relativo às situações em que o acesso pela Administração Fiscal a elementos cobertos por esse sigilo depende de autorização judicial expressa ou, sendo directo, é, ainda assim, passível de recurso pelo contribuinte.
A Lei n.º 55-B/2004, de 30 de Dezembro (Orçamento do Estado para 2005) e a Lei n.º 64-A/2008, de 31 de Dezembro (Orçamento do Estado para 2009), aprovaram sucessivas alterações a este regime do acesso pela Administração Fiscal a informação protegida pelo segredo bancário, no sentido, publicamente declarado, de tornar mais eficaz esse acesso, considerando objectivos de combate à fraude fiscal. É assim que tal regime comporta hoje as seguintes características essenciais: existem requisitos formais de notificação às instituições bancárias para efeitos de permitirem o acesso pela Administração Fiscal aos elementos cobertos pelo sigilo bancário, distinguindo-se os casos de direito de acesso directo sem necessidade de consentimento do titular dos elementos protegidos, os casos de acesso directo em que não é facultado ao contribuinte — ouvido previamente — o direito a recurso com efeito suspensivo, os casos de acesso directo em que o contribuinte dispõe de direito de recurso com efeito suspensivo e os casos em que o contribuinte recorreu judicialmente com efeitos suspensivos e em que está em causa o acesso a documentos relativos a familiares ou a terceiros (cf. artigo 63.º, n.º 6, da Lei Geral Tributária); as instituições bancárias estão obrigadas a procedimentos de informação automática relativamente à abertura ou manutenção de contas por contribuintes com a situação tributária não regularizada — conforme o artigo 64.º, n.ºs 5 e 6, da Lei Geral Tributária — e inseridos em sectores de risco, bem como quanto às transferências transfronteiriças que não sejam relativas a pagamentos de rendimentos sujeitos a algum dos regimes de comunicação para efeitos fiscais e às transacções comerciais ou efectuadas por entidades públicas (cf. artigo 63.º-A, n.º 1, da Lei Geral Tributária); devem ainda fornecer à Administração Fiscal, a solicitação desta, o valor dos fluxos de pagamentos com cartões de crédito e de débito a sujeitos passivos de imposto inseridos em determinados sectores de actividade empresarial, mas sem identificar os titulares de tais cartões (cf. artigo 63.º-A, n.ºs 2 e 3, da Lei Geral Tributária); a Administração Fiscal tem o poder de aceder a todas as informações ou documentos bancários, sem dependência do consentimento do titular dos elementos protegidos, face a indícios da prática de crime em matéria tributária, face a factos concretamente identificados que indiciem a falta de veracidade do declarado e, ainda, face à existência de uma divergência não justificada de, pelo menos, um terço entre os rendimentos declarados e o acréscimo de património ou o consumo evidenciados pelo sujeito passivo no mesmo período de tributação (um dos pressupostos de realização da avaliação indirecta da matéria tributável) ou face a rendimentos declarados em sede de IRS que se afastarem significativamente, para menos, sem razão justificada, dos padrões de rendimento que razoavelmente possam permitir as manifestações de riqueza evidenciadas pelo sujeito passivo — nos termos do artigo 89.º-A da Lei Geral Tributária, também sobre a avaliação indirecta da matéria tributável (cf. artigo 63.º-B, n.º 1, da Lei Geral Tributária); a Administração Fiscal tem também o poder de aceder directamente aos documentos bancários, face à recusa da sua exibição ou de autorização para a sua consulta, tratando-se de documentação de suporte de contabilidade organizada ou quando seja necessário controlar os pressupostos de regimes fiscais beneficiados de que o contribuinte usufrua (cf. artigo 63.º-B, n.º 2, da Lei Geral Tributária); por outro lado, a Administração Fiscal pode, ainda, aceder a todos os documentos bancários (excepto aos relativos a informações justificativas do recurso ao crédito), face à recusa da sua exibição ou de autorização para a sua consulta, verificando-se a impossibilidade de comprovação e qualificação directa e exacta da matéria tributável (conforme o artigo 88.º da Lei Geral Tributária), verificando-se os pressupostos da avaliação indirecta da matéria tributável ou verificando-se que seja necessário comprovar fiscalmente a aplicação de subsídios públicos (cf. artigo 63.º-B, n.º 3, da Lei Geral

Tributária); os referidos regimes dos n.ºs 2 e 3 do artigo 63.º-B da Lei Geral Tributária pressupõem audição prévia dos contribuintes e, tal como o regime do n.º 1, admitem que estes interponham recurso judicial, com efeito simplesmente devolutivo, nos casos dos n.ºs 1 e 2, e com efeito suspensivo, no caso do n.º 3 (cf. artigo 63.º-B, n.º 5, da Lei Geral Tributária); este regime do artigo 63.º-B da Lei Geral Tributária aplica-se, conforme os n.ºs 7 e 8 deste artigo, às entidades que estejam numa relação de domínio com o contribuinte e, mediante autorização judicial expressa, aos familiares deste ou a terceiros que com ele se encontrem numa relação especial; o artigo 63.º-C da Lei Geral Tributária impõe a utilização de contas bancárias, quanto aos sujeitos passivos de IRC ou de IRS, neste caso desde que disponham ou devam dispor de contabilidade organizada, para os pagamentos e recebimentos respeitantes à actividade empresarial desenvolvida, bem como para os movimentos relativos a suprimentos, outras formas de empréstimos e adiantamentos de sócios e quaisquer outros de ou a favor dos sujeitos passivos, impondo, ainda, que os pagamentos respeitantes a facturas ou documentos equivalentes de valor igual ou superior a vinte vezes a retribuição mensal mínima devem ser efectuados através de meio de pagamento que permita a identificação do respectivo destinatário, designadamente transferência bancária, cheque nominativo ou débito directo.

Não pode evitar-se aqui uma referência particular a uma Lei, ainda não publicada mas já aprovada pela Assembleia da República, que institui medidas de derrogação do sigilo bancário, bem como a tributação em Imposto sobre o Rendimento das Pessoas Singulares a uma taxa especial de 60% dos acréscimos patrimoniais injustificados superiores a 100 000 euros. Trata-se de um diploma passível de crítica contundente e de dúvidas evidentes sobre a sua conformidade constitucional, mais do que pela tonalidade de confisco pelo sentido sancionatório que confere à tributação, sendo que surgiu politicamente como um sucedâneo à incriminação do enriquecimento ilícito. Se estes comentários não podem desenvolver-se na economia deste escrito, ainda assim vale a pena, por razões de substância e de consolidação normativa, revelar a redacção futura dos artigos 63.º ("Inspecção"), 63.º-A ("Informações relativas a operações financeiras") e 63.º-B ("Acesso a informações e documentos bancários") da Lei Geral Tributária. Dirá o artigo 63.º: "1 – Os órgãos competentes podem, nos termos da lei, desenvolver todas as diligências necessárias ao apuramento da situação tributária dos contribuintes, nomeadamente:

"a) Aceder livremente às instalações ou locais onde possam existir elementos relacionados com a sua actividade ou com a dos demais obrigados fiscais;

"b) Examinar e visar os seus livros e registos da contabilidade ou escrituração, bem como todos os elementos susceptíveis de esclarecer a sua situação tributária;

"c) Aceder, consultar e testar o seu sistema informático, incluindo a documentação sobre a sua análise, programação e execução;

"d) Solicitar a colaboração de quaisquer entidades públicas necessária ao apuramento da sua situação tributária ou de terceiros com quem mantenham relações económicas;

"e) Requisitar documentos dos notários, conservadores e outras entidades oficiais;

"f) Utilizar as suas instalações quando a utilização for necessária ao exercício da acção inspectiva.

"2 – O acesso à informação protegida pelo sigilo profissional, bancário ou qualquer outro dever de sigilo legalmente regulado depende de autorização judicial, nos termos da legislação aplicável, excepto nos casos em que a lei admite a derrogação do dever de sigilo bancário pela administração tributária sem dependência daquela autorização.

"3 – O procedimento da inspecção e os deveres de cooperação são os adequados e proporcionais aos objectivos a prosseguir, só podendo haver mais de um procedimento externo de fiscalização respeitante ao mesmo sujeito passivo ou obrigado tributário, imposto e período de tributação mediante decisão, fundamentada com base em factos novos, do dirigente máximo do serviço, salvo se a fiscalização visar apenas a confirmação dos pressupostos de direitos que o contribuinte invoque perante a administração tributária e sem prejuízo do apuramento da situação tributária do sujeito passivo por meio de inspecção ou inspecções dirigidas a terceiros com quem mantenha relações económicas.

"4 – A falta de cooperação na realização das diligências previstas no n.º 1 só será legítima quando as mesmas impliquem:

"a) O acesso à habitação do contribuinte;

"b) A consulta de elementos abrangidos pelo segredo profissional, bancário ou qualquer outro dever de sigilo legalmente regulado, salvos os casos de consentimento do titular ou de derrogação do dever de sigilo bancário pela administração tributária legalmente admitidos;

"c) O acesso a factos da vida íntima dos cidadãos;

"d) A Violação dos direitos de personalidade e outros direitos, liberdades e garantias dos cidadãos, nos termos e limites previstos na Constituição e na lei.

"5 – Em caso de oposição do contribuinte com fundamento nalgumas circunstâncias referidas no número anterior, a diligência só poderá ser realizada mediante autorização concedida pelo tribunal da comarca competente com base em pedido fundamentado da administração tributária.

"6 – A notificação das instituições de crédito, sociedades financeiras e demais entidades, para efeitos de permitirem o acesso a elementos cobertos pelo dever de sigilo a que estejam vinculadas, nos casos em que exista a possibilidade legal de a administração tributária exigir a sua derrogação, dever ser instruída com os seguintes elementos:

"a) Nos casos de acesso directo sem necessidade de consentimento do titular dos elementos protegidos, cópia da decisão proferida pelo Director-Geral dos Impostos ou pelo Director-Geral das Alfândegas e dos Impostos Especiais sobre o Consumo;

"b) [revogada];
"c) Nos casos de acesso directo relativo a familiares ou terceiros em que o interessado disponha do direito a recurso com efeito suspensivo, alternativamente:
"i) cópia da notificação que lhes foi dirigida para o efeito de exercício do direito de audição prévia e certidão emitida pelo Director-Geral dos Impostos ou pelo Director-Geral das Alfândegas e dos Impostos Especiais sobre o Consumo que ateste que não foi interposto recurso no prazo legal;
"ii) certidão da decisão judicial transitada em julgado ou pendente de recurso com efeito devolutivo, desde que o interessado tenha recorrido ao tribunal.
"d) [revogada].
"7 – As instituições de crédito, sociedades financeiras e demais entidades devem cumprir as obrigações relativas ao acesso a elementos cobertos pelo sigilo a que estejam vinculadas no prazo de 10 dias úteis".
Dirá o artigo 63.º-A: "1 – As instituições de crédito e sociedades financeiras estão sujeitas a mecanismos de informação automática relativamente à abertura ou manutenção de contas por contribuintes cuja situação tributária não se encontre regularizada, nos termos dos n.ºs 5 e 6 do artigo 64.º, e inseridos em sectores de risco, bem como quanto às transferências transfronteiriças que não sejam relativas a pagamentos de rendimentos sujeitos a algum dos regimes de comunicação para efeitos fiscais já previstos na lei, a transacções comerciais ou efectuadas por entidades públicas, nos termos a definir por portaria do Ministro das Finanças, ouvido o Banco de Portugal.
"2 – As instituições de crédito e sociedades financeiras estão obrigadas a comunicar à Direcção-Geral dos Impostos até ao final do mês de Julho de cada ano, através de declaração de modelo oficial, aprovada por portaria do Ministro das Finanças, as transferências financeiras que tenham como destinatário entidade localizada em país, território ou região com regime de tributação privilegiada mais favorável que não sejam relativas a pagamentos de rendimentos sujeitos a algum dos regimes de comunicação para efeitos fiscais já previstos na lei ou operações efectuadas por pessoas colectivas de direito público.
"3 – As instituições de crédito e sociedades financeiras têm a obrigação de fornecer à administração tributária, quando solicitado nos termos do número seguinte, o valor dos fluxos de pagamentos com cartões de crédito e débito, efectuados por seu intermédio, a sujeitos passivos inseridos em determinados sectores de actividade que aufiram rendimentos da categoria B de IRS e de IRC, sem por qualquer forma identificar os titulares dos referidos cartões.
"4 – Os pedidos de informação a que se refere o número anterior são da competência do Director-Geral dos Impostos ou do Director-Geral das Alfândegas e dos Impostos Especiais sobre o Consumo, ou seus substitutos legais, sem possibilidade de delegação.
"5 – A informação a submeter, nos termos do n.º 1, inclui a identificação das contas, o número de identificação fiscal dos titulares, o valor dos depósitos no ano, o saldo em 31 de Dezembro, bem como outros elementos que constem da declaração de modelo oficial.
"6 – Os sujeitos passivos de IRS são obrigados a mencionar na correspondente declaração de rendimentos a existência e identificação de contas de depósitos ou de títulos abertas em instituição financeira não residente em território português".
E dirá o artigo 63.º-B: "1 – A administração tributária tem o poder de aceder a todas as informações ou documentos bancários sem dependência do consentimento do titular dos elementos protegidos:
"a) Quando existam indícios da prática de crime em matéria tributária;
"b) Quando se verifiquem indícios da falta de veracidade do declarado ou esteja em falta declaração legalmente exigível;
"c) Quando se verifiquem indícios da existência de acréscimos de património não justificados, nos termos da alínea f) do n.º 1 do artigo 87.º;
"d) Quando se trate da verificação de conformidade de documentos de suporte de registos contabilísticos dos sujeitos passivos de IRS e IRC que se encontrem sujeitos a contabilidade organizada;
"e) Quando exista a necessidade de controlar os pressupostos de regimes fiscais privilegiados de que o contribuinte usufrua;
"f) Quando se verifique a impossibilidade de comprovação e qualificação [quantificação] directa e exacta da matéria tributável, nos termos do artigo 88.º, e, em geral, quando estejam verificados os pressupostos para recurso a uma avaliação indirecta.
"2 – A administração tributária tem, ainda, o poder de aceder directamente aos documentos bancários, nas situações de recusa da sua exibição ou de autorização para a sua consulta, quando se trate de familiares ou terceiros que se encontrem numa relação especial com o contribuinte.
"3 – [revogado].
"4 – As decisões da administração tributária referidas nos números anteriores devem ser fundamentadas com expressa menção dos motivos concretos que as justificam e, salvo o disposto no número seguinte, notificadas aos interessados no prazo de 30 dias após a sua emissão, sendo da competência do Director-Geral dos Impostos ou do Director-Geral das Alfândegas e dos Impostos Especiais sobre o Consumo, ou seus substitutos legais, sem possibilidade de delegação.
"5 – Os actos praticados ao abrigo da competência definida no n.º 1 são susceptíveis de recurso judicial com efeito meramente devolutivo e os previstos no n.º 2 dependem da audição prévia do familiar ou terceiro e são susceptíveis de recurso judicial com efeito suspensivo, por parte destes.
"6 – Nos casos de deferimento do recurso previsto no número anterior, os elementos de prova entretanto obtidos não podem ser utilizados para qualquer efeito em desfavor do contribuinte.

Refira-se, ainda, que o Decreto-Lei n.º 29/2008, de 25 de Fevereiro, que estabeleceu (cf. artigo 1.º) "deveres de comunicação, informação e esclarecimento à administração tributária sobre esquemas propostos ou actuações adoptadas que tenham como finalidade, exclusiva ou predominante, a obtenção de vantagens fiscais, em ordem ao combate ao planeamento fiscal abusivo", estatuiu (cf. artigo 16.º, com a epígrafe "Confidencialidade") que os elementos comunicados "estão sujeitos ao dever de sigilo, aplicando-se o disposto no artigo 64.º da Lei Geral Tributária".[33]

5 Conhecidos os fundamentos e o âmbito do sigilo fiscal, um outro aspecto que importa analisar, na economia do presente escrito e numa lógica sequencial, tem a ver com a clarificação das situações em que, havendo dever de sigilo, este cessa,[34] confirmando a sua natureza não absoluta, reflexo da natureza não absoluta dos direitos que o fundamentam.

Estamos aqui, fundamentalmente, no seio da disposição do n.º 2 do artigo 64.º da Lei Geral Tributária, sem prejuízo de a lei poder estatuir sobre a matéria, respeitada a reserva relativa de competência legislativa da Assembleia da República

---

"7 – As entidades que se encontrem numa relação de domínio com o contribuinte ficam sujeitas aos regimes de acesso à informação bancária referidos nos n.ºs 1 e 2.

"8 – [revogado].

"9 – O regime previsto nos números anteriores não prejudica a legislação aplicável aos casos de investigação por infracção penal e só pode ter por objecto operações e movimentos bancários realizados após a sua entrada em vigor, sem prejuízo do regime vigente para as situações anteriores.

"10 – Para efeitos desta lei, considera-se documento bancário qualquer documento ou registo, independentemente do respectivo suporte, em que se titulem, comprovem ou registem operações praticadas por instituições de crédito ou sociedades financeiras no âmbito da respectiva actividade, incluindo os referentes a operações realizadas mediante utilização de cartões de crédito".

Em coerência com aquele seu objectivo, este mesmo diploma a publicar vem alterar a Lei Geral Tributária, em sede de avaliação indirecta da matéria tributável, permitindo que esta se efectue, no âmbito de um procedimento que inclua a investigação das contas bancárias, face a acréscimos de património ou liberalidades ou outra despesa efectuada, em qualquer caso de valor superior a 100 000 euros, verificados simultaneamente com a falta de declaração de rendimentos ou com a existência no mesmo período de tributação de uma divergência não justificada com os rendimentos declarados; podendo o contribuinte, no decurso daquele procedimento, regularizar a situação tributária, identificando e justificando a natureza dos rendimentos omitidos e corrigindo as declarações dos respectivos períodos.

Refira-se, complementarmente, que no âmbito do arresto ou penhora em processo de execução fiscal pode requerer-se às instituições bancárias informação sobre o número das contas bancárias do executado e respectivos saldos (cf. n.º 4 do artigo 214.º do Código de Procedimento e de Processo Tributário); e que, para efeitos de identificação e localização de bens do executado e de bens penhoráveis, o agente de execução tem acesso directo (independentemente de autorização judicial), nos termos dos n.ºs 3 a 5 do artigo 833.º-A do Código de Processo Civil, à consulta das bases de dados da Administração Fiscal, da segurança social, das conservatórias do registo predial, registo comercial, registo automóvel e registo civil e de outros registos e arquivos semelhantes, devendo respeitar, em contrapartida, obrigações de sigilo e confidencialidade e o regime da protecção dos dados pessoais, *maxime* quanto ao respeito pela finalidade do acesso à informação e à não transmissão desta a terceiros (cf. Portaria n.º 331-A/2009, de 30 de Março).

[33] Este diploma, que mereceria comentário crítico desenvolvido incompatível com a economia deste escrito, contém uma disposição sobre a cessação do dever de sigilo (cf. artigo 11.º: "O dever de sigilo a que estejam legal ou contratualmente sujeitas as entidades abrangidas por este decreto-lei não as desobriga do cumprimento das obrigações nele prescritas".) e uma outra sobre a exclusão de responsabilidade (cf. artigo 12.º: "As informações prestadas no cumprimento dos deveres previstos neste decreto-lei não constituem violação de qualquer dever de confidencialidade, nem implicam para quem as preste responsabilidade de qualquer tipo").

[34] O sigilo fiscal não obsta, como bem se compreende, ao conhecimento da informação que ele protege por parte do tribunal em processo tributário, como resulta dos artigos 13.º, n.º 2, 111.º e 208.º, n.º 1, do Código de Procedimento e de Processo Tributário; nem prejudica a pena acessória de publicação da sentença condenatória, nos termos dos artigos 16.º, alínea g), e 17.º, n.º 1, alínea f), do Regime Geral das Infracções Tributárias. Cf. <http://www.cstaf.pt/> Acórdãos do Tribunal Central Administrativo do Sul de 7 de Novembro de 2006 (Processo n.º 1398/06) e de 26 de Junho de 2007 (Processo n.º 1824/07).

e as exigências materiais a que ainda nos referiremos.³⁵ Aquela norma aprofundou e desenvolveu o n.º 1 do artigo 27.º do anterior Regime Jurídico das Infracções Fiscais não Aduaneiras, já atrás mencionado, quando este previa ser a lei a determinar os casos em que a divulgação do segredo fiscal era legítima.

Não vamos debruçar-nos em detalhe no presente escrito sobre a cessação do dever de sigilo por autorização do contribuinte,³⁶ por assistência mútua e cooperação internacional³⁷ ou decorrente da colaboração com a justiça³⁸ (cf., respectivamente, alíneas a), c) e d) do n.º 2 do artigo 64.º da Lei Geral Tributária).

---

³⁵ Veja-se, a título de mero exemplo, como o artigo 48.º da Lei n.º 55-B/2004, de 30 de Dezembro (Orçamento do Estado para 2005), já antes referido, ao conceder ao Governo autorização legislativa para estabelecer o regime da interconexão de dados entre a Administração Fiscal (e a segurança social) e a Polícia Judiciária, bem como entre a Administração Fiscal e as conservatórias dos registos automóvel e predial, logo esclareceu, no seu n.º 2, o seguinte: "O acesso, a comunicação e o tratamento de dados entre as entidades referidas no número anterior realizam-se com cessação do dever do sigilo fiscal e profissional, nos termos do n.º 2 do artigo 64.º da Lei Geral Tributária e do dever de confidencialidade previsto no artigo 76.º da [então] Lei [de bases da segurança social] n.º 32/2002, de 20 de Dezembro".

³⁶ Como se compreende, não se trata aqui de uma verdadeira excepção ao sigilo fiscal, pois está-se perante uma autorização do próprio beneficiário do mesmo, em sede de direito disponível, para a divulgação da informação que, de outro modo, seria sigilosa. Importa referir, a este propósito, que quando se pretenda aceder a certas vantagens sociais, cujos pressupostos implicam a revelação de informação fiscal sigilosa (ou equivalente), referentes a quem pretenda beneficiar daquelas vantagens, sobre este impende o ónus da autorização, expressa ou implícita, para a revelação da sua situação tributária. Cf., sobre este assunto, GUERREIRO, *op. cit.*, p. 301, 304. Cf., ainda, n.ºs 1 e 2 do artigo 14.º da Lei Geral Tributária, na redacção do artigo 89.º da Lei n.º 53-A/2006, de 29 de Dezembro (Orçamento do Estado para 2007): "1 – A atribuição de benefícios fiscais ou outras vantagens de natureza social concedidas em função dos rendimentos do beneficiário ou do seu agregado familiar depende, nos termos da lei, do conhecimento da situação tributária global do interessado. "2 – Os titulares de benefícios fiscais de qualquer natureza são sempre obrigados a revelar ou a autorizar a revelação à administração tributária dos pressupostos da sua concessão, ou a cumprir outras obrigações previstas na lei ou no instrumento de reconhecimento do benefício, nomeadamente as relativas aos impostos sobre o rendimento, a despesa ou o património, ou às normas do sistema de segurança social, sob pena de os referidos benefícios ficarem sem efeito".
Integra-se nesta lógica o regime do acesso ao direito e aos tribunais, e nele deve ter-se em consideração o n.º 2 do artigo 8.º-B da Lei n.º 34/2004, de 29 de Julho, na redacção da Lei n.º 47/2007, de 28 de Agosto: "Em caso de dúvida sobre a verificação de uma situação de insuficiência económica, pode ser solicitado pelo dirigente máximo do serviço de segurança social que aprecia o pedido que o requerente autorize, por escrito, o acesso a informações e documentos bancários e que estes sejam exibidos perante esse serviço e, quando tal se justifique, perante a administração tributária".

³⁷ Quanto a este ponto, pode ver-se GUERREIRO, *op. cit.*, p. 305, e MESQUITA, *op. cit.*, p. 226-228. Cf., ainda, MESQUITA, Maria Margarida Cordeiro. As convenções sobre dupla tributação. *Cadernos de Ciência e Técnica Fiscal*, 179, *maxime* p. 323-348, relativamente ao artigo 26.º, sobre troca de informações, do Modelo de Convenção Fiscal da OCDE sobre o Rendimento e o Património (pode ver-se a sétima edição da versão condensada deste Modelo de Convenção, adoptada pelo Conselho da OCDE, redacção de 17 de Julho de 2008, em *Cadernos de Ciência e Técnica Fiscal*, 206, *maxime* p. 599-623 sobre o artigo 26.º).
O artigo 46.º da Lei n.º 55-B/2004, de 30 de Dezembro (Orçamento do Estado para 2005), introduziu alterações no Decreto-Lei n.º 127/90, de 17 de Abril, no sentido de transpor para o Direito português as Directivas n.ºs 2003/93/CE, de 7 de Outubro, e n.º 2004/56/CE, de 21 de Abril, sobre cooperação administrativa e troca de informações.
O Decreto-Lei n.º 62/2005, de 11 de Março, fez a transposição para o direito português da chamada "Directiva da Poupança" (a Directiva n.º 2003/48/CE, de 3 de Junho, relativa à tributação dos rendimentos da poupança sobre a forma de juros, estabelecendo o regime de obtenção e prestação de informações pelos agentes pagadores de tais juros de que sejam beneficiárias efectivas pessoas singulares residentes noutro Estado membro da União Europeia. O artigo 8.º da Lei n.º 39-A/2005, de 29 de Julho (alteração da Lei do Orçamento do Estado para 2005), veio aditar um artigo 15.º-A ao Decreto-Lei n.º 62/2005, de 11 de Março, estatuindo que o "cumprimento das obrigações previstas neste diploma derroga qualquer dever de sigilo a que estão sujeitas as entidades abrangidas por essas obrigações". Sobre esta Directiva, pode consultar-se "Directiva da Poupança", *Cadernos de Ciência e Técnica Fiscal*, 199.

³⁸ Esta colaboração não pode estruturar-se, como bem se compreende, apenas a partir do direito à coadjuvação das outras autoridades de que gozam os tribunais no exercício das suas funções (cf. n.º 3 do artigo 202.º da Constituição da República Portuguesa e artigo 13.º da Lei de Organização e Funcionamento dos Tribunais Judiciais, a Lei n.º 52/2008, de 28 de Agosto).

Os artigos 135.º, 136.º e 137.º do Código de Processo Penal regulam a compatibilização da prova testemunhal em processo penal com, respectivamente, o segredo profissional, o segredo de funcionários e o segredo de Estado. Transcreve-se aqui o conteúdo destes artigos:
Artigo 135.º: "1 – Os ministros de religião ou confissão religiosa e os advogados, médicos, jornalistas, membros de instituições de crédito e as demais pessoas a quem a lei permitir ou impuser que guardem segredo profissional podem escusar-se a depor sobre os factos por ele abrangidos.
"2 – Havendo dúvidas fundadas sobre a legitimidade da escusa, a autoridade judiciária perante a qual o incidente se tiver suscitado procede às averiguações necessárias. Se, após estas, concluir pela ilegitimidade da escusa, ordena, ou requer ao tribunal que ordene, a prestação do depoimento.
"3 – O tribunal superior àquele onde o incidente se tiver suscitado, ou, no caso de o incidente ter sido suscitado perante o Supremo Tribunal de Justiça, o plenário das secções criminais, pode decidir da prestação de testemunho com quebra do segredo profissional sempre que esta se mostre justificada, segundo o princípio da prevalência do interesse preponderante, nomeadamente tendo em conta a imprescindibilidade do depoimento para a descoberta da verdade, a gravidade do crime e a necessidade de protecção de bens jurídicos. A intervenção é suscitada pelo juiz, oficiosamente ou a requerimento.
"4 – Nos casos previstos nos n.ºs 2 e 3, a decisão da autoridade judiciária ou do tribunal é tomada ouvido o organismo representativo da profissão relacionada com o segredo profissional em causa, nos termos e com os efeitos previstos na legislação que a esse organismo seja aplicável.
"5 – O disposto nos n.ºs 3 e 4 não se aplica ao segredo religioso".
Artigo 136.º: "1 – Os funcionários não podem ser inquiridos sobre factos que constituam segredo e de que tiverem tido conhecimento no exercício das suas funções.
"2 – É correspondentemente aplicável o disposto nos n.ºs 2 e 3 do artigo anterior".
Artigo 137.º: "1 – As testemunhas não podem ser inquiridas sobre factos que constituam segredo de Estado.
"2 – O segredo de Estado a que se refere o presente artigo abrange, nomeadamente, os factos cuja revelação, ainda que não constitua crime, possa causar dano à segurança, interna ou externa, do Estado Português ou à defesa da ordem constitucional.
"3 – Se a testemunha invocar segredo de Estado, deve este ser confirmado, no prazo de 30 dias, por intermédio do Ministro da Justiça. Decorrido este prazo sem a confirmação ter sido obtida, o testemunho deve ser prestado".
Este regime do Código de Processo Penal é relevante em sede de inquéritos parlamentares, regulados pela Lei n.º 5/93, de 1 de Março. Na verdade, o n.º 7 do artigo 13.º deste diploma (na redacção actual, conferida pela Lei n.º 15/2007, de 3 de Abril) refere: "No decorrer do inquérito, a recusa de apresentação de documentos ou de prestação de depoimento só se terá por justificada nos termos da lei processual penal". E o n.º 1 do artigo 17.º do mesmo diploma refere: "A falta de comparência ou a recusa de depoimento perante a comissão parlamentar de inquérito só se tem por justificada nos termos gerais da lei processual penal". Neste sentido, cf. GUERREIRO, *op. cit.*, p. 304.
Por outro lado, no âmbito do regime das apreensões, estabelece o artigo 182.º do Código de Processo Penal: "1 – As pessoas indicadas nos artigos 135.º a 137.º apresentam à autoridade judiciária, quando esta o ordenar, os documentos ou quaisquer objectos que tiverem na sua posse e devam ser apreendidos, salvo se invocarem, por escrito, segredo profissional ou de funcionário ou segredo de Estado.
"2 – Se a recusa se fundar em segredo profissional ou de funcionário, é correspondentemente aplicável o disposto nos n.ºs 2 e 3 do artigo 135.º e no n.º 2 do artigo 136.º.
"3 – Se a recusa se fundar em segredo de Estado, é correspondentemente aplicável o disposto no n.º 3 do artigo 137.º".
Para além da quebra da confidencialidade fiscal nos termos dos n.ºs 2 e 3 do artigo 135.º do Código de Processo Penal, ela só pode ocorrer nas situações especiais em que, de forma estrita, se prevê esse dever de colaboração para com as autoridades judiciárias, como acontece no âmbito da criminalidade prevista na legislação de combate à droga (cf. artigo 60.º do Decreto-Lei n.º 15/93, de 22 de Janeiro, recentemente alterado pela Lei n.º 18/2009, de 11 de Maio), no âmbito das medidas de combate à criminalidade organizada e económico-financeira, previstas na Lei n.º 5/2002, de 11 de Janeiro (cf. artigo 2.º), alterada pela Lei n.º 19/2008, de 21 de Abril, ou na Lei n.º 25/2008, de 5 de Junho, que estabelece medidas de natureza preventiva e repressiva de combate ao branqueamento de vantagens de proveniência ilícita e ao financiamento do terrorismo, este tratado especialmente na Lei n.º 52/2003, de 22 de Agosto (cf. CAMPOS; RODRIGUES; SOUSA, *op. cit.*, p. 327, e Parecer n.º 20/94, de 9 de Fevereiro de 1995, do Conselho Consultivo da Procuradoria-Geral da República, que, a este propósito, esclarece ainda: "Fora das situações referidas (...), os magistrados do Ministério Público não dispõem, em princípio, de qualquer mecanismo legal que lhes permita quebrar a confidencialidade fiscal (...)", tendo, no entanto, acesso aos dados por ela protegidos "quando intervenham na determinação contenciosa da própria situação patrimonial do contribuinte, quando tenham de agir em representação do beneficiário do segredo ou, em nome de terceiro com 'interesse directo e pessoal', e na hipótese de consentimento do seu beneficiário".
Quanto aos advogados e solicitadores este mesmo Parecer (em coincidência com a posição de Carlos Pamplona Corte-Real, Jorge Bacelar Gouveia e Joaquim Pedro Cardoso da Costa, que abordam também as figuras do mandato e da gestão de negócios, *op. cit.*, p. 23-30, e de Lima Guerreiro, *op. cit.*, p. 302-303, que nos dá conta da querela jurisprudencial sobre o tema e de como a mesma parece consolidar a posição da prevalência do sigilo fiscal, conforme aqui afirmada) pronuncia-se no sentido de que eles não têm acesso aos dados protegidos

Interessa-nos sim a questão do sigilo fiscal face ao regime do acesso aos documentos da Administração, bem como a concretização dos limites do sigilo fiscal no âmbito da cooperação institucional pública. Estamos, nesta última hipótese, perante os casos em que o dever de sigilo cessa por "Cooperação legal da administração tributária com outras entidades públicas, na medida dos seus poderes;", conforme a alínea b) do n.º 2 do artigo 64.º da Lei Geral Tributária.

O Parecer n.º 20/94, de 9 de Fevereiro de 1995, do Conselho Consultivo da Procuradoria-Geral da República esclarece, por referência à norma da alínea d) do

---

pelo sigilo fiscal, "salvo quando representem os contribuintes a que esses dados digam respeito (embora aqui, como bem afirma Lima Guerreiro, *op. cit.*, p. 300, estejamos mais no campo da disponibilidade do direito à confidencialidade fiscal), ou terceiros com 'interesse directo e pessoal'". Esta posição baseia-se, correctamente, na norma actualmente constante do n.º 1 do artigo 74.º do Estatuto da Ordem dos Advogados, aprovado pela Lei n.º 15/2005, de 26 de Janeiro, que excepciona o livre acesso do advogado a processos, livros ou documentos em tribunais ou repartições públicas nos casos em que aqueles "tenham carácter reservado ou secreto", o que vale para os solicitadores, nos termos do n.º 1 do artigo 100.º do Estatuto da Câmara dos Solicitadores, aprovado pelo Decreto-Lei n.º 88/2003, de 26 de Abril.

Já quanto ao acesso de terceiros com interesse directo e pessoal, isso resulta, como se verá, da posição do parecer ora em análise, que se critica, face ao teor dos n.ºs 1 e 2 do artigo 8.º da Lei n.º 65/93, de 26 de Agosto (na redacção da Lei n.º 94/99, de 16 de Julho), relativa ao acesso aos documentos da Administração, que estatuem que os "documentos nominativos são comunicados, mediante prévio requerimento, à pessoa a quem os dados digam respeito, bem como a terceiros que daquela obtenham autorização escrita (...) ou a terceiros que demonstrem interesse directo, pessoal e legítimo"; a este direito de acesso correspondia o procedimento fixado no artigo 13.º, nos n.ºs 2, 3 e 4 do artigo 15.º e na alínea c) do n.º 1 do artigo 20.º, todos daquela mesma lei. No actual regime do acesso aos documentos administrativos e sua reutilização, constante da Lei n.º 46/2007, de 24 de Agosto, diz o n.º 5 do artigo 6.º: "Um terceiro só tem direito de acesso a documentos nominativos se estiver munido de autorização escrita da pessoa a quem os dados digam respeito ou demonstrar interesse directo, pessoal e legítimo suficientemente relevante segundo o princípio da proporcionalidade".

Dos artigos 6.º ("Dever de cooperação") e 9.º ("Direito de acesso à informação") do regime orgânico da Polícia Judiciária, constante da Lei n.º 37/2008, de 6 de Agosto, também não se extrai qualquer prevalência da actividade da Polícia Judiciária sobre o sigilo fiscal.

Quanto ao ilícito de mera ordenação social (cf. artigo 42.º do Decreto-Lei n.º 433/82, de 27 de Outubro), proíbe-se a utilização de provas que impliquem a violação do segredo profissional e exige-se que as provas que colidam com a reserva da vida privada sejam apenas admitidas mediante consentimento.

Quanto ao processo civil, cf. artigo 519.º, n.ºs 3, alínea c), e 4, do Código de Processo Civil, normas remissivas para o disposto em processo penal, que analisámos (cf., a este propósito, a alínea e) do artigo 2.º do Código de Procedimento e de Processo Tributário, que acolhe o Código de Processo Civil como direito subsidiário no processo tributário). E é aqui o momento para se referir que este mesmo regime processual civil deve entender-se válido para o processo judicial tributário (cf. artigo 97.º do Código de Procedimento e de Processo Tributário), com a especialidade prevista no n.º 4 do artigo 64.º da Lei Geral Tributária: "O dever de confidencialidade não prejudica o acesso do sujeito passivo aos dados sobre a situação tributária de outros sujeitos passivos que sejam comprovadamente necessários à fundamentação da reclamação, recurso ou impugnação judicial, desde que expurgados de quaisquer elementos susceptíveis de identificar a pessoa ou pessoas a que dizem respeito". Importa, pois, a esta luz, reinterpretar, independentemente da crítica aos seus fundamentos, o ofício-circulado de 11 de Julho de 1997, da Direcção de Serviços Jurídicos e do Contencioso, segundo o qual "o segredo fiscal abrange apenas (...) o exercício pela Administração fiscal da função tributária", não incluindo "o processo judicial tributário (...) que é regido subsidiariamente pelas normas do processo civil, onde inexiste segredo de justiça", tendo, por isso, acesso aos processos judiciais tributários "quaisquer pessoas que provem interesse legítimo no seu conhecimento", o que, no caso dos advogados, "decorre do próprio exercício da profissão" (cf. GUERREIRO, *op. cit.*, p. 306, que não expressa esta crítica). Cf., ainda, a norma do n.º 1 do artigo 238.º do Código de Processo Civil (na redacção em vigor desde o Decreto-Lei n.º 183/2000, de 10 de Agosto, e da Lei n.º 30-D/2000, de 20 de Dezembro, até ao Decreto-Lei n.º 38/2003, de 8 de Março), que fez o regime da citação prevalecer, quanto a dados determinados, sobre o sigilo fiscal (no mesmo sentido, cf. LEITÃO, *op. cit.*, p. 59-63): "No caso de se frustrar a citação por via postal, a secretaria obterá, oficiosamente, informação sobre a residência, local de trabalho ou, tratando-se de pessoa colectiva ou sociedade, sobre a sede ou local onde funciona normalmente a administração do citando, nas bases de dados dos serviços de identificação civil, da segurança social, da Direcção-Geral dos Impostos e da Direcção-Geral de Viação".

Por fim, atente-se que, conforme o artigo 7.º do Estatuto dos Tribunais Administrativos e Fiscais, aprovado pela Lei n.º 13/2002, de 19 de Fevereiro, "No que não esteja especialmente regulado, são subsidiariamente aplicáveis aos tribunais da jurisdição administrativa e fiscal, com as devidas adaptações, as disposições relativas aos tribunais judiciais".

artigo 17.º do Código de Processo Tributário — não o esqueçamos —, que a quebra do sigilo fiscal depende "da existência de norma que, sobrepondo-se-lhe,[39] afaste o regime ali consagrado". Tal Parecer, em passagem que já atrás citámos, aprofunda este tema, referindo que "(...) pode afirmar-se que em matéria relativa a elementos detidos pela Administração o princípio é o do livre acesso; porém, em determinadas áreas sensíveis vigora o princípio inverso, a proibição de acesso salvo se e na medida prevista em 'lei', que respeite e hierarquize os interesses em jogo (...), para responder a um motivo social imperioso e na medida estritamente necessária, no justo equilíbrio entre o interesse que postula a revelação e a protecção da intimidade da vida privada".[40]

Sublinhe-se que a norma da alínea b) do n.º 2 do artigo 64.º da Lei Geral Tributária (tal como acontece, aliás, com as normas das alíneas c) e d) do mesmo n.º 2) não é de aplicação directa, isto é, não estabelece *ex novo* qualquer dever de informação que se sobreponha ao sigilo fiscal; é sim uma norma remissiva para outras que, de acordo com a correcta interpretação jurídica, afastem, no âmbito da cooperação institucional entre entidades públicas, o sigilo fiscal. Se disto houvesse dúvidas, elas inequivocamente deixariam de poder manter-se face à utilização da expressão "cooperação legal".[41]

Daí que o sentido hermenêutico daquela afirmação — a de que a quebra do sigilo fiscal depende da existência de norma que, sobrepondo-se-lhe, afaste o regime que o impõe — continue naturalmente a ser da maior utilidade para a verificação do preenchimento da hipótese da alínea b) do n.º 2 do artigo 64.º da Lei Geral Tributária, incluindo para a interpretação do inciso "na medida dos seus poderes", presente na mesma alínea, pois o que importa verificar neste aspecto é se esses

---

[39] "Sobrepondo-se-lhe", "explícita ou implicitamente", como também se refere no mesmo parecer.
[40] O Parecer n.º 20/94, de 9 de Fevereiro de 1995, do Conselho Consultivo da Procuradoria-Geral da República alerta, e bem, citando jurisprudência do Tribunal Europeu dos Direitos do Homem, para que esta norma que se sobrepõe ao sigilo fiscal "deve ser acessível, precisa e compatível com a preeminência do direito, porquanto o cidadão deve dispor de informações suficientes, nas circunstâncias do caso, sobre as normas jurídicas aplicáveis e poder assim prever as consequências que podem decorrer de determinado acto (...)"; alerta, ainda, para que a restrição "deve mostrar-se necessária numa sociedade democrática para alcançar um dos seus objectivos legítimos"; e alerta também para que as medidas restritivas "devem ser proporcionais ao fim visado e jamais atingirem a substância do direito; respondendo a um motivo social imperioso ou a motivos pertinentes e suficientes, elas terão de ser as menos gravosas das disponíveis, no justo equilíbrio entre o interesse público e a vida privada". O que naturalmente nos remete para a força jurídica dos preceitos que consagram direitos, liberdades e garantias e para os limites constitucionais das restrições destes, conforme o artigo 18.º da Constituição da República Portuguesa: "Os preceitos constitucionais respeitantes aos direitos, liberdades e garantias são directamente aplicáveis e vinculam as entidades públicas e privadas" (cf. n.º 1); "A lei só pode restringir os direitos, liberdades e garantias nos casos expressamente previstos na Constituição, devendo as restrições limitar-se ao necessário para salvaguardar outros direitos ou interesses constitucionalmente protegidos" (cf. n.º 2); "As leis restritivas de direitos, liberdades e garantias têm de revestir carácter geral e abstracto e não podem ter efeito retroactivo nem diminuir a extensão e o alcance do conteúdo essencial dos preceitos constitucionais" (cf. n.º 3). Relembre-se que o n.º 4 do artigo 35.º da Constituição da República Portuguesa é expresso quanto à natureza excepcional das previsões legais que restrinjam o princípio da proibição de acesso a dados pessoais de terceiros.
[41] Neste sentido, cf. LEITÃO, *op. cit.*, p. 48-49, e GUERREIRO, *op. cit.*, p. 304-305. Por isto mesmo, discorda-se de Lima Guerreiro, *op. cit.*, p. 304-305, quando este extrai do artigo 16.º do Decreto-Lei n.º 249/98, de 11 de Agosto, a prevalência da actuação inspectiva da Inspecção-Geral de Finanças sobre o sigilo fiscal, no âmbito da cooperação prevista na alínea b) do n.º 2 do artigo 64.º da Lei Geral Tributária. De facto, não cremos que isso resulte dos artigos 15.º ou 16.º daquele mesmo diploma, que é, aliás, expresso (cf. artigo 11.º) em sujeitar aquela actividade à "observância dos limites fixados na lei". Cf., actualmente, os artigos 4.º e 5.º do já antes mencionado Decreto-Lei n.º 276/2007, de 31 de Julho, que estabelece o regime jurídico da actividade de inspecção, auditoria e fiscalização dos serviços da administração directa e indirecta do Estado.

poderes comportam, em si,[42] a legitimidade de acesso ao conteúdo da informação protegida pelo sigilo fiscal,[43] poderes esses que, para mais, demarcam por si mesmos a amplitude desse acesso ou, dito de outro modo, constituem *de per se* também a medida do mesmo.

Comecemos por reflectir sobre a concatenação entre o sigilo fiscal e o regime do acesso aos documentos administrativos e sua reutilização, que, como dissemos já, consta hoje da Lei n.º 46/2007, de 24 de Agosto, que revogou a Lei n.º 65/93, de 26 de Agosto.

O sigilo fiscal, em termos *de jure constituto*, segundo cremos, não podia ceder perante o regime da Lei n.º 65/93, de 26 de Agosto, e continua a não poder ceder perante o regime da Lei n.º 46/2007, de 24 de Agosto, quanto ao acesso de terceiros com interesse directo, pessoal e legítimo, situação que, ainda assim, tenderá a ser pouco frequente.

Note-se que não se está aqui perante uma hipótese de cooperação legal da Administração Tributária com uma outra entidade pública, porque não está em causa a cooperação com a Comissão de Acesso aos Documentos Administrativos, mas sim a eventual satisfação de um interesse legítimo de terceiro que, a ocorrer, implicaria, como veremos, a mediação daquela Comissão.

Aquela nossa conclusão assenta na impossibilidade de conceder-se prevalência sobre o sigilo fiscal, quer às normas dos n.ºs 1 e 2 do artigo 8.º da Lei n.º 65/93, de 26 de Agosto, nas quais se estatuía, como sabemos já, que os "documentos nominativos são comunicados mediante prévio requerimento, à pessoa a quem os dados digam respeito, bem como a terceiros que daquele obtenham autorização escrita (...) ou a terceiros que demonstrem interesse directo, pessoal e legítimo" — acesso este que sempre depende do parecer favorável da Comissão de Acesso aos Documentos Administrativos, como também dissemos atrás —,[44] quer à norma actual do n.º 5 do

---

[42] Independentemente da natureza da norma que estabelece o sigilo fiscal, embora não assumamos tratar-se de norma excepcional.

[43] Sendo que, relembre-se, conforme a norma do n.º 3 do artigo 64.º da Lei Geral Tributária, "O dever de confidencialidade comunica-se a quem quer que, ao abrigo do número anterior, obtenha elementos protegidos pelo segredo fiscal, nos mesmos termos do sigilo da administração tributária".

[44] No sentido de que o sigilo fiscal deveria ceder perante o regime da Lei n.º 65/93, de 26 de Agosto, cf. Parecer n.º 20/94, de 9 de Fevereiro de 1995, do Conselho Consultivo da Procuradoria-Geral da República, no qual se conclui: "Este regime manifestamente derroga, na restrita medida fixada pela Lei n.º 65/93, a confidencialidade (...)" fiscal. A Deliberação n.º 6/96, de 5 de Março (cf. <http://www.cnpd.pt/>), da então Comissão Nacional de Protecção de Dados Pessoais Informatizados, não incidindo directamente sobre esta questão e sobre ela não sendo clara, parece, ainda assim, apontar para a prevalência do sigilo fiscal sobre o regime da Lei n.º 65/93, de 26 de Agosto. Não puderam, naturalmente, por razões temporais, considerar esta Lei Carlos Pamplona Corte-Real, Jorge Bacelar Gouveia e Joaquim Pedro Cardoso da Costa, *op. cit.* Posição contrária à do Parecer n.º 20/94, de 9 de Fevereiro de 1995, do Conselho Consultivo da Procuradoria-Geral da República tem Lima Guerreiro, *op. cit.*, p. 303-304, baseando-se na ideia de que "O segredo fiscal tem claros contornos de direito excepcional e não especial perante o princípio da administração aberta, não lhe sendo aplicável o regime de acesso aos documentos nominativos da Administração (...)"; daí que veja no direito consagrado na alínea g) do n.º 3 do artigo 59.º da Lei Geral Tributária ("A colaboração da administração tributária com os contribuintes compreende, designadamente, (...) O acesso, a título pessoal ou mediante representante, aos seus processos individuais ou, nos termos da lei, àqueles em que tenham interesse directo, pessoal e legítimo") e na remissão aí feita para os termos da lei "(...) não a pura e simples remissão para o regime da Lei n.º 65/93 de 26 de Agosto, mas a compatibilização desse direito com o segredo fiscal, só sendo acessíveis (...) as partes do processo individual (...) expurgadas dos elementos que permitam a identificação do sujeito passivo e da sua concreta situação tributária", pois "(...) em caso de conflito entre o direito do titular do segredo fiscal e o

artigo 6.º da Lei n.º 46/2007, de 24 de Agosto: "Um terceiro só tem direito de acesso a documentos nominativos se estiver munido de autorização escrita da pessoa a quem os dados digam respeito ou demonstrar interesse directo, pessoal e legítimo suficientemente relevante segundo o princípio da proporcionalidade".
Outra é, contudo, a nossa opinião em termos de jure constituendo.[45]

---

interesse legítimo de terceiros, prevalece sempre o segredo fiscal". Que dizer sobre esta questão e sobre esta posição de Lima Guerreiro? Anote-se, em primeiro lugar, que um argumento a favor da posição defendida no Parecer n.º 20/94, de 9 de Fevereiro de 1995, do Conselho Consultivo da Procuradoria-Geral da República, embora por este não usado, pode extrair-se, segundo cremos, da diferença do regime da Lei n.º 65/93, de 26 de Agosto, do acesso de terceiros com interesse directo, pessoal e legítimo a documentos nominativos, que, sendo mais abrangente, é também mais rigoroso e exigente, face aos regimes do n.º 2 do artigo 62.º e do n.º 2 do artigo 64.º ambos do Código do Procedimento Administrativo, nos quais se permite aos interessados a consulta de documentos nominativos relativos a terceiros, "desde que excluídos os dados pessoais que não sejam públicos (...)", mediante, no caso de terceiro relativamente ao processo, despacho do dirigente do serviço. Apesar deste argumento, preferimos a conclusão de Lima Guerreiro, embora sustentando-a noutra argumentação. Em primeiro lugar, como dissemos já, não cremos que possa falar-se a propósito do sigilo fiscal de um regime excepcional perante o princípio da administração aberta, pois dos fundamentos daquele se revela antes, como já atrás deixámos claro, uma compatibilização de diferentes momentos constitucionais, reciprocamente delimitadores, numa lógica de limites imanentes dos direitos em causa. Mas mesmo que de um regime excepcional se tratasse, não se vê como desta natureza se poderia retirar a conclusão de que o sigilo fiscal prevalece sempre perante um interesse legítimo de terceiro. É que está precisamente em causa saber se aquele regime da Lei n.º 65/93, de 26 de Agosto, para o acesso de terceiros com interesse directo, pessoal e legítimo a documentos nominativos, rodeado que está de muito especiais garantias, não constituirá ele próprio uma excepção ao regime do sigilo fiscal. E é neste posicionamento da questão que defendemos que a resposta deve ser negativa. São as hipóteses em que cessa o sigilo fiscal, essas sim, que constituem normas especialmente exigentes e excepcionais, estruturando-se, pois, numa tipicidade que reclama especiais cautelas ao pensamento jurídico por analogia. Ora não pode realmente dizer-se que do regime aqui em análise da Lei n.º 65/93, de 26 de Agosto, resulta que o mesmo se sobrepõe, explícita ou implicitamente, ao regime do sigilo fiscal do artigo 64.º da Lei Geral Tributária e, portanto, não pode também realmente dizer-se, como se faz no Parecer n.º 20/94, de 9 de Fevereiro de 1995, do Conselho Consultivo da Procuradoria-Geral da República, dentro de uma perspectiva actualista que ele não podia obviamente considerar, que aquele mesmo regime "manifestamente derroga, na restrita mediada fixada pela Lei n.º 65/93, a confidencialidade (...)" fiscal. Por outro lado, o regime aqui em análise da Lei n.º 65/93, de 26 de Agosto, não pode enquadrar-se em nenhuma das hipóteses em que, nos termos do n.º 2 do artigo 64.º da Lei Geral Tributária, cessa o dever de confidencialidade; aquele regime não se enquadra, maxime, na alínea b) desse n.º 2 ("Cooperação legal da administração tributária com outras entidades públicas, na medida dos seus poderes;"), desde logo porque, como dissemos no texto, não pode falar-se aqui de qualquer cooperação com a Comissão de Acesso aos Documentos Administrativos, pois o que está em causa é a eventual satisfação de um interesse legítimo de terceiro que, a ocorrer, implicaria a mediação daquela Comissão. Por fim, há que reconhecer que o próprio artigo 64.º da Lei Geral Tributária acautelou expressamente, no seu n.º 4, compatibilizando assim interesses que entre si estão em conflito, as situações consideradas relevantes de protecção dos interesses legítimos de terceiros no âmbito das finalidades da tributação, aquelas em função das quais precisamente foi erigido o sigilo fiscal: "O dever de confidencialidade não prejudica o acesso do sujeito passivo aos dados sobre a situação tributária de outros sujeitos passivos que sejam comprovadamente necessários à fundamentação da reclamação, recurso ou impugnação judicial, desde que expurgados de quaisquer elementos susceptíveis de identificar a pessoa ou pessoas a que dizem respeito" (a mesma ideia se extrai de João Menezes Leitão, op. cit., p. 28-29, 46) (cf., sobre este n.º 4 do artigo 64.º da Lei Geral Tributária, GUERREIRO, op. cit., p. 306). Importa, no entanto, em abono da verdade, sublinhar que a posição em análise do Parecer n.º 20/94, de 9 de Fevereiro de 1995, do Conselho Consultivo da Procuradoria-Geral da República foi emitida num contexto normativo anterior à Lei Geral Tributária, no qual, como sabemos, o n.º 1 do artigo 27.º do anterior Regime Jurídico das Infracções Fiscais não Aduaneiras estipulava: "O dever geral de sigilo sobre a situação tributária dos contribuintes é inviolável, determinando a lei os casos em que a divulgação do segredo fiscal é legítima". Independentemente da crítica à posição daquele Parecer à luz do contexto normativo em que foi proferido, a verdade é que a Lei Geral Tributária, posterior à Lei n.º 65/93, de 26 de Agosto e aos termos da problemática ora em análise, tomou partido sobre esta problemática, nos termos que apontámos.

[45] Na verdade, sendo o regime da Lei n.º 65/93, de 26 de Agosto, relativo ao acesso de terceiros com interesse directo, pessoal e legítimo a documentos nominativos (regime este, como vimos na nota anterior, especialmente rigoroso e exigente), estruturado, não numa perspectiva meramente abstracta e de colaboração entre serviços

Questão diferente da que acabámos de analisar relativamente ao regime do acesso aos documentos administrativos e sua reutilização, porque se trata agora de dados publicitáveis,[46] é a situação prevista no n.º 1 do artigo 130.º do Código do Imposto Municipal sobre Imóveis,[47] aprovado pelo Decreto-Lei n.º 287/2003, de 12 de Novembro: "O sujeito passivo ou qualquer titular de um interesse directo,[48] pessoal e legítimo,[49] pode consultar ou obter documento comprovativo dos elementos constantes das inscrições matriciais no serviço de finanças da área da situação dos prédios". Esta disposição tem, como sabemos, origem no já atrás analisado n.º 1 do artigo 32.º do então Código da Contribuição Autárquica, valendo aqui tudo o que então se disse, a propósito desta norma originária, sobre a incompatibilidade com o sigilo fiscal das solicitações de informação relativa a todos os bens imóveis pertencentes a um dado contribuinte ou mesmo através da simples identificação deste,

---

públicos (como também vimos na nota anterior), mas sim numa perspectiva de adequação à concreta situação de ponderação do confronto entre aquele interesse de terceiro e o interesse do beneficiário do segredo do conteúdo dos documentos nominativos, ponderação essa que a lei comete a uma Comissão de Acesso aos Documentos Administrativos, de composição que assegura especiais dignidade, isenção e competência, pensamos que aquela ponderação deveria realmente relevar; colhendo, aliás, inspiração, *mutatis mutandis*, no lugar paralelo da relevância do princípio da prevalência do interesse preponderante nos artigos 135.º e 136.º do Código de Processo Penal. Não será esta, hoje, a melhor interpretação face ao inciso final – *suficientemente relevante segundo o princípio da proporcionalidade* – da norma do n.º 5 do artigo 6.º da Lei n.º 46/2007, de 24 de Agosto: "Um terceiro só tem direito de acesso a documentos nominativos se estiver munido de autorização escrita da pessoa a quem os dados digam respeito ou demonstrar interesse directo, pessoal e legítimo suficientemente relevante segundo o princípio da proporcionalidade"? Fica a questão.

[46] Cf. CORTE-REAL; GOUVEIA; COSTA, *op. cit.*, p. 21-22, que, por referência ao n.º 1 do artigo 32.º do Código da Contribuição Autárquica (correspondente ao n.º 1 do artigo 130.º do Código do Imposto Municipal sobre Imóveis), bem se pronunciam no sentido de que o acesso de terceiros, desde que legítimo, pode apenas ocorrer relativamente a dados que, não sendo verdadeiramente públicos, são, ainda assim, publicitáveis, não derrogando, pois, esse acesso o sigilo fiscal.

[47] Neste sentido, cf. Parecer n.º 20/94, de 9 de Fevereiro de 1995, do Conselho Consultivo da Procuradoria-Geral da República.

[48] Não cremos que seja aceitável a interpretação restritiva proposta por Carlos Pamplona Corte-Real, Jorge Bacelar Gouveia e Joaquim Pedro Cardoso da Costa, *op. cit.*, p. 21-22, no sentido de que seria dispensável a demonstração do interesse directo de terceiro que pretendesse aceder aos elementos constantes das inscrições matriciais, na base de que tal dispensa resultaria do n.º 1 do artigo 65.º do Código do Procedimento Administrativo, que estatuí o princípio da administração aberta. É que essa interpretação dificilmente se conformaria com a hermenêutica inerente à especialidade normativa, para além de que o interesse directo é inequivocamente requerido pelo n.º 1 do artigo 268.º da Constituição da República Portuguesa e pelo n.º 1 do artigo 61.º do Código do Procedimento Administrativo, bem como pela alínea g) do n.º 3 do artigo 59.º da Lei Geral Tributária, normas cuja *ratio* aqui é relevante, havendo, para mais, que distinguir entre este "interesse directo num procedimento" e "a inexistência de procedimento em curso que diga directamente respeito a esse terceiro" a que se refere aquele n.º 1 do artigo 65.º do mesmo Código (inciso este que não consta, aliás, do n.º 2 do artigo 268.º da Constituição da República Portuguesa). Também nao se retira a possibilidade daquela interpretação restritiva da já citada Deliberação n.º 6/96, de 5 de Março (cf. <http://www.cnpd.pt/>), da então Comissão Nacional de Protecção de Dados Pessoais Informatizados.
Refira-se que importa distinguir entre um direito à informação no âmbito de um procedimento, o objecto do n.º 1 do artigo 268.º da Constituição da República Portuguesa e dos artigos 61.º a 64.º do Código do Procedimento Administrativo, e um direito de acesso a informação independentemente da existência de um procedimento, o objecto do n.º 2 do artigo 268.º da Constituição da República Portuguesa e do artigo 65.º do Código do Procedimento Administrativo (no mesmo sentido, cf. <http://www.cstaf.pt/> Acórdãos do Tribunal Central Administrativo do Sul de 7 de Novembro de 2006 [Processo n.º 1398/06] e de 26 de Junho de 2007 [Processo n.º 1824/07]).

[49] "Interesse legítimo" este que partilha da mesma lógica da do n.º 1 do artigo 64.º do Código do Procedimento Administrativo.

posição esta que não sai prejudicada pela norma que agora consta do n.º 2 daquele mesmo artigo 130.º, pois nesta norma houve o cuidado de salvaguardar expressamente o disposto na norma que a antecede.[50]

Reflictamos agora sobre a concatenação entre o sigilo fiscal e alguns momentos normativos que determinam uma especial cooperação institucional pública, em concreto quanto à Comissão Nacional de Protecção de Dados, quanto ao Provedor de Justiça, quanto aos Deputados à Assembleia da República, quanto às actividades bancária, do mercado dos valores mobiliários e seguradora e, por fim, quanto ao sistema estatístico nacional.

Deve entender-se que o sigilo fiscal cede perante o exercício das competências da Comissão Nacional de Protecção de Dados (CNPD), instituída pela Lei da Protecção de Dados Pessoais, cuja composição e actuação é regulada pelos artigos 21.º a 31.º da mesma Lei, a já referida Lei n.º 67/98, de 26 de Outubro.

Esta conclusão impõe-se, em termos lógicos, perante a natureza da Comissão, "uma entidade administrativa independente, com poderes de autoridade, que funciona junto da Assembleia da República" (cf. n.º 1 do artigo 21.º) e perante as suas atribuições e competências: "é a autoridade nacional que tem como atribuição controlar e fiscalizar o cumprimento das disposições legais e regulamentares em matéria de protecção de dados pessoais, em rigoroso respeito pelos direitos do homem e pelas liberdades e garantias consagradas na Constituição e na lei", estatui o n.º 1 do artigo 22.º. Sublinhe-se que, nos termos das alíneas a) e b) do n.º 3 deste mesmo artigo, a Comissão dispõe de "poderes de investigação e de inquérito, podendo aceder aos dados objecto de tratamento e recolher todas as informações necessárias ao desempenho das suas funções de controlo", e de "poderes de autoridade, designadamente o de ordenar o bloqueio, apagamento ou destruição dos dados, bem como o de proibir, temporária ou definitivamente, o tratamento de dados pessoais, ainda que incluídos em redes abertas de transmissão de dados a partir de servidores situados em território português". As competências da Comissão Nacional de Protecção de Dados, previstas no artigo 23.º, reforçam, também elas, aquela conclusão, *maxime* as competências previstas nas alíneas b) a l) do n.º 1 deste artigo.

Por seu turno, simetricamente às referidas natureza, atribuições e competências da Comissão, o artigo 24.º da Lei da Protecção de Dados Pessoais fixa, de forma

---

[50] Estatui o n.º 2 do artigo 130.º do Código do Imposto Municipal sobre Imóveis: "Sem prejuízo do disposto no número anterior, os pedidos sobre a existência de imóveis efectuados por qualquer entidade devem ser dirigidos ao serviço de finanças do domicílio fiscal do sujeito passivo". Na verdade, não é aceitável que esta norma possa ser interpretada como concedendo um direito de acesso, através do serviço de finanças do domicílio fiscal do sujeito passivo, à identificação dos bens imóveis a este pertencentes, pois tal interpretação, reduzindo o efeito da salvaguarda do disposto no n.º 1 anterior ao mero regime da consulta ou da obtenção de documentos comprovativos dos elementos constantes das inscrições matriciais, acabaria, na prática, por afastar qualquer sigilo fiscal quanto ao património imobiliário; o que seria ainda mais grave se se interpretasse a expressão "efectuados por qualquer entidade" como pretendendo significar a desnecessidade de demonstração de um interesse directo, pessoal e legítimo. Só pode, portanto, interpretar-se a norma do n.º 2 do artigo 130.º do referido código, independentemente da intenção do legislador, no respeito integral pela preservação do alcance normativo que imputámos ao n.º 1 do mesmo artigo e, nestes termos, considerando-se aquela norma como um dispositivo destinado a operacionalizar os pedidos efectuados por qualquer entidade, mas à luz de um direito pré-existente, ou seja, desde que aquela entidade esteja legitimada, de acordo com uma das alíneas b) a d) do n.º 2 do artigo 64.º da Lei Geral Tributária, a aceder à informação protegida pelo sigilo fiscal. Esta interpretação, que recorre a uma mera extensão do elemento literal, é a única compatível com os fundamentos do sigilo fiscal e com o elemento sistemático que acolhe tais fundamentos.

inequívoca quanto à conclusão que retirámos, o dever de colaboração com ela. Fá-lo nos termos seguintes: "1 – As entidades públicas e privadas devem prestar a sua colaboração à CNPD, facultando-lhe todas as informações que por esta, no exercício das suas competências, lhes forem solicitadas.

"2 – O dever de colaboração é assegurado, designadamente, quando a CNPD tiver necessidade, para o cabal exercício das suas funções, de examinar o sistema informático e os ficheiros de dados pessoais, bem como toda a documentação relativa ao tratamento e transmissão de dados pessoais.

"3 – A CNPD ou os seus vogais, bem como os técnicos por ela mandatados, têm o direito de acesso aos sistemas informáticos que sirvam de suporte ao tratamento dos dados, bem como à documentação referida no número anterior, no âmbito das suas atribuições e competências".

O sigilo fiscal deve igualmente ceder perante as solicitações do Provedor de Justiça.

No âmbito da cooperação com o Provedor de Justiça, o n.º 4 do artigo 23.º da Constituição da República Portuguesa estatui: "Os órgãos e agentes da Administração Pública cooperam com o Provedor de Justiça na realização da sua missão". Coerentemente com este dever, prevêem os n.ºs 1 e 2 do artigo 29.º do Estatuto do Provedor de Justiça, aprovado pela Lei n.º 9/91, de 9 de Abril, respectivamente: "Os órgãos e agentes das entidades públicas, civis e militares, têm o dever de prestar todos os esclarecimentos e informações que lhes sejam solicitados pelo Provedor de Justiça"; "As entidades públicas, civis e militares, prestam ao Provedor de Justiça toda a colaboração que por este lhes for solicitada, designadamente informações, efectuando inspecções através dos serviços competentes e facultando documentos e processos para exame, remetendo-os ao Provedor, se tal lhes for pedido". Aliás, o n.º 1 do artigo 12.º do Estatuto do Provedor de Justiça impõe a este — dissemo-lo já — a obrigação de "guardar sigilo relativamente aos factos de que tome conhecimento no exercício das suas funções, se tal sigilo se impuser em virtude da natureza dos mesmos factos".

Acontece que, se, por um lado, complementando o citado regime do n.º 2 do artigo 29.º do Estatuto do Provedor de Justiça, o n.º 3 deste artigo esclarece que o mesmo "(...) não prejudica as restrições legais respeitantes ao segredo de justiça nem a invocação de interesse superior do Estado, nos casos devidamente justificados pelos órgãos competentes, em questões respeitantes à segurança, à defesa ou às relações internacionais", por outro lado, o n.º 2 do artigo 12.º do mesmo Estatuto refere: "O mero dever de sigilo, que não decorra do reconhecimento e protecção da Constituição ou da lei, de quaisquer cidadãos ou entidades cede perante o dever de cooperação com o Provedor de Justiça no âmbito da competência deste".

Apesar desta (mais do que aparente) contradição da dimensão normativa literal — pois refere-se aquele n.º 2 do artigo 12.º ao "*mero dever de sigilo, que não decorra do reconhecimento e protecção da Constituição ou da lei*" —, não pode deixar de entender-se que o sigilo fiscal também cede perante às solicitações do Provedor de Justiça, pois deve considerar-se que esta norma do n.º 2 do artigo 12.º (que, ao contrário de todas as demais referidas, não provém do anterior Estatuto do Provedor de Justiça) se refere ao regime de depoimentos de cidadãos e entidades privadas (não, portanto, à colaboração de órgãos e agentes das entidades públicas), regulado no artigo 30.º do actual Estatuto do Provedor de Justiça. Esta interpretação é reforçada pelo facto de aquela norma do n.º 2 do artigo 12.º ter sido inspirada em norma idêntica do Estatuto da extinta Alta Autoridade contra a Corrupção (Lei n.º 45/86, de 1 de Outubro) relativa à colaboração de entidades privadas com a Alta Autoridade. Mal se compreenderia, por outro lado, que a Lei n.º 9/91, de 9 de Abril, tivesse vindo diminuir os poderes do Provedor de Justiça quando visou precisamente reforçá-los,[51] para não trazer já à colação o papel do Provedor de Justiça no Estado de Direito Democrático, com expresso acolhimento na Constituição da República Portuguesa.

O sigilo fiscal não deve ceder por efeito do Estatuto dos Deputados eleitos para a Assembleia da República.

O Estatuto dos Deputados, aprovado pela Lei n.º 7/93, de 1 de Março, estatui, no seu artigo 12.º, que sejam "garantidas aos Deputados condições adequadas ao eficaz exercício das suas funções" (cf. n.º 1), que todas "as entidades públicas estão sujeitas ao dever geral de cooperação com os Deputados no exercício das suas funções ou por causa delas" (cf. n.º 3) e que os "serviços da administração central ou dela dependentes devem facultar aos Deputados condições para o exercício do mandato, nomeadamente fornecendo os elementos, informações e publicações oficiais solicitados" (cf. n.º 4). O próprio texto constitucional estabelece que os Deputados podem "Requerer e obter do Governo ou dos órgãos de qualquer entidade pública os elementos, informações e publicações oficiais que considerem úteis para o exercício do seu mandato" (cf. alínea e) do artigo 156.º da Constituição da República Portuguesa).

Trata-se, como bem se extrai das disposições analisadas, de um mero dever geral de colaboração com os Deputados, que não autoriza, de todo, a que perante ele ceda o sigilo fiscal.[52]

Debrucemo-nos agora, brevemente, sobre a actividade bancária e do mercado de valores mobiliários, cujas entidades de supervisão, antecipe-se, não podem aceder à informação protegida pelo sigilo fiscal.

Perante as competências e poderes de supervisão do Banco de Portugal, conforme estatui o artigo 17.º da sua Lei Orgânica, aprovada pela Lei n.º 5/98, de 31 de Janeiro, e os artigos 116.º a 138.º do Regime Geral das Instituições de Crédito e Sociedades Financeiras, aprovado pelo Decreto-Lei n.º 298/92, de 31 de Dezembro, os artigos 78.º a 84.º deste mesmo Regime Geral regulamentam a compatibilização dos limites do sigilo profissional, no âmbito da actividade bancária, com a supervisão desta actividade.

---

[51] Neste sentido, cf. CAMPOS; RODRIGUES; SOUSA, op. cit., p. 327, e Parecer n.º 20/94, de 9 de Fevereiro de 1995, do Conselho Consultivo da Procuradoria-Geral da República. Veja-se, aliás, como o Defensor do Contribuinte (extinto pelo Decreto-Lei n.º 320-A/2002, de 30 de Dezembro), que, nos termos do n.º 6 do artigo 3.º do Decreto-Lei n.º 205/97, de 12 de Agosto, devia respeitar as recomendações do Provedor de Justiça, tinha, nos termos do artigo 16.º deste mesmo diploma, acesso à informação protegida pelo sigilo fiscal, decorrendo daqui a absoluta incoerência da sonegação de tal acesso ao Provedor de Justiça. Reconhecendo a contradição a que se alude no texto, mas optando, embora com fundamentação escassa, pela prevalência do sigilo fiscal, temos a posição de Carlos Pamplona Corte-Real, Jorge Bacelar Gouveia e Joaquim Pedro Cardoso da Costa, op. cit., p. 41-42. Lima Guerreiro, por seu turno (op. cit., p. 299-300), também nos dá conta de que é a prevalência do sigilo fiscal perante as solicitações do Provedor de Justiça que corresponde à prática da Administração Fiscal e de que esta mesma prática terá precisamente sido uma razão para a não homologação do Parecer n.º 20/94, de 9 de Fevereiro de 1995, do Conselho Consultivo da Procuradoria-Geral da República.

[52] No mesmo sentido, cf. Parecer n.º 20/94, de 9 de Fevereiro de 1995, do Conselho Consultivo da Procuradoria-Geral da República.

Por seu turno, quanto ao mercado de valores mobiliários, perante as competências e poderes de supervisão da Comissão do Mercado de Valores Mobiliários, conforme estatuem a alínea b) do n.º 1 do artigo 4.º do Estatuto da Comissão, aprovado pelo Decreto-Lei n.º 473/99, de 8 de Novembro, e os artigos 358.º a 368.º e 373.º a 377.º-A do Código dos Valores Mobiliários, aprovado pelo Decreto-Lei n.º 486/99, de 13 de Novembro, os artigos 354.º, 355.º e 356.º deste mesmo Código regulamentam a compatibilização dos limites do dever de segredo, no âmbito da actividade inerente ao mercado de valores mobiliários, com a supervisão desta mesma actividade.

Conjugando a interpretação, que atrás detalhámos, da alínea b) do n.º 2 do artigo 64.º da Lei Geral Tributária com qualquer destas duas situações, é claro não poder nestas falar-se da existência de norma que se sobreponha ao sigilo fiscal, afastando-o. Na verdade, a regulamentação dos poderes de supervisão da actividade bancária e do mercado de valores mobiliários tipifica a "medida" dos mesmos, "medida" essa que não comporta, em si, a legitimidade de acesso ao conteúdo da informação protegida pelo sigilo fiscal.

A conclusão a que acabou de chegar-se relativamente à actividade bancária e do mercado de valores mobiliários vale para a actividade seguradora, embora não se ignore que o Estatuto do Instituto de Seguros de Portugal, aprovado pelo Decreto-Lei n.º 289/2001, de 13 de Novembro, dispõe de uma norma genérica de colaboração institucional pública que não existe no seio daquelas outras actividades de supervisão. Referimo-nos ao n.º 1 do artigo 6.º do Estatuto, que, sob a epígrafe "colaboração de outras autoridades e entidades", permite ao instituto "solicitar a todas as autoridades, serviços públicos ou outras entidades públicas as informações e diligências necessárias ao exercício das suas atribuições".[53]

Só que, apelando mais uma vez à correcta interpretação da alínea b) do n.º 2 do artigo 64.º da Lei Geral Tributária, constata-se não poder, de todo, retirar-se dos termos em que a lei molda aquela colaboração genérica um sentido normativo de sobreposição ao sigilo fiscal. É que a prevalência do sigilo fiscal alcança-se também pela observação da "medida dos poderes" do Instituto de Seguros de Portugal. Neste ponto, esclareça-se que o instituto tem fundamentalmente atribuições de âmbito regulamentar, de assistência ao Governo e ao Ministro das Finanças na definição das orientações da política para o sector segurador e de execução e exercício do controlo da execução dessa política, de colaboração com outras instituições, nacionais e estrangeiras, e de representação internacional, de gestão de fundos, bem como, naturalmente, no âmbito da actividade de supervisão da actividade seguradora, resseguradora, de mediação de seguros e de fundos de pensões e das actividades conexas ou complementares daquelas (cf., em especial, artigos 4.º e 10.º a 16.º do seu estatuto).

Como bem se compreende, interessa-nos, na economia deste escrito, as atribuições e competências de fiscalização e supervisão. Precisamente quanto aos poderes de fiscalização e supervisão do Instituto de Seguros de Portugal, o Decreto-Lei n.º 94-B/98, de 17 de Abril, que regula as condições de acesso e de exercício da

---

[53] O n.º 2 deste mesmo artigo estatui que o Instituto de Seguros de Portugal "pode requisitar informações que tenha por relevantes a quaisquer entidades privadas, e designadamente a pessoas singulares ou a pessoas colectivas que participem nas empresas sujeitas à sua supervisão ou sejam por elas participadas, a indivíduos ou pessoas colectivas que exerçam actividades que caiba ao [Instituto] fiscalizar, e ainda a revisores oficiais de contas e auditores, à Câmara dos Revisores Oficiais de Contas e ao Instituto dos Actuários Portugueses".

actividade seguradora e resseguradora, é claro na questão que nos ocupa. Tenhamos em consideração a redacção deste diploma resultante do Decreto-Lei n.º 2/2009, de 5 de Janeiro. Assim é que, na sequência dos seus artigos 156.º a 157.º-D, relativos às competências e poderes de supervisão do instituto, os artigos 158.º a 162.º são exaustivos na regulamentação da compatibilização dos limites do sigilo profissional, no âmbito da supervisão da actividade seguradora, com aquela mesma supervisão, em caso algum fazendo o sigilo fiscal ceder em prol de tal supervisão.

Concretizando, veja-se como os poderes de supervisão permitem ao instituto "Verificar a conformidade técnica, financeira, legal e fiscal da actividade das empresas de seguros e resseguros sob a sua supervisão;" e "Obter informações pormenorizadas sobre a situação das empresas de seguros ou de resseguros e o conjunto das suas actividades, através, nomeadamente, da recolha de dados, da exigência de documentos relativos ao exercício da actividade seguradora, resseguradora ou de retrocessão ou de inspecções a efectuar nas instalações da empresa" (cf., respectivamente, alíneas a) e b) do n.º 1 do artigo 157.º); mas veja-se também como logo o n.º 2 deste mesmo artigo avança com a delimitação do mecanismo de efectivação daqueles poderes: "Para efeitos do disposto na alínea b) do número anterior, as entidades aí referidas são obrigadas a prestar ao Instituto de Seguros de Portugal as informações que este considere necessárias à verificação, nomeadamente, do seu grau de liquidez e de solvabilidade, dos riscos em que incorrem, incluindo o nível de exposição a diferentes tipos de instrumentos financeiros, das práticas de gestão e controlo dos riscos a que estão ou possam vir a estar sujeitas e das metodologias adoptadas na avaliação dos seus activos, em particular daqueles que não sejam transaccionados em mercados de elevada liquidez e transparência".

Não pode, portanto, deixar de concluir-se que, face à interpretação da alínea b) do n.º 2 do artigo 64.º da Lei Geral Tributária, o sigilo fiscal não cede, seja perante a norma do n.º 1 do artigo 6.º do Estatuto do Instituto de Seguros de Portugal, seja perante a "medida dos seus poderes"; na verdade, nem aquela norma estatutária se permite acolher a interpretação no sentido de que ela se sobrepõe ao sigilo fiscal, nem esta "medida de poderes" comporta, em si, a legitimidade de acesso ao conteúdo da informação protegida pelo sigilo fiscal.

A concatenação entre o sigilo fiscal e a actividade estatística, por fim, merece uma análise particular.

Tradicionalmente, assumia-se que o sigilo fiscal não cedia perante as solicitações do Instituto Nacional de Estatística, enquanto autoridade estatística.[54]

---

[54] No mesmo sentido, cf. GUERREIRO, *op. cit.*, p. 303. Esta posição não deve considerar-se posta em causa pela alteração que o Decreto-Lei n.º 118/94, de 5 de Maio, fez no artigo 4.º do Estatuto do Instituto Nacional de Estatística (Decreto-Lei n.º 280/89, de 23 de Agosto), aditando-lhe o seguinte n.º 5: "É obrigatória a prestação das informações, a título não remunerado, que forem solicitadas pelo [Instituto], no exercício das suas competências no quadro de autoridade estatística a que se refere o n.º 1 do artigo 6.º da Lei n.º 6/89, de 15 de Abril". Hoje, esta norma corresponde ao n.º 5 do artigo 4.º do novo regime estatutário do Instituto Nacional de Estatística (Decreto-Lei n.º 166/2007, de 3 de Maio): "O [Instituto], no exercício da sua actividade na qualidade de autoridade estatística, pode exigir a prestação de informações, com carácter obrigatório e gratuito, nos termos da lei do Sistema Estatístico Nacional". É que a afirmação da obrigatoriedade da prestação das informações, bem como a da obrigatoriedade de as prestar a título gratuito, não podem pretender significar, nem mesmo implicitamente, uma intenção de derrogação dos limites ao exercício da autoridade estatística constantes dos princípios, das normas e da estrutura do Sistema Estatístico Nacional e, assim, também do sigilo fiscal.

É certo que o n.º 1 do artigo 6.º das bases gerais do Sistema Estatístico Nacional, antes estabelecidas pela Lei n.º 6/89, de 15 de Abril, referia: "No exercício da sua actividade, o [Instituto] pode realizar inquéritos e efectuar todas as diligências necessárias à produção de dados estatísticos e pode solicitar informações a todos os funcionários, autoridades, serviços ou organismos e a todas as pessoas singulares ou colectivas que se encontrem em território nacional ou nele exerçam a sua actividade". O n.º 2 do mesmo artigo excepcionava, contudo, as "informações relacionadas com convicções políticas, religiosas ou outras de idêntica natureza, bem como aquelas que possuam um carácter eminentemente pessoal". Por outro lado, o artigo 7.º da mesma lei, sob a epígrafe "Informação estatística", estatuía: "Todos os serviços públicos que devam ou possam fornecer informação estatística têm o dever de cooperar com o [Instituto] e os seus órgãos, com vista ao funcionamento eficiente do Sistema Estatístico Nacional e à observância dos seus princípios orientadores".

Hoje, contudo, existe em Portugal uma nova Lei do Sistema Estatístico Nacional, a Lei n.º 22/2008, de 13 de Maio, que dedica o seu artigo 4.º ao regime decorrente da autoridade estatística. Atente-se no que estatuem os n.ºs 1, 2 e 3 deste artigo 4.º:

> 1 – As autoridades estatísticas, no respectivo âmbito de actuação, podem exigir o fornecimento, com carácter obrigatório e gratuito, a todos os serviços ou organismos, pessoas singulares e colectivas, de quaisquer elementos necessários à produção de estatísticas oficiais e estabelecer a recolha de dados que, ainda que não relevantes para a actividade específica das entidades obrigadas ao seu fornecimento, revistam importância estatística.
>
> 2 – O disposto no número anterior prevalece sobre eventuais limitações ou deveres de sigilo constantes de regimes especiais, considerando-se para todos os efeitos o aproveitamento de dados administrativos para fins estatísticos oficiais como uma das finalidades determinantes da sua recolha.
>
> 3 – Exceptuam-se do disposto no n.º 1 os dados objecto de classificação de segurança, de segredo de Estado, de segredo de justiça, dados conservados nos centros de dados dos serviços do Sistema de Informações da República Portuguesa, dados genéticos ou dados pessoais referentes a convicções filosóficas ou políticas, filiação partidária ou sindical, fé religiosa, vida privada e origem étnica e dados pessoais relativos à saúde e à vida sexual.

Apesar de a Lei n.º 22/2008, de 13 de Maio, ter reforçado, muito claramente, os poderes de acesso à informação estatística por parte das autoridades estatísticas, apesar de não podermos esquecer a solidez do segredo estatístico e respectivo segredo profissional,[55] o que confere muito assinaláveis condições de preservação do sigilo

---

[55] Veja-se, neste ponto, o artigo 5.º da Lei n.º 6/89, de 15 de Abril, que, entre o mais, referia que o segredo estatístico visa a salvaguarda da privacidade dos cidadãos (cf. n.º 1) e que as "informações individualizadas sobre pessoas singulares nunca podem ser divulgadas" (cf. n.º 3); quanto às informações sobre cooperativas, empresas públicas e privadas, instituições de crédito e outros agentes económicos, atente-se no regime restritivo de divulgação, que era fixado no n.º 5 daquele mesmo artigo 5.º. Hoje, o artigo 6.º da Lei n.º 22/2008, de 13 de Maio, apresenta um regime ainda mais rigoroso de segredo estatístico, do qual se destaca: visa salvaguardar a privacidade dos cidadãos e garantir a confiança no sistema estatístico (cf. n.º 1); os dados estatísticos individuais recolhidos são confidenciais, não podendo ser cedidos (salvo o regime que se referirá), examinados ou divulgados permitindo a identificação directa ou indirecta das pessoas a que respeitam e são objecto de apertado sigilo profissional (cf. n.º 2); os dados estatísticos individuais respeitantes a pessoas singulares não podem ser cedidos, salvo se o seu

fiscal agora comunicado à entidade que exerce poderes de autoridade estatística (nos termos do n.º 3 do artigo 64.º da Lei Geral Tributária), e apesar de parecer agora inegável que a autoridade estatística pode, em abstracto, aceder a informação fiscal sigilosa, a verdade é que das disposições enunciadas que hoje regem o Sistema Estatístico Nacional evidencia-se uma natural coerência entre este sistema e o próprio regime do sigilo fiscal, seja porque as limitações à actividade estatística resultam da própria natureza sensível dos dados pessoais em causa, que advêm do carácter eminentemente ligado à vida privada da informação fiscal, seja porque não pode esquecer-se o princípio do respeito pela finalidade do acesso à informação para fins estatísticos — o sentido teleológico expressamente referido, aliás, no citado n.º 2 do artigo 4.º da Lei n.º 22/2008, de 13 de Maio.

Nesta perspectiva, deve sobretudo sublinhar-se que a participação da Administração Fiscal "com vista ao funcionamento eficiente do Sistema Estatístico Nacional e à observância dos seus princípios orientadores" (nos termos da Lei n.º 6/89, de 15 de Abril) ou visando a disponibilidade "de quaisquer elementos necessários à produção de estatísticas oficiais" ou que "revistam importância estatística" (nos termos da Lei n.º 22/2008, de 13 de Maio) terá tendência a não colocar problemas de sigilo fiscal, na medida em que a mesma participação, pelas características próprias da informação em causa, reconduzir-se-á normalmente à norma da alínea b) do n.º 5 do artigo 64.º da Lei Geral Tributária ou ao sentido que da sua *ratio* possa extrair-se: "Não contende com o dever de confidencialidade (...) A publicação de rendimentos declarados ou apurados por categorias de rendimentos, contribuintes, sectores de actividades ou outras, de acordo com listas que a administração tributária deverá organizar anualmente a fim de assegurar a transparência e publicidade".[56] Por definição, estas listas não relacionam os contribuintes com a sua específica realidade tributária.[57]

6 Em conclusão:

a) o Direito aborda a tutela da informação a proteger, quer delimitando objectivamente a informação a ser preservada, mesmo que o faça por referência a uma dada actividade, quer delimitando o âmbito subjectivo, que pode

---

titular tiver dado o seu consentimento expresso ou mediante autorização ao Conselho Superior de Estatística, que delibera caso a caso, sobre pedidos devidamente fundamentados, quando estejam em causa ponderosas razões de saúde pública, desde que anonimizados e utilizados exclusivamente para fins estatísticos, sob compromisso expresso de absoluto sigilo em relação aos dados fornecidos (cf. n.º 5); os dados estatísticos individuais respeitantes a pessoas colectivas não podem ser cedidos, salvo se os respectivos representantes tiverem dado o seu consentimento expresso ou mediante autorização ao Conselho Superior de Estatística, que delibera caso a caso, sobre pedidos devidamente fundamentados, quando estejam em causa ponderosas razões de saúde pública, planeamento e coordenação económica, relações económicas externas ou protecção do ambiente e desde que sejam utilizados exclusivamente para fins estatísticos, sob compromisso expresso de absoluto sigilo em relação aos dados fornecidos (cf. n.º 6); fora destas situações, os dados estatísticos individuais sobre pessoas singulares e colectivas só podem ser cedidos para fins científicos, sob forma anonimizada, mediante o estabelecimento de acordo entre a autoridade estatística cedente e a entidade solicitante, sujeito às adequadas condições de segurança (cf. n.º 7).

[56] O mesmo pode dizer-se relativamente à actividade estatística do Banco e Portugal e do dever de colaboração das entidades, públicas e privadas, inerente a essa mesma actividade, conforme estatui o artigo 13.º da Lei Orgânica do Banco de Portugal, aprovada pela Lei n.º 5/98, de 31 de Janeiro.

[57] Concluíram Carlos Pamplona Corte-Real, Jorge Bacelar Gouveia e Joaquim Pedro Cardoso da Costa, *op. cit.*, p. 36-40, *maxime* p. 39, ainda à luz da alínea d) do artigo 17.º do Código de Processo Tributário, que o Instituto Nacional de Estatística pode "ter acesso aos dados fiscais com objectivos de índole estatística se o pedido tiver em vista propósitos não susceptíveis de individualização ou personalização".

corresponder a uma categoria profissional, das pessoas sobre quem faz impender a obrigação de preservar certas informações, sendo ambos os momentos indispensáveis a qualquer obrigação jurídica de segredo, o que se confirma no regime do sigilo fiscal, constante do artigo 64.º da Lei Geral Tributária;
b) é biunívoca a relação entre o sigilo fiscal e o sigilo profissional dos dirigentes, funcionários e agentes da Administração Tributária: é o sigilo profissional que, por um lado, se permite operacionalizar o sigilo fiscal, na medida em que acolhe em si o conteúdo deste; é o sigilo fiscal que, por outro lado, acolhe os conteúdos de informação a si carreados pelo sigilo profissional, que assim é destacado pela lei, no âmbito dos deveres legais de segredo, como patrocinador do conteúdo do sigilo fiscal;
c) cada um dos regimes jurídicos de informação preservada tem a sua específica fundamentação; e o sigilo fiscal convoca, como seu fundamento, diferentes tutelas jurídicas: da reserva da intimidade da vida privada, da protecção dos dados pessoais, o que implica que a recolha e o tratamento de tais dados deva respeitar, em termos de adequação, de pertinência e de proibição do excesso, finalidades determinadas, explícitas e legítimas, e da correcta utilização da informática no âmbito de tais dados, bem como da protecção da confiança na Administração Fiscal por parte dos contribuintes e de terceiros com eles relacionados para efeitos tributários;
d) estes fundamentos, no sigilo que enformam, confrontam-se com o princípio da administração aberta, gerando delimitações imanentes entre diferentes momentos constitucionais, cuja concretização remete o operador jurídico para uma ponderação dos interesses reais em confronto, de acordo com os critérios normativos fornecidos pelo próprio n.º 2 do artigo 268.º da Constituição da República Portuguesa, com reflexo no n.º 1 do artigo 65.º do Código do Procedimento Administrativo; devendo reconhecer-se na protecção de dados pessoais uma especial intensidade nessa delimitação constitucional do princípio da administração aberta, resultante dos princípios, presentes nos n.ºs 3 e 4 do artigo 35.º da Lei Fundamental, da proibição de tratamento, sem prejuízo de situações excepcionais bem delimitadas, de dados pessoais especialmente sensíveis e da proibição de acesso, salvo lei excepcional, a dados pessoais de terceiros;
e) o âmbito do sigilo fiscal remete-nos sempre para um sentido personalizado da protecção da informação por ele efectivada e obtém-se, para além dos "elementos de natureza pessoal" resultantes do procedimento, pela delimitação do objecto do dever de confidencialidade fiscal inerente aos "dados recolhidos sobre a situação tributária dos contribuintes"; este objecto corres ponde às informações, alojadas ou não em suporte informático, que, não tendo natureza pública, reflictam de alguma forma a situação patrimonial dos sujeitos passivos da obrigação de imposto, pessoas singulares ou pessoas colectivas, comerciantes ou não comerciantes, relevando, não os dados fiscais, *de per se*, mas o que eles reflictam, em maior ou menor extensão, da situação patrimonial dos contribuintes: o âmbito concreto do sigilo fiscal afere-se pelo significado que as informações recolhidas e trabalhadas pela Administração Fiscal permitam traduzir sobre a intimidade da vida privada

dos contribuintes, incluindo nesta, quer a dimensão mais estritamente patrimonial, quer a dimensão mais estritamente pessoal inerente aos dados pessoais protegidos; também quanto aos dados publicitáveis recolhidos e trabalhados pela Administração Fiscal releva o sigilo fiscal, na medida em que está vedado àquela utilizar essa informação, extravasando da finalidade tributária que presidiu a sua recolha e tratamento, em termos de evidenciar a terceiros a situação patrimonial dos contribuintes;

f) a lei pode delimitar situações em que o dever de sigilo fiscal cessa, confirmando a sua natureza não absoluta, reflexo da natureza não absoluta dos direitos que o fundamentam; estamos aqui no seio da disposição do n.º 2 do artigo 64.º da Lei Geral Tributária, sem prejuízo de a lei poder estatuir sobre a matéria, respeitada a reserva relativa de competência legislativa da Assembleia da República e as exigências materiais inerentes às restrições dos direitos, liberdades e garantias;

g) a norma da alínea b) do n.º 2 do artigo 64.º da Lei Geral Tributária permite que o sigilo fiscal ceda nos casos de "cooperação legal da administração tributária com outras entidades públicas, na medida dos seus poderes"; a exigência de uma "cooperação legal" torna claro que esta norma (tal como as das alíneas c) e d) do mesmo n.º 2) não é de aplicação directa, não estabelece *ex novo* qualquer dever de informação, sendo sim uma norma remissiva para outras que, de acordo com a correcta interpretação jurídica, afastem, no âmbito da cooperação institucional entre entidades públicas, o sigilo fiscal: a quebra do sigilo fiscal depende, pois, da existência de norma sobre uma tal cooperação institucional que se lhe sobreponha, o que só pode verificar-se na estrita medida dos poderes da entidade pública em benefício da qual opera aquela cooperação, importando sempre, por isso, verificar se esses poderes comportam, em si, a legitimidade de acesso ao conteúdo da informação protegida pelo sigilo fiscal, poderes esses que, para mais, demarcam por si mesmos a amplitude, ou a medida, desse acesso;

h) o sigilo fiscal não cede perante o regime do acesso aos documentos administrativos e sua reutilização, nem perante o Estatuto dos Deputados, nem perante as supervisões bancária, do mercado de valores mobiliários e da actividade seguradora; em contrapartida, deve entender-se que o sigilo fiscal cede perante o exercício das competências do Provedor de Justiça e da Comissão Nacional de Protecção de Dados; existindo uma concatenação natural entre o sigilo fiscal e a actividade estatística nacional.

Lisboa, agosto de 2009.

Informação bibliográfica deste texto, conforme a NBR 6023:2002 da Associação Brasileira de Normas Técnicas (ABNT):

MORGADO, Abílio Manuel de Almeida. Sigilo fiscal em Portugal. *In*: SARAIVA FILHO, Oswaldo Othon de Pontes; GUIMARÃES, Vasco Branco (Coord.). *Sigilos bancário e fiscal*: homenagem ao Jurista José Carlos Moreira Alves. Belo Horizonte: Fórum, 2011. p. 189-222. ISBN 978-85-7700-405-8.

Sigilos Bancário e Fiscal como Corolário do Direito à Privacidade em Confronto com os Interesses do Fisco e do *Parquet*[1]

Vittorio Cassone

Sumário: 1 Introdução – 2 Sigilos bancário e fiscal são institutos autônomos e, conforme a finalidade, espécies de um mesmo gênero – 3 As normas anteriores à CF/88 e duas decisões do STF – 4 As normas na vigência da Constituição de 1988 e a jurisprudência do STF – 5 Os sigilos bancário e fiscal, o Ministério Público, e a jurisprudência do STF – 6 Conclusões

1 Introdução

A matéria concernente aos sigilos bancário e fiscal é complexa, quer seja na interpretação dos princípios constitucionais que lhe dizem pertinência, quer seja em relação às normas complementares ou ordinárias que alteraram normas anteriores e cujo exame pelo Supremo Tribunal Federal (Corte Constitucional) se acha pendente em alguns de seus aspectos.

O presente estudo reproduz as normas constitucionais e infraconstitucionais básicas que tratam da matéria, as quais serão objeto de considerações nos termos propostos pelo coordenador desta obra, o Prof. Oswaldo Othon de Pontes Saraiva Filho.

Tendo em vista tais complexidades e em face de pendências jurisprudenciais, as considerações a seguir postas o são a título de reflexão — como, aliás, de regra se consideram estudos de tal natureza.

---

[1] Este estudo é em homenagem ao Professor José Carlos Moreira Alves, Ministro aposentado do Supremo Tribunal Federal que, no desempenho de tão relevante missão, emitiu votos serenos e de altíssima qualidade, honrando o Judiciário e fortalecendo o Estado Democrático de Direito e a República Federativa do Brasil. E confesso que tenho saudade de seus votos em matéria tributária (e do também aposentado Ministro Carlos Velloso), sempre bem fundamentados e facilitando a compreensão do complexo sistema tributário nacional.

2 Sigilos bancário e fiscal são institutos autônomos e, conforme a finalidade, espécies de um mesmo gênero

Se toda interpretação é iniciada com o *critério gramatical*,[2] desde logo verifica-se que as expressões "sigilo bancário" e "sigilo fiscal" são distintas, autônomas, pois os dados de uma podem ser obtidos para determinados fins, e os dados de outra expressão para fins diferentes.

Por outro lado, esses dois termos técnicos podem convergir para uma única finalidade (espécies de um mesmo gênero), tal como o é no presente estudo, em que tanto o "sigilo bancário" quanto o "sigilo fiscal" são considerados em face da "privacidade da vida das pessoas" (art. 5º, X, XI e XII, da CF/88) e tomados no sentido de "identificar os rendimentos e as atividades econômicas dos contribuintes" (art. 145, §1º, CF/88), tendo em vista o poder-dever da Administração Tributária, "poder" no sentido de que a Administração Tributária representa o "Estado", e "dever" quanto à "responsabilidade funcional" de fiscalizar (art. 142, CTN).

No item 5 veremos, pelo voto-condutor da Ministra Ellen Gracie no RE nº 535.478/SC, hipótese de distinção entre o "sigilo bancário" e o "sigilo fiscal", na atual jurisprudência do STF e do STJ.

Othon Saraiva, nessa questão, e visando determinado propósito, assim se manifesta:[3]

> Assim, os institutos do sigilo bancário e do sigilo fiscal, embora não tenham sido expressamente nomeados, pela Constituição, como direitos e garantias individuais, são tidos, pela jurisprudência pátria, como amparados, por igual forma, pelas mesmas razões, pela Constituição brasileira, como corolário da inviolabilidade da vida privada e da comunicação de dados.
>
> De modo que só se pode entender que os sigilos bancário e fiscal são espécies do gênero *right of privacy* – direito à privacidade.

3 As normas anteriores à CF/88 e duas decisões do STF

A Constituição de 1967/69 dispunha:

Capítulo IV – DOS DIREITOS E GARANTIAS INDIVIDUAIS

Art. 153. A Constituição assegura aos brasileiros e aos estrangeiros residentes no País a inviolabilidade dos direitos concernentes à vida, à liberdade, à segurança e à propriedade, nos termos seguintes:

(...)

§9º. É inviolável o sigilo da correspondência e das comunicações telegráficas e telefônicas.

---

[2] É o que a doutrina em geral diz, mas que em meu livro *Interpretação no direito tributário* (Editora Atlas, 2004) procuro demonstrar que o primeiro passo é examinar em que seção ou capítulo o dispositivo objeto de interpretação está situado, para, logo em seguida, continuar a caminhada interpretativa examinando o critério gramatical.

[3] SARAIVA FILHO, Oswaldo Othon de Pontes. Sigilo fiscal: transferência ao Ministério Público: análise da correspondente jurisprudência do STF e do STJ. *Revista Fórum de Direito Tributário*, Belo Horizonte, ano 7, n. 39, p. 12, maio/jun. 2009.

A Lei nº 4.595/64 (revogado pelo art. 13 da Lei Complementar nº 105/2001) tinha a seguinte redação (cf. consulta no www.planalto.gov.br em 07.10.2009):

> Art. 38. As instituições financeiras conservarão sigilo em suas operações ativas e passivas e serviços prestados.
>
> §1º. As informações e esclarecimentos ordenados pelo Poder Judiciário, prestados pelo Banco Central da República do Brasil ou pelas instituições financeiras, e a exibição de livros e documentos em Juízo, se revestirão sempre do mesmo caráter sigiloso, só podendo a eles ter acesso as partes legítimas na causa, que deles não poderão servir-se para fins estranhos à mesma.
>
> §2º. O Banco Central da República do Brasil e as instituições financeiras públicas prestarão informações ao Poder Legislativo, podendo, havendo relevantes motivos, solicitar sejam mantidas em reserva ou sigilo.
>
> §3º. As Comissões Parlamentares de Inquérito, no exercício da competência constitucional e legal de ampla investigação (art. 53 da Constituição Federal e Lei nº 1579, de 18 de março de 1952), obterão as informações que necessitarem das instituições financeiras, inclusive através do Banco Central da República do Brasil.
>
> §4º. Os pedidos de informações a que se referem os §§2º e 3º, deste artigo, deverão ser aprovados pelo Plenário da Câmara dos Deputados ou do Senado Federal e, quando se tratar de Comissão Parlamentar de Inquérito, pela maioria absoluta de seus membros.
>
> §5º. Os agentes fiscais tributários do Ministério da Fazenda e dos Estados somente poderão proceder a exames de documentos, livros e registros de contas de depósitos, quando houver processo instaurado e os mesmos forem considerados indispensáveis pela autoridade competente.
>
> §6º. O disposto no parágrafo anterior se aplica igualmente à prestação de esclarecimentos e informes pelas instituições financeiras às autoridades fiscais, devendo sempre estas e os exames serem conservados em sigilo, não podendo ser utilizados senão reservadamente.
>
> §7º. A quebra do sigilo de que trata este artigo constitui crime e sujeita os responsáveis à pena de reclusão, de um a quatro anos, aplicando-se, no que couber, o Código Penal e o Código de Processo Penal, sem prejuízo de outras sanções cabíveis. (Revogado pela Lei Complementar nº 105, de 10.1.2001) (Vide Lei nº 6.385, de 1976)

Com base nessa disposição, o STF já vislumbrara uma distinção entre a possibilidade de obter *informações bancárias* e a obrigatoriedade do *sigilo profissional & privacidade*, conforme RE nº 71.640-BA, 1ª Turma, Djaci Falcão, unânime, 17.09.1971; Recorrente: Banco da Bahia S/A; Recorrida: Prefeitura Municipal de Salvador (RTJ 59/571), a teor de sua ementa:

> SIGILO BANCÁRIO. As decisões na instância ordinária entenderam que em face do Código Tributário Nacional o segredo bancário não é absoluto. Razoável inteligência do direito positivo federal, não havendo ofensa ao disposto no art. 153, §9º, da Lei Magna, nem tampouco negativa de vigência do art. 144 do C. Civil.
>
> O objetivo do *writ* era afastar a exigência de apresentação de fichas contábeis, ao fundamento de violação de sigilo bancário. Inocorrência de dissídio jurisprudencial.
>
> Recurso extraordinário não conhecido.

Nota – Do voto do Relator transcrevemos o seguinte trecho:

A regra do art. 195 abrange, não há dúvida, os Estados e Municípios. Cuidando da preservação do sigilo profissional, escreve o prof. Aliomar Baleeiro:

'Não é, porém, o caso dos banqueiros por exemplo, que não estão adstritos às mesmas regras éticas e jurídica de sigilo. Em princípio só devem aceitar e ser procurados para negócios lícitos e confessáveis. Diversa é a situação do advogado, do médico e do padre, cujo dever profissional lhes não tranca os ouvidos a todos os desvios de procedimentos ético ou jurídico, às vezes conhecidos somente da consciência dos confidentes' (*Direito Tributário Brasileiro*, p. 550 e 551).

E mais:

'Os bancos podem ser compelidos a informar ou fornecer cópia dos *bordereaux* dos títulos descontados e das duplicatas ou cambiais sacados contra o contribuinte, a fim de apurar-se a exata natureza ou volume de seus negócios (CTN, art. 197, II)' (Baleeiro, obra citada, p. 547).

(...)

Diante do Exposto, não conheço do recurso.

Quanto ao art. 197, parágrafo único, do Código Tributário Nacional (CTN – Lei nº 5.172, de 1966), a 1ª Turma do STF, no RE nº 86.420-RS, Xavier de Albuquerque, unânime, 16.05.1978 (*RTJ* 86/639), decidiu, a teor da ementa:

Contabilista. Sigilo profissional. Inadmissibilidade da pretendida obrigação tributária acessória, de contabilista informar ao Fisco os atrasos de seus clientes no recolhimento do imposto. Irrelevância do fato de haverem os interessados desobrigado o profissional. Ilegitimidade da autuação e da imposição de penalidade. Segurança concedida.

Nota – O citado dispositivo do CTN tem a seguinte redação:

Art. 197. Mediante intimação escrita, são obrigados a prestar à autoridade administrativa todas as informações de que disponham com relação aos bens, negócios ou atividades de terceiros:

(...)

Parágrafo único – a obrigação prevista neste artigo não abrange a prestação de informações quanto a fatos sobre os quais o informante esteja legalmente obrigado a observar segredo em razão de cargo, ofício, função, ministério, atividade ou profissão.

E, ao que parece, a mesma linha de entendimento é mantida na Itália:[4]

Secreto profissional, algumas categorias de pessoas são obrigadas a conservar para si as notícias reservadas que recebem dos outros: advogados, notários, contadores e comerciários, peritos, farmacêuticos, médicos e todos aqueles que exercitam a profissão médica, banqueiros, agentes de bolsa, jornalistas. No momento em que divulgam notícias reservadas ou íntimas podem ser punidos nos termos da lei penal (*v. secreto, tutela penal do*); a todos estes sujeitos aplica-se a regra segundo a qual nenhum juiz pode obrigá-los a testemunhar sobre o que souberam em relação à sua profissão.

---

[4] *Enciclopedia del diritto*. Novara: Istituto Geografico de Agostini, 1999. p. 1137. A tradução do italiano para o português é minha.

4 As normas na vigência da Constituição de 1988 e a jurisprudência do STF

Embora as normas básicas que tratam dos sigilos bancário e fiscal em face do direito à privacidade sejam extensas, considero indispensável sua transcrição, justamente para saber o que se está interpretando, e para que o leitor possa refletir e elaborar suas próprias conclusões.

Eis as normas básicas atualmente em vigor:[5]

a) Constituição Federal de 1988:

Art. 5º. Todos são iguais perante a lei, sem distinção de qualquer natureza, garantindo-se aos brasileiros e aos estrangeiros residentes no País a inviolabilidade do direito à vida, à liberdade, à igualdade, à segurança e à propriedade, nos termos seguintes;

(...)

X – são invioláveis a intimidade, a vida privada, a honra e a imagem das pessoas, assegurado o direito a indenização pelo dano material ou moral decorrente de sua violação;

XI – a casa é asilo inviolável do indivíduo, ninguém nela podendo penetrar sem consentimento do morador, salvo em caso de flagrante delito ou desastre, ou para prestar socorro, ou, durante o dia, por determinação judicial;

XII – é inviolável o sigilo da correspondência e das comunicações telegráficas, de dados e das comunicações telefônicas, salvo, no último caso, por ordem judicial, nas hipóteses e na forma que a lei estabelecer para fins de investigação criminal ou instruções processual penal; (Vide Lei n. 9.296, de 1996)

(...)

XXXIII – todos têm direito a receber dos órgãos públicos informações de seu interesse particular, ou de interesse coletivo ou geral, que serão prestadas no prazo da lei, sob pena de responsabilidade, ressalvadas aquelas sujo sigilo seja imprescindível à segurança da sociedade e do Estado;

(...)

LV – aos litigantes, em processo judicial ou administrativo, e aos acuados em geral são assegurados o contraditório e ampla defesa, com os meios e recursos a ela inerentes;

LVI – são inadmissíveis, no processo, as provas obtidas por meios ilícitos;

(...)

Art. 37 – (...)

XII – as administrações tributárias da União, dos Estados, do Distrito Federal e dos Municípios, atividades essenciais ao funcionamento do Estado, exercidas por servidores de carreiras específicas, terão recursos prioritários para a realização de suas atividades e atuarão de forma integrada, inclusive com o compartilhamento de cadastros e de informações fiscais, na forma da lei ou convênio. (Incluído pela Emenda Constitucional nº 42, de 19-12-2003)

Art. 52. Compete privativamente ao Senado Federal:

(...)

XV – avaliar periodicamente a funcionalidade do Sistema Tributário Nacional, em sua estrutura e seus componentes, e o desempenho das administrações tributárias da União,

---

[5] A legislação e eventuais alterações podem ser consultadas no endereço eletrônico: <www.planalto.gov.br>.

dos Estados e do Distrito Federal e dos Municípios. (*Incluído pela Emenda Constitucional nº 42, de 19-12-2003*)

Art. 145. A União, os Estados, o Distrito Federal e os Municípios poderão instituir os seguintes tributos:

(...)

§1º. Sempre que possível, os impostos terão caráter pessoal e serão graduados segundo a capacidade econômica do contribuinte, facultado à administração tributária, especialmente para conferir efetividade a esses objetivos, identificar, respeitados os direitos individuais e nos termos da lei, o patrimônio, os rendimentos e as atividades econômicas do contribuinte.

b) Código Tributário Nacional (Lei nº 5.172/1966):

CAPÍTULO I – Fiscalização

Art. 194. A legislação tributária, observado o disposto nesta Lei, regulará, em caráter geral, ou especificamente em função da natureza do tributo de que se tratar, a competência e os poderes das autoridades administrativas em matéria de fiscalização da sua aplicação.

Parágrafo único. A legislação a que se refere este artigo aplica-se às pessoas naturais ou jurídicas, contribuintes ou não, inclusive às que gozem de imunidade tributária ou de isenção de caráter pessoal.

Art. 195. Para os efeitos da legislação tributária, não têm aplicação quaisquer disposições legais excludentes ou limitativas do direito de examinar mercadorias, livros, arquivos, documentos, papéis e efeitos comerciais ou fiscais, dos comerciantes industriais ou produtores, ou da obrigação destes de exibi-los.

Parágrafo único. Os livros obrigatórios de escrituração comercial e fiscal e os comprovantes dos lançamentos neles efetuados serão conservados até que ocorra a prescrição dos créditos tributários decorrentes das operações a que se refiram.

Art. 196. A autoridade administrativa que proceder ou presidir a quaisquer diligências de fiscalização lavrará os termos necessários para que se documente o início do procedimento, na forma da legislação aplicável, que fixará prazo máximo para a conclusão daquelas.

Parágrafo único. Os termos a que se refere este artigo serão lavrados, sempre que possível, em um dos livros fiscais exibidos; quando lavrados em separado deles se entregará, à pessoa sujeita à fiscalização, cópia autenticada pela autoridade a que se refere este artigo.

Art. 197. Mediante intimação escrita, são obrigados a prestar à autoridade administrativa todas as informações de que disponham com relação aos bens, negócios ou atividades de terceiros:

I – os tabeliães, escrivães e demais serventuários de ofício;

II – os bancos, casas bancárias, Caixas Econômicas e demais instituições financeiras;

III – as empresas de administração de bens;

IV – os corretores, leiloeiros e despachantes oficiais;

V – os inventariantes;

VI – os síndicos, comissários e liquidatários;

VII – quaisquer outras entidades ou pessoas que a lei designe, em razão de seu cargo, ofício, função, ministério, atividade ou profissão.

Parágrafo único. A obrigação prevista neste artigo não abrange a prestação de informações quanto a fatos sobre os quais o informante esteja legalmente obrigado a observar segredo em razão de cargo, ofício, função, ministério, atividade ou profissão.

Art. 198. Sem prejuízo do disposto na legislação criminal, é vedada a divulgação, por parte da Fazenda Pública ou de seus servidores, de informação obtida em razão do ofício sobre a situação econômica ou financeira do sujeito passivo ou de terceiros e sobre a natureza e o estado de seus negócios ou atividades. (Redação dada pela LC nº 104, de 10.1.2001)

§1º Excetuam-se do disposto neste artigo, além dos casos previstos no art. 199, os seguintes: (Redação dada pela LC nº 104, de 10.1.2001)

I – requisição de autoridade judiciária no interesse da justiça; (Incluído pela LC nº 104, de 10.1.2001)

II – solicitações de autoridade administrativa no interesse da Administração Pública, desde que seja comprovada a instauração regular de processo administrativo, no órgão ou na entidade respectiva, com o objetivo de investigar o sujeito passivo a que se refere a informação, por prática de infração administrativa. (Incluído pela LC nº 104, de 10.1.2001)

§2º O intercâmbio de informação sigilosa, no âmbito da Administração Pública, será realizado mediante processo regularmente instaurado, e a entrega será feita pessoalmente à autoridade solicitante, mediante recibo, que formalize a transferência e assegure a preservação do sigilo. (Incluído pela LC nº 104, de 10.1.2001)

§3º Não é vedada a divulgação de informações relativas a: (Incluído pela LC nº 104, de 10.1.2001)

I – representações fiscais para fins penais; (Incluído pela LC nº 104, de 10.1.2001)

II – inscrições na Dívida Ativa da Fazenda Pública; (Incluído pela LC nº 104, de 10.1.2001)

III – parcelamento ou moratória. (Incluído pela LC nº 104, de 10.1.2001)

Art. 199. A Fazenda Pública da União e as dos Estados, do Distrito Federal e dos Municípios prestar-se-ão mutuamente assistência para a fiscalização dos tributos respectivos e permuta de informações, na forma estabelecida, em caráter geral ou específico, por lei ou convênio.

Parágrafo único. A Fazenda Pública da União, na forma estabelecida em tratados, acordos ou convênios, poderá permutar informações com Estados estrangeiros no interesse da arrecadação e da fiscalização de tributos. (Incluído pela LC nº 104, de 10.1.2001)

Art. 200. As autoridades administrativas federais poderão requisitar o auxílio da força pública federal, estadual ou municipal, e reciprocamente, quando vítimas de embaraço ou desacato no exercício de suas funções, ou quando necessário à efetivação dê medida prevista na legislação tributária, ainda que não se configure fato definido em lei como crime ou contravenção.

c) A Lei Complementar nº 105, de 10.01.2001, dispõe:

Art. 1º. As instituições financeiras conservarão sigilo em suas operações ativas e passivas e serviços prestados.

(...)

§3º. Não constitui violação do dever de sigilo:

(...)

III – o fornecimento das informações de que trata o §2º do art. 11 da Lei nº 9.311, de 24 de outubro de 1996;

IV – a comunicação, às autoridades competentes, da prática de ilícitos penais ou administrativos, abrangendo o fornecimento de informações sobre operações que envolvam recursos provenientes de qualquer prática criminosa;

V – a revelação de informações sigilosas com o consentimento expresso dos interessados;

(...)

§4º. A quebra de sigilo poderá ser decretada, quando necessária para apuração de ocorrência de qualquer ilícito, em qualquer fase do inquérito ou do processo judicial, e especialmente nos seguintes crimes:

(...)

V – contra o sistema financeiro nacional;

VI – contra a Administração Pública;

VII – contra a ordem tributária e a previdência social;

VIII – lavagem de dinheiro ou ocultação de bens, direitos e valores;

IX – praticado por organização criminosa.

Art. 2º. O dever de sigilo é extensivo ao Banco Central do Brasil, em relação às operações que realizar e às informações que obtiver no exercício de suas atribuições.

(...)

Art. 5º. O Poder Executivo disciplinará, inclusive quanto à periodicidade e aos limites de valor, os critérios segundo os quais as instituições financeiras informarão à administração tributária da União, as operações financeiras efetuadas pelos usuários de seus serviços.

(...)

§5º. As informações a que se refere este artigo serão conservadas sob sigilo fiscal, na forma da legislação em vigor.

Art. 6º. As autoridades e os agentes fiscais tributários da União, dos Estados, do Distrito Federal e dos Municípios somente poderão examinar documentos, livros e registros de instituições financeiras, inclusive os referentes a contas de depósito e aplicações financeiras, quando houver processo administrativo instaurado ou procedimento fiscal em curso e tais exames sejam considerados indispensáveis pela autoridade administrativa competente.

Parágrafo único. O resultado dos exames, as informações e os documentos a que se refere este artigo serão conservados em sigilo, observada a legislação tributária. (Artigo e parágrafo regulamentado pelo Decreto n. 3.724, de 2001)

(...)

Art. 9º. Quando, no exercício de suas funções, o Banco Central do Brasil e a Comissão de Valores Mobiliários verificarem a ocorrência de crime definido em lei como de ação pública, ou indício de prática de tais crimes, informarão ao Ministério Público, juntando à comunicação os documentos necessários à apuração um comprovação dos fatos. (Ver art. 6º do Decreto n. 7.314, de 2001)

(...)

Art. 10. A quebra de sigilo, fora das hipóteses autorizadas nesta Lei Complementar, constitui crime e sujeita os responsáveis à pena de reclusão, de um a quatro anos, e multa, aplicando-se, no que couber, o Código Penal, sem prejuízo de outras sanções cabíveis.

Parágrafo único. Incorre nas mesmas penas quem omitir, retardar injustificadamente ou prestar falsamente as informações requeridas nos termos desta Lei Complementar.

(...)

Art. 13. Revoga-se o art. 38 da Lei nº 4.595, de 31 de dezembro de 1964.

Nota – O Decreto nº 3.724, de 10.01.2001 (alterado pelo Decreto nº 6.104, de 2007), "Regulamenta o art. 6º da Lei Complementar nº 105, de 10 de janeiro de 2001, relativamente à requisição, acesso e uso, pela Secretaria da Receita Federal, de informações referentes a operações e serviços das instituições financeiras e das entidades a elas equiparadas", e dele reproduzo apenas os artigos 1º e 2º:

Art. 1º Este Decreto dispõe, nos termos do art. 6º da Lei Complementar nº 105, de 10 de janeiro de 2001, sobre requisição, acesso e uso, pela Secretaria da Receita Federal e seus agentes, de informações referentes a operações e serviços das instituições financeiras e das entidades a elas equiparadas, em conformidade com o art. 1º, §§1º e 2º, da mencionada Lei, bem assim estabelece procedimentos para preservar o sigilo das informações obtidas.

Art. 2º Os procedimentos fiscais relativos a tributos e contribuições administrados pela Secretaria da Receita Federal do Brasil serão executados, em nome desta, pelos Auditores-Fiscais da Receita Federal do Brasil e somente terão início por força de ordem específica denominada *Mandado de Procedimento Fiscal (MPF)*, instituído mediante ato da Secretaria da Receita Federal do Brasil. (Redação dada pelo Decreto nº 6.104, de 2007).

§1º Nos casos de flagrante constatação de contrabando, descaminho ou qualquer outra prática de infração à legislação tributária, em que o retardamento do início do procedimento fiscal coloque em risco os interesses da Fazenda Nacional, pela possibilidade de subtração de prova, o Auditor-Fiscal da Receita Federal do Brasil deverá iniciar imediatamente o procedimento fiscal e, no prazo de cinco dias, contado de sua data de início, será expedido MPF especial, do qual será dada ciência ao sujeito passivo. (Redação dada pelo Decreto nº 6.104, de 2007).

§2º Entende-se por procedimento de fiscalização a modalidade de procedimento fiscal a que se referem o art. 7º e seguintes do Decreto nº 70.235, de 6 de março de 1972. (Redação dada pelo Decreto nº 6.104, de 2007).

§3º O MPF não será exigido nas hipóteses de procedimento de fiscalização: (Redação dada pelo Decreto nº 6.104, de 2007).

I – realizado no curso do despacho aduaneiro;

II – interno, de revisão aduaneira;

III – de vigilância e repressão ao contrabando e descaminho, realizado em operação ostensiva;

IV – relativo ao tratamento automático das declarações (malhas fiscais).

§4º O Secretário da Receita Federal do Brasil estabelecerá os modelos e as informações constantes do MPF, os prazos para sua execução, as autoridades fiscais competentes para sua expedição, bem como demais hipóteses de dispensa ou situações em que seja necessário o início do procedimento antes da expedição do MPF, nos casos em que haja risco aos interesses da Fazenda Nacional. (Redação dada pelo Decreto nº 6.104, de 2007).

§5º A Secretaria da Receita Federal do Brasil, por intermédio de servidor ocupante do cargo de Auditor-Fiscal da Receita Federal do Brasil, somente poderá examinar informações relativas a terceiros, constantes de documentos, livros e registros de instituições financeiras e de entidades a elas equiparadas, inclusive os referentes a contas de depósitos e de aplicações financeiras, quando houver procedimento de fiscalização em curso e tais exames forem considerados indispensáveis. (Redação dada pelo Decreto nº 6.104, de 2007).

§6º A Secretaria da Receita Federal do Brasil, por intermédio de seus administradores, garantirá o pleno e inviolável exercício das atribuições do Auditor-Fiscal da Receita Federal do Brasil responsável pela execução do procedimento fiscal. (Redação dada pelo Decreto nº 6.104, de 2007).

d) A Lei nº 9.311, de 24.10.1996, "Institui a Contribuição Provisória sobre Movimentação ou Transmissão de Valores e de Créditos e Direitos de Natureza Financeira – CPMF, e dá outras providências", e dela reproduzimos o art. 11 (o único a sofrer alteração pela Lei nº 10.174/01), e as razões do veto ao §3º-A desse art. 11:

Art. 11. Compete à Secretaria da Receita Federal a administração da contribuição, incluídas as atividades de tributação, fiscalização e arrecadação. (Vide Medida Provisória nº 2.158-35, de 2001)

§1º. No exercício das atribuições de que trata este artigo, a Secretaria da Receita Federal poderá requisitar ou proceder ao exame de documentos, livros e registros, bem como estabelecer obrigações acessórias.

§2º. As instituições responsáveis pela retenção e pelo recolhimento da contribuição prestarão à Secretaria da Receita Federal as informações necessárias à identificação dos contribuintes e os valores globais das respectivas operações, nos termos, nas condições e nos prazos que vierem a ser estabelecidos pelo Ministro de Estado da Fazenda.

§3º A Secretaria da Receita Federal resguardará, na forma da legislação aplicada à matéria, o sigilo das informações prestadas, vedada sua utilização para constituição do crédito tributário relativo a outras contribuições ou impostos.

§3º. A Secretaria da Receita Federal resguardará, na forma da legislação aplicável à matéria, o sigilo das informações prestadas, facultada sua utilização para instaurar procedimento administrativo tendente a verificar a existência de crédito tributário relativo a impostos e contribuições e para lançamento, no âmbito do procedimento fiscal, do crédito tributário porventura existente, observado o disposto no art. 42 da Lei nº 9.430, de 27 de dezembro de 1996, e alterações posteriores. (Redação dada pela **Lei nº 10.174**, de 2001).

§3º-A. (VETADO)

§4º. Na falta de informações ou insuficiência de dados necessários à apuração da contribuição, esta será determinada com base em elementos de que dispuser a fiscalização.

Nota 1 – A Mensagem nº 11, de 09.01.2001, da Subchefia para Assuntos Jurídicos da Casa Civil da Presidência da República, ao Senhor Presidente do Senado Federal, comunica o *veto* ao §3º-A do art. 11 da Lei nº 9.311/96 (introduzido pela Lei 10.174/2001, mas vetado), cujo §3º-A vetado teria a seguinte redação:

§3º-A. Os procedimentos administrativos previstos no §3º serão realizados mediante critérios homogêneos e automáticos, de acordo com regulamento próprio, ficando sua instauração e conclusão vinculados a este". (AC)

Das *"Razões do veto"*, reproduzimos os principais trechos, pois esclarecem a autuação fiscalizadora, inclusive quanto aos sigilos funcional e fiscal "com total transparência":

> (...) Preliminarmente, cumpre afirmar que a situação da Secretaria da Receita Federal é pautada sob os princípios constitucionais e éticos impostos ao Poder Público e a seus agentes, em especial os da impessoalidade, da moralidade, da legalidade e, no caso específico, dos sigilos funcional e fiscal, o que garante a preservação integral da privacidade dos contribuintes.
>
> (...) Ademais, a partir da instituição do *Mandado de Procedimento Fiscal – MPF*, por meio da Portaria SRF nº 1.265, de 22 de novembro de 2000, o cumprimento daqueles princípios passou a ter total transparência, pois, ao contribuinte submetido à ação fiscalizadora da Receita Federal é assegurado, desde o início do procedimento, o pleno conhecimento do objeto e da abrangência da ação, em especial em relação aos tributos e períodos a serem examinados, com fixação de prazo para a sua execução, além de possibilitar a certificação da veracidade do MPF por intermédio da Internet.
>
> Ressalte-se, por oportuno, que o MPF é outorgado pelos chefes das unidades da SRF, não sendo, assim, uma iniciativa pessoal do agente encarregado de sua execução, sendo sua instituição um marco histórico na relação entre a Administração Tributária federal e os contribuintes.(...)
>
> A expressão *'critérios homogêneos e automáticos'*, sem qualquer paradigma que lhe atribua um conceito minimamente objetivo constituirá arma poderosa para os maus contribuintes, que terão em seu favor uma norma extremamente subjetiva, passível de infindáveis questionamentos junto ao Poder Judiciário, podendo, assim, não apenas retardar a ação da autoridade fiscal mas, muito provavelmente, evitá-la, inclusive por força da decadência que, em muitos casos, ocorrerá, pelo tempo necessário a se obter uma decisão definitiva na esfera judicial.
>
> Não há como estabelecer critérios *'homogêneos'* em uma realidade em que as situações dos contribuintes e das práticas evasivas são, necessária e naturalmente, distintas entre si. Ademais, desconhece-se um conceito preciso para 'critério automático', sendo o que mais se lhe aproxima seria critérios estabelecidos em programas de processamento de dados, o que, além de ser uma prática da SRF, é mero mecanismo operacional, não cabendo seu estabelecimento em lei.
>
> Por outro lado, a adoção de critérios impessoais e técnicos se impõem na fase de seleção dos contribuintes a serem fiscalizados, durante a qual são verificados e valorados os indícios de evasão tributária de determinado contribuinte, levando-se em consideração as informações disponíveis, declaradas ou obtidas junto a terceiros, a capacidade de execução da mão-de-obra fiscal e a programação de fiscalização estabelecida para determinado período. Cabe alertar que a fase de seleção precede o início do procedimento administrativo.
>
> Dessa forma, tais critérios são totalmente inaplicáveis nas fases de instauração e de conclusão do procedimento, as quais regem-se por normas específicas, perfeitamente delineadas na legislação em vigor (Decreto nº 70.235, de 6 de março de 1972, e alterações posteriores).
>
> Assim, tendo em vista que, na forma em que apresentado, o mencionado dispositivo não atende ao interesse público, dada sua inadequação operacional e sua ambigüidade jurídica, é de se propor seu veto, cabendo registrar que a regulamentação da forma de utilização das informações relativas à CPMF estabelecerá, com toda a clareza, regras operacionais que imponham a observância dos princípios aqui mencionados.

Estas, Senhor Presidente, as razões que me levaram a **vetar** o dispositivo acima mencionado do projeto em causa, as quais ora submeto à elevada apreciação dos Senhores Membros do Congresso Nacional. (Consulta ao site <www.planalto.gov.br>. Acesso em: 28 set. 2005)

Nota 2 – O art. 11, §3º, da Lei nº 9.311/96 cita o art. 42 da Lei nº 9.430/96, artigo este que trata dos depósitos bancários com a seguinte redação (Consulta ao site www.planalto.gov.br em 05.10.2009):

Art. 42. Caracterizam-se também omissão de receita ou de rendimento os valores creditados em conta de depósito ou de investimento mantida junto a instituição financeira, em relação aos quais o titular, pessoa física ou jurídica, regularmente intimado, não comprove, mediante documentação hábil e idônea, a origem dos recursos utilizados nessas operações.

§1º O valor das receitas ou dos rendimentos omitido será considerado auferido ou recebido no mês do crédito efetuado pela instituição financeira.

§2º Os valores cuja origem houver sido comprovada, que não houverem sido computados na base de cálculo dos impostos e contribuições a que estiverem sujeitos, submeter-se-ão às normas de tributação específicas, previstas na legislação vigente à época em que auferidos ou recebidos.

§3º Para efeito de determinação da receita omitida, os créditos serão analisados individualizadamente, observado que não serão considerados:

I – os decorrentes de transferências de outras contas da própria pessoa física ou jurídica;

II – no caso de pessoa física, sem prejuízo do disposto no inciso anterior, os de valor individual igual ou inferior a R$ 1.000,00 (mil reais), desde que o seu somatório, dentro do ano-calendário, não ultrapasse o valor de R$ 12.000,00 (doze mil reais). (Vide Lei nº 9.481, de 1997)

§4º Tratando-se de pessoa física, os rendimentos omitidos serão tributados no mês em que considerados recebidos, com base na tabela progressiva vigente à época em que tenha sido efetuado o crédito pela instituição financeira.

§5º Quando provado que os valores creditados na conta de depósito ou de investimento pertencem a terceiro, evidenciando interposição de pessoa, a determinação dos rendimentos ou receitas será efetuada em relação ao terceiro, na condição de efetivo titular da conta de depósito ou de investimento.(Incluído pela Lei nº 10.637, de 2002)

§6º Na hipótese de contas de depósito ou de investimento mantidas em conjunto, cuja declaração de rendimentos ou de informações dos titulares tenham sido apresentadas em separado, e não havendo comprovação da origem dos recursos nos termos deste artigo, o valor dos rendimentos ou receitas será imputado a cada titular mediante divisão entre o total dos rendimentos ou receitas pela quantidade de titulares. (Incluído pela Lei nº 10.637, de 2002)

Sobre tais normas constitucionais e *infra*, procedemos às considerações que se seguem.

Constituição Federal – A teor dos artigos 37/XII, 52/XV, 145/§1º, e considerando, ainda, as competências tributárias outorgadas à União, Estados, Distrito Federal e Municípios nos artigos 145 a 149, a regra geral é a de que a Constituição da República de 1988 outorgou competência à Administração Tributária para obter e dispor das informações e dados bancários e fiscais para *fins tributários*.

Disse "regra geral', porque a interpretação deve avançar, para ver se há, dentro do ordenamento jurídico, algumas outras disposições que possam ser consideradas exceções a essa regra geral, e com ela conviver harmonicamente, ou seja, no caso do presente estudo, se o Ministério Público pode requisitar, diretamente da fonte produtora, tais informações e dados, para *fins* que *não tributários* — aspecto que será visto no item seguinte.

A mesma CF/88, no art. 5º, X, XI e XII, garante os sigilos bancário e fiscal que, a teor de firme jurisprudência do STF, não é absoluto, devendo ceder em face do interesse público, em face do Estado.

Não é sem razão que o saudoso mestre Celso Bastos, ao tratar do "Poder tributário", e que ele se desenvolve nos termos da lei, assevera que "a força impositiva do Poder Público em matéria tributária encontra seu fundamento no cerne mesmo das prerrogativas estatais. Daí porque a existência de autores que fundamentam o poder tributário na soberania do Estado".[6]

Do estudo do Professor Tercio Sampaio, reproduzo os seguintes trechos, entendendo serem *legais e constitucionais as normas que regem o sigilo bancário:*[7]

> 8. Em primeiro lugar, a expressão 'dados' manifesta uma certa impropriedade (Celso Bastos & Ives Gandra, *Comentários à Constituição do Brasil*. São Paulo: Saraiva, 1989, v. 2, p. 73). Os citados autores reconhecem que por 'dados' não se entende o objeto de comunicação, mas uma modalidade tecnológica de comunicação. Clara, nesse sentido, a observação de Manoel Gonçalves Ferreira Filho (*Comentários à Constituição Brasileira de 1988*. São Paulo: Saraiva, 1990, v.1, p. 38): 'Sigilo de dados. O direito anterior não fazia referência a essa hipótese. Ela veio a ser prevista, sem dúvida, em decorrência do desenvolvimento da informática. Os dados aqui são os dados informáticos (v. inc. XV e LXXII)'.
>
> A interpretação faz sentido. O sigilo, no inciso XII do art. 5º, está referido *à comunicação*, no interesse da defesa da privacidade.
>
> (...)
>
> 11. Feitas estas observações, é oportuno perguntar, em que limites a autoridade fiscal pode exercer sua atuação fiscalizadora, no que diz respeito ao disposto nos incisos X e XII do art. 5º da CF.
>
> O art. 174 da Constituição determina que o Estado, como agente normativo e regulador da atividade econômica, exerça, entre outras, a função de fiscalização, na forma da lei. *Fiscalizar*, um dos sentidos da palavra controlar (cf. Fábio Comparato, *O Poder de Controle na sociedade anônima*. São Paulo: Revista dos Tribunais, 1976, p. 14), significa vigiar, verificar e, nos casos de anormalidade, censurar (Caldas Aulete: verbete fiscalizar). Fiscalização é, pois, vigilância, donde a verificação continuada e, detectada a anormalidade, é censura. O acesso continuado a informações faz parte da fiscalização. Sem isso não há vigilância. O acesso intermitente, na verificação da anormalidade, faz parte da censura, que implica castigo, punição.
>
> A competência da administração fazendária para o exercício da função fiscalizadora encontra embasamento constitucional em vários dispositivos.

---

[6] BASTOS, Celso Ribeiro. *Curso de direito financeiro e de direito tributário*. São Paulo: Saraiva, 1991. p. 95, 101-102.
[7] FERRAZ JUNIOR, Tercio Sampaio. Sigilo de dados: o direito à privacidade e os limites à função fiscalizadora do Estado. In: PIZOLIO, Reinaldo; GAVALDÃO JR., Jayr Viégas. *Sigilo fiscal e bancário*. São Paulo: Quartier Latin, 2005. p. 17-40.

Por exemplo, na prevenção (vigilância) e repressão (censura) do contrabando e do descaminho, em sua área de competência, ela é afirmada no art. 144, §1º, II, Já o art. **145, §1º**, ao estabelecer o princípio da capacidade contributiva conforme o qual os impostos, sempre que possível, devem ter caráter pessoal e ser graduados, faculta à administração tributária, *'especialmente para conferir efetividade a esses objetivos, identificar, respeitados os direitos individuais e nos termos da lei, o patrimônio, os rendimentos e as atividades econômicas do contribuinte'*. Esta faculdade de identificar está ligada à implementação de um princípio. Note-se que o contribuinte usa a expressão *especialmente* para conferir a faculdade referida. Este advérbio, em português, significa *'de modo especial; particularmente; principalmente; nomeadamente'* (Aulete: verbete *especialmente*). Ou seja, pode significar exclusivamente (só para aquela espécie) ou principalmente (sobretudo, mas não só para aquela espécie). Ora, tendo em vista a função fiscalizadora da administração tributária, parece-nos que o advérbio está usado no segundo e não no primeiro sentido. Ou seja, o constituinte, de um lado, escreveu *especialmente* porque a mencionada faculdade de identificar não é de presunção óbvia para o efeito de assegurar efetividade àquele princípio e, se não fosse aí inscrita, não se poderia inferir a sua autorização. De outro lado, porque o fez expressamente, admitiu, ao fazê-lo, implicitamente e *a contrario sensu* que a identificação de patrimônio, rendimento e atividade econômicas do contribuinte é uma presunção da função fiscalizadora da administração tributária. Interpretar de outro modo é tornar impossível a exigência de declaração de bens, de rendimentos, etc.

Por cautela, embora isso não fosse preciso, o dispositivo exige respeito aos direitos individuais. Ademais, que a identificação se faça nos termos da lei. Isto vale tanto para o caso especial, como para a fiscalização em geral.

No que se refere à *fiscalização em geral*, vale, em termos legais, o disposto nos arts. 194, 195, 196, 197, 198, 199 e 200 do CTN. Menciona-se ainda o ar. 12 da Lei Complementar nº 70/91. Em especial, o art. 197 fala de informações com relação a bens, negócios ou atividades de terceiros. E aí inclui *bancos*, entre entidades obrigadas a prestar, mediante intimação escrita, as informações.

Pergunta-se se estas autorizações legais estariam revogadas pelo art. 5º, XII da C.F. combinado com o inciso X. Não nos parece plausível admiti-lo pelo absurdo a que ele conduz. Isto significaria acabar com a competência fiscalizadora do Estado. Ora, como vimos, o inciso XII (proteção à comunicação de dados) impede o acesso à própria ação comunicativa, mas não aos dados comunicados.

E estes, protegidos péla privacidade, não constituem um limite absoluto. Tanto que, ainda recentemente, o Ministro Carlos Mário Velloso, relator de decisão que tinha por objeto o sigilo bancário, não teve dúvidas em afirmar, que não se trata de 'um direito absoluto, devendo ceder, é certo, diante do interesse público, do interesse da justiça, do interesse social, conforme aliás tem decidido este Corte' (destaquei; segue copiosa citação da jurisprudência do STF e da doutrina – cf. STF, Sessão Plenária, ac. de 25.03.92). Do mesmo modo, no mundo financeiro internacional, já se notam importantes mudanças no conceito de sigilo bancário quando estão envolvidas atividades criminosas (Spencer).

12. No tocante, pois, às informações sobre terceiros, exigíveis de instituições financeiras, quando protegidas pela inviolabilidade de sigilo de dados (sigilo bancário), podem ter acesso, observadas as cautelas e formalidades prescritas pela lei, as autoridades e agentes fiscais. O art. 38, §5º (em Nota de rodapé: revogado pela LC 105, de 10 de janeiro de 2001) da Lei nº 4.595/64 exigia, para isso, processo instaurado (art. 196 do CTN) e que os dados requisitados fossem considerados indispensáveis pela autoridade competente. Não se trata de sigilo profissional (art. 5º, XIV da C.F.) que, na palavra autorizada de Aliomar Baleeiro, não alcança a profissão de banqueiro (p. 550). Em questão está o sigilo de dados privativos (art. 5º, X e XII da C.F.). A nosso ver, com

ressalva de dados referentes à intimidade dos sujeitos, os dados da vida privada são acessíveis às autoridades fiscais nas condições e com as cautelas estabelecidas pela lei. Havendo processo administrativo instaurado e sob o sigilo a que o próprio Fisco está obrigado, devem ser reveladas pela instituição financeira intimada as informações consideradas indispensáveis, pela autoridade fiscalizadora, ao exercício da função.

(...)

Por fim, este temperamento das situações, a busca da hermenêutica equilibrada, só favorece o Estado de Direito que não significa um bloqueio do Estado, mas o exercício de sua atividade, no contorno que lhe dá a Constituição, para a realização do próprio bem-estar social.

Ives Gandra manifesta a seguinte ponderação sobre o art. 145, §1º, da CF/88:[8]

Considero que o final do discurso do §1º do art. 145 é a demonstração inequívoca do caráter ideológico e pouco científico que a dicção possui.

De início, o direito de fiscalizar é um direito inerente à Administração dentro das regras próprias do direito administrativo. E como a Constituição garante os direitos individuais, à evidência, garante a inviolabilidade do domicílio nos termos do art. 5º, XI, com o que o Fisco, pela nova Constituição, não tem mais direitos do que aqueles que tinha com a Constituição pretérita.

Por outro lado, todos os princípios próprios do direito tributário (estrita legalidade, tipicidade fechada, reserva absoluta) permanecem, de tal forma que o sistema não admite maleabilidade exegética ou imposição por aparência.

Dessa forma, não há como, pelo princípio constante, tirar-se a ilação de que a tributação por riqueza aparente ou a discriminação maleável de fatos geradores imprecisos possibilitariam a imposição tributária.

Em outras palavras, a identificação do patrimônio, dos residentes e das atividades do contribuinte apenas pode ensejar imposição se a lei definir com clareza o tipo tributário, o fato gerador, sem a possibilidade de utilização de interpretações clássicas ou da integração analógica.

Todos os dispositivos de garantia do contribuinte, como aqueles esculpidos nos arts. 108, §1º, 97 e 112 do Código Tributário Nacional, continuam em vigor, lembrando-se que o elenco de garantias constitucionais passou a ser mais extenso na atual Constituição que na anterior, com a inclusão expressa do princípio da irretroatividade.

Isto posto, não vejo, no Texto Constitucional, algo que tenha resultado em acréscimo no poder de fiscalizar, visto que todas as garantias e direitos anteriores foram preservados a favor do contribuinte.

À nitidez, tal direito de a Administração fiscalizar, que já tinha no passado e continua a ter no presente, é irrelevante como fonte geradora de imposição, que só pode ser de lei para conferir o caráter pessoal a uma incidência ou determinar sua graduação.

Por esta razão, é a própria expressão 'nos termos da lei' que reduz às suas dimensões atuais o princípio constitucional.

Othon Saraiva defende a legalidade e a constitucionalidade da legislação que determina a obtenção de dados bancários, com fundamento em vários dispositivos

---

[8] MARTINS, Ives Gandra da Silva. *Comentários à Constituição do Brasil*. São Paulo: Saraiva, 1990. v. 6, t. I, p. 64-65.

da CF/88, entre os quais o princípio da igualdade. De seu estudo reproduzimos apenas alguns trechos:[9]

> Para que o Estado moderno possa desincumbir essa sua missão, além do combate ao desperdício de dinheiro público, o que se dá em duas frentes — com a guerra contra a corrupção e a luta contra o emprego inadequado ou ineficiente dos recursos públicos — ele tem que arrecadar o que necessita, devendo exercer, para tanto, com eficácia e eficiência, a sua atividade fiscalizadora, inclusive os meios de confrontar se o que os contribuintes estão declarando, para fins do imposto de renda, corresponde aos valores que se encontram depositados em contas bancárias.
>
> (...)
>
> Aliás, a importância de se conferir maior eficiência aos meios de fiscalização tributária ganha relevo em face da economia globalizada em que vivemos, bem como diante da informatização, em que se pode dar o comércio virtual, com dificuldade adicional para o Fisco verificar a ocorrência de fatos geradores, caso não declarados pelos particulares contratantes, como, por exemplo, a baixa de um arquivo de um programa de computador, em que a transferência do *software* ocorre diretamente de um computador para outro.
>
> (...)
>
> E, como revelou, com maestria, o Professor da Faculdade de Direito da Universidade de Lisboa Doutor José Luís Saldanha SANCHES, em palestras proferidas nos já referidos Simpósios Internacionais sobre Sigilo Bancário, uma promoção do Centro de Estudos *Victor Nunes Leal*: 'Os sistemas de tributação, com base no rendimento e a atribuição de uma igualdade de tratamento a todos os contribuintes, constituem assim uma concretização do princípio da igualdade fiscal na medida em que a igualdade fiscal exige não apenas a igualdade na legislação, mas também a igualdade na aplicação da lei' (A situação actual do sigilo bancário: a singularidade do regime português. *Estudos de Direito Bancário*, Coimbra, 1999).

Roberto Rosas manifesta o seguinte entendimento:[10]

> 12. Os sigilos fiscal e bancário não existem para proteger defeitos ou práticas ilegais. Existem para a defesa da intimidade, do resguardo de dados, a proteção do indivíduo contra abusos das autoridades e o abuso de poder. Portanto, é importante a aproximação da garantia dos direitos individuais e o direito do fisco pesquisar a correção de dados a respeito do contribuinte. As duas regras estão no art. 145, §2º [sic – §1º] da Constituição – permite à administração tributária a identificação do patrimônio, rendimentos e atividades econômicas do contribuinte, porém, respeitados os direitos individuais. Aqui está a condicionante ao exercício fiscal. Ainda que haja proteção às informações, inclusive com sanções ao servidor fiscal (Lei Complementar nº 104), tal ação deve ser pautada em termos de proteção e ela fica no devido processo legal, e este parte do art. 145, §1º (respeito aos direitos individuais) até os procedimentos para a pesquisa de dados. Lembra

---

[9] SARAIVA FILHO, Oswaldo Othon de Pontes. O acesso direto aos dados bancários por parte do fisco: a transferência do sigilo bancário para o sigilo fiscal. *In*: PIZOLIO, Reinaldo; GAVALDÃO JR., Jayr Viégas. *Sigilo fiscal e bancário*. São Paulo: Quartier Latin, 2005. p. 135. Anota o Procurador da Fazenda Nacional Oswaldo Othon, que o estudo do Prof. Saldanha Sanches encontra-se também publicado no site da revista virtual da AGU, numa edição especial sobre o Sigilo bancário: <www.agu.gov.br>.

[10] ROSAS, Roberto. Sigilo fiscal e o devido processo legal. *In*: BRITO, Edvaldo; ROSAS, Roberto. *Dimensão jurídica do tributo*: homenagem ao Professor Dejalma de Campos. São Paulo: Meio Jurídico, 2003. p. 599-600.

o Min. Carlos Mário Velloso a regra constitucional para somente permitir ao Judiciário a quebra do sigilo, nem ao Ministério Público (RE 215301 – anterior à LC 105).

Se examinarmos o Decreto 3.724/2001, regulamentador da LC 105, ele peca porque nada prevê em relação aos direitos individuais (CF – art. 145, §1º), apenas procedimentos normais, apriorísticos em relação ao direito do fisco. Basta o procedimentos fiscal, ou até antes (o imediato exame). Ainda pende de julgamento a L.C. 105, no particular a quebra de sigilo (outubro/2002 – ADIN 2386).

Em conclusão, a quebra do sigilo fiscal, sem deferimento pelo Judiciário atenta contra o art. 145, = 2º[sic – §1º|) da C.F., na extensão dada pela LC 105. Ademais, mesmo a quebra, via judicial, deve obedecer ao devido processo legal.

Essa situação fática *desigual*, entre *quem paga* o tributo e *quem não paga*, obrigou, *de certa forma*, o legislador derivado (EC nº 42, de 2003) a acrescentar o art. 146-A à CF/88, embora esse novel dispositivo não diga pertinência direta com os *dados bancários*:

> Art. 146-A. A lei complementar poderá estabelecer critérios especiais de tributação, com o objetivo de prevenir desequilíbrios da concorrência, sem prejuízo da competência de a União, por lei, estabelecer normas de igual objetivo.[11]

Penso, enfim, que para correta postura interpretativa, é preciso ter presente que, enquanto o art. 145 situa-se no Capítulo da Tributação, o art. 5º consta do Capítulo dos Direitos e Garantias Individuais e Coletivos. E isto é importante observar, porquanto, antes de se iniciar a interpretação pelo critério gramatical, é preciso ver em que seção ou capítulo está situado o dispositivo que se pretende interpretar.

Destarte, não há, entre os artigos 145 e 5º, nenhum confronto: ambos aplicam-se no campo em que a Constituição lhes reservou, o que significa dizer que a CF faculta (autoriza) à autoridade administrativa de identificar o patrimônio, os rendimentos e as atividades econômicas do contribuinte, e ao mesmo tempo dispõe que tal outorga deve ser exercida nos termos da lei, e respeitando direitos individuais.

Diante dessa faculdade expressa, os direitos individuais devem ser respeitados, mas a interpretação deles não pode chegar ao ponto de impossibilitar a identificação de tais elementos econômicos do contribuinte, simplesmente porque tal faculdade se apoia em normas-base, normas-princípio ou normas-parâmetros, que são o *poder de tributar* (que implica no *poder-dever* de fiscalizar).

Diante disso, penso que:

1º. estando o art. 145, §1º, no campo da tributação, cujo *poder* envolve o *dever* de fiscalizar, a CF faculta à Administração Tributária de identificar o patrimônio, os rendimentos e as atividades econômicas do contribuinte;

2º. trata-se de uma faculdade expressamente prevista pela CF, que, todavia, deve ser exercida nos termos da lei, e respeitados os direitos individuais;

3º. os termos da *lei* são os previstos nas normas gerais (CTN, Lei Complementar nº 104, 105) e normas ordinárias (Lei nº 9.311/96, entre outras), que devem orientar-se, inclusive, nos critérios da razoabilidade e proporcionalidade;

---

[11] Ives Gandra da Silva Martins examina o art. 146-A, em considerações perfunctórias, estudo intitulado *"Descompetitividade Empresarial e Lei Tributária"*, constante do Livro *Grandes questões atuais do direito tributário*. São Paulo: Dialética. v. 9, p. 289-297.

4º. os *direitos individuais* são os constantes do art. 5º, em especial os do inciso LV (devido processo legal = contraditório e ampla defesa, nos termos da lei);

5º. a intimidade e a vida privada, do inciso X, não é ofendida pelo Estado, em relação aos sigilos bancário e fiscal, tendo em vista que o Estado não é terceiro, já que titular do interesse público;

6º. os dados do inciso XII não se referem, propriamente, aos dados bancários e fiscais, pois estes são expressamente autorizados pelo art. 145, §1º — campo propício à tributação —, e a atual legislação que rege os sigilos bancário e fiscal é conforme à Constituição, inclusive a teor do que extraio da doutrina posta por Crisafulli e Paladin;

7º. mesmo que se entenda que os *dados* a que se refere o inciso XII incluem os dados bancários e fiscais, continua incólume a faculdade outorgada pela CF à Administração Pública para obtê-los, nos termos da lei e respeitados direitos individuais (art. 145, §1º, CF), ou seja, não podem ser divulgados a terceiros não integrantes da relação jurídico-tributária, devendo ser mantidos em sigilo, conforme expressa disposição legal.

Entre nós, o *poder-dever* em matéria tributária já foi afirmado pelo Pleno do Supremo Tribunal Federal, e à unanimidade, na voz do Relator, Ministro Moreira Alves (EDIv no RE nº 94.462), que:[12]

> Com efeito, na realidade, a relação obrigacional tributária nasce, como não poderia deixar de ser por sua própria natureza, com a ocorrência do fato gerador. E, a partir desse momento, surge, também, para o Fisco o direito potestativo de efetuar o lançamento, e direito potestativo a ser exercido dentro de prazo determinado que, por ser prazo de exercício de direito potestativo, é prazo de decadência.
>
> (...)
>
> O direito potestativo existente tem como titular o Estado (e não seu funcionário) e se contrapõe ao contribuinte que a ele está sujeito; já o poder-dever do funcionário, enquanto poder, se dirige — por exercê-lo em nome do Estado — contra o contribuinte, mas, enquanto dever, o é em face do Estado, e não do contribuinte.

Lei Complementar – Penso que tanto o Código Tributário Nacional (CTN), quanto as Leis Complementares nºs 104/2001 e 105/2001, observam os princípios da razoabilidade e da proporcionalidade, mantendo conformidade com a Constituição.

Note-se que o art. 196 do CTN *obriga* a autoridade administrativa a *lavrar* termo de início de procedimento fiscal, devendo, ainda, fixar prazo máximo para concluir a fiscalização.

O art. 197 do CTN determina que as informações bancárias/econômicas devem ser solicitadas mediante *intimação escrita*. E seu parágrafo único mantém o *segredo* em razão do cargo/função ou da profissão.

A Lei Complementar nº 104/2001 deu nova redação ao art. 198 do CTN, para *vedar* à Fazenda Pública e aos seus servidores (fiscais ou não) de *divulgar* as

---

[12] Acórdão do ERE nº 94.462 transcrito no livro *Direito tributário atual*. São Paulo: coedição IBDT e Resenha Tributária, 1986. v. 6, p. 1287-1308 – em que o Fisco impugnou as despesas contabilizadas em 1967 e 1968, para efeito de apuração do lucro tributável.

informações e dados bancários e fiscais, *preservando*, dessa forma, o *segredo* (e cujo fundamento remonta ao art. 5º, X, XI e XII, da CF/88).

A Lei Complementar nº 105/2001, no artigo 1º, determina que as instituições financeiras *devem conservar o sigilo* e estabelece as hipóteses em que o sigilo não se considera violado.

O §4º desse art. 1º fala em "inquérito" e de "crimes", matéria de competência do Ministério Público.

O art. 6º da Lei Complementar nº 105/2001 dispõe que o exame de livros e documentos só pode ser feito quando houver procedimento administrativo instaurado ou procedimento fiscal em curso, e deve ser observado o sigilo.

O art. 10 da Lei Complementar nº 105/2001 diz que a quebra de sigilo, fora das hipóteses elencadas, constitui crime, e estabelece penas.

E o art. 38 da Lei nº 4.595/1964 foi revogado pelo art. 13 da Lei Complementar nº 105/2001.

A Lei Federal nº 9.311/1996 – O art. 11 (com redação dada pela Lei nº 10.174/2001) regula o que contido na CF/1988, no CTN e nas Lei Complementar nºs 104/2001 e 105/2001, e, a meu ver, mantém conformidade a tais normas hierarquicamente superiores.

Reputei importante reproduzir as "razões de veto" ao §3º-A do art. 11 da Lei nº 9.311/1996 (introduzido pela Lei nº 10.174/2001, mas vetado), pois esclarece alguns pontos, entre os quais o de que as disposições legais *garantem "a preservação integral da privacidade dos contribuintes"*; fala sobre a *emissão* do *"Mandado de Procedimento Fiscal (MPF)"*, por meio da Portaria SRF nº 1.265, de 22 de novembro de 2000; e *ressalta* que "o MPF é outorgado pelos chefes das unidades da SRF, não sendo, assim, uma iniciativa pessoal do agente encarregado de sua execução, sendo sua instituição um marco histórico na relação entre a Administração Tributária federal e os contribuintes".

Tais normas estão sujeitas a considerações doutrinárias e a decisões jurisprudenciais.

Do STF, trago à colação a decisão a seguir posta e, tendo em vista eventual evolução, sua jurisprudência pode ser complementada consultando o endereço eletrônico www.stf.jus.br:

> Ementa: Constitucional. Sigilo bancário: quebra. Administradora de cartões de crédito. Cf., art. 5º, X.
>
> I – Se é certo que o *sigilo bancário*, que é espécie de direito à privacidade, que a Constituição protege — art. 5º, X — *não é um direito absoluto*, que deve ceder diante do interesse público, do interesse social e do interesse da Justiça, *certo é*, também, *que ele há de ceder na forma e com observância de procedimento estabelecido em lei e com respeito ao princípio da razoabilidade*. No caso, a questão foi posta, pela recorrente, sob o ponto de vista puramente constitucional, certo, entretanto, que a disposição constitucional é garantidora do direito, estando as exceções na norma infraconstitucional.
>
> II – RE não conhecido. (RE nº 219.780-5-PE, STF, 2ª Turma, Carlos Velloso, unânime, 13.04.1999, *DJU* 10.09.1999; Recorrente: União Federal)

Interessante também trazer à colação o que decidido pelo STF na ADI nº 173-6/DF, Pleno, Joaquim Barbosa, unânime, 25.09.2008, *DJe*-53 de 20.03.2009 – ementa:

Constitucional. Direito fundamental de acesso ao Judiciário. Direito de petição. Tributário e política fiscal. Regularidade fiscal. Normas que condicionam a prática de atos da vida civil e empresarial à quitação de créditos tributários. Caracterização específica como sanção política.

Ação conhecida quanto à Lei Federal 7.711/1988, art. 1º, I, III e IV, par. 1º A 3º, e art. 2º.

1. Ações diretas de inconstitucionalidade ajuizadas contra os arts. 1º, I, II, III e IV, par. 1º a 3º e 2º da Lei 7.711/1988, que vinculam a transferência de domicílio para o exterior (art. 1º, I), registro ou arquivamento de contrato social, alteração contratual e distrato social perante o registro público competente, exceto quando praticado por microempresa (art. 1º, III), registro de contrato ou outros documentos em Cartórios de Registro de Títulos e Documentos (art. 1º, IV, a), registro em Cartório de Registro de Imóveis (art. 1º, IV, b) e operação de empréstimo e de financiamento junto a instituição financeira, exceto quando destinada a saldar dívidas para com as Fazendas Nacional, Estaduais ou Municipais (art. 1º, IV, c) — estas três últimas nas hipóteses de o valor da operação ser igual ou superior a cinco mil Obrigações do Tesouro Nacional — à quitação de créditos tributários exigíveis, que tenham por objeto tributos e penalidades pecuniárias, bem como contribuições federais e outras imposições pecuniárias compulsórias.

2. Alegada violação do direito fundamental ao livre acesso ao Poder Judiciário (art. 5º, XXXV da Constituição), na medida em que as normas impedem o contribuinte de ir a juízo discutir a validade do crédito tributário. Caracterização de sanções políticas, isto é, de normas enviesadas a constranger o contribuinte, por vias oblíquas, ao recolhimento do crédito tributário.

3. Esta Corte tem historicamente confirmado e garantido a proibição constitucional às sanções políticas, invocando, para tanto, o direito ao exercício de atividades econômicas e profissionais lícitas (art. 170, par. ún., da Constituição), a violação do devido processo legal substantivo (falta de proporcionalidade e razoabilidade de medidas gravosas que se predispõem a substituir os mecanismos de cobrança de créditos tributários) e a violação do devido processo legal manifestado no direito de acesso aos órgãos do Executivo ou do Judiciário tanto para controle da validade dos créditos tributários, cuja inadimplência pretensamente justifica a nefasta penalidade, quanto para controle do próprio ato que culmina na restrição.

É inequívoco, contudo, que a orientação firmada pelo Supremo Tribunal Federal não serve de escusa ao deliberado e temerário desrespeito à legislação tributária. Não há que se falar em sanção política se as restrições à prática de atividade econômica objetivam combater estruturas empresariais que têm na inadimplência tributária sistemática e consciente sua maior vantagem concorrencial. Para ser tida como inconstitucional, a restrição ao exercício de atividade econômica deve ser desproporcional e não-razoável.

4. Os incisos I, III e IV do art. 1º violam o art. 5º, XXXV da Constituição, na medida em que ignoram sumariamente o direito do contribuinte de rever em âmbito judicial ou administrativo a validade de créditos tributários. Violam, também o art. 170, par. ún. da Constituição, que garante o exercício de atividades profissionais ou econômicas lícitas.

Declaração de inconstitucionalidade do art. 1º, I, III e IV da Lei 7.711/'988.

Declaração de inconstitucionalidade, por arrastamento dos parágrafos 1º a 3º e do art. 2º do mesmo texto legal.

Constitucional. Tributário. Sanção política. Prova da quitação de créditos tributários no âmbito de processo licitatório. Revogação do art. 1º, II da Lei 7.711/1988 pela Lei 8.666/1993. Explicitação do alcance do dispositivo. Ação direta de inconstitucionalidade não conhecida quanto ao ponto.

5. Ação direta de inconstitucionalidade não conhecida, em relação ao art. 1º, II da Lei 7.711/1988, na medida em que revogado, por estar abrangido pelo dispositivo da Lei 8.666/1993 que trata da regularidade fiscal no âmbito de processo licitatório.

6. Explicitação da Corte, no sentido de que a regularidade fiscal aludida implica "exigibilidade da quitação quando o tributo não seja objeto de discussão judicial" ou "administrativa".

Ações Diretas de Inconstitucionalidade parcialmente conhecidas e, na parte conhecida, julgadas procedentes.

DECISÃO

O Tribunal, por unanimidade e nos termos do voto do Relator, conheceu parcialmente da ação direta e, na parte conhecida, julgou-a procedente para declarar a inconstitucionalidade do artigo 1º, incisos I, III e IV, e §§1º, 2º e 3º da Lei nº 7.711/88, explicitando-se a revogação do inciso II do artigo 1º da referida lei pela Lei nº 8.666/93, no que concerne à regularidade fiscal. Votou o Presidente, Ministro Gilmar Mendes. Falou pela requerente o Dr. Cássio Augusto Muniz Borges. Ausentes, justificadamente, a Senhora Ministra Ellen Gracie e, neste julgamento o Senhor Ministro Carlos Britto. Plenário, 25.09.2008.

Nota – A Lei nº 7.711, de 22.12.1988 "Dispõe sobre formas de melhoria da Administração tributária e dá outras providências" (www.planalto.gov.br. Acessado em 20.10.2009):

Art. 1º Sem prejuízo do disposto em leis especiais, a quitação de créditos tributários exigíveis, que tenham por objeto tributos e penalidades pecuniárias, bem como contribuições federais e outras imposições pecuniárias compulsórias, será comprovada nas seguintes hipóteses: (Vide ADIN nº 173-6) (Vide ADIN nº 394-1)

I – transferência de domicílio para o exterior; (Vide ADIN nº 173-6) (Vide ADIN nº 394-1)

II – habilitação e licitação promovida por órgão da administração federal direta, indireta ou fundacional ou por entidade controlada direta ou indiretamente pela União;

III – registro ou arquivamento de contrato social, alteração contratual e distrato social perante o registro público competente, exceto quando praticado por microempresa, conforme definida na legislação de regência; (Vide ADIN nº 173-6) (Vide ADIN nº 394-1)

IV – quando o valor da operação for igual ou superior ao equivalente a 5.000 (cinco mil) obrigações do Tesouro Nacional – OTNs: (Vide ADIN nº 173-6) (Vide ADIN nº 394-1)

a) registro de contrato ou outros documentos em Cartórios de Registro de Títulos e Documentos;

b) registro em Cartório de Registro de Imóveis;

c) operação de empréstimo e de financiamento junto a instituição financeira, exceto quando destinada a saldar dívidas para com as Fazendas Nacional, Estaduais ou Municipais.

§1º Nos casos das alíneas a e b do inciso IV, a exigência deste artigo é aplicável às partes intervenientes. (Vide ADIN nº 173-6) (Vide ADIN nº 394-1)

§2º Para os fins de que trata este artigo, a Secretaria da Receita Federal, segundo normas a serem dispostas em Regulamento, remeterá periodicamente aos órgãos ou entidades sob a responsabilidade das quais se realizarem os atos mencionados nos incisos III e IV relação dos contribuintes com débitos que se tornarem definitivos na instância administrativa, procedendo às competentes exclusões, nos casos de quitação ou garantia da dívida. (Vide ADIN nº 173-6) (Vide ADIN nº 394-1)

§3º A prova de quitação prevista neste artigo será feita por meio de certidão ou outro documento hábil, emitido pelo órgão competente. (Vide ADIN nº 173-6) (Vide ADIN nº 394-1)

Encerro este item transcrevendo a íntegra da reportagem de Fausto Macedo, intitulado "Juízes federais vêem 'censura' em resolução" (Jornal *O Estado de S.Paulo*, 28 maio 2009, p. A10 Nacional), que também pode servir de reflexão:

Norma do CFJ pune quem divulgar dados de processos sigilosos

Juízes federais revelaram ontem apreensão diante de resolução do Conselho da Justiça Federal (CJF), que os proíbe de divulgar *'informações contidas em processos de publicidade restrita a terceiros ou à imprensa'*. Eles alegam que a regra constitucional garante transparência, ressalvados os dados sobre os quais se impõe o sigilo legal — interceptação telefônica, movimentação bancária e declarações fiscais.

A resolução foi decidida por unanimidade na seção de sexta-feira do CJF, formado por 5 ministros do Superior Tribunal de Justiça (STJ) e pelos presidentes dos 5 Tribunais Regionais Federais. A audiência foi presidida pelo presidente do STJ, César Asfor Rocha, sob relatoria do corregedor-geral da Justiça Federal, Hamilton Carvalhido.

A violação à norma implica instauração de processo disciplinar. Os juízes se dizem preocupados com a resolução, a qual batizaram de 'medida de censura'. Argumentam que o texto abre caminho para enquadramentos de caráter administrativo dada sua abrangência. Eles invocam o artigo 792 das disposições gerais do Código de Processo Penal, que prevê que os atos processuais 'são em regra públicos'. Muitos juízes seguem essa linha de conduta diante 'do interesse público e do direito do cidadão à informação'. Quando divulgam o teor de suas decisões, eles têm excluído detalhes sigilosos, os quais mantêm sob proteção.

A proibição é extensiva a todos os servidores do Judiciário e à Polícia Federal, 'autoridades policiais e seus agentes'. Segundo o CJF, o objetivo 'é coibir abusos causados pela divulgação indevida de dados e aspectos da vida privada, constitucionalmente garantidos, de réus, investigados e indiciados, obtidos mediante a quebra de sigilo bancário, fiscal, telefônico ou de informática'.

A resolução estabelece ao juiz competente a decretação e levantamento da publicidade restrita dos processos. No caso de grampos, as gravações que não interessam à prova 'serão inutilizados, mediante autorização judicial, requerimento do Ministério Público ou da parte interessada'.

'O sigilo das informações é um problema que deve ser mais bem regulamentado, defende Ricardo de Castro Nascimento, presidente da Associação dos Juízes Federais em São Paulo'.

Ainda em reportagem de Fausto Macedo, intitulada "Ayres Britto vê banalização de sigilo" (Jornal *O Estado de S.Paulo*, 06 set. 2009, p. A11 Nacional), são destacadas duas frases do Ministro Ayres Britto, do STF:

A regra constitucional não é o segredo, é a publicidade.

A Constituição impõe que todos os julgamentos do Judiciário serão públicos e que a lei só poderá restringir a publicidade dos atos processuais quando a defesa da intimidade ou do interesse social exigirem.

E dessa reportagem transcrevo alguns trechos:

(...) O ministro não discorre sobre casos concretos, porque não lhe é permitido, mas vê banalização das ações secretas. 'O que deveria ser exceção já não é tão exceção assim. Não virou regra, mas o que deveria ser exceção está sendo aplicado com certa frouxidão interpretativa, e isso tem ocasionado número reconhecidamente elevado de processos que tramitam em segredo. É fato'.

Ayres Britto declara sua preocupação com a preservação da intimidade do cidadão, bem que reputa sagrado. Ele não abre mão do papel de sentinela dos direitos e garantias individuais e coletivos, mas recomenda: 'O juiz não precisa decretar o segredo sobre processo inteiro, mas de diligências ou dados que a Constituição define sigilosos, ou naqueles casos de crimes sexuais, direitos de família e de menores. Assim a gente se reaproxima da pureza do princípio da publicidade, resgata o caráter público tanto dos atos processuais quanto dos julgamentos'.

O ministro indica que o segredo também deve ser observado quando estão em jogo valores que o texto constitucional ressalva — dados fiscais, bancários e telefônicos. 'Que o sigilo prevaleça sobre tais elementos'. Pondera ainda que, nos casos em que o Ministério Público ou a polícia requer acesso a dados do investigado, o sigilo deve vigorar. 'Se nessa etapa for liberada a consulta vai frustrar a investigação. Documentada, a diligência vai para os autos e aí o juiz dá ciência aos advogados'.

PUBLICIDADE RESTRITA

Magistrados que antes seguiam a linha de reflexão do ministro do STF mudaram de comportamento a partir da *resolução 58/09* do Conselho de Justiça Federal (CJF) — norma que estabelece diretrizes para a toga 'no que concerne ao tratamento de processos e procedimentos de investigação criminal sob publicidade restrita'.

O CJF argumenta 'a necessidade de se coibirem abusos relativos a vazamentos e a indevida divulgação de dados e aspectos da vida privada, constitucionalmente garantidos, dos réus, investigados e indiciados, obtidos mediante a quebra dos sigilos bancários, fiscal, telefônico, de informática'. O artigo 6º define que a publicidade restrita 'será estendida a todo o processo ou procedimento investigatório, assim como de seus anexos, salvo determinação judicial em contrário'. Para evitar transtornos de ordem disciplinar ou o desconforto de reclamações ao STF, juízes agora não hesitam em lançar mão da tarja preta.

5 Os sigilos bancário e fiscal, o Ministério Público, e a jurisprudência do STF

Constituição Federal de 1988:

Art. 127. O Ministério Público é instituição permanente, essencial à função jurisdicional do Estado, incumbindo-lhe a defesa da ordem jurídica, do regime democrático e dos interesses sociais e individuais indisponíveis.

§1º. São princípios institucionais do Ministério Público a unidade, a indivisibilidade e a independência funcional.

(...)

Art. 129. São funções institucionais do Ministério Público:

I – promover, privativamente, a ação penal pública, na forma da lei;

(...)

VI – expedir notificações nos procedimentos administrativos de sua competência, requisitando informações e documentos para instruí-los, na forma da lei complementar respectiva;

(...)

VIII – requisitar diligências investigatórias e a instauração de inquérito policial, indicados os fundamentos jurídicos de suas manifestações processuais;

IX – exercer outras funções que lhe forem conferidas, desde que compatíveis com sua finalidade, sendo-lhes vedada a representação judicial e a consultoria jurídica de entidades públicas;

Lei Complementar nº 75/1993:

Art. 1º. O Ministério Público da União, organizado por esta Lei Complementar, é instituição permanente, essencial à função jurisdicional do Estado, incumbindo-lhe a defesa da ordem jurídica, do regime democrático, dos interesses sociais e dos interesses individuais indisponíveis.

Art. 2º. Incumbem ao Ministério Público as medidas necessárias para garantir o respeito dos Poderes Públicos e dos serviços de relevância pública aos direitos assegurados pela Constituição Federal.

(...)

Art. 8º. Para o exercício de suas atribuições, o Ministério Público da União poderá, nos procedimentos de sua competência:

(...)

II – requisitar informações, exames, perícias e documentos de autoridades da Administração Pública direta ou indireta;

(...)

IV – requisitar informações e documentos a entidades privadas;

(...)

VIII – ter acesso incondicional a qualquer banco de dados de caráter público ou relativo a serviço de relevância pública;

(...)

§1º. O membro do Ministério Público será civil e criminalmente responsável pelo uso indevido das informações e documentos que requisitar; a ação penal, na hipótese, poderá ser proposta também pelo ofendido, subsidiariamente, na forma da lei processual penal.

§2º. Nenhuma *autoridade* poderá opor ao Ministério Público, sob qualquer pretexto, a exceção de sigilo, sem prejuízo da subsistência do caráter sigiloso da informação, do registro, do dado ou do documento que lhe seja fornecido.

§3º. A falta injustificada e o retardamento indevido do cumprimento das requisições do Ministério Público implicarão a responsabilidade de quem lhe der causa.

Se o Ministério Público é instituição permanente e essencial à função jurisdicional do Estado, incumbindo-lhe a defesa da ordem jurídica (art. 127, CF/88); e se, nos termos do art. 129 da CF/88, sua função institucional é a de promover, privativamente a ação penal pública e requisitar informações e documentos para instruí-la, *"na forma da lei complementar"*, significa que a Carta da República outorgou-lhe poderes que não excluem informações e dados bancários e fiscais.

A Lei Complementar nº 75/1993 "Dispõe sobre a organização, as atribuições e o estatuto do Ministério Público da União".

Em relação às informações e dados bancários e fiscais, a Lei Complementar nº 75/1993, no §2º do art. 8º, não contém disposição expressa que obriga o Ministério Público a obter tais elementos via juízo, aspecto que implica três interpretações possíveis:

1ª. que o Ministério Público pode requisitar tais elementos diretamente de "autoridades", e somente a estas, sem o ser via juízo;

2ª. que o Ministério Público pode requisitar tais elementos, de autoridades ou entidades privadas, somente via juízo, tendo em vista que a CF/88 outorgou expressamente tais poderes à Administração Tributária, faltante a mesma autorização expressa em relação ao Ministério Público;

3ª. que a CF/88 outorgou competência tanto à Administração Tributária (para determinada finalidade), quanto ao Ministério Público (para poder cumprir a finalidade que lhe é própria), para obter ou requisitar tais elementos diretamente da fonte produtora.

Embora a questão requeira maior reflexão, minha tendência é no sentido de inclinar-me pelo primeiro critério de interpretação. Resta, todavia, a questão de saber se isso pode ser estendido a instituições *privadas*, que está por merecer maiores debates e reflexões.

Com efeito, a Lei Complementar nº 75/1993, no art. 8º, §2º, estabelece que "Nenhuma autoridade poderá opor ao Ministério Público, sob qualquer pretexto, a exceção de sigilo, sem prejuízo da subsistência do caráter sigiloso da informação, do registro, do dado ou do documento que lhe seja fornecido".

Note-se que, tal como ocorre em relação ao *segredo* que deve ser mantido pela Fazenda Pública e pelos seus servidores (art. 198 do CTN), a Lei Complementar nº 75/1993 procede da mesma forma, ao estabelecer, no art. 8º, §1º, que *"O membro do Ministério Público será civil e criminalmente responsável pelo uso indevido das informações e documentos que requisitar"*.

Othon Saraiva assim conclui:[13]

> (...) Consoante tal jurisprudência, numa interpretação conforme à Constituição, os preceitos do artigo 129, *caput*, incisos VI e VIII, da Carta Política, de 1988, não autorizam a transferência direta ao Ministério Público de dados protegidos pelo sigilo bancário ou fiscal.

Sendo assim, ou seja, inexistindo ressalva expressa da Constituição em relação ao MP, e tendo em vista que a jurisprudência dos Tribunais Superiores considera que os sigilos bancário e fiscal são *nuances* do direito constitucional à privacidade e à inviolabilidade da comunicação de dados, lei infraconstitucional alguma, nem sequer lei complementar, poderia restringir ou limitar um direito individual fundamental.

Assim, nos demais casos, não ressalvados acima, quer a solicitação seja feita pelo Ministério Público da União, quer pelo Ministério Público dos Estados, ou do Ministério Público junto às Cortes de Contas, o atendimento, pela Administração, somente, pode suceder mediante prévia autorização judicial.

Entendimento contrário poderia favorecer, na visão atual da jurisprudência dos Tribunais Superiores pátrios, a geração de provas ilícitas (CF/1988, art. 5º, LVI).

---

[13] SARAIVA FILHO, Oswaldo Othon de Pontes. Sigilo fiscal: transferência ao Ministério Público: análise da correspondente jurisprudência do STF e do STJ. *Revista Fórum de Direito Tributário*, Belo Horizonte, ano 7, n. 39, p. 46-47, maio/jun. 2009.

Embora seja caso específico, merece reflexão o entendimento do Ministro Celso de Mello, em voto-condutor no HC nº 84.758/GO (STF, Pleno, unânime, DJU 16.06.2006, p. 5), de cuja ementa reproduzo o seguinte trecho:

> A QUEBRA DE SIGILO NÃO PODE SER UTILIZADA COMO INSTRUMENTO DE DEVASSA INDISCRIMINADA, SOB PENA DE OFENSA À GARANTIA CONSTITUCIONAL DA INTIMIDADE.
>
> - A quebra de sigilo não pode ser manipulada, de modo arbitrário, pelo Poder Público ou por seus agentes. É que, se assim não fosse, a quebra de sigilo converter-se-ia, ilegitimamente, em instrumento de busca generalizada e de devassa indiscriminada da esfera de intimidade das pessoas, o que daria, ao Estado, em desconformidade com os postulados que informam o regime democrático, o poder absoluto de vasculhar, s em quaisquer limitações, registros sigilosos alheios. Doutrina. Precedentes.
>
> - Para que a medida excepcional da quebra de sigilo bancário não se descaracterize em sua finalidade legítima, torna-se imprescindível que o ato estatal que a decrete, além de adequadamente fundamentado, também indique, de modo preciso, dentre outros dados essenciais, os elementos de identificação do correntista (notadamente o número de sua inscrição no CPF) e o lapso temporal abrangido pela ordem de ruptura dos registros sigilosos mantidos por instituição financeira. Precedentes.
>
> Crime de desobediência (art. 347 do código eleitoral) – Gerentes de instituição financeira que só deixam de cumprir ordem judicial de quebra de sigilo bancário, porque nela ausentes dados essenciais – Inexistência de dolo – Não-caracterização de delito eleitoral.
>
> - Não pratica o crime de desobediência previsto no art. 347 do Código Eleitoral, o gerente de instituição financeira que somente deixa de cumprir ordem de quebra de sigilo bancário emanada da Justiça Eleitoral, porque não indicados, pelo magistrado que a ordenou, elementos essenciais à fiel execução da determinação judicial, como a correta identificação do correntista (referência ao seu CPF, p. ex.) e a precisa delimitação temporal (que não pode ser indeterminada) correspondente ao período abrangido pela investigação estatal.

Da jurisprudência do STF, trago à colação:

1 MS nº 21.729-4/DF, STF, Pleno, Presidente: Ministro Sepúlveda Pertence; Relator Min. Marco Aurélio, Relator para o acórdão Min. Néri da Silveira, maioria, vencido o Ministro Marco Aurélio, 05.10.1995, DJU 19.10.2001, p. 33; Impetrante: Banco do Brasil S/A; Impetrado: Procurador-Geral da República, ementa:

> Mandado de Segurança. Sigilo bancário. Instituição financeira executora de política creditícia e financeira do Governo Federal. Legitimidade do Ministério Público para requisitar informações e documentos destinados a instruir procedimentos administrativos de sua competência.
>
> 2. Solicitação de informações, pelo Ministério Público Federal ao Banco do Brasil S/A, sobre concessão de empréstimos, subsidiados pelo Tesouro Nacional, com base em plano de governo, a empresas do setor sucroalcooleiro.
>
> 3. Alegação do Banco impetrante de não poder informar os beneficiários dos aludidos empréstimos, por estarem protegidos pelo sigilo bancário, previsto no art. 38 da Lei nº 4.595/1964, e, ainda, ao entendimento de que dirigente do Banco do Brasil S/A não é autoridade, para efeito do art. 8º, da LC nº 75/1993.

4. O poder de investigação do Estado é dirigido a coibir atividades afrontosas à ordem jurídica e a garantia do sigilo bancário não se estende às atividades ilícitas. A ordem jurídica confere explicitamente poderes amplos de investigação ao Ministério Público – art. 129, incisos VI, VIII, da Constituição Federal, e art. 8º, incisos II e IV, e §2º, da Lei Complementar nº 75/1993.

5. Não cabe ao Banco do Brasil *negar*, ao Ministério Público, *informações sobre nomes de beneficiários* de empréstimos concedidos pela instituição, com recursos subsidiados pelo erário federal, sob invocação do sigilo bancário, em se tratando de requisição de informações e documentos para instruir procedimento administrativo instaurado em defesa do patrimônio público. Princípio da publicidade, ut art. 37 da Constituição.

6. No caso concreto, os empréstimos concedidos eram verdadeiros financiamentos públicos, porquanto o Banco do Brasil os realizou na condição de executor da política creditícia e financeira do Governo Federal, que deliberou sobre sua concessão e ainda se comprometeu a proceder à equalização da taxa de juros, sob a forma de subvenção econômica ao setor produtivo, de acordo com a Lei nº 8.427/1992.

7. Mandado de segurança indeferido.

Nota 1 – Do Relatório, reproduzo os seguintes trechos:

Ao proceder ao exame do pedido de concessão de liminar, assim relatei a hipótese dos autos:

1. O Banco do Brasil S/A ajuíza mandado de segurança argüindo como ato de constrangimento o ofício do Procurador-Geral da República de folha 21, reclamando o atendimento a pedidos anteriores, da Coordenadoria da Defesa dos Direitos da Pessoa Humana da Procuradoria da República no Distrito Federal, visando ao fornecimento da lista dos beneficiários de liberação de recursos, em caráter emergencial, ao setor sucroalcooleiro, bem como dados sobre encontrarem-se, ou não, os favorecidos com os créditos em débito para com o Banco, pedindo-se deste, ainda, esclarecimentos sobre a natureza das operações e as respectivas situações.

*Em síntese, sustenta o Impetrante que, pelo artigo 38 da Lei n. 4.595, de 31 de dezembro de 1964, está compelido a guardar sigilo de suas operações ativas e passivas, bem como dos serviços prestados, impondo-se-lhe o §7º o dever de assim proceder sob pena de incursão no campo criminal. Consoante a razões desenvolvidas, a Lei Complementar nº 75, ao dispor sobre a organização, as atribuições e ao consubstanciar o Estatuto do Ministério Público não implicou derrogação da Lei nº 4.595/64, pois, ao prever a impossibilidade de opor-se, à requisição de informações do Ministério Público, a exceção de sigilo, **fá-lo apenas relativamente às autoridades** – §2º do artigo 8º. A partir da premissa de que **tem personalidade jurídica de direito privado**, atuando como gestor, diz da inaplicabilidade, à espécie, da Lei Complementar. Com base na ilação de que concorrem o sinal do bom direito e o risco de manter-se o quadro atual, revelador da imposição de prazo para a entrega das informações, requer a concessão de liminar 'a fim de não ser constrangido a fazer o que está defesa em lei', observando-se a regra insculpida no inciso II do artigo 5º da Carta.*

Então, fundamentei o que decidido da seguinte forma:

*2. Destes autos exsurge conflito de entendimentos que está a exigir **maior reflexão**. De um lado. Alega o Banco do Brasil a obrigatoriedade de manter sigilo quanto às operações financeiras que formaliza, bem como a situação creditícia daqueles que as apresentam, junto a si, como devedores. De outro, vem à balha a posição do Ministério Público no tocante ao alcance da Lei Complementar nº 75, de 20 de maio de 1993. Toma-se a citada Lei como a encerrar o afastamento do sigilo bancário independentemente do crivo de órgão investido do ofício judicante e, portanto, da atuação do Judiciário.*

3. Defiro a liminar pleiteada, afastando, por hora, possível iniciativa da autoridade tida como coatora, objetivando a obtenção das informações noticiadas nos documentos de folhas 19 a 21, bem como procedimentos decorrentes da recusa em prestá-las.

Solicitadas informações à autoridade apontada como coatora, prestou-as à peça de folhas 34 e 35, consignando que os fatos são incontroversos e que *a única questão jurídica a ser dirimida consiste em saber se ao Ministério Público é dado negar informações requisitadas no 'estrito cumprimento de suas atribuições constitucionais, opondo-se a exceção do sigilo'*. Consoante o sustentado, o pedido formulado neste mandado de segurança esbarra nos preceitos dos artigos 129, inciso VI, da Constituição Federal e 8º, incisos II e IV e §2º, da Lei Complementar nº 75, de 20 de maio de 1993.

Nota 2 – Do voto do Ministro Francisco Rezek, destaco os seguintes trechos:

Meu voto é no sentido de indeferir o mandado de segurança impetrado pelo banco do Brasil, entendendo, como entendo, perfeitamente legítima — segundo a ordem jurídica a que o Tribunal deve garantir vigência — a requisição de informações endereçadas ao banco pelo Procurador-Geral da República.

Parece-me, antes de qualquer outra coisa, que a questão jurídica trazida à corte neste mandado de segurança não tem estatura constitucional. Tudo quanto se estampa na própria Carta de 1988 são normas que abrem espaço ao tratamento de determinados temas pela legislação complementar. É neste terreno, pois, e não naquele da Constituição da República, que se consagra o instituto do *sigilo bancário* — do qual já se repetiu *ad anuseam*, neste país e noutros, que *não tem caráter absoluto*. Cuida-se de instituto que protege certo domínio — de resto nada transcendental, mas bastante prosaico — da vida das pessoas e das empresas, contra a curiosidade gratuita, acaso malévola, de outros particulares, e sempre até o exato ponto onde alguma forma de interesse público reclame sua justificada prevalência.

(...)

O inciso X do rol de direitos fala assim numa ***intimidade*** onde a meu ver seria extraordinário agasalhar a ***contabilidade***, mesmo a das pessoas naturais, e por melhor razão o das empresas. Observa, a propósito, o parecer do Vice-Procurador-Geral:

'Não obstante essa repercussão mais ampla, o núcleo de 'privacy' situa-se na esfera das convicções íntimas do individuo, como as religiosas e políticas, nas relações de convivência familiar e afetiva, nos costumes sexuais, hábitos, dados clínicos, enfim naquele reduto que não se exterioriza no âmbito da vida pública. Refere Zacharias Toron que Georges Duby, prefaciando a obra *História da Vida Privada*, chama a atenção para a circunstância de que a locução 'vida privada' sempre exprimiu o contraste claramente detectado pelo senso comum, que opõe o privado ao público, e que se agrega a um conjunto constituído em torno da idéia de família, de cada, de interior.

É possível que os dados bancários, em certos casos, deixem entrever aspectos da vida privada, como ocorreria, por exemplo, na revelação de gastos com especialidades médicas de certas enfermidades ou de despesas com pessoas das relações afetivas mais íntimas, que o cliente queria manter em segredo. Isso, contudo, é exceção, porque, em regra, as operações e serviços bancários não podem ser referidos à privacidade, no sentido em que é protegido no inciso X do art. 5º da Constituição. Assim, os dados bancários concernentes a pagamentos de compra de imóveis, os financiamentos para aquisição de casa própria ou os financiamentos públicos para o desenvolvimento de atividades produtivas são alguns dos exemplos de informações que não se inserem no núcleo irredutível da privacidade.'

Do inciso XII, por seu turno, é de ciência corrente que ele se refere ao terreno das comunicações: a correspondência comum, as mensagens telegráficas, a *comunicação de dados*, e a comunicação telefônica. Sobre o disparate que resultaria do entendimento de que, fora do domínio das comunicações, os *dados* em geral — e a seu reboque o cadastro bancário — são invioláveis, não há o que dizer. O funcionamento mesmo do Estado e do setor privado enfrentaria um bloqueio. A imprensa, destacadamente, perderia sua razão de existir.

(...)

Nesse quadro, e com todas as homenagens aos votos até agora proferidos, o meu é no sentido de indeferir a segurança. Não vejo inconstitucionalidade alguma no §2º do art. 8º da Lei Complementar 75, cujo texto só faz ampliar, dentro da prerrogativa legítima do legislador, o escopo da exceção já aberta ao sigilo bancário no texto da lei originalmente comum que o disciplinou nos anos 60. E o faz em nome de irrecusável interesse público, adotando um mecanismo operacional que em nada arranha direitos, ou sequer constrange a discrição com que se portam os *bancos idôneos* e as *pessoas de bem*." (os destaques não pertencem ao original)

Nota 3 – Íntegra do voto do Min. Sepúlveda Pertence:

Em linha de princípio, tenderia a subscrever o voto do Sr. Ministro Francisco Rezek.

O sigilo bancário só existe no Direito Brasileiro por força de lei ordinária.

Não entendo que se cuide de garantia com *status* constitucional. Não se trata da 'intimidade' protegida no inciso X do art. 5º da Constituição Federal. Da minha leitura, no inciso XII da Lei Fundamental, o que se protege, e de modo absoluto, até em relação ao Poder Judiciário, é a comunicação '*de dados*' e não os '*dados*', o que tornaria impossível qualquer investigação administrativa, fosse qual fosse. Reporto-me, no caso, *brevitatis causae*, a um precisos estudo a respeito do Professor Tércio Sampaio Ferraz Júnior.

Em princípio, por isso, admitiria que a lei autorizasse autoridades administrativas, com função investigatória e sobretudo o Ministério Público, a obter os dados relativos a operações bancárias.

Não obstante, a minha dúvida estaria em saber se o art. 8º, §2º, da Lei Complementar nº 75, de 20.05.93, a Lei Orgânica do Ministério Público, abrangeria operações bancárias normais do Banco do Brasil. Para isso seria necessário entender que o Banco do Brasil, porque sociedade de economia mista com controle acionário da União, *seria autoridade pública*, ainda com relação à exploração de atividade econômica não monopolizada a que se dedica, vale dizer, quando efetua operações bancárias comuns, idênticas às efetivadas por qualquer outra *instituição financeira privada*. A discriminação inviabilizaria os bancos estatais. Daí, a minha dificuldade em aceitar que o poder de requisitar informações de qualquer autoridade, dado na lei complementar ao Ministério Público, abrangesse sociedades de economia mista, quando no exercício de atividade econômica comum não monopolizada.

No caso, entretanto, há um dado, para mim bastante, já acentuado por vários dos senhores Ministros: a revelação de que o mecanismo da equalização das taxas de juros importa utilização de recursos públicos, de recursos do tesouro Nacional para viabilizar as questionadas operações de crédito privilegiado à lavoura canavieira. Há, pois, como objeto das indagações do Procurador-Geral ao Banco do Brasil, não operações bancárias comuns, mas atos de gestão de dinheiros públicos. Ora, em matéria de gestão de dinheiro público, não há sigilo privado, seja ele de *status* constitucional ou meramente legal, a opor-se ao princípio basilar da publicidade da administração republicana.

Por isso, indefiro o mandado de segurança.

2 – AgR-Inq nº 2.206/DF, STF, Pleno, Marco Aurélio, maioria, *DJU* 02.02.2007, p. 73, ementa:

> Inquérito – Diligência – Extensão. O deferimento de diligência requerida pelo Ministério Público há de fazer-se em sintonia com as balizas subjetivas e objetivas da investigação em curso, descabendo providências que extravasam o campo da razoabilidade, como, por exemplo, a quebra de sigilo bancário generalizada.

3 – AgR-AI nº 655.298/SP, STF, 2ª Turma, Eros Grau, unânime, *DJe*-112 de 28.09.2007, ementa:

> Agravo regimental no agravo de instrumento. Matéria infraconstitucional. Sigilo bancário. Quebra. Procedimento legal. Ofensa indireta à constituição do Brasil.
>
> 1. Controvérsia decidida à luz de normas infraconstitucionais. Ofensa indireta à Constituição do Brasil.
>
> 2. O *sigilo bancário*, espécie de direito à privacidade protegido pela Constituição de 1988, *não é absoluto*, pois deve ceder diante dos interesses público, social e da Justiça. Assim, deve ceder também na forma e com observância de procedimento legal e com respeito ao princípio da razoabilidade. Precedentes.
>
> 3. Agravo regimental a que se nega provimento.

4 – RE nº 418.416/SC, STF, Pleno, Sepúlveda Pertence, maioria, 10.05.2006, *DJU* 19.12.2006, p. 37;

> I. Decisão judicial: fundamentação: alegação de omissão de análise de teses relevantes da Defesa: recurso extraordinário: descabimento. Além da falta do indispensável prequestionamento (Súmulas 282 e 356), não há violação dos art. 5º, LIV e LV, nem do art. 93, IX, da Constituição, que não exige o exame pormenorizado de cada uma das alegações ou provas apresentadas pelas partes, nem que sejam corretos os fundamentos da decisão; exige, apenas, que a decisão esteja motivada, e a sentença e o acórdão recorrido não descumpriram esse requisito (v.g., RE 140.370, 1ª T., 20.4.93, Pertence, DJ 21.5.93; AI 242.237 – AgR, 1ª T., 27.6.00, Pertence, DJ 22.9.00).
>
> II. Quebra de sigilo bancário: prejudicadas as alegações referentes ao decreto que a determinou, dado que a sentença e o acórdão não se referiram a qualquer prova resultante da quebra do sigilo bancário, tanto mais que, dado o deferimento parcial de mandado de segurança, houve a devolução da documentação respectiva.
>
> III. Decreto de busca e apreensão: validade.
>
> 1. Decreto específico, que somente permitiu que as autoridades encarregadas da diligência selecionassem objetos, dentre aqueles especificados na decisão e na sede das duas empresas nela indicadas, e que fossem "interessantes à investigação" que, no caso, tinha pertinência com a prática do crime pelo qual foi efetivamente condenado o recorrente.
>
> 2. Ademais não se demonstrou que as instâncias de mérito tenham invocado prova não contida no objeto da medida judicial, nem tenham valorado qualquer dado resultante da extensão dos efeitos da decisão determinante da busca e apreensão, para que a Receita Federal e a "Fiscalização do INSS" também tivessem acesso aos documentos apreendidos, para fins de investigação e cooperação na persecução criminal, "observado o sigilo imposto ao feito".

IV – Proteção constitucional ao sigilo das comunicações de dados – art. 5º, XVII, da CF: ausência de violação, no caso.

1. Impertinência à hipótese da invocação da AP 307 (Pleno, 13.12.94, Galvão, DJU 13.10.95), em que a tese da inviolabilidade absoluta de dados de computador não pode ser tomada como consagrada pelo Colegiado, dada a interferência, naquele caso, de outra razão suficiente para a exclusão da prova questionada — o ter sido o microcomputador apreendido sem ordem judicial e a conseqüente ofensa da garantia da inviolabilidade do domicílio da empresa — este segundo fundamento bastante, sim, aceito por votação unânime, à luz do art. 5º, XI, da Lei Fundamental.

2. Na espécie, ao contrário, não se questiona que a apreensão dos computadores da empresa do recorrente se fez regularmente, na conformidade e em cumprimento de mandado judicial.

3. Não há violação do art. 5º, XII, da Constituição que, conforme se acentuou na sentença, não se aplica ao caso, pois não houve "quebra de sigilo das comunicações de dados (interceptação das comunicações), mas sim apreensão de base física na qual se encontravam os dados, mediante prévia e fundamentada decisão judicial".

4. A proteção a que se refere o art. 5º, XII, da Constituição, é da comunicação *'de dados'* e não dos 'dados em si mesmos', ainda quando armazenados em computador. (cf. voto no *MS 21.729*, Pleno, 5.10.95, red. Néri da Silveira – RTJ 179/225, 270).

V – Prescrição pela pena concretizada: declaração, de ofício, da prescrição da pretensão punitiva do fato quanto ao delito de frustração de direito assegurado por lei trabalhista (C. Penal, arts. 203; 107, IV; 109, VI; 110, §2º e 114, II; e Súmula 497 do Supremo Tribunal).

Prossigo, para trazer à colação acórdão unânime da 2ª Turma do STF no RE nº 535.478/SC (interposto por pessoa física contra decisão do STJ, recorrido o MPF) que, pelo voto condutor da Ministra Ellen Gracie, assim decidiu em 28.10.2008 (*DJe*-222 de 21.11.2008), ementa:

> Direito processual penal. Recurso extraordinário. Mandado de segurança. Pedido de afastamento de sigilo bancário e fiscal de investigado. Procedimento judicial. Poderes investigatórios do Ministério Público. Improvimento da parte conhecida.
>
> 1. As questões de suposta violação ao devido processo legal, ao princípio da legalidade, ao direito de intimidade e privacidade e ao princípio da presunção de inocência, têm natureza infraconstitucional e, em razão disso, revelam-se insuscetíveis de conhecimento em sede de recurso extraordinário.
>
> 2. As argüições de violação aos princípios e garantias do devido processo legal, legalidade, presunção de inocência e intimidade, evidentemente, tocam em temas de natureza infraconstitucional, não havendo que se cogitar de afronta direta às normas constitucionais apontadas.
>
> 3. Da mesma forma, não merece ser conhecido o apelo extremo na parte em que se alega violação aos princípios do contraditório, ampla defesa e devido processo legal.
>
> 4. *Remanesce a questão* afeta à possibilidade de o Ministério Público promover procedimento administrativo de cunho investigatório e o possível malferimento da norma contida no art. 144, §1º, I e IV, da Constituição Federal.
>
> 5. *No caso concreto*, tal debate se mostra irrelevante, eis que houve instauração de inquérito policial para apurar fatos relacionados às movimentações de significativas somas pecuniárias em contas bancárias, sendo que o Ministério Público requereu, a título de tutela cautelar inominada, a concessão de provimento jurisdicional que afastasse o

sigilo dos dados bancários e fiscais do recorrente. Tal requerimento foi feito junto ao *juízo competente* e, portanto, não se tratou de medida adotada pelo Ministério Público sem qualquer provimento jurisdicional.

6. Contudo, ainda que se tratasse da temática dos poderes investigatórios do Ministério Público, melhor sorte não assistiria ao recorrente. A denúncia pode ser fundamentada em peças de informação obtidas pelo órgão do MPF sem a necessidade do prévio inquérito policial, como já previa o Código de Processo Penal. Não há óbice a que o Ministério Público requisite esclarecimentos ou diligencie diretamente a obtenção da prova de modo a formar seu convencimento a respeito de determinado fato, aperfeiçoando a persecução penal, mormente em casos graves como o presente que envolvem altas somas em dinheiro movimentadas em contas bancárias.

7. A hipótese não envolve a eficácia retroativa da *Lei nº 10.174/01* — eis que esta se restringiu à autorização da utilização de dados para *fins fiscais* —, e sim a apuração de ilícito penal mediante obtenção das *informações bancárias*.

8. Recurso parcialmente conhecido e, nesta parte, improvido.

Para finalizar esta visão da (parcial) jurisprudência do STF, reproduzo duas íntegras do serviço "Notícias STF", obtidas do www.stf.jus.br:
1 – Notícia de 14.08.2009:

Declarada atribuição do MPF para investigar quebra de sigilo bancário e suposta improbidade de servidora federal

O ministro Eros Grau declarou o Ministério Público Federal competente para instaurar investigação sobre quebra de sigilo bancário e sobre ato de improbidade supostamente praticado por servidora pública exercendo cargo em órgão municipal. A Procuradoria Geral da República, na Ação Cível Originária (ACO) 1142, pediu ao STF a definição do conflito de atribuições entre os ramos do MP.

Conforme a ação, a suposta quebra de sigilo de extrato bancário de um correntista do Bradesco começou a ser investigada pelo MP do estado de São Paulo. Mas a Promotoria de Justiça de Vargem Grande, no estado, entendeu que o caso é de competência federal e, por isso, encaminhou o processo para a Procuradoria da República de São Paulo, que faz parte do MP federal.

O relator, ministro Eros Grau, acolheu o parecer da PGR pelo reconhecimento da atribuição do Ministério Público Federal para atuar no caso, entendendo que a decisão da Promotoria foi acertada.

Para a Procuradoria, a ofensa ao sigilo bancário atenta não só contra o correntista lesado ou a instituição financeira, mas contra o Sistema Financeiro Nacional como um todo, "pois a divulgação indevida de tais dados acarreta o descrédito das instituições que o compõem". Por isso, entendeu haver o interesse da União na hipótese e, por consequência, a atribuição do Ministério Público Federal.

2 – Notícia de 23.09.2009:

Plenário do STF decide reativar inquérito policial contra acusada de sonegação fiscal

O Plenário do Supremo Tribunal Federal (STF), por decisão unânime, permitiu prosseguimento de um inquérito policial instaurado para investigar suposto crime de sonegação fiscal praticado por M.F.A.S., presidente da Cooperativa de Trabalho, Serviço e Beneficiamento de Produtos Ltda. (COTSB). Em sessão plenária realizada na tarde de hoje, os ministros acolheram embargos de declaração no Recurso ordinário no Habeas Corpus (RHC) 90532, de autoria do Ministério Público Federal.

O caso

Em julho de 2008, por maioria de votos, o Plenário deu provimento parcial ao RHC 90532, a fim de trancar o inquérito apenas quanto à investigação por suposto crime de sonegação fiscal. Os ministros entenderam que o inquérito devia ter prosseguimento em relação aos demais fatos.

No RHC, interposto contra o Ministério Público Federal (MPF), o presidente da cooperativa alegava que os fatos estão sendo apurados ainda em fase pré-processual sem que sequer tenha havido uma acusação formal contra ela. Por isso, argumentou ser imprópria a alegação de incompetência da Justiça Federal para analisar o caso.

Dessa forma, a defesa pedia o trancamento do inquérito policial instaurado em 30 de dezembro de 2002, alegando que há procedimento administrativo em curso e que *'se faz imprescindível o exaurimento dessa fase em relação aos lícitos fiscais e instauração de inquérito policial'*. Sustentava que a Justiça Federal não será competente para processar e julgar a causa.

Julgamento dos embargos

'Em entendo que a irresignação merece prosperar', afirmou o relator, ministro Joaquim Barbosa. De acordo com ele, a Lei 8.137/90 — que define crimes contra a ordem tributária, econômica e contra as relações de consumo —, no artigo 1º, inciso I, estabelece como requisito fundamental para a adequação típica a ocorrência efetiva da redução de tributo pelas condutas descritas no tipo.

'Ou seja, deve claramente existir a obtenção de decréscimo ou a eliminação do crédito tributário, ao passo que o artigo 2º, inciso I, da Lei 8.137/90 é um crime formal, ou seja, independente de aferição de vantagem ilícita em desfavor do fisco, bastando a omissão de informações ou prestação de declaração falsa não demandando a efetiva percepção material do ardil aplicado', explicou o relator.

Segundo Barbosa, a diferença fundamental entre os dois tipos penais está no grau de lesividade da conduta. Isto porque no artigo 2º *'o legislador se contenta meramente com a prestação omissiva ou falsa de declaração'*.

Assim, o ministro Barbosa acolheu os embargos de declaração, considerando que a portaria de instauração do inquérito dispõe claramente que o procedimento investigatório tem *'o escopo de apurar o possível crime do artigo 2º, inciso I, da Lei 8.137'*. Por essa razão, o relator entendeu que a decisão definitiva no processo administrativo é dispensável para a configuração da justa causa necessária à persecução penal.

Nota – Estabelece a Lei nº 8.137, de 1990 (www.planalto.gov.br):

Art. 1º Constitui crime contra a ordem tributária suprimir ou reduzir tributo, ou contribuição social e qualquer acessório, mediante as seguintes condutas: (Vide Lei nº 9.964, de 10.4.2000)

I – omitir informação, ou prestar declaração falsa às autoridades fazendárias;

II – fraudar a fiscalização tributária, inserindo elementos inexatos, ou omitindo operação de qualquer natureza, em documento ou livro exigido pela lei fiscal;

III – falsificar ou alterar nota fiscal, fatura, duplicata, nota de venda, ou qualquer outro documento relativo à operação tributável;

IV – elaborar, distribuir, fornecer, emitir ou utilizar documento que saiba ou deva saber falso ou inexato;

V – negar ou deixar de fornecer, quando obrigatório, nota fiscal ou documento equivalente, relativa a venda de mercadoria ou prestação de serviço, efetivamente realizada, ou fornecê-la em desacordo com a legislação.

Pena – reclusão de 2 (dois) a 5 (cinco) anos, e multa.

Parágrafo único. A falta de atendimento da exigência da autoridade, no prazo de 10 (dez) dias, que poderá ser convertido em horas em razão da maior ou menor complexidade da matéria ou da dificuldade quanto ao atendimento da exigência, caracteriza a infração prevista no inciso V.

Art. 2º Constitui crime da mesma natureza: (Vide Lei nº 9.964, de 10.4.2000)

I – fazer declaração falsa ou omitir declaração sobre rendas, bens ou fatos, ou empregar outra fraude, para eximir-se, total ou parcialmente, de pagamento de tributo;

II – deixar de recolher, no prazo legal, valor de tributo ou de contribuição social, descontado ou cobrado, na qualidade de sujeito passivo de obrigação e que deveria recolher aos cofres públicos;

III – exigir, pagar ou receber, para si ou para o contribuinte beneficiário, qualquer percentagem sobre a parcela dedutível ou deduzida de imposto ou de contribuição como incentivo fiscal;

IV – deixar de aplicar, ou aplicar em desacordo com o estatuído, incentivo fiscal ou parcelas de imposto liberadas por órgão ou entidade de desenvolvimento;

V – utilizar ou divulgar programa de processamento de dados que permita ao sujeito passivo da obrigação tributária possuir informação contábil diversa daquela que é, por lei, fornecida à Fazenda Pública.

Pena – detenção, de 6 (seis) meses a 2 (dois) anos, e multa.

6 Conclusões

Na questão posta pelo coordenador desta obra, o Professor Oswaldo Othon de Pontes Saraiva Filho, dois pontos mereceram exame neste pequeno estudo:

1. *sigilos bancário e fiscal como corolário do direito à privacidade, em confronto com o interesses do Fisco,* cujas normas infraconstitucionais atualmente em vigor são por mim consideradas razoáveis e proporcionais e, portanto, em conformidade com os dispositivos constitucionais que lhe dizem respeito;
2. *sigilos bancário e fiscal como corolário do direito à privacidade em confronto com o interesse do Parquet.*

A solução desta 2ª questão é deveras complexa e penso que a Corte Constitucional, embora tenha enfrentado alguns casos, ainda poderá afirmar e/ou reafirmar sua jurisprudência, mesmo porque os casos são os mais diversos possíveis — embora a questão central seja a de saber se o MPF pode ou não requisitar informações e dados bancários e fiscais diretamente da fonte produtora, quer seja entidade pública ou privada.

Enquanto a reflexão avança, penso que, se o Ministério Público é instituição permanente e essencial à função jurisdicional do Estado, incumbindo-lhe a defesa da ordem jurídica (art. 127, CF/88); e se, nos termos do art. 129 da CF/88, sua função institucional é a de promover, privativamente, a ação penal pública e requisitar informações e documentos para instruí-la, "na forma da lei complementar", significa que a Carta da República outorgou-lhe poderes para obter tais elementos.

A Lei Complementar nº 75/1993 "Dispõe sobre a organização, as atribuições e o estatuto do Ministério Público da União" que, quanto às informações e dados bancários e fiscais, poderá requisitá-los diretamente de "autoridades" (art. 8º, §2º) e, nas demais hipóteses, pelo critério de "exclusão!", somente através do Poder Judiciário.

E manifestei a questão de saber se "o poder de tributar não significa nem envolve o poder de destruir"; ou se "o tributo tem o poder de manter a vida", tal como enunciados, respectivamente, por:

1 – Celso de Mello – trecho de voto na ADC-Medida Cautelar nº 18/DF, *DJe* n. 202 de 24.10.2008:

> Cabe relembrar, neste ponto, consideradas as observações que venho de fazer, a clássica advertência de OROSIMBO NONATO, consubstanciada em decisão proferida pelo Supremo Tribunal Federal (RE 18.331/SP), em acórdão no qual aquele eminente e saudoso Magistrado acentuou, de forma particularmente expressiva, à maneira do que já o fizera o *Chief Justice* JOHN MARSHALL, quando do julgamento, em 1819, do célebre caso '*McCulloch v. Maryland*', que '*o poder de tributar não pode chegar à desmedida do poder de destruir*' (RF 145/164 – RDA 34/132), eis que — como relembra BILAC PINTO, em conhecida conferência sobre 'Os Limites do Poder Fiscal do Estado' (RF 82/547-562, 552) — essa extraordinária prerrogativa estatal traduz, em essência, '*um poder que somente pode ser exercido dentro dos limites que o tornem compatível com a liberdade de trabalho, de comércio e de indústria e com o direito de propriedade*'.
>
> Daí a necessidade de rememorar, sempre, a função tutelar do Poder Judiciário, investido de competência institucional para neutralizar eventuais abusos das entidades governamentais, que, muitas vezes deslembradas da existência, em nosso sistema jurídico, de um verdadeiro '*estatuto constitucional do contribuinte*', consubstanciador de direitos e garantias oponíveis ao poder impositivo do Estado (Pet 1.466/PB, Rel. Min. CELSO DE MELLO, 'in' Informativo/STF n. 125), culminam por asfixiar, arbitrariamente, o sujeito passivo da obrigação tributária, inviabilizando-lhe, injustamente, o exercício de atividades legítimas, o que só faz conferir permanente atualidade às palavras do *Justice* Oliver Wendell Holmes, Jr. ('*The Power to tax is not the Power to destroy while this Court sits*'), em 'dictum' segundo o qual, em livre tradução, '*o poder de tributar não significa nem envolve o poder de destruir, pelo menos enquanto existir esta Corte Suprema*', proferidas, ainda que como '*dissenting opinion*', no julgamento, em 1928, do caso '*Panhandle Oil Co. v. State os Mississippi Ex Rel. Knox*' (277 U. S. 218).

2 – Crisafulli[14] e Paladin, que assim iniciam os comentários ao art. 53 da Constituição da Itália:[15]

---

[14] Sobre Vezio Crisafulli, colho: "Nacque a Genova nel 1910 e morì a Roma nel 1986. Uno dei maggiori giuristi e costituzionalisti che abbia mai vantato (*exaltado*) l'Italia, fu allievo de um altro grande studioso del diritto: Santi Romano. Fu maestro di altri grandi costituzionalisti, tra cui Livio Paladin e Fausto Cuocolo, che hanno segnato un importante modello filosofico-giuridico della storia del diritto italiano.(...) Predisposto più alla ricerca e allo Studio che all'applicazione pratica del diritto, lasciò la magistratura per l'attività accademica e divenne docente di diritto costitzionale, diritto pubblico e giustizia costituzionale in varie Università, tra cui Padova e Roma, dove concluse la sua carriera accademica nel 1985, e fu preside della facoltà di giurisprudenza di Urbino. (...) Il presidente della Repubblica Giuseppe Saragat, nel maggio del 1968 lo nominò membro della Corte Costituzionale. (...) Scrisse numerose opere di diritto, tra cui il libro *Lezioni di diritto costituzionale*, che è tuttora uno dei testi più conosciuti ed usati nelle facoltà italiane di diritto, si ricordano *La Costituzione e le sua disposizioni di principio*, del 1952 e *Giustizia costituzionale e potere legislativo* del 1977" (cf. jornal "*L'Italia del Popolo*", São Paulo, anno XXXII, n. 1568, 11 set. 2009).

[15] CRISAFULLI, Vezio; PALADIN, Livio. *Commentario breve alla Costituzione*. Padova: CEDAM, 1990. p. 347 *et seq.* A tradução do italiano para o português é minha.

1. *Considerações preliminares.* Uma decisão da Corte Suprema dos Estados Unidos da América de 1899 (Nicol v. Ames) resume a essência da problemática posta no art. 53: "*O poder de tributar é o único grande poder sobre o qual é fundado o inteiro edifício nacional. Ele é tão necessário à vida e à prosperidade da nação, quanto o ar à vida do homem. Não é somente o poder de destruir, mas o poder de manter a vida.*" (GRAVES, *La finanza di uno Stato moderno*, p. 21).

Em outras palavras, o problema da imposição é essencialmente um problema de direito constitucional, que interessa — entre outro e em especial — os ordenamentos do tipo parlamentar, no âmbito do qual é exatamente o Parlamento que pratica "*o poder de votar o tributo*" (LIVET-MOUSNIER, *Storia d'Europa*, IV, p. 19). Mas isso não significa que o Parlamento possui uma competência exclusiva e total: "*a análise das instituições governamentais ensina a distinguir a iniciativa, a decisão, a execução e o controle*" (TROTABAS, *Les finances publiques et les impôts de la France*, p. 20). É um modo como um outro para sublinhar a natureza funcional (ou, se se preferir, ancilar) da atividade impositiva — e, portanto, do fisco (DEL PUNTA, em *Fisco e libertà*, pp. 61ss.) — que deve colocar-se em conexão com as exigências da coletividade: a qual sofre, por um lado, uma privação da própria riqueza e, por outro lado, uma potencialidade de direitos, cujo gozo fica subordinado à existência de disponibilidade de caráter financeiro.

Estas noções elementares permitem esclarecer, portanto, como a inclusão nos modernos textos constitucionais das cláusulas que "*consistem em normas-base ou normas-princípio para a legislação tributária e ao mesmo tempo normas-parâmetro para avaliar a legitimidade constitucional das leis fiscais*" (ELIA, *Prefazione* a DE MITA, *Fisco e Costituzione*, I, p. XV) seja um dado indefectível (*imperecível*). Assim, exemplificando, podem ser lembrados: entre outros, o art. 1º, seção 8, da Constituição dos Estados Unidos da América, sendo o qual '*os direitos, os impostos, as taxas e os direitos aduaneiros deverão... ser uniformes em todos os Estados Unidos*'; o art. 134 da Constituição de Weimar, em face do qual '*todos os cidadãos, sem distinção, contribuem, em proporção dos seus meios, a todos os ônus públicos, em conformidade com a lei*', disposição que não encontra — pelo menos no plano formal — contrariedade na vigente lei fundamental da República federal alemã, e ainda porque doutrina e jurisprudência estão concordes em concluir (especialmente pelos arts. 3 e 20, §3º, concernentes respectivamente ao princípio da igualdade e da legalidade) a existência de análogas regras constitucionais (TIPKE, *Steuerrecht*, pp. 21 ss); o art. 31, §1º, da Constituição espanhola, segundo o qual '*todos contribuirão à sustentação das despesas públicas segundo as suas possibilidades econômicas, através de um sistema tributário justo, inspirado nos princípios da igualdade e da progressividade, que em nenhum caso poderá ter caráter confiscatório*': onde é clara a preocupação de excluir — expressamente — que a discricionariedade do legislador possa chegar a ponto de introduzir, no âmbito da fiscalidade, medidas de caráter expropriatório, como entendeu — num diferente mas de qualquer forma, para estes fins, relevante contexto — a Corte constitucional italiana, quando considerou devida a isenção de imposto (que tal não é) do '*mínimo vital*' (Corte constitucional 97/1968).

Coerentemente, o art. 53 obteve, como precedente imediato específico, o art. 25 do *Estatuto Albertino*: todos (os reinados) '*contribuem indistintamente na proporção dos seus haveres, aos encargos do Estado*', disposto ao qual entendeu referir-se — por outro lado com propósitos inovadores (MOSCHETTI, *Il principio della capacità contributiva*, pp. 13 ss) — *a Constituinte*. Para esclarecimento do relativo pensamento, é aqui suficiente lembrar que "o on. Ruini confirmou que a Comissão (para a Constituição) aceitava o texto acordado interpretando: que na palavra '*todos*' deveria compreender também os estrangeiros; que na fórmula '*capacidade contributiva*' era de ter-se implicitamente compreendido (...) as isenções e limitações já acenadas (referente à '*renda mínima*'), acerca dos não abastados, pelo on. Scoca, sem ter que recorrer a pesadas formulações e facilmente equivocáveis; que o critério da *progressividade* deveria ser entendido em sua aplicabilidade não a todos os tributos, mas ao ônus tributário complexivo que grava o cidadão" (FALZONE-PALERMO-COSENTINO, *La Costituzione*, p. 169).

Nota – Constituição italiana de 27.12.1947, em vigor a partir de 01.01.1948:

Art. 53. Tutti sono tenuti a concorrere alle spese pubbliche in ragione della loro capacità contributiva.

Il sistema tributario è informato a criteri di progressività.

Enfim, face à construção jurisprudencial que está em andamento no Supremo Tribunal Federal, a preocupação maior deste estudo não é, propriamente, a de fixar um entendimento definitivo sobre os mais diversos pontos que a complexa temática envolve, mas a de levantar alguns pontos que ainda estão por merecer reflexão mais aprofundada, tanto por parte da doutrina quanto pela jurisprudência.

São Paulo, 20 de outubro de 2009.

Informação bibliográfica deste texto, conforme a NBR 6023:2002 da Associação Brasileira de Normas Técnicas (ABNT):

CASSONE, Vittorio. Sigilos bancário e fiscal como corolário do direito à privacidade em confronto com os interesses do Fisco e do *Parquet*. In: SARAIVA FILHO, Oswaldo Othon de Pontes; GUIMARÃES, Vasco Branco (Coord.). *Sigilos bancário e fiscal*: homenagem ao Jurista José Carlos Moreira Alves. Belo Horizonte: Fórum, 2011. p. 223-259. ISBN 978-85-7700-405-8.

A Natureza do Sigilo da Função da Autoridade Administrativa e Fiscal

Aurélio Pitanga Seixas Filho

A questão a ser examinada abrange a garantia da inviolabilidade do sigilo no processo administrativo fiscal, conciliado com o princípio da publicidade, previsto no artigo 37 da Constituição de 1988.

Sendo outorgada à Administração Pública a função de resguardar e defender os interesses da população, sua atividade deverá ser a mais transparente possível, razão pela qual deverão ser publicados alguns de seus atos para conhecimento geral.

Este dever constitucional, entretanto, não poderá prejudicar outros valores insculpidos em mais de um inciso do extenso e repetitivo artigo 5º, que são a preservação da intimidade, privacidade e honra das pessoas.

No inciso X, a inviolabilidade da intimidade, da vida privada, da honra e da imagem das pessoas tem garantia, sob pena de ser concedida indenização por dano material e moral, enquanto no inciso XII é a inviolabilidade dos dados particulares que tem sua preservação assegurada.

Até mesmo o princípio da publicidade dos atos processuais pode ser restringido em favor da defesa da intimidade da parte, como previsto no inciso LX.

A obtenção de certidões e informações dos órgãos públicos de interesse pessoal ou particular é garantida pelos incisos XXXIII e XXXIV, letra "b", entendendo-se, obviamente, em compatibilidade com os incisos mencionados anteriormente, que somente serão fornecidas para a própria pessoa interessada.

Entre as inumeráveis funções outorgadas pela Constituição de 1988 à Administração Pública está a de cobrar os tributos necessários e essenciais para o funcionamento da máquina estatal.

Os tributos (impostos), autorizados expressamente no texto constitucional, constituem um dever imposto, por lei, às pessoas, de contribuir para as despesas estatais na proporção da respectiva capacidade econômica.

Assim, os agentes administrativos encarregados de exigir ou fiscalizar o correto pagamento dos tributos, impostos, têm o dever-poder (potestade) de descobrirem os indícios de capacidade econômica de cada contribuinte, investigando a sua atividade profissional, o seu patrimônio, enfim, todos os dados de sua vida privada suficientes e imprescindíveis para o correto pagamento dos tributos que venham a ser devidos.

Por se assenhorear de dados da vida íntima das pessoas, como os rendimentos obtidos das mais diversas formas, inclusive ilicitamente, é que a legislação do imposto de renda sempre teve a preocupação de esclarecer aos funcionários encarregados de sua cobrança, o dever de confidencialidade a respeito da vida íntima ou privada dos contribuintes.

O sigilo fiscal é uma particularidade do segredo que todos os funcionários públicos devem guardar acerca dos fatos que tenham conhecimento no decorrer de suas atividades oficiais, pois já de há muito tempo "consiste em manter a necessária reserva, isto é, o segredo sobre os assuntos sujeitos ao conhecimento do funcionário e que, pela sua natureza não devem ser divulgados, nem pública, nem particularmente".[1]

Segundo Cretella: "Discute-se também, há muito, na teoria e na prática, sem que se tenha ainda chegado a ponto pacífico, se a obrigação de guardar *segredo de ofício* se estende também aos casos em que o funcionário é chamado a prestar depoimento em juízo sobre fatos que ficou conhecendo em razão do cargo ocupado, distinguindo-se nessa discussão, a corrente que julga dever o funcionário cooperar com o Estado na apuração de verdade para a mais perfeita distribuição da justiça e a corrente que é pela manutenção do *segredo profissional* em qualquer hipótese".[2]

Para Bielsa, o dever de conservar um segredo é consequência necessária do estrito cumprimento de uma função pública, podendo ser invocado até mesmo para não prestar depoimento, e a violação desse sigilo é um delito peculiar dos funcionários e empregados públicos cuja penalidade pode ser progressiva em razão da importância do fato.[3]

Desde, pelo menos, 1943, pelo Decreto-Lei nº 5.844, em seus artigos 201 e 202, foram fixadas as regras do sigilo fiscal, no sentido de todas as pessoas que tomarem parte nos serviços do imposto de renda serem obrigadas a guardar rigoroso sigilo sobre a situação de riqueza dos contribuintes.

Também a obrigação de guardar reserva sobre a situação de riqueza dos contribuintes se estende a todos os funcionários do Ministério da Fazenda e demais servidores públicos que, por dever de ofício, vierem a ter conhecimento dessa situação.

É expressamente proibido, dispõe a lei, revelar ou utilizar, para qualquer fim, o conhecimento que os servidores adquirirem quanto aos segredos dos negócios ou da profissão dos contribuintes.

A sanção prevista para aqueles que, em serviço no imposto de renda, revelem informações obtidas no cumprimento do dever profissional ou do exercício de ofício ou emprego foi aquela prevista na lei penal para o violador de segredo.

No Regulamento do Imposto de Renda, Decreto nº 3.000, de 26 de março de 1999, a legislação mencionada acima está consolidada nos artigos 984, 998 e 999.

---

[1] CAVALCANTI, Themistocles Brandão. *Curso de direito administrativo*. Rio de Janeiro: Freitas Bastos, 1964. p. 455.
[2] CRETELLA JÚNIOR, José. *Direito administrativo brasileiro*. 2. ed. Rio de Janeiro: Forense, 2000. p. 517.
[3] BIELSA, Rafael. *Princípios de derecho administrativo*. 3. ed. Buenos Aires: Depalma, 1966. p. 359.

O crime de violação de sigilo funcional é definido no artigo 325 do Código Penal como: revelar fato de que tem ciência em razão do cargo e que deva permanecer em segredo, ou facilitar-lhe a revelação, e punido com detenção de seis meses a dois anos, ou multa, se o fato não constituir crime mais grave.

A manutenção do sigilo fiscal é um valor que é resguardado pelas mais diversas legislações, não só pelo seu valor próprio de preservação do segredo profissional, como pelo seu aspecto técnico de incentivo ao contribuinte para revelar a sua riqueza, como foi exposto pelo professor alemão Heinrich Wilhelm Kruse:

> O contribuinte está tanto mais disposto a manifestar suas circunstâncias quanto mais garantia tenha de que as autoridades financeiras utilizam todas as circunstâncias por elas conhecidas somente para fins tributários. Este motivo psicológico tem uma importância jurídica real. Dado que ninguém está obrigado a expor a si mesmo ao perigo ou risco de uma investigação criminal, a obrigação jurídico-impositiva de cooperação e informação do devedor impositivo termina ali onde cessa a proteção mediante o segredo impositivo. Deste modo o segredo impositivo promove a arrecadação dos tributos. Sem embargo, a proteção do segredo impositivo no interesse público não chega mais longe que a proteção do segredo impositivo no interesse do devedor impositivo.[4]

A opinião do professor germânico está calçada no direito positivo de seu país, já que a Ordenação Tributária de 1977, em seu parágrafo 30, item 2, protege com bastante extensão o segredo ou sigilo fiscal.

A revelação é permitida, entretanto, item 4, quando as informações econômicas servirem para outro procedimento tributário ou penal tributário ou subsiste um interesse público cogente, quando a informação deve ser objeto de um processo penal por um crime ou grave delito doloso contra a integridade física de uma pessoa, ou contra o Estado e suas instituições e que possam abalar a ordem econômica.[5]

O Professor Tipke comenta que as quebras de sigilo fiscal mediante autorizações diminuem a propensão à declaração tributária, tendo em vista que o sigilo foi, de fato, introduzido originariamente por razões fiscais para que o contribuinte cumprisse seus amplos deveres de cooperação.[6]

Na França, o segredo profissional exigido pelo Código Penal é extensivo, também, às autoridades fiscais, sendo permitida, entretanto, a troca de informações entre diversos órgãos administrativos, além dos fiscais, especialmente aqueles que aplicam a legislação e a seguridade social.[7]

Na Espanha se distingue sigilo do segredo profissional: "facilitar informação acerca de assuntos internos que não se refiram aos particulares, empresas ou organismos objetos de inspeção, constitui falta grave e atenta contra o sigilo profissional. Já comunicar dados relativos aos particulares, empresas e organismos objetos de

---

[4] *Derecho tributário*: parte general. Madrid: Editorial de Derecho Financiero, 1978. p. 348.
[5] BIRK, Dieter. *Diritto tributario*. Tradução de Enrico de Mita. Tedesco, Milano: Giuffrè, 2006. p. 132.
[6] TIPKE, Klaus; LANG, Joachim. *Direito tributário*. Tradução de Luiz Dória Furquim. Porto Alegre: Sergio Antonio Fabris, 2008. p. 266, 268.
[7] GEST, Guy; TIXIER, Gilbert. *Manuel de droit fiscal*. Paris: Librairie Générale de Droit et de Jurisprudence, 1986. p. 243.

inspeção, conhecidos por razão do cargo, atenta contra o segredo profissional e é falta muito grave, sem prejuízo das responsabilidades penais".[8]

Também Perez Royo enfatiza o dever do sigilo e estrito segredo a respeito dos assuntos que as autoridades fazendárias conheçam por razão do seu cargo.[9]

O direito à confidencialidade fiscal não é estranho no direito de Portugal, onde os agentes da Administração Tributária estão obrigados a guardar sigilo sobre a situação tributária dos contribuintes, conforme leciona José Casalta Nabais.[10]

Na Argentina, o professor Giuliani Fonrouge, em 1942, elaborou um anteprojeto de Código Fiscal em que no artigo 51 especificava o caráter reservado das informações apresentadas às autoridades fiscais. Entretanto, seriam *absolutamente secretas* as informações relativas ao imposto de renda, até mesmo nos processos judiciais, salvo nos processos criminais por delitos comuns diretamente relacionados aos fatos investigados.[11]

Este mesmo autor, em livro didático, informou que uma lei de 1968 determinava que as multas por defraudação devessem ser dadas à publicação periodicamente com especificação do nome, domicílio e atividade de cada infrator e do caráter da sanção imposta.[12]

Como visto, o sigilo da atividade da autoridade administrativa e fiscal é uma particularização do segredo profissional, cuja violação é criminalizada em praticamente todos os países democráticos, sendo normal, consequentemente, a sua inclusão em projetos de Código Tributário, como o foi no artigo 131 do anteprojeto de Código Tributário para a América Latina, encomendado pelo "Programa Conjunto de Tributação da Organização dos Estados Americanos (OEA) e Banco Interamericano de Desenvolvimento (BID) para os professores Rubens Gomes de Sousa, Giuliani Fonrouge e Ramon Valdez Costa".[13]

No Código Tributário Nacional está regulado no artigo 198, cuja redação original era a seguinte:

> Sem prejuízo do disposto na legislação criminal, é vedada a divulgação, para qualquer fim, por parte da Fazenda Pública ou de seus *funcionários*, de qualquer informação, obtida em razão do ofício, sobre a situação econômica ou financeira dos sujeitos passivos ou de terceiros e sobre a natureza e o estado dos seus negócios ou atividades.

A Lei Complementar nº 104/2001 trocou a palavra funcionários por servidores, além de haver autorizado, em parágrafos, o fornecimento de informações fiscais para autoridades judiciárias, desde que comprovada a abertura de processo administrativo e para outros órgãos da Administração Pública.

---

[8] MANTERO SÁENS, Alfonso. Cuerpos y estructura orgánica de la inspección de los tributos, el secreto profesional, deontologia profesional. In: *Compendio de Derecho Tributario Español*. Madrid: Ministerio de Hacienda, 1979. p. 339.

[9] *Derecho financiero y tributario*. Madrid: Civitas, 1998. p. 271.

[10] *Direito fiscal*. Coimbra: Almedina, 2002. p. 278.

[11] *Anteproyecto de Código Fiscal*. Buenos Aires: Sección Publicaciones Del Seminario de Ciencias Jurídicas y Sociales, 1942. p. 434.

[12] *Derecho financiero*. Buenos Aires: Depalma, 1970. v. II, p. 700.

[13] *Reforma tributária para América Latina*: modelo de Código Tributário. Washington: OEA/BID, 1967. p. 95.

De outro lado, foi autorizada a ampla publicação das informações relativas a representações fiscais para fins penais (como na Argentina), bem como as inscrições na Dívida Ativa da Fazenda Pública e os parcelamentos ou moratórias.

A mencionada lei complementar acrescentou um parágrafo ao artigo 199 para autorizar a permuta de informações fiscais através de tratados, acordos ou convênios, sem alterar a sua redação: "A Fazenda Pública da União e as dos Estados e dos Municípios prestar-se-ão mutuamente assistência para a fiscalização dos tributos respectivos e permuta de informações, na forma estabelecida, em caráter geral ou específico, por lei ou convênio".

Já tive a oportunidade de comentar o artigo 198 nos seguintes termos:

> Possuindo a autoridade fiscal o poder de investigar o patrimônio, os rendimentos e as atividades econômicas do contribuinte para efeito de exigir o correto pagamento do imposto, deverá resguardar, consequentemente, as informações obtidas de qualquer publicidade, tendo em vista que os procedimentos administrativos fiscais não são afetados pelo princípio da publicidade que somente atinge matéria de interesse coletivo ou geral, nos termos do inciso XXXIII do artigo 5º da Constituição de 1988.[14]

Já o inciso XXXIII do artigo 5º da Constituição em vigor, especifica que "todos têm direito a receber dos órgãos públicos informações de seu interesse particular, ou de interesse coletivo ou geral, que serão prestadas no prazo da lei, sob pena de responsabilidade, ressalvadas aquelas cujo sigilo seja imprescindível à segurança da sociedade e do Estado".

Entende-se, assim, que todos têm direito de obter dos órgãos governamentais informações de interesse geral ou coletivo, enquanto somente as próprias pessoas poderão obter as informações de seu interesse particular, que não poderão ser objeto de publicidade, em obediência aos incisos do artigo 5º que preservam a intimidade e privacidade das pessoas.

Não há a menor dúvida, portanto, de que os dados constantes de um procedimento administrativo fiscal, relativos a uma cobrança individual de tributo, não podem ser objeto de publicidade, nem de fornecimento de informação a qualquer outra pessoa, salvo requisição judicial no interesse da justiça.

No comentário ao artigo 198 do Código Tributário Nacional esclareci, também, o seguinte:

> Até mesmo as sessões das Câmaras do 1º Conselho de Contribuintes não são realizadas na presença de pessoas não diretamente vinculadas ao processo que está sendo examinado, falhando o sigilo fiscal, entretanto, quando da publicação da Ementa do Acórdão, onde consta o nome do contribuinte, que deveria ser mantido em sigilo, principalmente, se for considerado que a publicação da Ementa do Acórdão não afeta em nada o respectivo procedimento administrativo, já que todas as notificações devem ser encaminhadas, obrigatoriamente, para o domicílio tributário do sujeito passivo.[15]

---

[14] *Comentários ao Código Tributário Nacional*. Rio de Janeiro: Forense, 1997. p. 495.
[15] *Op. cit.*, p. 495.

A publicação das ementas dos acórdãos dos Conselhos de Contribuintes não tem valor jurídico algum na dinâmica do procedimento administrativo fiscal, salvo a de dar publicidade à jurisprudência dos colegiados fiscais, como já havia apontado Aliomar Baleeiro: "A difusão dos julgados administrativos dos Conselhos de Contribuintes pode ser feita com *omissão de nomes* ou de quantias, de sorte que se conheçam as teses sem divulgação dos dados concretos da situação dos contribuintes"[16] (o grifo não consta no original).

Com respeito à intimação pessoal do interessado direto no procedimento administrativo, como forma ordinária de tomar conhecimento do seu andamento, para efeito de exercício do direito de defesa, reservando-se a intimação por edital somente quando não localizada a pessoa interessada, o Supremo Tribunal Federal acompanhou, por unanimidade, o seguinte voto do Ministro Marco Aurélio:

> O maior vício que pode macular um processo, seja ele administrativo ou não, é o da ausência de conhecimento pela parte envolvida. O exercício do lídimo direito de defesa pressupõe a ciência do procedimento em curso e esta tanto quanto possível há de ocorrer observada a pessoalidade. A publicação de notícia do processo, para ciência inicial, equiparando-se à citação daqueles de natureza judiciária mediante publicação no Diário Oficial, mostra-se ficta e somente subsiste nas hipóteses em que a parte interessada está em lugar incerto e não sabido.[17]

A publicação no diário oficial das pautas dos futuros julgamentos do Conselho Administrativo de Recursos Fiscais não visa atender ao princípio da publicidade dos atos administrativos, porém, ao princípio fundamental do direito de defesa, facultando ao contribuinte o direito de participar pessoalmente do procedimento formador da decisão relativa à sua dívida tributária, inclusive com defesa oral, por si ou seu representante legal, não necessariamente por um advogado.

Com respeito ao fornecimento de informações cadastrais por requisição judicial no interesse da Justiça, o entendimento da Segunda Seção do Superior Tribunal de Justiça é no sentido de "somente em hipóteses excepcionais, quando infrutíferos os esforços diretos envidados pelo exeqüente, admite-se a requisição pelo juiz de informações a órgãos da administração pública sobre a existência e localização de bens do devedor".[18]

O sigilo fiscal que protege a vida particular do contribuinte é a contrapartida da regularidade de seus deveres tributários, pois, na medida em que deixa de cumpri-los, tornando-se inadimplente, justifica-se a publicidade deste estado econômico.

Também os negócios jurídicos devem ser firmados por pessoas que cumpram seus deveres comerciais, bancários ou fiscais, razão pela qual se justifica a quebra do sigilo fiscal, como defendeu Suzy Gomes Hoffmann:

> No que se refere à informação para terceiros, de regularidade fiscal relativa a uma pessoa física ou jurídica ou relativa a um bem, entendemos que o órgão administrativo fazen-

---

[16] *Direito tributário brasileiro*. Rio de Janeiro: Forense, 1999. p. 1002.
[17] RE nº 157.905-6. São Paulo, publicado na *Revista Dialética de Direito Tributário*, n. 61, p. 183, 186, out. 2000.
[18] Recurso Especial nº 0711805-Pa, 4ª Turma, Relator Min. Athos Carneiro, *DJU*, 05 fev. 1996.

dário tem o dever de prestar tal informação, ainda que o faça de forma simplificada, sem apresentar, no caso da pessoa ou do imóvel não estarem regulares, os valores e a origem do débito.[19]

Para dar publicidade às irregularidades fiscais, foi criado pelo Decreto Federal de nº 1.006 de 09 de dezembro de 1993 o CADIN — cadastro informativo dos créditos de órgãos e entidades federais não quitados cujo parágrafo primeiro explicita:

> O CADIN tem por finalidade tornar disponíveis à Administração Pública Federal e entidades por ela controladas informações sobre créditos não quitados para com o setor público permitindo a análise dos riscos de crédito...

Tendo em vista os questionamentos sobre a sua legalidade, o CADIN passou a ser regulado pela Medida Provisória nº 1.490/1996 e prorrogado por inúmeras em seguida, até a Lei nº 10.522, de 19 de julho de 2002.

Conclusões

1. O sigilo do funcionário ou servidor público (inclusive o fiscal) é uma vertente do sigilo profissional que atinge toda e qualquer pessoa que no exercício de sua profissão (médico, advogado, etc.) venha a receber informações íntimas ou particulares, que em nenhuma hipótese devem ser fornecidas a terceiros ou ao público.
2. O que particulariza o sigilo fiscal sem, entretanto, diferenciá-lo do segredo profissional é a pretendida garantia fornecida ao contribuinte de não espalhar informações sobre a sua fortuna, a fim de obter uma declaração tributária sem restrições.
3. O sigilo fiscal, entretanto, não pode acobertar as infrações e os delitos praticados, que, ao contrário, devem ser publicados para o conhecimento geral, regra esta, adotada no direito comparado.
4. A quebra do sigilo fiscal também é autorizada quando o contribuinte deixa de cumprir tempestivamente seus deveres legais, podendo a situação ser incluída em cadastros acessíveis ao público.

Informação bibliográfica deste texto, conforme a NBR 6023:2002 da Associação Brasileira de Normas Técnicas (ABNT):

SEIXAS FILHO, Aurélio Pitanga. A natureza do sigilo da função da autoridade administrativa e fiscal. *In*: SARAIVA FILHO, Oswaldo Othon de Pontes; GUIMARÃES, Vasco Branco (Coord.). *Sigilos bancário e fiscal*: homenagem ao Jurista José Carlos Moreira Alves. Belo Horizonte: Fórum, 2011. p. 261-267. ISBN 978-85-7700-405-8.

---

[19] *Princípio constitucional da publicidade aplicado ao processo administrativo fiscal e garantia constitucional do sigilo de dados*, no livro Processo administrativo fiscal. São Paulo: Dialética, 2000. v. 5, p. 137.

SIGILO BANCÁRIO:
CRÓNICA DE UMA MORTE ANUNCIADA[1]

J.L. Saldanha Sanches
João Taborda da Gama

Sumário: I Sigilo bancário e o direito fundamental à ocultação de rendimentos – **II** Verdade e mentira da declaração e poderes da Administração Fiscal – **III** A derrogação do sigilo bancário enquanto poder administrativo inspectivo – **IV** Privacidade, intimidade e demagogia – **V** A crise financeira e a estocada final no sigilo bancário – **VI** O sigilo bancário na recente legislação portuguesa – **a)** Evolução – **b)** Informação automática – **c)** Informação a pedido – **VII** O acesso às contas bancárias como poder-dever da Administração Fiscal e a coerência do sistema

I Sigilo bancário e o direito fundamental à ocultação de rendimentos

Os últimos dois anos foram marcados por uma tentativa séria por parte de alguns países de alteração das regras que quase absolutizam o sigilo bancário em algumas jurisdições. Esta tentativa, que está a ter alguns frutos, vem pôr a nu os problemas de facto relacionados com o sigilo: o branqueamento de capitais, a evasão

---

[1] Parte do que ora se publica tem por base excertos de anteriores escritos, adaptados para a presente publicação, dos quais destacamos: J.L. Saldanha Sanches e João Taborda da Gama, "Pressuposto Administrativo e Pressuposto Metodológico do Princípio da Solidariedade Social: a derrogação do sigilo bancário e a cláusula geral anti-abuso", *in*: Marco Aurélio Greco e Marciano Seabra de Godoi, *O Princípio da Solidariedade Social* (São Paulo: 2005), 89 ss; J.L. Saldanha Sanches, "Segredo bancário e tributação do lucro real", *Ciência e Técnica Fiscal*, n. 377 (1995); J.L. Saldanha Sanches, "A Situação Actual do Sigilo Bancário – A Singularidade do Caso Português", *in: Estudos de Direito Bancário*, (Coimbra: 1999); J.L. Saldanha Sanches, "Segredo bancário, segredo fiscal: uma perspectiva funcional", *Fiscalidade*, 21 (2005); J.L. Saldanha Sanches, "A interpretação da lei fiscal e o abuso de direito – anotação ao AcSTA de 21/06/95, proc. n.º 14275", *Fisco*, n. 74-75 (1996); J. Taborda da Gama, "Coito fiscal interrompido", *Jornal "Diário Económico"*, 22.12.04 (2004). Os textos de J.L. Saldanha Sanches estão disponíveis em pdf em: <www.saldanhasanches.pt>. e os autores podem ser contactados em <jlsaldanhasanches@gmail.com> ou <joaotgama@gmail.com>.

fiscal, o crime e o terrorismo, e a fuga às regras de solvabilidade financeira. Ao mesmo tempo, ajuda-nos a perceber melhor a relação que, nos estados de Direito, se deve estabelecer entre o sigilo bancário e os direitos fundamentais. Neste artigo, revisitaremos estes problemas, tendo em conta os recentes desenvolvimentos internacionais e dando nota da situação actual do regime português, que já diversas vezes criticámos e que sofreu recentemente alterações significativas.

A ofensiva internacional contra um segredo bancário oponível à Administração Fiscal veio salientar a irracionalidade do segredo bancário que levava a que os países que o pratica(va)m, como a Suíça e as pequenas ilhas periféricas, se tornassem locais de acolhimento para as sociedades e capitais do resto do mundo. As estruturas societárias nesses países funciona(va)m como meras *caixas de correio*, constituídas por razões fiscais ou outras (mas nunca com fins produtivos). A justificação de tais práticas (na perspectiva do Estado de acolhimento dos capitais) não passava por qualquer direito constitucional dos utilizadores, constituindo antes uma pura forma de concorrência fiscal: atrair capitais à procura de abrigo contra a tributação ou acção penal — ou mesmo por razões de natureza civil, como a falência ou o divórcio.

O sigilo bancário, teoricamente justificado pela defesa da intimidade, foi historicamente construído como um direito fundamental do sujeito passivo à ocultação de rendimentos que deveriam figurar na sua declaração de rendimentos, o que cria um obstáculo quase intransponível aos sistemas fiscais, que assim fazem uma "tributação às apalpadelas".[2] Constitui um simples e injustificável anacronismo de quem não aceita que a tributação do rendimento por meio dos deveres de cooperação do sujeito passivo implica a criação de um regime de verificação da declaração, sem o qual o regime da declaração sofre de uma insanável debilidade.[3] Também na tributação do consumo, o acesso às contas bancárias permite a verificação última das transmissões de bens e prestações sujeitas a imposto e o controlo das fraudes.

Não há boas razões para defender o sigilo bancário: o sigilo é um buraco negro no sistema de tributação, que é a base da justiça, um instrumento assistemático no desenvolvimento e no progresso das nações.[4] Se é nefasto quando praticado por ilhas longínquas, é autofágico quando praticado pelos próprios países que cobram impostos e permitem que os rendimentos que visam cobrar se escondam dos olhos do próprio Estado, a coberto de leis do próprio Estado...

---

[2] J.L. Saldanha Sanches, "A Tributação às Apalpadelas (Julho de 2000)", *in*: J.L. Saldanha Sanches, *O Natal do Sinaleiro e Outras Crónicas*, Lisboa, 2004, 31 ss.

[3] Sobre este princípio, J.L. Saldanha Sanches, *Manual de Direito Fiscal*, 3. ed. (Coimbra: 2007), 242. Justificando este princípio pelo carácter de massa do processo fiscal, R. Seer, "Der Vollzug von Steuerverfahren unter der Bedingungen einer Massenverwaltungs", *DStJG* 31 (2008): a igualdade normativa deve ter correspondência na igualdade estrutural da aplicação da lei. No mesmo sentido, K.D. Drüen, "Die Zukunft des Steuerverfahren" *in*: Schön/Beck, *Die Zukunft des deutschen Steuerrecht* (Munique: 2009), 1-29.

[4] A inexistência de sigilo bancário é um pressuposto para a concretização do princípio da solidariedade social como sustentámos em J.L. Saldanha Sanches; João Taborda da Gama, "Pressuposto Administrativo e Pressuposto Metodológico do Princípio da Solidariedade Social: a derrogação do sigilo bancário e a cláusula geral anti-abuso", *in*: Marco Aurélio Greco; Marciano Seabra de Godoi, *O Princípio da Solidariedade Social* (São Paulo: 2005), 89 ss.

II Verdade e mentira da declaração e poderes da Administração Fiscal

A liquidação e cobrança dos impostos — ou, no modelo tradicional, o *lançamento, liquidação e cobrança dos impostos* — começou por ser uma actividade que cabia primordialmente à Administração Fiscal. Era uma tarefa pública que cabia ao Fisco; ao contribuinte, caberia apenas o fornecimento dos meios para que esta actividade pudesse ser prosseguida e, no fim, pagar o imposto.

O processo de massificação que marcou a gestão fiscal na segunda metade do século XX levou,[5] como já observámos,[6] a uma série de alterações profundas nessa mesma gestão. Entre estas alterações, encontram-se o confinamento do *acto tributário* ao desempenho de funções excepcionais, normalmente na zona patológica da relação jurídica tributária, e a entrega aos particulares de actividades materiais que são essenciais à liquidação do imposto.

Os contribuintes — ou, melhor dizendo, os sujeitos passivos do imposto[7] — são, pois, sobretudo por razões de praticabilidade, investidos numa série de *deveres de cooperação*[8] que vêm substituir, em grande medida, a actividade que antes cabia à Administração Fiscal desempenhar. Os contribuintes deixaram de estar simplesmente obrigados à prestação pecuniária do imposto. Antes, estes apenas pagavam o tributo; agora, declaram os factos que estão na base dos impostos e, muitas vezes, procedem ao cálculo e ao seu pagamento, ou ao pagamento do imposto de terceiros. Nasceram, um pouco por todo o mundo, inúmeros deveres de cooperação, os quais assumem uma enorme importância na relação tributária, aparecendo em conexão com a obrigação principal[9] — e mesmo independentemente dela, em certos casos.[10]

Em Portugal, a reforma fiscal do final dos anos 80[11] teve como princípio orientador "a crescente atribuição de deveres aos contribuintes, com a Administração a refugiar-se num papel de controlo *a posteriori* do cumprimento da lei".[12] No centro destes deveres,

---

[5] Veja-se a este respeito a síntese de Roman Seer, "Der Vollzug von Steuergesetzen unter den Bedingungen einer Massenverwaltung", *in*: 32. Jahrestagung der Deutschen Steuerjuristischen Gesellschaft, Band 31, (Stuttgart: 2008), 7-36.

[6] V., por exemplo, J.L. Saldanha Sanches, *A Quantificação da Obrigação Tributária – Deveres de Cooperação, Autoavaliação e Avaliação Administrativa*, 2. ed.(Lisboa: 2000), 131 ss (disponível em pdf em: <www.saldanhasanches.pt>); J.L. Saldanha Sanches, *Manual de Direito Fiscal*, 3. ed. (Coimbra: 2007), 245 ss.

[7] Sobre esta distinção, *v*. J.L. Saldanha Sanches, *Manual de Direito Fiscal*, 3. ed. (Coimbra: 2007), 250 ss.

[8] Expressão que preferimos a "obrigações acessórias", esta última utilizada na lei portuguesa (*v*. os artigos 8.º e 31.º da Lei Geral Tributária). Sobre os deveres de cooperação na relação jurídica tributária, J.L. Saldanha Sanches, *Manual de Direito Fiscal*, 3. ed. (Coimbra: 2007), 247 ss.

[9] O artigo 31.º da Lei Geral Tributária estabelece a distinção entre obrigação principal e obrigações acessórias.

[10] Pense-se no caso do Imposto sobre o Valor Acrescentado, em que sujeito passivo e contribuinte não correspondem. O sujeito passivo tem o dever de liquidar e entregar o imposto ao Estado, mas não o paga – não está sujeito à obrigação principal do imposto, que já foi em princípio cumprida pelo consumidor ou adquirente dos bens ou serviços (contribuinte).

[11] Depois da adopção do IVA (Decreto-Lei n.º 394-B/84, de 26 de Dezembro), a reforma realizada entre 1986 e 1989 alterou quase tudo no sistema fiscal português. Envolveu, além da reforma na tributação do rendimento, com a criação do IRS (Decreto-Lei n.º 442-A/88, de 30 de Novembro) e do IRC (Decreto-Lei n.º 442-B/88, também de 30 de Novembro), a criação da Contribuição Autárquica, que vigorou de 1989 a 2003 (Decreto-Lei n.º 442-C/88, de 30 de Novembro) e a criação do EBF (Decreto-Lei n.º 215/89, de 1 de Julho).

[12] J.L. Saldanha Sanches, *A Quantificação da Obrigação Tributária – Deveres de Cooperação, Autoavaliação e Avaliação Administrativa*, 2. ed. (Lisboa: 2000), 133. Disponível em pdf em: <www.saldanhasanches.pt>.

encontramos, claro, a declaração. Como também já afirmámos, "ocupando o lugar que os sistemas moldados pela iniciativa da Administração conferiam ao acto tributário, a declaração — entendida de forma lata como um conjunto de comportamentos com efeito declarativo — vai estar no centro da relação tributária, condicionando a dívida fiscal nas situações normais ou tornando necessário um procedimento administrativo destinado a afastar os seus efeitos nas situações de litígio".[13]

Num sistema como este, a actuação da Administração Fiscal recua para a zona do *controlo fiscal*. O Fisco já não se encarrega das funções normais de *lançamento, liquidação e cobrança dos impostos*, antes, se limitando a fiscalizar o cumprimento da obrigação de pagamento e dos deveres de cooperação por parte dos contribuintes e dos sujeitos passivos. Passámos de um regime baseado no *acto tributário* para um regime sustentado nos *deveres de cooperação* dos particulares.

Neste sistema, a declaração tributária não é um mero acto de auxílio por parte do sujeito passivo. Na esmagadora maioria dos casos, essa declaração basta — ou pelo menos é o elemento essencial — no procedimento tributário. Assim sendo, a lei tem de lhe atribuir valor jurídico — é o que faz, no ordenamento português, o artigo 75.º da Lei Geral Tributária,[14] que estabelece no seu n.º 1 que se presumem "verdadeiras e de boa fé as declarações dos contribuintes apresentadas nos termos previstos na lei (…)".[15]

Esta presunção — necessária ao funcionamento normal do sistema — é, claro, uma presunção ilidível. Assim, a declaração do sujeito passivo cederá sempre que os elementos apurados dentro dos limites da lei pela Administração Fiscal permitam ilidir a presunção de veracidade. A actividade do Fisco passou a consistir *essencialmente* neste controlo final: em verificar a veracidade das declarações (e em fiscalizar a sua existência).

Ora se é nesta tarefa em que o Fisco se concentra nos nossos dias, a determinação dos meios de controlo que a Administração Fiscal pode utilizar é um aspecto essencial. Estabelecer um regime de liquidação e cobrança baseado na declaração e não oferecer ao Fisco os meios necessários para o seu controlo equivale a estabelecer uma presunção absoluta de veracidade dessa declaração — ou, por outras palavras, a perguntar ao contribuinte se quer pagar e quanto quer pagar...

III A derrogação do sigilo bancário enquanto poder administrativo inspectivo

É neste contexto que a delimitação dos poderes da Administração Fiscal perante as instituições financeiras, quanto à recolha de informação relevante para determinar

---

[13] J.L. Saldanha Sanches, *A Quantificação da Obrigação Tributária – Deveres de Cooperação, Autoavaliação e Avaliação Administrativa*, 2. ed. (Lisboa: 2000), 249.

[14] Decreto-Lei n.º 398/98, de 17 de Dezembro.

[15] Em Portugal, a confiança que a lei deposita na declaração é tão forte que considera o prazo de caducidade de apenas três anos (e não quatro) quando a Administração Fiscal pode conseguir identificar o erro pela análise da declaração (artigo 45.º, n.º 2 da Lei Geral Tributária). Temos defendido um conceito *amplo* de declaração fiscal que abrange não só as declarações periódicas de rendimentos de síntese, como também todos os actos com causa e relevância fiscal (enviados ou não para a Administração Fiscal) e ainda os documentos de informação financeira e os documentos de suporte, v. J.L. Saldanha Sanches, *A Quantificação da Obrigação Tributária: Deveres de Cooperação, Auto-Avaliação e Avaliação Administrativa*, 2. ed., Lisboa: Lex, 2000, 251 ss e 265 ss.

o grau de cumprimento dos deveres fiscais e a veracidade das declarações tributárias, passa a constituir um dos pontos mais interessantes de diferenciação dos diversos ordenamentos jurídico-tributários.

Para que o pagamento de impostos baseado na declaração do contribuinte não seja um sistema voluntário (e, portanto, arbitrário e inconstitucional), a Administração Fiscal tem de ter o poder de, em cada momento, saber as quantias monetárias recebidas por uma empresa ou por uma pessoa singular (por exemplo, quantos milhares foram depositados nas suas contas ou quantas vendas foram feitas). Comparando a declaração de rendimentos com as entradas nas contas bancárias, ter-se-á uma excelente base de partida para aferir da verdade da declaração do contribuinte (se declarou ter recebido cem mil de uma venda de um imóvel mas a sua conta bancária revela que recebeu em data próxima da venda cento e vinte mil do comprador do imóvel, caberá ao contribuinte afastar a presunção de bom senso de que recebeu cento e vinte mil pelo imóvel).

Vejamos melhor.

Para que os depósitos bancários sejam expeditamente comparados com a declaração do contribuinte, o procedimento de derrogação do sigilo bancário deve ser um procedimento *administrativo*, ou seja, não deve ser um procedimento *judicial*. Independentemente da possibilidade de recurso para entidades judiciais — como em todos os demais campos da relação entre a Administração Fiscal e o sujeito passivo —, o procedimento deve ter *iniciativa administrativa* e a Administração deve ser dotada de todos os poderes para, sem a vinculação a qualquer acto prévio de outras entidades, poder levar o procedimento até o fim.

A derrogação do sigilo bancário é, assim, um poder administrativo inspectivo e procedimental: ao legislador de qualquer ordenamento jurídico cabe regulamentar os meios através dos quais as administrações fiscais possam comprovar de forma expedita se os rendimentos que o contribuinte declarou correspondem aos que ingressaram nas suas contas bancárias. Isto, sempre rodeado de cautelas mínimas, que não devem, no entanto, ser diferentes daquelas que rodeiam os demais actos administrativos próprios da administração agressiva.

Tal deve ser realizado de forma expedita — não em nome de um qualquer interesse ou poder do Estado que se justificaria a si próprio, mas em nome dos próprios contribuintes que vão suportar as despesas públicas em geral (potenciadoras de justiça e igualdade) e, em concreto, as próprias despesas da fiscalização. De facto, os contribuintes cumpridores têm o *direito* de exigir uma Administração eficiente, porque são eles que suportam toda a despesa do Estado. Isso implica a existência de um *dever* do legislador. Este deve, sem restrição inaceitável dos direitos fundamentais de qualquer cidadão, mesmo dos que fogem aos impostos, encontrar as formas mais eficientes e mais baratas de controlar a aplicação da lei, o que, numa sociedade moderna, implica o controlo administrativo da informação bancária sem qualquer espécie de requisitos, autorizações ou trâmites que a tornem ineficiente.

IV Privacidade, intimidade e demagogia

Um dos argumentos mais utilizados contra o acesso da Administração Tributária às contas bancárias do contribuinte é o de que estaria em causa a intimidade dos contribuintes, valor absoluto e irrestringível. São argumentos demagógicos, alicerçados numa concepção de intimidade e privacidade discutível.

Procurando traçar uma distinção entre o direito à *reserva da vida privada* e a *intimidade da vida privada*, Paulo da Mota Pinto, antigo juiz do Tribunal Constitucional português, conclui que esta última constitui o "domínio mais particular esse que seria o que normalmente se exclui de todo o conhecimento alheio".[16]

Trata-se, no fundo, de encontrar dentro da zona relativamente alargada da *vida privada*, considerada como aquela que deve ser objecto de reserva e que pode ser limitada por um interesse legítimo — mas apenas por um interesse legítimo[17] —, uma outra zona que constitui um último reduto, precisamente aquele cuja violação, em princípio permitida apenas em caso de investigação criminal, constitui um sério dano pessoal para quem suporta a investigação.

Pode identificar-se o paradigmático *right to privacy* da jurisprudência constitucional norte-americana com um direito cujo conteúdo essencial permite a sua equiparação à "intimidade da vida privada e familiar" da ordem jurídica portuguesa.[18]

Há um direito constitucional à intimidade, do modo como este direito tem sido construído pela jurisprudência constitucional norte-americana, porque "os indivíduos têm o direito de tomar as suas decisões sobre questões que lhes são para eles pessoais e íntimas, livres da vigilância e dos imperativos morais dos restantes cidadãos".[19]

Podemos, nesse sentido, encontrar uma equiparação entre *privacy* e *intimidade*, equiparação tanto mais certeira quanto as questões da *privacy*, na jurisprudência do *Supreme Court*, dizem sempre respeito a questões claramente íntimas, no sentido de questões conexas com as escolhas e vivências mais impregnadas de subjectividade de um qualquer cidadão.[20]

Para a distinção entre a intensidade da protecção da intimidade, entendida esta como incluindo as manifestações mais profundas (e, por isso, com mais necessidade de resguardo e ocultação) da subjectividade de cada cidadão (as zonas onde a protecção, continuando a existir, é menos intensa), cabe um papel decisivo à interpretação do texto constitucional.[21]

---

[16] P. Mota Pinto, "O direito à reserva sobre a intimidade da vida privada", *BFDUC*, 69 (1993), 531.

[17] P. Mota Pinto, "O direito à reserva sobre a intimidade da vida privada", *BFDUC*, 69 (1993), 565, interesse que é *"as mais das vezes um interesse público"*.

[18] Como faz R. Amaral Cabral, "O direito a intimidade da vida privada (breve reflexão acerca do ART.80. do Código Civil)", in: *Estudos em Memória do Professor Doutor Paulo Cunha*, (Lisboa: 1989), 381.

[19] R. Dworkin, *Freedom's Law: the moral reading of the American constitution* (Nova Iorque: 1996), 282. Esta ideia de um direito à intimidade pode ser já encontrada no discurso de Péricles, aquando das homenagens fúnebres prestadas aos atenienses mortos em combate, quando inclui, entre as liberdades de Atenas, a de estar livre de olhares que, mesmo sem intenção maldosa, sejam em si mesmo ofensivos. Tucídides, *A Guerra do Peloponeso*, na edição de R. B. Strassler, *The Landmark Thucydides: A Comprehensive Guide to the Peloponnesian War* (Nova Iorque: 1996), 112.

[20] A lista dos casos de *privacy* é a melhor demonstração da natureza destes problemas; neles se trata dos poderes de busca da polícia, dos limites à invasão da imprensa, dos poderes de fiscalização das entidades patronais, do uso de contraceptivos e da realização de abortos. Ver a seriação em E. Alderman; C. Kennedy, *The Right to Privacy* (Nova Iorque: 1997), ou os exemplos usados por J. Rubenfeld, "The right to privacy", Harvard Law Review, 102 (1989), 737-807, para vermos que se trata de tudo menos de questões patrimoniais. Em especial sobre a fundamentação em relação ao aborto, veja-se J. Nowak; R. Rotunda, *Constitutional Law* (St. Paul Minesotta: 1995), 811 es e também F. Araújo, *A procriação assistida e o problema da santidade da vida* (Coimbra: 1999), 9-18, com uma posição crítica quer da criminalização, quer de um direito individual da mulher ao aborto.

[21] J.J. Gomes Canotilho; V. Moreira, *Constituição da República Portuguesa Anotada*, I (Coimbra: 2007), 468, propõem um conceito de vida privada em oposição entre a distinção entre a esfera pessoal íntima e a esfera privada,

Tal decisão constitucional pode ter resultados opostos.

Em Portugal, por exemplo, o Tribunal Constitucional entendeu que os dois conceitos — de *intimidade* e de *privacidade* — tinham dignidade idêntica;[22] ao contrário, o Tribunal Constitucional espanhol, quando teve de julgar a constitucionalidade de uma norma que concedia poderes de controlo à Administração Fiscal em relação à situação bancária dos contribuintes, realizou uma distinção entre intimidade pessoal e familiar e "intimidade económica", em relação à qual a protecção constitucional é menos intensa.[23] Procurou ainda fazer uma distinção entre a violação da intimidade como consequência de uma análise das contas bancárias — colocando a hipótese de uma recusa de cooperação por parte do contribuinte se tal eventualidade se verificar — e a violação directa da intimidade, a qual não pode resultar de uma mera análise de movimentos bancários.[24]

O mesmo fez o Tribunal Constitucional italiano que, ao analisar as normas que criaram o dever de cooperação da banca com a Administração Fiscal, afirmou que o dever de reserva que cabe aos bancos não cria no "singoli clienti delle banche una posizione giuridica soggettiva costituzionalmente protetta, né, men che meno, un diritto della personalità poichè la sfera di riservatezza contribuente la quale vengono, di solito, circondati i conti o operazioni degli utenti dei servizi bancari è direttamente strumentale all'óggettivo della sicurezza o del buon andamento del traffico commerciale".[25]

A defesa do argumento de que o acesso a contas bancárias vai bulir com a intimidade dos cidadãos assenta — fora os casos em que é defendido por pura hipocrisia — numa perspectiva das coisas, no mínimo, ultrapassada. Qualquer que seja a perspectiva, deve ter em conta o caso concreto e o momento em que se vive. Não podemos continuar hoje a ter uma concepção de intimidade como de total reserva da pessoa perante os outros.[26]

Foi a ponderação de concretas circunstâncias que justificou a decisão do Tribunal Constitucional espanhol, que, aceitando o dever de cooperação da banca com a Administração Fiscal, conduziu à formulação existente no n.º 3 do artigo 111.º da *Ley Generale Tributaria*: "el incumplimiento de las obligaciones estabelecidas en este artículo (deveres gerais de cooperação com a Administração Fiscal) no podrá amparar-se en el secreto bancario".

Fazendo uma comparação entre o segredo bancário e um outro segredo profissional — o segredo médico —, Claus-Wilhelm Canaris salienta que, ao contrário da intromissão estatal no segredo do médico, a intromissão estatal no segredo bancário

---

e um conceito com uma "referência civilizacional sob três aspectos (1) o respeito dos comportamentos (2) o respeito do anonimato (3) o respeito da vida em relação", o que conduz a resultados equivalentes.

[22] AcTC n.º 278/95.

[23] M. Queralt; L. Serrano; P. Blanco, *Derecho Tributario* (Pamplona: 1997), 156-157.

[24] A decisão do tribunal e o respectivo comentário pode ser encontrado em J. R. Ruiz García, *Secreto Bancario y Hacienda Pública* (Madrid: 1988), 58-69.

[25] Fava, "Il segreto bancario. Quale segreto?", *Il Fisco*, 33 (1997), 9594.

[26] Como afirma Casalta Nabais, "manda o bom senso que não podemos querer simultaneamente os *commoda* da sociedade de informação, que por toda a parte escancara portas, e os *commoda* de amplos domínios reservados ou sigilosos", J. Casalta Nabais, "Estado fiscal, cidadania fiscal e alguns dos seus problemas", *BCE*, XLV-A (2002), 611.

não põe em causa a intimidade,²⁷ se bem que podemos até encontrar situações em que o segredo médico deve ceder perante a necessidade de investigar um crime. Mas a decisão judicial de permitir esta investigação, resultante de uma ponderação de valores em que a esfera mais reservada de um cidadão é franqueada à investigação policial e ao conhecimento judicial, tem uma natureza distinta da permissão de acesso às contas conferida pela lei à Administração Fiscal, ou mesmo, como vai sucedendo com frequência em outros ramos do Direito, da possibilidade de a Administração proceder a um controlo rotineiro dessas contas bancárias mediante mecanismos informáticos que permitem chamar a atenção das autoridades (desencadeando a investigação humana) para as contas bancárias onde haja indícios de irregularidades, desde a fraude fiscal à corrupção ou à lavagem de dinheiro.

O acesso pela Administração Fiscal aos dados bancários não é, portanto, uma restrição da intimidade de cada um, nem existe muito menos um direito absoluto dos cidadãos a esconder as suas contas bancárias e rendimentos. Não pode, em caso algum, ser um direito irrestritamente oponível à Administração Tributária, uma vez que sobre esta impendem deveres de sigilo sobre os dados de que tenha conhecimento. O funcionário da Administração Fiscal deve — em termos de *dever jurídico* — guardar sigilo de dados patrimoniais de que tenha conhecimento tanto quanto (ou até mais do que) o funcionário bancário. Na verdade, com o sigilo fiscal verifica-se uma situação semelhante à do segredo bancário²⁸ — que é um tipo de segredo profissional —, cujo fundamento reside, nas palavras de Casalta Nabais, "na esfera da privacidade (e não da intimidade) da vida privada e familiar que abrange naturalmente também a situação patrimonial e a vida económica dos cidadãos".²⁹

Aliás, pela análise dos dados bancários de um contribuinte, não se depara, na maioria dos casos, com indícios da sua *intimidade*. E, mesmo que assim fosse, teríamos sempre de admitir que, através da metodologia da colisão de direitos, se pudesse operar uma restrição do direito à intimidade.³⁰

Por outro lado, não faz sequer sentido colocar-se a questão da intimidade em relação às *pessoas colectivas*, que a não têm. Aqui, o problema é de violação ou não de *segredos comerciais e industriais* que mereçam tutela — mas a sua lesão não decorrerá do acesso às contas bancárias por parte da Administração, ou pelo menos não resultará mais desse poder do que do normal acesso à contabilidade de uma empresa quer em sede de declaração tributária, quer em sede de prestação de contas (que já ninguém questiona).

Com efeito, a violação indirecta da intimidade — sempre possível quando se detectam gastos ou movimentos financeiros — tem a sua origem efectiva não na atribuição de um poder à Administração Fiscal de investigar as contas, mas sim numa outra opção soberana do legislador: o dever de declaração de rendimento atribuído a todos os residentes de um certo país.

---

²⁷ C.-W. Canaris, *Bankvertragsrecht*, 3. ed. (Berlim: 1988), 26.

²⁸ Sobre estes dois conceitos, *v.* o nosso, J.L. Saldanha Sanches, "Segredo bancário, segredo fiscal: uma perspectiva funcional", Fiscalidade, 21 (2005), 5. Disponível em pdf em: <www.saldanhasanches.pt>.

²⁹ J. Casalta Nabais, *O Dever Fundamental de Pagar Impostos* (Coimbra: 1998), 617.

³⁰ Neste sentido, R. Capelo de Sousa, "O Segredo Bancário", *in*: *Estudos em Homenagem ao Professor Inocêncio Galvão Telles*, vol. II (Coimbra: 2002), 204 ss e 218.

O controlo das contas bancárias ou dos sinais exteriores de riqueza constitui uma mera actividade de verificação das declarações tributárias e, por isso, uma crítica coerente do acesso administrativo às contas bancárias deveria abranger a tributação do rendimento com base na declaração, ou, mais exactamente, a tributação do rendimento e, por acréscimo, a criação de direitos sociais que impliquem o conhecimento pelo Estado do rendimento do cidadão. Uma vez que a determinação do rendimento pessoal é a única forma de saber se alguém tem direito a uma pensão de reforma, ou ao *quantum* de uma prestação estadual por doença, por exemplo, todos os instrumentos do Estado assistencialista seriam, por assentarem no conhecimento do rendimento de cada um, inconstitucionais. Levado às últimas consequências, o raciocínio que leva a afastar qualquer acesso administrativo às contas dos cidadãos pode levar à preclusão do exercício dos mais elementares direitos de solidariedade.

Na Alemanha, por exemplo, a questão do sigilo bancário foi colocada a propósito de saber se seria conforme com a Constituição uma norma que limitava os poderes da Administração Fiscal de controlo da informação bancária, ou seja, a questão foi colocada a partir do problema da tributação do próprio sector bancário.

A questão colocou-se em 1988 em matéria de tributação dos juros de empréstimos a propósito de uma norma que limitava o acesso da Administração à informação bancária. O Tribunal Constitucional alemão considerou que essa norma constituía um obstáculo estrutural ao cumprimento da lei fiscal, pois punha em causa o princípio da igualdade entre os contribuintes. Neste caso, o Tribunal Constitucional procedeu a uma comparação entre a situação dos titulares de rendimentos do trabalho — em que as empresas comunicam à Administração todos os pagamentos que fazem àqueles, juntamente com elementos respeitantes à sua situação familiar — e a dos depositantes bancários, protegidos pelo segredo bancário e podendo, por isso, deslocar livremente os seus depósitos para o estrangeiro.[31] Por esta razão, declarou a inconstitucionalidade da referida norma, fazendo notar que a tributação de acordo com a declaração deveria ser acompanhada da *verificação* dessa mesma declaração.

O Tribunal reconheceu assim, na sua decisão, a necessária conexão existente entre a declaração e o controlo da conta bancária: se existe para o sujeito passivo uma obrigação de declarar a totalidade dos seus rendimentos (princípio da sujeição ilimitada ou *world wide taxation*), a verificação da conta bancária serve apenas para verificar a veracidade dessa declaração, pois os dados contidos na conta bancária só poderão acrescentar alguma coisa aos elementos já comunicados à Administração quando se tiverem verificado *violações* do dever de declarar. Ou seja, o controlo da conta bancária é uma mera consequência do princípio da tributação segundo a declaração do contribuinte.

Com efeito, como recordámos acima, as alterações ocorridas nas últimas décadas nos sistemas fiscais modernos passaram sobretudo pelo alargamento da base tributável e pela inevitável e consequente devolução ao contribuinte de inúmeros deveres na

---

[31] R. Seer, "§22: Steuerverfahrensrecht", in: *Steuerrecht Tipke/Lang*, 16. ed. (Colónia: 1998), 839. Sobre as relações do ordenamento alemão com o ordenamento europeu, em matéria de tributação de juros, v. A. Ehrhardt-Rauch; S. G. Rauch; "Ist der Schutz von Bankkunden nach §30a AO auch künftig noch haltbar? – Neue Wege bei der europäischen Zinsbesteuerung", *DStR*, 3 (2002), 59 ss.

quantificação da obrigação tributária.[32] Este facto resultou, *grosso modo*, num papel lógica e cronologicamente secundarizado da Administração Tributária, que passou a intervir, com amplos poderes, sobretudo numa fase de fiscalização, que tem como objecto a aferição do cumprimento dos deveres atribuídos por lei aos contribuintes. A percepção das receitas tributárias fundamentais à continuidade do Estado de Direito passa pelo justo equilíbrio dos deveres privados e dos poderes públicos.

A tributação com base na declaração do contribuinte é um pressuposto administrativo do Estado Social postulado não apenas por razões de praticabilidade e eficiência,[33] mas por ser necessário ao mandato constitucional de tributação das empresas pelo seu lucro real e das pessoas singulares de uma forma que tenha em conta as *necessidades* e os *rendimentos* dos agregados familiares.[34] O princípio da declaração está a serviço da igualdade de cidadãos e empresas entre si. Simetricamente, o sigilo bancário é uma arma arbitrária a serviço de desigualdade entre cidadãos e contra a sã concorrência entre as empresas.

A proclamação constitucional do direito subjectivo do contribuinte a ser tributado de acordo com o seu lucro real[35] no ordenamento jurídico-tributário português consta do artigo 104.º, n.º 2 da CRP: "a tributação das empresas incide fundamentalmente sobre o seu rendimento real". Porém, dada a correspondência que necessariamente existe entre o princípio da tributação segundo a capacidade contributiva e o princípio da tributação pelo lucro real, poderia já retirar-se a necessidade de tributar segundo o lucro real do princípio constitucional da igualdade.[36] Por esta razão, a tributação segundo o lucro real, ou segundo a contabilidade, constitui uma prática fiscal comum nos países desenvolvidos, sendo a única forma de distribuir com equidade os encargos tributários entre as várias empresas e de utilizar o lucro como medida e condição da tributação das empresas.

A ênfase que a Constituição Portuguesa dá a esta regra só pode explicar-se se levarmos em conta a preocupação que dominava o legislador constituinte com a dificuldade de introduzir em Portugal práticas administrativas correntes nos países que tradicionalmente constituíam o nosso modelo e que há muito tinham enveredado pela tributação do rendimento; a opção constitucional de tributar de acordo com o lucro real procurava, assim, tornar o sistema simultaneamente mais justo e proporcionar ao sujeito passivo a obtenção do controlo judicial pleno das decisões administrativas, o que veio a suceder depois da reforma da tributação do rendimento dos anos 80, que referimos acima.

---

[32] J.L. Saldanha Sanches, *A Quantificação da Obrigação Tributária – Deveres de Cooperação, Autoavaliação e Avaliação Administrativa* (Lisboa: 1995), 380 ss. Disponível em pdf em: <www.saldanhasanches.pt>.

[33] Naturalmente que não seria hoje possível a Administração Tributária fixar a matéria colectável de todos os contribuintes, pois despenderia mais recursos a fazê-lo do que, porventura, aqueles que auferiria. Uma solução legislativa que consagrasse tal sistema violaria, entre outros, o princípio constitucional da *eficiência* (sobre este, sobretudo na perspectiva de uma imposição à administração, v. João Taborda da Gama, *Promessas Administrativas – Da decisão de autovinculação ao acto devido* (Coimbra: 2008), 133 ss e 141 ss, e J. Taborda da Gama, "Contrato de Transacção no Direito Administrativo e Fiscal", in: *Estudos em Homenagem ao Professor Inocêncio Galvão Telles*, vol. V (Coimbra: 2003), 650 ss.

[34] A. Salgado de Matos, *Código do IRS – anotado* (Lisboa: 1999), 372 ss.

[35] Sobre o importante tema da tributação pelo lucro real das empresas, em Portugal, essencialmente, J.L. Saldanha Sanches, *Manual de Direito Fiscal*, 3. ed. (Coimbra: 2007), 230 ss.

[36] Sobre a relação entre igualdade e capacidade contributiva, M. Seabra de Godoi, *Justiça, Igualdade e Direito Tributário* (São Paulo: 1999), 183 ss.

Isto conduz-nos às regras de determinação do valor ou da quantificação do imposto,[37] uma zona onde uma obrigação de resultado — a distribuição justa dos encargos tributários — incide sobre o legislador ordinário.[38] Essa específica concretização do princípio da igualdade vai exigir uma tributação segundo o rendimento líquido objectivo para as pessoas empresariais (colectivas, mas também singulares), que por sua vez se vai decompor num conjunto de sub-princípios, como, por exemplo, o da *especialização dos exercícios*, com as suas regras quanto à atribuição temporal de ganhos e perdas; o da *realização*, com a limitação da contabilização dos ganhos e respectiva tributação no momento em que se verifica a realização; ou ainda o regime legal das amortizações e provisões.[39]

Quanto às pessoas singulares não empresariais, estas são obrigadas a declarar os seus rendimentos e a justificar as despesas que queiram ver abatidas ao seu rendimento, revelando, por exemplo, facturas médicas, recibos de restaurantes, despesas com os descendentes, etc. Só deste modo se consegue que a carga tributária que incida sobre dois indivíduos que aufiram o mesmo rendimento — integrados ou não em agregados — seja personalizada.

Mas que tem isto a ver com a questão do sigilo bancário?

Tudo. Na medida em que um qualquer rendimento se possa acoitar num banco, sem possibilidade de descoberta por parte da Administração Tributária, o objectivo constitucional de solidariedade pela e através da tributação não é alcançado. Isto, não apenas no caso das pessoas singulares mas também das sociedades: o sócio que pode desviar as receitas da sociedade para a sua conta pessoal (com ou sem acordo dos demais sócios) sem recear o controlo da mesma tem, no sigilo bancário, o seu melhor instrumento de protecção. Os empresários ricos que controlam empresas pobres são o melhor sintoma desta distorção de funcionamento da economia de mercado.

A Administração Fiscal nunca poderá saber se há total verdade por parte do contribuinte no acto declaratório e apenas poderá fiscalizar com mais intensidade os contribuintes que tenham rendimentos fixos, pagos por entidades que têm interesse em declará-los como custos — é o caso dos trabalhadores por conta de outrem e dos pensionistas e o reforço da tributação do consumo (com os problemas de regressividade que comporta). A impossibilidade de acesso, ou de acesso expedito, com a possibilidade de correcção de uma declaração incompleta, tem como resultado o agravamento da carga destes contribuintes, como contrapartida da baixa colecta originada por transacções cujos rendimentos podem mais facilmente não ser declarados e sigilosamente guardados num banco:[40] uma venda não documentada de um

---

[37] Sobre a quantificação dos impostos, por todos, J.L. Saldanha Sanches, *A Quantificação da Obrigação Tributária – Deveres de Cooperação, Autoavaliação e Avaliação Administrativa* (Lisboa: 1995), *passim*. Disponível em: <www.saldanhasanches.pt>.

[38] M. Jachmann, "Besteurung von Unternehmen als Gleichheitproblem", *DStJG*, 23 (2000), 9-64.

[39] Para um estudo desta projecção dos princípios constitucionais nas regras do balanço, v. J. Schulze-Osterloh, "Verfassungsrechtliche Grenzen der bilanzsteuerrechlichen Gesetzgebung – Nettoprinzip. Massgeblichkeitgrundsatz, Rückstellung, Gewinnrealisierung", *DStJG*, 23 (2000), 67-85.

[40] Que são verdadeiros *escudos* fiscais, na expressão, por exemplo, de P. Hilpold, "Die Rückführung von Fluchtgeld nach Italien – Steuerrechtliche, verfassungsrechtliche und europarechtliche Überlegungen", IStR, 15 (2002), 512, ou *coitos* fiscais, segundo J. Taborda da Gama, "Coito fiscal interrompido", *Jornal "Diário Económico"*, 22.12.04 (2004).

comerciante, uma prestação de serviços de um médico sem quitação, as mais-valias escondidas da venda de uma casa, um restaurante que apenas declara metade das refeições que serve, mas também serviços inexistentes prestados a entidades com sede em zonas de baixa tributação.

Em Portugal, o resultado deste choque entre os impulsos reformadores e a *vaca sagrada* do segredo bancário foi historicamente a criação de um sistema em que as taxas liberatórias (excepcionais) se vieram sobrepor à tributação regra do rendimento englobado num único sujeito passivo, criando-se assim um sistema de taxas liberatórias para residentes que Alberto Xavier (e também Teixeira Ribeiro) considera "evidentemente inconstitucionais, não só por violarem o princípio da progressividade (...) mas também por violarem o princípio da igualdade e da capacidade contributiva".[41]

Mas, enquanto em Portugal a tributação dos depósitos a prazo por retenção na fonte constituía um regime fiscal privilegiado existente já antes da reforma, sem deveres de englobamento e por isso sem personalização,[42] na Alemanha sucedia precisamente o contrário: os juros dos depósitos bancários deviam ser englobados e tributados; considerando, no entanto, que havia algum incumprimento, o legislador criou uma retenção na fonte sobre os juros dos depósitos a prazo, com natureza de pagamento por conta, o que provocou uma forte reacção por parte do contribuinte.

A solução alternativa, defendida na Alemanha entre outros por Klaus Tipke, seria a eliminação completa do sigilo bancário,[43] com a concessão de uma amnistia para as irregularidades a cuja detecção o levantamento do sigilo necessariamente conduziria.[44] Razões de natureza política, amplamente criticadas pela maioria da doutrina, levaram à opção pelo regime de retenção na fonte, o que provocou um intenso movimento de *fuga de capitais*, originada, como sempre, pelo esforço de reduzir a tributação e não pela existência ou inexistência de segredo bancário.[45] A opção residia assim entre a manutenção do §30-A da *Abgabenordnung*, que criaria limitações ao controlo administrativo da situação bancária do contribuinte e a adopção de um sistema de informação que reforçasse a eficácia das medidas contra a fraude fiscal. A manutenção do §30-A, como decisão de natureza política,[46] com a criação de

---

[41] A. Xavier, *Direito Tributário Internacional*, 2. ed. (Coimbra: 2007), 525, n. 23. As taxas liberatórias, ao permitirem a existência de rendimentos num espaço juridicamente quase vazio, na medida em que dispensam a declaração, podem criar as maiores dificuldades para um combate efectivo à fraude fiscal, que inclui sempre um elemento de relacionação entre rendimentos declarados e sinais exteriores de riqueza.

[42] A questão do sigilo bancário contra a Administração Fiscal passou a ser um problema em Portugal com o aparecimento da concorrência bancária (fim da banca exclusivamente nacionalizada e tendencialmente cooperadora com o Estado) e o fim do controlo de câmbios (que ainda permitia o controlo da transferência de fundos para o estrangeiro).

[43] Para uma descrição dos contornos do sistema, Tipke; Lang, *Steuerrecht*, 17. ed. (Colónia: 2002), 779-781.

[44] E num sentido semelhante se pronunciou Werner Flume, segundo K. Tipke, "Über "richtiges Steuerrecht"", *StuW*, (1988), 277, num número especial da *Steuer und Wirtschaft* dedicado aos "*Werner Flume 80 Jahre*".

[45] Sobre a fuga de capitais para o Luxemburgo que esta tributação provocou, Klotz, "Über den Verfall der Guten Sitten im Steuerrecht", *in: FS Klein*, (Colónia: 1994), 292-293.

[46] Defendida pela democracia-cristã e atacada pela oposição social-democrata que invocava o exemplo da Dinamarca e, desde 1988, da Holanda, sendo estes últimos países expoentes da pequena economia aberta e sem qualquer controlo quanto ao movimento de capitais. Sobre este debate, Tipke *in*: K. Tipke; Kruse, *(AO) – Kommentar* (Março 2004), §30-A, n. 1.

outros (mais complexos) meios de combate à fraude fiscal, veio sofrer posteriormente a crítica do *Bundesverfassungsgericht*.[47]

Ao tratar da questão da constitucionalidade da tributação dos capitais, o Tribunal Constitucional alemão considerou esta norma como um *obstáculo estrutural* à obtenção de uma igualdade na aplicação da lei.[48] E um *obstáculo estrutural* ao cumprimento que implicava, como vimos, uma desigualdade inaceitável de tratamento entre as várias categorias de contribuintes, tratando de forma diversa os contribuinte com rendimentos de trabalho — que vêem os seus rendimentos ser sempre comunicados à Administração Fiscal — e os contribuintes que têm rendimentos de capital.

O sigilo bancário, como entorse assistemático de um sistema fiscal moderno, leva ainda a que este reaja, com o objectivo de manter constante a fonte de receitas para despesas constantes ou crescentes, com a criação ou o recurso exagerado a poderes também eles assistemáticos, como é o caso da tributação por métodos indirectos ou através das manifestações de fortuna das pessoas singulares, bem como com a criação de um sem-número de normas anti-abuso específicas. A aplicabilidade dos métodos indirectos não só é administrativamente mais dispendiosa, como a tributação que se alcança com ela está longe de ser a mais justa.

V A crise financeira e a estocada final no sigilo bancário

Os acontecimentos dos últimos anos, sobretudo dos últimos dois anos, vêm reforçar o que até aqui apontámos — neste texto e noutros — quanto à necessidade da abolição do sigilo bancário. Pela primeira vez, tem-se assistido a uma pressão internacional séria para que o sigilo bancário deixe de ser um dever absoluto em que as instituições financeiras de algumas jurisdições se refugiam para proteger (e atrair) os seus clientes. Esta pressão passa sobretudo pelos esforços dos Estados Unidos, da Alemanha, do Reino Unido e da França contra as zonas de baixa fiscalidade que recusam a troca de informações. O mesmo tipo de pressão foi internacionalmente coordenado pela OCDE e pelo FMI.

É significativa, por exemplo, a alteração aos artigos 26.º da Convenção Modelo da OCDE, da Convenção Modelo das NU e da Convenção Modelo americana, que passaram a excluir a possibilidade de um Estado negar a informação que deve prestar

---

[47] F. Klein, *Abgabenordnung (AO) – Kommentar*, 8. ed. (Munique: 2003), 150 ss.

[48] Tipke; Lang, *Steuerrecht*, 17. ed. (Colónia: 2002), 779. Ver também as críticas de Tipke *in*: K. Tipke; Kruse, *(AO) – Kommentar* (Março 2004), §30-A, n. 2 (Março 2004). No mesmo sentido, considerando à altura o §30-A inconstitucional, D. Birk, *Steuerrecht*, 3. ed. (Heidelberga: 2000), 216-217; H.-W. Arndt, *Grundzüge des Allgemeinen Steuerrechts* (Munique: 1988), 158, afirma também que os defensores desta norma não usam argumentos jurídicos, mas sim argumentos económicos, agitando o espantalho da fuga de capitais. Considerando também que os deveres de cooperação da banca previstos no §93 da AO não atingem a liberdade de actuação da banca, S. Eilers, *Das Steuergeheimnis als Grenze des internationalen Auskunftsverkehrs* (Colónia: 1988), 35. O §30-A da AO sobre o segredo bancário é também considerado por Mussgnug "uma norma injustificável, quase grotesca, profundamente dúbia na perspectiva constitucional", R. Mussgnug, *"Le Prove Utilizzate dall'Amministrazione Finanziaria con Particolare Riguardo alle Presunzione e al Segreto Bancario"*, in: *L'accertamento tributario nella Comunita' Europea: L'esperienza della Repubblica Federale Tedesca*, (Milão: 1997), 68.
A crítica mais certeira aos argumentos jurídicos a favor da oponibilidade do sigilo bancário veio, no entanto, de C.-W. Canaris, *Handelsgesetzbuch: Staub Grosskommentar*, vol. III (Berlin: 1983-), nº 3, quando este afirma que utilizar o argumento da violação da intimidade neste caso equivale a uma *banalização* dos conceitos de intimidade e dignidade humanas.

no âmbito dos mecanismos de troca de informações com base nas regras sobre sigilo bancário, garantindo, assim, uma efectivação dos poderes tributários dos vários estados.[49] Também é significativa a afirmação constante da proposta de *Common Principles and Standards on Propriety, Integrity and Transparency for International Dealings* apresentada pelo G8 em Aquila, em Julho de 2009, segundo a qual "o segredo bancário não deve constituir um obstáculo à aplicação dos princípios mencionados [sobre integridade e transparência], incluindo o cumprimento das obrigações fiscais".

Que significado pode ser atribuído à ofensiva internacional contra o segredo bancário, entendido como fundamento para a recusa de cooperação com as autoridades fiscais? A pressão internacional para que todas as jurisdições passem a permitir o acesso das Administrações fiscais aos registos bancários veio em larga medida expor as verdadeiras razões por trás da existência de regimes em que o sigilo é quase absoluto. Vejamos.

Um dos pontos mais importantes da ofensiva a que nos referimos é, provavelmente, o processo judicial desencadeado nos Estados Unidos contra o maior banco suíço, a *Union de Banques Suisses* (UBS).[50] Isto, quer pelo valor simbólico desta acção judicial, quer pela sua integração no contexto das pressões internacionais a que nos referimos. O caso terminou com a cedência por parte do banco suíço, que assinou um acordo com o *IRS* e com o departamento de justiça americano, comprometendo-se — no âmbito do ADT entre os EUA e a Suíça — a prestar informações sobre cerca de 4.450 contas[51] mantidas na Suíça por cidadãos americanos, directamente ou através de zonas de baixa tributação. A UBS tinha, então, 270 dias para notificar os clientes e entregar a informação ao Fisco suíço, que a remeteria às autoridades americanas. Uma breve visita ao sítio da UBS[52] permite-nos perceber que o banco está a encorajar os clientes a participarem nos programas de *voluntary disclosure*, oferecidos pelo *IRS* americano, reduzindo o risco de processos judiciais antes de a informação ser fornecida pelas vias oficiais. Trata-se de um caso exemplar, em que uma das jurisdições cujo sistema financeiro assenta no sigilo bancário e cujo peso internacional é bem conhecido cede perante a ofensiva das autoridades fiscais.[53]

---

[49] Sobre isto, por todos, Engelschalk *in*: Vogel; Lehner *DBA*, 5. ed. (Munique: 2008), Artigo 26, 129, e João Taborda da Gama, "Assistência mútua fiscal e integração económica regional na Europa e em África: um olhar português", *in*: [AAVV] *Estudos em Homenagem ao Professor Doutor Pitta e Cunha*, no prelo, ponto VII; sobre a prática portuguesa, em geral Margarida Palha, "Troca de informações e cooperação fiscal internacional", *in*: *A internacionalização da economia e a fiscalidade*, Lisboa, 1993, 353 ss; sobre as alterações no ordenamento austríaco, v. Mario Perl, "Bankgeheimnis für Ausländer vor dem Aus: BMF: Österreichs Vorbehalt zum Informationsaustausch nach Art. 26 OECD-MA soll zurückgezogen werden, SWK, 84 (2009), 11, 537 ss.

[50] Acerca das complexidades jurídicas deste caso e da ambiguidade da norma sobre troca de informações contidas no ADT Estados Unidos – Suíça, v. Joseph. M. Erwin, "The UBS Affäre: A qualified Intermediary and "John Doe" Summons", *Steuerbetrug and Bankgeheimniss*, Tax Management International Journal 38 (2009), 487. O resultado deste litígio levou já discussão sobre o futuro da banca suíça sem o segredo bancário. V. Poddar, Aggarwal e Razdan, "The Future of Bank Secrecy and Switzerland" (2009), disponível em: <www.ssrn.com>.

[51] Este é o número publicitado pelo Banco, sendo que a imprensa americana fala de entre 20.000 e 50.000 clientes americanos. Os montantes que se pensa estarem depositados nessas contas são astronómicos – 20 bilhões de USD, de acordo com o *New York Times*, citando fontes do IRS americano (v. a edição de 6.7.2008). Parece claro que o acordo obtido abrange apenas parte do universo de depositantes na UBS. Em todo o caso, é um passo importante, tratando-se a Suíça de um país cujas tradições no sigilo bancário são conhecidas.

[52] <www.ubs.com>.

[53] Apesar de ser claro que o acordo abrange apenas uma parte do universo de depositantes americanos na UBS.

Os desenvolvimentos recentes têm formas e actores muito diversos, mas deles retira-se um resultado comum: a possibilidade concedida a sociedades e pessoas singulares de ocultarem parte das suas operações sob a obscuridade dos chamados *paraísos fiscais* — no fundo, jurisdições que recusam a troca de informações — tornou-se, depois da crise bancária de 2008, uma prática inaceitável.

A questão é também fiscal,[54] mas não é apenas fiscal. A supervisão bancária e financeira, com a avaliação sistemática das regras de solvabilidade da banca e outras empresas financeiras pelos reguladores, exige a transparência total da sua informação financeira.[55] A crise bancária de 2008 acentuou a necessidade de uma reestruturação do sistema financeiro internacional de modo a não permitir a existência de mecanismos não transparentes. Trata-se daquilo que o *Bank for International Settlements*[56] designou *sistema bancário-sombra* — bancos e *quase bancos* actuando a partir de jurisdições fora dos principais centros financeiros e fora do alcance das autoridades reguladoras.[57]

A ausência de uma política coerente dos diversos estados e a existência de concorrência bancária tem também contribuído para as disfunções de um sistema cada vez mais interdependente.

A repressão da economia criminosa — *maxime* o tráfico de droga e o branqueamento de capitais — é um outro lado desta questão. Recentemente, o México solicitou aos Estados Unidos o alargamento do regime de troca de informações bancárias que existe com o Canadá, *i.e.*, a troca automática de informações sobre contas bancárias abertas nos Estados Unidos por residentes no México.[58] Também se têm multiplicado os tratados de troca de informações bilaterais,[59] quase semanalmente nos últimos meses, como é disso exemplo o recente acordo entre Portugal e Gibraltar para a troca de informações em matéria fiscal.[60]

É então por razões fiscais e extra-fiscais que estamos a assistir a uma pressão sobre as zonas que tinham no segredo bancário e na recusa da troca de informações a sua única ou principal vantagem concorrencial.[61]

---

[54] Collins; Quinn; Piggin, "No Hiding from Taxman – Information Sharing Agreements", *The Tax Journal*, Abril 2009.
[55] Sobre a regulação do mercado de capitais, v. J.L. Saldanha Sanches, *Direito Económico – um projecto de reconstrução*, Coimbra: 2008, 111 ss.
[56] *V.* <www.bis.org>.
[57] Sobre os planos de reestruturação deste sistema, v. David Spencer, "Cross_border Tax Evasion and Bretton Woods II", *Journal of International Taxation*, v. 20, n.º 5 (2009).
[58] David Spencer, "Cross-border Tax Evasion and Bretton Woods II", *Journal of International Taxation*, v. 20, n.º 5 (2009), 2ª parte, 48. Também aqui reina a incoerência. Os Estados Unidos, ainda que exijam a limitação do segredo bancário para a celebração de ADTs, permitem certos investimentos externos que não estão sujeitos à troca de informações, *Ib.*,1ª parte, 54.
[59] Por exemplo, os EUA têm vindo a celebrar uma rede de acordos bilaterais de trocas de informação com uma série de jurisdições tradicionalmente de baixa fiscalidade e que conseguem obter os acordos através não só da sua evidente força negocial, como através de benefícios concretos, como, por exemplo, o facto de admitir a dedutibilidade das despesas em convenções organizadas nesses países, como acontece com o *"Agreement Between the Government of the United States of America and the Government of the Commonwealth of the Bahamas for the Provision of Information with Respect to Taxes and for Other Matters"*, de 2002.
[60] De 14 de Outubro de 2009, disponível em: <http://www.oecd.org/dataoecd/46/33/43888552.pdf>. Uma lista actualizada pode ser consultada em: <http://www.oecd.org/dataoecd/43/59/43775845.pdf>.
[61] Sobre os problemas que a opacidade informativa e recusa de troca de informações levanta aos países mais pobres que aí julgam ver uma saída, v. João Taborda da Gama, "Assistência mútua fiscal e integração económica regional na Europa e em África: um olhar português", *in*: [AAVV] *Estudos em Homenagem ao Professor Doutor Pitta e Cunha*, no prelo, pontos IV e V (também aí referimos o óbvio: o atractivo destas zonas não é apenas, nem muitas vezes sobretudo, as baixas taxas, mas a sua atitude não cooperante).

A importância jurídica de tudo isto é assinalar as razões por trás dos regimes que permitem às instituições financeiras recusar a cooperação com as autoridades fiscais: a atracção de capitais externos em busca de um refúgio que garanta a sua não tributação, a realização de operações que permitam contornar ou violar normas de regulação financeira ou a pura e simples ocultação de dinheiro sujo: desde os dinheiros da droga até os subornos ligados à corrupção.

Convém também assinalar que, sempre que o sigilo bancário permitiu falhas de regulação, também ele é o responsável pela factura que esta crise internacional custará aos contribuintes de cada Estado.[62]

VI O sigilo bancário na recente legislação portuguesa

a) Evolução

Durante a segunda metade do século XX, Portugal, como a generalidade dos países desenvolvidos, alterou radicalmente o seu sistema de gestão de tributos, passando a basear essa gestão em deveres de cooperação atribuídos aos sujeitos passivos e não mais em actos tributários praticados pela Administração Fiscal. Como também afirmámos, as jurisdições que adoptam estes regimes de gestão dos tributos baseada em deveres de cooperação, nomeadamente deveres declarativos, têm que dotar a Administração Fiscal dos meios de controlo necessários para fiscalizar o cumprimento desses mesmos deveres. Entre estes meios, o levantamento do sigilo bancário tem de ser possível e simples, sob pena de ser impossível verificar a existência de certos rendimentos.

Durante muitos anos, em Portugal, verificou-se o reforço das prerrogativas das entidades financeiras quanto a uma não cooperação com a Administração Fiscal. Este reforço foi feito pelo Regime Geral das Instituições de Crédito e Sociedades Financeiras,[63] ao invés das tendências que encontramos nos países mais desenvolvidos, que são também aqueles onde o Estado de Direito e as efectivas garantias do contribuinte atingiram maiores níveis de consolidação.

Este regime, aliado à doutrina seguida pelo Tribunal Constitucional sobre a restrição do direito à intimidade, que acima aflorámos, foi sempre criticado por nós e por boa parte da doutrina.[64] É que a criação de um sistema de informação que englobe a situação bancária do contribuinte não é a única forma de combate à fraude fiscal, em especial quanto ao problema do controlo fiscal das pequenas e micro empresas — poderemos, eventualmente, construir sistemas que o dispensem. Todavia, sublinhemos mais uma vez, esses sistemas serão certamente mais caros, mais inseguros e menos eficazes do que os que assentem na informação financeira. Isto, em especial,

---

[62] Um exemplo de preço da crise pode foi analisado a propósito do Banco BPN, um banco português nacionalizado em Portugal em 2009 por suspeitas de variados crimes, postos a descoberto pela crise, em J.L. Saldanha Sanches, "A lei das nacionalizações e a nacionalização da lei: uma dúvida e cinco ideias", Fiscalidade 34 (2009), 2-5.

[63] Decreto-Lei nº 298/92, de 31 de Dezembro.

[64] Veja-se, por exemplo, Comissão para o Desenvolvimento da Reforma Fiscal, Relatório (Lisboa: 1996), 380-382 (conhecida como a Comissão Silva Lopes).

na sociedade da informação e na *cashless society*, que permite uma economia mais ágil e mais eficaz, mas que coloca problemas novos aos mecanismos de controlo.

As críticas doutrinárias e os sucessivos processos judiciais ligados de uma forma ou de outra à ocultação de dados bancários levaram finalmente a uma mudança de rumo na legislação portuguesa. Assim, a recentíssima Lei n.º 94/2009, de 1 de Setembro, veio trazer alterações importantes, mesmo que não suficientes, nesta matéria.

Em primeiro lugar, é de notar que a lei é claramente marcada por um objectivo: a tributação de rendimentos que escapam fraudulentamente ao controlo do Fisco. De facto, a Lei n.º 94/2009 veio criar uma taxa especial de imposto (60%)[65] para *acréscimos patrimoniais não justificados*[66] superiores a € 100.000. Da mesma forma, os pressupostos da realização de avaliações indirectas da matéria tributável[67] também foram alterados, passando a permitir-se a realização de tal avaliação sempre que exista um "acréscimo de património ou despesa efectuada, incluindo liberalidades, de valor superior a € 100 000, verificados simultaneamente com a falta de declaração de rendimentos ou com a existência, no mesmo período de tributação, de uma divergência não justificada com os rendimentos declarados".[68]

No que respeita directamente ao sigilo bancário em matéria fiscal, a Lei não foi tão longe como seria desejável. Vejamos o sistema actualmente em vigor.

O regime em vigor assenta no princípio geral segundo o qual o "acesso à informação protegida pelo sigilo profissional, bancário ou qualquer outro dever de sigilo legalmente regulado depende de autorização judicial, nos termos da legislação aplicável, excepto nos casos em que a lei admite a derrogação do dever de sigilo bancário pela administração tributária sem dependência daquela autorização".[69]

Mantém-se um sistema baseado no pedido de acesso casuístico e concreto por parte da Administração Fiscal e não no envio automático, regular e geral de informação por parte das instituições financeiras.

b) Informação automática

A informação a pedido é ainda a regra no regime português, sendo o envio automático e geral a excepção. As vantagens da informação automática são óbvias. A Administração Fiscal dispõe de toda a informação de que necessita sem perder tempo e recursos a pedi-la, e a mesma informação pode ir sendo analisada e comparada informática e automaticamente com a história declarativa do contribuinte. Assim, essa informação, mesmo sem recurso a uma análise humana, pode ser tratada de modo a enviar sinais de alerta em determinadas circunstâncias, os quais permitem um controlo mais eficiente, mesmo em relação a situações que antes não haviam

---

[65] Artigo 72.º, n.º 10 do Código do IRS. Esta norma foi acrescentada ao Código como artigo 72.º, n.º 9, mas logo depois renumerada.
[66] Determinados nos termos do artigo 9.º, n.º 1, alínea d) do mesmo Código do IRS e dos artigos 87.º, 88.º e 89.º-A da LGT.
[67] Previstos no artigo 87.º da LGT.
[68] Alínea f).
[69] Artigo 63.º, n.º 2 da LGT (inspecção).

levantado suspeitas. Por outro lado, mesmo no que toca às instituições financeiras, não é certo que os custos administrativos destes mecanismos sejam superiores aos da análise casuística dos pedidos do Fisco.

Quanto às informações automáticas, já desde Janeiro de 2009[70] que a LGT previa que as "instituições de crédito e sociedades financeiras estão sujeitas a mecanismos de informação automática relativamente à abertura ou manutenção de contas por contribuintes cuja situação tributária não se encontre regularizada (…) e inseridos em sectores de risco, bem como quanto às transferências transfronteiras (…)".[71] Antes desta alteração, o regime previa apenas a informação automática no caso das transferências transfronteiriças não abrangidas por outros regimes (os de Direito Comunitário). Esta norma, embora muito mais abrangente que a anterior — que apenas abrangia as transferências internacionais —, espelha a crítica que acima fizemos: a informação automática só existe, além de nas transferências internacionais, para os contribuintes em situação irregular e (para os?) integrados em sectores de risco. Além disso, a norma contém na sua parte final excepções formuladas em termos pouco claros. Além das transferências abrangidas por outros regimes, a lei exclui as informações sobre transferências internacionais ligadas "a transacções comerciais ou efectuadas por entidades públicas". Embora estes conceitos possam ser objecto de determinação em acto de regulamentação, são demasiado abrangentes, indeterminados e perigosos. O que é uma *transacção comercial*? O que são *entidades públicas*?

Além destas alterações, a lei trouxe uma nova norma, segundo a qual as "instituições de crédito e sociedades financeiras estão obrigadas a comunicar à Direcção-Geral dos Impostos até ao final do mês de Julho de cada ano, através de declaração de modelo oficial, aprovada por portaria do Ministro das Finanças, as transferências financeiras que tenham como destinatário entidade localizada em país, território ou região com regime de tributação privilegiada mais favorável que não sejam relativas a pagamentos de rendimentos sujeitos a algum dos regimes de comunicação para efeitos fiscais já previstos na lei ou operações efectuadas por pessoas colectivas de direito público". Trata-se, neste caso, do controlo específico dos fluxos destinados aos paraísos fiscais, alvo de especial atenção da Administração Fiscal.

De notar que aqui a lei já não usa neste n.º 2 a expressão "entidades públicas", mas sim "pessoas colectivas de direito público". Em ambos os casos, são conceitos muito vastos e não totalmente determinados. O que são estas pessoas colectivas? São as criadas pelo Estado? As que exercem tarefas públicas? Incluem as fundações públicas, os institutos, as autarquias, empresas públicas (municipais ou não) e os fundos públicos? Incluem as pessoas de utilidade ou de interesse público? Os clubes de futebol e as federações desportivas? Todavia, até onde (até que organismos) deve chegar essa presunção não é uma questão fácil de resolver nos nossos dias.

Além disso, não se vê como pode o sigilo bancário justificar-se em relação a entidades públicas (colectivas por natureza e sempre sujeitas à prossecução do interesse público), pelo que a excepção consagrada na lei é um contra-senso. Os bancos, comunicando esta informação, permitiriam um controlo intra-administrativo e político dos pagamentos que o Estado faz a entidades nessas jurisdições, que se

---

[70] A alteração resultou da Lei do Orçamento do Estado para 2009.
[71] Artigo 63.º-A da LGT.

fossem divulgados exporiam com clareza a diferença entre pagamentos a entidades em zonas de baixa jurisdição inevitáveis (se o consórcio que ganhou o concurso para o fornecimento de um avião tem sede nas ilhas y, não há outra hipótese para o Estado, mas também não há qualquer problema com a divulgação da informação, dos pagamentos a zonas *off-shores* por motivos criminosos ou obscuros (comissões ilegais, subornos, pagamentos em violação das leis da contratação pública). Finalmente, os custos administrativos da inclusão destas entidades seriam, por certo, reduzidos...

Além destas normas, a lei manteve as disposições que obrigam as instituições financeiras a prestar informação sobre "o valor dos fluxos de pagamentos com cartões de crédito e de débito, efectuados por seu intermédio, a sujeitos passivos inseridos em determinados sectores de actividade que aufiram rendimentos da categoria B de IRS e de IRC", mas neste caso, a pedido da Administração Fiscal e sem identificação dos titulares dos cartões.[72]

c) Informação a pedido

No que respeita ao acesso às contas bancárias em concreto e a pedido da Administração Fiscal, o regime também conheceu alterações. Assim, hoje, o acesso à informação bancária por parte da Administração Fiscal *sem qualquer comunicação prévia ao titular das contas*[73] é possível:

i) nos casos de existência de prática de crime em matéria tributária;
ii) nos casos de indício de existência de acréscimos patrimoniais não justificados;
iii) nos casos de indícios (mesmo que vagos) da falta de veracidade das suas declarações tributárias;
iv) nos casos de inexistência dessas declarações;
v) nos casos de necessidade de verificação de qualquer registo contabilístico em caso de contabilidade organizada;
vi) nos casos de necessidade de verificar pressupostos de regimes fiscais privilegiados; e
vii) quando estejam verificadas situações que sejam pressuposto da aplicação de métodos indirectos de apuramento da matéria tributável (por exemplo, falhas na contabilidade, inexistência de contabilidade, existência de contabilidades paralelas).

Em todos estes casos, o Fisco tem acesso directo aos registos bancários que solicite à instituição. Ao sujeito passivo resta, nos termos gerais, o recurso com efeito meramente devolutivo.[74] Em caso de provimento do recurso, os elementos de prova entretanto recolhidos não podem ser usados em desfavor do contribuinte.[75]

Além do acesso às contas do sujeito passivo, a lei prevê que o Fisco possa aceder directamente "aos documentos bancários, nas situações de recusa da sua exibição ou de autorização para a sua consulta, quando se trate de familiares ou terceiros que se

---

[72] Artigo 63.º-A, n.º 3 da LGT.
[73] Artigo 63.º-B, n.º 1 da LGT.
[74] Artigo 63.º-B, n.º 4 da LGT.
[75] Artigo 63.º-B, n.º 6 da LGT.

encontrem numa relação especial com o contribuinte".[76] Neste caso, porém, além de só haver acesso *após recusa de colaboração* (e, portanto, aviso prévio), há lugar a *recurso judicial com efeito suspensivo*.[77]

O alargamento do acesso à informação a pedido da Administração Fiscal é o dado mais relevante da nova lei. Note-se, no entanto, que nos casos de existência de acréscimos patrimoniais não justificados, crime e indícios (concretos) de falta de veracidade das declarações, a regra era já a do acesso às contas sem aviso prévio do titular. De notar também que, na prática e no caso da verificação dos registos contabilísticos e dos pressupostos dos benefícios fiscais, o regime pouco mudou: a lei anterior permitia à Administração Fiscal o acesso às contas, mas apenas após recusa do contribuinte, que podia recorrer (recurso com efeito meramente devolutivo).

Todo o resto neste regime deve ser utilizado pela Administração Fiscal, acelerando os procedimentos de inspecção e de obtenção de prova. A alteração da lei é uma alteração de paradigma — o acesso às contas já não é excepcional, mas pode ser pedido pela Administração Fiscal em todos os casos em que tal se revele útil. Esta mudança de paradigma é clara, por exemplo, no que respeita às contas de terceiros, em que no regime antigo a regra era absurdamente a da autorização judicial expressa com audição prévia. Além disso, implica uma mudança nos procedimentos por parte da Administração Fiscal. A Administração Fiscal portuguesa tem, assim, um regime que lhe permite evitar casos de prescrição e de caducidade e o recurso desnecessário a métodos indirectos.

Uma nota final sobre este regime para dizer que manteve-se sem alteração uma norma que devia ter sido actualizada. Assim, o artigo 63.º-B, n.º 7 da LGT determina que as "entidades que se encontrem numa relação de domínio com o contribuinte ficam sujeitas aos regimes de acesso à informação bancária referidos nos nºs 1, 2 e 3". Só que estes n.ºs 1, 2 e 3 mudaram radicalmente, quer no conteúdo, quer no âmbito. O legislador devia então esclarecer rapidamente qual o regime a aplicar às entidades em relação de domínio, sob pena de se considerar, por hipótese, que estamos perante uma *remissão estática* para o regime anterior.

VII O acesso às contas bancárias como poder-dever da Administração Fiscal e a coerência do sistema

Na verdade, o acesso aos dados bancários do contribuinte acaba também por criar uma forte vinculação para a Administração Fiscal. O pedido de acesso a contas bancárias é um poder-dever da Administração Fiscal, que não pode, por exemplo, partir para formas de determinação da matéria colectável por meios indirectos (ou por aplicação de indicadores de rendimento) sem que recorra aos dados bancários do contribuinte e deles retire todas as consequências. Se a Administração Fiscal não usar os amplos poderes que agora a lei lhe concede, de acesso aos registos bancários do sujeito passivo, terá uma posição argumentativa deficiente na sua relação de forças com o contribuinte (como pode sustentar que um contribuinte recebeu um cheque e,

---

[76] Artigo 63.º-B, n.º 2 da LGT.
[77] Artigo 63.º-B, n.º 5 da LGT.

ao mesmo tempo, decidir não solicitar aos bancos os elementos das contas bancárias do contribuinte ou terceiros com ele relacionado?).

Por outro lado, também existe uma forte vinculação da Administração Fiscal aos *resultados* do exercício dos seus poderes investigativos, na medida em que se for dado o pleno acesso à Administração Fiscal aos dados bancários (e ainda mais se o contribuinte colaborar nesse mesmo acesso) e não forem encontrados rendimentos injustificados, a Administração Fiscal terá uma posição argumentativa mais débil no seu percurso fundamentador da existência de rendimentos não declarados, ou de aplicação de formas de avaliação indirecta ou estimada de rendimentos.[78]

É uma ideia cada vez mais generalizada esta de que os *poderes* das administrações fiscais são também a *medida dos seus deveres*, uma ideia imposta pela coerência do sistema fiscal.

Na União Europeia, por exemplo, a possibilidade de troca de informações fiscais entre os Estados-Membros constitui um dos postulados em que o Tribunal de Justiça das Comunidades Europeias (TJCE) apoia a recusa das normas nacionais de controlo fiscal que parecem ligar a exportação e circulação de capitais à fraude fiscal.[79]

Vejamos um exemplo recente. Foi com base na existência de regras europeias que prevêem a troca de informações e a assistência mútua entre Administrações fiscais na União que a Comissão Europeia solicitou ao TJCE que declarasse o carácter discriminatório e contrário ao Direito Comunitário do artigo 130.º do Código do IRS (Imposto sobre o Rendimento das Pessoas Singulares) português, o qual exige a nomeação de um representante fiscal para os *não residentes* que obtivessem rendimentos em Portugal.[80] É a existência de mecanismos de controlo fiscal que permitam à Administração Fiscal o controlo efectivo da fraude fiscal, inteiramente inócuas em relação aos contribuintes que cumprem, que permite exigir que o legislador não recorra a presunções de ilicitude que procuram colmatar a sua real impotência, mas, antes, a métodos de controlo fiscal que partam de uma distinção entre os contribuintes que praticam e aqueles que não praticam formas graves de fraude fiscal.

Ao mesmo tempo, a existência destes mecanismos evita que se imponham deveres de cooperação desproporcionais e onerosos para os sujeitos passivos. Como refere a Comissão na fundamentação do seu pedido, a "referida obrigação não é (…) proporcional uma vez que o objectivo pretendido — assegurar um controlo fiscal eficaz e combater a evasão fiscal —, sendo legítimo, poderia ser atingido com

---

[78] A intensidade de fundamentação exigível aos participantes no procedimento tributário (Administração Fiscal e sujeitos passivos) é variável em função das posições que forem assumindo neste processo dialógico, não se podendo sobre esta questão ter uma visão prévia sob pena de artificialidade. V. J.L. Saldanha Sanches; João Taborda da Gama, "Audição – Participação – Fundamentação: a co-responsabilização do sujeito passivo na decisão tributária", in: *Estudos em Homenagem ao Doutor José Xavier de Basto* (Coimbra: 2006), 271 ss; e João Taborda da Gama, "Cobertura de prejuízos, valor da participação social e dedutibilidade de menos-valias", in: J.L. Saldanha Sanches; F. Sousa da Câmara; J. Taborda da Gama, *Reestruturação de Empresas e Limites do Planeamento Fiscal*, Coimbra, 2009, 211 ss.

[79] Sobre a troca de informações em Portugal e na Europa, v. as críticas às reservas portuguesas aos ADT em Margarida Palha, *As Convenções sobre Dupla Tributação* (Lisboa: 1998), 48-49 e 343; Rui Duarte Morais, *Imputação de Lucros de Sociedades não residentes Sujeitas a Um Regime Fiscal Privilegiadol. CFC. O Artigo 60.º do C.I.R.C.* (Porto: 2005), 69-85 e recentemente, João Taborda da Gama, "Mutual Assistance in Portugal", European Association of Tax Law Professors Congress, 2009 (org. Roman Seer), no prelo. Sobre a evolução da política fiscal externa portuguesa, J.L. Saldanha Sanches "Tax harmonization versus tax competition: a view from the periphery", Fiscalidade 35 (2009).

[80] Acção intentada em 15 de Julho de 2009. Caso C-267/09 (*Comissão c. Portugal*).

métodos menos restritivos. Por um lado, a directiva 2008/55/CE, relativa à assistência mútua em matéria de cobrança de créditos respeitantes a certas quotizações, direitos, impostos e outras medidas — que constitui uma codificação da directiva 76/308/CEE do Conselho, de 15 de Março de 1976 —, prevê a assistência mútua na cobrança de impostos, desde logo de impostos sobre o rendimento (...) como é o caso do IRS. Por outro lado, nos termos da directiva 77/799/CEE, do Conselho, de 19 de Dezembro de 1977, relativa à assistência mútua das autoridades competentes dos Estados-Membros no domínio dos impostos directos, a autoridade competente de um Estado--Membro pode sempre solicitar à autoridade competente de outro Estado-Membro que lhe comunique as informações necessárias para combater a evasão fiscal".

É bem possível que o TJCE siga os argumentos da Comissão, em consonância com o que tem feito em dezenas de casos.[81]

O *legislador* fiscal, ao mesmo tempo que alarga os poderes inspectivos da Administração Fiscal, tem o dever de reanalisar todas as ficções, presunções e cláusulas anti-abuso específicas — numa palavra, todas as normas cegas que visavam impedir comportamentos abusivos do contribuinte —, pois ficam todas a perder no teste da proporcionalidade feito num sistema jurídico em que o sigilo bancário já não é a regra.[82]

É tempo de concluir. A lei portuguesa parece ter finalmente começado a acertar o passo com o cortejo fúnebre do sigilo bancário, juntando-se aos regimes dos restantes países da OCDE, ou mais correctamente a todos os países que foram consequentes na entrega aos particulares do essencial da gestão dos tributos. A reforma da tributação dos anos 80 ditou o fim da gestão pública dos tributos baseada no acto tributário (fim definitivamente alcançado com as novas tecnologias na declaração tributária). Durante quase três décadas, o sigilo bancário foi um obstáculo à aplicação coerente e eficiente do novo sistema e da justiça e igualdade que traz e de que é pressuposto. O regime actual não vai tão longe como sempre defendemos, mas é uma mudança no sentido certo. Generalizando-se os casos de troca de informações automática, poderemos então dizer que também em Portugal o sigilo bancário estará não só morto, mas também enterrado.

Com o definhamento e morte do sigilo bancário, nasce um novo recorte dos deveres inspectivos da Administração Fiscal, que crescem em intensidade e cujo exercício ou não exercício passará também a ser utilizado para controlar essa mesma Administração Fiscal.

Novembro de 2009.

Informação bibliográfica deste texto, conforme a NBR 6023:2002 da Associação Brasileira de Normas Técnicas (ABNT):

SANCHES, J.L. Saldanha; GAMA João Taborda da. Sigilo bancário: crónica de uma morte anunciada. *In*: SARAIVA FILHO, Oswaldo Othon de Pontes; GUIMARÃES, Vasco Branco (Coord.). *Sigilos bancário e fiscal*: homenagem ao Jurista José Carlos Moreira Alves. Belo Horizonte: Fórum, 2011. p. 269-290. ISBN 978-85-7700-405-8.

---

[81] Ver o levantamento e análise em Sigrid J.C. Hemels, "The ECJ and the Mutual Assistance Directive" *in*: European Association of Tax Law Professors Congress, 2009 (org. Roman Seer), no prelo, disponível em: <http://www.eatlp.org/pdf/__Paper%20on%20ECJ-Sigrit%20Hemels.pdf>.

[82] Sobre a necessária proporcionalidade das normas anti-abuso, v. J.L. Saldanha Sanches, *Os Limites do Planeamento Fiscal: Substância e forma no Direito Fiscal português, comunitário e internacional* (Coimbra: 2006), 178 ss, 226 ss.

Sigilos Bancário e Fiscal

Ricardo Mariz de Oliveira

Sumário: **1** Um tema tão antigo, mas nunca esquecido! – **2** Um "velho" texto do ano 2000 – **3** As alterações legislativas a partir de 2001 – **4** Uma visão sucinta da legislação brasileira no final da primeira década do século XXI – **5** Conclusão

1 Um tema tão antigo, mas nunca esquecido!

Quando o ilustre Dr. Oswaldo Othon de Pontes Saraiva Filho deu-me a satisfação de participar da feitura de um livro em homenagem ao Ministro José Carlos Moreira Alves e me disse sobre o tema a respeito do qual eu teria que escrever, senti uma certa decepção, primeiramente porque não me pareceu que o assunto estivesse em altura correspondente às honras devidas ao homenageado, e, em segundo lugar, porque jamais quis tratar de sigilo, fiscal ou bancário.

Explico minha reticência.

A despeito de muitos, e cultos, juristas terem se debruçado sobre a questão ao longo de muitas décadas, de tempos em tempos ela ressurge com traços de repetição das mesmas ideias, levantadas novamente sem se renovar, e isto tem acontecido muitas vezes em razão de alguma alteração tópica no ordenamento jurídico, quando não se trata apenas dos novos aspectos particulares, mas se volta ao tema em sua dimensão de direito constitucional.

Ademais, a advocacia demonstra que a existência ou não de um direito constitucional ao sigilo vem à baila quase que invariavelmente nas situações difíceis para a defesa do cidadão ou do contribuinte, sendo praticamente ignorada quando este possui boas provas para defender seu bom direito, não sendo raro, nestes casos, partir dele próprio a iniciativa de abrir informações que em tese poderiam ser consideradas protegidas pelo segredo.

Por outro lado, também na advocacia se observa que a busca de informações tidas como protegidas, pelas autoridades fiscais ou policiais, quase sempre ocorre em situações nas quais todos os indícios são da existência de alguma irregularidade, de modo que os excessos apresentam-se excepcionalmente.

Não que a fiscalização ou as investigações sejam conduzidas sob um primor de conduta, até porque vão para a mídia algumas buscas e apreensões realizadas com terríveis agressões à privacidade, ao domicílio, ao sigilo profissional e outras, muitas vezes com o arrebatamento de livros e computadores onde estão informações que a pessoa tem direito de manter resguardadas, pelo menos até aquele momento e perante o ato oficial que está sendo praticado, além de que muitas vezes também com o arrebatamento de dados relativos a terceiras pessoas que nada têm a ver com o motivo da diligência. Mas esses exageros ilegais não dizem respeito diretamente ao sigilo das informações bancárias, nem ao sigilo fiscal, pois são perpetrados na própria casa da pessoa ou no próprio estabelecimento da empresa ou do profissional, em virtude do que apenas de modo indireto alguns dados bancários sigilosos são alcançados através dos registros que estão na posse do próprio investigado ou de alguém ligado a ele.

Outrossim, a verdade é que o resguardo reservado dos dados coletados pelas repartições fiscais muitas vezes não passa da teoria ou do ideal, pois não é muito difícil a ocorrência de vazamentos, inclusive por vias escusas e de corrupção, em favor de terceiros.

Tudo isso sempre me causou aquele pouco apreço pela questão do sigilo, fiscal ou bancário, principalmente por este último.

Sempre me pareceu que, na maior parte das vezes, a discussão se travava num ambiente puramente ideológico ou de interesses imediatos, com aspectos jurídicos vindos à tona mais como elementos de argumentação do que de real importância para o debate do direito, em sua pureza teórica e conceitual.

E nunca aceitei como essencial a defesa do segredo apenas de coisas existentes dentro das instituições financeiras, quando o agente fiscal pode adentrar nos livros e documentos contábeis e fiscais da pessoa, onde encontra tanta coisa tão essencial quanto aquilo que os bancos guardam. Em outras palavras, é desafinado com a realidade o brado em defesa do sigilo daquilo que está em algum estabelecimento bancário, ou em defesa do domicílio e da privacidade, quando esta, em matéria fiscal, pode ser devassada pela entrada legal do fiscal no local de atividades do contribuinte, com acesso legalmente assegurado a todos os seus livros e documentos de suporte.

Afinal, sendo assim, qual o valor intrínseco que coloca somente algumas coisas sob a proteção de um sigilo inviolável?

2 Um "velho" texto do ano 2000

Naquele ano, a despeito do meu ânimo em torno do sigilo bancário, em virtude da minha participação no XXV Simpósio Nacional de Direito Tributário, que o Centro de Extensão Universitária promove anualmente sob o comando de Ives Gandra da Silva Martins, e no qual se tratava do tema mais amplo dos direitos fundamentais do contribuinte, tive que responder a seguinte questão colocada pela comissão organizadora do certame:

3. O sigilo bancário do contribuinte é cláusula pétrea? É constitucional a possibilidade de quebra desse sigilo mediante autorização judicial? É compatível com a Constituição norma que autorize a quebra de sigilo por decisão exclusiva de autoridade administrativa, independente de autorização judicial?

Principalmente as conclusões do simpósio, mas também o breve texto que então escrevi, podem ser aqui reproduzidos para demonstrar o andar das coisas naquele tempo, inclusive tendo-se em conta a observação anteriormente feita de que o tema é antigo, porém, jamais esquecido.

As conclusões do referido simpósio, conforme texto da sua Comissão de Redação aprovado em plenário, foram as seguintes:

1ª Parte: O sigilo bancário do contribuinte é cláusula pétrea da CF.

2ª Parte: É constitucional a possibilidade de quebra desse sigilo mediante autorização judicial.

3ª Parte: Não é compatível com a Constituição norma que autorize a quebra do sigilo por decisão exclusiva de autoridade administrativa, independente de autorização judicial.

E meu breve texto foi o seguinte:[1]

Dois incisos do art. 5º da Constituição Federal de 1988 são comumente invocados para se defender a existência de uma proteção constitucional em favor dos dados relativos ao contribuinte, constantes de assentamentos contábeis de instituições financeiras: o inciso X, que garante a inviolabilidade da intimidade e da vida privada, e o inciso XII, que assegura a inviolabilidade do sigilo de dados.

Há uma posição intermediária, que considera o direito ao sigilo bancário com o "status" de lei complementar, sob o raciocínio de que referido sigilo está previsto no art. 38 da Lei n. 4595, de 1964, e que essa lei foi recepcionada pelo regime de 1988 como lei complementar, eis que o art. 192 da atual Carta prescreve que o sistema financeiro seja regido por lei dessa estatura.

Por esta razão, considera-se que a Lei n. 8021, de 1990, cujo art. 8º permitiu a quebra do sigilo bancário por ordem da autoridade fiscal após a abertura do processo administrativo, e excepcionou o art. 38 da Lei n. 4595, não teve o poder de revogar este dispositivo.

Da mesma forma, tendo em vista o art. 192 da Constituição Federal, e segundo a interpretação acima referida, leis extravagantes de cunho ordinário também não têm o condão de revogar ou derrogar o art. 38 da Lei n. 4595, como a Lei n. 9034, de 1995, art. 2º (sobre a utilização de meios operacionais para a prevenção e repressão de ações praticadas por organizações criminosas), e a Lei n. 9613, de 1998, art. 11 (sobre crimes de "lavagem" ou ocultação de bens, direitos e valores, e a prevenção da utilização do sistema financeiro para os ilícitos nela definidos).

Outras leis específicas, por serem de cunho complementar, puderam sobrepor-se à Lei n. 4595, ficando a sua validade, portanto, dependente apenas de se determinar se a matéria está ou não sob a proteção do art. 5º da Constituição. Assim a Lei Complementar n. 70,

---

[1] "Direitos Fundamentais da Pessoa e do Contribuinte", publicado na obra coletiva do Simpósio, *Direitos fundamentais do contribuinte*. São Paulo: Revista dos Tribunais: Centro de Extensão Universitária, 2000. p. 226 *et seq.* (Pesquisas Tributárias. Nova Série, n. 6).

de 1991, art. 12 (sobre o fornecimento de informações cadastrais dos usuários de serviços de instituições financeiras e de outras entidades relacionadas), e a Lei Complementar n. 75, de 1993, art. 8º (sobre o Ministério Público da União).

Curioso notar que o art. 197 do CTN determina que, mediante intimação escrita, as instituições financeiras são obrigados a prestar à autoridade administrativa todas as informações de que disponham, com relação a bens, negócios ou atividades de terceiros, sendo que seu parágrafo único somente exclui essa obrigação quanto a fatos de que o informante esteja legalmente obrigado a observar segrego em função de ofício ou atividade.

Pode-se especular sobre se a intimação a que alude o art. 197 seja intimação judicial ou extra-judicial, mas deflui do mesmo tratar-se de intimação da própria autoridade fiscal. Aliás, a mesma problemática existiu quanto ao parágrafo 5º do art. 38 da Lei n. 4595, que se refere ao exame dos assentamentos dos bancos quando houver processo e os mesmos forem considerados indispensáveis pela autoridade competente. Entretanto, pela consideração sistemática do "caput" e dos demais parágrafos do art. 38, prevaleceu o entendimento de que a quebra do sigilo bancário em favor do fisco requer autorização judicial.

Destarte, na ótica do CTN a matéria seria de cunho infra-constitucional, e sequer de lei complementar, pois a proteção dependeria de haver ou não uma lei ordinária prescrevendo o sigilo em razão do ofício ou da atividade do intimado.

Tal posicionamento do CTN era válido no regime constitucional sob o qual o Código foi promulgado, eis que a Constituição de 1946 não continha qualquer norma a respeito, e também a Constituição de 1967 e a Emenda Constitucional n. 1, de 1969.

Com o advento do regime de 1988, a validade do CTN requer avaliação mais cuidadosa.

Realmente, se se puder enquadrar o sigilo bancário no art. 5º da atual Carta, terá ele natureza de garantia constitucional, não mais alterável por lei comum ou complementar. Mais ainda, tratar-se-á de cláusula pétrea, no sentido do art. 60, §4º, da mesma Constituição, não sendo sequer possível proposta de emenda constitucional para alterá-lo.

Neste caso, o art. 197 do CTN terá sido derrogado no tocante às instituições financeiras, somente podendo ter sobrevivido em relação a outros segmentos por ele atingidos, se a estes também não for possível estender a proteção constante do art. 5º da Constituição de 1988.

Por outro lado, se o sigilo bancário não estiver sob a proteção do art. 5º, e se for correta a interpretação de que a Lei n. 4595 adquiriu o "status" de lei complementar graças ao art. 192 da Constituição Federal, o CTN terá que ser aplicado em conjunto com esta prescrição constitucional, significando que somente uma outra lei complementar poderá autorizar alteração relacionada ao sigilo devido pelas instituições financeiras. Neste último caso, o art. 197 do CTN, dependente de lei comum, continuará válido para outros segmentos.

Seja como for, uma norma que autorize a quebra do sigilo bancário por decisão exclusiva de autoridade administrativa, independentemente de autorização judicial, não preenche ideais de justiça e de segurança desejáveis no Estado de Direito.

Com efeito, numa apreciação independente de graduação ou de existência de norma constitucional, a inconveniência de uma tal disposição equivale à inconveniência de permitir a entrada de agentes do fisco no domicílio da pessoa, sem o respaldo e o controle do Poder Judiciário.

Não apenas pela possibilidade de abuso, quanto pela necessidade de resguardar o particular perante o Poder Público, há que se ter em conta a necessidade de qualquer dessas diligências ser feita através de procedimento judicial.

No Estado de Direito não é concebível que uma das partes tenha o domínio das provas sobre a outra, ainda que o próprio Poder Público seja essa parte, e mesmo perante as vantagens que as leis já lhe atribuem em detrimento da isonomia processual, vantagens estas que, até um limite de razoabilidade, têm sido admitidas pela jurisprudência.

Neste particular, não se pode deixar de considerar que o braço executivo do Poder Público é parte no processo, convindo, portanto, ser submetido ao prudente e autorizado controle do braço judicante que, juridicamente e de fato, é independente daquele.

Portanto, é necessário que medida tão extrema como a quebra do sigilo bancário seja procedida apenas em casos de interesse da justiça, previstos em lei, mediante prévia justificação perante o juiz competente e sob rigoroso controle deste.

Mas digo que esse texto transcrito é "velho", não porque oito ou nove anos nos separam dele, e sim porque logo depois adveio nova legislação complementar e sua regulamentação.

3 As alterações legislativas a partir de 2001

No ano de 2001, sem ter havido alteração constitucional, duas leis complementares foram promulgadas e agitaram o ambiente jurídico e político em torno da velha questão.

Naquele ano, a matéria continuava a ser constitucionalmente reservada à lei complementar, por força de duas disposições da Constituição Federal de 1988.

A primeira delas, jamais modificada, é o art. 146, que requer lei complementar para a disciplina de aspectos tributários fundamentais, inclusive quanto ao crédito tributário. Falar em sigilo fiscal e sigilo bancário é aludir a aspectos ligados direta ou indiretamente à constituição e às garantias do crédito tributário, de sorte que o assunto estava, como está, subordinado a essa espécie legislativa.

O segundo dispositivo da Constituição, envolvido no tema do sigilo bancário e o reservava ao trato por lei complementar, era o art. 192, o qual abordarei adiante, após anotar que a Lei Complementar nº 104, de 10.01.2001, alterou o art. 198 do Código Tributário Nacional (CTN), relativo ao sigilo fiscal.

É importante que, depois das leis ordinárias do início dos anos 90 (as quais abordaremos adiante), o assunto tenha passado a ser tratado em lei complementar, atendendo, assim, à exigência constitucional pelo menos quanto ao veículo legislativo.

Assim, em virtude da Lei Complementar nº 104, o art. 198 do CTN, tratando do sigilo fiscal, passou a ter a seguinte redação:

Art. 198 – Sem prejuízo do disposto na legislação criminal, é vedada a divulgação, por parte da Fazenda Pública ou de seus servidores, de informação obtida em razão do ofício sobre a situação econômica ou financeira do sujeito passivo ou de terceiros e sobre a natureza e o estado de seus negócios ou atividades.

§1º – Excetuam-se do disposto neste artigo, além dos casos previstos no art. 199, os seguintes:

I – requisição de autoridade judiciária no interesse da justiça;

II – solicitações de autoridade administrativa no interesse da Administração Pública, desde que seja comprovada a instauração regular de processo administrativo, no órgão ou na entidade respectiva, com o objetivo de investigar o sujeito passivo a que se refere a informação, por prática de infração administrativa.

§2º – O intercâmbio de informação sigilosa, no âmbito da Administração Pública, será realizado mediante processo regularmente instaurado, e a entrega será feita pessoalmente à autoridade solicitante, mediante recibo, que formalize a transferência e assegure a preservação do sigilo.

§3º – Não é vedada a divulgação de informações relativas a:

I – representações fiscais para fins penais;

II – inscrições na Dívida Ativa da Fazenda Pública;

III – parcelamento ou moratória.

Quanto ao art. 199, referido no §1º do art. 198, teve acréscimo de um parágrafo, e passou a ser o seguinte:

Art. 199 – A Fazenda Pública da União e as dos Estados, do Distrito Federal e dos Municípios prestar-se-ão mutuamente assistência para a fiscalização dos tributos respectivos e permuta de informações, na forma estabelecida, em caráter geral ou específico, por lei ou convênio.

Parágrafo único. A Fazenda Pública da União, na forma estabelecida em tratados, acordos ou convênios, poderá permutar informações com Estados estrangeiros no interesse da arrecadação e da fiscalização de tributos.

Os dois artigos acima constam do Capítulo I ("Fiscalização") do Título IV ("Administração Tributária") do Livro Segundo do CTN, mas, independentemente dos títulos, ligam-se direta ou indiretamente ao crédito tributário, isto é, à matéria de lei complementar.

Vale, pois, lembrar alguns dispositivos desse capítulo, que continuaram com suas redações anteriores, e que se relacionam com o tema ora abordado, notando-se nos art. 195 e 200 a procedência da observação, feita no primeiro capítulo, relativa ao pouco sentido da defesa do sigilo bancário quando a fiscalização tem amplo acesso a tudo quanto possa incriminar a pessoa fiscalizada. Destaco, então, os seguintes artigos:

Art. 195 – Para os efeitos da legislação tributária, não têm aplicação quaisquer disposições legais excludentes ou limitativas do direito de examinar mercadorias, livros, arquivos, documentos, papéis e efeitos comerciais ou fiscais, dos comerciantes industriais ou produtores, ou da obrigação destes de exibi-los.

Parágrafo único – Os livros obrigatórios de escrituração comercial e fiscal e os comprovantes dos lançamentos neles efetuados serão conservados até que ocorra a prescrição dos créditos tributários decorrentes das operações a que se refiram.

(...)

Art. 200. As autoridades administrativas federais poderão requisitar o auxílio da força pública federal, estadual ou municipal, e reciprocamente, quando vítimas de embaraço ou desacato no exercício de suas funções, ou quando necessário à efetivação dê medida prevista na legislação tributária, ainda que não se configure fato definido em lei como crime ou contravenção.

Destaco também o art. 197, em cujo inciso II está prevista a prestação de informações pelas instituições financeiras, ao lado da mesma obrigação imposta a outras pessoas físicas ou jurídicas:

Art. 197 – Mediante intimação escrita, são obrigados a prestar à autoridade administrativa todas as informações de que disponham com relação aos bens, negócios ou atividades de terceiros:

I – os tabeliães, escrivães e demais serventuários de ofício;

II – os bancos, casas bancárias, Caixas Econômicas e demais instituições financeiras;

III – as empresas de administração de bens;

IV – os corretores, leiloeiros e despachantes oficiais;

V – os inventariantes;

VI – os síndicos, comissários e liquidatários;

VII – quaisquer outras entidades ou pessoas que a lei designe, em razão de seu cargo, ofício, função, ministério, atividade ou profissão.

Parágrafo único – A obrigação prevista neste artigo não abrange a prestação de informações quanto a fatos sobre os quais o informante esteja legalmente obrigado a observar segredo em razão de cargo, ofício, função, ministério, atividade ou profissão.

Ainda quanto ao sigilo bancário, o art. 192 da Constituição veio a ser alterado em 2003, pela Emenda Constitucional nº 40, passando a ter a seguinte redação:

Art. 192 – O sistema financeiro nacional, estruturado de forma a promover o desenvolvimento equilibrado do País e a servir aos interesses da coletividade, em todas as partes que o compõem, abrangendo as cooperativas de crédito, será regulado por leis complementares que disporão, inclusive, sobre a participação do capital estrangeiro nas instituições que o integram.

Para o objeto deste trabalho, contudo, a modificação não representou mudança de fundo na respectiva norma, eis que a redação mais minuciosa que anteriormente existia restou no novo texto com a mesma prescrição genérica de que o sistema financeiro nacional deve ser regulado por lei complementar, chancelando, portanto, o regime que vinha vigendo e as leis baixadas sob ele, inclusive no ano de 2001.

Realmente, em 2001, como até hoje, o art. 197 do CTN (acima transcrito) não foi alterado, conservando sua disposição que em parte abrange o sigilo bancário (inciso II), e o faz na sua condição de lei recepcionada pelo regime constitucional de 1988 como lei complementar *ratione materiae*.

Todavia, naquele ano apareceu a Lei Complementar nº 105, a qual, igualmente à de nº 104, foi datada de 10.01.2001, estando ela, sim, diretamente envolvida com a problemática do sigilo bancário e da sua quebra.

Realmente, seu art. 1º é peremptório ao prescrever que "as instituições financeiras conservarão sigilo em suas operações ativas e passivas e serviços prestados".

Vêm a seguir a definição de quais entidades são consideradas financeiras para os fins dessa lei, quais situações não constituem violação do dever de sigilo, as regras para quebra do sigilo devido e a proteção que deve ser atribuída aos dados colhidos em decorrência da quebra.

Na mesma data de 10 de janeiro daquele ano, o Decreto nº 3.724 regulamentou o art. 6º da lei complementar, relativamente à requisição, acesso e uso, pela então Secretaria da Receita Federal (SRF), atual Secretaria da Receita Federal do Brasil (RFB), de informações referentes a operações e serviços das instituições financeiras e das pessoas jurídicas a ela equiparadas.

O dia 10 de janeiro de 2001 foi, portanto, uma data marcante para o assunto, pois nessa data a disciplina legislativa sobre o sigilo fiscal recebeu alterações instituídas pela Lei Complementar nº 104, e o sigilo bancário passou a conter regramento mais minucioso do que jamais tivera, graças à Lei Complementar nº 105 e ao Decreto nº 3.724.

A fluidez da legislação brasileira, principalmente relativa ao direito público, recomenda que seja transcrita ao menos a Lei Complementar nº 105, para que fiquem consignadas as disposições legais tal como vigem na data em que são feitos os presentes comentários. Além disso, a transcrição dá mais comodidade ao leitor deste texto.

Diz a Lei Complementar nº 105:

Art. 1º – As instituições financeiras conservarão sigilo em suas operações ativas e passivas e serviços prestados.

§1º – São consideradas instituições financeiras, para os efeitos desta Lei Complementar:

I – os bancos de qualquer espécie;

II – distribuidoras de valores mobiliários;

III – corretoras de câmbio e de valores mobiliários;

IV – sociedades de crédito, financiamento e investimentos;

V – sociedades de crédito imobiliário;

VI – administradoras de cartões de crédito;

VII – sociedades de arrendamento mercantil;

VIII – administradoras de mercado de balcão organizado;

IX – cooperativas de crédito;

X – associações de poupança e empréstimo;

XI – bolsas de valores e de mercadorias e futuros;

XII – entidades de liquidação e compensação;

XIII – outras sociedades que, em razão da natureza de suas operações, assim venham a ser consideradas pelo Conselho Monetário Nacional.

§2º – As empresas de fomento comercial ou factoring, para os efeitos desta Lei Complementar, obedecerão às normas aplicáveis às instituições financeiras previstas no §1º.

§3º – Não constitui violação do dever de sigilo:

I – a troca de informações entre instituições financeiras, para fins cadastrais, inclusive por intermédio de centrais de risco, observadas as normas baixadas pelo Conselho Monetário Nacional e pelo Banco Central do Brasil;

II – o fornecimento de informações constantes de cadastro de emitentes de cheques sem provisão de fundos e de devedores inadimplentes, a entidades de proteção ao crédito, observadas as normas baixadas pelo Conselho Monetário Nacional e pelo Banco Central do Brasil;

III – o fornecimento das informações de que trata o §2º do art. 11 da Lei n. 9311, de 24 de outubro de 1966;

IV – a comunicação, às autoridades competentes, da prática de ilícitos penais ou administrativos, abrangendo o fornecimento de informações sobre operações que envolvam recursos provenientes de qualquer prática criminosa;

V – a revelação de informações sigilosas com o consentimento expresso dos interessados;

VI – a prestação de informações nos termos e condições estabelecidos nos artigos 2º, 3º, 4º, 5º, 6º, 7º e 9º desta Lei Complementar.

§4º – A quebra de sigilo poderá ser decretada, quando necessária para apuração de ocorrência de qualquer ilícito, em qualquer fase do inquérito ou do processo judicial, e especialmente nos seguintes crimes:

I – de terrorismo;

II – de tráfico ilícito de substâncias entorpecentes ou drogas afins;

III – de contrabando ou tráfico de armas, munições ou material destinado a sua produção;

IV – de extorsão mediante seqüestro;

V – contra o sistema financeiro nacional;

VI – contra a Administração Pública;

VII – contra a ordem tributária e a previdência social;

VIII – lavagem de dinheiro ou ocultação de bens, direitos e valores;

IX – praticado por organização criminosa.

Art. 2º – O dever de sigilo é extensivo ao Banco Central do Brasil, em relação às operações que realizar e às informações que obtiver no exercício de suas atribuições.

§1º – O sigilo, inclusive quanto a contas de depósitos, aplicações e investimentos mantidos em instituições financeiras, não pode ser oposto ao Banco Central do Brasil:

I – no desempenho de suas funções de fiscalização, compreendendo a apuração, a qualquer tempo, de ilícitos praticados por controladores, administradores, membros de conselhos estatutários, gerentes, mandatários e prepostos de instituições financeiras;

II – ao proceder a inquérito em instituição financeira submetida a regime especial.

§2º – As comissões encarregadas dos inquéritos a que se refere o inciso II do § 1º poderão examinar quaisquer documentos relativos a bens, direitos e obrigações das instituições financeiras, de seus controladores, administradores, membros de conselhos estatutários, gerentes, mandatários e prepostos, inclusive contas correntes e operações com outras instituições financeiras.

§3º – O disposto neste artigo aplica-se à Comissão de Valores Mobiliários, quando se tratar de fiscalização de operações e serviços no mercado de valores mobiliários, inclusive nas instituições financeiras que sejam companhias abertas.

§4º – O Banco Central do Brasil e a Comissão de Valores Mobiliários, em suas áreas de competência, poderão firmar convênios:

I – com outros órgãos públicos fiscalizadores de instituições financeiras, objetivando a realização de fiscalizações conjuntas, observadas as respectivas competências;

II – com bancos centrais ou entidades fiscalizadoras de outros países, objetivando:

a) a fiscalização de filiais e subsidiárias de instituições financeiras estrangeiras, em funcionamento no Brasil e de filiais e subsidiárias, no exterior, de instituições financeiras brasileiras;

b) a cooperação mútua e o intercâmbio de informações para a investigação de atividades ou operações que impliquem aplicação, negociação, ocultação ou transferência de ativos financeiros e de valores mobiliários relacionados com a prática de condutas ilícitas.

§5º – O dever de sigilo de que trata esta Lei Complementar estende-se aos órgãos fiscalizadores mencionados no §4º e a seus agentes.

§6º – O Banco Central do Brasil, a Comissão de Valores Mobiliários e os demais órgãos de fiscalização, nas áreas de suas atribuições, fornecerão ao Conselho de Controle de

Atividades Financeiras – COAF, de que trata o art. 14 da Lei n. 9613, de 3 de março de 1998, as informações cadastrais e de movimento de valores relativos às operações previstas no inciso I do art. 11 da referida Lei.

Art. 3º – Serão prestadas pelo Banco Central do Brasil, pela Comissão de Valores Mobiliários e pelas instituições financeiras as informações ordenadas pelo Poder Judiciário, preservado o seu caráter sigiloso mediante acesso restrito às partes, que delas não poderão servir-se para fins estranhos à lide.

§1º – Dependem de prévia autorização do Poder Judiciário a prestação de informações e o fornecimento de documentos sigilosos solicitados por comissão de inquérito administrativo destinada a apurar responsabilidade de servidor público por infração praticada no exercício de suas atribuições, ou que tenha relação com as atribuições do cargo em que se encontre investido.

§2º – Nas hipóteses do §1º, o requerimento de quebra de sigilo independe da existência de processo judicial em curso.

§3º – Além dos casos previstos neste artigo o Banco Central do Brasil e a Comissão de Valores Mobiliários fornecerão à Advocacia-Geral da União as informações e os documentos necessários à defesa da União nas ações em que seja parte.

Art. 4º – Banco Central do Brasil e a Comissão de Valores Mobiliários, nas áreas de suas atribuições, e as instituições financeiras fornecerão ao Poder Legislativo Federal as informações e os documentos sigilosos que, fundamentadamente, se fizerem necessários ao exercício de suas respectivas competências constitucionais e legais.

§1º – As comissões parlamentares de inquérito, no exercício de sua competência constitucional e legal de ampla investigação, obterão as informações e documentos sigilosos de que necessitarem, diretamente das instituições financeiras, ou por intermédio do Banco Central do Brasil ou da Comissão de Valores Mobiliários.

§2º – As solicitações de que trata este artigo deverão ser previamente aprovadas pelo Plenário da Câmara dos Deputados, do Senado Federal, ou do plenário de suas respectivas comissões parlamentares de inquérito.

Art. 5º – O Poder Executivo disciplinará, inclusive quanto à periodicidade e aos limites de valor, os critérios segundo os quais as instituições financeiras informarão à administração tributária da União, as operações financeiras efetuadas pelos usuários de seus serviços.

§1º – Consideram-se operações financeiras, para os efeitos deste artigo:

I – depósitos à vista e a prazo, inclusive em conta de poupança;

II – pagamentos efetuados em moeda corrente ou em cheques;

III – emissão de ordens de crédito ou documentos assemelhados;

IV – resgates em contas de depósitos à vista ou a prazo, inclusive de poupança;

V – contratos de mútuo;

VI – descontos de duplicatas, notas promissórias e outros títulos de crédito;

VII – aquisições e vendas de títulos de renda fixa ou variável;

VIII – aplicações em fundos de investimentos;

IX – aquisições de moeda estrangeira;

X – conversões de moeda estrangeira em moeda nacional;

XI – transferências de moeda e outros valores para o exterior;

XII – operações com ouro, ativo financeiro;

XIII – operações com cartão de crédito;

XIV – operações de arrendamento mercantil; e

XV – quaisquer outras operações de natureza semelhante que venham a ser autorizadas pelo Banco Central do Brasil, Comissão de Valores Mobiliários ou outro órgão competente.

§2º – As informações transferidas na forma do 'caput' deste artigo restringir-se-ão a informes relacionados com a identificação dos titulares das operações e os montantes globais mensalmente movimentados, vedada a inserção de qualquer elemento que permita identificar a sua origem ou a natureza dos gastos a partir deles efetuados.

§3º – Não se incluem entre as informações de que trata este artigo as operações financeiras efetuadas pelas administrações direta e indireta da União, dos Estados, do Distrito Federal e dos Municípios.

§4º – Recebidas as informações de que trata este artigo, se detectados indícios de falhas, incorreções ou omissões, ou de cometimento de ilícito fiscal, a autoridade interessada poderá requisitar as informações e os documentos de que necessitar, bem como realizar fiscalização ou auditoria para a adequada apuração dos fatos.

§5º – As informações a que refere este artigo serão conservadas sob sigilo fiscal, na forma da legislação em vigor.

Art. 6º – As autoridades e os agentes fiscais tributários da União, dos Estados, do Distrito Federal e dos Municípios somente poderão examinar documentos, livros e registros de instituições financeiras, inclusive os referentes a contas de depósitos e aplicações financeiras, quando houver processo administrativo instaurado ou procedimento fiscal em curso e tais exames sejam considerados indispensáveis pela autoridade administrativa competente.

Parágrafo único – O resultado dos exames, as informações e os documentos a que se refere este artigo serão conservados em sigilo, observada a legislação tributária.

Art. 7º – Sem prejuízo do disposto no §3º do art. 2º, a Comissão de Valores Mobiliários, instaurado inquérito administrativo, poderá solicitar à autoridade judiciária competente o levantamento do sigilo junto às instituições financeiras de informações e documentos relativos a bens, direitos e obrigações de pessoa física ou jurídica submetida ao seu poder disciplinar.

Parágrafo único – O Banco Central do Brasil e a Comissão de Valores Mobiliários, manterão permanente intercâmbio de informações acerca dos resultados das inspeções que realizarem, dos inquéritos que instaurarem e das penalidades que aplicarem, sempre que as informações forem necessárias ao desempenho de suas atividades.

Art. 8º – O cumprimento das exigências e formalidades previstas nos artigos 4º, 6º e 7º, será expressamente declarado pelas autoridades competentes nas solicitações dirigidas ao Banco Central do Brasil, à Comissão de Valores Mobiliários ou às instituições financeiras.

Art. 9º – Quando, no exercício de suas atribuições, o Banco Central do Brasil e a Comissão de Valores Mobiliários verificarem a ocorrência de crime definido em lei como de ação pública, ou indícios da prática de tais crimes, informarão ao Ministério Público, juntando à comunicação os documentos necessários à apuração ou comprovação dos fatos.

§1º – A comunicação de que trata este artigo será efetuada pelos Presidentes do Banco Central do Brasil e da Comissão de Valores Mobiliários, admitida delegação de competência, no prazo máximo de quinze dias, a contar do recebimento do processo, com manifestação dos respectivos serviços jurídicos.

§2º – Independentemente do disposto no 'caput' deste artigo, o Banco Central do Brasil e a Comissão de Valores Mobiliários comunicarão aos órgãos públicos competentes as irregularidades e os ilícitos administrativos de que tenham conhecimento, ou indícios de sua prática, anexando os documentos pertinentes.

Art. 10 – A quebra de sigilo, fora das hipóteses autorizadas nesta Lei Complementar, constitui crime e sujeita os responsáveis à pena de reclusão, de um a quatro anos, e multa, aplicando-se, no que couber, o Código Penal, sem prejuízo de outras sanções cabíveis.

Parágrafo único – Incorre nas mesmas penas quem omitir, retardar injustificadamente ou prestar falsamente as informações requeridas nos termos desta Lei Complementar.

Art. 11 – O servidor público que utilizar ou viabilizar a utilização de qualquer informação obtida em decorrência da quebra de sigilo de que trata esta Lei Complementar responde pessoal e diretamente pelos danos decorrentes, sem prejuízo da responsabilidade objetiva da entidade pública, quando comprovado que o servidor agiu de acordo com orientação oficial.

Art. 12 – Esta Lei Complementar entra em vigor na data de sua publicação.

Art. 13 – Revoga-se o art. 38 da Lei n. 4595, de 31 de dezembro de 1964.

4 Uma visão sucinta da legislação brasileira no final da primeira década do século XXI

Estamos no final do ano 2009, portanto, bem próximos do encerramento dos primeiros dez anos do século XXI, e a legislação brasileira ainda se concentra nos diplomas legislativos retrorreferidos, os quais vale a pena serem passados por uma breve análise.

Quanto ao sigilo fiscal

Relativamente ao sigilo fiscal, avultam as disposições do art. 198 do CTN, que vêm em proteção dos fiscalizados ao vedar a divulgação, pelos servidores públicos, de qualquer informação obtida sobre a situação econômica ou financeira do sujeito passivo ou de terceiros, e sobre a natureza e o estado dos seus negócios ou atividades.

Somente podem ser excepcionadas as informações prestadas por requisição da autoridade judiciária ou de autoridade administrativa, neste caso desde que no interesse da Administração Pública e após a instauração de processo administrativo, na respectiva repartição, com a finalidade de investigar a pessoa a que se referem as informações, pela prática de infração administrativa.

Também estão excluídas as hipóteses a que alude o art. 199, que são as relacionadas à permuta de informações entre as Fazendas Públicas da União, dos Estados, dos Municípios e do Distrito Federal, na prestação de mútua assistência para fiscalização dos respectivos tributos, seja tal permuta estabelecida em caráter geral ou específico, por lei ou por convênio. O mesmo é permitido entre a Fazenda Pública da União e outros países.

Por fim, segundo o CTN, aquelas autoridades podem transmitir informações relativas a (o que se deve entender como necessárias a) representações fiscais para fins penais, inscrições na dívida ativa e parcelamentos ou moratórias.

Em qualquer caso, o CTN requer que o intercâmbio de informação sigilosa, no âmbito da Administração Pública, seja realizado mediante processo regularmente instaurado, e a entrega da mesma seja feita pessoalmente à autoridade solicitante, mediante recibo, o qual deve formalizar a transferência e assegurar a preservação do sigilo.

Quanto aos demais dispositivos antes mencionados, mais diretamente pertinentes ao assunto aqui ventilado, há a disposição segundo a qual, para os fins da legislação tributária, não têm aplicação quaisquer disposições legais excludentes ou limitativas do direito de examinar mercadorias, livros, arquivos, documentos, papéis e efeitos comerciais ou fiscais dos comerciantes, industriais ou produtores, ou da obrigação destes de exibi-los.

No resguardo dos interesses dos investigados, a autoridade administrativa que presidir ou proceder a quaisquer diligências de fiscalização deve lavrar os termos necessários para que fique documentado o início do procedimento, em cujo documento deve ser fixado o prazo máximo para a conclusão das mesmas.

Mais direta ainda, e inclusive adentrando na questão do sigilo bancário, é a obrigação atribuída aos tabeliães, escrivães e demais serventuários de ofício, bancos, casas bancárias, Caixas Econômicas e demais instituições financeiras, empresas de administração de bens, corretores, leiloeiros e despachantes oficiais, inventariantes, síndicos, comissários e liquidatários, e quaisquer outras entidades ou pessoas que a lei designe, os quais, mediante intimação escrita e salvo o dever de segredo em razão de cargo, ofício, função, ministério, atividade ou profissão, devem prestar à autoridade administrativa todas as informações de que disponham com relação aos bens, negócios ou atividades de terceiros, em razão de seu cargo, ofício, função, ministério, atividade ou profissão.

O código também veda, sem prejuízo do disposto na legislação criminal, a divulgação, para qualquer fim, por parte da Fazenda Pública ou de seus funcionários, de qualquer informação, obtida em razão do ofício, sobre a situação econômica ou financeira dos sujeitos passivos ou de terceiros e sobre a natureza e o estado dos seus negócios ou atividades.

Ante ocorrências que são do conhecimento público, inclusive que chegaram a gerar protestos até por parte de autoridades, é bom consignar que o CTN autoriza que autoridades administrativas federais requisitem o auxílio de força policial, federal, estadual ou municipal, quando enfrentarem situações de embaraço ou desacato no exercício de suas funções, ou quando necessário à efetivação de medida prevista na legislação tributária, ainda que não se configure fato definido em lei como crime ou contravenção. O que o código não autoriza é o exercício espalhafatoso desse direito outorgado às autoridades, e, obviamente, muito menos o exercício abusivo.

Numa visão global de todas essas normas relativas ao sigilo fiscal, pode-se perceber a existência de um esforço em favor da fiscalização e a viabilização da constituição do crédito tributário, esforço este que, não obstante ser justificável, é muito mais intenso do que a preocupação com as garantias do direito de defesa e do contraditório.

Seja como for, são normas relacionadas ao período de fiscalização e lançamento, que geralmente é anterior ao início do processo propriamente dito, a partir do qual as ilegalidades eventualmente cometidas naquela fase inicial poderão ser corrigidas pelo devido processo legal.

Quanto ao sigilo bancário

Como visto, encontramos na Lei Complementar nº 105 a disciplina da proteção e da quebra do sigilo bancário, o qual, na verdade, não se limita aos bancos e às demais instituições financeiras, pois, para os efeitos dessa lei, também são abrangidas outras entidades.

Realmente, são obrigadas a conservar sigilo em suas operações ativas e passivas, e em seus serviços, os bancos de qualquer espécie, as distribuidoras de valores mobiliários, as corretoras de câmbio e de valores mobiliários, as sociedades de crédito, financiamento e investimentos, as sociedades de crédito imobiliário, as administradoras de cartões de crédito, as sociedades de arrendamento mercantil, as administradoras de mercado de balcão organizado, as cooperativas de crédito, as associações de poupança e empréstimo, as bolsas de valores e de mercadorias e futuros, as entidades de liquidação e compensação, além de outras sociedades que, em razão da natureza de suas operações, venham a ser consideradas pelo Conselho Monetário Nacional como sendo instituições financeiras. Não bastasse lista tão extensa, parágrafo isolado acresce a ela as empresas de fomento comercial ou *factoring*, além de que também não escapam, tendo disposições especiais, o Banco Central e a Comissão de Valores Mobiliários. A lei complementar e seu regulamento aludem genericamente a essas entidades como "instituições financeiras ou a elas equiparadas".

Assim, é muito extenso o elenco de pessoas jurídicas que são obrigadas a guardar segredo, mas que, paradoxalmente, podem ser forçadas a ter que entregar informações exatamente sobre dados protegidos pelo dever de sigilo.

Este é um aspecto curioso, eis que, na realidade da vida empresarial, empresas como as constantes daquela relação normalmente já não entregam informações sobre seus clientes, a quem quer que seja, não por imposição legal, mas em homenagem às boas relações comerciais e profissionais e no próprio interesse de preservar sua clientela.

Assim, não deixa de ser uma ilusão legislativa primeiro constar da lei a determinação da obrigatória manutenção de sigilo, para depois ser prevista a sua quebra. Uma ilusão que não é propriamente ilusão, mas técnica ou estratégia para chegar ao verdadeiro objetivo de permitir a quebra do sigilo bancário.

Com efeito, logo após determinar a conservar sigilo, a lei complementar declara não representar quebra de sigilo a entrega de informações em determinadas circunstâncias, o que é um modo semântico suave de autorizar a violação do segredo, como que se o autor da lei tivesse pejo de ir direto ao trato da matéria.

Pois bem, nos termos daquela lei, não constitui violação do dever de sigilo a transmissão de informes em algumas situações que podem ser taxadas de "inocentes", ao passo que outras podem ser tidas como "agressivas" ou "de interesse exclusivo do Poder Público".

Dentre as primeiras, encontramos a troca de informações entre as entidades abrangidas, para fins cadastrais, inclusive por intermédio de centrais de risco, e a revelação de informações sigilosas com o consentimento expresso dos interessados.

As demais visam claramente algum interesse público, sendo certo que em muitos casos tal interesse tem forte respaldo na normalidade jurídica. São as hipóteses de (1) fornecimento de informações constantes de cadastro de emitentes de cheques sem provisão de fundos e de devedores inadimplentes a entidades de proteção ao crédito; (2) fornecimento das informações de que trata a Lei nº 9.311, ou seja, aquelas destinadas à fiscalização da CPMF e disponíveis ao Fisco federal para a fiscalização de outros tributos; (3) comunicação, às autoridades competentes, da prática de ilícitos penais ou administrativos, abrangendo o fornecimento de informações sobre operações que envolvam recursos provenientes de qualquer prática criminosa, e (4) prestação de informações nos termos e condições estabelecidos na própria Lei Complementar nº 105.

Além disso, sendo mais explícita, essa lei diz textualmente que pode ser decretada a quebra do sigilo quando necessária para apuração de ocorrência de qualquer ilícito, em qualquer fase do inquérito ou do processo judicial, e especialmente nos crimes de terrorismo, tráfico ilícito de substâncias entorpecentes ou drogas afins, contrabando ou tráfico de armas, munições ou material destinado a sua produção, extorsão mediante sequestro, contra o sistema financeiro nacional, contra a Administração Pública, contra a ordem tributária e a previdência social, de lavagem de dinheiro ou ocultação de bens, direitos e valores, e os praticados por organização criminosa.

O campo de abrangência também é vasto, mas o principal centro de interesse se sedia nas infrações para fins tributários, como vem revelado pelo fato de que especificamente para este objeto foi simultaneamente baixado o regulamento contido no Decreto nº 3.724.

Aliás, quanto a isto, a lei complementar prescreve que o Poder Executivo deve disciplinar, inclusive quanto à periodicidade e aos limites de valor, os critérios segundo os quais as instituições financeiras estão obrigadas a informar à Administração Tributária da União, as operações financeiras efetuadas pelos usuários dos seus serviços, sendo considerados como operações financeiras os depósitos à vista e a prazo, inclusive em contas de poupança, e mais treze outras espécies de operações, além de quaisquer outras que tenham natureza semelhante e que venham a ser autorizadas pelo Banco Central do Brasil, pela Comissão de Valores Mobiliários ou por outro órgão competente.

Abre-se, portanto, uma gama muito ampla de situações deixadas ao critério exclusivo do Poder Executivo central ou de órgãos inferiores ligados a ele, tendo como único elo de vinculação com as hipóteses previstas em lei, que já são muito abrangentes, a relação de similitude com estas, similitude, ademais, que se apresenta como um conceito indeterminado.

Sobre tais operações que podem ser objeto de regulamento do Executivo, sem justificativa verdadeiramente séria ficaram excluídas as operações financeiras efetuadas pelas Administrações direta e indireta da União, dos Estados, do Distrito Federal e dos Municípios.

Ao mesmo tempo em que determina a observância do sigilo fiscal para tais informações objeto do decreto regulamentar, a lei complementar traça algumas diretrizes para o seu uso e processamento, das quais a principal é a que determina deverem elas restringir-se à identificação dos titulares das operações e aos montantes globais mensalmente movimentados, e proíbe a exigência da inserção de qualquer elemento que permita identificar a sua origem ou a natureza dos gastos a partir deles efetuados.

No tocante à quebra do sigilo, perante qualquer das entidades relacionadas na lei, esta a permite quando as informações forem ordenadas pelo Poder Judiciário, sendo determinada a preservação do seu caráter sigiloso mediante acesso restrito às partes, que delas não podem servir-se para fins estranhos à lide.

Ao lado disso, a lei prescreve que dependem de prévia autorização do Poder Judiciário a prestação de informações e o fornecimento de documentos sigilosos solicitados por comissão de inquérito administrativo destinada a apurar responsabilidade de servidor público por infração praticada no exercício de suas atribuições, ou que tenha relação com as atribuições do cargo em que se encontre investido, sendo que neste caso, diferentemente dos outros, o requerimento de quebra de sigilo independe da existência de processo judicial em curso. Nesta mesma regra, há previsão no sentido de que o Banco Central do Brasil e a Comissão de Valores Mobiliários devem fornecer à Advocacia-Geral da União as informações e os documentos necessários à defesa da União nas ações em que seja parte.

Por outro lado, segundo a Lei Complementar nº 105, as autoridades e os agentes fiscais tributários da União, dos Estados, do Distrito Federal e dos Municípios somente podem examinar documentos, livros e registros de instituições financeiras, inclusive os referentes a contas de depósitos e aplicações financeiras, quando houver processo administrativo instaurado ou procedimento fiscal em curso, e tais exames forem considerados indispensáveis pela autoridade administrativa competente, sendo acrescentado que o resultado dos exames, as informações e os documentos assim obtidos devem ser conservados em sigilo, observada a legislação tributária, ou seja, o CTN.

Do mesmo modo, a Comissão de Valores Mobiliários, instaurado inquérito administrativo, está autorizada a solicitar à autoridade judiciária competente o levantamento do sigilo junto às instituições financeiras, referentes a informações e documentos relativos a bens, direitos e obrigações de pessoa física ou jurídica submetida ao seu poder disciplinar, sendo que aquele órgão e o Banco Central do Brasil devem manter permanente intercâmbio de informações acerca dos resultados das inspeções que realizarem, dos inquéritos que instaurarem e das penalidades que aplicarem, sempre que as informações forem necessárias ao desempenho das suas atividades.

A lei vai adiante, determinando que o Banco Central do Brasil e a Comissão de Valores Mobiliários, ao verificarem a ocorrência de crime definido em lei como de ação pública, ou indícios da prática de tais crimes, informem ao Ministério Público o que tiverem encontrado, juntando à comunicação os documentos necessários à apuração ou comprovação dos fatos.

Passando mais diretamente à proteção dos interesses resguardados pelo sigilo, a Lei Complementar nº 105 estatui que a quebra de sigilo, fora das hipóteses autorizadas por ela, constitui crime e, sem prejuízo de outras sanções cabíveis, sujeita os responsáveis à pena de reclusão, de um a quatro anos, e multa, aplicando-se, no que couber, o Código Penal. Acrescenta que incorre nas mesmas penas quem omitir, retardar injustificadamente ou prestar falsamente as informações requeridas nos termos por ela fixados.

Além disso, a lei comina ao servidor público que utilizar ou viabilizar a utilização de qualquer informação obtida em decorrência da quebra de sigilo por ela regulada a responsabilidade pessoal e direta pelos danos decorrentes, sem prejuízo da responsabilidade objetiva da entidade pública, quando comprovado que o servidor agiu de acordo com orientação oficial. Trata-se de medida importante, no mínimo por tornar mais arriscada qualquer ação ilegal praticada voluntariamente pelo servidor, e por outorgar maior proteção aos prejudicados.

Este é um resumo da Lei Complementar nº 105, a propósito da qual cabe fazer uma observação final: trata-se de um regramento legislativo muito mais minucioso e mais rigoroso do que seu antecessor, contido no art. 38 da Lei nº 4.595, de 31.12.1964, o qual foi expressamente revogado por essa própria lei complementar.

Mas a essência das duas leis é muito semelhante, pois a anterior continha norma que determinava às instituições financeiras (sem extensão do conceito desse tipo de pessoa jurídica) a conservação do sigilo sobre suas operações ativas e passivas, bem como sobre seus serviços prestados, e também prescrevia que as informações e os esclarecimentos ordenados pelo Poder Judiciário, e a exibição de livros e documentos em Juízo, revestir-se-iam de caráter sigiloso, com acesso aberto apenas às partes legítimas na causa, vedando a estas qualquer uso estranho à mesma.

Ao lado disso, a Lei nº 4.595 permitia a prestação de informações, pelo Banco Central e pelas instituições financeiras públicas, solicitadas pelo Poder Legislativo, determinando reserva sobre as mesmas, e continha regras para tais informações, inclusive no âmbito de comissões parlamentares de inquérito. O que não havia era a previsão de informações periódicas pelas instituições financeiras, para uso da fiscalização tributária, como passou a haver na atual legislação.

De modo semelhante à Lei Complementar nº 105, a lei revogada somente permitia o exame de documentos, livros e registros de contas de depósitos, por fiscais tributários da União ou dos Estados, se houvesse processo instaurado e se tais medidas fossem consideradas indispensáveis pela autoridade competente, devendo tais elementos ser considerados reservados. A essa regra também ficavam sujeitas as informações e os esclarecimentos das instituições financeiras às autoridades fiscais, sobre as quais a lei enfatizava a obrigação de serem conservados sob sigilo e proibidos de utilização senão reservadamente.

Também havia a punição criminal para a quebra ilegal do sigilo, além de outras sanções cabíveis, sendo a pena criminal igual à da atual lei complementar, ou seja, reclusão de um a cinco anos. Mas não havia a responsabilidade civil pessoal pelo dano.

Vale lembrar que o art. 8º da Lei nº 8.021/1990, excepcionara do art. 38 a matéria tributária, a partir da instauração do respectivo procedimento fiscal.[2] Em complemento, o art. 1º da Lei nº 8.076, de 23.08.1990, pretendeu impedir a obtenção de medidas liminares em mandados de segurança e processos cautelares, declarando suspensa a concessão das mesmas até 15.09.1992 em matérias, entre outras, reguladas pela Lei nº 8.021. Esses dispositivos legais, jamais revogados expressamente,

---

[2] "Art. 8º Iniciado o procedimento fiscal, a autoridade fiscal poderá solicitar informações sobre operações realizadas pelo contribuinte em instituições financeiras, inclusive extratos de contas bancárias, não se aplicando, nesta hipótese, o disposto no art. 38 da Lei n. 4595, de 31 de dezembro de 1964. Parágrafo único – As informações, que obedecerão às normas regulamentares expedidas pelo Ministério da Economia, Fazenda e Planejamento, deverão ser prestadas no prazo máximo de dez dias úteis contados da data da solicitação, aplicando-se, no caso de descumprimento desse prazo, a penalidade prevista no §1º do art. 7º."

esbarravam em óbices constitucionais, o primeiro na exigência de lei complementar e o segundo nas garantias constitucionais ao amplo acesso ao Poder Judiciário e à obtenção de mandado de segurança para proteção de direito líquido e certo.

Voltando à Lei Complementar nº 105, no respectivo regulamento baixado pelo já referido Decreto nº 3.724, algumas disposições merecem destaque. Esse decreto foi alterado em 2007 pelo de nº 6.104, e instituiu o Mandado de Procedimento Fiscal (MPF), que na prática foi objeto de sucessivas disposições fazendárias, as últimas das quais contidas na Portaria RFB nº 11.371, de 12.12.2007.

Esse documento, obrigatório para o início de qualquer procedimento fiscal no âmbito tributário federal, oferece garantia de que o servidor em visita ao domicílio fiscal do contribuinte tem autorização para as investigações nele discriminadas, e atende ao que é exigido por disposição específica da Lei Complementar nº 105.

Dentre outras regras do Decreto nº 3.724, é importante aquela que preceitua que qualquer auditor da RFB somente pode examinar informações relativas a terceiros, constantes de documentos, livros e registros de instituições financeiras e de entidades a elas equiparadas (ou seja, de todas as abrangidas pela disciplina da Lei Complementar nº 105), inclusive os referentes a contas de depósitos e de aplicações financeiras, quando houver procedimento de fiscalização em curso e tais exames forem considerados indispensáveis.

Para tanto, o decreto merece aplauso ao prescrever objetivamente quais as situações em que podem ser considerados indispensáveis os procedimentos acima referidos, afastando, assim, subjetivismos. São elas (1) a subavaliação de valores de operação, inclusive de comércio exterior, de aquisição ou alienação de bens ou direitos, tendo por base os correspondentes valores de mercado; (2) a obtenção de empréstimos de pessoas jurídicas não financeiras ou de pessoas físicas, quando o sujeito passivo deixar de comprovar o efetivo recebimento dos recursos; (3) a prática de qualquer operação com pessoa física ou jurídica residente ou domiciliada em país enquadrado nas condições estabelecidas no art. 24 da Lei nº 9.430, ou seja, os popularmente denominados "paraísos fiscais";[3] (4) a omissão de rendimentos ou ganhos líquidos, decorrentes de aplicações financeiras de renda fixa ou variável; (5) a realização de gastos ou investimentos em valor superior à renda disponível; (6) a remessa, a qualquer título, para o exterior, por intermédio de conta de não residente,

---

[3] "Art. 24 – As disposições relativas a preços, custos e taxas de juros, constantes dos art. 18 a 22, aplicam-se, também, às operações efetuadas por pessoa física ou jurídica residente ou domiciliada no Brasil, com qualquer pessoa física ou jurídica, ainda que não vinculada, residente ou domiciliada em país que não tribute a renda ou que a tribute a alíquota máxima inferior a vinte por cento. §1º – Para efeito do disposto na parte final deste artigo, será considerada a legislação tributária do referido país, aplicável às pessoas físicas ou às pessoas jurídicas, conforme a natureza do ente com o qual houver sido praticada a operação. §2º – No caso de pessoa física residente no Brasil: I – o valor apurado segundo os métodos de que trata o art. 18 será considerado como custo de aquisição para efeito de apuração de ganho de capital na alienação do bem ou direito; II – o preço relativo ao bem ou direito alienado, para efeito de apuração de ganho de capital, será o apurado de conformidade com o disposto no art. 19; III – será considerado como rendimento tributável o preço dos serviços prestados apurado de conformidade com o disposto no art. 19; IV – serão considerados como rendimento tributável os juros determinados de conformidade com o art. 22. §3º – Para os fins do disposto neste artigo, considerar-se-á separadamente a tributação do trabalho e do capital, bem como as dependências do país de residência ou domicílio. §4º – Considera-se também país ou dependência com tributação favorecida aquele cuja legislação não permita o acesso a informações relativas à composição societária de pessoas jurídicas, à sua titularidade ou à identificação do beneficiário efetivo de rendimentos atribuídos a não residentes."

de valores incompatíveis com as disponibilidades declaradas; (7) as previstas no art. 33 da Lei nº 9.430;[4] (8) a pessoa jurídica que no CNPJ tiver sua inscrição cancelada ou estiver na situação de inapta, nos casos previstos no art. 81 da Lei nº 9.430;[5] (9) a pessoa física sem inscrição no CPF ou com inscrição cancelada; (10) a negativa, pelo titular de direito da conta, da titularidade de fato ou da responsabilidade pela movimentação financeira; e (11) a presença de indício de que o titular de direito é interposta pessoa do titular de fato.

Para estes enquadramentos, as quatro primeiras hipóteses ficam afastadas quando as diferenças apuradas não excedam a dez por cento dos valores de mercado ou declarados, conforme o caso.

E, para o último enquadramento, considera-se indício de interposição de pessoa, quando (1) as informações disponíveis, relativas ao sujeito passivo, indicarem movimentação financeira superior a dez vezes a renda disponível declarada ou, na ausência de declaração de ajuste anual do imposto de renda, o montante anual da movimentação for superior ao estabelecido no inciso II do §3º do art. 42 da Lei nº 9.430;[6] e (2) a ficha cadastral do sujeito passivo, na instituição financeira ou equiparada, contenha informações falsas quanto a endereço, rendimentos ou patrimônio, ou rendimento inferior a dez por cento do montante anual da movimentação.

Segundo o Decreto nº 3.724, a requisição de informações às entidades relacionadas na lei somente pode ser feita pelas autoridades competentes para emitir o

---

[4] "Art. 33 – A Secretaria da Receita Federal pode determinar regime especial para cumprimento de obrigações, pelo sujeito passivo, nas seguintes hipóteses: I – embaraço à fiscalização, caracterizado pela negativa não justificada de exibição de livros e documentos em que se assente a escrituração das atividades do sujeito passivo, bem como pelo não fornecimento de informações sobre bens, movimentação financeira, negócio ou atividade, próprios ou de terceiros, quando intimado, e demais hipóteses que autorizam a requisição do auxílio da força pública, nos termos do art. 200 da Lei n. 5172, de 25 de outubro de 1966; II – resistência à fiscalização, caracterizada pela negativa de acesso ao estabelecimento, ao domicílio fiscal ou a qualquer outro local onde se desenvolvam as atividades do sujeito passivo, ou se encontrem bens de sua posse ou propriedade; III – evidências de que a pessoa jurídica esteja constituída por interpostas pessoas que não sejam os verdadeiros sócios ou acionistas, ou o titular, no caso de firma individual; IV – realização de operações sujeitas à incidência tributária, sem a devida inscrição no cadastro de contribuintes apropriado; V – prática reiterada de infração da legislação tributária; VI – comercialização de mercadorias com evidências de contrabando ou descaminho; VII – incidência em conduta que enseje representação criminal, nos termos da legislação que rege os crimes contra a ordem tributária."

[5] "Art. 81 – Poderá ser declarada inapta, nos termos e condições definidos pela Secretaria da Receita Federal do Brasil, a inscrição no CNPJ da pessoa jurídica que, estando obrigada, deixar de apresentar declarações e demonstrativos em 2 (dois) exercícios consecutivos. §1º – Será também declarada inapta a inscrição da pessoa jurídica que não comprove a origem, a disponibilidade e a efetiva transferência, se for o caso, dos recursos empregados em operações de comércio exterior. §2º – Para fins do disposto no §1º, a comprovação da origem de recursos provenientes do exterior dar-se-á mediante, cumulativamente: I – prova do regular fechamento da operação de câmbio, inclusive com a identificação da instituição financeira no exterior encarregada da remessa dos recursos para o País; II – identificação do remetente dos recursos, assim entendido como a pessoa física ou jurídica titular dos recursos remetidos. §3º – No caso de o remetente referido no inciso II do §2º ser pessoa jurídica deverão ser também identificados os integrantes de seus quadros societário e gerencial. §4º – O disposto nos §§2º e 3º aplica-se, também, na hipótese de que trata o §2º do art. 23 do Decreto-lei n. 1.455, de 7 de abril de 1976. §5º – Poderá também ser declarada inapta a inscrição no CNPJ da pessoa jurídica que não for localizada no endereço informado ao CNPJ, nos termos e condições definidos pela Secretaria da Receita Federal do Brasil."

[6] "§3º – Para efeito de determinação da receita omitida, os créditos serão analisados individualizadamente, observado que não serão considerados: I – os decorrentes de transferências de outras contas da própria pessoa física ou jurídica; II – no caso de pessoa física, sem prejuízo do disposto no inciso anterior, os de valor individual igual ou inferior a R$1.000,00 (mil reais), desde que o seu somatório, dentro do ano-calendário, não ultrapasse o valor de R$12.000,00 (doze mil reais)."

MPF, estando também especificado a quem ela pode ser dirigida, reduzindo, pois, o número de autoridades ou pessoas habilitadas a praticar o ato gravoso, seja quanto às que pedem quanto às que fornecem os dados, embora estas últimas se estendam até gerentes de agências bancárias.

No sentido da segurança, o regulamento prescreve aspectos a serem observados no documento de requisição, que é denominado "Requisição de Informações sobre Movimentação Financeira" (RMF). Entre os requisitos, há um preliminar que se reveste da maior importância, que é um relatório circunstanciado, feito por auditor-fiscal, no qual deve ficar evidenciado que a solicitação se enquadra numa das hipóteses em que ela cabe, dentre aquelas prescritas pelo decreto (acima mencionadas), sendo enfatizada a exigência de que seja demonstrado "com precisão e clareza, tratar-se de situação enquadrada em hipótese de indispensabilidade prevista no artigo anterior, observado o princípio da razoabilidade".

Ainda visando a segurança, o regulamento determina que a RMF seja precedida de intimação ao sujeito passivo, para apresentação de informações sobre movimentação financeira, necessárias à execução do MPF. As informações dadas pelo sujeito passivo podem ser objeto de verificação nas entidades abarcadas pelo sistema, além de, naturalmente, poderem ser cotejadas com outras informações já disponíveis na repartição fiscal.

Feito assim, o decreto cerca o procedimento de uma presunção de que há indispensabilidade das informações requisitadas, embora tal presunção não tenha valor de presunção legal, muito menos *juris et de jure*, além de que, como não poderia deixar de ser, fica submetida, assim como todo o procedimento fiscal, ao controle jurisdicional.

Segundo o regulamento, as informações assim requisitadas podem compreender os dados constantes da ficha cadastral do sujeito passivo, e os valores individualizados dos débitos e créditos efetuados no período, no que ele guarda consonância com as exigências legais.

Essas informações devem ser apresentadas, no prazo estabelecido na RMF, à autoridade que a expediu ou aos auditores-fiscais responsáveis pela execução do MPF correspondente, e podem subsidiar o procedimento de fiscalização em curso, observado o disposto no art. 42 da Lei nº 9.430,[7] devendo integrar o processo administrativo fiscal instaurado, quando interessarem à prova do lançamento de ofício.

---

[7] "Art. 42 – Caracterizam-se também omissão de receita ou de rendimento os valores creditados em conta de depósito ou de investimento mantida junto a instituição financeira, em relação aos quais o titular, pessoa física ou jurídica, regularmente intimado, não comprove, mediante documentação hábil e idônea, a origem dos recursos utilizados nessas operações. §1º – O valor das receitas ou dos rendimentos omitido será considerado auferido ou recebido no mês do crédito efetuado pela instituição financeira. §2º – Os valores cuja origem houver sido comprovada, que não houverem sido computados na base de cálculo dos impostos e contribuições a que estiverem sujeitos, submeter-se-ão às normas de tributação específicas, previstas na legislação vigente à época em que auferidos ou recebidos. §3º – Para efeito de determinação da receita omitida, os créditos serão analisados individualizadamente, observado que não serão considerados: I – os decorrentes de transferências de outras contas da própria pessoa física ou jurídica; II – no caso de pessoa física, sem prejuízo do disposto no inciso anterior, os de valor individual igual ou inferior a R$1.000,00 (mil reais), desde que o seu somatório, dentro do ano-calendário, não ultrapasse o valor de R$12.000,00 (doze mil reais). §4º – Tratando-se de pessoa física, os rendimentos omitidos serão tributados no mês em que considerados recebidos, com base na tabela progressiva vigente à época em que tenha sido efetuado o crédito pela instituição financeira. §5º – Quando

No interesse da proteção do sigilo, o decreto somente permite a solicitação, por cópia autêntica, de documentos relativos aos débitos e aos créditos, nos casos previstos nas hipóteses dos números 7 a 11 acima.

Outrossim, quanto às informações não utilizadas no processo administrativo fiscal, há a determinação regulamentar para que os respectivos documentos sejam entregues ao sujeito passivo, destruídos ou inutilizados, nos termos de ato da RFB.

5 Conclusão

Esta é uma análise resumida e não exaustiva das normas legais e regulamentares sobre o sigilo fiscal e o sigilo bancário, feita nos limites necessários a dar uma ideia da evolução do trato dado aos dois tipos de sigilo e do seu estágio atual, justificando também os comentários ora feitos.

É um conjunto de normas que, por um lado, visa instituir e assegurar o sigilo fiscal, vale dizer, o resguardo dos elementos informativos em poder dos órgãos públicos, e por outro lado, visa proteger o sigilo bancário, isto é, o segredo dos valores e das operações financeiras que se encontram dentro das instituições financeiras e outras a elas equiparadas para este fim, ao mesmo tempo em que visa relaxar esse sigilo para permitir que informações sobre esses objetos fiquem disponíveis aos órgãos públicos encarregados da fiscalização e da aplicação de certos tipos de disposições legais.

Nesse conjunto, há um notório desequilíbrio entre as normas que protegem o interesse particular e o interesse público, em detrimento daquele. Isto no plano normativo, pois no plano real a eficácia das regras voltadas para o interesse público é incomparavelmente superior à que se pode esperar para as outras.

Esse desbalanço e outros fatores fazem do assunto aqui abordado um tema que também ficou obsoleto.

Um tema antigo, mas agora também obsoleto

Com a Lei Complementar nº 105, aos poucos os debates sobre o sigilo bancário foram diminuindo, ao menos quanto à intensidade que apresentavam em épocas passadas.

Não há muita esperança para quem defende a ideia de prevalecer o entendimento de que o sigilo bancário seja direito de nível supralegal, em patamar constitucional, a ponto de que aquela lei complementar venha a ser invalidada, ao menos em seu corpo estrutural.

---

provado que os valores creditados na conta de depósito ou de investimento pertencem a terceiro, evidenciando interposição de pessoa, a determinação dos rendimentos ou receitas será efetuada em relação ao terceiro, na condição de efetivo titular da conta de depósito ou de investimento. §6º – Na hipótese de contas de depósito ou de investimento mantidas em conjunto, cuja declaração de rendimentos ou de informações dos titulares tenham sido apresentadas em separado, e não havendo comprovação da origem dos recursos nos termos deste artigo, o valor dos rendimentos ou receitas será imputado a cada titular mediante divisão entre o total dos rendimentos ou receitas pela quantidade de titulares."

Ao lado disso, em todo o mundo sopram novos ventos em favor da facilitação do acesso dos governos às informações bancárias, quando necessárias no combate de crimes de toda natureza, não somente os tributários, como também os financeiros e outros.

Claro que cada nação tem seu próprio direito e sua soberania para editá-lo e alterá-lo, o que significa não ser impositiva uma postura legislativa nacional influenciada pelo direito comparado.

Ocorre, entretanto, que neste terreno se está muito mais perante uma grande mudança cultural, e não uma simples medida legislativa isolada. Em outras palavras, é a própria noção de um direito ao sigilo que está passando por uma reformulação, se não para extirpá-lo, pelo menos para regulamentá-lo mais explicitamente quanto aos seus limites perante as necessidades que a própria sociedade tem quando ocorrem ilegalidades e o sigilo passa a ser um direito invocado abusivamente, por quem não respeita o direito, mas quer ser protegido por ele.

Ademais, a globalização das relações interpessoais, inclusive das relações jurídicas, tende a criar um mundo supranacional, do qual todos podem participar, estejam onde estiverem, e podem fazê-lo com a rapidez atual das comunicações e dos transportes, até se podendo participar em tempo real de fatos que estejam acontecendo do outro lado do globo terrestre. Na verdade, não se trata de uma mera tendência potencial para um mundo assim, mas de uma realidade atual.

Há, por isso, como que uma onda avassaladora que puxa todos para um comportamento comum, igual ou muito parecido, qualquer que seja sua nacionalidade e sua residência ou local de atividades, o que se estende aos Estados nacionais, de tal sorte que as exigências do bem comum extravasam as fronteiras de cada um deles, pois atos praticados em qualquer lugar podem ter consequências em muitos outros locais, afetando, inclusive, interesses disciplinados por jurisdições estrangeiras. Especialmente as atividades criminosas alastram-se por vários países, iniciando-se em um e passando para outros, o que exige um esforço de contenção multinacional.

Assim, a proteção do indivíduo, no que diz respeito a ele poder conservar o segredo sobre depósitos bancários e outros dados do seu patrimônio e da sua vida econômica, embora seja um bem a ser conservado nos Estados democráticos, vai recebendo o impacto de injunções contrárias, que podem chegar a ameaçar a sua própria sobrevivência, mas que de pronto requerem legislação apropriada e segura.

Todavia, estritamente dentro das fronteiras brasileiras, mais alguns fatores se apresentam e precisam ser considerados, o que se impõe não somente na averiguação teórica dos sigilos bancário e fiscal como um direito da pessoa, contribuinte ou não, cidadão ou empresa, pois também se impõe na determinação do seu limite.

Com razão, há fatos que devem ser levados em conta na realidade da nossa sociedade, a fim de que não se perca tempo com meros debates acadêmicos inúteis na vida real, mas se consiga atingir resultados práticos e factíveis na aplicação das normas jurídicas sobre o assunto.

Um destes fatos é o aparecimento da legislação relativa à escrituração contábil digital,[8] com obrigatoriedade de entrega dos arquivos eletrônicos da contabilidade

---

[8] A este propósito, leia-se o Decreto nº 6.022, de 22.01.2007, e a Instrução Normativa RFB nº 777, de 19.10.2007.

de cada pessoa jurídica à RFB, a qual fica praticamente *on-line* com os lançamentos contábeis efetuados em qualquer empresa, portanto, com um "olho aberto" dentro da própria entidade que executa a sua contabilidade (e que deve fazê-lo por imposição legal), colhendo dados e informações não somente sobre ela mesma, pois que também sobre qualquer outra pessoa física ou jurídica que tenha transacionado com ela e que possa ser identificada em seus registros contábeis.

Esse "olho fiscal" dentro da empresa é acompanhado de outro aparato técnico, correspondente a um cérebro de alta capacidade de memorização das informações obtidas através do olho, e de processamento das mesmas em rapidez e competência que são incomparáveis com a capacidade de memória e de inteligência médias dos homens, e provavelmente das que podem ser encontradas nos cérebros humanos mais desenvolvidos.

Assim, o sigilo, principalmente se for considerado isoladamente o sigilo bancário, fica incapaz de se manter na realidade da vida que vivemos hoje em dia no Brasil, tornando-se algo cada vez mais teórico, e, consequentemente, mais insossas e irrelevantes as discussões sobre sua existência como direito da pessoa.

É um cenário, portanto, em que a defesa do direito ao sigilo bancário, para que o Fisco não saiba quanto alguém tem depositado ou aplicado em alguma instituição financeira, precisaria ser acompanhada da exclusão do acesso da fiscalização a muitas outras fontes de informação, inclusive daquelas contidas na escrituração digital disponibilizada obrigatoriamente à RFB.

E, de outra forma, no lado da pessoa individual e do sigilo fiscal, há mais um fator que não pode ser olvidado. Com efeito, não se pode pensar apenas nas conveniências ou no próprio direito do Estado exercer seus poderes tributários, de polícia e de fiscalização em geral, mesmo que sob o manto justificatório do interesse social da coletividade, se a realidade nos mostra que a abertura de certos arquivos, ainda que nos termos da Lei Complementar nº 105, pode contribuir, desgraçadamente para a pessoa atingida, para que o conhecimento de informações venha a ser usado de modo ilegal contra ela, por maus elementos dentro de repartições, por concorrentes, por inimigos.

Quem vive no meio empresarial convive com extorsões, muitas vezes disfarçadas em procedimentos fiscalizatórios ou nascidas em decorrência de fiscalizações reais e legalmente iniciadas, ou em outras situações.

Qualquer um pode ser vítima de ações iniciadas dentro de uma repartição pública e terminadas fora, como as que passam a terceiros o número da sua inscrição em cadastro fiscal, ou pior ainda, os dados da sua declaração de rendimentos ou do seu patrimônio.

Vimos que há normas contra esse estado de coisas, teoricamente razoáveis e severas, mas de pouca eficácia na prática, pois a realidade brasileira é muito triste neste início de século XXI, em que o ordenamento contém disposições legais coibitórias dessas ilegalidades e punitivas dos seus agentes, mas não há efetiva segurança de que elas atuarão na prática, contando os infratores com um conjunto de circunstâncias que lhes são favoráveis, dentre as quais se destaca a insuficiência dos órgãos policiais e dos órgãos do Poder Judiciário, para o fornecimento de um remédio rápido, adequado e eficiente à proteção dos ameaçados ou dos já prejudicados.

Porém, há outra circunstância que, nestes tipos de ações, favorece o criminoso e prejudica sua vítima, a qual consiste nas dificuldades, que nas mais das vezes convertem-se em impossibilidade absoluta, de a vítima provar os fatos danosos à sua pessoa ou ao seu patrimônio, fatos que muitas vezes podem até ser detectados com relativa clareza, mas cuja autoria escapa à possibilidade probatória.

E aqui surge um paradoxo, que é a inversão dos interesses protegidos, pois a pessoa individual, natural ou jurídica, não conta com um elemento de prova tão eficiente e tão forte quanto o Estado pode dispor através da quebra do sigilo bancário ou do sigilo fiscal, ainda que sob ordem judicial.

Abertas as informações sob a disciplina da lei, a pessoa atingida fica suscetível de ser vítima de alguma ilegalidade, contra ela praticada pela incapacidade do Estado lhe assegurar a devida proteção contra o mau uso das mesmas informações.

E, quando isto ocorre, não é apenas uma pessoa que se vitima, pois o fato é de tal gravidade que se apresenta como ofensa ao próprio ordenamento jurídico, o que, em última análise, é uma ofensa a toda a sociedade.

Em suma, o velho tema, sempre reaberto, cerca-se de fatores externos a ele, fatores que o tornam obsoleto, não somente porque outros instrumentos legais foram introduzidos, pelos quais informações que se pretende ser legalmente sigilosas podem ser obtidas através de outros meios pela fiscalização tributária e por outros órgãos do Poder Público, mas também porque a discussão se apresenta deficiente, eis que voltada para apenas um lado de interesses, estando cercado de meras quimeras normativas em favor do outro lado de interesses.

Não defendo a revogação das leis que regem o assunto aqui tratado, mas continuo a ver muita inutilidade em tanto debate teórico, e mesmo mau uso da invocação de direitos, porém chamo atenção para a obsolescência da sustentação do direito ao sigilo, principalmente quando se tem em conta o cenário real em que os fatos se desenrolam. Assim como chamo atenção para a extrema fragilidade real dos instrumentos de defesa da pessoa e do contribuinte.

Enfim, o tema requer um debate muito mais amplo e que seja acompanhado de medidas que se mostrem efetivas para a proteção de todos os interesses jurídicos que giram em torno dele, uns particulares, outros públicos.

São Paulo, 7 de dezembro de 2009.

Informação bibliográfica deste texto, conforme a NBR 6023:2002 da Associação Brasileira de Normas Técnicas (ABNT):

OLIVEIRA, Ricardo Mariz de. Sigilos bancário e fiscal. *In*: SARAIVA FILHO, Oswaldo Othon de Pontes; GUIMARÃES, Vasco Branco (Coord.). *Sigilos bancário e fiscal*: homenagem ao Jurista José Carlos Moreira Alves. Belo Horizonte: Fórum, 2011. p. 291-314. ISBN 978-85-7700-405-8.

Sigilos Fiscal e Bancário

Adilson Rodrigues Pires

Sumário: **1** O fundamento constitucional do sigilo – **2** A intimidade como direito à liberdade – **3** Os pressupostos e os direitos da fiscalização e da Administração Fiscal – **4** As garantias e os direitos do contribuinte – **5** O aparente conflito entre interesses público e privado – **6** Divergências acerca da quebra do sigilo bancário – **7** Sigilo bancário e sigilo fiscal – **8** Conclusão

1 O fundamento constitucional do sigilo

A inconstitucionalidade da Lei Complementar nº 105/01, que dispõe sobre o sigilo das operações realizadas por instituições financeiras e, por via de consequência, do Decreto nº 3.724/01, que, regulamentando o art. 6º daquele diploma, autoriza a requisição, o acesso e uso, pelas autoridades e agentes fiscais da União, dos Estados, do Distrito Federal e dos Municípios, de informações referentes a operações e serviços prestados por essas instituições e por entidades a elas equiparadas, é questão que ainda hoje suscita controvérsias entre os estudiosos do Direito Constitucional e do Direito Tributário.

A possibilidade aberta pela lei complementar remonta à Lei nº 9.311/96, que instituiu a Contribuição Provisória sobre Movimentação ou Transmissão de Valores e de Créditos e Direitos de Natureza Financeira (CPMF). A arrecadação do tributo criado em caráter provisório destinava-se à constituição do Fundo Nacional de Saúde, a ser aplicado no atendimento da assistência médica prestada ao povo brasileiro.

Previa-se, na época, um volume reduzido de arrecadação, valendo a exação pelo seu aspecto moralizador, vez que as informações prestadas pelas instituições interessariam à fiscalização mais do que o produto arrecadado. Logo, logo, a prática revelou o reverso. O montante recolhido aos cofres públicos, já nos primeiros anos de sua instituição, em muito excedeu a previsão inicial, o que fez com que a contribuição, de início provisória, tivesse vida longa, tendo sido, só há pouco, excluída do nosso sistema tributário.

Além do volume arrecadado, o que motivou a quase perenidade da existência do tributo foi a sua importância para a identificação de contribuintes faltosos, o que não deixou de ser objeto da visão perspicaz de Zelmo Denari,[1] para quem a contribuição

> Cumpria, ainda, conquistar o mais ambicioso objetivo, com vistas à universalização da ação fiscal: utilizar-se das informações prestadas pelo sistema bancário, relativas à movimentação de valores, para apurar rendimentos tributáveis não declarados, se possível, até os extremos limites da exaustão da capacidade contributiva.

Referida lei resguardava a confidencialidade dos dados obtidos, não permitindo a sua "utilização para constituição de crédito tributário relativo a outras contribuições ou impostos", como rezava o §3º do art. 11 da Lei nº 9.311/96.

Com a edição da Lei Complementar nº 105/01, tornou-se explícito o acesso às informações relativas a contas correntes, assim como às aplicações de recursos, mantidas pelos contribuintes, gerando toda sorte de protestos em boa parte da doutrina brasileira. Tendo em vista as controvertidas opiniões que o novo mecanismo criado com vistas a reprimir a sonegação desperta e as possíveis ameaças às garantias individuais, o assunto ainda está por merecer o reexame à luz da doutrina e da jurisprudência pátrias.

Como tema de fundo, questiona-se a validade da aplicação da regra jurídica em face da proteção da intimidade do cidadão, além da inviolabilidade do sigilo das comunicações e dos dados de interesse dos particulares, que deságua na discussão sobre a reserva dos sigilos bancário e fiscal, previstas no art. 5º, inc. X, da Constituição da República Federativa do Brasil, abaixo transcrito:

> Art. 5º — Todos são iguais perante a lei, sem distinção (...)
> (...)
> X – são invioláveis a intimidade, a vida privada, a honra e a imagem das pessoas, assegurado o direito a indenização pelo dano material ou moral decorrente de sua violação;

De forma análoga, o inc. XII, do artigo citado, trata da inviolabilidade da correspondência pessoal e das comunicações, reservando à hipótese as mesmas ressalvas exigidas para o caso da violação da intimidade.

Diz o inc. XII do art. 5º, inserido no rol dos direitos e garantias individuais da Carta Magna:

> XII – é inviolável o sigilo da correspondência e das comunicações telegráficas, de dados e das comunicações telefônicas, salvo, no último caso, por ordem judicial, nas hipóteses e na forma que a lei estabelecer para fins de investigação criminal ou instrução processual penal:

Em que pese não se tratar de conceito jurídico e, por isso, mesmo, de difícil compreensão, deve-se entender por intimidade, em sentido amplo, o interesse que

---

[1] DENARI, Zelmo. A CPMF e a quebra do sigilo bancário. *Revista Dialética de Direito Tributário*, São Paulo, n. 89, p. 118, fev. 2003.

tem o indivíduo em limitar o acesso a seus dados pessoais e às informações sobre seu patrimônio apenas às pessoas a quem confiou a posse, a guarda ou o conhecimento da existência dos seus bens.

A inviolabilidade do sigilo das comunicações e dos dados de interesse dos particulares, por sua vez, visa precaver o indivíduo contra a violação do fluxo de dados e informações de caráter privado, limitado a pessoas ou agentes econômicos de seu restrito interesse.

Assim, a garantia constitucional tem por fim assegurar ao indivíduo a livre movimentação dos bens, devendo-se entender que a sua conservação ou alienação depende, unicamente, da vontade livre do detentor do patrimônio. Evidentemente, pressupõe a Carta Magna que o capital destinado à poupança ou ao investimento do particular tenha sido construído de forma legítima. Caso contrário, a própria Constituição Federal teria disponibilizado às autoridades os meios adequados e necessários ao cumprimento de sua função preventiva e repressiva de fraudes fiscais mediante o acesso livre aos dados confiados às instituições financeiras.

Como se depreende da leitura dos dispositivos transcritos, a garantia constitucional vai além da simples proibição de escuta telefônica ou de violação da correspondência. O indivíduo tem toda liberdade para agir de acordo com a lei, limitando, apenas, a sua atuação aos direitos reclamados por terceiros. É razoável admitir-se, portanto, que a liberdade de estabelecimento, bem como do exercício de trabalho, ofício ou profissão não pode ser entendida em sentido estrito.

O que está em jogo — e o que se busca alcançar — é o equilíbrio entre os direitos individuais e os direitos coletivos. Em outras palavras, a função fiscalizadora da Administração não pode exceder os limites dos direitos e garantias individuais. Isto equivale a dizer que o interesse público não pode ser banalizado como uma simples bandeira que levantam os defensores da supremacia do Estado sobre os interesses dos particulares, no que diz respeito aos direitos e garantias individuais.

Em princípio, em um Estado Democrático de Direito, só o Poder Judiciário tem competência para determinar a quebra da proteção ao sigilo de dados individuais. O alegado interesse público não é razão suficiente para permitir a violação do direito sagrado do cidadão à inviolabilidade do sigilo bancário. Numa interpretação restrita dos incisos mencionados, incluídos entre os direitos e as garantias individuais do cidadão, o administrador tributário não encontraria justificativa constitucional para essa invasão. Como guardião da justiça, só o magistrado tem acesso a informações sigilosas do contribuinte.

2 A intimidade como direito à liberdade

O direito à intimidade baseia-se no direito inalienável de liberdade *lato sensu*. Resume, por assim dizer, um conteúdo ético, tendo em vista vincular-se, inafastavelmente, à personalidade do indivíduo. A intimidade implica a reserva pessoal de alguma coisa que o indivíduo busca resguardar do conhecimento do público em geral. É algo que ele quer guardar para si ou para um grupo muito restrito de pessoas.

Até o advento da Lei Complementar nº 105/01, o sigilo bancário era tido como um dogma. Vale dizer, segundo a Constituição do Brasil, não se cogitava, sequer, da ideia de se levantar o véu da clandestinidade de alguns, como se sabe, verdadeiros criminosos. A preservação do sigilo, tal como previsto na Lei Maior, na verdade, respaldava o anonimato do contribuinte inadimplente com o Fisco.

Com o passar do tempo, o ordenamento jurídico teve que se adaptar à nova tecnologia e às várias artimanhas usadas para burlar a fiscalização dos tributos. Nessa perspectiva, é válido questionar se o direito à intimidade constitui um direito universal, que alcança amplo espectro, compreendendo todo o patrimônio do indivíduo, ou apenas assegura a inviolabilidade de valores estritamente pessoais.

Em outras palavras, se a intimidade corresponde a direitos que nascem com o indivíduo, desprovidos, portanto, de conteúdo patrimonial, a conta bancária não integra a personalidade do cidadão, não se incluindo, então, entre os direitos inalienáveis, assim considerados pela Constituição Federal.

Em certo sentido, o disposto na Constituição resguardaria apenas valores inerentes ao contribuinte, oriundos de sua condição de cidadão, não se estendendo a bens ou direitos conquistados por herança, com o seu labor ou economia. Neste último caso, o direito à intimidade integraria o rol das cláusulas pétreas, que não podem ser violadas, sob pena de aplicação de sanções de ordem legal.

Se cabe ao indivíduo escolher a instituição em que deseja aplicar suas economias ou, até mesmo, avaliar a conveniência de investir, é fácil concluir que o sigilo bancário não faz parte da personalidade do indivíduo, qualificando-se como elemento estranho, que diz respeito apenas ao aplicador.

Nessa linha de raciocínio, a personalidade é direito irrenunciável, que nasce e morre com a pessoa, independentemente de ela possuir ou não conta bancária, enquanto o patrimônio é construído ao longo da vida e, assim, não integra a personalidade do indivíduo. Desse modo, é válido observar que o direito à personalidade e o sigilo bancário podem viver dissociados um do outro. O direito ao sigilo prescinde da personalidade do indivíduo, assim como esta independe do sigilo bancário para subsistir.

As informações sobre as aplicações financeiras ou a conta bancária do cidadão dizem respeito ao patrimônio individual e não a questões ligadas à honra ou à pessoa do contribuinte. Aliás, é bom que se diga, as autoridades fiscais já "invadem" a vida privada dos indivíduos e das empresas ao exercerem sua função constitucionalmente prevista de fiscalização e nem por isso se diz que a privacidade das pessoas está sendo "invadida" pelo Fisco.

Com efeito, munido de um mandado de procedimento fiscal, os agentes fazendários ingressam nos estabelecimentos de comerciantes, industriais, prestadores de serviços, bancos, etc., com vistas a exercer sua atividade fiscalizadora, sem qualquer represália ou argumento contrário ao exercício do dever-poder da Administração Pública.

Em resumo, o impedimento constitucional circunscreve-se à intimidade do indivíduo, não se estendendo às atividades financeiras ou ao patrimônio acumulado, que, sempre que o recomendar o interesse público, pode ser investigado pelo Fisco ou pela autoridade judicial, responsáveis pela apuração de fraudes tributárias e demais infrações ou crimes praticados contra a sociedade.

Aí se compreende a movimentação financeira, cuja falta de informações impede o conhecimento sobre a verdadeira capacidade econômica da pessoa, colocando certos contribuintes em situação fiscal vantajosa em relação a outros.

No sentido social, a apuração de ilícitos fiscais ou mesmo de natureza penal, pelas autoridades fazendárias, é tão importante quanto a intervenção do Poder Judiciário na apuração de crimes praticados contra a ordem tributária. É oportuno lembrar que, diante da prática de ato considerado crime, a autoridade fiscal federal, por exemplo, é obrigada a promover a representação fiscal para fins penais, conforme determina o art. 83, da Lei nº 9.430/96, sob pena de, não o fazendo, incorrer em ilícito administrativo passível de punição em face da omissão de prática de ato de ofício determinado por lei.

O contribuinte pode praticar crimes contra a ordem pública e a ordem tributária, como a fraude, a sonegação, a lavagem de dinheiro, o contrabando, o descaminho, a falta de emissão de notas fiscais de venda ou de serviços, entre outros. Não permitir ao Fisco inspecionar livros e documentos ou verificar a possível existência de contas bancárias ou aplicação de recursos não declarados significa abrir um vasto campo para a prática de delitos de toda ordem, passíveis de punição, nos termos do parágrafo único do art. 1º da Lei nº 8.137/90, que define os crimes contra a ordem tributária.

Aguardar o pronunciamento do Poder Judiciário, que só toma conhecimento do ato criminoso através do processo, que nem sempre é constituído, significa perpetuar o fato criminoso. O sigilo, desse modo, para nada mais serve, senão para ocultar os crimes praticados contra a ordem tributária.

A atividade de fiscalização, atribuída pelo Código Tributário Nacional, com respaldo na Constituição Federal, é considerada função pública, que não pode ficar à mercê de uma autorização judicial, sempre que necessária for a intervenção da Receita.

3 Os pressupostos e os direitos da fiscalização e da Administração Fiscal

O art. 145, §1º, da Constituição do Brasil, determina que a Administração, para o fim de conferir efetividade aos objetivos previstos no sentido de atribuir o caráter pessoal aos impostos, assim como graduá-los segundo a capacidade econômica do contribuinte, poderá "identificar, respeitados os direitos individuais e nos termos da lei, o patrimônio, os rendimentos e as atividades econômicas dos contribuintes".

Para Aurélio Pitanga Seixas Filho,[2] "entre os diversos índices de capacidade econômica das pessoas, autorizados expressamente no texto constitucional, está a sua renda, o seu patrimônio imobiliário e mobiliário," justificando, dessa forma, o comando do §1º do art. 145, pelo qual a autoridade administrativa pode utilizar-se da rede bancária para a identificação dos titulares de contas correntes e de aplicações financeiras e saldos respectivos.

Nenhum conflito aflora da leitura desse dispositivo em confronto com o inc. X do art. 5º, que proíbe a violação da intimidade e da privacidade do indivíduo. Pelo contrário, o §1º do art. 145 estabelece o respeito à lei e aos direitos individuais do sujeito passivo.

---

[2] SEIXAS FILHO, Aurélio Pitanga. O sigilo bancário e o direito à intimidade e privacidade das pessoas. In: SEIXAS FILHO, Aurélio Pitanga. *Ensaios e pareceres de direito tributário material*. Rio de Janeiro: Forense, 2006. p. 190.

A aparente contradição é vencida pela análise meticulosa dos citados dispositivos. Primeiramente, considerando-se o disposto no art. 145, vê-se que o dever de investigar, ínsito à Administração Tributária, não implica o direito de violar garantias individuais, verdadeiro escudo de proteção contra o arbítrio do Estado. Vale dizer, o papel do Estado consiste na proteção do indivíduo contra abusos que contra ele sejam perpetrados.

Por outro lado, o princípio da isonomia tributária, previsto no art. art. 150, inc. II, da Carta Magna do país, não permite que sejam suprimidos do conhecimento do Fisco dados que levem à preservação da igualdade de tratamento tributário a contribuintes que se encontrem em uma situação financeira ou econômica.

A regra estabelece que ao Fisco não pode ser oposta cláusula que o impeça de verificar o montante, bem como a natureza dos rendimentos auferidos e informados pelos contribuintes. Não é aceita pelo direito a ocultação de dados individuais do contribuinte perante o Fisco, aí entendida a impossibilidade de acesso às informações bancárias do contribuinte.

Inúmeros são os modos como as pessoas burlam a fiscalização de tributos. Entre elas, a omissão de dados e informações sobre a sua situação econômico-fiscal, tais como a sonegação de contas bancárias e outras formas de aplicação no mercado financeiro, investimentos em títulos públicos ou privados e aquisição de bens de consumo ou permanentes. Some-se a isto a ocultação de recursos em aplicações ou depósitos efetuados no exterior sem o pagamento dos tributos devidos. Desse modo, não é impensável a preocupação do Fisco em investigar a situação financeira e econômica do contribuinte, pelo menos, nos casos previstos em lei.

A série é infindável, competindo à Receita impedir que os contribuintes se utilizem de meios não pragmáticos para ocultar riqueza auferida ilicitamente. Cabe ressalvar, entretanto, que as autoridades públicas, no exercício de suas funções, têm a obrigação de guardar sigilo sobre as informações obtidas, por qualquer que seja a forma, acerca da pessoa fiscalizada.

A própria jurisprudência impõe um limite à atuação do Fisco, fazendo valer a lógica natural da incidência do imposto de renda sobre a disponibilidade econômica, prevista no Código Tributário Nacional, entendida como o efetivo ingresso de recursos no patrimônio do contribuinte. Importa esclarecer, em conformidade com Gabriel Hernan Facal Villarreal[3] que

> o mero creditamento de valores em conta-corrente não possibilita a caracterização da hipótese de incidência (materialidade do imposto sobre a renda, pois tal circunstância não evidencia os essenciais elementos patrimoniais e de titularidade exigidos por lei.

O autor fundamenta sua afirmação em repetidas decisões judiciais, bem como na Súmula nº 182, do antigo Tribunal Federal de Recursos, segundo a qual "é ilegítimo o lançamento do imposto de renda arbitrado com base apenas em extratos ou depósitos bancários".

---

[3] VILLARREAL, Gabriel Hernan Facal. Imposto sobre a renda, créditos em conta e sigilo bancário. *Revista Tributária e de Finanças Públicas*, São Paulo, ano 17, n. 88, p. 109, set./out. 2009.

O sigilo de dados e informações financeiras não se distingue do segredo a ser preservado por qualquer pessoa que não tenha interesse direto no negócio ou que não esteja autorizado pelo titular desse direito. Assim como muitas pessoas se reservam o direito de não divulgar informações de cunho meramente pessoal, como sejam, o estado das relações conjugais, as preferências por certas amizades, as questões relativas ao trabalho, como o salário, por exemplo, a inclinação política ou religiosa, etc., assim também — e sobretudo — há que se preservar o sigilo sobre o que se auferiu, poupou e aplicou.

É de se lembrar que a própria escolha de um corretor, para o fim de aconselhar sobre a melhor aplicação, pode afetar, positiva ou negativamente, o conceito pessoal em suas relações sociais, razão pela qual o cidadão guarda segredo de seus negócios. A ninguém interessa, a não ser ao titular da aplicação, o montante dos investimentos, o lucro ou prejuízo obtido.

Vale assinalar que a Carta Constitucional brasileira não se refere expressamente ao tema em debate, qual seja, o sigilo bancário. O destinatário do inc. X do art. 5º é o cidadão, melhor dizendo, o que a Constituição da República visa é assegurar o direito à intimidade, à vida privada, à honra e à imagem das pessoas, enquanto o inc. XII tem como bem protegido a comunicação, na medida em que assegura a inviolabilidade da correspondência trocada entre as pessoas e das comunicações em geral.

A título de esclarecimento, convém lembrar que o inc. XII, citado, protege a transmissão dos dados através de correspondência pessoal e de correspondência telegráfica ou telefônica e, não, os dados em si, quando interessarem à apuração de infrações ou crimes contra a ordem pública, entre estes o cumprimento da obrigação tributária.

Dessa forma, a doutrina debate a possível extensão dos dispositivos citados, principalmente o inc. X, à inviolabilidade das contas bancárias dos contribuintes, como um dos aspectos da privacidade e da intimidade do cidadão. O foco das discussões doutrinárias parece não se situar na preservação da intimidade das pessoas, mas, sim, na validade, ou não, da ingerência da fiscalização fazendária na vida privada do cidadão.

A proibição de divulgação dos dados colhidos sem o conhecimento e a anuência prévia da pessoa é o complemento natural da inviolabilidade, uma vez que a premissa básica do presente estudo é a garantia da proteção dos indivíduos e da sua família contra a intromissão descabida das autoridades fiscais na esfera privada dos brasileiros.

Observe-se, porém, que essa "intromissão" já se encontra prevista na legislação brasileira, independentemente da nova dicção da Lei Complementar nº 105/01. Com efeito, o art. 198, do Código Tributário Nacional (CTN), inverte a norma anterior, tendo em vista que a regra vigente determina a investigação *ex officio* quando as circunstâncias de caráter financeiro ou econômico denotarem a possibilidade de infração à legislação tributária.

Desse modo, sob o manto dos direitos e garantias individuais, o dever de fiscalizar envolve o poder de apurar possíveis ilícitos de ordem tributária praticados pelo contribuinte. A ideia é prevenir os crimes de evasão nas suas mais diversas manifestações, razão pela qual o sigilo fiscal deve ser relativizado, a fim de não comprometer o poder inerente ao Fisco de busca da verdade material dos fatos tributáveis. Todavia, a regra, não se pode ignorar, é o sigilo, que só em caráter excepcional pode ser violado, vale dizer, quando interesse público relevante o recomendar.

Para maior clareza, transcreve-se o art. 198, do Código Tributário Nacional, acima mencionado, com a redação dada pela Lei Complementar nº 104/01:

> Art. 198 – Sem prejuízo do disposto na legislação criminal, é vedada a divulgação, por parte da Fazenda Pública ou de seus servidores, de informação obtida em razão do ofício sobre a situação econômica ou financeira do sujeito passivo ou de terceiros e sobre a natureza e o estado de seus negócios ou atividades.
>
> §1º – Excetuam-se do disposto neste artigo, além dos casos previstos no art. 199, os seguintes: I – requisição de autoridade judiciária no interesse da justiça; II – solicitações de autoridade administrativa no interesse da Administração Pública, desde que seja comprovada a instauração regular de processo administrativo, no órgão ou na entidade respectiva, com o objetivo de investigar o sujeito passivo a que se refere a informação, por prática de infração administrativa.

Vê-se, assim, que, além do texto constitucional, o CTN também assegurou direitos inalienáveis ao contribuinte.

4 As garantias e os direitos do contribuinte

As ressalvas previstas no inc. II do §1º do artigo transcrito não se encontram na nossa Carta Magna, que não exclui o poder da autoridade pública de exercer a fiscalização e o controle do cumprimento das obrigações tributárias. Com efeito, o §1º do art. 145 retrocitado assevera que, desde que "respeitados os direitos individuais", a Administração Tributária pode investigar a natureza e a origem do patrimônio e dos rendimentos do contribuinte, que compreende a investigação, para fins fiscais, das atividades econômicas por ele desenvolvidas.

A rigor, não causa constrangimento a pessoas físicas ou jurídicas o exercício regular da fiscalização, mormente do imposto sobre a renda, que revolve toda a vida econômica dos contribuintes em busca de possíveis irregularidades passíveis de incidência tributária. Na verdade, ninguém está isento de se submeter à ação fiscal, qualquer que seja o pretexto alegado.

Ainda, Aurélio Seixas[4] assevera que

> A ação da autoridade fiscal, impulsionada pelo dever de ofício, tem de apurar o valor do tributo de acordo com os verdadeiros fatos praticados pelo contribuinte, investigando-os sem qualquer interesse no resultado final, já que o princípio da legalidade objetiva exige do Fisco uma atuação oficial e imparcial para obtenção da verdade dos fatos.

A neutralidade do Fisco, como sugere o autor, sob o amparo do Poder Judiciário, constitucionalmente assegurado, constitui a principal garantia do contribuinte contra eventuais abusos do aparelho administrativo fiscal. A ação de fiscalização é, por

---

[4] SEIXAS FILHO, Aurélio Pitanga. *Princípios fundamentais do direito administrativo tributário*: a função fiscal. Rio de Janeiro: Forense, 2000. p. 46.

excelência, um ato vinculado, assim como o lançamento do crédito tributário, nos termos do parágrafo único do art. 142 do CTN. A discricionariedade se prende, simplesmente, à escolha do contribuinte a ser fiscalizado.

É bom destacar, todavia, que a excepcionalidade de que se reveste a violação do direito à intimidade recomenda sejam observadas exigências concretas de irregularidade fiscal e não simples indicações, em geral, vagas e imprecisas. Outra não foi a decisão do Supremo Tribunal Federal, no Mandado de Segurança nº 25.668-DF, cujo relator, Ministro Celso de Mello, denegou o pedido de violação dos sigilos bancário, fiscal e telefônico de brasileiros indiciados pela CPI que investigava a prática de crimes contra a ordem pública, por ausência de indicação de fatos concretos referentes à pessoa sob investigação.

Destacou o ilustre magistrado que a fundamentação genérica dos fatos e a falta de identificação precisa da pessoa objeto de investigação pela CPMI impossibilitam e invalidam a quebra do sigilo.

Sem dúvida, a violação, desprovida de motivação concreta, atinge frontalmente os direitos fundamentais, garantia constitucional do cidadão e cláusula pétrea do nosso sistema jurídico. Por esse motivo, a extensão do direito de investigação do contribuinte pela autoridade administrativa deve ter respaldo na necessidade absoluta de utilização dessa via e desde que nenhuma outra forma de identificação da situação econômica e patrimonial do indivíduo seja possível.

A inobservância da preservação do sigilo das informações pela Administração Pública, contudo, permite ao contribuinte recorrer à via judicial, bem como representar contra a autoridade que rompeu a reserva, dado que o interesse por essas informações não se limita ao sujeito passivo da obrigação, mas também à Administração Fiscal. Ninguém pode expor as condições financeiras e econômicas do cidadão sem se responsabilizar por esse ato.

O rompimento do compromisso legal de sigilo das informações a respeito do contribuinte importa a responsabilidade do autor, neste caso, o auditor ou fiscal de rendas, por crime sujeito à pena de reclusão e multa, conforme previsto no art. 10 da lei complementar em comento. Diga-se, o abuso de poder é também previsto no Decreto nº 3.724/01, que regulamenta o art. 6º, da Lei Complementar nº 105/01.

As razões de ordem superior que motivam a requisição dos dados junto a instituições financeiras não podem servir como justificativa para a sua divulgação. O indivíduo é o único titular do direito à intimidade e, não importa a razão apontada, a ninguém é dado o direito de violá-lo.

Do exposto, deduz-se que, se a intimidade do contribuinte é preservada, nada impede que o Fisco recolha nas instituições financeiras saldos e valores aplicados em determinado período da vida do cidadão-contribuinte. Vedar essa possibilidade deixaria o Fisco impotente e o contribuinte honesto e cumpridor de seus deveres injustiçado, visto que a fidelidade ao cumprimento da obrigação tributária estaria restrita a uns poucos. Isto, é claro, representaria enorme desestímulo ao cumprimento do dever fundamental de pagar tributos.

A prevenção da fraude fiscal, hoje, é uma regra no mundo desenvolvido, cabendo ao Estado o poder de intervir no sentido de evitar que a prática lesiva aos cofres públicos assuma proporções gigantescas e se alastre até alcançar os contribuintes honestos e cumpridores de seus deveres.

As instituições financeiras, por sua vez, por determinação legal, cuidam de manter o sigilo sobre as aplicações e saldos bancários de contribuintes, só os revelando ao Poder Judiciário, quando os requisitar, e à Receita Federal do Brasil, nos casos em que a autoridade esteja no pleno exercício de sua função fiscalizadora e de prevenção à sonegação e à fraude.

A informação levada ao Fisco por imposição legal, e por essa razão mesma, não constitui quebra de contrato entre o banco e o depositante ou aplicador. Em que pese a informação prestada, a confidencialidade está mantida, já que a transmissão dos dados se deu por determinação legal.

Vale, aqui, recordar que o poder de invadir o domínio privado, prerrogativa até então reservada ao Poder Judiciário, por determinação constitucional, é agora prerrogativa atribuída à autoridade fiscal pela Lei Complementar nº 105/01. Caso, porém, a quebra não seja motivada, como prevê a lei complementar, estará caracterizado o arbítrio da Administração Pública e, por via de consequência, feridos os direitos do cidadão e o devido processo legal.

5 O aparente conflito entre interesses público e privado

Aparentemente, observa-se um conflito entre o interesse público e o direito privado no que tange à preservação da intimidade. O equilíbrio de forças contrárias consiste na habilidade em se saber afastar, em cada situação concreta, um do outro, ou seja, examinar a prevalência de um ou de outro, sem menosprezar a importância objetiva e concreta de cada interesse para o alcance do resultado pretendido. Trata-se, aqui, de um exercício de ponderação entre o direito de fiscalizar o contribuinte, assegurado pelo art. 145, §1º, da Constituição Federal, e o direito à intimidade, regra amparada pelo art. 5º, inc. X, tendo como mediador o princípio da isonomia tributária, previsto no art. 150, inc. II.

A tarefa não é simples. Frente à possibilidade de ocorrência de fraude fiscal, não há dúvida em se afirmar que o interesse público deve prevalecer. Cabe indagar, entretanto, se apenas a discricionariedade da autoridade pública é suficiente para discernir sobre o grau de interesse coletivo envolvido na hipótese considerada. Não havendo norma que estabeleça critério de avaliação, é de se deduzir que, por sua conta e risco, só o administrador tributário poderá decidir se deve ou não requisitar informações à instituição financeira.

Inconformado com a atitude do administrador, ao contribuinte cabe a defesa de seus direitos, pois, como se disse acima, a todos, sem exceção, "são assegurados o contraditório e a ampla defesa, com os meios e os recursos a ela inerentes". O único caminho a trilhar, sem dúvida, é o que conduz o sujeito passivo ao Poder Judiciário para o fim de resgatar a dignidade que entende violada.

A conveniência e a imprescindibilidade da ação fiscal, com vistas à apuração de fatos, devem ser demonstradas de maneira clara e insofismável pelo Fisco, sob pena de nulidade da ação e consequente apuração de responsabilidade administrativa, civil e penal da autoridade tributária, razão pela qual não colidem com a norma constitucional o §1º, do art. 198, do CTN, acrescentado pela Lei Complementar nº 104/01.

Em nome da supremacia do interesse público, a lei admite a quebra do sigilo bancário por iniciativa da autoridade fiscal, exigindo, tão somente, o fundamento em processo administrativo regularmente instaurado contra o contribuinte. Entende-se por processo regularmente instaurado aquele precedido de mandado de procedimento fiscal, que tem em vista permitir ao sujeito passivo da obrigação o prévio conhecimento da ação fiscalizadora e assegurar o direito à ampla defesa, previsto na Constituição do Brasil.

A certeza do direito aplicado situa-se, para o contribuinte, na ciência prévia do procedimento e no gozo de amplo e livre acesso aos autos do processo, também assegurado pelo Decreto nº 3.724/01, que regulamenta o art. 6º, da Lei Complementar nº 105/01, relativamente à requisição, acesso e uso, pela Secretaria da Receita Federal do Brasil, de informações referentes a operações e serviços das instituições financeiras e das entidades a elas equiparadas. Esse cuidado previne o arbítrio no trato do interesse do cidadão e garante a ampla defesa no devido processo legal.

Assim como as instituições financeiras devem manter o sigilo dos dados bancários do cidadão, também o Fisco não pode tornar públicos fatos de que tenha tido conhecimento no exercício de sua atividade de fiscalização do contribuinte com vistas a prevenir e reprimir a sonegação.

O ato da administração fundamenta-se, portanto, no risco de perda de arrecadação em face da prática abusiva, consubstanciada na probabilidade de evasão fiscal. Sem essa premissa, que deve ser demonstrada pela Administração Fiscal, a atuação do Fisco se caracteriza pela ilegitimidade.

Vale ressaltar que a revogação do art. 38, da Lei nº 4.595/64, não respalda, liminarmente, a quebra da inviolabilidade das contas de depósitos e aplicações financeiras do contribuinte pelo Poder Público. Pelo contrário, o disposto no parágrafo único do art. 6º da Lei Complementar nº 105/01 garante que o resultado dos exames, as informações e os documentos investigados pelo Fisco são guardados e mantidos em sigilo, observada a legislação tributária complementar, a saber, o CTN, que também dispõe sobre o assunto, em seu art. 198, acima transcrito.

Acresça-se que o art. 1º da Lei Complementar nº 105/01 determina que as instituições financeiras conservem em sigilo as operações ativas e passivas, além dos serviços que prestarem, só admitindo sejam essas informações transmitidas aos Fiscos federal, estadual ou municipal, que as conservarão sob guarda e sigilo absolutos, conforme disposto, suplementarmente, no art. 6º da lei complementar referida. A lei resguarda o sigilo, igualmente, quando só autoriza a invasão da privacidade do administrado mediante processo administrativo, instaurado segundo os procedimentos regulares de fiscalização.

A regra sobre o acesso dos agentes fiscais à escrituração fiscal do contribuinte, a arquivos, gavetas, armários, anotações, tudo, enfim, que possa constituir elemento de prova da prática de crimes tributários é prevista na legislação de todos os tributos, não importando o nível de competência para os instituir. Não fora assim, nenhum auditor-fiscal ou fiscal de rendas teria permissão, sequer, para auditar um contribuinte em seu estabelecimento.

A única restrição, nos termos do art. 5º, inc. 11, da Carta Magna, prende-se ao ingresso em residência particular, cuja inviolabilidade extrapola o direito pátrio, vez que constitui regra universal. Assim, a fiscalização de pessoas físicas, na residência do contribuinte, quando necessária, é precedida de autorização judicial, mediante a expedição do mandado competente.

6 Divergências acerca da quebra do sigilo bancário

Conquanto a redação dos dispositivos citados e transcritos seja clara, tal entendimento não é aceito, passivamente, pela unanimidade da doutrina no Brasil, que ainda reluta em admitir a possibilidade de quebra do sigilo. Vozes discordantes há, como, por exemplo, a de Gabriel Hernan Facal Villarreal,[5] para quem

> o sigilo de dados bancários e operações financeiras constitui efetivamente uma espécie do direito à intimidade e à vida privada, institutos estes que jamais comportariam ruptura sem a provocação e aprovação do Poder Judiciário.

Para este autor, respaldado em Carlos Ari Sundfeld e Luís Roberto Barroso, as garantias individuais são estabelecidas pela Constituição para a defesa dos direitos e da liberdade do cidadão contra medidas arbitrárias adotadas pelo Estado e não com sentido inverso.

Todavia, é lícito ressaltar, para melhor entendimento, que a preservação do sigilo continua a ser a regra no direito brasileiro, enquanto a quebra é permitida apenas nos casos previstos, excepcionalmente, pela lei e, ainda assim, plena e insofismavelmente justificados pelas autoridades fiscais.

De certa forma, a aparente amplitude do §1º do inc. II do art. 198 do CTN dá margem a essa diversidade de interpretação. Todavia, não se pode esquecer que o *caput* do artigo, que encerra o comando do dispositivo, é rigoroso ao restringir a divulgação de informações obtidas pelo Fisco em razão do ofício.

Por vezes, os tribunais superiores têm manifestado repulsa à quebra do sigilo fiscal pelas autoridades administrativas sem o devido processo legal e a consequente autorização judicial fundamentada e específica para aquele fim, em nome da preservação da vedação à violação do princípio que assegura a todos, contribuintes ou não, o direito à intimidade.

Entre outros que poderiam ser lembrados, registre-se acórdão do Superior Tribunal de Justiça, em voto proferido pelo relator da causa, Ministro Francisco Falcão:

> Processual civil. Recurso especial. Ação anulatória de débito fiscal. Quebra de sigilo bancário. Pedido de informações. Receita federal. Multa. I — O artigo 197 do CTN indica a possibilidade de quebra de sigilo bancário, mas tal possibilidade não mais pôde vigorar, em face do princípio da privacidade, constante dos incisos X e XII do art. 5º da Constituição Federal de 1988. II — A determinação da quebra de sigilo bancário deve ser feita por meio de decisão judicial fundamentada, à consideração de que a inviolabilidade de dados consagrada como direito à privacidade é constitucionalmente garantido, nos termos do supracitado dispositivo constitucional. III — Recurso especial improvido. (REsp 705.340/PR, Rel. Min. Francisco Falcão, Primeira Turma, julgado em 16.02.06, *DJ*, p. 198, 06 mar. 06)

---

[5] VILLARREAL, *op. cit.*, p. 119.

Não há voz dissonante no sentido em que a privacidade é direito fundamental consagrado pela Carta Magna, ligado diretamente à dignidade do ser humano. Inegavelmente, a vida privada é algo intocável e impenetrável. A sua violação exprime um sentimento de violência contra a natureza do ser humano. Por essa razão, a intimidade não pode ser violada, assim como os direitos a ela inerentes, sem o devido processo legal.

Há que se reconhecer que, anteriormente à promulgação da Lei Complementar nº 105/01, só o Poder Judiciário podia se imiscuir na atividade privada do cidadão para o fim de apurar possível envolvimento em atividades contrárias à lei e consequente responsabilidade pessoal do agente. Hoje, contudo, desde que obedecidas as exigências legais, o curso de um processo administrativo com vistas à apuração de irregularidades fiscais justifica a quebra.

7 Sigilo bancário e sigilo fiscal

Até o momento, discorria-se sobre o sigilo das operações financeiras, direito previsto e resguardado pela Constituição do Brasil. Há que se cogitar, a partir de agora, e por oportuno, do sigilo fiscal, que implica a vedação de divulgação das informações obtidas por qualquer meio e de qualquer fonte, inclusive de instituições bancárias, sobre condições econômicas ou financeiras dos contribuintes.

Neste ponto, colocam-se em franca oposição o direito à inviolabilidade dos dados referentes à vida íntima, ínsito ao cidadão, e o interesse da coletividade, mais extenso que o primeiro. O segundo aspecto legitima as autoridades fiscais em sua busca por informações referentes às atividades do sujeito passivo, quais sejam o extrato da conta corrente, os investimentos e as aplicações financeiras do contribuinte. Não há contradição entre as duas visões possíveis, visto que o acesso aos dados bancários do contribuinte constituem condição *sine qua non* para que o Fisco exerça a função investigatória que lhe compete.

A solução intermediária, ou seja, o equilíbrio entre o interesse fiscal, a bem dizer, da coletividade, e o dos particulares, restrito aos indivíduos, valida a atuação do Fisco, desde que não seja ferido o direito à privacidade, garantido pela Carta Magna.

A autorização dada pela lei complementar encontra ressonância na Carta Constitucional, que autoriza a Administração Pública a fiscalizar contribuintes, com vistas à efetivação do cumprimento da obrigação tributária, sem que isso constitua afronta à liberdade do indivíduo. O art. 6º da Lei Complementar nº 105/01, não viola a Constituição quando permite a requisição de informações financeiras relativas ao contribuinte objeto de processo administrativo fiscal em curso.

A Lei Complementar nº 105/01, além de estabelecer cautelas a serem observadas pela Administração Pública, alerta para a eventual utilização das informações para fins estranhos àqueles que deram origem ao pedido à instituição financeira, estatuindo constituir crime a quebra do sigilo em hipóteses distintas das enunciadas no diploma em tela. O art. 11, por sua vez, responsabiliza pessoalmente o servidor pelos danos decorrentes da ação indevida. Diz o artigo:

Art. 11 – O servidor público que utilizar ou viabilizar a utilização de qualquer informação obtida em decorrência da quebra de sigilo de que trata esta Lei Complementar responde pessoal e diretamente pelos danos decorrentes, sem prejuízo da responsabilidade objetiva da entidade pública, quando comprovado que o servidor agiu de acordo com orientação oficial.

A vedação contida na Constituição Federal não invalida o direito do Fisco expresso na lei complementar, desde que sejam obedecidas as restrições impostas no texto legal. A garantia constitucional, embora de caráter pessoal, é disciplinada pela lei complementar referida, instrumento bastante para regular o disposto na Carta magna, conforme dispõe o art. 146, do Texto Maior. Não tem cabimento, portanto, a alegação de prevalência do princípio da proteção do direito à intimidade quando se trata de uso das prerrogativas da autoridade pública para fiscalizar contribuintes.

Isto posto, cai por terra qualquer argumento no sentido de se impor barreiras ao trabalho do Fisco. Pelo contrário, o que visa a Constituição é, exatamente, proteger o cidadão contra os abusos perpetrados, não importando de onde partam as medidas violadoras dos direitos individuais, ainda que do próprio Estado. Grande contradição constitucional seria admitir-se, de um lado, a garantia individual contra o arbítrio e, de outro, permitir-se a violação da garantia individual da intimidade.

O comando contido na Constituição não é excepcionado pela legislação complementar, que se cinge a disciplinar o disposto na Lei Magna, sem afronta ao texto maior. Significa dizer que a legislação infraconstitucional autoriza a Fazenda Pública, no propósito de fiscalizar o contribuinte, a proceder à quebra do sigilo bancário do cidadão.

Recentes acórdãos do Supremo Tribunal Federal apontam para a garantia do direito à inviolabilidade do sigilo do contribuinte, ressalvando apenas o fato de que somente mediante autorização judicial é possível quebrar o sigilo que resguarda essas informações. O juiz, em seu mister, só tem autorizado a invasão da privacidade por outras autoridades, que não a Receita, quando se defronta com os casos de sonegação fiscal, remessa de valores clandestinamente para o exterior e formação de "laranjas", além de outros casos equivalentes.

O objetivo da fiscalização, com o seu trabalho de investigação, é promover a justiça fiscal. "Onde todos pagam, todos pagam menos" é o lema a ser seguido. Em que pese a máxima fiscalista, é de se observar o princípio da razoabilidade na seleção do contribuinte objeto de fiscalização de contas bancárias e aplicações financeiras diversas.

Essa afirmação leva a concluir que a Administração Fiscal excluirá, naturalmente, dos critérios de seleção de contribuintes a serem fiscalizados mediante a solicitação de informações a bancos aqueles que revelem a mínima expressão econômica, O que evitará a banalização do critério de eleição dos contribuintes sujeitos a esse tipo de investigação.

A função social da fiscalização, bem como a prevenção de fraudes que podem causar imensos prejuízos à sociedade são fatores que devem prevalecer na seleção de contribuintes sujeitos à fiscalização.

O direito à privacidade, por outro lado, não se enquadra entre os direitos considerados como absolutos, uma vez que o interesse público pode recomendar a sua flexibilização, isto é, sempre que se impuser a evidência de sonegação, o sigilo poderá ser quebrado para fins de fiscalização, logicamente, dentro dos limites previstos na própria legislação.

Assim se expressou a Suprema Corte em inúmeros julgados, como, a título de exemplos, os precedentes citados pelo Ministro Maurício Correa, o MS nº 1.047-SP e o MS nº 1.959-DF, além de outros, mais recentes, como o HC nº 67.913-SP (rel. para o acórdão Ministro Carlos Velloso e o AGRINQ 897 (rel. Ministro Francisco Rezek). Recorde-se que, na ocasião dos julgamentos mencionados, não vigia a lei complementar que aqui se discute.

Vale esclarecer que, à época, o art. 38, da Lei nº 4.595/64, revogado pelo art. 13, da Lei Complementar nº 105/01, privava o Poder Judiciário da exclusividade do acesso às informações bancárias. Ainda assim, o dispositivo em vigor não pode ser interpretado como uma carta branca à Administração Fiscal para a quebra de sigilo. Pelo contrário, as restrições impostas pelo art. 6º, da lei complementar acima citada, previnem o abuso da Administração, enquanto os artigos 10 e 11 preveem o indiciamento penal dos agentes do Fisco que infringirem as condições impostas pela lei para obtenção e tratamento das informações.

O sigilo bancário, como se disse, não se confunde com o sigilo fiscal assegurado pelo inc. X, do art. 5º, da Constituição brasileira. Uma vez considerados cada um *de per si*, deduz-se que, desde que não sejam divulgadas informações pessoais adquiridas através de meios oficiais, nada há o que se opor à investigação de dados bancários e financeiros do contribuinte.

As alegações de violação do devido processo legal, da proteção da intimidade e da privacidade ou, ainda, do princípio da presunção de inocência, não são argumentos sustentáveis na defesa da vedação do acesso aos dados do contribuinte. Constituem, isto sim, obstáculos à investigação tributária, vencidos com a vigência da Lei Complementar nº 105/01, matéria de natureza infraconstitucional, que não agride dispositivos previstos na Constituição Federal.

Assim tem entendido o Poder Judiciário, como, por exemplo, no Agravo Regimental em Recurso Extraordinário nº 261.278-PR, do ano de 2003, impetrado pela Fazenda Nacional, do qual foi relator o Min. Carlos Velloso e relator para o acórdão o Min. Gilmar Mendes. Para o STF, a quebra de sigilo bancário pela autoridade administrativa independe de prévia autorização do Poder Judiciário. No julgado, afirma o Supremo Tribunal Federal que, iniciado o procedimento fiscal, o auditor fiscal está autorizado a solicitar informações sobre operações realizadas pelo contribuinte em instituições financeiras, requerendo, inclusive extratos de contas bancárias.

8 Conclusão

A reserva do sigilo bancário visa preservar o contribuinte da exposição indevida pelas autoridades fiscais dos três níveis de poder. Isto, contudo, não impede o exercício da atividade fiscalizadora com vistas a apurar fraudes praticadas contra a legislação tributária. Desde 1966, o art. 197 do Código Tributário Nacional obriga bancos e demais instituições financeiras, mediante intimação escrita, a prestarem informações de interesse fiscal ao Poder Público. Complementarmente, o *caput* do art. 198, agora com nova redação, dada pela Lei Complementar nº 104/01, veda a divulgação de informações sobre a situação econômica ou financeira do sujeito passivo ou de terceiros pela Administração Fiscal.

O §1º, todavia, excepciona da regra as solicitações feitas com o fim de investigar o sujeito passivo de obrigação tributária por práticas relacionadas a infrações cometidas. Há que destacar que a quebra do sigilo bancário, quando absolutamente necessária, é medida do maior interesse social, visto que os sonegadores se utilizam dessa suposta proteção para ocultar rendimentos auferidos ilicitamente ou não os submetendo à tributação.

O sigilo das informações sobre saldos bancários e aplicações diversas tem amparo nas garantias fundamentais dos indivíduos previstas na Constituição da República. O art. 325, do Código Penal brasileiro, define o crime de sigilo funcional, ao qual estão sujeitos todos os servidores públicos encarregados da guarda de informações confidenciais. Nos termos do artigo citado, viola o sigilo funcional quem "revelar fato de que tem ciência em razão do cargo e que deva permanecer em segredo, ou facilitar-lhe a revelação".

Essa restrição, no entanto, deve ser ponderada com a própria Lei Maior, que, em seu art. 145, §1º, reserva à Administração Tributária o poder fiscalizatório sobre os contribuintes, com o fim de assegurar a obediência ao princípio da capacidade contributiva, que determina a incidência do tributo de acordo com a capacidade econômica do contribuinte.

Considerados os vetores da proteção constitucional, que atua num sentido, e do dever-poder de fiscalizar os contribuintes, que parece caminhar em sentido oposto, resta ao intérprete a busca do bom senso. A obtenção de dados ocultados das autoridades fiscais por sonegadores é a outra face do princípio da proteção do sigilo.

O indivíduo, à evidência, dispõe de uma faixa de vida privada, protegida pelo direito, que não pode ser violada, a não ser por pessoas por ele autorizadas. A privacidade, porém, não pode servir de pretexto e escudo para a prática de crimes, como a fraude e a sonegação, as quais cabe ao Fisco, federal, estaduais e municipal, prevenir e punir.

A proteção da intimidade não pode servir para acobertar fraudes e outros crimes fiscais, sob pena de se construir uma sociedade totalmente desorganizada e sem ordem, em que princípios caros aos contribuintes, como os da isonomia e da justiça distributiva, não sejam respeitados.

O sigilo bancário protege a privacidade do indivíduo, enquanto a confidencialidade das informações obtidas pelo Fisco visa à preservação da intimidade do contribuinte. De boa-fé, os dois mandamentos não podem ser confundidos.

Informação bibliográfica deste texto, conforme a NBR 6023:2002 da Associação Brasileira de Normas Técnicas (ABNT):

PIRES, Adilson Rodrigues. Sigilos fiscal e bancário. In: SARAIVA FILHO, Oswaldo Othon de Pontes; GUIMARÃES, Vasco Branco (Coord.). Sigilos bancário e fiscal: homenagem ao Jurista José Carlos Moreira Alves. Belo Horizonte: Fórum, 2011. p. 315-330. ISBN 978-85-7700-405-8.

Sigilos Bancário e Fiscal como Corolários do Direito à Privacidade

Kiyoshi Harada

Sumário: **1** Introdução – **2** O sigilo bancário – **2.1** Natureza jurídica do sigilo bancário – **2.2.** O sigilo bancário como espécie de segredo profissional – **2.3** O sigilo bancário como corolário do direito à privacidade – **3** Os sigilos bancário e fiscal em confronto com os interesses do Fisco e do *Parquet* – **3.1** Noções introdutórias – **3.2** Evolução legislativa – **3.3** Quebra do sigilo bancário e reserva de jurisdição – **3.4** Quebra do sigilo bancário pelo Ministério Público – **3.5** Quebra do sigilo bancário pela autoridade administrativa – **4** Conclusões

1 Introdução

Ficamos muito honrados com o convite formulado pelo Professor Othon de Pontes Saraiva Filho, ilustre integrante da Advocacia-Geral da União, para escrever um texto sobre o tema em epígrafe em homenagem ao Ministro Moreira Alves, que marcou passagem na mais Alta Corte de Justiça do país, deixando a todos um vasto legado de importantes conhecimentos científico-jurídicos que até hoje são largamente utilizados pelos cultores do Direito.

Sigilos bancário e fiscal são temas controvertidos onde se confrontam os direitos e garantias fundamentais do cidadão, de um lado, e o interesse público que cabe ao Estado tutelar, de outro lado.

É preciso buscar uma solução que preserve os superiores interesses do Estado sem ferir de morte os direitos e garantias individuais prescritos na Constituição e protegidos por cláusulas pétreas.

É o que faremos neste modesto trabalho, abordando separadamente os dois temas interligados.

2 O sigilo bancário

Primeiramente convém definir a natureza jurídica do sigilo bancário. Ao depois, examinaremos o sigilo bancário como espécie do sigilo profissional e também como corolário do direito à privacidade.

2.1 Natureza jurídica do sigilo bancário

Existem várias teorias a respeito. Examinemos, sucintamente, algumas delas: teoria consuetudinária, teoria legalista, teoria do segredo profissional e teoria do direito de personalidade.

Pela teoria consuetudinária, o sigilo bancário, por meio de sua prática ao longo do tempo, teria se tornado uma obrigação jurídica. As atividades bancárias, como atos de comércios que são, deveriam seguir o mesmo regime das práticas comerciais. Essa teoria é adotada em alguns países como a Argentina, por exemplo.

Para os defensores da teoria legalista, o sigilo bancário decorre simplesmente de uma norma legal, que cria a obrigação jurídica. No Brasil sabemos que essa obrigação existe em vários dispositivos legais, bem como de forma indireta no próprio texto constitucional. Sabemos, porém, que esse sigilo é observado, também, nos países onde o ordenamento jurídico não prescreveu a obrigatoriedade do sigilo de dados bancários.

Pela teoria do segredo profissional, a atividade bancária é incluída entre aquelas cujo exercício leva a tomar conhecimento de determinados fatos relacionados com a vida íntima ou privada das pessoas. Costuma-se objetar que essa teoria não fornece o fundamento do sigilo bancário a exemplo da teoria legalista, que se assenta na norma coativa como forma de expressão do sigilo.

Finalmente, pela teoria do direito de personalidade, o sigilo bancário faria parte integrante dos direitos de personalidade, com vistas ao desenvolvimento da criatura humana, expressando a manifestação do direito à intimidade e do direito à privacidade.

2.2. O sigilo bancário como espécie de segredo profissional

O segredo profissional tem por finalidade proteger as informações obtidas em razão do exercício de atividade profissional.

Segundo essa teoria, o sigilo bancário advém da necessidade de discrição, traduzida pela obrigação do banqueiro de guardar segredo sobre as operações de seu cliente, obtidas em decorrência de suas atividades comerciais.

Os defensores da tese do sigilo bancário fundado na teoria do segredo profissional sustentam que desde a antiguidade o sigilo bancário era observado como espécie de segredo profissional e ancoram a sua tese no art. 5º, inciso XII, da CF que assim prescreve:

> é inviolável o sigilo da correspondência e das comunicações telegráficas, de dados e das comunicações telefônicas, *salvo, no último caso*, por ordem judicial, nas hipóteses e na forma que a lei estabelecer para fins de investigação criminal ou instrução processual penal.

Simples exame ocular do texto permite vislumbrar, de um lado, o sigilo absoluto em relação à correspondência, às comunicações telegráficas e aos dados (comunicação de dados). De outro lado, no que concerne às comunicações telefônicas o sigilo é relativo, porque pode ser quebrado por ordem judicial, nas hipóteses previstas em lei, para investigação criminal ou instrução processual penal. Hoje, a matéria é disciplinada pela Lei nº 9.296, de 24 de junho de 1996. Na verdade, o texto constitucional está a referir-se à *comunicação* de dados, consoante opinião unânime da doutrina e da jurisprudência, de sorte a permitir igualmente a quebra desse sigilo por superiores interesses do Estado. Aliás, nenhum direito é absoluto, sempre comportando exceções. Até mesmo a carta fechada, ou comunicação telegráfica pode ser violada em condições especiais, como nos casos de correspondências endereçadas a presidiários. A própria Comissão Europeia dos Direitos do Homem, fundada no §2º do art. 8º da Convenção Europeia para Proteção dos Direitos Humanos e Liberdades Fundamentais, tem reconhecido como legítimo o exame da correspondência dos presos por parte de autoridades penitenciárias.

O "sigilo de dados" é uma expressão ampla que não se confunde com o sigilo bancário. A se interpretar ao pé da letra, todas as comunicações seriam invioláveis, porque todas elas versam sobre dados (relatos, notícias, informações ou sinais), o que conduziria a um verdadeiro absurdo, prontamente repelido pela experiência cotidiana.

O sigilo de dados pode, quando muito, abarcar a proteção às informações bancárias, ou seja, o sigilo bancário seria espécie do gênero sigilo de comunicação de dados. É o posicionamento de Antonio Manoel Gonçalez para quem a palavra "dados" a que se refere o texto constitucional "certamente refere-se a informações pessoais em poder dos bancos, entidades financeiras etc., que são indevassáveis".[1]

Outros juristas, como Celso Ribeiro Bastos e Ives Gandra da Silva Martins, entendem que "dados" se referem a uma modalidade tecnológica de comunicação.[2] Partilha o mesmo entendimento Manoel Gonçalves Ferreira Filho, para quem o sigilo de dados veio a ser previsto em decorrência do desenvolvimento da informática, tanto é que cita os incisos XIV e LXXII do art. 5º da CF.[3]

Como assinalamos de início, o correto é referir-se ao sigilo de comunicação de dados e não sigilo de dados. Discorrendo sobre o tema Tercio Sampaio Ferraz Jr. traz os seguintes ensinamentos:

> A inviolabilidade do sigilo de dados (art. 5º – XII) é correlata ao direito fundamental à privacidade (art. 5º – X). Em questão está o direito de o indivíduo excluir do conhecimento de terceiros aquilo que só a ele é pertinente e que diz respeito ao seu modo de ser exclusivo no âmbito de sua vida privada. Mister se faz, pois, explicitar a correlação entre sigilo e privacidade, assinalando também o que os distingue.
>
> (...)

---

[1] A questão do sigilo bancário. *Cadernos de Direito Tributário e Finanças Públicas*, São Paulo, n. 9, p. 156, out./dez. 1994.
[2] *Comentários à Constituição do Brasil*. São Paulo: Saraiva, 1989. v. 2, p. 73.
[3] *Comentários à Constituição de 1988*. São Paulo: Saraiva, 1990. v. 1, p. 39.

(...) o objeto protegido no direito do sigilo não são os dados em si, mas a sua comunicação restringida (liberdade de negação). A troca de informações (comunicação) privativa é que não pode ser violada por sujeito estranho à comunicação. Doutro modo, se alguém, não por razões profissionais, ficasse sabendo legitimamente de dados incriminadores relativos a uma pessoa, ficaria impedido de cumprir o seu dever de denunciá-los.[4]

Por fim, há quem sustente que o sigilo bancário, ainda que escudado no inciso XII do art. 5º da CF, só tem relevância em termos de garantia fundamental na hipótese de a revelação da informação invadir a esfera da intimidade da pessoa.[5]

2.3 O sigilo bancário como corolário do direito à privacidade

O sigilo bancário fundado no direito à intimidade e à privacidade tende a ganhar corpo na doutrina e na jurisprudência de nossos tribunais. O direito à privacidade é praticamente reconhecido em todas as nações civilizadas. Alguns países, como Portugal e Brasil, inseriram esse direito nas respectivas Cartas Políticas. Na França, esse direito foi introduzido no art. 22 ao Código Civil pela Lei nº 70.643/70. Na Itália, vigora a Lei nº 484/55 sobre a matéria. No plano internacional proclamam esse direito: a Carta das Nações Unidas, de 1945; a Organização dos Estados Americanos, de 1948; a Declaração dos Direitos do Homem, Americana e Universal, de 1948; o Pacto sobre Direitos Políticos e Civis da ONU, de 1966; a Convenção Interamericana dos Direitos Humanos, de 1969; a Convenção Europeia para Proteção dos Direitos Humanos e Liberdades Fundamentais, de 1950.

Costuma-se sustentar que o sigilo bancário não pode ser confundido com o direito à privacidade ou à intimidade da pessoa. Sustentam que o sigilo bancário é renunciável por vontade de seu titular, ao passo que os direitos da personalidade onde se inserem a privacidade e a intimidade são irrenunciáveis. Outrossim, todos nascem com direito à intimidade, mas nem todos nascem com direito ao sigilo bancário, mesmo porque muitos dos indivíduos nunca virão a ser clientes de um banco. Sustentam, ainda, que o surgimento do sigilo bancário precede ao próprio reconhecimento dos direitos da personalidade humana.

Confesso que vínhamos demonstrando simpatia pela tese do sigilo bancário fundado na teoria consuetudinária associada à teoria do segredo profissional, com base no inciso XII do art. 5º da CF que assegura o sigilo "de dados e das comunicações telefônicas". De fato, as atividades bancárias caracterizando-se como atividades comerciais devem seguir as mesmas regras que regem o comércio. O sigilo é mera decorrência da atividade comercial, desempenhada pelos bancos, que se insere na órbita privada, de cunho reservado, porém, não absolutamente dissociada da esfera pública, porque os Estados, principalmente nos dias atuais, intervêm na atividade econômica como agente normativo e regulador. O comércio deve atender às exigências do bem comum e, obviamente, da lei. Assim como não pode um comerciante vender mercadorias proibidas, o banqueiro não pode compactuar-se com esquemas de

---

[4] *Sigilo de dados "o direito à privacidade e os limites à função fiscalizadora do Estado"*. Disponível em: <www.terciosampaioferrazjr.com.br/publicacoes.cientificas>, p. 3. Acesso em: 3 set. 2009.

[5] BELLINETTI, Luiz Fernando. Limitações legais ao sigilo bancário. *Revista de Direito do Consumidor*, São Paulo, v. 18, p. 151, 1995.

lavagens de dinheiro, por exemplo. Os bancos guardam sigilo acerca das operações de seus clientes por vontade própria, por força do hábito ou porque obrigados por leis.

Em dado momento, nos afastamos da teoria que funda o sigilo bancário no direito à intimidade ou à privacidade, pelas próprias observações do dia a dia. Ora, não se pode ignorar que existe, por exemplo, uma rede integrada de informações para apontar, ao comércio em geral, os emitentes de cheques sem fundos, aqueles que tiveram as contas bancárias encerradas por inadimplementos no mundo das obrigações, possibilitando, ainda, a transmissão e troca de informações acerca do perfil econômico financeiro de seus clientes, ainda que de forma reservada. E mais, a teoria do direito à privacidade relativiza o sigilo bancário em relação às pessoas jurídicas, pois, embora não desprovidas dos direitos de personalidade, esses direitos são aplicados em escala bem menor se comparados aos direitos de pessoa humana.

Contudo, aguçado o espírito investigativo pelo tema sugerido pelo nobre coordenador desta obra coletiva e reexaminando a matéria à luz da moderna doutrina e da jurisprudência atual, cheguei à conclusão de que a tese do direito à intimidade e à privacidade é bastante sedutora.

Examinemos essa tese em maior profundidade com respaldo na jurisprudência de nossos tribunais.

A Constituição Federal dispõe em seu art. 5º, inciso X que:

> São invioláveis a *intimidade*, a vida privada, a honra e a imagem das pessoas, assegurado o direito a indenização pelo dano material ou moral decorrente de sua violação.

Como se nota, o texto constitucional refere-se à intimidade e à vida privada além de outros valores.

A hermenêutica revela que o texto legal, em seu sentido amplo, não deve conter expressões ou palavras inúteis, donde se conclui que a intimidade e a vida privada não significam a mesma coisa. Aliás, o texto separa, de forma nítida, a intimidade da privacidade à medida que enumera outras manifestações da privacidade, como a honra e a imagem das pessoas.

Para Cyntia Carneiro, "Enquanto a intimidade encontra-se no âmbito exclusivo que alguém reserva para si, sem nenhuma repercussão social, a vida privada trata da proteção de formas exclusivas de convivência, de situações em que a comunicação é inevitável, mas que, a princípio, não é autorizada a participação de terceiros".[6]

Oswaldo Othon de Pontes Saraiva Filho faz as seguintes distinções:

> Direito à intimidade é o direito de estar sozinho. Intimidade é aquilo que não se compartilha com ninguém, são os pensamentos mais íntimos e secretos, os sentimentos, desejos e as tendências, às vezes, inconfessáveis.
>
> Direito à vida privada é o direito que tem a pessoa de só compartilhar algo a um grupo restrito de pessoas mais íntimas, cônjuge, familiares, alguns poucos amigos ou profissionais de inteira confiança do indivíduo que faz a discrição (sacerdotes, psicólogos, advogados).[7]

---

[6] *Intimidade, vida privada e o direito à informação*. MACIEL, Ademar Ferreira et al. (Coord.). *Estudos de direito constitucional*: homenagem ao Professor Ricardo Arnaldo Malheiros Fiuza. Belo Horizonte: Del Rey, 2009. p. 338.
[7] Sigilo fiscal: transferência ao Ministério Público: análise da correspondente jurisprudência do STF e do STJ. *Revista Fórum de Direito Tributário*, ano 7, n. 39, p. 10, maio/jun. 2009.

Contudo, a maioria dos doutrinadores afirma não ser fácil distinguir um conceito do outro. Em face dessa dificuldade, José Afonso da Silva tece as seguintes considerações:

> Por isso, preferimos usar a expressão direito à privacidade, num sentido genérico e amplo, de modo a abarcar todas essas manifestações da esfera íntima, privada e da personalidade, que o texto constitucional em exame consagrou. Toma-se, pois, a privacidade como 'o conjunto de informação acerca do indivíduo que ele pode decidir manter sob seu exclusivo controle, ou comunicar, decidindo a quem, quando, onde e em que condições, sem a isso poder ser legalmente sujeito'. A esfera de inviolabilidade, assim, é ampla, abrange o modo de vida doméstico, nas relações familiares e afetivas em geral, fatos, hábitos, local, nome, imagem, pensamentos, segredos, e, bem assim, as origens e planos futuros do indivíduo.[8]

Não há dúvida de que, segundo a melhor doutrina, o sigilo bancário, espécie do sigilo de comunicação de dados, tem seu fundamento constitucional no direito à privacidade em seu sentido genérico.

Para José Afonso da Silva, o titular das informações sigilosas é protegido pelo direito à intimidade. Logo, aquele que no exercício de atividade profissional tomou conhecimento daquelas informações "não pode liberar o segredo, devassando a esfera íntima, de que teve conhecimento, sob pena e violar aquele direito e incidir em sanções civis e penais".[9]

Comungam com esse ponto de vista, dentre outros, João Bernardino Gonzaga, Milton Fernandes, José Serpa Santa Maria, Oswaldo Othon de Pontes Saraiva Filho e Sérgio Carlos Covello.

A jurisprudência de nossos tribunais, como mais adiante se verá, também ancora o sigilo bancário no inciso X do art. 5º da CF a fim de resguardar o direito à intimidade e à vida privada ou proteger o direito à privacidade em sentido amplo, para abranger os direitos de personalidade com vistas ao desenvolvimento da criatura humana.

3 Os sigilos bancário e fiscal em confronto com os interesses do Fisco e do *Parquet*

Antes das abordagens específicas faremos um breve estudo sob os aspectos genéricos relativos aos temas deste item.

3.1 Noções introdutórias

Se, de um lado, a Constituição protege a privacidade da pessoa, de outro lado, faculta ao poder público a identificação do patrimônio, das rendas e das atividades econômicas dos contribuintes. Nem poderia ser de outra forma, pois não existem, em lugar nenhum do mundo, direitos absolutos.

---

[8] *Direito constitucional positivo*. 22. ed. São Paulo: Malheiros, 2003. p. 205.
[9] *Op. cit.*, p. 207.

Direito é uma ciência dinâmica por definição. No dizer de Santi Romano, o Direito nada mais é do que a "realização da convivência ordenada". Não discrepa desse entendimento Hans Kelsen quando afirma que o "direito é uma ordem de conduta humana". A palavra 'ordem' é utilizada no sentido de um sistema de regras, isto é, de um conjunto de regras que possui o tipo de unidade. O Direito é, pois, um sistema de referência cruzada em relação à realidade social em constante mutação e evolução. Daí o seu caráter dinâmico para preservar a sua legitimidade perante a sociedade.

A Constituição Cidadã de 1988 veio a prescrever no §1º do art. 145:

> §1º Sempre que possível, os impostos terão caráter pessoal e serão graduados segundo a capacidade econômica do contribuinte, facultado à administração tributária, especialmente para conferir efetividade a esses objetivos, identificar, respeitados os direitos individuais e nos termos da lei, o patrimônio, os rendimentos e as atividades econômicas do contribuinte.

Se é importante resguardar a privacidade das pessoas, não menos importante é a preservação dos superiores interesses do Estado. É preciso que se faça uma interpretação sistemática dos textos constitucionais para que se harmonizem aqueles textos aparentemente conflitantes.

O sigilo bancário, ao mesmo tempo em que protege o interesse individual, atende o interesse da sociedade, que passa a contar com um sistema bancário confiável e eficiente, e atende, também, aos interesses do próprio Estado por atrair captação de recursos financeiros, como é o caso da Suíça.[10] Porém, outras vezes, surgem interesses conflitantes, quando, então, impõe-se a prevalência do interesse público. Daí a flexibilidade do sigilo bancário por meio de legislação infraconstitucional.

3.2 Evolução legislativa

A Lei nº 4.595, de 31.12.64, que instituiu o Sistema Financeiro Nacional, recepcionada como lei complementar pela Constituição Federal vigente (art. 192), disciplinou o sigilo bancário em seu artigo 38. O sigilo aí previsto poderia ser quebrado pelo Poder Judiciário e pelas Comissões Parlamentares de Inquérito, nos termos dos §§1º e 3º do art. 38, abaixo transcritos:

> §1º As informações e esclarecimentos ordenados pelo Poder Judiciário, prestados pelo Banco Central da República do Brasil ou pelas instituições financeiras, e a exibição de livros e documentos em Juízo, se revestirão sempre do mesmo caráter sigiloso, só podendo a eles ter acesso as partes legítimas na causa, que deles não poderão servir-se para fins estranhos à mesma.
>
> §3º As Comissões Parlamentares de Inquérito, no exercício da competência constitucional e legal de ampla investigação (art. 53 da Constituição Federal e Lei nº 1579, de 18 de março de 1952), obterão as informações que necessitarem das instituições financeiras, inclusive através do Banco Central da República do Brasil.

---

[10] Atualmente, a Suíça, seguindo a tendência mundial, está flexibilizando o sigilo bancário como forma de combater o narcotráfico, a lavagem de dinheiro e outros crimes.

Os §§5º e 6º do art. 38 da lei bancária ainda prescreviam:

> §5º Os agentes fiscais tributários do Ministério da Fazenda e dos Estados somente poderão proceder a exames de documentos, livros e registros de contas de depósitos, quando houver processo instaurado e os mesmos forem considerados indispensáveis pela autoridade competente.
>
> §6º O disposto no parágrafo anterior se aplica igualmente à prestação de esclarecimentos e informes pelas instituições financeiras às autoridades fiscais, devendo sempre estas e os exames serem conservados em sigilo, não podendo ser utilizados senão reservadamente.

O CTN, por sua vez, dispõe em seu artigo 197:

> Art. 197. Mediante intimação escrita, são obrigados a prestar à autoridade administrativa todas as informações de que disponham com relação aos bens, negócios ou atividades de terceiros:
> I – (...)
> II – os bancos, casas bancárias, Caixas Econômicas e demais instituições financeiras;
> Parágrafo único. A obrigação prevista neste artigo *não abrange* a prestação de *informações quanto a fatos* sobre os quais o informante esteja legalmente *obrigado a observar segredo* em razão de cargo, ofício, função, ministério, atividade ou profissão.

Em função do disposto no parágrafo único do art. 197 do CTN (ressalva do sigilo), tem-se dado *interpretação restritiva* ao §5º do art. 38 da Lei nº 4.595/64, que só permite a quebra do sigilo bancário na hipótese em que *houver processo instaurado* e a *autoridade competente* julgar *indispensáveis* os exames de documentos, livros e registros de contas de depósitos. Pela interpretação conjugada dos textos do CTN e da Lei nº 4.595/64, caberia às instituições financeiras atender às solicitações do Fisco, desde que mantido o sigilo acerca de qualquer informação ou documento pertinente à *movimentação ativa e passiva do correntista/contribuinte*.

Dessa forma, o §5º do art. 38 da Lei Bancária não teria aplicação plena, afetado que foi pela superveniência do parágrafo único do art. 197 do CTN.

Posteriormente, a Lei nº 8.021, de 12 de abril de 1990, que dispõe sobre a identificação dos contribuintes para fins fiscais, dispôs em seu art. 8º:

> Art. 8º Iniciado o procedimento fiscal, a autoridade fiscal poderá solicitar informações sobre operações realizadas pelo contribuinte em instituições financeiras, inclusive extratos de contas bancárias, não se aplicando, nesta hipótese, o disposto no art. 38 da Lei nº 4.595, de 31 de dezembro de 1964.

Esse dispositivo continuou esbarrando na proibição do parágrafo único do art. 197 do CTN.

Contudo, com o advento da Lei Complementar nº 105, de 10.01.2001, que revogou o art. 38 da Lei Bancária, alterou o panorama jurídico.

O art. 6º dessa lei complementar praticamente reproduz o que dispunha o §5º do art. 38 da Lei Bancária, nos seguintes termos:

Art. 6º As autoridades e os agentes fiscais tributários da União, dos Estados, do Distrito Federal e dos Municípios somente poderão examinar documentos, livros e registros de instituições financeiras, inclusive os referentes a contas de depósitos e aplicações financeiras, quando houver processo administrativo instaurado ou procedimento fiscal em curso e tais exames sejam considerados indispensáveis pela autoridade administrativa competente.

Parágrafo único. O resultado dos exames, as informações e os documentos a que se refere este artigo serão conservados em sigilo, observada a legislação tributária.

Dois são os requisitos para a quebra do sigilo pela autoridade administrativa: (a) a existência prévia de processo administrativo instaurado ou procedimento fiscal em curso; (b) a indispensabilidade do exame de dados bancários a juízo da autoridade *administrativa* competente. Os dados obtidos, bem como o resultado dos exames deverão ser conservados em sigilo, observada a legislação tributária, sob pena das sanções previstas em seu art. 10.

Por se tratar de regulamentação por lei complementar, não se pode mais opor a restrição contida no parágrafo único do art. 197 do CTN.

Esclareça-se, por fim, que embora "sendo institutos diferentes, os sigilos bancário e fiscal são corolários do direito à privacidade e à inviolabilidade da comunicação de dados", como bem assinalado por Oswaldo Othon de Pontes Saraiva Filho.[11] Assim sendo, doutrina e jurisprudência aplicáveis à quebra do sigilo bancário aplicam-se igualmente à quebra do sigilo fiscal.

Esclareça-se que não há, por ora, definição dos tribunais acerca da aplicação do aludido art. 6º da LC nº 105/2001.

3.3 Quebra do sigilo bancário e reserva de jurisdição

Cabe, de início, fazer uma indagação: o princípio constitucional da reserva de jurisdição é aplicável ao sigilo bancário?

Dos onze ministros do STF, em sua composição plenária anterior, apenas cinco deles (Min. Celso de Mello, Min. Marco Aurélio, Min. Sepúlveda Pertence, Min. Neri da Silveira e Min. Carlos Velloso) reconheceram a existência da aludida reserva de jurisdição. Os demais Ministros *não examinaram essa questão* porque entenderam suficiente a falta de motivação do ato impugnado para deferir o mandado de segurança impetrado. Transcreve-se a ementa do v. acórdão onde se reconheceu à Comissão Parlamentar de Inquérito legitimidade para ordenar a quebra dos sigilos bancário, fiscal e telefônico, por autoridade própria, porém, com a devida fundamentação do ato deliberativo que, no caso, não existiu:

> E m e n t a: Comissão Parlamentar de Inquérito – Poderes de investigação (CF, art. 58, §3º) – Limitações constitucionais – Legitimidade do controle jurisdicional – Possibilidade de a CPI ordenar, por autoridade própria, a quebra dos sigilos bancário, fiscal e telefônico – Necessidade de fundamentação do ato deliberativo – Deliberação da CPI que, sem fundamentação, ordenou medidas de restrição a direitos – Mandado de segurança

---

[11] *Op. cit.*, p. 21.

deferido. Comissão parlamentar de inquérito – Competência originária do Supremo Tribunal Federal. – Compete ao Supremo Tribunal Federal processar e julgar, em sede originária, mandados de segurança e habeas corpus impetrados contra Comissões Parlamentares de Inquérito constituídas no âmbito do Congresso Nacional ou no de qualquer de suas Casas. É que a Comissão Parlamentar de Inquérito, enquanto projeção orgânica do Poder Legislativo da União, nada mais é senão a longa manus do próprio Congresso Nacional ou das Casas que o compõem, sujeitando-se, em conseqüência, em tema de mandado de segurança ou de habeas corpus, ao controle jurisdicional originário do Supremo Tribunal Federal (CF, art. 102, I, "d" e "i"). Precedentes.

O CONTROLE JURISDICIONAL DE ABUSOS PRATICADOS POR COMISSÃO PARLAMENTAR DE INQUÉRITO NÃO OFENDE O PRINCÍPIO DA SEPARAÇÃO DE PODERES.

– A essência do postulado da divisão funcional do poder, além de derivar da necessidade de conter os excessos dos órgãos que compõem o aparelho de Estado, representa o princípio conservador das liberdades do cidadão e constitui o meio mais adequado para tornar efetivos e reais os direitos e garantias proclamados pela Constituição. Esse princípio, que tem assento no art. 2º da Carta Política, não pode constituir e nem qualificar-se como um inaceitável manto protetor de comportamentos abusivos e arbitrários, por parte de qualquer agente do Poder Público ou de qualquer instituição estatal. – O Poder Judiciário, quando intervém para assegurar as franquias constitucionais e para garantir a integridade e a supremacia da Constituição, desempenha, de maneira plenamente legítima, as atribuições que lhe conferiu a própria Carta da República. O regular exercício da função jurisdicional, por isso mesmo, desde que pautado pelo respeito à Constituição, não transgride o princípio da separação de poderes. Desse modo, não se revela lícito afirmar, na hipótese de desvios jurídico-constitucionais nas quais incida uma Comissão Parlamentar de Inquérito, que o exercício da atividade de controle jurisdicional possa traduzir situação de ilegítima interferência na esfera de outro Poder da República.

O CONTROLE DO PODER CONSTITUI UMA EXIGÊNCIA DE ORDEM POLÍTICO-JURÍDICA ESSENCIAL AO REGIME DEMOCRÁTICO.

– O sistema constitucional brasileiro, ao consagrar o princípio da limitação de poderes, teve por objetivo instituir modelo destinado a impedir a formação de instâncias hegemônicas de poder no âmbito do Estado, em ordem a neutralizar, no plano político-jurídico, a possibilidade de dominação institucional de qualquer dos Poderes da República sobre os demais órgãos da soberania nacional. Com a finalidade de obstar que o exercício abusivo das prerrogativas estatais possa conduzir a práticas que transgridam o regime das liberdades públicas e que sufoquem, pela opressão do poder, os direitos e garantias individuais, atribuiu-se, ao Poder Judiciário, a função eminente de controlar os excessos cometidos por qualquer das esferas governamentais, inclusive aqueles praticados por Comissão Parlamentar de Inquérito, quando incidir em abuso de poder ou em desvios inconstitucionais, no desempenho de sua competência investigatória.

OS PODERES DAS COMISSÕES PARLAMENTARES DE INQUÉRITO, EMBORA AMPLOS, NÃO SÃO ILIMITADOS E NEM ABSOLUTOS.

– Nenhum dos Poderes da República está acima da Constituição. No regime político que consagra o Estado democrático de direito, os atos emanados de qualquer Comissão Parlamentar de Inquérito, quando praticados com desrespeito à Lei Fundamental, submetem-se ao controle jurisdicional (CF, art. 5º, XXXV). As Comissões Parlamentares de Inquérito não têm mais poderes do que aqueles que lhes são outorgados pela Constituição e pelas leis da República. É essencial reconhecer que os poderes das Comissões Parlamentares de Inquérito — precisamente porque não são absolutos — sofrem as restrições impostas pela Constituição da República e encontram limite nos direitos fundamentais do cidadão, que só podem ser afetados nas hipóteses e na forma que a Carta Política estabelecer. Doutrina. Precedentes.

LIMITAÇÕES AOS PODERES INVESTIGATÓRIOS DA COMISSÃO PARLAMENTAR DE INQUÉRITO.

– A Constituição da República, ao outorgar às Comissões Parlamentares de Inquérito "poderes de investigação próprios das autoridades judiciais" (art. 58, §3º), claramente delimitou a natureza de suas atribuições institucionais, restringindo-as, unicamente, ao campo da indagação probatória, com absoluta exclusão de quaisquer outras prerrogativas que se incluem, ordinariamente, na esfera de competência dos magistrados e Tribunais, inclusive aquelas que decorrem do poder geral de cautela conferido aos juízes, como o poder de decretar a indisponibilidade dos bens pertencentes a pessoas sujeitas à investigação parlamentar. A circunstância de os poderes investigatórios de uma CPI serem essencialmente limitados levou a jurisprudência constitucional do Supremo Tribunal Federal a advertir que as Comissões Parlamentares de Inquérito não podem formular acusações e nem punir delitos (RDA 199/205, Rel. Min. PAULO BROSSARD), nem desrespeitar o privilégio contra a auto-incriminação que assiste a qualquer indiciado ou testemunha (RDA 196/197, Rel. Min. CELSO DE MELLO – HC 79.244-DF, Rel. Min. SEPÚLVEDA PERTENCE), nem decretar a prisão de qualquer pessoa, exceto nas hipóteses de flagrância (RDA 196/195, Rel. Min. CELSO DE MELLO – RDA 199/205, Rel. Min. PAULO BROSSARD).

OS DIREITOS E GARANTIAS INDIVIDUAIS NÃO TÊM CARÁTER ABSOLUTO.

– Não há, no sistema constitucional brasileiro, direitos ou garantias que se revistam de caráter absoluto, mesmo porque razões de relevante interesse público ou exigências derivadas do princípio de convivência das liberdades legitimam, ainda que excepcionalmente, a adoção, por parte dos órgãos estatais, de medidas restritivas das prerrogativas individuais ou coletivas, desde que respeitados os termos estabelecidos pela própria Constituição. O estatuto constitucional das liberdades públicas, ao delinear o regime jurídico a que estas estão sujeitas — e considerado o substrato ético que as informa — permite que sobre elas incidam limitações de ordem jurídica, destinadas, de um lado, a proteger a integridade do interesse social e, de outro, a assegurar a coexistência harmoniosa das liberdades, pois nenhum direito ou garantia pode ser exercido em detrimento da ordem pública ou com desrespeito aos direitos e garantias de terceiros.

A QUEBRA DO SIGILO CONSTITUI PODER INERENTE À COMPETÊNCIA INVESTIGATÓRIA DAS COMISSÕES PARLAMENTARES DE INQUÉRITO.

– O sigilo bancário, o sigilo fiscal e o sigilo telefônico (sigilo este que incide sobre os dados/registros telefônicos e que não se identifica com a inviolabilidade das comunicações telefônicas) — ainda que representem projeções específicas do direito à intimidade, fundado no art. 5º, X, da Carta Política — não se revelam oponíveis, em nosso sistema jurídico, às Comissões Parlamentares de Inquérito, eis que o ato que lhes decreta a quebra traduz natural derivação dos poderes de investigação que foram conferidos, pela própria Constituição da República, aos órgãos de investigação parlamentar. As Comissões Parlamentares de Inquérito, no entanto, para decretarem, legitimamente, por autoridade própria, a quebra do sigilo bancário, do sigilo fiscal e/ou do sigilo telefônico, relativamente a pessoas por elas investigadas, devem demonstrar, a partir de meros indícios, a existência concreta de causa provável que legitime a medida excepcional (ruptura da esfera de intimidade de quem se acha sob investigação), justificando a necessidade de sua efetivação no procedimento de ampla investigação dos fatos determinados que deram causa à instauração do inquérito parlamentar, sem prejuízo de ulterior controle jurisdicional dos atos em referência (CF, art. 5º, XXXV).

– As deliberações de qualquer Comissão Parlamentar de Inquérito, à semelhança do que também ocorre com as decisões judiciais (RTJ 140/514), quando destituídas de motivação, mostram-se írritas e despojadas de eficácia jurídica, pois nenhuma medida restritiva de direitos pode ser adotada pelo Poder Público, sem que o ato que a decreta seja adequadamente fundamentado pela autoridade estatal. – O caráter privilegiado das relações Advogado-cliente: a questão do sigilo profissional do Advogado, enquanto depositário de informações confidenciais resultantes de suas relações com o cliente.

MOTIVAÇÃO *PER RELATIONEM* CONSTANTE DA DELIBERAÇÃO EMANADA DA COMISSÃO PARLAMENTAR DE INQUÉRITO.

– Tratando-se de motivação *per relationem*, impõe-se à Comissão Parlamentar de Inquérito — quando esta faz remissão a elementos de fundamentação existentes aliunde ou constantes de outra peça — demonstrar a efetiva existência do documento consubstanciador da exposição das razões de fato e de direito que justificariam o ato decisório praticado, em ordem a propiciar, não apenas o conhecimento do que se contém no relato expositivo, mas, sobretudo, para viabilizar o controle jurisdicional da decisão adotada pela CPI. É que tais fundamentos – considerada a remissão a eles feita – passam a incorporar-se ao próprio ato decisório ou deliberativo que a eles se reportou. Não se revela viável indicar, a posteriori, já no âmbito do processo de mandado de segurança, as razões que deveriam ter sido expostas por ocasião da deliberação tomada pela Comissão Parlamentar de Inquérito, pois a existência contemporânea da motivação — e não a sua justificação tardia — constitui pressuposto de legitimação da própria resolução adotada pelo órgão de investigação legislativa, especialmente quando esse ato deliberativo implicar ruptura da cláusula de reserva pertinente a dados sigilosos.

A QUESTÃO DA DIVULGAÇÃO DOS DADOS RESERVADOS E O DEVER DE PRESERVAÇÃO DOS REGISTROS SIGILOSOS.

– A Comissão Parlamentar de Inquérito, embora disponha, ex propria auctoritate, de competência para ter acesso a dados reservados, não pode, agindo arbitrariamente, conferir indevida publicidade a registros sobre os quais incide a cláusula de reserva derivada do sigilo bancário, do sigilo fiscal e do sigilo telefônico. Com a transmissão das informações pertinentes aos dados reservados, transmite-se à Comissão Parlamentar de Inquérito — enquanto depositária desses elementos informativos —, a nota de confidencialidade relativa aos registros sigilosos. Constitui conduta altamente censurável — com todas as conseqüências jurídicas (inclusive aquelas de ordem penal) que dela possam resultar — a transgressão, por qualquer membro de uma Comissão Parlamentar de Inquérito, do dever jurídico de respeitar e de preservar o sigilo concernente aos dados a ela transmitidos. Havendo justa causa — e achando-se configurada a necessidade de revelar os dados sigilosos, seja no relatório final dos trabalhos da Comissão Parlamentar de Inquérito (como razão justificadora da adoção de medidas a serem implementadas pelo Poder Público), seja para efeito das comunicações destinadas ao Ministério Público ou a outros órgãos do Poder Público, para os fins a que se refere o art. 58, §3º, da Constituição, seja, ainda, por razões imperiosas ditadas pelo interesse social — a divulgação do segredo, precisamente porque legitimada pelos fins que a motivaram, não configurará situação de ilicitude, muito embora traduza providência revestida de absoluto grau de excepcionalidade.

POSTULADO CONSTITUCIONAL DA RESERVA DE JURISDIÇÃO: UM TEMA AINDA PENDENTE DE DEFINIÇÃO PELO SUPREMO TRIBUNAL FEDERAL.

– O postulado da reserva constitucional de jurisdição importa em submeter, à esfera única de decisão dos magistrados, a prática de determinados atos cuja realização, por efeito de explícita determinação constante do próprio texto da Carta Política, somente pode emanar do juiz, e não de terceiros, inclusive daqueles a quem se haja eventualmente atribuído o exercício de "poderes de investigação próprios das autoridades judiciais".

A cláusula constitucional da reserva de jurisdição — que incide sobre determinadas matérias, como a busca domiciliar (CF, art. 5º, XI), a interceptação telefônica (CF, art. 5º, XII) e a decretação da prisão de qualquer pessoa, ressalvada a hipótese de flagrância (CF, art. 5º, LXI) — traduz a noção de que, nesses temas específicos, assiste ao Poder Judiciário, não apenas o direito de proferir a última palavra, mas, sobretudo, a prerrogativa de dizer, desde logo, a primeira palavra, excluindo-se, desse modo, por força e autoridade do que dispõe a própria Constituição, a possibilidade do exercício de iguais atribuições, por parte de quaisquer outros órgãos ou autoridades do Estado. Doutrina. – O princípio constitucional da reserva de jurisdição, embora reconhecido por cinco (5) Juízes do Supremo Tribunal Federal — Min. CELSO DE MELLO (Relator), Min. MARCO AURÉLIO, Min. SEPÚLVEDA PERTENCE, Min. NÉRI DA SILVEIRA e Min. CARLOS VELLOSO (Presidente) — não foi objeto de consideração por parte dos demais eminentes Ministros do Supremo Tribunal Federal, que entenderam suficiente, para efeito de concessão do writ mandamental, a falta de motivação do ato impugnado". (MS nº 23452/RJ, Rel. Min. Celso de Mello, Tribunal Pleno, julgado em 16.09.1999, *DJ*, p. 00020, 12 maio 2000)

No mesmo sentido decidiu o Plenário da Corte no MS nº 23.964/DF, Rel. Min. Celso de Mello (*DJ* de 21.06.2003).

Cumpre observar, entretanto, que as decisões da Corte Suprema lastreadas no §3º do art. 58 da CF, que conferiu às Comissões Parlamentares de Inquérito poderes de investigação próprios das autoridades judiciais para quebrar, por ato próprio, os sigilos bancário, fiscal e telefônico, exigem decisão fundamentada. Não se afastou, dessa forma, o controle jurisdicional.

No nosso entender, esse controle judicial equivale à proclamação da reserva de jurisdição, pois embora não seja, no caso, o detentor único da prerrogativa de proferir a primeira palavra, é ele quem vai dar a última palavra. É verdade que não há na Constituição Federal cláusula expressa de reserva de jurisdição, como no caso de preservação de outras espécies de garantias fundamentais como a busca domiciliar (art. 5º, XI), a interceptação telefônica (art. 5º, XII) e a decretação de prisão salvo o caso de flagrância (art. 5º, LXI). Esse fato, por si só, não exclui a tese da reserva de jurisdição, por via de interpretação do STF, guardião da Constituição. É oportuno lembrar que no MS nº 23.452/RJ seis dos onze Ministros daquela Alta Corte de Justiça só deixaram de examinar essa questão porque encontraram outro fundamento para invalidar o ato da CPI: a quebra do sigilo bancário de forma imotivada. Só se poderia negar a tese da reserva de jurisdição em se entendendo que esse princípio pressupõe a prerrogativa exclusiva de dizer, desde logo, a primeira palavra sobre o assunto.

3.4 Quebra do sigilo bancário pelo Ministério Público

Tem-se entendido que o Ministério Público não detém o poder de romper o sigilo. Mesmo em face da Lei Orgânica Nacional do Ministério Público, Lei nº 8.625, de 12.02.1993, que consagra o poder de requisição, a jurisprudência dominante tem sido no sentido de que a quebra do sigilo bancário só pode ocorrer nas hipóteses do art. 38[12] da Lei nº 4.595/64 que, por ter natureza de lei complementar, só poderá ser

---

[12] Refiro-me à jurisprudência formada antes do advento da LC nº 105/2001, que revogou o citado art. 38.

alterada por outra lei complementar, não sendo o caso da Lei nº 8.625/93 que, aliás, não tem matriz constitucional no que tange à quebra do sigilo bancário.

Seguiu-se a edição da Lei Complementar nº 75, de 20.05.1993, que dispõe sobre a organização, as atribuições e o estatuto do Ministério Público da União. Essa lei complementar dispõe em seu art. 8º:

> Art. 8º Para o exercício de suas atribuições, o Ministério Público da União poderá, nos procedimentos de sua competência:
> (...)
> II – Requisitar informações, exames, perícias e documentos de autoridades da Administração Pública direta ou indireta;
> (...)
> IV – Requisitar informações e documentos a entidades privadas;
> (...)
> §2º Nenhuma autoridade poderá opor ao Ministério Público, sob qualquer pretexto, a exceção de sigilo, sem prejuízo da subsistência do caráter sigiloso da informação, do registro, do dado ou do documento que lhe for fornecido.

À luz desse novo dispositivo, o STF entendeu falecer ao Ministério Público competência para autorizar a quebra do sigilo porque ele *"não tem a obrigação de ser imparcial"*. Para melhor compreensão da matéria transcrevamos a ementa do v. acórdão e o trecho do voto do eminente Min. Relator:

> EMENTA: Constitucional. Ministério Público. Sigilo Bancário: Quebra. C.F., art. 129, VIII.
> I – A norma inscrita no inc. VIII, do art. 129, da C.F., não autoriza ao Ministério Público, sem a interferência da autoridade judiciária, quebrar o sigilo bancário de alguém. Se se tem presente que o sigilo bancário é espécie de direito à privacidade, que a C.F. consagra, art. 5º, X, somente autorização expressa da Constituição legitimaria o Ministério Público a promover, diretamente e sem a intervenção da autoridade judiciária, a quebra do sigilo bancário de qualquer pessoa.
> II – R.E. não conhecido. (RE nº 215.301/CE, Rel. Min. Carlos Velloso, DJ de 28.05.1999)

Trecho do voto proferido pelo Min. Relator Carlos Veloso:

> (...) deixei expresso no voto que proferi no MS 21.729-DF, por se tratar de um direito que tem status constitucional, a quebra não pode ser feita por quem não tem o dever de imparcialidade. Somente a autoridade judiciária, que tem o dever de ser imparcial, por isso mesmo procederá com cautela, com prudência e com moderação, é que, provocada pelo Ministério Público, poderá autorizar a quebra do sigilo. *O Ministério Público*, por mais importantes que sejam as suas funções, *não tem a obrigação de ser imparcial.* Sendo parte — advogado da sociedade — *a parcialidade lhe é inerente.* Então, como poderia a parte, que tem interesse na ação, efetivar, ela própria, a quebra de um *direito inerente à privacidade, que é garantido pela Constituição?* Lembro-me de que, no antigo Tribunal Federal de Recursos, um dos seus mais eminentes membros costumava afirmar que *"o erro do juiz o tribunal pode corrigir, mas quem corrigirá o Ministério Público?"* Há órgãos e órgãos do Ministério Público, que agem individualmente, alguns, até, comprometidos com o poder político. O que não poderia ocorrer, indago, com o direito de muitos, por esses Brasis, se o direito das pessoas ao sigilo bancário pudesse ser quebrado sem maior

cautela, sem a interferência da autoridade judiciária, por representantes do Ministério Público, que agem individualmente, fora do devido processo legal e que não tem os seus atos controlados mediante recursos?"

Várias outras decisões foram proferidas no mesmo sentido. Registra-se apenas uma decisão em contrário tomada por apertada votação de 6 votos contra 5, por se tratar de um caso específico envolvendo *dinheiro público*, conforme se depreende da ementa abaixo:

> EMENTA: – Mandado de Segurança. Sigilo bancário. Instituição financeira executora de política creditícia e financeira do Governo Federal. Legitimidade do Ministério Público para requisitar informações e documentos destinados a instruir procedimentos administrativos de sua competência. 2. Solicitação de informações, pelo Ministério Público Federal ao Banco do Brasil S/A, sobre concessão de empréstimos, subsidiados pelo Tesouro Nacional, com base em plano de governo, a empresas do setor sucroalcooleiro. 3. Alegação do Banco impetrante de não poder informar os beneficiários dos aludidos empréstimos, por estarem protegidos pelo sigilo bancário, previsto no art. 38 da Lei nº 4.595/1964, e, ainda, ao entendimento de que dirigente do Banco do Brasil S/A não é autoridade, para efeito do art. 8º, da LC nº 75/1993. 4. O poder de investigação do Estado é dirigido a coibir atividades afrontosas à ordem jurídica e a garantia do sigilo bancário não se estende às atividades ilícitas. A ordem jurídica confere explicitamente poderes amplos de investigação ao Ministério Público — art. 129, incisos VI, VIII, da Constituição Federal, e art. 8º, incisos II e IV, e §2º, da Lei Complementar nº 75/1993. 5. Não cabe ao Banco do Brasil negar, ao Ministério Público, informações sobre nomes de beneficiários de empréstimos concedidos pela instituição, com recursos subsidiados pelo erário federal, sob invocação do sigilo bancário, em se tratando de requisição de informações e documentos para instruir procedimento administrativo instaurado em defesa do patrimônio público. Princípio da publicidade, ut art. 37 da Constituição. 6. No caso concreto, os empréstimos concedidos eram verdadeiros financiamentos públicos, porquanto o Banco do Brasil os realizou na condição de executor da política creditícia e financeira do Governo Federal, que deliberou sobre sua concessão e ainda se comprometeu a proceder à equalização da taxa de juros, sob a forma de subvenção econômica ao setor produtivo, de acordo com a Lei nº 8.427/1992. 7. Mandado de segurança indeferido. (MS nº 21729, Rel. Min. Marco Aurélio, *DJ* de 19-10-1991)

O certo é que o Ministério Público não está investido dos mesmos poderes investigativos conferidos pela Carta Política às Comissões Parlamentares de Inquérito (art. 58, §3º, da CF). O *Parquet* tem apenas o poder geral de inquirição e de requisição de informações, o que é diferente do poder de quebrar o sigilo bancário destinado à proteção da privacidade das pessoas.

Impressiona-nos, também, o voto do eminente Min. Carlos Velloso, quando sustenta que órgãos do Ministério Público "agem individualmente, alguns, até comprometidos com o poder político".

3.5 Quebra do sigilo bancário pela autoridade administrativa

A jurisprudência do STJ é contrária à tese da quebra do sigilo por autoridade administrativa. Veja-se a ementa abaixo do acórdão proferido pela sua Primeira Turma:

Ementa: Tributário. Sigilo bancário. Quebra com base em procedimento administrativo-fiscal. Impossibilidade.

O sigilo bancário do contribuinte não pode ser quebrado com base em procedimento administrativo-fiscal, por implicar indevida intromissão na privacidade do cidadão, garantia esta expressamente amparada pela constituição federal (artigo 5º, inciso X).

Por isso, cumpre as instituições financeiras manter sigilo acerca de qualquer informação ou documentação pertinente a movimentação ativa e passiva do correntista/contribuinte, bem como dos serviços bancários a ele prestados.

Observadas tais vedações, cabe-lhes atender as demais solicitações de informações encaminhadas pelo fisco, desde que decorrentes de procedimento fiscal regularmente instaurado e subscritas por autoridade administrativa competente.

Apenas o Poder Judiciário, por um de seus órgãos, pode eximir as instituições financeiras do dever de segredo em relação às matérias arroladas em lei.

Interpretação integrada e sistemática dos artigos 38, §5º, da lei n. 4.595/64 e 197, inciso II e parágrafo 1º do CTN.

Recurso improvido, sem discrepância. (Resp nº 37.566/93-RS, Rel. Min. Demócrito Reinaldo, *DJ* de 28-4-94, p. 6.294)

A posição do STF, até agora, é no sentido de que a questão da quebra do sigilo bancário *resolve-se com observância de normas infraconstitucionais, com respeito ao princípio da razoabilidade e que estabeleceriam o procedimento ou o devido processo legal para a quebra do sigilo bancário* sempre *mediante intermediação do Poder Judiciário,* como se depreende dos vv. acórdãos, cujas ementas vão adiante transcritas:

EMENTA: Constitucional. Sigilo bancário: quebra. Administradora de cartões de crédito. CF, art. 5º, X.

I. – Se é certo que o sigilo bancário, que é espécie de direito à privacidade, que a Constituição protege no art. 5º, X não é um direito absoluto, que deve ceder diante do interesse público, do interesse social e do interesse da Justiça, certo é, também, que ele há de ceder na forma e com observância de procedimento estabelecido em lei e com respeito ao princípio da razoabilidade. No caso, a questão foi posta, pela recorrente, sob o ponto de vista puramente constitucional, certo, entretanto, que a disposição constitucional é garantidora do direito, estando as exceções na norma infraconstitucional. II. – R.E. não conhecido". (RE nº 219780/PE, Rel. Min. Carlos Velloso, *DJ* de 10-09-1999)

Transcreve-se trecho do elucidativo voto do eminente Relator Min. Carlos Velloso proferido nesse RE:

A questão, portanto, da quebra de sigilo, resolve-se com observância de normas infraconstitucionais, com respeito ao princípio da razoabilidade e que estabeleceriam o procedimento ou o devido processo legal para quebra do sigilo bancário.

A questão, portanto, não seria puramente constitucional. A quebra do sigilo bancário faz-se com observância, repito, de normas infraconstitucionais, que subordinam-se ao preceito constitucional. É dizer, aquelas normas, sujeitam-se ao controle de constitucionalidade, porque, em termos abstratos ou materiais, poderiam não estar conforme ao mandamento constitucional.

O RE, pois, é inviável, dado que a recorrente quis discuti-lo somente sob o ponto de vista constitucional. É certo que interpôs recurso especial, argumentando ter sido ofendido o CTN, art. 197 e seu parágrafo. único. O recurso, entretanto, não prosperou, por falta de prequestionamento. Cumpria à ora recorrente, nos momentos adequados, ter provocado o Tribunal de 2º grau do debate da questão, o que não fez.

Na verdade, a Constituição, no art. 145, §1º, estabelece que é 'facultado à administração tributária, especialmente para conferir efetividade a esses objetivos, identificar, respeitados os direitos individuais e nos termos da lei, o patrimônio, os rendimentos e as atividades econômicas do contribuinte'.

Está-se a ver, da leitura do dispositivo constitucional, que a faculdade concedida ao Fisco, pela Constituição, exerce-se com respeito aos "direitos individuais e nos termos da lei".

Tem-se, novamente, questão infraconstitucional que deveria ser examinada, o que inviabiliza o recurso extraordinário.

(...)

Em face do exposto, voto no sentido do indeferimento da solicitação.

EMENTA: Agravo regimental em recurso extraordinário. Possibilidade de quebra de sigilo bancário pela autoridade administrativa sem prévia autorização do Judiciário. 2. Recurso extraordinário provido monocraticamente para afastar a aplicação do art. 8º da Lei nº 8.021/1990 ("Iniciado o procedimento fiscal, a autoridade fiscal poderá solicitar informações sobre operações realizadas pelo contribuinte em instituições financeiras, inclusive extratos de contas bancárias, não se aplicando, nesta hipótese, o disposto no art. 38 da Lei nº 4.595, de 31 de dezembro de 1964".) e restabelecer a sentença de primeira instância. 3. Aplicação de dispositivo anterior em detrimento de norma superveniente, por fundamentos extraídos da Constituição, equivale à declaração de sua inconstitucionalidade. Precedentes. 4. Agravo regimental provido, por maioria de votos, para anular a decisão monocrática e remeter o recurso extraordinário para julgamento do Plenário. (RE nº 261278/PR, Rel. Min. Carlos Velloso, *DJe* de 31-07-2008)

Além dos vv. acórdãos já citados, lembramos os seguintes no mesmo sentido: RE nº 225.099/PE, Rel. Min. Néri da Silveira, *DJ* de 27.05.2002, p. 48; AI nº 334.006/MT, Rel. Min. Sidney Sanches, *DJ* de 10.06.2002, p. 56; e RE nº 276.997/SP, Rel. Min. Nelson Jobim, *DJ* de 12.06.2001, p. 36.

As normas da legislação infraconstitucional, disciplinando o acesso aos dados bancários, têm sua matriz constitucional no já citado §1º do art. 145 da CF, mas teriam que se subordinar aos preceitos constitucionais, como bem explicitado no voto do Min. Carlos Velloso.

O que se exige, portanto, para que seja autorizada a quebra dos sigilos bancário e fiscal é a observância do princípio constitucional do devido processo legal e a motivação do ato, aferível à luz do princípio da razoabilidade.

A LC nº 105/2001, como se depreende de seu art. 6º retrotranscrito no item 3.2 deste trabalho, definiu a hipótese de quebra do sigilo bancário circunscrevendo-a ao caso de existência de processo administrativo ou de procedimento fiscal *instaurado contra o contribuinte e a indispensabilidade* do acesso às informações bancárias a *juízo da autoridade administrativa competente*, tudo nos termos do que dispunha o antigo art. 38, §§5º e 6º da Lei Bancária. Mas, onde o *devido processo legal* reclamado pela Corte Suprema?

O procedimento para a quebra do sigilo está disciplinado pelo Decreto nº 3.724, de 10.01.2001. Ora, o princípio do devido processo legal abrange, sobretudo, o procedimento a ser observado pela autoridade administrativa fiscal. Isso é elementar em Direito, descabendo maiores considerações a respeito. Não adianta a lei acenar com a imposição da pena de um a quatro anos de reclusão ao responsável pela quebra do sigilo fora das *hipóteses autorizadas nesta lei complementar* (art. 10), se essa lei não estabeleceu totalmente o *devido processo legal*, deixando por conta de um decreto regulamentador a sua complementação.

Muito embora esse Decreto nº 3.724/2001 não tenha extrapolado os limites da lei no que tange à hipótese autorizadora da quebra do sigilo bancário (existência de processo administrativo ou procedimento fiscal contra o contribuinte), os princípios do devido processo legal e da segurança jurídica exigem que o procedimento para a quebra dos sigilos bancário e fiscal esteja disciplinado em lei em sentido estrito. Por ora, os termos desse decreto não contêm abusos nesse particular, porém, não se sabe o que poderá ocorrer no futuro se a regulamentação do procedimento ficar a cargo do Executivo. Eventual decreto editado, ao sabor dos interesses momentâneos do Fisco, sem a participação da vontade popular, representada por lei emanada do Parlamento, não trará a necessária segurança das relações jurídicas no âmbito do sistema financeiro.

Por fim, é de ser lembrada outra delegação contida no art. 5º da LC nº 105/2001, para que o Executivo discipline "inclusive quanto à periodicidade e aos limites de valor, os critérios segundo os quais as instituições financeiras informarão à administração tributária da União, as operações financeiras efetuadas pelos usuários de seus serviços".

O Decreto nº 4.489, de 28.11.2002 fixou os limites de movimentação mensal em R$5.000,00 para pessoas físicas e em R$10.000,00 para pessoas jurídicas.

Após a extinção da CPMF, que retirou a eficácia da Lei nº 10.174/2001, que autorizava o Fisco a utilizar-se dos dados obtidos na arrecadação da CPMF, o aludido decreto foi objeto da Instrução Normativa da RFB de nº 802, de 27.12.2007, prescrevendo a obrigatoriedade de informações semestrais. Portanto, decreto e instrução normativa foram transformados em fontes de obrigações, violando o princípio da legalidade.

É certo, entretanto, que essas informações, por si só, não implicam quebra dos sigilos bancário e fiscal, por força do disposto no §2º desse art. 5º, que restringe as informações a serem transmitidas a "informes relacionados com a identificação dos titulares das operações e os montantes globais mensalmente movimentados, *vedada a inserção de qualquer elemento que permita identificar a sua origem ou a natureza dos gastos a partir deles efetuados"*.

É certo, também, que a partir desses informes poderá a autoridade tributária competente instaurar um procedimento fiscal para obter a quebra dos sigilos bancário e fiscal.

Tanto o STJ, como o STF firmaram posição contrária à quebra do sigilo bancário pela autoridade administrativa. Nem poderia ser diferente. Como bem ressaltado no voto proferido pelo e. Min. Carlos Velloso no RE nº 261.278-AgR/PR:

> Se se nega ao Ministério Público, instituição de maior respeitabilidade, quebrar, sem a interferência da autoridade judiciária, o sigilo bancário de alguém, o que dizer-se quando quem deseja efetivar essa quebra é a autoridade administrativa.

Embora não seja absoluto o direito à privacidade, conforme proclamação da doutrina e da jurisprudência de nossos tribunais, é pacífica, também, a necessidade de um sopesamento entre o interesse individual e o interesse público relevante que implique o sacrifício do direito constitucionalmente assegurado. Somente uma autoridade dotada da necessária imparcialidade, como bastante enfatizada pelo E. Ministro Carlos Velloso, pode fazer sopesamento dos interesses conflitantes em cada caso concreto.

A autoridade administrativa tributária, embora exerça a relevante função de fiscalizar e arrecadar tributos indispensáveis ao funcionamento do próprio Estado, à toda evidência, não possui a imparcialidade própria dos magistrados, porque representa a Receita, que é parte na relação jurídico-tributária. Simples exame de instrumentos normativos de menor hierarquia (ato declaratório interpretativo, parecer normativo, instrução normativa, etc.) editados pela RFB ao arrepio de normas legais e constitucionais está a demonstrar a sua parcialidade, como que pretendendo aumentar a arrecadação a qualquer custo.

Entretanto, não se conhece o posicionamento atual do STJ e do STF à luz do art. 6º da LC nº 105/2001, que superou a proibição contida no parágrafo único do art. 197 do CTN.

Assim, o art. 6º da LC nº 105/2001, que confere poderes para que a autoridade administrativa tributária tenha acesso *direto* às informações sigilosas nas hipóteses aí previstas, há de ser interpretado em consonância do princípio constitucional do devido processo legal, que não pode ser confundido com mero fato de a matéria estar disciplinada na lei. Esse princípio constitucional pressupõe lei *conformada* com os textos constitucionais (art. 5º, X e XII) e com os princípios adotados pela Constituição. Como vimos, essa lei complementar sequer estabeleceu o procedimento para a quebra dos sigilos bancários e fiscal, limitando-se a estatuir as hipóteses de quebra dessas informações sigilosas.

Na eventualidade de o STF alterar o seu entendimento atual[13] e vier a admitir a quebra dos sigilos bancário e fiscal por autoridade administrativa em função do que está prescrito no art. 6º da LC nº 105/2001, por coerência, terá que permitir, também, essa quebra por parte do Ministério Público. Se cabe à Receita fiscalizar e arrecadar tributos para prover as necessidades do Estado, cabe ao Ministério Público o papel de fiscal da lei para a defesa da sociedade, além de na condição de titular da ação penal realizar a perseguição criminal.

4 Conclusões

1 Os sigilos bancário e fiscal encontram fundamento constitucional no art. 5º, X, da CF que torna inviolável a intimidade e a vida privada, que podem ser traduzidas no direito à vida privada, garantia fundamental protegida por cláusula pétrea.

---

[13] Na ADIN nº 2.390/DF ajuizada, em 15-1-2001, pelo Partido Social Liberal impugnando os dispositivos da LC nº 105/2001 e do Decreto nº 3724/2001 relativos à quebra do sigilo bancário foram apensados as ADINs nºs 2.386/DF e 2.397/DF. E a ADIN nº 2.406/DF foi apensada à ADIN nº 2.389/DF que cuidam do mesmo assunto. Após o parecer do Procurador-Geral da República pelo não conhecimento das ADINs, seguiu-se o despacho de indeferimento do aditamento da inicial para incluir a declaração de inconstitucionalidade, também, da Instrução Normativa da RFB de nº 802, de 27.12.2007, que dispõe sobre prestação de informações a que alude o art. 5º da LC nº 105/2001. Esse r. despacho foi proferido pelo e.Min.Relator Menezes Direito, em 25.02.2008.

2 Entretanto, esse direito não é absoluto cedendo diante de interesse público relevante, como nos casos de interesse social, interesse da Justiça e interesse do Fisco, responsável pela realização de receitas públicas indispensáveis ao funcionamento do Estado.

3 Não há reserva de jurisdição para a quebra dos sigilos bancário e fiscal. As Comissões Parlamentares de Inquérito, por expressa disposição constitucional, podem ter acesso direto às informações sigilosas, mediante fundamentação do ato deliberativo, aferível à luz do princípio da razoabilidade. Entretanto, em função desse inafastável controle jurisdicional, embora não haja previsão constitucional expressa, é sustentável a tese da reserva de jurisdição resultante de interpretação emanada da Corte Suprema, que detém a guarda da Constituição.

4 A Corte Suprema não admite o acesso direto do *Parquet* às informações sigilosas por faltar-lhe o dever de imparcialidade e porque seus órgãos agem isoladamente, salvo em hipóteses excepcionais, como por exemplo, quando envolve movimentação de dinheiro público.

5 A autoridade administrativa não pode, por ato próprio, romper as informações e dados protegidos pelo sigilo.

6 O art. 6º da LC nº 105/2001, que permite a quebra do sigilo bancário pela autoridade administrativa competente na forma e nos casos aí previstos é inconstitucional por atentar contra a garantia da privacidade prevista no art. 5º, X, da CF, só passível de flexibilização por decisão, caso a caso, do Poder Judiciário, único órgão revestido da indispensável característica de imparcialidade.

7 Não se conhecem, por ora, decisões do STJ e do STF quanto às hipóteses de quebra do sigilo bancário por autoridade administrativa, previstas no art. 6º da LC nº 105/2001 e respectivo procedimento regulado pelo Decreto nº 3.724, de 10.01.2001, sendo certo que é presumível a tendência dos tribunais de exigir, em qualquer caso, a intermediação do Poder Judiciário.

SP, 25 de setembro de 2009.

Informação bibliográfica deste texto, conforme a NBR 6023:2002 da Associação Brasileira de Normas Técnicas (ABNT):

HARADA, Kiyoshi. Sigilos bancário e fiscal como corolários do direito à privacidade. *In*: SARAIVA FILHO, Oswaldo Othon de Pontes; GUIMARÃES, Vasco Branco (Coord.). *Sigilos bancário e fiscal*: homenagem ao Jurista José Carlos Moreira Alves. Belo Horizonte: Fórum, 2011. p. 331-350. ISBN 978-85-7700-405-8.

O Intercâmbio de Informações sobre Matéria Tributária entre Administrações Estrangeiras: Posição Atual e Especificidades no Brasil

Antônio de Moura Borges
Laila José Antônio Khoury

Sumário: 1 Considerações iniciais – **2** Conceito e requisitos do intercâmbio de informações entre Administrações Tributárias estrangeiras – **3** Métodos do Intercâmbio de Informações entre os Estados – **3.1** Intercâmbio de informações a pedido – **3.2** Intercâmbio automático de informações – **3.3** Intercâmbio espontâneo de informações – **3.4** Fiscalizações tributárias simultâneas – **3.5** Fiscalizações tributárias no exterior - **4** Limitações quanto ao pedido, ao fornecimento e à utilização das informações pelas Administrações Tributárias – **5** Constitucionalidade da cláusula e dos acordos para o intercâmbio de informações relativas a tributos – **6** Posição hierárquica dos tratados sobre matéria tributária no ordenamento jurídico infraconstitucional do Brasil – **7** Conclusão – Referências

1 Considerações iniciais

A assistência administrativa viabiliza a cooperação internacional, pois resulta da convergência de vontades dos Estados para celebrar o tratado destinado a combater a elisão e a evasão tributária internacional. O tratado é, então, o instrumento que disciplina os procedimentos específicos destinados a viabilizar a assistência administrativa.

Com efeito, a segurança para o Estado acerca do controle dos negócios dos contribuintes decorre da implementação da assistência administrativa em nível internacional. O manejo dessa assistência tende a gerar melhores resultados, especialmente porque com o intercâmbio de informações o Estado requerente terá condições de aferir a veracidade da operação tributária realizada em relação às normas que regem a matéria.

É mister a manifestação de vontade dos Estados para que a cooperação possa desenvolver-se. Nesse campo, o Direito Internacional público é o reflexo do elemento volitivo dos sujeitos internacionais. Como afirma Hermes Marcelo Huck, "há um restrito arsenal de normas de direito internacional público, negociadas pelos Estados soberanos, destinadas a reprimir a evasão internacional através de um sistema de intercâmbio de informações entre autoridades administrativas dos Estados nacionais distintos".[1]

O esforço voluntário dos Estados traduz-se no conjunto de operações previamente acertadas entre as Administrações Tributárias de dois ou mais Estados com vistas a permitir a correta aplicação das disposições que regem o recolhimento, o controle e a recuperação do tributo dos Estados signatários. Isto é, os Estados que pretendem valer-se da assistência administrativa se sujeitam ao ordenamento do Estado requerido para cooperar, sem que tal colaboração contrarie os limites soberanos que constituem e delimitam o território nacional, bem como sua competência.[2]

A cooperação internacional no plano multilateral tem como marcos históricos o Grupo dos Quatro e o Conselho Europeu. Este adotou uma resolução, de 10 de fevereiro de 1975, por meio da qual propôs dez diretivas, *ex vi*, adoção de troca mútua sobre todas as informações necessárias para a correta determinação do montante de tributo a ser pago; necessidade de proceder à harmonização dos meios jurídicos e administrativos dos sistemas tributários para facilitar a troca de informações; possibilidade de funcionários de uma Administração Tributária participarem de ações de controle em outro Estado.[3]

O nível mais estreito de cooperação internacional foi instaurado no âmbito do Grupo dos Quatro, criado em 1970 e formado pelos Estados Unidos, França, Alemanha Ocidental e Reino Unido. Esses Estados reuniram-se e decidiram adotar alguns procedimentos pautados na ajuda recíproca para controlar, de forma coordenada, a legalidade dos negócios operados pelos contribuintes.

Foi então divulgada, em 15 de março de 1979, a experiência vivida por esses Estados, que se uniram na tentativa multilateral de conter a elevação das condutas evasivas — na medida em que a evasão tributária é responsável pela perda imediata de arrecadação para os Estados. Assim, foram propostas medidas suscetíveis de serem tomadas internamente para conter a evasão tributária internacional e para a discussão das autoridades sobre o intercâmbio de informações, entre outros estudos.[4]

Uma das ações exitosas dessa iniciativa de cooperação recíproca foi o melhoramento do intercâmbio de informações, que se revelou instrumento eficaz na luta contra a evasão tributária. Em face de sua relevância, pode dizer-se que a troca de informações representou o primeiro passo rumo à criação do Fisco internacional, tal como afirma Plagnet:

---

[1] HUCK, Hermes Marcelo. *Evasão e elisão*: rotas nacionais e internacionais do planejamento tributário. São Paulo: Saraiva, 1997. p. 241.
[2] PLAGNET, Bernard. *Droit fiscal international*. Paris: Litec, 1986. p. 317.
[3] JARNEVIC, Jean–Pierre. *Droit fiscal international*. Paris: Económica, 1985. p. 245.
[4] PLAGNET, Bernard. *Droit fiscal international*. Paris: Litec, 1986. p. 331

Essas medidas aumentaram, incontestavelmente, a eficácia na luta contra a elisão e a evasão tributária internacionais. Essa iniciativa pode ser o primeiro passo sobre a criação de um "Inter-fisc", que se assemelharia à "Interpol", a organização internacional destinada a lutar contra a criminalidade.[5]

A preocupação com a perda de receitas tributárias foi igualmente manifestada pela Organização para Cooperação e Desenvolvimento Econômico (OCDE) e pela Organização das Nações Unidas (ONU), pois o cometimento de ilícitos tributários compromete a função social do tributo, o custeio do Estado, a concorrência leal e a igualdade entre os contribuintes. O reflexo positivo dessa preocupação foi a inserção do artigo 26 nos modelos de tratados[6] contra a dupla tributação das mencionadas organizações. O dispositivo trata especificamente da troca de informações como demonstração efetiva da importância da assistência administrativa sobre matéria tributária.

Percebem-se a ênfase e a atenção dadas ao intercâmbio de informações para prevenir o cometimento de ilícitos tributários. Esse dispositivo retrata o caráter geral e amplo dessa modalidade de assistência, para ser efetivamente praticada pelos Estados contratantes. Nas palavras de Maria Amparo Ruiz, "não obstante tal constatação, a assistência foi considerada como instrumento acessório para eliminar e para verificar que as regras do tratado não estavam sendo usadas para camuflar a elisão tributária".[7]

Tal afirmação enfatiza a necessidade de discutir e disciplinar a assistência administrativa a fim de aprimorar o intercâmbio de informações, pois o regramento desse mecanismo no bojo do tratado contra a dupla tributação não é suficiente para prevenir e reprimir a evasão e a elisão tributária internacional. De fato, a multiplicidade de

---

[5] No original: "Ces mesures ont accru, incontestablement, l'efficacité de la lutte contre la fraude et l'evasion fiscales internationales. Il s'agit, peut-être, du premier pas vers la création d'un "Inter-fisc" qui ressemblerait à "Interpol", l'organisation internationale destinée à lutter contre la criminalité!" (PLAGNET, Bernard. *Droit fiscal international*. Paris: Litec, 1986. p. 331).

[6] "Art. 26 – Troca de Informações 1. As autoridades competentes dos Estados Contratantes trocarão entre si as informações necessárias para aplicar as disposições da Convenção ou da legislação interna dos Estados contratantes relativa aos impostos abrangidos pela Convenção, na medida em que a tributação nela prevista não seja contrária à Convenção, particularmente em relação à prevenção da fraude ou sonegação desses impostos. Todas as informações recebidas por um Estado Contratante serão consideradas secretas da mesma forma que as informações obtidas em virtude da legislação interna desse Estado. Entretanto, se as informações forem consideradas originariamente secretas no Estado que as transmitir, só serão comunicadas às pessoas ou autoridades (incluindo os tribunais e órgãos administrativos, encarregados do lançamento ou cobrança, da execução ou instauração de processos, ou da decisão de recursos em relação aos impostos visados pela Convenção). Essas pessoas ou autoridades utilizarão as informações exclusivamente para esses fins, mas poderão revelá-las em audiências públicas de tribunais ou em decisões judiciais. As autoridades competentes, mediante consultas, determinarão as condições, métodos e técnicas apropriados em relação aos assuntos sobre os quais tal troca de informações será feita, inclusive, quando procedente, a troca de informações sobre a evasão fiscal. 2. O disposto no nº 1 não poderá em caso algum ser interpretado no sentido de impor a um Estado Contratante a obrigação: a) de tomar medidas administrativas contrárias à sua legislação e à sua prática administrativa ou às do Estado Contratante; b) de fornecer informações que não possam ser obtidas com base na sua legislação ou no âmbito da sua prática administrativa normal ou das do outro Estado Contratante; c) de transmitir informações reveladoras de segredos ou processo comerciais, industriais ou profissionais, ou informações cuja comunicação seja contrária à ordem pública."

[7] No original: "Nonetheless, it was still treated as an accessory to the elimination of double taxation in that it served to verify that the rules for its prevention were not being used to camouflage tax avoidance" (RUIZ, Maria Amparo Grau. *Mutual Assistance for the Recovery of Tax Claims*. The Netherlands: Kluwer Law International, 2002. p. 104).

artifícios criados pelos contribuintes para furtarem-se ao cumprimento da obrigação tributária não sofrerá o impacto adequado com a previsão da troca de informações num único dispositivo de um tratado contra a dupla tributação.

Ademais, o dispositivo não estabelece a sistematização do procedimento para o intercâmbio de informações, disso resultando em que a Administração Tributária não sabe "como, a quem e o que perguntar a outra administração tributária".[8] Logo, a inexistência de procedimento padrão ou homogêneo dificulta o efetivo intercâmbio de informações.

Nesse contexto, o Conselho da Europa e a OCDE, em 25 de janeiro de 1988, celebraram a Convenção Multilateral sobre Assistência Mútua em matéria tributária, a fim de disciplinar detalhadamente o procedimento das modalidades de assistência, sobretudo quanto à troca de informações, uma vez que

> as relações econômicas revestiram-se de tal grau de intensidade e diversidade que se sentiu a necessidade de elaborar um novo instrumento, simultaneamente de caráter geral, isto é, abrangendo as diferentes modalidades de assistência possíveis, e cobrindo um vasto leque de impostos — e multilateral, ou seja, permitindo uma mais eficaz cooperação internacional entre grande número de Estados, graças à aplicação e à interpretação uniformes das respectivas disposições.[9]

A evolução do tratamento da assistência administrativa foi nitidamente vislumbrada com a celebração desse tratado, que estabeleceu o âmbito de sua aplicação quanto às pessoas e aos impostos visados, as formas de assistência, suas restrições e os procedimentos comuns e específicos de cada uma das modalidades. Com a finalidade precípua de fomentar a cooperação internacional, o tratado destina-se a reprimir e reduzir a evasão e a elisão tributária internacional.

A modalidade mais usual de assistência administrativa é a troca de informações, em face de seu perfil histórico e por ter sido a primeira assistência administrativa a ser implementada. Como consequência, a "cooperação interadministrativa se encontra mais desenvolvida no âmbito do intercâmbio de informações", tal como pondera Prats.[10]

A experiência revelada com a troca de informações ensejou, em 2002, a elaboração, pela OCDE, de um modelo de tratado específico sobre o intercâmbio de informações em matéria tributária,[11] com o intuito de incrementá-lo. Tamanha era a preocupação manifestada pela OCDE com a prevenção e a repressão à elisão e à evasão tributária internacional, que foi desenvolvido modelo mais preciso e detalhado

---

[8] SOUZA, Sérgio Augusto G. Pereira de. Intercâmbio de informações tributárias entre administrações estrangeiras: avanços atuais, conexões com o combate à lavagem de dinheiro e o contexto brasileiro. *Revista Dialética de Direito Tributário*, n. 96, p. 92, set. 2003.
[9] RELATÓRIO EXPLICATIVO RELATIVO À CONVENÇÃO SOBRE ASSISTÊNCIA MÚTUA ADMINISTRATIVA EM MATÉRIA FISCAL. Conselho da Europa/OCDE. Cadernos de Ciência e Técnica Fiscal. Lisboa: Centro de Estudos Fiscais, 1992. p. 11.
[10] PRATS, Francisco Alfredo Garcia. La asistencia mutua internacional en materia de recaudación tributaria. *In:* EZQUERRO, Teodoro Cordón (Dir.). *Manual de fiscalidad internacional*. 2. ed. Madrid: Instituto de Estudios Fiscales, 2004. p. 996. No original: "la cooperación inter-administrativa se encuentra más desarrolada en el ámbito del intercambio de información".
[11] Na língua inglesa o instituto é denominado *Agreement on Exchange of Information on Tax Matter*.

sobre o intercâmbio de informações em versão bilateral e multilateral. Viabilizou-se, assim, a sistematização em nível internacional de cooperação.[12]

No entanto, as ponderações feitas no modelo da OCDE sobre o intercâmbio de informações guardam correspondência com o modelo de tratado multilateral da OCDE sobre assistência mútua, uma vez que o princípio da reciprocidade, a garantia ao contribuinte do caráter confidencial da informação e o respeito ao ordenamento interno permanecem praticamente inalterados.

2 Conceito e requisitos do intercâmbio de informações entre Administrações Tributárias estrangeiras

A experiência internacional revela que a troca de dados e de informações em matéria tributária e a colaboração entre as autoridades administrativas se inserem num contexto que demonstra a ação dos Estados contra a evasão e a elisão tributária internacional.[13]

É necessário, então, que os Estados se comprometam a intensificar o intercâmbio de informações tributárias sobre os contribuintes, para reprimir a perda de receitas decorrente de atos evasivos e elisivos. Estabelece-se, dessa maneira, o intercâmbio de informações entre os Estados como meio hábil a viabilizar a assistência administrativa em matéria tributária com o escopo específico de agir preventiva e repressivamente contra o cometimento de ilícitos tributários.

As trocas de informações são definidas por Fábio Pugliesi como os "meios de que se servem os Estados para facilitar o gerenciamento e controle das atividades dos contribuintes que produzam rendas transnacionais".[14]

Segundo preceitua Asif Qureshi, a troca de informações resulta da "abertura dos canais de comunicação entre autoridades tributárias".[15] Decorre, então, do referido intercâmbio a facilitação dos atos destinados à cobrança do tributo bem como à prevenção da elisão e da evasão tributária internacional.

Assumida a obrigação internacional de cooperação recíproca mediante a celebração de tratado sobre a assistência administrativa ou especificamente sobre o intercâmbio de informações, os Estados têm o dever de intercambiar as informações, a fim de assegurar o cumprimento do tratado e de sua legislação interna.[16] Nesse contexto,

---

[12] SOUZA, Sérgio Augusto G. Pereira de. Intercâmbio de informações tributárias entre administrações estrangeiras: avanços atuais, conexões com o combate à lavagem de dinheiro e o contexto brasileiro. *Revista Dialética de Direito Tributário*, n. 96, p. 93, set. 2003.

[13] CARMONA FERNÁNDEZ, Nestor. No discriminación, procedimiento amistoso e intercambio de información. In: SERRANO ANTÓN, Fernando (Coord.). *Fiscalidad internacional*. Madrid: Centro de Estudios Financieros, 2001. p. 588.

[14] PUGLIESI, Fábio. A recepção dos tratados de troca de informações e assistência administrativa no direito tributário brasileiro e o comércio internacional. In: CASTRO JR., Osvaldo Agripino de (Coord.). *Temas atuais de direito do comércio internacional*. Florianópolis: OAB/SC, p. 337.

[15] QURESHI, Asif Hasan. *The Public International Law of Taxation*. London/Boston: Graham & Trotman Ltd, 1994. p. 348.

[16] SOUZA, Sérgio Augusto G. Pereira de. Intercâmbio de informações tributárias entre administrações estrangeiras: avanços atuais, conexões com o combate à lavagem de dinheiro e o contexto brasileiro. *Revista Dialética de Direito Tributário*, n. 96, p. 89-103, set. 2003. p. 91-92.

Alberto Xavier conceitua a troca de informações sem desvinculá-la da assistência administrativa, porque esta obedece aos objetivos de colaboração internacional. Para o autor, os Estados "se comprometem a um auxílio recíproco na percepção efetiva dos tributos que lhe competem, fornecendo informações, reconhecendo e executando atos administrativos estrangeiros".[17]

Pode-se, então, definir o intercâmbio de informações como o instrumento pelo qual as autoridades administrativas dos Estados contratantes se obrigam a fornecer informações e dados referentes às operações tributárias de determinado contribuinte a fim de aferir se o ato praticado observou as normas que o regem, respeitados os limites previstos no tratado e na ordem interna dos Estados.

Assim, o fundamento do intercâmbio de informações reside nas condições e nos termos dispostos no tratado que o disciplina e na observância da legislação interna de cada Estado contratante. Dessa forma, a soberania do ente estatal e o direito dos contribuintes haverão de ser efetivamente tutelados.[18]

A disposição e o interesse dos Estados em intercambiar informações revela que os objetivos das Administrações Tributárias consistem na verificação da veracidade, legalidade e licitude dos negócios do contribuinte que envolvam matéria tributária. O êxito da ação administrativa nesse campo supõe a possibilidade de receber informações concretas e completas sobre a situação do contribuinte. Assim, as informações obtidas poderão, futuramente, embasar a cobrança de tributos nas esferas administrativa e judicial por meio da assistência administrativa ou judicial.

De fato, essa modalidade de assistência administrativa possui alvo preciso e eficaz, qual seja, evitar que os contribuintes se subtraiam de suas obrigações tributárias, quer beneficiando-se da existência de lacunas na legislação interna e, principalmente, nos próprios tratados que regulam o tema, quer utilizando-se de algum outro mecanismo evasivo ou elisivo.

O intercâmbio de informações entre as Administrações Tributárias permite aos Estados conhecer e controlar as escolhas do contribuinte incrementadas com a globalização. Com efeito, a troca de informações representa "importante mecanismo de prevenção ou eliminação da evasão tributária internacional. Tal forma de cooperação internacional tem se tornado a cada dia mais necessária, considerando o número crescente de contribuintes que obtêm rendas e dispõem de capitais no exterior".[19]

O intercâmbio de informações condiciona-se a aprimoramentos, uma vez que instrumento dessa relevância necessita ser lapidado para fazer face à multiplicidade de artifícios explorados e utilizados pelos contribuintes. A existência de cinco métodos de intercâmbio reforça essa assertiva, conforme será demonstrado a seguir.

---

[17] XAVIER, Alberto. *Direito tributário internacional do Brasil*. 6. ed. Rio de Janeiro: Forense, 2004. p. 841.
[18] A respeito, oportuno salientar que Bernard Plagnet assevera que, na França, a troca de informações tem duplo fundamento, isto é, o tratado em matéria tributária e as diretivas europeias, cujas disposições foram introduzidas no direito interno. PLAGNET, Bernard. *Droit fiscal international*. Paris: Litec, 1986. p. 318.
[19] BORGES, Antônio de Moura. O fornecimento de informações a administrações tributárias estrangeiras, com base na cláusula da troca de informações, prevista em tratados internacionais sobre matéria tributária. *Direito em Ação*, Brasília, v. 1, n. 1, p. 21, dez. 2000.

3 Métodos do Intercâmbio de Informações entre os Estados

O intercâmbio de informações constitui, de fato, a modalidade mais utilizada de assistência administrativa internacional, uma vez que tem campo amplo de aplicação e se revela método eficaz para prevenir e reprimir a evasão e a elisão tributária internacional.

Os tratados específicos sobre o intercâmbio de informações apresentam-se, contudo, em pequeno número. Normalmente, a troca de informações é prevista nos tratados contra a dupla tributação no artigo 26, de acordo com o modelo da OCDE.[20] Todos os tratados celebrados, por exemplo, pelo Brasil[21] e pela Espanha[22] reproduzem o procedimento disposto no referido dispositivo.

São em número de cinco os métodos destinados a viabilizar a troca de informações preconizados pela OCDE. De acordo com esse modelo, o intercâmbio de informações pode ser feito de forma (a) provocada ou a pedido, (b) automática, (c) espontânea, (d) com fiscalização tributária simultânea e (e) com fiscalização tributária no exterior.[23]

Os métodos preconizados no modelo do tratado multilateral sobre assistência mútua da OCDE não se revestem de rigidez, visto que os Estados são livres para disciplinar o processamento, o procedimento e as circunstâncias em que as informações serão trocadas. A utilização de outras técnicas e sua efetiva implementação devem refletir a crescente internacionalização dos negócios econômicos, políticos, sociais, culturais. Torna-se necessário, então, constante aperfeiçoamento ou atualização dos referidos métodos, como consequência do estreitamento da cooperação internacional entre os Estados.

É oportuno destacar, antes de analisar especificamente cada um dos métodos de intercâmbio de informações mencionados, que Alberto Xavier aponta a existência de cinco características fundamentais da troca de informações.[24] O autor ressalta que a troca de informações é (i) obrigatória, isto é, o Estado contratante está obrigado a prestar a informação solicitada, em razão do tratado celebrado; (ii) supletiva, na medida em que o Estado requerente deve exaurir, internamente, todas as possibilidades de buscar as informações exitosas acerca do contribuinte, antes de formular o pedido de assistência ao outro Estado; (iii) em regra, provocada, pois as informações apenas serão fornecidas quando houver solicitação do Estado requerente; (iv) secreta, porque impõe que a comunicação seja fornecida apenas às autoridades competentes

---

[20] Essa constatação reitera a afirmação anteriormente feita de que a assistência administrativa ainda não recebeu dos Estados a atenção que merece, continuando a dupla tributação a ter tratamento nitidamente prioritário. É evidente o caráter acessório ou secundário da assistência administrativa em matéria tributária.

[21] XAVIER, Alberto. *Direito tributário internacional do Brasil*. 6. ed. Rio de Janeiro: Forense, 2004. p. 842.

[22] CARMONA FERNÁNDEZ, Nestor. No discriminación, procedimiento amistoso e intercambio de información. In: SERRANO ANTÓN, Fernando (Coord.). *Fiscalidad internacional*. Madrid: Centro de Estudios Financieros, 2001. p. 588-589. A exceção, conforme salienta o referido autor, refere-se ao tratado contra dupla tributação que a Espanha celebrou com a Suíça.

[23] As nomenclaturas utilizadas por Fábio Pugliesi para os últimos dois métodos da troca de informações são controle fiscal simultâneo e controle fiscal no estrangeiro, respectivamente. PUGLIESI, Fábio. A recepção dos tratados de troca de informações e assistência administrativa no direito tributário brasileiro e o comércio internacional. In: CASTRO JR., Osvaldo Agripino de (Coord.). *Temas atuais de direito do comércio internacional*. Florianópolis: OAB/SC, p. 339.

[24] XAVIER, Alberto. *Direito tributário internacional do Brasil*. 6. ed. Rio de Janeiro: Forense, 2004. p. 842-843.

responsáveis pelo lançamento e cobrança de impostos objetos do tratado; e, por fim, (v) específica, já que as informações se limitam a um caso específico e não a uma generalidade de situações ou de casos conexos envolvendo o mesmo contribuinte, de modo que as informações a serem apuradas restrinjam-se, obrigatoriamente, a determinada situação.

Embora da análise dos métodos empregados seja possível aferir a presença das características acima expostas no intercâmbio de informações, a obrigatoriedade de prestar informações é mitigada, por exemplo, quando o pedido implicar violação da ordem pública do Estado requerido. Por outro lado, como se verá a seguir, a troca de informações pode ser espontânea, o que atenua a característica da necessidade de provocação do Estado interessado. No entanto, essas constatações não comprometem a validade e a pertinência das características referentes aos métodos de intercâmbio de informações a seguir examinados.

3.1 Intercâmbio de informações a pedido

O primeiro método elencado no modelo de tratado da OCDE é o intercâmbio de informações a pedido.[25] Esse é o método "menos elaborado de troca de informações e consiste no pedido de informações referentes a um contribuinte determinado e para um caso específico".[26] O Estado requerente solicita que o Estado requerido forneça determinada informação referente a operação específica de certo contribuinte, nos termos do artigo 5º do modelo de tratado.[27]

O método demonstra a necessidade de buscar informações mais precisas e completas sobre os negócios e as operações do contribuinte, na medida em que a Administração Tributária suspeita que este esteja praticando atos contrários à legislação tributária, quando há, por exemplo, desencontro entre as receitas e o patrimônio do contribuinte e as declarações por ele prestadas ao Fisco.

Assim, para complementar as informações de que já dispõe e para certificar-se da procedência ou improcedência do indício de fraude ou ilegalidade, a autoridade tributária competente pede à autoridade do Estado requerido o fornecimento de informações relativas ao contribuinte ou a determinada operação, para instruir adequadamente o processo administrativo.

O Estado requerente deve formular o pedido de fornecimento de informações de forma detalhada, a fim de permitir ao Estado requerido reconhecer adequadamente a obrigação que lhe cabe. Este haverá de praticar os atos administrativos autorizados por sua legislação interna indispensáveis ao atendimento da solicitação. Se houver inadequação na formação e instrução do pedido, o Estado requerido pode validamente recusá-lo.

---

[25] Em inglês, a expressão é *exchange on request* e em francês, *échange sur demande*.

[26] TIXIER, Gilbert; GEST, Guy. *Droit fiscal international*. 4ᵉ éd. Paris: Presses Universitaires de France, 1985. p. 439. No original: "la moins elaborée consiste à demander des renseignements sur un contribuable déterminé et pour un cas précis".

[27] No original, o artigo 5º assim preceitua: "1. At the request of the applicant State, the requested States shall provide the applicant State with any information referred to in Article 4 which concerns particular persons or transactions. 2. If the information available in the tax files of the requested State is not sufficient to enable it to comply with the request for information, that State shall take all relevant measures to provide the applicant State with the information requested".

Observa-se que se trata de método importante para que a Administração Tributária obtenha os dados corretos e completos do contribuinte. De posse das informações, a autoridade competente pode verificar se as suspeitas acerca da ilegalidade das ações do contribuinte procedem e adotar, em seguida, as medidas legais internas pertinentes. Assim, a constituição do crédito tributário enseja a cobrança do tributo pela Administração Tributária. Na hipótese de o contribuinte residir no Estado requerido, esse haverá de colaborar para que a cobrança do crédito seja concretizada mediante a assistência à cobrança solicitada pelo Estado requerente, que, como vimos, é modalidade de assistência administrativa prevista na Convenção Multilateral sobre Assistência Mútua.

3.2 Intercâmbio automático de informações

O segundo método de intercâmbio de informações refere-se à troca automática de informações,[28] prevista no artigo 6º do modelo do tratado.[29] Seu objeto cinge-se a um conjunto de informações específicas da mesma natureza relativas aos rendimentos ou ao capital de um contribuinte, a serem transmitidas pelo Estado requerido de forma sistemática e regular. Em regra, as informações referem-se aos pagamentos provenientes do Estado fornecedor da informação e aos impostos por este retidos na fonte.[30] Para Plagnet, as informações automáticas estabelecem que "os Estados contratantes transmitem, sem pedido prévio e de maneira periódica, as informações referentes a uma ou a diversas categorias de rendimentos (p. ex., juros, *royalties*, honorários, comissões...) cuja fonte se encontra num Estado e recebidas por residente do outro Estado".[31]

Permite-se, assim, verificar a transparência dos atos tributários do contribuinte, uma vez que a Administração Tributária terá esse controle para detectar inclusive o indício ou a existência de ilícito tributário. Contudo, o sucesso desse método depende da atuação das Administrações Tributárias envolvidas para fins de estabelecer, previamente, o procedimento que regulamentará a sistematização do fornecimento das informações.

A experiência decorrente desse método revela que as informações são transmitidas por meio de formulários padronizados, com a adoção de códigos numéricos comuns aos Estados contratantes para designar os mesmos elementos de rendimento e de capital. Há, assim, condições de processar a velocidade das informações a serem transmitidas, as quais são repassadas e utilizadas pelos responsáveis encarregados do controle.

---

[28] Em inglês, a expressão é *automatic exchange* e em francês, *échange d'office*.

[29] No original, o artigo 6º estabelece o seguinte: "With respect to categories of cases in accordance with procedures which they shall determine by mutual agreement, two or mor Contratacting States shall automatically Exchange the information referred to in Article 4".

[30] GRIZIOTTI, Benvenuto. Draft Convention on Mutual Administrative Assistance in Tax Matters. *Rivista di Ditrito Finanziario e Scienza delle Finanze*, Milano, n. 1, p. 351, Mar. 1987.

[31] PLAGNET, Bernard. *Droit fiscal international*. Paris: Litec, 1986. p. 319. No original: "Les États contractants se transmettent, sans demande préalable et d'une manière périodique, des informations relatives à une ou plusieurs catégories de revenus (ex. intérêts, redevances, honoraires, commissions...) ayant leur source dans un État et perçus par un résident de l'autre État".

Reduz-se, assim, o trabalho das Administrações Tributárias, otimizando-se o tempo e o custo do procedimento, conforme disposto nas Recomendações[32] da OCDE, datadas de 23 de julho de 1992 e de 13 de março de 1997, sobretudo para inibir o cometimento de evasão e de elisão tributária em nível internacional, conforme disposto no artigo 4º do anexo do referido memorando.[33]

A consequência dessa iniciativa, que resulta na intensificação do intercâmbio de informações entre as Administrações Tributárias, revela a necessidade de aprimoramento constante para que a cooperação internacional seja cada vez mais eficaz.[34] Assim, as informações serão trocadas pelo menos uma vez por ano[35] entre os Estados signatários.

Ademais, as autoridades tributárias competentes comprometem-se a intercambiar de forma sistemática as informações do contribuinte concernentes a mudança de residência, receitas imobiliárias, dividendos, juros, *royalties*, ganhos de capital, entre outros, conforme disposto no artigo 2º do anexo do memorando.

A troca automática de informações pode ser pouco eficaz e produtiva na hipótese de o Estado requerido não dispor de mecanismo eficaz para controlar os atos do contribuinte. As relações econômicas e políticas entre os Estados contratantes devem ser estreitas, pois os obstáculos políticos e econômicos tendem a frustrar a finalidade deste método. E, ainda, os custos operacionais das informações automáticas não devem constituir despesas elevadas para as Administrações Tributárias, pois os encargos econômico-financeiros podem configurar óbice por demais maléfico ao escopo proposto.

De fato, este método é bem mais elaborado do que a troca de informações a pedido,[36] pois a regularidade na transmissão das informações permite controle maior e mais intenso pela Administração Tributária. Isso porque a periodicidade das informações recebidas tende a instruir adequada e tempestivamente o processo administrativo para a cobrança do tributo, no caso de ser confirmada a ilegalidade ou ilicitude da conduta do contribuinte.

3.3 Intercâmbio espontâneo de informações[37]

O intercâmbio espontâneo de informações dispensa a formulação de pedido prévio, conforme disposto no artigo 7º do modelo de tratado da OCDE sobre

---

[32] É oportuno destacar que essas Recomendações feitas pela OCDE abrangem todos os métodos de troca de informações, embora a ênfase tenha sido dada à troca automática de informações.

[33] Confira o inteiro teor do artigo 4º: "Les renseignements visés à l'article 2 du présent Mémorandum sont fournis, autant que possible, sous format magnétique ou életronique en suivant la Recomendation du Conseil del'OCDE sur l'utilization d'un format magnétique normalisé ou toute mise à jour ultérieure de ce format recommendée par le Conseil. Ces renseignements incluront, autant que possible, le numéro d'identification fiscale dans le pays de résidence et dans le pays de la source pour les beneficiaires non-résidents de revenus suivant la Recomendation de l'OCDE sur l'utilization des numéros d'identification fiscale dans un contexte internacional".

[34] *Projet de Recommendation du Conseil sur l'utilization du modele de memorandum d'accord l'OCDE sur l'échange automatique des renseigments a des fins fiscales.* Cf. <www.oecd.org>.

[35] O artigo 6º refere-se ao ano civil. Confira: "Les renseignements sont fournis périodiquement au moins une fois par anée civil, (...)".

[36] No mesmo sentido é o entendimento de TIXIER, Gilbert; GEST, Guy. *Droit fiscal international.* 4ᵉ éd. Paris: Presses Universitaires de France, 1985. p. 439.

[37] As expressões nas línguas inglesa e francesa são, respectivamente, *spontaneous exchange* e *échange spontané*.

assistência mútua.[38] Decorre da percepção de um Estado, em razão do trabalho desenvolvido pela Administração Tributária no uso de suas atribuições de controle e fiscalização, da possibilidade de prática de ilícito tributário por certo contribuinte.

Em outras palavras, um Estado obtém determinada informação que pode ser útil a outro Estado. Essa informação será transmitida ao Estado ao qual os dados possam interessar, a fim de que este tome as providências internas necessárias para a satisfação de eventual crédito tributário. A transmissão da informação deve ser instruída com os documentos pertinentes que a embasam, para atribuir maior eficácia ao método.

Assim, o Estado, ao tomar conhecimento de informações que presumam a redução ou a isenção de determinado imposto ou, em ambas as situações, que possam ocasionar o aumento de imposto a ser arrecado pelo outro Estado; ou ao obter dados referentes a transações comerciais do contribuinte que envolvam mais de um país, podendo resultar em diminuição do imposto; ou, ainda, ao perceber a diminuição da carga tributária decorrente de transferências fictícias entre empresas pertencentes ao mesmo grupo econômico, por exemplo, deve espontaneamente informar ao Estado interessado no recolhimento e na eventual cobrança do imposto, conforme hipóteses previstas nas alíneas[39] do artigo 7º do modelo de tratado da OCDE sobre assistência mútua, anteriormente mencionado.

Observe-se que o esforço empreendido pelo Estado responsável pela transmissão dessas informações denota conduta que transcende o princípio da reciprocidade, revelando o caráter mútuo da cooperação internacional referente à assistência administrativa. Esse método de fornecimento da informação, que dispensa a formulação de pedido antecedente, tende a se desenvolver,[40] dada sua relevância. Assim, essas informações podem implicar aumento de receita e exigem, por consequência, maior atenção e monitoramento dos atos de determinado contribuinte por parte do Estado que estava até então alheio à prática de atos evasivos ou elisivos a ele prejudiciais.[41]

---

[38] No original, consta o seguinte: "1. A Contratacting States shall, without prior request, forward to another Contracting State information of which it has knowledge in the following circumstances:"

[39] As alíneas *a* a *e* do artigo 7º assim estabelecem: "a) the first-mentioned Contracting State has grounds for supposing that there may be a loss of tax in the other Contracting Stante; b) a person liable to tax obtains a reduction in or an exemption from tax in the first-mentioned Contracting State which would give rise to an increase in tax or to liability to tax in the other Contracting State; c) business dealings between a person liable to tax in Contracting State are conducted through one or more countries in such a way that a saving in tax may result in one or the other Contracting State or in both; d) a Contracting State has grounds for supposing that a saving of tax may result from artificial transfers of profits within groups of enterprises; e) information forwarded to the first-mentioned Contracting State by the other Contracting State has enabled information to be obtained which may be relevant in assessing liability to tax in the latter Contracting State".

[40] No mesmo sentido é o entendimento de TIXIER, Gilbert; GEST, Guy. *Droit fiscal international*. 4ᵉ éd. Paris: Presses Universitaires de France, 1985. p. 440.

[41] Em todos os tratados sobre matéria tributária celebrados pela França constam a troca de informações espontânea. Esse método pode ser considerado uma substituição à troca de informações a pedido na hipótese de o tratado não haver sido concluído ou ainda como um complemento para a troca de informações pontuais não abrangidas pela troca de informações a pedido. PLAGNET, Bernard. *Droit fiscal international*. Paris: Litec, 1986. p. 319.

3.4 Fiscalizações tributárias simultâneas

O quarto método para o intercâmbio de informações consiste nas fiscalizações tributárias simultâneas.[42] Nesse método, dois ou mais Estados signatários acordam em proceder simultaneamente à fiscalização da situação tributária de determinado contribuinte em razão da convergência de interesses das Administrações Tributárias sobre um ou mais atos por ele praticados. Cada Estado, dentro do respectivo território, verificará a suspeita que recai sobre o contribuinte, a fim de transmitir e receber, reciprocamente, as informações obtidas, conforme disposto no artigo 8º, §2º, do modelo de tratado da OCDE sobre assistência mútua.[43]

Trata-se de ação coordenada que envolve mais de duas autoridades tributárias para fins de controle simultâneo sobre as transações tributárias efetuadas por pessoa física ou jurídica ou por pessoas pertencentes ao mesmo grupo econômico. Assim, as pessoas visadas são as que residem num Estado e exercem atividade em outros países, bem como as que têm pluralidade de domicílios em dois ou mais Estados.

Contudo, a ação coordenada das Administrações inicia-se quando um Estado se certifica de que o caso comporta fiscalização simultânea e encaminha ao Estado potencialmente interessado suas razões. O Estado receptor do comunicado analisará se se trata ou não de controle simultâneo e, ainda, se tem interesse na prática do ato.[44]

É pacífica a possibilidade de rejeição do Estado em proceder à fiscalização simultânea. No entanto, eventual recusa é indesejável, uma vez que a investigação e o controle de determinado ato praticado por certo contribuinte pode revestir-se de grande interesse para o Estado requerente.[45] Esse é o motivo pelo qual se entende que a recusa implica negativa de cooperação internacional e, consequentemente, compromete o exercício legítimo e necessário da assistência administrativa internacional na modalidade intercâmbio de informações.

Saliente-se que a fiscalização simultânea pode, igualmente, beneficiar o contribuinte. Ao analisarem as obrigações tributárias em dois ou mais territórios, as Administrações Tributárias podem concluir pela existência de dupla tributação, que pode ser eliminada, a fim de favorecer o desenvolvimento das relações econômicas e atenuar a carga tributária suportada pelo contribuinte.

3.5 Fiscalizações tributárias no exterior[46]

Por fim, o quinto e último método exposto no modelo de tratado refere-se às fiscalizações tributárias no exterior. Nesse caso, o Estado requerente solicita ao

---

[42] A expressão em inglês é *simultaneous tax examinations*.

[43] "Artigo 8. Simultaneous tax examinations. 2. For the purposes of this Convention, a simultaneous tax examination means an arrangement between two or mores Contracting States to examine simultaneously, each in its own territory, the tax affairs of a person or persons in which they have a common or related interest, with a view to exchanging any relevant information which they so obtain".

[44] Nesse sentido, é o disposto no §1º do art. 8º: "1. At the request of one of them, two or more Contracting States shall consult together for the purposes of determining cases and procedures for simultaneous tax examinations. Each State involved shall decide whether or not it wishes to participate in a particular simultaneous tax examination".

[45] GRIZIOTTI, Benvenuto. Draft Convention on Mutual Administrative Assistance in Tax Matters. *Rivista di Ditrito Finanziario e Scienza delle Finanze*, Milano, n. 1, p. 355, Mar. 1987.

[46] Na língua inglesa, a expressão é *tax examination abroad*.

requerido autorização para presenciar a fiscalização tributária que será ou está sendo feita no território deste, conforme disposto no artigo 9º do modelo de tratado da OCDE sobre assistência mútua.[47]

Esse pedido pode suscitar problemas referentes à soberania, transparência e eficiência da Administração Tributária do outro Estado e criar impasses de natureza política. Assim, aconselha-se a aplicação desse método apenas quando o Estado requerente estiver realmente convencido de que a fiscalização solicitada irá contribuir em larga escala para a resolução de questão tributária interna. Na hipótese de violação de sua soberania mediante a contrariedade, por exemplo, da sua política interna e do procedimento administrativo adotado, o Estado requerido estará autorizado a recusar o pedido de colaboração.

A existência de cinco métodos disciplinadores do intercâmbio de informações não exaure os procedimentos a serem adotados pelos Estados contratantes. Eles podem definir previamente a forma e os mecanismos por que as informações serão processadas. Assim, os Estados não ficam impedidos de explorar quaisquer outras técnicas para requerer e transmitir as informações. Na hipótese de ser necessária a obtenção de determinada informação em caráter de urgência, pode-se, por exemplo, dispensar a forma escrita, comumente utilizada.

De fato, a OCDE e a ONU reconhecem a necessidade de aperfeiçoar a assistência administrativa internacional e, paralelamente, externam a preocupação com os direitos e garantias vitais do Estado e do contribuinte. Assim, o exercício do intercâmbio de informações não é absoluto, pois a existência de limitações é consequência natural à própria convivência e cooperação entre os Estados, nos termos a seguir expostos.

4 Limitações quanto ao pedido, ao fornecimento e à utilização das informações pelas Administrações Tributárias

O reconhecimento internacional de que a dupla tributação e a evasão tributária se agravam com a globalização[48] justifica a criação de mecanismos de prevenção importantes para conter o cometimento de atos evasivos e elisivos. No entanto, os atos e ações concertadas entre os Estados com tal escopo sofrem limitações de ordem política, tais como a proteção dos interesses dos Estados e dos contribuintes. A limi-

---

[47] No original, consta o seguinte: "Article 9: Tax examinations abroad – 1. At the request of the competent authority of the applicant State, the competent authority of the requested State may allow representatives of the competent authority of the applicant State to be present at the appropriate part of a tax examination in the requested State. 2. If the request is acceded to, the competent authority of the requested State shall, as soon as possible, notify the competent authority of the applicant State about the time and place of the examination, the authority or official designated to carry out the examination and the procedures and conditions required by the requested State for the conduct of the examination. All decisions with respect to the conduct of the tax examination shall be made by the requested State. 3. A Party may inform one of the Depositaries of its intention not to accept, as a general rule, such requests as are referred to in paragraph 1. Such a declaration may be made or withdrawn at any time".

[48] BORGES, Antônio de Moura. O fornecimento de informações a administrações tributárias estrangeiras, com base na cláusula da troca de informações, prevista em tratados internacionais sobre matéria tributária. *Direito em Ação*, Brasília, v. 1, n. 1, p. 22, dez. 2000.

tação também pode ser de ordem técnica, que enseja a observância do princípio da reciprocidade e prima pelo caráter secreto das informações, conforme afirma Jarvenic.[49]

As limitações analisadas serão as previstas no modelo de tratado e as que repercutem diretamente no pedido, no exame e na resposta da informação solicitada em face das peculiaridades do ordenamento de cada ente estatal.

A celebração de tratado não autoriza os Estados a obterem e a transmitirem incondicionalmente informações tributárias sobre os contribuintes nacionais ou estrangeiros, bem como a informarem sobre a natureza das operações por estes realizadas envolvendo um ou mais de um Estado. Isso porque os direitos e as garantias individuais do contribuinte devem ser respeitados.[50] Esses direitos representam instrumento de comedimento a eventual arbitrariedade do Estado no exercício de seus atos e na adoção de procedimentos administrativos.

A tutela desses direitos conferida ao contribuinte, independentemente da nacionalidade deste, observa o princípio da não discriminação insculpido no artigo 24 dos modelos de tratado contra a dupla tributação da ONU e da OCDE.[51] De fato, esse dispositivo contempla a proteção do contribuinte, seja ele nacional ou estrangeiro. Tal proteção foi igualmente prevista no modelo de tratado da OCDE[52] sobre

---

[49] JARNEVIC, Jean–Pierre. *Droit fiscal international*. Paris: Económica, 1985. p. 239-240, 243.

[50] No original, confira-se a íntegra do artigo 21 do Modelo sobre Assistência Mútua da OCDE: "Article 21: Protection of persons and limits to the obligation to provide assistance 1. Nothing in this Convention shall affect the rights and safeguards secured to persons by the laws or administrative practice of the requested State. 2. Except in the case of Article 14, the provisions of this Convention shall not be construed so as to impose on the requested State the obligation: a) to carry out measures at variance with its own laws or administrative practice or the laws or administrative practice of the applicant State; b) to carry out measures which it considers contrary to public policy (ordre public) or to its essential interests; c) to supply information which is not obtainable under its own laws or its administrative practice or under the laws of the applicant State or its administrative practice; d) to supply information which would disclose any trade, business, industrial, commercial or professional secret, or trade process, or information the disclosure of which would be contrary to public policy (ordre public) or to its essential interests; e) to provide administrative assistance if and insofar as it considers the taxation in the applicant State to be contrary to generally accepted taxation principles or to the provisions of a convention for the avoidance of double taxation, or of any other convention which the requested State has concluded with the applicant State; f) to provide assistance if the application of this Convention would lead to discrimination between a national of the requested State and nationals of the applicant State in the same circumstances".

[51] No original, o artigo 24 do modelo de tratado da OCDE contra a dupla tributação está assim redigido: "1. Nationals of a Contracting State shall not be subjected in the other Contracting State to any taxation or any requirement connected therewith, which is other or more burdensome than the taxation and connected requirements to which nationals of that other State in the same circumstances, in particular with respect to residence, are or may be subjected. This provision shall, notwithstanding the provisions of Article 1, also apply to persons who are not residents of one or both of the Contracting States. 2. Stateless persons who are residents of a Contracting State shall not be subjected in either Contracting State to any taxation or any requirement connected therewith, which is other or more burdensome than the taxation and connected requirements to which nationals of the State concerned in the same circumstances, in particular with respect to residence, are or may be subjected. 3. The taxation on a permanent establishment which an enterprise of a Contracting State has in the other Contracting State shall not be less favourably levied in that other State than the taxation levied on enterprises of that other State carrying on the same activities. This provision shall not be construed as obliging a Contracting State to grant to residents of the other Contracting State any personal allowances, reliefs and reductions for taxation".

[52] Confira o conteúdo da alínea "f" do artigo 21: "f) to provide assistance if the application of this Convention would lead to discrimination between a national of the requested State and nationals of the applicant State in the same circumstances".

assistência mútua. Nesse ponto, constata-se a imposição de mais um limite à troca de informações: se houver discriminação entre o contribuinte nacional e o estrangeiro que estejam em situação idêntica.

O modelo de tratado da OCDE sobre assistência mútua em caráter multilateral enfatiza a necessidade de limitar a troca de informações, seja para proteger o contribuinte, seja para tutelar os interesses do Estado na arrecadação dos tributos ou para preservar a ordem pública. Assim, a cooperação internacional condiciona-se ao respeito e à observância da soberania de cada ente estatal, para que a convivência internacional seja pacífica e possível.

O intercâmbio de informações é, dessa forma, alvo de limitações que conduzem à proteção do contribuinte e à observância da ordem pública dos Estados contratantes. Inicialmente, as organizações internacionais recomendaram que a assistência administrativa apenas determinasse as situações justificadoras da aplicação do tratado. No entanto, a crescente internacionalização das relações econômicas externou a vontade e o interesse dos Estados de que o intercâmbio de informações sobre determinado ato ou fato jurídico fosse ampliado, mesmo que não existisse disposição expressa nesse sentido no tratado.[53]

Logo, o intercâmbio de informações não está limitado aos impostos abrangidos pelo tratado, podendo, assim, estender-se a outros impostos mediante interpretação extensiva do artigo 26 do modelo de tratado da OCDE contra a dupla tributação.[54] O intercâmbio de informações abarca, ainda, os impostos não contrários ao tratado.[55] Esse entendimento coaduna-se com a finalidade da assistência administrativa na modalidade troca de informações, pois concede aos Estados rol mais amplo de ações para controlar as atividades dos contribuintes.[56]

O intercâmbio de informações calca-se no princípio da reciprocidade, que orienta os Estados requerente e requerido. Assim, o Estado requerente não deve solicitar informação ao requerido que não lhe seja lícito e moral obter com base em sua própria legislação. De fato, a assistência não se destina a ampliar os poderes e os direitos do Estado requerente quando esses não estão contemplados em seu próprio ordenamento jurídico, conforme disposto no artigo 21, §2º, alínea "c",[57] do modelo de tratado sobre assistência mútua.

Verifica-se, portanto, a proteção concedida ao contribuinte, já que o fato de residir em outro Estado não implica aumento das prerrogativas da Administração

---

[53] TIXIER, Gilbert; GEST, Guy. *Droit fiscal international*. 4ᵉ éd. Paris: Presses Universitaires de France, 1985. p. 441.

[54] Nesse ponto específico, os Estados Unidos da América são favoráveis a uma interpretação extensiva do mencionado artigo 26, tal como informam TIXIER, Gilbert; GEST, Guy. *Droit fiscal international*. 4ᵉ éd. Paris: Presses Universitaires de France, 1985. p. 441.

[55] QURESHI, Asif Hasan. *The Public International Law of Taxation*. London/Boston: Graham & Trotman Ltd, 1994. p. 347.

[56] Em sentido contrário posiciona-se Nestor Carmona Fernández. Para esse autor, as informações a serem prestadas limitam-se aos impostos contemplados no tratado, não podendo, em princípio, estender-se a outras modalidades de tributo. CARMONA FERNÁNDEZ, Nestor. No discriminación, procedimento amistoso e intercambio de información. *In*: SERRANO ANTÓN, Fernando (Coord.). *Fiscalidad internacional*. Madrid: Centro de Estudios Financieros, 2001. p. 588.

[57] O artigo 21, "c" do modelo de tratado da OCDE sobre assistência administrativa determina: "c) to supply information which is not obtainable under its own laws or its administrative practice or under the laws of the applicant State or its administrative practice;"

Tributária em seu desfavor, uma vez que o Estado requerente não dispõe dessas faculdades em seu próprio território. O requerimento para que esse tipo de informação seja transmitida é fato que justifica a recusa legítima do Estado requerido ao pedido de assistência administrativa. Evita-se, assim, que o Estado requerente disponha de poderes mais amplos que aqueles a ele concedidos por seu próprio ordenamento jurídico.

Da mesma forma que o Estado requerido não está obrigado a fornecer informações cuja obtenção não seja possível no Estado requerente, aquele ente está autorizado a recusar o pedido de assistência se ficar demonstrado que sua legislação interna não autoriza o fornecimento da informação solicitada, nos termos da alínea "a" do artigo 21 do tratado multilateral sobre assistência mútua.[58] Logo, o Estado requerido está desobrigado de tomar as medidas e de praticar os atos administrativos internos quando seu ordenamento jurídico proibir a transmissão da informação.[59] Essa vedação persiste mesmo se a legislação do Estado requerente for mais completa que a do requerido.

Por conseguinte, o princípio da reciprocidade é elemento essencial para caracterizar o aspecto mais amplo ou restritivo da troca de informações. O exercício dos direitos e dos deveres dos Estados contratantes decorre de sua manifestação de vontade e cinge-se aos exatos termos da avença pactuada. Caracteriza-se, assim, a reciprocidade como uma dupla limitação da eficácia da assistência que provém dos Estados requerente e requerido.[60]

Insere-se nesse contexto a possibilidade legítima de o Estado recusar-se a transmitir a informação requerida quando ela for contrária à ordem pública ou a seus interesses vitais.[61] Os atos de império devem ater-se ao território do Estado, uma vez que a soberania dos Estados precisa ser respeitada, sob pena de desvirtuar a finalidade e a concepção originária da assistência administrativa internacional.

No entanto, a previsão dessa limitação no tratado pode implicar postura danosa e contrária à finalidade da assistência administrativa, se o Estado requerido utilizá-la de maneira abusiva ou arbitrária. Nesse caso, o Estado requerido estará dispensado de fundamentar a recusa. A observação feita por Tixier aponta tal risco, pois, "na realidade, a cláusula da ordem pública parece ser, com efeito, um meio cômodo permitido ao Estado requerido de se recusar a transmitir a informação sem ter de justificar-se".[62]

---

[58] O artigo 21, "a" do modelo de tratado da OCDE sobre assistência administrativa dispõe: "a) to carry out measures at variance with its own laws or administrative practice or the laws or administrative practice of the applicant State;"

[59] Na hipótese de não haver impedimento para o fornecimento da informação, o Estado requerido deve colocar à disposição do outro Estado todos os meios de investigação, fiscalização e controle de que dispõe para assegurar o controle dos atos do contribuinte sobre os seus impostos. Deve, portanto, praticar todos os atos necessários para prestar a informação como se esta direta e exclusivamente lhe interessasse.

[60] JARNEVIC, Jean–Pierre. *Droit fiscal international*. Paris: Económica, 1985. p. 240.

[61] Eis o teor do artigo 21, "b" do modelo de tratado da OCDE sobre assistência administrativa: "b) to carry out measures which it considers contrary to public policy (ordre public) or to its essential interests;"

[62] No original: "Dans la réalité, la clause de l'ordre public semble être, en fait, un moyen commode permettant à l'Etat requis d'opposer un refus à une demande d'information sans avoir à en justifier" (TIXIER, Gilbert; GEST, Guy. *Droit fiscal international*. 4ᵉ éd. Paris: Presses Universitaires de France, 1985. p. 446).

Outra limitação reside no fato de o Estado requerido não ter a obrigação de fornecer informações que sejam reveladoras de segredo comercial, industrial, profissional ou de processo comercial.[63] Existem, pois, certas informações com caráter confidencial para fins de proteger os direitos e as garantias do contribuinte. Assim, a autoridade tributária do Estado requerido tem discricionariedade para recusar o fornecimento da informação se entender que ela pode trazer prejuízos ao contribuinte e afetar seus interesses.

Essa limitação, contudo, é mitigada pelo disposto no modelo de tratado sobre troca de informações, em seu artigo 5º, §4º.[64] Assim, as autoridades competentes têm capacidade jurídica e competência para obter todas e quaisquer informações constantes das instituições financeiras e demais pessoas que tenham como objeto o investimento de capitais.

O sigilo bancário não é espécie do sigilo comercial ou profissional. Logo, não é fundamento válido para justificar a recusa do Estado requerido no fornecimento da informação, nos termos do artigo 7º[65] do tratado sobre troca de informações. Verifica-se, então, que se buscou atribuir maior efetividade ao intercâmbio de informações, tal como afirma Sérgio de Souza, visto que esse

---

[63] Nesse sentido, é o disposto na alínea "d" do artigo 21 do modelo de tratado da OCDE sobre assistência administrativa: "d) to supply information which would disclose any trade, business, industrial, commercial or professional secret, or trade process, or information the disclosure of which would be contrary to public policy (ordre public) or to its essential interests;"

[64] O artigo 5, §4º, do modelo de tratado da OCDE sobre a troca de informações está assim redigido: "4. Each Contracting Party shall ensure that its competent authorities for the purposes specified in Article 1 of the Agreement, have the authority to obtain and provide upon request: a) information held by banks, other financial institutions, and any person acting in an agency or fiduciary capacity including nominees and trustees; b) information regarding the ownership of companies, partnerships, trusts, foundations, "Anstalten" and other persons, including, within the constraints of Article 2, ownership information on all such persons in an ownership chain; in the case of trusts, information on settlors, trustees and beneficiaries; and in the case of foundations, information on founders, members of the foundation council and beneficiaries. Further, this Agreement does not create an obligation on the Contracting Parties to obtain or provide ownership information with respect to publicly traded companies or public collective investment funds or schemes unless such information can be obtained without giving rise to disproportionate difficulties".

[65] O artigo 7 do modelo de tratado da OCDE sobre a troca de informações determina: "Article 7 Possibility of Declining a Request 1. The requested Party shall not be required to obtain or provide information that the applicant Party would not be able to obtain under its own laws for purposes of the administration or enforcement of its own tax laws. The competent authority of the requested Party may decline to assist where the request is not made in conformity with this Agreement. 2. The provisions of this Agreement shall not impose on a Contracting Party the obligation to supply information which would disclose any trade, business, industrial, commercial or professional secret or trade process. Notwithstanding the foregoing, information of the type referred to in Article 5, paragraph 4 shall not be treated as such a secret or trade process merely because it meets the criteria in that paragraph. 3. The provisions of this Agreement shall not impose on a Contracting Party the obligation to obtain or provide information, which would reveal confidential communications between a client and an attorney, solicitor or other admitted legal representative where such communications are: (a) produced for the purposes of seeking or providing legal advice or (b) produced for the purposes of use in existing or contemplated legal proceedings. 4. The requested Party may decline a request for information if the disclosure of the information would be contrary to public policy (ordre public). 5. A request for information shall not be refused on the ground that the tax claim giving rise to the request is disputed. 6. The requested Party may decline a request for information if the information is requested by the applicant Party to administer or enforce a provision of the tax law of the applicant Party, or any requirement connected therewith, which discriminates against a national of the requested Party as compared with a national of the applicant Party in the same circumstances".

novo modelo *extermina* o sigilo bancário, quando considerado como manto jurídico de opacidade que se opõe às atividades das autoridades que buscam os caminhos do dinheiro e a proteção daqueles que utilizam de forma legítima a confidencialidade do sistema financeiro.[66]

Em observância à transposição da barreira tributária que implicava grave prejuízo ao desenvolvimento do comércio internacional, a solicitação de informação que contrariar as cláusulas do tratado contra a dupla tributação autoriza o Estado requerido a recusar-se a transmiti-la.[67] Na hipótese de haver dupla tributação, tendo em vista que os tratados não eliminam todas as hipóteses do fenômeno, a informação deve ser prestada, desde que não seja contrária ao tratado.[68]

A mesma postura será tomada pelo ente se a informação caracterizar violação aos princípios tributários incorporados ao ordenamento jurídico, tendo em vista que sua aplicação se restringe aos fatos ocorridos no território em decorrência do poder de tributar.[69] O caráter confiscatório do tributo, por exemplo, permite ao Estado requerido recusar a assistência.[70]

Por fim, o modelo de tratado sobre assistência mútua estabelece, no artigo 22,[71] o sigilo das informações trocadas. Essa limitação, imposta a ambos os Estados, é corolário do poder tributário do Estado e da proteção aos direitos do contribuinte. Caracteriza-se, então, como uma garantia de que as Administrações Tributárias envolvidas na cooperação manterão o sigilo acerca da informação solicitada e transmitida nos termos da legislação de cada Estado.[72]

O caráter secreto das informações garante o êxito da investigação da Administração Tributária para que seu resultado não seja comprometido por ação do próprio investigando. Do mesmo modo, protege o contribuinte na medida em que não o expõe publicamente com base tão somente num pedido de informações.[73]

---

[66] SOUZA, Sérgio Augusto G. Pereira de. Intercâmbio de informações tributárias entre administrações estrangeiras: avanços atuais, conexões com o combate à lavagem de dinheiro e o contexto brasileiro. *Revista Dialética de Direito Tributário*, n. 96, p. 95, set. 2003.

[67] Conforme disposto na alínea "e" do artigo 21 do modelo de tratado da OCDE sobre assistência administrativa: "e) to provide administrative assistance if and insofar as it considers the taxation in the applicant State to be contrary to generally accepted taxation principles or to the provisions of a convention for the avoidance of double taxation, or of any other convention which the requested State has concluded with the applicant State;"

[68] GRIZIOTTI, Benvenuto. Draft Convention on Mutual Administrative Assistance in Tax Matters. *Rivista di Ditrito Finanziario e Scienza delle Finanze*, Milano, n. 1, p. 377, Mar. 1987.

[69] BORGES, Antônio de Moura. O fornecimento de informações a administrações tributárias estrangeiras, com base na cláusula da troca de informações, prevista em tratados internacionais sobre matéria tributária. *Direito em Ação*, Brasília, v. 1, n. 1, p. 22, dez. 2000.

[70] No Brasil, o artigo 150, IV, da CF, proíbe expressamente a instituição de tributo que tenha caráter confiscatório. Confira: "Art. 150. Sem prejuízo de outras garantias asseguradas ao contribuinte, é vedado à União, aos Estados, ao Distrito Federal e aos Municípios: (...) IV – utilizar o tributo com efeito de confisco".

[71] Nesse sentido, é o disposto no artigo 22 do modelo de tratado da OCDE sobre assistência administrativa: "1. Any information obtained by a Party under this Convention shall be treated as secret in the same manner as information obtained under the domestic laws of that Party, or under the conditions of secrecy applying in the supplying Party if such conditions are more restrictive".

[72] Eventual descumprimento por um dos Estados do sigilo das informações acarretará a aplicação de sanções previstas na legislação do ente infrator.

[73] No mesmo sentido, é o disposto no artigo 26, parágrafo 1, do modelo de tratado da OCDE contra a dupla tributação.

O mencionado artigo 22 assegura, ainda, que as informações serão transmitidas às autoridades administrativas e judiciais competentes para o lançamento, a cobrança e a execução do tributo. Frise-se que apenas essas autoridades poderão usar a informação, com o cuidado de fazê-lo apenas para o fim específico que justificou a solicitação. O uso desmedido da informação requerida, bem como a desvinculação do fato que a fundamentou, pode representar desestímulo à assistência administrativa e, consequentemente, comprometer a vontade política dos Estados na luta contra a evasão e a elisão tributária internacional. Assim, aqueles podem, se assim desejarem, primar pela prevalência dos interesses de seus contribuintes ou de seus nacionais,[74] em detrimento da cooperação internacional.

É importante salientar que, se a autoridade administrativa competente quiser utilizar a informação recebida para fim diverso do inicialmente indicado, terá de pedir autorização ao Estado requerido, bem como ao próprio contribuinte a que se refere a informação. Essa limitação tende a frustrar o escopo do intercâmbio de informações em razão do necessário consentimento das pessoas envolvidas para a utilização da informação de forma diversa da inicialmente estabelecida.

No entanto, os comentários ao modelo de tratado da OCDE sobre assistência administrativa[75] declaram não ser desejável que a autorização prévia do Estado dificulte a troca de informações, motivo por que as informações que não implicarem violação do segredo profissional ou comercial devem ser comumente prestadas e utilizadas, atribuindo-se, desta feita, caráter mais liberal à divulgação e utilização das informações. Os Estados podem, contudo, dispensar o requisito da autorização prévia, nos termos do §2º do artigo 22 do modelo.[76]

O sigilo da informação prevista no tratado possibilita ao Estado requerido a proteção de seus contribuintes bem como da arrecadação tributária decorrente da concorrência entre as empresas e o fortalecimento de sua economia. Evita-se, ainda, a concorrência estrangeira capaz de produzir efeitos negativos no desenvolvimento da economia interna, tal como a diferença de preços entre os produtos nacionais e os importados, conforme salienta Tixier:

> A presença da cláusula secreta oponível pelo Estado requerido se explica pela preocupação de cada Estado de proteger seus nacionais contra todo o risco de indiscrição, e, notadamente, de não desarmar a economia nacional face à concorrência estrangeira. É possível ver uma outra preocupação dos Estados de salvaguardar a ordem pública.[77]

---

[74] JARNEVIC, Jean–Pierre. *Droit fiscal international*. Paris: Económica, 1985. p. 243.
[75] GRIZIOTTI, Benvenuto. Draft Convention on Mutual Administrative Assistance in Tax Matters. *Rivista di Ditrito Finanziario e Scienza delle Finanze*, Milano, n. 1, p. 380, Mar. 1987.
[76] Cf. a íntegra do parágrafo 2 do artigo 22 do modelo de tratado da OCDE sobre assistência administrativa: "2. Such information shall in any case be disclosed only to persons or authorities (including courts and administrative or supervisory bodies) involved in the assessment, collection or recovery of, the enforcement or prosecution in respect of, or the determination of appeals in relation to, taxes of that Party. Only the persons or authorities mentioned above may use the information and then only for such purposes. They may, notwithstanding the provisions of paragraph 1, disclose it in public court proceedings or in judicial decisions relating to such taxes, subject to prior authorisation by the competent authority of the supplying Party. However, any two or more Parties may mutually agree to waive the condition of prior authorisation".
[77] No original: "La présence de la clause du secret opposable par l'Etat requis s'explique par le souci qu'a chaque Etat de proteger sés ressortissants contre tout risque d'indiscrétion, et par là même, notamment, de ne pas désarmer l'économique nationale face à la concurrence étrangère. Il est donc possible d'y voir la manifestation d'une autre préocupation des gouvernements, celle de sauvegarder 'l'ordre public'" (TIXIER, Gilbert; GEST, Guy. *Droit fiscal international*. 4ᵉ éd. Paris: Presses Universitaires de France, 1985. p. 444).

A regra geral estabelece que as informações transmitidas às autoridades competentes devem ser usadas unicamente para a finalidade proposta, salvo se houver autorização do Estado requerido nos termos da legislação interna aplicável, conforme mencionado. No entanto, essa limitação, se exercida em caráter pleno, tende a frustrar a eficácia da troca de informação. Para evitar o comprometimento da assistência administrativa, os Estados pactuantes podem utilizar as informações para outros fins, desde que seja mantida a finalidade do motivo que justificou o pedido de colaboração consubstanciada no propósito de controlar os atos do contribuinte e evitar perda de receitas tributárias. A autoridade administrativa deve, ainda, autorizar o uso da mencionada informação para outro fim[78] de acordo com as normas vigentes no ordenamento jurídico do Estado que transmite a informação.[79]

Pelo exposto, conclui-se que a existência de limitações ao exercício da assistência administrativa internacional, na modalidade troca de informação, visa a garantir a integridade do ordenamento jurídico dos Estados em razão da preservação das normas de ordem pública. As limitações estendem-se, também, ao contribuinte, na medida em que as informações são sigilosas e devem ser, em regra, utilizadas para o fim proposto, desde que a transmissão não implique violação dos direitos e garantias previstos na legislação interna.

Não obstante tais considerações, no plano internacional verifica-se a ascendência do intercâmbio de informações. Internamente, os Estados "também se mostram interessados na obtenção de maior grau de transparência possível nas rendas, operações, inversões de gastos efetuados transnacionalmente".[80] Trata-se de constatações que ensejam o crescimento e a efetividade do intercâmbio de informações no combate à elisão e à evasão tributária internacional.

5 Constitucionalidade da cláusula e dos acordos para o intercâmbio de informações relativas a tributos

O parágrafo único do artigo 199 da Lei nº 5.172, de 25 de outubro de 1966 — Código Tributário Nacional —, acrescentado pela Lei Complementar nº 104, de 10 de janeiro de 2001, dispõe, *ipsis verbis*, que

> A Fazenda Pública da União, na forma estabelecida em tratados, acordos ou convênios, poderá permutar informações com Estados estrangeiros no interesse da arrecadação e da fiscalização de tributos.

---

[78] Neste sentido, é o disposto no parágrafo 4 do artigo 22 do modelo de tratado da OCDE sobre assistência administrativa: "4. Notwithstanding the provisions of paragraphs 1, 2 and 3, information received by a Party may be used for other purposes when such information may be used for such other purposes under the laws of the supplying Party and the competent authority of that Party authorises such use. Information provided by a Party to another Party may be transmitted by the latter to a third Party, subject to prior authorisation by the competent authority of the first-mentioned Party".

[79] Acrescente-se que a informação requerida pode ser transmitida a um outro Estado, desde que a autoridade que forneceu a informação autorize, conforme disposto no mencionado parágrafo do artigo 22.

[80] CARMONA FERNÁNDEZ, Nestor. No discriminación, procedimiento amistoso e intercambio de información. *In*: SERRANO ANTÓN, Fernando (Coord.). *Fiscalidad internacional*. Madrid: Centro de Estudios Financieros, 2001. p. 590.

Considerando o dispositivo legal transcrito, importa verificar se informações individualizadas sobre contribuintes podem ser fornecidas pelo Governo brasileiro, em cumprimento a obrigações assumidas pelo Brasil por meio de tratados internacionais, tendo em vista o que estabelece a Constituição Federal no §1º do artigo 145 e nos incisos X e XII do artigo 5º, nos seguintes termos:

> Art. 145 (...)
>
> §1º Sempre que possível, os impostos terão caráter pessoal e serão graduados segundo a capacidade econômica do contribuinte, facultado à administração tributária, especialmente para conferir efetividade a esses objetivos, identificar, respeitados os direitos individuais e nos termos da lei, o patrimônio, os rendimentos e as atividades do contribuinte".
>
> Art 5° (...)
>
> X – são invioláveis a intimidade, a vida privada, a honra e a imagem das pessoas, assegurado o direito a indenização pelo dano material ou moral decorrente de sua violação;
>
> XII – é inviolável o sigilo da correspondência e das comunicações telegráficas, de dados e das comunicações telefônicas, salvo, no último caso, por ordem judicial, nas hipóteses e na forma que a lei estabelecer para fins de investigação criminal ou instrução processual penal;.

O exame da constitucionalidade dos tratados e da cláusula do intercâmbio de informações revela-se necessário porque, no Brasil, como acontece na grande maioria dos Estados da sociedade internacional, ante o confronto entre os tratados internacionais e a Constituição, prevalece esta última, dada a sua superioridade hierárquica. Sobre o assunto, o Ministro Celso de Mello, em despacho datado de 17 de julho de 1996, proferido em pedido de liminar na Ação Direta de Inconstitucionalidade nº 1.480-3-DF, afirmou, com proficiência, o que segue:

> TRATADOS INTERNACIONAIS E SUPREMACIA DA CONSTITUIÇÃO DA REPÚBLICA. O exercício do *treaty-making power*, pelo Estado brasileiro — não obstante o *polêmico* art. 46 da Convenção de Viena sobre o Direito dos Tratados (*ainda* em curso de tramitação perante o Congresso Nacional) —, *está sujeito* à observância das limitações jurídicas emergentes do texto constitucional.
>
> A Constituição qualifica-se como o estatuto fundamental da República. *Nessa condição, todas as leis e tratados celebrados pelo Brasil estão subordinados* à autoridade normativa desse instrumento básico. *Nenhum* valor jurídico terá o tratado internacional, que, incorporado ao sistema de direito positivo interno, *transgredir*, formal ou materialmente, o texto da Carta Política.
>
> É que o sistema jurídico brasileiro *não confere* qualquer precedência hierárquico-normativa aos atos internacionais sobre o ordenamento constitucional. É essencial reconhecer, portanto, que a inconstitucionalidade de tratados internacionais *impedirá* a aplicação de suas normas na ordem jurídica interna brasileira, *ao contrário* do que prevalece, p. ex., no sistema normativo vigente em Portugal, cuja Constituição (1976) — com as alterações introduzidas pela Segunda Revisão Constitucional (1989) — *excepcionalmente admite* a incidência de normas formalmente inconstitucionais constantes de tratados internacionais (art. 277, nº 2): '*A inconstitucionalidade orgânica ou formal de tratados internacionais regularmente ratificados não impede a aplicação das suas normas na ordem jurídica portuguesa, desde que tais normas sejam aplicadas na ordem jurídica da outra parte, salvo se tal inconstitucionalidade resultar de violação de uma disposição fundamental*'.

A relação de eventual antinomia entre o tratado internacional e a Constituição da República *impõe* que se atribua, dentro do sistema de direito positivo vigente no Brasil, irrestrita precedência hierárquica à ordem normativa consubstanciada no texto constitucional. Daí a *procedente* advertência de JOSÉ FRANCISCO REZEK (*"Direito dos Tratados"*, págs. 462/463, item nº 388, 1984, Forense), para quem:

"Assim, posto o primado da constituição em confronto com a norma *pacta sunt servanda*, é corrente que se preserve a autoridade da lei fundamental do Estado, ainda que isto signifique a prática de um ilícito pelo qual, no plano externo, deve aquele responder.

Embora sem emprego de linguagem direta, *a Constituição brasileira deixa claro que os tratados se encontram aqui sujeitos ao controle de constitucionalidade, a exemplo dos demais componentes infraconstitucionais do ordenamento jurídico.*

Tão firme é a convicção de que a lei fundamental não pode sucumbir, em qualquer espécie de confronto, que nos sistemas mais obsequiosos para com o Direito das Gentes tornou-se encontrável o preceito segundo o qual todo tratado conflitante com a constituição só pode ser concluído depois de promover a necessária reforma constitucional.

Abstraída a constituição do Estado, sobrevive o problema da concorrência entre tratados e leis internas de estatura infraconstitucional. A solução, em países diversos, consiste em garantir prevalência aos tratados. Noutros, entre os quais o Brasil contemporâneo, garante-se-lhes apenas um tratamento paritário, tomadas como paradigma as leis nacionais e diplomas de grau equivalente" (grifei).

Foi por essa razão — e tendo presente o *absoluto primado* da Constituição da República sobre os atos de direito internacional público — que o Pleno do Supremo Tribunal Federal, atuando em sede de controle normativo abstrato (Rp nº 803-DF), *declarou* a inconstitucionalidade parcial da Convenção nº 110 da Organização Internacional do Trabalho (RTJ 84/724, Rel. Min. DJACI FALCÃO).

O eminente Prof. CELSO LAFER, quando Ministro das Relações Exteriores, ao propor à Presidência da República o encaminhamento, ao Congresso Nacional, do texto da Convenção de Viena sobre o Direito dos Tratados, entendeu conveniente enfatizar, em sua Exposição de Motivos, com inteira correção e absoluto rigor acadêmico, a *necessária* subordinação hierárquica dos atos internacionais à ordem normativa fundada na Constituição da República:

"Infelizmente, o Brasil até hoje não ratificou a Convenção de Viena sobre o Direito dos Tratados, em cuja elaboração participaram brilhantes especialistas nacionais. Dúvidas, a meu ver infundadas, surgidas no seio do próprio Executivo, acerca da compatibilidade de algumas cláusulas sobre entrada em vigor de tratados e a prática constitucional brasileira em matéria de atos internacionais (...) retardaram sua submissão ao referendo do Congresso Nacional. Esse impedimento é tanto mais injustificado quando se considera a possibilidade de fazer-se, no momento da ratificação, alguma reserva ou declaração interpretativa, se assim for o desejo do Poder Legislativo. *Seja como for, a eventual aprovação integral da Convenção*, mesmo sem qualquer reserva, pelo Congresso Nacional, *nunca poderia ser tomada como postergatória de normas constitucionais, já que no Brasil não se tem admitido que os tratados internacionais se sobreponham à Constituição*" (*Diário do Congresso Nacional*, Seção I, de 19.05.92, pág. 9.241 – grifei).

O *fato irrecusável*, no sistema jurídico vigente no âmbito do Estado brasileiro, reside na circunstância de que todos os tratados e convenções celebrados pelo Brasil devem *necessariamente* conformar-se ao *domínio normativo* da Constituição da República, sob pena de *ineficácia* das cláusulas convencionais.

O disposto no §1º do artigo 145 da Constituição não guarda direta pertinência com o intercâmbio de informações estipulado por acordos internacionais específicos e pelas convenções internacionais destinadas a evitar a dupla tributação e a prevenir a evasão tributária em matéria de impostos sobre a renda, firmadas pelo Brasil. Com efeito, as informações que o Brasil se obrigou a fornecer são todas aquelas prestadas pelos próprios contribuintes e por terceiros, ou colhidas mediante diligência de fiscalização, com as restrições ou limites especificados em tais acordos internacionais. Mencionado dispositivo constitucional concerne à faculdade concedida à Administração Tributária para identificar o patrimônio, os rendimentos e as atividades do contribuinte, respeitando-se, obviamente, os direitos individuais, e nos termos da lei, especialmente para conferir efetividade aos objetivos que consagra, quais sejam: o princípio da personalização dos impostos e o da adequação destes à capacidade econômica do contribuinte.

Também o inciso XII do artigo 5º da Constituição não tem pertinência com a situação em exame. A exegese de tal dispositivo constitucional assentou-se no sentido de ser inviolável o direito individual de a ação comunicativa não ser interceptada, não o conteúdo da comunicação em si, protegido pelo direito à privacidade, que não é absoluto, conforme se verá. Sobre o assunto, José Afonso da Silva se manifesta da seguinte forma: "Ao declarar que é *inviolável* o sigilo da correspondência e das comunicações telegráficas, de dados e telefônicas, a Constituição está proibindo que se abram cartas e outras formas de correspondência escrita, se interrompa o seu curso e se escutem e interceptem telefonemas".[81] Do mesmo modo, Tercio Sampaio Ferraz Júnior afirma que "(...) o inciso XII (proteção à comunicação de dados) impede o acesso à própria ação comunicativa, mas não aos dados comunicados".[82]

Assim, a constitucionalidade dos acordos específicos e da cláusula do intercâmbio de informações, inserida em tratados internacionais de que o Brasil é parte, deve ser aferida verificando-se a sua compatibilidade com o denominado "direito à privacidade", previsto no inciso X do artigo 5º da Constituição, ao declarar invioláveis a intimidade, a vida privada, a honra e a imagem das pessoas. Esse dispositivo constitucional tem sido objeto de controvérsias, tanto na doutrina quanto na jurisprudência, de modo a não se afigurar fácil a tarefa de determinar-lhe o sentido, de precisar-lhe o alcance. Grande esforço intelectual destinado a esclarecer o conteúdo de tal dispositivo constitucional foi realizado por Tercio Sampaio Ferraz Júnior, chegando a resultados irretorquíveis. Segundo este autor,

> Embora os comentadores não vejam diferença entre vida privada e intimidade (cf. Ferreira Filho, 1990:35, Cretella Júnior, 1990:257), pode-se vislumbrar um diferente grau de exclusividade entre ambas. A intimidade é o âmbito do exclusivo que alguém reserva para si, sem nenhuma repercussão social, nem mesmo ao alcance de sua vida privada que, por mais isolada que seja, é sempre um viver entre os outros (na família, no trabalho, no lazer em comum). Não há um conceito absoluto de intimidade. Mas é possível exemplificá-lo: o diário íntimo, o segredo sob juramento, as próprias convicções,

---

[81] *In*: *Curso de direito constitucional positivo*. 15. ed. rev. São Paulo: Malheiros, 1998. p. 438.
[82] *In*: FERRAZ JUNIOR, Tercio Sampaio. Sigilo de dados: o direito à privacidade e os limites à função fiscalizadora do Estado. *Cadernos de Direito Tributário e Finanças Públicas*, São Paulo, 1(1), p. 149, out./dez. 1992.

as situações indevassáveis de pudor pessoal, o segredo íntimo cuja mínima publicidade constrange. Já a vida privada envolve a proteção de formas exclusivas *de convivência*. Trata-se de situações em que a comunicação é inevitável (em termos de relação de alguém que, entre si, trocam mensagens), das quais, em princípio, são excluídos terceiros. Terceiro é, por definição, o que não participa, que não troca mensagens, que está interessado em outras coisas. Numa forma abstrata, o terceiro compõe a sociedade, dentro da qual a vida privada se desenvolve, mas que com esta não se confunde (cf. Luhmann, 1972). A vida privada pode envolver, pois, situações de opção pessoal (como a escolha do regime de bens de casamento) mas que, em certos momentos, podem requerer a comunicação a terceiros (na aquisição, por exemplo, de um bem imóvel). Por aí ela difere da intimidade, que não experimenta esta forma de repercussão.

Já a honra e a imagem têm ostensivamente um sentido comunicacional, que inevitavelmente envolve terceiros. Ambos, especialmente a imagem, são situações personalíssimas *perante os outros*. Direito à honra é, assim, direito de sustentar o modo pelo qual cada um supõe e deseja *ser bem visto* pela sociedade. É uma combinação entre auto-respeito e respeito dos outros. A honra se projeta na imagem que, embora *de* alguém, é sempre como alguém julga e quer aparecer para os outros. O direito à imagem é o direito de não vê-la mercantilizada, usada, sem o seu exclusivo consentimento, em proveito de outros interesses que não os próprios. Por último, embora graduando-se nos diferentes objetos, o princípio da exclusividade tem perante todos, um mesmo propósito: a integridade moral do indivíduo, aquilo que faz de cada um o que é e, desta forma, lhe permite inserir-se na vida social e na vida pública.[83] (Obs.: os grifos são do autor)

Merecem também destaque os conceitos de intimidade e de vida privada de Roberto Quiroga Mosquera, que são os seguintes:

Caldas Aulete, dicionarista português, define *intimidade* como 'qualidade do que é íntimo' e *íntimo*, por sua vez, como o adjetivo que significa 'intrínseco, mui interno, muito de dentro'. Ao conceituar a palavra *íntimo* o ilustre dicionarista esclarece, também, que vida íntima é a 'vida muito particular, de família, do interior da casa'. Claro está, pois, que o legislador constitucional, ao estipular a garantia à inviolabilidade da *intimidade*, está por se referir a tudo aquilo que diz respeito ao particular das pessoas, às suas coisas pessoais, dados e informações intra e intersubjetivos, guardados em sigilo pelas pessoas, se assim o desejarem.

Já a expressão vida privada, o lexicógrafo a define como 'a vida particular, o viver da pessoa que não toma parte nos negócios públicos'. Em outras palavras, a inviolabilidade da vida privada, assegurada no artigo 5º da Carta de 1988, diz respeito às relações particulares do homem, não se cogitando das relações institucionais, corporativas ou públicas. Representam, pois, informações de cunho pessoal, restritas e, em princípio, também sigilosas.[84]

No Supremo Tribunal Federal, o sigilo, tanto fiscal quanto bancário, tem sido entendido como expressão do direito à privacidade, consagrado pela Constituição Federal no artigo 5º, inciso X, não se revestindo este de caráter absoluto. Na Petição nº 577-5-DF (*RTJ* 148/366), que tinha por objeto o sigilo bancário, o Relator, Ministro Carlos Mário Velloso, no seu voto, afirmou o que segue:

---

[83] *Ibid.*, p. 143.
[84] In: *Tributação no mercado financeiro e de capitais*. São Paulo: Dialética, 1998. p. 67-68.

O sigilo bancário protege interesses privados, é ele espécie de direito à privacidade, inerente à personalidade das pessoas e que a Constituição consagra (C.F., art. 5º, X), além de atender 'a uma finalidade de ordem pública, qual seja a de proteção do sistema de crédito', registra Carlos Alberto Hagstrom, forte no magistério de G. Ruta (Le Secret Bancaire en droit Italien, Rapport, p. 17; Carlos Alberto Hagstrom, 'O Sigilo Bancário e o Poder Público', rev. de direito Mercantil, 79/34). *Não é ele um direito absoluto, devendo ceder, é certo, diante do interesse público, do interesse da justiça, do interesse social, conforme, aliás, tem decidido esta corte* (RMS 15.925-GB, Relator o Ministro Gonçalves de Oliveira; RE nº 71.640-BA, Relator Ministro Djaci Falcão, RTJ 59/571; MS 1.047, Relator Ministro Ribeiro da Costa, Rev. Forense 143/154; MS 2.172, Relator Ministro Nelson Hungria, 'DJ' de 5.1.54; RE nº 94.608-SP, Relator Ministro Cordeiro Guerra, RTJ 110/195). *Esse caráter não absoluto do segredo bancário, que constitui regra em direito comparado, no sentido de que deve ele ceder diante do interesse público, é reconhecido pela maioria dos doutrinadores.* (Carlos Alberto Hagstrom, ob. cit., pág. 37; Sérvio Carlos Covello; "O Sigilo bancário como 'Proteção à intimidade', rev. dos Tribs., 648/27, 29; Ary Brandão de Oliveira, Considerações Acerca do Segredo Bancário, Rev. de Dir. Civil, 23/144, 119). O Segredo há de ceder, entretanto, na forma e com observância de procedimento estabelecido em lei.

O Supremo Tribunal Federal tem entendido, pois, que a quebra do sigilo bancário viola a regra constitucional do inciso X, artigo 5º, da Constituição Federal, e que tal sigilo não tem caráter absoluto, devendo ceder ao princípio da moralidade pública e privada.

A Ministra Cármen Lúcia, quando do julgamento do RE nº 461.366-2/DF, realizou distinção entre privacidade e intimidade a fim de serem evitados equívocos quanto à exata proteção conferida pelo sigilo bancário.

Segundo ela, o sigilo bancário encontra sua fundamentação no inciso X, no tocante à proteção relativa à privacidade. Define a privacidade como sendo o que não se dá a público. O contrário de privacidade seria a publicidade.

Sustenta que intimidade vem de íntimo, de alma. Nesse contexto, a empresa, por não possuir alma, não poderia invocar a proteção do sigilo à intimidade. Porém, o sigilo bancário também é instrumento de proteção das pessoas jurídicas e, para tanto, deve se pautar na proteção da privacidade.

Acrescenta, ainda, que no referido inciso é possível distinguir o segredo do "ser", que é absoluto, do segredo do "ter", que é relativo, enquadrando os dados bancários no sigilo do ter.

A Corte Suprema entende que o sigilo bancário não é absoluto. Deve ele ceder todas as vezes em que as transações bancárias forem denotadoras de ilicitude, porque não pode o cidadão, sob a alegada proteção das garantias fundamentais, cometer ilícitos. O Estado, no seu papel fiscalizador, deve dispor de meios para reprimir essas práticas.

De acordo com o Ministro Carlos Britto, no julgamento do mesmo recurso acima indicado, quando a Constituição fala do poder de fiscalização do Estado, como agente normativo e regulador da atividade, usou a palavra fiscalização no sentido de ver, examinar, manusear, manipular.

Para ele, diferente de fiscalizar é a conduta de divulgar esses dados, quebrar a sua confiabilidade de modo a violar a privacidade das pessoas. Uma coisa é dispor dos dados, outra é divulgá-los.

O Ministro Sepúlveda Pertence, delimitando o campo da controvérsia em relação ao sigilo bancário, afastou expressamente a possibilidade de invocação do inciso XII, que nada diz respeito ao tema.

Assim, no entendimento do STF, a quebra do sigilo viola o direito fundamental à privacidade, que, por não ser absoluto, cede diante da prática de ilícitos pelo correntista. A averiguação e a fiscalização dos ilícitos ficam a cargo da Administração Pública, que não pode ser impedida de exercer seu múnus. Dessa forma, é possível a quebra do sigilo bancário para facilitar a atuação do Fisco e conter práticas de sonegação fiscal, sendo vedada a posterior divulgação das informações bancárias recebidas.

Por fim, entendem que o caráter absoluto do sigilo bancário empobrece a funcionalidade da Constituição Federal e fragiliza o sistema por ela concebido, inclusive no plano da moralidade.

Considerando, pois, não ser absoluto o sigilo fiscal, espécie de direito à privacidade, podendo haver a sua transferência diante do interesse público, do interesse da justiça, do interesse social, observado o procedimento estabelecido em lei, e atento aos limites ou restrições das informações a serem prestadas no âmbito de acordos específicos e das convenções sobre dupla tributação internacional, que podem versar apenas sobre os impostos objeto de tais acordos, e desde que não sejam reveladoras de segredos comerciais, industriais ou profissionais, processos comerciais ou industriais, ou que contrariem a ordem pública, conclui-se não serem inconstitucionais os acordos sobre o intercâmbio de informações relativas a tributos, firmados pelo Brasil, e bem assim, obviamente, a cláusula sobre o intercâmbio de informações constante das convenções sobre dupla tributação internacional. Ademais, de conformidade com o disposto no artigo 4º, inciso IX, da Constituição, o Brasil é regido, nas suas relações internacionais, pelo, entre outros, princípio da "cooperação entre os povos para o progresso da humanidade". Ora, o intercâmbio de informações de natureza tributária entre os Estados, a fim de combater a evasão tributária internacional, constitui modalidade de cooperação de grande valia para o progresso dos Estados vítimas de tal fenômeno.

6 Posição hierárquica dos tratados sobre matéria tributária no ordenamento jurídico infraconstitucional do Brasil

Analisados sob o aspecto constitucional, os acordos específicos e a cláusula da troca de informações, constante de tratados internacionais sobre matéria tributária de que o Brasil é parte, devem agora examinar a juridicidade de tal cláusula no ordenamento jurídico interno infraconstitucional.

O direito constitucional positivo de alguns Estados admite a superioridade hierárquica dos tratados sobre as leis internas, enquanto o de outros Estados lhes garante apenas tratamento paritário. Entre os Estados cujas constituições determinam que os tratados internacionais prevalecem sobre as respectivas leis internas, figuram a França (condicionada à reciprocidade) e a Holanda, com os quais o Brasil mantém acordos para evitar a dupla tributação e prevenir a evasão tributária em matéria de impostos sobre a renda.

A atual Constituição brasileira — como todas as anteriores — não possui dispositivo que determine a supremacia dos tratados internacionais sobre as leis internas. Compreensivelmente, a questão da hierarquia dos tratados internacionais no ordenamento jurídico interno infraconstitucional é eivada de controvérsia na doutrina, e a própria jurisprudência do Supremo Tribunal Federal oscilou bastante até o julgamento do Recurso Extraordinário nº 80.004-SE, em que foi assentada a tese da paridade entre os tratados e as leis internas. Considerando, pois, situarem-se no mesmo nível os tratados e as leis internas, em caso de conflito, em virtude do critério cronológico *lex posterior derogat priori*, prevalece a norma mais recente, salvo se esta for geral, e a anterior especial, em face da regra de interpretação *lex specialis derogat legi generali*.

Em matéria tributária, contudo, os tratados internacionais sobrepõem-se às leis internas, por expressa determinação do artigo 98 do Código Tributário Nacional, segundo o qual "Os tratados e as convenções internacionais revogam ou modificam a legislação tributária interna, e serão observadas pela que lhes sobrevenha". Ora, o Código Tributário Nacional — Lei nº 5.172, de 25 de outubro de 1966 —, pelo princípio da recepção, foi recepcionado pela nova ordem constitucional, e, por regular matéria reservada a lei complementar, incorporou-se ao ordenamento jurídico com a eficácia de lei complementar. Dada a sua estatura, conforme lúcido ensinamento de José Francisco Rezek, "(...) uma lei complementar à Constituição, disciplinando quanto por esta tenha sido entregue ao seu domínio, pode, sem dúvida, vincular a produção legislativa ordinária ao respeito pelos tratados em vigor".[85] Deve observar-se, porém, a impropriedade terminológica do artigo 98 do Código Tributário Nacional: em caso de conflito, o tratado internacional que versa matéria tributária prevalece sobre a legislação interna, sem, no entanto, revogá-la ou modificá-la.

Convém lembrar, todavia, que há juristas que fundamentam a primazia dos tratados internacionais de natureza tributária sobre as leis internas infraconstitucionais, não no artigo 98 do Código Tributário Nacional, que seria inútil, por lhe faltar aptidão para determinar o primado dos tratados, mas tão somente na regra de interpretação *lex specialis derogat legi generali*. Tais juristas são bem representados por Luciano da Silva Amaro, para quem:

> O conflito entre a lei interna e o tratado resolve-se, pois, a favor da norma especial (do tratado), que excepciona a norma geral (da lei interna), tornando-se indiferente que a norma interna seja *anterior* ou *posterior* ao tratado. Este prepondera em ambos os casos (abstraída a discussão sobre se ele é ou não *superior* à lei interna) porque traduz preceito especial, harmonizável com a norma geral.[86] (Obs.: os grifos são do autor)

De qualquer forma, não há dissenso, pelo menos relevante, a respeito do entendimento de que o tratado internacional sobre matéria tributária, ao conflitar com disposição de lei interna, afasta, limita ou condiciona a aplicação desta.

---

[85] *In: Direito dos tratados*. Rio de Janeiro: Forense, 1984. p. 475.
[86] *In: Direito tributário brasileiro*. São Paulo: Saraiva, 1997. p. 171.

7 Conclusão

O sucesso da assistência administrativa internacional decorre do esforço conjunto e da vontade política dos Estados, pois as obrigações eventualmente assumidas para reduzir e/ou eliminar a elisão e a evasão tributária internacional, em regra, derivam da celebração de tratados com seus termos e suas condições que regulamentam a ajuda recíproca.

A celebração do tratado multilateral entre os países membros da OCDE e a Comunidade Europeia sobre assistência mútua internacional em matéria tributária, no ano de 1988, representou avanço na tentativa de reprimir os ilícitos tributários internacionais. Isso porque foram disciplinados três importantes mecanismos para estreitar as relações entre os Estados com objetivos de conter o ímpeto desmedido de contribuinte de eliminar ou diminuir o pagamento de tributos devidos. Das três modalidades de assistência administrativa previstas nesse tratado, a troca de informações é a mais comum e frequente.

É possível que o propósito dos Estados de controlarem a arrecadação tributária seja viabilizado com o desenvolvimento do intercâmbio de informações porque permite acompanhar os atos do contribuinte e prevenir a prática de eventual ilícito tributário.

Acrescente-se, ainda, que a elaboração do modelo de tratado específico sobre a troca de informações entre as Administrações Tributárias competentes tem permitido o controle das operações internacionais do contribuinte, nacional ou estrangeiro, ou, ainda, onde quer que este resida ou aufira renda.

De fato, o monitoramento tributário dessas operações viabilizou o controle, a fiscalização e a atuação das Administrações Tributárias de forma eficiente quanto à licitude do planejamento tributário interno e internacional, a fim de que a elisão e a evasão tributária, decorrentes do planejamento agressivo, não prevaleçam sobre os interesses dos Estados cooperadores e dos seus indivíduos. Assim, evita-se a perda de arrecadação das receitas tributárias e permite-se o incremento das atividades estatais destinadas à satisfação do interesse público.

Desse modo, com base na análise empreendida, constata-se que o escopo comum dos Estados consiste em impedir que a evasão e a elisão tributária internacional afetem o recolhimento de tributos pelos contribuintes, com o objetivo final de que as atividades estatais, pessoais e mercadológicas não sejam comprometidas. Para tanto, o intercâmbio de informações revela-se, atualmente, o instrumento mais eficaz à disposição dos Estados para implementação dessas políticas comuns de repressão a ilícitos tributários.

Nesse sentido, o estreitamento das relações entre os entes estatais é condição para o desenvolvimento e para o aprimoramento do controle das atividades tributárias, na luta real e eficaz contra a elisão e a evasão tributária internacional. Sem dúvida, essa postura representa importante passo na efetivação da integração entre os Estados, que transcende o alcance da cooperação.

Não são inconstitucionais os acordos internacionais, firmados pelo Brasil, destinados a regular o intercâmbio de informações relativas a tributos, e bem assim a cláusula sobre o intercâmbio de informações prevista nas convenções sobre dupla tributação internacional de que o Brasil é parte, considerando não ser absoluto o sigilo fiscal, expressão do direito à privacidade, consagrado pela Constituição Federal no artigo 5º, inciso X. Com efeito, conforme se depreende de decisões do Supremo Tribunal Federal, pode haver a transferência do sigilo fiscal diante do interesse público, do interesse da justiça e do interesse social, observado o procedimento para tal estabelecido em lei, e desde que não sejam ultrapassados os limites ou restrições estabelecidos nos referidos acordos e cláusula sobre o intercâmbio de informações.

Em caso de conflito, os acordos específicos e a cláusula sobre o intercâmbio de informações relativas a tributos prevalecem sobre disposição de lei interna, considerando que, no Brasil, os tratados internacionais sobre matéria tributária sobrepõem-se às leis internas infraconstitucionais, por expressa determinação do artigo 98 do Código Tributário Nacional, e, também, em face da regra de interpretação *lex specialis derogat legi generali*.

Referências

AMARO, Luciano da Silva. *Direito tributário brasileiro*. São Paulo: Saraiva, 1997.

BORGES, Antônio de Moura. Considerações sobre a dupla tributação internacional. *Direito em Ação*, Brasília, v. 2, n. 1, p. 45-67, set. 2001.

BORGES, Antônio de Moura. Considerações sobre o combate à concorrência tributária internacional prejudicial. *Revista Fórum de Direito Tributário – RFDT*, Belo Horizonte, v. 2, n. 12, p. 53-70, nov./dez. 2004.

BORGES, Antônio de Moura. *Convenções sobre dupla tributação internacional*. Teresina: EDUFPI; [São Paulo]: IBDT, 1992.

BORGES, Antônio de Moura. Formas de minimização do encargo tributário nas operações internacionais e planejamento tributário internacional. *Revista Fórum de Direito Tributário – RFDT*, Belo Horizonte, v. 3, n. 13, p. 27-40, jan./fev. 2005.

BORGES, Antônio de Moura. O fornecimento de informações a administrações tributárias estrangeiras, com base na cláusula da troca de informações, prevista em tratados internacionais sobre matéria tributária. *Direito em Ação*, Brasília, v. 1, n. 1, p. 21-42, dez. 2000.

BROWN, Karen. Allowing Tax Laws to Cross Borders to Defeat International Tax Avoidance: the Convention on Mutual Administrative Assistance in Tax Matters. *Brooklyn Journal of International Law*, v. 15, p. 59-108, 1989. (43 Int'l J. 106 1987-1988).

CARMONA FERNÁNDEZ, Nestor. No discriminación, procedimiento amistoso e intercambio de información. *In*: SERRANO ANTÓN, Fernando (Coord.). *Fiscalidad internacional*. Madrid: Centro de Estudios Financieros, 2001.

CASELLA, Paulo Borba. *Direito internacional tributário brasileiro*. São Paulo: LTr, 1995.

FERRAZ JUNIOR, Tercio Sampaio. Sigilo de dados: o direito à privacidade e os limites à função fiscalizadora do Estado. *Cadernos de Direito Tributário e Finanças Públicas*, São Paulo, 1(1), p. 141-159, out./dez. 1992.

GRIZIOTTI, Benvenuto. Draft Convention on Mutual Administrative Assistance in Tax Matters. *Rivista di Ditrito Finanziario e Scienza delle Finanze*, Milano, n. 1, p. 339-399, Mar. 1987.

HUCK, Hermes Marcelo. *Evasão e elisão*: rotas nacionais e internacionais do planejamento tributário. São Paulo: Saraiva, 1997.

JARNEVIC, Jean–Pierre. *Droit fiscal international*. Paris: Económica, 1985.

MOSQUERA, Roberto Quiroga. *Tributação no mercado financeiro e de capitais*. São Paulo: Dialética, 1998.

OWENS, Jeffrey. *Towards World Tax Co-operation*. OECD Observer, out. 2000. Disponível em: <http://www.oecdobserver.org/news/fullstory.php/aid/271/Towards_world_tax_co-operation.html>. Acesso em: 12 ago. 2006.

PLAGNET, Bernard. *Droit fiscal international*. Paris: Litec, 1986.

PRATS, Francisco Alfredo Garcia. La asistencia mutua internacional en materia de recaudación tributaria. *In*: EZQUERRO, Teodoro Cordón (Dir.). *Manual de fiscalidad internacional*. 2. ed. Madrid: Instituto de Estudios Fiscales, 2004.

PUGLIESI, Fábio. A recepção dos tratados de troca de informações e assistência administrativa no direito tributário brasileiro e o comércio internacional. *In*: CASTRO JR., Osvaldo Agripino de (Coord.). *Temas atuais de direito do comércio internacional*. Florianópolis: OAB/SC, p. 317-347.

QURESHI, Asif Hasan. *The Public International Law of Taxation*. London/Boston: Graham & Trotman Ltd, 1994.

RELATÓRIO EXPLICATIVO RELATIVO À CONVENÇÃO SOBRE ASSISTÊNCIA MÚTUA ADMINISTRATIVA EM MATÉRIA FISCAL. Conselho da Europa/OCDE. Cadernos de Ciência e Técnica Fiscal. Lisboa: Centro de Estudos Fiscais, 1992.

REZEK, José Francisco. *Direito dos tratados*. Rio de Janeiro: Forense, 1984.

RUIZ, Maria Amparo Grau. *Mutual Assistance for the Recovery of Tax Claims*. The Netherlands: Kluwer Law International, 2002.

SILVA, José Afonso da. *Curso de direito constitucional positivo*. 15. ed. rev. São Paulo: Malheiros, 1998.

SOUZA, Sérgio Augusto G. Pereira de. Intercâmbio de informações tributárias entre administrações estrangeiras: avanços atuais, conexões com o combate à lavagem de dinheiro e o contexto brasileiro. *Revista Dialética de Direito Tributário*, n. 96, p. 89-103, set. 2003.

THURONYI, Victor. *Comparative Tax Law*. The Hague (The Netherlands): Kluwer Law International, 2003.

TIXIER, Gilbert; GEST, Guy. *Droit fiscal international*. 4e éd. Paris: Presses Universitaires de France, 1985.

XAVIER, Alberto. *Direito tributário internacional do Brasil*. 6. ed. Rio de Janeiro: Forense, 2004.

Informação bibliográfica deste texto, conforme a NBR 6023:2002 da Associação Brasileira de Normas Técnicas (ABNT):

BORGES, Antônio de Moura; KHOURY, Laila José Antônio. O intercâmbio de informações sobre matéria tributária entre administrações estrangeiras: posição atual e especificidades no Brasil. *In*: SARAIVA FILHO, Oswaldo Othon de Pontes; GUIMARÃES, Vasco Branco (Coord.). *Sigilos bancário e fiscal*: homenagem ao Jurista José Carlos Moreira Alves. Belo Horizonte: Fórum, 2011. p. 351-380. ISBN 978-85-7700-405-8.

O Sigilo e o Direito ao Contraditório e à Ampla Defesa no Âmbito das Comissões Parlamentares de Inquérito – Uma Breve Análise

Pedro Paulo de Rezende Porto Filho
Rodrigo Mauro Dias Chohfi

Sumário: Introdução – **I** Do fundamento constitucional do sigilo – **II** Da Comissão Parlamentar de Inquérito e do controle pelo Supremo Tribunal Federal – Breves anotações – **III** Do direito ao contraditório e à ampla defesa – Conclusão

Introdução

Para nós, é uma grande honra contribuir com um artigo no presente livro de coletânea em homenagem ao Ministro Moreira Alves, que versa sobre um tema tão caro nos dias atuais: *sigilos bancário e fiscal*.

Paulista de Taubaté, o Ministro Moreira Alves foi Juiz de nossa Suprema Corte por mais de 28 anos, capitaneando inúmeras decisões que se tornaram referência do direito pátrio, transformando-o num símbolo daquela Corte.

Da mesma forma, como professor, fez escola e despertou admiração entre seus diversos alunos.

Nesse artigo, coube-nos a responsabilidade de escrever sobre as Comissões Parlamentares de Inquérito e o sigilo.

Por força da Constituição Federal de 1988, as Comissões Parlamentares de Inquérito passaram a deter "poderes de investigação próprios de autoridades judiciais".

Essa mudança de paradigma constitucional levou diversos conflitos ao Supremo Tribunal Federal. *O que são poderes próprios de autoridades judiciais? Quais as garantias dos investigados? Existe "reserva de jurisdição"? O direito ao sigilo é absoluto?* Enfim, as questões postas são polêmicas e demandam grande reflexão, pois as Comissões Parlamentares de Inquérito, ao investigar, invariavelmente, requerem a quebra dos sigilos dos investigados.

Em tempos *complexos*, permeados por escândalos, a ruptura dos sigilos passou ser a regra e não mais a exceção.[1] A devassa da intimidade, com a finalidade de se buscar uma rápida apuração e condenação passou a ser o fundamento para justificar a violação à Constituição Federal.

As garantias constitucionais e, especialmente, o direito ao contraditório e à ampla defesa são vistos de soslaio e com desconfiança pela sociedade civil e, infelizmente, até por alguns operadores de direito. As regras processuais que representam a garantia para o pleno exercício do direito ao contraditório e à ampla defesa gozam de má reputação.[2]

Os fins, contudo, não podem justificar os meios, sob pena de se aniquilar anos de conquista no avanço dos direitos civis.

Não existe interesse público nem clamor popular que justifiquem a violação da Constituição Federal.

Nas palavras de Rui Barbosa, citado pelo Ministro Gonçalves de Oliveira: "Quando a leis cessam de proteger nossos adversários, virtualmente, cessam de nos proteger".[3]

I Do fundamento constitucional do sigilo

Uma das questões que tem gerado grande debate é a tentativa de se identificar o fundamento constitucional para a proteção dos sigilos.

O fundamento jurídico encontra-se no art. 5º, incisos X, XII, da Constituição Federal:

> X – são invioláveis a intimidade, a vida privada, a honra e a imagem das pessoas, assegurados o direito a indenização pelo dano material ou moral decorrente de sua violação;
>
> XII – é inviolável o sigilo de correspondência e das comunicações telegráficas, de dados e das comunicações telefônicas, salvo, no último caso, por ordem judicial, nas hipóteses e na forma que a lei estabelecer para fins de investigação criminal ou instrução penal;

Analisando literalmente o texto constitucional, tem-se, à primeira vista, que, com exceção das comunicações telefônicas, *todos* os demais direitos concernentes ao

---

[1] "Entre a liberdade e a segurança fico com a liberdade, entre a regra e a exceção fico com a regra" (Habeas Corpus nº 76.686, Relator Ministro Nilson Naves).

[2] "As regras processuais sofrem, na opinião pública, de uma péssima reputação. Paradoxalmente, costumam responsabilizá-las por todos os males da justiça ao passo que contribuem ativamente para a boa organização. Logo de início podemos dizer que, sem regras processuais, coercitivas, nenhuma justiça é possível, pelo menos no contexto liberal. Com efeito, eles oferecem aos indivíduos uma garantia essencial a preservação de seus direitos e de suas liberdades" (RIVERO, Jean; MOUTOUH, Hugues. *Liberdades públicas*, p. 164-165).

[3] COSTA. Emilia Viotti. *Supremo Tribunal Federal e a construção da cidadania*. 2. ed. São Paulo: Unesp, 2006. p. 164.

sigilo, como a correspondência e os dados, *são invioláveis* e, em nenhuma hipótese, podem ser relativizados, seja pela Comissão Parlamentar de Inquérito, seja pelo Poder Judiciário, ou seja, ainda, pelo Poder Executivo.

Essa, contudo, não vem sendo a posição adotada pelo Poder Judiciário. Não há direito constitucional absoluto ou mesmo inafastável. No sistema jurídico, as normas e os princípios devem ser interpretados e compatibilizados de forma harmônica e sistemática.

O Ministro Celso de Mello assim se pronunciou recentemente:

> *É por tal razão* que esta Suprema Corte *já acentuou que não há*, no sistema constitucional brasileiro, direitos ou garantias que se revistam de *caráter absoluto*, mesmo porque razões de *relevante* interesse público *ou* exigências derivadas do princípio de convivência das liberdades *legitimam*, ainda que *excepcionalmente*, a adoção, por parte dos órgãos estatais, de medidas restritivas das prerrogativas individuais ou coletivas, *desde que respeitados* os termos estabelecidos pela própria Constituição.[4]

Na realidade, o sigilo, ou melhor, a quebra dos sigilos tornou-se um dos principais instrumentos utilizado pelas Comissões Parlamentares para apurar os desvios e irregularidades objeto da investigação. Por essa razão, a nossa Corte Suprema elaborou uma *jurisprudência*, de maneira a compatibilizar as garantias individuais com outros tipos de valores, como, por exemplo, *o interesse público e a segurança nacional*.[5]

Partindo de tal premissa, o *"sujeito"* protegido contra a ruptura do sigilo é qualquer pessoa física ou jurídica, brasileira ou estrangeira residente no país.[6]

O "conteúdo" é a faculdade de constranger, dispor, gozar, usufruir ou, no caso do presente estudo, resistir a uma pretensão da ruptura do sigilo. Já o "objeto" é justamente o direito à privacidade e à intimidade.

Para nós, o inciso XII do art. 5º da Constituição Federal tem como objeto a proteção tão somente das *correspondências em fluxo*, ou seja, das comunicações de dados, telegráficas, e telefônicas. O termo "de dados" não pode ser interpretado indistintamente, de forma ampla e genérica.

Já os registros bancários, os extratos, os livros societários, por exemplo, configurariam outra espécie de sigilo — *o denominado estático* (documentos) — e estariam albergados e protegidos pelo inciso X do art. 5º da Constituição Federal.

Referida posição ainda causa acirrado debate. O Ministro Sepúlveda Pertence, por exemplo, entende que o sigilo bancário sequer é objeto de proteção constitucional. É o que se aduz do seu voto:

---

[4] ADPF, Relator Ministro Ayres Britto, *DJE*, p. 160, 06 nov. 2009, grifos no original.

[5] O Ministro Carlos Mário Velloso manifestou no sentido de que o direito ao sigilo bancário não é absoluto, devendo ser relativizado em razão do "interesse público, do interesse social" (STF, Relator Ministro Carlos Velloso, Acórdão no 5775/170, 25.03.1992). Acontece, contudo, que os termos interesse público não é um "cheque em branco" que autoriza, de forma indiscriminada, a quebra do sigilo e de outros direitos individuais. É bem verdade que o interesse público carrega em si um forte conteúdo ideológico, com multissignificados. Para nós o interesse público é a conformação às próprias normas constitucionais e a dicção das leis.

[6] Marco Aurélio Greco, de forma contrária, entende que a proteção à intimidade e à vida privada não se aplicam as pessoas jurídicas (Sigilo do fisco e perante o fisco. *In*: PIZOLIO, Reinaldo; GALVADÃO JR., Jayr Viégas (Coord.). *Sigilo fiscal e bancário*, p. 75-90).

O sigilo bancário só existe no Direito Brasileiro por força de lei ordinária. Não entendo que se cuide de garantia com status constitucional. Não se trata da 'intimidade' protegida no inciso X do art. 5º da Constituição Federal. Da minha leitura do inciso XII da Lei Fundamental, o que se protege, e de modo absoluto, até em relação ao Poder Judiciário, é a comunicação 'de dados' e não os 'dados', o que tornaria impossível qualquer investigação administrativa, fosse qual fosse.[7]

Como mencionado acima, entendemos que os direitos à intimidade e à vida privada se encontram protegidos em todos os seus aspectos[8] pelo art. 5º, X e XII, da Constituição Federal.[9] Ademais, deve-se destacar que o artigo 11 da Declaração dos Direitos Humanos e do Cidadão consagra, na sua essência, o princípio do sigilo da correspondência e das conversas telefônicas como um direito essencial do cidadão. Confira-se:

> Art. 11. A livre comunicação de pensamentos e opinião é um dos direitos mais preciosos do homem; todo cidadão pode, portanto, falar, escrever, imprimir livremente, salvo quando tiver de responder ao abuso dessa liberdade nos casos previstos pela lei.

Por fim, não podemos deixar de mencionar que o sigilo não é apenas uma garantia do cidadão, mas da sociedade e do próprio Estado. A Constituição Federal em seu art. 5º, XXXIII, assegura a todos o direito de receber de órgãos públicos informações de interesse particular ou coletivo, "ressalvado aquele cujo sigilo seja imprescindível à segurança da sociedade e do Estado".

O sigilo e a proteção à intimidade representam uma grande conquista dos cidadãos e não podem ser entendidos como uma "prerrogativa" para cometimento de desvios e abusos. A regra não pode ser julgada por sua exceção.

II Da Comissão Parlamentar de Inquérito e do controle pelo Supremo Tribunal Federal – Breves anotações

Como se sabe, nos últimos anos, as Comissões Parlamentares de Inquérito transformaram-se na principal atuação do Poder Legislativo em todas as esferas da Federação. Como mencionado na introdução, a Constituição Federal de 1988 inovou sobremaneira ao dizer que as CPIs terão "poderes próprios de autoridades judiciais".

A inovação constitucional justificava-se, uma vez que na Constituição Federal de 1967 não foram atribuídos expressamente "poderes instrumentais" para

---

[7] Supremo Tribunal Federal. MS nº 21.729/DF. Relator Ministro Marco Aurélio. Julgamento: 05/10.95. Publicação: DJ, 19 out. 2001.

[8] Sobre o assunto, confira-se Marcelo Figueiredo: "Na sociedade tecnológica em que vivemos, o notável avanço da informática introduziu no sentido de intimidade novos conteúdos que transcendem à velha noção de casa ou espaço privado. Também o 'segredo' passa por igual revolução. Nenhuma informação, no mundo contemporâneo pode ser considerada sem importância. Assim, a tutela da intimidade assume renovada importância e dimensão na sociedade informacional, tanto quanto a tutela do segredo do sigilo" (FIGUEIREDO, Marcelo. *O sigilo fiscal e bancário*: algumas dimensões jurídico-políticas, p. 64-88).

[9] Pode-se justificar o direito do sigilo em outro princípio da Constituição Federal como o da *dignidade humana* estabelecido no artigo 1º, III da Carta Magna.

esse tipo Comissão Parlamentar Temporária. Assim sendo, antigamente, quando testemunhas ou investigados eram convocados e não compareciam nas sessões, essas comissões não dispunham *dos meios instrumentais coercitivos* para exercer essa função constitucional.

A função da CPI perdia sua eficácia constitucional.

Com a nova redação conferida pelo art. 58, §3º, da Constituição Federal, os poderes e limites da CPI vêm sendo debatidos constantemente frente ao Poder Judiciário, em especial frente ao Supremo Tribunal Federal, desde a edição da Carta Magna.

É importante deixar registrado, desde já, que a Comissão Parlamentar de Inquérito possui função meramente investigatória — *não acusa, não julga, nem impõe sanções punitivas*.[10] A investigação pode ter "fins apurativos" ou "finalidade de legislar". Aliás, é impossível conceber a atividade de legislar, sem conceber a atividade de investigar.

A CPI é uma *longa manus* do Poder legisferando.[11]

O Supremo Tribunal Federal — para fins metodológicos — vem exercendo sobre a Comissão Parlamentar de Inquérito dois tipos de controle judicial:[12]

a) um *horizontal*, relativo aos limites dos chamados "poderes próprios de autoridade judiciais — poderes de equiparação"

Quais *atos de investigação* de competência do Poder Judiciário podem ser utilizados pela CPI? Segundo o Supremo Tribunal Federal, somente atos meramente de "caráter informativo" podem ser realizados no âmbito da investigação pela Comissão Parlamentar de Inquérito. Assim sendo, **medidas cautelares** vêm sendo afastadas como instrumentos de investigação das Comissões de Investigação Temporária. A saber: a) indisponibilidade de bens, b) decretação de prisão preventiva, c) proibição de afastamento de pessoas do país.[13]

Tais medidas, apesar de terem caráter de investigação, segundo o Supremo Tribunal Federal, são **medidas assecuratórias** de uma futura ação judicial, sendo, portanto, incompatíveis com a investigação da Comissão Parlamentar de Inquérito. Por outro lado, o Supremo Tribunal Federal também fixou entendimento sobre quais são os poderes da CPI, tais como: (a) determinar diligências que reputem necessárias; (b) convocar ministros de Estado; (c) tomar o depoimento de qualquer autoridade; (d)

---

[10] *"É importante consignar*, nesse ponto, *que a CPI — que dispõe* de função meramente investigatória — *não acusa, não julga nem impõe sanções punitivas*, **como adverte a jurisprudência constitucional** desta Suprem Corte" (Medida. Cautelar em mandado de segurança 26.115-3 – Distrito Federal, Relator Ministro Celso de Mello).

[11] As Comissões Parlamentares de Inquérito devem cingir-se as mesmas competências do Congresso Nacional estabelecidas na Constituição Federal. Sobre a matéria, confira o artigo de Luís Roberto Barroso, "Comissões Parlamentares de Inquérito. Competências legítimas e limitações constitucionais. Inadmissibilidade de investigação de contrato particular entre pessoas privadas, sem repercussão sobre o interesse público" (*Revista dos Tribunais*, São Paulo, v. 768, out. 1999).

[12] Sobre o assunto, vejam o esclarecedor artigo "Limites Jurisprudencial aos Poderes de Investigação das Comissões de Parlamentares de Inquérito", elaborado pela pesquisadora Juliana Bonarcosi de Palma, publicado no livro, COUTINHO, Diogo R.; VOLVODIC, Adriana M. (Coord.). *Jurisprudência constitucional*: como decide o STF?. São Paulo: Malheiros: SBDP, 2009. p. 100. No mencionado estudo foram analisados 78 acórdãos após a edição da Constituição Federal de 1988.

[13] Veja o Mandado de Segurança nº 23.471-7/DF, Mandado de Segurança nº 23.480-6 e Mandado de Segurança nº 23,452-1/RJ.

ouvir indiciados; (e) inquirir testemunhas; (f) requisitar de órgão público informações e documentos de qualquer natureza (inclusive sigilosos); (g) transportar-se aos lugares onde for preciso. Cuidando-se de CPI do Senado, da Câmara ou mista, pode ainda requerer ao Tribunal de Contas da União a realização de inspeções e auditorias.[14]

Ressalta-se que o rol não é taxativo, podendo ser ampliado, caso a caso.

b) Outro *vertical*, sobre os requisitos *procedimentais (1/3 de seus membros para sua abertura, fato determinado, prazo certo — requisitos constitucionais)*,[15] reserva de jurisdição e direitos e garantias individuais.

De plano, o Supremo Tribunal Federal assentou posição sobre "reserva de jurisdição",[16] que vem prevalecendo até hoje, segundo a qual a Comissão Parlamentar de Inquérito não pode determinar (a) prisão, salvo em flagrante, art. 5, X, da CF; (b) realizar diligência de busca domiciliar, art. 5, XI, da CF; (c) determinar interceptação telefônica, art. 5, XII, da CF.

Foi atribuída, pelo Supremo Tribunal Federal, uma interpretação literal aos dispositivos constitucionais. Onde se lê "por ordem judicial" deve-se entender por "reserva de jurisdição". Com todo respeito, não comungamos desse posicionamento. Entendemos que os poderes instrutórios da Comissão Parlamentar de Inquérito são *os mesmos reservados ao Poder Judiciário* no campo investigativo.

Acreditamos que o Supremo Tribunal Federal entendeu que alguns direitos fundamentais não podem ser relativizados sem sua expressa autorização, por serem eles, de certa forma, mais relevantes do ponto de vista valorativo.

Justifica-se esse argumento se considerarmos o Poder Judiciário como o *estado-imparcial* ou o *poder equidistante*. Trata-se de uma posição, contudo, axiológica, pois a Constituição Federal *não trouxe nenhuma distinção* entre os poderes de investigação do Poder Judiciário e os da Comissão Parlamentar de Inquérito.[17]

O que ocorre hoje em dia — permitam-nos dizer — é uma *tensão dialética*, ou melhor, uma *competição* entre os Poderes.

Na verdade, o Supremo Tribunal Federal vem exercendo um papel *regulador da comissão parlamentar de inquérito*.

---

[14] Tribunal Pleno, MS nº 23.452-1-RJ, Relator Ministro Celso de Mello, Mandado de Segurança deferido por unanimidade de votos, 16.09.1999.

[15] Quanto aos requisitos constitucionais para o processamento das Comissões Parlamentares de Inquérito, ou seja, 1/3 dos membros para abertura (direito das minorias), fato determinado e prazo certo, confira PORTO FILHO, Pedro Paulo de Rezende. *Quebra de sigilo pelas Comissões Parlamentares de Inquérito*. Belo Horizonte: Fórum, 2008.

[16] Para o Ministro Celso de Mello: "O postulado da reserva constitucional de jurisdição importa em submeter, à esfera única de decisão dos magistrados, a prática de determinados atos cuja realização, por efeito de explícita determinação constante do próprio texto da Carta Política, somente pode emanar do juiz, e não de terceiros, inclusive daqueles a quem se haja eventualmente atribuído o exercício de 'poderes de investigação próprios das autoridades judiciais'".

[17] No mesmo sentido, é a posição de Sérgio Sérvulo da Cunha, para quem: "(...) como os incisos XI e XII do art. 5º, da Constituição, aludem a uma ordem ou determinação judicial, à primeira vista, parece intacável o entendimento de ser vedado às Comissões Parlamentares de Inquérito efetuar busca e apreensão domiciliar, ou quebrar o sigilo telefônico de pessoas investigadas, sem prévia autorização judiciária. Essa, contudo, é uma interpretação literal, assistemática e irrazoável que rouba eficácia ao disposto no §3º, do art. 58 do mesmo diploma. Inexiste meio de investigação, ao alcance da autoridade judiciária, do qual a comissão parlamentar de inquérito não disponha. O abuso, é sabido, não tolhe o uso" (CUNHA, Sérgio Sérvulo da. Comissão Parlamentar de Inquérito – poder de investigação: natureza, conteúdo, limites. *In*: FIGUEIREDO, Marcelo; PONTES FILHO, Valmir (Org.). *Estudos de direito público em homenagem a Celso Antônio Bandeira de Mello*, p. 796).

Regular, entretanto, é bem diferente de corrigir eventuais ilegalidades.

Deve-se reconhecer também a responsabilidade do Congresso Nacional nessa questão. A atual "lei organizativa" da Comissão Parlamentar de Inquérito — ainda vigente parcialmente segundo o próprio Supremo Tribunal Federal — é datada de 1952 (Lei nº 1.579/52).

Não estamos aqui falando dos regulamentos internos das casas do Congresso (Senado e Câmara dos Deputados), que, no nosso ponto de vista, não podem dispor sobre regras/instrumentos que alcancem direitos de terceiros.

Os meios de investigação modificaram-se. Ocorreu um grande avanço tecnológico no campo investigativo, mas a legislação não acompanhou tais mudanças.

No ano de 2005, foi proposto um novo projeto de lei que, infelizmente, foi arquivado. Somente no ano de 2008, foram propostos novos projetos de lei que visam substituir integralmente a lei nº 1.579/52. Esse novo projeto deve refletir as *externalidades* — uma palavra muito usual para os economistas — desses anos de embates jurídicos junto ao Poder Judiciário, de forma a possibilitar tanto maior eficácia das Comissões Parlamentares de Inquérito quanto à preservação dos direitos e garantias dos cidadãos.[18]

Voltando ao ponto central — se as decisões das CPIs não estão sujeitas ao controle prévio do Poder Judiciário, para os fins instrutórios, contudo, elas devem observar certos requisitos indispensáveis.

Inicialmente, os mais reconhecidos são a "motivação dos atos" e a "causa provável". A motivação dos atos da CPI é condição de validade e deve ser clara e concomitante à prática do ato. Como toda decisão judicial, a decisão da CPI deve ser fundamentada e motivada por exigência do art. 93, IX, da CF.

Já a "causa provável" é a exigência de que exista o mínimo necessário de suporte informativo e fático para justificar dada investigação.

O nosso homenageado, o Ministro Moreira Alves, fixou com precisão tais garantias aos investigados no Mandado de Segurança nº 23.843/RJ, Julgamento: 10.10.2001, Órgão Julgador: Tribunal Pleno, *in verbis*:

> EMENTA: Comissão Parlamentar de Inquérito. Quebra de sigilo bancário e fiscal. – Esta Corte, em julgamentos relativos a mandados de segurança contra a quebra de sigilo bancário e fiscal determinada por Comissão de Inquérito Parlamentar (assim, entre outros, nos MS's 23.452, 23.454, 23.851, 23.868 e 23.964), já firmou o entendimento de que tais Comissões têm competência para isso *desde que essa quebra tenha fundamentação adequada, que não só há de ser contemporânea ao ato que a ordena, mas também que se baseie em fatos idôneos, para que não seja ela utilizada como instrumento de devassa indiscriminada sem que situações concretas contra alguém das quais possa resultar suspeitas fundadas de suposto envolvimento em atos irregulares praticados na gestão da entidade em causa.* – No caso, a determinação da quebra de sigilo em causa está fundamentada na forma em que, tratando-se de decretação por parte de CPI, se admite que ela se dê. Mandado de Segurança indeferido, cassada a liminar. (destacou-se)[19]

---

[18] A lei deverá disciplinar os novos instrumentos de investigação conferidos à CPI, assim como estabelecer os procedimentos e as garantias procedimentais dos investigados, como o da não autoincriminação, o direito de ser assistido por um advogado, etc.

[19] E ainda, confira o julgado abaixo transcrito que consagra o entendimento do Supremo Tribunal Federal: "o sigilo bancário, o sigilo fiscal e o sigilo telefônico (sigilo este que incide sobre os dados/registros telefônicos e

Defendemos ainda que o direito ao contraditório e à ampla defesa deve ser garantido, como trataremos no próximo capítulo.

III Do direito ao contraditório e à ampla defesa

Não podemos mais ver a investigação realizada pela CPI como um simples "procedimento de natureza inquisitorial", na medida em que os poderes atribuídos ao procedimento investigatório da Comissão Parlamentar de Inquérito são mais amplos e invasivos do que aqueles conferidos ao inquérito policial, apresentando características peculiares e consequências muito mais severas para o investigado.

O direito ao contraditório e à ampla defesa é indispensável e decorre da própria Constituição Federal que, em seu art. 5º, LV, determina, *in verbis*: "aos litigantes, em processo judicial ou administrativo, e aos acusados em geral são assegurados o contraditório e a ampla defesa, com os meios de recurso a eles inerentes".

A inteligência que se colhe do referido princípio constitucional é a de que os investigados têm assegurado o direito ao contraditório e à ampla defesa antes que suas esferas de direitos sejam alcançadas pela Comissão Parlamentar de Inquérito.

Decidir de plano pela quebra dos sigilos, para só então propiciar o direito de manifestação do investigado, revelar-se-ia inútil, pois a decisão já teria afetado a esfera de direito do investigado, suprimindo-lhe instrumento constitucional.

É justamente esse proceder que caracteriza um vício, inadmissível em nosso ordenamento jurídico. Trata-se de inconstitucionalidade insanável, que enseja a nulidade do ato da comissão que decretar a quebra dos dados do investigado.

Com certeza, o direito ao contraditório e à ampla defesa é um dos princípios mais discutidos e esmiuçados pelo Supremo Tribunal Federal.

Dita garantia fundamental desdobra-se também: no i) *direito de informação, ou seja, o investigado tem o direito de saber que se encontra sob investigação; e no* ii) *direito não só de apresentar a defesa formal ou oral, mas de ver seus argumentos considerados pela autoridade, antes do ato estatal invasivo.*

O Ministro Gilmar Mendes, no julgamento do Mandado de Segurança nº 24.268/MG, estabeleceu as premissas do princípio constitucional:

---

que não se identifica com a inviolabilidade das comunicações telefônicas) ainda que representem projeções específicas do direito à intimidade, fundado no art. 5º, X, da Carta Política não se revelam oponíveis, em nosso sistema jurídico, às Comissões Parlamentares de Inquérito, eis que o ato que lhes decreta a quebra traduz natural derivação dos poderes de investigação que foram conferidos pela própria Constituição da República, aos órgãos de investigação parlamentar. As Comissões Parlamentares de Inquérito, no entanto, para decretarem, legitimamente, por autoridade própria, a quebra de sigilo bancário, do sigilo fiscal e/ou do sigilo telefônico relativamente a pessoas por elas investigadas, devem demonstrar, a partir de meros indícios, a *existência concreta de causa provável que legitime* a medida excepcional (ruptura da esfera de intimidade de quem se acha sob investigação), *justificando a necessidade* de sua efetivação no procedimento de ampla investigação dos fatos determinados que deram causa à instauração do inquérito parlamentar, *sem prejuízo de ulterior controle jurisdicional* dos atos em referência (CF, art. 5º, XXXV). As deliberações de qualquer Comissão Parlamentar de Inquérito, à semelhança do que também ocorre com as decisões judiciais (RTJ, 140/514), quando *destituídas de motivação*, mostram-se *írritas* e *despojadas de eficácia jurídica*, pois nenhuma medida restritiva de direitos pode ser adotada pelo Poder Público, sem que o ato que a decreta seja adequadamente fundamentado pela autoridade estatal" (*Apud* BARROSO, Luís Roberto. Comissões Parlamentares de Inquérito e suas competências: Política, direito e devido Processo Legal. *In: Atualidades.* Rio de Janeiro: Forense).

(...) Observe-se que não se cuida aqui, sequer, de uma inovação doutrinária ou jurisprudencial. Já o clássico João Barbalho, nos seus Comentários à Constituição de 1891, asseverava, com precisão: "Com a plena defesa são incompatíveis, e, portanto, inteiramente, inadmissíveis, os processos secretos, inquisitoriais, as devassas, a queixa ou o depoimento de inimigo capital, o julgamento de crimes inafiançáveis na ausência do acusado ou tendo-se dado a produção das testemunhas de acusação sem ao acusado se permitir reinquiri-las, a incomunicabilidade depois da denúncia, o juramento do réu, o interrogatório dele sob coação de qualquer natureza, por perguntas sugestivas ou capciosas." (Constituição Federal Brasileira – Comentários, Rio de Janeiro, 1902, p. 323). Não é outra a avaliação do tema no direito constitucional comparado. Apreciando o chamado "Anspruch auf rechtliches Gehör" (pretensão à tutela jurídica) no direito alemão, assinala o Bundesverfassungsgericht que essa pretensão envolve não só o direito de manifestação e o direito de informação sobre o objeto do processo, mas também o direito de ver os seus argumentos contemplados pelo órgão incumbido de julgar (Cf. Decisão da Corte Constitucional alemã, BVerfGE 70, 288-293; sobre o assunto, ver, também, Pieroth e Schlink, Grundrechte – Staatsrecht II, Heidelberg, 1988, p. 281; Battis, Ulrich, Gusy, Christoph, Einführung in das Staatsrecht, 3a. edição, Heidelberg, 1991, p. 363-364). Daí afirmar-se, correntemente, que a pretensão à tutela jurídica, que corresponde exatamente à garantia consagrada no art. 5º LV, da Constituição, contém os seguintes direitos: 1) direito de informação (Recht auf Information), que obriga o órgão julgador a informar à parte contrária dos atos praticados no processo e sobre os elementos dele constantes; 2) direito de manifestação (Recht auf Äusserung), que assegura ao defendente a possibilidade de manifestar-se oralmente ou por escrito sobre os elementos fáticos e jurídicos constantes do processo; 3) direito de ver seus argumentos considerados (Recht auf Berücksichtigung), que exige do julgador capacidade, apreensão e isenção de ânimo (Aufnahmefähigkeit und Aufnahmebereitschaft) para contemplar as razões apresentadas (Cf.Pieroth e Schlink, Grundrechte – Staatsrecht II, Heidelberg, 1988, p. 281; Battis e Gusy, Einführung in das Staatsrecht, Heidelberg, 1991, p. 363-364; Ver, também, Dürig/Assmann, in: Maunz-Dürig, Grundgesetz-Kommentar, Art. 103, vol IV, nº 85-99).[20]

Nenhum ato, portanto, decorrente da intervenção estatal, pode afetar a esfera de direitos do particular ou investigado sem um procedimento válido, ou seja, deve-se garantir o pleno e regular exercício do direito de se manifestar.

E, sendo a Comissão Parlamentar de Inquérito um procedimento jurídico-constitucional, por óbvio, tem ela o dever de observar todos os direitos fundamentais, inclusive o do contraditório. Aliás, a *expressão* "acusados em geral", contida no art. 5º, LV, da Constituição Federal, deve ser interpretada de forma ampla e genérica.

A esse respeito, vale transcrever parte do voto do Ministro Marco Aurélio, que fixou com precisão o entendimento sobre o alcance do art. 5º, LV, da CF, nos autos do Recurso Extraordinário nº 158.543-9:

É flagrante a diferença de garantias constitucionais, considerados os preceitos da Constituição anterior aplicáveis à hipótese — par. 15 do art. 153 da Carta de 1969 e da atual, inciso LV, do art. 5º. No primeiro, a abrangência da norma ficou restrita aos acusados. Já no segundo, fez-se referência aos litigantes e, em passo seguinte, foram mencionados os acusados. Como não se pode atribuir ao legislador, especialmente ao constitucional,

---

[20] Supremo Tribunal Federal. MS nº 24.268/MG. Relatora Ministra Ellen Gracie (Relator para o acórdão Ministro Gilmar Mendes). Tribunal Pleno. Julgamento: 05.02.2004. Publicação: *DJ*, 17 set. 2004.

a inserção, em texto de lei, de vocábulos inúteis, sem o significado vernacular que lhe é próprio, exsurge, ao menos ao primeiro exame, que a garantia do contraditório e da ampla defesa não mais está limitada, nos processos administrativos e judiciais, aos acusados, alcançando os três campos — administrativo, civil e penal — aos litigantes em geral. (...) O vocábulo litigante há de ser compreendido em sentido lato, ou seja, a envolver interesses contrapostos. Destarte, não tem o sentido processual de parte, a pressupor uma demanda.[21]

Mais uma vez, assim, exsurge nítido que as Comissões Parlamentares de Inquérito, como detentoras de poderes investigatórios próprios de autoridades judiciais, estão sujeitas às mesmas obrigações e limites destas últimas.

Além do mais, não basta apenas garantir formalmente o exercício do direito ao contraditório e à ampla defesa, com a simples oitiva do investigado. A Comissão Parlamentar de Inquérito deve, antecipadamente, fixar com clareza no documento da convocação a que título o particular foi solicitado a comparecer e depor na sessão da comissão parlamentar. Nas palavras do Ministro Celso de Mello "os estatutos do poder numa República fundada em bases democráticas não podem privilegiar o 'mistério'".[22] Não só o mistério, mas a surpresa e os *atos ardilosos*.

E ainda, o investigado deve ser informado, previamente, da intenção da Comissão Parlamentar de Inquérito de ver quebrados os seus sigilos fiscal, bancário e telefônico, para que possa apresentar as razões de fato e de direito que entender cabíveis para a sua defesa.

Não se pode admitir num Estado Democrático de Direito o fator surpresa, repita-se, quando estão em jogo direitos e garantias constitucionais de tal relevância.

Além disso, tratando-se de informações referentes à ruptura da esfera de intimidade do investigado, protegidas também pela própria Constituição Federal, a atuação da Comissão Parlamentar de Inquérito somente é permitida em caráter extraordinário, devendo revestir-se das formalidades legais e apoiar-se em informações concretas já obtidas, sempre com a manifestação prévia do investigado.

Todos os elementos até então coletados devem integrar o procedimento investigatório, a fim de que a atuação da Comissão Parlamentar de Inquérito seja sempre guiada pela proporcionalidade. É o que poderíamos chamar de um "controle de substância" dos argumentos decisórios, para garantir um mínimo de coerência e de correção das decisões da comissão.

Deve-se acrescer, também, que, em se tratando de dados que são geralmente retidos e arquivados junto a empresas devidamente fiscalizadas pelo Poder Público ou pelas agências reguladoras, tais como as instituições financeiras, as empresas de telecomunicações, entre outras, inexiste o perigo de desvio ou alteração de tais informações.

E assim o é, porque a Comissão Parlamentar de Inquérito, antes de tomar a decisão pela decretação da quebra dos dados, pode solicitar, antecipadamente, para referidas instituições financeiras e empresas detentoras das informações, que não se

---

[21] Supremo Tribunal Federal. RE nº 158.543/RS. Relator Ministro. Marco Aurélio. Segunda Turma. Julgamento: 30.08.1994. Publicação: *DJ*, 06 out. 1995.
[22] Supremo Tribunal Federal. Mandado de Segurança nº 25.382 MS/DF. Relator Ministro. Celso de Mello.

desfaçam dos dados, mantendo-os como depositários. Frise-se que não se trata de medida cautelar, uma vez que a CPI somente terá ciência dos documentos após o regular devido processo legal.

No caso da quebra de sigilo das comunicações telefônicas, que entendemos ser também um instrumento de investigação da Comissão Parlamentar de Inquérito, para evitar que a investigação seja destituída de qualquer sentido útil e prático, o poder investigatório da CPI pode ser utilizado antes do efetivo exercício do direito de ampla defesa e do contraditório do investigado. A dispensa do dever constitucional, nesse caso, ocorre em *razão da natureza da prova a ser obtida*. Nenhuma valia teria a interceptação telefônica se o investigado tivesse prévio conhecimento dela. Por óbvio, deixaria de utilizar o telefone grampeado. Posteriormente, entretanto, o investigado deve ser informado da quebra e de sua motivação. Nessa hipótese, o direito à ampla defesa e ao contraditório deve ser *deslocado* ao final do ato invasivo.

O dever de ser informado, posteriormente, com relação à quebra desse tipo especial de sigilo, para que o investigado apresente suas razões, *é tão fundamental e indispensável* quanto o direito garantido, de forma prévia, nas situações regulares.

Inexistindo, portanto, *a priori*, o perigo iminente que justifique o ato de decretação de quebra dos sigilos fiscal e bancário, deve-se sempre garantir previamente o direito ao contraditório dos investigados. Deve existir uma *ponderação*[23] entre a *efetividade da investigação* e a manutenção dos direitos e garantias do investigado.[24]

Em que pese tudo o que restou aqui defendido, é de todo oportuno destacar que o Supremo Tribunal Federal já se manifestou, por diversas vezes, em sentido contrário, isto é, no sentido de que não tem o investigado direito ao contraditório e à ampla defesa em razão da natureza da investigação promovida pela Comissão Parlamentar de Inquérito. É o que se colhe do seguinte julgado:

> No que concerne à alegada violação da garantia de contraditório e ampla defesa (fls. 15), não parece relevante, por ora, a indicação de ter sido negada qualquer possibilidade de defesa à impetrante em contraposição ao acolhimento de declarações de 'pessoa de credibilidade duvidosa'. Também considero que esse fundamento não basta para a concessão da liminar. É que a própria natureza do inquérito parlamentar, semelhante ao inquérito policial, afasta o contraditório como requisito de validade do procedimento (a respeito, cf. HC 73.271, Rel. Min. Celso de Mello, Primeira Turma, julgamento em 19.03.06)' (...) É que a Comissão de Inquérito — que constitui a *longa manus* do Conselho de Ética e Decoro Parlamentar — limitou-se a atuar numa fase estritamente pré-processual, realizando diligências investigatórias destinadas a comprovar, ainda que de modo sumário e preliminar, os fatos que poderão substanciar, em momento oportuno, o ulterior oferecimento de acusação formal contra o ora impetrante, por suposta prática de atos alegadamente incompatíveis com o decoro parlamentar. Isso significa, portanto, que a fase ritual em que presentemente se acha o procedimento de apuração sumária e preliminar dos fatos não comporta a prática do contraditório, nem impõe a observância

---

[23] O princípio da proporcionalidade é um dos requisitos fundamentais para a quebra do sigilo. Nesse sentido, confira o livro PORTO FILHO, Pedro Paulo de Rezende. *Quebra de sigilo pelas Comissões Parlamentares de Inquérito*. Belo Horizonte: Fórum, 2008.

[24] Não há como negar que essa colisão de direitos transfere para quem decide (Poder Judiciário e no nosso estudo a Comissão Parlamentar de Inquérito) um "ônus regulador". Por essa razão e ainda maior as decisões devem ser muito bem fundamentadas e compatíveis com os interesses envolvidos.

da garantia da plenitude de defesa, eis que a investigação promovida pela Comissão de Inquérito reveste-se, no presente momento, do caráter de unilateralidade, impregnada que se acha de inquisitividade, circunstância essa que torna insuscetível de invocação a cláusula da plenitude de defesa e do contraditório.[25]

Em que pese o Supremo Tribunal Federal não reconhecer o direito ao contraditório e à ampla defesa no campo investigatório, *outros plexos de garantias fundamentais*, tais como acesso aos autos pelo advogado do investigado foram *expressamente* admitidas para procedimentos que eram considerados, antigamente, de natureza puramente inquisitória, gerando, inclusive, a edição da Súmula Vinculante nº 14, que tem a seguinte redação "É direito do defensor, no interesse do representado, ter acesso amplo as elementos de prova que, já documentados em procedimento investigatório realizado por órgão com competência de polícia judiciária, digam respeito ao exercício do direito de defesa". Trata-se de um avanço e quiçá uma tendência a ser seguida pelo Supremo Tribunal Federal. Não há dúvida de que o princípio mencionado é um dos mais esmiuçados pela nossa Suprema Corte desde a edição da Constituição Federal de 1988.

O direito de defesa, elevado a princípio constitucional, representa uma grande conquista para o regime democrático e sua efetivação deve ser levada a extremo.

Nesse sentido, parece-nos inevitável a configuração de interesses contrapostos entre a Comissão Parlamentar de Inquérito e o investigado, no exato sentido do art. 5º, LV, da CF, razão pela qual deve ser garantido a este último o direito prévio de ampla defesa e do contraditório, ressalvando-se o poder cautelar investigatório em casos excepcionalíssimos.

Como dissemos acima, a ruptura dos sigilos *deve ser a exceção* e nunca a regra.

O que ocorre hoje em dia é a "banalização do sigilo". A banalização leva esse relevante tipo de prova à descrença e desconfiança, possibilitando muitas vezes que o próprio Poder Judiciário anule tais provas obtidas, quando não observados os seus requisitos.

Conclusão

A Comissão Parlamentar de Inquérito (CPI) representa um instrumento de aperfeiçoamento do Estado Democrático de Direito. O *poder de investigar* está diretamente ligado ao *poder de legislar*.

A Constituição Federal de 1988 inovou ao atribuir à CPI "poderes de investigação próprios de autoridades judiciais".[26] Nos últimos anos, essas Comissões Temporárias (CPI) transformaram-se na principal atuação do Poder Legislativo.

---

[25] Supremo Tribunal Federal. Mandado de Segurança nº 24.082/DF-Medida Cautelar. Relator Ministro Celso de Mello. Julgamento: 26/09/2001. Publicação: *DJ*, 03 out. 2001.

[26] E ainda, além das doutrinas e julgados colecionados ao longo do texto, pode-se conferir outros estudos relevantes sobre a Comissão Parlamentar de Inquérito como: SANDOVAL, Ovídio Rocha Barros. *CPI ao pé da letra*; ITAGIBA, Ivair Nogueira. Aperfeiçoamento do Estado democrático. *Revista Forense*, v. 151, p. 63; BARACHO, José Alfredo de Oliveira. *Teoria geral das comissões parlamentares de inquérito*; COMPARATO, Fábio Konder. Comissão Parlamentar de Inquérito. *Revista Trimestral de Direito Público*, n 10, p. 58; RAMOS, Saulo. Comissão parlamentar de inquérito: poder de investigar: fato determinado, *Revista de Direito Administrativo*, n. 171, 1988; BULLOS, Uadi Lammêgo. *Comissão Parlamentar de Inquérito*. São Paulo: Saraiva, 2001.

Dentro desse contexto, inúmeras controvérsias foram levadas ao Poder Judiciário, a fim de delimitar os poderes da Comissão Parlamentar de Inquérito e estabelecer os direitos dos investigados, na medida em que, invariavelmente, tais questões implicam a colisão de direitos fundamentais (*sigilo x interesse público/segurança nacional*).

Ainda, diante da inexistência de uma lei mais atual e adequada, o Supremo Tribunal Federal veio e vem "regulamentando" a atuação das CPIs, por meio de decisões.

Tal prática vem acarretando uma "tensão dialética" entre o Poder Judiciário e o Congresso Nacional, vez que o Supremo Tribunal Federal entende que nem todos os poderes investigatórios do Poder Judiciário são de competência da CPI.

O sigilo e ou direito à intimidade não são absolutos e podem ser relativizados, de forma excepcional, e, ainda, observados alguns requisitos.[27] O Supremo Tribunal Federal, por exemplo, reconhece, expressamente, como direito dos investigados: o *dever de motivação* e a *causa provável*.

O Supremo Tribunal Federal, contudo, não reconhece o direito do investigado ao contraditório e à ampla defesa em procedimento investigatório realizado pela Comissão Parlamentar de Inquérito. Por outro lado, a mesma Corte vem, paulatinamente, ampliando a garantia fundamental ao contraditório em procedimentos de natureza investigativa, o que se denota da edição da Súmula nº 14, que possibilita o acesso dos advogados do investigado ao inquérito policial.

O processo investigatório ou inquisitorial não dispensa a observação do princípio do direito à defesa e ao contraditório do investigado, nem pode ser substituído pelo exercício desses direitos na ação penal. Referida garantia decorre *diretamente* da Constituição Federal e não coloca em risco a efetividade das investigações, quando garantido de forma adequada. Por outro lado, a sua não observação gera vício insanável comprometedor da legalidade do procedimento de investigação.

Sem direito de defesa, entretanto, não existe democracia. Não existe causa justa ou clamor público que justifiquem a violação das garantias fundamentais dos cidadãos protegidas constitucionalmente e nas convenções internacionais.

Informação bibliográfica deste texto, conforme a NBR 6023:2002 da Associação Brasileira de Normas Técnicas (ABNT):

PORTO FILHO, Pedro Paulo de Rezende; CHOHFI, Rodrigo Mauro Dias. O sigilo e o direito ao contraditório e à ampla defesa no âmbito das Comissões Parlamentares de Inquérito: uma breve análise. *In*: SARAIVA FILHO, Oswaldo Othon de Pontes; GUIMARÃES, Vasco Branco (Coord.). *Sigilos bancário e fiscal*: homenagem ao Jurista José Carlos Moreira Alves. Belo Horizonte: Fórum, 2011. p. 381-393. ISBN 978-85-7700-405-8.

---

[27] Dentre eles podemos citar o devido processo legal, direito ao contraditório e à ampla defesa, motivação, causa provável, o princípio da proporcionalidade, da excepcionalidade da medida restritiva de direito fundamental e ainda os demais procedimentais, como fato concreto e vinculação aos termos da investigação. Sobre os requisitos confira PORTO FILHO, Pedro Paulo de Rezende. *Quebra de sigilo pelas Comissões Parlamentares de Inquérito*. Belo Horizonte: Fórum, 2008.

Aviso de Incêndio: Sigilo Fiscal e Restrições do Brasil ao Art. 26 da Convenção Modelo da Organização para a Cooperação e Desenvolvimento Econômico (OCDE)

Arnaldo Sampaio de Moraes Godoy

Sumário: 1 Introdução – 2 Tratados para evitar a bitributação – 3 A Lei Complementar nº 105/2001 e a jurisprudência – 4 A vontade e a representação na ordem internacional – 5 Conclusões – Referências

1 Introdução

O art. 26 da Convenção Modelo da Organização para a Cooperação e Desenvolvimento Econômico (OCDE) prevê troca de informações entre autoridades competentes, na confecção e no desdobramento de tratados que cuidem de fórmulas para se evitar a bitributação internacional. A correta aplicação de tais mecanismos implica nova leitura de regras fechadas referentes ao sigilo fiscal. Tem-se conjunto de medidas que tendem a promover efetiva assistência internacional no que se refere à fiscalização e cobrança de tributos, bem como de combate ao ilícito fiscal, por intermédio do envio de dados que tenham conteúdo significativo e que decorram da quebra de sigilo fiscal e bancário.

O Brasil tem sido sistematicamente refratário à ampla aplicação de tal diretiva. No entanto, do ponto de vista institucional,[1] e de desenho de modelo normativo

---

[1] O presente ensaio insere-se no contexto da teoria neoinstitucionalista, especialmente na linha de pensamento de Douglass C. North, para quem as opções institucionais determinam parâmetros de desempenho econômico. Conferir NORTH, Douglass C. *Institutions, Institutional Change and Economic Performance*. New York: Cambridge University, 2007.

orientado para o desenvolvimento,[2] necessário que nossas posições sejam revistas, em ambiente de intensa cooperação internacional, especialmente em face de algumas tendências e ênfases que se tem presentemente, a exemplo da necessidade de avançarmos nos processos negociadores multilaterais e, em especial, na Organização Mundial do Comércio (OMC),[3] a par de tentativas nossas de inserção na própria OCDE.

Há previsão semelhante na convenção modelo das Nações Unidas (art. 26) para se evitar a bitributação, ressalvando-se, no entanto, informações cuja revelação ameaçaria a ordem pública. No caso do modelo da ONU, há especial atenção com informações referentes às transações relevantes implementadas por contribuintes dos países pactuantes.[4] O referido modelo é organizado por comitê especial da Organização das Nações Unidas, com foco especial para tratados a serem celebrados entre países desenvolvidos e países em desenvolvimento.[5] A redação é parecida com a sugerida pelo modelo da OCDE. O modelo da ONU pretende conferir à autoridade requerida uma maior autonomia no trato das informações pleiteadas.

O referido modelo da ONU atenta para a cláusula que se preocupa com *prevenção da fraude ou evasão*, no original, *in particular for the prevention of fraud or evasion*. Insiste-se na preocupação que há nos países em desenvolvimento no que se refere ao planejamento tributário indevido e aos crimes contra a ordem tributária propriamente ditos.

Tem-se ainda outro modelo, norte-americano, que também prevê a intensificação da troca de informações, a exemplo do que se lê no art. 27 do tratado que os Estados Unidos assinaram com a Inglaterra, em 1975. Dispôs-se que as autoridades competentes dos Estados contratantes devem trocar informações, na medida da necessidade para o implemento do disposto no tratado, bem como no que toca à Administração Fiscal interna, em relação aos tributos alcançados pela convenção. Tem-se como objetivo principal a prevenção da fraude, a par de se possibilitar medidas para o combate à evasão fiscal. Dispôs-se que as informações trocadas receberão tratamento especial, sigiloso, de uso específico das autoridades competentes, para os fins previstos no tratado. Prevê-se também o uso dessas informações em processos judiciais, de acesso ao público. Registre-se que no sistema normativo norte-americano, por força do art. VI da Seção 2 da Constituição norte-americana, tratados internacionais e leis internas encontram-se no mesmo nível hierárquico. Como resultado, conflito entre tratado internacional e lei doméstica resolve-se por critérios de superveniência: prevalece o último no tempo.[6] No Brasil, *os tratados em geral têm força de norma internacional.*[7]

---

[2] Essa concepção remonta a teorias que relacionam direito e desenvolvimento. Conferir DAM, Kenneth W. *The Law-Growth Nexus*: the Rule of Law and Economic Development. Washington, D.C.: Brookings Institution, 2006. Conferir também TRUBEK, David M.; SANTOS, Alvaro. *The New Law and Economic Development*: a Critical Appraisal. New York: Cambridge University, 2006. Verificar também SEN, Amartya. *Development as Freedom*. New York: Random Books, 1999.

[3] Cf. OLIVEIRA, Henrique Altemani de. *Política externa brasileira*. São Paulo: Saraiva, 2005. p. 264.

[4] *United Nations Model Double Taxation Convention between Developed and Developing Countries*. New York: United Nations, 2001. p. 354. (Department of Economic and Social Affairs).

[5] *United Nations Model Double Taxation Convention between Developed and Developing Countries*. New York: United Nations, 2001.

[6] Cf. MCDANIEL, Paul R.; AULT, Hugh J.; REPETTI, James R. *Introduction to United States International Taxation*. New York: Aspen, 2005. p. 178.

[7] Cf. VARELLA, Marcelo D. *Direito internacional público*. São Paulo: Saraiva, 2009. p. 67.

O art. 26 da Convenção Modelo da Organização para a Cooperação e Desenvolvimento Econômico (OCDE) dispõe que não se prestigiam eventuais exceções à obrigatoriedade de troca de informações com o objetivo de se negar o envio de dados em decorrência do sigilo bancário, ou de posse de qualquer outra instituição financeira, entre outros.

O Brasil, no entanto, embora não seja membro (ainda) da Organização para a Cooperação e Desenvolvimento Econômico apresentou restrições ao modelo proposto de troca de informações, recusando-se, entre outros, a incluir nos tratados que entabula a quebra do sigilo bancário, tal como prevista no item 5 do art. 26 do referido modelo. Malásia, Romênia, Sérvia e Tailândia nos acompanham.[8]

O que se defende no presente ensaio é que devemos abandonar essa restrição. A inserção do Brasil num contexto internacional de cooperação e de transparência exige posição nossa mais firme, nesse sentido. Precisamos adotar o comando do item 5 do art. 26 do modelo da OCDE. Deve-se ter como referência, em geral, o modelo da Lei Complementar nº 105, de 10 de janeiro de 2001, bem como a Lei Complementar nº 104, de 10 de janeiro de 2001, especialmente com a modificação inserida no art. 198 do Código Tributário Nacional.

Defende-se no presente ensaio a ideia de que a assinatura de tratado internacional na ordem tributária significa convergência de vontades que justifica a aplicação do art. 199 do CTN, de modo que o Estado com quem pactuamos seja acoplado ao conjunto de Fazendas Públicas, ordinariamente previstas no texto do CTN, como as da União, dos Estados, do Distrito Federal e dos Municípios. Não é necessária alteração no CTN, porquanto se deve tomar a Fazenda Pública do Estado pactuante como a Fazenda Pública da União. É esse o sentido da convergência de vontades que resulta em acordo, no plano internacional.

Além do que, há aceno positivo nesse sentido, na medida em que o parágrafo único do art. 199 do CTN dispõe que a Fazenda Pública da União, na forma estabelecida em tratados, acordos ou convênios, poderá permutar informações com Estados estrangeiros no interesse da arrecadação e da fiscalização de tributos. Concomitantemente, defende-se também que seria prospectivo que o Supremo Tribunal Federal decidisse pela constitucionalidade da Lei Complementar nº 105, de 2001, nas ações diretas protocoladas naquele sodalício. Tal decisão nos fortaleceria no cenário internacional, porquanto promove mecanismo seguro de combate ao ilícito fiscal internacional. E dado o inegável vínculo entre lavagem de dinheiro, evasão fiscal, terrorismo e narcotráfico, necessário atitude firme, que nos posicione de modo seguro nesse cenário complexo que se desenha. É do que se trata em seguida.

2 Tratados para evitar a bitributação

Modelos de cooperação entre Estados, e que alcançam matéria tributária também (e especialmente), são articulados a partir da OCDE.[9] Trata-se de organismo

---

[8] OECD Model Tax Convention on Income and Capital: Condensed Version. Paris: OECD, 2008. p. 409.

[9] *Organization for the Economic Cooperation and Development*, que sucedeu a Organização Europeia de Cooperação Econômica. Cf. CRETELLA NETO, José. *Teoria geral das relações internacionais*. São Paulo: Saraiva, 2007. p. 354.

que enfrenta os problemas econômicos do núcleo originário da Organização do Tratado do Atlântico Norte (OTAN). Desde 1961, a OCDE vem atendendo governos e várias organizações na concepção e implemento de políticas que resultem em estabilidade econômica e financeira para os Estados-membros.

Presentemente, são membros da OCDE os seguintes países: Austrália, Áustria, Bélgica, Canadá, República Checa, Dinamarca, Finlândia, França, Alemanha, Grécia, Hungria, Islândia, Irlanda, Itália, Japão, Coreia, Luxemburgo, México, Holanda, Nova Zelândia, Noruega, Polônia, Portugal, República Eslovaca, Espanha, Suécia, Suíça, Turquia, Reino Unido e Estados Unidos da América do Norte.

O Direito Internacional Tributário ocupa-se, basicamente, da fixação da soberania fiscal, de mecanismos para se evitar a dupla tributação, da luta contra tratamentos discriminatórios, contra a fraude, a evasão, e a concorrência fiscais. Centra-se também na promoção do desenvolvimento bem como, e especialmente, na troca de informações.[10]

Para os efeitos do presente ensaio o que interessa, especificamente, são os tratados internacionais para se evitar a bitributação, os quais seguem, em sua grande maioria, o modelo da OCDE. Ao que consta, e nos termos de informações veiculadas por publicação da OCDE, fez-se primeira recomendação relativa a tratados para se evitar a bitributação em 25 de fevereiro de 1955. À época, havia cerca de 70 tratados assinados entre vários países, e que cuidavam da questão.

Já em 1921, a antiga (e efêmera) Liga das Nações havia apontado para a necessidade da formalização de tratados para se evitar a bitributação. Em 1928 chegou-se a um primeiro modelo. Em 1943 divulgou-se o Modelo de Convenções do México e em 1946, o Modelo de Londres.

Em 1963 divulgou-se o primeiro modelo de tratados da OCDE. Posteriormente, em 1977, divulgou-se outra versão. O processo de globalização e o resultado econômico direto, referentes a uma maior movimentação de capitais e de pessoas,[11] justifica e estimula o aperfeiçoamento do modelo de tratados, a exemplo do último deles, produzido em âmbito da OCDE e divulgado em 1997.

No que é mais relevante, especificamente, o modelo para troca de informações, tal como se encontra no art. 26 do modelo OCDE, e que segue reproduzido, em versão portuguesa:

Artigo 26.º

Troca de informações

1. As autoridades competentes dos Estados contratantes trocarão entre si a informação presumivelmente relevante para aplicar as disposições da Convenção ou para administrar ou por em vigor as leis internas dos Estados contratantes, das suas subdivisões políticas ou autarquias locais, na medida em que a tributação nelas prevista não seja contrária à Convenção. A troca de informações não é restringida pelo disposto nos Artigos 1.º e 2.º.

2. Qualquer informação recebida, nos termos do parágrafo 1.º, por um Estado contratante, será considerada secreta do mesmo modo que a informação obtida com base na

---

[10] Cf. OBERSON, Xavier. *Précis de droit fiscal international*. Berna: Staempfli, 2004.
[11] Conferir, por todos, CASTELLS, Manuel. *The Rise of Network Society*. Malden: Blackwell, 2000.

legislação interna desse Estado e só poderá ser comunicada às pessoas ou autoridades (incluindo tribunais e autoridades administrativas) encarregadas da liquidação ou cobrança impostos referidos no primeiro período, ou dos procedimentos declarativos ou executivos relativos a estes impostos, ou da decisão de recursos referentes a estes impostos. Essas pessoas ou autoridades utilizarão as informações assim obtidas apenas para os fins referidos. Essas informações podem ser reveladas em audiências públicas de tribunais ou em decisões judiciais.

3. O disposto no número 1 e 2 não poderá ser interpretado no sentido de impor a um Estado contratante a obrigação de:

a) tomar medidas administrativas contrárias à sua legislação, e à sua prática administrativa ou às do outro Estado contratante;

b) fornecer informações que não possam ser obtidas com base na sua própria legislação ou no âmbito da sua prática administrativa normal ou nas do outro Estado contratante;

c) transmitir informações reveladoras de segredos ou processos comerciais, industriais ou profissionais, ou informações cuja comunicação seja contrária à ordem pública.

4. Se, em conformidade com o disposto neste Artigo, forem solicitadas informações por um Estado contratante, o outro Estado Contratante utiliza os poderes de que dispõe a fim de obter as informações solicitadas, mesmo que esse outro Estado não necessite de tais informações para os seus próprios fins fiscais. A obrigação constante da frase anterior está sujeita às limitações previstas no número 3, mas tais limitações não devem, em caso algum, ser interpretadas no sentido de permitir que um Estado Contratante se recuse a prestar tais informações pelo simples fato de estas não se revestirem de interesse para si, no respectivo âmbito interno.

5. O disposto no número 3 não pode em caso algum ser interpretado no sentido de permitir que um Estado contratante se recuse a prestar informações apenas porque estas são detidas por uma instituição bancária, um outro estabelecimento financeiro, um mandatário ou por uma pessoa agindo na qualidade de agente ou fiduciário, ou porque essas informações são conexas com os direitos de propriedade de uma pessoa.

A norma convencional é essencialmente um comando hermenêutico. Faz alusões a problemas de interpretação.[12] Centra-se em informações relevantes. Dá-se à informação obtida a proteção devida a dados secretos. A revelação e o gerenciamento dos dados são de exclusividade de tribunais e agências administrativas.

Na compreensão e no comentário do mais respeitado especialista do assunto, em versão livre minha:

> Há bons motivos para a inclusão de regras referentes à cooperação em matéria fiscal entre os Estados que fazem acordo, nos tratados que visam evitar a bi-tributação. Em primeiro lugar, parece desejável que se propicie assistência administrativa com o objetivo de se apreenderem fatos que se relacionem com aspectos que são alcançados pelas regras de convenção. Além disso, à vista da ampliação da internacionalização das relações econômicas, os Estados pactuantes tem um interesse crescente na troca recíproca de informações, nas bases das quais a tributação doméstica fora gerenciada, ainda que não se tenha dúvidas quanto à aplicação de um artigo específico da convenção.[13]

---

[12] Cf., por todos, ENGELEN, Frank. *Interpretation of Tax Treaties under International Law*. Amsterdam: IBDF, 2004.

[13] VOGEL, Klaus. *Klaus Vogel on Double Taxation Conventions*: a Commentary to the OECD, UN and US Model Convenions for the Avoidance of Double Taxation of Income and Capital. Deventer: Kluwer Law and Taxation Publishers, 1991. p. 1.207.

Comparativamente, ainda no que se refere a modelos convencionais, tem-se o já citado modelo norte-americano, que guarda muitas semelhanças com os modelos da OCDE e da ONU, e que quanto à troca de informações, formatou-se, o quanto segue, em versão livre minha:

1. As autoridades competentes de um Estado pactuante trocarão informações quando necessárias para o implemento das disposições da presente convenção ou da legislação interna dos Estados pactuantes, no que se refere aos tributos alcançados pela Convenção, tanto quanto os tributos que se pretenda lançar não sejam contrários à própria Convenção. A troca de informações não está restrita pelo artigo 1 (Âmbito Geral). Qualquer informação recebida pelo Estado pactuante será tratada como secreta, do mesmo modo como são tratadas como secretas as informações obtidas nos termos da legislação doméstica do Estado de onde provém as aludidas informações, e serão reveladas apenas para pessoas e autoridades (incluindo-se tribunais e agências administrativas) que tenham relação com o lançamento, cobrança, ou responsabilidade pelo julgamento do processo de execução ou dos recursos, relativos aos tributos que são alcançados pela Convenção. As referidas pessoas ou autoridades somente utilizarão as informações colhidas para os propósitos previstos na Convenção. As informações somente serão reveladas em audiências no judiciário ou na publicação de sentenças e acórdãos. 2. Em nenhuma hipótese as disposições do parágrafo 1 serão interpretadas de modo a impor no Estado pactuante obrigações de: a) implementar medidas administrativas que destoem das normas e práticas administrativas dos Estados pactuantes; b) fornecer informações que revelem qualquer segredo comercial, industrial ou profissional, bem como andamento de negócio, ou ainda qualquer informação cuja revelação seja contrária à ordem pública. 3. Não obstante o disposto no parágrafo 2, a autoridade competente do Estado requerido deverá ser aquela que detém poderes para obter e encaminhar informações de posse de instituições financeiras, agentes ou pessoas que atuem como representantes ou que sejam agentes fiduciários, ou com respeito a interesses de determinada pessoa, incluindo-se detentores de ações ao portador, não obstante leis ou práticas em vigor no Estado requerido, que iriam de outro modo impossibilitar a obtenção da referida informação. Se a informação requerida por um Estado pactuante estiver de acordo com o presente artigo, o outro Estado pactuante deverá obter a referida informação da mesma maneira e na mesma extensão como se o tributo fosse tributo próprio. Se especificadamente requerido pela autoridade competente de um Estado pactuante, a autoridade competente do outro Estado deverá providenciar as informações às quais se refere o presente artigo, na forma de depoimentos de testemunhas, bem como de cópias autenticadas de documentos originais (incluindo-se livros, artigos, declarações, registros, contas e escritos), na mesma medida, os referidos depoimentos e documentos poderão ser obtidos nos termos da legislação e das práticas administrativas do outro Estado no que se refere aos próprios tributos (...) 6. A autoridade competente do Estado requerido deverá permitir que representantes do Estado requerente entrem no Estado requerido e entreviste pessoas e examinem livros e documentos mediante o consentimento.

O Brasil assinou vários tratados para evitar a bitributação, com cláusulas indicativas de regimes de troca de informações e de assistência na cobrança de impostos, como se demonstra a seguir. Bem entendido, o Brasil não é membro da OCDE, embora, ao que conste, eventual proposta, nesse sentido, avança de modo promissor. Sigo com alguns exemplos de tratados que pactuamos.

No tratado que assinamos com a África do Sul,[14] reproduziu-se a orientação da OCDE, da forma seguinte:

---

[14] Decreto Legislativo nº 301, de 13 de julho de 2006.

ARTIGO 26
Troca de Informações

1. As autoridades competentes dos Estados Contratantes trocarão entre si as informações necessárias para aplicar as disposições da presente Convenção ou da legislação interna relativas a impostos de qualquer espécie e descrição exigidos por conta dos Estados Contratantes, na medida em que a tributação em questão não seja contrária à Convenção. A troca de informações não estará restrita pelos Artigos 1 e 2. Qualquer informação recebida por um Estado Contratante será considerada secreta da mesma maneira que uma informação obtida sob a legislação interna desse Estado e será comunicada apenas às pessoas ou autoridades (incluindo tribunais e órgãos administrativos) encarregadas do lançamento ou cobrança dos impostos referidos acima, da execução ou instauração de processos sobre infrações relativas a esses impostos, ou da apreciação de recursos a eles correspondentes. Essas pessoas ou autoridades utilizarão as informações somente para esses fins.

2. Em nenhum caso as disposições do parágrafo 1 serão interpretadas no sentido de impor a um Estado Contratante a obrigação de:

a) tomar medidas administrativas contrárias às suas leis e práticas administrativas ou às do outro Estado Contratante;

b) fornecer informações que não possam ser obtidas com base na sua legislação ou no curso normal da administração desse ou do outro Estado Contratante;

c) fornecer informações que revelariam qualquer segredo comercial, empresarial, industrial ou profissional, ou de processo comercial, ou informações cuja revelação seria contrária à ordem pública ("ordre public").

A mesma redação foi reproduzida no tratado assinado com a Alemanha[15] (e que se encontra sem efeito desde 1º de janeiro de 2006 por força de denúncia[16]). De igual modo, é o que se lê nos tratados assinados com a Argentina,[17] Áustria,[18] Bélgica,[19] Canadá,[20] China,[21] República da Coreia,[22] Dinamarca,[23] Equador,[24] Espanha,[25] Filipinas,[26] Finlândia,[27] França,[28] Hungria,[29] Índia,[30] Israel,[31] Luxemburgo,[32] México,[33]

---

[15] Decreto Legislativo nº 92, de 1975.
[16] Cf. FUCK, Luciano Felício. A denúncia da convenção entre Brasil e Alemanha e os métodos para evitar a dupla tributação internacional. *Revista de Direito Internacional Econômico e Tributário*, Brasília, v. 1, n. 2, p. 254 *et seq.*, jul./dez. 2006.
[17] Decreto nº 74, de 1981.
[18] Decreto Legislativo nº 95, de 1975.
[19] Decreto Legislativo nº 76, de 1972.
[20] Decreto Legislativo nº 28, de novembro de 1985.
[21] Decreto Legislativo nº 85, de 24 de novembro de 1992.
[22] Decreto nº 354, de 2 de dezembro de 1991.
[23] Decreto Legislativo nº 90, de 28 de novembro de 1974.
[24] Decreto Legislativo nº 4, 20 de março de 1986.
[25] Decreto Legislativo nº 62, de 1975.
[26] Decreto Legislativo nº 198, de 1º de outubro de 1991.
[27] Decreto Legislativo nº 35, de 1997.
[28] Decreto Legislativo nº 87, de 1971.
[29] Decreto nº 53, de 8 de março de 1991.
[30] Decreto Legislativo nº 214, de abril de 1991.
[31] Decreto Legislativo nº 931, de 15 de setembro de 2005.
[32] Decreto Legislativo nº 78, de 1979.
[33] Decreto Legislativo nº 58, de 17 de abril de 2006.

Itália,[34] Noruega,[35] Holanda,[36] com a antiga Tchecoslováquia,[37] com a Suécia[38] e com a Ucrânia.[39]

Objetivamente, os tratados centram-se na troca de informações que os interessados reputam como *necessárias*. Há um evidente problema de traduzibilidade quando se trata de *impostos de qualquer espécie*. É que, entre nós, *tributo é gênero, imposto* é uma espécie de tributo. Tomando-se literalmente *impostos de qualquer espécie* pode-se sugerir classificação, a exemplo de indicação de impostos quanto ao ente titular da cobrança, ou se incide direta ou indiretamente, se incide sobre a renda, ou sobre a propriedade ou na circulação de um determinado bem, tema mais afeto à ciência das finanças.

Os modelos insistem no trato secreto das informações. Há previsão de medidas cautelares, o que reforça o sentido de cooperação e de esforço comum. Prioritariamente, o artigo acima citado e que modela os tratados suscita várias regras de hermenêutica.

No tratado assinado com Portugal,[40] o regime de troca de informações é amplo, prevendo, inclusive, a presença de representante de um dos Estados, como observador, em procedimento que se desdobra no outro Estado, como se verifica da reprodução do texto, que segue:

Artigo 26º

Troca de Informações

1. As autoridades competentes dos Estados Contratantes trocarão entre si as informações necessárias para aplicar esta Convenção ou as leis internas dos Estados Contratantes relativas aos impostos abrangidos por esta Convenção, na medida em que a tributação nelas prevista não seja contrária a esta Convenção, em particular para prevenir a fraude ou a evasão desses impostos. A troca de informações não é restringida pelo disposto no Artigo 1º. As informações obtidas por um Estado Contratante serão consideradas secretas, do mesmo modo que as informações obtidas com base na legislação interna desse Estado, e só poderão ser comunicadas às pessoas ou autoridades (incluindo tribunais e autoridades administrativas) encarregadas do lançamento, cobrança ou administração dos impostos abrangidos por esta Convenção, ou dos procedimentos declarativos, executivos ou punitivos relativos a estes impostos, ou da decisão de recursos referentes a estes impostos. Essas pessoas ou autoridades utilizarão as informações assim obtidas apenas para os fins referidos. As autoridades competentes, mediante consultas, determinarão as condições, os métodos e as técnicas apropriadas para as matérias com respeito às quais se efetuarão as trocas de informações, incluídas, quando procedentes, as trocas de informações relativas à evasão fiscal.

2. A autoridade competente de um Estado Contratante poderá enviar à autoridade competente do outro Estado Contratante, independentemente de prévia solicitação, a informação que possua quando:

---

[34] Decreto Legislativo nº 77, de 5 de dezembro de 1979.
[35] Decreto Legislativo nº 50, de 5 de dezembro de 1981.
[36] Decreto Legislativo nº 60, de 17 de dezembro de 1990.
[37] Decreto Legislativo nº 11, de 23 de maio de 1990.
[38] Decreto Legislativo nº 93, de 1975.
[39] Decreto Legislativo nº 66, de 2006.
[40] Decreto Legislativo nº 188, de 8 de junho de 2001.

a) tiver motivos para supor que houve pagamento a menos de imposto resultante da transferência artificial de lucros dentro de um grupo de empresas;

b) do uso de informações anteriormente recebidas do outro Estado Contratante, surgirem novos dados ou antecedentes que sejam de utilidade para a tributação nesse outro Estado Contratante;

c) qualquer outra circunstância leve à suposição de existência de perda de receitas para o outro Estado Contratante.

3. A autoridade competente de um Estado Contratante fornecerá à autoridade competente do outro Estado Contratante, anualmente, mediante prévia identificação dos contribuintes, ou poderá fornecer, mesmo sem a sua prévia identificação, as seguintes informações normalmente prestadas pelos contribuintes:

a) informações respeitantes aos lucros obtidos no seu território por pessoas jurídicas ou estabelecimentos estáveis aí situados, a remeter à autoridade competente do Estado Contratante onde esteja domiciliada a pessoa jurídica associada ou a matriz ou sede;

b) informações sobre os lucros declarados por pessoas jurídicas domiciliadas no primeiro Estado Contratante relativos às operações desenvolvidas no outro Estado Contratante por pessoas jurídicas associadas ou estabelecimentos estáveis;

c) qualquer outro tipo de informação que acordem trocar.

4. A autoridade competente do Estado Contratante requerido poderá autorizar os representantes do Estado Contratante requerente a terem acesso ao primeiro Estado mencionado para os fins de presenciarem, na condição de observadores, a inquirição de pessoas e o exame de livros e registros que sejam realizados pelo Estado requerido.

5. Os Estados Contratantes poderão consultar-se a fim de determinar os casos e procedimentos para a fiscalização simultânea de impostos.

Considera-se "fiscalização simultânea", para os efeitos desta Convenção, um entendimento entre os Estados Contratantes para fiscalizar simultaneamente, cada um em seu território, a situação tributária de uma pessoa ou pessoas que possuam interesses comuns ou associados, a fim de trocar as informações relevantes que obtenham.

6. O disposto nos números anteriores nunca poderá ser interpretado no sentido de impor a um Estado Contratante a obrigação:

a) de tomar medidas administrativas contrárias à sua legislação ou à sua prática administrativa ou às do outro Estado Contratante;

b) de fornecer informações que não possam ser obtidas com base na sua legislação ou no âmbito da sua prática administrativa normal ou nas do outro Estado Contratante;

c) de transmitir informações reveladoras de segredos ou processos comerciais, industriais ou profissionais, ou informações cuja comunicação seja contrária à ordem pública.

7. Para os fins de mútua assistência e recíproco conhecimento em matéria de política fiscal e sistemas tributários de ambos os Estados Contratantes, as respectivas autoridades competentes poderão consultar-se mutuamente e promover o intercâmbio de pessoal qualificado, informações, estudos técnicos e sobre organização administrativa fiscal.

Em tratado assinado com o Chile,[41] o regime de troca de informações também é diferenciado, um pouco mais amplo do que os tratados que seguem a linha comum, abrangendo, inclusive, instituições financeiras, com os limites constitucionais e legais de cada um dos Estados-membros:

---

[41] Decreto Legislativo nº 331, de 22 de julho de 2003.

ARTIGO 25
Troca de Informações

1. As autoridades competentes dos Estados Contratantes trocarão as informações necessárias para aplicar as disposições da presente Convenção ou as do direito interno dos Estados Contratantes relativo aos impostos abrangidos pela Convenção, na medida em que a tributação nele previsto não seja contrária à Convenção. A troca de informações não estará limitada pelo Artigo 1. As informações recebidas por um Estado Contratante serão consideradas secretas da mesma maneira que as informações obtidas com base no direito interno desse Estado e somente poderão ser comunicadas às pessoas ou autoridades (incluídos os tribunais e órgãos administrativos) encarregadas do lançamento ou cobrança dos impostos abrangidos pela presente Convenção, das ações declaratórias ou executivas relativas a esses impostos, ou da apreciação dos recursos a elas correspondentes. Referidas pessoas ou autoridades somente utilizarão estas informações para os fins mencionados neste parágrafo.

2. As disposições do parágrafo 1 não poderão, em nenhum caso, ser interpretadas no sentido de impor a um Estado Contratante a obrigação de:

a) adotar medidas administrativas contrárias à sua legislação ou prática administrativa, ou às do outro Estado Contratante;

b) fornecer informações que não poderiam ser obtidas com base na sua própria legislação ou no âmbito de sua prática administrativa normal ou das do outro Estado Contratante;

c) fornecer informações reveladoras de segredos comerciais, industriais, ou profissionais, procedimentos comerciais ou industriais, ou informações cuja comunicação seja contrária à ordem pública.

3. Não obstante o disposto no parágrafo 2 do presente Artigo, a autoridade competente do Estado Contratante solicitado poderá, observadas as limitações constitucionais e legais, e com base na reciprocidade de tratamento, obter e fornecer informações que possuam as instituições financeiras, procuradores ou pessoas que atuam como representantes, agentes ou fiduciários, da mesma forma que em relação a participações sociais ou a participações acionárias, inclusive sobre ações ao portador.

4. Quando a informação for solicitada por um Estado Contratante em conformidade com o presente Artigo, o outro Estado Contratante obterá a informação solicitada da mesma forma como se se tratasse de sua própria tributação, sem importar o fato de que esse outro Estado, nesse momento, não necessite de tal informação.

De acordo com os comentadores do modelo da OCDE, *à vista da crescente internacionalização das relações econômicas, os Estados contratantes demonstram um interesse crescente no fornecimento recíproco de informações junto às quais a legislação tributária interna será aplicada, ainda que não se tenha problema com a aplicação de um artigo específico do tratado.*[42]

No entanto, percebe-se que omitimos a parte final do art. 26 do modelo OCDE, como desdobramento de nossa restrição histórica para com a aludida previsão. Como traço comum, nosso modelo relativo à troca de informações é minimalista, segue a

---

[42] Comentários OCDE, cit. Versão livre minha. No original: "Moreover, in view of the increasing internationalization of economic relations, the Contracting States have a growing interest in the reciprocal supply of information on the basis of which domestic taxation laws have to be administered, even if there is no question of the application of any particular article of the Convention".

reserva que fizemos ao modelo da OCDE, situação que nos coloca na contramão de rota universal que defende a transparência e a mais absoluta colaboração entre os Estados.

Indicou-se que exceções há. Acrescento, ainda, o tratado de bitributação que assinamos com o Japão.[43] A par da regra geral, com todos os outros países pactuada, inseriu que *as autoridades competentes dos Estados Contratantes poderão adotar medidas apropriadas e permutar informações para prevenir a evasão fiscal nos Estados Contratantes relativamente aos impostos aos quais a presente Convenção se aplica.*

Percebe-se, assim, abertura, na medida em que há dois tratados que assinamos, e nos quais rompemos a barreira das reservas feitas ao art. 26 do modelo da OCDE. Concomitantemente, verifica-se também abertura normativa, e refiro-me à Lei Complementar nº 105, de 10 de janeiro de 2001, que dispõe sobre o sigilo das operações de instituições financeiras e dá outras providências, que é tratada em seguida.

3 A Lei Complementar nº 105/2001 e a jurisprudência

A Lei Complementar nº 105/2001 não considera violação de sigilo a comunicação, às autoridades competentes, da prática de ilícitos penais ou administrativos, abrangendo o fornecimento de informações sobre operações que envolvam recursos provenientes de qualquer prática criminosa. Rompe suposta tradição que teria sedimentado concepção de *rígida proteção legal do sigilo*;[44] foca-se, historicamente, na figura do comerciante.[45]

Na Lei Complementar nº 105, de 2001, embora a referência às *autoridades competentes* tenha sentido de autoridade interna, nada obsta leitura mais ampliativa, alcançando-se também a percepção de *autoridade competente,* tal como se prescreve nos tratados internacionais para evitar a bitributação. É que, sem sombra de dúvidas, a concepção de ilícito penal também envolve matéria fiscal, a exemplo do que se apreende da leitura da Lei nº 8.137, de 27 de dezembro de 1990.

E ainda, há previsão de que a quebra do sigilo possa ser decretada, entre outras, nas hipóteses de necessidade de apuração de ocorrência de qualquer ilícito, em qualquer fase do inquérito ou do processo judicial, especialmente nos crimes contra a ordem tributária e a previdência social, ou de lavagem de dinheiro ou ocultação de bens, direitos e valores.

A Lei Complementar nº 105, de 2001, vem sendo contestada em diversas ações diretas de inconstitucionalidade protocoladas no Supremo Tribunal Federal. São os casos da ADI nº 2.397/DF, distribuída ao então Ministro Sepúlveda Pertence, requerida pela Confederação Nacional da Indústria (CNI), da ADI nº 2.390-DF, que coube ao falecido Ministro Carlos Menezes Direito, protocolada pelo Partido Social Liberal (PSL), e da ADI nº 2.386-DF, no pretérito relatada por Sepúlveda Pertence, requerida pela Confederação Nacional do Comércio (CNC), todas pendentes de julgamento.

---

[43] Decreto Legislativo nº 43, de 23 de novembro de 1967.
[44] Cf. LIMA, Paulo Quezado Rogério. *Sigilo bancário*. São Paulo: Dialética, 2002. p. 9.
[45] Cf. VALENTE, Christiano Mendes Wolney. *Sigilo bancário*: obtenção de informações pela administração tributária federal. Rio de Janeiro: Lumen Juris, 2006. p. 108.

A jurisprudência do Supremo Tribunal Federal sobre sigilo bancário é construída com bases sólidas de critérios de ponderação e de razoabilidade. Por exemplo, no AI nº 655.298-AgR, relatado por Eros Grau, em julgamento de 4 de setembro de 2007, ementou-se, como segue:

> Agravo regimental no agravo de instrumento. Matéria infraconstitucional. Sigilo bancário. Quebra. Procedimento legal. Ofensa indireta à Constituição do Brasil. 1. Controvérsia decidida à luz de normas infraconstitucionais. Ofensa indireta à Constituição do Brasil. 2. O sigilo bancário, espécie de direito à privacidade protegido pela Constituição de 1988, não é absoluto, pois deve ceder diante dos interesses público, social e da Justiça. Assim, deve ceder também na forma e com observância de procedimento legal e com respeito ao princípio da razoabilidade. Precedentes. 3. Agravo regimental a que se nega provimento.

Percepção de muita cautela é colhida em decisão de Celso de Mello, em julgamento de 25 de maio de 2006, no HC nº 84.758, como segue:

> A quebra de sigilo não pode ser utilizada como instrumento de devassa indiscriminada, sob pena de ofensa à garantia constitucional da intimidade. – A quebra de sigilo não pode ser manipulada, de modo arbitrário, pelo Poder Público ou por seus agentes. É que, se assim não fosse, a quebra de sigilo converter-se-ia, ilegitimamente, em instrumento de busca generalizada e de devassa indiscriminada da esfera de intimidade das pessoas, o que daria, ao Estado, em desconformidade com os postulados que informam o regime democrático, o poder absoluto de vasculhar, s em quaisquer limitações, registros sigilosos alheios. Doutrina. Precedentes. – Para que a medida excepcional da quebra de sigilo bancário não se descaracterize em sua finalidade legítima, torna-se imprescindível que o ato estatal que a decrete, além de adequadamente fundamentado, também indique, de modo preciso, dentre outros dados essenciais, os elementos de identificação do correntista (notadamente o número de sua inscrição no CPF) e o lapso temporal abrangido pela ordem de ruptura dos registros sigilosos mantidos por instituição financeira.

A Ministra Cármen Lúcia no Inq. nº 2.245-AgR, em julgamento de 29 de novembro de 2006, por sua vez:

> Ementa: agravo regimental. Inquérito. Quebra de sigilo bancário. Remessa de listagem que identifique todas as pessoas que fizeram uso da conta de não-residente titularizada pela agravante para fins de remessa de valores ao exterior. Listagem genérica: impossibilidade. Possibilidade quanto às pessoas devidamente identificadas no inquérito. Agravo provido parcialmente. 1. Requisição de remessa ao Supremo Tribunal Federal de lista pela qual se identifiquem todas as pessoas que fizeram uso da conta de não-residente para fins de remessa de valores ao exterior: impossibilidade. 2. Configura-se ilegítima a quebra de sigilo bancário de listagem genérica, com nomes de pessoas não relacionados diretamente com as investigações (art. 5º, inc. X, da Constituição da República). 3. Ressalva da possibilidade de o Ministério Público Federal formular pedido específico, sobre pessoas identificadas, definindo e justificando com exatidão a sua pretensão. 4. Agravo provido parcialmente.

A Ministra Ellen Grace, no HC nº 87.654, em julgamento em 7 de março de 2006, definiu, como segue:

O chamado sigilo fiscal nada mais é que um desdobramento do direito à intimidade e à vida privada. Aqui se cuida de pessoa jurídica que exerce atividade tributável. Contribuinte, portanto. Os documentos foram aprendidos no interior da sede da empresa e não no domicílio do seu responsável legal. A atividade da pessoa jurídica está prevista como crime contra a ordem econômica. Legítima, assim, a atuação do Fisco, com respaldo na legislação pertinente. Legítima, também, a atuação do Ministério Público instando a autoridade policial à instauração do inquérito policial, com vista a apurar a ocorrência de um fato típico (...).

Em âmbito de Superior Tribunal de Justiça o trato do sigilo fiscal (e bancário), em âmbito internacional, tem sido de intensa colaboração. É o que se colhe, por exemplo, nos Embargos de Declaração na Carta Rogatória 438/Bélgica, relatada pelo Ministro Luiz Fux, julgada em 1º de agosto de 2008, publicada no DJ de 20 de outubro daquele mesmo ano.

Cuidava-se de carta rogatória encaminhada pelo Ministério das Relações Exteriores, atendendo a pedido da Embaixada da Bélgica. Pretendia-se verificar eventual prática de crime de lavagem de dinheiro. As investigações envolviam empresário brasileiro. Aplicou-se a Resolução/STJ nº 09/2005. O *exequatur* foi sumariamente dado na premissa de que *a soberania nacional ou a ordem pública não restaram afetadas, porquanto a novel ordem de cooperação jurídica internacional, encartada na Convenção de Palermo, prevê a possibilidade da concessão de* exequatur *em medidas de caráter executório* (...). Nos termos da primeira parte da ementa da aludida carta rogatória:

> Carta rogatória. Diligências. Busca e apreensão. Quebra de sigilo bancário. Concessão do exeqüatur. Impugnação apresentada juntamente com embargos de declaração. Possibilidade. Arts. 8º, parágrafo único, e 13, §§1º e 2º, da Resolução n.º 9, de 04 de maio de 2005, deste STJ. Exercício da ampla defesa e contraditório. Nulidade que não se afigura. Tradução deficiente que não prejudica a defesa. Trânsito pela via diplomática. Submissão à jurisdição belga. Competência relativa da justiça brasileira. Incidência da resolução/STJ n.º 9/2005, Lei 9.613/98 e Lei Complementar 105/2001. Convenção de Palermo. Inexistência de ofensa à soberania nacional. Omissões configuradas.

O julgado acima reproduzido fixa o novo modelo para concessão de *exequatur*, no sentido de se alcançar também atos executórios, nos termos da Resolução-STJ nº 9, de 4 de maio de 2005. Como se pode constatar, há apelo à Lei Complementar nº 105, de 2001. Em vários outros julgados, o STJ tem se manifestado pela relatividade do sigilo fiscal, que deve ceder a imperativos de ordem pública. É o exemplo que se colhe na RMS nº 24.632/SP, relatada pela Ministra Nancy Andrighi, julgado em 16 de setembro de 2008, quando se ementou da forma que segue:

> Mandado de segurança. Ato judicial. Decisão que determina a quebra de sigilo fiscal. Decisão fundamentada. Circunstâncias de fato que justificam a medida. – A proteção ao sigilo fiscal não é direito absoluto, podendo ser quebrado quando houver a prevalência do direito público sobre o privado, na apuração de fatos delituosos, desde que a decisão esteja adequadamente fundamentada na necessidade da medida. Recurso ordinário em mandado de segurança a que se nega provimento.

No AgRg no REsp nº 1063610/SP, relatado pelo Ministro Humberto Martins, julgado pela Segunda Turma em 18 de agosto de 2009, decidiu-se pela prestabilidade da quebra do sigilo bancário pela Administração, à luz de critérios de razoabilidade e de proporcionalidade, nos termos da ementa em seguida reproduzida:

> Tributário e administrativo – Quebra de sigilo bancário pela administração – Possibilidade, desde que comprovada a prévia abertura de procedimento administrativo e seja a medida razoável e proporcional – Súmula 83/STJ – Alegação nova de abertura de processo administrativo – Impossibilidade – Súmula 7/STJ. 1. Não se nega que a Administração, após a LC 105/01, pode ter acesso às informações bancárias do contribuinte, na forma instituída pela Lei n. 10.174/01, sem a intervenção judicial, mas isto se dá apenas quando existente procedimento administrativo. 2. A Corte de origem nega a existência de processo administrativo. A UNIÃO alega a existência. Controvérsia que não pode ser objeto de recurso especial. Súmula 7/STJ. Agravo regimental improvido.

No HC nº 117.733/PR, relatado pelo Ministro Arnaldo Esteves Lima, julgado pela Quinta Turma em 7 de maio de 2009, decidiu-se que *no âmbito de suas atribuições, o Banco Central tem o dever de comunicar eventual indício da prática de ilícito penal que ocorra no âmbito de sua fiscalização, não caracterizando constrangimento ilegal o envio de informações à Receita Federal e ao Ministério Público Federal acerca de movimentações financeiras suspeitas de irregularidades.* No HC nº 65.052/RN, também relatado pelo Ministro Arnaldo Esteves Lima, na Quinta Turma, em 5 de maio de 2009, assentou-se que *restando suficientemente fundamentada na prova de existência dos diversos crimes, nos indícios veementes de autoria e na imprescindibilidade da medida, não há falar na nulidade da decisão que decretou a quebra dos sigilos bancário e fiscal do paciente, além da indisponibilidade dos seus bens imóveis e dos demais denunciados, sem a qual o processo não alcançaria a efetividade máxima esperada.*

Na RMS nº 20.892/RJ, relatada pelo Ministro Aldir Passarinho Junior, julgada pela Quarta Turma em 20 de novembro de 2008, decidiu-se que uma vez *fundamentada a decisão que autorizou a quebra do sigilo bancário e fiscal com base em justificativa consistente, em face de indícios de evasão de receita e apropriação de recursos de empresa por sócio gerente em detrimento dos demais, destacado ainda o valor probante dos documentos e a ausência de publicidade, não se vislumbra a prática de ato judicial autoritário e ilegal.*

Em tema de execução fiscal, no AgRg no Ag nº 1044718/SC, relatado pelo Ministro Castro Meira, e julgado pela Segunda Turma em 12 de agosto de 2008, fixou-se entendimento no sentido de que se admite *a quebra do sigilo fiscal ou bancário do executado para que a Fazenda Pública obtenha informações sobre a existência de bens do devedor inadimplente, mas somente após restarem esgotadas todas as tentativas de obtenção dos dados pela via extrajudicial, o que não restou demonstrado nos autos. Além do que, na mesma decisão, consignou-se que o art. 185-A do CTN, acrescentado pela LC nº 118/05, também corrobora a necessidade de exaurimento das diligências para localização dos bens penhoráveis, pressupondo um esforço prévio do credor na identificação do patrimônio do devedor.*

No HC nº 66.128/SP, relatado pela Desembargadora convocada Jane Silva, na Sexta Turma, decidiu-se em 27 de março de 2008 que *cassada a sentença em mandado de segurança que havia anulado procedimento administrativo-fiscal, mantém-se válidos os fundamentos da decisão judicial autorizadora da quebra dos sigilos bancário e fiscal. A Lei nº 10.174/2001, que alterou a redação do §3º do artigo 11 da Lei nº 9.311/96, possibilitou a utilização de informações provenientes da CPMF para a instauração de procedimento administrativo-fiscal para cobrança de créditos relativos a outros tributos e contribuições. As autoridades administrativas têm acesso a documentos, livros e registros de instituições financeiras, de acordo com a Lei Complementar nº 105/2001, que estabelece normas gerais sobre sigilo bancário.*

E de modo muito semelhante, qualificando-se tendência irreversível, no RMS nº 25.375/PA, relatado pelo Ministro Felix Fischer, em julgamento da Quinta Turma em 19 de fevereiro de 2008, fixou-se entendimento no sentido de que *a proteção ao sigilo bancário e fiscal não consubstancia direito absoluto, cedendo passo quando presentes circunstâncias que denotem a existência de interesse público relevante ou de elementos aptos a indicar a possibilidade de prática delituosa*; embora, bem entendido, entendeu-se também que o *Ministério Público não tem legitimidade para proceder a quebra de sigilo bancário e fiscal sem autorização judicial.*

No entender de estudioso do Direito Tributário Internacional, há uma tensão entre a necessidade de colaboração e eventuais discussões em âmbito judiciário interno. No entanto, a tendência que se tem é no sentido de que colaboremos mais intensamente no combate ao ilícito fiscal:

> O STF já firmou o entendimento de que o que a Constituição Federal pretende proteger é a comunicação de dados, mas não os dados propriamente ditos. E quanto aos direitos ligados à proteção da privacidade, não estão abrangidos no conceito as informações bancárias e nem as fiscais. Porém, o mais importante de todo o debate sobre o tema está em compreender que as informações obtidas pela quebra do sigilo fiscal e bancário em momento algum serão abertas ao público ou divulgadas indevidamente a terceiros, já que estas serão guardadas de forma sigilosa entre as autoridades de cada nação signatária do acordo, sem que ocorra qualquer violação a direito fundamental.
>
> Neste início de século vinte e um, o Brasil não pode deixar de se inserir no contexto mundial de combate aos ilícitos fiscais, tanto para cooperar quanto para obter a colaboração internacional. E os direitos fundamentais devem ser cada vez mais respeitados e garantidos, sem, contudo, serem objetos de manipulação ou utilizados como escudos por aqueles que sequer cumprem os seus deveres fundamentais, como o de pagar tributos.[46]

Como se vê, há disposição interna para que se agilizem modelos de trocas de informação, rompendo-se com o dogma liberal do sigilo absoluto, tanto na legislação, bem como na jurisprudência. De igual modo, pressão internacional exige postura mais rígida de nossa parte, pelo que necessário que abandonemos, imediatamente, as reservas indevidamente opostas ao art. 26 do Modelo de Convenção da OCDE. E concepção teórica justifica essa percepção, à luz da vontade e da representação na ordem internacional, tema em seguida tratado.

---

[46] ABRAHAM, Marcus. O sigilo fiscal e os acordos internacionais para o combate à evasão, à elisão e à sonegação fiscal. *In*: TORRES, Heleno Taveira (Coord.). *Direito tributário internacional aplicado*. São Paulo: Quartier Latin, 2008. p. 776-777.

4 A vontade e a representação na ordem internacional

Quando celebram tratados em matéria tributária, os Estados explicitam vontade que outorga representação de interesses próprios e recíprocos. Um tratado para troca de informações ou para que se evite a bitributação parte da premissa de que interesses de Estados distintos convirjam, sem que isso represente qualquer ameaça à soberania do Estado interessado.

O regime convencional suscita a boa-fé, em sua perspectiva histórica.[47] Na órbita tributária pressupõe que o Estado requerido tome todas as providências de interesse do Estado requerente respeitando-se, no entanto, a ordem pública. O implemento das cláusulas convencionais exige todos os esforços por parte dos pactuantes:

> Os tratados estabelecem uma relação Estado a Estado e se aplicam, salvo estipulação em contrário, a todo o território dos contratantes. Eles acarretam de modo indireto obrigações para os poderes estatais. O Poder Judiciário é obrigado a aplicar o tratado. O Executivo deverá cumpri-lo e o Legislativo, se for o caso, deverá elaborar as leis necessárias para a sua execução. O descumprimento de qualquer uma destas obrigações acarretará a responsabilidade internacional do Estado (...).[48]

A ênfase do tratado internacional é centrada no consentimento das partes.[49] E na linha do art. 27 da Convenção de Viena sobre o Direito dos Tratados, *os Estados não podem invocar seu direito interno para não cumprir determinado tratado.*[50] Violação de tratado, por ação ou por omissão, suscita responsabilização internacional,[51] Preocupa-se também com violação de soberania,[52] embora, *(...) na grande generalidade das hipóteses, a violação da soberania não surge de modo ostensivo, mas em virtude da escolha arbitrária ou artificiosa de um elemento de conexão, pessoal ou real.*[53] Além do que, a noção de soberania imbrica-se na concepção de competência, no sentido de que *os critérios de delimitação da competência tributária internacional variam de acordo com os tributos em consideração.*[54]

No que se refere aos tratados que se ocupam de matéria tributária, e que substancializam o Direito Tributário Internacional, o regime de troca de informações, que decorre de consentimento das partes, que não permite invocação de direito interno para não cumprimento de suas cláusulas, bem como concebido em respeito

---

[47] Cf. REZEK, Francisco. *Direito internacional público*: curso elementar. São Paulo: Saraiva, 2005. p. 11.
[48] MELLO, Celso D. de Albuquerque. *Curso de direito internacional público*. Rio de Janeiro: Renovar, 2000. p. 209.
[49] Cf. JANIS, Mark W. *An Introduction to International Law*. New York: Gaithersburg, 1999. p. 21.
[50] VARELLA, *op. cit.*, p. 81.
[51] Cf. VALADÃO, Marcos Aurélio Pereira. *Limitações constitucionais ao poder de tributar e tratados internacionais*. Belo Horizonte: Del Rey, 2000. p. 190.
[52] Na percepção de Gilberto de Castro Moreira Júnior, "a soberania fiscal é algo de suma importância para o Direito Tributário Internacional. Este é resultante do princípio da igualdade dos Estados e está centrado no direito dos Estados regularem automaticamente suas relações jurídicas internas e interestatais, sendo parte da soberania do Estado e não possuindo correlação necessária com a soberania territorial (...)" (MOREIRA JÚNIOR, Gilberto de Castro. *Bitributação internacional e elementos de conexão*. São Paulo: Aduaneiras, 2003. p. 35).
[53] XAVIER, Alberto. *Direito tributário internacional do Brasil*: tributação das operações internacionais. Rio de Janeiro: Forense, 2002. p. 14.
[54] BORGES, Antonio de Moura. Delimitação da competência tributária internacional em matéria de impostos sobre a renda e o capital. *Revista de Direito Internacional Econômico e Tributário*, Brasília, v. 1, n. 1, p. 17, jan./jun. 2006.

à soberania, possibilita que se enfrente o núcleo de uma suposta economia legítima de tributos, circunscrita aos seguintes assuntos, no inventário de Heleno Torres, nomeadamente: – *operações com o uso de países com tributação favorecida – os paraísos fiscais (tax havens); – transferência de preços entre pessoas vinculadas (transfer price); – uso indevido de convenções internacionais (treaty shopping ou rule shopping); – transferências de sede social ou administrativa para o exterior; – reorganizações societárias internacionais (fusões, cisões, incorporações); – subcapitalizações de empresas (thin-capitalization); – transferências de ativos para o exterior ou no exterior*.[55]

A utilização dos paraísos fiscais é comprovada mediante a aferição exata de movimentações bancárias, de ordens de pagamento e de remessas de divisas. O uso dos preços de transferência exige a fiscalização nas transações bancárias e na leitura dessas à luz de registros fiscais. De igual modo, é por cautelosa análise de dados bancários, fiscais e cadastrais que se aferem transferências de sede social ou administrativa para o exterior, bem como as reorganizações societárias (exemplificadas acima como as fusões, cisões e incorporações). Não há justificativa de sigilo, enquanto plasmado numa ordem constitucional transcendente, que supere imperativos de ordem pública, e que exige cooperação entre Estados, no sentido de se trocarem informações.

O Brasil deve adotar regra de fixação de tratado internacional em matéria tributária que nos determine o encaminhamento de informações, em todas as circunstâncias (exceto as de ordem pública), ainda que detidas por instituição bancária, ou qualquer outro estabelecimento financeiro, ou por mandatário, ou por agente fiduciário, ou por agente do Fisco, não importando se tais informações relacionem-se com direitos de propriedade dos investigados.

5 Conclusões

O enfrentamento de todos esses problemas no plano internacional demanda mecanismo de intercâmbio de informações que se realiza com a relativização de cânones absolutos de sigilo fiscal. A Administração Fiscal do Estado requerido deve providenciar com presteza informações e diligências demandadas pelo Estado requerente. Nesse sentido, requerente e requerido tornam-se pessoa única, como resultado imediato de ato convencional que consagra a convergência de vontades.

Não se tem qualquer ameaça à soberania. Pelo contrário, fortalece-se concepção clássica de poder, sob todos os aspectos. É que o desdobramento concreto das referidas cláusulas pactuadas no tratado consiste exatamente no reconhecimento de que os Estados pactuantes mutuamente se investem nas soberanias com as quais negociaram. Tem-se, de modo simbólico, a realização do projeto kantiano de uma paz cosmopolita, universal.

Por isso, como conclusão, a inegável necessidade de que abandonemos nossas reservas e restrições para com fragmentos do art. 26 do modelo da OCDE, como razão necessária e suficiente para a inserção definitiva de nossos interesses no contexto de países que intransigentemente combatem o ilícito fiscal.

---

[55] TORRES, Heleno. *Direito tributário internacional*: planejamento tributário e operações transnacionais. São Paulo: Revista dos Tribunais, 2001. p. 56.

Referências

ABRAHAM, Marcus. O sigilo fiscal e os acordos internacionais para o combate à evasão, à elisão e à sonegação fiscal. *In*: TORRES, Heleno Taveira (Coord.). *Direito tributário internacional aplicado*. São Paulo: Quartier Latin, 2008.

BORGES, Antonio de Moura. Delimitação da competência tributária internacional em matéria de impostos sobre a renda e o capital. *Revista de Direito Internacional Econômico e Tributário*, Brasília, v. 1, n. 1, jan./jun. 2006.

CASTELLS, Manuel. *The Rise of Network Society*. Malden: Blackwell, 2000.

DAM, Kenneth W. *The Law-Growth Nexus*: the Rule of Law and Economic Development. Washington, D.C.: Brookings Institution, 2006.

ENGELEN, Frank. *Interpretation of Tax Treaties under International Law*. Amsterdam: IBDF, 2004.

FUCK, Luciano Felício. A denúncia da convenção entre Brasil e Alemanha e os métodos para evitar a dupla tributação internacional. *Revista de Direito Internacional Econômico e Tributário*, Brasília, v. 1, n. 2, jul./dez. 2006.

JANIS, Mark W. *An Introduction to International Law*. New York: Gaithersburg, 1999.

LIMA, Paulo Quezado Rogério. *Sigilo bancário*. São Paulo: Dialética, 2002.

MCDANIEL, Paul R.; AULT, Hugh J.; REPETTI, James R. *Introduction to United States International Taxation*. New York: Aspen, 2005.

MELLO, Celso D. de Albuquerque. *Curso de direito internacional público*. Rio de Janeiro: Renovar, 2000.

MOREIRA JÚNIOR, Gilberto de Castro. *Bitributação internacional e elementos de conexão*. São Paulo: Aduaneiras, 2003.

NORTH, Douglass C. *Institutions, Institutional Change and Economic Performace*. New York: Cambridge University, 2007.

OBERSON, Xavier. *Précis de droit fiscal international*. Berna: Staempfli, 2004.

OLIVEIRA, Henrique Altemani de. *Política externa brasileira*. São Paulo: Saraiva, 2005.

REZEK, Francisco. *Direito internacional público*: curso elementar. São Paulo: Saraiva, 2005.

SEN, Amartya. *Development as Freedom*. New York: Random Books, 1999.

TORRES, Heleno. *Direito tributário internacional*: planejamento tributário e operações transnacionais. São Paulo: Revista dos Tribunais, 2001.

TRUBEK, David M.; SANTOS, Alvaro. *The New Law and Economic Development*: a Critical Appraisal. New York: Cambridge University, 2006.

VALADÃO, Marcos Aurélio Pereira. *Limitações constitucionais ao poder de tributar e tratados internacionais*. Belo Horizonte: Del Rey, 2000.

VALENTE, Christiano Mendes Wolney. *Sigilo bancário*: obtenção de informações pela administração tributária federal. Rio de Janeiro: Lumen Juris, 2006.

VARELLA, Marcelo D. *Direito internacional público*. São Paulo: Saraiva, 2009.

VOGEL, Klaus. *Klaus Vogel on Double Taxation Conventions*: a Commentary to the OECD, UN and US Model Convenions for the Avoidance of Double Taxation of Income and Capital. Deventer: Kluwer Law and Taxation Publishers, 1991.

XAVIER, Alberto. *Direito tributário internacional do Brasil*: tributação das operações internacionais. Rio de Janeiro: Forense, 2002.

Informação bibliográfica deste texto, conforme a NBR 6023:2002 da Associação Brasileira de Normas Técnicas (ABNT):

GODOY, Arnaldo Sampaio de Moraes. Aviso de incêndio: sigilo fiscal e restrições do Brasil ao art. 26 da Convenção Modelo da Organização para a Cooperação e Desenvolvimento Econômico (OCDE). *In*: SARAIVA FILHO, Oswaldo Othon de Pontes; GUIMARÃES, Vasco Branco (Coord.). *Sigilos bancário e fiscal*: homenagem ao Jurista José Carlos Moreira Alves. Belo Horizonte: Fórum, 2011. p. 395-413. ISBN 978-85-7700-405-8.

Troca de Informações com base em Tratados Internacionais e os Sigilos Fiscal e Bancário

Marcos Aurélio Pereira Valadão

Sumário: 1 Introdução – 2 Sigilo fiscal no Direito brasileiro – **2.1** Bases legais do sigilo fiscal – **2.2** Hipótese de troca de informações sob sigilo fiscal entre Administrações Tributárias – 3 Sigilo bancário no Direito brasileiro – **3.1** Bases legais do sigilo bancário – **3.2** Hipóteses de repasse de informações sob sigilo bancário – **3.3** Aspectos específicos – **4** Tratados internacionais e a troca de informações – **4.1** O ambiente atual da troca de informações e o Fórum Global da Transparência – **4.2** Os tratados sobre dupla tributação – **4.2.1** A cláusula padrão dos modelos da OCDE e da ONU – **4.2.2** Da inexistência de obstáculos referentes ao sigilo bancário nos modelos da OCDE e ONU – **4.3** Os tratados de dupla tributação dos quais o Brasil faz parte – **4.4** Tratados sobre troca de informações em matéria tributária – **4.5** Tratados brasileiros de cooperação aduaneira – **4.6** Tratados de cooperação jurídica internacional – 5 Considerações finais – Referências

1 Introdução

A troca internacional de informações em matéria tributária constitui um dos núcleos essenciais para a detecção de práticas evasivas e elisivas, ou elusivas (a depender da terminologia empregada), nos tempos atuais de economias interpenetradas e interdependentes onde quase todos os empreendimentos importantes têm operações transnacionais ou são empreendimentos transnacionais.

Considerando a troca de informações tributárias por meio de tratados, A OECD coloca o problema da seguinte forma:

> In today's globalised economy, mutual assistance in tax matters and in particular effective exchange of information, are essential for countries to maintain sovereignty over the application and enforcement of their tax laws and to ensure the correct

application of tax conventions. While taxpayers can operate relatively unconstrained by national borders, tax authorities must respect these borders in carrying out their functions. Mutual assistance provisions offer them a legal framework for co-operating across borders without violating the sovereignty of other countries or the rights of taxpayers.[1]

Este artigo tem por objeto verificar como o Brasil se insere neste contexto, considerando no âmbito da troca de informações tributárias no ambiente internacional o sigilo fiscal e o sigilo bancário, muitas vezes alegados como obstáculo à sua implementação.

Não serão considerados em detalhes, neste artigo, as trocas de informações praticadas no âmbito de cooperação jurídica internacional em matéria civil e penal ou, mais especificamente, da lavagem de dinheiro, embora essas matérias estejam ligadas ao tema tributário. Existem tratados internacionais que permitem a troca de informações nessas situações, especialmente aqueles que objetivam a efetividade da persecução penal e, ao final, a recuperação dos ativos expatriados ilegalmente.[2] Cumpre lembrar também que é possível a obtenção de informações de países estrangeiros, ainda que não existam tratados firmados, podendo ser feita através de solicitação entre as Administrações Tributárias e aduaneiras diretamente, ou pelas vias diplomáticas, nos casos em que as informações são públicas, mas que dependam de requisição para sua obtenção. Estes aspectos também não são considerados no presente artigo por não remeterem às questões referentes ao sigilo fiscal e bancário.

2 Sigilo fiscal no Direito brasileiro

2.1 Bases legais do sigilo fiscal

As bases legais do sigilo fiscal no Direito brasileiro encontram-se no Código Tributário Nacional, em seu artigo 198, alterado pela Lei Complementar nº 104/2001, que dispõe:

Art. 198. Sem prejuízo do disposto na legislação criminal, é vedada a divulgação, por parte da Fazenda Pública ou de seus servidores, de informação obtida em razão do ofício sobre a situação econômica ou financeira do sujeito passivo ou de terceiros e sobre a natureza e o estado de seus negócios ou atividades.

§1º Excetuam-se do disposto neste artigo, além dos casos previstos no art. 199, os seguintes:

I. requisição de autoridade judiciária no interesse da justiça;

II. solicitações de autoridade administrativa no interesse da Administração Pública, desde que seja comprovada a instauração regular de processo administrativo, no órgão ou na entidade respectiva, com o objetivo de investigar o sujeito passivo a que se refere a informação, por prática de infração administrativa.

---

[1] OECD. *The Convention on Mutual Administrative Assistance in Tax Matters*: Twentieth Anniversary Edition. Paris: OECD, 2008. (Texto da contracapa).

[2] No caso específico da lavagem de dinheiro, existe o Conselho de Controle de Atividades Financeiras (COAF), criado pela Lei nº 9.613, de 03.03.98), e em nível internacional o FATF/GAFI (Financial Action Task Force/ Groupe d'Action financière), em nível internacional.

§2º O intercâmbio de informação sigilosa, no âmbito da Administração Pública, será realizado mediante processo regularmente instaurado, e a entrega será feita pessoalmente à autoridade solicitante, mediante recibo, que formalize a transferência e assegure a preservação do sigilo.
§3º Não é vedada a divulgação de informações relativas a:
I. representações fiscais para fins penais;
II. inscrições na Dívida Ativa da Fazenda Pública;
III. parcelamento ou moratória.

Percebe-se da leitura do artigo acima o grau de preservação das informações obtidas pelo Fisco. Há diversas exceções ao sigilo em si, que dizem respeito a questões de ordem pública, constituindo-se de casos em que há a preponderância do interesse público e que poderiam resultar em requisição judiciária (que está prevista *stricto sensu* no próprio inciso I do §1º, e que tem foro constitucional no sentido ampla competência investigativa do Poder Judiciário).[3] É este também o sentido dos incisos I e II do §3º; já o inciso II do mesmo parágrafo diz respeito a interesse do próprio contribuinte (parcelamento ou moratória), e a previsão apenas reforça o grau de sigilo atribuído às informações albergadas no âmbito da Administração Tributária. O §2º é de extrema importância, trata-se de norma procedimental que impõe a segurança do sigilo no processo de troca de informações (entrega pessoal, recibo, etc.), resguardando o sigilo fiscal.

Observe-se que o sigilo fiscal, além da garantia prevista no art. 198 do CTN, tem diversos balizamentos que o erige ao *status* de sigilo privilegiado, especialmente em virtude do que se contém no art. 116, inciso VII, da Lei nº 8.112/1990 (que inclui entre os deveres do servidor guardar sigilo sobre assunto da repartição) e da previsão contida no art. 325 do Código Penal,[4] que prevê o crime de violação de sigilo funcional (onde se inclui a quebra de sigilo fiscal por parte do funcionário público).

Além disso, o Fisco pode ser demandado pelo Poder Judiciário para produzir provas, e neste caso não cabe nenhuma restrição, a não ser aquela decorrente da previsão do parágrafo único do art. 197 do CTN.[5] Esta restrição se aplica também ao funcionário da Administração Tributária mesmo quando o contribuinte espontaneamente tiver fornecido ao Fisco informações a respeito de fatos sobre os quais

---

[3] Ver, *e.g.*, RMS nº 24632/SP, de 16 de setembro de 2008.
[4] O Código Penal brasileiro (Decreto-lei nº 2.848, de 7 de dezembro de 1940, e alterações posteriores) prevê no seu art. 325:
"Art. 325 – Revelar fato de que tem ciência em razão do cargo e que deva permanecer em segredo, ou facilitar-lhe a revelação.
Pena – detenção, de seis meses a dois anos, ou multa, se o fato não constitui crime mais grave.
§1º Nas mesmas penas deste artigo incorre quem:
I – permite ou facilita, mediante atribuição, fornecimento e empréstimo de senha ou qualquer outra forma, o acesso de pessoas não autorizadas a sistemas de informações ou banco de dados da Administração Pública;
II – se utiliza, indevidamente, do acesso restrito.
§2º Se da ação ou omissão resulta dano à Administração Pública ou a outrem: Pena – reclusão, de 2 (dois) a 6 (seis) anos, e multa".
[5] Diz o Parágrafo Único do art. 197 do CTN:
"Parágrafo único. A obrigação prevista neste artigo não abrange a prestação de informações quanto a fatos sobre os quais o informante esteja legalmente obrigado a observar segredo em razão de cargo, ofício, função, ministério, atividade ou profissão".

esteja legalmente obrigado a observar segredo em razão de cargo, ofício, função, ministério, atividade ou profissão.

Antônio de Moura Borges lembra que:

> O fornecimento, pela Fazenda Pública, de informações obtidas sob a égide do sigilo fiscal a outros órgãos da Administração Pública ou a organismos estrangeiros ou internacionais, para fins diversos daqueles concernentes à verificação do cumprimento da legislação tributária, poderá constituir, ademais, desvio de poder ou de finalidade, ainda que não se trate de ato lesivo a interesse público. A Lei nº 4.717, de 29 de junho de 1965, na alínea "e" do parágrafo único do seu artigo 2º, dispõe que "o desvio de finalidade se verifica quando o agente pratica o ato visando a fim diverso daquele previsto, explícita ou implicitamente, na regra de competência."

A Lei nº 8.021, de 12 de abril de 1990, que disciplina a obtenção de informações e o exame, por autoridade fiscal, de documentos, livros e registros das Bolsas de Valores, de Mercadorias, de Futuros e assemelhadas, dispõe, *ipsis verbis,* no §2º do seu artigo 7º, que

"Art.7º (...)

§2º As informações obtidas com base neste artigo somente poderão ser utilizadas para efeito de verificação do cumprimento de obrigações tributárias".

Ademais, o Decreto-Lei nº 5.844, de 23 de setembro de 1943, que "Dispõe sobre a cobrança e fiscalização do imposto de renda", determina, no artigo 201, o que segue:

"Art. 201. Tôdas as pessoas que tomarem parte nos serviços do Imposto de Renda são obrigadas a guardar rigoroso sigilo sôbre a situação de riqueza dos contribuintes.

§1º A obrigação de guardar reserva sobre a situação de riqueza dos contribuintes se estende a todos os funcionários do Ministério da Fazenda e demais servidores públicos que, por dever de ofício, vierem a ter conhecimento dessa situação.

§2º É expressamente proibido revelar ou utilizar, para qualquer fim, o conhecimento que os servidores adquirirem quanto aos segredos dos negócios ou da profissão dos contribuintes.[6]

2.2 Hipótese de troca de informações sob sigilo fiscal entre Administrações Tributárias

O art. 198, que alberga o sigilo fiscal, acima comentado, traz, ele próprio, a possibilidade de sua relativização. Porém, não contém a possibilidade da troca de informações de interesse do Fisco, que está prevista em dispositivo específico contido no art. 199 do CTN (com redação dada pela Lei Complementar nº 105/2001), referido no *caput* do §1º do art. 198 e que tem a seguinte redação:

Art. 199. A Fazenda Pública da União e as dos Estados, do Distrito Federal e dos Municípios prestar-se-ão mutuamente assistência para a fiscalização dos tributos respectivos e permuta de informações, na forma estabelecida, em caráter geral ou específico, por lei ou convênio.

---

[6] BORGES, Antônio de Moura Borges. O fornecimento de informações a administrações tributárias estrangeiras com base na cláusula da troca de informações, prevista em tratados internacionais sobre matéria tributária. Disponível em: <http://jus2.uol.com.br/doutrina/texto.asp?id=1611>. Acesso em: 10 dez. 2009.

Parágrafo único. A Fazenda Pública da União, na forma estabelecida em tratados, acordos ou convênios, poderá permutar informações com Estados estrangeiros no interesse da arrecadação e da fiscalização de tributos.

A lei ou convênio a que se refere o *caput* do art. 199 e os tratados, acordos ou convênios previstos no seu parágrafo único podem prever a troca de todas as informações que sejam de interesse da Administração Tributária requisitante. Aqui cabe a ressalva de que no caso de Administrações Tributárias estrangeiras, a troca de informações e o respectivo tratado, acordo ou convênio, firmado entre os países, deve se pautar pelo princípio da reciprocidade, i.e., o Fisco brasileiro só vai repassar ao Fisco estrangeiro as informações do mesmo tipo e nível que o Fisco estrangeiro estiver disposto a fornecer ao Fisco brasileiro.

Observe-se que a lei, convênio, tratado ou acordo referidos no *caput* e no parágrafo único do art. 199 não podem prever a troca de informações que envolvam fatos sobre os quais o contribuinte esteja legalmente obrigado a observar segredo em razão de cargo, ofício, função, ministério, atividade ou profissão, ainda que tenham sido espontaneamente (moto próprio) fornecidas à Administração Tributária, por ser incompatível com o parágrafo único do art. 197 do CTN.

Tal posição está presente na cláusula de troca de informações nos tratados para evitar a dupla tributação assinados pelo Brasil. O mais recente tratado brasileiro, firmado com o Peru em 2006 e promulgado pelo Decreto nº 7.020, de 27 de novembro de 2009,[7] prevê em seu art. 25, §2º:

ARTIGO 25
2. Em nenhum caso as disposições do parágrafo 1 poderão ser interpretadas no sentido de impor a um Estado Contratante a obrigação de:
(...)
c) fornecer informações que revelem segredos empresariais, comerciais, industriais ou profissionais, procedimentos comerciais ou informações cuja comunicação seja contrária à ordem pública.

No que diz respeito a informações no âmbito do imposto de importação, dispõe o art. 10 do acordo sobre o implemento do Artigo VII do GATT 1994 (valoração aduaneira):

Art. 10. Toda informação que por sua natureza seja confidencial ou que seja fornecida em caráter confidencial para fins de valoração aduaneira, será tratada como estritamente confidencial pelas autoridades interessadas, que não a revelarão sem a autorização expressa da pessoa ou do governo que tenha fornecido tal informação, exceto se, no contexto de procedimentos judiciais, for exigido o seu fornecimento.[8]

Assim, com relação ao mencionado art. 10 do Acordo sobre Valoração Aduaneira no âmbito da OMC/GATT (que trata da identificação da base de cálculo do

---

[7] O Decreto nº 7.020, de 27 de novembro de 2009, entrou em vigor em 2009, mas o tratado só se aplica aos fatos geradores do exercício seguinte (2010) (art. 28).

[8] Decreto nº 1.355, de 30 de dezembro e 1994 (promulgou a ata final que incorpora os resultados da Rodada Uruguai de Negociações Comerciais Multilaterais do GATT).

imposto sobre importação), a informação não deverá ser repassada ao requisitante estrangeiro se envolver matéria afeta ao sigilo profissional ou comercial (aqui englobando o industrial), devendo restringir-se à matéria fiscal.

Os tratados de cooperação aduaneira dos quais o Brasil faz parte e que permitem a troca de informações no âmbito dos impostos incidentes sob o comércio exterior, além de outras atividades próprias da aduana (controle, etc.), preveem a proteção do sigilo (manutenção do sigilo fiscal), a exemplo do art. 5º do Decreto nº 91.366, de 24 de junho de 1985, que promulga o Convênio Multilateral sobre Cooperação e Assistência Mútua entre as Direções Nacionais de Aduanas da América Latina (COMUCAM) (vide item 4.5 adiante).

3 Sigilo bancário no Direito brasileiro

3.1 Bases legais do sigilo bancário

O sigilo bancário era regulado pela Lei nº 4.595, de 31 de dezembro de 1964, que trata do sistema financeiro nacional e que dispunha em seu art. 38 e §§5º e 6º:

> Art. 38. As instituições financeiras conservarão sigilo em suas operações ativas e passivas e serviços prestados.
>
> (...)
>
> §5º Os agentes fiscais tributários do Ministério da Fazenda e dos Estados somente poderão proceder a exames de documentos, livros e registros de contas de depósitos, quando houver processo instaurado e os mesmos forem considerados indispensáveis pela autoridade competente.
>
> §6º O disposto no parágrafo anterior se aplica igualmente a prestação de esclarecimentos e informes pelas instituições financeiras às autoridades fiscais, devendo sempre estas e os exames serem conservados em sigilo, não podendo ser utilizados senão reservadamente.

A controvérsia girava em torno do termo "processo", que poderia significar processo judicial ou administrativo, ou apenas processo judicial. Com o advento da Constituição de 1988, embora a Lei nº 4.595/1964 tenha sido recepcionada como lei complementar pela Constituição de 1988, a discussão se acirrou no sentido de se encontrar as bases do sigilo bancário entre os direitos individuais previstos nos incisos X e XII do art. 5º da Constituição.[9]

Questiona-se a extensão do conceito de "intimidade", "vida privada" e "sigilo de dados". A doutrina e os tribunais tergiversam sobre esses conceitos e sua amplitude.

---

[9] Tais dispositivos têm a seguinte redação:
"Art. 5º
(...)
X – são invioláveis a intimidade, a vida privada, a honra e a imagem das pessoas, assegurado o direito a indenização pelo dano material ou moral decorrente de sua violação;
(...)
XII – é inviolável o sigilo da correspondência e das comunicações telegráficas, de dados e das comunicações telefônicas, salvo, no último caso, por ordem judicial, nas hipóteses e na forma que a lei estabelecer para fins de investigação criminal ou instrução processual penal";

Com a instituição da CPMF, a Secretaria da Receita Federal passou então a utilizar dos dados das declarações daquela Contribuição para identificar contribuintes que estariam lesando a legislação tributária federal. Tal fato foi questionado insistentemente na Justiça, que tendia no sentido de que uso daquelas informações não feria o sigilo bancário. Até que sobrevieram a Lei Complementar nº 105, de 10 de janeiro de 2001, e a Lei nº 10.174/2001, de 09 de janeiro de 2001, e o entendimento de que não haveria ferimento ao sigilo no uso das informações bancárias obtidas a partir das declarações da CPMF ficou assentado.[10]

A LC nº 105/2001, em seu art. 13, revogou o art. 38 da Lei nº 4.595/1964 e dispôs sobre o sigilo das operações de instituições financeiras (sigilo bancário). Segue abaixo a transcrição dos seus artigos que interessam diretamente ao presente estudo:

---

[10] Por exemplo:
"Agravo Regimental no Recurso Especial nº 1.011.596 – SP, 2ª Turma, Rel. Min. Humberto Martins, DJE nº 132, 05.05.200.
Tributário – Normas de caráter procedimental – Aplicação intertemporal – Utilização de informações obtidas a partir da arrecadação da CPMF para a constituição de crédito referente a outros tributos – Retroatividade permitida pelo art. 144, §1º do CTN.
1. O artigo 144, §1º, do CTN prevê que as normas tributárias procedimentais ou formais têm aplicação imediata, ao contrário daquelas de natureza material que somente alcançariam fatos geradores ocorridos durante a sua vigência.
2. Não existe direito adquirido de impedir a fiscalização de negócios que ensejam fatos geradores de tributos, máxime porque, enquanto não existe o crédito tributário a Autoridade Fiscal tem o dever vinculativo do lançamento em correspondência ao direito de tributar da entidade estatal.

Recurso Especial nº 645371/PR, 2ª Turma, Rel. Min. Castro Meira, DJU 13.03.2006-
Processual civil e tributário. Utilização de informações obtidas a partir da arrecadação da CPMF para a constituição de crédito referente a outros tributos. Artigo 6º da LC 105/01 e 11, §3º, da Lei n.º 9.311/96, na redação dada pela Lei n.º 10.174/2001. Normas de caráter procedimental. Aplicação retroativa. Possibilidade. Interpretação do artigo 144, §1º, do CTN.
1. O artigo 38 da Lei n.º 4.595/64 que autorizava a quebra de sigilo bancário somente por meio de requerimento judicial foi revogado pela Lei Complementar n.º 105/2001.
2. A Lei n.º 9.311/96 instituiu a CPMF e no §2º do artigo 11 determinou que as instituições financeiras responsáveis pela retenção dessa contribuição prestassem informações à Secretaria da Receita Federal, especificamente, sobre a identificação dos contribuintes e os valores globais das respectivas operações efetuadas, vedando, contudo, no seu §3º a utilização desses dados para constituição do crédito relativo a outras contribuições ou impostos.
3. A Lei n.º 10.174/2001 revogou o §3º do artigo 11 da Lei n.º 9.311/91, permitindo a utilização das informações prestadas para a instauração de procedimento administrativo-fiscal a fim de possibilitar a cobrança de eventuais créditos tributários referentes a outros tributos.
4. Outra alteração legislativa, dispondo sobre a possibilidade de sigilo bancário, foi veiculada pelo artigo 6º da Lei Complementar n.º 105/2001.
5. O artigo 144, §1º, do CTN prevê que as normas tributárias procedimentais ou formais têm aplicação imediata, ao contrário daquelas de natureza material que somente alcançariam fatos geradores ocorridos durante a sua vigência.
6. Os dispositivos que autorizam a utilização de dados da CPMF pelo Fisco para apuração de eventuais créditos tributários referentes a outros tributos são normas procedimentais e por essa razão não se submetem ao princípio da irretroatividade das leis, ou seja, incidem de imediato, ainda que relativas a fato gerador ocorrido antes de sua entrada em vigor. Precedentes.
7. Ressalvado o prazo de que dispõe a Fazenda Nacional para a constituição do crédito tributário.
8. Recurso especial conhecido em parte e provido".
O STF tem negado seguidamente agravos de instrumento, evitando a subida da discussão do tema, por entender que no caso se tratava de matéria infraconstitucional. Ver, *e.g*, AI nº 531.209 AgR/PR Ag.Reg. no Agravo de Instrumento Relator Min. Carlos Velloso, de 11.10.2005; e mais recentemente AI nº 735.246/SP Relator Min. Cezar Peluso, de 29.05.2009.

Art. 1º As instituições financeiras conservarão sigilo em suas operações ativas e passivas e serviços prestados.

§1º São consideradas instituições financeiras, para os efeitos desta Lei Complementar:

I – os bancos de qualquer espécie;

II – distribuidoras de valores mobiliários;

III – corretoras de câmbio e de valores mobiliários;

IV – sociedades de crédito, financiamento e investimentos;

V – sociedades de crédito imobiliário;

VI – administradoras de cartões de crédito;

VII – sociedades de arrendamento mercantil;

VIII – administradoras de mercado de balcão organizado;

IX – cooperativas de crédito;

X – associações de poupança e empréstimo;

XI – bolsas de valores e de mercadorias e futuros;

XII – entidades de liquidação e compensação;

XIII – outras sociedades que, em razão da natureza de suas operações, assim venham a ser consideradas pelo Conselho Monetário Nacional.

§2º As empresas de fomento comercial ou factoring, para os efeitos desta Lei Complementar, obedecerão às normas aplicáveis às instituições financeiras previstas no §1º.

§3º Não constitui violação do dever de sigilo:

(...)

VI – a prestação de informações nos termos e condições estabelecidos nos artigos 2º, 3º, 4º, 5º, 6º, 7º e 9 desta Lei Complementar.

§4º A quebra de sigilo poderá ser decretada, quando necessária para apuração de ocorrência de qualquer ilícito, em qualquer fase do inquérito ou do processo judicial, e especialmente nos seguintes crimes:

I – de terrorismo;

II – de tráfico ilícito de substâncias entorpecentes ou drogas afins;

III – de contrabando ou tráfico de armas, munições ou material destinado a sua produção;

IV – de extorsão mediante seqüestro;

V – contra o sistema financeiro nacional;

VI – contra a Administração Pública;

VII – contra a ordem tributária e a previdência social;

VIII – lavagem de dinheiro ou ocultação de bens, direitos e valores;

IX – praticado por organização criminosa.

Art. 2º O dever de sigilo é extensivo ao Banco Central do Brasil, em relação às operações que realizar e às informações que obtiver no exercício de suas atribuições.

§1º O sigilo, inclusive quanto a contas de depósitos, aplicações e investimentos mantidos em instituições financeiras, não pode ser oposto ao Banco Central do Brasil:

I – no desempenho de suas funções de fiscalização, compreendendo a apuração, a qualquer tempo, de ilícitos praticados por controladores, administradores, membros de conselhos estatutários, gerentes, mandatários e prepostos de instituições financeiras;

II – ao proceder a inquérito em instituição financeira submetida a regime especial.

§2º As comissões encarregadas dos inquéritos a que se refere o inciso II do §1º poderão examinar quaisquer documentos relativos a bens, direitos e obrigações das instituições financeiras, de seus controladores, administradores, membros de conselhos estatutários, gerentes, mandatários e prepostos, inclusive contas correntes e operações com outras instituições financeiras.

§3º O disposto neste artigo aplica-se à Comissão de Valores Mobiliários, quando se tratar de fiscalização de operações e serviços no mercado de valores mobiliários, inclusive nas instituições financeiras que sejam companhias abertas.

§4º O Banco Central do Brasil e a Comissão de Valores Mobiliários, em suas áreas de competência, poderão firmar convênios:

I – com outros órgãos públicos fiscalizadores de instituições financeiras, objetivando a realização de fiscalizações conjuntas, observadas as respectivas competências;

II – com bancos centrais ou entidades fiscalizadoras de outros países, objetivando:

a) a fiscalização de filiais e subsidiárias de instituições financeiras estrangeiras, em funcionamento no Brasil e de filiais e subsidiárias, no exterior, de instituições financeiras brasileiras;

b) a cooperação mútua e o intercâmbio de informações para a investigação de atividades ou operações que impliquem aplicação, negociação, ocultação ou transferência de ativos financeiros e de valores mobiliários relacionados com a prática de condutas ilícitas.

§5º O dever de sigilo de que trata esta Lei Complementar estende-se aos órgãos fiscalizadores mencionados no §4º e a seus agentes.

§6º O Banco Central do Brasil, a Comissão de Valores Mobiliários e os demais órgãos de fiscalização, nas áreas de suas atribuições, fornecerão ao Conselho de Controle de Atividades Financeiras – COAF, de que trata o art. 14 da Lei nº 9.613, de 3 de março de 1998, as informações cadastrais e de movimento de valores relativos às operações previstas no inciso I do art. 11 da referida Lei.

(...)

Art. 5º O Poder Executivo disciplinará, inclusive quanto à periodicidade e aos limites de valor, os critérios segundo os quais as instituições financeiras informarão à administração tributária da União, as operações financeiras efetuadas pelos usuários de seus serviços.

§1º Consideram-se operações financeiras, para os efeitos deste artigo:

I – depósitos à vista e a prazo, inclusive em conta de poupança;

II – pagamentos efetuados em moeda corrente ou em cheques;

III – emissão de ordens de crédito ou documentos assemelhados;

IV – resgates em contas de depósitos à vista ou a prazo, inclusive de poupança;

V – contratos de mútuo;

VI – descontos de duplicatas, notas promissórias e outros títulos de crédito;

VII – aquisições e vendas de títulos de renda fixa ou variável;

VIII – aplicações em fundos de investimentos;

IX – aquisições de moeda estrangeira;

X – conversões de moeda estrangeira em moeda nacional;

XI – transferências de moeda e outros valores para o exterior;

XII – operações com ouro, ativo financeiro;

XIII – operações com cartão de crédito;

XIV – operações de arrendamento mercantil; e

XV – quaisquer outras operações de natureza semelhante que venham a ser autorizadas pelo Banco Central do Brasil, Comissão de Valores Mobiliários ou outro órgão competente.

§2º As informações transferidas na forma do *caput* deste artigo restringir-se-ão a informes relacionados com a identificação dos titulares das operações e os montantes globais mensalmente movimentados, vedada a inserção de qualquer elemento que permita identificar a sua origem ou a natureza dos gastos a partir deles efetuados.

§3º Não se incluem entre as informações de que trata este artigo as operações financeiras efetuadas pelas administrações direta e indireta da União, dos Estados, do Distrito Federal e dos Municípios.

§4º Recebidas as informações de que trata este artigo, se detectados indícios de falhas, incorreções ou omissões, ou de cometimento de ilícito fiscal, a autoridade interessada poderá requisitar as informações e os documentos de que necessitar, bem como realizar fiscalização ou auditoria para a adequada apuração dos fatos.

§5º As informações a que refere este artigo serão conservadas sob sigilo fiscal, na forma da legislação em vigor.

Art. 6º As autoridades e os agentes fiscais tributários da União, dos Estados, do Distrito Federal e dos Municípios somente poderão examinar documentos, livros e registros de instituições financeiras, inclusive os referentes a contas de depósitos e aplicações financeiras, quando houver processo administrativo instaurado ou procedimento fiscal em curso e tais exames sejam considerados indispensáveis pela autoridade administrativa competente.

Parágrafo único. O resultado dos exames, as informações e os documentos a que se refere este artigo serão conservados em sigilo, observada a legislação tributária.

(...)

Art. 8º O cumprimento das exigências e formalidades previstas nos artigos 4º, 6º e 7º, será expressamente declarado pelas autoridades competentes nas solicitações dirigidas ao Banco Central do Brasil, à Comissão de Valores Mobiliários ou às instituições financeiras.

Art. 9º (...)

§2º Independentemente do disposto no *caput* deste artigo, o Banco Central do Brasil e a Comissão de Valores Mobiliários comunicarão aos órgãos públicos competentes as irregularidades e os ilícitos administrativos de que tenham conhecimento, ou indícios de sua prática, anexando os documentos pertinentes.

Art. 10. A quebra de sigilo, fora das hipóteses autorizadas nesta Lei Complementar, constitui crime e sujeita os responsáveis à pena de reclusão, de um a quatro anos, e multa, aplicando-se, no que couber, o Código Penal, sem prejuízo de outras sanções cabíveis.

Parágrafo único. Incorre nas mesmas penas quem omitir, retardar injustificadamente ou prestar falsamente as informações requeridas nos termos desta Lei Complementar.

Art. 11. O servidor público que utilizar ou viabilizar a utilização de qualquer informação obtida em decorrência da quebra de sigilo de que trata esta Lei Complementar responde pessoal e diretamente pelos danos decorrentes, sem prejuízo da responsabilidade objetiva da entidade pública, quando comprovado que o servidor agiu de acordo com orientação oficial.

O Decreto nº 3.724, de 10 de janeiro de 2001 (com alterações), regulamenta o art. 6º da LC nº 105/2001, relativamente à requisição, acesso e uso, pela RFB, de informações referentes a operações e serviços das instituições financeiras e das entidades a elas equiparadas; e *o Decreto nº 4.489*, de 28 de novembro de 2002, regulamenta o art. 5º da LC nº 105/2001, no que concerne à prestação de informações à RFB, pelas instituições financeiras e as entidades a elas equiparadas, relativas às operações financeiras efetuadas pelos usuários de seus serviços.

Assim, o que ainda se tem é a discussão da constitucionalidade da LC nº 105/2001, em face dos dispositivos do art. 5º da Constituição acima mencionados. Porém, veja-se o que dispõe o §1º do art. 145 da Constituição:

> Art. 145 – A União, os Estados, o Distrito Federal e os Municípios poderão instituir os seguintes tributos:
>
> (...)
>
> §1º – Sempre que possível, os impostos terão caráter pessoal e serão graduados segundo a capacidade econômica do contribuinte, facultado à administração tributária, especialmente para conferir efetividade a esses objetivos, *identificar, respeitados os direitos individuais e nos termos da lei, o patrimônio, os rendimentos e as atividades econômicas do contribuinte*. (Grifou-se)

Assim, como estatui o dispositivo acima, o Fisco tem que ter acesso aos dados patrimoniais, entre os quais se incluem as informações bancárias, para dar efetividade ao princípio da capacidade tributária.[11] O sigilo de dados do art. 5º, XII, da Constituição, não se aplica às informações bancárias, já que o dispositivo deste

---

[11] Como bem se expressou Christiano Mendes Wolney Valente:
"Condicionar o fornecimento de informações sobre operações e serviços de instituições financeiras à prévia autorização judicial significaria inviabilizar o próprio imposto de renda, que a Constituição discrimina como de competência da União. Seria, noutro passo, atribuir aos bancos a incumbência de fiscalizar a CPMF, em substituição ilegítima ao órgão da administração tributária federal, a que as leis, em decorrência de preceitos constitucionais, conferem competência para tal mister. *Os dados bancários sobre contas de contribuintes são imprescindíveis à comparação dos valores declarados ao Fisco com aqueles efetivamente movimentados em instituições financeiras. Sem esse elemento de apoio às atividades de fiscalização do imposto de renda e da contribuição social sobre o lucro ou o faturamento, o convite à sonegação de tributos estaria lançado e a arrecadação dos tributos, comprometida, com sérios transtornos de ordem financeira, que se refletiriam, inclusive, sobre os cofres dos Estados, do Distrito Federal e dos Municípios, tendo em vista sua participação no produto da arrecadação do imposto de renda.*
(...)
Outrossim, a Constituição Federal brasileira de 1988 elenca como princípios fundamentais em seu art. 3º, I e III os objetivos de construir uma sociedade justa, solidária, erradicar a pobreza e a marginalização, reduzir as desigualdades sociais e regionais e promover o bem de todos. Obviamente tais objetivos não são alcançáveis através da preponderância dos interesses particulares, aliás, os interesses particulares sequer são por eles norteados. Com a devida vênia, tais objetivos são eminentemente públicos e são inalcançáveis sem uma justa distribuição da carga tributária. Com efeito, conhecida é a lição de que a tributação pode ser utilizada tanto para arrecadar receitas (o que propicia a realização de políticas públicas, efetivando direitos fundamentais que delas dependem), quanto para influir diretamente na sociedade distribuindo riquezas, regulando a atividade econômica, ou reduzindo desigualdades regionais (extrafiscalidade). Também deve ser observado que no contexto histórico em que se insere este novo modelo de Estado pós Estado Social é necessário encontrar saídas que avancem no sentido da garantia efetiva dos Direitos Fundamentais, principalmente aqueles de cunho social, sem aumentar a carga tributária, o que implicaria na migração do capital internacional. O aumento do rigor na fiscalização tributária é uma dessas saídas já que não implica em majoração de tributos, mas tem em melhor distribuição da carga tributária" (VALENTE, Christiano Mendes Wolney. Verificação da constitucionalidade do acesso a informações submetidas ao sigilo bancário pela administração tributária federal. *Revista Fórum de Direito Tributário – RFDT*, Belo Horizonte, n. 15, maio/jun. 2005, p. 113. Itálicos no original).

inciso se refere à transmissão de dados e não aos dados em si. No que diz respeito ao inciso X do mesmo art. 5º, que protege a intimidade e privacidade, entende-se que o acesso a informações de valores relativos ao patrimônio do contribuinte não fere a privacidade, mormente se o contribuinte for pessoa jurídica, já que intimidade é um atributo da pessoa natural. Veja-se que as informações bancárias de interesse do Fisco não revelam como foram gastos ou obtidos os recursos, mas sim o seu *quantum*, e dados numéricos não apontam para a intimidade ou privacidade das pessoas. A questão da constitucionalidade da LC nº 105/2001 está colocada no STF, por via de três ações diretas de inconstitucionalidade,[12] às quais o STF não concedeu medida cautelar pela suspensão de aplicação, e ainda não julgou em definitivo.

Deve-se lembrar também o que dispõe o art. 28 da Lei nº 6.385, de 7 de dezembro de 1976, com redação dada pela Lei nº 10.303, de 31 de outubro de 2001:

> Art. 28. O Banco Central do Brasil, a Comissão de Valores Mobiliários, a Secretaria de Previdência Complementar, a Secretaria da Receita Federal e Superintendência de Seguros Privados manterão um sistema de intercâmbio de informações, relativas à fiscalização que exerçam, nas áreas de suas respectivas competências, no mercado de valores mobiliários.
>
> Parágrafo único. O dever de guardar sigilo de informações obtidas através do exercício do poder de fiscalização pelas entidades referidas no *caput* não poderá ser invocado como impedimento para o intercâmbio de que trata este artigo.

Portanto, não restam dúvidas de que, nos termos atuais, não existe sigilo bancário para a Administração Tributária brasileira, preenchidos os requisitos previstos na LC nº 105/2001 e na sua regulamentação. É importante ressaltar que é esta a prática e a tendência internacional atual. Por exemplo, o Chile recentemente alterou sua legislação que albergava um tradicional sistema de sigilo bancário, a Suíça, famosa por sua praça bancária que operava sob rígido sigilo, e que agora se dispõe a ceder as informações, desde que devidamente formalizado o pedido nos termos da legislação e dos tratados assinados.

3.2 Hipóteses de repasse de informações sob sigilo bancário

As hipóteses de repasse de informações sob sigilo bancário pelas instituições financeiras, às diversas autoridades públicas, estão previstas na LC nº 105/2001. No que diz respeito ao repasse das informações especificamente à Administração Tributária, estão previstos nos arts. 5º e 6º daquela lei complementar e respectivos regulamentos. Essas informações uma vez sob a guarda da Administração Tributária estarão sob proteção do chamado sigilo fiscal, só podendo ser repassadas a outras Administrações Tributárias se houver previsão em lei, tratado internacional ou convênio.[13]

---

[12] ADIns nº 2.386/DF, 2.390/DF e 2.397/DF.
[13] *Vide* item 2.2 *supra*.

3.3 Aspectos específicos

Primeiramente há que se deixar claro que o sigilo fiscal é muito mais rígido que o denominado sigilo bancário. O sigilo fiscal está sujeito a regras estritas. No ambiente da administração, somente funcionários que trabalham no procedimento específico podem ter acesso aos dados sigilosos. No sistema bancário, a qualquer momento os funcionários das agências bancárias, das agências regionais, da administração, etc. podem acessar os dados dos clientes.[14] Assim, quando, com base na LC nº 105/2001, informações bancárias são repassadas à Administração Tributária, elas ficam ao abrigo do sigilo fiscal que opera sob o art. 198 do CTN.[15]

Assim, não há que se falar em uma ampliação do grau de acessibilidade às informações bancárias quando essas são repassadas à Administração Tributária.

Por sua vez o CTN prevê no seu art. 195, *caput*:

> Art. 195. Para os efeitos da legislação tributária, não têm aplicação quaisquer disposições legais excludentes ou limitativas do direito de examinar mercadorias, livros, arquivos, documentos, papéis e efeitos comerciais ou fiscais dos comerciantes, industriais ou produtores, ou da obrigação destes de exibi-los.

E o art. 197 traz a seguinte redação:

> Art. 197. Mediante intimação escrita, são obrigados a prestar à autoridade administrativa todas as informações de que disponham com relação aos bens, negócios ou atividades de terceiros:
>
> I. os tabeliães, escrivães e demais serventuários de ofício;
>
> II. os bancos, casas bancárias, caixas econômicas e demais instituições financeiras;
>
> III. as empresas de administração de bens;
>
> IV. os corretores, leiloeiros e despachantes oficiais;
>
> V. os inventariantes;
>
> VI. os síndicos, comissários e liquidatários;
>
> VII. quaisquer outras entidades ou pessoas que a lei designe, em razão de seu cargo, ofício, função, ministério, atividade ou profissão.
>
> Parágrafo único. A obrigação prevista neste artigo não abrange a prestação de informações quanto a fatos sobre os quais o informante esteja legalmente obrigado a observar segredo em razão de cargo, ofício, função, ministério, atividade ou profissão.

Da obrigatoriedade das pessoas previstas no inciso II do art. 197 também surgem dúvidas em relação à sua aplicação por conta da suposta base constitucional

---

[14] Já sustentei em trabalho anterior: "Em muitos casos as informações de conhecimento das instituições financeiras são os elementos fáticos que provam a existência de obrigações tributárias descumpridas que, às vezes, estão camufladas nos dados apresentados pelo contribuinte à Administração Tributária ou, às vezes, simplesmente não são declaradas. Numa segunda hipótese, pode haver conluio com a própria instituição financeira (por meio de seus agentes), não só por conivência com a atitude de seu cliente, mas também, participando e tirando proveito da ação ilegal" (VALADÃO, Marcos Aurélio Pereira. *Limitações constitucionais ao poder de tributar e tratados internacionais*. Belo Horizonte: Del Rey, 2000. p. 279).

[15] Ver item 2 *supra*.

do sigilo bancário. Há, contudo, decisões que se lastreiam na letra do citado art. 197, II, entendendo que é legal a passagem das informações das instituições financeiras ao Fisco.[16]

Portanto, a troca de informações tributárias, no âmbito de tratados internacionais, ainda que essas estivessem sob sigilo bancário, que ao serem transferidas para o Fisco, passaram a ficar sob o manto do sigilo fiscal, estão em perfeita consonância com o ordenamento jurídico brasileiro. Neste sentido, ao analisar o assunto concluiu Eduardo Jobim:

> Por fim, tratamos da polêmica sobre a quebra de sigilo bancário pela Administração Fiscal e repasse das mesmas mediante troca de informações. Entendemos que os dados (repassados) ainda permanecem sob sigilo (trata-se de mera transferência do sigilo), já que não ocorre a exposição ou divulgação de informações ligadas à vida privada ou à intimidade das pessoas. O referido procedimento, inclusive, concluímos, demonstrou-se plenamente viabilizador do princípio da transparência.[17]

Em trabalho publicado em 2000 (portanto, anterior à Lei Complementar nº 104/2001) afirmei o seguinte:

> Por outro lado, a administração tributária só repassará às autoridades de outro país as informações que tiver obtido por vias legais. Assim, no âmbito do Estado brasileiro, o risco ou o temor de que o sigilo bancário seja quebrado em decorrência de cumprimento de um tratado internacional é incabível, vez que se o fisco brasileiro teve acesso aos dados bancários de um contribuinte, o fez pelas vias legais[18] (nota do texto original).

---

[16] Ver, por exemplo, as decisões abaixo:
TRF-2ª Região. HC nº 2002.02.01.009989-3/ES. Rel.: Des. Federal Frederico Gueiros. 3ª Turma. Decisão: 05.11.02. DJ, p. 140, 04 fev. 03.
"Ementa: (...) IV. As informações sobre o patrimônio das pessoas não se inserem nas hipóteses do art. 5º, X e XII, da Constituição Federal, uma vez que o patrimônio não se confunde com a intimidade, a vida privada, a honra e a imagem e, nesta linha, o próprio Código Tributário Nacional, em seu art. 197, II, estabelece que os bancos são obrigados a prestar todas as informações de que disponham em relação aos bens, negócios e atividades de terceiros à autoridade administrativa."
TRF-3ª Região. AG nº 2003.03.00.011990-7/SP. Rel.: Des. Federal Lazarano Neto. 6ª Turma. Decisão: 20.08.03. DJ, p. 387, 05 set. 03:
"Ementa: (...) V. O art. 197 do CTN obriga, em seu inciso II, que os bancos, casas bancárias, caixas econômicas e demais instituições financeiras prestem, à autoridade administrativa, todas as informações de que disponham com relação aos bens, negócios ou atividades de terceiros, sem que seja necessária autorização judicial para tanto. O exercício da autoridade fiscal não pode ficar dependendo, sempre e a cada passo, de permissão judicial para o fornecimento de informações bancárias, porquanto é atividade expressamente autorizada em lei".
TRF-4ª Região. AC nº 2002.04.01.048186-0/SC. Rel.: Des. Federal Vilson Darós. 2ª Turma.
Decisão: 26.11.02. DJ, p. 720, de 26.02.03:
"Ementa: (...) O Código Tributário Nacional, em seu art. 197, inciso II, preconiza que os bancos são obrigados a prestar todas as informações de que disponham com relação aos bens, negócios e atividades de terceiros à autoridade administrativa (...)".

[17] JOBIM, Eduardo. A troca de informações no direito tributário internacional. In: TORRES, Heleno Taveira. Direito tributário internacional aplicado. São Paulo: Quartier Latin, 2007. v. 4, p. 473-508, 507.

[18] Tal certeza decorre, também, do princípio da legalidade que norteia a Administração (art. 37, caput, da Constituição). Ademais, deve ser observado que o fornecimento pela Administração Tributária, de informações obtidas sob a égide do sigilo fiscal, a organismos estrangeiros ou internacionais, para serem utilizados em fins diversos da verificação do cumprimento da legislação tributária, poderá constituir desvio de poder ou de finalidade, ainda que não se trate de ato lesivo ao interesse público, a teor do disposto na alínea "e" do parágrafo único do art. 2º da Lei nº 4.717, de 29 de junho de 1965.

Quando a Administração tributária tem acesso a informações que possam ferir garantias ou direitos individuais dos contribuintes, ela os obtém sempre sob guarida de condições constitucionalmente aceitáveis, de acordo com a legislação em vigor. De qualquer forma, a legislação poderia prever diferente, isto é, que independesse de autorização judicial o acesso aos registros bancários por parte da administração tributária, com o fim de apurar infrações à legislação tributária, pois, subsistiria o sigilo fiscal. Reputa-se que o sigilo fiscal também não é quebrado se as informações forem repassadas a Estados estrangeiros, sob solicitação justificada e sob regra de reciprocidade (ou seja, também, no Estado estrangeiro haverá a manutenção do sigilo fiscal, e quando for solicitada informação de idêntica natureza ela será fornecida). Nestas condições, inexiste antinomia entre os dispositivos constitucionais insertos no art. 5º, incisos X e XII, no §1º do art. 145, e as cláusulas de troca de informações constantes dos tratados internacionais.[19]

Cumpre citar novamente Antônio de Moura Borges, quando analisou o fornecimento de informações fiscais com base em acordos internacionais:

Considerando, pois, não ser absoluto o sigilo fiscal, espécie de direito à privacidade, devendo ceder diante do interesse público, do interesse da justiça, do interesse social, observado o procedimento estabelecido em lei, e atento aos limites ou restrições das informações a serem prestadas no âmbito dos acordos sobre dupla tributação internacional, que podem versar apenas sobre os impostos objeto de tais acordos, e desde que não sejam reveladoras de segredos comerciais, industriais ou profissionais, processos comerciais ou industriais, ou que não contrariem a ordem pública, conclui-se não ser inconstitucional a cláusula da troca de informações constante de tais acordos internacionais. Ademais, de conformidade com o disposto no artigo 4º, inciso IX, da Constituição, o Brasil é regido, nas suas relações internacionais, por, entre outros, o princípio da "cooperação entre os povos para o progresso da humanidade". Ora, a troca de informações de natureza tributária entre os Estados, a fim de combater a evasão tributária internacional, constitui modalidade de cooperação de grande valia para o progresso dos Estados vítimas de tal fenômeno.[20]

4 Tratados internacionais e a troca de informações

Verificados nos itens anteriores as questões relativas ao sigilo fiscal e ao sigilo bancário, cumpre analisar como se dão as trocas de informações tributárias entre o Brasil e os outros países. Primeiramente, a teor do art. 199 do CTN, há que se ter um tratado internacional para que ocorra a permuta de informações, sem o tratado não é possível que isto ocorra. Há diversos tratados que possibilitam essa ocorrência, *e.g.*, tratados para evitar a dupla tributação (DTA), que contenham cláusula de troca de informação, tratados de trocas de informações em matéria tributária (TIEA),[21] tratados de cooperação aduaneira (que possibilitam troca de informações em

---

[19] VALADÃO. *Limitações...*, p. 280-281. Ver também, na mesma obra, p. 276-282, mantendo a advertência de que o texto precede às Leis Complementares nº 104 e 105 de 2001.

[20] BORGES, Antônio de Moura. Parecer PGFN/CAT/ nº 425, de 12 de abril de 1999, p. 19-20, citado em VALADÃO. *Limitações...*, p. 281.

[21] A sigla TIEA corresponde a *Tax Information Exchange Agreement*, comumente utilizada nos textos sobre o assunto.

matéria aduaneira referentes aos tributos incidentes nas operações de importação e exportação de bens), e mesmo outros tratados que possam envolver matéria tributária e contenham cláusulas relativas a essa atividade. Cumpre antes, porém, perscrutar o atual ambiente internacional no que se refere à troca de informações tributárias, por via dos tratados internacionais, e sua importância.

4.1 O ambiente atual da troca de informações e o Fórum Global da Transparência

Há uma tendência internacional à chamada transparência tributária internacional,[22] que se reflete no fortalecimento do Fórum da Transparência e Troca de Informações Tributárias, criado sob a OCDE, mas que tem a participação de diversos membros não associados daquela organização, como é o caso do Brasil, que aderiu ao Fórum em setembro de 2009, na reunião do México.

Desde a eclosão da crise financeira de 2007, as economias mais importantes do mundo, reunidas sob o chamado G20,[23] têm tentado agir de maneira coordenada no sentido de buscar soluções para a crise e de preveni-las. O G20 estabeleceu na Cúpula de Londres do G-20, ocorrida em abril de 2009, na declaração final, que entre as ações a serem tomadas pelos Governos está a troca de informações tributárias, sem favorecimento ao sigilo bancário, nos seguintes termos:

15. To this end we are implementing the Action Plan agreed at our last meeting, as set out in the attached progress report. We have today also issued a Declaration, Strengthening the Financial System. In particular we agree:

(...)

to take action against non-cooperative jurisdictions, including tax havens. We stand ready to deploy sanctions to protect our public finances and financial systems. The era of banking secrecy is over. We note that the OECD has today published a list of countries assessed by the Global Forum against the international standard for exchange of tax information;[24]

---

[22] Esta tendência se recrudesceu a partir da crise financeira internacional de 2007. O G20 estabeleceu que algumas providências deveriam ser tomadas com o intuito de evitar novas crises, entre elas a regulação bancária (internacional e em cada jurisdição), o controle do fluxo de capitais irregulares (atividade já bem desenvolvida pelo GAFI/FATF) e a transparência tributária internacional. Esses dois últimos aspectos têm a ver com o fato de que fluxo de capitais irregulares e operações sem visibilidade comprometem os controles governamentais de monitoramento e prevenção de crises econômica e financeiras, além de comprometerem as receitas tributárias visto que a falta de transparência tributária possibilita a existência de esquemas de evasão e elisão tributária de percepção mais difícil por parte das Administrações Tributárias. A respeito da crise e seus impactos ver, *e.g.*, (VALADÃO, Marcos Aurélio Pereira; GICO JR., Ivo Teixeira. The (Not So) Great Depression of the 21th Century and Its Impact on Brazil. *Law and Business Review of the Americas*, v. 16, n. 1, 2010). Ver também UNITED NATIONS. The Global Economic Crisis: Systemic Failures and Multilateral Remedies: Report by the Unctad Secretariat Task Force on Systemic Issues and Economic Cooperation. UN, New York and Geneva, 2009.

[23] O G20 inclui os seguintes países: Alemanha, Arábia Saudita, África do Sul, Argentina, Austrália, Brasil, Canadá, China, Coreia do Sul, Estados Unidos, França, Índia, Indonésia, Itália, Japão, México, Reino Unido, Rússia (Federação Russa), Turquia e a União Europeia

[24] GLOBAL Plan for Recovery and Reform: the Communiqué from the London Summit, Disponível em: <http://www.londonsummit.gov.uk/en/summit-aims/summit-communique/>. Acesso em: 12 dez. 2009.

Neste sentido, o Fórum da Transparência Tributária constituiu-se no fórum onde as direções a respeito do fortalecimento da transparência tributária serão tomadas. A troca de informações em matéria tributária, ao lado de legislação que permita acesso à verificação dos sócios e proprietários da empresas e de suas atuações é o núcleo da atuação do Fórum.[25] O parâmetro atual para se atingir o *standard* da troca de informações de uma jurisdição cooperante é a existência de 12 tratados que contenham as cláusulas padrões do art. 26 do Modelo da OCDE (DTA ou TIEA), a tendência que esse padrão seja refinado no sentido de verificar a efetividade da troca de informações, considerando, evidentemente, também a legislação interna de cada país. A partir da reunião do México, o Fórum passou a ter participação igualitária de seus membros, com direito a voz e voto, mesmo os não membros da OCDE (*equal footing*), e a contar com dois subgrupos: o grupo direto (*Steering Group*) e o grupo de revisão dos pares (*Peer Review Group*), que fará periodicamente a revisão das legislações e da rede de tratados, que permitem troca de informações tributárias, dos países membros e não membros, para verificar se seguem os *standards* das chamadas jurisdições cooperativas. O Brasil, que somente passou a fazer parte do Fórum a partir da reunião de setembro no México, integra ambos os grupos. O Fórum tem editado relatórios sobre essas revisões (somente em relação aos países membros).[26] Além disto, o Fórum da Transparência edita e atualiza o *Progress Report on the jurisdictions surveyed by the OECD Global Forum in implementing the internationally agreed tax standard* (Progress Report).[27]

Especificamente em relação ao acesso a informações bancárias, o Comitê de Assuntos Físicos da OCDE editou em 2007 um documento (*Improving Access to Bank Information for Tax Purposes*: The 2007 Progress Report),[28] no qual destaca o trabalho iniciado anteriormente e que havia resultado em um documento semelhante editado em 2000. Além disto, há o esforço no sentido de se eliminar tratamentos legais problemáticos, como contas sem identificação do titular, etc. Percebe-se por este documento a evolução da necessidade de acesso às informações bancárias no contexto das trocas de informações tributárias em nível internacional.

4.2 Os tratados sobre dupla tributação

Os tratados de dupla tributação são talvez a modalidade mais antiga de tratado com previsão de troca de informações em matéria tributária. Os modelos atuais mais

---

[25] No que diz respeito ao padrão internacional buscado pelo Fórum em relação à transparência dos detentores dos direitos de propriedade e em relação às operações financeiras e às empresas, o Brasil está perfeitamente adequado, a teor do disposto na Lei nº 8.021/1990, que dispõe sobre a identificação dos contribuintes para fins fiscais, e que eliminou os títulos ao portador do Direito brasileiro, e das normas que regem a instituição e transferência de propriedade das diversas modalidades de empresa, conforme estabelecido no Direito empresarial brasileiro.

[26] A última publicação é: OECD. *Tax Co-operation 2009*: Towards a Level Playing Field (2009 Assessment by the Global Fórum on Transparency and Exchance of Information). Paris: OECD, 2009.

[27] Cf. informação, site: <http://www.oecd.org/dataoecd/50/0/43606256.pdf>. Conferir também o site do Global Forum: <www.oecd.org/tax/transparency>.

[28] OECD. *Improving Access to Bank Information for Tax Purposes*: the 2007 Progress Report. Paris: OECD, 2007.

utilizados por quase todos os países são o da ONU e da OCDE.[29] Os tratados para eliminar dupla tributação são, em regra, bilaterais, embora possam ser multilaterais como é o caso da Convenção Nórdica (Ilhas Feroés, Finlândia, Islândia, Noruega e Suécia) do acordo CARICOM.[30]

4.2.1 A cláusula padrão dos modelos da OCDE e da ONU

O Modelo da ONU até recentemente tinha uma redação um pouco diferente da redação do Modelo da OCDE.[31] O Comitê de peritos da ONU, no entanto, implementou mudanças no sentido de adotar redação idêntica ao do Modelo da OCDE. Assim, atualmente, ambos os modelos contêm a cláusula de troca de informações em seu art. 26, que tem o seguinte teor:

Troca de informações

1. As autoridades competentes dos Estados contratantes trocarão entre si a informação presumivelmente relevante para aplicar as disposições da Convenção ou para administrar ou por em vigor as leis internas dos Estados contratantes, das suas subdivisões políticas ou autarquias locais, na medida em que a tributação nelas prevista não seja contrária à Convenção. A troca de informações não é restringida pelo disposto nos Artigos 1.º e 2.º.

2. Qualquer informação recebida, nos termos do parágrafo 1.º, por um Estado contratante, será considerada secreta do mesmo modo que a informação obtida com base na

---

[29] Há países que desenvolveram modelos próprios, a exemplo dos EUA, México e Suécia, e existem outros modelos como Acordo de Cartagena para os países da Comunidade Andina com outros países.

[30] Para mais detalhes sobre esse tema ver HOLMES, Kevin. *International Tax Policy and Double Tax Treaties*: an Introduction to Principles and Application. Amsterdam: IBFD, 2007. p. 53-67.

[31] O art. 26 do Modelo da ONU na versão de 2001, que é a publicação oficial, tem a seguinte redação:
"Article 26
EXCHANGE OF INFORMATION
1. The competent authorities of the Contracting States shall exchange such information as is necessary for carrying out the provisions of this Convention or of the domestic laws of the Contracting States concerning taxes covered by the Convention, in so far as the taxation thereunder is not contrary to the Convention, in particular for the prevention of fraud or evasion of such taxes. The exchange of information is not restricted by article 1. Any information received by a Contracting State shall be treated as secret in the same manner as information obtained under the domestic laws of that State. However, if the information is originally regarded as secret in the transmitting State it shall be disclosed only to persons or authorities (including courts and administrative bodies) concerned with the assessment or collection of, the enforcement or prosecution in respect of, or the determination of appeals in relation to the taxes which are the subject of the Convention. Such persons or authorities shall use the information only for such purposes but may disclose the information in public court proceedings or in judicial decisions. The competent authorities shall, through consultation, develop appropriate conditions, methods and techniques concerning the matters in respect of which such exchanges of information shall be made, including, where appropriate, exchanges of information regarding tax avoidance.
2. In no case shall the provisions of paragraph 1 be construed so as to impose on a Contracting State the obligation:
(*a*) To carry out administrative measures at variance with the laws and administrative practice of that or of the other Contracting State;
(*b*) To supply information which is not obtainable under the laws or in the normal course of the administration of that or of the other Contracting State;
(*c*) To supply information which would disclose any trade, business, industrial, commercial or professional secret or trade process, or information, the disclosure of which would be contrary to public policy (*ordre public*)" (UNITED NATIONS. *Model Double Taxation Convention between Developed and Developing Countries*. New York: UN, 2001. p. 35-36).

legislação interna desse Estado e só poderá ser comunicada às pessoas ou autoridades (incluindo tribunais e autoridades administrativas) encarregadas da liquidação ou cobrança impostos referidos no primeiro período, ou dos procedimentos declarativos ou executivos relativos a estes impostos, ou da decisão de recursos referentes a estes impostos. Essas pessoas ou autoridades utilizarão as informações assim obtidas apenas para os fins referidos. Essas informações podem ser reveladas em audiências públicas de tribunais ou em decisões judiciais.

3. O disposto no número 1 e 2 não poderá ser interpretado no sentido de impor a um Estado contratante a obrigação de:

a) tomar medidas administrativas contrárias à sua legislação, e à sua prática administrativa ou às do outro Estado contratante;

b) fornecer informações que não possam ser obtidas com base na sua própria legislação ou no âmbito da sua prática administrativa normal ou nas do outro Estado contratante;

c) transmitir informações reveladoras de segredos ou processos comerciais, industriais ou profissionais, ou informações cuja comunicação seja contrária à ordem pública.

4. Se, em conformidade com o disposto neste Artigo, forem solicitadas informações por um Estado contratante, o outro Estado Contratante utiliza os poderes de que dispõe a fim de obter as informações solicitadas, mesmo que esse outro Estado não necessite de tais informações para os seus próprios fins fiscais. A obrigação constante da frase anterior está sujeita às limitações previstas no número 3, mas tais limitações não devem, em caso algum, ser interpretadas no sentido de permitir que um Estado Contratante se recuse a prestar tais informações pelo simples fato de estas não se revestirem de interesse para si, no respectivo âmbito interno.

5. O disposto no número 3 não pode em caso algum ser interpretado no sentido de permitir que um Estado contratante se recuse a prestar informações apenas porque estas são detidas por uma instituição bancária, um outro estabelecimento financeiro, um mandatário ou por uma pessoa agindo na qualidade de agente ou fiduciário, ou porque essas informações são conexas com os direitos de propriedade de uma pessoa.

O Brasil tem adotado cláusula de troca de informações em todos os seus tratados (embora varie aqui e ali a numeração do artigo), cuja redação foi evoluindo ao longo do tempo. O Brasil tinha reservas em relação ao §5º da Convenção Modelo da OCDE, introduzido em 2004, o qual foi recentemente retirado.[32] O padrão seguido pelo Brasil em termos de troca de informações se equivale às melhores práticas observadas pelos outros países considerados jurisdições cooperativas.

4.2.2 Da inexistência de obstáculos referentes ao sigilo bancário nos modelos da OCDE e ONU

Nos comentários ao art. 26 do Modelo da OCDE (os comentários ao Modelo da ONU não estão atualizados), há extensa explicação sobre sua aplicação e diversas

---

[32] O que, na verdade, não resultava em efeito prático visto que o §5º tem natureza interpretativa, assim como o §3º, ao qual não havia reservas por parte do Brasil. De lembrar que países da própria OCDE também faziam reserva ao §5º do Modelo da OCDE, *e.g.*, Áustria, Suíça, Bélgica e Luxemburgo, e bem assim outros não membros como Malásia, Romênia, Sérvia e Tailândia. (OECD Committee on Fiscal Affairs. *Model Tax Convention on Income and Capital*: Condensed Version, 17 July 2008. Paris: OECD, 2008. p. 361, 409).

nuanças (*e.g.*, a questão da reciprocidade e diversidade da legislação interna e práticas administrativas de cada jurisdição).[33] Interessa-nos aqui os comentários ao parágrafo 5º, pois se referem diretamente à questão das informações bancárias e a sua troca entre Administrações Tributárias. Os Comentários ao Modelo da OCDE, na sua versão em português de 2006, se expressam da seguinte forma ao tratar do §5º (itens 19.10 a 19.12):

Número 5

19.10 O número 1 impõe uma obrigação positiva a um Estado Contratante para trocar todos os tipos de informação. O número 5 destina-se a garantir que as restrições impostas nos termos do número 3 não podem usadas para impedir a troca de informações detidas pelos bancos, outras instituições financeiras, mandatários, agentes e fiduciários e, bem assim, de informações em matéria de titularidade. Muito embora o número 5, adiado em 2005, represente uma mudança na estrutura do Artigo 26º não autoriza a troca dessas informações. A grande maioria dos países membros da OCDE já procedeu à troca dessas informações nos termos da versão precedente do Artigo, pelo que o adiantamento do número 5 reflete simplesmente a prática corrente.

19.11 O número 5 estipula que um Estado Contratante não se pode recusar a fornecer informações a uma parte contratante pelo simples fato de as informações serem detidas por um banco ou outra instituição financeira. Assim, o número 5 prevalece sobre o número 3, na medida em que o número 3 permitiria, no caso contrário, que um Estado Contratante requerido se recusasse a fornecer as informações com base no sigilo bancário. A inclusão deste número no presente Artigo reflete a tendência internacional neste domínio, tal como decorre do Modelo de Acordo sobre as Trocas de Informações em Matéria Fiscal e tal como é descrita no relatório intitulado "Improving Acess to Bank Information for Tax Purposes." Em conformidade com esse Relatório, o acesso a informações detidas por bancos ou outras instituições financeiras pode ser feito por via direta ou por via indireta através de processo judicial ou administrativo. O processo de acesso indireto não deve ser demasiado oneroso nem demasiado longo de modo a não constituir um obstáculo ou acesso às informações bancárias.

19.12 O número 5 prevê também que um Estado Contratante não recuse a prestação de informações pelo simples fato de estas serem detidas por pessoas agindo na qualidade de agentes ou fiduciários. Por exemplo, se, em virtude da legislação de um Estado Contratante, todas as informações detidas por um fiduciários forem tratadas como "segredo profissional" pelo simples fato de serem detidas por um fiduciário, esse Estado não podia utilizar essa legislação como fundamento de recusa ao fornecimento de informações a outro Estado Contratante. Em regra, considera-se que uma pessoa que age na sua "qualidade de fiduciário" quando essa pessoa efetua transações, ou gere fundos ou bens não em seu nome próprio ou por sua própria conta mas por conta de uma outra pessoa com a qual mantém relações que implicam e necessitam de confiança, por um lado, e boa fé, por outro. O termo "agente" é muito amplo e inclui todas as formas de prestações de serviços às empresas (por exemplo, os agentes que asseguram a formação nas empresas ,sociedades fiduciárias (*trust companies*), agentes registrados, advogados.)

---

[33] Tanto a OCDE como ONU publicam comentários aos seus modelos. As citações que se seguem referem-se ao Modelo da OCDE, na versão em português publicada em dezembro de 2005 (o art. 26 que trata de troca de informações não sofreu alterações desde então). Conf. OCDE. Modelo de convenção fiscal sobre o rendimento e o patrimônio. versão condensada. *Cadernos de Ciência e Técnica Fiscal*, n. 197, Lisboa, 2005.

Conforme ressaltamos acima (itens 2.1 e 2.2), no que diz respeito a informações relativamente às quais se esteja legalmente obrigado a observar segredo em razão de cargo, ofício, função, ministério, atividade ou profissão, há também uma ressalva nos comentários ao modelo da OCDE, conforme abaixo:

> 19.13 Por fim, o número 5 não impede que um Estado Contratante invoque o número 3 para se recusar a fornecer informações detidas por um banco, por uma instituição financeira, por uma pessoa agindo na qualidade de agente ou de fiduciário, ou informações relativas ao direito de propriedade. Todavia, essa recusa deve ter como base motivos independentes do estatuto da pessoa, seja um banco, uma instituição financeira, um agente, fiduciário ou mandatário, ou o fato de as informações se reportarem a interesses conexos coma titularidade. Por exemplo, um representante legal agindo por conta de um cliente pode intervir na qualidade de agente, mas no que se refere a qualquer informação protegida como uma comunicação confidencial entre advogados, solicitadores ou outros representantes legais reconhecidos e os respectivos clientes, o número 3 continua a constituir uma base possível para recusar a prestação das informações.

Por fim, o item 19.5 dos Comentários ao art. 26 traz exemplos de como se dá aplicação do §5º do art. 16:

> 19.15 Os seguintes exemplos ilustram a aplicação do número 5:
>
> a) A sociedade X detém a maioria das ações numa afiliada Y, e ambas as sociedades são constituídas de acordo com a legislação do Estado A. O Estado B efetua uma verificação fiscal das operações realizadas pela sociedade Y no seu território. No decurso desta verificação, assume relevância a questão de saber quem detém, direta e indiretamente, a propriedade do capital da sociedade Y e o Estado B dirige ao Estado A um pedido de informações sobre direitos de propriedade detidos pelas diferentes pessoas que fazem parte da cadeia de titulares da sociedade Y. Na sua resposta, o Estado A deve fornecer ao Estado B as informações relativas à titularidade quer da sociedade X quer da sociedade Y.
>
> b) Uma pessoa singular sujeita a tributação no Estado A detém uma conta bancária no Banco B no Estado B. O Estado A está a examinar a declaração de imposto de rendimentos do indivíduo e dirige ao Estado B um pedido de informação relativamente a todos os rendimentos das contas bancárias e dos ativos detidos pelo Banco B a fim de determinar a existência de depósitos constituídos por rendimentos não tributados. O Estado B deve comunicar as informações bancárias solicitadas ao Estado A.

4.3 Os tratados de dupla tributação dos quais o Brasil faz parte

O Brasil tem em vigor 29 tratados de dupla tributação,[34] outros já negociados, pendentes de aprovação do Congresso e outros em negociação.[35] Os tratados

---

[34] São os seguintes os países contratantes: África do Sul, Argentina, Áustria, Bélgica, Canadá, Chile, China, Coreia, Dinamarca, Equador, Espanha, Filipinas, Finlândia, França, Hungria, Índia, Israel, Itália, Japão, Luxemburgo, México, Noruega, Países Baixos, Peru, Portugal, República Eslovaca, República Tcheca, Suécia, Ucrânia.

[35] A rigor, em número são 28, considerando que o tratado com a Alemanha foi denunciado (pela Alemanha) e deixou de ter vigência a partir de 01.01.2006, e o tratado com República da Tchecoslováquia transformou-se em dois por decorrência sucessória, já que aquele país desdobrou-se em dois: República Tcheca e República Eslovaca, que sucederam o tratado preexistente. Ver VALADÃO, Marcos Aurélio Pereira. Limitações constitucionais ao poder de tributar e tratados internacionais. Belo Horizonte: Del Rey, 2000. p. 210-211.

brasileiros trazem cláusula de troca de informações, cláusula que é típica desses tratados e que foram evoluindo com o tempo e com o aprimoramento das técnicas e o aumento da necessidade de troca de informação tributária em nível internacional. O primeiro tratado brasileiro para evitar a dupla tributação, que foi assinado com o Japão em 1967, passando a ser aplicável aos fatos geradores de 1968, traz a cláusula de troca de informações em seu art. 24, de redação bem simples.[36] Os tratados mais recentes trazem a cláusula de troca de informações mais complexa, semelhante à contida no art. 26 da Convenção Modelo da OCDE, veja-se, por exemplo, o art. 25 do acordo assinado com o Peru,[37] que tem a seguinte redação:

ARTIGO 25
Troca de Informações

1. As autoridades competentes dos Estados Contratantes trocarão entre si as informações necessárias para aplicar as disposições da presente Convenção ou as da legislação interna dos Estados Contratantes relativas aos impostos de qualquer classe ou denominação estabelecidos pelos Estados Contratantes na medida em que a tributação nelas prevista não seja contrária à Convenção. O intercâmbio de informação não está limitado pelos Artigos 1 e 2. As informações recebidas por um Estado Contratante serão consideradas secretas da mesma maneira que as informações obtidas com base na legislação interna desse Estado e só poderão ser comunicadas às pessoas ou autoridades (incluindo tribunais e órgãos administrativos) encarregadas do lançamento ou cobrança dos impostos visados na Convenção ou na legislação interna conforme a definição estabelecida neste parágrafo, dos procedimentos declarativos ou executivos relativos a referidos impostos, ou da decisão dos recursos relativos aos mesmos. As referidas pessoas ou autoridades utilizarão essas informações somente para esses fins, e, se requeridas, poderão revelá-las em tribunais judiciais, observando as normas constitucionais e legais de ambos os Estados Contratantes.

O Brasil também assinou tratados para evitar a dupla tributação com o Paraguai (que foi rejeitado pelo Senado paraguaio em 2004, antes de entrar em vigor); com Venezuela e Trinidad e Tobago, que aguardam aprovação do Congresso Nacional brasileiro, e com a Rússia, aguardando o procedimento de ratificação para posterior promulgação.

[36] Decreto nº 61.899, de 14 de dezembro de 1967 (promulgou a Convenção para evitar a dupla tributação em matéria de impostos sobre rendimentos, com o Japão).
"Artigo 24
1) As autoridades competentes dos Estados Contratantes trocarão entre si as informações necessárias para aplicar o disposto na presente Convenção. Tôdas as informações assim trocadas serão mantidas secretas e só poderão ser comunicadas às pessoas ou autoridades encarregadas do lançamento ou cobrança, inclusive, determinações judiciais, dos impôstos aos quais a presente Convenção se aplica.
2) O disposto no parágrafo (1) não poderá em nenhum caso ser interpretado no sentido de impor a um dos Estados Contratantes a obrigação:
a) de tomar medidas administrativas derrogatórias da sua própria legislação, da sua prática administrativa ou da do outro Estado Contratante;
b) de fornecer informações que não poderiam ser obtidas com base na sua própria legislação ou no âmbito da sua prática administrativa normal ou da do outro Estado Contratante;
c) de transmitir informações reveladoras de segredos comerciais, industriais, profissionais ou de processos comerciais, ou informações cuja comunicação fôsse contrária à ordem pública.
3) As autoridades competentes dos Estados Contratantes poderão adotar medidas apropriadas e permutar informações para prevenir a evasão fiscal nos Estados Contratantes relativamente aos impôstos aos quais a presente Convenção se aplica".

[37] Decreto nº 7.020, de 27 de novembro de 2009 (promulgou a Convenção entre o Governo da República Federativa do Brasil e o Governo da República do Peru para Evitar a Dupla Tributação e Prevenir a Evasão Fiscal com Relação ao Imposto sobre a Renda, firmada em Lima, em 17 de fevereiro de 2006).

2. Em nenhum caso as disposições do parágrafo 1 poderão ser interpretadas no sentido de impor a um Estado Contratante a obrigação de:

a) adotar medidas administrativas contrárias à sua legislação ou prática administrativa, ou às do outro Estado Contratante;

b) fornecer informações que não possam ser obtidas com base na sua própria legislação ou no âmbito de sua prática administrativa normal, ou das do outro Estado Contratante;

c) fornecer informações que revelem segredos empresariais, comerciais, industriais ou profissionais, procedimentos comerciais ou informações cuja comunicação seja contrária à ordem pública.

3. Não obstante o disposto no parágrafo 2 deste Artigo, a autoridade competente do Estado Contratante requerido deverá, levando em consideração as limitações constitucionais e legais e a reciprocidade de tratamento, obter e fornecer informações que possuam as instituições financeiras, mandatários ou pessoas que atuam como representantes, agentes ou fiduciários. Em relação a participações sociais ou a participações em sociedades de capital, a autoridade competente deverá obter e fornecer informações inclusive sobre ações ao portador. Se a informação é especificamente requerida pela autoridade competente de um Estado Contratante, a autoridade competente do outro Estado Contratante proporcionará a informação nos termos deste Artigo na forma de declarações de testemunhas e de cópias autenticadas de documentos originais inéditos (inclusive livros, informes, declarações, registros contábeis e anotações) com a mesma amplitude com que essas declarações e documentos possam ser obtidos nos termos estabelecidos pelas leis e práticas administrativas desse outro Estado.

4. Quando a informação seja solicitada por um Estado Contratante em conformidade com o presente Artigo, o outro Estado Contratante obterá a informação a que se refere o pedido da mesma maneira como se se tratasse de sua própria tributação, sem importar o fato de que esse outro Estado, nesse momento, não necessite de tal informação.

5. Os Estados Contratantes se consultarão mutuamente a fim de determinar os casos e procedimentos para a fiscalização simultânea de impostos. Entende-se por fiscalização simultânea, para os efeitos da presente Convenção, um acordo entre os dois Estados Contratantes para fiscalizar simultaneamente, cada um em seu território, a situação tributária de uma pessoa ou pessoas que possuam interesses comuns ou vinculados, a fim de intercambiar as informações relevantes que obtenham.

Note-se que em comparação com os Modelos da OCDE e da ONU, o item 5 (cinco) não consta do tratado. Ocorre que não só o item 5 (que se refere expressamente às informações bancárias), mas também o item 4 do art. 26, dos modelos atuais da ONU e OCDE, é considerado cláusula interpretativa, *i.e.*, a rigor não seriam necessárias, pois o entendimento anterior a sua inclusão era no mesmo sentido do que dispõem os §§4 e 5 do art. 26 em sua versão atual. Trata-se apenas de adequação de normas, de maneira mais explícita, de forma a evitar interpretações equivocadas. Neste sentido, pode-se dizer que, naquilo que diz respeito ao cumprimento do disposto no art. 26, §§4 e 5, não havia e não há obstáculo interno que impeça o cumprimento dos referidos dispositivos.

É neste mesmo sentido que a OCDE trata do assunto em um de seus documentos sobre a matéria, nos seguintes termos:

11. A fifth paragraph has been added to Article 26 of the OECD Model Tax Convention dealing with ownership information and information held by banks, financial institutions, nominees, agents and fiduciaries. This paragraph provides that a

Contracting State cannot decline to provide information solely because it is held by such a person or institution or solely because it is ownership information. This is consistent with the current practice of the vast majority of OECD countries and reflects the standard also contained in the 2002 Model Agreement. The most important consequence of this change is that it is expressly stated in Article 26 that domestic bank secrecy rules by themselves can not be used as a basis for declining to provide information.[38]

Ver também os comentários ao art. 26 da Convenção Modelo da OCDE no item 4.1.2 acima. Como se nota, não há problemas de antagonismos com os modelos da ONU e da OCDE se se considerar os diversos tratados em vigor assinados pelo Brasil, no que respeita às cláusulas de troca de informação.

4.4 Tratados sobre troca de informações em matéria tributária

Além dos tratados sobre dupla tributação, como já foi comentado, existem outros tratados que preveem troca de informações em matéria tributária, a par daqueles que tratam dos tributos incidentes sobe o comércio exterior (a serem verificados no item seguinte). Refere-se aqui aos TIEAs, *i.e*, os tratados sobre troca de informações tributárias (que podem referir-se a outros tributos além do imposto de renda). O Brasil tem negociados dois tratados desta espécie, um com o Reino Unido e outro com os Estados Unidos, sendo que o último está tramitando no Congresso Nacional. Não há nenhum TIEA em vigor assinado pelo Brasil.

O Grupo de Trabalho Global para a Efetiva Troca de Informações da OCDE, a partir dos trabalhos sobre competição tributária prejudicial (OECD Report. "*Harmful Tax Competition*: An Emerging Global Issue". 1998), desenvolveu um modelo que pode ser usado para negociações bilaterais e multilaterais para tratados de troca de informações em matéria tributária (*Agreement on Exchange of Information on Tax Matters*).[39]

Para se ter uma ideia da mudança do padrão internacional, cumpre mencionar que somente em 2009 foram assinados e entraram em vigor 184 TIEAs entre os mais diversos países do mundo, especialmente os chamados paraísos fiscais, sendo todos seguindo o padrão do Fórum da Transparência.[40]

Antônio de Moura Borges e Laila Khoury, ao analisarem a evolução dos tratados que envolvem a troca de informações tributárias, lembram que:

> Nesse contexto, o Conselho da Europa e a OCDE, em 25 de janeiro de 1988, celebraram a Convenção multilateral sobre assistência mútua em matéria tributária, a fim de disciplinar detalhadamente o procedimento das modalidades de assistência, sobretudo quanto à troca de informações, uma vez que as relações econômicas revestiram-se de tal grau de intensidade e diversidade que se sentiu a necessidade de elaborar um novo instrumento, simultaneamente de caráter geral, isto é, abrangendo as diferentes modalidades

---

[38] OECD. *Improving Access to Bank Information for Tax Purposes*: the 2007 Progress Report. Paris: OECD, 2007. p. 9.
[39] Disponível no site: <http://www.oecd.org/dataoecd/15/43/2082215.pdf>. Acesso em: 10 dez. 2009.
[40] Conf. *Tax Information Exchange Agreements (TIEAs)*. Disponível em: <http://www.oecd.org/document/7/0,3343,en_2649_33767_38312839_1_1_1_1,00.html>. Acesso em: 13 dez. 2009.

de assistência possíveis, e cobrindo um vasto leque de impostos – e multilateral, ou seja, permitindo uma mais eficaz cooperação internacional entre grande número de Estados, graças à aplicação e à interpretação uniformes das respectivas disposições.[41]

De lembrar que há uma forte tendência a se estabelecer um tratado multilateral mais amplo para troca de informações. Neste sentido convém lembrar as palavras do Secretário-Geral da OCDE quando se dirigiu ao G20 na Cúpula de Pittsburgh, em 25 de setembro de 2009:

> Moving forward on the London Summit mandates
> The international community has called for a strengthening of the Global Forum, the development of a robust peer review process, the speeding up of the negotiation process and an engagement with developing countries. When the Global Forum met in Mexico on 1-2 September it responded to this call for action by:
> (...)
> Endorsing a proposal for a multilateral Tax Information Exchange Agreement and encouraging the OECD to advance quickly in updating and opening up the joint OECD/Council of Europe Multilateral Convention for Administrative Assistance in Tax Matters, all of which will help speed up the negotiating process;[42]

4.5 Tratados brasileiros de cooperação aduaneira

Os tratados de cooperação aduaneira se prestam a permitir que os países contratantes se auxiliem nas questões relacionados ao controle aduaneiro do fluxo de comércio entre eles e envolvem cláusulas de troca de informações, no sentido de prevenir, pesquisar e reprimir as infrações às legislações aduaneiras dos países signatários. Esses acordos permitem maior eficiência na cobrança dos tributos incidentes sobre o comércio exterior. O Brasil tem 7 acordos de cooperação aduaneira, envolvendo os seguintes países: Argentina, Bolívia, Brasil, Chile, Colômbia, Costa Rica, Cuba, El Salvador, Equador, Espanha, Honduras, México, Nicarágua, Panamá, Paraguai, Peru, Portugal, República Dominicana, Uruguai e Venezuela (COMUCAM), Estados Unidos, França, Reino Unido, Israel, Holanda e Rússia, além do tratado do MERCOSUL (Brasil, Argentina, Paraguai e Uruguai) e o MERCOCHILE, que trazem previsões com efeitos semelhantes neste aspecto.

A título de exemplo, destacam-se as cláusulas de troca de informações e de preservação do sigilo do tratado do COMUCAM e o acordo com a França. O tratado do COMUCAM traz em seus Anexos II e III dispositivos detalhando o fornecimento de informações para a determinação dos direitos e impostos de importação ou de exportação e fornecimento de informação sobre controles e estabelecimento de proibições e movimento estatístico, e em seu art. 5º traz a seguinte redação no que diz respeito à troca de informações:

---

[41] BORGES, Antônio de Moura; KHOURY, Laila José Antônio. A troca de informações no âmbito de tratados internacionais sobre matéria tributária. *In*: CONGRESSO NACIONAL DO CONPEDI, 17, 2009, Brasília/DF. *Anais...* Brasília, 2008. p. 2531-2558. p. 2534.

[42] G20 Summit: An Update on the Move to Greater Transparency and International Cooperation in Tax Matters. Disponível em: <http://www.oecd.org/document/38/0,3343,en_2649_33745_43777958_1_1_1_1,00.html>. Acesso em: 13 dez. 2009.

CAPÍTULO TERCEIRO
Modalidades gerais de assistência ou cooperação

Artigo 5º

1. As informações, os documentos e os outros elementos de Informação, comunicados ou obtidos através aplicação do presente Convênio, merecerão o seguinte tratamento:

a) Somente deverão ser utilizados para os fins do presente Convênio, inclusive, no marco dos procedimentos judiciais ou administrativos e sob reserva das condições que a administração aduaneira que os proporcionou tiver estipulado; e

b) Gozarão, no país que os receber, das mesmas medidas de proteção das informações confidenciais e do sigilo profissional que aquelas que estiverem em vigor no dito país para as informações, documentos de informação da mesma natureza, que tiverem sido obtidos em seu próprio território.

2. Estas informações, documentos e outros elementos de informação não poderão ser utilizados para outros fins exceto com o consentimento escrito da administração aduaneira que os proporcionar e sob reserva das condições que tiver estipulado, assim como das disposições do parágrafo 1, alínea "b", do presente artigo.

O acordo com a França[43] tem as seguintes previsões:

ARTIGO IV

As administrações aduaneiras das duas Partes passarão entre si:

1) espontaneamente e sem demora, todas as informações de que elas disponham, concernentes:

a. a operações irregulares constatadas ou projetadas, que apresentem ou pareçam apresentar caráter fraudulento quanto às leis aduaneiras da outra Parte;

b. a novos meios ou métodos de fraude;

c. a tipos de mercadorias que sejam notório objeto de tráfico fraudulento de importação, de exportação ou de trânsito;

a indivíduos, veículos, embarcações, aeronaves suspeitos de praticar ou de serem utilizados para cometer fraudes.

2) por solicitação escrita, e tão rapidamente quanto possível, todas as informações extraídas dos documentos de alfândega ou cópias devidamente autenticadas dos referidos documentos, atinentes às trocas de mercadorias entre as duas Partes, que sejam ou possam ser objeto de tráfico fraudulento quanto às leis aduaneiras da Parte requerente.

(...)

ARTIGO VIII

As informações, documentos e outros elementos obtidos pela Parte requerente serão confidenciais e não poderão ser utilizados senão para os fins deste Acordo, exceto mediante expressa autorização da administração aduaneira que os forneceu.

As informações e outras comunicações de que a administração aduaneira de uma Parte disponha, por aplicação do presente Acordo, terão as mesmas medidas de proteção do sigilo que as concedidas, pela lei nacional daquela Parte, às informações e aos documentos da mesma natureza.

---

[43] Decreto nº 1.611, de 28 de agosto de 1995 (promulgou o Acordo sobre Cooperação Administrativa Mútua para a Prevenção, a Pesquisa e a Repressão às Infrações Aduaneiras, entre o Governo da República Federativa do Brasil e o Governo da República Francesa, de 18 de março de 1993).

Vê-se, portanto, que independente do tipo de tributo envolvido, há sempre a preservação do sigilo, tema constante nesses acordos e que diz respeito ao exercício da confiança depositada na Administração e que lhe é inerente.

4.6 Tratados de cooperação jurídica internacional

Os tratados de cooperação jurídica têm uma história de efetividade mais antiga do que os de mera cooperação administrativa. São em geral referidos na literatura como MLAT (*Mutual Legal Assistance Treaty*). Há acordos de cooperação jurídica em diversas matérias, destacando-se, no que diz respeito às informações tributárias, os tratados em matéria penal, civil e administrativa, podendo ser multilaterais, regionais ou bilaterais. Embora não seja usual, é possível a obtenção de informações em outros países com base nesses tratados,[44] sendo que alguns deles se referem à matéria tributária especificamente.[45] É evidente que, no âmbito de tratados dessa natureza, quando as solicitações são feitas por juiz do Estado-Parte requisitado, a questão do sigilo, fiscal ou bancário, fica minimizada.

5 Considerações finais

Do exposto, pode-se extrair que a troca de informações tributárias em nível internacional é uma necessidade para as Administrações Tributárias contemporâneas, que o sigilo bancário não pode ser oposto a essa prática, e que não há quebra de sigilo quando a Administração Tributária tem acesso a essas informações visto que se preserva o sigilo fiscal.

Embora sejam assuntos relevantes, não foram considerados aqui alguns aspectos importantes como a atual tendência de se desenvolver mecanismos bilaterais e multilaterais para especificamente promover a recuperação de débitos fiscais ou mesmo a troca automática de informações, que podem ser temas de outro artigo no futuro. Também não foram abordados assuntos conexos como a troca de informações para recuperação de ativos expatriados ilicitamente ou decorrentes de atividades ilícitas em geral.

Os temas do sigilo bancário e do sigilo fiscal no âmbito da troca de informações em nível internacional são de extrema importância. Pelo sistema financeiro transita tanto o dinheiro proveniente de atividades lícitas quanto de atividades ilícitas — e sonegação fiscal é atividade ilícita. Outro problema é do planejamento tributário feito com abuso, no campo da chamada elusão fiscal. A troca de informações tributárias

---

[44] Ver *passim* MINISTÉRIO DA JUSTIÇA. *Manual de cooperação internacional e recuperação de ativos*: cooperação em matéria penal. Brasília: Ministério da Justiça, 2008; e MINISTÉRIO DA JUSTIÇA. *Manual de cooperação internacional e recuperação de ativos*: cooperação em matéria civil. Brasília: Ministério da Justiça, 2008.

[45] É o caso do Protocolo de Assistência Jurídica Mútua em Assuntos Penais (âmbito do Mercosul) (promulgado pelo Decreto nº 3.468, de 17 de maio de 2000), que em seu art. 6º, §3º, alínea "c", prevê uma lista de provas (informações) que podem ser solicitadas ao outro Estado-Parte (inclusive a identificação e exame de bens a serem acautelados), mas que prevê em seu art. 5º, §1º, alínea "c", que o Estado-Parte *poderá* denegar assistência quando a solicitação se referir a delito tributário, e o §2º do mesmo artigo dispõe que a denegação deve ser fundamentada nos termos ali previstos.

é fundamental para a Administração Tributária verificar se as atividades dos contribuintes se enquadram nos conceitos correntes. A interposição de pessoas em diversas jurisdições internacionais de forma a mascarar a pessoa que verdadeiramente está a operar o desvirtuamento da formação dos lucros mediante medidas artificiosas são questões desse tipo que interessam a todas as Administrações Tributárias. Impedir que tais procedimentos ilícitos se alastrem é garantir o princípio da igualdade tributária, corolário do princípio da igualdade geral, e preservar a efetividade do princípio da capacidade contributiva, conforme está expresso no §1º do art. 145 da Constituição brasileira.

Referências

BORGES, Antônio de Moura Borges. O fornecimento de informações a administrações tributárias estrangeiras com base na cláusula da troca de informações, prevista em tratados internacionais sobre matéria tributária. Disponível em: <http://jus2.uol.com.br/doutrina/texto.asp?id=1611>. Acesso em: 10 dez. 2009.

BORGES, Antônio de Moura; KHOURY, Laila José Antônio. A troca de informações no âmbito de tratados internacionais sobre matéria tributária. *In*: CONGRESSO NACIONAL DO CONPEDI, 17, 2009, Brasília/DF. *Anais...* Brasília, 2008. p. 2531-2558.

GLOBAL Plan for Recovery and Reform: the Communiqué from the London Summit, Disponível em: <http://www.londonsummit.gov.uk/en/summit-aims/summit-communique/>. Acesso em: 12 dez. 2009.

HOLMES, Kevin. *International Tax Policy and Double Tax Treaties*: an Introduction to Principles and Application. Amsterdam: IBFD, 2007.

MINISTÉRIO DA JUSTIÇA. *Manual de cooperação internacional e recuperação de ativos*: cooperação em matéria civil. Brasília: Ministério da Justiça, 2008.

MINISTÉRIO DA JUSTIÇA. *Manual de cooperação internacional e recuperação de ativos*: cooperação em matéria penal. Brasília: Ministério da Justiça, 2008.

OCDE. Modelo de convenção fiscal sobre o rendimento e o patrimônio. versão condensada. *Cadernos de Ciência e Técnica Fiscal*, Lisboa n. 197, 2005.

OECD Committee on Fiscal Affairs. *Model Tax Convention on Income and Capital*: Condensed Version, 17 July 2008. Paris: OECD, 2008.

OECD. *Improving Access to Bank Information for Tax Purposes*: the 2007 Progress Report. Paris: OECD, 2007.

OECD. *Tax Co-operation 2009*: Towards a Level Playing Field (2009 Assessment by the Global Fórum on Transparency and Exchange of Information). Paris: OECD, 2009.

OECD. *The Convention on Mutual Administrative Assistance in Tax Matters*: Twentieth Anniversary Edition. Paris: OECD, 2008.

UNITED NATIONS. *Model Double Taxation Convention between Developed and Developing Countries*. New York: UN, 2001.

UNITED NATIONS. *The Global Economic Crisis*: Systemic Failures and Multilateral Remedies: Report by the Unctad Secretariat Task Force on Systemic Issues and Economic Cooperation. New York: UN, 2009.

VALADÃO, Marcos Aurélio Pereira. *Limitações constitucionais ao poder de tributar e tratados internacionais*. Belo Horizonte: Del Rey, 2000.

VALADÃO, Marcos Aurélio Pereira; GICO JR., Ivo Teixeira. The (Not So) Great Depression of the 21th Century and Its Impact on Brazil. *Law and Business Review of the Americas*, v. 16, n. 1, 2010.

VALENTE, Christiano Mendes Wolney. Verificação da constitucionalidade do acesso a informações submetidas ao sigilo bancário pela administração tributária federal. *Revista Fórum de Direito Tributário – RFDT*, Belo Horizonte, n. 15, ano 3, maio 2005.

Informação bibliográfica deste texto, conforme a NBR 6023:2002 da Associação Brasileira de Normas Técnicas (ABNT):

VALADÃO, Marcos Aurélio Pereira. Troca de informações com base em tratados internacionais e os sigilos fiscal e bancário. *In*: SARAIVA FILHO, Oswaldo Othon de Pontes; GUIMARÃES, Vasco Branco (Coord.). *Sigilos bancário e fiscal*: homenagem ao Jurista José Carlos Moreira Alves. Belo Horizonte: Fórum, 2011. p. 415-443. ISBN 978-85-7700-405-8.

Considerações acerca dos Sigilos Bancário e Fiscal, do Direito Fundamental de Inviolabilidade da Privacidade e do Princípio Fundamental da Supremacia do Interesse Público sobre o Privado

Aldemario Araujo Castro

Sumário: 1 Introdução – 2 Do sigilo fiscal – 2.1 Dificuldades e caminhos para a delimitação da extensão – 2.2 Legislação relacionada – 2.3 Extensão do sigilo fiscal – 2.4 Quebra e transferência do sigilo fiscal – 3 Do sigilo bancário – 3.1 Panorama atual – 3.2 O sigilo bancário e a inviolabilidade de dados – 3.3 O sigilo bancário e a privacidade – 4 Conclusões – Referências

1 Introdução

A ordem jurídica brasileira convive com uma peculiar tensão, de natureza inicialmente constitucional, entre a publicidade ou o amplo acesso às informações produzidas nos vários relacionamentos sociais e o sigilo ou restrição ao conhecimento de uma série de dados e fatos vinculados às pessoas naturais e jurídicas e suas atividades.

A tensão aludida assume magnitude mais acentuada quando o olhar do observador recai sobre o funcionamento de uma série de instrumentos e espaços tecnológicos potencializadores do acesso a todo tipo de informação pessoal e organizacional.[1] Não é sem razão que alguns falam em "morte da privacidade".

---

[1] "Numerati = membros de uma elite da ciência da computação, da matemática, focados em analisar todos os nossos passos em busca de padrões de comportamento que possam prever o que queremos comprar, em quem vamos votar, por quem vamos nos apaixonar, quais doenças teremos (...)/Todas as áreas da atividade humana — do consumo online e offline às atividades de lazer, passando pelas rotinas de trabalho e estilos de vida — oferecem dados que podem ser armazenados, cruzados e exaustivamente analisados em busca de informações que políticos, profissionais de marketing e do comércio ou instituições podem usar para tornar as suas atividades mais eficazes" (Apresentação do livro *Numerati* de Stephen Baker).

Nesse cenário mais amplo podem ser localizados os inúmeros e instigantes problemas relacionados com os sigilos bancário e fiscal. Com efeito, são majoritárias e crescentes as manifestações bancárias ou financeiras da vida econômica das pessoas naturais e jurídicas. Por outro lado, a atuação do Poder Público, notadamente na sua vertente tributária, acumula continuamente um enorme conjunto de dados e informações sobre os negócios e a situação econômico-financeira dos contribuintes.

Portanto, o trabalho de delimitação jurídica ou definição da extensão dos sigilos bancário e fiscal reveste-se de importância especial. Os espaços de resguardo dos dados e informações, as hipóteses de acesso, as vias institucionais de conhecimento e o tratamento quanto à guarda e compartilhamento de dados e informações críticas devem, em nome da segurança jurídica e do direito fundamental da inviolabilidade da privacidade, ser especificados com o mínimo de precisão. Tudo isso sem esquecer ou desconsiderar os inúmeros interesses, valores e visões em conflito em torno desses temas.

2 Do sigilo fiscal

2.1 Dificuldades e caminhos para a delimitação da extensão

Entre os vários mitos presentes no seio da Administração Tributária, assume peculiar relevo a forma de tratamento do sigilo fiscal.[2] Invariavelmente, aponta-se como protegida pelo referido sigilo toda e qualquer informação manuseada pelo Fisco que diga respeito direta ou indiretamente a determinada pessoa natural ou jurídica. Tal posição decorre, aparentemente, de uma interpretação imperfeita, embora corrente, do disposto no art. 198 do Código Tributário Nacional. Não raro empresta-se ao dispositivo em questão uma extensão não condizente com seus próprios termos e com o conjunto da ordem jurídica em vigor.

É certo que o tema "sigilo fiscal" não encontrou na doutrina e na jurisprudência uma delimitação mais precisa. Talvez por essa razão identifica-se aquela tendência interpretativa por parte dos diversos agentes integrantes dos órgãos da Administração Tributária.

A forma mais segura de se buscar a delimitação do instituto do "sigilo fiscal" consiste em pesquisar na ordem jurídica como um todo seus elementos balizadores. Em regra, a interpretação sistemática apresenta-se como o método hermenêutico mais rico, viabilizador, por excelência, da construção da melhor solução jurídica para fixação do conteúdo, do sentido e do alcance da norma jurídica.[3] No caso particular da tentativa de fixar a inteligência da regra do "sigilo fiscal", tal como posta no Código Tributário Nacional, a interpretação sistemática aparentemente é o único caminho

---

[2] A palavra "mito" é aqui utilizada com o sentido de "ideia falsa". Outro mito corrente no seio da Administração Tributária consiste na absoluta intangibilidade do contribuinte e seus débitos tão somente em função da propositura de ação judicial contra o Fisco.

[3] "As normas – sejam elas constitucionais ou infraconstitucionais – não podem ser interpretadas isoladamente. A boa hermenêutica nos aconselha uma interpretação conjunta" (Ministro Adhemar Maciel. REsp n 7.517). "O art. 98, do CTN, há de ser interpretado com base no panorama jurídico imposto pelo novo Sistema Tributário Nacional" (Ministro José Delgado. REsp n 90.871).

seguro a ser trilhado. Com efeito, parte da proteção propiciada pelo sigilo fiscal não deixa de ser, sob certo aspecto, um desdobramento do direito constitucional de inviolabilidade da intimidade e da vida privada. Por outro lado, são incontáveis as normas infraconstitucionais que tratam, das mais diversas formas, do acesso e da restrição a vários dados e informações das pessoas naturais e das empresas.

2.2 Legislação relacionada

A matriz legal para abordagem do tema, como ressaltado, está incrustada no art. 198 do Código Tributário Nacional. O dispositivo apresenta o seguinte formato, já com as mudanças operadas pela Lei Complementar nº 104, de 10 de janeiro de 2001:

> Art. 198. Sem prejuízo do disposto na legislação criminal, é vedada a divulgação, por parte da Fazenda Pública ou de seus servidores, de informação obtida em razão do ofício sobre a situação econômica ou financeira do sujeito passivo ou de terceiros e sobre a natureza e o estado de seus negócios ou atividades.
> §1º Excetuam-se do disposto neste artigo, além dos casos previstos no art. 199, os seguintes:
> I – requisição de autoridade judiciária no interesse da justiça;
> II – solicitações de autoridade administrativa no interesse da Administração Pública, desde que seja comprovada a instauração regular de processo administrativo, no órgão ou na entidade respectiva, com o objetivo de investigar o sujeito passivo a que se refere a informação, por prática de infração administrativa.
> §2º O intercâmbio de informação sigilosa, no âmbito da Administração Pública, será realizado mediante processo regularmente instaurado, e a entrega será feita pessoalmente à autoridade solicitante, mediante recibo, que formalize a transferência e assegure a preservação do sigilo.
> §3º Não é vedada a divulgação de informações relativas a:
> I – representações fiscais para fins penais;
> II – inscrições na Dívida Ativa da Fazenda Pública;
> III – parcelamento ou moratória.

Destacam-se, ainda, como extremamente relevantes para a delimitação da abrangência do sigilo fiscal, as seguintes regras constitucionais e infraconstitucionais:
   a) art. 5º, inciso X, da Constituição Federal ("são invioláveis a intimidade, a vida privada, a honra e a imagem das pessoas, assegurado o direito a indenização pelo dano material ou moral decorrente de sua violação");
   b) art. 5º, inciso XXIII, da Constituição Federal ("a propriedade atenderá a sua função social");
   c) art. 5º, inciso XXXIII, da Constituição Federal ("todos têm direito a receber dos órgãos públicos informações de seu interesse particular, ou de interesse coletivo ou geral, que serão prestadas no prazo da lei, sob pena de responsabilidade, ressalvadas aquelas cujo sigilo seja imprescindível à segurança da sociedade e do Estado");

d) art. 5º, inciso XXXIV, da Constituição Federal ("são a todos assegurados, independentemente do pagamento de taxas: a) o direito de petição aos Poderes Públicos em defesa de direitos ou contra ilegalidade ou abuso de poder; b) a obtenção de certidões em repartições públicas, para defesa de direitos e esclarecimento de situações de interesse pessoal");

e) art. 5º, inciso LX, da Constituição Federal ("a lei só poderá restringir a publicidade dos atos processuais quando a defesa da intimidade ou o interesse social o exigirem"). Esse comando inserido na Lei Maior tem viabilizado o entendimento, amplamente sufragado, de que o ajuizamento da execução fiscal publiciza a dívida em cobrança;

f) art. 170 ("A ordem econômica, fundada na valorização do trabalho humano e na livre iniciativa, tem por fim assegurar a todos existência digna, conforme os ditames da justiça social, observados os seguintes princípios: I – soberania nacional; II – propriedade privada; III – função social da propriedade; IV – livre concorrência; V – defesa do consumidor; VI – defesa do meio ambiente; VII – redução das desigualdades regionais e sociais; VIII – busca do pleno emprego; IX – tratamento favorecido para as empresas de pequeno porte constituídas sob as leis brasileiras e que tenham sua sede e administração no País");

g) art. 15, §1º, da Lei nº 9.492, de 10 de setembro de 1997[4] (publicação pela imprensa de edital intimando os devedores de títulos protestados);

h) arts. 176 e 289 da Lei nº 6.404, de 15 de dezembro de 1976 ("Art. 176. Ao fim de cada exercício social, a diretoria fará elaborar, com base na escrituração mercantil da companhia, as seguintes demonstrações financeiras, que deverão exprimir com clareza a situação do patrimônio da companhia e as mutações ocorridas no exercício: I – balanço patrimonial; II – demonstração dos lucros ou prejuízos acumulados; III – demonstração do resultado do exercício; e IV – demonstração das origens e aplicações de recursos. §1º As demonstrações de cada exercício serão publicadas com a indicação dos valores correspondentes das demonstrações do exercício anterior." "Art. 289. As publicações ordenadas pela presente Lei serão feitas no órgão oficial da União ou do Estado ou do Distrito Federal, conforme o lugar em que esteja situada a sede da companhia, e em outro jornal de grande circulação editado na localidade em que está situada a sede da companhia");

---

[4] "Art. 14. Protocolizado o título ou documento de dívida, o Tabelião de Protesto expedirá a intimação ao devedor, no endereço fornecido pelo apresentante do título ou documento, considerando-se cumprida quando comprovada a sua entrega no mesmo endereço./§1º A remessa da intimação poderá ser feita por portador do próprio tabelião, ou por qualquer outro meio, desde que o recebimento fique assegurado e comprovado através de protocolo, aviso de recepção (AR) ou documento equivalente./§2º A intimação deverá conter nome e endereço do devedor, elementos de identificação do título ou documento de dívida, e prazo limite para cumprimento da obrigação no Tabelionato, bem como número do protocolo e valor a ser pago./Art. 15. A intimação será feita por edital se a pessoa indicada para aceitar ou pagar for desconhecida, sua localização incerta ou ignorada, for residente ou domiciliada fora da competência territorial do Tabelionato, ou, ainda, ninguém se dispuser a receber a intimação no endereço fornecido pelo apresentante./§1º O edital será afixado no Tabelionato de Protesto e publicado pela imprensa local onde houver jornal de circulação diária./§2º Aquele que fornecer endereço incorreto, agindo de má-fé, responderá por perdas e danos, sem prejuízo de outras sanções civis, administrativas ou penais."

i) art. 80 da Lei nº 9.430, de 27 de dezembro de 1996[5] (caracteriza a "empresa inapta", por não apresentação de declarações fiscais, não localização ou não existência de fato, e dispõe sobre a publicidade da relação nominal das pessoas jurídicas consideradas inaptas). A legislação estabelece que não produzirá efeitos tributários o documento emitido por empresa declarada inapta, salvo comprovação, pelo interessado, da efetivação do pagamento e recebimento dos bens, direitos, mercadorias ou serviços correspondentes;

j) art. 1º da Lei Complementar nº 105, de 10 de janeiro de 2001 ("§3º Não constitui violação do dever de sigilo: I – a troca de informações entre instituições financeiras, para fins cadastrais, inclusive por intermédio de centrais de risco, observadas as normas baixadas pelo Conselho Monetário Nacional e pelo Banco Central do Brasil; II – o fornecimento de informações constantes de cadastro de emitentes de cheques sem provisão de fundos e de devedores inadimplentes, a entidades de proteção ao crédito, observadas as normas baixadas pelo Conselho Monetário Nacional e pelo Banco Central do Brasil; III – o fornecimento das informações de que trata o §2º do art. 11 da Lei nº 9.311, de 24 de outubro de 1996; IV – a comunicação, às autoridades competentes, da prática de ilícitos penais ou administrativos, abrangendo o fornecimento de informações sobre operações que envolvam recursos provenientes de qualquer prática criminosa; V – a revelação de informações sigilosas com o consentimento expresso dos interessados; VI – a prestação de informações nos termos e condições estabelecidos nos artigos 2º, 3º, 4º, 5º, 6º, 7º e 9º desta Lei Complementar");

---

[5] "Art. 80. As pessoas jurídicas que, embora obrigadas, deixarem de apresentar a declaração anual de imposto de renda por cinco ou mais exercícios, terão sua inscrição no Cadastro Geral de Contribuintes considerada inapta se, intimadas por edital, não regularizarem sua situação no prazo de sessenta dias contado da data da publicação da intimação./§1º No edital de intimação, que será publicado no Diário Oficial da União, as pessoas jurídicas serão identificadas apenas pelos respectivos números de inscrição no Cadastro Geral de Contribuintes./§2º Após decorridos noventa dias da publicação do edital de intimação, a Secretaria da Receita Federal fará publicar no Diário Oficial da União a relação nominal das pessoas jurídicas que houverem regularizado sua situação, tornando-se automaticamente inaptas, na data da publicação, as inscrições das pessoas jurídicas que não tenham providenciado a regularização./§3º A Secretaria da Receita Federal manterá nas suas diversas unidades, para consulta pelos interessados, relação nominal das pessoas jurídicas cujas inscrições no Cadastro Geral de Contribuintes tenham sido consideradas inaptas./Art. 81. Poderá, ainda, ser declarada inapta, nos termos e condições definidos em ato do Ministro da Fazenda, a inscrição da pessoa jurídica que deixar de apresentar a declaração anual de imposto de renda em um ou mais exercícios e não for localizada no endereço informado à Secretaria da Receita Federal, bem como daquela que não exista de fato./ §1º Será também declarada inapta a inscrição da pessoa jurídica que não comprove a origem, a disponibilidade e a efetiva transferência, se for o caso, dos recursos empregados em operações de comércio exterior./§2º Para fins do disposto no §1º, a comprovação da origem de recursos provenientes do exterior dar-se-á mediante, cumulativamente: I – prova do regular fechamento da operação de câmbio, inclusive com a identificação da instituição financeira no exterior encarregada da remessa dos recursos para o País; II – identificação do remetente dos recursos, assim entendido como a pessoa física ou jurídica titular dos recursos remetidos./§3º No caso de o remetente referido no inciso II do §2º ser pessoa jurídica deverão ser também identificados os integrantes de seus quadros societário e gerencial./§4º O disposto nos §§2º e 3º aplica-se, também, na hipótese de que trata o §2º do art. 23 do Decreto-Lei no 1.455, de 7 de abril de 1976./Art. 82. Além das demais hipóteses de inidoneidade de documentos previstos na legislação, não produzirá efeitos tributários em favor de terceiros interessados, o documento emitido por pessoa jurídica cuja inscrição no Cadastro Geral de Contribuintes tenha sido considerada ou declarada inapta./Parágrafo único. O disposto neste artigo não se aplica aos casos em que o adquirente de bens, direitos e mercadorias ou o tomador de serviços comprovarem a efetivação do pagamento do preço respectivo e o recebimento dos bens, direitos e mercadorias ou utilização dos serviços."

k) art. 11 do Decreto-Lei nº 1.893, de 16 de dezembro de 1981 ("O Registro da Dívida Ativa da União é público, dele podendo ser extraídas as certidões negativas ou positivas, requeridas por qualquer pessoa, física ou jurídica, para defesa de direitos ou esclarecimentos de situações").

O apanhado de normas aqui realizado, que decididamente não esgota a produção legislativa direta e indiretamente relacionada com a matéria, fornece os elementos necessários para a demarcação do campo de abrangência do sigilo fiscal. São os valores e vetores interpretativos, deduzidos do trabalho do legislador, que permitem, com um mínimo de segurança, afastando raciocínios arbitrários e meramente subjetivos, desbravar os caminhos deste instigante tema.

2.3 Extensão do sigilo fiscal

As primeiras considerações a serem realizadas dizem respeito ao *status* parcialmente constitucional do sigilo fiscal como desdobramento dos direitos à inviolabilidade da intimidade e da vida privada.

Nesse sentido, a adequada compreensão do objeto da proteção constitucional da intimidade e da vida privada apresenta-se como antecedente lógico e de verificação necessária para o debate em torno do sigilo fiscal.

A Constituição "não protege" a chamada "vida pública". Assim, as informações decorrentes das relações pessoais processadas em espaço público, tais como o trabalho e a escola, onde os demais sujeitos relacionados não são, em regra, eleitos ou escolhidos pelo indivíduo, não são destinatárias da proteção constitucional.

Por outro lado, o Texto Maior veicula importantíssima proteção à intimidade, entendida como uma esfera pessoal de segredo, como um espaço individual impenetrável por terceiros, quaisquer que sejam os terceiros. São dados ou informações que dizem respeito única e exclusivamente a cada indivíduo destinatário do direito constitucional. Nesse espaço podem ser encontrados, como meras exemplificações, memórias, projetos, aspirações, desejos, intenções, recordações, diários, anotações pessoais, entre outros.

A proteção constitucional também se estende para um plano intermediário entre a intimidade e a vida pública: a vida privada. Aqui se cogita, em regra, dos dados ou informações surgidos a partir de relações estabelecidas entre o indivíduo e terceiros por aquele escolhidos (familiares e amigos mais próximos). Trata-se de relações, aspirações e lembranças familiares, projetos comuns com amigos, iniciativas no âmbito de grupos informalmente fechados, entre outros.

Assim, todas as vezes que a Administração Tributária, no estrito e regular exercício de suas competências ou atribuições, identificar, localizar ou conseguir dados ou informações enquadráveis como elementos da intimidade ou da vida privada de pessoas naturais ou empresas deverá mantê-las (também) sob sigilo (fiscal). Afinal, um dos sentidos do sigilo fiscal consiste em resguardar, no seio da Administração Pública, com vistas a prestigiar direito fundamental inscrito na Constituição, os elementos de intimidade e de vida privada de terceiros.

Vale consignar que a noção de vida privada, pelo menos, abrange as empresas (ou pessoas jurídicas). Não há como negar que as formas específicas de organização e administração, modelos de negócios e outros elementos nessa linha não são dados ou informações públicas e, por conseguinte, não são acessíveis a terceiros.[6]

Por outro lado, verifica-se, sem maiores dificuldades, a partir dos elementos legislativos antes destacados, que a publicidade do registro de débitos e mesmo da situação econômico-financeira de pessoas físicas e jurídicas em vários casos é perfeitamente lícita (item "e", por exemplo). Em algumas situações chega a ser cogente ou obrigatória a divulgação ou publicidade da existência de dívidas e da situação econômico-financeira de pessoas naturais e empresas (itens "g", "h" e "i", por exemplo).

A divulgação, possível ou cogente, de dívidas e da situação econômico-financeira, notadamente de empresas, está em perfeita consonância com a diretriz constitucional de que a propriedade (ou atividade econômica) atenderá a sua função social. Com efeito, considerando as múltiplas relações sociais mantidas pelas empresas, envolvendo os fornecedores, os consumidores, o Fisco (tributação para financiamento das ações de interesse público), entre outros, não seria razoável que a saudável continuidade da atividade econômica, de interesse desses terceiros, fosse algo destinado ao mundo das sombras ou do desconhecido.

A divulgação, salvo exceções (itens "h" e "i", por exemplo), não significa ampla publicidade ou disponibilidade dos dados ou informações fiscais para qualquer pessoa, com qualquer objetivo. A divulgação válida juridicamente é aquela realizada para aquele que demonstre legítimo interesse jurídico (critério decorrente do "discurso" constitucional previsto no art. 5º, incisos XXXIII e XXXIV). Em outras palavras, é possível prestar informações fiscais para aquele que exercitará, com e a partir da informação, um direito consagrado na ordem jurídica em vigor. Nesse sentido é o comando inserto no art. 11 do Decreto-Lei nº 1.893, de 1981 (item "l"), quanto à Dívida Ativa da União, consagrado pela Lei Complementar nº 104, de 2001, ao modificar os termos do art. 198 do Código Tributário Nacional. Alguns exemplos podem ser figurados. O licitante pode obter informações acerca da existência de dívidas do concorrente (para eventual inabilitação daquele, por conta do disposto nos arts. 27, 29 e 31 da Lei nº 8.666, de 21 de junho de 1993). O adquirente de bens pode levantar o eventual rol de dívidas em nome do alienante (para não incorrer nas consequências da responsabilidade tributária por sucessão inscrita no art. 131, inciso I, do CTN, ou da fraude à execução, prevista no art. 185 do mesmo CTN).

A entrega da informação fiscal para aquele que demonstre legítimo interesse jurídico encontra fundamento no art. 5º, incisos XXXIII e XXXIV, da Constituição Federal, como ressaltado, e, importa sublinhar, na ausência de direitos absolutos.[7]

---

[6] Nessa linha foi a manifestação do Ministro Ilmar Galvão na Ação Penal nº 307-3-DF: "Aliás, nos tempos modernos, em que todos os trabalhos datilográficos das empresas é realizado por meio de digitação, a invasão da memória dos computadores implica fatalmente a quebra do sigilo não apenas de dados em geral, desde os relativos a simples agenda até os relacionados a fórmulas e cálculos, mas também de toda correspondência, epistolar e telegráfica, em relação aos quais o manto constitucional é de natureza absoluta, já que não deixou espaço reservado ao trabalho normativo do legislador ordinário, como se fez com as comunicações telefônicas (...) estava diante de dados estritamente particulares, cuja disponibilidade não era compartilhada senão pelos titulares da empresa (...)".

[7] "Modernamente, os direitos não são absolutos, sendo o seu exercício limitado à sua função social e econômica" (RIBEIRO, Ricardo Lodi. O abuso de direito no planejamento fiscal e a cláusula geral antielisiva. In: Mini reforma tributária: reflexões sobre a Lei nº 10.637/2002. Belo Horizonte: Mandamentos, 2003. p. 332). Nesse rumo, não vislumbramos a realização de função social na manutenção do direito de sigilo em detrimento do exercício de direito de terceiro expressamente previsto na ordem jurídica.

Com efeito, a eventual tensão entre a manutenção da informação fiscal em sigilo e o seu conhecimento estrito para exercício de direito consagrado na ordem jurídica resolve-se pela entrega ou fornecimento da informação para aquele fim específico, sendo punidos, na forma própria, os abusos acaso cometidos.[8]

O manuseio de dados ou informações fiscais de terceiros para o exercício de legítimo interesse jurídico ganha foros de fundamental importância quando se trata de desempenho de atribuições institucionais. Flagra-se, nesses casos, a materialização do princípio da supremacia do interesse público consistente na apuração e punição de ilícitos, realização da isonomia tributária, entre outros fins altamente nobres.[9] Com efeito, não há como recusar a prestação de informações para instruir: a) inquérito policial devidamente instaurado; b) investigação e denúncia a ser formulada pelo Ministério Público; c) processo administrativo disciplinar, em sentido amplo, devidamente instaurado pela autoridade competente; d) troca de informações de interesse fiscalizatório ou arrecadatório entre as Administrações Tributárias; ou e) procedimento administrativo de localização de bens e direitos para efeito de recuperação judicial de créditos públicos não pagos.

Não parece aceitável, por outro lado, a iniciativa da Administração Tributária de publicar ou divulgar amplamente listas de devedores. A referida conduta não estaria em consonância com o princípio da proporcionalidade ou razoabilidade, notadamente quanto ao critério da adequação ou conformidade. Afinal, a dita publicidade não concorreria para a realização da finalidade legal de recuperação dos créditos, antes para criar uma situação desnecessária de tensão e constrangimento.[10]

2.4 Quebra e transferência do sigilo fiscal

A ordem jurídica em vigor consagra explicitamente, no tocante à entrega ou liberação de dados ou informações sigilosas para terceiros, as figuras da quebra e da transferência. O art. 1º, §4º, da Lei Complementar nº 105, de 2001, menciona expressamente a quebra do sigilo bancário para apuração da ocorrência de qualquer ilícito.[11] Já o art. 5º, §2º, do mesmo diploma legal, trata explicitamente da transferência

---

[8] Caracteriza-se como ato ilícito ("quebra ilícita") a divulgação, mediante repasse ou acesso amplo, notadamente pela imprensa, de dado ou informação sigilosa por qualquer pessoa que detenha de forma legítima o dado ou informação.

[9] "A competência do Ministério Público no concernente à requisição de informações e documentos de quaisquer órgãos da Administração, independentemente de hierarquia, advém de sede constitucional e visa ao interesse público que se sobrepõe a qualquer outro (a fim de que possíveis fatos constitutivos de crimes sejam apurados), pondo-lhe, a Lei Maior, à disposição, instrumentos eficazes para o exercício das atribuições constitucionalmente conferidas (...) resulta, daí, que as suas atividades (do Ministério Público) se revestem de interesse público relevante — oponível a qualquer outro — que deve ser cuidado com previdência, eis que a outorga desse poder constitui reflexo de suas prerrogativas institucionais (...) É entendimento assente na doutrina que o Ministério Público, em face da legislação vigente, tem acesso até mesmo às informações sob sigilo, não sendo lícito qualquer autoridade opor-lhe tal exceção" (STJ. 1ª. Seção. Mandado de Segurança n 5.370-DF. Relator Ministro Demócrito Reinaldo. Julgado em 12 de novembro de 1997).

[10] "RECURSO ESPECIAL. DIREITO TRIBUTÁRIO-FISCAL. ART. 198 – CTN. I – Não se admite, na forma da lei, a qualquer pretexto, a divulgação pública da situação econômica-financeira dos sujeitos passivos em relação a Fazenda Pública. II – Tal ato, cometido pelo Poder Público, tem conotação execrante ou de descrédito, não admitido pela lei. III – Recurso conhecido e provido" (STJ. 1ª. Turma. ROMS no 800-GO. Relator Ministro Pedro Acioli. Julgado em 10 de abril de 1991).

[11] "§4º A quebra de sigilo poderá ser decretada, quando necessária para apuração de ocorrência de qualquer ilícito, em qualquer fase do inquérito ou do processo judicial, e especialmente nos seguintes crimes: I – de

de informações bancárias sigilosas.[12] Não há razões plausíveis para que as figuras mencionadas não sejam aplicáveis no âmbito do sigilo fiscal. No caso da transferência, o art. 198, §2º, do Código Tributário Nacional, conforme redação ofertada pela Lei Complementar nº 104, de 2001, menciona expressamente o expediente.

Identificam-se, assim, três possibilidades de entrega de dados ou informações fiscais para terceiros: a) quebra ilícita; b) quebra lícita; e c) transferência.

No caso de quebra ilícita, entrega-se a terceiro informação sigilosa desinteressante (juridicamente) para o terceiro (como aquelas qualificadas constitucionalmente como relacionadas com a intimidade ou a vida privada) ou entrega-se informação sem substrato em interesse jurídico legítimo. A quebra lícita significa a entrega a terceiro de informação fiscal com base em demonstração de interesse jurídico legítimo (decorrente de direito demonstrado). Por fim, a transferência implica na entrega de informações fiscais para o exercício de atribuições institucionais consagradas na ordem jurídica, afastada a possibilidade de uso diverso e divulgação para terceiros (art. 198, §2º, do Código Tributário Nacional).

Seria mais apropriado, em linha de divergência com o discurso do legislador, denominar as três figuras de: a) quebra (para as ocorrências ilícitas); b) acesso (para as situações consonantes com a legalidade); e c) transferência (com conteúdo idêntico ao já referido). Com efeito, o termo "quebra" veicula a noção de uso de força ou violência, além de possuir a acepção de infração, transgressão ou violação.

3 Do sigilo bancário

3.1 Panorama atual

Com a edição da Lei Complementar nº 105, de 10 de janeiro de 2001, o debate acerca do sigilo bancário assumiu proporções não experimentadas anteriormente. Pelo menos três ações diretas de inconstitucionalidade foram propostas perante o Supremo Tribunal Federal perseguindo o afastamento da ordem jurídica nacional de vários dispositivos do citado diploma legal.[13]

De um lado, a então Secretaria da Receita Federal divulgou dados estarrecedores,[14] tais como:

a) 62 pessoas físicas que declararam perante a Receita Federal suas condições de isentas de imposto de renda tiveram movimentação financeira anual acima de R$10 milhões, totalizando R$11,03 bilhões;

b) 139 pessoas físicas omissas perante a Receita Federal tiveram movimentação financeira anual acima de R$10 milhões, totalizando R$28,92 bilhões;

---

terrorismo; II – de tráfico ilícito de substâncias entorpecentes ou drogas afins; III – de contrabando ou tráfico de armas, munições ou material destinado a sua produção; IV – de extorsão mediante seqüestro; V – contra o sistema financeiro nacional; VI – contra a Administração Pública; VII – contra a ordem tributária e a previdência social; VIII – lavagem de dinheiro ou ocultação de bens, direitos e valores; IX – praticado por organização criminosa."

[12] "§2º As informações transferidas na forma do caput deste artigo restringir-se-ão a informes relacionados com a identificação dos titulares das operações e os montantes globais mensalmente movimentados, vedada a inserção de qualquer elemento que permita identificar a sua origem ou a natureza dos gastos a partir deles efetuados."

[13] Ações Diretas de Inconstitucionalidade nºs 2.386, 2.390, 2.397.

[14] Informação para a imprensa nº 123, de 2000. Secretaria da Receita Federal. Análise estatística do cruzamento de informações da CPMF e do Imposto de Renda.

c) 45 pessoas jurídicas incluídas no SIMPLES (pressupõe receita bruta anual inferior a R$120 mil) tiveram movimentação financeira anual acima de R$100 milhões, totalizando R$53,21 bilhões;

d) 46 pessoas jurídicas que declararam perante a Receita Federal suas condições de isentas de imposto de renda tiveram movimentação financeira anual acima de R$100 milhões, totalizando R$18,39 bilhões;

e) 139 pessoas jurídicas omissas perante a Receita Federal tiveram movimentação financeira anual acima de R$100 milhões, totalizando R$70,96 bilhões.

Ainda nessa linha, existe um nítido movimento internacional no sentido da flexibilização do sigilo bancário sem intermediação do Poder Judiciário. As razões justificadoras dessa tendência, envolvendo países como os Estados Unidos,[15] a Espanha,[16] a França,[17] a Bélgica,[18] a Holanda,[19] entre outros, repousam na necessidade de combate à lavagem de dinheiro oriundo de práticas criminosas[20] e de viabilização, em novos patamares, da fiscalização e arrecadação tributárias.

Por outro lado, importantes vozes do empresariado e dos meios jurídicos manifestaram veemente irresignação contra o que seria a "quebra" do sigilo bancário em afronta aos direitos de intimidade, vida privada e sigilo de dados, todos consagrados na Constituição (art. 5º, incisos X e XII).[21]

Percebe-se, como afirmado no início deste escrito, que aqui, no trato do sigilo bancário, assim com ali, no trato do sigilo fiscal, o debate gira em torno, essencialmente,

---

[15] "Os Estados Unidos são o protótipo do Estado Liberal, entretanto, por questões fiscais, toda a operação bancária que envolva quantia superior a US$10.000,00 (dez mil dólares) deve ser imediatamente comunicada ao Tesouro" (ROQUE, Maria José Oliveira Lima. *Sigilo bancário e direito à intimidade*. Curitiba: Juruá, 2001. p. 99).

[16] "Na Espanha os Bancos são obrigados a encaminhar ao Ministério da Fazenda, no início do ano, a relação de suas contas correntes e valores mobiliários, além de prestar outras informações necessárias para fins de tributação" (ROQUE, Maria José Oliveira Lima. *Sigilo bancário e direito à intimidade*. Curitiba: Juruá, 2001. p. 105).

[17] "Na França, o Código Geral de Impostos e outras leis permitem que os agentes fiscais franceses tenham acesso a documentos confidenciais em poder das empresas privadas, como Bancos e estabelecimentos congêneres, sendo vedado, nos termos do art. 2.006, revelar a terceiros as informações obtidas a respeito da situação patrimonial do contribuinte" (ROQUE, Maria José Oliveira Lima. *Sigilo bancário e direito à intimidade*. Curitiba: Juruá, 2001. p. 104).

[18] "Na Bélgica, a Lei de 20.11.62, que procedeu a reforma tributária, outorgou à administração a faculdade de requisitar informações às instituições financeiras sobre a situação econômica, operações realizadas e saldo das contas dos contribuintes. Existe também a Lei de 06.10.44 que obriga os Bancos a comunicarem, por lista nominal, ao Banco Nacional e à Comissão Bancária todos os créditos e empréstimos no valor igual ou superior a um milhão de francos. Também na Alemanha o sigilo bancário desaparece ante as autoridades fiscais" (ROQUE, Maria José Oliveira Lima. *Sigilo bancário e direito à intimidade*. Curitiba: Juruá, 2001. p. 104).

[19] "Na Holanda, a situação é semelhante. A Lei Geral de Contribuições ao Estado, de 02.07.59, dispõe expressamente que os Bancos não podem opor-se ao fornecimento de informações ao fisco" (ROQUE, Maria José Oliveira Lima. *Sigilo bancário e direito à intimidade*. Curitiba: Juruá, 2001. p. 104).

[20] Segundo estimativas das Nações Unidas, o comércio mundial de drogas ilegais atinge US$500 bilhões anuais, gerando um gigantesco movimento de lavagem financeira de dinheiro que envolve mais de 1 milhão de empresas-laranja. Já segundo o FMI, cerca de 8% das transações financeiras internacionais são realizadas com dinheiro proveniente da economia ilegal.

[21] "Art. 5º Todos são iguais perante a lei, sem distinção de qualquer natureza, garantindo-se aos brasileiros e aos estrangeiros residentes no País a inviolabilidade do direito à vida, à liberdade, à igualdade, à segurança e à propriedade, nos termos seguintes: (...) X – são invioláveis a intimidade, a vida privada, a honra e a imagem das pessoas, assegurado o direito a indenização pelo dano material ou moral decorrente de sua violação; (...) XII – é inviolável o sigilo da correspondência e das comunicações telegráficas, de dados e das comunicações telefônicas, salvo, no último caso, por ordem judicial, nas hipóteses e na forma que a lei estabelecer para fins de investigação criminal ou instrução processual penal;"

do direito fundamental à privacidade e de sua extensão, notadamente diante de certos interesses públicos, em particular o desenvolvimento das atividades fiscalizatórias e arrecadatórias do Estado e o combate à criminalidade.

3.2 O sigilo bancário e a inviolabilidade de dados

Uma das primeiras objeções levantadas contra o acesso aos dados das movimentações bancárias foi construída a partir do sigilo de dados (art. 5º, inciso XII, da Constituição). Refuta-se, com acerto, que a Carta Magna inviabiliza a interceptação da comunicação de dados, mas não proíbe o acesso aos dados em si, desde que seja empregado o procedimento adequado para conhecimento das informações.[22]

Prevalecendo uma interpretação literal do dispositivo em questão, não seria possível acessar qualquer tipo de informação (não só bancária ou fiscal), mesmo com intervenção judicial, somente necessária e possível para afastar a inviolabilidade nos casos de comunicação telefônica.

Nessa curiosa e inusitada linha de raciocínio, todo e qualquer dado, em qualquer meio ou veículo, estaria imune ao conhecimento alheio (do Estado-Juiz, do Estado-Polícia, do Estado-Fisco ou de quem quer que seja). Trata-se de uma conclusão absurda, que deve ser afastada do palco dos debates. Uma das mais insólitas consequências dessa definição, para explicitar somente uma, seria a impossibilidade do Fisco conhecer de livros e documentos fiscais nos estabelecimentos dos contribuintes por estar transgredindo a suposta inviolabilidade dos dados, referidos genericamente pela norma, sem qualquer restrição quanto à natureza, qualidade ou local de armazenamento.

3.3 O sigilo bancário e a privacidade

O âmago dos debates acerca da preservação do sigilo bancário gira em torno dos direitos à incolumidade da intimidade e da vida privada (art. 5º, inciso X, da Constituição). Curiosamente, as manifestações contrárias à dita "quebra" do sigilo bancário *não* se detêm na análise e demonstração de como o conhecimento de operações bancárias ou financeiras efetivamente afronta os direitos ou garantias antes referidos.

---

[22] "Não entendo que se cuide de garantia com status constitucional. Não se trata da 'intimidade' protegida no inciso X do art. 5º da Constituição Federal. Da minha leitura, no inciso XII da Lei Fundamental, o que se protege, e de modo absoluto, até em relação ao Poder Judiciário, é a comunicação 'de dados' e não os 'dados', o que tornaria impossível qualquer investigação administrativa, fosse qual fosse". Trecho do voto do Ministro Sepúlveda Pertence no Mandado de Segurança n 21.429-4-DF. "Passa-se, aqui, que o inciso XII não está tornando inviolável o dado da correspondência, da comunicação, do telegrama. Ele está proibindo a interceptação da comunicação dos dados, não dos resultados. Essa é a razão pela qual a única interceptação que se permite é a telefônica, pois é a única a não deixar vestígios, ao passo que nas comunicações por correspondência telegráfica e de dados é proibida a interceptação porque os dados remanescem; eles não são rigorosamente sigilosos, dependem da interpretação infraconstitucional para poderem ser abertos. O que é vedado de forma absoluta é a interceptação da comunicação da correspondência, do telegrama. Por que a Constituição permitiu a interceptação da Comunicação telefônica? Para manter os dados, já que é a única em que, esgotando-se a comunicação, desaparecem os dados. Nas demais, não se permite porque os dados remanescem, ficam no computador, nas correspondências etc" Trecho do voto do Ministro Nelson Jobim no Recurso Extraordinário nº219.780-PE.

Com efeito, em *algumas* operações ou situações de natureza financeira, seria possível identificar traços ou elementos reveladores da forma de vida, costumes, preferências ou planos das pessoas (esfera de sua conduta e modo de ser não realizada perante a comunidade). Os destinatários de pagamentos ou a origem de recursos, por exemplo, podem indicar o estilo de vida e as relações pessoais de determinado cidadão.

Entretanto, na maior parte das operações bancárias ou financeiras não existe nenhuma, por menor que seja, possibilidade de conhecimento da esfera da vida privada e intimidade de alguém. Alguns exemplos são esclarecedores: a) depósito à vista realizado pelo próprio titular da conta; b) resgate em conta de depósito realizado pelo próprio titular da conta; c) aplicação em fundo de investimento e d) aquisições de moeda estrangeira. Nesses casos, eventos isolados, objetivos, padrões comerciais impessoais, emergem, só e somente só, um dado contábil ou quantitativo.

Assim, se de um lado não assiste razão aos que sustentam não ser o tema constitucional;[23] de outra banda, também não é possível afirmar ser o tema completamente ou integralmente constitucional. É correto consignar, isto sim, que certas e determinadas operações podem, em função de sua conformação, revelar ou indicar aspectos do modo de vida de alguém. Entretanto, mesmo essas operações somente viabilizam esse conhecimento quando vistas além do mero dado quantitativo. Nesse círculo limitado, do dado meramente contábil, não há espaço para invasão da intimidade ou privacidade. Um débito em conta corrente, a título de ilustração, tanto pode ter sido realizado para viabilizar uma doação a um moribundo quanto para remunerar o autor material de um crime. O dado numérico em si nada revela em relação ao detentor da conta bancária.

Verifica-se, portanto, a inafastável necessidade de confrontar cada tipo de operação bancária ou financeira com os direitos à intimidade e vida privada. Somente o aspecto qualitativo de cada uma delas, até porque o dado numérico ou contábil em si não revela costumes ou preferências pessoais, poderá ter relação com os direitos inscritos na Constituição. A conclusão irrecusável, a partir da análise proposta, aponta para:

    a) ausência de invasão da intimidade ou vida privada nas operações isoladas, objetivas e impessoais;

    b) ausência de violação da intimidade ou vida privada nas operações que envolvem terceiros, quando conhecido tão somente o dado numérico ou contábil nela presente;

    c) possibilidade de ingresso em indicadores da intimidade e vida privada de alguém nas operações que envolvem terceiros quando conhecido o "lado" qualitativo nelas presentes.

---

[23] "A quebra do sigilo bancário não afronta o artigo 5º, X e XII da Constituição Federal (Precedente: PET. 577). STF. Pleno. Agravo Regimental em Inquérito nº 897-DF. Relator Ministro Francisco Rezek./Parece-me, antes de qualquer coisa que a questão jurídica trazida à Corte neste mandado de segurança não tem estrutura constitucional. Tudo quanto se estampa na própria Carta de 1988 são normas que abrem espaço ao tratamento de determinados temas pela legislação complementar. É neste terreno, pois, e não daquele da Constituição da República, que se consagra o instituto do sigilo bancário – do qual se repetiu ad nauseam, neste país e noutros, que não tem caráter absoluto". Trecho do voto do Ministro Francisco Rezek no Mandado de Segurança n 21.429-4-DF.

Nessa linha de raciocínio, a regra do art. 5º da Lei Complementar nº 105/2001 não pode ser inquinada de inconstitucional.[24] Como as operações bancárias são comunicadas ao Fisco em "(...) montantes globais mensalmente movimentados, vedada a inserção de qualquer elemento que permita identificar a sua origem ou a natureza dos gastos a partir deles efetuados", conforme cláusula explícita naquele comando legal, não subsiste a menor possibilidade de invasão da intimidade ou vida privada das pessoas com o conhecimento tão somente de valores, de dados numéricos, frias quantidades.

Toda discussão envolvendo a intimidade e vida privada de pessoas não pode fugir da análise cuidadosa da existência e extensão, se for o caso, desses direitos para as empresas. Observe-se que a Constituição exige autorização judicial para a busca domiciliar (art. 5º, inciso XI).[25] Por outro lado, não subsiste dúvida quanto à possibilidade de o Fisco realizar, por sua iniciativa exclusiva e independentemente de autorização, diligências e verificações no ambiente físico dos estabelecimentos empresariais. Portanto, a diferença é flagrante. Admitindo, como se admite, a manifestação de vida privada nas pessoas jurídicas, consistindo em práticas comerciais específicas, padrões organizatórios, e outros nesse rumo, não se pode dar a essas o mesmo *status* e proteção jurídica da vida privada das pessoas naturais. No sentido dessas considerações, há notícia de que o Tribunal Constitucional espanhol distingue a intimidade pessoal da intimidade econômica.

Importa ainda ressaltar que o conhecimento das operações bancárias pelo Fisco não significa quebra (ilícita) do sigilo bancário. A ideia de quebra (ilícita) está relacionada com a comunicação ou informação prestada a terceiros, de forma ampla, dos dados protegidos. Não há quebra (ilícita) quando as informações são transferidas, por razões juridicamente aceitáveis, com a manutenção do traço sigiloso por parte do novo conhecedor. Assim, quando o Fisco toma conhecimento de informações

---

[24] "Art. 5º O Poder Executivo disciplinará, inclusive quanto à periodicidade e aos limites de valor, os critérios segundo os quais as instituições financeiras informarão à administração tributária da União, as operações financeiras efetuadas pelos usuários de seus serviços./§1º Consideram-se operações financeiras, para os efeitos deste artigo: I – depósitos à vista e a prazo, inclusive em conta de poupança; II – pagamentos efetuados em moeda corrente ou em cheques; III – emissão de ordens de crédito ou documentos assemelhados; IV – resgates em contas de depósitos à vista ou a prazo, inclusive de poupança; V – contratos de mútuo; VI – descontos de duplicatas, notas promissórias e outros títulos de crédito; VII – aquisições e vendas de títulos de renda fixa ou variável; VIII – aplicações em fundos de investimentos; IX – aquisições de moeda estrangeira; X – conversões de moeda estrangeira em moeda nacional; XI – transferências de moeda e outros valores para o exterior; XII – operações com ouro, ativo financeiro; XIII – operações com cartão de crédito; XIV – operações de arrendamento mercantil; e XV – quaisquer outras operações de natureza semelhante que venham a ser autorizadas pelo Banco Central do Brasil, Comissão de Valores Mobiliários ou outro órgão competente./§2º As informações transferidas na forma do *caput* deste artigo restringir-se-ão a informes relacionados com a identificação dos titulares das operações e os montantes globais mensalmente movimentados, vedada a inserção de qualquer elemento que permita identificar a sua origem ou a natureza dos gastos a partir deles efetuados./§3º Não se incluem entre as informações de que trata este artigo as operações financeiras efetuadas pelas administrações direta e indireta da União, dos Estados, do Distrito Federal e dos Municípios./§4º Recebidas as informações de que trata este artigo, se detectados indícios de falhas, incorreções ou omissões, ou de cometimento de ilícito fiscal, a autoridade interessada poderá requisitar as informações e os documentos de que necessitar, bem como realizar fiscalização ou auditoria para a adequada apuração dos fatos./§5º As informações a que refere este artigo serão conservadas sob sigilo fiscal, na forma da legislação em vigor."

[25] "XI – a casa é asilo inviolável do indivíduo, ninguém nela podendo penetrar sem consentimento do morador, salvo em caso de flagrante delito ou desastre, ou para prestar socorro, ou, durante o dia, por determinação judicial;"

financeiras dos contribuintes, não o faz com o intuito ou com o fim de divulgá-las para terceiros. Pelo contrário, todos os agentes fiscais estão obrigados a resguardar as informações manuseadas, sob pena responsabilidade penal e administrativa.

Nesse ponto é preciso tratar da chamada *reserva constitucional de jurisdição*. Esse seria um postulado no sentido da submissão de determinadas decisões ao âmbito exclusivo de ação dos magistrados. Vários juristas inserem o conhecimento de informações bancárias ou financeiras na referida reserva constitucional. Tal inserção, no entanto, não se sustenta, sequer resistindo ao crivo da análise a partir do próprio texto constitucional e do sistema jurídico por ele inaugurado.

Com efeito, a ordem jurídica pátria estabelece que o Poder Judiciário será competente para apreciar ameaças e lesões a direitos. Assim, em regra, o juiz será chamado para apreciar atos já praticados (mesmo no caso de ameaça, atos indicadores de uma provável lesão de direitos). Não subsiste como atividade normal do magistrado autorizar a prática de atos. Entretanto, para algumas matérias o constituinte entendeu necessária a autorização judicial, dada a relevância dos bens jurídicos envolvidos. Assim, identifica-se a necessidade de prévia manifestação judicial para: a) busca domiciliar (art. 5º, inciso XI); b) interceptação de comunicações telefônicas (art. 5º, inciso XII) e c) prisão, fora do flagrante (art. 5º, inciso LXI). Nesses casos, a Constituição expressamente exige a intervenção judicial preliminar. Esse aspecto, sublinhe-se, é fundamental. A reserva constitucional de jurisdição *reclama explícita menção*, na medida em que foge aos parâmetros normais da atuação judicial.[26] Em assim sendo, não definiu o constituinte a necessidade de autorização judicial, e somente judicial, para acesso às informações bancárias e financeiras do contribuinte. Ao contrário, a Constituição foi explícita em viabilizar o acesso do Fisco ao patrimônio, aos rendimentos e às atividades econômicas do contribuinte (art. 145, §1º).

A cláusula final do art. 145, §1º, da Constituição, não reforça a inacessibilidade aos dados bancários ou financeiros, como querem alguns. As expressões "respeitados os direitos individuais e nos termos da lei" procuram resguardar o contribuinte em dois sentidos: a) para as informações relacionadas com sua vida privada, em relação à não divulgação ou conhecimento amplo das mesmas; e b) na fixação de regras de organização e procedimento das ações fiscais quando voltadas para identificação de manifestações econômicas tributáveis.

Mas as vozes irresignadas insistem em que o Fisco não pode conhecer essas informações. Afirmam, reafirmam, teimam que o acesso às informações financeiras pela Administração Tributária seria o mais claro e nítido caso de "quebra indevida" do sigilo bancário. Vamos admitir essa premissa como verdade, embora não o seja,

---

[26] "O postulado da reserva constitucional de jurisdição importa em submeter, à esfera única de decisão dos magistrados, a prática de determinados atos cuja realização, *por efeito de explícita determinação constante do próprio texto da Carta Política*, somente pode emanar do juiz, e não de terceiros, inclusive daqueles a quem se haja eventualmente atribuído o exercício de 'poderes de investigação próprios das autoridades judiciais'. A cláusula constitucional da reserva de jurisdição – *que incide sobre determinadas matérias*, como a busca domiciliar (CF, art. 5º, XI), a interceptação telefônica (CF, art. 5º, XII) e a flagrância (CF, art. 5º, LXI) — traduz a noção de que, *nesses temas específicos*, assiste ao Poder Judiciário, não apenas o direito de proferir a última palavra, mas, sobretudo, a prerrogativa de dizer, desde logo, a primeira palavra, excluindo-se, desse modo, por força e autoridade do que dispõe a própria Constituição, a possibilidade do exercício de iguais atribuições, por parte de quaisquer outros órgãos ou autoridades do Estado". Destacamos. STF. Pleno. Mandado de Segurança nº 23.452-RJ. Relator Ministro Celso de Mello.

para efeito de argumentação. Mesmo assim o Fisco teria o poder, e o dever, de pesquisar a vida financeira dos contribuintes. Tal possibilidade está consagrada, como destacado, explicitamente no art. 145, §1º, da Constituição. O dispositivo em foco autoriza a conclusão de que a presença do interesse público relativiza as restrições ao acesso aos fatos de natureza ou conteúdo financeiro reveladores da intimidade ou vida privada.

Se, de um lado, tem-se a necessidade de sigilo daquelas informações bancárias reveladoras de intimidade e vida privada; de outro lado tem-se a necessidade de fiscalização, de apuração da ocorrência de fatos geradores tributários anunciados na própria Constituição. Ademais, somente o amplo e total conhecimento da vida econômica dos contribuintes, hoje majoritariamente financeira, dadas as características da economia moderna, permitirá a efetividade, aqui o discurso é constitucional, de ditames, também constitucionais, como a pessoalidade dos impostos, a capacidade contributiva, a isonomia e livre iniciativa, mediante combate à concorrência desleal daquele que não recolhe a carga tributária devida. Afirme-se, ainda, como absolutamente incompatível com a ideia de Estado Democrático de Direito a possibilidade de tornar inacessíveis atividades econômicas tributáveis, cujos recursos arrecadados via tributação constituem a principal, quiçá, única, forma de realização da justiça social.

Assim, diante de um confronto de interesses, bens ou valores constitucionais é preciso realizar o chamado sopesamento ou avaliação ponderada dos fins, conforme construção da doutrina constitucional alemã. Ao buscar a convivência de vetores constitucionais em sentidos contrários, o jurista terá de afastar ou diminuir a força de um deles, de preferência sem aniquilá-lo, para viabilizar a realização do outro.[27] Um dos exemplos mais eloquentes desse expediente na prática constitucional brasileira foi efetivado pelo Supremo Tribunal Federal na Ação Direta de Inconstitucionalidade nº 1.790-DF.[28] Nesse precedente, importantíssimo para os rumos do debate acerca da extensão do sigilo bancário, o Excelso Pretório firmou a premissa de que é juridicamente possível a convivência da privacidade com os "arquivos de consumo" amplamente utilizados no mercado. Portanto, diante dessa decisão do Supremo, subsiste, sem resposta, a seguinte pergunta: por que a formação e utilização dos chamados "arquivos de consumo" pode conviver com os direitos à intimidade e vida

---

[27] "Se é certo que o sigilo bancário, que é espécie de direito à privacidade, que a Constituição protege no art. 5º, X não é um direito absoluto, que deve ceder diante do interesse público, do interesse social e do interesse da Justiça, certo é, também, que ele há de ceder na forma e com observância de procedimento estabelecido em lei e com respeito ao princípio da razoabilidade" (STF. 2ª. Turma. Recurso Extraordinário nº 219.780-PE. Relator Ministro Carlos Velloso).

[28] "3. A convivência entre a proteção da privacidade e os chamados arquivos de consumo, mantidos pelo próprio fornecedor de crédito ou integrados em bancos de dados, tornou-se um imperativo da economia da sociedade de massas: de viabilizá-la cuidou o CDC, segundo o molde das legislações mais avançadas: ao sistema instituído pelo Código de Defesa do Consumidor para prevenir ou reprimir abusos dos arquivos de consumo, hão de submeter-se as informações sobre os protestos lavrados, uma vez obtidas na forma prevista no edito impugnado e integradas aos bancos de dados das entidades credenciadas à certidão diária de que se cuida: é o bastante a tornar duvidosa a densidade jurídica do apelo da argüição à garantia da privacidade, que há de harmonizar-se à existência de bancos de dados pessoais, cuja realidade a própria Constituição reconhece (art. 5º, LXXII, *in fine*) e entre os quais os arquivos de consumo são um dado inextirpável da economia fundada nas relações massificadas de crédito". STF. Pleno. Ação Direta de Inconstitucionalidade nº 1.790-DF. Relator Ministro Sepúlveda Pertence.

privada e a transferência criteriosa e sigilosa de informações financeiras para o Fisco não pode? Qualifica-se propositalmente de criteriosa e sigilosa a transferência das informações financeiras para o Fisco porque no âmbito da constituição e manuseio dos tais "arquivos de consumo" não se verificam tais rigores. Em regra, qualquer caixa ou atendente de uma loja comercial tem acesso imediato, *on-line*, instantâneo, em tempo real, a uma multidão de dados financeiros do cliente (ou possível cliente). Entre esses dados pode-se encontrar: endereços, telefones, contas bancárias, saldos médios, patrimônio mobiliário e imobiliário, níveis de crédito na praça, os últimos contratos de compra e venda realizados no mercado, cartões de créditos, etc.

Como argumento definitivo em favor do acesso pelo Fisco às informações em comento, tem-se que essas simplesmente atestam ou confirmam as declarações já apresentadas pelo contribuinte. Afinal, existe a obrigação desse de comunicar ao Fisco uma série considerável de dados relevantes, inclusive saldos bancários ao final do exercício. Ademais, parece completamente desproposidado que a fiscalização possa levantar, *in loco*, todas as informações fundamentais de uma empresa, vistoriando livros, documentos, estoques, entre outros, e não possa fazer o mesmo no âmbito dos eventos financeiros.

Resta fora de dúvida, portanto, a constitucionalidade do art. 6º da Lei Complementar nº 105, de 2001, ao permitir o acesso das autoridades e dos agentes fiscais aos documentos, livros e registros de instituições financeiras quando houver processo administrativo instaurado ou procedimento fiscal em curso e tais exames sejam considerados indispensáveis pela autoridade administrativa competente.

Embora a jurisprudência do egrégio Supremo Tribunal Federal não tenha uma posição definitiva sobre o acesso direto pelo Fisco às informações bancárias, vislumbra-se, no conjunto de decisões já proferidas, com relação direta e indireta ao assunto, uma nítida tendência no sentido de chancelar a constitucionalidade da Lei Complementar nº 105, de 2001. Notadamente, as decisões no sentido da previsão explícita das reservas constitucionais de jurisdição e da convivência entre a proteção da privacidade e os chamados "arquivos de consumo" (bancos de dados fundamentais para a economia da sociedade de massas).

Vale, como últimas palavras sobre o tema, lembrar Sérgio Carlos Covello: "banco não é esconderijo".

4 Conclusões

A ordem jurídica brasileira convive com uma peculiar tensão, de natureza inicialmente constitucional, entre a publicidade ou o amplo acesso às informações produzidas nos vários relacionamentos sociais e o sigilo ou restrição ao conhecimento de uma série de dados e fatos vinculados às pessoas naturais e jurídicas e suas atividades.

Entre os vários mitos presentes no seio da Administração Tributária assume peculiar relevo a forma de tratamento do sigilo fiscal. Invariavelmente, aponta-se como protegida pelo referido sigilo toda e qualquer informação manuseada pelo Fisco que diga respeito direta ou indiretamente a determinada pessoa natural ou jurídica.

A forma mais segura de se buscar a delimitação do instituto do "sigilo fiscal" consiste em pesquisar na ordem jurídica como um todo seus elementos balizadores. Em regra, a interpretação sistemática apresenta-se como o método hermenêutico mais rico, viabilizador, por excelência, da construção da melhor solução jurídica para fixação do conteúdo, do sentido e do alcance da norma jurídica.

Todas as vezes que a Administração Tributária, no estrito e regular exercício de suas competências ou atribuições, identificar, localizar ou conseguir dados ou informações enquadráveis como elementos da intimidade ou da vida privada de pessoas naturais ou empresas deverá mantê-las (também) sob sigilo (fiscal).

Identificam-se três possibilidades de entrega de dados ou informações fiscais para terceiros: a) quebra ilícita; b) quebra lícita; e c) transferência.

No caso de quebra ilícita, entrega-se a terceiro informação sigilosa desinteressante (juridicamente) para o terceiro (como aquelas qualificadas constitucionalmente como relacionadas com a intimidade ou a vida privada) ou entrega-se informação sem substrato em interesse jurídico legítimo. A quebra lícita significa a entrega a terceiro de informação fiscal com base em demonstração de interesse jurídico legítimo (decorrente de direito demonstrado). Por fim, a transferência implica a entrega de informações fiscais para o exercício de atribuições institucionais consagradas na ordem jurídica, afastada a possibilidade de uso diverso e divulgação para terceiros (art. 198, §2º, do Código Tributário Nacional).

Percebe-se, no trato do sigilo bancário, assim como no trato do sigilo fiscal, que o debate gira em torno, essencialmente, do direito fundamental à privacidade e de sua extensão, notadamente diante de certos interesses públicos, em particular, o desenvolvimento das atividades fiscalizatórias e arrecadatórias do Estado e o combate à criminalidade.

Conclui-se pela ausência de invasão da intimidade ou vida privada nas operações isoladas, objetivas e impessoais. Também não há violação da intimidade ou vida privada nas operações que envolvem terceiros quando conhecido tão somente o dado numérico ou contábil nela presente. Existe a possibilidade de ingresso em indicadores da intimidade e vida privada de alguém nas operações que envolvem terceiros, quando conhecido o "lado" qualitativo nelas presentes.

Afirma-se a constitucionalidade do art. 6º da Lei Complementar nº 105/2001, ao permitir o acesso das autoridades e dos agentes fiscais aos documentos, livros e registros de instituições financeiras quando houver processo administrativo instaurado ou procedimento fiscal em curso e tais exames sejam considerados indispensáveis pela autoridade administrativa competente.

Referências

ACIOLI, Pedro (Ministro). STJ. ROMS n. 800.

BAKER, Stephen. *Numerati*: conheça os numerati: eles já conhecem você. Tradução Ivo Korytovski. São Paulo: Saraiva, 2009.

DELGADO, José (Ministro). STJ. REsp n. 90.871.

GALVÃO, Ilmar (Ministro). STF. Ação Penal n. 307.

JOBIM, Nelson (Ministro). STF. Recurso Extraordinário n. 219.780.

MACIEL, Adhemar (Ministro). STJ. REsp n. 7.517.

MELLO, Celso (Ministro). STF. Mandado de Segurança n. 23.452.

PERTENCE, Sepúlveda (Ministro). STF. Mandado de Segurança n. 21.429.

PERTENCE, Sepúlveda (Ministro). STF. Ação Direta de Inconstitucionalidade n. 1.790.

REINALDO, Demócrito (Ministro). STJ. Mandado de Segurança n. 5.370.

RESEK, Francisco (Ministro). STF. Agravo Regimental em Inquérito n. 897.

RESEK, Francisco (Ministro). STF. Mandado de Segurança n. 21.429.

RIBEIRO, Ricardo Lodi. O abuso de direito no planejamento fiscal e a cláusula geral antielisiva. *In: Mini reforma tributária*: reflexões sobre a Lei nº 10.637/2002. Belo Horizonte: Mandamentos, 2003.

ROQUE, Maria José Oliveira Lima. *Sigilo bancário e direito à intimidade*. Curitiba: Juruá, 2001.

SECRETARIA DA RECEITA FEDERAL. Informação para a imprensa n. 123, 2000. Análise estatística do cruzamento de informações da CPMF e do Imposto de Renda.

VELLOSO, Carlos (Ministro). STF. Recurso Extraordinário n. 219.780.

Informação bibliográfica deste texto, conforme a NBR 6023:2002 da Associação Brasileira de Normas Técnicas (ABNT):

CASTRO, Aldemario Araujo. Considerações acerca dos sigilos bancário e fiscal, do direito fundamental de inviolabilidade da privacidade e do princípio fundamental da supremacia do interesse público sobre o privado. *In*: SARAIVA FILHO, Oswaldo Othon de Pontes; GUIMARÃES, Vasco Branco (Coord.). *Sigilos bancário e fiscal*: homenagem ao Jurista José Carlos Moreira Alves. Belo Horizonte: Fórum, 2011. p. 445-462. ISBN 978-85-7700-405-8.

Sigilos Bancário e Fiscal: Possibilidade de Quebra pela Advocacia-Geral da União e Limites

José Roberto da Cunha Peixoto

Sumário: Introdução – **1** O sigilo bancário: possibilidade de quebra pela Advocacia-Geral da União e limites – **1.1** Conceito de sigilo bancário – **1.2** Origem histórica do sigilo bancário – **1.3** Teorias sobre sigilo bancário – **1.4** Disciplina constitucional e legal no Brasil – **1.5** Lei Complementar nº 105/2001 – **1.6** A posição da Procuradoria do BACEN – **1.7** A jurisprudência do Supremo Tribunal Federal e do Superior Tribunal de Justiça – **1.8** Argumentos favoráveis à transferência de dados bancários à Advocacia-Geral da União e limites – **2** Sigilo fiscal: possibilidade de quebra pela Advocacia-Geral da União e limites – **2.1** Sigilo patrimonial – **2.2** Disciplina constitucional e legal – **2.3** Penalidades ao agente público que deixa de declarar seus bens – **2.4** Fundamentos legais e doutrinários para a requisição de informações patrimoniais pela AGU e pelo Ministério Público – **2.5** A jurisprudência do Supremo Tribunal Federal e do Superior Tribunal de Justiça – **3** Conclusão – Referências

Introdução

Desde janeiro de 2009, a partir de quando entrou em vigor a Portaria PGU nº 15, de 25 de setembro de 2008, a Advocacia-Geral da União, através dos órgãos que integram a Procuradoria-Geral da União, passou a desenvolver com bastante vigor a postura da pró-atividade na defesa do interesse público.

Por meio desse ato normativo, foi criado o Grupo Permanente de Atuação Pró-ativa no âmbito das Procuradorias-Regionais da União, Procuradorias da União e Procuradorias-Seccionais da União.

Ao todo, são mais de 100 Advogados da União atuando de forma exclusiva para a propositura e acompanhamento de ações civis públicas, ações de improbidade administrativa, ações de ressarcimento ao Erário decorrente de atos de improbidade ou cuja recomposição seja superior a um milhão de reais, independentemente da natureza, ações de execução de acórdãos do Tribunal de Contas da União, bem como intervenções em ações populares.

Como medidas prejudiciais ao ajuizamento dessas ações civis públicas, particularmente as de improbidade administrativa, vêm também atuando de forma extrajudicial na instauração e acompanhamento de procedimentos administrativos prévios tendentes à coleta de documentos e informações indispensáveis a essa atuação judicial, bem como à tomada de compromissos de ajustamento de condutas, com respaldo nas Leis nºs 7.347/85 (Lei da Ação Civil Pública) e 8.429/92 (Lei da Ação de Improbidade Administrativa).

Para essa finalidade, foi editada a Portaria nº 3, de 2 de abril de 2009, também de autoria do Procurador-Geral da União, que passou a disciplinar, no âmbito dessa Procuradoria-Geral, o "Procedimento Prévio de Coleta de Informações" (PPCI) destinado à obtenção de documentos e informações indispensáveis à propositura de ação civil pública, de improbidade administrativa ou de ressarcimento ao erário.

Antes disso, a Ordem de Serviço nº 64, de 07 de dezembro de 2007, já descentralizava em grande parte, para competências das Procuradorias da União, as atribuições de autorização do ajuizamento de ações civis públicas e ações de improbidade administrativa, bem como a intervenção da União nessas ações e nas populares.

Diante desses marcos reguladores internos, verificou-se uma sensível mudança de perfil nas atividades desenvolvidas pela Advocacia-Geral da União, que, em apenas um ano, logrou dobrar a quantidade de execuções de acórdãos do Tribunal de Contas da União, aumentar significativamente os ajuizamentos de ações de improbidade administrativa e instituir efetivamente a cultura da pró-atividade no combate aos atos de corrupção que corroem a Administração Pública.

No seio dessas atividades, a busca por elementos de fato e de direito tornou-se uma necessidade muito maior do que durante a fase em que o órgão exercitava a simples defesa passiva da União.

De fato, a necessidade de instrução probatória adequada e robusta dos PPCIs (procedimentos prévios de coleta de informações) tinha e tem por objetivo assegurar a efetiva aplicação das sanções político-administrativas previstas na Lei nº 8.429/92 (Lei de Improbidade Administrativa) e o eficaz ressarcimento dos valores desviados dos cofres públicos por atividades ilícitas de agentes públicos.

Na busca por esses dados e informações relevantes, surgiram naturalmente obstáculos legais e administrativos à atuação desses Advogados da União, tais como os sigilos bancário e fiscal, cuja superação, ainda que em parte, era essencial para que tais elementos fossem carreados aos autos dos processos judiciais a fim de assegurar a procedências dessas ações.

No presente artigo doutrinário, que surgiu inicialmente como palestra, abordaremos a questão legislativa, doutrinária e jurisprudencial em torno do tema, de modo a analisar as possibilidades e limites da atuação dos Advogados da União nessa área.

1 O sigilo bancário: possibilidade de quebra pela Advocacia-Geral da União e limites

1.1 Conceito de sigilo bancário

Segundo a doutrina especializada, o sigilo bancário consiste na "obrigação que têm *os bancos* de não revelar, salvo justa causa, as informações que venham a obter em virtude de sua *atividade profissional*".[1]

Na definição de Luiz Fernando Bellinetti, é o "dever jurídico que têm as *instituições de crédito e as organizações auxiliares e seus empregados* de não revelar, salvo justa causa, as informações que venham a obter em virtude da *atividade bancária* a que se dedicam".[2]

Juan Carlos Mallagarriga entende-o como "a obrigação imposta *aos Bancos* de não revelar a terceiros, sem causa justificada, os dados referentes a seus clientes que cheguem a seu conhecimento como consequência das relações jurídicas que os vinculam".[3]

Logo de início, verifica-se tratar-se de uma obrigação de resguardo de informações decorrentes de atividades pessoais que é dirigida a uma atividade de cunho eminentemente privado (atividade bancária), a qual, em razão do seu grau de essencialidade para o sistema capitalista, passa a ser objeto de interesse para o direito e de controle pelos poderes públicos constituídos nas sociedades organizadas.

O *sujeito passivo* dessas obrigações é "aquele a quem se atribui o dever de manter o segredo",[4] o que abrange, segundo o direito pátrio, as instituições financeiras em geral e outras entidades subordinadas à lei do Sistema Financeiro Nacional (sociedades de crédito, cooperativas de crédito, associações de poupança, as bolsas de valores, entre outras), conforme previsão do art. 1º, §1º, LC nº 105/2001.[5] Nessa condição, obrigam-se todos os funcionários da instituição que detêm acesso às informações

---

[1] COVELLO, Sérgio Carlos. *O sigilo bancário*. São Paulo: Saraiva, 1995. p. 69.
[2] BELLINETTI, Luiz Fernando. Limitações legais ao sigilo bancário. *Revista Direito do Consumidor*, n. 18 apud GARCIA, Emerson; ALVES, Rogério Pacheco. *Improbidade administrativa*. 4. ed. Rio de Janeiro: Lumen Juris, 2008. p. 555.
[3] MALAGARRIGA, Juan Carlos. *El secreto bancario*. Buenos Aires: Abeledo-Perrot, 1970.
[4] CHINEN, Roberto Massao. *Sigilo bancário e o fisco*. Curitiba: Juruá, 2005. p. 31.
[5] "Art. 1º As instituições financeiras conservarão sigilo em suas operações ativas e passivas e serviços prestados.
§1º São consideradas instituições financeiras, para os efeitos desta Lei Complementar:
I – os bancos de qualquer espécie;
II – distribuidoras de valores mobiliários;
III – corretoras de câmbio e de valores mobiliários;
IV – sociedades de crédito, financiamento e investimentos;
V – sociedades de crédito imobiliário;
VI – administradoras de cartões de crédito;
VII – sociedades de arrendamento mercantil;
VIII – administradoras de mercado de balcão organizado;
IX – cooperativas de crédito;
X – associações de poupança e empréstimo;
XI – bolsas de valores e de mercadorias e futuros;
XII – entidades de liquidação e compensação;
XIII – outras sociedades que, em razão da natureza de suas operações, assim venham a ser consideradas pelo Conselho Monetário Nacional."

bancárias dos clientes, bem como os órgãos governamentais encarregados do controle da atividade bancária (Banco Central do Brasil e Comissão de Valores Mobiliários – CVM[6]).

O *sujeito ativo* é o cliente dos bancos ou equivalentes, "entendido como aquele que se vale dos serviços bancários com caráter de habitualidade".[7]

Já o *objeto* do sigilo bancário diz respeito a todas as informações decorrentes da relação jurídica mantida entre cliente e banco, o que inclui as operações bancárias propriamente ditas (movimentações financeiras ativas, passivas e serviços em geral), dados dessas operações (forma de pagamento, origem de depósitos, montantes, destinações, etc.) e dados cadastrais do cliente, como dados pessoais, números de contas e instituições financeiras com as quais se relaciona.

1.2 Origem histórica do sigilo bancário

As trajetórias do sigilo bancário e das atividades bancárias, segundo noticia a doutrina, sempre estiveram atreladas uma à outra.

Nelson Abrão, socorrendo-se do critério lógico para identificar a origem histórica do sigilo bancário, esclarece que ela remonta "ao próprio dealbar das atividades bancárias, que, por seu caráter de discrição, dele não podem se separar, salvo em hipóteses excepcionais expressamente previstas em lei, quando se pretenda resguardar o bem comum e a ordem pública".[8]

Os relatos históricos sobre o tema permitiram a identificação de três fases históricas bem delineadas:[9] uma *fase embrionária*, que começa da Idade Antiga, remontando às civilizações mesopotâmicas; uma *fase institucional*, que atinge a Idade Media e uma *fase capitalista*, que se inicia com o Renascimento.

Karla Padilha Rebelo Marques, citando Nelson Abrão, relata que a mais antiga referência legislativa ao sigilo bancário situa-se no Código de Hamurabi (1700 a.C.), "que previa a possibilidade de o banqueiro revelar os dados de seu cliente, em caso de conflito entre ambos, o que leva à ilação de que, a *contrario sensu*, nas demais hipóteses, caberia a preservação do sigilo bancário".[10]

De fato, Roberto Massao Chinen sustenta, com apoio em descrições de Raymond Farhat,[11] que as origens do instituto remontam às civilizações mesopotâmicas,[12]

---

[6] Lei Complementar nº 105/2001. "Art. 2º O dever de sigilo é extensivo ao *Banco Central do Brasil*, em relação às operações que realizar e às informações que obtiver no exercício de suas atribuições.
§1º omissis.
§2º omissis.
§3º O disposto neste artigo aplica-se à Comissão de Valores Mobiliários, quando se tratar de fiscalização de operações e serviços no mercado de valores mobiliários, inclusive nas instituições financeiras que sejam companhias abertas".
[7] COVELLO, *op. cit.*, p. 92-93.
[8] ABRÃO, Nelson. *Direito bancário*. São Paulo: Saraiva, 2002. p. 55 apud MARQUES, Karla Padilha Rebelo. *Corrupção, dinheiro público e sigilo bancário*: desconstruindo mitos. Porto Alegre: Núria Fabris, 2008. p. 27.
[9] COVELLO, *op. cit.*, p. 20-21.
[10] MARQUES, Karla Padilha Rebelo. *Op. cit.*, p. 28.
[11] CHINEN, *op. cit.*, p. 21.
[12] A Mesopotâmia é considerada um dos berços da civilização, já que foi na Baixa Mesopotâmia onde surgiram as primeiras civilizações por volta do VI milênio a.C e que foi dominada por babilônios, assírios, sumérios, acádios e outros que se revezaram no poder sobre a região (Fonte: <http://pt.wikipedia.org/wiki/Mesopotâmia#Cronologia_dos_principais_eventos'>).

havendo referências do autor libanês a manuais comerciais, como os Conselhos do Comércio (*Conseils sur Le commerce*).

Nessa fase, as relações mercantis ocorriam dentro de templos religiosos e palácios medievais, encobertas pela aura de mistério e segredo que circundavam a religiosidade na época.

Napoleão Nunes Maia Filho, citado por José Cavalcanti Boucinhas Filho, salienta que:

> (...) na Antiguidade, os depósitos de valores móveis, embora nem sempre sob a forma pecuniária, pois seguramente anteriores à invenção da moeda, ficavam geralmente em mãos dos sacerdotes, guardados na intimidade dos templos, como se fossem mesmo coisas sagradas, somente acessíveis aos depositantes e aos seus depositários e aos seus guardadores.[13]

Com o descortino da Idade Média, a organização bancária passa a ser baseada nos costumes e na forma de empresas, desenvolvendo-se na mentalidade dos comerciantes uma ideia de ética mercantil e de moral dos negócios nas quais os banqueiros encareciam qualidades como "a prudência, a desconfiança, a experiência e, sobretudo, a discrição", sendo costume dos comerciantes medievais a omissão em seus livros e contratos das informações sobre seus negócios para evitar proveito aos concorrentes.[14]

Já na fase capitalista, a partir do Renascimento, a noção de discrição bancária passa a se impor não apenas pelo plano ético e moral, mas obrigacional, tendo havido uma paulatina positivação do sigilo bancário a partir das ideias do liberalismo burguês do século XVII.

Com a valorização da riqueza e a internacionalização das operações bancárias, desenvolve-se a necessidade de instrumentos mais sólidos de defesa do sigilo bancário, mediante a intervenção das autoridades públicas para a positivação de leis.[15] O Regulamento de Outubro (*Réglement d'octobre 1706* – Paris) é o primeiro exemplo de norma com previsão expressa do sigilo das negociações bancárias.[16]

Radicaram-se na Suíça, onde as raízes tiveram ramificações políticas, muitos dos banqueiros protestantes (de origem francesa), perseguidos pela intolerância religiosa reinaugurada pela revogação do Édito de Nantes, por Louis XIV, em 1685.[17] Muitos dos seus clientes, não obstante, eram os Reis da França, sempre ávidos por financiamentos, o que tornava a atividade bancária muito lucrativa, desde que mantida a discrição dos negócios.

---

[13] BOUCHINHAS FILHO, Jorge Cavalcanti. O sigilo bancário como corolário do direito à intimidade. *Jus Navigandi*, Teresina, ano 9, n. 735, 10 jul. 2005. Disponível em: <http://jus2.uol.com.br/doutrina/texto.asp?id=6988>. Acesso em: 17 dez. 2009.

[14] CHINEN, *op. cit.*, p. 22.

[15] MARQUES, Karla Padilha Rebelo. *Op. cit.*, p. 31.

[16] Tratava-se de "uma espécie de código contendo todos os estatutos e regras aplicáveis aos conselheiros do rei, agentes de banco, câmbio, comércio e finanças de Paris" (CHINEN, *op. cit.*, p. 22).

[17] A 23 de outubro de 1685, o rei Luis XIV da França revogaria o Édito de Nantes com o Édito de Fontainebleau, contrariando a vontade do Papa Inocêncio XI e da Cúria Romana. Os huguenotes (protestantes franceses) voltariam a ser perseguidos e muitos deles fugiriam para o estrangeiro: para a Prússia, para os EUA e África do Sul (Fonte: <http://pt.wikipedia.org/wiki/%C3%89dito_de_Nantes>).

Exemplo de um dos primeiros instrumentos de disciplina legal do sigilo bancário naquele país foi o Grande Conselho Genovês (*Le Grand Conseil Genovois* – 1713), que previa o dever dos banqueiros de manter registro de sua clientela e suas operações, sendo-lhes vedada a divulgação dessas informações a terceiros, salvo acordo expresso do Conselho Municipal (Conseil de La Ville).[18]

Após a Revolução Francesa, em 1789, com os conflitos políticos que se sucederam no século XIX e XX, principalmente a Primeira e Segunda Guerras Mundiais, os bancos suíços passam a oferecer asilo financeiro e político para os capitais dos nobres fugitivos de diversos governos.

O sigilo bancário, a partir dessa fase, passou a ser utilizado como medida protetiva dos correntistas e de salvaguarda dos respectivos depósitos, com o auxílio das contas correntes numeradas ou sob pseudônimo.

Uma das motivações para essas medidas adotadas pela Suíça foi a edição de lei pela Alemanha Nacional Socialista de Hitler, em 1931, prevendo pena capital aos cidadãos alemães que mantivessem capital no exterior. Operações de espionagem bancária na Suíça, sob a coordenação da GESTAPO, teria culminado somente no ano de 1934 em três execuções de empresários, acusados de se furtarem ao cumprimento da referida lei alemã.[19]

Vê-se, com isso, que, modernamente, a necessidade de proteção do indivíduo contra o Estado conduziu à afirmação do segredo bancário na Europa.

A partir dessa análise histórica do instituto, pode-se extrair a interessante constatação de que o sigilo bancário nunca esteve ligado à ideia da proteção do direito da intimidade ou privacidade, tendo o interesse pelo lucro e proteção dos negócios sido o seu real motivo de inspiração.

Essa conclusão foi percebida por grande parte da doutrina especializada, como se pode ver dos seguintes trechos transcritos:

> Vê-se, assim, que a idéia do direito ao sigilo bancário não se desenvolveu necessariamente vinculada ao universo de preservação da esfera da intimidade ou privacidade de quem quer que seja, mas sim, sempre se baseou no interesse de se manter em segredo as flutuações da vida econômica e as transações financeiras efetuadas pelos clientes dos bancos – pessoas físicas ou jurídicas.[20]

> O sigilo bancário não se vinculava, no passado, à idéia de intimidade ou privacidade, mas se baseava, unicamente, em aspectos de conveniência para o impulso e desenvolvimento dos negócios.[21]

> O sigilo nas transações comerciais surgiu muito antes da noção de personalidade. Desde o albor da atividade comercial, por uma questão de estratégia, o sigilo esteve presente. Até a um escravo, que não era considerado pessoa, pois sequer tinha o mais elementar dos direitos: a vida, seria garantido o sigilo, caso transacionasse com Bancos. [22]

---

[18] CHINEN, *op. cit.*, p. 23.
[19] CHINEN, *op. cit.*, p. 35.
[20] MARQUES, Karla Padilha Rebelo. *Op. cit.*, p. 31.
[21] LANGOWSKI, Luis Sérgio. *Direito à intimidade e sigilo bancário.* Dissertação (Mestrado) – Universidade Federal do Paraná, Paraná. 158 f. (T347.121.1 L284d) *apud* MARQUES, Karla Padilha Rebelo. *Op. cit.*, p. 28.
[22] ROQUE, Maria José de Oliveira Lima. *Sigilo bancário e direito à intimidade.* Curitiba: Juruá. 2001, p. 118 *apud* MARQUES, Karla Padilha Rebelo. *Op. cit.*, p. 28.

Tais constatações ganham relevo para que se possa compreender como e por que surgiu no Brasil uma tendência pelo acolhimento irrestrito da teoria da intimidade ou da privacidade pela jurisprudência pátria e por parte da doutrina, como veremos mais adiante a partir da análise de alguns precedentes do Supremo Tribunal Federal acerca do instituto.

1.3 Teorias sobre sigilo bancário

Fruto das divergências naturais sobre o tema e da diversidade dos interesses envolvidos (privado e coletivo), surgiram na doutrina pelo menos seis teorias que buscam explicar e justificar a necessidade do sigilo bancário.

A seguir, buscaremos traçar breves contornos sobre as teorias encontradas na doutrina a respeito do sigilo bancário apenas para melhor delineamento do tema, mas sem a pretensão de exauri-lo neste breve artigo. Por essa razão nos absteremos de aqui descrever em pormenores as críticas eventualmente emanadas também da doutrina a respeito da aplicabilidade prática de cada uma dessas teorias.

Pela *teoria contratualista*, o sigilo decorre da relação jurídico-contratual que se perfectibiliza voluntariamente entre o cliente e o banco. Dessa relação, que pressupõe a confiança recíproca, surgiria um pacto de discrição do banqueiro para com seu cliente, considerando-se tal pacto uma cláusula implícita de obrigação acessória que proibiria a divulgação dos dados pessoais de operações financeiras do cliente. Tal corrente teria sido adotada pela Suíça até 1934,[23] pela Grã-Bretanha e pela Holanda.[24]

A *teoria consuetudinária ou do uso mercantil*, adotada pela doutrina italiana, se baseia na tradição dos usos e costumes universalmente aceitos e adotados pelos bancos ao longo da história para manter reserva em relação aos dados bancários de seus clientes, bastando para sua validade a simples instauração da relação contratual entre as partes. José Cavalcanti Boucinhas Filho ressalta de fácil percepção a semelhança entre esta teoria e a contratualista, "vez que ambas partem da mesma premissa para criar teorias complementares".[25]

Pela *teoria extracontratualista ou da responsabilidade civil*, o sigilo bancário decorre das consequências danosas causadas pela divulgação indevida e não autorizada dos dados do cliente. Por essa doutrina, eventual violação desse dever traz consequências meramente de ordem civil: a obrigação de reparar o dano.

A obrigação de sigilo dos bancos, a partir da *teoria da boa-fé*, estaria sustentada no dever de lisura e de boa-fé que deve ser respeitado pelos contratantes durante a execução dos contratos, fundamento que se confunde com os mesmos pressupostos de fidúcia que justificam a teoria contratualista.[26]

Comum no direito europeu, em países como França, Portugal e Suíça (atualmente),[27] a *teoria do segredo profissional* consagra a ideia de que a relação de confiança

---
[23] CHINEN, *op. cit.*, p. 24.
[24] MARQUES, Karla Padilha Rebelo. *Op. cit.*, p. 68.
[25] BOUCHINHAS FILHO, *op. cit.*
[26] CHINEN, *op. cit.*, p. 26.
[27] *Ibidem*, p. 28.

recíproca decorre segredo profissional comum a várias profissões, à qual Sérgio Carlos Covello agrega a natureza pública ou coletiva que deve presidir a atividade desses confidentes necessários, uma vez que envolve toda a sociedade.[28]

Muito embora não sejam partidários dessa teoria como fundamento do sigilo bancário, Paulo Quezado e Rogério Lima[29] esclarecem que o sigilo bancário existe em razão da profissão de bancário, por exigência da atividade profissional é que as informações bancárias entre cliente e banco são guardadas em segredo. Além disso, afirmam, "a pessoa, por si só, não tem garantia do segredo de suas informações, mas porque a atividade do bancário tem como dever o segredo profissional, os dados de seus clientes são reservados ao conhecimento apenas do banco".

Por fim, a *teoria do direito à intimidade ou privacidade*, adotada no Brasil, inclusive pela jurisprudência do Supremo Tribunal Federal, busca fundamento do princípio constitucional do direito à intimidade, com raiz no princípio da dignidade da pessoa humana.

O direito à intimidade importa no dever de terceiros (inclusive o Estado) de respeito à esfera da privacidade, o que implica na restrição à publicidade das informações próprias e pessoais sem a autorização do seu titular. Trata-se da zona íntima e familiar do homem, de natureza inata, individual, ou um direito humano.[30]

Paulo Quezado e Rogério Lima, com apoio nos conceitos filosóficos de renomados autores como Gilberto Haddad, Pontes de Miranda e Tercio Sampaio Ferraz Jr., abordam essa teoria sob aspecto ainda mais profundo.

Criticando todas as demais teorias, porque nenhumas delas seria representativa de fundamentos jurídicos para o sigilo bancário, mas meramente de indicações de fontes para o instituto, buscam encontrar o verdadeiro fundamento jurídico do sigilo bancário tratando-o como espécie do gênero "sigilo". Seguindo essa linha, encontram esse fundamento no direito à liberdade, como primeiro atributo da vida humana.[31]

Para eles, o fundamento do sigilo é "nada mais, nada menos, que a liberdade, especificamente, a liberdade vista por uma ótica negativa". Com base na liberdade é que teria o cidadão o direito de não permitir que sua privacidade seja revelada, pois ninguém poderia ser constrangido a informar a sua privacidade.

A teoria da intimidade ou privacidade seria, pois, retratada, a partir dessa ótica, como "teoria da liberdade de negação", encontrando tais autores o fundamento jurídico do sigilo bancário no direito fundamental à liberdade, ou, especificamente, à liberdade de negação.

1.4 Disciplina constitucional e legal no Brasil

Segundo Karla Padilha Rebelo Marques, a "idéia de sigilo bancário se iniciou no Brasil na seara dos costumes, sem qualquer previsão expressa que a amparasse".

---

[28] COVELLO, Sérgio Carlos. *O sigilo bancário*. São Paulo: Leud, 2001. p. 131.
[29] QUEZADO, Paulo; LIMA, Rogério. *Sigilo bancário*. São Paulo: Dialética, 2002. p. 25.
[30] CHINEN, *op. cit.*, p. 29.
[31] QUEZADO; LIMA, *op. cit.*, p. 27-30.

Baseavam-se os costumes nas previsões do Código Comercial de 1850 relativas às restrições ao fornecimento de informações bancárias a terceiros (regra geral do sigilo mercantil), vedando-se o acesso de qualquer autoridade aos livros contábeis do comerciante, entre eles os banqueiros. Entre as previsões legais, incluíam-se também algumas figuras delituosas constantes do Código Penal de 1940 (violação de sigilo funcional – art. 325; divulgação de segredo – art. 153; e violação do segredo profissional – art. 154, dentre outros).

Também a Legislação Tributária já afirmava implicitamente o sigilo bancário através de dispositivos legais que visavam possibilitar ao Fisco o conhecimento de dados sigilosos, no interesse de identificação e punição de sonegadores de tributos, reafirmando aos agentes fiscais o dever de conservação do sigilo de dados bancários, com previsão de punições severas aos infratores (DL nº 5.844/43 e Lei nº 3.470/58).[32]

Entretanto, o primeiro texto legal a expressamente prever o instituto do sigilo bancário foi o art. 38 da Lei nº 4.595/64, que dispunha sobre a política e instituições monetárias, bancárias e creditícias. Tal dispositivo disciplinou de forma expressa o sigilo bancário como obrigação às instituições financeiras, com tipificação penal, prevendo desde aí a *relativização* do sigilo mediante o acesso às informações protegidas apenas por *ordem judicial*, por *requisição do Poder Legislativo* ou pelos *agentes fiscais tributários* a do Ministério da Fazenda e dos Estados, quando houvesse "processo" instaurado e quando o exame das contas de depósitos fossem considerados indispensáveis pela autoridade competente.

Posteriormente, veio a lume o Código Tributário Nacional (CTN – Lei nº 5.172/66), passando a prever o acesso direto do Fisco aos documentos bancários mediante simples processo administrativo, dispensando-se a autorização judicial.

Na Constituição Federal de 1988, a exemplo das constituições anteriores, não houve *previsão expressa* do direito ao sigilo bancário, encontrando a doutrina e a jurisprudência pátrias sua raiz no direito fundamental à inviolabilidade da intimidade e da vida privada (art. 5º, inciso X), como desdobramento do princípio à dignidade da pessoa humana (art. 1º, III), em explícita adoção da "Teoria do Direito à Intimidade" ou, como visto acima, da "Teoria da Liberdade de Negação".[33]

Atualmente no Brasil, o instituto é regrado pela Lei Complementar nº 105/2001, que dispõe sobre o sigilo das operações de instituições financeiras, a qual será objeto de detalhamento do item seguinte.

---

[32] QUEIROZ, Cid Heráclito de. O sigilo bancário. *Revista Forense*, Rio de Janeiro, v. 91, n. 329, p. 51-52, jan/mar, 1995 apud CHINEN, *op. cit.*, p. 64.

[33] Parte da doutrina encontra fundamento jurídico para o sigilo bancário no direito ao sigilo de dados, previsto no art. 5º, XII, da CF/88, como gênero ao sigilo bancário. Tercio Sampaio Ferraz Jr. (Sigilo de dados: o direito à privacidade e os limites à função fiscalizadora do Estado. *Cadernos de Direito Tributário e Finanças Públicas*, São Paulo, n. 1, p. 141-154, 1992) busca fazer um contraponto a essa tese sustentando que o termo "dados" contido na CF/88 não pode estar dissociado do vocábulo "comunicação", consistindo a inviolabilidade à troca de informação (comunicação), e não aos dados propriamente ditos. De fato, se o sigilo bancário estivesse fundado no sigilo de dados a que diz respeito o art. 5º, XII, uma interpretação constitucional literal do dispositivo conduziria à inviolabilidade absoluta do sigilo bancário, o que estaria em confronto mesmo com a jurisprudência restritiva do Supremo Tribunal Federal sobre o tema, que o relativiza para autorizar o acesso pelo Poder Judiciário e pelas Comissões Parlamentares de Inquérito.

1.5 Lei Complementar nº 105/2001

No que interessa ao presente estudo, as previsões de quebra do sigilo bancário contidas na Lei Complementar nº 105/2001 situam-se nos arts. 1º, §3º, incisos IV e VI; 3º e §§1º a 3º; 4º, §§1º e 2º; 5º, *caput*; 9º, §§1º e 2º, 10 e 11.[34]

---

[34] "Art. 1º As instituições financeiras conservarão sigilo em suas operações ativas e passivas e serviços prestados.
§3º Não constitui violação do dever de sigilo:
IV – a comunicação, às autoridades competentes, da prática de ilícitos penais ou administrativos, abrangendo o fornecimento de informações sobre operações que envolvam recursos provenientes de qualquer prática criminosa;
VI – a prestação de informações nos termos e condições estabelecidos nos artigos 2º, 3º, 4º, 5º, 6º, 7º e 9 desta Lei Complementar.
Art. 3º Serão prestadas pelo Banco Central do Brasil, pela Comissão de Valores Mobiliários e pelas instituições financeiras as informações ordenadas pelo Poder Judiciário, preservado o seu caráter sigiloso mediante acesso restrito às partes, que delas não poderão servir-se para fins estranhos à lide.
§1º Dependem de prévia autorização do Poder Judiciário a prestação de informações e o fornecimento de documentos sigilosos solicitados por comissão de inquérito administrativo destinada a apurar responsabilidade de servidor público por infração praticada no exercício de suas atribuições, ou que tenha relação com as atribuições do cargo em que se encontre investido.
§2º Nas hipóteses do §1º, o requerimento de quebra de sigilo independe da existência de processo judicial em curso.
§3º Além dos casos previstos neste artigo o Banco Central do Brasil e a Comissão de Valores Mobiliários fornecerão à Advocacia-Geral da União as informações e os documentos necessários à defesa da União nas ações em que seja parte.
Art. 4º O Banco Central do Brasil e a Comissão de Valores Mobiliários, nas áreas de suas atribuições, e as instituições financeiras fornecerão ao Poder Legislativo Federal as informações e os documentos sigilosos que, fundamentalmente, se fizerem necessários ao exercício de suas respectivas competências constitucionais e legais.
§1º As comissões parlamentares de inquérito, no exercício de sua competência constitucional e legal de ampla investigação, obterão as informações e documentos sigilosos de que necessitarem, diretamente das instituições financeiras, ou por intermédio do Banco Central do Brasil ou da Comissão de Valores Mobiliários.
§2º As solicitações de que trata este artigo deverão ser previamente aprovadas pelo Plenário da Câmara dos Deputados, do Senado Federal, ou do plenário de suas respectivas comissões parlamentares de inquérito.
Art. 5º O Poder Executivo disciplinará, inclusive quanto à periodicidade e aos limites de valor, os critérios segundo os quais as instituições financeiras informarão à administração tributária da União, as operações financeiras efetuadas pelos usuários de seus serviços. (Regulamento) (*Decreto 4.489/2002: Art. 2º* ...restringir-se-ão a informes relacionados com a identificação dos titulares das operações e com os montantes globais mensalmente movimentados, relativos a cada usuário, vedada a inserção de qualquer elemento que permita identificar a sua origem ou a natureza dos gastos efetuados. *Art. 7º* A Secretaria da Receita Federal resguardará, na forma da legislação aplicável à matéria, o sigilo das informações recebidas nos termos deste Decreto, *facultada sua utilização para instaurar procedimento fiscal tendente a verificar a existência de crédito tributário relativo a impostos e contribuições sob sua administração.*
Art. 9º Quando, no exercício de suas atribuições, o Banco Central do Brasil e a Comissão de Valores Mobiliários verificarem a ocorrência de crime definido em lei como de ação pública, ou indícios da prática de tais crimes, informarão ao Ministério Público, juntando à comunicação os documentos necessários à apuração ou comprovação dos fatos.
§1º A comunicação de que trata este artigo será efetuada pelos Presidentes do Banco Central do Brasil e da Comissão de Valores Mobiliários, admitida delegação de competência, no prazo máximo de quinze dias, a contar do recebimento do processo, com manifestação dos respectivos serviços jurídicos.
§2º Independentemente do disposto no caput deste artigo, o Banco Central do Brasil e a Comissão de Valores Mobiliários comunicarão aos órgãos públicos competentes as irregularidades e os ilícitos administrativos de que tenham conhecimento, ou indícios de sua prática, anexando os documentos pertinentes.
Art. 10. A quebra de sigilo, fora das hipóteses autorizadas nesta Lei Complementar, constitui crime e sujeita os responsáveis à pena de reclusão, de um a quatro anos, e multa, aplicando-se, no que couber, o Código Penal, sem prejuízo de outras sanções cabíveis.
Parágrafo único. Incorre nas mesmas penas quem omitir, retardar injustificadamente ou prestar falsamente as informações requeridas nos termos desta Lei Complementar.

Dos regramentos positivados nesses dispositivos da Lei Complementar nº 105/2001, podemos, a partir de um critério de interpretação literal, sintetizar as possibilidades de quebra do sigilo bancário em dois grandes grupos: o das entidades que dependem de autorização judicial e o das entidades beneficiárias da quebra do sigilo independentemente do Poder Judiciário.

Para mais fácil visualização, elaboramos dois quadros contendo as informações pormenorizadas desses grupos.

QUADRO 1
Afasta-se o sigilo bancário, mediante ordem judicial, nas seguintes hipóteses

Entidades solicitantes	Entidades obrigadas
Comissão de Inquérito Administrativo (processo administrativo disciplinar)	BACEN, CVM e instituições financeiras
Advocacia-Geral da União (defesa da União nas ações em que seja parte)	Instituições financeiras (operações ativas e passivas e dados respectivos)
Ministério Público e demais órgãos públicos competentes (DPF, CGU, COAF...)	BACEN; CVM e instituições financeiras

QUADRO 2
Afasta-se o sigilo bancário, *independentemente de ordem judicial*, nas seguintes hipóteses

Entidades beneficiárias	Entidades obrigadas
Poder Legislativo Federal e CPI's da Câmara dos Deputados e Senado Federal, mediante autorização dos Plenários respectivos)	BACEN, CVM e instituições financeiras (diretamente ou por intermédio do BACEN ou da CVM) – mediante solicitação
Fisco (Administração Tributária da União – Secretaria da Receita Federal); Regulamento: Decreto nº 4.489/2002	Instituições financeiras (dados dos titulares das operações financeiras e montantes globais mensais, exceto os relativos a origem e natureza das operações) – obrigação *ex officio*
Advocacia-Geral da União (defesa da União nas ações em que seja parte)	BACEN e CVM (dados cadastrais e informações bancárias) – mediante solicitação
Ministério Público (crimes de ação pública)	BACEN e CVM (documentação bancária para comprovação do delito) – obrigação *ex officio*
COAF – Conselho de Controle de Atividades Financeiras (Lei nº 9.613/98)	BACEN, CVM e demais órgãos de fiscalização (crimes de lavagem de dinheiro e ocultação de bens, direitos e valores) – obrigação *ex officio*
Órgãos públicos competentes (MP, AGU, CGU, DPF...)	BACEN e CVM (irregularidades e ilícitos administrativos ou indícios, com documentos pertinentes) – obrigação *ex officio*

Art. 11. O servidor público que utilizar ou viabilizar a utilização de qualquer informação obtida em decorrência da quebra de sigilo de que trata esta Lei Complementar responde pessoal e diretamente pelos danos decorrentes, sem prejuízo da responsabilidade objetiva da entidade pública, quando comprovado que o servidor agiu de acordo com orientação oficial."

No que tange especificamente à Advocacia-Geral da União, diz o art. 3º, §3º, que o Banco Central do Brasil e da Comissão de Valores Mobiliários lhe fornecerão as informações e os documentos necessários à defesa da União nas ações em que seja parte. Trata-se de dever passivo do BACEN e da CVM de fornecimento de informações sigilosas à AGU.

Uma interpretação meramente literal do dispositivo poderia dar a entender que apenas naquelas ações em que a União fosse demandada no polo passivo é que poderiam ensejar a quebra do sigilo bancário para o fornecimento direto de informações detidas pelo Banco Central do Brasil e pela CVM.

Muito embora se trate de uma lei de caráter nitidamente restritivo, o termo "defesa da União" não pode ser empregado de forma tão restritiva ao ponto de significar unicamente um dos polos de eventual demanda judicial (polo passivo).

Isso porque a Advocacia-Geral da União, segundo a Constituição Federal de 1988, é a função essencial à Justiça (Título IV, Capítulo IV, Seção II) que está incumbida da representação judicial e extrajudicial da União, (art. 131, da CF/88), em cujas atuações (área judicial ou administrativa) a União pode tanto se encontrar em posição de demandante quanto de demandada, sem contar as eventuais posições judiciais extravagantes previstas no Código de Processo Civil (como as figuras da intervenção de terceiros: oposição, nomeação à autoria, denunciação da lide e chamamento ao processo – arts. 56 a 80 do CPC).

Para que não se limitem as possibilidades de atuação do órgão de defesa da União e, em última essência, não seja restringido o seu amplo direito de defesa (art. 5º, LV, da CF/88), necessário que se faça uma interpretação sistemática do art. 3º, §3º, da Lei Complementar nº 105/2001, entendendo-se o termo "defesa" em seu aspecto mais amplo, como todo meio de conservação, preservação ou proteção dos interesses de determinada pessoa, jurídica ou física.

Assim, temos que, quer a União se encontre no polo ativo, passivo ou de terceiro interveniente em ações judiciais ou, por exemplo, em procedimentos administrativos tendentes à apurações de ilícitos de que trata a Lei nº 8.429/92 (na posição de *colegitimada ativa* (art. 17) para apuração e aplicação de penalidades aos agentes públicos por atos de improbidade administrativa, bem como para a busca do ressarcimento dos valores desviados dos cofres públicos), caberá à Advocacia-Geral da União o direito de obter do Banco Central e da CVM as informações detidas por essas entidades, que se resumem aos dados cadastrais do cliente, como dados pessoais, números de contas e instituições financeiras com as quais se relaciona, o que *exclui*, em princípio, os dados referentes às operações bancárias propriamente ditas (movimentações financeiras ativas, passivas e serviços em geral) e os dados dessas operações (forma de pagamento, origem de depósitos, montantes, destinações, etc.), apenas guardadas pelas instituições financeiras.

Note-se, não obstante, que o mesmo direito *não caberá* a qualquer outro órgão da Administração Pública Federal direta e indireta, como, *verbi gratia*, as comissões de inquérito administrativo, em relação às quais dispõe o art. 3º, §2º, da LC nº 105/2001 ser imprescindível a autorização do Poder Judiciário para obtenção de quaisquer dos dados cobertos pelo sigilo bancário na apuração de responsabilidades administrativas de servidor público por infração praticada no exercício de suas atribuições, ou que tenha relação com as atribuições do cargo em que se encontre investido.

Por outro lado, importante salientar que a colegitimação ativa contida no art. 17 da Lei nº 8.429/92 para a apuração e aplicação de penalidades a agentes públicos ímprobos também está a autorizar a quebra do sigilo bancário pela Advocacia-Geral da União através da previsão contida no art. 9º, §2º, da LC nº 105/2001, que se fará presente em caso de irregularidades e ilícitos administrativos de que tenham conhecimento o Banco Central do Brasil e a CVM, ou de indícios de sua prática, hipótese em que estão esses órgãos obrigados a comunicar aos órgãos públicos competentes tais irregularidades. Nesse caso, indica a própria lei que deverão ser anexados os documentos pertinentes (art. 9º, §2º, parte final).

A LC nº 105/2001, nesse ponto, dispõe, em gênero, sobre o dever de *comunicação ativa* do BACEN e da CVM para a prevenção e repressão de ilícitos administrativos, tais como a improbidade administrativa.

Nessa hipótese de comunicação, há de fato a possibilidade de, eventualmente, acontecer a quebra do sigilo pela AGU de forma indireta, a partir de uma obrigação ativa do BACEN e da CVM em relação, inclusive, aos dados de movimentações bancárias, desde que integrem o plexo de documentos e informações envolvendo as atividades ilícitas, como previsto no art. 9º, §2º, acima descrito.

1.6 A posição da Procuradoria do BACEN

A Procuradoria do Banco Central do Brasil, no Parecer/2005/00444/PGBCB/COPEN (03.10.2005), em consulta formulada pela Procuradoria-Geral da União para a realização de convênio institucional para acesso ao Cadastro de Clientes do Sistema Financeiro (CCS),[35] pronunciou-se sobre a possibilidade de fornecimento de informações e documentos sigilosos à Advocacia-Geral da União, com fundamento no art. 3º, §3º, da Lei Complementar nº 105/2001, firmando sua posição no sentido de estar autorizada essa transferência dos dados sigilosos constantes daquele cadastro, resumidamente, sob os seguintes argumentos jurídicos:

1. é desnecessária a existência de ação judicial em curso (a requisição pode se destinar a *instruir* ação a ser ajuizada pela União);
2. União pode estar no polo ativo ou passivo;
3. as informações e documentos, na forma como solicitadas pela AGU, devem estar disponíveis no BACEN (os dados não disponíveis no BACEN somente podem ser solicitados às instituições financeiras mediante *ordem judicial*);
4. *exceção*: não estão protegidos os dados referentes a recursos públicos objeto de repasse de instituições financeiras, públicas e privadas, na condição de meras executoras de programas governamentais (agentes financeiros) – Parecer /2002/0031 (DEJUR/GABIN) – Fundamento: MS nº 21.729-4 (STF).[36]

---

[35] O Cadastro de Clientes do Sistema Financeiro (CCS) do Banco Central do Brasil foi criado pela Lei nº 10.701, de 2003, que acrescentou o art. 10-A17 à Lei nº 9.613, de 1998 (Lei dos Crimes de Lavagem de dinheiro) e, atualmente, é regulado internamente pela Circular BCB nº 3.347/2007.

[36] O entendimento quanto à incidência do sigilo bancário sobre as contas públicas, a partir do entendimento firmado pelo STF no MS nº 21.729-4, foi objeto de pronunciamento específico da Procuradoria-Geral do Banco Central do Brasil, no Parecer/2005/00474/PGBCB/PR3SP, cujas conclusões foram no sentido de que "as operações realizadas por instituições financeiras com recursos de origem pública, por constituírem atos

1.7 A jurisprudência do Supremo Tribunal Federal e do Superior Tribunal de Justiça

Como já antes mencionado, historicamente a jurisprudência do Supremo Tribunal Federal firmou-se no sentido de que o sigilo bancário encontra sua raiz constitucional no direito fundamental à inviolabilidade da intimidade e da vida privada (art. 5º, inciso X), como desdobramento do princípio à dignidade da pessoa humana (art. 1º, III).

A despeito disso, entende aquela Corte Constitucional que o sigilo bancário não é absoluto, prevalecendo sobre ele o interesse público.

Apesar dessa aparente tendência à relativização, prevalece a posição mais ortodoxa naquela Corte de que, via de regra, o acesso ao sigilo bancário *só pode se dar através de ordem judicial*, sob pena de violação do art. 5º, X, da CF/88 (RE nº 215.301-CE; MS nº 21.729-DF e HC nº 84.728-GO), com uma única exceção: a requisição proveniente das Comissões Parlamentares de Inquérito.

O Ministro Carlos Mário Velloso, no RE nº 215.301-CE asseverou que "a quebra não pode ser feita por quem não tem o dever da imparcialidade" e "somente a autoridade judiciária, que tem o dever de ser imparcial, por isso mesmo procederá com cautela, com prudência e com moderação, é que (...) poderá autorizar a quebra do sigilo".[37]

Além disso, afirma o Ministro Marco Aurélio de Mello, "a excepcionalidade que marca a quebra do sigilo bancário exacerba a exigência constitucional de os pronunciamentos judiciais se fazerem suficientemente fundamentados".[38]

Tais entendimentos basearam-se em solicitações provenientes do Ministério Público, em relação ao qual deixou a Suprema Corte de reconhecer o respectivo poder de requisição previsto nos arts. 129, VI e VIII, da CF/88; 8º, §2º, da LC nº 75/93 e 8º, §2º, da Lei nº 8.625/93, quando cotejado com a garantia constitucional de resguardo das informações mantidas nas instituições financeiras, reconhecidas nos arts. 5º, inciso X, e 1º, III, da CF/88.

De fato, para o STF, como o Ministério Público não teria o dever da imparcialidade, somente ao Poder Judiciário, caberia aferir a conveniência e oportunidade da medida excepcional, em decisão suficientemente fundamentada, ante as provas e elementos constantes dos autos.

Mesmo antes do advento da Lei Complementar nº 105/91, a Excelsa Corte reconhecia a legitimação das Comissões Parlamentares de Inquérito para promover a quebra do sigilo bancário com espeque na revogada norma do art. 38 da Lei nº 4.595/64. Não obstante, também para a quebra do sigilo pelas CPIs, já exigia a fundamentação adequada das decisões do órgão do Poder Legislativo em suporte fático idôneo, sob pena de invalidade do ato, *verbis*:

---

administrativos, estarão sempre sujeitas aos princípios da publicidade e da moralidade, não se lhes aplicando, salvo nos casos de risco à segurança da sociedade e do Estado (art. 5º, XXXIII, da CF), a proteção do sigilo bancário" (Disponível em: *Revista PGBCB*, v. 1, n. 1, dez. 2007: <http://www.bcb.gov.br/PGBCB/VOLUME1_NUMERO1_DEZEMBRO2007/revista_procur_geral_bc_ano1_vol1_miolo.pdf>).

[37] STF, 2ª Turma, RE nº 215.301-CE, Rel. Ministro Carlos Velloso, *DJ*, 28 maio 1999, PP-00024.
[38] STF, 1ª Turma, HC nº 85.455-MT, Ministro Marco Aurélio, *DJ*, 17-06-2005, PP-00065.

EMENTA: Comissão parlamentar de inquérito – Quebra de sigilo – Ausência de indicação concreta de causa provável – Nulidade da deliberação parlamentar – Mandado de segurança concedido. A quebra de sigilo não pode ser utilizada como instrumento de devassa indiscriminada, sob pena de ofensa à garantia constitucional da intimidade.
– *A quebra de sigilo, para legitimar-se em face do sistema jurídico-constitucional brasileiro, necessita apoiar-se em decisão revestida de fundamentação adequada, que encontre apoio concreto em suporte fático idôneo, sob pena de invalidade do ato estatal que a decreta.* A ruptura da esfera de intimidade de qualquer pessoa – quando ausente a hipótese configuradora de causa provável – revela-se incompatível com o modelo consagrado na Constituição da República, pois a quebra de sigilo não pode ser manipulada, de modo arbitrário, pelo Poder Público ou por seus agentes. *Não fosse assim, a quebra de sigilo converter-se-ia, ilegitimamente, em instrumento de busca generalizada, que daria, ao Estado – não obstante a ausência de quaisquer indícios concretos – o poder de vasculhar registros sigilosos alheios, em ordem a viabilizar, mediante a ilícita utilização do procedimento de devassa indiscriminada (que nem mesmo o Judiciário pode ordenar)*, o acesso a dado supostamente impregnado de relevo jurídico-probatório, em função dos elementos informativos que viessem a ser eventualmente descobertos. A FUNDAMENTAÇÃO DA QUEBRA DE SIGILO HÁ DE SER CONTEMPORÂNEA À PRÓPRIA DELIBERAÇÃO LEGISLATIVA QUE A DECRETA. – A exigência de motivação – que há de ser contemporânea ao ato da Comissão Parlamentar de Inquérito que ordena a quebra de sigilo – qualifica-se como pressuposto de validade jurídica da própria deliberação emanada desse órgão de investigação legislativa, não podendo ser por este suprida, em momento ulterior, quando da prestação de informações em sede mandamental. Precedentes. (MS 23851, Relator(a): Min. Celso de Mello, Tribunal Pleno, julgado em 26.09.2001, *DJ* 21-06-2002 PP-00098 EMENT VOL-02074-02 PP-00308)

Outros precedentes importantes merecem ser citados, como a decisão mais recente (2007) em que o STF analisou pedido de quebra de sigilo bancário pelo Tribunal de Contas da União.

Trata-se do MS nº 22.801, da relatoria do saudoso Ministro Menezes Direito, no qual, já sob o enfoque da Lei Complementar nº 105/2001, deixou o STF de reconhecer a legitimidade da Corte de Contas Federal por falta de previsão específica de poderes para determinar a quebra do sigilo bancário constante dos dados sob a administração do Banco Central do Brasil. Adotou o STF, como não poderia deixar de ser, interpretação restritiva em relação à lista de legitimados pela LC nº 105/2001, sob o enfoque da proteção à intimidade e à vida privada. Eis a ementa do julgado:

EMENTA: Mandado de Segurança. Tribunal de Contas da União. Banco Central do Brasil. Operações financeiras. Sigilo.

1. A Lei Complementar nº 105, de 10/1/01, não conferiu ao Tribunal de Contas da União poderes para determinar a quebra do sigilo bancário de dados constantes do Banco Central do Brasil. *O legislador conferiu esses poderes ao Poder Judiciário (art. 3º), ao Poder Legislativo Federal (art. 4º), bem como às Comissões Parlamentares de Inquérito, após prévia aprovação do pedido pelo Plenário da Câmara dos Deputados, do Senado Federal ou do plenário de suas respectivas comissões parlamentares de inquérito (§§1º e 2º do art. 4º).*

2. Embora as atividades do TCU, por sua natureza, verificação de contas e até mesmo o julgamento das contas das pessoas enumeradas no artigo 71, II, da Constituição Federal, justifiquem a eventual quebra de sigilo, *não houve essa determinação na lei específica que tratou do tema, não cabendo a interpretação extensiva,* mormente porque há princípio constitucional que protege a intimidade e a vida privada, art. 5º, X, da Constituição Federal, no qual está inserida a garantia ao sigilo bancário.

3. Ordem concedida para afastar as determinações do acórdão nº 72/96 – TCU – 2ª Câmara (fl. 31), bem como as penalidades impostas ao impetrante no Acórdão nº 54/97 – TCU – Plenário. (MS 22801, Relator(a): Min. Menezes Direito, Tribunal Pleno, julgado em 17.12.2007, DJe-047 DIVULG 13-03-2008 PUBLIC 14-03-2008 EMENT VOL-02311-01 PP-00167)

A tendência restritiva do STF, segundo Karla Padilha Rebelo Marques, se refletiu até mesmo diante da necessidade de quebra do sigilo fiscal pelo Ministério Público Federal contra servidor público, no caso, parlamentar federal em relação ao qual havia suspeitas fundadas de movimentações financeiras incompatíveis com sua renda funcional, verificadas a partir de dados colhidos por Comissão Parlamentar de Inquérito.[39]

Nesse caso, salienta a festejada autora, sequer "haveria que se exigir, a rigor, a intervenção do Poder Judiciário em casos de quebra de sigilo bancário", por se tratar de "servidor público, ou mais ainda, de representante do povo, legitimamente eleito para defender os interesses maiores da sociedade".

De fato, como bem ressaltado, da mesma forma como aquele cidadão que ingressa no serviço público tem o dever de renunciar o sigilo de seu perfil econômico-financeiro (evolução patrimonial), conforme previsão do art. 13 da Lei nº 8.429/92 (Lei da Improbidade Administrativa), também tem o dever de dar satisfação à "sociedade e ao Estado quanto à probidade de sua vida funcional, o que compreende sobreviver e apresentar patrimônio e movimentações bancárias consentâneas com os salários percebidos dos cofres públicos",[40] pagos em razão da arrecadação tributária devida por toda a coletividade, exceto se percebido de outras fontes lícitas.

Malgrado essa ortodoxa posição, o Supremo Tribunal Federal, em nominável avanço jurisprudencial em relação ao tema, logrou permitir o acesso direto pelo Ministério Público Federal às movimentações financeiras decorrentes de contas públicas guardadas por instituição financeira, oriundas de recursos subsidiados pelo erário federal, para instruir procedimento administrativo de sua competência para defesa do patrimônio público.

Nessa hipótese, a instituição financeira, Banco do Brasil, agia como executora de política creditícia e financeira do Governo Federal e impetrou mandado de segurança contra ato do Procurador-Geral da República que requisitou as movimentações financeiras ocorridas na mencionada conta pública.

Tal julgamento ocorreu no Mandado de Segurança nº 21.729-DF, do Pleno do STF, da relatoria do Ministro Marco Aurélio, Relator para acórdão Ministro Neri da Silveira, tendo recebido a seguinte ementa:

EMENTA: – Mandado de Segurança. Sigilo bancário. Instituição financeira executora de política creditícia e financeira do Governo Federal. Legitimidade do Ministério Público para requisitar informações e documentos destinados a instruir procedimentos administrativos de sua competência. 2. Solicitação de informações, pelo Ministério

---

[39] MARQUES, Karla Padilha Rebelo. Op. cit., p. 81. Trata-se do Agravo Regimental em Inquérito nº 897/DF, de 23.11.1994, da Relatoria do Ministro Francisco Rezek, julgado pelo Tribunal Pleno do STF, DJ, 24 mar. 1995, PP-06806.

[40] Ibidem, p. 82.

Público Federal ao Banco do Brasil S/A, sobre concessão de empréstimos, subsidiados pelo Tesouro Nacional, com base em plano de governo, a empresas do setor sucroalcooleiro. 3. Alegação do Banco impetrante de não poder informar os beneficiários dos aludidos empréstimos, por estarem protegidos pelo sigilo bancário, previsto no art. 38 da Lei nº 4.595/1964, e, ainda, ao entendimento de que dirigente do Banco do Brasil S/A não é autoridade, para efeito do art. 8º, da LC nº 75/1993. 4. O poder de investigação do Estado é dirigido a coibir atividades afrontosas à ordem jurídica e a garantia do sigilo bancário não se estende às atividades ilícitas. A ordem jurídica confere explicitamente poderes amplos de investigação ao Ministério Público – art. 129, incisos VI, VIII, da Constituição Federal, e art. 8º, incisos II e IV, e §2º, da Lei Complementar nº 75/1993. 5. *Não cabe ao Banco do Brasil negar, ao Ministério Público, informações sobre nomes de beneficiários de empréstimos concedidos pela instituição, com recursos subsidiados pelo erário federal, sob invocação do sigilo bancário, em se tratando de requisição de informações e documentos para instruir procedimento administrativo instaurado em defesa do patrimônio público. Princípio da publicidade, ut art. 37 da Constituição. 6. No caso concreto, os empréstimos concedidos eram verdadeiros financiamentos públicos, porquanto o Banco do Brasil os realizou na condição de executor da política creditícia e financeira do Governo Federal, que deliberou sobre sua concessão e ainda se comprometeu a proceder à equalização da taxa de juros, sob a forma de subvenção econômica ao setor produtivo, de acordo com a Lei nº 8.427/1992. 7.* Mandado de segurança indeferido. (*MS 21729*, Relator(a): Min. Marco Aurélio, Relator(a) p/ Acórdão: Min. Néri da Silveira, Tribunal Pleno, julgado em 05.10.1995, DJ 19-10-2001 PP-00033 EMENT VOL-02048-01 PP-00067 RTJ VOL-00179 PP-00225)

Nos debates desse *leading* case, que teve apertada contagem de votos favoráveis, chegaram os Ministros daquela Corte a discutir a natureza constitucional da matéria, tendo o Ministro Francisco Rezek se pronunciado pelo posicionamento do sigilo bancário como "estranho à matéria constitucional", sendo, a seu ver, "extraordinário agasalhar a *contabilidade*, mesmo a das pessoas naturais, e por melhor razão a das empresas" na esfera da intimidade prevista no art. 5º, inciso X, da CF/88.

Revela-se, entretanto, imprescindível advertir que, segundo boa parte da doutrina especializada no tema, a despeito dos contundentes precedentes jurisprudenciais, o STF ainda não teria firmado um posicionamento definitivo em relação à polêmica reserva de jurisdição para quebra do sigilo bancário.

Para Roberto Massao Chinen, em entendimento acompanhado de observações de Dirceu Antonio Pastorello, Oswaldo Othon de Pontes Saraiva Filho e José Paulo Baltazar Júnior,[41] "a existência de reservas de jurisdição expressas permitem concluir que, fora de tais hipóteses, o campo está aberto para conformação pelo legislador ordinário, não incorrendo, assim, a Lei Complementar 105/01 em vicio de inconstitucionalidade por facultar ao fisco o levantamento do sigilo bancário, nas condições ali previstas".

---

[41] CHINEN, *op. cit.*, p. 97; PASTORELLO, Dirceu Antonio. Sigilo bancário e tributário. *In*: C. ALTAMIRANO, Alejandro *et al*. COLÓQUIO INTERNACIONAL DE DIREITO TRIBUTÁRIO, 3. Buenos Aires: La Ley; São Paulo: IOB, 2001. Título original: III COLOQUIO INTERNACIONAL DE DERECHO TRIBUTARIO. p. 385-394; SARAIVA FILHO, Oswaldo Othon de Pontes. *Sigilo bancário e tributário*. *In*: C. ALTAMIRANO, Alejandro *et al*. COLÓQUIO INTERNACIONAL DE DIREITO TRIBUTÁRIO, 3. Buenos Aires: La Ley; São Paulo: IOB, 2001. Título original: III COLOQUIO INTERNACIONAL DE DERECHO TRIBUTARIO. p. 447-484; BALTAZAR JÚNIOR, José Paulo. Considerações sobre o sigilo bancário. *Revista Brasileira de Ciências Criminais*, São Paulo, v. 9, n. 36, p. 124, out./dez. 2001.

Muito embora não tenha avançado tanto quanto o esperado e esteja ainda carente de uma maior consolidação sobre o tema, a jurisprudência do Superior Tribunal de Justiça parece, até o momento, ter-se apercebido um pouco melhor sobre o real alcance objetivado pelo legislador ao ampliar as hipóteses de exceção ao sigilo bancário na Lei Complementar nº 105/2001, bem sopesando a dicotomia envolvendo o princípio da intimidade que, pretensamente, resguarda em nível constitucional o sigilo bancário e o princípio da moralidade pública. É o que se pode verificar das ementas dos seguintes julgados, ambos da Primeira Turma e da relatoria do Ministro Luiz Fux:

> Processual civil. Recurso ordinário em mandado de segurança. Quebra de sigilo. Irregularidades de pagamento. Desvio de recursos. Exame de contas do impetrante. *Notitia criminis* de fatos causadores de prejuízos à união.
>
> 1. A quebra de sigilo bancário é admitida, excepcionalmente, nas hipóteses em que se denotem a existência de interesse público superior, posto proteção não consubstanciadora de direito absoluto a sobrepor-se ao interesse coletivo.
>
> 2. O art. 38 da Lei 4.595/64 (Lei do Sistema Financeiro Nacional) previa a quebra de sigilo bancário e fiscal, sendo certo que, com o advento da Lei Complementar 105, de 10/01/2001, *culminou por ampliar as hipóteses de exceção do sigilo (§§3º e 4º do art. 1º), permitindo o Poder Legislativo e a CPI obterem informações das instituições financeiras, sem a interferência do Poder Judiciário, revelando inequívoca intenção do legislador em tornar a quebra do sigilo bancário instrumento eficiente e necessário nas investigações patrimoniais e financeiras tendentes à apuração da autoria dos atos relacionados com a prática contra o erário de condutas ilícitas, como soem ser a improbidade administrativa, o enriquecimento ilícito e os ilícitos fiscais.*
>
> 3. Precedentes jurisprudenciais do STF: RE nº 219780/PE, Relator Ministro CARLOS VELLOSO, DJ de 10.09.1999 e do STJ: RMS 15364/SP, Relator Ministro João Otávio de Noronha, DJ de 10.10.2005; RHC 17353/SP, Relator Ministro Félix Fischer, DJ de 29.08.2005; RMS 18445/PE, Relator Ministro Castro Filho, DJ de 23.05.2005; MC 2981/PE, desta relatoria, DJ de 28.02.2005.
>
> 4. Deveras, in casu, descabida a insurreição contra decisão judicial, que determina a apresentação de documentos necessários à instrução de procedimento investigatório engendrado pelo Ministério Público Federal, notadamente porque o direito à intimidade não se aplica à hipótese vertente, na medida em que à administração pública incumbe velar pela transparência no trato do interesse coletivo.
>
> 5. Recurso ordinário desprovido. (RMS 20.350/MS, Rel. Ministro Luiz Fux, Primeira Turma, julgado em 15.02.2007, DJ 08.03.2007 p. 159)

> Processual civil. Tributário. Imposto de renda. Lançamento por arbitramento. Autuação com base em demonstrativos de movimentação bancária. Possibilidade. Lei 8.021/90 e Lei Complementar 105/2001. Aplicação imediata. Exceção ao princípio da irretroatividade.
>
> Inaplicabilidade da Súmula 182/TFR. Violação do art. 535, I e II, do CPC. Inocorrência.
>
> 1. O Codex Tributário, ao tratar da constituição do crédito tributário pelo lançamento, determina que as leis tributárias procedimentais ou formais têm aplicação imediata (artigo 144, §1º, do CTN), pelo que a Lei 8.021/90 e a Lei Complementar 105/2001, por envergarem essa natureza, atingem fatos pretéritos. Assim, por força dessa disposição, é possível que a administração, sem autorização judicial, quebre o sigilo bancário de

contribuinte durante período anterior a vigência dos aludidos dispositivos legais. Precedentes da Corte: AgRg nos EDcl no REsp 824.771/SC, DJ 30.11.2006; REsp 810.428/RS, DJ 18.09.2006; EREsp 608.053/RS, DJ 04.09.2006; e AgRg no Ag 693.675/PR, DJ 01.08.2006).

2. A Lei 8.021, de 12 de abril de 1990, que dispõe sobre a identificação dos contribuintes para fins fiscais, em seus artigos 6º, 7º e 8º, preceitua que: (i) "O lançamento de ofício, além dos casos já especificados em lei, far-se-á arbitrando-se os rendimentos com base na renda presumida, mediante utilização dos sinais exteriores de riqueza"; (ii) "Considera-se sinal exterior de riqueza a realização de gastos incompatíveis com a renda disponível do contribuinte".: (iii) "O arbitramento poderá ainda ser efetuado com base em depósitos ou aplicações realizadas junto a instituições financeiras, quando o contribuinte não comprovar a origem dos recursos utilizados nessas operações. (Revogado pela lei nº 9.430, de 1996)"; (iv) "A autoridade fiscal do Ministério da Economia, Fazenda e Planejamento poderá proceder a exames de documentos, livros e registros das Bolsas de Valores, de mercadorias, de futuros e assemelhadas, bem como solicitar a prestação de esclarecimentos e informações a respeito de operações por elas praticadas, inclusive em relação a terceiros"; e (v) "Iniciado o procedimento fiscal, a autoridade fiscal poderá solicitar informações sobre operações realizadas pelo contribuinte em instituições financeiras, inclusive extratos de contas bancárias, não se aplicando, nesta hipótese, o disposto no art. 38 da Lei nº 4.595, de 31 de dezembro de 1964"

3. Ademais, em 10 de janeiro de 2001, sobreveio a Lei Complementar 105, que revogou o artigo 38, da Lei 4.595/64, que condicionava a quebra do sigilo bancário à obtenção de autorização judicial.

4. A LC 105/2002 dispõe sobre o sigilo das operações de instituições financeiras, determinando que não constitui violação do dever de sigilo, entre outros, o fornecimento à Secretaria da Receita Federal de informações necessárias à identificação dos contribuintes e os valores globais das respectivas operações – artigo 11, §2º, da Lei 9.311/96, que instituiu a CPMF –, e a prestação de informações nos termos e condições estabelecidos nos artigos 2º, 3º, 4º, 5º, 6º, 7º, e 9º, da lei complementar em tela (artigo 1º, §3º, III e VI).

5. Em seu artigo 6º, o referido diploma legal, estabelece que: "As autoridades e os agentes fiscais tributários da União, dos Estados, do Distrito Federal e dos Municípios somente poderão examinar documentos, livros e registros de instituições financeiras, inclusive os referentes a contas de depósitos e aplicações financeiras, quando houver processo administrativo instaurado ou procedimento fiscal em curso e tais exames sejam considerados indispensáveis pela autoridade administrativa competente. Parágrafo único. O resultado dos exames, as informações e os documentos a que se refere este artigo serão conservados em sigilo, observada a legislação tributária".

6. Nesse segmento, a jurisprudência do Superior Tribunal de Justiça está assentada no sentido de que: "a exegese do art. 144, §1º do Código Tributário Nacional, considerada a natureza formal da norma que permite o cruzamento de dados referentes à arrecadação da CPMF para fins de constituição de crédito relativo a outros tributos, conduz à conclusão da possibilidade da aplicação dos artigos 6º da Lei Complementar 105/2001 e 1º da Lei 10.174/2001 ao ato de lançamento de tributos cujo fato gerador se verificou em exercício anterior à vigência dos citados diplomas legais, desde que a constituição do crédito em si não esteja alcançada pela decadência" e que "inexiste direito adquirido de obstar a fiscalização de negócios tributários, máxime porque, enquanto não extinto o crédito tributário a Autoridade Fiscal tem o dever vinculativo do lançamento em correspondência ao direito de tributar da entidade estatal". (REsp 685.708/ES, Primeira Turma, Rel. Min. Luiz Fux, DJ de 20.06.2005).

7. Tese inversa levaria a criar situações em que a administração tributária, mesmo tendo ciência de possível sonegação fiscal, ficaria impedida de apurá-la.

8. Deveras, ressoa inadmissível que o ordenamento jurídico crie proteção de tal nível a quem, possivelmente, cometeu infração.

9. *Isto porque o sigilo bancário não tem conteúdo absoluto, devendo ceder ao princípio da moralidade pública e privada, este sim, com força de natureza absoluta. A regra do sigilo bancário deve ceder todas as vezes que as transações bancárias são denotadoras de ilicitude, porquanto não pode o cidadão, sob o alegado manto de garantias fundamentais, cometer ilícitos. O sigilo bancário é garantido pela Constituição Federal como direito fundamental para guardar a intimidade das pessoas desde que não sirva para encobrir ilícitos.*

10. A violação do art. 535, I e II, CPC, não efetivou-se na hipótese sub examine. Isto porque, o Tribunal de origem pronunciou-se de forma clara e suficiente sobre a questão posta nos embargos de declaração, estando o decisum hostilizado devidamente fundamentado.

Saliente-se, ademais, que o magistrado não está obrigado a rebater, um a um, os argumentos trazidos pela parte, desde que os fundamentos utilizados tenham sido suficientes para embasar a decisão, como de fato ocorreu no voto condutor do acórdão de apelação às fls. 119/130, além de a pretensão veiculada pela embargante, consoante reconhecido pelo Tribunal local, revelar nítida pretensão de rejulgamento da causa (fls. 142/145).

11. Recurso especial provido. (REsp nº 943.304/SP, Rel. Ministro Luiz Fux, Primeira Turma, julgado em 06.05.2008, DJe 18/06/2008) (grifou-se)

Já na seara tributária, vem o STJ reconhecendo, com maior contundência, a legitimidade da utilização dos dados bancários pela Administração Tributária sem necessidade da reserva de jurisdição, ainda que em relação a fatos geradores ocorridos sob a égide da legislação anterior à Lei Complementar nº 105/2001. Vejam-se as seguintes ementas:

Agravo regimental. Tributário. Recurso especial. Sigilo bancário. Utilização de informações de movimentações financeiras pelas autoridades fazendárias. Aplicação da LC 105/2001 e da Lei 10.174/2001, independentemente da época do fato gerador. Possibilidade. Precedentes do STJ. Agravo regimental desprovido.

1. *O entendimento pacífico desta Corte Superior é de que a utilização de informações financeiras pelas autoridades fazendárias não viola o sigilo de dados bancários, em face do que dispõe não só o Código Tributário Nacional (art. 144, §1º), mas também a Lei 9.311/96 (art. 11, §3º, com a redação introduzida pela Lei 10.174/2001) e a Lei Complementar 105/2001 (arts. 5º e 6º), inclusive podendo ser efetuada em relação a períodos anteriores à vigência das referidas leis.*

2. Nesse sentido, os seguintes precedentes: EREsp 726.778/PR, 1ª Seção, Rel. Min. Castro Meira, DJ de 5.3.2007, p. 255; EREsp 608.053/RS, 1ª Seção, Rel. Min. Teori Albino Zavascki, DJ de 4.9.2006, p. 219; REsp 792.812/RJ, 1ª Turma, Rel. Min. Luiz Fux, DJ de 2.4.2007, p. 242; REsp 529.818/PR, 2ª Turma, Rel. Min. João Otávio de Noronha, DJ de 19.3.2007, p. 302; AgRg no Ag 775.069/SP, 1ª Turma, Rel. Min. José Delgado, DJ de 23.11.2006, p. 224; AgRg no REsp 700.789/RS, 1ª Turma, Rel. Min. Francisco Falcão, DJ de 19.12.2005, p. 238; REsp 691.601/SC, 2ª Turma, Rel. Min. Eliana Calmon, DJ de 21.11.2005, p. 190.

3. Agravo regimental desprovido. (AgRg no REsp nº 971.102/SP, Rel. Ministra Denise Arruda, Primeira Turma, julgado em 02.04.2009, *DJe* 04.05.2009)

Direito tributário. Sigilo bancário. LC 105/2001 e Lei 10.174/2001. Uso de dados de movimentações financeiras pelas autoridades fazendárias. Possibilidade. Condições. Aplicação imediata. Precedentes.

1. A Lei 9.311/1996 ampliou as hipóteses de prestação de informações bancárias (até então restritas – art. 38 da Lei 4.595/64; art. 197, II, do CTN; art. 8º da Lei 8.021/1990), permitindo sua utilização pelo Fisco para fins de tributação, fiscalização e arrecadação da CPMF (art. 11), bem como para instauração de procedimentos fiscalizatórios relativos a qualquer outro tributo (art. 11, §3º, com a redação da Lei 10.174/01).

2. Também a Lei Complementar 105/2001, ao estabelecer normas gerais sobre o dever de sigilo bancário, permitiu, sob certas condições, o acesso e utilização, pelas autoridades da administração tributária, a documentos, livros e registros de instituições financeiras, inclusive os referentes a contas de depósitos e aplicações financeiras" (arts. 5º e 6º).

3. Está assentado na jurisprudência do STJ que "a exegese do art. 144, §1º do Código Tributário Nacional, considerada a natureza formal da norma que permite o cruzamento de dados referentes à arrecadação da CPMF para fins de constituição de crédito relativo a outros tributos, conduz à conclusão da possibilidade da aplicação dos artigos 6º da Lei Complementar 105/2001 e 1º da Lei 10.174/2001 ao ato de lançamento de tributos cujo fato gerador se verificou em exercício anterior à vigência dos citados diplomas legais, desde que a constituição do crédito em si não esteja alcançada pela decadência" e que "inexiste direito adquirido de obstar a fiscalização de negócios tributários, máxime porque, enquanto não extinto o crédito tributário a Autoridade Fiscal tem o dever vinculativo do lançamento em correspondência ao direito de tributar da entidade estatal" (REsp 685.708/ES, 1ª Turma, Min. Luiz Fux, DJ de 20/06/2005. No mesmo sentido: REsp 628.116/PR, 2ª Turma, Min. Castro Meira, DJ de 03/10/2005; AgRg no REsp 669.157/PE, 1ª Turma, Min. Francisco Falcão, DJ de 01/07/2005; REsp 691.601/SC, 2ª Turma, Min. Eliana Calmon, DJ de 21/11/2005. (EREsp 608.053/RS, Rel. Ministro TEORI ALBINO ZAVASCKI, PRIMEIRA SEÇÃO, julgado em 09.08.2006, DJ 04.09.2006 p. 219) 4. Recurso especial provido. (REsp nº 643.619/SC, Rel. Ministro Mauro Campbell Marques, Segunda Turma, julgado em 04.09.2008, DJe 06.10.2008)

1.8 Argumentos favoráveis à transferência de dados bancários à Advocacia-Geral da União e limites

Talvez a melhor opção a ser seguida no futuro pela legislação brasileira caminhe no sentido da positivação de uma permissão de acesso ao sigilo bancário dos agentes públicos, em razão do seu comprometimento com a moralidade e com a transparência no trato com a coisa pública, o que inclui a remuneração por estes percebida.

Tal permissão não seria novidade no ordenamento jurídico pátrio, tendo em vista a obrigatoriedade contida no art. 13 da Lei nº 8.429/92 (Lei de Improbidade Administrativa) e na Lei nº 8.730/93, que impõem aos agentes públicos, sob pena de sanções penais e administrativas, a apresentação de declaração de rendimentos e de evolução patrimonial.

Tornar obrigatória, por exemplo, a quebra do sigilo bancário aos agentes públicos, por ocasião da respectiva posse no cargo ou função, além de esvaziar em grande parte os discursos inflamados em torno do tema, traria maior facilidade aos órgãos de controle nas investigações de atos ilícitos penais e administrativos, inclusive tributários, em benefício de toda a sociedade.

Nesse sentido é interessante conhecer o posicionamento da hoje Ministra do Supremo Tribunal Federal, Cármemn Lúcia Antunes Rocha, em seu artigo "Direito à privacidade e os sigilos fiscal e bancário",[42] *verbis*:

> (...) aquele que se oferece à eleição pelo povo a um cargo público não pode decidir que quer exercer um cargo público, pago com dinheiro público, para o exercício de funções públicas e manter a privacidade do mesmo modo que alguém que se mantém nos limites de uma atividade privada, em espaço particular, com recursos particulares e que não se dá à mostra nem participa de atividades ou desempenha funções que atinjam, direta ou imediatamente, o interesse público. Público o cargo, públicos os recursos com os quais se vive, pública a finalidade buscada com determinada atividade desenvolvida, é impossível que se pretenda manter o mesmo círculo limitado de privacidade que um cidadão despojado de tais deveres poderia vir a escolher.

Enquanto isso não acontece, podemos tecer algumas considerações sobre as possibilidades e limites à quebra do sigilo bancário pela Advocacia-Geral da União, em sua atuação como representante judicial e extrajudicial da União e como colegitimada ativa nas ações de improbidade administrativa para o combate à corrupção na sociedade brasileira, ao lado dos demais órgãos de controle da Administração Pública.

Em primeiro lugar, como visto e como salientado por Rogério Pacheco Alves,[43] a Constituição Federal não prevê, em qualquer de seus dispositivos, a reserva de jurisdição para a quebra do sigilo bancário, como expressamente previsto em relação à interceptação das comunicações telefônicas (art. 5º, XII) e quanto à violação de domicílio (art. 5º, XI), motivo pelo qual os argumentos tecidos pelo Ministro Francisco Rezek no Mandado de Segurança 21.729-DF ganham especial significado ao não reconhecer o sigilo bancário como matéria constitucional.

Por outro lado, temos que a necessidade do sigilo bancário advinda do liberalismo (iniciado com o Renascimento) encontrou terreno fértil nas culturas ibéricas, das quais herdamos grande parte de nossos costumes (Portugal e Espanha) e as quais sempre priorizaram o individualismo e o patriarcalismo, surgindo daí dificuldades naturais para lidar com a impessoalidade que deve reger o trato com a coisa pública.

Talvez isso explique o grande esforço de boa parte da doutrina pátria e da jurisprudência do STF em buscar no princípio da intimidade ou da privacidade o fundamento constitucional para o sigilo bancário.

Não obstante, é imprescindível ter-se em conta que o princípio da intimidade deve sempre ceder diante do princípio da supremacia do interesse público (em seu duplo aspecto: primário e secundário) e da segurança pública, princípios tão encarecidos pelo Estado Democrático de Direito, no qual os valores sociais e coletivos são prioritários em relação aos valores individuais.

Por conta disso, o que se vê hoje na sociedade brasileira é um grande desvirtuamento dos valores socialmente aceitáveis e uma desigualdade entre forças, na

---

[42] ROCHA, Cármen Lúcia Antunes. Direito à privacidade e os sigilos fiscal e bancário. *Interesse Público*, Belo Horizonte, n. 20, p. 17, 2003 *apud* ALVES; GARCIA, *op. cit.*, p. 562.

[43] ALVES, Rogério Pacheco; GARCIA, Emerson. *Improbidade administrativa*. 4. ed. Rio de Janeiro: Lumen Juris, 2008. p 558.

luta do bem contra o mal (corrupção), que tem implicado em aumento exagerado de casos de corrupção e de ilícitos penais.

Por outro lado, a ideia da tutela jurídica da intimidade não está associada com a tolerância de atividades ilícitas.

De fato, o sigilo bancário não foi concebido sob a perspectiva da garantia da ilicitude. Ao contrário, em determinado período serviu para proteção pessoal e patrimonial contra as intempéries dos governos ditatoriais e ilegítimos como o de Hitler, no período entre guerras.

Como bem salientado pelo Ministro Luiz Fux, do Superior Tribunal de Justiça, no precedente retratado linhas acima (REsp nº 943.304/SP), "a regra do sigilo bancário deve ceder todas as vezes que as transações bancárias são denotadoras de ilicitude, porquanto não pode o cidadão, sob o alegado manto de garantias fundamentais, cometer ilícitos".

Na prática, a linha restritiva que vem sendo adotada pelo Supremo Tribunal Federal tem representado grandes obstáculos à busca da "verdade real", do interesse da justiça e dos interesses público e social, notadamente em relação às atividades de cunho preventivo e repressivo adotadas pelos órgãos públicos encarregados de reprimir os delitos criminais e administrativos, como a Polícia Judiciária, o Ministério Público, os Tribunais de Contas, a Controladoria-Geral da União e as Procuradorias Estatais, entre as quais a Advocacia-Geral da União.

Demandas internacionais por cooperação jurídica no combate à corrupção e aos crimes econômicos vêm sendo reiteradamente endereçadas ao Brasil por organismos estrangeiros.

Recomendações como as constantes do Relatório de 2000 da OCDE (Organização para Cooperação e Desenvolvimento Econômico) vêm exteriorizando preocupações com a necessidade de flexibilização do direito ao sigilo bancário em face do crescimento explosivo nas transações internacionais via Internet, fruto da globalização e da revolução tecnológica das últimas décadas, o que tem aumentado exponencialmente o potencial para a evasão e fraudes fiscais. Tais "facilidades" disponibilizadas a um número cada vez maior de pessoas, contribuintes e empresas, têm tornado praticamente impossível o combate à injustiça fiscal, à lavagem de dinheiro decorrente do narcotráfico e da corrupção no mundo.

Alguns exemplos marcantes merecem ser citados, como o da Suíça, cuja tradição histórica a tornou conhecida mundialmente como líder em operações bancárias privadas, em face da robustez de suas regras sobre sigilo bancário. De fato, esse país vem procurando flexibilizar suas normas motivado por compromissos internacionais, como a Convenção de Mérida (tratado global contra a corrupção assinado em 2003, na cidade mexicana de Mérida), em razão da qual tem sido possível às autoridades brasileiras trabalhar na repatriação de milhões de dólares desviados por um influente político brasileiro no caso do "propinoduto" do Rio de Janeiro, ocorrido entre 1999 e 2000.[44]

Outros exemplos dignos de nota são o de Portugal e de Espanha.

---

[44] Conforme retratado em matéria veiculada no periódico *Correio Braziliense*, edição de 27 de novembro de 2009 (sexta-feira), Caderno Política, p. 7.

Em Portugal, o entendimento jurisprudencial consagrado pelo Tribunal Constitucional, que considera o sigilo bancário como uma dimensão de defesa da intimidade da vida privada, direito de natureza fundamental, consagrado no art. 26 da Constituição portuguesa, difundiu no país um padrão protetor com características até mais amplas que o vigente na Suíça, conforme relatado por Roberto Massao Chinen.[45] A despeito disso, recentemente Portugal passou a permitir o acesso direto pelas autoridades fiscais, Lei nº 30-G, de 19.12.2000 (Lei da Reforma de Tributação do Rendimento), às informações bancárias de pessoas suspeitas de prática de fraudes tributárias.

Na Espanha, cujo ordenamento tributário revela a existência de um Estado Fiscal forte, o Tribunal Constitucional, mediante um "esforço de harmonização de dois interesses juridicamente tutelados: o da proteção da intimidade, prevista no art. 18.1 da Constituição espanhola, e o dever de contribuir para a sustentação de gastos públicos, consagrado no art. 31 do texto constitucional",[46] *chegou ao extremo* de construir o entendimento de que o direito à intimidade *nunca* pode ser alegado como *oposição* ao acesso das informações bancárias pelo Fisco, o que, em um momento ou em outro, pode mesmo vir a ser transformado em eventuais abusos contra os direitos do cidadão.

Voltando-se os olhos novamente para o Brasil, temos que todos os precedentes mais relevantes do STF que consolidaram o entendimento em torno da quebra do sigilo bancário que impõe, em essência, o princípio da reserva da jurisdição, foram julgados quando ainda não vigentes as disposições mais ampliativas da LC nº 105/2001.

Nesse ponto, a despeito de ainda não consolidado o tema de forma definitiva pelo STF, podemos retirar de alguns desses precedentes algumas conclusões interessantes.

No MS nº 22.801, transcrito linhas acima, em que analisada a possibilidade de acesso do Tribunal de Contas da União às informações bancárias, pode-se extrair das conclusões do julgado as seguinte premissas: (1) houve reconhecimento, de forma implícita, da constitucionalidade da Lei Complementar nº 105/2001; (2) ficou reconhecida, em tese, a possibilidade de quebra do sigilo bancário contida expressamente no texto legal por autoridade não judicial (CPIs); e (3) pode-se extrair daí a presunção de constitucionalidade dos arts. 1º, §3º, IV; 3º, §3º e 9º, §2º, da LC nº 105/2001.

Do julgamento do MS nº 21.729-4, também transcrito neste artigo, revelou-se o entendimento de que as informações bancárias referentes a recursos públicos objeto de repasse instituições financeiras (públicas e privadas), que agem como meras executoras de programadas governamentais, como agentes financeiros, *não estão protegidas pelo sigilo bancário*.

A partir dessas premissas, pode se concluir que a presunção de constitucionalidade dos arts. 1º, §3º, IV; 3º, §3º e 9º, §2º, da LC nº 105/2001 está a autorizar a utilização dos dados bancários transferidos à Advocacia-Geral da União para *instrução*

---

[45] CHINEN, *op. cit.*, p. 51.
[46] *Ibidem*, p. 53.

da sua defesa judicial ativa e passiva, resguardado, por óbvio, o dever dos Advogados da União de preservação de tal sigilo até o trânsito em julgado de eventual sentença condenatória.

Tal conclusão está resguardada por parecer do BACEN, mencionado linhas acima, o qual reconhece a possibilidade de transferência do sigilo bancário em relação às informações e documentos naquela autarquia disponíveis, inclusive para INSTRUIR ação a ser ajuizada pela União, o que, por óbvio, não exclui as ações de improbidade e de ressarcimento pela AGU.

A despeito de tudo o que foi escrito até aqui, a atuação da Advocacia-Geral da União encontra seus limites naturalmente na atual jurisprudência do Supremo Tribunal Federal, bem como nas autorizações expressas contidas na Lei Complementar nº 105/2001. Desse modo, para obtenção das informações das operações bancárias propriamente ditas (movimentações financeiras ativas, passivas e serviços em geral) e dos dados dessas operações (forma de pagamento, origem de depósitos, montantes, destinações, etc.), somente disponíveis nas *instituições financeiras*, é necessário o ajuizamento de medida cautelar para quebra do sigilo fiscal ou incluir o respectivo pedido incidental em eventual petição inicial da ação de improbidade administrativa.

Os dados bancários eventualmente acessados pela AGU devem ser resguardados pelos Advogados Públicos, sob pena de responsabilidade, tendo em vista o princípio da presunção de não culpabilidade (art. 5º, LVII, da CF).

2 Sigilo fiscal: possibilidade de quebra pela Advocacia-Geral da União e limites

2.1 Sigilo patrimonial

O sigilo fiscal objeto de interesse do presente estudo é aquele relacionado com a vida privada que alcança as informações referentes ao patrimônio adquirido pelos cidadãos e a respectiva evolução no curso do tempo.

Para a Procuradora da Fazenda Nacional Denise Lucena Cavalcante, "o sigilo fiscal refere-se à proteção dos dados econômico-fiscais dos contribuintes, o que não se confunde com as informações referentes à vida íntima, ou seja, dados sensíveis".[47]

Há portanto, que se reconhecer que, conceitualmente, sigilo fiscal e sigilo patrimonial têm diferentes significados, possuindo o primeiro acepção mais ampla que o segundo.

De fato, no *sigilo fiscal* estão compreendidos todos os dados disponibilizados à Administração Tributária em razão do seu poder de fiscalização. Usualmente, são aqueles constantes da declaração anual prestada em função do imposto de renda, pessoa física ou jurídica, não se excluindo outras informações obtidas através de ações fiscalizadoras decorrentes de suas competências administrativo-tributárias. Estão ali englobados não só os dados cadastrais do contribuinte, mas as respectivas

---

[47] Sigilo fiscal. *Biblioteca Digital Revista Fórum de Direito Tributário – RFDT*, Belo Horizonte, ano 3, n. 13, jan. 2005. (Parecer PGFN/CDA/Nº 980/2004 – *DOU*, 27 set. 2004).

fontes de renda, declaração de bens, informações bancárias, ganhos de capital, espólio, dívidas reais e pessoais, pagamentos a terceiros, inclusive doações efetuadas pelo contribuinte, etc.

Já o *sigilo patrimonial* diz respeito, mais especificamente, à declaração de bens e rendimentos, incluindo-se eventuais dívidas (ônus reais ou obrigações) que se projetem sobre os bens, para fins de apuração do respectivo valor líquido (Lei nº 8.730/93).

Nosso enfoque principal, como não poderia deixar de ser, diz respeito ao patrimônio dos agentes públicos e de terceiros, pessoas físicas ou jurídicas, que venham a praticar atos de improbidade administrativa, previstos na Lei nº 8.429/92.

2.2 Disciplina constitucional e legal

Da mesma forma que o sigilo bancário, o sigilo fiscal vem sendo tratado pela jurisprudência do Supremo Tribunal Federal e por boa parte da doutrina como espécie do gênero "sigilo", com resguardo constitucional nos princípios da dignidade da pessoa humana e no princípio da inviolabilidade da intimidade e da vida privada (direito à privacidade) e, portanto, como direitos fundamentais do indivíduo.

Não obstante, tendo em vista as peculiaridades previstas na legislação infraconstitucional no que tange aos servidores ou agentes públicos, é possível, sistematicamente, estabelecer duas situações distintas em relação à quebra de sigilo patrimonial ou fiscal: as envolvendo *cidadãos comuns*, pessoas físicas ou jurídicas, e as envolvendo os *agentes públicos* ou assemelhados.

No que toca aos *cidadãos comuns*, não há qualquer dúvida de que plenamente aplicáveis os regramentos constitucionais estabelecidos em doutrina e jurisprudência sobre o sigilo bancário: art. 1º, inciso III (princípio da dignidade da pessoa humana) e art. 5º, inciso X, (direito fundamental à inviolabilidade da intimidade e da vida privada), ambos da Constituição Federal de 1988. Nessa hipótese, tais fontes do direito vêm igualmente garantindo a "reserva jurisdicional" contra pretensões persecutórias dos órgãos de controle administrativo.

Já no que se refere aos *agentes públicos*, as peculiaridades estão estampadas no art. 13, *caput*, §§1º e 2º, da Lei nº 8.429/92[48] (Lei de Improbidade Administrativa – LIA) e na Lei nº 8.730/93.

De fato, a Lei de Improbidade Administrativa estabelece as seguintes obrigações aos agentes públicos:

- *art. 13, caput e §1º* – para posse e exercício em cargo, emprego, função pública ou mandato, é obrigatória a apresentação de declaração de bens e valores, seus e de seus filhos, cônjuge, companheira(o) e pessoas que vivam sob sua dependência, ao serviço de pessoal do órgão público.

---

[48] "Art. 13. A posse e o exercício de agente público ficam condicionados à apresentação de declaração dos bens e valores que compõem o seu patrimônio privado, a fim de ser arquivada no serviço de pessoal competente.
§1º A declaração compreenderá imóveis, móveis, semoventes, dinheiro, títulos, ações, e qualquer outra espécie de bens e valores patrimoniais, localizado no País ou no exterior, e, quando for o caso, abrangerá os bens e valores patrimoniais do cônjuge ou companheiro, dos filhos e de outras pessoas que vivam sob a dependência econômica do declarante, excluídos apenas os objetos e utensílios de uso doméstico.
§2º A declaração de bens será anualmente atualizada e na data em que o agente público deixar o exercício do mandato, cargo, emprego ou função."

- *art. 13, §2º* – atualização anual da declaração de bens e ao deixar o exercício do cargo, emprego, função pública ou mandato.

Para essa finalidade, o §4º do mesmo artigo possibilita ao declarante a entrega de cópia da declaração anual de bens apresentada à Delegacia da Receita Federal na conformidade da legislação do Imposto sobre a Renda e proventos de qualquer natureza, com as necessárias atualizações, para suprir a exigência contida no *caput* e no §2º.

Já a Lei nº 8.730/93, mais ampla que a Lei nº 8.429/92, e específica para os agentes públicos, condiciona a posse ou exercício das seguintes autoridades e servidores públicos:

I – Presidente da República;
II – Vice-Presidente da República;
III – ministros de Estado;
IV – membros do Congresso Nacional;
V – membros da magistratura federal;
VI – membros do Ministério Público da União;
VII – todos quantos exerçam cargos eletivos e cargos, empregos ou funções de confiança, na administração direta, indireta e fundacional, de qualquer dos Poderes da União.

A mesma lei impõe, entre outras, as seguintes obrigações:
- fornecimento de declaração de *bens* e *rendas* para os exercentes de cargos, empregos e funções nos Poderes Executivo, Legislativo e Judiciário (no ato de posse/exercício, no final de cada exercício financeiro e na exoneração, em quaisquer de suas espécies);
- encaminhamento de cópia ao Tribunal de Contas da União para: registro, controle interno, representação em caso de irregularidades, publicação periódica no *Diário Oficial da União*, o qual está obrigado a fornecer informações ao Congresso Nacional ou a *qualquer cidadão (ação popular)*;
- da declaração de bens deverão constar: relação pormenorizada dos bens imóveis, móveis, semoventes, títulos ou valores mobiliários, direitos sobre veículos automóveis, embarcações ou aeronaves e dinheiros ou aplicações financeiras que, no País ou no exterior, constituam, separadamente, o patrimônio do declarante e de seus dependentes, na data respectiva;
- para fins de *apuração da evolução patrimonial*: deverão ser consignados os ônus reais e obrigações do declarante, inclusive de seus dependentes, dedutíveis na apuração do patrimônio líquido, em cada período, discriminando-se entre os credores, se o caso, a Fazenda Pública, as instituições oficiais de crédito e quaisquer entidades, públicas ou privadas, no país e no exterior;
- em caso de *variação patrimonial superior* ao total de renda pública: deverá o agente indicar a origem dos recursos que hajam propiciado o eventual acréscimo.

Tais regras têm por principal finalidade *relativizar* a garantia do sigilo das informações patrimoniais dos agentes públicos, permitindo o acesso direto e o acompanhamento da respectiva evolução durante o exercício do cargo, emprego ou função pública pelos órgãos de controle da Administração.

Segundo Wallace Paiva Martins Júnior, citado por Rogério Pacheco Alves,[49] a regra é plenamente justificável porque, *verbis*:

> aqueles que ingressam no serviço público recebem vencimentos do Poder Público, devem atuar com exclusividade e isenção, manejam e gerenciam o patrimônio público em nome alheio e, mais do que isso, devem ser totalmente transparentes em todos os aspectos, no exercício de suas funções, porque neles a sociedade deposita a sincera confiança de honestidade.

Esse conjunto de leis busca, sem sombra de dúvidas, estabelecer importante mecanismo de controle para acompanhar o desenvolvimento econômico-financeiro do agente e dos familiares dele dependentes, com vistas à prevenção ou repressão da prática de ilícito ou de improbidade administrativa, com especial enfoque na figura prevista no art. 9º, inciso VII, da Lei nº 8.429/92.[50]

Efetivamente, segundo Marcelo Figueiredo,[51] a *ratio legis* é "procurar algum elo entre a formação e desenvolvimento do patrimônio do agente e uma possível atividade ilícita ou imoral em sua vida administrativa ou funcional".

Para tanto, salienta o mesmo autor:

> ...a análise dos dados fornecidos ou requisitados não se limita ao período em que o agente ocupou o cargo público. Pode haver, inclusive, pesquisa ou oferecimento de informações de período anterior, tudo visando ao escopo maior: *apura-se a verdade patrimonial*. (grifou-se)

Questão de suma importância a ser mencionada foi a amplitude com que foi tratada a questão da *transparência* das informações patrimoniais dos agentes públicos pela Lei nº 8.730/93.

Incumbindo os Tribunais de Contas da função de receptor e de administrador das informações patrimoniais dos agentes, além do respectivo órgão de pessoal, determina que essas Cortes de Contas publiquem, periodicamente, no Diário Oficial da União, por extrato, dados e elementos constantes da declaração de bens e rendas, franqueando o acesso a tais informações não só aos órgãos de controle interno e às Câmaras e Comissões do Congresso Nacional, mas a *qualquer cidadão*, com a finalidade de permitir a instrução de ações populares para anular ato lesivo ao patrimônio público ou à moralidade administrativa.

Na prática, por essa lei, a quebra do sigilo patrimonial dos agentes públicos tornou-se praticamente peremptória, ao que deve ser excetuado, no entanto, o dever

---

[49] MARTINS JÚNIOR, Wallace Paiva. *Probidade administrativa*. São Paulo: Saraiva, 2001. p. 148 *apud* ALVES; GARCIA, *op. cit.*, p. 558.

[50] "Art. 9º Constitui ato de improbidade administrativa importando enriquecimento ilícito auferir qualquer tipo de vantagem patrimonial indevida em razão do exercício de cargo, mandato, função, emprego ou atividade nas entidades mencionadas no art. 1º desta lei, e notadamente:
omissis
VII – adquirir, para si ou para outrem, no exercício de mandato, cargo, emprego ou função pública, bens de qualquer natureza cujo valor seja desproporcional à evolução do patrimônio ou à renda do agente público;"

[51] FIGUEIREDO, Marcelo. *Probidade administrativa*: comentários à Lei 8.429/92 e legislação complementar. 5. ed. São Paulo: Malheiros, 2004. p. 161.

de preservação dos dados relativos com a sua intimidade ou vida privada, em sua acepção mais restrita (esfera íntima ou familiar).[52]

A maior amplitude buscada pela Lei nº 8.730/93 se refletiu inclusive na determinação contida no seu art. 7º, que impõe, como mencionado, a sua adoção cogente pelos Estados, pelo Distrito Federal e pelos Municípios, no que couber, como *norma geral de direito financeiro*, cuja observância deve ser fiscalizada pelos Tribunais de Contas da União, dos Estados, do Distrito Federal e dos Municípios, onde houver (art. 75 da Constituição Federal).

2.3 Penalidades ao agente público que deixa de declarar seus bens

Segundo o art. 13, §3º, da Lei nº 8.429/92 (LIA), a recusa na apresentação tempestiva da declaração de bens pelo agente público ou a sua prestação com falsidade, por ocasião da posse ou exercício, implicarão na sua punição com a pena de demissão, a bem do serviço público, *sem prejuízo de outras sanções cabíveis*.[53]

Indo mais além, a Lei nº 8.730/93, em seu art. 3º, estabelece que a não apresentação da declaração de bens e rendas por ocasião da posse, implicará na *não realização do ato de posse ou exercício*, ou sua *nulidade*, se celebrado sem esse requisito essencial.

Em adição, esclarece, no parágrafo único do mesmo artigo, que a não apresentação da declaração, a falta e o atraso de remessa de sua cópia ao Tribunal de Contas da União ou a declaração dolosamente inexata implicará, conforme o caso:

a) *crime de responsabilidade*, para o Presidente e o Vice-Presidente da República, os ministros de Estado e demais autoridades previstas em lei especial, observadas suas disposições; ou

b) *infração político-administrativa, crime funcional ou falta grave disciplinar*, passível de perda do mandato, demissão do cargo, exoneração do emprego ou destituição da função, além da inabilitação, até cinco anos, para o exercício de novo mandato e de qualquer cargo, emprego ou função pública, *observada a legislação específica*.[54]

---

[52] Em contraponto, sobre o dever de preservação do sigilo fiscal, veja-se em Hugo de Brito Machado: "A Fazenda Pública não pode ser censurada por exercê-lo. Outra, bem diversa, é a divulgação de fatos inerentes ao contribuinte, conhecidos no exercício da fiscalização. Essa divulgação é legalmente proibida, além de ser inteiramente desnecessária para que a fiscalização alcance seus objetivos. O fisco tem o dever de manter em sigilo os fatos dos quais toma conhecimento no exercício da fiscalização tributária. Se não cumpre esse dever, se divulga fatos que eventualmente podem prejudicar a imagem do contribuinte, pratica dano moral e se torna devedor da indenização correspondente. É inegável o direito do contribuinte, cuja imagem é atingida por divulgação, pelo fisco, de fatos inerentes a sua atividade, de ser indenizado pelo dano moral sofrido" (MACHADO, Hugo de Brito. Sigilo fiscal e dano moral. *Biblioteca Digital Revista Fórum de Direito Tributário – RFDT*, Belo Horizonte, ano 4, n. 24, nov. 2006).

[53] "Art. 13. A posse e o exercício de agente público ficam condicionados à apresentação de declaração dos bens e valores que compõem o seu patrimônio privado, a fim de ser arquivada no serviço de pessoal competente.
§3º Será punido com pena de demissão, a bem do serviço público, *sem prejuízo de outras sanções cabíveis*, o agente público que se recusar a prestar declaração dos bens, dentro do prazo determinado, ou que a prestar falsa."

[54] "Art. 3º A não apresentação da declaração a que se refere o art. 1º, por ocasião da posse, implicará a não realização daquele ato, ou sua nulidade, se celebrado sem esse requisito essencial.

Como se vê das expressões destacadas no art. 13, §3º, da LIA e no art. 3º, parágrafo único da Lei nº 8.730/93, a omissão no cumprimento das obrigações constantes de ambos os textos legais caracterizam ainda a hipótese de improbidade administrativa prevista no art. 11 da Lei nº 8.429/92.

Por evidente que eventuais sanções aplicadas com base na lei de improbidade administrativa (art. 12) deverão observar os parâmetros da proporcionalidade e de adequação aos fatos.

O mesmo se diga na eventual hipótese em que o agente apresente declaração de bens e rendas *incompleta*. Tratando-se de falta de menor gravidade, principalmente se corrigida ou complementada posteriormente, não se poderá falar em demissão a bem do serviço público, se considerarmos a parametrização do princípio da proporcionalidade, como bem lembrado por Marcelo Figueiredo.[55]

2.4 Fundamentos legais e doutrinários para a requisição de informações patrimoniais pela AGU e pelo Ministério Público

Tendo em vista a dimensão da quebra do sigilo patrimonial proposta pelas Leis nºs 8.429/92 e 8.730/93 aos agentes públicos, havendo indícios de prática de ilícitos ou improbidade administrativa, não haverá como ser negado o acesso a essas informações tanto ao Ministério Público quanto às pessoas jurídicas de direito público interessadas, através de suas respectivas procuradorias, uma vez que colegitimadas para o ajuizamento de ações de improbidade administrativa. Desta forma, estarão jungidos ao atendimento das respectivas requisições quer os Tribunais de Contas, quer os "órgãos de pessoal" aos quais ligados o agente público, quer a própria Receita Federal do Brasil.

No que toca ao Ministério Público, a doutrina é uniforme no sentido de que o poder de requisição previsto nos arts. 129, incisos III e VI, da CF/88; 26, §2º, da Lei nº 8.625/93; e 8º, §2º, da Lei Complementar nº 75/93 assegura o direito de acesso a tais informações, geralmente materializados nas declarações prestadas ao Fisco.

Especificamente no que toca à Advocacia-Geral da União, prevê a Lei nº 9.028/93:

> Art. 4º Na defesa dos direitos ou interesses da União, os órgãos ou entidades da Administração Federal fornecerão os elementos de fato, de direito e outros necessários à atuação dos membros da AGU, inclusive nas hipóteses de mandado de segurança, habeas data e habeas corpus impetrados contra ato ou omissão de autoridade federal.
>
> §1º As requisições objeto deste artigo terão tratamento preferencial e serão atendidas no prazo nelas assinalado.

Parágrafo único. Nas demais hipóteses, a não apresentação da declaração, a falta e atraso de remessa de sua cópia ao Tribunal de Contas da União ou a declaração dolosamente inexata implicarão, conforme o caso:
a) crime de responsabilidade, para o Presidente e o Vice-Presidente da República, os Ministros de Estado e demais autoridades previstas em lei especial, observadas suas disposições; ou
b) infração político-administrativa, crime funcional ou falta grave disciplinar, passível de perda do mandato, demissão do cargo, exoneração do emprego ou destituição da função, além da inabilitação, até cinco anos, para o exercício de novo mandato e de qualquer cargo, emprego ou função pública, *observada a legislação específica.*"

[55] FIGUEIREDO, *op. cit.*, p. 163.

Tal norma estabelece uma espécie de requisição aos membros da AGU direcionada a toda a Administração Federal, dentre as quais se inserem os "serviços de pessoal" dos órgãos públicos do Poder Executivo e a Receita Federal do Brasil.

Relativamente aos demais Poderes da República, eventualmente surgem dúvidas sobre a aplicação desse poder de requisição quando direcionado a quaisquer de seus órgãos.

A resposta a tal indagação pode ser encontrada, em primeiro lugar, no próprio art. 131 da CF/88, que incumbe à Advocacia-Geral da União a representação judicial e extrajudicial da União, pessoa jurídica de direito público que, internamente à República Federativa do Brasil, é composta dos Poderes Legislativo, Executivo e Judiciário, com independência e harmonia entre si (art. 2º da CF/88). A AGU, portanto, tem o poder de representação judicial e extrajudicial de todos os Poderes da República. Apenas no que se refere ao assessoramento jurídico é que a Constituição limita-o ao Poder Executivo.

Em segundo lugar, também o art. 8º da Lei nº 7.347/85, que compõe o complexo normativo relativo às ações civis públicas e de improbidade administrativa, assegura aos interessados, entre os quais seguramente se inclui a pessoa jurídica de direito público eventualmente lesada, o poder de requisição às autoridades competentes das certidões e informações que julgar necessárias, a serem fornecidas no prazo de 15 (quinze) dias, para instrução da petição inicial dessas ações.

Em terceiro, há ainda previsão expressa no art. 5º da Lei nº 8.730/93[56] quanto à possibilidade de troca de dados e informações patrimoniais dos agentes públicos entre a Fazenda Pública Federal e o Tribunal de Contas da União.

Ressalte-se, por último, que, a teor do art. 198, §1º, do Código Tributário Nacional (Lei nº 5.172/66), com a redação dada pela Lei Complementar nº 104/2001, os dados e informações em poder da Administração Tributária podem ser disponibilizados, além de à autoridade judiciária, às autoridades administrativas em processos administrativos regularmente instaurados com o objetivo de investigar o sujeito passivo por infrações administrativas.[57]

Na doutrina, Rogério Pacheco Alves, ao se deter sobre o art. 198, §1º, do CTN, esclarece que tal norma torna induvidosamente disponíveis à pessoa jurídica de direito lesada e ao Ministério Público tais informações patrimoniais, porque:

---

[56] "Art. 5º A *Fazenda Pública Federal* e o Tribunal de Contas da União poderão realizar, em relação às declarações de que trata esta lei, *troca de dados e informações* que lhes possam favorecer o desempenho das respectivas atribuições legais."

[57] "Art. 198. Sem prejuízo do disposto na legislação criminal, é vedada a divulgação, por parte da Fazenda Pública ou de seus servidores, de informação obtida em razão do ofício sobre a situação econômica ou financeira do sujeito passivo ou de terceiros e sobre a natureza e o estado de seus negócios ou atividade. (Redação dada pela Lcp nº 104, de 10.1.2001)
§1º Excetuam-se do disposto neste artigo, além dos casos previstos no art. 199, os seguintes: (Redação dada pela Lcp nº 104, de 10.1.2001)
I – requisição de autoridade judiciária no interesse da justiça;
II – solicitações de *autoridade administrativa no interesse da Administração Pública, desde que seja comprovada a instauração regular de processo administrativo, no órgão ou na entidade respectiva, com o objetivo de investigar o sujeito passivo a que se refere a informação, por prática de infração administrativa.* (Incisos incluídos pela Lcp nº 104, de 10.1.2001) (grifou-se).
§2º O intercâmbio de informação sigilosa, no âmbito da Administração Pública, será realizado mediante processo regularmente instaurado, e a entrega será feita pessoalmente à autoridade solicitante, mediante recibo, que formalize a transferência e assegure a preservação do sigilo. (Incluído pela LCP nº 104, de 10.1.2001)."

a) os membros do Ministério Público e os procuradores estatais são, para efeitos da lei, autoridades administrativas que atuam no interesse da Administração Pública e do interesse público em sentido amplo;

b) os inquéritos civis, os procedimentos preparatórios e os processos instaurados pela pessoa jurídica de direito público lesada têm natureza administrativa;

c) os atos de improbidade administrativa praticados por agentes públicos podem ser considerados "infrações administrativas" em sentido amplo.[58]

Esclarece o mesmo autor, em nota de rodapé, quanto a essas requisições dirigidas à Receita Federal, o que se segue:

A Portaria nº 4.491, de 06 de outubro de 2005, baixada pelo Secretário-Geral da Receita Federal, prevê, em seu art. 21, a possibilidade de envio de informações e documentos referentes a atividades desenvolvidas no âmbito de seus órgãos correicionais ao MPU, a outras autoridades administrativas, desde que legalmente fundamentada a solicitação, e, genericamente, para fins de instrução do processo administrativo instaurado para apurar improbidade administrativa.[59]

Assim, não restam dúvidas de que, pela legislação válida atualmente positivada sobre o assunto, é possível e necessário o acesso das informações relativas ao sigilo patrimonial dos agentes públicos por quaisquer dos órgãos de controle da Administração, notadamente o Ministério Público e as pessoas jurídicas de direito público interessadas (por suas procuradorias jurídicas), com a finalidade de instrução e propositura de ações de improbidade administrativa e de ressarcimento ao erário dos recursos públicos eventualmente desviados.

2.5 A jurisprudência do Supremo Tribunal Federal e do Superior Tribunal de Justiça

Motivada pelos mesmos fundamentos restritivos que povoam a jurisprudência da Corte Constitucional pátria referente ao sigilo bancário, os precedentes de ambas as Cortes Superiores (STJ e STF) também vêm, via de regra, se assentando nos princípios da intimidade da vida privada e da privacidade para entender ilícitas as provas obtidas mediante requisição direta pelo órgão do *Parquet*, sem observância da reserva de jurisdição, excepcionando-se apenas as Comissões Parlamentares de Inquérito, desde que justamente motivadas as respectivas decisões pela quebra dos sigilos. Nesse sentido, vejam-se os seguintes precedentes:

STF:

E M E N T A: Comissão Parlamentar de Inquérito – Poderes de investigação (cf, art. 58, §3º) – limitações constitucionais – Legitimidade do controle jurisdicional – Possibilidade de a CPI ordenar, por autoridade própria, a quebra dos sigilos bancário, fiscal e telefônico – Necessidade de fundamentação do ato deliberativo – Quebra de sigilo

---

[58] ALVES; GARCIA, *op. cit.*, p. 563.
[59] *Ibidem*, p. 563, nota de rodapé 130.

adequadamente fundamentada – Validade – mandado de segurança indeferido. A quebra do sigilo constitui poder inerente à competência investigatória das comissões parlamentares de inquérito. – A quebra do sigilo fiscal, bancário e telefônico de qualquer pessoa sujeita a investigação legislativa pode ser legitimamente decretada pela Comissão Parlamentar de Inquérito, desde que esse órgão estatal o faça mediante deliberação adequadamente fundamentada e na qual indique a necessidade objetiva da adoção dessa medida extraordinária. Precedentes. – O sigilo bancário, o sigilo fiscal e o sigilo telefônico (sigilo este que incide sobre os dados/registros telefônicos e que não se identifica com a inviolabilidade das comunicações telefônicas) – ainda que representem projeções específicas do direito à intimidade, fundado no art. 5º, X, da Carta Política – não se revelam oponíveis, em nosso sistema jurídico, às Comissões Parlamentares de Inquérito, eis que o ato que lhes decreta a quebra traduz natural derivação dos poderes de investigação que foram conferidos, pela própria Constituição da República, aos órgãos de investigação parlamentar. As Comissões Parlamentares de Inquérito, no entanto, para decretar, legitimamente, por autoridade própria, a quebra do sigilo bancário, do sigilo fiscal e/ou do sigilo telefônico, relativamente a pessoas por elas investigadas, devem demonstrar, a partir de meros indícios, a existência concreta de causa provável que legitime a medida excepcional (ruptura da esfera de intimidade de quem se acha sob investigação), justificando a necessidade de sua efetivação no procedimento de ampla investigação dos fatos determinados que deram causa à instauração do inquérito parlamentar, sem prejuízo de ulterior controle jurisdicional dos atos em referência (CF, art. 5º, XXXV). As deliberações de qualquer Comissão Parlamentar de Inquérito, à semelhança do que também ocorre com as decisões judiciais, quando destituídas de motivação, mostram-se írritas e despojadas de eficácia jurídica, pois nenhuma medida restritiva de direitos pode ser adotada pelo Poder Público, sem que o ato que a decreta seja adequadamente fundamentado pela autoridade estatal. PRINCÍPIO DA COLEGIALIDADE. – O princípio da colegialidade traduz diretriz de fundamental importância na regência das deliberações tomadas por qualquer Comissão Parlamentar de Inquérito, notadamente quando esta, no desempenho de sua competência investigatória, ordena a adoção de medidas restritivas de direitos, como aquelas que importam na revelação ("disclosure") das operações financeiras ativas e passivas de qualquer pessoa. A legitimidade do ato de quebra do sigilo bancário, além de supor a plena adequação de tal medida ao que prescreve a Constituição, deriva da necessidade de a providência em causa respeitar, quanto à sua adoção e efetivação, o princípio da colegialidade, sob pena de essa deliberação reputar-se nula. MANDADO DE SEGURANÇA E TERMO INICIAL DO PRAZO DE SUA IMPETRAÇÃO. – O termo inicial do prazo decadencial de 120 dias começa a fluir, para efeito de impetração do mandado de segurança, a partir da data em que o ato do Poder Público, formalmente divulgado no Diário Oficial, revela-se apto a gerar efeitos lesivos na esfera jurídica do interessado. Precedentes. (MS nº 24817, Relator(a): Min. Celso de Mello, Tribunal Pleno, julgado em 03.02.2005, *DJe*-208 DIVULG 05-11-2009 PUBLIC 06-11-2009 EMENT VOL-02381-03 PP-00571)

EMENTA: Mandado de segurança. Comissão parlamentar mista de inquérito de roubo de cargas. Quebra do sigilo bancário, telefônico e fiscal. Necessidade de fundamentação do ato impugnado. Presença da *probable cause*. Denegação da ordem. 1. Se os atos judiciais são nulos quando destituídos de fundamentação (CF, artigo 93, IX), nulos também são os das CPIs, a quem o §3º do artigo 58 da Constituição confere "os poderes de investigação próprios das autoridades judiciárias". Precedentes. 2. O Tribunal já firmou entendimento de que as Comissões Parlamentares de Inquérito são dotadas de poder investigatório, ficando assentado que devem elas, a partir de meros indícios, demonstrar a existência concreta de causa provável que legitime a quebra do sigilo. 3. Depoimento do impetrante e acareação com testemunha que o acusara de receptador. Coincidência com declarações de outra testemunha. Relatório da Polícia Federal. Causa provável ensejadora da quebra dos sigilos fiscal, bancário e telefônico. Segurança denegada. (MS nº 24217, Relator(a): Min. Maurício Corrêa, Tribunal Pleno, julgado em 28/08/2002, DJ 18.10.2002 PP-00026 EMENT VOL-02087-01 PP-00137)

STJ:

Recurso em mandado de segurança. Procedimento investigatório criminal. Quebra de sigilo fiscal pelo Ministério Público. Ausência de autorização judicial. Impossibilidade.

I – A proteção ao sigilo bancário e fiscal não consubstancia direito absoluto, cedendo passo quando presentes circunstâncias que denotem a existência de interesse público relevante ou de elementos aptos a indicar a possibilidade de prática delituosa (Precedentes).

II – Entretanto, o Ministério Público não tem legitimidade para proceder a quebra de sigilo bancário e fiscal sem autorização judicial (Precedentes).

Recurso desprovido. (RMS nº 25.375/PA, Rel. Ministro Felix Fischer, Quinta Turma, julgado em 19.02.2008, DJe 07.04.2008)

Recurso em habeas corpus – Crimes contra a ordem tributária, contra o sistema financeiro e de lavagem de dinheiro – Investigações preliminares – Quebra do sigilo fiscal do investigado – Inexistência de autorização judicial – Requisição feita pelo membro do ministério público diretamente à receita federal – Ilicitude da prova – Desentranhamento dos autos – Trancamento do inquérito policial – Impossibilidade – Existência de outros elementos de convicção não contaminados pela prova ilícita – Dado parcial provimento ao recurso.

I. A requisição de cópias das declarações de imposto de renda do investigado, feita de forma unilateral pelo Ministério Público, se constitui em inequívoca quebra de seu sigilo fiscal, situação diversa daquela em que a autoridade fazendária, no exercício de suas atribuições, remete cópias de documentos ao parquet para a averiguação de possível ilícito penal.

II. A quebra do sigilo fiscal do investigado deve preceder da competente autorização judicial, pois atenta diretamente contra os direitos e garantias constitucionais da intimidade e da vida privada dos cidadãos.

III. As prerrogativas institucionais dos membros do Ministério Público, no exercício de suas funções, não compreendem a possibilidade de requisição de documentos fiscais sigilosos diretamente junto ao Fisco.

IV. Devem ser desentranhadas dos autos as provas obtidas por meio ilícito, bem como as que delas decorreram.

V. Havendo outros elementos de convicção não afetados pela prova ilícita, o inquérito policial deve permanecer intacto, sendo impossível seu trancamento.

VI. Dado parcial provimento ao recurso. (RHC nº 20.329/PR, Rel. Ministra Jane Silva (desembargadora convocada do TJ/MG), Quinta Turma, julgado em 04.10.2007, DJ 22.10.2007 p. 312)

Processual penal. Habeas corpus. Delito tributário. Lançamento. Condição objetiva de punibilidade. Ministério Público. Ação penal. Início. Impossibilidade. Requisição. Informações bancárias e fiscais. Intervenção judicial. Inexistência. Prova ilícita. Ordem concedida.

1. O lançamento definitivo é *conditio sine qua non* para a constituição do crédito tributário, de modo que, sem ele, não há que se falar em supressão de tributo e, portanto, inexiste a necessária legitimidade para instauração da ação penal;

2. Sendo o exaurimento do processo administrativo-fiscal de lançamento condição objetiva de punibilidade do delito tributário, a sua falta configura-se barreira intransponível ao Parquet para iniciar *a persecutio in judicio*, pois além de ensejar constrangimento ilegal, será de todo inútil;

3. O Ministério Público não detém o poder de, per se, determinar a quebra de sigilo fiscal e bancário, mas somente quando for precedida da devida autorização judicial, pena de macular de ilícita a prova obtida e, assim, imprestável para o fim de sustentar a ação penal ou decisão condenatória;

4. Ordem concedida para trancar o processo criminal. (HC nº 31.205/RJ, Rel. Ministro Hamilton Carvalhido, Rel. p/ Acórdão Ministro Paulo Medina, Sexta Turma, julgado em 02.09.2004, *DJ* 26.11.2007 p. 247)

Processual civil. Constitucional. Administrativo. Mandado de segurança. Competência. Sigilos bancário e fiscal. Medidas investigativas urgentes. Ministério Público. Interesse público.

Ausência de ilegalidade ou abuso de poder.

1. Os sigilos bancário e fiscal não constituem direito absoluto, quando demonstradas fundadas razões de interesse público que, na hipótese, refere-se à investigação sobre malversação de verbas federais repassadas à Companhia Energética do Estado de Roraima – CER.

2. Legitimidade do "Parquet" para requisitar a quebra de sigilos bancário e fiscal ante sua função institucional prevista no art. 129, III, da Carta Magna.

3. Competência da Justiça Federal para emanar o ato autorizativo de tal medida restritiva extrema.

4. Ausência de ilegalidade ou abuso de poder.

5. Recurso ordinário improvido. (RMS nº 12.131/RR, Rel. Ministro José Delgado, Primeira Turma, julgado em 21.06.2001, *DJ* 10.09.2001 p. 274)

A despeito dos seus mais de quinze anos de existência normativa, não houve ainda pronunciamentos judiciais das Cortes Superiores sobre a relativização do sigilo patrimonial dos agentes públicos perpetrada pelas Leis nºs 8.429/92 e 8.730/93. Interessante será ver como o Supremo Tribunal Federal irá conformar essa nova realidade legal com sua mais ortodoxa jurisprudência sobre a "reserva jurisdicional" em torno dos sigilos bancário e fiscal, baseada nos princípios constitucionais da intimidade e da privacidade.

3 Conclusão

A partir do estudo histórico das operações bancárias pelo mundo, pudemos perceber que, desde sua origem, o sigilo bancário nunca esteve ligado à ideia da intimidade da vida privada ou da privacidade dos indivíduos, tendo variado no tempo os motivos e as justificativas de sua existência e aplicação na sociedade.

Também as teorias criadas pelos estudiosos do direito aplicado aos sistemas bancários em diversos países mostram que existem justificativas outras que não apenas a intimidade ou privacidade para demonstrar as razões do seu desenvolvimento tão vigoroso na civilização moderna, em muitos deles, como a França, com o amparo das ideias do "sigilo profissional", comum a outras profissões da atualidade.

Por outro lado, verificamos que a legislação brasileira recebeu grandes avanços nos últimos anos em relação aos sigilos bancário e fiscal, com a edição da Lei Complementar nº 105/2001, da Lei nº 8.429/92 e da Lei nº 8.730/93, que buscaram uma verdadeira flexibilização de ambos os sigilos para ampliar as possibilidades de quebra sem a necessidade da reserva de jurisdição.

O princípio da intimidade, como visto, não é absoluto, como já reiteradamente sinalizado e reconhecido pela jurisprudência do Supremo Tribunal Federal e do Superior Tribunal de Justiça, devendo ceder sempre que se estiver diante da presença de ilícito penal, administrativo, tributário ou de improbidade administrativa. Tal sinalização, entretanto, não tendo sido suficiente para que seja flexibilizado o entendimento em torno da reserva de jurisdição para quebra dos sigilos bancário e fiscal.

De fato, no momento em que os valores sociais e morais passam por graves distorções; em que princípios constitucionais como a impessoalidade, a transparência e a moralidade deixam de ser percebidos pela sociedade e, principalmente, por aqueles que lidam com a coisa pública, em nome de terceiros (do povo) e cuja quase absoluta ausência de caráter e de moral não lhes permite distinguir a diferença entre público e privado, surge a necessidade premente de mudança de posturas e de busca por novos direcionamentos nos rumos do controle dos atos dos administradores públicos.

A desigualdade social decorrente da má distribuição de renda, a falta de assistência social e à saúde, a educação pública deficiente (ou quase inexistente), as calamidades sociais decorrentes da carência de segurança pública e a profunda desigualdade tributária são fenômenos que, em uma sociedade democrática como a brasileira, representam sintomas naturais do elevado grau de corrupção que assolam as contas públicas e trazem prejuízos a toda a coletividade.

Tal mudança de posturas, não obstante, deve ser percebida, adotada e incentivada de forma coletiva, com o engajamento de todos os órgãos e instituições da Administração Pública, quer sejam do Poder Executivo, do Poder Legislativo ou do Poder Judiciário. Mas, sobretudo, deve haver um comprometimento integral de toda a sociedade civil, que no final das contas é a destinatário de todos os esforços da máquina pública.

A flexibilização dos sigilos bancário e fiscal, em parcial detrimento dos direitos individuais fundamentais, deve deixar o papel frio da lei para se transformar, efetiva e concretamente, em uma tendência de futuro para o atendimento do interesse público essencial ao Estado Democrático de Direito, mediante a busca de um melhor equilíbrio entre o interesse pessoal e o interesse coletivo.

Esse caminho, entretanto, não será trilhado de forma eficiente se os ventos da mudança não forem capazes de romper os entendimentos de há muito firmados pela doutrina e pela jurisprudência estabelecidas pelos verdadeiros aplicadores das leis e da Constituição.

Esses novos direcionamentos, portanto, deverão, obrigatoriamente, transitar pela jurisprudência do Supremo Tribunal Federal e do Superior Tribunal de Justiça, a quem caberá, em última essência, a responsabilidade pelo resgate da cidadania, da dignidade da pessoa humana, da distribuição mais equitativa de renda, do atendimento aos direitos fundamentais da educação e da saúde, enfim da justiça social, já também de há muito corrompida pelo fenômeno mundial da corrupção.

Referências

ALVES, Rogério Pacheco; GARCIA, Emerson. *Improbidade administrativa*. 4. ed. Rio de Janeiro: Lumen Juris, 2008.

BALTAZAR JÚNIOR, José Paulo. Considerações sobre o sigilo bancário. *Revista Brasileira de Ciências Criminais*, São Paulo, v. 9, n. 36, out./dez. 2001.

BOUCHINHAS FILHO, Jorge Cavalcanti. O sigilo bancário como corolário do direito à intimidade. *Jus Navigandi*, Teresina, ano 9, n. 735, 10 jul. 2005. Disponível em: <http://jus2.uol.com.br/doutrina/texto.asp?id=6988>. Acesso em: 17 dez. 2009.

C. ALTAMIRANO, Alejandro *et al*. COLÓQUIO INTERNACIONAL DE DIREITO TRIBUTÁRIO, 3. Buenos Aires: La Ley; São Paulo: IOB, 2001. Título original: III COLOQUIO INTERNACIONAL DE DERECHO TRIBUTARIO.

CAVALCANTE, Denise Lucena. Sigilo fiscal. *Biblioteca Digital Revista Fórum de Direito Tributário – RFDT*, Belo Horizonte, ano 3, n. 13, jan. 2005. (Parecer PGFN/CDA/Nº 980/2004 – *DOU*, 27 set. 2004).

CHINEN, Roberto Massao. *Sigilo bancário e o fisco*. Curitiba: Juruá, 2005.

COVELLO, Sérgio Carlos. *O sigilo bancário*. São Paulo: Leud, 2001.

COVELLO, Sérgio Carlos. *O sigilo bancário*. São Paulo: Saraiva, 1995.

FERRAZ JUNIOR, Tercio Sampaio. Sigilo de dados: o direito à privacidade e os limites à função fiscalizadora do Estado. *Cadernos de Direito Tributário e Finanças Públicas*, São Paulo, n. 1, 1992.

FIGUEIREDO, Marcelo. *Probidade administrativa*: comentários à Lei 8.429/92 e legislação complementar. 5. ed. São Paulo: Malheiros, 2004.

MACHADO, Hugo de Brito. Sigilo fiscal e dano moral. *Biblioteca Digital Revista Fórum de Direito Tributário – RFDT*, Belo Horizonte, ano 4, n. 24, nov. 2006.

MALAGARRIGA, Juan Carlos. *El secreto bancario*. Buenos Aires: Abeledo-Perrot, 1970.

QUEZADO, Paulo; LIMA, Rogério. *Sigilo bancário*. São Paulo: Dialética, 2002.

SARAIVA FILHO, Oswaldo Othon de Pontes. Sigilo bancário e tributário. *In*: C. ALTAMIRANO, Alejandro *et al*. COLÓQUIO INTERNACIONAL DE DIREITO TRIBUTÁRIO, 3, 2001, São Paulo. *Anais*... São Paulo: IOB Thomson, 2001. Título original: III COLOQUIO INTERNACIONAL DE DERECHO TRIBUTARIO.

O Comportamento do Contribuinte em face dos Fundamentos Políticos do Tributo e a sua Postura diante dos Sigilos Bancário e Fiscal

Maurin Almeida Falcão

Sumário: 1 Introdução – 2 Fundamentos políticos da relação entre o Estado e o cidadão-contribuinte – 3 Aspectos axiológicos determinantes do comportamento do contribuinte – 4 Os sigilos bancário e fiscal, o cidadão-contribuinte e a rejeição natural ao tributo – 5 Conclusão – Referências

1 Introdução

O tributo acompanha desde sempre a evolução da sociedade. A todos os momentos da evolução da economia, da política ou das estruturas sociais, correspondeu uma determinada estrutura tributária. Assim, pode-se observar que o tributo é um produto do meio por ter sido sempre sensível a todas essas evoluções. Não havendo como desassociá-lo do seu meio, pode-se inferir daí que é nítida a sua influência sobre o comportamento dos indivíduos desde os mais remotos tempos. Primeiramente, como instrumento de dominação ou de exploração. Em um segundo momento, constituiu-se em um meio à disposição do senhor absolutista. Posteriormente, tornou-se símbolo do consentimento político. Consolidado nesta fase, como forma de participação de todos no bem-estar coletivo, o que lhe emprestou ares de civismo, o tributo se viu, entretanto, colocado no centro de um debate ideológico e pragmático. As grandes questões contemporâneas do tributo, tais como a globalização, o aperfeiçoamento do aparelho fiscal e o tratamento desigual de contribuintes têm temperado o ânimo do cidadão. Em decorrência, esse quadro tem gerado um embate não apenas entre o Estado e estes, mas também entre eles mesmos em função da predominância de segmentos que se utilizam de artifícios com vistas à redução do ônus tributários.

Este diagnóstico nos leva inexoravelmente a estabelecer uma conexão entre esses embates e o comportamento do contribuinte. Tal constatação abriu caminho para um fecundo estudo sobre os aspectos sociológicos e psicológicos do comportamento do contribuinte diante do tributo. Inegavelmente, essa análise leva de imediato à indagação sobre as reações do contribuinte diante da tendência do Estado em se aproximar cada vez mais dos elementos importantes da sua intimidade, que seriam a expressão patrimonial da sua riqueza.

Buscando, portanto, estabelecer as razões do comportamento natural do contribuinte, de rejeitar não apenas o tributo, mas também a ação do Estado tendente a aperfeiçoar os mecanismos do controle fiscal, esse texto abordará, em um primeiro momento, os fundamentos políticos da relação entre o Estado e o cidadão-contribuinte. Por isso, será objeto de descrição o advento do princípio político do consentimento, com ênfase nos princípios da justiça fiscal, norteadores da atividade tributante do Estado. Em uma segunda parte, serão abordados aspectos axiológicos determinantes do comportamento do contribuinte, tais como as influências advindas dos mais diversos horizontes. Nesse aspecto, ganha relevo o aparecimento de vertentes destinadas a analisar o comportamento do contribuinte a partir de aspectos psicológicos e sociológicos, os movimentos de resistência ao tributo e o conflito entre os diversos segmentos de contribuintes. Finalmente, o texto abordará em uma terceira etapa, a rejeição natural do cidadão-contribuinte ao ônus tributário e a sua postura diante dos sigilos bancário e fiscal.

2 Fundamentos políticos da relação entre o Estado e o cidadão-contribuinte

Na sua essência, a adesão tácita do indivíduo ao contrato social resultou na alienação parcial de sua liberdade individual em prol da eficiência coletiva. A passagem do Estado de natureza para o contratualismo importou na adesão dos indivíduos a um conjunto de regras próprio da vida em sociedade. Além das restrições à liberdade individual, essa adesão trouxe consigo o dever de contribuir para o financiamento dos encargos do grupamento social. O sacrifício fiscal imposto pelo contratualismo permeou, daí em diante, o quotidiano dos indivíduos e fortaleceu o poder coletivo. A partir de então, o estabelecimento de um sistema de financiamento da ação intervencionista do Estado estaria na origem da evolução política das organizações sociais e fundou a teoria normativa e positiva do Estado. É importante notar que essas duas teorias estabeleceram o conjunto de regras que pautariam a relação entre o indivíduo e o núcleo de poder por ele escolhido. A teoria normativa se preocupou em consolidar o conjunto de regras normas que regeriam a vida em sociedade. A teoria positiva, por sua vez, delimitou o campo onde atuaria o núcleo do poder coletivo. Foram esboçados, assim, os objetivos para assegurar aos indivíduos o seu bem-estar, configurado, então, na garantia do direito à propriedade e na segurança individual.

Por conseguinte, um rico e importante capítulo político surgiu para aperfeiçoar, cada vez mais, a complexa relação social inaugurada com a passagem do Estado de natureza para o contratualismo. A definição dos direitos e deveres de todos contribuiria, dessa forma, para a identificação do papel de cada um no grupamento coletivo.

Na etapa seguinte, a evolução do grupamento social levou à ampliação de suas atribuições. Sem dúvida, a passagem do modelo do Estado mínimo ou polícia, que se coadunava de perto com a ideologia liberal, deu lugar à intervenção com o fito de estabelecer novas relações entre o capital e o trabalho, dando início à pregação social-democrata. Essas novas relações, definidas como funções clássicas do Estado, decorriam das atividades de alocação, de redistribuição e de estabilização e foram responsáveis por uma evolução significativa nas relações entre o indivíduo e o grupamento social.

A busca por proteção e garantias do direito de propriedade definiria os parâmetros do Estado mínimo, dando surgimento, desta forma, à noção do princípio da equivalência, aonde o sacrifício fiscal ocorria na medida da contraprestação oferecida pelas então incipientes estruturas sociais. Sem dúvida, essa abordagem do tributo não despertou qualquer ânimo de rejeição por parte dos indivíduos, pois tudo acontecia na medida exata do pacto social, proporcionando, assim, o equilíbrio necessário ao avanço das estruturas políticas.

Contudo, é importante observar que, não obstante a contribuição teórica trazida pelas teorias normativa e positiva do Estado, esta fase do tributo é marcada pela relação de domínio próprio do absolutismo materializado, por exemplo, na corveia. Por outro lado, a relação desigual entre o indivíduo e o meio social organizado, tornou-se ainda mais precária em decorrência do absolutismo predominante. Não há, nesse momento, qualquer participação do indivíduo no delineamento do seu sacrifício fiscal. A tributação se encontra ainda em um período que poderia ser definido como de coação ilegítima, pois não era registrado ainda qualquer traço de consentimento por parte dos indivíduos.

Como variável importante na evolução das sociedades contemporâneas, o tributo abandona o seu período de coação ilegítima para inaugurar uma nova via nas relações entre a organização social e os indivíduos. A gênese do princípio do consentimento ao tributo seria a afirmação do velho brocardo de que não há tributação sem representação. No divisor de águas que foi a Carta Magna de 1215, o princípio do consentimento ao tributo marcaria uma nova etapa nas relações entre as organizações sociais e o cidadão. A legitimação do poder tributante definiria, de uma vez por todas, a paz entre o Estado e o cidadão-contribuinte. Lock asseverou que "O pretenso exercício do poder de lançar impostos sobre o povo, sem por ele estar autorizado, invade a lei fundamental da propriedade e subverterá o objetivo do governo".[1] Falcão ressaltou também que "(...) todavia, o discurso predominante não visava ao aniquilamento do poder tributante, mas a sua reafirmação como instrumento decorrente do poder de coação do Estado, porém, estabelecido pela via legal. Não havia mais lugar para uma sociedade sem imposto. Embora fosse atentatório à liberdade individual, o dever cívico de pagar imposto tinha o papel fundamental de evitar a anarquia e o totalitarismo por contribuir ao fortalecimento da vida social. Nesse diapasão, o princípio da legalidade decorrente do consentimento expresso do

---

[1] PALMEIRA, Marcos Rogério. *Direito tributário versus mercado*: o liberalismo na reforma do Estado brasileiro nos anos 90. Rio de Janeiro: Renovar, 2002. p. 79.

cidadão foi, de uma vez por todas, consolidado dentro do Estado moderno, passando a ser indissociável da noção de sacrifício fiscal, ratificando, dessa forma, as bases do contratualismo".[2]

Embora corretamente organizado sob bases políticas, o tributo despertou sentimentos de rejeição que transcenderiam a simples análise política do fenômeno. Passou-se, por isso, a privilegiar a análise psicológica e sociológica da relação estabelecida pelo consentimento estabelecido entre Fisco e contribuinte. A definição destas duas importantes variáveis é imprescindível para o deslinde da análise proposta no presente desenvolvimento, que seria a de buscar uma resposta para a rejeição ostensiva do contribuinte à invasão de sua privacidade, sendo esta configurada pela exposição de elementos expressivos de seu patrimônio.

Beltrame afirmou que, embora seja considerado como um atentado à noção de liberdade, não haveria como pensar em uma sociedade sem tributo. Na sua lição, este seria uma forma de garantir a perenidade e evitar a anarquia e o totalitarismo. Sem dúvida, o tributo é um fato social e sua evolução explica uma parte importante da história.[3] Não obstante a visão negativa que foi construída em torno do tributo, inúmeros autores que contribuíram para a formação das ideologias que cercam o fenômeno são unânimes em ressaltar o seu papel importante como instrumento de mediação social. Na esteira deste debate, seria importante citar Garnier, que reforçou a noção de que o tributo "seria um prêmio de seguro pago para a garantia da proteção do direito, da justiça, da ordem, da propriedade, da liberdade individual, da independência nacional e da execução equânime da lei dos contratos".[4]

Em sentido contrário à noção do tributo como meio de coesão social, encontram-se aqueles que contestam os símbolos sagrados do tributo, entre os quais se encontra a progressividade. Deve-se observar que este princípio desde sempre é utilizado para justificar o ônus tributário em uma sociedade solidária e talvez tenha atenuado o sentimento de sacrifício que caracteriza o ônus tributário. Entretanto, nunca houve unanimidade em torno da sua necessidade e alcance. Proudhon, de forma impiedosa, ensinou que "(...) foi essa a forma de se dar um verniz de filantropia ao tributo e, assim, atenuar o pudor dos ricos".[5] Por sua vez Leroy-Beaulieu também demonstrou a mesma intensidade do inconformismo de Proudhon diante do pilar de sustentação do tributo, quando afirmou que "(...) a progressividade seria arbitrária uma vez que não se saberia onde ela começaria e aonde ela terminaria, o que levaria, sem dúvida, à absorção da totalidade da renda dos contribuintes".[6]

Apesar de a adesão tácita do indivíduo ao contrato social estabelecido pelo grupamento social tenha resultado na aceitação de um conjunto de regras previamente determinadas, entre elas, justamente, o dever cívico de contribuir para a sobrevivência dessa organização coletiva, os indivíduos sempre demonstraram uma resistência

---

[2] FALCÃO, Maurin Almeida. *A construção doutrinária e ideológica do tributo*: do pensamento liberal e social-democrata à pós-modernidade. Brasília: Processus, 2009. (O direito e os desafios da pós-modernidade). p. 208.
[3] BELTRAME, Pierre. "*La pensée libérale et l'impôt au XIXe. Siècle em France*". Paris: Revue Française de Finances Publiques, 84, 2003. p. 24.
[4] GARNIER, Joseph. *Traité de finances*. Paris: Garnier-frères-Guillaumain, 1872. p. 16.
[5] PROUDHON, Pierre-Joseph. *Théorie de l'impôt*. Paris: Ed. L'Harmattan, 1997. p. 35. (Logiques juridiques).
[6] LEROY-BEAULIEU, Paul. *Traité de la science des finances*. Paris: Guillaumin, 1891. p. 313.

tenaz a todo e qualquer avanço sobre o seu bem-estar. Nessa hipótese, o bem-estar seria aquele que o próprio indivíduo alcançou por seus méritos, enquanto homem econômico, como se verá mais adiante, e não aquele proporcionado pelo grupamento social. Para ele, a redução de seu bem-estar econômico se daria em função de seu sacrifício fiscal.

A aceitação desse sacrifício estaria na proporção direta da noção do dever cívico de contribuir para o bem-estar coletivo. Assim, pode-se afirmar que a sedimentação do civismo tributário, que encontrou a sua afirmação no artigo 13 da Declaração dos Direitos do Homem e do Cidadão de 1789, sob a inspiração de Rousseau, estabeleceu o elo indissolúvel entre o Estado e o cidadão-contribuinte ao dispor sobre a necessidade de contribuição de todos para o financiamento da força pública, consagrando, dessa forma, o princípio da capacidade contributiva. Esse divisor de águas foi, sem dúvida, o elo que uniu o princípio político do consentimento do tributo ao princípio jurídico da capacidade contributiva.

Estabelecido este marco importante para a definição do tributo como fato político e social, tem-se, na fase posterior, a emergência dos Estados sociais no século XIX, que significou a passagem do Estado mínimo para o Estado intervencionista. Na fase pós-Revolução Industrial, o desequilíbrio capital-trabalho resultou na necessidade de intervenção do Estado para atenuar os efeitos nefastos das falhas do mercado liberal. A exemplo do que havia ocorrido na Declaração de 1789, uma nova etapa na relação entre o Estado e o contribuinte foi iniciada e que iria abalizar o comportamento da sociedade até os dias atuais. Com efeito, em função das falhas do mercado, apontadas acima, surge a grande sociedade solidária, onde todos passariam a contribuir, segundo a capacidade econômica de cada um para o bem-estar coletivo. Essa nova perspectiva do tributo foi responsável pela rejeição ao dever cívico de contribuir para o financiamento da força pública. A expansão do sacrifício fiscal, em decorrência das ações tendentes a aumentar o bem-estar coletivo, foi responsável pelos movimentos de contestação do tributo presenciados no cenário atual.

Depreende-se, portanto, que a evolução do tributo na sociedade contemporânea foi caracterizada pelo ideal da solidariedade, uma vez que o abandono das antigas diretrizes da tributação liberal, entre elas, a da teoria do benefício, demonstrou que a primazia dos valores do mercado, por si só, não seria suficiente para produzir o equilíbrio social. Em sentido oposto, a contestação dos excessos de solidariedade impostos pelo Estado, verificados notadamente a partir da segunda metade do século XX, ditaria o comportamento do contribuinte irresignado diante da escalada da pressão tributária. Sem dúvida, o vertiginoso aumento das contribuições sociais nesse período, fator marcante da expansão do Estado do Bem-Estar Social, principalmente nas economias desenvolvidas, exporia de imediato, os conflitos decorrentes da excessiva degradação das bases econômicas e do poder aquisitivo, operadas pelos sistemas tributários.

Na esteira dessas transformações é que surgiram diversos movimentos de contestação dos excessos intervencionistas dos Estados. Não apenas as pregações do neoliberalismo, calcadas nas lições memoráveis de Mises e Hayek, economistas expoentes da escola austríaca, mas também o surgimento de partidos políticos e das teorias das escolhas públicas demonstraram o inconformismo do contribuinte diante da voracidade do Estado. Surge, assim, uma cultura de rejeição a toda e qualquer ação tendente a aumentar a carga tributária. Na mesma medida, o Estado incorpora uma nova mentalidade destinada a controlar a vida econômica, política e social do cidadão-contribuinte.

A crise experimentada pelos Estados sociais no começo da década de 1970 e a degradação econômica trazida pela crise internacional arrefeceram o ânimo dos contribuintes. Não havia mais espaço para a continuidade das políticas tributárias vigentes até e então. A ação inexorável da globalização colocou os sistemas tributários diante dos imperativos da inserção internacional, dos malefícios da concorrência desleal e da mobilidade das bases tributáveis. Quanto a essa última, Faria assinalou que "Estados chegam ao ponto de não mais conseguirem estabelecer os tributos a serem aplicados sobre a riqueza — esta é que, transnacionalizando-se, passa a escolher onde pagá-los".[7] É importante observar que, a partir daí, passou-se a discutir nos meios acadêmicos a necessidade de renovação do princípio do consentimento dentro do novo quadro de rejeição que se instalava, movimento esse que já tinha sido iniciado no seio do próprio Estado, quando este ampliou a sua intervenção.

Ora, a expansão desmesurada do Estado registrada após o fim da Segunda Guerra Mundial, influenciada principalmente pelo modelo do *Welfare State*, elaborado na Inglaterra trabalhista de 1945, teve em *Lord Beveridge* seu principal formulador. As dimensões econômicas deste processo talvez não tenham sido notadas de imediato graças aos "Trinta Gloriosos", período iniciado em 1945 e que marcou a expansão do capitalismo. A organização de forças que se seguiu à eclosão da crise internacional dos anos 70 e ao fim da era de ouro do pós-guerra impôs a criação de um novo modelo de Estado. A força reguladora dos organismos internacionais evidenciou a todos a necessidade de se reorientar as linhas da política fiscal, incluindo nesse caso a questão tributária.

Daí em diante, qualquer ação do Estado voltada para apertar o torniquete da carga tributária passou a ser vista como contrária às tendências de retomada dos valores de mercado e da livre iniciativa. Essas variáveis são intrínsecas à noção de liberdade. Não haveria mais lugar, talvez, a qualquer tentativa de expansão do Estado, segundo os contestadores do modelo perdulário que havia sido adotado após 1945.

Cabe, contudo, estabelecer que a adesão ao contrato social tratava-se de um compromisso assumido pelo cidadão-contribuinte, o qual esse não poderia rejeitar. O conjunto das normas impostas pela vida em sociedade pressupõe que o indivíduo não teria margem de manobra para escolher aquilo que seria mais conveniente para ele. Há todo um disciplinamento jurídico que preserva o interesse público sobre o particular. Todavia, o *homo economicus* busca no mercado, aquilo que seria mais vantajoso para ele. Calculador, egoísta e maximizador de suas preferências, essa espécie tornou-se, segundo Moraes, o principal personagem das teorias econômicas clássicas.[8] Depreende-se dessa assertiva que o sacrifício fiscal seria uma limitação do bem-estar conquistado e contrário à noção da livre iniciativa e aos princípios da liberdade individual. Paulani ressaltou que "existe uma natureza humana escapável que condena

---

[7] FARIA, José Eduardo. *O direito na economia globalizada*. São Paulo: Malheiros, 2004. p. 23.
[8] MORAES, Reginaldo Moraes. *Neoliberalismo, de onde vem, para onde vai?*. São Paulo: SENAC, 2001. p. 149.

o homem desde sempre a buscar riqueza e a agir movido por tal interesse".[9] Por essa razão, a emergência de uma cultura coletiva de rejeição ao tributo, o que levou quase todos a buscar vias que permitissem a redução do ônus tributário.

Em decorrência da sua ligação estreita com a noção de liberdade e em razão direta dessa rejeição, passaram a surgir, por exemplo, práticas de planejamento tributário, com as suas diversas configurações, tornando-se um símbolo ostensivo de irresignação em face do tributo. Sem dúvidas, identifica-se nesta hipótese o elemento de conexão que explicaria a aversão que os indivíduos têm a qualquer passo do Estado no sentido de desvendar o que lhe é mais caro, que são os elementos de expressão de sua riqueza. É importante observar nesse caso que, qualquer possibilidade de revelação desses elementos, o contribuinte veria como uma invasão de sua privacidade e da sua liberdade.

A tradição conservadora e patrimonialista de diversos segmentos da riqueza tem conseguido manter intactas essas informações tão preciosas para o controle fiscal. Por meio do domínio da produção da norma, setores da sociedade conseguem obstruir qualquer possibilidade de acesso livre do Fisco às informações sobre determinadas bases tributáveis. Em definitivo, a impossibilidade de acesso a informações dessa natureza não se coadunam com a importância do controle fiscal em um sistema declarativo, além de atentar contra a equidade tributária.

3 Aspectos axiológicos determinantes do comportamento do contribuinte

A análise do comportamento do contribuinte diante do poder de império que detém o Estado, não pode ser analisada apenas a partir da visão jurídica ou política da relação tributária. A visão política está relacionada com o princípio do consentimento, conforme os princípios que foram expostos na primeira parte deste trabalho. Por sua vez, a visão jurídica dessa relação está calcada no conjunto de normas que integram o Direito Tributário. Entretanto, os esforços para analisar a relação entre o Fisco e o contribuinte sempre desprezaram elementos que pudessem favorecer uma melhor compreensão do fenômeno. Nessa hipótese, o comportamento do contribuinte revela aspectos psicológicos e sociológicos cujas repercussões vêm ganhando gradativamente importância entre aqueles que se debruçam na busca de explicações sobre a relação Fisco/contribuinte, conforme recente literatura. Sem dificuldades, pode-se constatar que o Fisco sempre procurou se colocar em uma posição de nítida superioridade em relação ao cidadão-contribuinte. Essa seria a primeira vertente da análise: a relação entre a Administração Tributária e o contribuinte, que, em inúmeros exemplos, sempre se pautou pela precariedade. O próprio Estado tem se incumbido de afastar o contribuinte-cidadão da noção de civismo que representa o tributo para o bem-estar comum, conforme preceitua a teoria do imposto-solidariedade.

A segunda variável diz respeito à noção que o indivíduo tem do tributo e da extensão do seu sacrifício fiscal. Essa combinação tornou-se um terreno fértil para a expansão de teorias contestadoras da ação intervencionista do Estado. A influência

---

[9] PAULANI, Leda. *Modernidade e discurso econômico*. São Paulo: Boitempo, 2005. p. 62.

intelectual da Escola das Escolhas Públicas (Public Choice ou Escola da Virgínia) é um bom exemplo que tem como expoente os economistas americanos James Buchanan e Gordon Tullock. A esse grupo, deve-se juntar o fundador da Escola de Chicago, Milton Friedman, todos influenciados pela *Société du Mont Pélerin* de Hayek, que inaugurou a fase de questionamento do papel do Estado, notadamente a partir da crise econômica internacional dos anos 70 do século XX. A degradação das bases econômicas, do poder aquisitivo das pessoas e da mitigação da livre iniciativa, em face dos exageros da intervenção do Estado e da alta carga tributária, tornou-se o *leitmotiv* da pregação neoliberal.

A combinação entre a redução do Estado e o forte incremento da carga tributária repercutiu diretamente sobre o contribuinte. Nessa esteira, pode-se afirmar que esse processo começou a despertar a animosidade de todos em face de um Estado cada vez mais voraz. Com isso, tem-se o surgimento de diversos movimentos econômicos, políticos e sociais que culminariam, em uma forma ou outra, na resistência ao tributo. Além disso, passou a fazer parte da ordem do dia a busca dos meios jurídicos para sustentar ações que pudessem reduzir ou anular a carga tributária. O comportamento do contribuinte passou a ser influenciado pelo distanciamento do Estado dos princípios políticos do tributo e pela necessidade de sobrevivência em um cenário internacional caracterizado pela concorrência fiscal desleal.

A resistência ao tributo, seja de forma velada ou ostensiva, conheceu um florescimento notável a partir do quadro descrito acima. A contestação do tributo foi demonstrada não apenas a partir da expressão de grupos organizados da sociedade civil. Como observado anteriormente, a ação passou a ocorrer também por intermédio dos mecanismos de planejamento tributário e que tiveram a sua origem, em parte, na mobilidade das bases tributáveis em um quadro de globalização. Em realidade, esse fenômeno demandou fortemente uma convergência de sistemas tributários, os quais se viram, de um dia para o outro, diante de um quadro inexorável que poderia ser definido como uma espécie de chantagem dos detentores de renda e patrimônio. A partir dessa mobilidade, esses puderam desenhar a estrutura tributária pretendida. Os países passaram a ser reféns da ordem tributária internacional pois perderam a margem de manobra indispensável à condução de suas políticas fiscais. Esse fator levou ao redirecionamento da tributação interna, com nítidas influências sobre o comportamento dos contribuintes.

Embora se trate de tema excessivamente abordado pela literatura acadêmica, a mitigação do conceito tradicional de soberania, em função da necessidade de inserção internacional, gerou animosidades entre contribuintes globalizados e não globalizados. O nomadismo fiscal daqueles mudou a percepção do conceito tradicional da justiça fiscal. Em decorrência dessa mobilidade, o ônus tributário passou a recair sobre quem não tinha como evitá-lo: o contribuinte estático. O foco da polícia tributária se dirigiu, por comodidade, para esses segmentos.

Diante de horizontes tão cinzentos, o cidadão-contribuinte comum passou a nutrir um sentimento de rejeição ao tributo. Na sua percepção, o Estado não representava mais a materialização no princípio do consentimento, mas a expressão de grupos de poder que, na sua visão, manipulavam a produção da norma.

O crescimento combinado da carga tributária e da influência de grupos de pressão denotou, em certo momento, a primazia de interesses localizados em detrimento, justamente, da noção tradicional da justiça fiscal. O cidadão-contribuinte passou a ver como excessos do poder tributante o aperfeiçoamento dos mecanismos de controle fiscal. Os avanços da tecnologia permitiram ao Estado dispor de meios sofisticados para acompanhar a vida patrimonial dos contribuintes. Enfim, a percepção do cidadão-contribuinte em relação a esse processo evolutivo foi no sentido de que o mesmo seria uma ameaça à sua intimidade e uma forma de garantir privilégios para determinados grupos. Passou a ser um consenso o fato de que o Estado, ao perder receitas tributárias em decorrência de tratamentos privilegiados, teria necessidade de encontrar junto a outros segmentos o que foi perdido.

Sem adentrar nos meandros desse inconformismo, é preciso notar, contudo, que o ânimo do contribuinte diante da posição "ameaçadora" do Estado permitiu, por outro lado, que diversos segmentos pudessem se utilizar do artifício da inviolabilidade da sua intimidade para ocultar riquezas que deveriam, em princípio, ser tributadas. Às favas, segundo estes, o princípio do consentimento e o da solidariedade social.

Deve-se, então, constar que esse processo de resistência colocou, lado a lado, interesses os mais diversos. Não somente o contribuinte comum como também uma categoria mais esclarecida passaram a contestar os excessos do Estado. A conjunção de uma série de fatos, entre eles, a concomitante redução do setor público e o aumento da carga tributária, as necessidades de inserção internacional e a maior sensibilidade do contribuinte, foi determinante para uma nova postura desses diante do Estado.

4 Os sigilos bancário e fiscal, o cidadão-contribuinte e a rejeição natural ao tributo

O tema dos sigilos bancário e fiscal, por si só, suscita um debate controverso importante. Estando em conexão estreita com os direitos e garantias individuais do cidadão, a sua simples menção não favorece a unanimidade necessária a sua melhor compreensão. A vida em sociedade supõe a adesão a um contrato previamente estabelecido. Daí por que o indivíduo não poderia recorrer ao sigilo com o intuito de se furtar ao cumprimento do seu dever cívico de pagar tributo, segundo a sua capacidade contributiva. A repartição equânime do fardo tributário é um dever do Estado. Para isso, deve utilizar os meios disponibilizados pelo Estado de Direito. O equilíbrio social decorre desta repartição equânime e toda e qualquer distorção produzirá na mesma intensidade a ruptura no princípio do consentimento.

O manuseio dos sigilos bancário e fiscal que em princípio deveria ser visto como um procedimento comum tornou-se uma "vaca sagrada" e refúgio para um significativo número de contribuintes. Os níveis de sonegação fiscal e de lavagem de dinheiro, em escalada crescente, parecem demonstrar que estaríamos nos afastando a passos largos da noção de justiça fiscal, de equidade e de isonomia. A movimentação de recursos que não fazem parte do mundo real decorre de práticas nas quais se registra elementos de sonegação fiscal e revelam a solidez da economia informal. A perda de receitas em função desse processo finda por repercutir em outros segmentos de contribuintes, os quais são levados a suportar um ônus mais pesado em decorrência da subtração de receitas decorrentes das práticas de sonegação fiscal.

A adesão do cidadão-contribuinte à convenção teórica denominada "contrato social" implica igualmente na adesão tácita a todo aparato legal que integra o sistema tributário. Nesse ordenamento, encontra-se a definição, alcance e limites do instituto dos sigilos bancário e fiscal. Por isso, seria o sigilo um traço de equidade entre contribuintes? Sem receios poderia se responder a essa questão de forma positiva. Entretanto, se a questão for analisada a partir, justamente, da possibilidade que determinados contribuintes têm de influenciar a produção da norma, a resposta seria no sentido inverso.

Segundo Leroy, o tributo constituiu um processo central do funcionamento das sociedades e que a análise do comportamento do contribuinte não estaria limitada à aplicação de um determinado direito tributário.[10] Assim, não há como analisar o fenômeno a partir da abordagem simples da norma. O indivíduo constrói diferentes percepções do tributo e isso define o maior ou menor grau de aceitação do sacrifício fiscal que lhe é imposto.

Marcado inicialmente por um conteúdo ideológico e pragmático posteriormente, o tributo vivenciou diferentes momentos. Na sua dimensão social, o tributo deu origem à sociedade solidária. Antes, na visão liberal, seria um mero preço pago por aquilo que o Estado poderia oferecer, como foi assinalado anteriormente. Na sua dimensão pragmática, o tributo é, aos olhos do cidadão-contribuinte, um ônus que lhe é imposto pelo Estado de forma coercitiva. A forma como são repartidos os encargos pelo financiamento da força pública não faz parte, de uma vez por todas, da sua análise. Trata-se de tema alheio a um número significativo de contribuintes.

Por exemplo, a recente tendência dos sistemas tributários em dar primazia à tributação indireta, responde, primeiramente, às necessidades de inserção internacional marcada pelo deslocamento do foco da tributação, como observado anteriormente. A tributação indireta é indolor para o grande público, por isso, não tem sido alvo de contestação por parte dos contribuintes. Todavia, trata-se uma modalidade que fere a noção tradicional de justiça fiscal. Portanto, qual seria o papel dessas variáveis sobre o comportamento do contribuinte e o seu interesse em evitar o tributo. Para o contribuinte, essa matéria não teria muito interesse. Buscando os fundamentos do conceito de homem econômico e analisando os riscos do controle fiscal exercido pelo Estado, aquele teria interesse em evitar o tributo pois se trata de uma atitude mental automática. Embora os estudos sobre o comportamento do contribuinte busquem evidenciar a visão que este teria do tributo, conclui-se que a rejeição ao ônus tributário é natural e automática.

A esse comportamento do cidadão-contribuinte é preciso acrescentar a falta de informação ou conhecimento do aparelho fiscal do Estado, a quem cabe atribuir a culpa por esse distanciamento e ruptura dos canais de informação. A massa de contribuintes tem pouco ou nenhum conhecimento sobre a dimensão do tributo, da Administração Tributária e do conjunto de normas que integram o sistema tributário. Trata-se de um campo fértil para a rejeição ao tributo, o que é ainda mais agravado pela escalada recente da carga tributária. Verifica-se que há um embate entre contribuintes e o Estado.

---

[10] LEROY, Marc. *La sociologie de l'impôt*. Paris: Presses Universitaires de France, 2002. p. 6.

É, pois, desse contexto que emerge a aversão natural que o contribuinte tem à possibilidade de devassa de seus sigilos bancário e fiscal. Não há lugar nesse cenário para qualquer análise acerca da equidade, da justiça fiscal e da observância às leis, pois o homem econômico age no interesse de preservar os seus valores.

5 Conclusão

Conforme evidenciado, o tributo nasceu da evolução da vida em sociedade e é inerente a essa forma de organização coletiva. Não há Estado sem tributo. O acordo tácito estabelecido teria sido rompido? Se de um lado há o interesse do indivíduo em evitar o ônus que lhe é imposto, do outro, o Estado estabeleceu bases precárias para garantir uma relação cívica e saudável. Estabelecido o confronto, o cidadão-contribuinte pareceu demonstrar que não estaria disposto a ceder parte da sua intimidade em prol do bem-estar comum e da igualdade de todos diante do tributo. A face inexorável da nova realidade econômica e social contribuiu para esse quadro e tornou mais opaca a noção de justiça fiscal e de solidariedade social. Esse tem sido o diapasão da conduta do contribuinte em um meio marcado pela mobilidade das bases tributáveis e pela irresignação daqueles que não poderiam contar com tais recursos. A complexidade da relação entre o Fisco e o contribuinte decorre, sem dúvida, da complexidade da economia, da política e do meio social. A combinação dessas variáveis cria uma distância entre ambos e evidencia o tratamento desigual dos iguais. O ambiente frágil que se criou em torno da noção de justiça fiscal responde em parte por esse quadro beligerante e instável que tem caracterizado a vida coletiva. Assim, o cenário de desigualdades que se instalou, em decorrência, sobretudo, da exigência do meio econômico, político e social, não foi devidamente esclarecido junto ao grande público. De acordo com o que foi ressaltado anteriormente, a falta de informações seria uma das justificativas para o comportamento do contribuinte. Como reaproximar o Fisco e o contribuinte e estabelecer uma relação baseada na igualdade, na eficiência do aparelho fiscal e em uma melhor compreensão dos fundamentos do tributo?

Referências

BELTRAME, Pierre. *"La pensée libérale et l'impôt au XIXe. Siècle em France"*. Paris: Revue Française de Finances Publiques, 84, 2003.

FALCÃO, Maurin Almeida. *A construção doutrinária e ideológica do tributo*: do pensamento liberal e social-democrata à pós-modernidade. Brasília: Processus, 2009. (O direito e os desafios da pós-modernidade).

FARIA, José Eduardo. *O direito na economia globalizada*. São Paulo: Malheiros, 2004.

GARNIER, Joseph. *Traité de finances*. Paris: Garnier-frères-Guillaumain, 1872.

LEROY, Marc. *La sociologie de l'impôt*. Paris: Presses Universitaires de France, 2002.

LEROY-BEAULIEU, Paul. *Traité de la science des finances*. Paris: Guillaumin, 1891.

MORAES, Reginaldo Moraes. *Neoliberalismo, de onde vem, para onde vai?*. São Paulo: SENAC, 2001.

PALMEIRA, Marcos Rogério. *Direito tributário versus mercado*: o liberalismo na reforma do Estado brasileiro nos anos 90. Rio de Janeiro: Renovar, 2002.

PAULANI, Leda. *Modernidade e discurso econômico*. São Paulo: Boitempo, 2005.

PROUDHON, Pierre-Joseph. *Théorie de l'impôt*. Paris: Ed. L'Harmattan, 1997. (Logiques juridiques).

Informação bibliográfica deste texto, conforme a NBR 6023:2002 da Associação Brasileira de Normas Técnicas (ABNT):

FALCÃO, Maurin Almeida. O comportamento do contribuinte em face dos fundamentos políticos do tributo e a sua postura diante dos sigilos bancário e fiscal. In: SARAIVA FILHO, Oswaldo Othon de Pontes; GUIMARÃES, Vasco Branco (Coord.). *Sigilos bancário e fiscal*: homenagem ao Jurista José Carlos Moreira Alves. Belo Horizonte: Fórum, 2011. p. 501-512. ISBN 978-85-7700-405-8.

Sigilos Bancário e Fiscal.
Administração Tributária.
LC nº 104/01 e LC nº 105/01.
Considerações

Francisco de Assis Oliveira Duarte

Sumário: Introdução – **1** Sigilos bancário e fiscal à luz da LC nº 104/01 e da LC nº 105/01 – **2** Relação jurídico-tributária – **2.1** Fiscalização tributária – **2.2** Da proteção da vida privada e da intimidade – **3** Sigilo bancário – **3.1** A quebra de sigilo bancário – **3.2** Os sigilos bancário e fiscal e a Administração Tributária – **4** CTN e lei complementar – **4.1** O verbete "código" – Definição – **4.2** Breve histórico sobre o CTN – **4.3** A teleologia do CTN – **4.4** Das normas gerais sobre Direito Tributário – **4.5** Direitos fundamentais e sigilo bancário/fiscal – **4.6** Acesso ao sigilo bancário – LC nº 104 e LC nº 105/2001 – Autorização legal – **4.7** Os sigilos bancário e fiscal no Direito brasileiro – **4.8** A constitucionalidade da LC nº 105/01 – **5** Conclusão – Referências

Introdução

É objeto de discussão da doutrina e do Supremo Tribunal Federal (STF) a constitucionalidade dos dispositivos da Lei Complementar (LC) nº 105, de 10 de janeiro de 2001, que prevê o acesso às informações bancárias, por parte de autoridades administrativas da União, Estados, Municípios e Distrito Federal, desde que observados determinados requisitos.

A escolha pelo tema em epígrafe deve-se ao fato de possuir relevância jurídica, haja vista que está pendente de definição quanto à sua constitucionalidade, ou não, ou seja, se é constitucional a quebra do sigilo bancário por parte da Administração Tributária, independentemente de autorização judicial que a preceda, por envolver direitos fundamentais do cidadão, tais como a vida privada, a intimidade, o sigilo de dados, etc.

Acerca da importância deste assunto para a sociedade, convém enaltecer que está relacionado à Administração Tributária, sob o enfoque da fiscalização, consistente na verificação do cumprimento das obrigações de natureza tributária, de caráter principal ou acessório, já que, conforme se depreende do próprio Código Tributário Nacional (CTN), é da competência da legislação tributária regular, em caráter geral, os poderes e deveres das autoridades administrativas, no tocante à fiscalização tributária.

Quem tiver acesso ao material em mãos terá mais uma visão a respeito do tema "sigilos bancário e fiscal à luz da Administração tributária," o qual servirá de supedâneo para chegar a uma conclusão sobre qual corrente doutrinária seguir e passar a defendê-la, já que sobre este não há na doutrina ou na jurisprudência, esta em especial do STF, como Corte Constitucional, uma solução pacífica.

A pesquisa em destaque tem como linha de pensamento:

> Assim, no inciso XII do art. 5º da Lei Fundamental, na linha da lição de Sepúlveda Pertence (MS 21.729-4/DF), o que se protege é a comunicação de dados, é a interceptação indevida da comunicação de dados, por quem não tem justo motivo de ter acesso aos mesmos, não os dados em si mesmos, o que tornaria impossível qualquer investigação administrativa, fosse qual fosse, e a própria declaração dos contribuintes para fins do imposto de renda.[1]

> Por outro lado, o Poder Público não pode ser inibido de exercer suas funções, mormente de fiscalização, por isso que a própria Constituição, no rol mesmo dos direitos fundamentais, prevê o sigilo de dados privativos que protege o cidadão, mas não aquele interesse do cidadão cujo sentido social é primordial, o dever de fiscalização impõe, afinal, ao Fisco, na coleta e no tratamento dos dados, igual sigilo.[2]

> O parágrafo único do art. 197 naturalmente está endereçado à proteção do segredo profissional em relação a 'quaisquer entidades ou pessoas' de todas as atividades e profissões, a que se refere o inciso VII desse mesmo dispositivo. Não se conceberia que o advogado e o padre, por ex., fossem compelidos a devassar confidências recebidas em função de sua atividade, quando outras leis os garantem em função de sua atividade, contra delações a que os obrigaram, e até os punem se as fizerem.[3]

> Não é, porém, o caso dos banqueiros, p. ex., que não estão adstritos às mesmas regras éticas e jurídicas de sigilo. Em princípio só devem aceitar e ser procurados para negócios lícitos e confessáveis. Diversa é a situação do advogado, do médico e do padre, cujo dever profissional lhes não tranca os ouvidos a todos os desvios de procedimento ético ou jurídico, às vezes conhecidos somente da consciência dos confitentes.[4]

Por meio da pesquisa que será bibliográfica, pretende-se responder à indagação problemática: pode a Administração Tributária diretamente, sem que necessite de ordem judicial, ter acesso ao sigilo bancário dos contribuintes? A hipótese para tal

---

[1] SARAIVA FILHO, Oswaldo Othon de Pontes. O sigilo bancário e a administração tributária (LC 105/2001; IN-RFB 802/2007). *Revista Fórum de Direito Tributário*, Belo Horizonte, v. 34, p. 41-42, jul./ago. 2008.

[2] FERRAZ JUNIOR, Tercio Sampaio. Sigilo bancário, a CF e a LC 105/2001. *In*: FERRAZ JUNIOR, Tercio Sampaio. *Direito constitucional*: liberdade de fumar, privacidade, Estado, direitos humanos e outros temas. Barueri, SP: Manole, 2007. p. 187-188.

[3] Cód. Penal, art. 154.

[4] BALEEIRO, Aliomar. *Direito tributário brasileiro*. 6. ed. Rio de Janeiro: Forense, 1974. p. 550.

questão é assim compreendida: por se tratar de matéria constitucional, a solução final será dada pelo STF.

O presente trabalho objetiva abordar a questão da compatibilidade dos dispositivos infraconstitucionais citados com o Texto Constitucional vigente, colacionando algumas posições existentes, externando ao final nosso entendimento, em consonância com os estudos realizados, no sentido de buscar uma pacificação de entendimentos a respeito do tema estudado.

1 Sigilos bancário e fiscal à luz da LC nº 104/01 e da LC nº 105/01

O sigilo bancário e a viabilidade jurídica ou não do acesso direto da Administração Tributária a dados bancários das pessoas, mormente os gerais ou cadastrais, é o principal objeto deste trabalho, com abrangência especial na LC nº 102 e LC nº 105, de 10 de janeiro de 2001.

Embora os precitados diplomas legislativos tenham vários anos de vigência, sua constitucionalidade não foi apreciada pelo STF até o encerramento deste estudo.

O ponto central do trabalho em destaque consiste em definir se o sigilo bancário constitui direito absoluto previsto na Constituição Federal (CF) e se foi adotado ou não pelo ordenamento constitucional o princípio da reserva jurisdicional quanto a esta matéria.

A seguir o princípio da reserva constitucional de jurisdição, de acordo com o STF:

> Importa em submeter à esfera única de decisão dos magistrados a prática de determinados atos, cuja realização, por efeito de explícita determinação constante do próprio texto da Carta Política, somente pode emanar do juiz, e não de terceiros, inclusive aqueles a quem se haja eventualmente atribuído o exercício de poderes de investigação próprios das autoridades judiciais.[5]

2 Relação jurídico-tributária

Decompõe-se em três estágios subsequentes: obrigação tributária, lançamento e crédito tributário. Mais especificamente, nota-se que o conteúdo material da relação jurídico-tributária é concernente à obrigação tributária, a qual é formalizada (crédito tributário) em procedimento administrativo próprio (lançamento). Por esta razão, o regime jurídico de determinada exação é definido pela legislação em vigor à época da ocorrência da obrigação tributária (arts. 143 e 144 do CTN). Entretanto, aplicar-se-á a legislação vigente no momento do lançamento quando esta haja instituído novos critérios de apuração ou processos de fiscalização, ampliando os poderes de investigação das autoridades administrativas, ou outorgado ao crédito maiores garantias ou privilégios, a não ser, neste caso, para o efeito de atribuir responsabilidade tributária a terceiros (art. 144, §1º, CTN).

---

[5] SUPREMO TRIBUNAL FEDERAL. Ministro Celso de Mello, MS 23.452-RJ.

2.1 Fiscalização tributária

A cargo das autoridades fazendárias, consiste a verificação do cumprimento das obrigações de natureza tributária, de caráter principal ou acessório.

Pelo CTN, à legislação tributária compete regular, em caráter geral, os poderes e deveres das autoridades administrativas no tocante à fiscalização tributária, sempre respeitados os preceitos constitucionais relativos à matéria.

Além disso, o art. 195 do mesmo código prevê a não aplicação à fiscalização tributária as normas excludentes ou limitativas do direito de examinar mercadorias, livros, arquivos e papéis de comerciantes em geral. Afasta-se, com isso, a regra do Direito Comercial que considerava indevassável os documentos do comerciante (art. 17 do Código Comercial).

Da mesma forma, há a Súmula nº 439 do STF: "Estão sujeitos à fiscalização tributária ou previdenciária quaisquer livros comerciais, limitado o exame aos pontos objeto da investigação".

2.2 Da proteção da vida privada e da intimidade

Acerca deste tópico, a CF consagrou o direito à intimidade, à vida privada e à imagem:

> Artigo. 5º (...) X – São invioláveis a intimidade, vida privada, a honra e a imagem das pessoas, assegurado o direito à indenização pelo dano material ou moral decorrente de sua violação; XI – A Casa é asilo inviolável do indivíduo, ninguém nela podendo penetrar sem consentimento do morador, salvo em caso de flagrante delito ou desastre, ou para prestar socorro ou, durante o dia, por determinação judicial; XII – É inviolável o sigilo da correspondência e das comunicações telegráficas de dados e das comunicações telefônicas, salvo, no último caso, por ordem judicial nas hipóteses e na forma que a lei estabelecer para fins de investigação criminal ou instituição processual penal.

Acerca dos direitos fundamentais, nota-se:

> Além de se referir a princípios que resumem a concepção do mundo e informam a ideologia política de cada ordenamento jurídico, é reservada para designar, no nível do direito positivo, aquelas prerrogativas e instituições que ele concretiza em garantias de uma convivência digna, livre e igual de todas as pessoas. No qualificativo de fundamentais acha-se a indicação de que se trata de situações sem as quais a pessoa humana não se realiza, não convive e, às vezes, nem mesmo sobrevive (...).[6]

Sobre as limitações ao direito à vida privada, à intimidade e à imagem, este não é absoluto, eterno, ilimitado, isolado ou insuscetível de condicionamentos, pois não há razão para aceitar a classe dos "direitos absolutos:" a própria conceituação de direito é sempre social, relacional, não podendo despir-se desta característica básica que é sua conformação pelo concerto de direitos, pelo ordenamento jurídico. E todo o direito é também histórico, não encontrando sua justificação em si mesmo, mas num

---

[6] SILVA, José Afonso da. *Curso de direito constitucional positivo*. São Paulo: Malheiros, 2002. p. 182.

contexto determinado da evolução social, desvelado pela interpretação que se lhe dá a cada tempo e diante da contínua mutação da sociedade. Um "direito absoluto" precisaria também ter um "fundamento absoluto", não sujeito a condicionamentos. Teria, talvez, que buscá-lo no "direito natural", sem deixar, por necessário, de negar a este toda a historicidade.[7]

Essa ilusão foi comum durante séculos aos jusnaturalistas, que supunham ter colocado certos direitos (mas nem sempre os mesmos) acima da possibilidade de qualquer refutação, derivando-os diretamente da natureza do homem. Mas a natureza do homem revelou-se muito frágil como fundamento absoluto de direitos irresistíveis. Não é o caso de repetir as infinitas críticas dirigidas à doutrina dos direitos naturais, nem demonstrar mais uma vez o caráter capcioso dos argumentos empregados para provar seu valor absoluto. Bastará recordar que muitos direitos, até mesmo os mais diversos entre si, até mesmo os menos fundamentais — fundamentais somente na opinião de quem os defendia — foram subordinados à generosa e complacente natureza do homem.[8]

3 Sigilo bancário

É regido o sigilo bancário pela Lei nº 4.595 de 31.12.1964, que dispõe, nos §§3º e 4º do artigo 38:

> Artigo 38. As instituições financeiras conservarão sigilo em suas operações ativas e passivas e serviços prestados.
>
> §3º As Comissões Parlamentares de Inquérito, no exercício da competência constitucional e legal de ampla investigação (artigo 53 da CF e Lei 1579 de 18 de março de 1952), obterão as informações que necessitarem das instituições financeiras, inclusive através do Banco Central do Brasil.
>
> §4º Os pedidos de informações a que se referem os §§2º e 3º deste artigo deverão ser aprovados pelo Plenário da Câmara dos Deputados e do Senado Federal e, quando se trotar de CPI, pelo maioria absoluto de seus membros.
>
> Embora haja uma aparente clareza do diploma Legal, a doutrina é dividida quanto ao acesso das comissões parlamentares de inquérito aos documentos cobertos pelo manto do sigilo bancário. Na vigência da CF de 1967, é entendido que o artigo 38 da Lei 4.595/64, antes transcrita, é inconstitucional, porque viola o princípio constitucional do sigilo de correspondência.[9]

Na vigência da CF de 1969, ainda existe o entendimento de que as CPIs dispõem do poder de requisitar às instituições financeiras, quaisquer informações sobre operações ativas e passivas por elas realizadas, a teor do que dispõe a Lei nº 4.595 de 31.12.1964, artigo 38, §§2º e 3º.[10]

---

[7] GONÇALVES, Luiz Carlos dos Santos. *Comissões parlamentares de inquérito*: poderes de investigação. São Paulo: Juarez de Oliveira, 2001. p. 80.

[8] BOBBIO, Norberto. *A era dos direitos*. São Paulo: Scipione, 2005. p. 16.

[9] PEIXINHO, Manoel Messias. *Comissões parlamentares de inquérito*: princípios, poderes e limites. Rio de Janeiro: Lumen Juris, 2001. p. 185.

[10] RAMOS, Saulo. Comissão Parlamentar de Inquérito, poder de investigação. *Revista de Direito Administrativo*, v. 121, p. 201, 1988.

Na vigência da atual Constituição, a doutrina também se divide. Afirma-se que as instituições financeiras estão obrigadas a prestar informações às comissões, sendo, contudo, garantido o sigilo quanto à publicidade das informações recebidas.[11]

Também se encontra o posicionamento contrário à tese da possibilidade de quebra de sigilo por parte de CPI:

> Tudo que foi dito relativamente à busca e apreensão é também válido quanto à pretensão de quebra de sigilo telefônico, bancário e fiscal, pelos mesmos fundamentos: a efetivação de atos que importem em restringir direitos se submete à reserva de jurisdição. Aqui, ademais, com um argumento suplementar: o inciso XII do artigo 5º somente contempla a hipótese excepcional de violação das comunicações telefônicas "para fins de investigação criminal ou instrução processual penal", o que não valeria para uma investigação conduzida por CPI.[12]

O sigilo bancário é indispensável para a manutenção e desenvolvimento do sistema bancário e representa para a pessoa física ou jurídica um direito público fundamental à privacidade. Todavia, não possui caráter absoluto, podendo ser quebrado, mediante o cumprimento de indispensáveis requisitos e, sempre, através de decisão fundamentada sob pena de nulidade. Em suma, para que haja a quebra do sigilo são indispensáveis os seguintes requisitos:

a) existência de sérios indícios da prática de ilícitos;
b) o nexo entre os indícios da prática de ilícitos e a pessoa titular da conta bancária; e
c) a necessidade de que a quebra do sigilo seja fixada dentro do período de tempo em que as práticas de ilícitos tenham, supostamente, ocorrido, uma vez que não se admite, em hipótese alguma, ocorra verdadeira devassa nas operações bancárias de qualquer pessoa.[13]

Na conformidade de voto vencedor, perante o Pretório Excelso, bem expõe o eminente Ministro Celso de Mello:

> A quebra do sigilo bancário — ato que se reveste de extrema gravidade jurídica só deve ser decretada, e sempre em caráter de absoluta excepcionalidade, quando existentes fundados elementos de suspeita que se apóiem em indícios idôneos, reveladores de possível autoria de prática delituosa por parte daquele que sofre a investigação penal realizada pelo Estado, mediante decisão fundamentada.[14]

> As CPIs, no exercício de sua competência constitucional e legal de ampla investigação, obterão as informações e documentos sigilosos de que necessitarem, diretamente das instituições financeiras, ou por intermédio do Banco Central do Brasil ou da Comissão de Valores Mobiliários. As solicitações de que trata este artigo deverão ser previamente aprovadas pelo Plenário da Câmara dos Deputados, do Senado Federal, ou do plenário de suas respectivas CPIs.[15]

---

[11] FERREIRA, Pinto. *Comentários à Constituição*. São Paulo: Scipione, 2001. p. 151.
[12] VANNI, Adriano Salles; MOYANO, Helios Nogués. CPI não pode quebrar sigilo bancário. *Boletim IBCCrim*, 56, p. 12-13, jul. 1997.
[13] VANNI, Adriano Salles; MOYANO, Helios Nogués. CPI não pode quebrar sigilo bancário. *Boletim IBCCrim*, 56, p. 12-13, jul. 1997.
[14] SANDOVAL, Ovídio Rocha Barros. *CPI ao pé da letra*. Campinas, SP: Millenium, 2004. p. 116.
[15] SANDOVAL, Ovídio Rocha Barros. *CPI ao pé da letra*. Campinas, SP: Millenium, 2004. p. 119.

3.1 A quebra de sigilo bancário

Trata-se o sigilo de direito constitucional submetido ao regime jurídico dos direitos fundamentais. Assim, há que se considerar que não se cogita de direito absoluto. Pode, em determinadas situações, render-se, em face do caso concreto, a processo de ponderação *a posteriori* em relação a outros direitos fundamentais, reportando-se à questão da colisão dos direitos fundamentais. Pode, ainda, em outros casos, admitir restrição, mediante lei do Parlamento, quando houver autorização constitucional para tal, como espécie de prévia ponderação de direitos e bens constitucionalmente protegidos.

Com efeito, no que se refere ao regime jurídico do sigilo, nota-se que o próprio texto constitucional admite a realização de restrição a este direito fundamental em vista da proteção de bens constitucionais ligados à efetividade da investigação criminal ou instrução processual penal e, sempre, mediante autorização judicial.

Entende-se, no direito Alemão, que, por imposição do princípio da proporcionalidade, as restrições aos direitos fundamentais devem observar os seguintes postulados: (i) princípio da conformidade ou da adequação dos meios; (ii) princípio da exigibilidade ou da necessidade; (iii) princípio da proporcionalidade em sentido estrito. O primeiro tem por finalidade controlar a relação de adequação medida-fim, ou seja, se o meio empregado pela lei ou pelo ato do Poder Público é adequado ou apto ao alcance do fim por ele objetivado. O segundo subprincípio, o da exigibilidade ou da necessidade, conhecido, também, como princípio da menor ingerência possível, visa preservar os direitos dos cidadãos impondo que a intervenção não exceda os limites necessários ao fim que objetiva. A exigência, no caso, desdobra-se nos postulados de necessidade material (o meio deve ser o que menos prejudique os direitos fundamentais), exigibilidade espacial (a abrangência da intervenção deve ser limitada), exigibilidade temporal (o tempo de intervenção, também, deve ser limitado) e exigibilidade pessoal (a intervenção deve se limitar à pessoa ou às pessoas às quais se dirigem e que terão seus interesses prejudicados).[16]

A respeito da interpretação dos incisos X e XII do artigo 5º da Constituição brasileira e a diferenciação de intimidade e vida privada, leciona Saraiva Filho que o direito à intimidade é o direito de estar sozinho. Intimidade é aquilo que não se compartilha com ninguém, são os pensamentos mais íntimos e secretos, os sentimentos, desejos e as tendências, às vezes, inconfessáveis.

Direito à vida privada é o direito ao resguardo de fatos ou das relações pessoais, sendo, assim, algo só compartilhado a um grupo restrito de pessoas mais íntimas, cônjuge, familiares, alguns poucos amigos ou profissionais da inteira confiança do indivíduo que faz a discrição (sacerdotes, psiquiatras, psicólogos, advogados).

Embora os sigilos fiscal e bancário não estejam previstos explicitamente, na Carta Política, de 1988, como um direito fundamental, o fato é que tanto o STF quanto o Superior Tribunal de Justiça os enxergam como corolários do direito à inviolabilidade da intimidade e da vida privada.

---

[16] SCHIER, Paulo Ricardo. *Comissões Parlamentares de Inquérito e o conceito de fato determinado*. Rio de Janeiro: Lumen Juris, 2005. p. 113.

A exegese do mais polêmico inciso XII do artigo 5º da Constituição da República, ou seja, sobre a inviolabilidade da comunicação de dados, isto é, a liberdade do indivíduo de comunicar algo ou de negar a transferência dessa comunicação para terceiros também já foi objeto de dissertação de Saraiva Filho em que o Excelso (STF) tem afirmado, em várias ocasiões, que a inviolabilidade referida do inciso XII do artigo 5º da Carta Magna refere-se à intromissão ou interceptação da comunicação de dados e não ao registro de dados.

Assim, no inciso XII do art. 5º da Lei Fundamental, na linha da lição de Sepúlveda Pertence (MS nº 21.729-4/DF), o que se protege é a comunicação de dados, é a interceptação indevida da comunicação de dados, por quem não tem justo motivo de ter acesso aos mesmos, não os dados em si mesmos, o que tornaria impossível qualquer investigação administrativa, fosse qual fosse, e a própria declaração dos contribuintes para fins do imposto de renda.[17]

A este respeito, transcrevam-se trechos dos votos dos Ministros Sepúlveda Pertence e Moreira Alves, proferidos por ocasião do julgamento do MS nº 21.729-4/DF:

> O senhor ministro Sepúlveda Pertence – Seja qual for o conteúdo da referência dada no inciso XII, este é absolutamente inviolável. O que, a meu ver, mostra, para não se chegar a uma desabrida absurdidade da Constituição, a ter que concluir que se refere à comunicação de dados. Só, afinal, a telefonia é relativa, porque pode ser quebrada por ordem judicial, o que é fácil de entender, pois a comunicação telefônica é instantânea, ou se colhe enquanto ela se desenvolve, ou se perdeu a prova; já a comunicação de dados, a correspondência, a comunicação telegráfica, não, elas deixam provas que podem ser objeto de busca e apreensão. O que se proíbe é a intervenção de um terceiro num ato de comunicação, em todo o dispositivo, por isso só com relação à comunicação telefônica se teve de estabelecer excepcionalmente a possibilidade de intervenção de terceiros para se obter esta prova, que de outro modo perder-se-ia.
>
> O senhor ministro Moreira Alves – Mas veja V. Exa. que isso reforça ainda a possibilidade de que só a autoridade judiciária pode autorizar, porque mesmo com relação àquelas outras comunicações não se fala em ordem judicial, porque é ordem judicial para efeito de intercepção, mas ninguém nega que pode haver ordem judicial para busca e apreensão. Agora, a Constituição se refere a isso para efeito de interceptação, porque as palavras voam, enquanto que os escritos permanecem, então isso demonstra que esse texto constitucional, que não afasta evidentemente a busca e apreensão judicial, mesmo nesse caso excepcional de comunicação, que é de palavras, e que, portanto, precisa ser feito de imediato, isso mostra que só o Poder Judiciário é que poderia, conseqüentemente naquela outra violação, levando-se em conta o conceito de privacidade, com um certo elastério, mesmo assim esse conceito não seria absoluto, seria relativo, e sendo assim aplicar-se-ia o mesmo princípio daqueles outros que também são relativos e que estão no inciso XII, que são a autorização judicial para comunicação realmente, enquanto que nos outros casos é a busca e apreensão, porque nunca ninguém sustentará que busca e apreensão ficaria barrada por inviolabilidade constitucional, senão seria o paraíso do crime.

---

[17] SARAIVA FILHO, Oswaldo Othon de Pontes. O sigilo bancário e a administração tributária (LC 105/2001; IN-RFB 802/2007). *Revista Fórum de Direito Tributário*, Belo Horizonte, v. 34, p. 41-42, jul./ago. 2008.

Conclui Saraiva Filho aduzindo que os institutos do sigilo bancário e do sigilo fiscal, repita-se, embora não tenham sido expressamente nomeados pela Constituição como direitos fundamentais, são tidos pela jurisprudência pátria como amparados, por igual forma, pelas mesmas razões, pela Constituição brasileira, como corolário da inviolabilidade da vida privada e da comunicação de dados. Isto porque eles guardam consigo informações e dados pertinentes ao direito à vida privada e à liberdade de comunicação de dados.

De modo que só se pode entender que os sigilos bancário e fiscal são espécies do gênero *right of privacy* — direito à privacidade.[18]

Ainda no STF, antes da edição da LC nº 105/01, o Ministro Francisco Rezek assim decidiu no mesmo MS nº 21.729-4-DF, acima citado:

> Parece-me, antes de qualquer outra coisa, que a questão jurídica trazida à Corte neste mandado de segurança não tem estrutura constitucional. Tudo quanto se estampa na própria Carta de 1988 são normas que abrem espaço ao tratamento de determinados temas pela legislação complementar. É neste terreno, pois, e não daquele da Constituição da República, que se consagra o instituto do sigilo bancário — do qual se repetiu *ad nauseam*, neste país e noutros, que não tem caráter absoluto. Cuida-se de instituto que protege certo domínio — de resto nada transcendental, mas bastante prosaico da vida das pessoas e das empresas, contra curiosidade gratuita, acaso malévola, de outros particulares, e sempre até o exato ponto onde alguma forma de interesse público reclame sua justificada prevalência.
>
> E a mesma lei de 31 de dezembro de 1964, sede explícita do sigilo bancário, disciplina no seu art. 38 exceções, no interesse não só da justiça, mas também no do parlamento e mesmo no de repartições do próprio governo.

3.2 Os sigilos bancário e fiscal e a Administração Tributária

Tercio Sampaio Ferraz Júnior defende a constitucionalidade da transferência direta, sem a intermediação do Poder Judiciário, de dados amparados pelo sigilo bancário para a Administração Tributária, conforme transcrito abaixo:

> Não resta dúvida que tanto a privacidade quanto a inviolabilidade de sigilo de dados, inseridas no art. 5º da CF, são uma peça fundante da própria cidadania, ao lado de outros direitos fundamentais ali expressos. O sigilo, nesse sentido, tem a ver com a segurança do cidadão, princípio cujo conteúdo valorativo diz respeito à exclusão do arbítrio, não só de parte da sociedade como sobretudo do Estado, que só pode agir submisso à ordem normativa que o constitui. (...)
>
> (...) Por outro lado, o Poder Público não pode ser inibido de exercer suas funções, mormente de fiscalização, por isso que a própria Constituição, no rol mesmo dos direitos fundamentais, prevê o sigilo de dados privativos que protege o cidadão, mas não aquele interesse do cidadão cujo sentido social é primordial, o dever de fiscalização impõe, afinal, ao Fisco, na coleta e no tratamento dos dados, igual sigilo.

---

[18] SARAIVA FILHO, Oswaldo Othon de Pontes. Sigilos bancário e fiscal em face da Administração tributária e do Ministério Público. *Fórum Administrativo*, Belo Horizonte, n. 100, p. 178, jun. 2009.

O sopesamento necessário entre essas duas premissas nos leva a entender que montantes de operações não fazem parte nem da intimidade nem da vida privada. Não permite a administração tributária (que deles tem o dever de sigilo, sendo inconstitucional sua comunicação a outros entes administrativos que não têm o mesmo dever).[19]

4 CTN e lei complementar

A doutrina costuma afirmar que as leis complementares, como diz seu nome, destinam-se a complementar diretamente o texto constitucional. Na prática, observamos que, de um modo geral, o constituinte, originário ou reformador, reserva à LC matérias de especial importância ou matérias polêmicas, para cuja disciplina seja desejável e recomendável a obtenção de um maior consenso entre os parlamentares.

As leis complementares são instrumento de utilização excepcional. A regra geral é a criação, modificação ou extinção de direitos ou obrigações ser disciplinados por meio de leis ordinárias. Em quase todos os casos, quando a Constituição se refere à lei ("nos termos da lei" ..., ou "a lei estabelecerá" ..., etc.), ou mesmo à lei específica, está exigindo a edição de lei ordinária. A reserva de matérias à lei complementar, salvo raras exceções, deve vir expressa no texto constitucional. As raras exceções, que mencionei, dizem respeito a situações em que a interpretação sistemática da Constituição permite inferirmos a exigência de lei complementar, ainda que o texto constitucional somente se refira à lei, sem qualificativo (mais à frente, veremos exemplos no âmbito do Direito Tributário).

As matérias reservadas à LC não podem ser disciplinadas por medidas provisórias. Esse já era o entendimento jurisprudencial pacífico e, agora, após a promulgação da Emenda 32, de 11 de setembro de 2001 (*DOU*, 12 set. 2001), essa vedação passou a constar expressamente do texto constitucional (art. 62, §1º, III).

Concernente ao Direito Tributário, compete à lei complementar:

1. Dispor sobre conflitos de competência, em matéria tributária, entre a União, os Estados, o Distrito Federal e os Municípios (art. 146, I).

Ao delimitar rigidamente o âmbito de competência de cada uma das entidades tributantes da Federação, a Constituição impediu a ocorrência de conflitos de competência verdadeiros no plano lógico. Qualquer conflito de competência que venha a ocorrer entre as pessoas políticas será um conflito aparente e encontrará solução na correta interpretação das regras e princípios do próprio texto constitucional. Cabe à LC tão somente aclarar ou explicitar o sentido de alguns destes princípios e normas, sempre respeitando o princípio federativo, e estabelecer os critérios a serem utilizados para a solução dos conflitos aparentes.

2. Regular as limitações constitucionais ao poder de tributar (art. 146, II).

Aliomar Baleeiro preleciona que a LC não cria limitações que já não existam na Constituição, não restringe nem dilata o campo limitado. Completa e esclarece as disposições relativas à limitação, facilitando sua execução de acordo com os fins que inspiraram o legislador constituinte.[20]

---

[19] FERRAZ JUNIOR, Tercio Sampaio. Sigilo bancário, a CF e a LC 105/2001. In: FERRAZ JUNIOR, Tercio Sampaio. *Direito Constitucional*: liberdade de fumar, privacidade, Estado, direitos humanos e outros temas. Barueri, SP: Manole, 2007. p. 187-188.

[20] BALEEIRO, Aliomar. *Direito tributário brasileiro*. 6. ed. Rio de Janeiro: Forense, 1974. p. 550.

As principais limitações constitucionais ao poder de tributar encontram-se expressas nos arts. 150, 151 e 152 da Constituição. Além delas, todas as regras de imunidade são entendidas como limitações do poder de tributar, estejam ou não descritas no art. 150 da CF, bem assim os princípios tributários não explícitos nos arts. 150 a 152, como o princípio da capacidade contributiva, plasmado no art. 145, §1º, e outras garantias e direitos individuais que, direta ou indiretamente, devam ser observados nas relações jurídicas entre os contribuintes e os entes tributantes.

Baseado na regra do art. 146, II, o STF não tem aceitado a veiculação, em lei ordinária, de definições ou condições que restrinjam a fruição de imunidades, como a definição de entidade sem fim lucrativo ou restrições relativas a rendimentos e ganhos de capital auferidos em aplicações financeiras de renda fixa ou de renda variável por entidades imunes ou ainda previsão de suspensão do gozo da imunidade tributária como forma de penalidade por ato que constitua infração à legislação tributária.[21]

3. Estabelecer normas gerais em matéria de legislação tributária, especialmente sobre (art. 146, III):

Nossa lei de normas gerais tributárias, atualmente vigente, é a Lei nº 5.172/1966, o CTN (CTN). Embora o Código tenha sido formalmente editado como lei ordinária, pois à época não havia exigência de LC para a matéria, desde a Constituição de 1967 entende-se ter sido ele recepcionado com *status* de lei complementar, o mesmo podendo-se afirmar a respeito de sua recepção pela CF/88. Por esse motivo, o CTN somente pode ser alterado ou revogado por meio de lei complementar. Recentemente, tivemos a edição da LC nº 104/2001, que alterou e acrescentou alguns dispositivos ao CTN.

3.1. Definição de tributos e de suas espécies, bem como, em relação aos impostos discriminados na Constituição, a dos respectivos fatos geradores, bases de cálculo e contribuintes (art. 146, III, "a").

Esse importante dispositivo exige que o delineamento geral de todos os tributos conste de lei complementar, de caráter nacional (ou seja, embora editada pelo Congresso Nacional, obriga todos os entes federados). Relativamente aos impostos, a Constituição exige que seus fatos geradores, bases de cálculo e contribuintes estejam definidos nessa lei complementar, atualmente representada pelo CTN.

Deve ficar claro que a instituição de um tributo, regra geral, é feita por meio de lei ordinária. A LC de que trata o dispositivo, sendo uma lei de normas gerais, não institui nenhum tributo (o CTN não institui, nem instituiu, qualquer tributo); apenas deve defini-los, estabelecendo, no caso dos impostos, os fatos geradores, bases de cálculo e contribuintes a ser descritos na lei ordinária que instituirá o imposto em cada caso.

3.2. Obrigação, lançamento, crédito, prescrição e decadência tributários (art. 146, III, "b").

Essa alínea apenas explicita alguns dos assuntos que deverão constar da LC de normas gerais tributárias. Todos eles encontram-se, hoje, disciplinados no CTN.

A lista de assuntos que são entendidos como normas gerais tributárias, constante da Constituição, é exemplificativa (*numerus apertus*), ou seja, outras matérias

---

[21] ADI-MC nº 1.802-DF, Rel. Min. Sepúlveda Pertence, 27.08.98.

tributárias de índole genérica poderão constar dessa LC e deverão, igualmente, ser observadas por União, Estados, DF e Municípios.

3.3. Adequado tratamento tributário ao ato cooperativo praticado pelas sociedades cooperativas (art. 146, III, "c").

Esse dispositivo traz a ideia de que uma lei complementar que ainda não foi editada estabeleça um tratamento tributário especial, provavelmente favorecido, aos atos próprios praticados pelas cooperativas.

A Constituição não estabeleceu, por meio desse dispositivo, uma regra de imunidade para as cooperativas (RE nº 141.800-SP, Rel. Min. Moreira Alves, 01.04.97).

4. Instituição de empréstimos compulsórios (art. 148).

Os empréstimos compulsórios são um dos raros tributos que devem ser instituídos por meio de lei complementar. Não há exceção: qualquer espécie de empréstimo compulsório, seja em razão de guerra ou calamidade, seja para atender a investimento urgente de relevante interesse nacional, deve ser instituído e disciplinado por lei complementar. As diferenças entre as espécies de empréstimos compulsórios dizem respeito ao princípio da anterioridade: os descritos no art. 148, I, não estão sujeitos ao princípio, e os tratados no art. 148, II, estão. Qualquer deles, entretanto, deve ser instituído e disciplinado por lei complementar.

4.1 O verbete "código" – Definição

O verbete código, em seu significado vulgar, encontrado no *Dicionário Aurélio Buarque de Holanda*, tem como primeiro significado coleção de leis; em segundo, conjunto metódico e sistemático de disposições legais relativas a um assunto ou a um ramo de direito e, em quinto, é tido como sinônimo de norma, regra, lei.[22]

No *Dicionário multimídia Michaelis*, quer dizer em seu primeiro sentido a "compilação de leis ou regulamentos"; em segundo, "o conjunto das convenções e uso em determinado domínio; norma; regra", e assim por diante.[23]

Este mesmo termo, no sentido técnico-jurídico, segundo Iêdo Batista Neves, *in*: *Vocabulário enciclopédico de tecnologia jurídica e brocardos latinos*, tem o sentido próprio de "corpo de leis, sistematicamente articuladas e dispostas, que regem um ramo especial do direito".

Neste mesmo sentido, encontra-se no Vocabulário Jurídico de De Plácido e Silva:

> Código passou a designar toda espécie de coleção de escritos sob determinado assunto. (...) Na terminologia jurídica significa coleção de leis (...) cada grupo de leis codificadas recebe o nome da matéria, sobre que traça regras e princípios (...) e assim temos (...) o código civil, comercial, penal (...) etc.[24]

---

[22] HOLANDA, Aurélio Buarque Ferreira de. *Dicionário da língua portuguesa*. São Paulo: Moderna, 2005. p. 432.
[23] MICHAELIS, H. *Novo dicionário da Língua Portuguesa*. São Paulo: Ática, 2005. p. 325.
[24] SILVA, De Plácido e. *Vocabulário jurídico*. São Paulo: Ática, 2005. p. 324.

4.2 Breve histórico sobre o CTN

Aplicando-se ao Direito Tributário a conceituação, acima descrita, entende-se que o CTN é o conjunto de normas (coleção ou grupo de leis) que regulam o Direito Tributário, no Brasil. O CTN, Lei nº 5.172, de 25 de outubro de 1966, embora seja uma lei ordinária, foi recepcionado por nossa Carta Magna como lei complementar, e foi elaborado, nunca é demais lembrar, por renomados juristas sob o comando de Rubens Gomes de Souza, e até hoje está em vigor, tendo sido perfeito ao tratar e definir vários institutos jurídicos do Direito e do Direito Tributário, a exemplo das conceituações do sujeito passivo e do contribuinte.

4.3 A teleologia do CTN

Pela definição do que seja o CTN, poderemos, por conseguinte, estabelecer o porquê ou a teleologia insculpida neste Diploma Legal.

Quanto à evidência, se o CTN é o conjunto de normas que regulam o Sistema Tributário Brasileiro, a sua finalidade é exatamente a de cumprir o que determina o artigo 146 da CF, ou seja, dispor sistematicamente sobre conflitos de competência, em matéria tributária, entre a União, os Estados, o Distrito Federal e os Municípios, regular as limitações constitucionais ao poder de tributar e estabelecer normas gerais em matéria de legislação tributária, devidamente, enumeradas nas letras "a" a "c" do inciso III, do retrocitado artigo constitucional. E é isto exatamente o que faz o CTN. Não obstante, como vimos acima, as diversas alterações do Sistema Constitucional Tributário, desde a sua publicação até a presente data, fizeram com que o conteúdo de vários de seus dispositivos viessem a se tornar obsoletos, sendo necessária a elaboração de várias leis complementares.

Urge, pois, que seja o CTN atualizado, evidentemente, como uma coletânea das leis complementares (grupo de leis codificadas) que hoje disciplinam a matéria tributária, para que, sistematicamente articulada, possa reger o Direito Tributário brasileiro, cumprindo sua teleologia.

4.4 Das normas gerais sobre Direito Tributário

Exige o artigo 146 da CF vigorante que as Normas Gerais sobre Direito Tributário sejam reguladas, exclusivamente, através de lei complementar.

A matéria tributária de competência deste tipo de diploma legal, está prevista, de forma quase exaustiva, também no supracitado artigo constitucional, embora, no texto da Carta Magna, outros artigos também venham a exigir a edição de LC para regular aquele determinado assunto. É que esses temas são e em sua *ratio essendi* objeto de Norma Geral do Direito Tributário.

Assim, cabe à LC estabelecer normas gerais em matéria de legislação tributária, notadamente, em relação à obrigação, lançamento, crédito, prescrição e decadência tributários, e ainda, à definição de tributos e de suas espécies, os impostos, os fatos geradores, as bases de cálculo e os contribuintes.

No Brasil, atualmente, há como leis complementares tributárias o CTN e diversas leis complementares definindo tributos, impostos, etc.

A LC por excelência e que regula a parte geral da imposição tributária é, no Brasil, o CTN.

O CTN, ao mesmo tempo em que assegura à autoridade administrativa amplos poderes de investigação acerca dos bens, renda, negócios, atividades financeiras e econômicas do contribuinte, impõe-lhe o dever legal de preservar estas informações, mantendo o sigilo fiscal.

O artigo 198 do CTN, alterado pela LC nº 104/01, prevê proibições à Fazenda Pública ou seus servidores de divulgação das informações obtidas em razão do ofício sobre a situação econômica ou financeira dos sujeitos passivos ou de terceiros, inclusive a respeito da natureza e o estado de seus negócios ou atividades, estas devem ficar preservadas sobre o manto do sigilo fiscal, sob pena de responsabilidade penal e administrativa do servidor. O §3º traz as exceções, ou seja, menciona a possibilidade de divulgação das informações relativas a representações fiscais para fins penais, inscrições na Dívida Ativa da Fazenda Pública e parcelamento ou moratória.

Com a nova lei, o sigilo fiscal que antes só podia ser quebrado mediante ordem judicial e no interesse da justiça foi flexibilizado, abrandado.

Atualmente, além da requisição judicial, a própria autoridade administrativa, no interesse da Administração Pública, poderá solicitar as informações ao Fisco. Desde que por processo regularmente instaurado, exigindo que a entrega das informações seja efetuada pessoalmente à autoridade solicitante, mediante recibo, a fim de formalizar a transferência das informações e assegurar a preservação do sigilo, porém, não viola o sigilo fiscal a divulgação de informações relativas a representações fiscais para fins penais, às inscrições em dívida ativa ou o parcelamento ou moratória (art. 198, §3º, I a III do CTN).

Também não viola o sigilo fiscal as solicitações de autoridade administrativa no interesse da Administração Pública, desde que seja comprovada a instauração regular de processo administrativo, no órgão ou na entidade respectiva, com o objetivo de investigar o sujeito passivo a que se refere a informação, por prática de infração administrativa, bem como com o intercâmbio de informação sigilosa, no âmbito da Administração Pública, quando realizado mediante processo regularmente instaurado, desde que a entrega seja feita pessoalmente à autoridade solicitante, mediante recibo, que formalize a transferência e assegure a preservação do sigilo, já que referidos procedimentos incluem-se nas exceções ao disposto no *caput* do art. 198 do CTN, com a redação dada pela LC nº 104/01 (art. 198, §1º, II, e §2º do CTN).

A doutrina considera que o sigilo bancário protege a esfera da intimidade financeira das pessoas, portanto, garantia constitucional da privacidade. No entanto, de acordo com o STF, essa garantia não tem caráter absoluto.

> Não há, no sistema constitucional brasileiro, direitos e garantias que se revistam de caráter absoluto, mesmo porque razões de relevante interesse público ou exigências derivadas do princípio de convivência das liberdades legitimam, ainda que excepcionalmente, a adoção por parte dos órgãos estatais, de medidas restritivas das prerrogativas individuais ou coletivas, desde que respeitados os termos estabelecidos pela própria CF.[25]

---

[25] MS nº 23.452-RJ.

Ademais, nos termos da LC nº 105/01, a quebra do sigilo bancário pode ser efetuada pela autoridade administrativa, a quem é imposto o dever de manutenção do sigilo, e deve obedecer apenas dois requisitos: 1. processo administrativo regularmente instaurado ou procedimento fiscal em curso; 2. indispensabilidade da análise dos dados das instituições financeiras.

A propósito, ensina Saraiva Filho:

> (...) presumivelmente, os rendimentos declarados, pelas pessoas físicas para a Receita Federal, para fins de fiscalização do imposto de renda, devem ser, normalmente, compatíveis com os totais dos valores movimentados, investidos ou depositados em instituições financeiras.
>
> Da mesma forma, o que tem de sigiloso na transferência dessas informações sobre movimentações globais de pessoas jurídicas e os respectivos CNPJ's, se elas próprias estão obrigadas, pela legislação tributária, a declarar ao Fisco os totais de seus rendimentos, suas atividades econômicas, e a respectiva variação patrimonial, tudo no interesse da fiscalização e da arrecadação do IRPJ? Se as sociedades anônimas estão obrigadas, por lei comercial, a publicar seus balanços em jornais de alta circulação?
>
> Aliás, nos termos do artigo 1º, inciso I, e do artigo 2º, inciso I, ambos da Lei 8.137, de 27 de dezembro de 1990, constitui crime contra ordem tributária omitir informação ao Fisco ou omitir declaração sobre rendas (...).[26]

E continua Saraiva Filho aduzindo que defender que pessoa jurídica tem vida privada e intimidade, algo inerente ao espírito, ao âmbito psicológico das pessoas naturais, e que suas movimentações financeiras ou seus dados bancários estariam protegidos pelo sigilo bancário frente ao Fisco beira ao contrassenso, ainda mais diante dos já antigos dispositivos do artigo 195 do CTN, que dispõe:

> Para efeitos da legislação tributária, não têm aplicação quaisquer disposições legais excludentes ou limitativas do direito de examinar mercadorias, livros, arquivos, documentos, papéis e efeitos comerciais ou fiscais dos comerciantes, industriais ou produtores, ou da obrigação destes de exibi-los, e do artigo 197 do mesmo Codex, segundo o qual os bancos, casas bancárias, caixas econômicas e demais instituições financeiras são obrigadas a prestar à autoridade administrativa todas as informações de que disponham com relação aos bens, negócios ou atividades de terceiros (...).[27]

E conclui, ao afirmar que "(...) o nome da pessoa, o número de inscrição no CPF ou CNPJ, se tem conta bancária em determina instituição financeira, se a pessoa é de posses ou não, ora, tudo isto não se oculta, é, em geral, percebido pelos outros, no próprio convívio social e profissional, em absoluto, não há, aqui, matéria sigilosa em relação ao órgão do Estado que recebeu da Constituição e da LC autorização para identificar o patrimônio, os rendimentos e as atividades econômicas dos contribuintes".

---

[26] SARAIVA FILHO, Oswaldo Othon de Pontes. O sigilo bancário e a administração tributária (LC 105/2001; IN-RFB 802/2007). *Revista Fórum de Direito Tributário*, Belo Horizonte, v. 34, p. 41-42, jul./ago. 2008.

[27] SARAIVA FILHO, Oswaldo Othon de Pontes. O sigilo bancário e a administração tributária (LC 105/2001; IN-RFB 802/2007). *Revista Fórum de Direito Tributário*, Belo Horizonte, v. 34, p. 41-42, jul./ago. 2008.

4.5 Direitos fundamentais e sigilo bancário/fiscal

As reflexões abaixo estão embasadas no Parecer AGU/PRO-04/96 (Anexo ao Parecer GQ-110) Processo 00002.002045/96-88 – Assunto: sigilos bancário e fiscal frente ao TCU.

Ao estudar o conceito de direito fundamental, Pontes de Miranda salienta a existência de direitos constitucionais não fundamentais, para, a seguir, distinguir entre os fundamentais, os que têm origem constitucional dos que lhe são anteriores. Estes, diferentemente desses e daqueles, são absolutos e o próprio Estado não pode deixar de atendê-los: Direitos fundamentais valem *perante* o Estado e não pelo acidente da regra constitucional. Poucas páginas à frente, especifica:

> Quando o Estado, sem ser obrigado a editar alguma regra jurídica, ou a reconhecê-la como implícita, porque a ordem jurídica supra-estatal não o contém, edicta regras jurídicas em que se traduz a equação *the man versus the State*; portanto, por sugestão sua, própria, ou do seu povo, o direito é fundamental, porém não supra-estatal. Assim, nem todos os direitos que aparecem nas Declarações de Direitos são supra-estatais: são *direitos fundamentais*, ou apenas, *constitucionais* (Direitos e garantias). Os direitos supra-estatais, pelo menos sistematicamente, são concebidos como *anteriores* ao Estado.[28] (grifos do original)

Insere-os ainda no âmbito jurídico, mas como princípio do Direito das Gentes:

> Os direitos fundamentais limitam os poderes do Estado. Até há pouco a doutrina e os legisladores constituintes falavam, vagamente, de faculdades do Estado, ou atribuíam a tais limitações caráter de ordem de Deus, ou de direito natural, ou, mais modestamente, de regra jurídica a priori. Só recentemente, quando começaram a avivar-se certos traços da distribuição supra-estatal das competências, foi que se viu que alguns desses direitos são conteúdo de princípios de direito das gentes.[29]

Mas que direitos fundamentais supraestatais são esses?
Entre outros, eis alguns mencionados por Pontes:

> A liberdade pessoal, a inviolabilidade do domicílio e a inviolabilidade da correspondência (correios, telégrafos, telefones) são tidas como direitos fundamentais absolutos. Relativos são os direitos de contrato, de comércio e indústria, e o direito de propriedade. Existem esses, mas valem conforme a lei; à diferença daqueles, que se formulam de modo absoluto, apenas cabendo à lei regular as exceções.[30]

Citados pelo autor estão os direitos previstos nos incisos XI e XII do art. 5º da atual CF. O direito à intimidade e à vida privada que a Constituição reconhece no art. 5º, X, não são mencionados por Pontes, mas devem ser inseridos como tal.

Está visto, portanto, que o direito da pessoa — melhor que *do indivíduo* — à intimidade e à vida privada tem conspícua origem e mesmo que não se conseguisse

---

[28] MIRANDA, Pontes de. *Comentários à Constituição de 1967*. 3. ed. Rio de Janeiro: Forense, 1987. p. 624.
[29] MIRANDA, Pontes de. *Comentários à Constituição de 1967*. 3. ed. Rio de Janeiro: Forense, 1987. p. 625.
[30] MIRANDA, Pontes de. *Comentários à Constituição de 1967*. 3. ed. Rio de Janeiro: Forense, 1987. p. 619.

ainda atá-lo ao gênero dos direitos fundamentais supraestatais, onde o insere o Direito Natural, certo é que constitui espécie de direito fundamental constitucional.[31]

O que importa agora é saber se o sigilo bancário está ancorado nesse preceito constitucional.

Por pertinente, passo a analisar a polêmica versando o sigilo bancário, a existência ou não de proteção constitucional ao mesmo, e se os procedimentos adotados pelo Fisco ensejariam, eventualmente, a quebra de sigilo. Transcreve-se a seguir, trechos do Parecer PGFN/CRJN/1380/94 da lavra do mestre Oswaldo Othon de Pontes Saraiva Filho:

> (...) 7. O ponto nevrálgico, no aspecto constitucional, reside na questão de sopesarmos os valores constitucionais da proteção da privacidade e da atribuição aos entes tributantes do poder de tributar, que inclui, obviamente, o de fiscalizar os tributos instituídos.
>
> (...) A resposta ao questionamento colocado inicialmente vai necessariamente exigir o sacrifício de um direito não expressamente delimitado — a CF garante a inviolabilidade da intimidade e da vida privada, sem contudo definir de maneira clara os limites destes conceitos —, em detrimento de outro, na medida em que nosso ordenamento constitucional prevê a proteção à privacidade, mas, igualmente chancela, em seu art. 145, §1º o direito de que dispõe a administração pública de identificar o patrimônio, os rendimentos e as atividades econômicas dos contribuintes. Tal não significa dizer que o cidadão esteja ao arbítrio das autoridades administrativas no que pertine ao seu direito à privacidade, visto que igualmente sobre as informações de que dispõe a fazenda Pública pesa a obrigação de sigilo.
>
> Com supedâneo em tais considerações, pode-se afirmar que a quebra de sigilo bancário, lastreada em procedimento fiscal regularmente instaurado, consistiria em sacrifício parcial de um bem jurídico em detrimento de um bem maior a ser resguardado: o interesse público. (...)
>
> (...) 9. Ressalte-se que a Constituição conferiu aos entes tributantes o mais e os fins — o poder de tributar (arts. 145, caput, incisos I a III, 148, 149, 153, caput, incisos I a IV, 155, 156) —, obviamente, ofereceu, também, aos respectivos Poderes Executivos o menos e os meios à competência de ampla de fiscalização (arts. 145, §1º, 144, §1º, 153, §2º, e 174) (...)
>
> (...) 15. Cumpre, neste ponto, destacarmos a exegese do §1º, do art. 145, da Carta Política, que, principalmente, para dar efetividade aos princípios da pessoalidade dos impostos e da capacidade contributiva de seus sujeitos passivos, faculta à Administração Tributária identificar, nos termos da lei e respeitados os direitos individuais, evitando a quebra do sigilo, como dispõe o art. 5º, inciso XXXIII, o patrimônio, os rendimentos e as atividades econômicas dos contribuintes.[32]

Ainda do opúsculo acima citado, extrai-se o pronunciamento do jurista Wagner Balera, acerca da interpretação do preceito do art. 145, §1º, da CF, pinçado da obra:

> Para garantir plena eficácia à diretriz da capacidade contributiva, a parte final do §1º, do art. 145, da Lei Magna, autoriza a administração tributária a identificar o patrimônio, os rendimentos e as atividades econômicas do contribuinte.[33]

---

[31] MARITAIN, J. *Os direitos do homem*. 3. ed. Rio de Janeiro: José Olímpio, 1967. p. 15.

[32] SARAIVA FILHO, Oswaldo Othon de Pontes. O sigilo bancário e a administração tributária (LC 105/2001; IN-RFB 802/2007). *Revista Fórum de Direito Tributário*, Belo Horizonte, v. 34, p. 41-42, jul./ago. 2008.

[33] BALERA, Wagner. *Caderno de pesquisas tributárias*. São Paulo: Resenha Tributária, 1993. p. 378.

A Constituição não poderia ter normas entre si tão incompatíveis como os incisos X e XII do art. 5º e aquela inscrita na parte final do §1º do art. 145. Por isso mesmo o último dos dispositivos citados faz a ressalva relativa aos direitos individuais.

O sigilo de dados é garantido, mas poderá vir a ser quebrado, nos termos da lei.

Aqui não entram em linha de conta a intimidade, a vida privada, a honra e a imagem das pessoas que, como atributos da sua personalidade, estão sob reserva de sigilo e sob proteção constitucional.

São considerados, para fins de tributação, aspectos da vida econômica da pessoa. Seus negócios que, gerando riquezas, podem ser objeto de tributação.

Se certa correspondência desvela um negócio jurídico que pode ser objeto de tributação, esse documento deixa de pertencer à esfera privada e pode, nos limites da lei, ser submetido ao crivo dos agentes do Fisco.

Se determinada conta bancária denota movimento incompatível com a vida fiscal do contribuinte, tais dados podem desencadear investigação que deva arrecadar elementos nos documentos particulares do sujeito passivo dos tributos.[34]

Acerca da relatividade do direito à privacidade, impende ressaltar que o STF admite a possibilidade da violação da correspondência de sentenciados, sem qualquer afronta ao Texto Supremo:

> A administração penitenciária, com fundamento em razões de segurança pública, de disciplina prisional ou de preservação da ordem jurídica, pode, sempre excepcionalmente, e desde que respeitada a norma inscrita no art. 41, parágrafo único, da Lei no 7.210/84, proceder à interceptação da correspondência remetida pelos sentenciados, eis que a cláusula tutelar da inviolabilidade do sigilo epistolar não pode constituir instrumento de salvaguarda de práticas ilícitas.[35]

Nada obstante, a Lei nº 5.172, de 25 de outubro de 1966 (CTN), no capítulo referente à fiscalização, prescreveu as seguintes normas:

> Art. 197. Mediante intimação escrita, são obrigados a prestar à autoridade administrativa todas as informações de que disponham com relação aos bens, negócios ou atividades de terceiros: (...)
>
> II – Os bancos, casas bancárias, Caixas Econômicas e demais instituições financeiras;
>
> Parágrafo único. A obrigação prevista neste artigo não abrange a prestação de informações quanto a fatos sobre os quais o informante esteja legalmente obrigado a observar segredo em razão de cargo, ofício, função, ministério, atividade ou profissão
>
> Art. 198. Sem prejuízo do disposto na legislação criminal, é vedada a divulgação, para qualquer fim, por parte da Fazenda Pública ou de seus funcionários, de qualquer informação, obtida em razão do ofício, sobre a situação econômica ou financeira dos sujeitos passivos ou de terceiros e sobre a natureza e o estado dos seus negócios ou atividades.
>
> Parágrafo único. Excetuam-se do disposto neste artigo, unicamente, os casos previstos no artigo seguinte e os de requisição regular da autoridade judiciária no interesse da justiça.

---

[34] BALERA, Wagner. *Caderno de pesquisas tributárias*. São Paulo: Resenha Tributária, 1993. p. 380.
[35] HC 70.814-SP. Rel. Min. Celso de Mello. Julgamento: 1.3.1994 – 1ª Turma. *DJ*, p. 1649, 26 jun. 1994.

Art. 199. A Fazenda Pública da União e as dos Estados, do Distrito Federal e dos Municípios prestar-se-ão mutuamente assistência para a fiscalização dos tributos respectivos e permuta de informações, na forma estabelecida, em caráter geral ou específico, por lei ou convênio.

Durante longo tempo, houve entendimento doutrinário de que o parágrafo único do art. 197 do Código Tributário harmonizava-se com os parágrafos do art. 38 da Lei nº 4.595. A única exceção prevista no código dizia respeito — entendia-se — à proteção do segredo profissional de advogados, médicos, etc., e não ao sigilo bancário, uma vez que os bancos eram expressamente citados no art. 197 e deviam prestar informes ao Fisco.

A seguir o ensinamento:

> O parágrafo único do art. 197 naturalmente está endereçado à proteção do segredo profissional em relação a 'quaisquer entidades ou pessoas' de todas as atividades e profissões, a que se refere o inciso VII desse mesmo dispositivo. Não se conceberia que o advogado e o padre, por ex., fossem compelidos a devassar confidências recebidas em função de sua atividade, quando outras leis os garantem em função de sua atividade, contra delações a que os obrigaram, e até os punem se as fizerem (Cód. Penal, art. 154).
>
> Não é, porém, o caso dos banqueiros, p. ex., que não estão adstritos às mesmas regras éticas e jurídicas de sigilo. Em princípio só devem aceitar e ser procurados para negócios lícitos e confessáveis. Diversa é a situação do advogado, do médico e do padre, cujo dever profissional lhes não tranca os ouvidos a todos os desvios de procedimento ético ou jurídico, às vezes conhecidos somente da consciência dos confitentes.[36]

No mesmo sentido foi a lição de Hugo de Brito:

> O dever de informar encontra limite no denominado sigilo profissional. Assim não abrange a prestação de informações quanto a fatos sobre os quais o informante esteja legalmente obrigado a guardar segredo em razão de cargo, ofício, função, magistério, atividade ou profissão (C.T.N., art. 197, parágrafo único).[37]

Editada a Constituição de 1988, a interpretação conjugada de dois dispositivos provocou uma guinada de cento e oitenta graus: o primeiro, o art. 5º, X (se quiser, acrescente-se também o inciso XII), e o outro, o art. 145, *verbis*:

> Art. 145. (...)
> §1º Sempre que possível, os impostos terão caráter pessoal e serão graduados segundo a capacidade econômica do contribuinte, facultando à administração tributária, especialmente para conferir efetividade a esses objetivos, identificar, respeitados os direitos individuais e nos termos da lei, o patrimônio, os rendimentos e as atividades econômicas do contribuinte.[38]

---

[36] BALEEIRO, Aliomar. *Direito tributário brasileiro*. 6. ed. Rio de Janeiro: Forense, 1974. p. 550.
[37] MACHADO, Hugo de Brito. *Curso de direito tributário*. 4. ed. Rio de Janeiro: Forense, 1987. p. 136.
[38] BRASIL. *Constituição Federativa do Brasil*. Brasília: Senado Federal, 1988. p. 124.

Embora o texto pudesse ser interpretado como autorização específica ao Fisco para ter acesso às informações sigilosas dos bancos, desde que "nos termos da lei", i. é, o acesso só se daria quando previsto em lei, como era o caso dos §§5º e 6º do art. 38 da Lei nº 4.595, de 31.12.1964, houve quem entendesse, numa interpretação restritiva, que a referência a "direitos individuais" aí feita, de fato, fechava-lhe a porta. No STF, alguns ministros aderiram a esse último entendimento. Essa é a visão do Min. Marco Aurélio, que, embora sem mencionar o art. 145, só admite o acesso do Fisco às operações e serviços bancários com ordem judicial. Na mesma linha, figuraram os Ministros Maurício Corrêa (com invocação expressa do art. 145, §1º), Celso de Mello e Ilmar Galvão, todos eles em votos no MS nº 21.729-4.[39]

4.6 Acesso ao sigilo bancário – LC nº 104 e LC nº 105/2001 – Autorização legal

Saraiva Filho, comentando a Lei Complementar nº 105/2001, regulamentada pelo Decreto nº 3.724, de 10 de janeiro de 2001, aduz que o §4º do artigo 5º da LC nº 105/2001 reza que recebidas as informações bancárias genéricas, *se detectados indícios de falhas, incorreções ou omissões, ou de cometimento de ilícito fiscal, decorrentes do cruzamento de outras informações constantes dos sistemas da Receita Federal do Brasil, em especial, provenientes dos rendimentos declarados anualmente pelas pessoas físicas e jurídicas,* a autoridade administrativa competente poderá instaurar um procedimento investigatório junto aos próprios contribuintes selecionados, *podendo requisitar, com fundamentação específica,* vale dizer, com indicação de fatos concretos e precisos referentes a todos os aspectos do objeto investigado, as informações e os documentos de que necessitar, que deram suporte aqueles montantes globais movimentados, bem como realizar fiscalização ou auditoria para a adequada apuração dos fatos, tudo em obediência ao disposto no §4º do art. 5º, da supracitada lei, regulamentada no Decreto nº 4.489, de 28 de novembro de 2002, e na Instrução Normativa RFB nº 802, de 27 de dezembro de 2007.

Por força da legislação tributária, os próprios contribuintes são obrigados a apresentar ao Fisco a totalidade de seus rendimentos, a identificação de suas atividades econômicas e profissionais e suas situações patrimoniais.

Ademais, o artigo 10 da LC nº 105/01, alerta que a quebra de sigilo, fora das hipóteses autorizadas nesta lei complementar, constitui crime e sujeita os responsáveis à pena de reclusão, de um a quatro anos, e multa, aplicando-se, no que couber, o Código Penal, sem prejuízo de outras sanções cabíveis.[40]

---

[39] PARECER AGU/PRO-04/96 (Anexo ao Parecer GQ-110). PROCESSO 00002.002045/96-88.
[40] SARAIVA FILHO, Oswaldo Othon de Pontes. *Sigilos bancário e fiscal em face da administração tributária e do Ministério Público.* Professor do curso de Direito da Universidade Católica de Brasília. Procurador da Fazenda Nacional de categoria especial. Consultor da União. Diretor científico e fundador da *Revista Fórum de Direito Tributário.*

4.7 Os sigilos bancário e fiscal no Direito brasileiro

A questão dos sigilos bancário e fiscal não é pacífica na doutrina e na jurisprudência. Aliás, o próprio sigilo, seja fiscal, bancário ou qualquer outra espécie, é uma questão extremamente delicada. É evidente que o sigilo tem como máxime proteger uma parte, de forma que seus dados e suas informações não sejam transmitidos a outras pessoas sem o seu consentimento, de modo a não lhe gerar transtornos e constrangimentos. Por outro lado, muitas vezes em prol de um "bem maior", ou seja, em favor da coletividade, este direito individual é relativizado e ocorre o que se chama de quebra de sigilo.

O sigilo, de uma forma genérica, está assegurado pela CF de 1988, mais especificamente no artigo 5º, inciso XII: é inviolável o sigilo da correspondência e das comunicações telegráficas, de dados e das comunicações telefônicas, salvo, no último caso, por ordem judicial, nas hipóteses e na forma que a lei estabelecer para fins de investigação criminal ou instrução processual penal.

O CTN — ao tratar de um dos deveres da Administração Pública, qual seja, o de fiscalização — também faz referência ao sigilo, ao dispor em seu artigo 198 que:

> Art. 198. Sem prejuízo do disposto na legislação criminal, é vedada a divulgação, por parte da Fazenda Pública ou de seus servidores, de informação obtida em razão do ofício sobre a situação econômica ou financeira do sujeito passivo ou de terceiros e sobre a natureza e o estado de seus negócios ou atividades. (Redação dada pela LC 104, de 10.1.2001)
>
> §1º Excetuam-se do disposto neste artigo, além dos casos previstos no art. 199, os seguintes: (Redação dada pela LC 104, de 10.1.2001)
>
> I – requisição de autoridade judiciária no interesse da justiça; (Inciso incluído pela LC 104, de 10.1.2001)
>
> II – solicitações de autoridade administrativa no interesse da Administração Pública, desde que seja comprovada a instauração regular de processo administrativo, no órgão ou na entidade respectiva, com o objetivo de investigar o sujeito passivo a que se refere a informação, por prática de infração administrativa. (Inciso incluído pela LC 104, de 10.1.2001
>
> §2º O intercâmbio de informação sigilosa, no âmbito da Administração Pública, será realizado mediante processo regularmente instaurado, e a entrega será feita pessoalmente à autoridade solicitante, mediante recibo, que formalize a transferência e assegure a preservação do sigilo. (Parágrafo incluído pela LC 104, de 10.1.2001)

No âmbito administrativo, há inclusive uma portaria da Secretaria da Receita Federal, Portaria SRF nº 580, de 12 de Junho de 2001, que estabelece procedimentos para preservar o caráter sigiloso de informações protegidas por sigilo fiscal, nos casos de fornecimento admitidos em lei.

Desta forma, resta claro que quando se trata do sigilo, principalmente bancário e fiscal, os quais são objetos do presente artigo, entram em choque dois valores importantes e de ordem constitucional, a saber: a inviolabilidade da intimidade, dos dados e das comunicações telefônicas, estes previstos no artigo 5º da Carta Magna, e o dever de fiscalização, previsto no §1º do art. 145 do CTN.

Na visão de James Marins, os sigilos bancário e fiscal são limitação relacionada com o sigilo de dados, encontrado no art. 5º, X e XII, da CF de 1988, e que se estende à atividade fiscalizatória da Administração Tributária. É, portanto, garantia individual que limita a atividade de fiscalização da Administração Tributária ao não permitir que no bojo de procedimento ou Processo Administrativo haja quebra do sigilo constitucional ínsito aos dados bancários e fiscais dos contribuintes, especialmente expresso no art. 198 do CTN.[41]

Por outro lado, mesmo que se defenda que todos têm direito ao sigilo, não se pode ser ingênuo a ponto de pensar que tal sigilo é absoluto. Neste sentido, Bernardo Ribeiro de Moraes, citado por James Marins:

> O sigilo bancário não é absoluto. Ninguém pode se eximir de prestar informações no interesse público, para esclarecimento de fatos essenciais e indispensáveis à aplicação da lei tributária. O sigilo, em verdade, não é estabelecido para ocultar fatos, mas, sim, para revestir revelação deles a um caráter de excepcionalidade.[42]

4.8 A constitucionalidade da LC nº 105/01

A LC nº 105/2001 acarretou mudanças no que tange aos sigilos bancário e fiscal. Assim, o que antes era apenas matéria de discussão doutrinária e jurisprudencial, como a questão da possibilidade de quebra de sigilo pela autoridade administrativa, passou a ser regulado em lei.

A principal mudança neste aspecto pode ser verificada no artigo 6º da lei supracitada:

> Art. 6º As autoridades e os agentes fiscais tributários da União, dos Estados, do Distrito Federal e dos Municípios somente poderão examinar documentos, livros e registros de instituições financeiras, inclusive os referentes a contas de depósitos e aplicações financeiras, quando houver processo administrativo instaurado ou procedimento fiscal em curso e tais exames sejam considerados indispensáveis pela autoridade administrativa competente. (Regulamento)
>
> Parágrafo único. O resultado dos exames, as informações e os documentos a que se refere este artigo serão conservados em sigilo, observada a legislação tributária.

Ademais, na CF de 1988, não há qualquer norma expressa consagrando o direito ao sigilo bancário. Este decorre do direito à privacidade:

> É o direito à autonomia pessoal. A Constituição dos Estados Unidos não estabeleceu expressamente o direito à privacidade, mas a Suprema Corte norte-americana vem decidindo reiteradamente que esse direito está subentendido nas 'zonas de privacidade', criadas por garantias constitucionais específicas.[43]

O sigilo bancário não constitui direito absoluto. Quiroga Lavié aponta a relatividade dos direitos fundamentais, afirmando que os indivíduos devem operar observando os limites impostos pelo direito.[44]

---

[41] MARINS, James. *Direito processual tributário brasileiro*. 4. ed. São Paulo: Dialética, 2005. p. 247.
[42] MARINS, James. *Direito processual tributário brasileiro*. 4. ed. São Paulo: Dialética, 2005. p. 247.
[43] GARNER, Bryab. *Black's Law Dictionary*. 70th ed. St. Paul: West Group, 2000. p. 1063.
[44] LAVIÉ, Quiroga. *Derecho constitucional*. 3. ed. Buenos Aires: Depalma, 1993. p. 123.

Walber de Moura Agra discorre: "Nenhum direito fundamental é absoluto — eles são limitados pelas demais prerrogativas constantes na Constituição e pelas normas infraconstitucionais que delimitam o seu sentido".[45]

Assim, compreende-se que o direito fundamental não pode servir de salvaguarda de práticas ilícitas.

A Declaração Universal de Direitos Humanos consagra a relatividade dos direitos fundamentais ao dispor:

> Artigo XXIX
> 1. Toda pessoa tem deveres para com a comunidade, na qual o livre e pleno desenvolvimento de sua personalidade é possível.
> 2. No exercício de seus direitos e liberdades, toda pessoa estará sujeita apenas às limitações determinadas pela lei, exclusivamente com o fim de assegurar o devido reconhecimento e respeito dos direitos e liberdades de outrem, e de satisfazer às justas exigências da moral, da ordem pública e do bem-estar de uma sociedade democrática.
> 3. Esses direitos e liberdades não podem, em hipótese alguma, ser exercidos contrariamente aos propósitos e princípios das Nações Unidas.[46]

Como bem ressaltou o desembargador Federal Batista Pereira:

> Com efeito, até mesmo o direito à vida, que se destaca por ocupar o primeiro lugar dentre os direitos fundamentais expressos no 'caput' do Artigo 5º da Constituição, diante da sua superioridade em relação aos demais direitos, não constitui direito absoluto, haja vista a possibilidade de se aplicar pena de morte em caso de guerra declarada (Art. 5º, inc. XLVII, a, CF/88).[47]

Ademais, o Tribunal Regional Federal da 4ª Região, ao julgar um agravo de instrumento, concluiu pela constitucionalidade da referida lei:

> Da mesma forma, a LC 105/2001 autoriza o acesso da autoridade fiscal aos documentos, livros e registros das instituições financeiras, inclusive aos relativos a contas de depósitos e aplicações financeiras, quando houver processo administrativo instaurado ou procedimento fiscal em curso. Portanto, o repasse das informações pela instituição bancária à Receita Federal e sua utilização para fins de fiscalização pelo IR tem amparo legal e não afronta as garantias constitucionais.[48]

No que tange à irretroatividade ou não da referida LC nº 105/01, a jurisprudência do STJ é divergente. Assim, há no Superior Tribunal de Justiça decisões no sentido de que apenas a partir da vigência da LC nº 105/2001 é possível o acesso às informações bancárias do contribuinte, na forma instituída pela Lei nº 10.174/2001, ou seja, sem a requisição judicial.

---

[45] AGRA, Walber de Moura. *Manual de direito constitucional*. São Paulo: Revista dos Tribunais, 2002. p. 143.
[46] PROCURADORIA GERAL DO ESTADO DE SÃO PAULO. *Instrumentos internacionais de proteção dos direitos humanos*. Disponível em: <www.pge.sp.gov.br>. Acesso em: 15 nov. 2009.
[47] TRIBUNAL REGIONAL FEDERAL DA 3ª REGIÃO. PROC.: 2001.03.00.021253-4, AG 133889, Publicação: 09/11/2001, ORIG.: 200161000168810/SP, Rel: Desembargador Federal Batista Pereira /Terceira Turma.
[48] TRIBUNAL REGIONAL FEDERAL DA 4ª REGIÃO. Agravo de Instrumento 2001.04.01.045127-8/SC, Juiz João Surreaux Chagas. *Revista Dialética de Direito Tributário*, 72, p. 203-204.

Ementa: Tributário. Quebra de sigilo bancário por procedimento administrativo. Impossibilidade. Irretroatividade da LC 105/2001. 2. Apenas a partir da vigência da LC 105, de 10 de janeiro de 2001, é possível o acesso às informações bancárias do contribuinte na forma instituída pela Lei 10.174/2001, ou seja, sem a requisição judicial. A aplicação desse conjunto de normas para a obtenção de dados relativos a exercícios financeiros anteriores sem autorização judicial, como é o caso dos autos, implica ofensa ao princípio da irretroatividade das leis. 3. Assim, não pode a autoridade fazendária ter acesso direto às operações bancárias do contribuinte anteriores a 10.01.01, como preconiza a LC 105/01, sem o crivo do judiciário. 4. Recurso especial provido.[49]

Todavia, a posição majoritária do STJ é no sentido de que é possível a quebra de sigilo bancário em processo administrativo mesmo em relação às operações bancárias dos contribuintes anteriores a 10 de janeiro de 2001, desde que estas sejam extremamente necessárias para o deslinde do processo administrativo.

Tributário. Recurso especial. Mandado de segurança. Sigilo bancário. Utilização de informações de movimentações financeiras pelas autoridades fazendárias. Retroatividade da LC 105/2001 e da Lei 10.174/2001. Possibilidade. Precedentes do STJ. Recurso especial parcialmente conhecido e, nessa parte, desprovido. 1. A ausência de pré-questionamento dos dispositivos legais tidos como violados torna inadmissível o recurso especial. Incidência das Súmulas 282 e 356/STF.

2. O entendimento desta Corte Superior é de que a utilização de informações financeiras pelas autoridades fazendárias não viola o sigilo de dados bancários, em face do que dispõe não só o CTN (art. 144, §1º), mas também a Lei 9.311/96 (art. 11, §3º, com a redação introduzida pela Lei 10.174/2001) e a LC 105/2001 (arts. 5º e 6º), inclusive podendo ser efetuada em relação a períodos anteriores à vigência das referidas leis. 3. Nesse sentido, os seguintes precedentes: EREsp 608.053/RS, 1ª Seção, Rel. Min. Teori Albino Zavascki, DJ de 4.9.2006; AgRg no REsp 726.778/PR, 1ª Turma, Rel. Min. Luiz Fux, DJ de 13.3.2006, p. 213; REsp 645.371/PR, 2ª Turma, Rel. Min. Castro Meira, DJ de 13.3.2006, p. 260; AgRg no REsp 700.789/RS, 1ª Turma, Rel. Min. Francisco Falcão, DJ de 19.12.2005, p. 238; REsp 691.601/SC, 2ª Turma, Rel. Min. Eliana Calmon, DJ de 21.11.2005, p. 190. 4. Recurso especial parcialmente conhecido e, nessa parte, desprovido.[50]

Assim sendo, da mesma forma que a CF permitiu o acesso aos dados bancários do investigado por meio de Comissões Parlamentares de Inquérito, sem necessidade de prévia autorização judicial, também o fez em relação ao Fisco, exigindo deste, no entanto, subordinação prévia à lei, necessitando ser esta de caráter complementar.

Entende-se que o sigilo bancário não está sujeito à reserva de jurisdição, ante a ausência de norma expressa no Texto Maior neste sentido.

O postulado constitucional da reserva de jurisdição é um tema ainda pendente de definição pelo STF. Este, quando tratou do assunto, não mencionou o sigilo bancário: a cláusula constitucional da reserva de jurisdição — que incide sobre determinadas matérias, como a busca domiciliar — (CF, art. 5º, XI), a interceptação telefônica (CF, art. 5º, XII) e a decretação da prisão de qualquer pessoa, ressalvada a hipótese de flagrância (CF, art. 5º, LXI) — traduz a noção de que, nesses temas específicos, assiste

---

[49] REsp nº 531826/SC. Recurso Especial nº 2003/0046133-9. *DJ*, 31 maio 2006. Disponível em: <www.stj.gov.br>. Acesso em: 15 nov. 2009.
[50] REsp nº 541740/SC – Recurso Especial nº 2003/0100222-0. *DJ*, 30 nov. 2006. Disponível em: <www.stj.gov.br>.

ao Poder Judiciário não apenas o direito de proferir a última palavra, mas, sobretudo, a prerrogativa de dizer desde logo a primeira palavra, excluindo-se, desse modo, por força e autoridade do que dispõe a própria Constituição, a possibilidade do exercício de iguais atribuições, por parte de quaisquer outros órgãos ou autoridades do Estado. Doutrina.

O princípio constitucional da reserva de jurisdição, embora reconhecido por cinco Ministros do STF — Min. Celso de Mello (Relator), Min. Marco Aurélio, Min. Sepúlveda Pertence, Min. Néri da Silveira e Min. Carlos Velloso (Presidente) —, não foi objeto de consideração por parte dos demais eminentes ministros do STF, que entenderam suficiente, para efeito de concessão do *writ* mandamental, a falta de motivação do ato impugnado.[51]

Ora, não se pode admitir que o titular de competências tributárias tenha que requerer ao Poder Judiciário autorização para ter acesso a dados bancários, para, somente após, poder apurar se determinado contribuinte praticou ou não o fato imponível. Tal situação inviabiliza o exercício da arrecadação tributária.

Há mandamento constitucional autorizando o legislador a prever a possibilidade de a Administração Tributária identificar o patrimônio, os rendimentos e as atividades econômicas, conforme dispõe o art. 145, §1º, da CF:

> §1º Sempre que possível, os impostos terão caráter pessoal e serão graduados segundo a capacidade econômica do contribuinte, facultado à administração tributária, especialmente para conferir efetividade a esses objetivos, identificar, respeitados os direitos individuais e nos termos da lei, o patrimônio, os rendimentos e as atividades econômicas do contribuinte.[52]

Diferentemente da investigação criminal que é feita por autoridade policial e pelo próprio Ministério Público, que além de parte que é nas ações cíveis e criminais por ele patrocinadas, também não foi contemplado por meio de permissivo constitucional para obter acesso aos dados bancários dos réus, necessitando, para tanto, de prévia autorização judicial, sob pena de se convolar o indevido acesso aos referidos dados em prova obtida de forma ilícita.

5 Conclusão

O trabalho em evidência colaciona várias opiniões sobre o tema — quebra do sigilo bancário por procedimento administrativo —, prescindindo de autorização judicial, ou não, fazendo um brevíssimo comentário a respeito da relação jurídico-tributária; do sigilo bancário em relação à Administração Tributária; da definição de direito fundamental e do reconhecimento da existência de suas limitações em relação ao sigilo bancário; do histórico do CTN, abordando a respeito da teleologia deste; das normas gerais sobre Direito Tributário; do acesso ao sigilo previsto na LC nº 105/01 e sobre sua constitucionalidade.

---

[51] MS nº 23.452-RJ.
[52] BRASIL. *Constituição Federativa do Brasil*. Brasília: Senado Federal, 1988. p. 126.

Quanto às recomendações, a mais importante é não retroceder em termos de enfrentamento de questões de alta indagação como a que se revelou no presente trabalho. Doutrinadores respeitados do mundo jurídico posicionam-se, com o brilhantismo que lhes são peculiares, mas nem sempre ao encontro da tese que se defende, ou com a qual se posiciona acordado o pesquisador. Nem por isso deve o pesquisador desistir de continuar pesquisando, haja vista que no trabalho de pesquisa irá encontrar mais de um pensador do Direito, também detentor de igual respeito e brilhantismo, que externam opiniões favoráveis à tese do pesquisador.

A proposta aqui traçada é conscientizar e/ou de alguma forma "influenciar" o Poder Judiciário, em especial os senhores ministros do STF da importância para o Brasil do reconhecimento pela Suprema Corte de que os dados bancários dos contribuintes são de livre acesso da Administração Tributária, por ser imprescindível a uma maior eficiência no trabalho de fiscalização tributária e no combate à sonegação fiscal, em especial das pessoas jurídicas que sequer são detentoras dos direitos da personalidade como a preservação da intimidade ou da privacidade, já que são obrigadas por lei a declarar toda a sua movimentação financeira, de bens e de capital a cada ano fiscal.

Um trabalho de pesquisa sobre um tema que traz em seu bojo discussão doutrinária colidente não pode ser encerrado com a apresentação de uma monografia ou um artigo opinativo como o que se apresenta resultante deste trabalho, mas necessita de uma continuidade por meio não só do acompanhamento da tese que será adotada pelo STF, porém, em especial para que seja contraposta, cientificamente, se necessário. Caso a referida decisão esteja no mesmo sentido defendido pelo pesquisador, terá este o papel de apresentar trabalho de reforço à tese sustentada judicialmente.

Com a pesquisa em tela, há importância desta continuidade em termos de benefícios para os envolvidos: existe a relação entre os interesses que cada qual tem no deslinde do tema que virá com o pronunciamento do STF. O acesso aos dados bancários e fiscais dos contribuintes, sem a interferência do Poder Judiciário, é de extremo interesse da Administração Tributária. Portanto, esta deve continuar defendendo a tese neste sentido. De igual modo, aos contribuintes que defendem o não livre acesso da Administração Tributária aos seus dados bancários, não sendo este o entendimento da Suprema Corte, deverão também dar continuidade ao trabalho com vistas à alteração do entendimento da Corte Suprema.

Os principais autores que enriqueceram esta pesquisa são descritos a seguir.

José Afonso da Silva trouxe elucidante estudo a respeito da vida privada e da intimidade; Oswaldo Othon de Pontes Saraiva Filho desenvolveu vários e brilhantes estudos e com profundidade a respeito da LC nº 105/01, e da possibilidade de a Administração Tributária obter acesso aos dados bancários do contribuinte, como corolário do trabalho de fiscalização que lhe é inerente; Tercio Sampaio Ferraz defendeu a constitucionalidade da LC nº 105/01; Paulo Ricardo Schier apresentou estudo acerca do Direito alemão no que diz respeito ao princípio da proporcionalidade e restrições ao direito fundamental.

Entendeu-se com o presente estudo que a doutrina divide-se em correntes favoráveis e desfavoráveis à quebra do sigilo bancário sem a anterior autorização judicial. Esta falta de uniformidade parece estar interligada aos interesses que cada corrente pretende defender. De um lado o Fisco, que tem total interesse no livre acesso aos dados bancários e fiscais dos contribuintes, no seu mister de fiscalizador e arrecadador de tributos. De outro lado, juristas de renome nacional, posicionam-se em sentido diametralmente oposto, tendo em vista os interesses que defendem muitas vezes no papel de advogados tributaristas.

Ao se indagar como resolver o problema definido na introdução (pode a Administração Tributária diretamente sem que necessite de ordem judicial ter acesso ao sigilo bancário dos contribuintes), é decisivo salientar que será definitivamente resolvido com o pronunciamento do STF a respeito do tema, haja vista que a ele, por expressa previsão constitucional, compete analisar e julgar as hipóteses levadas ao crivo do Poder Judiciário que digam respeito às matérias constitucionais, como a tratada no presente trabalho, já que tanto o direito à privacidade do contribuinte, como o da Administração Tributária de acessar os dados bancários e fiscais daquele, no trabalho de fiscalização que lhe é reservado com exclusividade, estão previstos na própria CF.

Referências

AGRA, Walber de Moura. *Manual de direito constitucional*. São Paulo: Revista dos Tribunais, 2002.

BALEEIRO, Aliomar. *Direito tributário brasileiro*. 6. ed. Rio de Janeiro: Forense, 1974.

BALERA, Wagner. *Caderno de pesquisas tributárias*. São Paulo: Resenha Tributária, 1993.

BOBBIO, Norberto. *A era dos direitos*. São Paulo: Scipione, 2005.

BRASIL. *Constituição Federativa do Brasil*. Brasília: Senado Federal, 1988.

FERRAZ JUNIOR, Tercio Sampaio. Sigilo bancário, a CF e a LC 105/2001. In: FERRAZ JUNIOR, Tercio Sampaio. *Direito constitucional*: liberdade de fumar, privacidade, Estado, direitos humanos e outros temas. Barueri, SP: Manole, 2007.

FERREIRA, Pinto. *Comentários à Constituição*. São Paulo: Scipione, 2001.

GARNER, Bryab. *Black's Law Dictionary*. 70th ed. St. Paul: West Group, 2000.

GONÇALVES, Luiz Carlos dos Santos. *Comissões parlamentares de inquérito*: poderes de investigação. São Paulo: Juarez de Oliveira, 2001.

HC 70.814-SP. Rel. Min. Celso de Mello. Julgamento: 1.3.1994 – 1ª Turma. DJ, p. 1649, 26 jun. 1994.

HOLANDA, Aurélio Buarque Ferreira de. *Dicionário da língua portuguesa*. São Paulo: Moderna, 2005.

LAVIÉ, Quiroga. *Derecho constitucional*. 3. ed. Buenos Aires: Depalma, 1993.

MACHADO, Hugo de Brito. *Curso de direito tributário*. 4. ed. Rio de Janeiro: Forense, 1987.

MARINS, James. *Direito processual tributário brasileiro*. 4. ed. São Paulo: Dialética, 2005.

MARITAIN, J. *Os direitos do homem*. 3. ed. Rio de Janeiro: José Olímpio, 1967.

MICHAELIS, H. *Novo dicionário da língua portuguesa*. São Paulo: Ática, 2005.

MIRANDA, Pontes de. *Comentários à Constituição de 1967*. 3. ed. Rio de Janeiro: Forense, 1987.

PARECER AGU/PRO-04/96 (Anexo ao Parecer GQ-110). PROCESSO 00002.002045/96-88.

PEIXINHO, Manoel Messias. *Comissões parlamentares de inquérito*: princípios, poderes e limites. Rio de Janeiro: Lumen Juris, 2001.

PROCURADORIA GERAL DO ESTADO DE SÃO PAULO. *Instrumentos internacionais de proteção dos direitos humanos*. Disponível em: <www.pge.sp.gov.br>. Acesso em: 15 nov. 2009.

RAMOS, Saulo. Comissão Parlamentar de Inquérito, poder de investigação. *Revista de Direito Administrativo*, v. 121, p. 201, 1988.

SANDOVAL, Ovídio Rocha Barros. *CPI ao pé da letra*. Campinas, SP: Millenium, 2004.

SARAIVA FILHO, Oswaldo Othon de Pontes. O sigilo bancário e a administração tributária (LC 105/2001; IN-RFB 802/2007). *Revista Fórum de Direito Tributário*, Belo Horizonte, v. 34, p. 41-42, jul./ago. 2008.

SARAIVA FILHO, Oswaldo Othon de Pontes. Sigilos bancário e fiscal em face da Administração tributária e do Ministério Público. *Fórum Administrativo*, Belo Horizonte, n. 100, p. 175-206, jun. 2009.

SCHIER, Paulo Ricardo. *Comissões Parlamentares de Inquérito e o conceito de fato determinado*. Rio de Janeiro: Lumen Juris, 2005.

SILVA, De Plácido e. *Vocabulário jurídico*. São Paulo: Ática, 2005.

SUPREMO TRIBUNAL FEDERAL. Ministro Celso de Mello, MS 23.452-RJ.

SUPERIOR TRIBUNAL DE JUSTIÇA. REsp 531826/SC. RECURSO ESPECIAL 2003/0046133-9. *DJ*, 31 maio 2006. Disponível em: <www.stj.gov.br>. Acesso em: 15 nov. 2009.

SUPERIOR TRIBUNAL DE JUSTIÇA. REsp 541740/SC – RECURSO ESPECIAL 2003/0100222-0. *DJ*, 30 nov. 2006. Disponível em: <www.stj.gov.br>.

TRIBUNAL REGIONAL FEDERAL DA 3ª REGIÃO. PROC.: 2001.03.00.021253-4, AG 133889, Publicação: 09/11/2001, ORIG.: 200161000168810/SP, Rel: Desembargador Federal Batista Pereira /Terceira Turma.

TRIBUNAL REGIONAL FEDERAL DA 4ª REGIÃO. Agravo de Instrumento 2001.04.01.045127-8/SC, Juiz João Surreaux Chagas. *Revista Dialética de Direito Tributário*, 72, p. 203-204.

VANNI, Adriano Salles; MOYANO, Helios Nogués. CPI não pode quebrar sigilo bancário. *Boletim IBCCrim*, 56, p. 12-13, jul. 1997.

Informação bibliográfica deste texto, conforme a NBR 6023:2002 da Associação Brasileira de Normas Técnicas (ABNT):

DUARTE, Francisco de Assis Oliveira. Sigilos Bancário e Fiscal. Administração Tributária. LC nº 104/01 e LC nº 105/01. Considerações. *In*: SARAIVA FILHO, Oswaldo Othon de Pontes; GUIMARÃES, Vasco Branco (Coord.). *Sigilos bancário e fiscal*: homenagem ao Jurista José Carlos Moreira Alves. Belo Horizonte: Fórum, 2011. p. 513-540. ISBN 978-85-7700-405-8.

O Sigilo Bancário no Ordenamento Jurídico Brasileiro – Visão Contemporânea (Fevereiro de 2010)

José Augusto Delgado

Sumário: 1 Introdução – **2** Sigilo bancário. Indagações formuladas em 2001 pelos organizadores do III Colóquio Internacional de Direito Tributário – **3** Considerações gerais sobre sigilo bancário – **4** O sigilo bancário no Direito Comparado – **5** O sigilo bancário e o direito à intimidade e à privacidade das pessoas – **6** A segurança jurídica e acesso indiscriminado de agentes do Poder Público às informações bancárias – **7** Casos de admissibilidade da quebra do sigilo bancário – **8** O Supremo Tribunal Federal e a quebra do sigilo bancário – **9** Sistema mais justo para a quebra do sigilo bancário – **10** Autoridade fiscal e faculdade incondicionada de quebrar o sigilo bancário – **11** Responsabilidade da autoridade administrativa que quebrar o sigilo bancário de forma inconsistente e indevida – **12** O sigilo bancário e o tratamento que lhe é dado por alguns doutrinadores – **13** Compatibilização do combate à criminalidade internacional com o respeito à segurança jurídica, a fim de evitar a fuga de investimentos do país – **14** Conclusão

1 Introdução

Em 2001, objetivando atender honrosa convocação para participar do III Colóquio Internacional de Direito Tributário, que se realizou no mês de agosto de 2001, no Centro de Extensão Universitária, São Paulo, que nos foi formulada pelos Professores Ives Gandra da Silva Martins, Presidente do Centro de Extensão Universitária, São Paulo; Alejandro Altamirano, da Universidade Austral, Buenos Aires; Luís Eduardo Schoueri, do Centro de Extensão Universitária, São Paulo; e Marco Aurélio Greco, do Centro de Extensão Universitária, São Paulo, elaboramos trabalho sob o título "O sigilo bancário no ordenamento jurídico brasileiro".

Atualmente, em fevereiro de 2010, o Professor e Jurista Oswaldo Othon de Pontes Saraiva Filho, eminente advogado integrante da Advocacia-Geral da

União, formula-nos convite para que façamos a atualização do mencionado artigo, incorporando ao mesmo as evoluções sobre o tema que ocorreram a partir de 2001 até a presente data (fevereiro de 2010).

Aceitamos, como muita honra, o convite apresentado, especialmente, porque se trata de colaboração a ser inserida em obra coletiva a ser publicada em homenagem ao Ministro José Carlos Moreira Alves, hoje aposentado das elevadas funções do cargo que exerceu, por mais de duas décadas, no Supremo Tribunal Federal.

Indiscutivelmente, o homenageado, no exercício da missão de julgador maior, lançou ideias novas, formou escolas e aprimorou os postulados e os princípios que regem o ordenamento jurídico brasileiro. Interpretou e aplicou o direito, no âmbito do Supremo Tribunal Federal, com a visão mais atualizada da Ciência Jurídica, sempre preocupado com os alicerces que sustentam o Estado Democrático de Direito e a valorização da dignidade humana e da cidadania.

O Brasil jurídico e os que o fazem agradecem, constantemente, ao Ministro José Carlos Moreira Alves, guardião dos valores constitucionais da legalidade, da moralidade, da publicidade, da impessoalidade, da eficiência, de todas as lições expedidas no ato de julgar e as que atualmente proclama como doutrinador para a geração do seu tempo e para as futuras, especialmente quando destacou que o direito está obrigado a servir aos homens e não às instituições.

As nossas reverências ao ilustre jurista, mestre, juiz, professor são constantes. Elas retratam a nossa admiração pelo cidadão integral que representa e pelo exemplo que ostenta para todos os estamentos sociais.

Passamos, envolvidos pela intensa alegria acima destacada, a revisitar e atualizar o exame do tema sigilo bancário, tomando como base inicial o que antes escrevemos a respeito, adaptando, apenas, a visão que temos, nos dias de hoje, a seu respeito.

2 Sigilo bancário. Indagações formuladas em 2001 pelos organizadores do III Colóquio Internacional de Direito Tributário

O sigilo bancário constituiu o questionamento central do colóquio internacional acima identificado.

Os organizadores do conclave formularam, para estudo e resposta por parte dos participantes, as indagações seguintes:

O sigilo bancário diz respeito à intimidade e privacidade das pessoas?

A segurança das relações jurídicas por meio do sistema financeiro pode ser afetada pelo acesso indiscriminado de agentes do Poder Público às informações bancárias?

Em que casos poder-se-ia admitir a quebra do sigilo bancário?

Um sistema em que o Poder Judiciário torna-se árbitro dos pedidos da Administração para quebra do sigilo é o mais justo?

Ou deve ter a autoridade fiscal a faculdade incondicionada de quebrar o sigilo sempre que entender necessário?

Nesta segunda hipótese, caberia responsabilização da autoridade se tal quebra revelar-se inconsistente e indevida?

Qual é o tratamento proposto por órgãos internacionais como a OCDE e outros, com relação ao sigilo bancário?

De que forma compatibilizar o combate à criminalidade internacional sem violar a segurança jurídica necessária a evitar a fuga de investimentos do país?

Passamos, a seguir, a enfrentar os questionamentos apresentados em 2001, conforme assinalamos, registrando, primeiramente, o que, na época, apresentamos como resposta e acrescentando o que entendemos ser útil ao assunto.

3 Considerações gerais sobre sigilo bancário

O ordenamento jurídico brasileiro submete-se, há mais de 20 (vinte) anos, a um intenso processo de transformações, em decorrência dos novos impactos sociais, econômicos, financeiros, éticos e globalizantes que estão afetando as relações entre Estado e cidadão, cidadão e seu semelhante e deste com grupos institucionalizados oficiais ou não oficiais. Esses fenômenos procuram valer-se de regras impostas pelo Direito e que sejam capazes de aprimorar a função estatal e de consagrar, de modo mais hierarquizante possível, os direitos fundamentais da cidadania. A potencialização dessas mudanças está cada vez mais em crescimento, sem visualização de limites para o seu final. Elas são, pela natureza que possuem, essencialmente dinâmicas.

Os que colaboram com as suas ideias e ações para que essas mudanças nas estruturas jurídicas do Estado tenham êxito, de modo especial as impostas nas funções administrativas e comportamentais exercidas por agentes públicos, perseguem um único objetivo: o de que seja valorizado o cidadão e respeitado os seus direitos fundamentais.

A Carta Magna de 1988 apregoa, a partir do seu preâmbulo e com continuidade no exposto nos demais títulos e capítulos que a compõem, mensagens imperativas contendo propósitos de homenagem à instituição de um Estado democrático, com finalidade primordial voltada para a proteção dos direitos sociais e individuais, tendo como centro maior a valorização da liberdade, da segurança, do bem-estar, do desenvolvimento, da igualdade, da justiça, tudo endereçado a que seja alcançado um estágio representativo de absoluta eficácia e efetividade da dignidade humana.

A pretensão é de ser construída uma Democracia para o século XXI, com preceitos que, ao serem aplicados, abram espaços para a execução de medidas concretas que resultem em oferecer ao cidadão, qualquer que seja a escala que ele pertença na grade social, segurança pública e jurídica, assistência à saúde, atendimento escolar, guarda da moralidade, liberdade, amplo emprego, respeito aos seus direitos fundamentais e outros valores que estão inseridos no contexto representativo da dignidade humana.

O entendimento manifestado repousa na concepção de que é impossível a convivência, com êxito, do Estado com o cidadão, quando as suas relações estão em constante tensão. O alcance dessa situação provoca insegurança, medo, temor, falta de confiança e incentiva a quebra dos princípios da ética e da moralidade.

Envolvido por esse clima de indefinições institucionais acima apresentado, embora de modo muito resumido, passamos a examinar as modificações introduzidas no ordenamento jurídico brasileiro, afetando o sistema regulador das instituições financeiras com os seus clientes em face da fiscalização tributária com novas regras para o sigilo bancário.

4 O sigilo bancário no Direito Comparado

Uma visão rápida do tratamento dado por alguns ordenamentos jurídicos estrangeiros para o sigilo bancário, sem tomada de posicionamento, proporciona uma compreensão mais alargada dessa entidade jurídica, dos seus objetivos e dos efeitos produzidos por ela nas relações do titular da conta bancária com a instituição financeira e com a garantia da sua segurança no ambiente social.

a) Portugal

A doutrina considera que a tutela do segredo bancário no Direito português, na atualidade, é um padrão protetor com características mais amplas do que o vigente na Suíça, até então considerado o país que mais oferecia proteção nesse campo de relacionamento financeiro.

Esse entendimento decorre da interpretação que os doutos manifestam sobre o Decreto-Lei nº 2/78, normativo disciplinador do sigilo bancário em Portugal.

O objetivo da legislação portuguesa sobre sigilo bancário, conforme depreende-se da sua mensagem, é imprimir confiança no funcionamento das instituições de crédito, para que elas se afirmem como veículos necessários para a captação da poupança. Essa ideia foi exposta por Alexandra Falque de Gouvêa, Professora Assistente da Faculdade de Direito de Lisboa e assessora do Conselho para o Sistema Financeiro, no corpo do artigo de sua autoria "Perspectivas de reformulação da tutela do seguro bancário no direito português" (*Revista do Gabinete de Documentação e Direito Comparado, da Procuradoria-Geral da República*, Lisboa, p. 6, 9-22, 1990).

Destaco, do corpo do mencionado artigo, a observação feita pela autora, p. 12 e 13, no sentido de que "A tutela do segredo bancário surgiu em Portugal conjunturalmente associada aos esforços de reanimação das instituições de crédito como fonte de captação da poupança. Por esse facto, foi-lhe dado um regime mais protector do que o próprio regime vigente na Suíça, campeã em matéria de protecção do segredo bancário".

A seguir, afirma a autora:

> É testemunha de que esse reforço da confiança nas instituições de crédito foi de facto o objetivo do legislador ao aprovar o normativo que disciplina o sigilo bancário, a letra do preâmbulo do Decreto-Lei ns 2/78, de 9 de Janeiro, que contém o enquadramento legal da matéria, o qual reza o seguinte: 'Ponderando que a reconstrução do País implica o estabelecimento de um clima de confiança na banca que permita a captação e recuperação do dinheiro entesourado, vem o Governo revelando preocupações pela tutela do segredo bancário'. No mesmo sentido, a letra do preâmbulo do Despacho Normativo nº 357/79, de 20 de Novembro: 'A importância do segredo bancário é bem conhecida para a estabilização, normalidade de funcionamento e transmissão de uma imagem de confiança por parte de qualquer sistema bancário'. Nesta medida, com a legislação então aprovada, o regime português na matéria afastou-se quer do sistema

da 'COMMON LAW, de responsabilidade (exclusivamente) civil do banqueiro por violação do dever de discrição bancária, quer da generalidade dos sistemas europeus, que integram a matéria no regime geral do sigilo profissional (equiparando o banqueiro ao confidente necessário), aproximando-se mais dos sistemas praticados na Suíça e no Líbano (todavia, enquanto no Líbano há uma total imunidade das instituições de crédito às requisições da autoridade judiciária, na Suíça o princípio é o da cooperação com a função judiciária no tocante à matéria penal)'". (Perspectivas de reformulação da tutela do seguro bancário no direito português. *Revista do Gabinete de Documentação e Direito Comparado, da Procuradoria-Geral da República*, Lisboa, p. 9-22, 1990)

A autora conclui esse tópico do seu artigo, afirmando: "Pela razão apontada de ser essencialmente o interesse público e colectivo o motivo determinante da aprovação do Decreto-Lei ns 2/78, o regime português gizado nessa altura começou por ser ainda mais hermético do que o próprio regime vigente na Suíça, na medida em que o dever de cooperação com as autoridades judiciárias cessa inclusivamente nas matérias sujeitas a segredo bancário, segundo o entendimento generalizado dos Tribunais e doutrina. Paradoxalmente, a disciplina jurídica não encontrou, de início, reflexo na materialidade dos factos, tendo-se assistido a múltiplas e impunes violações do segredo bancário" (A respeito desse aspecto, o de cessar o dever de colaboração com as autoridades judiciárias quando envolver matérias sujeitas a segredo bancário, a autora, ao fazer essa afirmação, assinala, em nota de rodapé, as seguintes obras que refletem igual entendimento: "LUIZ Alberto. O Segredo bancário em Portugal. Revista da Ordem dos Advogados, v, 41, p 451 et seq.; 1981. FREITAS, Anselmo da Costa. O sigilo bancário. Boletim da Ordem dos Advogados, n. 19, p. 4 et seq., out.,1983.; AZEVEDO, Maria Eduarda. O segredo bancário. Ciência e Técnica Fiscal, n. 346-348, p. 73 et seq., out/dez.. 1987.; SILVA, José António Pereira da. Regime jurídico do sigilo bancário. 1988. (trabalho não publicado); PAUL, Jorge Patrício. O sigilo bancário: sua extensão e limites no Direito Português. Revista da Banca, n. 12, p. 71 et seq. out./dez., 1989").

Arnold Wald, analisando o sigilo bancário no ordenamento jurídico de Portugal, registra:

> O Código Civil português, no seu art. 80, dispõe que: 'Todos devem guardar reserva quanto à intimidade da vida privada de outrem. A extensão da reserva será definida conforme a natureza do caso e as condições das pessoas'. O art. 33 da Constituição portuguesa de 1976 estabelece que: 1) A todos é reconhecido o direito à identidade pessoal, ao bom nome e reputação e à reserva da intimidade da vida privada e familiar. 2) A lei estabelecerá garantias efectivas contra a utilização abusiva, ou contrária à dignidade humana, de informações relativas às pessoas e famílias.
>
> Tanto no âmbito constitucional quanto na legislação civil é garantido o direito à privacidade e à vida íntima, que fundamentam o sigilo bancário. Já o Decreto-Lei nº 2/78, de 9.1.1978, prevê, expressamente, o dever de segredo dos titulares dos órgãos dos bancos e aos seus trabalhadores. (Sigilo bancário e os direitos fundamentais. *Cadernos de Direito Tributário e Finanças Públicas*, n. 22, p. 24, jan./mar. 1998)

b) Alemanha

Carlos Alberto Hagstron (O sigilo bancário e o poder público. *Revista de Direito Mercantil*, n. 79, p. 37-38) registra:

Na Alemanha não há regra específica nem definição legal para o segredo bancário, mas sua existência é observada, reconhecida pelo Direito Privado e pelo Direito Público, admitida em diversas leis, aceita pela doutrina e pela jurisprudência", sofrendo, contudo, 'limitações decorrentes de interesses de ordem pública e social, quando pode haver a quebra do sigilo'(COVELLO, Sérgio Carlos. *O Sigilo bancário*. São Paulo. Leud, 1991. p. 34).

A lei bancária alemã de 19.9.61, em seu art. 9º, determina que há obrigação de ser preservado o 'direito à privacidade para aqueles que exercem uma função federal de vigilância', por 'seus colaboradores' e pelos 'controladores dos depósitos'. (WALD, Amold. Sigilo bancário e os direitos fundamentais. *Cadernos de Direito Tributário e Finanças Públicas*, n. 22, p. 24, jan./mar. 1998)

O citado autor esclarece, ainda, que na Alemanha, a fonte do sigilo bancário está no direito à personalidade.

c) Itália, França, Suíça

Luiz Fernando de Bellinetti, em artigo denominado "limitações legais ao sigilo bancário" (*Revista de Direito do Consumidor*, n. 18, p. 141-161, abr./jun. 1996), ao analisar o sigilo bancário no Direito Comparado, comenta o tratamento que lhe é dado pela Alemanha, Itália, França, Suíça e Portugal.

Em face de nos itens anteriores já ter sido enfocado o tema na Alemanha e em Portugal, destacaremos, apenas, do trabalho do autor, as observações feitas sobre o sigilo bancário nos ordenamentos jurídicos da Itália, França e Suíça.

A respeito, transcrevemos o que escreveu o autor:

4.12 Itália (obra cit., p. 24), assinala que 'Na Itália, o sigilo bancário decorre da garantia dos direitos à liberdade individual, que permite a exclusão do conhecimento por parte de terceiros de tudo que se refere à própria pessoa', a denominada riservatezza. Este entendimento decorre da norma constitucional que institui a inviolabilidade dos direitos da personalidade e da Convenção Européia dos Direitos do Homem de 1950, que garante a toda pessoa 'o direito ao respeito de sua vida privada e familiar, de seu domicílio e de sua correspondência'. O segredo nas movimentações financeiras, no entendimento doutrinário italiano, visa a proteger, além dos interesses do cliente, o desenvolvimento da atividade bancária, como algo inerente à estrutura e função creditícia".

Assim como na Alemanha, na Itália, também, não há norma específica disciplinando o sigilo bancário, embora seja ele reconhecido pela doutrina e pela jurisprudência, utilizando-se dispositivos variados do sistema para supereditá-lo.

No entanto, também na Itália não é ele absoluto, cedendo ante interesse de ordem pública, nos caos previstos em lei.

Como afirma Giacomo Molle, "L'obbligo delia banca ai segreto non è senza limit ed essendo esse, come si è detto, diretto alia tutela dei cliente e quindi di un interesse privato, non vi sono limiti ad esso da parte dei legislatore. Prescindendo daí casi nei quali Ia rivelzione sai imposta dalla legge un dovere di comunicazione puó sorgere nei confronti delia autoritá giudiziaria, dei fisco e di terzi" (La Banca NeirOrdinametito Giuridico Italiano, Milano – Dott. A Giuffrè Editore, 1980, p. 158).

4.13 França

Também na França o sigilo bancário é protegido pelo ordenamento jurídico, embora inexistente uma norma específica, fundando-se a proteção num conjunto de regras de ordem penal, civil e comercial.

Da mesma forma, admite-se a quebra do sigilo em face de interesses de ordem pública (O autor citado manda, no particular, conferir HAGSTROM. Carlos Alberto. O Sigilo Bancário e o Poder Público. *RDM*, n. 79, p. 38, bem como COVELLO, Sérgio. *Op cit.*, p. 26-27).

4.14 Suíça

País onde os bancos e a sua alardeada discrição são instituições nacionais, há previsão legal específica para a proteção do sigilo.

No entanto, também lá o segredo não é, como alguns supõem, absoluto.

Conforme aduz Hagstrom "Não pode ser invocado, em geral, perante a justiça penal. Na justiça civil, o juiz tem poder discricionário para decidir sobre a matéria, havendo algumas variações de conformidade com as legislações cantonais. Em procedimentos de taxação e recursos o segredo é preservado, perante o fisco; é afastado, contudo, no procedimento contencioso (penal fiscal). Algumas outras exceções ao dever de segredo são contempladas expressamente em textos legais."

Quanto ao direito suíço, acrescente-se que Arnold Wald, no artigo já citado, observa que "a justificativa para o sigilo bancário está no direito da personalidade. A lei de 1934 prevê pena de multa ou de prisão, para o funcionário da instituição que violar o segredo bancário, mesmo que inexista dano para aquele que viu revelada informações sobre sua vida financeira".

A seguir, Arnold Wald compara o direito da Suíça, com o do Líbano, afirmando:

A Suíça, assim como o Líbano, para a maior segurança e reforço da preservação do sigilo bancário, utiliza a conta numerada, ficando desconhecido o nome do cliente. A legislação libanesa prevê quatro hipóteses de derrogação do sigilo:' A) o consentimento do cliente, seus herdeiros ou legatários; b) no litígio entre o cliente e o banco; c) na falência e d) no enriquecimento ilícito.

d) Inglaterra e EEUU

O sigilo bancário no direito inglês e no sistema norte-americano mereceu de Arnold Wald, no trabalho já citado, p. 24-25, a análise que transcrevo:

No direito inglês não há nenhuma norma escrita que estabelece sanção a violação do segredo bancário, mas qualquer pessoa que queria trabalhar em uma instituição financeira deve assinar um formulário especial pelo qual se compromete a manter sigilo sobre as movimentações bancárias. O dever de segredo na atuação do banco é interpretado rigorosamente pelos tribunais ingleses. No sistema jurídico norte-americano, depois de discrepâncias nas legislações estaduais e após a lei federal que restringiu o âmbito da obrigatoriedade do sigilo bancário, foi aprovada a Right to Financial Privacy Act, que dispõe que a prestação de informações por parte da instituição financeira somente pode ser dada em processos administrativos ou judiciais, quando os dados forem relevantes para solucionar o litígio. Com essa lei a quebra do sigilo bancário ganhou um caráter excepcional, somente podendo ocorrer desde que respeitado o devido processo legal. Assim o direito americano buscou conciliar a defesa ao direito de privacidade, o atendimento aos interesses públicos quanto às informações financeiras e a existência do contraditório.

e) Régis de Oliveira, quando Deputado Federal, em parecer apresentado à Comissão de Constituição e Justiça da Câmara dos Deputados, com referência a Projeto de Emenda Constitucional apresentado pelo Exmo. Sr. Presidente da República, objetivando alterar o §1º do art. 145 da CF, observou que o sigilo bancário, no Direito Comparado, é posto da forma seguinte:

13. Direito comparado. Na Alemanha não há regra específica, nem definição legal para o segredo bancário, mas sua existência é reconhecida, bem como aceita pela doutrina e jurisprudência. Decorre de direito costumeiro, somente podendo ser quebrado por expressa disposição legal (BARMANN, J. Le secret bancaire en Allemagne Fédérale 1. Rapport, p. 15 et seq.). Na Bélgica há proibição, somente sendo viável a derrogação do segredo pela Justiça Penal e pelo Fisco, que somente tem acesso às informações bancárias diante do processo pendente (HERJON. Le secret bancaire en Belgyque. *III Rapport*, p. 51-75). Na Itália, os documentos somente podem ser examinados pelos juízes. Não há acesso por parte das autoridades administrativas (idem, p. 129). Na Holanda, da mesma forma, o sigilo apenas cede ante ordem da autoridade judicial ou penal (MULLER. *idem*, p. 99-117). Na França, a violação do segredo ocorre ante órgãos do poder público que alegam interesses superiores aos dos particulares, não se admitindo a quebra diante de normas administrativas. (STOUFLET, Gavalda. *Idem*, p. 77-97)

f) Voltando-se a analisar o sigilo bancário em Portugal, podemos afirmar que o sistema apresentava-se rigoroso e não aceitava a quebra, como se vê de decisão do Supremo Tribunal de Justiça, em *Scientia Jurídica*, tomo XXIV, ns 166-168, de 1980 (Parecer publicado na *Revista de Direito Mercantil*, n. 99, p. 98 *et seq.*).

Com o sentido de demonstrar como o sigilo bancário era tratado no ordenamento jurídico de Portugal, cito, na íntegra, um acórdão da Secção Criminal do Tribunal de Relação de Évora, cujo texto colhemos da internet: <http://www.tre.pt/jurisp/321-96.html>:

PROC. Nº 321/96.

ACÓRDÃO

Acordam na Secção Criminal do Tribunal da Relação de Évora:

1. No Tribunal Judicial da Comarca de Portimão correm termos uns autos de inquérito, registrados sob o nº 3.571/94, que tiveram origem numa queixa apresentada por "M (...), Lda.' contra a sociedade 'E (...), Lda.', nos quais se procede à investigação de factos susceptíveis de integrar a prática de um crime de emissão de cheque sem provisão. Está em causa o cheque nº 3681861637, sacado sobre a Caixa Geral de Depósitos, emitido em 1 de Julho de 1994, no valor de 820.661 $00.

No decurso do inquérito, o Ministério Público solicitou àquela instituição bancária o fornecimento de determinada documentação bancária, o que esta se negou fazer, alegando que a revelação da pretendida documentação contende com o disposto na legislação sobre segredo bancário.

A requerimento do Digno Magistrado do Ministério Público, o Mmº Juiz de Instrução suscitou a intervenção deste Tribunal da Relação a fim de dispensar os serviços da Caixa Geral de Depósitos do segredo bancário quanto à documentação bancária solicitada, a saber: cópia da ficha de assinaturas e extracto da conta da Agência de S (...), com o nº (...), sobre a qual foi sacado o cheque em causa, respeitante aos meses de Maio, Junho e Julho de 1994.

Nesta Relação, o Exmº. Procurador da República emitiu douto parecer no sentido de a referida instituição bancária ser dispensada do cumprimento do dever do segredo bancário em ordem à prestação dos elementos pretendidos para a efectivação do inquérito.

Colhidos os vistos legais, cumpre agora decidir.

2. A Caixa Geral de Depósitos, através do ofício fotocopiado a fls. 5 dos autos, recusou-se a fornecer os documentos pedidos pelo Ministério Público para instrução de um processo de inquérito, com fundamento no sigilo bancário.

Compreendendo o inquérito o conjunto de diligências que visam investigar a existência de um crime, determinar os seus agentes e a responsabilidade deles e descobrir e recolher as provas em ordem à decisão sobre a acusação (cfr. art. 262, nº 1, do Código de Processo Penal), a consulta dos pretendidos documentos — extracto da conta e ficha de assinaturas — é, sem margem para dúvidas, de grande importância para a instrução do processo e recolha de indícios probatórios tendentes à eventual dedução de acusação, pois sem ela desde logo muito dificilmente se poderá concluir pela identificação da pessoa que assinou o cheque.

O dever de sigilo bancário traduz uma obrigação de facto negativo (*de non facere*) e encontra-se disciplinado no Decreto-Lei nº 298/92, de 31 de Dezembro, que aprovou o Regime Geral das Instituições de Crédito e Sociedades Financeiras. O art. 78 de tal diploma, consagrando o dever de segredo profissional, dispõe no seu nº 1 que 'os membros dos órgãos de administração ou de fiscalização das instituições de crédito, os seus empregados, mandatários, comitidos e outras pessoas que lhes prestem serviços a título permanente ou ocasional não podem revelar ou utilizar informações sobre factos ou elementos respeitantes à vida da instituição ou às relações desta com os seus clientes cujo conhecimento lhes advenha exclusivamente do exercício das suas funções ou da prestação dos seus serviços', explicitando-se no seu nº 2 que 'estão, designadamente, sujeitos a segredo os nomes dos clientes, as contas de depósito e seus movimentos e outras operações bancárias'.

O dever de segredo profissional não é, porém, um dever absoluto, isto é, não prevalece sempre sobre qualquer outro dever que com ele entre em conflito. Sofre, com efeito, as excepções previstas no art. 799 do mesmo Decreto-Lei nº 298/92, onde se estabelece, além do mais, que os factos e elementos cobertos pelo dever de segredo podem ser revelados nos termos previstos na lei penal e de processo penal – cfr. alínea d) do nº 2.

No art. 84º do mesmo diploma legal prescreve-se que 'a violação do dever de segredo é punível nos termos do Código Penal' e, efectivamente, o Código Penal vigente — revisto pelo Decreto-Lei nº 48/95 de 15 de Março — prevê e pune como crimes quer a violação de segredo profissional quer o seu aproveitamento indevido — cfr. arts. 195º e 96º. Ao contrário da versão do Código Penal anterior à referida revisão — em que se estatuía no art. 185º que a violação do segredo profissional não seria punível se ocorresse 'no cumprimento de um dever jurídico sensivelmente superior ou visasse um interesse público ou privado legítimo, quando, considerados os interesses em conflito e os deveres de informação que, segundo as circunstâncias, se impõem ao agente, se pudesse considerar meio adequado para alcançar aquele fim', não contém o Código Penal actual, relativamente ao crime de violação do segredo profissional, qualquer causa específica de exclusão da ilicitude, pelo que há que atentar nas causas gerais de exclusão da ilicitude.

Ao abordar o conflito de deveres, dispõe o art. 36º, nº 1 do Código Penal que 'não é ilícito o facto de quem, em caso de conflito no cumprimento de deveres jurídicos ou de ordens legítimas da autoridade, satisfizer dever ou ordem de valor igual ou superior ao do dever ou ordem que sacrificar'. Não será, pois, ilícita a violação do segredo profissional se, perante um conflito de deveres, o agente satisfizer o dever de valor igual ou superior ao do dever que sacrifica.

No Código de Processo Penal generalizou-se a possibilidade de quebra do segredo profissional.

Assim, as pessoas indicadas no nº 1 do sobredito art. 78º podem recusar-se a depor sobre factos objecto de segredo profissional, mas se a autoridade judiciária, concluindo embora pela legitimidade da recusa, não prescindir desse depoimento, pode requerer ao tribunal que o ordene. E o tribunal deverá ordenar a prestação do depoimento com quebra do segredo profissional sempre que entender que esta se mostra justificada face às normas e princípios aplicáveis da lei penal, nomeadamente ao princípio da prevalência do interesse preponderante – cfr. art. 135º, nºs 1, 2 e 3 do Código de Processo Penal.

A possibilidade de apreensão pela autoridade judiciária de títulos, valores, quantias ou outros objectos depositados em bancos ou outras instituições de crédito, relacionados com um crime e que possam ser de grande interesse para a descoberta da verdade ou para a prova, bem como a possibilidade de exame pelo juiz de correspondência e documentação bancárias, estão previstas no art. 181º, nºs 1 e 2 do Código de Processo Penal. As pessoas obrigadas ao dever de segredo profissional podem recusar apresentar aqueles documentos ou objectos em seu poder, se invocarem, pôr escrito, segredo profissional, caso em que o conflito de interesses e deveres assim surgido será dirimido pelo tribunal, nos termos idênticos aos previstos para a recusa de depoimento – cfr. arts. 182º, nº 2 e 135º, ambos do citado código.

Enquanto o dever de segredo profissional é geralmente estabelecido a favor da integridade e liberdade das pessoas a quem aproveita, tendo-se inserido a sua regulamentação no Título VI do atrás mencionado Regime Geral das Instituições de Crédito e Sociedades Financeiras, no qual se "prevê um conjunto de regras de conduta que devem guiar a actuação das instituições de crédito, seus administradores e empregados nas relações com os clientes', visando proteger 'de forma eficaz a posição do «consumidor» de serviços financeiros' (cfr. preâmbulo do Decreto-Lei nº 298/92) ou estabelecer "um clima de confiança na banca que permita a captação e recuperação do dinheiro entesourado' (como se dizia no relatório do Decreto-Lei nº 2/78, de 9 de Janeiro, revogado pelo nº 1 do art. 5º do citado Decreto-Lei ns 298/92), no processo de inquérito a que procede o Ministério Público está em causa a realização de diligências de prova que permitam investigar l um crime de emissão de cheque sem provisão sob a égide do princípio da verdade material e incriminar o respectivo agente.

O interesse que está em jogo com a pretensão do Ministério Público na obtenção da documentação bancária é o da boa administração da justiça penal e esse interesse é, no caso em apreço, sensivelmente superior ao interesse da manutenção do segredo bancário, o que equivale a dizer que este deve ceder perante aquele.

Em suma, no caso concreto, ponderados os interesses em conflito, entendemos que a quebra do dever de sigilo bancário se justifica nos termos do art. 36º do Código Penal, pelo que deve ser dada procedência à pretensão do Ministério Público e, conseqüentemente, ao abrigo do disposto nos arts. 182º nº 2 e 135º, nºs 2 e 3, ambos do Código de Processo Penal, dispensar-se a Caixa Geral de Depósitos do cumprimento do dever de sigilo bancário a fim de poder satisfazer tal pretensão.

3. Por todo o exposto, determina-se que, com quebra do dever de sigilo bancário, a Caixa Geral de Depósitos forneça ao Digno Magistrado do Ministério Público, com destino ao processo de inquérito nº 3.571/94, a documentação bancária que este lhe havia solicitado.

Não é devida taxa de justiça.

Texto processado e integralmente revisto pelo relator.

Desembargador Relator: Rui Maurício.

g) Substancioso estudo do sigilo bancário no Direito Comparado foi feito por André Serrão Borges de Sampaio, Consultor da União, nas informações que prestou ao Advogado-Geral da União, com referência à ADIN nº 2.397. Transcrevo o inteiro teor do seu pronunciamento:

O Tratamento Do Sigilo Bancário No Direito Comparado

Em verdade, o direito comparado entende inoponível o sigilo bancário às autoridades tributárias. Com efeito, leciona Alfredo Echeverría Herrera, verbis:

"El sigilo bancario constituye régimen limitado exclusivamente al ámbito de las relaciones entre la institución bancaria y sus clientes, e impone la obligación de confidencialidad de la institución sobre las informaciones que aquéllos le proporcionan. En todas las legislaciones bancarias el sigilo es relativo, es decir, el derecho del ciudadano al secreto y la correlativa obligación para el banco de no revelar a terceros las informaciones recibidas en el ejercicio de su actividad, ceden cuando existe norma legal expresa o causa justificada. El limite legal al sigilo está constituído por la obligación del banco de entregar informaciones, y se fundamenta en motivos superiores de orden público o general, siendo lícito, entonces, que el Estado establezca limites legales al secreto bancario para auxiliar, por ejemplo, las actuaciones de la Justicia en el plano jurisdiccional y las del Estado en el ámbito del ejercicio de su potestad impositiva. Es un principio irrebatible en la vida del derecho que ni la autonomía de las personas ni los instrumentos del área económica y financiera pueden servir, en un momento dado, como elementos jurídicamente idóneos para lesionar el interés público. En consecuencia, sé puede afirmar que las limitaciones al sigilo bancario son salvaguardias necesarias al bien común en los cánones del Estado moderno. Estos limites deben ser materias reservadas a la ley, por ser de carácter excepcional, en sentido estricto. En este orden de ideas, necesariamente, debe concluirse que existen legítimos y superiores intereses en diversas áreas de la sociedad que se vinculan al bien común, y que deben ser tutelados por el Estado, como lo es, por ejemplo, la necesidad de detectar y reprimir la evasión de los impuestos, los cuales transcienden al eventual interés genérico que pueda tener el mismo Estado en la manutención del sigilo bancario. En efecto, desde el punto de vista de la juridicidad y de la ética no se puede sostener que el secreto bancario pueda servir como instrumento para proteger la comisión de actos como el recién mencionado, que son constitutivos muchas veces de ilícitos penales bajo la forma de delitos tributarios o fraudes fiscales, con resultados, además, de perjucio patrimonial al Estado y daño al interés general de la sociedad. El sistema bancario, frente a la existencia en la sociedad de un interés general, preponderante y superior, está naturalmente llamado a colaborar en la verificación y represión de la evasión tributaria. En este marco se inscribe la tendencia de la mayoría de las legislaciones modernas, en cuanto a dotar al Estado de facultades para intervenir en la actividad económica de los ciudadanos, en procura de la correcta determinación de los tributos cuando se configura en el desarrollo de estas actividades un hecho gravado establecido en la ley. Ya la Constitución de Weimar, en 1919, proclamo que es lícito al Estado intervenir para condicionar el ejercicio de los derechos a determinados fines sociales. El bien común y la justicia social comenzaron desde entonces a servir de frontera a los derechos y libertades individuales. Cabe destacar que la OCDE (Organisation for Economic Co-operation and Development) en un documento elaborado en el ano 1999, sobre las prácticas de los países en el acceso a la información bancaria para fines tributarios, advierte que se puede abusar de la confidencialidad "para ocultar actividades ilegales y evadir impuestos" y agrega en el resumen ejecutivo del documento, que "ni la criminalización del fraude tributario ni el tratamiento de la evasión de impuestos bajo las leyes tributarias de los países miembros de la OCDE son homogéneos", pero que "sin embargo, los gobiernos de la mayoría de los países miembros de la OCDE. han tomado la visión de que en este contexto, las autoridades tributarias no deben ser tratadas como simples terceros sino que se les debe otorgar un acceso priviligiado a la información bancaria con fines tributarios". Se agrega en este estudio que una medida de esta naturaleza "no pone en peligro la confidencialidad de la información bancaria puesto que las autoridades tributarias están sujetas a estrictos controles sobre como utilizan la información de los contribuyentes y todos los gobiernos han implementado regias para proteger la confidencialidad de la información tributaria"." ("EL SIGILO BANCARIO: ACCESO A LA INFORMACIÓN BANCARIA PARA FINES TRIBUTÁRIOS")

Em verdade, seu texto elenca 30 países integrantes da OCDE (a saber, Alemanha, Austrália, Áustria, Bélgica, Canadá, República Checa, Dinamarca, Finlândia, França, Grécia, Hungria, Islândia, Irlanda, Itália, Japão, Coreia, Luxemburgo, México, Países Baixos, Nova Zelândia, Noruega, Polônia, Portugal, Espanha, Suécia, Turquia, Suíça, Reino Unido, Estados Unidos, República Eslovaca), dos quais, em 1999, apenas três (Portugal, República Eslovaca e Luxemburgo) não facultavam o acesso, por parte de autoridades tributárias, a informações relativas pessoas suspeitas de fraude tributária.

Desses três países, hoje remanescem apenas dois. Com efeito, Portugal deixou de integrar esse grupo constrangedoramente minoritário ao aprovar, em 29 de dezembro de 2000, a Lei nº 30-G.

Nesse Diploma, lê-se:

Lei da Reforma de Tributação do Rendimento

(Portugal)

Artigo 63. 0-B

Acesso a informações e documentos bancários

1 – A administração tributária tem o poder de aceder directamente aos documentos bancários, nas situações de recusa da sua exibição ou de autorização para a sua consulta:

a) Quando se trate de documentos de suporte de registos contabilísticos dos sujeitos passivos de IRS e IRC que se encontrem sujeitos à contabilidade organizada;

b) Quando o contribuinte usufrua de benefícios fiscais ou de regimes fiscais privilegiados, havendo necessidade de controlar os respectivos pressupostos e apenas para esse efeito.

2 – A administração tributária tem o poder de aceder a todos os documentos bancários, excepto as informações prestadas para justificar o recurso ao crédito, nas situações de recusa de exibição daqueles documentos ou de autorização para a sua consulta:

a) Quando se verificar a impossibilidade de comprovação e quantificação directa e exacta da matéria tributável, nos termos do artigo da Lei Geral Tributária, e, em gerai quando estejam verificados os pressupostos para o recurso a uma avaliação indirecta;

b) Quando os rendimentos declarados em sede de IRS se afastarem significativamente, para menos, sem razão justificada, dos padrões de rendimento que razoavelmente possam permitir as manifestações de riqueza evidenciadas pelo sujeito passivo, nos termos do artigo 89º. – A da Lei Geral Tributária;

c) Quando existam indícios da prática de crime doloso em matéria tributária, designadamente nos casos de utilização de facturas falsas, e, em geral, nas situações em que existam factos concretamente identificados gravemente indiciadores da falta de veracidade do declarado;

d) Quando seja necessário, para fins fiscais, comprovar a aplicação de subsídios públicos de qualquer natureza.

3 – As decisões da administração tributária referidas nos números anteriores devem ser fundamentadas com expressa menção dos motivos concretos que as justificam, pressupõem a audição prévia do contribuinte e são da competência do director-geral dos Impostos ou do director-geral das Alfândegas e dos Impostos Especiais sobre o Consumo, ou seus substitutos legais, sem possibilidade de delegação.

4 – Os actos praticados ao abrigo da competência definida no número anterior são susceptíveis de recurso judicial, o qual terá efeito suspensivo nas situações previstas no n.º 2.

5 – Nos casos de deferimento do recurso previsto no número anterior, os elementos de prova entretanto obtidos não podem ser utilizados para qualquer efeito em desfavor do contribuinte.

6 – As entidades que se encontrem numa relação de domínio com o contribuinte ficam sujeitas aos regimes de acesso à informação bancária referidos nos nº. 1 e 2.

7 – O acesso da administração tributária a informação bancária relevante relativa a familiares ou terceiros que se encontrem numa relação especial com o contribuinte depende de autorização judicial expressa, após audição do visado, obedecendo aos requisitos previstos no nº. 3.

8 – O regime previsto nos números anteriores não prejudica a legislação aplicável aos casos de investigação por infracção penal e só pode ter por objecto operações e movimentos bancários realizados após a sua entrada em vigor, sem prejuízo do regime vigente para as situações anteriores.

9 – Os actos praticados ao abrigo da competência prevista i no na 1 devem ser objecto de comunicação ao Defensor do Contribuinte.

10 – Para os efeitos desta lei, considera-se documento bancário qualquer documento ou registro, independentemente do respectivo suporte, em que se titulem, comprovem ou registem operações praticadas por instituições de crédito ou sociedades financeiras no âmbito da respectiva actividade, incluindo os referentes a operações realizadas mediante utilização; de cartões de crédito. (cópia anexa)

Parece evidente, destarte, que todo o mundo civilizado tende a examinar o sigilo bancário como sendo um direito de natureza não absoluta, podendo ser quebrado em razão de existir questões de Estado que justifiquem esse proceder.

5 O sigilo bancário e o direito à intimidade e à privacidade das pessoas

A análise do sigilo bancário em face do direito à intimidade e à privacidade exige, inicialmente, que seja enfrentada a questão referente ao seu conceito.

Os doutrinadores não têm assumido posição uniforme quanto aos aspectos conceituais dessa entidade jurídica.

Sérgio Carlos Covello (*op. cit.*, p. 69) entende que sigilo bancário é "a obrigação que têm os Bancos de não revelar, salvo justa causa, as informações que venham a obter em virtude de sua atividade profissional".

Luiz Fernando Bellinetti (Limitações legais ao sigilo bancário. *Revista de Direito do Consumidor*, São Paulo, v. 18, p. 144, 1996) defende posição no sentido de que sigilo bancário é o "dever jurídico que têm as instituições de crédito e as organizações auxiliares e seus empregados de não revelar, salvo justa causa, as informações que venham a obter em virtude da atividade bancária a que se dedicam".

Para Arnold Wald (O sigilo bancário no projeto de lei complementar n. 70. *Cadernos de Direito Tributário e Finanças Públicas*, n. 1, p. 196-209) o "sigilo bancário se enquadra no conceito mais amplo do segredo profissional, que tem merecido uma proteção mais ampla, ensejando sua violação caracterização como crime (art. 154 do Código Penal)".

Eivany A. Silva (Considerações a respeito do sigilo de dados. *Revista Dialética de Direito Tributário*, n. 61, p. 41-42.), tratando do tema, afirma que "o sigilo bancário é espécie do gênero 'sigilo de dados', constituindo em um direito fundamental, protegido constitucionalmente, inserto que está no rol dos direitos e garantias individuais, ou seja, em 'cláusulas pétreas' da Carta Magna, não podendo portanto, ser modificado nem mesmo por Emenda à Constituição e, portanto, muito menos, por legislação de hierarquia inferior".

Como examinado, há divergências na fixação do conceito. Essas divergências, embora importantes para as posições doutrinárias a serem assumidas sobre o alcance do sigilo bancário, não geram, contudo, influências de maior intensidade no relacionamento entre a instituição financeira e os seus depositantes. Isso porque o que merece ser considerado é a natureza jurídica do sigilo bancário, isto é, a que categoria de direito pertence e como, por quem e quando a sua quebra pode ser determinada.

Em face do exposto, necessário é que se faça o alinhamento das teorias que procuram fundamentar o sigilo bancário.

A doutrina, em épocas diversas, examinou as seguintes teorias:

Teoria Contratualista: o sigilo bancário, de acordo com essa teoria, decorre da relação contratual que, voluntariamente, é formada entre o banco e o cliente, por via da qual, mesmo sem cláusula expressa, a instituição financeira assume a obrigação de guardar segredo das movimentações de dinheiro que nela são feitas. Essa responsabilidade assumida pelo banco inspira-se, segundo os adeptos da teoria em destaque, nos lusos, nos costumes e na boa-fé, sempre aplicáveis na interpretação dos contratos comerciais (WALD, Arnold. Sigilo bancário e os direitos fundamentais. *Cadernos de Direito Tributário e Finanças Públicas*, v. 6, n. 22, p. 15-18, jan./mar. 1998, manifesta entendimento de que "no campo normativo do direito brasileiro, esta teoria encontra respaldo nos arts. 130 e 131 do Código Comercial, que prevê a interpretação dos contratos segundo os usos, os costumes e a boa-fé").

A doutrina revela que ela é aceita na Inglaterra e na Itália, pela influência de que, nos mencionados países, não há lei expressa sobre o sigilo bancário. Prevalece, portanto, o entendimento de que o sigilo nasce de cláusula inserida no negócio jurídico bilateral firmado entre o cliente e o banco, assumindo este o dever de não revelar a movimentação financeira do correntista.

Investiga a doutrina, a respeito, qual a natureza desse contrato. No direito italiano predomina o entendimento de que se trata de um contrato de mandato com cláusula especial, em razão do que determina o art. 1.856 do Código Civil italiano, isto é, que o banco responde pela execução dos encargos recebidos do correntista de outro cliente.

Uma outra corrente doutrinária considera esse negócio jurídico como sendo um contrato inominado com cláusulas especiais.

O que temos convencimento é de que essa teoria não encontra aceitação no ordenamento jurídico brasileiro, especialmente porque os bancos não se dispõem a assumir essa obrigação de segredo, haja vista que estão subordinados a regras em sentido contrário impostas pelo Estado.

Teoria do Direito à Privacidade: os adeptos dessa corrente afirmam que o sigilo bancário integra o campo do direito à privacidade que faz parte dos direitos da personalidade.

Teoria Consuetudinária: segundo os seguidores dessa linha de pensar, o sigilo bancário decorre dos compromissos tácitos assumidos entre instituições financeiras e seus clientes, no sentido de não serem levados ao conhecimento de terceiros os valores transacionados. O uso reiterado dessa prática, apoiada no elemento confiança, passou a representar costume adotado nesse tipo de negócio jurídico.

Essa teoria procura sua sustentação no antigo artigo 131 do Código Comercial brasileiro, bem como no entendimento de que o sigilo bancário é uma prática costumeira do comércio bancário.

No Brasil, apontamos Muniz Barreto como defensor dessa teoria, em sua obra *Questões de direito bancário* (2. ed. São Paulo: Max Limonad, 1972). Segundo o mencionado autor, pelo fato de os contratos bancários serem considerados atos de comércio, devem ser firmados como base nos usos e nos costumes.

Lembramos que na Espanha há a influência do pensamento de Garrigues, jurista espanhol, que explica essa teoria do modo seguinte: "Em nossa opinião, o fundamento do dever de segredo que têm os bancos há que buscá-lo uma vez mais em normas usuais de vigência geral, e o fundamento, por sua vez, deste uso bancário há que buscar na natureza antes apontada do contrato bancário como uma relação de confiança. (...) Os remotos antecedentes deste uso bancário se situam por algum autor nas operações do trapezista grego, mas é nos estatutos dos bancos criados na Europa a partir do século XV que se encontram cláusulas pelas quais o banco se compromete a guardar cuidadoso segredo de suas operações com a clientela (...)" (Citado por COVELLO, Sérgio Carlos. *O sigilo bancário*: com particular enfoque na tutela civil. São Paulo: LEUD, 1991. p. 110).

O direito argentino considera os negócios jurídicos bancários como sendo atos de comércio, conforme dita o art. 8º do seu Código Comercial, o que levou a fazer nascer corrente doutrinária defendo a aplicação da teoria consuetudinária para o sigilo bancário.

Teoria da Boa-fé: a adoção dessa teoria conduz o intérprete a entender que o sigilo bancário, por sua própria natureza, está vinculado ao caráter fiduciário da atividade bancária, fundando-se, portanto, na boa-fé ou dever de lisura que tanto marca o tipo de negócio jurídico firmado.

É a teoria adotada pela maioria dos países europeus, comandada pela França que foi o primeiro país a adotá-la.

Nelson Hungria, ao comentar o art. 154 do Código Penal, defendeu a referida teoria, afirmando:

Na atualidade, é geralmente reconhecido que entre os confidentes necessários, legalmente obrigados à discrição, figuram os banqueiros. Notadamente nas operações de crédito, o sigilo bancário é uma condição imprescindível, não só para a segurança do interesse dos clientes dos bancos como o próprio êxito da atividade bancária. Raros seriam, por certo, os clientes de bancos, se não contassem com a reserva dos banqueiros e seus prepostos (...) . (HUNGRIA, Nelson; FRAGOSO, Heleno Cláudio. *Comentários ao Código Penal*. 5. ed. Rio de Janeiro: Forense, 1983. v. VI)

Teoria do Sigilo Profissional: essa teoria concebe o sigilo bancário como sendo uma espécie do sigilo profissional. Há, portanto, um dever ético do banco em respeitar o sigilo bancário, em decorrência da profissão exercida.

Teoria do Direito à Intimidade dos Bancos: os integrantes dessa forma de pensar sustentam que a instituição financeira tem legítimo interesse de afastar do conhecimento de terceiros a movimentação financeira dos seus clientes e, consequentemente, dos fatos com elas relacionados.

Teoria da Complexidade do Vínculo: essa teoria é explicada por Arnold Wald, no trabalho já citado, da forma seguinte:

> A doutrina moderna abandonou a noção da relação jurídica contratual, defendo a complexidade do vínculo. Além dos direitos e das obrigações principais, existem deveres secundários para ambos os contratantes que decorrem da regra geral da boa-fé, denominada na doutrina italiana de correteza e na legislação alemã de Treu und Glauben. Exige que a atuação de uma parte não cause danos à esfera jurídica da outra. Dentro desta idéia, defende-se que o segredo bancário é um dever acessório na relação jurídica. Mesmo que não nasça o contrato entre as partes, a boa-fé objetiva impede que a instituição financeira prejudique os interesses do cidadão.

Teoria legalista: os adeptos dessa corrente apontam que o sigilo bancário só pode existir se foi posto em lei no seu sentido material. A dificuldade para a aceitação dessa teoria decorre do fato de termos países onde predomina o direito consuetudinário.

Teoria do direito de personalidade: o fundamento dessa teoria está na linha de entendimento de que o sigilo sobre transações bancárias está vinculado ao direito que protege a intimidade, integrando, consequentemente, o rol dos direito de personalidade.

João Bernardino Gonzaga (citado por Sérgio Carlos Covello, em *O sigilo bancário*: com particular enfoque na tutela civil. São Paulo: LEUD, 1991. p. 100 *in*: *op. cit.*, p. 135) é ardoroso defensor dessa teoria, tendo como base os fundamentos seguintes:

> Através de seus bens materiais, o homem também afirma a própria personalidade. O seu estado de fortuna, bom ou mau, muito interfere na sua projeção social. O modo como maneja os negócios depõe contra ou a favor de sua capacidade. Ele há de ter liberdade na vida de relação de ocultar os informes da sua economia privada.

Estabelecidos os pressupostos doutrinários acima, passamos a examinar se o sigilo bancário, em nosso ordenamento jurídico, diz respeito à intimidade e à privacidade das pessoas.

A Constituição Federal, em seu artigo 5º, incisos X e XII, afirma:

Art. 5º – Todos são iguais perante a lei, sem distinção de qualquer natureza, garantindo-se aos brasileiros e aos estrangeiros residentes no País a inviolabilidade do direito à vida, à liberdade, à igualdade, à segurança e à propriedade, nos termos seguintes:

X – são invioláveis a intimidade, a vida privada, a honra e a imagem das pessoas, assegurado o direito a indenização pelo dano material ou moral decorrente de sua violação;

XII – é inviolável o sigilo da correspondência e das comunicações telegráficas, de dados e das comunicações telefônicas, salvo, no último caso, por ordem judicial, nas hipóteses e na forma que a lei estabelecer para fins de investigação criminal ou instrução processual penal.

Essas garantias constitucionais protegem o cidadão de qualquer investida de terceiros em sua intimidade, em sua vida privada e no sigilo de seus dados.

Na expressão terceiros está incluído o Estado e, consequentemente, seus agentes políticos e administrativos.

A doutrina tem se manifestado, de modo quase unânime, no sentido de que o sigilo bancário é uma garantia constitucional que protege a privacidade das pessoas no campo econômico e financeiro. A sua significação é de não tornar pública a movimentação da conta bancária e das aplicações financeiras do cidadão, para que, de nenhum modo, os atos privados praticados possam ser tornados públicos.

Esse posicionamento é o adotado pelos autores que passamos a citar.

Arnold Wald (O sigilo bancário e os direitos fundamentais. *Cadernos de Direito Tributário e Finanças Públicas*, n. 22, p. 15-21) doutrina:

> O sigilo bancário é o meio para resguardar á privacidade no campo econômico, pois veda a publicidade sobre a movimentação da conta corrente bancária e das aplicações financeiras.

Eivany A. Silva (Considerações a respeito do sigilo de dados. *Revista Dialética de Direito Tributário*, São Paulo, n. 61, p. 27) afirma:

> A maioria dos ordenamentos jurídicos, como o brasileiro, tratam o sigilo bancário como direito fundamental do contribuinte à privacidade, ou seja, à resistência à comunicação de dados que representem desdobramento da personalidade da pessoa, direito a oposição e à negação de comunicação.

Ives Gandra da Silva Martins (Sigilo bancário. *Revista Dialética de Direito Tributário*, São Paulo, n. 1, p. 24-25) doutrina:

> Pelos incisos X e XII do artigo 5º tem o contribuinte o direito de preservação de sua intimidade, de sua privacidade e de que terceiros que detenham informações pessoais suas sejam obrigados a guardá-las. Nao pode, pois, a fiscalização exigir de terceiros informações que apenas pode obter do próprio contribuinte. Em determinadas hipóteses, todavia, o interesse público há de prevalecer sobre o interesse individual, mas caberá a um outro poder definir se tais hipóteses efetivamente ocorrem, com o que poderá, o Poder Judiciário, autorizar, se convencido estiver o magistrado de que a hipótese é de gravidade e de lesão ao interesse público, a quebra do direito ao sigilo bancário. Estou convencido ser esta a melhor conformação jurídica da questão, idealizada pelos constituintes, defendida pela doutrina e consagrada na jurisprudência, corrente exegética esta a que me filio desde os meus primeiros escritos sobre a matéria.

Roberto Quiroga Mosquera (*Tributação no mercado financeiro e de capitais*. São Paulo: Dialética, 1998. p. 70-71) escreve:

> Do exposto até aqui, é evidente que o direito ao sigilo bancário representa uma espécie de direito à privacidade. É incontroverso que os dados e informações de natureza bancária dizem respeito à intimidade e à vida privada dos cidadãos. Dados que dizem respeito ao valor em dinheiro depositado em contas correntes bancárias, tipos e características de aplicações financeiras, ganhos e prejuízos auferidos ou incorridos em operações versáteis etc., são, sem sombra de dúvida, elementos particulares e pessoais de qualquer indivíduo. Utilizando outra voz: informações que tocam nos aspectos financeiros do ser humano representam direito íntimo e personalíssimo, devendo ser mantidas em sigilo por aqueles que eventualmente as detenham, em razão de sua atividade profissional. Parece-nos que tal conclusão é de uma clareza incontestel. Não tem sido outra a posição da doutrina mais abalizada do País e da jurisprudência dominante.

Luís Fernando Bellinetti (Limitações legais ao sigilo bancário. *Revista de Direito do Consumidor*, n. 18, p. 141-151) lembra:

> Como já dissemos anteriormente, em certas hipóteses o fundamento para o segredo bancário seria a privacidade. No entanto, nesses casos o que se protege é a privacidade e o não propriamente o sigilo. Entendemos que uma coisa é garantir-se a privacidade da pessoa, com fundamento em norma constitucional; outra é garantir-se o segredo de informações bancárias de uma pessoa, com base na legislação supramencionada. Sempre que a revelação de informações bancárias puder violar a privacidade da pessoa, parece-nos que mais do que garantia ao sigilo bancário (com fundamento legal), tem a pessoa garantia à sua privacidade (com fundamento constitucional). No entanto, se a revelação da informação não invadir a esfera da intimidade da pessoa, sua garantia é meramente legal, do sigilo bancário.

Carlos Mário Velloso (*apud* DERZI, Misabel, em *Direito tributário aplicado*. Belo Horizonte, p. 278-279) lembra:

> O sigilo bancário decorre do direito à privacidade inerente à personalidade das pessoas, consagrado na Constituição Federal em seu art. 5º, X, e protege tanto interesses privados corno finalidades de ordem pública, a saber, o sistema de crédito. O sigilo bancário não é um princípio absoluto. As exceções ao sigilo bancário estão previstas na Lei nº 4.595/64, que continua em vigor. O Poder Judiciário pode requisitar, relativamente a pessoas e instituições, informações que implicam quebra de sigilo (Lei nº 4.595/64, art. 38, §1º); entretanto, mesmo havendo inquérito policial instaurado, deverá proceder com cautela, prudência e moderação inerentes à magistratura.

Luciana Fregodolli (O direito à intimidade: excerto da dissertação que apresentou sob o título "O direito à intimidade e a prova ilícita", publicado pela *Revista dos Tribunais*. Cadernos de Direito Constitucional e Ciência Política, n. 19, p. 233) registra:

> O sigilo bancário protege interesses privados. É ele espécie de direito à privacidade, inerente à personalidade das pessoas e que a Constituição Federal consagra no art. 5º, X, além de atender a uma finalidade de ordem pública, qual seja, a de proteção do sistema de crédito. O direito à privacidade abrange atualmente o de impedir que terceiros, inclusive o Estado e o Fisco, tenham acesso a informações sobre o que se denominou a área de manifestação existencial do ser humano.

O pensamento de Celso Ribeiro Bastos foi exposto por Roberto Quiroga Mosquera, na obra já referida, p. 71, do modo seguinte:

> Celso Bastos é do mesmo pensar. Após tecer considerações introdutórias acerca do sigilo bancário e expor pensamentos de diversos autores nacionais e alienígenas, conclui o constitucionalista brasileiro no sentido de que 'todas as despesas ordinárias feitas pelo cidadão comum em sua vida cotidiana devem ser consideradas parte de sua vida privada, familiar ou doméstica e, portanto, protegidas contra interferências a despeito de qualquer pretexto. Desde as condutas mais corriqueiras como as compras efetuadas em um supermercado para manutenção da família, quanto aquelas outras moralmente reprováveis, como presentes ou jóias compradas e dadas a quem presta ao homem serviços de natureza extraconjugal, tudo está abarcado pelo manto da proteção à vida privada, familiar ou doméstica (...)'. E, mais adiante, arremata: 'Hoje praticamente a vida do homem pode ser escrita a partir de seu talão de cheques, e nas sociedades mais avançadas pelos cartões de crédito, e magnéticos. Permitir-se que o sigilo bancário venha a ser rompido por qualquer forma não extraordinária para salvaguarda de interesse de porte, no mínimo, idêntico, é expor a segurança individual a um constante e absurdo temor perante as possibilidades de controle direto ou pelo vazamento de alguma informação'.

Há, contudo, corrente contrária, como passaremos a demonstrar.

André Serrão Borges de Sampaio, Consultor da União, nas informações prestadas ao Advogado-Geral da União sobre a ADIN nº 2.397, cita trechos de doutrina e jurisprudência estrangeiras defendendo o entendimento de que o sigilo bancário não tem conotação de direito de privacidade. Eis o que escreveu o parecerista citado:

> O jurista português, J. L. Saldanha Sanches, coteja primorosamente o sigilo bancário com a proteção da intimidade, para concluir que não há que se falar em "direito ao sigilo bancário" como concretização do direito à intimidade. Nas suas palavras: 'Ora em que esfera podemos nós incluir o segredo bancário, enquanto instituto que concretiza certos valores do ordenamento jurídico. Como expressão de interesses juridicamente tutelados? Será o segredo bancário um prolongamento do direito à intimidade da esfera pessoal e familiar de uma qualquer pessoa singular (uma vez que em relação às pessoas coletivas a questão não pode mesmo ser colocada)? Ou dirá antes respeito aquela faixa mais larga que resguarda a privacidade de qualquer cidadão e que só pode por isso sofrer qualquer intromissão, se surgirem razões válidas para que tal direito seja restringido? Ao afirmar-se que, na perspectiva dos clientes dos bancos, o segredo bancário é um 'direito com a reserva da sua vida privada', temos uma primeira resposta para esta questão. Mas falta distinguir entre intimidade e reserva da vida privada e entre clientes individuais e profissionais de um banco. Não estamos perante o mesmo tipo de tutela quando contamos que um particular espera que o banco não divulgue a qualquer interessado o volume da sua conta bancária (porque pura e simplesmente quer manter sob reserva a sua vida particular) ou quando um comerciante confia no banco para que este não revele quem são os seus clientes, fornecedores ou qual é o seu grau de endividamento. No caso da pessoa singular está apenas em causa um conjunto de valores de natureza moral; esta não está, em princípio, preocupada com possíveis prejuízos econômicos ligados a qualquer divulgação. Apenas se opõe, por razões do seu foro pessoal e que não carecem de fundamentação, que esta tenha lugar. Enquanto que o comerciante pode ser seriamente prejudicado, em termos concorrenciais, com a revelação da lista dos seus clientes ou com a sua situação financeira. O dever de reserva que cabe ao banqueiro está desta forma ao serviço do interesse comercial das empresas

suas clientes — que pelo simples facto de o serem ou por necessitarem de obter crédito lhe dão informações com um forte valor comercial ou da pessoa singular que deseja manter a privacidade da sua situação patrimonial. Ou, em alternativa, ao serviço da manutenção da privacidade que qualquer um pode desejar, ainda que a possível violação desta apenas lhe possa acarretar danos não-patrimoniais. E por isso o segredo bancário não pode constituir a expressão do imperativo constitucional da proteção da intimidade. Até porque o acesso a essa esfera está vedado aos próprios bancos. Não nos parece aceitável que um banco, como condição para a concessão de crédito a uma pessoa singular ou para estabelecer com ela qualquer relação contratual, possa exigir desta informação de tipo estritamente pessoal ou a sujeição a exames médicos que, atingindo a sua esfera íntima, afectam a sua dignidade. Aqui está em causa a ilicitude da pergunta, por pressupor o acesso à esfera inviolável (e indisponível) da intimidade. A informação que o banco pode obter para a defesa dos seus interesses legítimos não pode ir além da esfera patrimonial do seu cliente: rendimentos, bens possuídos, perspectivas profissionais. (...) Podemos pois concluir que o segredo bancário não é, não pode ser, uma concretização do princípio constitucional do direito à intimidade. Este princípio tem como função consagrar uma zona de reserva pessoal para factos, opções e circunstâncias, que só de forma indirecta e de todo secundária, podem ter aspectos ou reflexos de natureza patrimonial". (SANCHES, J. L. Saldanha. Segredo bancário e tributação do lucro real. *In*: SANCHES, J. L. Saldanha. *Estudos de direito contabilístico e fiscal*. Coimbra: Coimbra Ed., 2000. p. 105-108)

Em diversos países, há a clara percepção que não há de se confundir direito à intimidade com sigilo bancário, indicando que a quebra do sigilo pela Administração Tributária não constitui violação ao direito. Ao contrário, a existência de um "Estado Fiscal" implica a necessidade de consagrar à Administração Tributária tal faculdade, o que se harmoniza com diversos princípios e outros direitos fundamentais constantes da Carta de 1988.

O caso espanhol é exemplar no sentido de não visualizar a violação do direito à intimidade em relação à quebra do sigilo bancário. Portanto, "el Tribunal Constitucional español se ha pronunciado por la negativa de que el conocimiento de las cuentas bancarias por la Administración pueda invadir el ámbito constitucionalmente garantizado de la intimidad de los individuos, porque tales extractos no constituyen *per se* una biografía personal en números y en si no tiene relevancia para la intimidad personal y familiar del contribuyente, ya que se trata de dados no secretos y confiados a una entidad" (CAMPOS, Laura Rodríguez. *Derechos del contribuyente em la república argentina, al amparo de la Convención Interamericana de Derechos Humanos*. Disponível em: <http://www.iefpa.org.ar/criterios_digital/articulos/derechos.htm>. Acesso em: 05 jan. 2001).

Ao analisar a jurisprudência da Corte Constitucional Espanhola quanto ao tema, também ressalta Saldanha Sanches:

> Na apreciação da constitucionalidade da lei que permitia o controle administrativo das contas bancárias o Tribunal Constitucional espanhol realizou uma distinção entre intimidade pessoal e familiar e a 'intimidade econômica' onde a proteção constitucional é menos intensa. E procura fazer uma distinção entre a violação da intimidade como conseqüência de uma análise das contas bancárias — colocando a hipótese de uma recusa de cooperação por parte do contribuinte se tal eventualidade se verificar — e

a violação directa da intimidade: uma vez que esta não pode resultar de uma mera análise de movimentos bancários. (SANCHES, J. L. Saldanha. A situação actual do sigilo bancário: a singularidade do regime português. *In*: SANCHES, J. L. Saldanha. *Estudos de direito contabilístico e fiscal*. Coimbra: Coimbra Ed., 2000. p. 91)

Outro comentarista, ao analisar a situação do sistema espanhol quanto ao sigilo bancário e o direito à intimidade, fez questão de ressaltar:

Según el T. C, frente a la Hacienda pública no existe el derecho a la intimidad del art. 18 C. E. Ya la L. O. de 5 de mayo del 82 vacía prácticamente de contenido constitucional el derecho a la intimidad, en cuanto el ámbito de esta queda deferido a la ley ordinaria (a.2º) y en cuanto que la esfera protegida frente a las Administraciones se reduce a poco o nada al no reputarse intromisiones ilegítimas las actuaciones autorizadas o acordadas por la Autoridad competente de acuerdo con la Ley (art. 8º, 1). La LGT y el RI limitan la esfera de la intimidad, en las relaciones con la Hacienda, hasta el extremo de que solamente existe un refugio, limitado, en el ámbito del secreto profesional, en los casos de información sobre terceros, y siempre que no se trate de datos con "trascendencia económica o tributaria". El T. C. no ha encontrado, hasta el momento, ni un solo supuesto de dato o información económica con trascendencia tributaria que limite la acción inquisitiva de la Administración tributaria por razón de intimidad. Bien puede decirse, por tanto, que frente a la Administración tributaria, en cuanto se trata del ejercicio de su función de búsqueda de datos "con trascendencia tributaria", "el derecho a la intimidad personal y familiar" (art. 18, 1 CE) no existe. La biblia del tribunal, a estos efectos, está constituida por la S. 110/84, reiterada en numerosas ocasiones, ampliada en el Auto 642/86, y reafirmada, por ejemplo, en la S. 26 abril 90, tantas veces citada (F.J. 10º). Según esa doctrina, la distribución justa de la carga fiscal prevalece sobre el derecho a la intimidad; parte del art. 8, 1 de la LO, según el cual frente a la Ley (ordinaria) no hay intimidad protegida, siempre que haya en dicha ley "imperativos de interés público" (...); ni siquiera se habla del predominio, frente a la intimidad, de intereses u objetivos constitucionalmente protegidos. Solo admite que la actuación administrativa es arbitraria cuando "no parezca justificada por la finalidad de la inspección", es decir, cuando se trate de datos o informaciones que carezcan de "trascendencia tributaria"; pero este, obviamente, no es sin limite derivado del derecho a la intimidad, sino de la interdicción de arbitrariedad o desviación de poder de la Administración, de la necesidad de ajuste de toda Administración al ámbito de su competencia, que tanto vale para datos íntimos como para otros que no lo sean. Según la S. 110/84, no hay esfera de intimidad protegida frente a una Administración tributaria amparada en una norma que elimina la intimidad como limite. (GARCÍA AÑOVEROS, Jaime. Una nueva ley general tributaria: problemas constitucionales. *In*: KIRCHHOF, P. et al. *Garantías constitucionales del contribuyente*. Valencia: Tirant lo Blanch, 1999. p. 109-110)

Diante de tudo quanto foi exposto, tendo-se o cuidado de registrar posicionamento de diferentes autores nacionais e estrangeiros, há ambiente preparado para ser respondido o primeiro questionamento, desdobrado em três partes, formulado para o III Colóquio Internacional de Direito Tributário, promoção do Centro de Extensão Universitária. Eis a primeira parte do seu teor:

O sigilo bancário diz respeito à intimidade e privacidade das pessoas?

A resposta é, optando por convencimento influenciado pelas ideias da corrente predominante, positiva.

O nosso entendimento é no sentido de que o direito à intimidade integra os direitos da personalidade e visam a proteger o direito à inviolabilidade do domicílio, da correspondência, das comunicações de quaisquer espécies, dos dados pessoais computadorizados, do sigilo bancário. O mesmo acontece com o direito à privacidade.

A expansão da proteção do direito à intimidade e à privacidade é uma consequência da evolução da era contemporânea nos setores tecnológicos e da instabilidade que passa as instituições estatais, especialmente, a encarregada de arrecadar tributos. Há o reconhecimento de que se desenvolve um processo de aguda corrosão na proteção à intimidade que, ao ser violada, provoca a publicização das condutas mais íntimas do cidadão.

A concepção do sigilo bancário no âmbito do direito à intimidade e à privacidade visa garantir ao homem o mínimo capaz para que lhe seja assegurada a sua condição humana, protegendo-o de ingerências alheias, como apregoa a Conferência Nórdica sobre o Direito à Intimidade, realizada em Estocolmo, na data de maio de 1967, ao fazer inserir, no documento que publicou, a seguinte definição: "O direito à intimidade é o direito do homem de viver em forma independente a sua vida, com um mínimo de ingerência alheia".

6 A segurança jurídica e acesso indiscriminado de agentes do Poder Público às informações bancárias

A segunda pergunta apresentada pelos organizadores do colóquio está assim posta:

A segurança das relações jurídicas através do sistema financeiro pode ser afetada pelo acesso indiscriminado de agentes do Poder Público às informações bancárias?

O acesso indiscriminado de agentes do Poder Público às informações bancárias, se realizado, caracteriza um atentado de suma gravidade aos direitos do cidadão. É um ataque aos princípios sustentadores do sistema democrático adotado pelo Constituinte de 1988, especialmente, quando detonou que a República Federativa do Brasil tem como objetivo fundamental o respeito à dignidade humana e à cidadania.

No ordenamento jurídico brasileiro, ao meu pensar, não há lugar para brotar qualquer interpretação que conclua pela possibilidade de qualquer agente do Poder Público acessar de modo generalizado e sem motivação informações bancárias do cidadão, mesmo com autorização judicial.

Esclarecemos, desde logo, que não comungamos com o pensamento de determinada corrente no sentido de ser absoluto o direito ao sigilo bancário. Temos como sendo de natureza relativa, porém, vinculado aos princípios da razoabilidade, da moralidade, da legalidade e da motivação explícita e detalhada, sob pena de ser impossível a sua quebra.

O acesso indiscriminado do agente fiscal às informações bancárias do cidadão gera uma quebra da segurança das relações jurídicas por um terceiro passar a ter, sem causa justificadora, conhecimento da vida íntima de alguém, submetendo-o, a partir daí, a um regime de submissão. Por outro lado, ninguém poderá garantir, nem o próprio Estado, que o agente público utilize os dados que chegaram ao seu conhecimento para outros intentos que não o exclusivamente fiscal.

Lembra Arnold Wald que:

> O segredo na atividade bancária envolve, concomitantemente, interesses privados e coletivos, que podem ser analisados sob três ângulos: o interesse do cliente na sua relação com a instituição financeira; o interesse do banco em atuar com discrição para ganhar a confiança da população e captar recursos e o interesse social na existência de um bom e eficiente sistema bancário. Por estarem ligadas ao desenvolvimento da economia e aos interesses da comunidade, as relações que envolvem as instituições financeiras não recebem o mesmo tratamento jurídico despendido a outras relações comerciais. Inviável a aplicação exclusiva das regras de direito privado, as quais têm como princípio norteador a autonomia da vontade, pois esta encontra limites nas normas cogentes próprias do direito do bancário e na intervenção do Estado. (WALD, op. cit., p. 15)

A segurança jurídica desse tipo de relação envolve, também, a manutenção do segredo das movimentações financeiras do contribuinte.

Imprimir a mais ampla segurança nas relações do sistema financeiro é fortalecê-lo. O Estado tem o dever de zelar por esse estado de segurança, não permitindo, consequentemente, que o sigilo bancário seja quebrado pelo acesso indiscriminado de agentes do Poder Público, por esse comportamento afetar a confiabilidade no sistema.

É de todo inconveniente permitir a possibilidade de um atuar do agente fiscal sem controle na quebra do sigilo bancário, por afetar diretamente a segurança da relação jurídica firmada entre a instituição financeira e o seu cliente, em face deste sentir-se atingido pela ação fiscal que passa a tomar conhecimento de sua intimidade financeira e de fatos de sua vida privada, sem o respaldo do Poder Judiciário.

A segurança jurídica nesse tipo de relação deve assegurar impossibilidade de abuso de poder por parte do Fisco, em face da necessidade de ser resguardada a garantia de que, em um Estado de Direito, não pode ser concebido que se conceda a uma parte, mesmo que seja o Estado, o domínio absoluto de apanhar as provas que irá utilizar, em caso de litígio, contra alguém.

O acesso indiscriminado de agentes do Poder Público às informações bancárias do contribuinte, além de afetar a segurança jurídica da relação em questão, promove um desequilibra entre o cidadão-contribuinte e o Fisco, por caracterizar coação que coloca aquele em posição de inferioridade.

A valorização da segurança jurídica da relação existente entre instituição financeira e contribuinte pelo Fisco, não quebrando o seu sigilo fiscal, sem autorização judicial, constitui causa de aplicação de justiça fiscal. O seguimento de seus princípios valoriza o regime democrático do qual ela faz parte.

Atualizadíssima, a respeito, é a lição doutrinária de Heleno Taveira Torres, em sua obra "Segurança Jurídica do Sistema Constitucional Tributário", São Paulo, 2009 (Tese apresentada ao concurso público de títulos e provas para provimento do cargo de Professor Titular de Direito Tributário da Faculdade de Direito da Universidade de São Paulo), no que se refere a não ser razoável o acesso indiscriminado de agentes de Poder Público às informações bancárias ao cidadão, sem que a tanto não esteja autorizado pelo Poder Judiciário e haja uma motivação suficiente. Afirma Heleno Taveira Torres (*op. cit.*, p. 1085):

> No plano estritamente constitucional, a razoabilidade é típica garantia contra o arbítrio ou discriminações. Não é princípio na forma tradicional de veiculação de valores, mas garantia do princípio de segurança jurídica e da efetivação ou concretização dos demais valores veiculados como conteúdo dos princípios. Integra-se, pois, à hermenêutica constitucional, enquanto garantia de estabilidade do próprio sistema.

Mais adiante acrescenta:

> À proibição de excesso cabe a função de servir como bloqueio axiológico aos excessos oriundos do arbítrio, da escolha do meio mais gravoso ou de qualquer lei ou ato administrativo ou judicial que supere os limites do suportável, e suas repercussões em matéria tributário podem tanto decorrer de normas gerais e abstratas quanto de normas individuais e concretas, nos múltiplos atos de aplicação dos tributos. Decorre da necessidade de se estabelecer até onde o legislador poderá ir sem que, com seu agir material ou normativo, possa incorrer na constrição da esfera privada, mediante aplicação de restrição ou extinção de direito, pelo princípio de vedação de uso de efeito confiscatório na aplicação dos tributos, entre outros.

Por fim, tratando especificamente de segurança jurídica, doutrina Heleno Taveira Torres (*op. cit.*, p. 1086):

> A segurança jurídica postula efetividade. Não é um princípio vago. É denso em valores e seus fundamentos não se podem reduzir ou se anular. Por isso, o princípio de segurança jurídica não está sujeito a ponderações, dado o seu caráter de garantia constitucional de proteção do ordenamento jurídico e do próprio Estado Democrático de Direito. Diversamente, é em louvor à segurança jurídica que se perfaz a efetividade dos direitos fundamentais, no que sua eficácia será sempre aquela de prefigurar o melhor mecanismo habilitado para a solução de eventuais colisões de princípios, por sopesamento, além da proporcionalidade, razoabilidade ou proteção da confiança legítima aplicáveis segundo o caso específico. Definitivamente, não há espaço para ponderações entre "segurança jurídica" e "justiça" em termos abstratos, pois as dimensões de peso necessitam de hipóteses materiais que qualifiquem "direitos" ou liberdades envolvidas. Como procuramos demonstramos neste trabalho, admitir o sopesamento do princípio da segurança jurídica significaria romper com o princípio da segurança jurídica, o que seria o mesmo que violar o Sistema Constitucional Tributário. O motivo determinante é que as garantias não se sujeitam ao sopesamento.

7 Casos de admissibilidade da quebra do sigilo bancário

Os casos de admissibilidade da quebra do sigilo bancário estão, na atualidade, descritos no nosso ordenamento jurídico positivo.

A Lei Complementar nº 105, de 10 de janeiro de 2001, após determinar, no art. 19, que "as instituições financeiras conservarão sigilo em suas operações ativas e passivas e serviços prestados", dispõe no §3º do mesmo artigo:

> §3º Não constitui violação do dever de sigilo: I – a troca de informações entre instituições financeiras, para fins cadastrais, inclusive por intermédio de centrais de risco,

observadas as normas baixadas pelo Conselho Monetário Nacional e pelo Banco Central do Brasil;

II – o fornecimento de informações constantes de cadastro de emitentes de cheques sem provisão de fundos e de devedores inadimplentes, a entidades de proteção ao crédito, observadas as normas baixadas pelo Conselho Monetário Nacional e pelo Banco Central do Brasil; III – o fornecimento das informações de que trata o §2º do art. 11 da Lei nº 9.311, de 24 de outubro de 1996; IV – a comunicação, às autoridades competentes, da prática de ilícitos penais ou administrativos, abrangendo o fornecimento de informações sobre operações que envolvam recursos provenientes de qualquer prática criminosa; V – a revelação de informações sigilosas com o consentimento expresso dos interessados; VI – a prestação de informações nos termos e condições estabelecidos nos artigos 2º, 3º, 4º, 5º, 6º, 7º e 9º desta Lei Complementar. §4º A quebra de sigilo poderá ser decretada, quando necessária para apuração de ocorrência de qualquer ilícito, em qualquer fase do inquérito ou do processo judicial, e especialmente nos seguintes crimes: I – de terrorismo; II – de tráfico ilícito de substâncias entorpecentes ou drogas afins; III – de contrabando ou tráfico de armas, munições ou material destinado a sua produção; IV – de extorsão mediante seqüestro; V – contra o sistema financeiro nacional; VI – contra a Administração Pública; VII – contra a ordem tributária e a previdência social; VIII – lavagem de dinheiro ou ocultação de bens, direitos e valores; IX – praticado por organização criminosa.

Como visto, a lei complementar enumera várias situações em que, independentemente de autorização judicial, o sigilo bancário é quebrado.

A dificuldade que se apresenta é a de conciliar os casos de quebra de sigilo bancário que a Lei Complementar nº 105 autoriza com a garantia do direito à privacidade e à intimidade.

Destaquem-se, entre os de maior relevância, os seguintes:

- não constituir violação do dever de sigilo bancário a troca de informações entre instituições financeiras, para fins cadastrais, inclusive por intermédio de centrais de risco, o que possibilita o conhecimento da vida financeira privada do cidadão por várias pessoas sem desempenho de autoridade na instituição, independentemente de ser justificada, com antecedência, a causa desse atuar.
- o de serem fornecidos dados relativos a fornecimentos de informações cadastrais de emitentes de cheques sem provisão de fundos, a entidades privadas de proteção ao crédito, sem avaliação por qualquer autoridade da causa determinante do fato.
- a quebra do sigilo bancário na fase do inquérito, por inexistir nessa ocasião contraditório e respeito ao princípio do devido processo legal.

Quanto às demais situações constantes na lei complementar que autorizam a quebra do sigilo bancário, não obstante algumas serem absolutamente necessárias, há de serem vistas em compatibilidade com as garantias constitucionais, conforme já assinalado.

O Colendo Supremo Tribunal pronunciará, como guarda e intérprete maior da Carta Magna, em ADIN já intentada sobre a constitucionalidade ou não dos dispositivos supramencionados.

Em campo doutrinário, valorizam-se as posições apresentadas quando da resposta oferecida aos questionamentos anteriores, todas acenando pela necessidade do controle do Poder Judiciário.

8 O Supremo Tribunal Federal e a quebra do sigilo bancário

Nos últimos dez anos, o Supremo Tribunal Federal tem emitido decisões sobre o sigilo bancário que necessitam ser visualizadas e compreendidas com base na influência do contexto fático em que elas se situaram, tendo em vista a opção feita pela Corte quando presentes princípios constitucionais em conflito.

Em 02.02.2010, no julgamento do Habeas Corpus nº 95443, a Turma julgadora do STF denegou a ordem pelas razões seguintes:

> A Turma concluiu julgamento de habeas corpus em que se discutia a possibilidade, ou não, de instauração de inquérito policial para apuração de crime contra a ordem tributária, antes de encerrado o procedimento administrativo-fiscal — v. Informativo 557. Indeferiu-se o writ. Observou-se que, em que pese orientação firmada pelo STF no HC 81611/DF (DJU de 13.5.2005) — no sentido da necessidade do exaurimento do processo administrativo-fiscal para a caracterização do crime contra a ordem tributária —, o caso guardaria peculiaridades a afastar a aplicação do precedente. Asseverou-se que, na espécie, a instauração do inquérito policial tivera como escopo possibilitar à Fazenda estadual uma completa fiscalização na empresa dos pacientes, que apresentava sérios indícios de irregularidade. Aduziu-se que, durante a fiscalização, foram identificados, pelo Fisco estadual, depósitos realizados na conta da empresa dos pacientes, sem o devido registro nos livros fiscais e contábeis, revelando, assim, a possível venda de mercadorias correspondentes aos depósitos mencionados sem a emissão dos respectivos documentos fiscais. Enfatizou-se que tais depósitos configurariam fortes indícios de ausência de recolhimento do Imposto sobre Circulação de Mercadorias – ICMS nas operações realizadas. Salientou-se que, diante da recusa da empresa em fornecer documentos indispensáveis à fiscalização da Fazenda estadual, tornara-se necessária a instauração do procedimento inquisitorial para formalizar e instrumentalizar o pedido de quebra do sigilo bancário, diligência imprescindível para a conclusão da fiscalização e, conseqüentemente, para a apuração de eventual débito tributário. Concluiu-se que considerar ilegal, na presente hipótese, a instauração de inquérito policial, que seria indispensável para possibilitar uma completa fiscalização da empresa, equivaleria a assegurar a impunidade da sonegação fiscal, na medida em que não haveria como concluir a fiscalização sem o afastamento do sigilo bancário. Dessa forma, julgou-se possível a instauração de inquérito policial para apuração de crime contra a ordem tributária, antes do encerramento do processo administrativo fiscal, quando for imprescindível para viabilizar a fiscalização. O Min. Cezar Peluso acrescentou que, se a abertura do inquérito não estaria fundada apenas na existência de indícios de delitos tributários materiais, não haveria que se falar em falta de justa causa para a sua instauração. HC 95443/SC, rel. Min. Ellen Gracie, 2.2.2010. (HC-95443). (Texto extraído do Informativo n. 573 do STF)

Observamos que há uma motivação com base em princípio axiológico para se abrir exceção ao entendimento já pacificado de que não há possibilidade de ser instaurado inquérito policial ou ação penal contra contribuinte (pessoa física ou jurídica) para apurar ilícitos tributários, antes de concluído o processo administrativo tributário definindo o crédito em favor da Fazenda Pública.

No HC nº 90298, julgado em 08.09.2009, relatado pelo Min. Cezar Peluso, o STF reafirmou a sua posição de ser ilícita a quebra do sigilo bancário sem autorização judicial. Eis como o referido julgamento está informado:

Não há justa causa para a ação penal quando a demonstração da autoria ou da materialidade do crime decorrer apenas de prova ilícita. Tendo em conta essa orientação, a Turma deferiu habeas corpus para, nos termos do art. 386, II, do CPP, absolver condenada nas penas do art. 251, caput, do CPM, por haver efetuado saques na conta de pensionista falecida, nos 5 meses posteriores ao óbito. Tratava-se de writ impetrado contra acórdão do STM que, embora reconhecendo a ilicitude da quebra de sigilo bancário sem autorização judicial, assentara que a confissão posterior da paciente seria suficiente para manter a condenação, aplicando à espécie o princípio da proporcionalidade. Esclareceu-se, ainda, que a mencionada confissão surgira como efeito da prova ilicitamente obtida, sendo razoável supor que não teria sido feita sem a quebra prévia do sigilo. Dessa forma, concluiu que a palavra da acusada, como meio de prova, também padeceria de ilicitude, agora por derivação. Por conseguinte, seriam imprestáveis as provas que fundamentaram a condenação imposta à paciente. HC 90298/RS, rel. Min. Cezar Peluso, 8.9.2009. (HC-90298). (Informativo do STF, n. 558)

O informativo nº 526 do Supremo Tribunal Federal revela que, em 28.10.2008, foi acatada como legal investigação criminal que efetuou a quebra do sigilo bancário por ter havido autorização motivada expedida pelo Poder Judiciário. O texto da notícia é o seguinte: "A Turma negou provimento a recurso extraordinário, em que se sustentava invasão das atribuições da polícia judiciária pelo Ministério Público Federal, porque este estaria presidindo investigação criminal, e ilegalidade da quebra do sigilo de dados do recorrente. Na espécie, o recorrente tivera seu sigilo bancário e fiscal quebrado para confrontação de dados da CPMF com a declaração de imposto de renda, com o intuito de se apurar possível sonegação fiscal. Quanto à questão relativa à possibilidade de o *Parquet* promover procedimento administrativo de cunho investigatório e à eventual violação da norma contida no art. 144, §1º, I e IV, da CF, considerou-se irrelevante o debate. Asseverou-se que houvera a devida instauração de inquérito policial para averiguar fatos relacionados às movimentações de significativas somas pecuniárias em contas bancárias, bem como que o Ministério Público requerera, a título de tutela cautelar inominada, ao juízo competente, a concessão de provimento jurisdicional que afastasse o sigilo dos dados bancários do recorrente. RE 535478/SC, rel. Min. Ellen Gracie, 28.10.2008. (RE-535478)".

Revela o *Informativo* nº 521 do STF que o Pleno, por maioria, denegou *habeas corpus*, por entender que estava legítima a decisão que concedeu a quebra do sigilo bancário na situação examinada. Eis o conteúdo da referida informação:

O Tribunal, por maioria, denegou habeas corpus, afetado ao Pleno pela 1ª Turma, impetrado em favor de juiz federal do TRF da 3ª Região que buscava, por falta de justa causa, o trancamento de inquérito em trâmite no STJ, no qual investigada a suposta prática de crimes contra a Administração Pública, contra a ordem tributária e de lavagem de dinheiro. Na espécie, perante o TRF da 3ª Região fora instaurado inquérito em desfavor do paciente para apuração do suposto delito de corrupção passiva. Autorizada a quebra de sigilo telefônico de diversas pessoas, surgiram indícios de possível envolvimento de outros magistrados daquela Corte, o que ensejara o deslocamento do processo para o STJ. Lá chegando, o feito fora autuado como inquérito e o Ministro-relator abrira vista dos autos à Procuradoria-Geral da República. Valendo-se da oportunidade da referida vista, membro do parquet requerera a juntada de determinado procedimento criminal, para que investigação procedida pela Polícia Federal pudesse ser realizada conjuntamente. Durante a apuração dos fatos, o Ministro-relator no STJ deferira requerimento de interceptação telefônica do paciente e prorrogara outras interceptações relativamente a diversos investigados. Posteriormente, a autoridade policial pleiteara, também, a prisão temporária, a quebra de sigilo bancário e fiscal, bem como a expedição de mandados de busca e apreensão nas residências e locais de trabalhos dos indiciados, sendo o pedido deferido pela autoridade reputada coatora, com exceção da custódia temporária. Realizado o interrogatório do paciente, dera-se vista do inquérito ao órgão do Ministério Público. Alegava-se, na espécie: a) ofensa ao princípio do juiz natural, pois o Órgão Especial do STJ não teria deliberado sobre a instauração do inquérito contra o paciente, conforme estabelecido pelo art. 33, parágrafo único, da LOMAN (LC 35/79: "Art. 33 – São prerrogativas do magistrado: (...) Parágrafo único – Quando, no curso de investigação, houver indício da prática de crime por parte do magistrado, a autoridade policial, civil ou militar, remeterá os respectivos autos ao Tribunal ou órgão especial competente para o julgamento, a fim de que prossiga na investigação."); b) ausência de autoria do crime e de fato típico que servisse para justificar a abertura do inquérito; c) indevida atuação da Polícia Federal no inquérito; e d) determinação ilegal de vista ao Ministério Público Federal pela autoridade coatora, o que estaria a causar a violação ao sigilo do inquérito – v. Informativo 515. HC 94278/SP, rel. Min. Menezes Direito, 25.9.2008. (HC-94278)

O STF, analisando a atuação do Banco Central em face do sigilo bancário, deixou assentado o seguinte:

HC – 90936 – A Turma, por maioria, negou provimento a recurso extraordinário interposto pelo Banco Central do Brasil – BACEN em que sustentada a ofensa ao art. 5º, X, da CF, sob a alegação de que o sigilo bancário não estaria inserido na "cláusula de reserva de jurisdição", não se revestindo, pois, de caráter absoluto. Aduziu a referida autarquia que obstar suas atividades fiscalizadoras em nome do sigilo bancário implicaria sobrepor o interesse privado ao público e acobertar práticas ilícitas. Entendeu-se que o BACEN, ao articular a transgressão ao citado dispositivo constitucional, pretendia ver proclamada não a preservação da intimidade, da vida privada, da honra e da imagem das pessoas, mas a possibilidade de ter-se a colocação, em segundo plano, sob tal ângulo, do sigilo de dados. Assim, o preceito regedor da espécie, tendo em conta o sistema da Constituição, seria o do art. 5º, XII. Asseverou-se que a regra é o sigilo de dados, somente podendo ocorrer o seu afastamento por ordem judicial e, mesmo assim, objetivando a investigação criminal com instrução processual penal. Considerou-se, por fim, que o BACEN confundira o poder de fiscalização com o de afastar sigilo de dados. A Min. Cármen Lúcia, com ressalvas quanto à fundamentação, desproveu o recurso por reputar que, no caso, não estaria vedada à aludida autarquia a autorização judicial. RE 461366/DF, rel. Min. Marco Aurélio, 3.8.2007. (RE-461366). (Informativo n. 474 do Supremo Tribunal Federal)

O Supremo Tribunal Federal, ao apreciar o Inquérito nº 2.245, firmou compreensão de que é legítima a quebra de sigilo bancário concedido nas hipóteses examinadas, considerando a importância das investigações procedidas e o modo como ela ocorreu. Observamos que, no referido julgado, foi atenuada a necessidade da prévia autorização judicial. Eis o trecho da ementa do mencionado julgado, na parte que interessa:

"(...) TERCEIRA PRELIMINAR. QUEBRA DE SIGILO BANCÁRIO DECRETADA PELO MAGISTRADO DE PRIMEIRO GRAU. INEXISTÊNCIA, À ÉPOCA, DE INVESTIGADOS COM FORO PRIVILEGIADO. COMPETÊNCIA. VALIDADE DOS

ATOS. POSTERIOR RATIFICAÇÃO PELO SUPREMO TRIBUNAL FEDERAL. Quando o magistrado de 1º grau autorizou a quebra do sigilo bancário e fiscal das pessoas físicas e jurídicas investigadas, ainda não havia qualquer indício da participação ativa e concreta de agente político ou autoridade detentora de prerrogativa de foro nos fatos sob investigação. Fatos novos, posteriores àquela primeira decisão, levaram o magistrado a declinar de sua competência e re meter os autos ao Supremo Tribunal Federal. Recebidos os autos, no Supremo Tribunal Federal, o então Presidente da Corte, no período de férias, reconheceu a competência do Supremo Tribunal Federal e ratificou as decisões judiciais prolatadas pelo magistrado de primeiro grau nas medidas cautelares de busca e apreensão e afastamento do sigilo bancário distribuídas por dependência ao inquérito. Rejeitada a preliminar de nulidade das decisões proferidas pelo juiz de 1ª. instância. QUARTA PRELIMINAR. PROVA EMPRESTADA. CASO "BANESTADO". AUTORIZAÇÃO DE COMPARTILHAMENTO TANTO PELA COMISSÃO PARLAMENTAR MISTA DE INQUÉRITO COMO PELO SUPREMO TRIBUNAL FEDERAL. LEGALIDADE. O acesso à base de dados da CPMI do Banestado fora autorizado pela CPMI dos Correios. Não bastasse isso, o Presidente do Supremo Tribunal Federal deferiu o compartilhamento de todas as informações obtidas pela CPMI dos Correios para análise em conjunto com os dados constantes dos presentes autos. Não procede, portanto, a alegação de ilegalidade da prova emprestada do caso Banestado. QUINTA PRELIMINAR. AMPLIAÇÃO DO OBJETO DE INVESTIGAÇÃO DE COMISSÃO PARLAMENTAR DE INQUÉRITO NO CURSO DOS TRABALHOS. POSSIBILIDADE. PRECEDENTES. Não há ilegalidade no fato de a investigação da CPMI dos Correios ter sido ampliada em razão do surgimento de fatos novos, relacionados com os que constituíam o seu objeto inicial. Precedentes. MS 23.639/DF, rel. min Celso de Mello; HC 71.039/RJ, rel. Min Paulo Brossard). SEXTA PRELIMINAR. QUEBRA DE SIGILO PELA CPMI. FUNDAMENTO EXCLUSIVO EM MATÉRIA JORNALÍSTICA. ALEGAÇÃO INCONSISTENTE. POSTERIOR AUTORIZAÇÃO PARA QUEBRA TAMBÉM PELO RELATOR, NO ÂMBITO DO INQUÉRITO E DAS AÇÕES CAUTELARES INCIDENTAIS. As quebras de sigilo autorizadas pela CPMI dos correios não se fundaram exclusivamente em matérias jornalísticas. Ademais, elas foram objeto de decisão judicial autônoma tomada no âmbito do Inquérito 2245 e de ações cautelares a ele incidentes. Preliminar rejeitada. SÉTIMA PRELIMINAR. DADOS DE EMPRÉSTIMO FORNECIDOS PELO BANCO CENTRAL. PEDIDO DIRETO DO MINISTÉRIO PÚBLICO. ILEGALIDADE. AUSÊNCIA. REQUISIÇÃO FEITA PELA CPMI DOS CORREIOS. POSTERIOR AUTORIZAÇÃO DE COMPARTILHAMENTO COM O MINISTÉRIO PÚBLICO PARA INSTRUÇÃO DO INQUÉRITO. LEGALIDADE. Não procede a alegação feita pelo 5º acusado de que os dados relativos aos supostos empréstimos bancários contraídos com as duas instituições financeiras envolvidas teriam sido colhidos de modo ilegal, pois o Banco Central teria atendido diretamente a pedido do Procurador-Geral da República sem que houvesse autorização judicial. Tais dados constam de relatórios de fiscalização do Banco Central, que foram requisitados pela CPMI dos Correios. No âmbito deste Inquérito, o Presidente do Supremo Tribunal Federal determinou o "compartilhamento de todas as informações bancárias já obtidas pela CPMI dos Correios" para análise em conjunto com os dados constantes destes autos. Por último, o próprio Relator do Inquérito, em decisão datada de 30 de agosto de 2005, decretou o afastamento do sigilo bancário, desde janeiro de 1998, de todas as contas mantidas pelo 5º acusado e "demais pessoas físicas e jurídicas que com ele cooperam, ou por ele são controladas". Preliminar rejeitada. OITAVA PRELIMINAR. DADOS FORNECIDOS AO MINISTÉRIO PÚBLICO PELO BANCO BMG. EXISTÊNCIA DE DECISÃO JUDICIAL DE QUEBRA DE SIGILO PROFERIDA PELO PRESIDENTE DO STF E, POSTERIORMENTE, DE MODO MAIS AMPLO, PELO RELATOR DO INQUÉRITO. AUSÊNCIA DE ILEGALIDADE. Igualmente rejeitada a alegação de que o banco BMG teria atendido diretamente a pedido do Ministério Público Federal. Na verdade, o ofício requisitório do MPF amparou-se em decisão anterior de quebra de sigilo bancário dos investigados, proferida pelo Presidente do Supremo Tribunal Federal, durante o recesso forense (25-7-05). Posteriormente, o próprio Relator do inquérito afastou de modo amplo o sigilo bancário, abarcando todas as operações de empréstimos objeto do ofício requisitório do Procurador-Geral da República, bem como ordenou a realização de perícia com acesso amplo e irrestrito às operações bancárias efetivadas pelo referido banco. De resto, a comunicação dos mencionados dados bancários encontra respaldo suplementar na quebra de sigilo decretada pela CPMI dos Correios. NONA PRELIMINAR. ALEGAÇÃO DE ILEGALIDADE NA UTILIZAÇÃO DE DADOS OBTIDOS COM BASE NO ACORDO DE ASSISTÊNCIA JUDICIÁRIA EM MATÉRIA PENAL ENTRE BRASIL E ESTADOS UNIDOS. DECRETO Nº 3.810/2001. POSSIBILIDADE DE IMPOSIÇÃO DE RESTRIÇÕES. DADOS FORNECIDOS PARA OS PROCURADORES FEDERAIS BRASILEIROS E PARA A POLÍCIA FEDERAL BRASILEIRA, SEM RESTRIÇÃO QUANTO AOS PROCESSOS QUE DEVERIAM INSTRUIR. IMPOSSIBILIDADE DE COMPARTILHAMENTO COM OUTROS ÓRGÃOS. INEXISTÊNCIA DE VIOLAÇÃO. O sigilo das contas bancárias sediadas no exterior foi afastado pelo Poder Judiciário norte-americano, nos termos do Ofício encaminhado pelo Governo dos Estados Unidos com os dados solicitados. O Supremo Tribunal Federal do Brasil foi informado de todos os procedimentos adotados pelo Procurador-Geral da República para sua obtenção e, ao final, recebeu o resultado das diligências realizadas por determinação da Justiça estrangeira. Os documentos foram encaminhados para uso pelos órgãos do Ministério Público e da Polícia Federal, contendo somente a ressalva de não entregar, naquele momento, as provas anexadas para outras entidades. Assim, também não procede a alegação de ilicitude da análise, pelo Instituto Nacional de Criminalística, órgão da Polícia Federal, dos documentos bancários recebidos no Brasil (...)

O Supremo Tribunal Federal, em 22.10.2009, reconheceu, no RE nº 601314/SP, existir repercussão geral no tema referente ao fornecimento de informações sobre movimentação bancária de contribuintes pelas instituições financeiras, diretamente ao Fisco, sem prévia autorização judicial, conforme autoriza a Lei Complementar nº 105/2001.

A ementa do referido acórdão assim proclama, conforme DJe-218 DIVULG 19.11.2009, PUBLIC 20.11.2009: "Ementa: Constitucional. Sigilo bancário. Fornecimento de informações sobre movimentação bancária de contribuintes, pelas instituições financeiras, diretamente ao Fisco, sem prévia autorização judicial (Lei Complementar 105/2001). Possibilidade de aplicação da Lei 10.174/2001 para apuração de créditos tributários referentes a exercícios anteriores ao de sua vigência. Relevância jurídica da questão constitucional. Existência de repercussão geral". Estamos no aguardo do julgamento.

Há, também, para definição pelo Supremo Tribunal Federal sobre o alcance da quebra do sigilo bancário, as Ações de Declaração de Inconstitucionalidade nºs 2.386, 2.390, 2.397, 4.010 e outros, que receberam, inicialmente, a seguinte decisão:

> Em razão da distribuição da primeira delas — ADIn 2390 — e da coincidência total ou parcial dos objetos das demais, por distribuição ou redistribuição, sou relator de cinco ações diretas de inconstitucionalidade, com pedido de cautelar, todas atinentes a preceitos da recente legislação complementar ou ordinária que propiciam a transmissão

à administração tributária de dados da movimentação financeira do contribuinte, cobertos, em princípio, pelo sigilo bancário. Assim,: a) ADIn 2386 – Confederação Nacional do Comércio, CNC: – LC 105/01, ARTS. 5º e 6º. b) ADIn 2389 – Partido Social Liberal, PSL: – L. 10174/01. c) ADIn 2390 – Partido Social Liberal, PSL: – LC 105/01, arts. 5º, 6º e §1º; – D. 3724/01. d) ADIn 2397 – Confederação Nacional da Indústria, CNI: – LC 105/01, art. 3º, §3º; art. 6º e a remissão a ele feita no art. 1º, §3º, VI; art. 5º e §§; – LC 104/01: art. 1º (na parte em que altera o art. 98 da L. 5172/66 e lhe acrescenta o inciso II e o §2º); – D. 3724/01. e) ADIn 2406 – Confederação Nacional da Indústria, CNI: – L. 9311/96, art. 11 e §2 – L. 10174/01, art. 1º (que introduz §3º ao art. 11 da L. 9311/96. Na forma da orientação do Plenário (v.g., ADIn 1460, 17.03.99, Sanches, DJ 25.6.99), determino a apensação, para processo e julgamento conjuntos, das cinco ADIns relacionadas, em dois grupos distintos: a) ADIns 2386 e 2397, apensadas à ADIn 2390, incluindo-se na autuação as requerentes das primeiras como litisconsortes ativas no processo da última; b) a ADIn 2406 apensada à ADIn 2389, anotando na autuação a requerente desta, como litisconsorte ativo, o autor da primeira. Malgrado todo o conjunto de cinco ADIns diga respeito à oponibilidade do sigilo bancário ao fisco – que se sustenta, em todas elas, com base no art. 5º, X, CF, afora outros –, os dois grupos se distinguem pela diversidade dos respectivos objetos, pois adstrito o segundo grupo à legislação específica sobre os dados colhidos na arrecadação da CPMF. Em todos os processos a ser reunidos em dois grupos, as informações prestadas pelo Congresso Nacional — com exaustiva informação do processo legislativo — e pela Presidência da República — que contém a solidariedade explícita do Senhor Advogado-Geral da União —, além de impugnarem a pretensão cautelar, analisam com profundidade o mérito das argüições: por isso, reputo desnecessária a solicitação de novas informações das autoridades, assim como nova contestação do Advogado-Geral, sem prejuízo de que, cientes deste despacho, tragam os subsídios que entenderem convenientes ao julgamento. O tempo passado desde a edição dos diplomas questionados — que se vem aplicando sem maior conturbação, sujeitas as controvérsias eventuais aos órgãos judiciários competentes para o controle incidente de sua constitucionalidade —, não faz esmaecer a relevância dos temas suscitados. Essa relevância mesma da matéria — dados os interesses públicos e privados envolvidos — reclama, no entanto, rápida e definitiva solução dessas ações diretas, de modo a evitar que a pendência do processo — sejam quais forem as decisões cautelares liminarmente tomadas — além de alongar o período de incerteza, venha a obstruir o andamento de outros processos, em curso nas instâncias ordinárias, quiçá urgentes. Valho-me, pois, da alternativa aberta pelo art. 12 da L. 9868/99 para pedir de logo, o parecer do Senhor Procurador-Geral da República, de modo a propiciar, com a brevidade possível, o julgamento definitivo dos dois grupos de ações. Brasília, 24 de setembro de 2001.

Atualmente, a ADI nº 2.386 e as que a ela merecerem anexação aguardam julgamento pelo Pleno do Supremo Tribunal Federal, uma vez que elas já contêm parecer da Procuradora-Geral da República, desde 17.10.2001, no sentido de que, *preliminarmente, não seja conhecido o pedido de declaração de inconstitucionalidade do Decreto nº 3.724 de 10.01.2001, nas ADINs 2386, 2397, 2390, 2406 e 2389 e, no mérito, pela constitucionalidade dos arts. 3º, §3º, 5º e 6º da Lei Complementar nº 105 de 10.01.2001; do art. 1º, na parte que altera o art. 98 da lei 5.172/66 e lhe acrescenta o inciso II e o §2º da Lei Complementar nº 104 de 10.01.2001; do §2º do art. 11 da Lei nº 9.311 de 24.10.1996; e do art. 1º da Lei nº 10.174 de 09.01.2001, na parte que introduz o §3º ao art. 11 da Lei nº 9.311/96.*

O relator atual é o Min. Dias Toffoli.

9 Sistema mais justo para a quebra do sigilo bancário

Os organizadores do III Colóquio Internacional de Direito Tributário submeteram, ainda, para análise a questão do teor seguinte: "Um sistema, em que o Poder Judiciário torna-se árbitro dos pedidos da Administração Pública para quebra do sigilo é o mais justo?"

Mantemos os fundamentos que desenvolvemos, na época, em resposta ao referido questionamento.

Em um Estado que, por imposição de sua própria Constituição, está comprometido com a guarda e aplicação efetiva de princípios democráticos, especialmente o de respeitar os direitos e garantias fundamentais da cidadania, não há ambiente para que seja outorgado ao Poder Executivo, por via da atuação de agentes públicos fiscais, o acesso, sem o controle do Poder Judiciário, às informações bancárias do contribuinte.

O sigilo bancário, por ser um direito fundamental que exige ser respeitado, pela supremacia constitucional que o protege, deve submeter a possibilidade de sua quebra para fins tributários ao Poder Judiciário, pela ausência de interesse direto nos resultados da ação fiscalizadora, que é o recolhimento do tributo, e pelas garantias de independência, prudência e qualificação jurídica que revestem esse Poder.

A atuação da fiscalização tributária não pode ser exercida fora dos limites da legalidade imposta a partir da Carta Magna e demais imposições legais a ela subordinadas.

Não se desconhece que, no atual Estado fiscal, os tributos constituem os meios financeiros determinantes para o atendimento dos compromissos da Administração Pública com as obrigações oriundas em decorrência de sua atividade no campo educacional, social de segurança pública interna e externa, da saúde, da manutenção dos Poderes, ou seja, para manter funcionando a máquina estatal.

Por não se entremostrar, na época contemporânea, outra alternativa viável para transformar o Estado fiscal em um Estado produtivo, os tributos passam a representar um indeclinável dever da cidadania, cujo cumprimento deve ser por todos honrado, conforme assinala José Casalta Nabais, Professor da Faculdade de Direito da Universidade de Coimbra.

> Por isso, os impostos hão de constituir um preço aceitável, ou seja, um preço limitado. Um preço que, estou certo, muitas das sociedades, que nos antecederam, gostariam de ter pago e algumas das actuais não enjeitariam suportar. Por isso, bem podemos afirmar, como já o fizemos noutro lugar, que no actual estado fiscal, para o qual não se vislumbra qualquer alternativa viável, pelo menos nos tempos mais próximos, os impostos constituem um indeclinável dever de cidadania, cujo cumprimento a todos nos deve honrar.

A atuação do Poder Judiciário para liberar o bloqueio fortalece a confiança do cidadão no procedimento da fiscalização e consagra a ideia ínsita em qualquer regime democrático de que a atuação do Estado tem limites.

Na espécie, os limites impostos são os decorrentes da quebra do sigilo ser necessária, em face de possível ilicitude cometida pelo cidadão, porém, sem serem violados os direitos do cidadão de gozar da sua privacidade e da sua intimidade.

A denominada cidadania fiscal há de ser considerada de modo conjuntural com os reflexos dos direitos fundamentais assegurados ao contribuinte, sem prestigiar a responsabilidade que tem o Estado de promover a arrecadação dos tributos.

Cedo espaço para registrar que a cidadania fiscal deve configurar um estado de relação jurídica em que todos suportem a concretização de um estado em que "todos tenham a qualidade de destinatário do dever fundamental de pagar impostos na medida da respectiva capacidade contributiva", porém, que seja um "estado fiscal suportável, isto é, um estado cujo sistema fiscal se encontre balizado por estritos limites jurídico-constitucionais" (NABAIS, José Casalta. Algumas reflexões sobre o actual estado fiscal. *In*: <http://agu.gov.br>).

A Administração Tributária, por melhor que seja a sua estrutura e os seus propósitos, não está emocionalmente preparada para conceber e aplicar os princípios que sustentam a cidadania fiscal. Isso ocorre, primeiramente, porque o Fisco tem por missão exclusiva exercer a função de arrecadar tributos. É a sua meta essencial, por ser atribuição que na organização administrativa estatal está obrigado a desempenhar. Não lhe cabe administrar o tributo arrecadado, limitando-se, unicamente, a envidar esforços para o cumprimento das metas impostas para imprimir aumento na arrecadação tributária. O sucesso da Administração Tributária é medido pelo maior volume de recursos fiscais atraídos para os cofres do Governo, nunca se desviar do respeito que deve ter para com os direitos fundamentais do contribuinte. É uma questão de cultura administrativa, de distribuição de funções no sistema estatal, impossível de ser mudado por sugestões doutrinárias.

Por outro lado, a fiscalização tributária não consegue afastar as pressões exercidas sobre ela por determinados segmentos da organização estatal que defendem uma atuação mais agressiva para a cobrança dos tributos, tudo em decorrência dos efeitos produzidos pela conduta ilícita marcante da sonegação fiscal.

Esses fatores contribuem para que a fiscalização tributária não tenha condições, de modo imparcial, sem isenção, de avaliar a necessidade objetiva da quebra do sigilo bancário do cidadão. Por melhor que seja o seu desempenho, nunca ganhará a confiança do contribuinte.

A atribuição da quebra do sigilo bancário, em um regime democrático em que predomina o respeito maior aos direitos fundamentais da cidadania, deve ser exercida pelo Poder Judiciário, não só porque seus membros são revestidos da garantia da vitaliciedade, inamovibilidade e irredutibilidade de vencimentos, bem como porque estão protegidos por independência absoluta em relação ao poder interessado na cobrança do tributo e, consequentemente, no resultado a ser obtido pela ação fiscal.

Esse sistema misto, onde o Fisco faz a solicitação motivada para a quebra do sigilo bancário ao Poder Judiciário e este, após analisá-lo com objetividade e cautela, defere ou indefere, impondo segurança e confiabilidade na atuação fiscal e sublima o respeito à dignidade do contribuinte, em outras palavras, da cidadania fiscal.

Em conclusão, a adoção de um sistema, para a quebra do sigilo bancário, em que o Poder Judiciário seja o árbitro dos pedidos da Administração Pública, não é somente mais justo, mas, consegue impor maior credibilidade à atuação fiscal e presta homenagem, com intensa potencialidade, aos princípios democráticos consistentes na guarda da segurança jurídica, do respeito aos direitos fundamentais do cidadão, nesse rol incluídos os relativos à privacidade e à intimidade. Além disso, torna mais respeitável a relação entre Fisco e contribuinte, justificando, portanto, a opção do Estado pelo regime democrático.

10 Autoridade fiscal e faculdade incondicionada de quebrar o sigilo bancário

Essa indagação consubstancia a preocupação de serem estabelecidos controles para a atuação do agente público fiscal. Centra-se na preocupação em imprimir, nas relações jurídicas tributárias de quaisquer espécies, o primado da legalidade, aprimorando-se o atuar vinculado.

Não se concilia com os postulados da democracia a adoção de um sistema de fiscalização tributária que outorgue faculdade incondicionada ao fiscal tributário de invadir a intimidade e a privacidade das pessoas, sob o falso argumento jurídico de que busca encontrar provas de sonegação fiscal.

Depreende-se do exposto que a autoridade fiscal não deve ter faculdade incondicionada de quebrar o sigilo sempre que entender necessário. Isso porque a prática de atos administrativos por agentes públicos, de modo incondicionado, revela grave violação ao princípio da legalidade, onde predomina a vontade da lei e não o discricionarismo de quem o pratica.

No trato do sigilo bancário, o atuar incondicionado da fiscalização assume características de maior gravidade porque há violação aos princípios fundamentais já expostos e que são prestigiados pela Carta Magna, especialmente, por bater de frente, de modo integral e absoluto, com o direito à intimidade e à privacidade. O atuar deve vincular-se, rigidamente, ao princípio da legalidade, especialmente, a posta na Carta Magna, sem a possibilidade de ser aberto canal para uso da conveniência ou da oportunidade.

É de ser lembrado, no trato do assunto, a lição de José Casalta Nobais, no trabalho já citado, p. 27, no sentido de que:

> É certo que, independentemente da concepção a que se adira relativamente ao segredo bancário, não temos a menor dúvida de que o acesso da administração fiscal à informação bancária, seja directo, sem necessidade de prévia decisão judicial, seja indirecto, depois portanto de prévia decisão judicial, há de ter sempre uma natureza claramente excepcional. Na verdade, constitua o segredo bancário uma manifestação do direito fundamental à reserva da intimidade da vida privada, constante do art. 26º, nº 2, da Constituição portuguesa, ou suporte um outro direito fundamental, um direito à reserva da vida privada análogo àquele, a sua afectação terá sempre caráter excepcional.

A autoridade fiscal não possui a necessária isenção e competência institucional para averiguar o grau dessa excepcionalidade, de modo que possa impor confiança ao cidadão investido na condição de contribuinte, porém, com direitos a serem assegurados por força do regime democrático adotado. O certo é que na relação jurídica tributária deve ser buscado o justo equilíbrio pregado pelo estado de direito onde o cidadão deve ter sua dignidade respeitada, sem, contudo, afastar-se a necessidade de o Estado arrecadar tributos, de forma cogente e imperativa, bem como de serem permitidas condições de atuação que resultem no combate à sonegação fiscal.

11 Responsabilidade da autoridade administrativa que quebrar o sigilo bancário de forma inconsistente e indevida

É inerente ao regime democrático que a autoridade administrativa pública está obrigada a exercer as suas atribuições com rigorosa obediência aos princípios da legalidade, moralidade, publicidade, impessoalidade e eficiência, entre outros.

A Carta Magna consagra, expressamente, no art. 37, a obediência do agente público a esse tipo de comportamento.

A autoridade administrativa que quebrar, de modo inconsistente e indevido, o sigilo bancário do cidadão, pratica ato com capacidade de provocar os seguintes efeitos: a) de invadir o direito à privacidade e à intimidade de alguém; b) de provocar-lhe danos morais e materiais, dependendo da repercussão provocada pelo seu atuar.

Constatada a efetivação real de danos morais e materiais, a responsabilidade do Estado pode ser acionada, conforme permite o art. 37, §6º, da Constituição Federal. Solidificada a culpa ou dolo do agente público e consagrada a materialização do ilícito praticado, com o consequente ressarcimento patrimonial, o Estado deverá, usando o direito de regresso, investir contra o agente que agiu culposa ou dolosamente. Não se resume, apenas, ao campo da responsabilidade civil a atuação da autoridade quando, ilegalmente, quebra o sigilo bancário de qualquer cidadão.

O art. 10 da Lei Complementar nº 105, de 10 de janeiro de 2001, determina que: "A quebra de sigilo, fora das hipóteses autorizadas nesta Lei Complementar, constitui crime e sujeita os responsáveis à pena de reclusão, de um a quatro anos, e multa, aplicando-se, no que couber, o Código Penal, sem prejuízo de outras sanções cabíveis". A seguir, no seu parágrafo único, explicita que "Incorre nas mesmas penas quem omitir, retardar injustificadamente ou prestar falsamente as informações requeridas nos termos desta Lei Complementar". O art. 11 da mesma lei complementar expressa que:

> O servidor público que utilizar ou viabilizar a utilização de qualquer informação obtida em decorrência da quebra de sigilo de que trata esta Lei Complementar responde pessoal e diretamente pelos danos decorrentes, sem prejuízo da responsabilidade objetiva da entidade pública, quando comprovado que o servidor agiu de acordo com a orientação oficial.

12 O sigilo bancário e o tratamento que lhe é dado por alguns doutrinadores

Rui Celso Reali Fragoso, Presidente do Instituto dos Advogados de São Paulo, em artigo intitulado "O sigilo bancário", veiculado pela Internet <http://www.jus.com.br>, registra que, atualmente, temos três sistemas legais, no mundo, cuidando do sigilo bancário. O primeiro é o anglo-saxão, em que o sigilo não encontra amparo legal; o segundo é o dos países da Europa continental — "eu o contemplo em vários diplomas legais"; o terceiro é o da "Suíça e do Líbano, que o reforçam".

Analisando esses três sistemas, o autor citado observa: "Há aparente contradição no sistema inglês e norte-americano, pois se de um lado nestes países se eleva a garantia das liberdades individuais, de outro se despreza o sigilo bancário. É que se ocorre conflito entre a apuração de fatos (fator social) e a privacidade das pessoas (fator individual) prevalece a primeira. Mais ainda: o relacionamento de clientes e bancos, longe de estabelecê-lo, serve como fonte de informação em favor de terceiros; a indiscrição injustificada, porém, é objeto de sanção. E na Inglaterra os poderes públicos não intervêm no funcionamento dos estabelecimentos privados de crédito, o que debilita a investigação. Nos países da Europa continental a legislação contempla o sigilo bancário como conseqüência do profissional, e comporta derrogações na esfera penal e em alguns casos na civil, mas comina sanções criminais no caso de violação do sigilo (Cód. Penal francês artigo 378, Cód. Penal italiano art. 622). A sistemática fortalecida é aquela utilizada na Suíça, decorrente da crise ocorrida em 1931 com o fechamento do Banco de Genebra, que ensejou a edição de lei estabelecendo severas punições de natureza civil e criminal. Tanto a legislação suíça como a libanesa esta surgida em 1956, permitem derrogações em certas hipóteses. A existência das contas numeradas comprova a importância do sigilo nestes países. É certo não ser absoluto o segredo, nem sua quebra em determinadas situações significa abuso de poder. Aliás, nenhum direito é absoluto".

A doutrina tem, ultimamente, tomado conhecimento sobre as transformações que têm passado, em vários ordenamentos jurídicos, a questão do sigilo bancário.

Zenobio Simões de Melo, Advogado no Paraná, em artigo sob o título "Quebra do sigilo bancário" <http://jus.com.br>, informa que o jornal *O Estado de S.Paulo*, de 21 de junho de 2000, publicou a notícia seguinte: "Numa das mais importantes decisões adotadas durante o Conselho Europeu que marca o fim da presidência portuguesa da União Européia (EU), seus 15 países aprovaram ontem o pacote de harmonização fiscal. No ponto mais polêmico, o pacote deverá acabar com o sigilo bancário até 2010 (...) foi uma negociação de 12 anos (...). Áustria e Luxemburgo não aceitavam o princípio de acabar com o sigilo bancário. A justificativa austríaca é que este é um princípio que faz parte da Constituição do país há 200 anos. Para aceitar o acordo, o país exigiu a manutenção do sigilo nos bancos austríacos para quem resida no país".

Registramos a íntegra da notícia:

Pacote de harmonização fiscal é aprovado por membros da EU. Decisão prevê quebra do sigilo bancário nos países do bloco econômico.

JAIR RATTNER

Especial para o Estado SANTA MARIA DA FEIRA, Portugal – Numa das mais importantes decisões adotadas durante o Conselho Europeu que marca o fim da presidência portuguesa da União Européia UE), seus 15 países aprovaram ontem o pacote de harmonização fiscal. No ponto mais polêmico, o pacote deverá acabar com o sigilo bancário até 2010. "Foi uma negociação de 12 anos. Agora temos um documento que vai estabelecer os princípios e as orientações para as futuras diretivas nessa área", afirmou o primeiro-ministro português, Antonio Guterres, que ocupa a presidência rotativa da UE (no fim do mês, ela será transferida para a França). O acordo abrange três áreas: um código de conduta, que prevê o desmantelamento dos 66 paraísos fiscais existentes ou dependentes da UE; a tributação de royalties; e o pagamento de impostos sobre rendimentos das poupanças de cidadãos europeus residentes em outros países, dentre os 15 que fazem parte do bloco econômico europeu. O grande problema eram as poupanças. Áustria e Luxemburgo não aceitavam o princípio de acabar com o sigilo bancário. A justificativa austríaca é que este é um princípio que faz parte da Constituição do país há 200 anos. Para aceitar o acordo, o país exigiu a manutenção do sigilo nos bancos austríacos para quem resida no país. Essa questão não é importante só para a Europa, porque abre caminho para a criação de mecanismos de transparência global no mundo financeiro que são essenciais para a globalização da economia", avaliou Guterres. O prazo para a introdução das mudanças vai até o fim de 2010. Até o fim deste ano, as negociações vão ser sobre a definição do conteúdo das diretivas (as normas da UE). Em 2002, a UE discutirá com outros países esses conteúdos, para fazer acordos que deverão ser aprovados até o fim do ano por unanimidade. A partir de 2003, será iniciado um período de sete anos de transição para a troca de informações sobre os investimentos de cidadãos de outros países europeus. Nesse período, alguns países poderão optar por cobrar impostos de 20% a 25% sobre os rendimentos dos investimentos de residentes no exterior.

No capítulo onde foi analisado o sigilo bancário no Direito Comparado há registros, também, a respeito do tratamento que órgãos internacionais, como o OCDE20 e outros, vêm dando ao sigilo bancário, conforme estudo que foi apresentado pelo autor ali citado.

Heleno Torres, em sua obra *Direito tributário internacional: planejamento tributário e operações transnacionais* (São Paulo: Revista dos Tribunais, p. 147), analisando o posicionamento da OCDE referente à política de determinados países que adotam tributação favorecida e os efeitos dos regimes fiscais prejudiciais, registra que: "A OCDE resolveu entrar na luta para minorar as práticas fiscalmente danosas, insistindo sobre a necessidade de aumentar as trocas de informações entre os Estados, além de redigir uma lista de país com tributação favorecida e fazer algumas recomendações em âmbito nacional e convencional a partir do seu importante Relatório: Harmful tax competition: na emerging global issue. Mesmo reconhecendo os aspectos positivos do ambiente global vigente, no qual os sistemas tributários operam, os países-membros da OCDE concluíram que eles precisavam agir para restringir a competição tributária danosa, coletivamente e individualmente, opondo-se à expansão de regimes de impostos preferenciais danosos, particularmente nos setores financeiros e atividades de serviço, que podem causar distorções no comércio e desníveis nos padrões de investimento, sendo uma ameaça para os sistemas tributários domésticos e para a estrutura global de tributação internacional".

Mais adiante, p. 152-153, Heleno Torres afirma que:

> Entre as recomendações definidas nesse Relatório, com aplicação dirigia aos países-membros da instituição, as mais importantes são as seguintes: para contrastar a competição fiscal prejudicial, os países devem revisar as suas leis, regulamentos e práticas sobre sigilo bancário, para remover empecilhos de acesso a tais informações, por autoridades fiscais, intensificar o uso de trocas de informações, principalmente sobre as transações com países de tributação favorecida.

A conclusão que pode ser firmada, após análise dos pronunciamentos internacionais acima explicitados, é a construção de uma corrente que defende maior abertura para a quebra do sigilo bancário, quando for necessário para apurar ilícitos tributários.

Acentuamos que a OCDE é a Organização de Cooperação e Desenvolvimento Econômico, criada em 1961, para substituir a OECE (Comitê Fiscal da Organização Europeia de Cooperação Econômica. Um dos documentos mais importantes da OCDE é o resultante da sua Convenção Modelo relativa a impostos sobre a renda e o capital. Essa Convenção está sistematizada em sete capítulos, assim explicitados por Alberto Xavier, em sua obra *Direito tributário internacional do Brasil*:

> A Convenção Modelo da OCDE (tal como a das Nações Unidas) encontra-se sistematizada em sete capítulos. Os capítulos I e II regulam os requisitos para a aplicação do tratado. O capítulo III — de longe o mais importante — contém as regras de distribuição de competência no que concerne aos impostos sobre o rendimento, classificado este por tipos ou classes, à semelhança do que sucede nos sistemas de tributação cedular. O capítulo IV ocupa-se das regras de distribuição de competência no que respeita aos impostos sobre o capital. O capítulo V determina as conseqüências das regras dos capítulos III e IV, facultando aos Estados a escolha entre os métodos da isenção e da imputação. O capítulo VI contém disposições adicionais sobre não discriminação, procedimento amigável, troca de informações e privilégios de funcionários diplomáticas e consulares e regras sobre extensão do tratado a partes do território. Enfim, o capítulo VII contém disposições finais sobre entrada em vigor e cessação do acordo.

Essa, portanto, é a resposta que temos para a indagação: "Qual o tratamento proposto por órgãos internacionais como o OCDE e outros, com relação ao sigilo bancário?"

13 Compatibilização do combate à criminalidade internacional com o respeito à segurança jurídica, a fim de evitar a fuga de investimentos do país

Há de se reconhecer não ser fácil desenvolver-se um sistema jurídico que contenha regras que facilitem o combate à criminalidade internacional e ao mesmo tempo prestigie os direitos fundamentais do cidadão, especialmente, a sua segurança jurídica.

As convenções internacionais, conforme demonstrado, estão preocupadas com esses aspectos, sem deixar de lado os fenômenos causados pela globalização.

Não deve ser esquecido que o tema envolve aspectos diversos, a começar pelos determinantes da soberania dos Estados, das forças em expansão das organizações internacionais e da pregação para que os direitos fundamentais do cidadão sejam respeitados com maior intensidade.

A solução, ao meu pensar, pode ser encontrada no fortalecimento do Direito Comunitário. Os Estados, por via de organismos internacionais, firmariam tratados para a adoção de um Código Processual Penal Internacional, com efeitos vinculantes por parte das Nações, onde seriam adotadas regras investigatórias e apuratórias dos ilícitos internacionais, alargando os conceitos de indícios e presunções, sem deixar, contudo, de prestigiar a afetividade dos direitos e garantias fundamentais do cidadão.

Todas as nações, no início deste século, envidam esforços para diminuir a crise da segurança jurídica. São vários os fatores determinantes, todos tendo como causa comum o crescimento da delinquência em decorrência de políticas econômicas e sociais adotadas por determinados governos que contribuem para aumentar o percentual de pessoas pobres.

A preocupação atual, para o combate ao crime internacional, é alcançar nível de uniformização dos sistemas adotados para a quebra do sigilo bancário. De início, deve ser defendida a postura de que nenhuma lesão ou ameaça a direito deve ser excluída da apreciação do Poder Judiciário. Nessa perspectiva, ganha suma importância a criação do Tribunal Penal Internacional, em virtude de, pela sua atuação, não perdurar a diversidade de sistemas legais a respeito do assunto, a saber: a) o anglo-saxão, onde o sigilo não encontra amparo legal; b) o dos países da Europa continental, que contempla em vários diplomas escritos; e c) o da Suíça e o do Líbano, que o reforçam.

A criação do Tribunal Penal Internacional envolve uma reconceituação de soberania.

Sobre o tema, Celso D. de Albuquerque Mello, em *Direito internacional da integração* (Renovar, p. 13), faz a seguinte observação:

> Poder-se-ia fazer um pequeno reparo a Chaumont que a 'independência nacional' é um conceito juridicamente indeterminado e que ela pode ter diferentes graus. Tanto que podemos escrever "soberania versus cooperação internacional", apesar de reconhecermos que esta posição pode ser considerada como radical, vez que não há uma total incompatibilidade entre as duas. Entretanto, não se pode deixar de constatar que, de certo modo, a cooperação internacional se encontra consagrada na Carta da ONU no art. 1º que trata dos "Propósitos das Nações Unidas" e nos "Princípios" estabelecidos na Carta da OEA (Capítulo II). O mesmo ocorre na resolução da Assembléia Geral da ONU de 1970, que aprova a "Declaração Relativa aos Princípios do Direito Internacional relativas às relações Amigáveis e à Cooperação entre os Estados conforme a Carta das Nações Unidas", bem como na Carta de Direitos e Deveres Econômicos, aprovada pela mesma Assembléia Geral em 1974.

O crescimento do crime internacional, em decorrência dos fenômenos globalizantes, determina o surgimento de um dever jurídico de os Estados firmarem pactos de cooperação entre si para que enfrentem as organizações voltadas para a criminalidade. Esse dever jurídico globalizado tem suas raízes na moral internacional que, conforme assinala Celso Albuquerque Mello (*Op. cit.*, p. 13), sempre consagrou o princípio da solidariedade, ou ainda, do auxílio mútuo.

É o mais importante desafio neste início de século fazer com que surja uma legislação internacional que compatibilize o combate à criminalidade internacional sem violar a segurança jurídica, com finalidade exclusiva de evitar a fuga de investimentos do país.

Tenha-se, contudo, em consideração que a globalização do crime, embora seja uma grande ameaça aos valores tradicionais que sustentam a cidadania, especialmente a segurança jurídica, não deve prejudicar o desenvolvimento econômico de qualquer nação.

Não faço coro ao assinalado por Eric Hobsbawm, em sua obra *Era dos extremos: o breve século XX: 1914-1991* (Tradução de Marcos Santarrita. São Paulo: Companhia das Letras, 1995. p. 24), no sentido de que "Talvez a característica mais impressionante do fim do século XX seja a tensão entre esse processo de globalização cada vez mais acelerado e a incapacidade conjunta das instituições públicas e do comportamento coletivo dos seres humanos de se acomodarem a ele".

Penso que não há essa acomodação e que as instituições públicas, especialmente as submetidas ao controle da Ciência Jurídica, não estão incapacitadas de encontrar caminhos que solucionem o problema existente.

É por demais positivo, entre outros acontecimentos, o fato da conscientização de que há de ser encontrada uma forma de combate à criminalidade internacional que não afaste a garantia da segurança jurídica. Esta é uma necessidade para impor paz à nação e, consequentemente, criar ambiente para que novos investimentos necessários ao desenvolvimento do seu processo econômico aconteçam, sem se falar na manutenção dos já existentes.

O Parlamento Europeu aprovou, ultimamente, uma resolução sobre a criação do Tribunal Penal Internacional, sob a consideração de que é necessário criá-lo de forma permanente, para complementar os sistemas judiciais nacionais e por fim a impunidade de que gozam os responsáveis por genocídio, crimes contra a humanidade e crimes de guerra.

A abertura para essa posição denota a formação de uma consciência internacional para combater a criminalidade internacional em todos os níveis, contribuindo para fortalecer a segurança jurídica interna de cada país.

O documento representativo dessa resolução é do teor seguinte:

Parlamento Europeo. Resolución sobre el Tribunal Penal Internacional El Parlamento Europeo, Vistas sus anteriores resoluciones sobre un Tribunal Penal internacional, A) Considerando que es necesario crear un Tribunal Penal Internacional permanente que complemente los sistemas judiciales nacionales y ponga fin a la impunidad de que gozan los responsables de genocidio, crímenes contra la humanidad y crímenes de guerra, B) Considerando que la Comisión de Derechos Humanos de las Naciones Unidas está respaldando decididamente la creación de ese Tribunal, C) Considerando que la fase preparatoria de la creación del Tribunal Penal Internacional finalizo con la última sesión del Comité Preparatorio de las Naciones Unidas, que tuvo lugar del 16 de marzo al 3 de abril de 1998, D) Felicitándose por la creciente participación de Estados en el proceso de negociaciones y esperando que un número aún mayor de Estados procedentes de todas las regiones se encuentre plenamente representado en la Conferencia Diplomática de Roma, E) Considerando que del 15 de junio al 17 de julio de 1998 se celebra en Roma la Conferencia Diplomática de Plenipotenciarios para la constitución de un Tribunal Penal Internacional, F) Considerando que los Estados miembros y la delegación de la Comisión Europea, que participan en la Conferencia Diplomática de Roma, pueden desempeñar un papel crucial a la hora de garantizar el éxito de la conclusión de esta Conferencia Diplomática, y acogiendo positivamente la mayor convergencia de las posturas de los Estados miembros de la UE, G) Congratulándose por la oferta del Gobierno de los Países Bajos de servir de sede del Tribunal Penal Internacional permanente, 1. Insta a la Conferencia Diplomática de Roma a aprovechar la oportunidad histórica de concluir un texto de Estatuto para un Tribunal Penal Internacional independiente, justo y eficaz; 2. Insta a los representantes de los Estados miembros, del Consejo y de la Comisión a garantizar activamente el éxito de los resultados, a saber, un auténtico Tribunal Penal Internacional, en lugar de limitarse a un acuerdo de compromiso sobre principios esenciales en sus esfuerzos por conciliar las posturas de Estados reticentes; 3. Destaca que, para constituir un complemento eficaz de los sistemas judiciales nacionales, el

Estatuto del Tribunal Penal Internacional permanente objeto de la Conferencia de Roma deberá establecer: a) un Fiscal independiente con competencias para investigar e instruir sumarios por propia iniciativa en situaciones en las que se hayan cometido los delitos sometidos a la jurisdicción del Tribunal, b) la jurisdicción inherente y universal del Tribunal en materia de genocidio, crímenes contra la humanidad, crímenes de guerra y agresión, sin que se requiera ningún consentimiento del Estado, c) una buena relación de trabajo con los Tribunales Internacionales ya establecidos en La Haya, d) una relación constructiva con las Naciones Unidas, y en particular con el Consejo de Seguridad, basada en el pleno reconocimiento de sus respectivas funciones y competencias, e) la obligación de los Estados firmantes de acatar y hacer cumplir sin demora las ordenes y decisiones del Tribunal, f) los mayores niveles de respeto de los derechos de los acusados y de los sospechosos y de protección de los intereses de las víctimas y de los testigos, g) la garantía de una financiación a largo plazo, necesaria para asegurar la autonomía e independencia del Tribunal frente a cualquier presión exterior; 4. Destaca, además, que la jurisdicción del Tribunal sobre los delitos de genocidio, los crímenes contra la humanidad y los crímenes de guerra deben considerarse con la misma calificación penal con independencia de que se hayan cometido en conflictos armados internacionales o en conflictos internos; 5. Insta al Consejo y a los Estados miembros a garantizar la universalidad y la transparencia de las negociaciones y la participación continuada de la comunidad jurídica y la sociedad civil internacionales; 6. Encarga a su Presidente que transmita la presente resolución al Consejo, a la Comisión, a los Gobiernos de los Estados miembros, al Secretario General de las Naciones Unidas, al Presidente de la Asamblea General de las Naciones Unidas y al Presidente de la Conferencia Diplomática de las Naciones Unidas para la constitución de un Tribunal Penal Internacional.

A resolução supracitada demonstra que cresce a conscientização da necessidade de ser criado um Tribunal Penal Internacional, com força cogente, obrigatória de suas decisões no âmbito interno dos países que participarem do pacto de sua constituição.

A doutrina internacional revela que a comunidade internacional somente agora vem se preocupando em criar uma: "estructura internacional para determinar las responsabilidades individuales emergentes de violación de ciertos derechos básicos del ser humano. Los mecanismos de responsabilidad estatal creados desde los 60 se dirigen a la mayor protección del ser humano y la erradicación de las prácticas de violación sistemática de los derechos humanos, or via de la condena al Estado que ordena o que tolera los abusos por lo cual sé estructuraron entorno al Estado como sujeto responsable. Como ha señalado la Corte Internacional de Derechos Humanos, el procedimiento ante ella no es un procedimiento penal; lo que se busca determinar es el nivel de cumplimiento por parte de un Estado de sus obligaciones de derecho internacional. Sin desconocer la importancia de determinar la responsabilidad del Estado para que este tenga un incentivo para erradicar esas práctica de sus fronteras, es pertinente destacar que las violaciones más grave son, en última instancia, cometidas por individuos" (Francisco Cox, Encarregado del TPI, HDH, em artigo intitulado "El HDH ante Ia Cración de um Tribunal Penal Internacional", no site: <http://www.iidh.ed.cr/cpi/tpintro.html>.

A criação de um Tribunal Penal Internacional atuaria permanentemente e teria competência subsidiária em relação à outorgada aos Tribunais Nacionais, limitando-se a atuar, apenas, nos crimes internacionais previamente definidos como sendo do interesse da comunidade global.

Merece registro, no âmbito do assunto tratado, que na Conferência Regional sobre o Tribunal Penal Internacional, realizada em 18 e 19 de fevereiro de 1998, na cidade de Guatemala, um dos temas tratados foi o relativo à harmonização das incriminações, quando os seguintes aspectos foram discutidos:

"Branqueamento, corrupção, fraude fiscal, participação em associações criminosas: um olhar à luz dos direitos nacionais e do direito internacional. Perspectivas. Quais os comportamentos a incriminar? Criar uma nova incriminação da fraude fiscal? Uma tentativa de harmonização: o Corpus Júris contendo disposições penais pra proteção dos interesses financeiros da União Européia. As negociações no seio do Conselho da Europa e da OCDE referentes à luta contra a corrupção etc". O referido painel foi presidido por Benoît Dejemeppe, procurador do Rei em Bruxelas e contou com a presença de Tereza Beleza, professora de Direito Penal na Faculdade de Direito de Lisboa, como moderadora.

Há, como visto, um largo campo de análise para desenvolver, com possibilidade do surgimento de sugestões que levem a Ciência Jurídica a alcançar, com a atuação estatal, uma competência internacional que possa combater o crime internacional e ao mesmo tempo proporcione segurança jurídica na ordem interna, ganhando, assim, o sistema jurídico confiança dos investidores.

14 Conclusão

Em conclusão: A forma de compatibilizar o combate à criminalidade internacional sem violar a segurança jurídica necessária a evitar a fuga de investimentos do país está na criação do Tribunal Penal Internacional com competência definida para processar e julgar delitos globalizantes e cujas decisões tenham força imperativa no âmbito interno das nações participantes do pacto para o seu nascimento.

As reflexões que acabamos de fazer sobre sigilo bancário refletem posicionamento que tínhamos em 2001 e que atualizamos para o atual momento, fevereiro de 2010, considerando que o tema continua indefinido na jurisprudência do Supremo Tribunal Federal, como demonstramos, onde aguarda julgamento das ações diretas de inconstitucionalidade apresentadas e de recurso extraordinário onde se reconheceu a sua repercussão geral.

Informação bibliográfica deste texto, conforme a NBR 6023:2002 da Associação Brasileira de Normas Técnicas (ABNT):

DELGADO, José Augusto. O sigilo bancário no ordenamento jurídico brasileiro – visão contemporânea (fevereiro de 2010). *In*: SARAIVA FILHO, Oswaldo Othon de Pontes; GUIMARÃES, Vasco Branco (Coord.). *Sigilos bancário e fiscal*: homenagem ao Jurista José Carlos Moreira Alves. Belo Horizonte: Fórum, 2011. p. 541-582. ISBN 978-85-7700-405-8.

O Sigilo e a Lei Tributária: Transparência, Controle da Legalidade, Direito à Prova e a Transferência do Sigilo Bancário para a Administração Tributária na Constituição e na Lei Complementar nº 105

Eurico Marcos Diniz de Santi

Sumário: 1 Sigilo bancário! Para quê? Objeto de análise: *transferência do sigilo* e o direito de acesso da Administração Tributária à movimentação bancária dos contribuintes – **2** Questões objeto de análise – **3** Definindo e demarcando (i) as informações protegidas constitucionalmente em nome da intimidade e da vida privada do indivíduo e que não são objeto de controvérsia nas ADINs; (ii) áreas de informação *fora do núcleo de proteção* e que são objeto de obrigações tributárias; e (iii) transferência do sigilo: entre mitos, sacralizações, generalizações apressadas e desconhecimento dos termos da LC nº 105 – **3.1** Áreas de proteção ao sigilo: zonas de proteção alegadas nas ADINs que não são objeto de controvérsia – **3.2** Áreas de informação *fora do núcleo de proteção* da intimidade e da vida privada e que já são objeto de obrigações acessórias na legislação ordinária: o problema dos tributos declaratórios e os cupins tributários (*fiscal termites*) – **3.3** Transferência do sigilo: entre mitos, sacralizações, generalizações apressadas e desconhecimento dos termos da LC nº 105 – **4** Narrativa legal, dos fatos às normas: sobre o direito de acesso às informações bancárias pela Administração Tributária – **4.1** A Lei nº 4.595/64: o dever de sigilo das instituições financeiras e a garantia do direito de acesso às informações pelo Fisco – **4.2** Restrição do uso amplo das informações da CPMF e manutenção dos termos do artigo 38 da Lei nº 4.595/1964 – **4.3** Advento da LC nº 105, afastando a restrição ao uso amplo das informações da CPMF e a atualização dos termos do artigo 38 da Lei nº 4.595/1964 – **4.4** Espelho legal: o artigo 38 da Lei nº 4.595/1964 e a LC nº 105 – **4.4.1** Artigo 5º da LC nº 105: informes financeiros – **4.4.2** Artigo 6º da LC nº 105: informações em processo ou procedimento administrativo – **4.5** Plena vigência da LC nº 105 e as ADINs interpostas – **5** Perspectiva global: tendências políticas internacionais sobre o "sigilo bancário" e a orientação da OCDE para que todos os países-membros permitam o acesso às informações bancárias para propósitos tributários – **6** "A morte do segredo bancário suíço" e a inexistência de fundamento semelhante na Constituição ou na legislação brasileira – **6.1** Razões históricas do sigilo bancário suíço: espiões nazistas e pressão dos franceses – **6.2** A morte do segredo bancário suíço, transconstitucionalismo: a pressão dos EUA e da UE na formação de um novo cenário jurídico global – **6.3** Da inexistência de obstáculo constitucional ou legal no Brasil à transferência do sigilo bancário para a Administração Tributária – **7** É injustificada a generalização do medo da transferência do sigilo bancário – **8** O receio do uso ilícito da competência administrativa de transferência do sigilo (quebra do sigilo) pretendendo justificar o exercício absoluto e abusivo dos direitos à intimidade e à vida privada – **9** Desconhecimento dos termos da LC nº 105 e sua regulamentação: sem tributos, não há Estado; sem Estado, não há propriedade: sem propriedade, para que serve o sigilo bancário? – **10** Legalidade como instrumento da igualdade (*caput* do artigo 5º modulando seus incisos X, XII e LV) que se impõe ao sigilo bancário em face da necessidade da prova, motivação do ato de lançamento, que realiza e concretiza a legalidade – **10.1** Legalidade e a necessidade da prova como motivação do ato de lançamento, delimitando o núcleo do direito à intimidade e à privacidade, previstos no artigo 5º, inciso X, da Constituição – **10.2** Legalidade e a interpretação do artigo 5º, inciso XII, da Constituição, como confirmação da importância da garantia à prova também para as comunicações telefônicas – **10.3** Legalidade e necessidade da transferência do sigilo bancário como realização dos meios de prova inerentes ao devido processo legal – **10.4** Legalidade e interpretação do artigo 145, §1º, da Constituição, como fundamento da eficácia do Sistema Tributário Nacional desenhado pelo legislador constituinte – **11** Conclusão: resposta às questões objeto de análise

1 Sigilo bancário! Para quê? Objeto de análise: *transferência do sigilo* e o direito de acesso da Administração Tributária à movimentação bancária dos contribuintes

Existe, no Brasil, direito do contribuinte ao sigilo bancário? Qual seu fundamento perante o Fisco? Existe o direito de ocultar provas do Fisco? É possível obrigar a Administração Tributária a respeitar a legalidade, a igualdade e, ao mesmo tempo, proibir ou restringir o acesso ao motivo do ato de lançamento: a prova do fato gerador? Existe legalidade sem provas? DIPJ, DCTF, declaração de imposto sobre renda, GARE, GIA, etc., não são informações que o contribuinte tem o dever de prestar perante a Administração Tributária? Estas mesmas informações não estão espelhadas na movimentação bancária do contribuinte? Então, se são as mesmas informações, por que falar em sigilo? Sem provas é possível ato de lançamento? Como verificar se as informações prestadas pelo contribuinte são verdadeiras? Como evitar um legalismo autista que impõe a lei como símbolo, mas ignora sua eficácia social? Obstruir o acesso à prova do fato gerador ou limitar seu acesso não incentivaria a sonegação, a evasão e a ineficácia na aplicação da lei tributária?

Por outro lado, como todo o direito é relacional, *i.e.*, se impõe entre partes, pergunta-se: que direito se opõe ao sigilo bancário? Existe justificativa lícita para restringir nos bancos o mesmo tipo e o mesmo nível de informação que o Fisco já obtém com a adimplência das obrigações acessórias? Deslocar esse acesso de informações, exclusivamente, pela via do Poder Judiciário, em nome do genérico fundamento da universalidade da jurisdição, não seria uma forma de mitigar a efetividade da legislação tributária?

O que protege mais o sigilo bancário e o contribuinte zeloso de suas obrigações? Os dispositivos vagos e dispersos na Constituição ou o detalhamento e as prerrogativas asseguradas pela LC nº 105?[1] Há sentido em interpretar os incisos X, XII e LV do artigo 5º da Constituição, sem considerar o *caput* deste dispositivo?

Consoante minhas convicções sobre **a relação entre aplicação do direito, prova, transparência e controle da legalidade** que venho defendendo e especialmente sobre a relevância da Lei Complementar nº 105 — tema a que me dediquei pela primeira vez na palestra "Análise do sigilo bancário: entre regras e princípios", no II Congresso Nacional de Direito e Legislação Tributária, na cidade de Natal/RN, em 2005 e, mais recentemente, em outubro de 2008, no XXII Congresso Brasileiro de Direito Tributário do IDEPE (Instituto Geraldo Ataliba), em São Paulo, bem como na pesquisa que coordenei, realizada em 2007 e publicada nos *Cadernos Direito GV*, n. 21, de janeiro de 2008, sobre "Tributação, responsabilidade e desenvolvimento: direito à transparência, estudo sobre a destinação da CPMF e da CIDE-Combustíveis"[2] —, a Unafisco Sindical, mediante seu Presidente Pedro Delarue Tolentino Filho e seu Diretor de Assuntos Jurídicos, Wagner Teixeira Vaz, propõe-me o enfrentamento e a detida análise das inquietantes questões que abrem este texto, solicitando estudo — independente — sobre a relevância e a função jurídica da LC nº 105 no Sistema Tributário Nacional.

2 Questões objeto de análise

1. A transferência do sigilo bancário à Administração Tributária ofende o direito à intimidade e à vida privada, previstos no artigo 5º, inciso X, da Constituição?
2. A transferência do sigilo bancário à Administração Tributária ofende a proteção ao sigilo de dados, prevista no artigo 5º, inciso XII, da Constituição?
3. A transferência do sigilo bancário à Administração Tributária, nos termos da LC nº 105 e sua regulamentação, representa ofensa ao devido processo legal e aos princípios do contraditório e da ampla defesa?
4. A transferência do sigilo bancário à Administração Tributária ofende os "direitos individuais" mencionados no artigo 145, §1º, da Constituição?
5. A intervenção representada pela medida da "transferência do sigilo bancário" à Administração Tributária atende a extensão e sentido do princípio da razoabilidade?
6. Meros dados bancários genéricos ou cadastrais do contribuinte como o nome do cliente da instituição bancária, seu CPF ou CGC, número da conta bancária, ou a informação se há, naquela instituição, aplicação financeira em nome do contribuinte, os valores globais depositados ou investidos, ou a movimentação periódica de valores, portanto, informes incapazes de

---

[1] Afinal, uma das principais funções das regras é imprimir eficácia a valores, concretizando princípios abstratos, de modo a orientar a ação normativa, qualificando e punindo seu descumprimento.

[2] Realizada em conjunto com as pesquisadoras Tathiane Piscitelli e Andrea Mascitto.

desvendar algo da intimidade das pessoas, podem ser tidos como amparados pela garantia da vida privada?
7. Estariam protegidos em relação ao Fisco os informes bancários genéricos de pessoas jurídicas? Pessoas jurídicas têm intimidade ou vida privada, quando a legislação comercial exige a publicação dos balanços de algumas empresas?
8. Com supedâneo no §1º do art. 145 da CF, que faculta à Administração Tributária, especialmente para conferir efetividade ao princípio da pessoalidade de alguns impostos, ao princípio da igualdade entre contribuintes e da capacidade contributiva, respeitados os direitos individuais e nos termos da lei, identificar o patrimônio, os rendimentos e as atividades econômicas do contribuinte, seria admissível que lei complementar razoável determinasse a transferência direta do sigilo bancário das instituições financeiras para a Administração Tributária, independentemente de prévia apreciação do Poder Judiciário?
9. A transferência de sigilos, de sigilo bancário para sigilo fiscal, nos termos de lei complementar, não garantiria a vida privada dos contribuintes, já que impediria que outras pessoas, que não tenham justo motivo para ter acesso a esses dados, tomem ciência desses informes?
10. Estaria a transferência do sigilo bancário submetida a reserva constitucional de jurisdição? Ou seja, somente o Poder Judiciário poderia relativizar a transferência do sigilo bancário?
11. O STF, por ocasião do julgamento da ADIn nº 1.790, admitiu a legitimidade da transferência, mesmo sem lei que autorizasse e mediante remuneração, de registros de dados de clientes por parte de estabelecimentos comerciais e instituições financeiras com o escopo de proteção de créditos privados e do lucro. Diante desta decisão, por que não seria constitucionalmente possível que lei complementar autorizasse a transferência direta de dados bancários genéricos, que nada revelam da vida privada das pessoas, para a Administração Tributária, para que fosse atendida a determinação constitucional do art. 145, §1º?

3 Definindo e demarcando (i) as informações protegidas constitucionalmente em nome da intimidade e da vida privada do indivíduo e que não são objeto de controvérsia nas ADINs; (ii) áreas de informação *fora do núcleo de proteção* e que são objeto de obrigações tributárias; e (iii) transferência do sigilo: entre mitos, sacralizações, generalizações apressadas e desconhecimento dos termos da LC nº 105

A Renascença marca o início, o século XVIII apurou a distinção entre o público e o privado, o século XIX foi o palco e a Declaração dos Direitos do Homem e do Cidadão representa o documento a partir do qual se reconhece o *indivíduo jurídico abstrato* como realidade, traçando círculos idealmente concêntricos e entrecruzados entre a sociedade civil, o privado, o íntimo e o individual.[3]

O privado deixou de ser coisa maldita, proibida e obscura: o local de nossas delícias e servidões, de nossos conflitos e sonhos. Neste processo, assinala Michelle Perrot, a Revolução Francesa opera uma ruptura dramática e contraditória: ao mesmo tempo em que reconhece o direito dos indivíduos, há desconfiança de que os "interesses privados" ou particulares ofereçam sombra propícia aos complôs e às traições. Ao privado, a vida pública postula a transparência sonhada por Rousseau:[4]

> Se eu pudesse escolher o lugar de meu nascimento, escolheria um Estado onde, como todos os indivíduos se conheceriam entre si, as obscuras manobras do vício ou da modéstia da virtude não teriam como se ocultar aos olhos e ao julgamento público.

Nessa marcha, em França, o domicílio é declarado inviolável (1792) e as perquirições noturnas são proibidas (1795): a residência e a noite delineiam o espaço-tempo da *privacy* em torno do corpo do qual se atribui a dignidade (supressão da maioria das penas infames) e a liberdade. O direito ao sigilo de correspondência é reconhecido tardiamente: "será preciso esperar a Terceira República para que as autoridades renunciem a controlar as cartas nos postos de correio, mas o marido tem, por princípio, a faculdade de supervisionar a correspondência de sua esposa; ao passo que, nos internatos e prisões, abrem-se desavergonhadamente as cartas dos internos ou detidos".[5]

Intimidade e vida privada do indivíduo, assim, foram consolidando-se historicamente como direitos fundamentais.[6] Paulo Ribeiro Pacello,[7] orientado por Dimitri Dimoulis, em leitura comparativa do dispositivo sobre o sigilo de comunicação nas

---

[3] PERROT, Michelle. *História da vida privada*. São Paulo: Schwarcz, 1991. p. 9-17. Para delimitar o direito à privacidade, Tercio Sampaio Ferraz Jr. destaca: "no recôndito da privacidade se esconde, pois, em primeiro lugar, a intimidade". Não se trata, então, de tutelas iguais, mas sim passíveis de graduação: a privacidade é mais que a intimidade. Ainda sobre essa diferenciação, o autor ressalta: "A intimidade é o âmbito do exclusivo que alguém reserva para si, sem nenhuma repercussão social, nem mesmo ao alcance de sua vida privada que, por mais isolada que seja, é sempre um viver entre os outros (na família, no trabalho, no lazer em comum). Não há um conceito absoluto de intimidade, embora se possa dizer que o seu atributo básico é o estar-só, não exclui o segredo e a autonomia. (...) Já a vida privada envolve a proteção de formas exclusivas de convivência. Trata-se de situações em que a comunicação é inevitável (...) das quais, em princípio, são excluídos terceiros. Seu atributo máximo é o segredo, embora inclua também a autonomia e, eventualmente, o estar-só com os seus" (FERRAZ JR., Tercio Sampaio. Sigilo de dados: o direito à privacidade: os limites à função fiscalizadora do Estado. In: PIZOLIO, Reinaldo, GAVALDÃO JR., Jayr Viégas (Coord.). *Sigilo fiscal...*, cit., p. 20-21. Sobre o conteúdo constitucionalmente tutelado do direito à privacidade confira, a título indicativo: SAMPAIO, José Adércio Leite. *Direito à intimidade e à vida privada*. Belo Horizonte: Del Rey, 1998; MIGUEL, Carlos Ruiz. *La configuración constitucional del derecho a la intimidad*. Madrid: Tecnos, 1995; FARIAS, Edilsom Pereira de. *Colisão de direitos*: a honra, a intimidade, a vida privada e a imagem versus a liberdade de expressão e informação. Porto Alegre: S. A. Fabris, 2000; SILVA, Edson Ferreira da. *Direito à intimidade*: de acordo com a doutrina, o direito comparado, a Constituição de 1988 e o Código Civil de 2002. São Paulo: J. de Oliveira, 2003.

[4] PERROT, *op. cit.*, p. 612.

[5] Idem, ibidem, p. 114-121.

[6] Segundo Gilmar Ferreira Mendes, a privacidade enseja "ao indivíduo um espaço de autonomia, escoimado de qualquer restrição por parte de Poderes Públicos" (MENDES, Gilmar Ferreira; COELHO, Inocêncio Mártires; BRANCO, Paulo Gustavo Gonet. *Curso...*, cit., p. 380).

[7] Análise em: PACELLO, Paulo Ribeiro. *Sigilo bancário, direito de privacidade e dever de tributação*. Dissertação (Mestrado em Direito) – Universidade Metodista de Piracicaba, Piracicaba, 2004. f. 31-43.

várias constituições brasileiras, deixa claro que a Constituição de 1988 incluiu à área de proteção a "comunicação de dados", que sabidamente adquiriu particular relevância após a expansão do uso da informática nas relações sociais e econômicas. O constituinte só quis ampliar a tutela da comunicação incluindo uma nova modalidade em um típico movimento de modernização e atualização da Constituição, tal como normas que se referiam aos "portos" no século XIX, sofreram acréscimo para regulamentar, também, os "aeroportos" no século XX.

Em sua concepção tradicional, os direitos fundamentais — conforme doutrina Gilmar Ferreira Mendes[8] — "são *direitos de defesa* (*Abwehrrechte*), destinados a proteger determinadas posições subjetivas (...) asseguram a esfera da liberdade individual contra interferências *ilegítimas do Poder Público*, provenham elas do Executivo, do Legislativo ou do Judiciário" (grifamos).

A premissa desta análise parte da distinção necessária entre estes dois diversos espectros de informação relativos à intimidade e de não interferência na vida privada do indivíduo: o *primeiro* cuida de informações invioláveis porque representam o próprio núcleo da proteção destes direitos; o *segundo* trata de informações irrelevantes para o núcleo da proteção desses direitos e, portanto, sujeitas a limitação e regulamentação mediante lei.

Ou seja, há:

i) informações protegidas constitucionalmente em nome da intimidade e privacidade do indivíduo que *não* podem sofrer interferência ilegítima do Poder Público;

ii) informações protegidas constitucionalmente em nome da intimidade e privacidade do indivíduo que podem sofrer regulação *legítima* do Poder Público, mediante lei, para concretização de outras posições também constitucionais.

Tal dualidade, central nesse estudo, pode ser sistematizada no seguinte quadro:

Direito à intimidade e à vida privada

	(*Dentro* do núcleo de proteção)	(*Fora* do núcleo de proteção)
Lícito	Informações protegidas constitucionalmente em nome da intimidade e da vida privada do indivíduo que *não* podem sofrer interferência ilegítima do Poder Público, exemplo: inviolabilidade da residência, sigilo de correspondência e comunicações telegráficas, de dados e das comunicações telefônicas	Informações protegidas constitucionalmente em nome da intimidade e a vida privada do indivíduo que *podem* sofrer regulação *legítima* do Poder Público, exemplo: transferência do sigilo bancário para efeito fiscal dos dados numéricos de movimentação financeira, sem identificação da origem ou dos destinatários
Ilícito	*Quebra do sigilo*: ato inconstitucional	*Quebra do sigilo*: ato inconstitucional e ilegal (LC nº 105)

---

[8] *Direitos fundamentais e controle de constitucionalidade*. São Paulo: Celso Bastos, 1999. p. 36-37.

Note-se, nos termos do §2º do artigo 5º da LC nº 105, que as informações que as instituições financeiras têm o dever de transferir à Administração Tributária *devem se limitar à individualização dos titulares, das operações e dos montantes globais mensalmente movimentados, sem que haja a inserção de qualquer elemento capaz de identificar a origem ou natureza destes gastos.*

No mesmo sentido, Gilmar Ferreira Mendes[9] confirma a impossibilidade de levar esse direito a graus absolutos, apartando o sigilo bancário do núcleo central de proteção da vida privada, em face do interesse da coletividade:

> O sigilo bancário tem sido tratado pelo STF e pelo STJ como assunto sujeito à proteção da vida privada dos indivíduos. Consiste na obrigação imposta aos bancos e aos seus funcionários de discrição, a respeito de negócios, presentes e passados, e de pessoas com que lidaram, abrangendo dados sobre a abertura e o fechamento de contas e a sua movimentação.
>
> O direito ao sigilo bancário, entretanto, não é absoluto, nem ilimitado. *Havendo tensão entre o interesse do indivíduo e o interesse da coletividade, em torno do conhecimento de informações relevantes para determinado contexto social, o controle sobre os dados pertinentes não há de ficar submetido ao exclusivo arbítrio do indivíduo.* (grifamos)

Merece destaque a arguta diferenciação que faz Gilmar Ferreira Mendes neste argumento, aqui como professor e autor em obra que mereceu, em 2008, distinção com o Jabuti, maior prêmio da literatura brasileira, na categoria melhor livro de direito: *uma* é a relação jurídica de sigilo que se estabelece entre os indivíduos em contraposição aos bancos e seus funcionários; *outra* relação jurídica complement diversa e sob regime jurídico distinto é a que se estabelece entre o interesse do indivíduo e da coletividade, nesta "o controle sobre os dados pertinentes não há de ficar submetido ao exclusivo arbítrio do indivíduo".

Também corrobora esse entendimento a jurisprudência dos Tribunais Regionais Federais, a qual *nega que o sigilo bancário se encontra na área de proteção da privacidade* por se tratar de conjunto de informações relativas à atividade econômica de cunho necessariamente público e que já se encontram disponíveis na esfera pública do mercado financeiro, sob a tutela dos bancos, que, de maneira alguma, podem ser tidos como partes do espaço privado do indivíduo. Afirma-se, assim, que "as informações sobre o patrimônio das pessoas não se inserem nas hipóteses do inciso X da CF/88, uma vez que o patrimônio não se confunde com a intimidade, a vida privada, a honra e a imagem".[10]

Portanto, **não** *interessa ao objeto deste estudo as informações que estão dentro do núcleo de proteção do direito à intimidade e à vida privada*, sejam elas veiculadas por correspondência, comunicações telegráficas, de dados ou comunicações telefônicas.

---

[9] MENDES, Gilmar Ferreira; COELHO, Inocêncio Mártires; BRANCO, Paulo Gustavo Gonet. *Curso de direito constitucional*. São Paulo: Saraiva, 2007. p. 385.

[10] Apelação em Mandado de Segurança nº 82.880, Rel. Des. Alcides Vettorazzi, TRF 4ª região, *DJU*, 11.6.2003, p. 587; Apelação Cível nº 535.351, Rel. Des. Vilson Darós, TRF 4ª região, *DJU*, 26.2.2003, p. 720; Agravo de instrumento nº 174.981, Rel. Des. Lazarano Neto, TRF 3ª região, *DJU*, 5.9.2003, p. 387; Agravo de instrumento nº 170.324, Rel. Desa. Suzana Camargo, TRF 3ª região, *DJU*, 20.6.2003, p. 263; Agravo de instrumento nº 181.409, Rel. Desa. Ritinha Stevenson, TRF 3ª região, *DJU*, 9.3.2004, p. 224. Jurisprudência citada em PACELLO, 2004, p. 41.

E o mesmo se diga das decorrentes discussões relativas às investigações da Polícia Federal ou do Ministério Público em matéria penal:[11] *aqui trataremos tão apenas da necessidade e possibilidade jurídica da transferência do sigilo bancário para efeitos fiscais.*

3.1 Áreas de proteção ao sigilo: zonas de proteção alegadas nas ADINs que não são objeto de controvérsia

É importante, portanto, esclarecer quais são os pontos da controvérsia e afastar os aspectos irrelevantes onde há convergência de convicções e ideais. Assim, ora definindo nossas divergências, delimitaremos melhor a área controvertida do direito à "transferência do sigilo bancário a Administração Tributária".

Uma coisa é a fundamentação da transferência do sigilo bancário ao Fisco para fins de concretização do interesse público, da igualdade e da legalidade. Outra coisa e outros, completamente diversos, são os fundamentos que pretendem sustentar a relativização do sigilo para efeito da atuação do Banco Central, do Ministério Público, das CPIs e das autoridades policiais.

Portanto, é necessário distinguir os argumentos relativos ao tema da transferência do sigilo fiscal dos demais, que tão somente confundem o cenário no qual esta discussão se apresenta.

Na análise da ADIN nº 2.386, da Confederação Nacional do Comércio:

a) no item I, concordamos que Constituição não permite invadir "a vida privada e a intimidade do indivíduo, de uma forma somente imaginada pelos tiranos, extinguindo a possibilidade de privacidade na vida financeira das pessoas, violando frontalmente o disposto no inciso X do artigo 5º'": não se pode invadir o núcleo de um direito fundamental;

b) ainda no item I, convergimos com o entendimento do Professor José Afonso da Silva que "o princípio da proteção judiciária, também chamado princípio da inafastabilidade do controle jurisdicional, constitui em verdade, a principal garantia dos direitos subjetivos" (p. 8);

c) também não nos afastamos do entendimento de que o princípio da razoabilidade "deve nortear a atuação do legislador ordinário quando este versar sobre restrições a direitos fundamentais", com alicerce no voto do Min. Carlos Velloso, no julgamento do *Recurso Extraordinário nº 219.780*, em

---

[11] Nesse sentido, não se aplica à discussão relativa à transferência do sigilo bancário para efeitos fiscais a quebra do sigilo solicitada em âmbito penal, pelo Ministério Público, ou pela autoridade policial, suscitada no julgamento da questão de ordem na Petição nº 577-QO (Rel. Min. Carlos Velloso, Tribunal Pleno, julg. 25.03.1992, DJ, 23.4.1993). Sobre o tema, que especificamente se aplica à esfera penal, destaca o Min. Carlos Velloso: "Em primeiro lugar, para dizer que tenho o sigilo bancário como espécie de direito à privacidade, que é inerente à personalidade das pessoas, já que não seria possível que a vida destas pudesse ser exposta a terceiros. Isto está inscrito no inc. X do art. 5º da Constituição: 'são invioláveis a intimidade, a vida privada, a honra e a imagem das pessoas, assegurado o direito a indenização pelo dano material ou moral decorrente de sua violação'. Faço residir, portanto, no inc. X, do art. 5º, da Constituição, o sigilo bancário, que tenho como espécie de direito à privacidade". Apenas a título ilustrativo, mesmo o Min. Carlos Velloso que defende o sigilo bancário, não aceita que esse direito tenha caráter absoluto: "(...) quero deixar claro que não tenho o direito ao sigilo bancário em termos absolutos. Aliás, esta é a regra, em direito comparado. Assim o é na Itália, na legislação da Suíça, na jurisprudência e na doutrina alemã. Quer dizer, o segredo bancário deve ser entendido em termos relativos".

13.04.1999: "certo é, também, que ele [o sigilo bancário] há de ceder na forma e com observância de procedimento estabelecido em lei e com respeito ao princípio da razoabilidade" (item III, p. 14). Sobre o mesmo tema, estamos de acordo com a manifestação do então Advogado-Geral da União, atual Ministro do Supremo Tribunal Federal, Gilmar Ferreira Mendes: "Não basta, todavia, verificar se as restrições estabelecidas foram baixadas com observância dos requisitos formais previstos na Constituição. Cumpre indagar, também se as condições impostas pelo legislador não se revelariam incompatíveis com o princípio da razoabilidade ou da proporcionalidade (adequação, necessidade, razoabilidade)" (item III, p. 15).

Na análise da ADIN nº 2.390, do Partido Social Liberal:
a) não é objeto da presente análise a extensão dos poderes investigatórios do Ministério Público e a possibilidade, ou não, de acesso a dados bancários dos investigados sem a autorização do Poder Judiciário, tal como aventado no julgamento do *Recurso Extraordinário nº 215.301-0*, de relatoria do Min. Carlos Velloso e citado na ADIN na página 07 (item 6.2.1), nem sequer a legalidade ou constitucionalidade do fornecimento de dados relativos à movimentação financeira de recursos públicos, situação objeto do julgamento do *Mandado de Segurança nº 21.729-4*, de relatoria do Min. Octávio Gallotti, mencionado nas páginas 07 e 08 da ADIN (item 6.2.2);
b) de outro lado, estamos plenamente de acordo com o conteúdo da ementa do *Mandado de Segurança nº 23.002*, de relatoria do Min. Ilmar Galvão, o qual, fazendo referência à Lei nº 4.595/1964, menciona a possibilidade de "quebra do sigilo bancário quando há interesse público relevante, como o da investigação criminal fundada em suspeita razoável de infração penal", ainda que o tema da infração penal e as inferências quanto ao sigilo bancário *não sejam objeto deste estudo* (p. 8, item 6.2.3);
c) igualmente, em nada se relaciona com a presente análise a competência (ou incompetência) das Comissões Parlamentares de Inquérito quanto à quebra de sigilo bancário dos investigados, tema julgado no *Mandado de Segurança nº 23.452*, de relatoria do Min. Celso de Mello (p. 9, item 6.2.4);
d) por fim, na mesma linha do item (b), não pretendemos discutir a possibilidade de se obter provas em âmbito penal pela apreensão de microcomputadores em residência de investigados, tal como relatado no julgamento da *Ação Penal nº 307/1997*, de relatoria do Min. Ilmar Galvão, citado na página 12, item 6.2.5.2 da ADIN.

Na análise da ADIN nº 2.397, da Confederação Nacional da Indústria:
a) concordamos com o entendimento do Professor Luis Roberto Barroso, segundo o qual as "liberdades públicas são a afirmação jurídica da personalidade humana (...) traçando a esfera de proteção jurídica do indivíduo em face do Estado. Os direitos individuais impõem, em essência, deveres de abstenção aos órgãos públicos, preservando a iniciativa e a autonomia dos particulares" (p. 3). Em nenhum momento nossa análise pretende negar tais conquistas do Estado Democrático de Direito;
b) não é objeto deste estudo a possibilidade ou competência do Ministério Público em relação à quebra do sigilo bancário de investigados ou indiciados

em ações penais, conforme já ressaltamos acima. O tema é objeto de julgamento no *Recurso Extraordinário nº 215.301-0*, de relatoria do Min. Carlos Velloso e foi mencionado na página 12 da ADIN;

c) no mesmo sentido, também não é nosso objeto a legalidade ou constitucionalidade do fornecimento de dados relativos à movimentação financeira de recursos públicos, tema tratado no já citado *Mandado de Segurança nº 21.729-4*, de relatoria do Min. Octávio Gallotti. Na página 13 da ADIN, menciona-se trecho do voto do Min. Celso de Mello relativo a este tópico;

d) também concordamos com o entendimento do Professor Carlos Ari Sunfeld, para quem "o legislador não pode cultivar o prazer do poder pelo poder, isto é, constranger os indivíduos sem que tal constrangimento seja teleologicamente orientado" (p. 16);

e) ademais, não pretendemos discorrer, conforme já destacado, sobre a pertinência da quebra do sigilo bancário pelas Comissões Parlamentares de Inquérito e os limites dos poderes investigatórios de tais instituições, temática julgada no *Mandado de Segurança nº 23.480*, de relatoria do Min. Sepúlveda Pertence (p. 18).

Na análise da ADIN nº 4.010, do Conselho Federal da Ordem dos Advogados do Brasil:

a) não é nosso objeto imediato a atuação fiscalizadora do Banco Central referida no julgamento do *Recurso Extraordinário nº 461.366*, de relatoria do Min. Marco Aurélio (p. 5);

b) igualmente, não se discute aqui a legitimidade de o Ministério Público obter a transferência do sigilo bancário na fiscalização de instituições financeiras, matéria que é estranha aos termos da LC nº 105, conforme já mencionado anteriormente e referida na ADIN pela menção ao *Agravo Regimental no Recurso Extraordinário nº 318.136*, de relatoria do Min. Cezar Peluso (p. 6);

c) finalmente, também não é objeto deste estudo, como já ressaltado acima, a possibilidade de quebra de sigilo bancário, fiscal e telefônico por Comissão Parlamentar de Inquérito, situação referida no julgamento do *Mandado de Segurança nº 25.668*, de relatoria do Min. Celso de Mello (p. 6).

O tema deste estudo relaciona-se não com a quebra de sigilo bancário ou quaisquer de suas variantes, mas sim com a *transferência do sigilo bancário à Administração Tributária*. Nesta discussão específica, impera a legalidade e, por consequência, o interesse público na produção de provas tributárias. Acerca do tema, Gilmar Ferreira Mendes salienta:[12]

> A propósito, a Lei Complementar n. 105/2001 atribui a agentes tributários, no exercício do seu poder de fiscalização, o poder de requisitar informações referentes a operações e serviços das instituições financeiras, *independentemente de autorização judicial*. A lei cerca a providência de cuidados formais com vistas a minimizar os custos para o direito à privacidade do investigado e assegurar que esteja nítida a necessidade da medida.
>
> O sigilo haverá de ser quebrado em havendo necessidade de preservar um outro valor com *status* constitucional, que se sobreponha ao interesse na manutenção do sigilo. Além disso, deve estar caracterizada a adequação da medida ao fim pretendido, bem

---

[12] MENDES, Gilmar Ferreira; COELHO, Inocêncio Mártires; BRANCO, Paulo Gustavo Gonet. *Curso...*, cit., p. 386.

assim a sua efetiva necessidade — i.é, não se antever outro meio menos constritivo para alcançar o mesmo fim. O pedido de quebra de sigilo bancário ou fiscal deve estar acompanhado de prova da sua utilidade. Cumpre, portanto, que se demonstre que "a providência requerida é indispensável, que ela conduz a alguma coisa" (STF: Pet. 577, RTJ, 148/374); vale dizer, que a incursão na privacidade do investigado vence os testes da proporcionalidade por ser adequada e necessária.

3.2 Áreas de informação *fora do núcleo de proteção* da intimidade e da vida privada e que já são objeto de obrigações acessórias na legislação ordinária: o problema dos tributos declaratórios e os cupins tributários (*fiscal termites*)

Existe um conjunto de informações que o contribuinte, ordinariamente, é obrigado a prestar para a fiscalização e exigência do crédito tributário de vários tributos. Tais deveres são denominados "obrigações acessórias" ou, mais contemporaneamente, "deveres instrumentais". Trata-se do reflexo documental das atividades do contribuinte, com a finalidade de fornecer instrumentos à Administração Tributária na apuração e verificação dos tributos devidos. O conhecimento dos dados relativos à movimentação financeira dos sujeitos passivos somente tem por condão comprovar e testar a veracidade das informações constantes dos documentos que instrumentalizam o cumprimento das obrigações acessórias.

Ilustrativamente e de forma não exaustiva, pode-se citar:
- *no imposto sobre a renda e na contribuição social sobre o lucro*: tendo-se em vista que tais exações incidem sobre o acréscimo patrimonial da pessoa física ou jurídica, para a sua apuração regular é necessário ter conhecimento de todas as entradas que compõem o faturamento, bem como todas as despesas efetivas. Será do encontro de tais informações apuradas na contabilidade, no LALUR, na DIPJ, na DCTF, na Declaração Trimestral de Ajuste, na Declaração Anual, etc., que será apurado e exigido o imposto devido;
- *na contribuição ao PIS e na COFINS*: a exemplo do que ocorre com o IR e com a CSL, a apuração do valor a pagar dessas contribuições depende da verificação da receita bruta das pessoas jurídicas, que deverá ser informada à Fiscalização em documento próprio, a DCTF, com base na qual o pagamento desses tributos deve ser efetuado para, posteriormente, ser homologado pela Administração. Nesse caso, igualmente, a Administração toma ciência de dados financeiros do sujeito passivo sem que isso ofenda qualquer princípio constitucional.
- *no imposto sobre as operações de circulação de mercadorias*: a emissão da nota fiscal de compra e venda denuncia, formalizando em linguagem, a ocorrência do fato gerador desse imposto. Ademais, a obrigação de o sujeito passivo informar mensalmente na GIA (Guia de Informação e Apuração do ICMS) as operações realizadas, somada com a escrituração dessas mesmas operações nos livros fiscais respectivos, igualmente demonstra que o simples cumprimento de obrigações acessórias, necessárias para a apuração e verificação da correção do tributo recolhido, resulta na transferência de informações econômicas para a Administração, inclusive relacionadas com atividades mercantis e financeiras do sujeito passivo.

• *no imposto sobre operações de crédito, câmbio e seguro ou relativas a títulos ou valores mobiliários (IOF)*: as pessoas jurídicas que efetuarem operações sujeitas à incidência do IOF devem manter à disposição da fiscalização as seguintes informações: (i) relação diária das operações tributadas, com elementos identificadores da operação (beneficiário, espécie, valor e prazo) e o somatório diário do tributo; (ii) relação diária das operações isentas ou tributadas à alíquota zero, com elementos identificadores da operação (beneficiário, espécie, valor e prazo); (iii) relação mensal dos empréstimos em conta, inclusive excessos de limite, de prazo de até trezentos e sessenta e quatro dias, tributados com base no somatório dos saldos devedores diários, apurado no último dia de cada mês, contendo nome do beneficiário, somatório e valor do IOF cobrado; (iv) relação mensal dos adiantamentos a depositantes, contendo nome do devedor, valor e data de cada parcela tributada e valor do IOF cobrado; e (v) relação mensal dos excessos de limite, relativos aos contratos com prazo igual ou superior a trezentos e sessenta e cinco dias ou com prazo indeterminado, contendo nome do mutuário, limite, valor dos excessos tributados e datas das ocorrências. Além disso, como forma de tornar a fiscalização mais eficiente, no exercício de suas atribuições, *a Secretaria da Receita Federal do Brasil poderá proceder ao exame de documentos, livros e registros dos contribuintes do IOF e dos responsáveis pela sua cobrança e recolhimento, independentemente de instauração de processo.* As informações assim obtidas somente poderão ser utilizadas para efeito de verificação do cumprimento de obrigações tributárias, mantido, portanto, o sigilo bancário, mas autorizada a transferência desse sigilo para a Administração, sem que tais providências causem qualquer espanto por parte dos contribuintes.

Conclusão: as informações objeto da transferência do sigilo bancário para o Fisco não vão além daquelas que o contribuinte já é *obrigado a prestar em razão das obrigações acessórias*, instituídas na legislação tributária.

Os artigos 5º e 6º da LC nº 105, ao disciplinarem a transferência de sigilo bancário às autoridades administrativas, determinam que as informações prestadas pelas instituições financeiras ficarão restritas aos valores movimentados e aos titulares das operações, sendo *vedada* a inserção de qualquer elemento capaz de identificar a origem ou natureza dos gastos. Ocorre que por força do parágrafo único do artigo 6º da lei e, igualmente, do artigo 198 do Código Tributário Nacional, mesmo *as informações relacionadas com os valores objeto de movimentação financeira continuam sujeitos ao sigilo fiscal, não podendo ser divulgadas a terceiros pela Administração.*

Além disso, tais tributos são declaratórios, isto é, dependem, para a sua apuração, do fornecimento de declarações constitutivas do crédito tributário, com base nas quais o pagamento do tributo deve ser efetuado, sem que haja qualquer análise prévia por parte da Administração. Tendo em vista essa grande liberdade do sujeito passivo, em declarar e apurar o valor devido de tributo, a Administração, de outro lado, deve ter instrumentos eficazes de controle da veracidade das informações prestadas e o acesso à movimentação financeira é fundamental nesse sentido.

Com efeito, as declarações mentem...

Há quase 10 anos, Vito Tanzi, cultuado Diretor de Assuntos Fiscais do FMI, analisando a arrecadação dos países industrializados membros da OCDE, já prenunciava o esgotamento da tributação sobre a renda, a propriedade e o consumo, advertindo para o silencioso e ininterrupto trabalho dos "cupins tributários" (*fiscal termites*), devorando as fundações dos sistemas impositivos tradicionais e para urgente necessidade de se reinventar formas de custear o Estado. Para Tanzi, a "descoberta" do IVA em meados do século XX e da recente tributação sobre transações financeiras, na América Latina, eram os dois mais importantes exemplos do desenvolvimento da tecnologia da tributação nos últimos 50 anos. Além disso, sua particular recomendação para o Brasil é objetiva: não aumentar impostos e, sim, reduzir gastos.

O Sistema Tributário Brasileiro é refém de fordismo tardio, cujo coração ainda é a oneração da produção, do fator trabalho e do consumo, conforme tem denunciado, reiteradamente, o Min. Mangabeira Unger, e recente relatório do IPEA, revelando que os pobres pagam mais tributos que os ricos. E, entre si, mesmo os "ricos" pagam cargas tributárias distintas, pois em tributos declaratórios como ICMS, IPI, IR, PIS, COFINS ou IVA sempre é possível dizer a verdade com o dom de iludir: tais tributos não incidem sobre fatos geradores reais, mas sobre as versões consolidadas em provas de negócios diretos e indiretos repletos de margem para fraude, dissimulação e passeios em paraísos fiscais. São os cupins atacando.

3.3 Transferência do sigilo: entre mitos, sacralizações, generalizações apressadas e desconhecimento dos termos da LC nº 105

Verificamos, na argumentação que pretende defender o "sigilo bancário", uma espécie de sacralização[13] litúrgica dessa ideia que, conforme sucede nos dogmas religiosos, pretende se autoimpor como verdade absoluta que não se justifica, mas ao mesmo tempo em que deixa vazar claramente suas incoerências, proíbe e pune como pecado inadmissível qualquer desalinhamento ideológico de suas infundadas e obtusas conclusões: parece mesmo coisa de religião!

A expressão "quebra do sigilo bancário" retrata perfeitamente o que Tercio Sampaio Ferraz Jr., denomina "poder de violência simbólica": trata-se de impor significações como legítimas, dissimulando as relações de força que estão no fundamento da própria força que move o interesse que a justifica.[14]

Ocorre que a expressão "quebra do sigilo", reiteradamente citada, além de passar, retoricamente, uma noção muito mais ampla e socialmente negativa dos termos da LC nº 105, é completamente estranha à atividade delegada a Administração nos artigos 5º e 6º. O artigo 5º trata do dever das instituições financeiras de "informar" as operações financeiras efetuadas pelos correntistas. O artigo 6º trata da faculdade de a Administração "examinar" documentos, livros e registros de instituições financeiras quando houver

---

[13] Segundo Giorgio Agamben, profanar significa tirar do templo onde algo foi posto, ou retirado inicialmente do uso e da propriedade dos seres humanos; profanar significa, assim, tocar no consagrado para libertá-lo (e libertar-se) do sagrado: "O que está realmente em questão é, na verdade, a possibilidade de uma ação humana que se situe fora de toda a relação com o direito, ação que não ponha, que não execute ou que não transgrida simplesmente o direito. Trata-se do que os franciscanos tinham em mente quando, em sua luta contra a hierarquia eclesiástica, reivindicam a possibilidade de um uso de coisas que nunca advém [do] direito, que nunca advém [da] propriedade" (*In: Profanações.* Tradução e apresentação de Selvino J. Assmann. São Paulo: Boitempo, 2007. p. 10-11).

[14] FERRAZ JR., Tercio Sampaio. *Introdução ao estudo do direito.* São Paulo: Atlas, 1994. p. 276.

processo ou procedimento administrativo e tais "exames" sejam considerados indispensáveis pela autoridade administrativa.

Em nenhum momento esses dispositivos tratam de "quebra do sigilo bancário". O §5º do artigo 5º prescreve o dever das autoridades manterem o sigilo das informações obtidas: "As informações a que se refere este artigo serão conservadas sob sigilo fiscal, na forma da legislação em vigor". Na mesma sintonia, o parágrafo único do artigo 6º prescreve: "O resultado dos exames, as informações e os documentos a que se referem este artigo serão conservados em sigilo, observada a legislação tributária". E é a própria LC nº 105 quem arremata esse assunto: (i) seu artigo 10 determina que se houver uso ilícito destas informações, aí sim, se configurará a "quebra do sigilo" como tipo penal; (ii) seu artigo 11 ainda acrescenta ao ilícito da "quebra" qualificado no artigo anterior mais duas consequências: a *primeira*, responsabilidade pessoal do servidor pelos danos materiais e morais causados; a *segunda*, responsabilidade objetiva da entidade pública.

Vale conferir os seguintes *destaques* sobre a literalidade da Lei Complementar nº 105/2001:

> Dispõe sobre o sigilo das operações de instituições financeiras e dá outras providências.
>
> O PRESIDENTE DA REPÚBLICA
>
> Faço saber que o Congresso Nacional decreta e eu sanciono a seguinte Lei Complementar:
>
> Art. 1º. *As instituições financeiras conservarão sigilo em suas operações ativas e passivas e serviços prestados.* (...)
>
> Art. 5º. *O Poder Executivo disciplinará, inclusive quanto à periodicidade e aos limites de valor, os critérios segundo os quais as instituições financeiras informarão à administração tributária da União, as operações financeiras efetuadas pelos usuários de seus serviços.* (...)
>
> §2º **As informações transferidas** na forma do caput deste artigo restringir-se-ão a informes relacionados com a identificação dos titulares das operações e os montantes globais mensalmente movimentados, **vedada a inserção de qualquer elemento que permita identificar a sua origem ou a natureza dos gastos a partir deles efetuados.** (...)
>
> §5º As informações a que refere este artigo **serão conservadas sob sigilo fiscal**, na forma da legislação em vigor.
>
> Art. 6º. As autoridades e os agentes fiscais tributários da União, dos Estados, do Distrito Federal e dos Municípios *somente poderão* **examinar** *documentos, livros e registros de instituições financeiras*, inclusive os referentes a contas de depósitos e aplicações financeiras, *quando houver processo administrativo instaurado ou procedimento fiscal em curso* e tais exames sejam considerados indispensáveis pela autoridade administrativa competente.
>
> Parágrafo único. *O resultado dos exames, as informações e os documentos a que se refere este artigo* **serão conservados em sigilo**, *observada a legislação tributária*. (...)
>
> Art. 10. **A quebra de sigilo**, *fora das hipóteses autorizadas nesta Lei Complementar,* **constitui crime e sujeita os responsáveis à pena de reclusão, de um a quatro anos, e multa, aplicando-se, no que couber, o Código Penal**, sem prejuízo de outras sanções cabíveis.
>
> Parágrafo único. Incorre nas mesmas penas quem omitir, retardar injustificadamente ou prestar falsamente as informações requeridas nos termos desta Lei Complementar.

Art. 11. *O servidor público que utilizar ou viabilizar a utilização de qualquer informação obtida em decorrência da quebra de sigilo de que trata esta Lei Complementar responde pessoal e diretamente pelos danos decorrentes, sem prejuízo da responsabilidade objetiva da entidade pública,* quando comprovado que o servidor agiu de acordo com orientação oficial.
(...)

Ou seja, "informar" as operações financeiras efetuadas pelos correntistas e "examinar" documentos, livros e registros de instituições financeiras, é *transferência do sigilo bancário* para Administração Tributária, que tem a obrigação de manter esse sigilo.

É tão apenas o *descumprimento desta obrigação*, ato ilícito, que a própria LC nº 105 qualifica como crime funcional de "quebra de sigilo".

Portanto, todos estamos alinhados — os contribuintes, a Administração Tributária e a LC nº 105 — em repugnar a "quebra do sigilo", assunto que, também, *não* é objeto central deste trabalho; aqui, discutiremos o tema que é o verdadeiro foco das ADINs que impugnam a LC nº 105: a constitucionalidade dos artigos 5º e 6º em *transferir o sigilo bancário* das instituições financeiras (fundado, justamente, no artigo 1º da LC nº 105) para as autoridades administrativas fiscais.

4 Narrativa legal, dos fatos às normas: sobre o direito de acesso às informações bancárias pela Administração Tributária

Em 31 de março ocorreu o Golpe Militar de 1964. Conforme os historiadores Adriana Lopez e Carlos Guilherme Mota: "O Brasil contava com aproximadamente 80 milhões de habitantes. Do golpe participaram latifundiários do Nordeste e do Sudeste, lideranças das forças armadas e do empresariado industrial, magnatas do capital financeiro — como o mineiro Magalhães Pinto, prócer da UDN — e setores das classes médias asfixiadas pela inflação".[15]

4.1 A Lei nº 4.595/64: o dever de sigilo das instituições financeiras e a garantia do direito de acesso às informações pelo Fisco

No auge do entusiasmo de parte da sociedade civil, do empresariado e dos banqueiros engajados no Golpe contra o "perigo vermelho", começam a surgir os "anéis burocráticos", expressão criada por Fernando Henrique Cardoso[16] para designar círculos de informação e pressão (portanto, de poder) que se constituem como mecanismo para permitir a articulação entre setores do Estado (inclusive das forças armadas) e interesses da sociedade privada.

Em 31 de dezembro de 1964, exatamente nove meses após o Golpe, convenientemente, o Congresso Nacional decretou e o Presidente Humberto Castelo Branco sancionou a Lei nº 4.595, que "Dispõe sobre a política e as instituições monetárias, bancárias e creditícias. Cria o Conselho Monetário Nacional e dá outras providências". Acompanha e modula o sentido desta lei a Mensagem de Veto Presidencial nº 844,

---

[15] LOPEZ, Adriana; MOTA, Carlos Guilherme. *História do Brasil:* uma interpretação. São Paulo: Senac, 2008. p. 799.
[16] CARDOSO, Fernando Henrique. *Autoritarismo e democratização.* Rio de Janeiro: Paz e Terra, 1974. p. 208.

que, em dez páginas, "comunica" ao Senado o veto de diversos dispositivos contrários aos interesses nacionais. Foi nesse contexto que ocorreu a aprovação do artigo 38 desta lei:

> Art. 38. As instituições financeiras conservarão sigilo em suas operações ativas e passivas e serviços prestados.
>
> §1º As informações e esclarecimentos ordenados pelo Poder Judiciário, prestados pelo Banco Central da República do Brasil ou pelas instituições financeiras, e a exibição de livros e documentos em Juízo, se revestirão sempre do mesmo caráter sigiloso, só podendo a eles ter acesso as partes legítimas na causa, que deles não poderão servir-se para fins estranhos à mesma.
>
> §2º O Banco Central da República do Brasil e as instituições financeiras públicas prestarão informações ao Poder Legislativo, podendo, havendo relevantes motivos, solicitar sejam mantidas em reserva ou sigilo.
>
> §3º As Comissões Parlamentares de Inquérito, no exercício da competência constitucional e legal de ampla investigação (art. 53 da Constituição Federal e Lei nº 1579, de 18 de março de 1952), obterão as informações que necessitarem das instituições financeiras, inclusive através do Banco Central da República do Brasil.
>
> §4º Os pedidos de informações a que se referem os §§2º e 3º, deste artigo, deverão ser aprovados pelo Plenário da Câmara dos Deputados ou do Senado Federal e, quando se tratar de Comissão Parlamentar de Inquérito, pela maioria absoluta de seus membros.
>
> *§5º Os agentes fiscais tributários do Ministério da Fazenda e dos Estados somente poderão proceder a exames de documentos, livros e registros de contas de depósitos, quando houver processo instaurado e os mesmos forem considerados indispensáveis pela autoridade competente.*
>
> *§6º O disposto no parágrafo anterior se aplica igualmente à prestação de esclarecimentos e informes pelas instituições financeiras às autoridades fiscais, devendo sempre estas e os exames serem conservados em sigilo, não podendo ser utilizados senão reservadamente.*
>
> §7º A quebra do sigilo de que trata este artigo constitui crime e sujeita os responsáveis à pena de reclusão, de um a quatro anos, aplicando-se, no que couber, o Código Penal e o Código de Processo Penal, sem prejuízo de outras sanções cabíveis. (Revogado pela LC nº 105/2001)[17]

Note-se que este dispositivo surgiu justamente para introduzir o direito dos bancos e seus usuários ao sigilo bancário. É curioso notar que, embora muitos autores,[18] com fundamento neste dispositivo, entendam que a prévia autorização judicial era indispensável para apuração do tributo devido, não há texto expresso neste dispositivo que permita essa inferência:[19] (i) o *caput* determina o *dever de sigilo*

---

[17] Fonte: <http://www.planalto.gov.br/ccivil/leis/L4595.htm>.

[18] Sobre isso, veja: PIZOLIO, Reinaldo; GAVALDÃO JR., Jayr Viégas (Coord.). *Sigilo fiscal e bancário*. São Paulo: Quartier Latin, 2005.

[19] A autorização da Lei nº 4.595/1964, permitindo expressamente a transferência do sigilo para o uso dessas informações pela Administração Tributária, também faz parte da percepção de Oswaldo Pontes de Saraiva Filho: "No plano infraconstitucional, iniciamos por ponderar que, embora o *caput* do art. 38 da Lei nº 4.595, de 31.12.64, estabeleça regra geral do dever das instituições financeiras conservarem o sigilo em suas operações ativas e passivas e serviços prestados, tal regra sofre ressalvas nos parágrafos do mesmo preceptivo legal. Assim, o §1º do art. 83 da Lei supracitada, trata de fornecimento de informações e esclarecimentos e exibição de livros e documentos ordenados pelo Poder Judiciário, por parte do Banco Central e das instituições financeiras, mantendo o mesmo caráter sigiloso. (...) Os §§5º e 6º excepcionam do sigilo bancário as requisições

das instituições financeiras; (ii) o §1º garante que as informações e esclarecimentos ordenados pelo Poder Judiciário se revestirão sempre do mesmo caráter sigiloso, restrito às partes legitimadas na causa; (iii) o §5º e o §6º apenas prescrevem que os agentes fiscais tributários do Ministério da Fazenda e dos Estados somente poderão proceder a exames de documentos, livros e registros de contas de depósitos, quando houver *processo* instaurado e tais medidas forem consideradas indispensáveis pela *autoridade competente*, garantindo que esclarecimentos e informes entregues pelas instituições financeiras às autoridades fiscais deveriam, sempre, manter-se sob sigilo.

Dois julgados que trataram de sigilo bancário sob o enfoque da Lei nº 4.595/1964, do Supremo Tribunal Federal, confirmam esta tese: um, é o RMS nº 15.925, que equipara o sigilo bancário ao sigilo fiscal (ainda que essa posição tenha sido, posteriormente, negada pelo próprio Supremo Tribunal Federal, no julgamento do Inquérito nº 732/DF). Veja o voto proferido nesse RMS:

> Não há perigo de devassa ou quebra de sigilo bancário, porquanto, como assinala o parecer, os Agentes Fiscais do Imposto de Renda são obrigados ao sigilo (art. 301, Decreto nº 47.373-59), sob pena de responsabilidade. (Voto do Min. Gonçalves de Oliveira, no Recurso Ordinário no Mandado de Segurança nº 15.925-GB)

Outro semelhante posicionamento do Supremo Tribunal Federal pode ser encontrado no julgamento do Recurso Extraordinário nº 71.640, cuja ementa é a seguinte:

> Sigilo bancário. As decisões na instância ordinária entenderam que em face do código tributário nacional o segredo bancário não é absoluto. Razoável inteligência do direito positivo federal, não havendo ofensa ao disposto no art. 153, §2º, da lei magna, nem tão pouco negativa de vigência do art. 144 do código civil. O objetivo do *writ* era afastar a exigência de apresentação de fichas contábeis, ao fundamento de violação de sigilo bancário. Inocorrência de dissídio jurisprudencial. Recurso extraordinário não conhecido. (RE nº 71640, Rel. Min. Djaci Falcão, Primeira Turma, julg. 17.09.1971, *DJ*, 12.11.1971, p. 06313. Ement. vol. 00855-01, p. 00295. *RTJ*, v. 00059-02, p. 00571)

Apenas na Constituição da República de 1988 é que o "sigilo de dados" passou a constar como direito e garantia individual. No texto da Constituição de 1946, a proteção ao sigilo somente abrangia a correspondência (artigo 141, §6º), enquanto a Constituição de 1967 abrangeu, além da correspondência, as comunicações telegráficas e telefônicas (artigo 4º, §9º). *Ainda hoje, no Brasil, a transferência do sigilo bancário (que pela natureza de suas informações está fora do núcleo de proteção da intimidade e da vida privada do indivíduo) decorre, simplesmente, de proteção legal, sem qualquer amparo no texto constitucional, em conformidade a todas nossas constituições anteriores que seguiram esse mesmo paradigma.*

---

dos Poderes Executivos dos entes tributantes, transferindo tal sigilo às Administrações Fazendárias, desde que haja processo administrativo instaurado e os exames de documentos, livros, registros de contas de depósitos e os esclarecimentos e informações seja considerados indispensáveis pela autoridade fiscal competente. (...) Ora, os §§5º e 6º seriam perfunctórios se dissessem respeito à hipótese do §1º. Este sim, refere-se à transferência do sigilo em processo judicial por ordem de um dos órgãos do Poder Judiciário" (Sigilo bancário e a administração tributária. *Cadernos de Direito Tributário e Finanças Públicas*, São Paulo, n. 11, 1995).

4.2 Restrição do uso amplo das informações da CPMF e manutenção dos termos do artigo 38 da Lei nº 4.595/1964

A criação da CPMF (Contribuição Provisória sobre Movimentação ou Transmissão de Valores e de Créditos e Direitos de Natureza Financeira) pela Lei nº 9.311/1996 retomou o debate sobre a possibilidade de a Administração ter acesso às informações bancárias dos contribuintes, já que o próprio fato jurídico em função do qual a contribuição incidia revelava o montante de movimentação financeira realizado pelo particular.

Em função dessa decorrente ampliação de informações em relação ao artigo 38 da Lei nº 4.595/1964, o artigo 11, §3º, da Lei nº 9.311/1996 proibiu o uso das informações indiretamente prestadas pelas instituições financeiras sobre o fato gerador da CPMF para a constituição das obrigações tributárias referentes a outros tributos.

4.3 Advento da LC nº 105, afastando a restrição ao uso amplo das informações da CPMF e a atualização dos termos do artigo 38 da Lei nº 4.595/1964

Com o advento da LC nº 105, permitindo o acesso da Administração às informações bancárias dos contribuintes, não mais se justificava a vedação prevista na Lei nº 9.311/1996 que, então, foi alterada pela Lei nº 10.174/2001, para contemplar, no mesmo artigo 11, §3º, a possibilidade de utilização dos dados da CPMF para a investigação do correto recolhimento de outros tributos — tratava-se de autorizar a prática que ficou conhecida como "cruzamento de dados da CPMF".

A LC nº 105, então, ampliou os poderes de investigação da Administração, que passou a ter a possibilidade de investigar o sujeito passivo também a partir do resultado de suas operações bancárias. Ainda que a CPMF fosse um importante instrumento nesse sentido, sua extinção, recentemente operada, não afasta e nem sequer mitiga essa possibilidade. Tal decorre do fato de que a LC nº 105, tão somente reformulando os termos do artigo 38 da Lei nº 4.595/1964, manteve no ordenamento jurídico duas formas distintas de a Administração ter acesso aos dados financeiros dos contribuintes: uma, pela obtenção de informes periódicos, provenientes das instituições financeiras; outra, pelo exame de livros, documentos e operações, realizados por conta da existência de um processo administrativo ou mesmo no curso de um procedimento de investigação.

4.4 Espelho legal: o artigo 38 da Lei nº 4.595/1964 e a LC nº 105

Note-se que ao mesmo tempo em que o artigo 13 da LC nº 105 revogou expressamente o artigo 38 da Lei nº 4.595/1964, o conteúdo deste dispositivo permaneceu praticamente intocado. Ou seja, a LC nº 105 não alterou profundamente o ordenamento jurídico, apenas precisou e desdobrou os mesmos diretivos e deveres já instaurados pelo regime jurídico implementado pelo artigo 38 da Lei nº 4.595/1964. Confirma essa tese a orientação do Supremo Tribunal Federal, nos citados votos dos Ministros Gonçalves de Oliveira e Djaci Falcão.

A lei nova espelha e acrescenta mais detalhes à imagem já delineada na lei anterior: note-se o cotejo dos dispositivos, revelando as semelhanças entre o artigo 38 da Lei nº 4.595/1964 e a LC nº 105.

Artigo 38 da Lei nº 4.595/64	LC nº 105
Caput: As instituições financeiras conservarão sigilo em suas operações ativas e passivas e serviços prestados.	Art. 1º. As instituições financeiras conservarão sigilo em suas operações ativas e passivas e serviços prestados.
§1º As informações e esclarecimentos ordenados pelo Poder Judiciário, prestados pelo Banco Central da República do Brasil ou pelas instituições financeiras, e a exibição de livros e documentos em Juízo, se revestirão sempre do mesmo caráter sigiloso, só podendo a eles ter acesso as partes legítimas na causa, que deles não poderão servir-se para fins estranhos à mesma.	Art. 3º. Serão prestadas pelo Banco Central do Brasil, pela Comissão de Valores Mobiliários e pelas instituições financeiras as informações ordenadas pelo Poder Judiciário, preservado o seu caráter sigiloso mediante acesso restrito às partes, que delas não poderão servir-se para fins estranhos à lide.
§2º O Banco Central da República do Brasil e as instituições financeiras públicas prestarão informações ao Poder Legislativo, podendo, havendo relevantes motivos, solicitar sejam mantidas em reserva ou sigilo.	Art. 4º. O Banco Central do Brasil e a Comissão de Valores Mobiliários, nas áreas de suas atribuições, e as instituições financeiras fornecerão ao Poder Legislativo Federal as informações e os documentos sigilosos que, fundamentadamente, se fizerem necessários ao exercício de suas respectivas competências constitucionais e legais.
§7º A quebra do sigilo de que trata este artigo constitui crime e sujeita os responsáveis à pena de reclusão, de um a quatro anos, aplicando-se, no que couber, o Código Penal e o Código de Processo Penal, sem prejuízo de outras sanções cabíveis.	Art. 10. A quebra de sigilo, fora das hipóteses autorizadas nesta Lei Complementar, constitui crime e sujeita os responsáveis à pena de reclusão, de um a quatro anos, e multa, aplicando-se, no que couber, o Código Penal, sem prejuízo de outras sanções cabíveis.
§5º Os agentes fiscais tributários do Ministério da Fazenda e dos Estados somente poderão proceder a exames de documentos, livros e registros de contas de depósitos, quando houver processo instaurado e os mesmos forem considerados indispensáveis pela autoridade competente.	Art. 6º. As autoridades e os agentes fiscais tributários da União, dos Estados, do Distrito Federal e dos Municípios somente poderão examinar documentos, livros e registros de instituições financeiras, inclusive os referentes a contas de depósitos e aplicações financeiras, quando houver processo administrativo instaurado ou procedimento fiscal em curso e tais exames sejam considerados indispensáveis pela autoridade administrativa competente.
§6º O disposto no parágrafo anterior se aplica igualmente à prestação de esclarecimentos e informes pelas instituições financeiras às autoridades fiscais, devendo sempre estas e os exames serem conservados em sigilo, não podendo ser utilizados senão reservadamente.	Art. 5º. O Poder Executivo disciplinará, inclusive quanto à periodicidade e aos limites de valor, os critérios segundo os quais as instituições financeiras informarão à Administração Tributária da União, as operações financeiras efetuadas pelos usuários de seus serviços.

Sobre ser notável o paralelo entre os dispositivos, é importante ressaltar que o §1º do artigo 38 da Lei nº 4.595/1964 trata de matéria diversa do §5º do mesmo dispositivo: o primeiro garante o sigilo das informações financeiras no processo judicial, obtidas por ordem do Poder Judiciário, restringindo o acesso às partes legítimas na causa, entre as quais não precisa figurar, necessariamente, o Fisco; o segundo, §5º, paralelamente, prescreve o direito de os agentes fiscais tributários do Ministério da Fazenda e dos Estados procederem a exames de documentos, livros e registros de contas de depósitos, desde que haja *processo* instaurado e tais medidas forem consideradas indispensáveis pela *autoridade competente*. Ora, se a "autoridade competente" para lançar é o Agente Fiscal, este "processo" só pode ser o processo administrativo fiscal: trata-se, portanto, de matéria estranha ao §1º. O §5º em nenhum momento se refere à autorização do Poder Judiciário!

Registre-se: o mesmo padrão foi reproduzido nos artigos 3º e 5º da LC nº 105.

4.4.1 Artigo 5º da LC nº 105: informes financeiros

Nos termos do artigo 5º da LC nº 105, as instituições financeiras têm o dever de informar à Administração Tributária as operações realizadas pelos usuários de seus serviços. O §1º do dispositivo apresenta extensa lista daquelas que são consideradas "operações financeiras" para os fins da prestação de informações prevista no *caput*. Além disso, de acordo com o §2º, o fornecimento de dados deve se limitar à individualização dos titulares, das operações e dos montantes globais mensalmente movimentados, sem que haja a inserção de qualquer elemento capaz de identificar a origem ou natureza destes gastos.

Referido dispositivo foi regulamentado pelo Decreto nº 4.489/2002 e, mais recentemente, pela Instrução Normativa da Secretaria da Receita Federal do Brasil nº 802/2007 (IN nº 802/2007). Segundo dispõem os atos regulamentares, as instituições financeiras têm o dever de informar semestralmente à Administração Tributária as operações financeiras que superem o montante global de R$5.000,00 para as pessoas físicas e R$10.000,00 para as pessoas jurídicas.

4.4.2 Artigo 6º da LC nº 105: informações em processo ou procedimento administrativo

O artigo 6º da LC nº 105 estabelece duas condições para que as autoridades administrativas possam examinar "documentos, livros e registros de instituições financeiras, inclusive os referentes a contas de depósitos e aplicações financeiras", de sujeitos passivos de relação jurídica tributária: (i) a existência de processo administrativo instaurado ou procedimento fiscal em curso; e (ii) o fato de tais exames serem considerados indispensáveis pela autoridade administrativa competente.

O Decreto nº 3.724/2001 regulamentou tal dispositivo e, em seu artigo 3º, especificou as hipóteses nas quais a obtenção das informações bancárias do sujeito passivo é enquadrada como indispensável, reduzindo, assim, o grau de discricionariedade da autoridade administrativa e conferindo maior segurança jurídica ao administrado.

4.5 Plena vigência da LC nº 105 e as ADINs interpostas

Conforme vimos, as disposições dos artigos 5º e 6º da LC nº 105 não diferem muito em conteúdo daquelas anteriormente previstas no artigo 38 da Lei nº 4.595/1964 que, igualmente, estabeleciam a possibilidade de requisição de informes às instituições financeiras e, de outro lado, apontavam como requisito necessário à transferência de sigilo bancário a existência de processo administrativo ou procedimento de fiscalização e, ainda, o juízo de indispensabilidade das informações requisitadas.

Contudo, defensores da inconstitucionalidade de tais dispositivos alegam que as autoridades administrativas não podem, *sponte propria*, requerer informações sobre as movimentações financeiras do sujeito passivo; uma atitude como essa dependeria de análise judicial prévia, já que se trata de mitigar o direito à intimidade, previsto no artigo 5º, inciso X, da Constituição e o direito ao sigilo de dados, contido no artigo 5º, inciso XII, também da Constituição.

Dessa forma, foram ajuizadas, perante o Supremo Tribunal Federal, as Ações Diretas de Inconstitucionalidade (ADIN) de números 2.386, 2.397 e 2.390, sendo que as duas primeiras foram apensadas à de número 2.390,[20] já que todas questionam os artigos 5º e 6º da LC nº 105, bem como, em alguns casos, o Decreto nº 3.724/2001, em sua totalidade, pois este regulamentou o artigo 6º da referida lei complementar. Por ora, não há decisão do Tribunal sobre a apreciação da medida liminar, de forma que os dispositivos, objeto de disputa, encontram-se em plena vigência.

Mais recentemente, em janeiro de 2008, o Conselho Federal da Ordem dos Advogados do Brasil ajuizou a ADIN nº 4.010, cujo objetivo é questionar apenas o artigo 5º da LC nº 101/2001, o qual, como visto, estabelece o dever das instituições financeiras de informar periodicamente à Administração as operações realizadas por particulares, regulamentado pelo Decreto nº 4.489/2002 e pela IN nº 802/2007. Referida ADIN ainda aguarda julgamento e é bastante possível que seja apensada à Ação nº 2.390, pela identidade de objetos.

5 Perspectiva global: tendências políticas internacionais sobre o "sigilo bancário" e a orientação da OCDE para que todos os países-membros permitam o acesso às informações bancárias para propósitos tributários

Em 2000, relatório produzido pela OCDE (Organização para a Cooperação Econômica e Desenvolvimento) teve por objetivo descrever as posições atuais dos países membros da organização, no que diz respeito ao acesso das autoridades às informações bancárias e, ainda, sugerir medidas relacionadas à melhoria do sistema de arrecadação tributária.

Neste relatório da OCDE, publicado sob o título "Melhorando o acesso às informações bancárias para propósitos tributários",[21] concluiu-se que:

> (...) idealmente, todos os países-membros deveriam permitir acesso às informações bancárias, direta ou indiretamente, para propósitos tributários, de forma que as autoridades tributárias pudessem se liberar de suas responsabilidades de aumento a receita e se concentrar na efetiva troca de informação.[22]

---

[20] Nos termos do despacho concedido pelo Min. Sepúlveda Pertence, na ADIN 2.390, publicado em 02.10.2001.
[21] OCDE. Improving access to bank information for tax purposes. 2000. Disponível em: <http://www.oecd.org/dataoecd/3/7/2497487.pdf>.
[22] No original, a citação sem supressões: "The Committee on Fiscal Affairs is of the view that, as noted in paragraph 20 of the Report, ideally all Member countries should permit access to bank information, directly or indirectly, for all tax purposes so that tax authorities can fully discharge their revenue raising responsibilities and engage in effective exchange of information" (OCDE. Improving access.., p. 5).

As razões pelas quais a OCDE defende o acesso às informações financeiras envolvem tanto considerações de eficiência e justiça do sistema tributário do ponto de vista interno (doméstico) quanto a questões relacionadas com a possível obstrução, de uma perspectiva internacional, da cooperação tributária entre países, o que pode distorcer o fluxo de capital e direcioná-lo a países que restrinjam referido acesso:

> Negar às autoridades tributárias acesso às informações bancárias pode gerar conseqüências adversas domesticamente e internacionalmente. Domesticamente, isso pode limitar a habilidade as autoridades tributárias de determinar e arrecadar o correto montante de tributo. Isso pode também encorajar desigualdades tributárias entre os contribuintes. Alguns contribuintes irão usar recursos tecnológicos e financeiros para evadir-se dos tributos juridicamente devidos pelo uso de instituições financeiras em jurisdições que protegem as informações bancárias do acesso das autoridades tributárias. Isso distorce a distribuição do ônus tributário e pode levar à desilusão quanto à justiça do sistema tributário. (...) Além disso, a falta de acesso às informações bancárias pode aumentar os custos da Administração tributária e os custos de cumprimento [destas obrigações] para os contribuintes. Internacionalmente, a falta de adequado acesso às informações bancárias para fins tributários pode obstruir a cooperação internacional eficiente pela restrição da habilidade das autoridades tributárias de auxiliarem parceiros que, em contrapartida, pode gerar ações unilaterais tomadas pelo País que está procurando pela informação bancária. (...)[23]

Entendeu-se, portanto, que o acesso a informações tributárias para fins bancários é condição necessária para agregar maior justiça ao sistema tributário e assegurar a distribuição correta e transparente dos ônus decorrentes da tributação.

De outro lado, a OCDE salienta que o acesso das autoridades tributárias às informações bancárias não afeta o direito à intimidade, já que as regras relativas à confidencialidade dessas informações são bastante rígidas, garantindo a ausência de uso indevido dos dados obtidos — como, aliás, ocorre no Brasil, seja em função do Código Tributário Nacional (artigo 198), seja por conta da própria LC nº 105.

O relatório da OCDE teve, portanto, o objetivo de realizar um diagnóstico sobre a situação normativa do sigilo bancário de seus países-membros e, assim, estabelecer uma orientação quanto à necessidade da adoção de uma prática uniforme, voltada à concessão de informações à Administração Tributária, com objetivo de conferir maior efetividade ao sistema. Confira-se a tabela a seguir, consolidada a partir de

---

[23] No original: "Denying tax authorities access to banking information can have adverse consequences domestically and internationally. Domestically, it can impede the tax authorities' ability to determine and collect the right amount of tax. It also can foster tax inequities among taxpayers. Some taxpayers will use technological and financial resources to escape taxes legally due by using financial institutions in jurisdictions that protect banking information from disclosure to tax authorities. This distorts the distribution of the tax burden and may lead to disillusionment with the fairness of the tax system. Lack of access to bank information for tax purposes may result in some types of income escaping all taxation, thus producing inequities among different categories of income. Mobile capital may obtain unjustified advantages as compared to income derived from labour or from immovable property. Further, lack of access to bank information may increase the costs of tax administration and compliance costs for taxpayers. Internationally, lack of adequate access to bank information for tax purposes may obstruct efficient international tax cooperation by curtailing a tax authorities' ability to assist its treaty partners which in turn may lead to unilateral action by the country seeking the bank information. It also may distort capital and financial flows by directing them to countries that restrict tax authority access to bank information" (OCDE. Improving access..., p. 11).

informações apresentadas no relatório e que claramente demonstra as tendências internacionais quanto à transferência de sigilo bancário em favor da arrecadação tributária.[24]

(continua)

Ranqueamento (1 = sigilo bancário forte)	País	Fontes	Força do sigilo bancário em matéria criminal	Força do sigilo bancário em matéria tributária	Medidas reformatórias usadas para evitar práticas ilícitas/esforços de harmonização
1	Suíça	1, 3, 6	Bancos devem fornecer informações sobre operadores do crime organizado.	Em matéria tributária, as autoridades devem lidar diretamente com o contribuinte envolvido, e não com terceiros (i.e., os bancos).	Tem começado a enfraquecer seu sigilo por solicitação da União Europeia, mas reluta em fazê-lo por considerar o sigilo um princípio importante.
2	Áustria	1, 3, 6	Ao invés de afirmar o poder do Estado, a Áustria encoraja os bancos à "autorregulação". Cortes austríacas podem — com dificuldade — produzir informações relacionadas a crimes fiscais ou penais.	O acesso às informações tributárias é amplamente negado às autoridades. Medidas de autopoliciamento são sugeridas.	Com um sigilo bancário comparativamente alto, a Áustria está atualmente tornando mais fácil obter informações, especialmente no que diz respeito a assuntos penais.
3	Luxemburgo	1,6	Em matéria criminal, o sigilo só pode ser quebrado durante o depoimento de uma testemunha.	Em matéria tributária, auditores apenas têm acesso a informações de herança e bens do de cujus.	A União Europeia tem pedido a Luxemburgo que enfraqueça seu sigilo, que é hoje muito forte; entretanto, Luxemburgo tem resistido, permitindo a quebra apenas em situações excepcionais.
4	Grécia	1, 6	Art. 260 do Código Criminal apenas permite a quebra do sigilo quando absolutamente necessário para a punição de um crime ocorrido dentro da Grécia, e que seja punido com mais de cinco anos de prisão. Além disso, uma corte precisa expressamente ordenar a quebra do sigilo.	Em matéria tributária é muito difícil quebrar o sigilo, uma vez que as cortes frequentemente apoiam-se nos precedentes de proteção do sigilo tributário e financeiro.	Propôs a já mencionada 91/308/EEC, e mostra-se empenhada em combater a lavagem de dinheiro oriundo do tráfico de drogas.
5	Portugal	1,6	Após a Revolução, o sigilo era extremamente forte. A partir de 1980, entretanto, ele passou a ser enfraquecido, e as autoridades têm recebido poderes crescentes em investigações criminais.	Assuntos tributários ainda têm algum do sigilo construído em anos anteriores.	A União Europeia deseja que Portugal enfraqueça seu sigilo como um todo, mas ele o tem feito apenas em matéria criminal.

---

[24] Fontes: 1 CAMPBELL, Dennis. *International Bank Secrecy*. London: Sweet & Maxwell, 1992; 2 DAHM, Joachim. *Bankgeheimnis and Bankauskunft in der Praxis*. Wiesbaden: Dt. Genossenschafts-Verl, 1995; 3 DARMINE, Jean. *European Banking in the 1990's*; 4 MIKITANI, Ryoichi; HAGANKUWAYAMA, Patrica. *Japan's New Central Banking Law*: a Critical View. Center for Japanese Economy and Business, Columbia University; 5 RALF, Miebach. *Das Bankgeheimnis*. Köln: Heymann, 1999; 6 <http://www.law.nyu.edu/centralbankscenter>; 7 <http://www.lectlaw.com>; 8 <http://www.theeconomist.com>; e 9 <http://www.rpifs.com>.

(continua)

Ranqueamento (1 = sigilo bancário forte)	País	Fontes	Força do sigilo bancário em matéria criminal	Força do sigilo bancário em matéria tributária	Medidas reformatórias usadas para evitar práticas ilícitas/esforços de harmonização
6	Reino Unido	1,6	Os Atos da Polícia e do Processo Criminal afirmam que o sigilo pode ser ignorado onde houver "suspeitas razoáveis de que uma ofensa séria tenha sido cometida".	Comissários de Renda Internacional podem requerer a qualquer um que forneça informações sobre bens, especificamente no estrangeiro.	Desde *Tourrier v.* o sigilo tem perdido espaço, a ponto de muitos cidadãos acharem que ele precisa ser restabelecido.
7	Alemanha	1,6	Informações criminosas podem ser reveladas com ordem judicial.	A quebra de sigilo em procedimentos tributários é sensivelmente mais difícil do que nos criminais.	Alemanha é um país com o sigilo já enfraquecido, especialmente em matéria criminal, e está por isso razoavelmente alinhada com os desejos da União Europeia
8	Espanha	1,6	Em casos criminais, cortes e juízes têm acesso a informações bancárias.	Em casos tributários, cortes e juízes podem ter acesso a informações bancárias.	Sigilo bancário é relativamente fraco.
9	Irlanda	1,6	Seção 7 do Ato dos Livros Bancários manda quebrar o sigilo em qualquer procedimento em que haja determinação judicial para tanto.	Assuntos tributários podem estar compreendidos na disciplina da Seção 7 do Ato dos Livros Bancários, devendo haver quebra do sigilo se assim for determinado por um juiz.	Sigilo enfraquecido, conforma-se com as regras da União Europeia
10	França	1, 6	Art. 57 da Lei Bancária de 1984 diz que o sigilo não pode ser invocado no contexto de procedimentos criminais.	Art. 57 da Lei Bancária de 1984 diz que o sigilo não pode ser invocado "contra autoridades tributárias e alfandegárias, no contexto de lavagem de dinheiro" etc.	França adotou a diretiva 91/308/EEC prevenindo "o uso de instituições financeiras e sistemas para a lavagem de dinheiro".
11	Japão	4	n.d.	n.d.	O Banco Central do Japão (extrapolando para outros bancos e práticas regionais) tem se movido no sentido da maior transparência, indicativa de uma mudança financeira mais ampla.
12	Bélgica	1, 6	Durante a investigação, o sigilo bancário pode ser quebrado, como qualquer outro meio de prova.	Os arquivos fiscais podem ser quebrados se o cliente em questão está sob investigação.	Alteração dos artigos 42 e 505 do Código Criminal criminaliza as condutas de receber, guardar e administrar fundos criminosos.
13	Finlândia	1, 6	Sigilo pode ser quebrado se a polícia ou outras autoridades precisarem de informações para investigações.	Sigilo pode ser quebrado se a polícia ou outras autoridades (*i.e.*, autoridades tributárias) precisarem de informações para investigações.	Novas leis em vigor desde 1º de janeiro de 1992, para harmonizar a Finlândia com o restante da União Europeia.

(conclusão)

Ranqueamento (1 = sigilo bancário forte)	País	Fontes	Força do sigilo bancário em matéria criminal	Força do sigilo bancário em matéria tributária	Medidas reformatórias usadas para evitar práticas ilícitas/esforços de harmonização
14	Suécia	1,6	Crimes de colarinho branco e ofensas criminais em geral são pesadamente combatidas e dão ensejo à quebra dos sigilo.	Autoridades fiscais têm ganhado poderes crescentes em relação a adultos.	Autoridades fiscais e criminais têm ganhado poderes crescentes nos últimos anos.
15	Dinamarca	1,6	Cortes podem obrigar qualquer pessoa com "informações criminosas" a informá-las.	Autoridades fiscais têm acesso a todas as informações referentes a pagamento e restituição de tributos.	O sigilo bancário já é muito enfraquecido, e nada precisa ser feito.
16	Holanda	1	As cortes podem revelar "objetos (segredos) que permitam conhecer a verdade" em procedimentos criminais.	Autoridades podem ver registros e livros a qualquer momento, mesmo sem que existam suspeitas.	O sigilo bancário é relativamente fraco.
17	Itália	1,6	Capacidade de investigar provas criminalmente revelantes foi ampliada, qualquer coisa que se possa relacionar a um crime pode ser vista.	Uma lei de 1972 permite às autoridades fiscais que quebrem o sigilo mesmo sem a existência de elementos criminais.	Leis Antimáfia enfraquecem o sigilo bancário, não havendo reformas a se fazer para fins de harmonização.
18	Estados Unidos da América	1,6	O governo federal exige que livros sejam guardados pelos bancos e que instituições financeiras reportem transações a oficiais do governo; se isso não for feito, há penalidades. Mais ainda, todas as transações suspeitas acima de US$10.000,00 devem ser imediatamente informadas. O Ato de Lavagem de Dinheiro de 1986 dá autoridade imediata para a quebra do sigilo bancário em matéria criminal.	Auditores podem investigar arquivos bancários no curso de trabalhos fiscais, assuntos suspeitos são fundamentos que permitem revelar informações.	Sigilo muito enfraquecido.

* Tabela elaborada a partir dos dados disponíveis em: <http://www.oecd.org/dataoecd/3/7/2497487.pdf>.

Conforme se verifica da simples leitura da tabela, *a transferência do sigilo bancário em favor da Administração Tributária é a regra nos países-membros da OCDE*: preservando, naturalmente, o sigilo fiscal dessas informações, o que somente corrobora a oportunidade já formalizada da mesma medida no Brasil, para conferir às autoridades tributárias os poderes fiscalizatórios necessários para manutenção do grau de eficiência na arrecadação tributária.

Trata-se de assumir que a receita tributária é o elemento central da atividade financeira do Estado[25] e, assim, medidas que visem à sua maior efetivação agregam mais igualdade ao sistema como um todo e, ao final, realizam de forma equânime o Estado de Direito pela justa distribuição dos ônus tributários.

6 "A morte do segredo bancário suíço"[26] e a inexistência de fundamento semelhante na Constituição ou na legislação brasileira

Na Constituição suíça, como também em todas as demais constituições dos países membros da OCDE, não há proteção expressa e absoluta do sigilo bancário para efeitos fiscais.

Na Suíça, até 1934, o sigilo bancário era protegido por vários dispositivos do Código Civil suíço e no Código de Trabalho. A jurisprudência da Corte Federal estabeleceu firmemente o sigilo bancário na prática atual, de forma que um cliente que se sinta vítima de violação de sigilo bancário poderia, por essa razão, obter indenização do banco. Assim, somente em 1934, foi aprovada lei federal sobre bancos, que claramente inclui o sigilo bancário dentro da esfera penal. Um banqueiro que infringir o sigilo bancário seria, por essa razão, punido com prisão, reforçando, portanto, a proteção da esfera privada do depositário.

6.1 Razões históricas do sigilo bancário suíço: espiões nazistas e pressão dos franceses

Mas há duas claras razões históricas e negociais, completamente descontextualizadas da argumentação formal que pretende sustentar aqui, nas praias tupiniquins, a mesma força e rigor do sigilo bancário suíço.

Primeira: *Espiões nazistas*. A crise de 1931 levou à intensificação do controle de câmbio estrangeiro na Alemanha. Hitler promulgou uma lei pela qual qualquer alemão com capital estrangeiro seria punido com pena de morte e a Gestapo começou a espionar os bancos suíços. Quando três alemães foram condenados à morte, o governo suíço se convenceu da necessidade de reforçar o sigilo bancário.

Segunda: *Pressão dos franceses*. Em 1932, o caso Handelsbank, da Basiléia, revelou que mais de 2000 membros da elite francesa possuíam contas na Suíça. Esquerdistas franceses usaram esse fato para denunciar o programa de austeridade de um governo burguês que nada fazia para combater fraudes fiscais. Eles demandaram autoridade jurídica sobre contas francesas na Suíça, mas sem sucesso.

Por razões óbvias, em 1984, os suíços novamente escolheram, por esmagadora maioria, com mais de 73% dos votos, a favor da manutenção do sigilo bancário,

---

[25] Nesse sentido é a leitura que Ferreiro Lapatza faz do sistema tributário: o Direito Tributário, para ele, não pode ser pensado apartado da atividade financeira do Estado e nem sequer de sua função principal de financiamento dos serviços públicos. FERREIRO LAPATZA, José Juan. *Curso de derecho financiero español*: instituciones. Madrid: Marcial Pons, 2006.

[26] LAPOUGE, Gilles. A morte do segredo bancário suíço. *O Estado de S.Paulo*, São Paulo, 24.02.2009. Caderno B4 – Economia, p. B4.

mantendo a regulamentação Suíça tanto pela lei civil (incluindo o *Banking Act*) quanto pela legislação penal. A violação ao sigilo pode ser, então, sujeita a dupla punição: (i) multa e prisão para o banqueiro infrator do *Banking Act* e do Código Penal e (ii) indenização para o cliente infrator quanto à negligência. Espionagem econômica ou fiscal por parte de autoridades de um terceiro país é também punível pela legislação penal.

Coerentemente com os interesses do grande negócio nacional suíço, mais rentável que a fabricação de relógios, chocolates e queijos, lá o sigilo bancário não é suspenso sequer diante de evasão fiscal, mesmo mediante requerimento de governo estrangeiro. Aliás, nem evasão, nem omissão tributária na declaração de rendas e bens são consideradas crimes; decorrência deste desenho legal é que, a Suíça, convenientemente, não concorda com nenhum requerimento para cooperação judicial (também conhecida como assistência mútua) de outros governos.[27]

6.2 A morte do segredo bancário suíço, transconstitucionalismo: a pressão dos EUA e da UE na formação de um novo cenário jurídico global

Barack Obama, quando era senador, denunciou com perseverança a imoralidade desses "remansos de paz para o dinheiro corrompido". Hoje ele é Presidente de uma Nação que considera a fraude fiscal um dos crimes mais graves nos Estados Unidos: foi sob esse pretexto que Al Capone foi enquadrado, nos anos trinta.[28]

O primeiro ataque dos Estados Unidos foi dado contra a União de Bancos Suíços (UBS), gigantesca instituição bancária suíça que, em face da ameaça dos norte-americanos de retirar sua licença nos EUA, passaram o nome de 250 clientes americanos

---

[27] Fonte: <http://swiss-bank-accounts.com> (tradução livre). Uma distinção importante deve ser feita entre evasão tributária e fraude tributária. Fraude tributária (falsificação de documentos, práticas desonestas) é considerada crime também na Suíça. Nesse caso, o sigilo bancário pode ser suspenso por um juiz com jurisdição e cooperação judicial pode ser obtida. Legislação suíça:
"Any person who, in his or her capacity as member of a body, employee, proxy, liquidator or commissioner of a bank, observer for the Banking Commission, or a member of a body or an employee of an authorized auditing firm, has revealed a secret that was entrusted to him or her or of which he or she had knowledge by means of his or her practice or employment, any person who has incited another to violate professional secrecy, will be punished by imprisonment for a maximum of six months or by a fine not exceeding 50,000 francs: 1. If the offender acted in negligence, the punishment will consist of a fine not exceeding 30,000 francs; 2. Violation of secrecy remains punishable even when the practice or employment has terminated or the holder of the secret no longer works in the banking industry; 3. Reserved are the provisions of the federal and cantonal legislation ruling on the obligation to inform authorities and testify in court" (Article 47 of the Swiss Federal Banking Act of 8 November 1934).
"Any person who has divulged a trade secret or confidential business information that was meant to be kept by virtue of legal or contractual obligation, any person who has used this information to his or her benefit or to that of a third party, will be, on prosecution, punished by imprisonment or by fine" (Código Penal, Article 162 of the Swiss criminal code).
"1. Any person who has divulged a secret entrusted to him or her as a representative of authority or a civil servant, or who has acquired knowledge by means of his or her practice or employment, will be punished by imprisonment or by fine. The disclosure remains punishable even when the practice or employment has terminated. 2. The disclosure will not be punishable if it was made with the written consent of a superior authority" (Article 320 of the Swiss criminal code).

[28] LAPOUGE, Gilles. A morte do segredo bancário suíço. *O Estado de S.Paulo*, São Paulo, 24.02.2009. Caderno B4 – Economia, p. B4.

por ela ajudados a fraudar o Fisco. Mais recentemente o ataque foi retomado: desta vez, os americanos exigem que a UBS forneça o nome de seus 52.000 clientes titulares de contas ilegais. O banco protestou, a Suíça está temerosa e o partido de extrema-direita, União Democrática do Centro (UDC), que detém um terço das cadeiras do parlamento federal, propõe que "o segredo bancário seja inscrito e ancorado na Constituição Federal".[29]

Mas, além dos americanos, outro golpe, agora da cúpula europeia que se organizou em Berlim, em preparação ao encontro do G20, em Londres: França, Alemanha e Inglaterra chegaram a um acordo para sancionar paraísos fiscais.[30]

Talvez, seja o alvorecer, perante a crise econômica, de uma nova ordem global que se enquadra bem ao que Marcelo Neves, em obra ainda inédita,[31] denomina *transconstitucionalismo*:

> (...) o reconhecimento de que as diversas ordens jurídicas entrelaçadas na solução de um problema-caso — a saber, de direitos fundamentais ou humanos e de organização legítima do poder —, que lhes são concomitantemente relevantes, devem buscar formas transversais de articulação para a solução do problema, cada uma delas observando a outra, para compreender os seus próprios limites e possibilidades de contribuir para solução do problema. Sua identidade é reconstruída, dessa maneira, enquanto leva a sério a alteridade, a observação do outro. Isso parece-me frutífero e enriquecedor da própria identidade porque todo observador tem um limite de visão no "ponto cego", aquele que o observador não pode ver em virtude de sua posição ou perspectiva de observação. Mas se é verdade, considerando a diversidade de perspectivas de observação de *alter* e de ego, que "eu vejo o que tu não vês", cabe acrescentar que o "ponto cego" de um observador pode ser visto pelo outro. Nesse sentido, pode-se afirmar que o transconstitucionalismo implica o reconhecimento dos limites de observação de uma determinada ordem, que admite a alternativa: o ponto cego, o outro pode ver.

6.3 Da inexistência de obstáculo constitucional ou legal no Brasil à transferência do sigilo bancário para a Administração Tributária

Espiões nazistas já não há mais no nosso mundo nem a STASI[32] para invadir nossas casas com escutas telefônicas, nem pressão ou temor ao estilo francês de 1932 de nossa elite: o mundo mudou... e para melhor. Além disso, o Brasil não é a Suíça,

---

[29] *Idem, ibidem.*

[30] Artigo: Tax Havens: Not-So-Safe Havens. *The Economist*, Londres, n. 21, p. 53, 27 fev. 2009. *Idem, Ibidem.*

[31] *Transconstitucionalismo.* Tese apresentada ao concurso de provas e títulos para o provimento do cargo de Professor Titular na área de Direito Constitucional, junto ao Departamento de Direito do Estado da Faculdade de direito da Universidade de São Paulo, São Paulo, 2009. p. 265.

[32] Referência ao filme do diretor e roteirista Florian Henckel Von Donnersmarck "A vida dos outros" (Das Leben der Anderen, 2006), vencedor do Oscar 2007 de Melhor Filme Estrangeiro, que se passa no ano de 1985, portanto, antes da queda do Muro em que aqueles que viviam na República Democrática Alemã (RDA) estavam submetidos à completa investigação por parte da STASI, que era a principal organização de polícia secreta e inteligência do lado soviético da Alemanha. O tema do filme é justamente o processo de invasão da intimidade e da vida privada do dramaturgo George Dreymanem face da rotina de escutas e de perseguições que se desenrolam entre o artista e a percepção de um novo mundo experimentada pelo oficial e agente Wiesler no decorrer da investigação.

aqui não há lei que estenda a proteção dos dados bancários ao Fisco: essa orientação encontra respaldo mesmo em voto do Min. Sepúlveda Pertence que, ao se aliar à opinião vencedora no Mandado de Segurança nº 21.729, considerou que *o sigilo bancário não é abrangido pela garantia da vida privada nem por outro direito fundamental, sendo tão somente tutelado no âmbito da legislação ordinária* e, assim, passível de limitações, acrescente-se, conforme arbítrio e ponderação política do legislador:[33]

> O sigilo bancário só existe no Direito brasileiro por força de lei ordinária. Não entendo que se cuide de garantia com *status* constitucional. Não se trata da "intimidade" protegida no inc. X do art. 5º da Constituição Federal. (...) Em princípio, por isso, admitiria que a lei autorizasse autoridades administrativas, com função investigatória e sobretudo o Ministério Público, a obter dados relativos a operações bancárias.

Trata-se de assumir a posição de que o tema da transferência do sigilo bancário dos contribuintes pelas autoridades administrativas, observadas as condições previstas em lei (neste caso, na LC nº 105), não envolve questões constitucionais, já que o sigilo bancário não decorre da Constituição.

Mas se houvesse o mesmo nível de sigilo bancário, aqui, fundado na Constituição, por que todo dinheiro do mundo não viria para a proteção dos modernos bancos brasileiros? Por que, ao contrário, tanto dinheiro historicamente saiu da América Latina, cruzando o longínquo e desafiador Atlântico em busca dos bancos suíços? Há, aqui, clara assimetria de informação mundial ou desinformação nacional. Para que ir até à Suíça? Para que se submeter a triangulações negociais obtusas e sem proteção legal? Querem segurança? Então, depositem nos bancos brasileiros: ao futebol, acrescentaríamos o sigilo fiscal e seríamos potência mundial.

Entretanto, como se vê na prática, não é esse o caso: quem acredita no sigilo fiscal brasileiro? Se ele existisse, teríamos que comunicá-lo ao resto do mundo...

Contrafacticamente, pode se argumentar que se trata de ineficácia social da regra de sigilo bancário, mas, para tanto, haveríamos de, ao menos, identificá-la no ordenamento jurídico brasileiro. Contudo, lendo e relendo, atentamente, os incisos X e XII do artigo 5º da Constituição da República não conseguimos identificar, seja no sentido paradigmático, seja no figurado, como podem estes dispositivos sustentar o impedimento da legítima transferência ao Fisco das informações que já são objeto do trato infraconstitucional de deveres instrumentais tributários.

7 É injustificada a generalização do medo da transferência do sigilo bancário

Juridicamente, pode-se explicar este fenômeno de ideologização do "direito ao sigilo" como uma espécie de sobreinclusão,[34] axiologicamente forçada, que sobrevaloriza noções em torno dos direitos fundamentais à intimidade e à privacidade, a partir da premissa falsa e generalizante de que a simples vigência da LC nº 105 eliminaria tais direitos.

---

[33] MS nº 21.729, Rel. Min. Marco Aurélio, Rel. p/ Acórdão Min. Néri da Silveira, Tribunal Pleno, julg. 5.10.1995, *DJ*, 19.10.2001.
[34] SCHAUER, Frederick F. *Profiles, Probabilities, and Stereotypes*. Harvard: Harvard University Press, 2003.

Assistimos assim a uma espécie de argumentação entimemática,[35] fundada em premissas indizíveis, que tende a proteger absolutamente o sigilo bancário, mas guarda para si proposições tópicas e generalizantes que não são ditas, mas que ameaçam silenciosamente o cidadão incauto que passa a associar e difundir um sentimento social de invasão diante da ideia de transferência do sigilo autorizado pela LC nº 105. Instala-se, assim, o medo de que sempre haverá abuso de informações. O temor, justificado em parte pela própria complexidade da legislação tributária, de que todos têm algo a ocultar em suas contas bancárias.

Tal temor transforma-se em *stress social* quando associa-se a ideia da transferência à imagem de algemas, noticiário em rede nacional dando ampla publicidade de esquemas criminosos de lavagem de dinheiro e corrupção.

Quem tem medo da transferência do sigilo bancário? Para esmagadora parte da população, que é assalariada, não existe esse sigilo, posto que desde 1943, o Decreto-Lei nº 5.844 exige que as pessoas físicas e jurídicas enviem à Administração informações e rendimentos que pagaram ou creditaram no ano anterior, "com indicação da natureza, das respectivas importâncias e dos nomes e endereços das pessoas que os receberam".[36]

8 O receio do uso ilícito da competência administrativa de transferência do sigilo (quebra do sigilo) pretendendo justificar o exercício absoluto e abusivo dos direitos à intimidade e à vida privada

Nas alegações e argumentações jurídicas tecidas nas ADINs, verificamos o incontido receio de abuso no uso das prerrogativas outorgadas à SRF pela LC nº 105. Tal sentimento decorre de dois fatores generalizantes: (i) medo do *excesso de poder* das autoridades administrativas no uso de tais prerrogativas; e (ii) desconsideração das hipóteses e do rígido procedimento exigido para o exercício do direito de acesso às informações bancárias.

Analisando o primeiro destes fatores, é curioso notar que *excesso de poder* e *abuso de direito* surgem da mesma matriz, o Código de Napoleão, na forma de criações doutrinárias e jurisprudenciais na França, entre a segunda metade do século XIX e o começo do século XX, destinadas a corrigir duas características jurídico-culturais consagradas no Código: (i) o formalismo legal, segundo o qual a lei contém regras

---

[35] Trata-se de um silogismo imperfeito, no qual a premissa maior é "escondida". De acordo com Nicola Abbagnano:
"Segundo Aristóteles, silogismo fundado em premissas prováveis ou em signos; é o silogismo da retórica. O entimema fundado em premissas prováveis nunca conclui necessariamente, pois as premissas prováveis vale na maioria das vezes, mas nem sempre. (...) Assim, quando se diz que alguém está doente porque tem febre, ou que uma mulher deu à luz porque tem leite, cria-se um silogismo do qual simplesmente se omite a premissa maior, ou seja, que todo quem tem febre está doente, ou que toma mulher que deu à luz, tem leite" (*Dicionário de filosofia*. São Paulo: Martins Fontes, 1999. p. 334).

[36] "Art. 108. Até 30 de abril de cada ano, as pessoas físicas e jurídicas, são obrigadas a enviar às repartições do Imposto de Renda informações sôbre, os rendimentos que pagaram os creditaram no ano anterior, por si ou como representantes de terceiros, com indicação da natureza, das respectivas importâncias e dos nomes e endereços das pessoas que os receberam".

que predeterminam a solução de todos os casos possíveis e dispensa a ponderação de razões por parte dos juízes; e (ii) o absolutismo dos direitos e, singularmente, do direito de propriedade, que veio definido no artigo 544 do Código como "o direito de gozar e de dispor das coisas da maneira mais absoluta", e que traduz regra geral de permissão que outorga ao proprietário levar a termo quaisquer ações, sem necessidade de ponderar em nenhum caso de que maneira ditas ações podem afetar os interesses de terceiros.[37]

É formalismo legal pressupor que sempre haverá *excesso de poder* na aplicação da LC nº 105. É *abuso de direito* a pretensão de gozar e dispor do direito à intimidade de forma absoluta, afetando terceiros e o Estado no exercício da legalidade tributária.

Destarte, sob esse prisma, no presente caso, a pretensão de justificar o gozo absoluto no exercício da proteção da intimidade gera *abuso de direito*, em face do receio do *excesso de poder* das autoridades administrativas no exercício das prerrogativas da LC nº 105: é o medo do uso indevido de uma competência administrativa (transferência do sigilo) pretendendo justificar o exercício absoluto e abusivo de um direito (à intimidade).

Se houver *excesso de poder*, é a LC nº 105 que estará sendo desrespeitada, circunstância que só será aferível ante o caso concreto, portanto, o perigo desse abuso não é suficiente para justificar o fundamento material das ADINs, muito menos a invalidade desta legislação que protege o sigilo bancário, garantindo o direito à intimidade. Diante do ato concreto de abuso, seria o mandado de segurança o instrumento adequado para combater a ilegalidade concreta: nunca seria caso de ADIN.

9 Desconhecimento dos termos da LC nº 105 e sua regulamentação: sem tributos, não há Estado; sem Estado, não há propriedade: sem propriedade, para que serve o sigilo bancário?

Outro ponto relevante a ser considerado, na amplitude do "auditório universal"[38] deste debate, é o completo desconhecimento e generalização dos termos da LC nº 105 e do Decreto nº 3.724/2001: ambos protegendo o sigilo bancário e regulando o estrito e rigoroso processo de acesso às informações bancárias, somente mediante a existência de processo administrativo e notificação prévia do contribuinte, informando a existência do procedimento para a "Requisição de Informações sobre Movimentação Financeira (RMF)". Além disso, o §4º do artigo 37 da Constituição estabelece a proteção constitucional do contribuinte, garantindo que atos de improbidade administrativa importarão: suspensão de direitos políticos, perda da função e indisponibilidade dos bens, sem prejuízo de ação penal.

Basta ler a LC nº 105 e os Decretos nº 3.724/2001 e nº 4.489/2002, para verificarmos que o procedimento de acesso aos dados bancários é completamente blindado,

---

[37] Ilícitos atípicos, p. 33-34.
[38] "Uma argumentação dirigida a um auditório universal deve convencer o leitor do caráter coercitivo das razões fornecidas, de sua evidência de sua validade intertemporal e absoluta, independente das contingências locais ou históricas" (PERELMAN, Chaim; OLBRECHTS-TYTECA, Lucie. *Tratado da argumentação*: a nova retórica. Tradução de Maria Ermantina de Almeida Prado Galvão. São Paulo: Martins Fontes, 2005. p. 35).

protegido por sigilo funcional e com trâmite rigorosamente estrito aos agentes fiscais, sob pena de responsabilidade funcional, civil, pessoal e criminal:[39]

I. não é caso de *simples conhecimento dos dados bancários*: ao contrário, a LC nº 105 garante a proteção dos dados bancários, prescrevendo o dever de sigilo às instituições financeiras e ao Banco Central (artigos 1º e 2º);

II. o acesso aos dados bancários também não é *simples*: exige processo administrativo ou procedimento fiscal em curso (artigo 6º da LC nº 105) e o início do procedimento exige mandado de procedimento fiscal (MPF), privativo de coordenador-geral, superintendente, delegado ou inspetor (§§1º e 2º e inciso V do §3º do artigo 2º do Decreto nº 3.724/2001);

III. sendo pressuposto do ato de requisição de informações sobre movimentação financeira, a prévia intimação ao sujeito passivo para apresentação de suas informações financeiras, necessárias à execução do mandado de procedimento fiscal (§2º do artigo 4º do Decreto nº 3.724/2001);

IV. o §2º do artigo 5º da LC nº 105 não permite possibilidade jurídica de "deixar ao desabrigo a intimidade das pessoas", pois determina que as informações transferidas à Administração Tributária da União "restringir-se-ão a informes relacionados com a identificação dos titulares das operações e os montantes globais mensalmente movimentados, vedada a inserção de qualquer elemento que permita identificar a sua origem ou a natureza dos gastos a partir deles efetuados";

V. impõe-se, ainda, que tais informações sejam conservadas sob sigilo (§5º do artigo 5º e parágrafo único do artigo 6º da LC nº 105), com controle de acesso registrado e tramitação estritamente regulada mediante envelopes lacrados (§§1º e 2º do artigo 7º do Decreto nº 3.724/2001);

VI. e todo esse regime rigoroso impõe-se sob pena de responsabilidade funcional do servidor público (artigo 10 do Decreto nº 4.489/2002) e responsabilidade material e moral pessoal do servidor por eventuais danos decorrentes (artigo 11 da LC nº 105);

VII. além disso, o acesso às informações bancárias fora das estritas hipóteses autorizadas na LC nº 105, *ex vi* do seu artigo 10, constitui crime sujeito à pena de reclusão, de um a quatro anos, sem prejuízo de outras sanções.

Dura lex, sed lex! Entendemos, *de lege ferenda*, compreensíveis os temores expressos nas várias ADINs interpostas contra a LC nº 105, contudo, são juridicamente

---

[39] Diferentemente do que alega a ADIN nº 4.010, proposta pela Ordem dos Advogados do Brasil:
"1.1. O dispositivo é inconstitucional, por ofensa ao art. 5º, incisos X, XII e LV da Constituição Federal. Com efeito, a prestação de informação acerca das operações financeiras dos contribuintes, sem ordem judicial, ofende o devido processo legal (art. 5º, LV) e a reserva de jurisdição para a quebra do sigilo de dados (art. 5º, XII). *Atinge, também, a intimidade e a vida privada das pessoas, guarnecida pelo inc. X do art. 5º da CF*" (A1).
"Frise-se, a propósito, que, para efetivar tais garantias, os preditos incisos asseguram o sigilo das informações bancárias, quer das constantes nas instituições financeiras, quer das existentes na própria Receita. *Afinal, por meio do simples conhecimento — quanto mais da análise e da divulgação — dos dados bancários, pode-se deixar ao desabrigo a intimidade das pessoas*" (A2).
Note-se que, expressa ou implicitamente, este excerto da ADIN da OAB reflete a argumentação presente nas demais ADIN que se apoiam neste dispositivo, empregando, mas sem distinguir, o "termo intimidade", em duas acepções distintas: (A1) "intimidade" no sentido normativo, como direito e (A2) "intimidade" em suas proporções fácticas, seja referindo à conformidade de fato da legislação ao dispositivo, seja à eficácia social do direito à intimidade.

injustificáveis: não há nada a temer, a LC nº 105 e seus decretos, ao contrário do que se sugere, vieram para preencher lacuna jurídica e regulamentar o disposto no artigo 5º, inciso X, da Constituição, garantindo o pleno exercício da intimidade e da vida privada, em conformidade com os valores constitucionais que atribuem ao Estado a obrigatoriedade de garantir, via tributação, o custo público do pleno exercício da liberdade e do direito de propriedade: sem tributos, não há Estado; sem Estado, não há propriedade; sem propriedade, para que serviria o sigilo bancário?

Ocorre que na Suíça há direito ao sigilo bancário não porque se trata de direito ou garantia fundamental, pois a matéria sequer é lembrada na Constituição Suíça, nem em nome da privacidade ou da dignidade da pessoa humana. O "direito ao sigilo bancário", que é motor do grande mercado financeiro nacional suíço, existe com fundamento em uma simples Lei.[40] Revoga-se esta simples lei, como é a expectativa dos países da Comunidade Europeia e dos Estados Unidos, e ponto: será o fim do sigilo bancário na Suíça.

No Brasil, não há lei que proteja o sigilo bancário das atribuições legais do Fisco: muito ao contrário (conforme demonstramos no item 6.2), existe expressa lei que autoriza, sob rígidas condições e procedimentos, a obtenção de informações financeiras dos contribuintes com o objetivo de realizar a legalidade e a igualdade tributária.

10 Legalidade como instrumento da igualdade (*caput* do artigo 5º modulando seus incisos X, XII e LV) que se impõe ao sigilo bancário em face da necessidade da prova, motivação do ato de lançamento, que realiza e concretiza a legalidade

A intimidade e o sigilo de dados não podem servir de meio ou instrumento de bloqueio da realização da igualdade perante a lei: não é por acaso que as expressões "Todos são iguais perante a lei" e a garantia à "igualdade" encontram-se expressamente no esquecidiço *caput* do artigo 5º que deve guiar e orientar o sentido dos incisos X e XII:

> Art. 5º. *Todos são iguais perante a lei*, sem distinção de qualquer natureza, garantindo-se aos brasileiros e aos estrangeiros residentes no País a inviolabilidade do direito à vida, à liberdade, *à igualdade*, à segurança e à propriedade, nos termos seguintes: (...)
> X – são invioláveis *a intimidade*, a vida privada, a honra e a imagem das pessoas, assegurado o direito a indenização pelo dano material ou moral decorrente de sua violação;
> XII – é inviolável o sigilo da correspondência e das comunicações telegráficas, *de dados* e das comunicações telefônicas, salvo, no último caso, por ordem judicial, nas hipóteses e na forma que a lei estabelecer para fins de investigação criminal ou instrução processual penal;

A igualdade impõe-se ao sigilo bancário. E como a legalidade é o instrumento da igualdade, então, a aplicação efetiva da lei geral e abstrata impõe-se sobre a

---
[40] Swiss Federal Banking Act of 8 November 1934.

intimidade e sobre o sigilo de dados. O privilégio de não transferir os dados bancários à Administração implica o benefício de ocultar a prova que é condição do ato de aplicação da lei, rompendo a legalidade e sujeitando a igualdade à "Lei de Gerson", no processo de concretização da lei tributária.

Ocorre que há dois planos de legalidade: (i) a legalidade geral e abstrata, que engendra a incidência conceptual ("eficácia legal" em Pontes de Miranda) e (ii) a incidência jurídica ("efetividade" em Pontes). É esta última que Paulo de Barros Carvalho,[41] de Pontes à Kelsen, define como sendo o derradeiro ato de aplicação do Direito Tributário: aquela que produz enunciados conformativos de norma individual e concreta. Sem esta, aquela não se realiza, sem aquela esta perde seu fundamento legal.

Perante a legislação do imposto de renda, realizam o fato gerador "auferir renda": tanto (i) o contribuinte que, ao cumprir as obrigações acessórias, espelha nas informações fiscais sua efetiva movimentação financeira; quanto (ii) o contribuinte que se omite e não declara seus rendimentos, apresentando inconsistência com a efetiva movimentação financeira. Para ambos, nasce a obrigação de pagar imposto sobre a renda. Contudo, sem a prova deste fato gerador, que é motivo do ato de lançamento tributário, não há como aplicar a lei concretamente.

Cria-se discriminação injustificada entre o primeiro, que oferece a informação, e o segundo, que oculta a prova, e ainda pretende gozar de forma abusiva do direito ao sigilo, em atitude de fraude à lei tributária.

A realização prática da legalidade exige prova dos fatos descritos hipoteticamente na lei. Sem prova não há ato administrativo: compromete-se a eficácia jurídica da lei. Sem ato administrativo, a legalidade não se concretiza, não se generaliza, ferindo o primado da igualdade.

Geraldo Ataliba adverte: "A lei é o instrumento da isonomia". E arremata:

> A captação do conteúdo jurídico da isonomia exige do intérprete adequada consideração sistemática de inúmeros outros princípios constitucionais, especialmente a legalidade, critério primeiro, lógica e cronologicamente, de toda e qualquer ação estatal. (...) Igualdade diante do Estado, em todas as suas manifestações. Igualdade perante a Constituição, perante a lei e perante todos os demais atos estatais. A isonomia, como quase todos os princípios constitucionais, é a implicação lógica do magno princípio republicano, que fecunda e lhe dá substância. (...) Embora tenha larguíssima fundamentação histórica e provectas raízes culturais, o princípio da isonomia só pode ser compreendido em toda sua dimensão e significado, juntamente com o princípio da legalidade.[42]

Sem legalidade, não há igualdade; sem igualdade não há república.

A poderosa intuição jurídica do Guardião da República parece haver gravado sua influência e sabedoria no texto constitucional: há inúmeras regras *constitucionais* prescrevendo, expressa e implicitamente, a realização da legalidade, nos procedimentos e processos jurídicos, vejamos:

- o próprio *caput* do artigo 5º, "todos são iguais perante a lei";
- a legalidade estrita do artigo 5º, inciso II: "ninguém será obrigado a fazer ou deixar de fazer alguma coisa senão em virtude de lei". Ou leia-se: de sua

---

[41] Especialmente na obra *Direito tributário*: fundamentos jurídicos da incidência. São Paulo: Saraiva, 1997.

[42] *República e Constituição*. São Paulo: Revista dos Tribunais, 1985. p. 133.

devida aplicação mediante provas previstas, também, em lei para sua fiel aplicação (busca da verdade material);

- o reiterado artigo 5º, inciso XII, em que o expresso acesso a inefabilidade da comunicação telefônica, em detrimento do sigilo de comunicação, permite a constituição de provas para realização da legalidade;
- o artigo 5º, inciso LV, o devido processo legal com os meios e recursos inerentes: pois sem a prova, que é meio, a legalidade material não se realiza; nem a formal;
- o artigo 37: dever de legalidade, impessoalidade e eficiência da Administração Pública;
- o artigo 84, inciso IV, que prescreve que "compete ao executivo cuidar da fiel execução da lei": ora, sem provas, é impossível aplicar juridicamente a lei.

Dimitri Dimoulis e Leonardo Martins advertem para a herança da preocupação com as garantias do princípio da legalidade, positivado pela primeira vez na terceira Constituição francesa de 1795, retratando a prevalência e supremacia da lei sobre as decisões dos demais Poderes e aguardando do legislador a tutela e harmonização dos direitos fundamentais sem ulteriores possibilidades de controle: "A máxima jurídica da qual se valiam os constitucionalistas alemães do século XIX era a seguinte *'não haverá intervenção na liberdade e na propriedade sem lei (que as legitime)' (Kein Eingriff in Freheit und Eigentum ohne Gesetz)*"[43] (destacamos).

Destarte, *a intimidade e a vida privada já nascem limitadas pela igualdade e pela legalidade, que é seu derradeiro instrumento de realização; são diante desses "termos" que os incisos X, XII e LV devem ser interpretados.*

Que direito se opõe ao gozo absoluto do direito ao sigilo bancário? A resposta está na Constituição: o direito à prova, última instância que conecta direito e realidade, possibilitando a concretização da legalidade que instrumentaliza a efetivação da igualdade.

10.1 Legalidade e a necessidade da prova como motivação do ato de lançamento, delimitando o núcleo do direito à intimidade e à privacidade, previstos no artigo 5º, inciso X, da Constituição

Como harmonizar a vida social com a mesquinhez do direito à intimidade? Como garantir a idoneidade de um homem público sem relativizar parcela de sua intimidade? Como garantir que todos contribuam igualmente para manutenção do Estado? O fato é que o texto constitucional não se refere à manutenção de uma intimidade injustificável. Muito ao contrário, a sintaxe do dispositivo apenas *não admite* a violação ilegal, ilícita. Tanto é assim que a Constituição prevê outras situações que delimitam essa hipótese: por exemplo, o legítimo exercício da liberdade de expressão; outro exemplo, a legítima obrigação de todos pagarem impostos e o dever de a Administração obter os meios de prova para realização efetiva da legalidade tributária.

---

[43] *Teoria geral dos direitos fundamentais*. São Paulo: Revista dos Tribunais, 2006. p. 31.

A legalidade protege a violação ilícita da intimidade, mas também a intimidade não pode impedir a concretização da legalidade: sem legalidade, não há propriedade nem liberdade; nem suas garantias e, sendo assim, para que intimidade?

Seja o sigilo bancário variável ou não do direito à intimidade, este direito pode ser restrito por outro, uma vez demonstrada a precedência daquele sobre este. Sobre o reconhecimento de que o sigilo bancário não é absoluto, confira-se outro julgado do Supremo Tribunal Federal:

> Ementa: Constitucional. Sigilo bancário: quebra. Administradora de cartões de crédito. CF, art. 5º, X. I – *Se é certo que o sigilo bancário, que é espécie de direito à privacidade, que a Constituição protege art. 5º, X não é um direito absoluto, que deve ceder diante do interesse público, do interesse social e do interesse da Justiça,* certo é, também, que ele há de ceder na forma e com observância de procedimento estabelecido em lei e com respeito ao princípio da razoabilidade. No caso, a questão foi posta, pela recorrente, sob o ponto de vista puramente constitucional, certo, entretanto, que a disposição constitucional é garantidora do direito, estando as exceções na norma infraconstitucional. II – RE não conhecido. (destaques não contidos no original) (RE nº 219.780, Rel. Min. Carlos Velloso, Segunda Turma, julg. 13.04.1999, *DJ*, 10.9.1999)

Reitere-se a indagação central: *que direito se contrapõe ao direito ao sigilo bancário*?

Referido direito se revela no princípio da *prevalência do interesse público em face do interesse particular* que, nesse caso, se manifesta pela necessidade de agregar eficácia à legalidade e à igualdade através da faculdade conferida à Administração de controlar a veracidade das informações declaradas pelo contribuinte, mediante a averiguação das movimentações financeiras respectivas, observados os ditames legais (LC nº 105), e, assim, *produzir as provas necessárias* para a constituição do fato jurídico tributário. De um ponto de vista geral, pode-se resumir esse princípio no enunciado do artigo 145, §1º, da Constituição, que determina:

> Art. 145. (...)
> §1º Sempre que possível, os impostos terão caráter pessoal e serão graduados segundo a capacidade econômica do contribuinte, *facultado à Administração tributária, especialmente para conferir efetividade a esses objetivos, identificar, respeitados os direitos individuais e nos termos da lei, o patrimônio, os rendimentos e as atividades econômicas do contribuinte*.

Disso decorre que a Administração, na busca pela comprovação da ocorrência de fatos que resultem na exigência tributária e, assim, como teoriza Paulo de Barros Carvalho,[44] na constituição em linguagem de fatos subtraídos do conhecimento das autoridades, pode requisitar informações sobre os rendimentos, patrimônio e atividades econômicas dos contribuintes. A questão é saber qual o limite para essa requisição e em que medida essa faculdade pode ser acomodada diante da proteção à intimidade, nos termos acima delineados. A resposta nos é fornecida pela *ponderação entre princípios*: neste caso específico, a relativização do direito à intimidade se mostra

---

[44] *Direito tributário*: fundamentos jurídicos da incidência. São Paulo: Saraiva, 2006. e *Direito tributário, linguagem e método*. São Paulo: Noeses, 2008.

adequada, necessária e proporcional. Isso porque a redução da esfera de proteção do direito à intimidade, para garantir tanto a eficácia na produção de provas tributárias quanto, como resultado, a concretização da legalidade, justifica-se em face dos maiores benefícios advindos na limitação desse direito do que na sua prevalência.

Importante notar que não se trata aqui de proceder à simples técnica de hierarquização dos princípios, criticada pelo Min. Gilmar Ferreira Mendes. O que pretendemos é, pela via da identificação dos significados dos princípios, estabelecer, em uma situação de conflito prática, qual deve, necessariamente, prevalecer. Nas palavras do Ministro:

> (...) o Tribunal não se limita a proceder a uma simplificada ponderação entre princípios conflitantes, atribuindo precedência ao de maior hierarquia ou significado. (...) Ao revés, no juízo de ponderação indispensável entre os valores em conflito, contempla a Corte as circunstâncias peculiares de cada caso. Daí afirmar-se, corretamente, que a solução desses conflitos há de se fazer mediante a utilização do recurso à concordância prática (*praktische Konkordanz*), de modo que cada um dos valores jurídicos em conflito ganhe realidade.[45]

Pelo exposto, deve-se concluir, necessariamente, que o interesse da Administração de formalizar fatos jurídicos tributários e, assim, ser capaz de *produzir provas* com base nas movimentações financeiras dos contribuintes prevalece em face da proteção à intimidade — nesse balanço, é o interesse relacionado à realização da legalidade tributária (e não meramente da arrecadação da Administração) que possui maior peso e, assim, tem precedência sobre o princípio do artigo 5º, inciso X da Constituição.

Nada é por acaso: *não há mercado sem governo e não há governo sem tributos*. É a magistral lição de Liam Murphy e Thomas Nagel: *não há que se falar em "propriedade" antes da tributação*. O direito de propriedade é institucional e, como tal, depende do direito tributário e da própria existência do Estado, o que implica tributação; os tributos não são representativos de invasão do Estado no patrimônio dos contribuintes, já que tal direito não é anterior à tributação, mas *condicionado a ele*. Disso decorre que é o sistema tributário que delineia a propriedade e não o contrário:

> (...) não há mercado sem governo e não há governo sem tributos; e qual tipo de mercado existe depende das leis e das decisões políticas que o governo deve tomar. Na ausência de um sistema jurídico suportado por tributos, não poderia haver dinheiro, bancos, corporações, venda de ações, patentes ou uma moderna economia de mercado — nenhuma das instituições que tornam possível a existência de quase todas as formas contemporâneas de renda e riqueza.[46]

---

[45] MENDES, Gilmar Ferreira; COELHO, Inocêncio Mártires; BRANCO, Paulo Gustavo Gonet. *Curso...*, cit., p. 346.

[46] "There is no market without government and no government without taxes; and what type of market there is depends on laws and policy decisions that government must make. In the absence of a legal system supported by taxes, there couldn't be money, banks, corporations, stock exchanges, patents or a modern market economy — none of the institutions that make possible the existence of almost all contemporary forms of income and wealth" (MURPHY, Liam; NAGEL, Thomas. *The Myth of Ownership*: Taxes and Justice. New York: Oxford University Press, 2002. p. 32).

10.2 Legalidade e a interpretação do artigo 5º, inciso XII, da Constituição, como confirmação da importância da garantia à prova também para as comunicações telefônicas

Alega-se que a transferência de sigilo bancário afeta o direito fundamental do "sigilo de dados", amparado pelo artigo 5º, inciso XII, da Constituição:

> Art. 5º. *Todos são iguais perante a lei*, sem distinção de qualquer natureza, garantindo-se aos brasileiros e aos estrangeiros residentes no País a inviolabilidade do direito à vida, à liberdade, *à igualdade*, à segurança e à propriedade, nos termos seguintes: (...)
>
> XII – é inviolável o sigilo da correspondência e das comunicações telegráficas, *de dados* e das comunicações telefônicas, salvo, no último caso, por ordem judicial, nas hipóteses e na forma que a lei estabelecer para fins de investigação criminal ou instrução processual penal.

A controvertida interpretação do artigo 5º, inciso XII, da Constituição decorre, basicamente, de problemas de ambigüidade na relação produto/processo,[47] inerentes a toda e qualquer comunicação: *protege-se o sigilo de dados (produto)? Ou garante-se tão somente o sigilo da comunicação de dados (processo)?*

Ocorre com a expressão "comunicação de dados" a mesma confusão que encontramos em expressões jurídicas como "ato administrativo", "posse" e "contrato". É o que Carlos Santiago Nino chama de *ambigüidade processo/produto* e que consiste no fato de que um mesmo termo apresentar dois significados: um relativo à atividade ou ao processo e o outro, ao produto ou resultado dessa atividade ou processo. Como exemplifica o autor, "é o que ocorre com palavras como 'trabalho', 'vivência', 'construção', 'pintura'. Se alguém me diz 'encontro-me na pintura', pode-se duvidar de se o que gosta é pintar ou contemplar quadros".[48]

Assim, também, são as fontes do direito: o ato administrativo (processo) produz o ato administrativo (produto), ao passo que o ato legislativo (processo) produz a lei (produto) e o ato judicial (processo) produz a sentença (produto).

Da mesma forma, esta dualidade está presente nos atos de comunicação citados no inciso XII do artigo 5º da Constituição, sendo assim temos: (i) o ato de escrita e envio da correspondência (processo) e a carta recebida (produto); (ii) o ato de enunciação da comunicação telegráfica (processo) e o telegrama (produto); (iii)

---

[47] A interpretação ampla deste dispositivo desconsidera relevantes elementos do surgimento desta proteção na história constitucional brasileira, tendentes à transparência e ao exercício da liberdade de imprensa, muito bem destacados em decisão do Supremo Tribunal Federal, nos termos de voto do Min. Francisco Rezek:
"Do inc. XII, por seu turno, é de ciência corrente que ele se refere ao terreno das comunicações: a correspondência comum, as mensagens telegráficas, a comunicação de dados, e a comunicação telefônica. Sobre o disparate que resultaria do entendimento de que, fora do domínio das comunicações, os dados em geral — e a seu reboque, o cadastro bancário — são invioláveis, não há o que dizer. O funcionamento mesmo do Estado e do setor privado enfrentaria um bloqueio. A imprensa, destacadamente, perderia sua razão de existir" (Mandado de Segurança nº 2.179, Rel. Min. Luis Galotti, julg. 2.9.1953, Tribunal Pleno).
Também de maneira contundente, o Min. Sepúlveda Pertence resumiu essa orientação com as seguintes palavras:
"(...) no inc. XII da Lei Fundamental, o que se protege, e de modo absoluto, até em relação ao Poder Judiciário, é a comunicação "de dados" e não "os dados", o que tornaria impossível qualquer investigação administrativa" (Mandado de Segurança nº 2.179, *cit.*).

[48] *Introducción al análisis del derecho*, p. 261.

o ato de comunicação de dados transitando por via aérea, fios de cobre ou fibras ópticas (processo) e os dados recebidos e armazenados no disco rígido do destinatário (produto); enfim, (iv) temos o ato de comunicação telefônica (processo) e o próprio resultado deste ato que é a comunicação realizada pelos interlocutores no tempo-espaço histórico do diálogo (produto).

O processo é ato de enunciação que se consome no tempo-espaço de sua realização: perde-se o ato do envio da correspondência; perde-se o ato da comunicação telegráfica, perde-se o ato da transmissão de dados e perde-se o ato da comunicação telefônica.

Contudo, pela própria natureza do suporte físico (ou canal) que lhe serve de veículo comunicacional, dos três primeiros: da correspondência e da comunicação telegráfica ou de dados, resta o produto, a prova da comunicação: a carta, o telegrama e os dados gravados ou registrados em qualquer suporte.

Dos quatro meios de comunicação relacionados no inciso XII do artigo 5º, apenas a comunicação telefônica não deixa resquícios ou marcas materiais da sua existência (provas); sua natureza exige intervenção de terceiro no próprio ato comunicacional.

A previsão de transferência no sigilo na comunicação telefônica é a confirmação, neste dispositivo, da prevalência do interesse da prova sobre o próprio direito ao sigilo. Correspondência, telegramas e dados deixam provas: por sua própria natureza, marcas (índices) do conteúdo dessas comunicações. Daí por que o texto constitucional exigir autorização judicial exclusivamente para o acesso à comunicação telefônica: neste caso, o processo de comunicação não resulta em qualquer produto; o único meio de se ter conhecimento do conteúdo da comunicação é pela interceptação direta no ato de comunicar.

Essa percepção corrobora duas importantes conclusões: (i) o âmbito da proteção é, centralmente, o processo de comunicação e não o produto (prova da transação ou do negócio) que dela decorre; e (ii) a justificativa dessa exceção (sigilo telefônico) está, precisamente, em garantir expressamente a legalidade mediante o pleno acesso a todos os tipos de comunicação, viabilizando a produção de provas, sem as quais o direito não se concretiza: *legalidade de papel*.

10.3 Legalidade e necessidade da transferência do sigilo bancário como realização dos meios de prova inerentes ao devido processo legal

Argumenta-se que a transferência do sigilo bancário às autoridades administrativas ofende os incisos LIV e LV do artigo 5º da Constituição. É curioso que na interpretação desses incisos também é esquecido o *caput* respectivo, que condiciona a compreensão dos dispositivos à realização da igualdade, instrumentalizada pela legalidade, conforme já ressaltado anteriormente em relação aos incisos X e XII:

Art. 5º. *Todos são iguais perante a lei*, sem distinção de qualquer natureza, garantindo-se aos brasileiros e aos estrangeiros residentes no País a inviolabilidade do direito à vida, à liberdade, *à igualdade, à segurança* e à propriedade, *nos termos seguintes*:

(...)

LIV – ninguém será privado da liberdade ou de seus bens *sem o devido processo legal*;

LV – aos litigantes, em processo judicial ou administrativo, e aos acusados em geral são assegurados *o contraditório e ampla defesa, com os meios e recursos a ela inerentes*;

A suposta ofensa está fundada em duas razões distintas: (i) a transferência de sigilo dependeria de autorização específica do Poder Judiciário e, assim, a LC nº 105 ofenderia a reserva de jurisdição e (ii) o acesso das autoridades tributárias às movimentações financeiras dos contribuintes resultaria em ofensa ao contraditório e ao direito à ampla defesa, já que ao contribuinte, não seria dado contestar, ao menos administrativamente, a providência fazendária.

Nenhum dos argumentos tem fundamento. No que se refere à ofensa do *princípio da reserva de jurisdição*, deve-se considerar que as informações objeto de transferência para a Administração Tributária estão fora do núcleo de proteção do direito à intimidade e à vida privada. De outro lado, o sigilo contemplado no referido dispositivo condiciona a autorização do Poder Judiciário *somente às comunicações telefônicas*, conforme se depreende da redação constitucional, que não deixa qualquer dúvida sobre o tema e ainda confirma a preocupação deste dispositivo de garantir a realização da legalidade e da verdade material, pelos inerentes meios de prova:

Art. 5º. (...)

XII – é inviolável o sigilo da correspondência e das comunicações telegráficas, de dados e das comunicações telefônicas, *salvo, no último caso,* por ordem judicial, nas hipóteses e forma que a lei estabelecer para fins de investigação criminal ou instrução processual penal.

Nesse sentido, também, é o entendimento pacífico do Supremo Tribunal Federal:

(...) O postulado da reserva constitucional de jurisdição importa em submeter, à esfera única de decisão dos magistrados, a prática de determinados atos cuja realização, por efeito de explícita determinação constante do próprio texto da Carta Política, somente pode emanar do juiz, e não de terceiros, inclusive daqueles a quem se haja eventualmente atribuído o exercício de "poderes de investigação próprios das autoridades judiciais". A cláusula constitucional da reserva de jurisdição — que incide sobre determinadas matérias, como *a busca domiciliar (CF, art. 5º, XI), a interceptação telefônica (CF, art. 5º, XII)* e *a decretação da prisão* de qualquer pessoa, ressalvada a hipótese de flagrância *(CF, art. 5º, LXI)* — traduz a noção de que, *nesses temas específicos,* assiste ao Poder Judiciário, não apenas o direito de proferir a última palavra, mas, sobretudo, a prerrogativa de dizer, desde logo, a primeira palavra, excluindo-se, desse modo, por força e autoridade do que dispõe a própria Constituição, a possibilidade do exercício de iguais atribuições, por parte de quaisquer outros órgãos ou autoridades do Estado (...). (destaques não contidos no original) (MS nº 23.452, Rel. Min. Celso de Mello, Tribunal Pleno, julg. 16.09.1999, *DJ*, 12.5.2000)

Sendo assim, não encontra qualquer fundamento a alegação de que a LC nº 105 ofende a reserva de jurisdição, por dois motivos: *primeiro*, porque a transferência do sigilo bancário está fora do núcleo de proteção previsto no artigo 5º, incisos X e XII da Constituição e, *segundo*, porque reserva de jurisdição não pode acobertar informações (dados) que são objeto de obrigações tributárias acessórias ordinárias, mas tão somente as interceptações telefônicas.

Finalmente, no que se refere à suposta *ofensa ao contraditório e à ampla defesa*, a tese, igualmente, não possui respaldo na Constituição Federal, nem nos termos do Decreto nº 3.724/2001 que regulamenta a LC nº 105 e *determina a intimação prévia do contribuinte* que terá o sigilo de seus dados bancários transferidos à Administração:

> Art. 4º. (...)
>
> §2º *A RMF* (requisição de informações sobre movimentação financeira) *será precedida de intimação ao sujeito passivo para apresentação de informações sobre movimentação financeira, necessárias à execução do MPF.* (mandado de procedimento fiscal)

Ora, uma vez intimado, na hipótese de o contribuinte entender que tal providência é abusiva ou ilegal e, assim, não se encontrar de acordo com os ditames da LC nº 105, poderá impetrar mandado de segurança e garantir o exercício da ampla defesa e contraditório. É importante frisar que a própria da lei complementar estabelece, de forma precisa, as condições para que seja possível a solicitação, pela autoridade administrativa às instituições financeiras, das informações bancárias dos contribuintes.

Nos termos do artigo 5º da LC nº 105, sempre que as movimentações dos contribuintes superarem um determinado valor (R$5.000,00 para pessoas físicas e R$10.000,00 para pessoas jurídicas), a instituição financeira tem o dever de informar à Administração. Além disso, nos termos do artigo 6º da mesma lei, também poderão as autoridades, no curso de procedimento ou processo administrativo, solicitar informações às instituições financeiras, em relação às movimentações dos contribuintes, desde que tais exames sejam considerados indispensáveis pela autoridade administrativa competente.

Conforme se verifica da simples leitura dos dispositivos, o objetivo da Administração em obter tais informações é o de colher elementos para, eventualmente, apurar obrigação tributária existente em face do sujeito passivo, mas não adimplida. Trata-se, pois, de *mecanismo de produção de prova* e, como tal, necessariamente inquisitório: faz parte da obrigação da autoridade fiscal seguir rigorosamente a legislação que regula o procedimento administrativo de apuração de fatos destinados à formação da motivação do ato de lançamento tributário. É tão apenas após a notificação do ato de lançamento que se deve falar em exercício do contraditório. Até então, estamos diante das atividades vinculadas da Administração, voltadas à formalização do crédito tributário.

Além disso, confirma essa tese o próprio texto do inciso LV do artigo 5º da Constituição, ao enunciar que "aos litigantes, em processo judicial ou administrativo, e aos acusados em geral são assegurados o contraditório e ampla defesa, com os *meios e recursos a ela inerentes*".

Ora, *sem os meios de prova, contraditório sobre o quê? Ampla defesa do quê? Só de matéria de direito? E os fatos? E a incansável busca pela "verdade material"? Due process of law só para debater a interpretação de artigos não tem sentido!* O devido processo legal pressupõe os meios de prova necessários para aplicação da legalidade material ao fato material para que assim se exerça plenamente o contraditório e a ampla defesa.

Em verdade, a *transferência do sigilo bancário* para Administração Pública, exaustivamente disciplinada na LC nº 105 e seus regulamentos, regula e incrementa a realização efetiva do devido processo legal, sendo que qualquer ilegalidade neste procedimento estará sempre sujeita à apreciação do Poder Judiciário.

10.4 Legalidade e interpretação do artigo 145, §1º, da Constituição, como fundamento da eficácia do Sistema Tributário Nacional desenhado pelo legislador constituinte

Alega-se, confusamente, que a quebra de sigilo bancário ofende o artigo 145, §1º, da Constituição, na medida em que tal dispositivo, apesar de possibilitar que a Administração Tributária, para conferir efetividade à realização da capacidade contributiva, pode identificar "o patrimônio, os rendimentos e as atividades econômicas do contribuinte", limita tais atividades ao respeito dos *direitos individuais*; e, no presente caso, a LC nº 105 não teria observado tais direitos. A não observância decorre do argumento de que a quebra de sigilo bancário ofende os direitos tutelados pelo artigo 5º, incisos X, XII, LIV e LV, todos da Constituição.

Novamente revisitamos os mesmos incisos X, XII, LIV e LV do artigo 5º, agora direcionados pela inusitada via do artigo 145, §1º, sob a rubrica "direitos individuais". Entretanto, como exposto até agora, nenhum desses dispositivos, devidamente modulados pelo sempre esquecido *caput* do artigo 5º tem o condão de infirmar a LC nº 105. Conforme demonstrado, ao contrário de opor-se, a LC nº 105 outorga concretude e regulamentação aos aludidos direitos.

É estranho ver o artigo que abre o Capítulo I, firmando as raízes do Sistema Tributário Nacional — outorgando (i) *competência tributária* aos entes federativos para criar leis instituidoras de impostos, taxas e contribuições; e, ainda, expressamente atribuindo (ii) *competência administrativa* às Administrações Tributárias, especialmente para conferir efetividade à cobrança de tributos, identificar o patrimônio, os rendimentos e as atividades econômicas do contribuinte —, *sendo utilizado justamente para fundamentar a não efetividade deste dispositivo e comprometer a eficácia do sistema tributário desenhado pelo poder constituinte originário*:

> Art. 145. A União, os Estados, o Distrito Federal e os Municípios poderão instituir os seguintes tributos:
>
> I – impostos;
>
> II – taxas, em razão do exercício do poder de polícia ou pela utilização, efetiva ou potencial, de serviços públicos específicos e divisíveis, prestados ao contribuinte ou postos a sua disposição;
>
> III – contribuição de melhoria, decorrente de obras públicas.
>
> §1º Sempre que possível, os impostos terão caráter pessoal e serão graduados segundo a capacidade econômica do contribuinte, *facultado à administração tributária, especialmente para conferir efetividade a esses objetivos, identificar, respeitados* **os direitos individuais** *e nos termos da lei, o patrimônio, os rendimentos e as atividades econômicas do contribuinte*.
>
> §2º As taxas não poderão ter base de cálculo própria de impostos.

Por outro lado, tais *direitos individuais* que se opõem ao poder de tributar são muito mais imponentes que os derivativos "intimidade" e a "privacidade": *centralmente, o poder de tributar opõe-se ao direito de propriedade e ao direito de liberdade*. Nas palavras de Geraldo Ataliba:

> A tributação — em seus princípios básicos e formas mais gerais — é matéria constitucional. Não só porque justificou e esteve na essência do primeiro documento constitucional moderno — a Magna Carta de 1215 — *mas também porque envolve tensão entre o poder estatal e dois valores fundamentais para o homem: a liberdade e o patrimônio.* Estes bens jurídicos, precipuamente protegidos pelas constituições modernas, são ao mesmo tempo a sua razão de ser.

Ora, se os sagrados direitos à propriedade e à liberdade curvam-se ao poder constitucional de tributar, sob que justificativa pretende-se ocultar dos entes tributantes informações, em nome da intimidade ou privacidade?

De fato, conforme destacado nos itens anteriores, a existência do artigo 145, §1º, da Constituição está a *fundamentar a possibilidade de transferência do sigilo bancário* para a Administração Tributária, legitimando a LC nº 105 e impondo-se harmonicamente aos incisos X e XII do artigo 5º, garantindo a eficácia do sistema tributário, que é a artéria que alimenta o Estado com recursos necessários para custear todo o sistema de direitos largamente relacionados nos múltiplos incisos do artigo 5º da Constituição.

11 Conclusão: resposta às questões objeto de análise

De um ponto de vista geral, todas as ADINs ajuizadas fazem referência a quatro grupos de argumentos baseadas em interpretações propostas a partir do direito posto, especificamente: (i) ao artigo 5º, inciso X; (ii) ao artigo 5º, inciso XII; (iii) ao artigo 5º, incisos LIV e LV; e (iv) ao artigo 145, §1º, da Constituição.

Segue, em nível de conclusão, respostas às questões propostas no início deste estudo:

1. A transferência do sigilo bancário à Administração Tributária ofende o direito à intimidade e à vida privada, previstos no artigo 5º, inciso X, da Constituição?

Não. A transferência do sigilo bancário prevista na LC nº 105 regula, garante e concretiza a proteção à intimidade e à vida privada. Conforme demarcamos (*v. item 3*), é certo que há informações protegidas pela intimidade e pela vida privada na Constituição que são invioláveis porque representam o próprio núcleo de proteção desses direitos. Contudo, os artigos 5º e 6º da LC nº 105 restringem-se a exigir conjunto de informações relativas à atividade econômica do contribuinte (*v. item 3.3*), que este, ordinariamente, já é obrigado a prestar para a fiscalização e exigência do crédito tributário pelo simples adimplemento de "obrigações acessórias" instituídas pela legislação tributária e que não podem ser consideradas como partes do espaço privado do indivíduo, em face do Fisco: trata-se de simples reflexo documental das atividades do contribuinte, com a finalidade de fornecer instrumentos à Administração Tributária na apuração e verificação dos tributos devidos. O conhecimento dos dados relativos à movimentação financeira dos sujeitos passivos somente tem o condão de comprovar e testar a veracidade das informações constantes desses documentos obrigatoriamente disponibilizados (*v. relação exemplificativa no item 3.3*) que instrumentalizam e realizam a concretização da igualdade na aplicação da lei tributária (*v. item 10*).

O quadro abaixo (*ex vi do item 3*) sintetiza e sistematiza essa dualidade, bem como distingue os planos do lícito (respeito ao núcleo de proteção e legitimidade de regulamentação legal fora do núcleo de proteção) e do ilícito (quebra do sigilo):

Direito à intimidade e à vida privada

	(*Dentro* do núcleo de proteção)	(*Fora* do núcleo de proteção)
Lícito	Informações protegidas constitucionalmente em nome da intimidade e da vida privada do indivíduo que *não* podem sofrer interferência ilegítima do Poder Público, exemplo: inviolabilidade da residência, sigilo de correspondência e comunicações telegráficas, de dados e das comunicações telefônicas	Informações protegidas constitucionalmente em nome da intimidade e a vida privada do indivíduo que *podem* sofrer regulação *legítima* do Poder Público, exemplo: transferência do sigilo bancário para efeito fiscal dos dados numéricos de movimentação financeira, sem identificação da origem ou dos destinatários
Ilícito	*Quebra do sigilo*: ato inconstitucional	*Quebra do sigilo*: ato inconstitucional e ilegal (LC nº 105)

Note-se que a expressão "quebra do sigilo", reiteradamente citada, além de passar, retoricamente, uma noção muito mais ampla e socialmente negativa dos termos da LC nº 105, é completamente estranha à atividade delegada à Administração nos artigos 5º e 6º. O artigo 5º trata do dever das instituições financeiras de "informar" as operações financeiras efetuadas pelos correntistas. O artigo 6º trata da faculdade de a Administração "examinar" documentos livros e registros de instituições financeiras quando houver processo ou procedimento administrativo e tais "exames" sejam considerados indispensáveis pela autoridade administrativa.

Ressalte-se, *em nenhum momento esses dispositivos tratam de "quebra do sigilo bancário", mas sim de **transferência do sigilo** destas informações à Administração Tributária*. O §5º do artigo 5º prescreve o dever das autoridades manterem o sigilo das informações obtidas: "As informações a que se refere este artigo serão conservadas sob sigilo fiscal, na forma da legislação em vigor". Na mesma sintonia, o parágrafo único do artigo 6º prescreve: "O resultado dos exames, as informações e os documentos a que se referem este artigo serão conservados em sigilo, observada a legislação tributária".

2. A transferência do sigilo bancário à Administração Tributária ofende a proteção ao sigilo de dados, prevista no artigo 5º, inciso XII, da Constituição?

Não, pois o sigilo de dados não pode servir de meio ou instrumento de bloqueio da realização da igualdade perante a lei: não é por acaso que a expressão "Todos são iguais perante a lei" e a garantia à "igualdade" encontram-se expressamente *no esquecidiço caput do artigo 5º*, que deve guiar e orientar o sentido do inciso XII.

Ocorre que os "dados" previstos como fatos geradores da legislação tributária e exigidos na forma de obrigações acessórias, bem como seus meios de verificação, são as provas que justificam e motivam o ato de lançamento tributário. Sem provas, não há como lançar; sem possibilidade de apurar a veracidade dessas provas não se realiza plenamente os primados da legalidade nem da igualdade; por exemplo, perante a legislação do imposto de renda, realizam o fato gerador "auferir renda": tanto (i) o contribuinte que, ao cumprir as obrigações acessórias, espelha nas informações fiscais sua efetiva movimentação financeira; quanto (ii) o contribuinte que se omite e não declara seus rendimentos ou os declara, omitindo informações e, pois, apresentando inconsistência entre sua declaração e sua efetiva movimentação financeira. Para ambos, nasce a obrigação de pagar imposto sobre a renda. Contudo, sem a prova deste fato gerador, que é motivo do ato de lançamento tributário, não há como aplicar a lei concretamente: restaria prejudicado e apenado "perante a lei" o contribuinte que cumpre corretamente suas obrigações acessórias.

Cria-se, assim, injustificada discriminação entre o primeiro, que oferece a informação, e o segundo, que oculta a prova, e ainda pretende gozar de forma abusiva do direito ao sigilo, em franca atitude de fraude à lei tributária.

A realização prática da legalidade exige prova dos fatos descritos hipoteticamente na lei. Sem prova, não há ato administrativo: compromete-se a eficácia jurídica da lei. Sem ato administrativo, a legalidade não se concretiza, não se generaliza, ferindo o primado da igualdade (*v. item 10*).

Além disso, sinal patente da relevância que a Constituição dá à importância da prova na realização da legalidade e da igualdade que norteiam o artigo 5º é a previsão de transferência no sigilo na comunicação telefônica: este mandamento é a confirmação, neste dispositivo, da prevalência do interesse da prova sobre o próprio direito ao sigilo da comunicação telefônica. Ocorre que correspondência, telegramas e dados deixam provas: por sua própria natureza, marcas (índices) do conteúdo dessas comunicações (*ex vi do item 10.2*). *Daí o texto constitucional exigir autorização judicial exclusivamente para o acesso à comunicação telefônica*: neste caso, o processo de comunicação não resulta em qualquer produto; *o único meio de se ter conhecimento do conteúdo da comunicação é pela interceptação direta no ato de comunicar.*

3. A transferência do sigilo bancário à Administração Tributária, nos termos da LC nº 105 e sua regulamentação, representa ofensa ao devido processo legal e aos princípios do contraditório e da ampla defesa?

Não encontra fundamento a alegação de que há *ofensa ao contraditório e à ampla defesa*: a tese não possui respaldo na Constituição Federal, nem nos termos do Decreto nº 3.724/2001, *que regulamenta a LC nº 105 e **determina a intimação prévia do contribuinte** que terá o sigilo de seus dados bancários transferidos à Administração*:

Art. 4º. (...)
§2º *A RMF (requisição de informações sobre movimentação financeira) será precedida de intimação ao sujeito passivo para apresentação de informações sobre movimentação financeira, necessárias à execução do MPF (mandado de procedimento fiscal).*

Ora, uma vez intimado, na hipótese de o contribuinte entender que tal providência é abusiva ou ilegal e, assim, não se encontrar de acordo com os ditames da LC nº 105, poderá impetrar mandado de segurança e garantir o exercício da ampla defesa e contraditório antes da transferência do sigilo ao Fisco. É importante frisar que a própria da LC estabelece, de forma precisa, as condições para que seja possível a solicitação, pela autoridade administrativa às instituições financeiras, das informações bancárias dos contribuintes.

A LC nº 105 trata, pois, de *mecanismo de produção de prova* no procedimento administrativo e, como tal, necessariamente inquisitório: faz parte da obrigação da autoridade fiscal seguir rigorosamente a legislação que regula o procedimento de apuração de fatos (provas) destinados à formação da motivação do ato de lançamento tributário. É tão apenas após a notificação do ato de lançamento que se deve falar em exercício do contraditório. Até então, estamos diante das atividades vinculadas da Administração, voltadas à formalização do crédito tributário.

Além disso, confirma essa tese, o próprio texto do inciso LV do artigo 5º da Constituição, ao enunciar que "aos litigantes, em processo judicial ou administrativo, e aos acusados em geral são assegurados o contraditório e ampla defesa, com os *meios e recursos a ela inerentes*".

Ora, *sem os meios de prova* necessários à constituição do lançamento, *o contraditório e a ampla defesa perdem seu objeto. Due process of law só para questão de direito, debatendo a interpretação de artigos, não tem sentido.* O devido processo legal pressupõe os meios de prova necessários para aplicação da legalidade material ao fato material para que assim se exerça plenamente o contraditório e a ampla defesa: em verdade, é a *transferência do sigilo bancário* para Administração Pública, exaustivamente disciplinada na LC nº 105 e seus regulamentos, que garante e incrementa a realização efetiva do devido processo legal, sendo que qualquer ilegalidade neste procedimento estará sempre sujeita à apreciação do Poder Judiciário.

4. A transferência do sigilo bancário à Administração Tributária ofende os "direitos individuais" mencionados no artigo 145, §1º, da Constituição?

É estranho ver o artigo que abre o Capítulo I, firmando as raízes do Sistema Tributário Nacional — outorgando (i) *competência tributária* aos entes federativos para criar leis instituidoras de impostos, taxas e contribuições; e, ainda, expressamente atribuindo (ii) *competência administrativa* às Administrações Tributárias, especialmente para conferir efetividade à cobrança de tributos, identificar o patrimônio, os rendimentos e as atividades econômicas do contribuinte —, *sendo utilizado justamente para fundamentar a não efetividade deste dispositivo e comprometer a eficácia do sistema tributário desenhado pelo poder constituinte*:

> Art. 145. A União, os Estados, o Distrito Federal e os Municípios poderão instituir os seguintes tributos:
>
> I – impostos;
>
> II – taxas, em razão do exercício do poder de polícia ou pela utilização, efetiva ou potencial, de serviços públicos específicos e divisíveis, prestados ao contribuinte ou postos a sua disposição;
>
> III – contribuição de melhoria, decorrente de obras públicas.

§1º Sempre que possível, os impostos terão caráter pessoal e serão graduados segundo a capacidade econômica do contribuinte, *facultado à Administração tributária, especialmente para conferir efetividade a esses objetivos, identificar, respeitados* **os direitos individuais** *e nos termos da lei, o patrimônio, os rendimentos e as atividades econômicas do contribuinte.*

§2º As taxas não poderão ter base de cálculo própria de impostos.

Ocorre que tais "direitos individuais" aludidos no §1º do dispositivo acima, que se opõem ao poder de tributar, são muito mais imponentes que os derivativos direitos à "intimidade" e à "vida privada": *centralmente, o poder de tributar se opõe ao direito de propriedade e ao direito à liberdade.*

Ora, se os sagrados direitos à propriedade e à liberdade curvam-se ao Poder constitucional de tributar, sob que justificativa pretende-se ocultar dos entes tributantes informações em nome da intimidade ou privacidade?

De fato, conforme destacado nos itens anteriores, a existência do artigo 145, §1º, da Constituição, está a *fundamentar a possibilidade de transferência do sigilo bancário* para a Administração Tributária: (i) legitima a LC nº 105; (ii) impõe-se, harmonicamente, aos incisos X e XII do artigo 5º; e, ainda, (iii) garante a eficácia do sistema tributário, que é a artéria que alimenta o Estado com recursos necessários para custear todo o sistema de direitos largamente relacionados nos múltiplos incisos do artigo 5º da Constituição.

5. A intervenção representada pela medida da "transferência do sigilo bancário" à Administração Tributária atende a extensão e sentido do princípio da razoabilidade?

A LC nº 105 não só atende como realiza o princípio da razoabilidade. Além de atuar num campo de informação fora do núcleo de proteção da intimidade e da vida privada do indivíduo, a LC nº 105 cuida da concreção de campo de informações, que já é próprio da legislação tributária ordinária, portanto, sobre ser oportuna, é adequada, necessária e proporcional. Isso porque a simples eficácia da legalidade, garantida pela produção de provas, justifica-se em face de todos os benefícios que oferece à transparência, igualdade e justiça do sistema tributário.

O interesse de a Administração formalizar fatos jurídicos tributários e, assim, ser capaz de *produzir e confirmar provas* com base nas movimentações financeiras dos contribuintes há de prevalecer, pois, como vimos, nos termos do §2º do artigo 5º da LC nº 105, as informações que as instituições financeiras têm o dever de transferir à Administração Tributária *devem se limitar à individualização dos titulares, das operações e dos montantes globais mensalmente movimentados, sem que haja a inserção de qualquer elemento capaz de identificar a origem ou natureza destes gastos.*

Dessa forma, a transferência do sigilo deve prevalecer em face da necessidade de preservar um outro valor com *status* constitucional, que se sobrepõe ao interesse particular, sintonizando a adequação da medida ao fim pretendido, bem como sua efetiva necessidade: garantir a simples efetividade da legislação tributária.

Enfim, a LC nº 105 retrata ainda medida em perfeita harmonia com o cenário jurídico global, valorando a transparência e concretamente impugnando os paraísos fiscais e, especialmente, acompanhando a tendência da morte do segredo bancário suíço, sob a pressão dos EUA e da UE. Anúncio, em tempos de crise, do alvorecer de uma nova ordem do Direito Tributário Internacional, que sugere um transconstitucionalismo que rompe com negociações mesquinhas, unilaterais e leva a sério a alteridade, a observação e a existência do problema do outro, no esforço do reconhecimento da necessidade de buscar formas transversais de articulação das ordens jurídicas internas na solução de problemas supranacionais.

6. Meros dados bancários genéricos ou cadastrais do contribuinte como o nome do cliente da instituição bancária, seu CPF ou CGC, número da conta bancária, ou a informação se há, naquela instituição, aplicação financeira em nome do contribuinte, os valores globais depositados ou investidos, ou a movimentação periódica de valores, portanto, informes incapazes de desvendar algo da intimidade das pessoas, podem ser tidos como amparados pela garantia da vida privada?

Não há justificativa jurídica para restringir o acesso da Administração Tributária aos dados bancários filtrados pela LC nº 105, posto que o Fisco já obtém o mesmo nível de informação com a adimplência das obrigações acessórias, exigidas em nível infraconstitucional pela legislação tributária ordinária: trata-se, pois de *informação fora do núcleo de proteção da intimidade e da vida privada*.

Também corrobora esse entendimento (*cf. exposto no item 3*) a jurisprudência dos Tribunais Regionais Federais, a qual *nega que o sigilo bancário se encontra na área de proteção da privacidade* por se tratar de conjunto de informações relativas à atividade econômica de cunho necessariamente público e que já se encontram disponíveis na esfera pública do mercado financeiro, sob a tutela dos bancos, que, de maneira alguma, podem ser tidos como partes do espaço privado do indivíduo. Afirma-se, assim, que "as informações sobre o patrimônio das pessoas não se inserem nas hipóteses do inciso X da CF/88, uma vez que o patrimônio não se confunde com a intimidade, a vida privada, a honra e a imagem".[49]

Este conjunto de informações que o contribuinte, ordinariamente, é obrigado a prestar para a fiscalização e exigência do crédito tributário, mediante deveres denominados "obrigações acessórias", representam o reflexo documental das atividades do contribuinte, com a finalidade de fornecer instrumentos à Administração Tributária na apuração e verificação dos tributos devidos. O conhecimento dos dados relativos à movimentação financeira dos sujeitos passivos tem tão só o condão comprovar e testar a veracidade das informações constantes dos documentos que o contribuinte já é obrigado a prestar no simples cumprimento das obrigações acessórias.

Ilustrativamente e de forma não exaustiva, pode-se citar e relacionar (*cf. item 3.2*) diversos tributos (IR, CSSL, PIS, COFINS, IOF, etc.) e seus respectivos "deveres formais" para concluir que as informações objeto da transferência do sigilo bancário

---

[49] Apelação em Mandado de Segurança nº 82.880, Rel. Des. Alcides Vettorazzi, TRF 4ª região, *DJU*, 11.6.2003, p. 587; Apelação Cível nº 535.351, Rel. Des. Vilson Darós, TRF 4ª região, *DJU*, 26.2.2003, p. 720; Agravo de instrumento nº 174.981, Rel. Des. Lazarano Neto, TRF 3ª região, *DJU*, 5.9.2003, p. 387; Agravo de instrumento nº 170.324, Rel. Desa. Suzana Camargo, TRF 3ª região, *DJU*, 20.6.2003, p. 263; Agravo de instrumento nº 181.409, Rel. Desa. Ritinha Stevenson, TRF 3ª região, *DJU*, 9.3.2004, p. 224. Jurisprudência citada em PACELLO, 2004, p. 41.

para o Fisco não vão além daquelas que o contribuinte já é *obrigado a prestar em razão das obrigações acessórias*, instituídas na legislação tributária.

Reiteramos, é nesse sentido que os artigos 5º e 6º da LC nº 105 determinam, que as informações prestadas pelas instituições financeiras *ficarão restritas aos valores movimentados e aos titulares das operações, sendo vedada a inserção de qualquer elemento capaz de identificar a origem ou natureza dos gastos.*

Enfim, tendo em vista a grande liberdade do sujeito passivo em declarar e apurar o valor devido desses tributos, cabe, em contraparte, à Administração o dever de controlar a veracidade das informações prestadas e o acesso à movimentação financeira, que simplesmente espelha tais dados, é simples instrumento para efetiva realização da legalidade tributária e da igualdade entre contribuintes que se enquadram no mesmo regime jurídico de atividade.

7. Estariam protegidos em relação ao Fisco os informes bancários genéricos de pessoas jurídicas? Pessoas jurídicas têm intimidade ou vida privada, quando a legislação comercial exige a publicação dos seus balanços de algumas empresas?

Não há qualquer fundamento legal no Direito brasileiro que imunize as empresas e demais pessoas jurídicas de prestar informações bancárias genéricas à Administração Tributária, *ex vi* dos artigos 5º e 6º da LC nº 105, por duas razões objetivas: *primeiro*, porque estas informações estão fora do núcleo de proteção do direito à intimidade e à vida privada (*ex vi do quadro no item 3 e reproduzido na resposta da questão 1*), tanto que são objeto de simples obrigações acessórias que constituem as provas e os fundamentos fáticos essenciais na apuração, formalização e cobrança do crédito tributário; *segundo*, os direitos e deveres relacionados no artigo 5º e em especial nos incisos X e XII referem-se, exclusivamente, aos direitos do homem e do cidadão (*v. análise histórica demonstrando o fundamento e origem destes direitos no início do item 3*), direitos e deveres individuais e personalíssimos que não se aplicam a empresas nem a outras pessoas jurídicas de direito público interno.

Aliás, a própria noção de governança corporativa pressupõe a necessidade de *accountability* (*ex vi do item 3.3*), que não é possível sem a ampla publicidade e transparência dos dados relativos à gestão empresarial: não deve haver segredos ou surpresas para sócios e acionistas. Quem se comprometeria como devedor solidário ou investiria em empresa que não paga seus tributos? Só a ampla transparência confere segurança jurídica para o sócio e o investidor em suas relações com o Fisco e propicia as condições de uma economia institucional. Neste sentido, a transparência fiscal é um importantíssimo instrumento para a saúde e regulação do mercado financeiro e de capitais. Vale ressaltar, nosso sistema não quebrou: não por acaso, aqui no Brasil, tínhamos a CPMF (praticamente, desde o IPMF em 1993 até dez. 2008) e temos a LC nº 105.

8. Com supedâneo no §1º do art. 145 da CF, que faculta à Administração Tributária, especialmente para conferir efetividade ao princípio da pessoalidade de alguns impostos, ao princípio da igualdade entre contribuintes e da capacidade contributiva, respeitados os direitos individuais e nos termos da lei, identificar o patrimônio, os rendimentos e as atividades econômicas do

contribuinte, seria admissível que lei complementar razoável determinasse a transferência direta do sigilo bancário das instituições financeiras para a Administração Tributária, independentemente de prévia apreciação do Poder Judiciário?

A transferência do sigilo bancário para ao Fisco é dado inerente ao exercício da Administração Tributária, que se submete aos primados da legalidade e da igualdade (*sobre a inexistência de obstáculo constitucional à transferência do sigilo v. item 6.3*): não há legalidade ou igualdade sem provas que permitam a concreção da lei tributária.

A LC nº 105 regula as hipóteses e o conteúdo de informações objeto da transferência do sigilo bancário ao Fisco, apenando a *quebra do sigilo bancário* com severas punições funcionais, cíveis e criminais (*sobre o receio do uso ilícito da transferência e desconhecimento dos termos na LC nº 105 v. itens 8 e 9*): ao Poder Judiciário cabe a garantia da aplicação da LC nº 105 em seus termos e, como sempre, coibir eventuais abusos de poder que restaram ainda mais exíguos, em face da existência e vigor dessa lei complementar e sua respectiva regulamentação.

9. A transferência de sigilos, de sigilo bancário para sigilo fiscal, nos termos de lei complementar, não garantiria a vida privada dos contribuintes, já que impediria que outras pessoas, que não tenham justo motivo para ter acesso a esses dados, tomem ciência desses informes?

Não há dúvida, a LC nº 105 surgiu para substituir o art. 38 da Lei nº 4.595/1964, no sentido de fundamentar, aprimorar, regulamentar e criar instrumentos de efetiva proteção ao sigilo bancário, oferecendo ainda mais garantias à vida privada e à intimidade dos contribuintes (*ex vi do quadro comparativo entre a LC nº 105 e o artigo 38 da Lei nº 4.596/1964 no item 4.4*).

Para tal constatação, basta a leitura *dos termos da LC nº 105* (*ver item 3.3: sobre mitos, sacralizações, generalizações apressadas*): o §5º do artigo 5º prescreve o dever de as autoridades manterem o sigilo das informações obtidas: "As informações a que se refere este artigo serão conservadas sob sigilo fiscal, na forma da legislação em vigor". Na mesma sintonia, o parágrafo único do artigo 6º prescreve: "O resultado dos exames, as informações e os documentos a que se referem este artigo serão conservados em sigilo, observada a legislação tributária". E é a própria LC nº 105 que arremata esse assunto: (i) seu artigo 10 determina que se houver uso ilícito destas informações, aí, sim, se configurará a "quebra do sigilo" como tipo penal; (ii) seu artigo 11 ainda acrescenta ao ilícito da "quebra", qualificado no artigo anterior, mais duas consequências: a *primeira*, responsabilidade pessoal do servidor pelos danos materiais e morais causados; a *segunda*, responsabilidade objetiva da entidade pública.

10. Estaria a transferência do sigilo bancário submetida a reserva constitucional de jurisdição? Ou seja, somente o Poder Judiciário poderia relativizar a transferência do sigilo bancário?

A LC nº 105 não ofende o *princípio da reserva de jurisdição* (*ex vi do item 10.3*): deslocar esse acesso de informações, exclusivamente, para o Poder Judiciário, em nome da genérica ideia da *universalidade da jurisdição*, não encontra outro motivo jurídico senão a prática de sobrecarregar o Poder Judiciário com o objetivo de mitigar e retardar a efetividade (eficácia social) da legislação tributária.

Não há ofensa do *princípio da reserva de jurisdição*: (i) as informações objeto de transferência para a Administração Tributária estão, conforme demonstra o quadro transcrito na resposta à questão 1, fora do núcleo de proteção do direito à intimidade e à vida privada; (ii) o sigilo contemplado no referido art. 5º, XII, condiciona à reserva legal e autorização do Poder Judiciário *somente as comunicações telefônicas*, conforme se depreende da redação constitucional, que não deixa qualquer dúvida sobre o tema e ainda confirma e revela a preocupação de este dispositivo realizar a legalidade e a verdade material, mediante a garantia dos inerentes meios de prova, em objetiva opção constitucional pela supremacia da realização da legalidade e igualdade em contraposição à intimidade e à vida privada; e, enfim, (iii) porque não há sentido em pleitear a reserva de jurisdição para informações (dados) que são objeto de obrigações tributárias acessórias ordinárias.

11. O STF, por ocasião do julgamento da ADIN nº 1.790, admitiu a legitimidade da transferência, mesmo sem lei que autorizasse e mediante remuneração, de registros de dados de clientes por parte de estabelecimentos comerciais e instituições financeiras, com o escopo de proteção de créditos privados e do lucro. Diante desta decisão, por que não seria constitucionalmente possível que lei complementar autorizasse a transferência direta de dados bancários genéricos, que nada revelam da vida privada das pessoas, para a Administração Tributária, para que fosse atendida a determinação constitucional do art. 145, §1º?

Sim, há relação entre os argumentos tratados na ADIN nº 1.790 e o presente caso, especialmente, no uso amplo e retórico que se pretendeu imprimir à noção de "privacidade", nas palavras do Relator, Min. Sepúlveda Pertence:

> O apelo à privacidade e à proteção do consumidor, à primeira leitura, não se configuram convincentes. Na tentativa de dar-lhes alguma plausibilidade, a petição inicial atribui aos textos questionados uma interpretação quase terrorista que eles não comportam. A convivência entre a proteção da privacidade e os chamados arquivos do consumo, mantidos pelo próprio fornecedor de crédito ou integrados em bancos de dados, tornou-se um imperativo da economia da sociedade de massas: viabilizá-la cuidou o Código de Defesa do Consumidor, segundo molde das legislações mais avançadas.

Contudo, se o "apelo à privacidade" nesta ADI cedeu em nome da facticidade da "economia da sociedade de massas", por razões múltiplas e ainda mais fortes não se pode opor a privacidade ao dever-poder de a Administração Tributária aplicar a legalidade, assim como no caso paradigmático, trata-se de informações que estão fora do núcleo de proteção deste direito, mas, além disso, tais "informações" configuram provas necessárias para fundamentar o motivo dos atos de lançamento que concretizam a exigência do crédito tributário; sem essas provas, não há lançamento, nem se realiza a legalidade.

Portanto, a LC nº 105 não só é juridicamente possível, como é juridicamente necessária para a eficácia das leis tributárias. De fato (*conforme destacamos no item 10.4, "Legalidade e interpretação do artigo 145, §1º, da Constituição, como fundamento da eficácia do Sistema Tributário Nacional desenhado pelo legislador constituinte"*), a existência do artigo 145, §1º, da Constituição, está a *fundamentar a possibilidade de transferência do sigilo bancário* para a Administração Tributária, legitimando a LC nº 105 em plena harmonia com os incisos X e XII do artigo 5º, garantindo a eficácia do sistema tributário, que é a artéria (argumento e relação também jurídicos, só que de Direito Financeiro) que alimenta o Estado com recursos necessários para custear todo o sistema de direitos humanos largamente relacionados nos múltiplos incisos do artigo 5º da Constituição, incluindo-se aí, também, os sistemas de garantia, controle e eficácia do Código de Defesa do Consumidor. Nada é por acaso, conforme magistral investigação *The Myth of Ownership*: *Taxes and Justice*, de Liam Murphy e Thomas Nagel, professores da NYU, publicada pela Oxford University Express e traduzida no Brasil sob o título *O mito da propriedade* (*ver item 10.1*), enfim: não há mercado sem governo e não há governo sem tributos!

São Paulo, 7 de abril de 2009.

Informação bibliográfica deste texto, conforme a NBR 6023:2002 da Associação Brasileira de Normas Técnicas (ABNT):

SANTI, Eurico Marcos Diniz de. O sigilo e a lei tributária: transparência, controle da legalidade, direito à prova e a transferência do sigilo bancário para a administração tributária na Constituição e na Lei Complementar nº 105. *In*: SARAIVA FILHO, Oswaldo Othon de Pontes; GUIMARÃES, Vasco Branco (Coord.). *Sigilos bancário e fiscal*: homenagem ao Jurista José Carlos Moreira Alves. Belo Horizonte: Fórum, 2011. p. 583-634. ISBN 978-85-7700-405-8.

Affinchè la Funzione Pubblica non si Trasformi in Privilegio, è Necessario Rispettare il Principio di Proporzionalità

Giovanni Moschetti

Indice: 1 Esigenze di continuità e regolarità delle più alte funzioni pubbliche o immunità? – **2** Il "lodo Alfano" quale tentativo di eludere fondamentali principi costituzionali – **3** Lodo Alfano e principio di proporzionalità

1 Esigenze di continuità e regolarità delle più alte funzioni pubbliche o immunità?

Il c.d. "Lodo Alfano",[1] formalmente noto con il nome "Disposizioni in materia di sospensione del processo penale nei confronti delle alte cariche dello Stato",[2] è una legge fortemente voluta dal Consiglio dei Ministri del quarto Governo Berlusconi «*con l'obiettivo di tutelare l'esigenza assoluta della continuità e regolarità dell'esercizio delle più alte funzioni pubbliche*».[3]

In Italia il lodo Alfano ha richiamato l'attenzione sia dell'opinione pubblica, che riteneva trattarsi di una legge *ad personam* a favore del Presidente del Consiglio, sia di tanti giuristi, in quanto trattasi di legge approvata in seguito alla bocciatura di altra legge, molto simile, conosciuta come "lodo Schifani" e dichiarata incostituzionale dalla Corte Costituzionale.[4]

---

[1] Così chiamato in quanto il disegno di legge è stato presentato dal ministro della giustizia Angelino Alfano.
[2] Legge 23 luglio 2008, n. 124.
[3] Così la delibera del Consiglio dei Ministri del 27 giugno 2008.
  È curioso osservare che la sentenza della Corte costituzionale n. 140 del 2003, pronunciatasi sul c.d. "lodo Alfano", in relazione al "*sereno svolgimento delle rilevanti funzioni che ineriscono alle più alte cariche dello Stato*", lo definisce quale "*interesse apprezzabile*", non già come un "*interesse assoluto*".
[4] Con sentenza n. 24 del 2004.

Che il "lodo Alfano" fosse una legge di dubbia costituzionalità, era difficile negarlo, laddove prevede — al primo comma dell'art. 1 — che la sospensione "*è applicata anche ai processi penali per fatti antecedenti l'assunzione della carica o della funzione*".

Si tratta, infatti, di una legge che, prevedendo la sospensione dei procedimenti penali commessi non solo nell'esercizio delle funzioni pubbliche, ma anche prima dell'assunzione della carica, equivale, di fatto, ad una immunità.

La Corte Costituzionale,[5] giudicando sulle questioni di legittimità poste con le ordinanze n. 397/08 e n. 398/08 del Tribunale di Milano, e n. 9/09 del GIP del Tribunale di Roma, ha dichiarato l'illegittimità del "lodo Alfano".

Ad avviso dei giudici della Corte costituzionale, il "Lodo Alfano" è legge incostituzionale, che viola gli artt. 3 e 138 della Costituzione, in quanto:

a) introduce una immunità, in deroga al principio di uguaglianza dei cittadini di fronte alla legge ed alla giurisdizione;[6]

b) detta immunità è irragionevole, ovvero non coerente con le prerogative stabilite per i membri del Parlamento, il Presidente della Repubblica ed i ministri, dagli artt. 68, 90 e 96 della Costituzione;

c) configurandosi come una immunità, sarebbe stata necessaria una legge costituzionale, che richiede la maggioranza assoluta dei componenti di ciascuna Camera del Parlamento.[7]

È appena il caso di precisare che le alte cariche dello Stato sono comunque tutelate dall'ordinamento italiano: il codice di procedura penale prevede, infatti, il c.d. "legittimo impedimento" a comparire in giudizio.[8] In virtù di tale disposizione, dunque, il giudice deve cercare di bilanciare l'interesse alla speditezza del processo con l'interesse ad un sereno svolgimento delle funzioni istituzionali.

Pertanto la Corte costituzionale mantiene la stessa posizione del 2004 (sentenza n. 24) per il c.d. "Lodo Schifani",[9] nonostante la difesa del Presidente del Consiglio abbia sostenuto che la nuova norma oggetto di giudizio sia diversa da quella del "lodo Schifani", in quanto prevede la "rinunciabilità della sospensione del processo" e la "non reiterabilità della sospensione del processo".

---

[5] Sentenza 7 ottobre 2009, n. 262.

[6] Afferma la Corte costituzionale che "*la deroga si risolve in una evidente disparità di trattamento delle alte cariche rispetto a tutti gli altri cittadini che, pure, svolgono attività che la Costituzione considera parimenti impegnative e doverose, come quelle connesse a cariche o funzioni pubbliche (art. 54 Cost.) o, ancora più generalmente, quelle che il cittadino ha il dovere di svolgere, al fine di concorrere al progresso materiale o spirituale della società (art. 4, secondo comma, Cost.)*".
Sul principio di uguaglianza si veda L. Paladin, *Il principio costituzionale di uguaglianza*, Padova 1965, *passim*.

[7] L'art. 138 della Costituzione italiana richiede — per l'approvazione di leggi costituzionali — due successive deliberazioni di ciascuna Camera, con l'approvazione a maggioranza assoluta di ciascuna camera nella seconda votazione.

[8] L'art. 420-*ter*, primo comma, c.p.p. così recita: "*quando l'imputato... non si presenta all'udienza e risulta che l'assenza è dovuta ad assoluta impossibilità di comparire per caso fortuito, forza maggiore o altro legittimo impedimento, il giudice, con ordinanza, anche d'ufficio, rinvia ad una nuova udienza...*".

[9] Legge 20 giugno 2003, n. 140.

2 Il "lodo Alfano" quale tentativo di eludere fondamentali principi costituzionali

Adottare — con legge ordinaria — norme che toccano interessi di rango costituzionale, come la ragionevole durata del processo (art. 111 Cost.) e l'obbligatorietà dell'azione penale (art. 112 Cost.), si risolve altresì in un tentativo di eludere principi cardine del nostro ordinamento e fondamento dello Stato di diritto.[10]

È necessario, infatti, che detti interessi siano bilanciati tramite norma costituzionale che assicura maggiori garanzie di ponderazione dei diversi interessi in gioco.[11]

Diversamente sarebbe eluso anche il principio secondo il quale tutti i rapporti tra gli organi con rilevanza costituzionale ed il processo penale, devono essere definiti con norma costituzionale.

Utilizzando le parole della sentenza n. 262 del 7 ottobre 2009 sul "lodo Alfano", la *"complessiva architettura istituzionale, ispirata ai principi della divisione dei poteri e del loro equilibrio, esige che la disciplina delle prerogative contenuta nel testo della Costituzione debba essere intesa come uno specifico sistema normativo, frutto di un particolare bilanciamento e assetto di interessi costituzionali; sistema che non è consentito al legislatore ordinario alterare né* in peius *né* in melius".

3 Lodo Alfano e principio di proporzionalità

Ma vi è anche un altro aspetto rilevante desumibile dalla sentenza della Corte costituzionale sul "lodo Alfano": l'esame della conformità della norma sotto il profilo del "principio di proporzionalità". Principio elaborato per la prima volta dalla Corte costituzionale tedesca, e ritenuto elemento essenziale dello Stato di diritto.[12]

Detto principio, fatto proprio anche dalla Corte di giustizia dell'Unione europea, intende trovare il giusto equilibrio tra l'obiettivo perseguito da un potere dello Stato — sia esso legislativo o esecutivo — e la misura adottata.

Principio che, in genere, è violato ogni qual volta si adotti una misura in modo "automatico" al sorgere di determinati fatti (come per esempio in conseguenza della nomina ad un'alta carica dello Stato).[13]

---

[10] La stessa sentenza n. 24 del 2004 della Corte costituzionale affermava che *"alle origini della formazione dello Stato di diritto sta il principio della parità di trattamento rispetto alla giurisdizione"*.

[11] Il legislatore ordinario, dunque, in questa materia di prerogative delle alte cariche dello Stato, può intervenire solo per attuare, sul piano procedimentale, il dettato costituzionale, essendogli preclusa ogni integrazione o estensione di tale dettato. In tal senso già la sentenza della Corte costituzionale n. 148 del 1983.

[12] La Corte costituzionale, nella sentenza n. 24 del 2004 (sul "lodo Schifani"), fa proprio riferimento alla necessità di bilanciare "l'apprezzabile interesse" ad assicurare il "sereno svolgimento delle rilevanti funzioni che ineriscono" alle alte cariche dello Stato, con i *"principi fondamentali dello Stato di diritto, rispetto al cui migliore assetto la protezione è strumentale"*.

[13] La Corte costituzionale in verità ha richiamato detto principio, ancorchè in modo non approfondito, esaminando la finalità del diritto di difesa invocata dalla parte privata.
Si legge infatti al punto 7.3.2.1. che *"sarebbe intrinsecamente irragionevole e sproporzionata, rispetto alla suddetta finalità, la previsione di una <u>presunzione legale assoluta</u> di legittimo impedimento derivante dal solo fatto della titolarità della carica. Tale presunzione iuris et de iure* — prosegue la sentenza — *impedirebbe, infatti, qualsiasi verifica circa l'effettiva sussistenza dell'impedimento a comparire in giudizio e renderebbe operante la sospensione processuale anche nei casi in cui non sussista alcun impedimento e, quindi, non vi sia, in concreto, alcuna esigenza di tutelare il diritto di difesa"*.

Si tratta di esaminare, dunque, se la misura della sospensione dei procedimenti penali in corso per le alte cariche dello Stato sia proporzionata all'«*obiettivo di tutelare l'esigenza assoluta della continuità e regolarità dell'esercizio delle più alte funzioni pubbliche*».

Ancora, si tratta di verificare se la "continuità e regolarità dell'esercizio delle più alte funzioni pubbliche" sia interesse prioritario rispetto ad altri interessi costituzionalmente previsti.

Da un esame sistematico della nostra Costituzione si desume che il principio di uguaglianza è contemplato all'art. 3, tra i "principi fondamentali"; mentre la tutela dell'esercizio delle funzioni statali è disciplinato all'art. 51, sotto il titolo IV, rubricato "Rapporti politici".

Il principio della "parità di trattamento rispetto alla giurisdizione" è stato definito da attenta dottrina come "supremo".[14]

Già da tale assetto normativo si può desumere che i membri dell'Assemblea Costituente hanno inteso tutelare in modo primario alcuni principi, come quello di uguaglianza, rispetto ad altri interessi comunque aventi rilievo costituzionale.

È curioso osservare, poi, che la sentenza della Corte costituzionale n. 24 del 2004, pronunciatasi sul c.d. "lodo Schifani", in relazione al "*sereno svolgimento delle rilevanti funzioni che ineriscono alle più alte cariche dello Stato*", lo definisce quale "*interesse apprezzabile*", non già "*esigenza assoluta*", come si legge nella delibera del Consiglio dei Ministri del 27 giugno 2008 che approva la proposta del ministro Alfano di adottare un disegno di legge sulla sospensione dei processi alle più alte cariche dello Stato.

Ancora, la stessa sentenza sul "Lodo Schifani" afferma che detto "*interesse apprezzabile può essere tutelato in armonia con i principi fondamentali dello Stato di diritto, rispetto al cui migliore assetto la protezione è strumentale*".

In primis, dunque, vi è la tutela dello Stato di diritto e dei principi ad esso coessenziali; in subordine, la tutela delle rilevanti funzioni che ineriscono alle più alte cariche dello Stato.

***

Il principio di proporzionalità si connota di tre giudizi: idoneità, necessità, ragionevolezza.

Se il "lodo Alfano" può dirsi conforme al requisito di idoneità in quanto era senz'altro idoneo ad assicurare la continuità e regolarità dell'esercizio delle più alte funzioni pubbliche, non credo che avrebbe superato il giudizio di "necessarietà".

Tale giudizio, infatti, richiede che la misura adottata sia quella che consente di raggiungere l'obiettivo fissato per legge limitando il meno possibile altri interessi e garanzie costituzionalmente previsti.

Come evidenziato dai giudici rimettenti, la sospensione dei processi nei confronti delle alte cariche dello Stato viola diversi principi fondamentali dell'ordinamento:

1. il principio di uguaglianza di tutti i cittadini davanti alla legge (art. 3 Cost.);
2. l'interesse pubblico ad una ragionevole durata del processo (art. 111 Cost.);
3. il principio dell'obbligatorietà dell'azione penale (art. 112 Cost.).

---

[14] Così Elia, *La Corte ha fatto vincere la Costituzione*, in *Giur. Cost.*, 2004, p. 396. vedi anche S. Ruggeri, *Sospensione dei processi penali nei confronti delle alte cariche dello Stato, tutela del sereno esercizio delle funzioni, legittimo impedimento a comparire al processo*, in *Cass. Pen.*, 2009, p. 4517 ss., 4518.

Il principio di proporzionalità impone al legislatore di esaminare se vi siano altre misure, più equilibrate (*rectius*, proporzionate) al fine di soddisfare i diversi interessi e garanzie costituzionalmente previsti.

Solo qualora vi fossero plurime misure ugualmente idonee al raggiungimento del fine, e conformi al requisito di necessarietà, si passa all'esame del "requisito di ragionevolezza".

La sentenza sul "lodo Alfano" ha implicitamente escluso la necessarietà di una norma di sospensione dei procedimenti penali osservando che "*il legittimo impedimento a comparire ha già rilevanza nel processo penale e non sarebbe stata necessaria la norma denunciata per tutelare, sotto tale aspetto, la difesa dell'imputato impedito a comparire nel processo per ragioni inerenti all'alta carica da lui rivestita*".

Ma anche ipotizzando che non vi fosse tale norma del codice di procedura penale, il principio di proporzionalità sarebbe comunque violato.

Infatti, tra le possibili misure alternative alla sospensione dei processi che avrebbero comunque assicurato "*l'esigenza assoluta della continuità e regolarità dell'esercizio delle più alte funzioni pubbliche*" si potevano ipotizzare almeno due ipotesi.

La prima sarebbe la previsione della possibilità, per lo stretto tempo necessario alle difese penali, di nominare *ad interim* dei sostituti, le cui decisioni siano subordinate all'approvazione delle alte cariche dello Stato.

Altra misura ipotizzabile sarebbe lo spostamento del Collegio giudicante a Roma, per il tempo necessario allo svolgimento delle udienze.

Entrambe le misure consentirebbero il "*continuo e regolare svolgimento dell'esercizio delle funzioni pubbliche*", senza incidere altri interessi e garanzie costituzionalmente rilevanti.

***

In definitiva — come già osservato dalla sentenza della Corte costituzionale n. 24 del 2004 — ogni qual volta vi siano disposizioni normative caratterizzate da una "*automatica e generale*" sospensione del procedimento penale, senza alcun esame del caso concreto, la norma può considerarsi sproporzionata.

Solo la possibilità di adottare diverse misure, capaci di bilanciare i diversi interessi in gioco, da parte di soggetto terzo e imparziale, possono superare il giudizio di proporzionalità di norme siffatte.

La disposizione del codice di procedura penale già esistente (art. 420-*ter*) già prevedeva un bilanciamento caso per caso dei diversi interessi in gioco.

Riteniamo, anche alla luce del principio di proporzionalità, che non vi fosse la necessità (fino a pochi anni or sono), e non v'è neppur oggi necessità, di introdurre nell'ordinamento italiano nuove norme a tutela delle alte cariche dello Stato.

Legge LODO ALFANO

vai a: Fatto Diritto Dispositivo

Sentenza **262/2009**
Giudizio

Presidente *AMIRANTE* - Redattore *GALLO*
Udienza Pubblica del **06/10/2009** Decisione del **07/10/2009**
Deposito del **19/10/2009** Pubblicazione in G. U.
Norme impugnate: Art. 1 della legge 23/07/2008, n. 124.
Massime:

Titoli:

Atti decisi: **ord. 397 e 398/2008; 9/2009**

SENTENZA N. 262
ANNO 2009

REPUBBLICA ITALIANA
IN NOME DEL POPOLO ITALIANO
LA CORTE COSTITUZIONALE

composta dai signori:
- Francesco AMIRANTE Presidente
- Ugo DE SIERVO Giudice
- Paolo MADDALENA "
- Alfio FINOCCHIARO "
- Alfonso QUARANTA "
- Franco GALLO "
- Luigi MAZZELLA "
- Gaetano SILVESTRI "
- Sabino CASSESE "
- Maria Rita SAULLE "
- Giuseppe TESAURO "
- Paolo Maria NAPOLITANO "
- Giuseppe FRIGO "
- Alessandro CRISCUOLO "
- Paolo GROSSI "
ha pronunciato la seguente

SENTENZA

nei giudizi di legittimità costituzionale dell'art. 1 della legge 23 luglio 2008, n. 124 (Disposizioni in materia di sospensione del processo penale nei confronti delle alte cariche dello Stato), promossi dal Tribunale di Milano con ordinanze del 26 settembre e del 4 ottobre 2008 e dal Giudice per le indagini preliminari presso il Tribunale di

Roma con ordinanza del 26 settembre 2008 rispettivamente iscritte al n. 397 e al n. 398 del registro ordinanze 2008, nonché al n. 9 del registro ordinanze 2009 e pubblicate nella *Gazzetta Ufficiale* della Repubblica n. 52, prima serie speciale, dell'anno 2008 e n. 4, prima serie speciale, dell'anno 2009.

Visti gli atti di intervento del Presidente del Consiglio dei ministri e gli atti di costituzione dell'onorevole Silvio Berlusconi, nonché del Procuratore della Repubblica presso il Tribunale di Milano e di un sostituto della stessa Procura;

udito nell'udienza pubblica del 6 ottobre 2009 il Giudice relatore Franco Gallo;

uditi gli avvocati Alessandro Pace, per il Procuratore della Repubblica presso il Tribunale di Milano e un sostituto della stessa Procura, Niccolò Ghedini, Piero Longo e Gaetano Pecorella, per l'onorevole Silvio Berlusconi, e l'avvocato dello Stato Glauco Nori per il Presidente del Consiglio dei ministri.

Ritenuto in fatto

1. – Con ordinanza del 26 settembre 2008 (r.o. n. 397 del 2008), pronunciata nel corso di un processo penale in cui è imputato, fra gli altri, l'on. Silvio Berlusconi, attuale Presidente del Consiglio dei ministri, il Tribunale di Milano ha sollevato, in riferimento agli articoli 3, 136 e 138 della Costituzione, questioni di legittimità costituzionale dei commi 1 e 7 dell'art. 1 della legge 23 luglio 2008, n. 124 (Disposizioni in materia di sospensione del processo penale nei confronti delle alte cariche dello Stato).

1.1. – Il primo dei commi censurati prevede che: «Salvi i casi previsti dagli articoli 90 e 96 della Costituzione, i processi penali nei confronti dei soggetti che rivestono la qualità di Presidente della Repubblica, di Presidente del Senato della Repubblica, di Presidente della Camera dei deputati e di Presidente del Consiglio dei Ministri sono sospesi dalla data di assunzione e fino alla cessazione della carica o della funzione. La sospensione si applica anche ai processi penali per fatti antecedenti l'assunzione della carica o della funzione». Il successivo comma 7 prevede che: «Le disposizioni di cui al presente articolo si applicano anche ai processi penali in corso, in ogni fase, stato o grado, alla data di entrata in vigore della presente legge». Gli altri commi dispongono che: a) «L'imputato o il suo difensore munito di procura speciale può rinunciare in ogni momento alla sospensione» (comma 2); b) «La sospensione non impedisce al giudice, ove ne ricorrano i presupposti, di provvedere, ai sensi degli articoli 392 e 467 del codice di procedura penale, per l'assunzione delle prove non rinviabili» (comma 3); c) si applicano le disposizioni dell'articolo 159 del codice penale e la sospensione, che opera per l'intera durata della carica o della funzione, non è reiterabile, salvo il caso di nuova nomina nel corso della stessa legislatura, né si applica in caso di successiva investitura in altra delle cariche o delle funzioni (commi 4 e 5); d) «Nel caso di sospensione, non si applica la disposizione dell'articolo 75, comma 3, del codice di procedura penale» e, quando la parte civile trasferisce l'azione in sede civile, «i termini per comparire, di cui all'articolo 163-*bis* del codice di procedura civile, sono ridotti alla metà, e il giudice fissa l'ordine di trattazione delle cause dando precedenza al processo relativo all'azione trasferita» (comma 6).

Osserva innanzitutto il rimettente che le questioni sono rilevanti perché le disposizioni censurate, imponendo la sospensione del processo penale in corso a carico del Presidente del Consiglio dei ministri, trovano applicazione nel giudizio *a quo*.

1.1.1. – In punto di non manifesta infondatezza della questione sollevata in riferimento all'art. 138 Cost., il giudice *a quo* rileva che dette disposizioni trovano un precedente nell'art. 1 della legge 20 giugno 2003, n. 140 (Disposizioni per l'attuazione dell'art. 68 della Costituzione nonché in materia di processi penali nei confronti delle alte cariche dello Stato), dichiarato incostituzionale con la sentenza della Corte costituzionale n. 24 del 2004. Secondo quanto osservato dal rimettente, la Corte, in tale pronuncia, ha affermato che il legislatore può prevedere ipotesi di sospensione del processo penale «finalizzate anche alla soddisfazione di esigenze extraprocessuali» e che la sospensione del processo penale nei confronti delle alte cariche mira a proteggere l'apprezzabile interesse, eterogeneo rispetto al processo, al sereno svolgimento della rilevante funzione da esse svolta; interesse che può essere protetto «in armonia con i princípi fondamentali dello Stato di diritto».

Da tale pronuncia della Corte emerge – sempre ad avviso del giudice *a quo* – «che disposizioni normative riguardanti le prerogative, l'attività e quant'altro di organi costituzionali richiedono il procedimento di revisione costituzionale. E ciò in quanto la circostanza che l'attività di detti organi sia disciplinata tramite la previsione di un'ipotesi di sospensione del processo penale, non esclude che in realtà essa riguardi non già il regolare funzionamento del processo, bensí le prerogative di organi costituzionali e comunque materie già riservate dal legislatore costituente alla Costituzione». A tale conclusione il rimettente giunge sul rilievo che le disposizioni denunciate incidono su «plurimi ulteriori interessi di rango costituzionale quali la ragionevole durata del processo (art. 111 Cost.) e l'obbligatorietà dell'azione penale (art. 112 Cost.), comunque vulnerata seppur non integralmente compromessa, per cui il loro bilanciamento deve necessariamente avvenire con norma costituzionale».

Il giudice *a quo* sottolinea che già dai lavori dell'Assemblea costituente si desume che la non perseguibilità per reati extrafunzionali nei confronti del Presidente della Repubblica avrebbe dovuto essere prevista con legge costituzionale. Osserva, altresí, che il fatto che, nella specie, si trattasse «di limitazione dell'azione penale piú pregnante di quell'attuale non rileva sulla necessità di disciplinare la materia mediante norma costituzionale»; e ciò in quanto «non può essere messo in dubbio che si tratta in ogni caso di materia riservata, *ex* art. 138 Cost., al legislatore costituente, cosí come dimostrato dalla circostanza che tutti i rapporti tra gli organi con rilevanza costituzionale ed il processo penale sono definiti con norma costituzionale».

A tale conclusione non osta – ad avviso del rimettente – la sentenza della Corte costituzionale n. 148 del 1983, relativa alla previsione con legge ordinaria dell'insindacabilità dei voti dati e delle opinioni espresse dai componenti del Consiglio superiore della magistratura, perché in essa la Corte afferma che «certo rimane il fatto che la scriminante in esame non è stata configurata dalla Carta costituzionale, bensí da una legge ordinaria ed appena nel gennaio 1981, a molti anni dall'entrata in funzione del Consiglio Superiore della magistratura». Secondo lo stesso rimettente, «la Corte, cosí dicendo, mostra di ritenere normalmente necessaria una legge costituzionale laddove si intervenga su organi costituzionali, tanto è vero che nel superare la questione non afferma affatto il principio della sufficienza della legge ordinaria in similari situazioni, ma perviene alla conclusione di legittimità costituzionale sulla base di un complesso ragionamento che in sostanza giustifica il ricorso alla legge ordinaria con la ritardata sistemazione e collocazione della disciplina del C.S.M.».

Solo per completezza — prosegue il giudice *a quo* — «va evidenziato che, nella specie, si era comunque in presenza di una scriminante che ricalca cause di giustificazione generalissime quali l'esercizio di un diritto e/o l'adempimento di un dovere, per cui, di fatto, non veniva ad essere disciplinato l'àmbito delle prerogative di un organo costituzionale».

La necessità di una legge costituzionale per disciplinare la materia oggetto delle norme denunciate non è messa in dubbio — sempre ad avviso del rimettente — neanche dalla considerazione che la Corte costituzionale, nella citata sentenza n. 24 del 2004, non ha rilevato il contrasto della legge n. 140 del 2003 con l'art. 138 Cost. e che, cosí facendo, «la Corte avrebbe implicitamente rigettato tale profilo, in quanto, siccome pregiudiziale rispetto ad ogni altra questione, avrebbe dovuto necessariamente dichiararlo, ove lo avesse ritenuto». Il giudice *a quo* osserva, sul punto, che tale considerazione si fonda sul presupposto dell'esistenza di una pregiudizialità tecnico-giuridica tra la questione sollevata in riferimento all'art. 138 Cost. e quelle sollevate in base ad altri parametri e contesta la fondatezza di detto presupposto, rilevando che una tale pregiudizialità non è deducibile «dalla complessiva motivazione della sentenza, in quanto la Corte, nell'accogliere la questione di legittimità costituzionale in riferimento agli artt. 3 e 24 della Costituzione, dichiara espressamente "assorbito ogni altro profilo di illegittimità costituzionale", lasciando cosí intendere che, in via gradata, sarebbero state prospettabili altre questioni».

Né a diverse conclusioni — secondo il rimettente — possono condurre le note del Presidente della Repubblica del 2 e del 23 luglio 2008, perché le prerogative che si ritengono attribuite al Capo dello Stato in sede di autorizzazione alla presentazione alle Camere di un disegno di legge e in sede di promulgazione comportano solo un primo esame della legittimità costituzionale, e cioè un controllo meno approfondito di quello demandato al giudice ordinario prima ed alla Corte costituzionale poi.

1.1.2. – Quanto alle questioni proposte in riferimento agli artt. 3 e 136 Cost., il Tribunale sostiene che le norme denunciate violano sia il giudicato costituzionale sia il principio di uguaglianza, perché, «avendo riproposto la medesima disciplina sul punto», incorrono «nuovamente nella illegittimità costituzionale, già ritenuta dalla Corte sotto il profilo della violazione dell'art. 3 Cost.». Per il rimettente, infatti, esse accomunano «in una unica disciplina cariche diverse non soltanto per le fonti di investitura, ma anche per la natura delle funzioni» ed inoltre distinguono irragionevolmente, e «per la prima volta sotto il profilo della parità riguardo ai princípi fondamentali della giurisdizione, i Presidenti [...] rispetto agli altri componenti degli organi da loro presieduti». Non sarebbe sufficiente ad evitare le prospettate illegittimità costituzionali il fatto che le disposizioni censurate, diversamente dall'art. 1 della legge n. 140 del 2003, non includono il Presidente della Corte costituzionale tra le alte cariche per le quali opera la sospensione dei processi. Infatti, tale differenza di disciplina — prosegue il rimettente — non è idonea ad impedire la violazione dell'art. 136 Cost., cosí come interpretato dalla Corte costituzionale «con la sentenza n. 922/1988».

1.2. – Si è costituito in giudizio il suddetto imputato, chiedendo che le questioni proposte siano dichiarate non rilevanti e, comunque, manifestamente infondate.

1.2.1. – La difesa dell'imputato deduce, quanto alla questione proposta in riferimento all'art. 138 Cost., che: a) contrariamente a quanto sostenuto dal rimettente, la sentenza della Corte costituzionale n. 24 del 2004, avente ad oggetto l'art. 1 della legge n. 140 del 2003, non afferma né che la sospensione del processo penale sia una «prerogativa di organi costituzionali» né che tale sospensione richieda il procedimento di revisione costituzionale di cui all'art. 138 Cost.; b) nella stessa sentenza si rileva, anzi, che il legislatore può legittimamente prevedere ipotesi di sospensione del processo penale per esigenze extraprocessuali — ad esempio, come nella specie, per soddisfare l'apprezzabile interesse al sereno svolgimento delle funzioni pubbliche connesse alle alte cariche dello Stato —, dovendosi intendere per "legislatore" quello ordinario e non quello costituzionale; c) la sentenza accoglie la questione di legittimità costituzionale in relazione agli artt. 3 e 24 Cost., dichiarando espressamente assorbito ogni altro profilo di illegittimità costituzionale; d) l'assorbimento dichiarato dalla Corte ha ad oggetto i soli profili di merito e non anche il profilo relativo alla mancata approvazione della legge con il procedimento di revisione costituzionale, perché tale ultimo profilo, avendo carattere formale e non sostanziale, è logicamente antecedente rispetto all'accoglimento della questione riferita agli artt. 3 e 24 Cost. e, pertanto, non può essere assorbito; e) la sentenza ha, in conclusione, implicitamente ritenuto non fondata ogni questione proposta in riferimento all'art. 138 Cost.; f) non osta a tale conclusione il richiamo fatto dalla sentenza alla necessità che l'apprezzabile interesse al sereno svolgimento delle funzioni pubbliche connesse alle alte cariche dello Stato vada tutelato «in armonia con i princípi fondamentali dello Stato di diritto, rispetto al cui migliore assetto la protezione è strumentale», perché tali princípi sono, secondo la stessa sentenza, quelli di cui agli artt. 3 e 24 Cost. e non quello di cui all'art. 138 Cost.; g) sulla scorta della pronuncia della Corte, il giudice *a quo* avrebbe dovuto evidenziare le peculiarità della nuova disciplina censurata rispetto a quella dichiarata incostituzionale dalla Corte, specificando sotto quale profilo la prima, a differenza della seconda, violi l'art. 138 Cost.

1.2.2. – Quanto alle finalità della normativa censurata, la difesa dell'imputato deduce che: a) esse sono dirette non tanto a garantire il sereno svolgimento delle funzioni inerenti alle alte cariche dello Stato, quanto a tutelare il diritto di difesa dell'imputato nel processo, che presuppone la possibilità di essere presente alle udienze e di avere il tempo necessario per predisporre la propria difesa; b) la prevalenza dell'esigenza della tutela del diritto di difesa rispetto a quella del sereno svolgimento della funzione si ricava dalla previsione della rinunciabilità della sospensione contenuta nel comma 2 dell'art. 1 della legge n. 124 del 2008, perché se il legislatore avesse voluto creare «*in primis* [...] una prerogativa istituzionale, avrebbe dovuto dotare la sospensione di un profilo di indisponibilità, sulla base del presupposto che l'interesse istituzionale trascende anche l'eventuale interesse dell'imputato a farsi giudicare subito»; c) «non osta a questa ricostruzione il fatto che la Corte Costituzionale abbia dichiarato costituzionalmente illegittima la legge n. 140/2003 anche perché prevedeva una sospensione dei processi penali automatica e non rinunciabile: questo dato depone nel senso che una disposizione legislativa che sospenda i processi per le alte cariche dello Stato, senza dar loro la possibilità di rinunciarvi, porrebbe nel nostro ordinamento seri problemi di costituzionalità, ma non può far diventare la disposizione della legge n. 124/2008 ciò che non è, ovvero una prerogativa connessa al fatto di rivestire una determinata funzione»; d) la ricostruzione della *ratio* delle norme censurate nel senso che esse sono finalizzate a tutelare il diritto di difesa della persona che ricopre la carica trova conferma nel comma 5 dell'art. 1 della legge n. 124 del 2008 — il quale prevede la non reiterabilità della sospensione — perché, «se una stessa persona rivestisse, durante una legislatura, la funzione di Presidente della Camera, con conseguente sospensione dei processi penali a suo carico, e nella legislatura successiva ricoprisse la funzione di Presidente del Senato, senza poter piú beneficiare della suddetta sospensione, si sarebbe costretti ad ammettere che per un'intera legislatura la Presidenza del Senato dovrebbe rimanere priva di una propria prerogativa istituzionale, la quale tornerebbe poi a rivivere una volta che venisse a ricoprire la funzione una persona che non avesse mai beneficiato della sospensione»; e) nella prospettiva della tutela del diritto di difesa, la durata di un mandato è il periodo di tempo che il legislatore ha ritenuto sufficiente per consentire alla persona che riveste la carica di organizzarsi per affrontare contemporaneamente gli impegni istituzionali di un eventuale nuovo incarico e il processo penale; f) la *ratio* dell'inciso «salvo il caso di nuova nomina nel corso della stessa legislatura», che fa eccezione alla non reiterabilità della sospensione, è bilanciare «l'esercizio del diritto di difesa, tutelato dall'art. 24 della Costituzione, con l'esercizio del *munus publicum*, tutelato dall'art. 51 della Costituzione»; g) «il meccanismo per cui una condizione soggettiva dell'imputato si traduce in una condizione di oggettiva difficoltà a che il processo si svolga regolarmente è [...] tutt'altro che nuovo», perché vale anche «per la sospensione del processo per l'imputato incapace, prevista dall'art. 71 c.p.p.», che è un istituto diretto a tutelare «il fatto che la capacità dell'imputato di partecipare coscientemente al processo è aspetto indefettibile del diritto di difesa senza il cui effettivo esercizio nessun processo è immaginabile»; h) ad analoga *ratio* è ispirato anche l'istituto del legittimo impedimento a comparire dell'imputato; i) non può essere condivisa l'affermazione del rimettente secondo cui «tutti i rapporti tra gli organi con rilevanza costituzionale ed il processo penale sono definiti con norma costituzionale», perché anche prima dell'entrata in vigore della legge n. 124 del 2008 il giudice di merito, davanti a un impegno istituzionale, riconosceva l'impossibilità per l'imputato di essere presente al processo nonostante la Costituzione non preveda che le alte cariche dello Stato hanno diritto al riconoscimento di questi legittimi impedimenti; l) con la sentenza n. 148 del 1983, la Corte ha ammesso che il legislatore possa disciplinare con legge ordinaria addirittura una vera e propria circostanza scriminante, quale l'insindacabilità dei voti dati e delle opinioni espresse dai componenti del Consiglio superiore della magistratura, con la conseguenza che anche una mera causa di sospensione, quale quella oggetto delle disposizioni censurate, può essere disciplinata con legge ordinaria; m) i commi denunciati operano un ragionevole bilanciamento tra l'obbligatorietà dell'azione penale e la ragionevole durata del processo, da un lato, e il diritto di difesa dell'imputato, dall'altro.

1.2.3. – Quanto, in particolare, alla questione sollevata dal giudice *a quo* in riferimento all'art. 136 Cost., la parte privata rileva che: a) contrariamente all'assunto del rimettente, la norma in esame non ha riproposto la medesima disciplina già dichiarata incostituzionale con la sentenza n. 24 del 2004, «né ha perseguito e raggiunto, anche indirettamente, esiti corrispondenti a quelli già ritenuti lesivi della Costituzione», ma ha un contenuto del tutto differente, ad esempio laddove prevede la rinunciabilità della sospensione del processo; b) la nuova disciplina è diversa dalla vecchia anche sotto il profilo del trattamento della parte civile e della durata non indefinita della sospensione; c) i soggetti cui la sospensione si applica non coincidono con quelli indicati nella disciplina già dichiarata incostituzionale e la differenziazione del loro trattamento, «sotto il profilo della parità riguardo ai princípi fondamentali della giurisdizione, rispetto agli altri componenti degli organi collegiali è giustificata dall'intero nuovo assetto normativo, comunque diverso da quello già oggetto di censura costituzionale», anche perché «la Costituzione stessa riconosce l'autonomo rilievo nelle funzioni dei due Presidenti delle Camere rispetto agli altri membri del Parlamento (artt. 62 comma 2, 86 commi 1 e 2, 88 comma 1 della Costituzione)» e perché «del pari il Presidente del Consiglio dei ministri, ai sensi del primo comma dell'art. 95 della Costituzione, svolge funzioni proprie del tutto peculiari rispetto agli altri membri del Governo».

1.3. – Si è costituito il pubblico ministero del giudizio *a quo*, nelle persone del Procuratore della Repubblica presso il Tribunale di Milano e di un sostituto della stessa Procura.

1.3.1. – Il pubblico ministero sostiene, in primo luogo, l'ammissibilità della sua costituzione, nonostante il contrario indirizzo interpretativo della Corte costituzionale, espresso con le sentenze n. 361 del 1998, n. 1 e n. 375 del 1996 e con l'ordinanza n. 327 del 1995. Secondo la sua ricostruzione, «gli argomenti contrari alla legittimazione del p.m. sono i seguenti: 1) la distinta menzione del "pubblico ministero" e delle "parti" nell'attuale disciplina della legge 11 marzo 1953, n. 87 (artt. 20, 23 e 25); 2) la menzione delle sole "parti" nella disciplina delle Norme integrative per i giudizi davanti alla Corte costituzionale (artt. 3 e 17 [ora 16]); 3) la peculiarità della posizione ordinamentale e processuale del p.m. nonostante ad esso debba riconoscersi la qualità di parte nel processo *a quo*».

Quanto all'art. 20 della legge 11 marzo 1953, n. 87, la difesa del pubblico ministero ritiene che esso, limitandosi a prevedere che per gli organi dello Stato (tra cui gli uffici del pubblico ministero) non è richiesta una difesa "professionale", non riguardi né valga a modificare la disciplina della legittimazione ad essere parte o ad intervenire in giudizio.

Parimenti non decisivi, contro la legittimazione del pubblico ministero a costituirsi nel giudizio di costituzionalità, sarebbero gli argomenti desumibili dagli artt. 23 e 25 della legge n. 87 del 1953.

Il quarto comma dell'art. 23 dispone che: «L'autorità giurisdizionale ordina che a cura della cancelleria l'ordinanza di trasmissione degli atti alla Corte costituzionale sia notificata, quando non se ne dia lettura nel pubblico dibattimento, alle parti in causa ed al pubblico ministero quando il suo intervento sia obbligatorio». Dispone, a sua volta, il secondo comma dell'art. 25 che: «Entro venti giorni dall'avvenuta notificazione dell'ordinanza, ai sensi dell'art. 23, le parti possono esaminare gli atti depositati nella cancelleria e presentare le loro deduzioni». Secondo la difesa del pubblico ministero, il quarto comma dell'art. 23, da un lato, non esclude espressamente che l'ordinanza debba essere notificata al pubblico ministero che sia stato parte in giudizio e, dall'altro, ne impone la notifica al pubblico ministero, proprio perché questo è stato "parte"; e ciò a prescindere dal fatto che il suo intervento fosse o no obbligatorio. A ciò conseguirebbe che il pubblico ministero, sia che sia parte del giudizio principale, sia che debba obbligatoriamente intervenire in tale giudizio, può costituirsi nel giudizio dinanzi alla Corte costituzionale.

Quanto agli artt. 3 e 17 delle previgenti norme integrative (attuali artt. 3 e 16), il pubblico ministero rileva che essi si limitano a riferirsi alle "parti", non facendo «altro che presupporre una nozione *aliunde* determinata». Essi, quindi, non ostano alle «conclusioni (favorevoli) raggiunte alla luce degli artt. 23 e 25 della legge n. 87 del 1953».

Quanto alla peculiarità della posizione ordinamentale e processuale del pubblico ministero, la difesa rileva che il fatto che tale organo giudiziario, «secondo la nota formula dell'art. 73 del r.d. 30 gennaio 1941, n. 12, debba vegliare "alla osservanza delle leggi, alla pronta e regolare amministrazione della giustizia, alla tutela dei diritti di stato, delle persone giuridiche e degli incapaci [...]" è indiscutibile, ma costituisce un argomento estraneo al problema». Infatti, «un conto è l'imparzialità istituzionale del pubblico ministero, un conto la sua parzialità funzionale», avendo rilevanza nel processo costituzionale solo tale ultimo profilo, in considerazione del fatto che i princípi costituzionali di parità delle parti e del contraddittorio sono stati inequivocabilmente introdotti nell'ordinamento con la legge costituzionale 23 novembre 1999, n. 2, entrata in vigore successivamente alle decisioni della Corte costituzionale che negano al pubblico ministero la legittimazione a costituirsi. Tali princípi — prosegue la difesa del pubblico ministero — esistevano nel nostro ordinamento già prima, «ma com'è noto, essi venivano desunti in giurisprudenza e in dottrina dall'art. 24 Cost. e quindi, come per tutti i diritti costituzionali previsti in Costituzione, di essi erano (e sono) titolari solo i soggetti privati, non i pubblici poteri. Conseguentemente sia il principio della parità delle armi che il principio del contraddittorio avevano una portata unidirezionale. Garantivano il cittadino, ma non la pubblica accusa nel processo penale e non la p.a. nel processo amministrativo». Ne deriverebbe che solo la nuova formulazione dell'art. 111 Cost. garantisce al pubblico ministero una piena qualità di parte, sotto il profilo della parità processuale e del contraddittorio, con la conseguenza che la Corte costituzionale potrebbe mutare il sopra citato orientamento giurisprudenziale, proprio alla luce del mutato quadro costituzionale.

A tali considerazioni si dovrebbe aggiungere che nei casi — come quello di specie — in cui proprio il pubblico ministero abbia sollevato la questione di legittimità costituzionale di fronte al giudice *a quo*, sarebbe irragionevole escluderlo dalla partecipazione al giudizio costituzionale.

1.3.2. – Nel merito, il pubblico ministero chiede che siano accolte le questioni proposte dal rimettente.

1.4. – È intervenuto il Presidente del Consiglio dei ministri, rappresentato e difeso dall'Avvocatura generale dello Stato, rilevando che: a) la questione sollevata in riferimento all'art. 136 Cost. è infondata, perché non si ha violazione del giudicato costituzionale qualora, come nel caso di specie, «il quadro normativo sopravvenuto, nel quale si inserisce la nuova disposizione, sia diverso da quello della legge precedente dichiarata costituzionalmente illegittima»; b) la questione proposta in riferimento all'art. 138 Cost. è «inammissibile e comunque infondata», per i motivi esposti nell'atto di intervento nel procedimento r.o. n. 398 del 2008.

1.5. – Con memoria depositata in prossimità dell'udienza, la parte privata ha chiesto che venga dichiarata inammissibile la costituzione in giudizio del pubblico ministero, fondando la sua richiesta essenzialmente su due assunti.

1.5.1. – Tale parte sostiene, in primo luogo, che il pubblico ministero non è assimilabile alle altre parti del giudizio *a quo*, rilevando che: a) l'art. 20, secondo comma, della legge n. 87 del 1953 deve essere interpretato nel senso che esso contiene una previsione generale, volta a regolare esclusivamente la rappresentanza e difesa nel giudizio davanti alla Corte costituzionale; b) l'oggetto del giudizio costituzionale incidentale è la conformità alla Costituzione o ad una legge costituzionale di una norma avente forza di legge ed il contraddittorio in tale giudizio si articola in «correlazione [...] con le posizioni soggettive che quella norma ha coinvolto nel giudizio principale, o che in relazione ad esso possono venir coinvolte» (secondo quanto affermato dalla sentenza della Corte costituzionale n. 163 del 2005); c) dalla correlazione del contraddittorio con le suddette "posizioni soggettive" deriva l'estraneità al giudizio del pubblico ministero, perché quest'ultimo — anche in base all'art. 73 del regio decreto 30 gennaio 1941, n. 12 — «non rappresenta mai, per definizione, una posizione soggettiva, intendendosi con questa espressione, un interesse che non sia quello [...] della conformità alla legge»; d) «la difesa di una parte privata [...] non può mai eccepire l'illegittimità costituzionale di una norma che sia di favore al proprio assistito, e ciò per due ordini di ragioni: *in primis* perché sarebbe carente di interesse (ma questo non rileverebbe perché non si tratta di una impugnazione), ma in secondo luogo perché risponderebbe del reato di patrocinio infedele ai sensi dell'art. 380 del codice penale, oltre che di grave illecito deontologico sanzionabile dal punto di vista disciplinare»; e) il pubblico ministero, per contro, ha natura di parte pubblica e ha «il diritto/dovere di eccepire l'incostituzionalità di una norma sia a favore sia contro ciascuna delle parti», anche nel processo civile; g) gli artt. 23 e 25 della legge n. 87 del 1953 — come interpretati dalla sentenza della Corte costituzionale n. 361 del 1998 — distinguono espressamente le parti dal pubblico ministero, escludendo che quest'ultimo possa costituirsi nel giudizio costituzionale.

1.5.2. – La stessa difesa sostiene, in secondo luogo, che al giudizio costituzionale non si applica il principio di parità delle parti davanti al giudice sancito dall'art. 111 Cost., non essendo la Corte costituzionale un organo giurisdizionale, ed afferma, a sostegno di tale assunto, che, nel giudizio costituzionale: a) non trova applicazione il sesto comma dell'articolo 111 Cost., derivando l'obbligo di motivazione delle sentenze della Corte dall'articolo 18, commi secondo e terzo, della legge n. 87 del 1953; b) non trova applicazione neanche il secondo comma dello stesso art. 111, perché «il contraddittorio tra le parti avanti la Consulta è disciplinato, come noto, dalla legge 11 marzo 1953, n. 87 e dalle norme integrative per i giudizi avanti la Corte Costituzionale»; c) non si applica neppure il principio di terzietà e imparzialità del giudice sancito dallo stesso art. 111 Cost., «perché i giudici della Corte Costituzionale sono per natura (per ovvie ragioni concernenti la loro funzione) sempre terzi ed imparziali, tant'è che non possono astenersi né essere ricusati contrariamente a quanto è necessariamente previsto per i giudici di qualsivoglia "processo"».

1.6. – Con memoria depositata in prossimità dell'udienza, il pubblico ministero del giudizio *a quo* insiste per l'accoglimento delle questioni proposte nell'ordinanza di rimessione, ribadendo le argomentazioni già svolte nella memoria di costituzione.

2. – Con ordinanza del 4 ottobre 2008 (r.o. n. 398 del 2008), nel corso di un processo penale in cui è imputato anche l'on. Silvio Berlusconi, attuale Presidente del

Consiglio dei ministri, il Tribunale di Milano ha sollevato, in riferimento agli articoli 3, 68, 90, 96, 111, 112 e 138 Cost., questioni di legittimità costituzionale dell'art. 1 della legge n. 124 del 2008.

2.1. – In punto di rilevanza, il rimettente premette che l'articolo censurato, imponendo la sospensione del processo penale in corso a carico del Presidente del Consiglio dei ministri, trova necessaria applicazione nel giudizio *a quo*.

Quanto alla non manifesta infondatezza delle questioni, il giudice *a quo* osserva che, con la sentenza n. 24 del 2004, avente ad oggetto la legge n. 140 del 2003, la Corte costituzionale aveva affermato che: a) la natura e la funzione della norma consistevano «nel temporaneo arresto del normale svolgimento» del processo penale e miravano «alla soddisfazione di esigenze extraprocessuali [...] eterogenee rispetto a quelle proprie del processo»; b) il presupposto della sospensione era dato dalla «coincidenza delle condizioni di imputato e di titolare di una delle cinque piú alte cariche dello Stato»; c) il bene che la misura intendeva tutelare andava ravvisato «nell'assicurazione del sereno svolgimento delle rilevanti funzioni che ineriscono a quelle cariche» e tale bene veniva definito, dapprima, come «interesse apprezzabile, che può essere tutelato in armonia con i princípi fondamentali dello Stato di diritto, rispetto al cui migliore assetto la protezione è strumentale» e, poi, come espressione dei «fondamentali valori rispetto ai quali il legislatore ha ritenuto prevalente l'esigenza di protezione della serenità dello svolgimento delle attività connesse alle cariche in questione»; d) proprio «considerando che l'interesse pubblico allo svolgimento delle attività connesse alle alte cariche comporti nel contempo un legittimo impedimento a comparire», il legislatore aveva voluto stabilire «una presunzione assoluta di legittimo impedimento».

Secondo quanto riferito dal rimettente, la Corte aveva, in detta sentenza, ravvisato l'incostituzionalità della norma nel fatto che la sospensione in esame, che di per sé «crea un regime differenziato riguardo all'esercizio della giurisdizione, in particolare di quella penale», fosse «generale, automatica e di durata non determinata»: generale, in quanto la sospensione concerneva «i processi per imputazioni relative a tutti gli ipotizzabili reati, in qualunque epoca commessi, che siano extrafunzionali, cioè estranei alle attività inerenti alla carica»; automatica, in quanto la sospensione veniva disposta «in tutti i casi in cui la suindicata coincidenza» di imputato e titolare di un'alta carica «si verifichi, senza alcun filtro, quale che sia l'imputazione ed in qualsiasi momento dell'iter processuale, senza possibilità di valutazione delle peculiarità dei casi concreti»; di durata non determinata, in quanto la sospensione, «predisposta com'è alla tutela delle importanti funzioni di cui si è detto e quindi legata alla carica rivestita dall'imputato», subiva nella sua durata «gli effetti della reiterabilità degli incarichi e comunque della possibilità di investitura in altro tra i cinque indicati».

Sempre ad avviso del giudice *a quo*, nella menzionata sentenza n. 24 del 2004 la Corte aveva rilevato: a) la violazione del diritto di difesa previsto dall'art. 24 della Costituzione, in quanto all'imputato «è posta l'alternativa tra continuare a svolgere l'alto incarico sotto il peso di un'imputazione che, in ipotesi, può concernere anche reati gravi e particolarmente infamanti, oppure dimettersi dalla carica ricoperta al fine di ottenere, con la continuazione del processo, l'accertamento giudiziale che egli può ritenere a sé favorevole, rinunciando al godimento di un diritto costituzionalmente garantito (art. 51 Cost.)»; b) la violazione degli articoli 111 e 112 Cost., perché «all'effettività dell'esercizio della giurisdizione non sono indifferenti i tempi del processo»; c) la violazione dell'art. 3 Cost., perché la norma, da un lato, accomunava in un'unica disciplina «cariche diverse non soltanto per le fonti di investitura, ma anche per la natura delle funzioni» e, dall'altro, distingueva, «per la prima volta sotto il profilo della parità riguardo ai princípi fondamentali della giurisdizione, i Presidenti delle Camere, del Consiglio dei ministri e della Corte costituzionale rispetto agli altri componenti degli organi da loro presieduti»; d) la violazione dell'art. 3 della legge costituzionale 9 febbraio 1948, n. 1, che aveva esteso a tutti i giudici della Corte costituzionale il godimento dell'immunità accordata nel secondo comma dell'art. 68 della Costituzione ai membri delle due Camere.

Il rimettente ritiene che il legislatore, nell'adottare la disciplina censurata — la quale prevede la sospensione dei processi penali nei confronti dei soggetti che rivestono la qualità di Presidente della Repubblica, di Presidente del Senato della Repubblica, di Presidente della Camera dei deputati e di Presidente del Consiglio dei ministri —, non abbia tenuto conto di quanto affermato nella citata sentenza n. 24 del 2004, anche perché ha sostanzialmente riprodotto le previsioni della legge n. 140 del 2003 in tema di sospensione del corso della prescrizione, ai sensi dell'art. 159 del codice penale, e di applicabilità della norma anche ai processi penali in corso, in ogni fase, stato o grado.

2.1.1. – Sulla scorta di tali considerazioni, il Tribunale sostiene che l'articolo denunciato si pone in contrasto, in primo luogo, con l'art. 138 Cost., perché lo *status* «dei titolari delle piú alte istituzioni della Repubblica è in sé materia tipicamente costituzionale, e la ragione è evidente: tutte le disposizioni che limitano o differiscono nel tempo la loro responsabilità si pongono quali eccezioni rispetto al principio generale dell'uguaglianza di tutti i cittadini davanti alla legge previsto dall'articolo 3 della Costituzione, principio fondante di uno Stato di diritto».

2.1.2. – In secondo luogo, il giudice *a quo* rileva la violazione dell'art. 3 Cost., perché le «guarentigie concesse a chi riveste cariche istituzionali risultano funzionali alla protezione delle funzioni apicali esercitate», con la conseguenza che la facoltà di rinunciare alla sospensione processuale riconosciuta al titolare dell'alta carica si pone in contrasto con la tutela del *munus publicum*, attribuendo una discrezionalità «meramente potestativa» al soggetto beneficiario, anziché prevedere quei filtri aventi caratteri di terzietà e quelle valutazioni della peculiarità dei casi concreti che soli, secondo la sentenza n. 24 del 2004, potrebbero costituire adeguato rimedio rispetto tanto all'automatismo generalizzato già stigmatizzato dalla Corte quanto «al *vulnus* al diritto di azione». Lo stesso parametro costituzionale sarebbe, altresí, violato, perché «il contenuto di tutte le disposizioni in argomento incide su un valore centrale per il nostro ordinamento democratico, quale è l'eguaglianza di tutti i cittadini davanti all'esercizio della giurisdizione penale».

2.1.3. – È denunciata, in terzo luogo, la violazione degli artt. 3, 68, 90, 96 e 112 Cost., per la disparità di trattamento tra la disciplina introdotta per i reati extrafunzionali e quella, di rango costituzionale, prevista per i reati funzionali delle quattro alte cariche in questione. Tale disparità sarebbe irragionevole: a) per la mancata menzione dell'art. 68 Cost. fra le norme costituzionali espressamente fatte salve dalla legge n. 124 del 2008; b) per il fatto che «il bene giuridico considerato dalla legge ordinaria, e cioè il regolare svolgimento delle funzioni apicali dello Stato, è lo stesso che la Costituzione tutela per il Presidente della Repubblica con l'art. 90, per il Presidente del Consiglio dei ministri e per i ministri con l'art. 96»; c) per la previsione di uno *ius singulare* per i reati extrafunzionali a favore del Presidente del Consiglio dei ministri, che, invece, la Costituzione accomuna ai ministri per i reati funzionali in conseguenza della sua posizione di *primus inter pares*.

2.1.4. – Il rimettente ritiene, infine, che la norma censurata violi l'art. 111 Cost., sotto il profilo della ragionevole durata del processo, perché: a) una sospensione formulata nei termini di cui alla disposizione denunciata, «bloccando il processo in ogni stato e grado per un periodo potenzialmente molto lungo, provoca un evidente spreco di attività processuale»; b) non essendo stabilito alcunché «sull'utilizzabilità delle prove già assunte» né all'interno dello stesso processo penale al termine del periodo di sospensione né all'interno della diversa sede in cui la parte civile abbia scelto di trasferire la propria azione, vi è la necessità per la stessa parte «di sostenere *ex novo* l'onere probatorio in tutta la sua ampiezza».

2.2. – Si è costituito in giudizio il suddetto imputato, svolgendo rilievi in parte analoghi a quelli svolti nella memoria di costituzione nel procedimento r.o. n. 397 del 2008 e osservando, in particolare, che la sospensione prevista dalla disposizione censurata non è un'immunità. Secondo l'imputato, infatti, l'immunità è una circostanza scriminante, che «tutela in via esclusiva, diretta ed immediata, il sereno e libero esercizio della funzione esercitata, garantendone l'autonomia da altri poteri», avendo ad oggetto comportamenti per i quali «viene esclusa ogni responsabilità penale che mai ed in nessun tempo può sorgere, né durante l'esercizio della funzione né in un momento successivo». Riguardo ai reati extrafunzionali — prosegue la difesa — «sussiste certamente una reviviscenza della astratta punibilità, a carica scaduta, sia nel caso di immunità che nel caso di sospensione. Ma la *ratio* di questi due istituti è altrettanto pacificamente diversa, poiché la seconda tutela, in via principale, diretta ed immediata, lo svolgimento di un giusto processo attraverso la protezione del diritto di difesa, che del giusto processo è condizione ineliminabile, il quale subisce un arresto temporaneo sino al momento in cui cessa la carica esercitata, ossia la causa di legittimo impedimento a comparire».

2.2.1. – In relazione al principio di uguaglianza, la difesa della parte privata premette che l'ordinamento penale prevede molti casi in cui la diversità di trattamento dipende da profili soggettivi (come, ad esempio, per i reati dei pubblici ufficiali o i reati militari). Con particolare riferimento all'asserita violazione degli artt. 68, 90 e 96 Cost., rileva che tali parametri nulla hanno a che vedere con l'articolo denunciato, perché essi sono «rivolti, in via esclusiva, diretta ed immediata, a tutelare il sereno svolgimento delle funzioni rispetto al potere giurisdizionale, e dunque per tutelare un interesse pacificamente esterno al processo». In particolare, gli articoli 68 e 90 Cost. prevedrebbero una immunità di natura funzionale, che «sottrae un soggetto alla giurisdizione, poiché comporta l'esclusione, che si protrae *ad infinitum*, di ogni responsabilità penale», mentre l'art. 96 Cost. «non prevede una immunità ma una condizione di procedibilità, ossia «una ulteriore ipotesi [...] di blocco definitivo dell'esercizio del potere giurisdizionale, qui derivante da una valutazione di un organo politico in merito alla sussistenza dei presupposti». Differentemente, la sospensione temporanea del processo penale prevista dalla disciplina denunciata «non è un istituto che esclude la giurisdizione e nemmeno l'eventuale responsabilità penale, non tutela in via diretta ed immediata un interesse esterno al processo ma un diritto inviolabile interno ed immanente allo stesso. Di talché il giudizio verrebbe sí sospeso, ma pacificamente rinizierebbe nel momento in cui cessi la causa che nega il suo intangibile diritto di difesa, ossia il perdurare della carica». L'assoluta eterogeneità tra la norma censurata e i menzionati parametri costituzionali sarebbe, inoltre, confermata dall'espressa previsione della salvezza dei «casi previsti dagli articoli 90 e 96 della Costituzione», la quale avrebbe la funzione di «accompagnare l'interprete nella direzione esattamente opposta a quella seguita dal giudice *a quo*, avvertendo che i beni giuridici tutelati non sono gli stessi per i quali è stata approvata la legge 124/08, non vi è perfetta comunanza di finalità e nemmeno di *ratio*».

2.2.2. – In relazione al principio di ragionevolezza, la parte privata rileva che, poiché la disciplina censurata è volta a tutelare il diritto di difesa dell'imputato, è irrilevante la differenza di trattamento fra reati funzionali ed extrafunzionali, in quanto ogni volta che la Corte costituzionale «si è pronunciata sul diritto fondamentale di difesa personale non ha mai operato la ben che minima distinzione in ordine al tipo di reato oggetto dell'imputazione e nemmeno alla sua gravità». Contrariamente, poi, a quanto ritenuto dal giudice *a quo*, il Presidente del Consiglio dei ministri e i ministri non sarebbero sullo stesso piano, perché il primo comma dell'art. 95 Cost. è esclusivamente dedicato al Presidente del Consiglio dei ministri ed ai suoi compiti e prevede che egli «dirige la politica generale del Governo e ne è responsabile. Mantiene l'unità di indirizzo politico ed amministrativo, promuovendo e coordinando l'attività dei ministri», mentre l'art. 92, secondo comma, Cost. gli assegna il potere di proporre la nomina e la revoca dei ministri. Ciò troverebbe conferma anche nel fatto che la legge elettorale vigente collega «l'apparentamento dei partiti politici ad un soggetto che si candida espressamente per esercitare le funzioni di Presidente del Consiglio» e negli «incarichi internazionali correlati alla Presidenza del Consiglio, quali ad esempio la presidenza del G8 e del G20, che comportano una quantità impressionante di impegni all'estero per piú giorni consecutivi». Un'ulteriore conferma della particolare posizione del Presidente del Consiglio dei ministri nell'ordinamento deriverebbe dalle previsioni della legge 23 agosto 1988, n. 400, la quale, in attuazione del dettato costituzionale, attribuisce a quest'ultimo molti poteri che i singoli ministri non hanno, come, tra gli altri: l'iniziativa per la presentazione della questione di fiducia dinanzi alle Camere; la convocazione del Consiglio dei ministri e di fissazione dell'ordine del giorno; la comunicazione alle Camere della composizione del Governo e di ogni mutamento in essa intervenuto; la proposizione della questione di fiducia; la sottoposizione al Presidente della Repubblica delle leggi per la promulgazione, dei disegni di legge per la presentazione alle Camere, dei testi dei decreti aventi valore o forza di legge, dei regolamenti governativi e degli altri atti indicati dalle leggi per l'emanazione; la controfirma degli atti di promulgazione delle leggi nonché di ogni atto per il quale è intervenuta deliberazione del Consiglio dei ministri, degli atti che hanno valore o forza di legge e, insieme con il ministro proponente, degli altri atti indicati dalla legge; la presentazione alle Camere dei disegni di legge di iniziativa governativa e, anche attraverso il ministro espressamente delegato, l'esercizio delle facoltà del Governo di cui all'articolo 72 Cost.; l'esercizio delle attribuzioni di cui alla legge n. 87 del 1953, e la promozione degli adempimenti di competenza governativa conseguenti alle decisioni della Corte Costituzionale; la formulazione delle direttive politiche ed amministrative ai ministri, in attuazione delle deliberazioni del Consiglio dei ministri, nonché di quelle connesse alla propria responsabilità di direzione della politica generale del Governo; il coordinamento e la promozione dell'attività dei ministri in ordine agli atti che riguardano la politica generale del Governo; la sospensione dell'adozione di atti da parte dei ministri competenti in ordine a questioni politiche e amministrative, con la loro sottoposizione al Consiglio dei ministri nella riunione immediatamente successiva; il deferimento al Consiglio dei ministri della decisione di questioni sulle quali siano emerse valutazioni contrastanti tra amministrazioni a diverso titolo competenti; il coordinamento dell'azione del Governo relativa alle politiche comunitarie e all'attuazione delle politiche comunitarie. Dal punto di vista politico, invece «il Presidente del Consiglio risponde collegialmente per tutti gli atti del Consiglio dei ministri ma, non si può dimenticare, individualmente per quelli compiuti nell'esercizio delle funzioni a lui attribuitegli, in via esclusiva, dalla Costituzione e dalla legge ordinaria».

In conclusione, pare razionale alla difesa della parte che l'art. 96 Cost., in quanto diretto a garantire il sereno svolgimento del potere esecutivo, accomuni in un'unica disciplina coloro che esercitano lo stesso potere, sebbene con funzioni diverse e in posizione differenziata. Pare ugualmente razionale che la norma censurata, in quanto diretta a tutelare il diritto inviolabile alla difesa personale nel processo, tenga conto, invece, «delle disposizioni costituzionali, e della legge ordinaria di attuazione, che attribuiscono espressamente rilevantissimi poteri-doveri politici al Presidente del Consiglio dei ministri di cui è il solo responsabile, valutando dunque, in maniera altrettanto ragionevole, che solo i suoi impegni possono configurare un costante legittimo impedimento a comparire nel processo penale, diretto ad accertare una responsabilità giuridica esclusivamente personale». E ciò anche perché — ad avviso della stessa difesa — «la Carta costituzionale non contiene, invece, alcuna attribuzione esplicita di poteri o doveri ai ministri, ma ne demanda la disciplina alla sola legge ordinaria e alla prassi».

2.2.3. – La difesa passa, poi, a trattare specificamente il profilo soggettivo della disciplina censurata, sostenendo che il Presidente della Repubblica, i Presidenti del Senato della Repubblica e della Camera dei deputati e il Presidente del Consiglio dei ministri sono «accomunati da quattro caratteristiche: ricoprono posizioni di vertice in altrettanti organi costituzionali, sono titolari di funzioni istituzionali aventi natura politica, hanno l'incarico di adempiere peculiari doveri che la Costituzione espressamente impone loro e ricevono la propria investitura, in via diretta o mediata, dalla volontà popolare». Diversa sarebbe la posizione del Presidente della Corte costituzionale, perché egli «non riceve la propria investitura dalla volontà, né diretta né indiretta, del popolo. Si aggiunga che la sentenza 24/04 poneva in luce che la legge 140/03 mentre faceva espressamente salvi gli artt. 90 e 96 Cost., nulla diceva a proposito del secondo comma dell'art. 3 della legge costituzionale 9 febbraio 1948, n. 1. Riscontrava, per tale ragione, gravi elementi di intrinseca irragionevolezza».

Secondo la difesa dell'imputato, «le alte cariche indicate dalla legge 124/08 si trovano tutte in una posizione nettamente differenziata rispetto agli altri componenti degli organi che eventualmente presiedono». In particolare, il Presidente della Camera dei deputati: a) convoca in seduta comune il Parlamento e i delegati regionali per eleggere il nuovo Presidente della Repubblica (art. 85, secondo comma, Cost.); b) indice la elezione del nuovo Presidente della Repubblica (art. 86, secondo comma, Cost.); c) convoca il Parlamento in seduta comune per l'elezione di un terzo dei giudici della Corte Costituzionale (art. 135, primo comma, Cost.); d) presiede le riunioni del Parlamento in seduta comune (art. 63, secondo comma, Cost.); e) rappresenta la Camera e ne assicura il buon funzionamento; f) sovrintende all'applicazione del regolamento presso tutti gli organi della Camera e decide sulle questioni relative alla sua interpretazione acquisendo, ove lo ritenga opportuno, il parere della Giunta per il regolamento, che presiede; g) emana circolari e disposizioni interpretative del regolamento; h) decide, in base ai criteri stabiliti dal regolamento, sull'ammissibilità dei progetti di legge, degli emendamenti e ordini del giorno, degli atti di indirizzo e di sindacato ispettivo; i) cura l'organizzazione dei lavori della Camera convocando la Conferenza dei presidenti di gruppo e predisponendo, in caso di mancato raggiungimento della maggioranza prescritta dal regolamento, il programma e il calendario; l) presiede l'Assemblea e gli organi preposti alle funzioni di organizzazione dei lavori e di direzione generale della Camera (Ufficio di presidenza, Conferenza dei presidenti di gruppo, Giunta per il regolamento); m) nomina i componenti degli organi interni di garanzia istituzionale (Giunta per il regolamento, Giunta delle elezioni, Giunta per le autorizzazioni richieste ai sensi dell'art. 68 Cost.); n) assicura il buon andamento dell'amministrazione interna della Camera, diretta dal Segretario generale, che ne risponde nei suoi riguardi. Il Presidente del Senato della Repubblica: a) esercita le funzioni di supplente del Presidente della Repubblica, in base all'art. 86 Cost., in ogni caso in cui questi non possa adempierle; b) viene sentito, al pari del Presidente della Camera dei deputati, dal Presidente della Repubblica prima di sciogliere entrambe le Camere o anche una sola di esse (art. 88 Cost.); c) rappresenta il Senato; d) regola l'attività di tutti i suoi organi; e) dirige e modera le discussioni; f) pone le questioni; g) stabilisce l'ordine delle votazioni e ne proclama il risultato; h) dispone dei poteri necessari per mantenere l'ordine e assicurare, sulla base del regolamento interno, il buon andamento dei lavori.

In conclusione — prosegue la difesa dell'imputato — «nella logica della valorizzazione del dettato costituzionale, dei regolamenti di attuazione, e delle indicazioni della Consulta, il legislatore ha ragionevolmente ritenuto che solo gli impegni di codeste peculiari alte cariche politiche possano prospettare un costante legittimo impedimento a comparire nel processo penale, diretto ad accertare una responsabilità giuridica esclusivamente personale, e che solo nei loro confronti sorga l'esigenza di tutelarne, in maniera specifica, la serenità di azione».

Quanto alla facoltà di rinuncia alla sospensione prevista dal censurato comma 2 dell'art. 1 della legge n. 124 del 2008, la parte privata sostiene che essa «dà la riprova che la *ratio* oggettivizzata in questo dettato legislativo è sí quella di tutelare, in via indiretta, un interesse politico, ma soprattutto, in via diretta ed immediata, l'inviolabile diritto di difesa. Altrimenti una facoltà di rinuncia non sarebbe stata prevista». Ne conseguirebbe che «non vi è allora nessuna necessità di prevedere un filtro per la tutela di tale primario diritto, poiché la normativa in esame costituisce concreta attuazione degli articoli 24 e 111 della Costituzione».

2.2.4. – In relazione alla questione proposta in riferimento all'art. 138 Cost., la difesa dell'imputato, dopo avere premesso quanto dedotto nella memoria depositata nel procedimento r.o. n. 397 del 2008, passa ad esaminare le cause di sospensione regolate da leggi ordinarie e dirette a determinate categorie o a soggetti specificati per funzione, qualifica o qualità. Sostiene, sul punto, che «è assolutamente pacifico e notorio che la massima parte delle attribuzioni dei compiti e delle specificazioni in tema sono stati sempre posti in essere mediante leggi ordinarie», anche perché le riserve di legge costituzionale devono essere espressamente previste dalla Costituzione. Esistono infatti — prosegue la difesa — numerose cause di sospensione del processo previste con legge ordinaria «ed indirizzate a determinate categorie o a soggetti specificati per funzione, qualifica o qualità, alcune delle quali sono dirette alla tutela di un diritto immanente al processo, altre di un interesse esclusivamente esterno», come, ad esempio: nel codice di procedura penale «gli articoli 3, 37, 41, 47, 71, 344, 477, e 479, cosí come nel codice penale gli articoli 159 e 371-bis»; in materia tributaria, «quei molteplici decreti legge convertiti i quali, in correlazione con il condono previsto dagli stessi, disponevano una sospensione processuale estremamente lunga»; l'art. 243 del codice penale militare di guerra, «ove la sospensione è correlata alla condizione soggettiva di appartenenza a reparti mobilitati»; «l'art. 28 del D.P.R. 22.9.1988 n. 448 in tema di procedimenti nei confronti di minorenni», in cui «la sospensione è addirittura *ad personam* ove si ritenga da parte del giudice di dover valutare la personalità del minorenne».

2.2.5. – Quanto alla natura delle «cause di sospensione derivanti dalla sussistenza di immunità internazionali», la medesima difesa sostiene che esse non trovano copertura nell'art. 10 Cost., perché sono previste da trattati internazionali recepiti con legge ordinaria e non dalle «norme del diritto internazionale generalmente riconosciute». Sostiene, inoltre, che esse sono «squisitamente soggettive, ovvero strettamente correlate alla funzione svolta dal soggetto interessato», come ad esempio quelle previste dall'art. 31, primo comma, seconda parte, della Convenzione di Vienna sulle relazioni diplomatiche del 18 aprile 1961 e dall'art. 43, primo comma, della Convenzione di Vienna sulle relazioni consolari del 24 aprile 1963. Sostiene, infine, che le immunità hanno natura sia funzionale, sia extrafunzionale, in quanto coprono «tutti gli atti, compiuti come persona privata o come carica pubblica da parte del soggetto immune, siano quelli privati, precedenti o concorrenti, rispetto alla sua condizione di alto rappresentante dello Stato», come riconosciuto dalla giurisprudenza della Corte internazionale di giustizia e della Corte di cassazione e confermato dalla dottrina.

2.2.6. – Quanto al parametro dell'art. 112 Cost., la difesa dell'imputato sostiene che: a) l'orientamento della Corte costituzionale, secondo cui fra il diritto di essere giudicato e il diritto di autodifendersi deve ritenersi prevalente quest'ultimo, si attaglia perfettamente alla sospensione prevista dalla norma censurata; b) l'art. 112 Cost. non impone un'assoluta continuità nell'esercizio dell'azione penale una volta che questa viene avviata, essendo ben possibile che vengano meno eventuali condizioni di procedibilità oggettive o soggettive; c) «l'obbligatorietà dell'azione penale non nasce dal semplice fatto storico antigiuridico, ma dal medesimo fatto connotato da una condizione di procedibilità *ex officio* o su impulso di parte privata» e «il pubblico ministero ha sí l'obbligo di esercitare l'azione penale, ma sempre che non vi siano cause ostative o sospensive dell'azione stessa, che possono liberamente essere fissate dal legislatore, purché non confliggano con i princípi di uguaglianza e di ragionevolezza»; d) l'ordinamento prevede la querela e la remissione di querela, oltre a fattispecie come l'immunità o l'estradizione, nelle quali l'azione penale è preclusa «totalmente o parzialmente, temporaneamente o definitivamente», nonché fattispecie in cui «alcuni fatti di reato, pur nell'obbligatorietà dell'azione penale e nell'antigiuridicità della condotta, sono perseguibili soltanto a richiesta del Ministro della giustizia» o «se il soggetto agente si trovi nel territorio dello Stato, per i reati commessi all'estero» (artt. 8, 9 e 10 cod. pen.); e) l'art. 260 del codice penale militare di pace subordina la procedibilità di una notevole serie di reati alla richiesta del comandante del corpo; f) l'art. 313 cod. pen. «subordina l'esercizio dell'azione penale per una lunga serie di delitti, alcuni di non certo modesta gravità, addirittura all'autorizzazione del Ministro della Giustizia» e tale disciplina è stata ritenuta conforme a Costituzione dalla sentenza n. 22 del 1959, con la quale si è affermato che «l'istituto della autorizzazione a procedere trova fondamento nello stesso interesse pubblico tutelato dalle norme penali, in ordine al quale il procedimento penale potrebbe qualche volta risolversi in un danno piú grave dell'offesa stessa»; g) nel caso in esame, «contrariamente a quanto accade con l'art. 313 c.p., ritenuto costituzionalmente corretto, non vi è una inibizione definitiva dell'azione penale bensí soltanto una temporanea sospensione del processo», con la conseguenza che «la giurisdizione potrà poi effettivamente esplicarsi».

2.2.7. – Quanto alla violazione dell'art. 111 Cost., prospettata dal rimettente sotto il profilo della ragionevole durata del processo, la difesa dell'imputato osserva che: a) la disposizione censurata «segue alla lettera le indicazioni date da codesta Corte nella sentenza n. 24 del 2004, perché impedisce che la stasi del processo si protragga per un tempo indefinito e indeterminabile e prevede espressamente, nel contempo, la non reiterabilità delle sospensioni»; b) la giurisprudenza della Corte europea dei diritti dell'uomo e quella costituzionale hanno riconosciuto la rilevanza del canone della ragionevole durata del processo, chiarendo, però, che esso «non costituisce un valore assoluto, da perseguire ad ogni costo»; c) in particolare, la Corte costituzionale, con l'ordinanza n. 458 del 2002, ha affermato che: «il principio di ragionevole durata del processo non può comportare la vanificazione degli altri valori costituzionali che in esso sono coinvolti, primo fra i quali il diritto di difesa, che l'art. 24, secondo comma, proclama inviolabile in ogni stato e grado del procedimento»; d) ancora, la stessa Corte, con l'ordinanza n. 204 del 2001 ha affermato che: «il principio della ragionevole durata del processo [...] deve essere letto — alla luce dello stesso richiamo al connotato di "ragionevolezza", che compare nella formula normativa — in correlazione con le altre garanzie previste dalla Carta costituzionale, a cominciare da quella relativa al diritto di difesa (art. 24 Cost.)».

Piú in particolare, in relazione al rilievo del rimettente secondo cui «la sospensione cosí formulata, bloccando il processo in ogni stato e grado per un periodo potenzialmente molto lungo, provoca un evidente spreco di attività processuale», la parte privata osserva che «l'istruttoria dibattimentale, per quanto riguarda la posizione dell'esponente, non è affatto conclusa mancando l'audizione del consulente tecnico di parte e l'audizione di numerosissimi testimoni».

Quanto, poi, all'affermazione del giudice *a quo* per cui «la norma [...] nulla dice sull'utilizzabilità delle prove già assunte, che potrebbero venire del tutto disperse qualora, al termine dell'eventualmente lungo periodo di operatività della sospensione [...], divenisse impossibile la ricostruzione del medesimo collegio», la difesa dell'imputato sostiene che si tratta di «una ipotesi del tutto potenziale e futura», con conseguente inammissibilità, per difetto di rilevanza, della relativa questione di legittimità costituzionale. In ogni caso — prosegue la difesa dell'imputato — non si comprende «per quali ragioni sia oggi sostenibile dal rimettente l'affermazione che non sarà possibile ricostituire il medesimo collegio», considerato che «la permanenza nello stesso ufficio giudiziario per la durata massima della carica di un Presidente del Consiglio dei ministri non è certamente infrequente, anzi, e comunque vi è sempre la possibilità di ricostituzione mediante le opportune applicazioni». Se poi lo stesso Tribunale, nella sua composizione attuale, proseguirà nel giudicare il coimputato pronunciando sentenza, «si porrà, qualsiasi sia la decisione, in una situazione di assoluta incompatibilità sancita dal codice di rito». La rinnovazione dell'istruttoria «non avrebbe in alcun modo l'effetto di porre nel nulla l'attività sino a quel momento compiuta, la quale invece si riverserebbe nel nuovo fascicolo del dibattimento» e sarebbero «poi le parti a dover decidere se richiedere l'espletamento di tutti o parte degli incombenti dibattimentali, fermo restando il contenuto del fascicolo del dibattimento».

Quanto, infine, alla mancata previsione di una disciplina dell'utilizzabilità in sede civile delle prove già assunte nel processo penale, la difesa dell'imputato ritiene che essa non comporta alcun divieto di utilizzabilità delle prove stesse, perché trovano applicazione le regole generali, «potendo cosí il giudice civile, in piena autonomia, utilizzarle e valutarle come semplici indizi o come prova esclusiva del proprio convincimento».

2.3. – Si è costituito il pubblico ministero del giudizio *a quo*, nelle persone del Procuratore della Repubblica presso il Tribunale di Milano e di un sostituto della stessa Procura.

Il pubblico ministero sostiene l'ammissibilità della sua costituzione in giudizio e chiede, nel merito, che siano accolte le questioni proposte dal rimettente, svolgendo considerazioni analoghe a quelle contenute nella memoria depositata nel procedimento r.o. n. 397 del 2008.

2.4. – È intervenuto il Presidente del Consiglio dei ministri, rappresentato e difeso dall'Avvocatura generale dello Stato.

2.4.1. – La difesa erariale rileva, in primo luogo, che la questione proposta in riferimento all'art. 138 Cost. è «inammissibile e comunque infondata», perché la disposizione censurata ha la funzione di tutelare il sereno svolgimento delle rilevanti funzioni inerenti alle alte cariche dello Stato e la «materia, considerata di per sé, non è preclusa alla legge ordinaria», come confermato dal fatto che altre fattispecie di sospensione sono disciplinate dal codice di procedura penale. «Il fatto che nella Costituzione si trovino alcune "prerogative" degli organi costituzionali» — prosegue l'Avvocatura generale — «non significa che non ne possano essere introdotte altre con legge ordinaria, ma solo che le prime costituiscono deroghe a princípi o normative posti dalla Costituzione stessa e che quindi solo nella Costituzione possono trovare deroghe». Del resto — secondo la stessa difesa — «per dimostrare la necessità della legge costituzionale si sarebbe dovuto indicare l'interesse incompatibile, garantito dalla Costituzione, rispetto alla quale la norma avrebbe dovuto costituire una deroga», mentre il rimettente non ha indicato parametri costituzionali diversi dall'art. 138 Cost, «perché in effetti non ce ne sono di utilizzabili». Tale conclusione troverebbe conferma nella sentenza n. 24 del 2004, avente ad oggetto la legge n. 140 del 2003, con cui la Corte costituzionale, non avendo affrontato la questione della «forma legislativa utilizzabile», ne avrebbe escluso implicitamente la rilevanza.

2.4.2. – In secondo luogo, la difesa erariale sostiene che la questione sollevata con riferimento all'art. 112 Cost. «è inammissibile in quanto non compiutamente motivata (e comunque è manifestamente infondata in quanto, all'evidenza, la meramente disposta sospensione del processo [...] non incide, limitandola, sulla obbligatorietà dell'esercizio dell'azione penale da parte del P.M.), al pari di quella prospettata con riferimento all'art. 68 Cost. (essendo le ragioni accennate nella ordinanza nella stessa non sviluppate, anche per quanto attiene alla rilevanza nel giudizio *a quo*)».

2.4.3. – In terzo luogo, quanto alla pretesa violazione del principio di uguaglianza dei cittadini davanti alla giurisdizione penale, l'Avvocatura generale rileva che sussiste una «posizione particolarmente qualificata delle alte cariche contemplate dalla norma in discussione, nella considerazione della possibile compromissione dello svolgimento delle elevate funzioni alle stesse affidate anche per la inovviabile risonanza, anche mediatica, ed in termini non limitati all'interno del Paese, dello svolgimento del processo penale a loro carico durante il periodo in cui le stesse funzioni sono esercitate». La deroga alla giurisdizione prevista dalla norma denunciata sarebbe, del resto, «proporzionata ed adeguata alla finalità perseguita, in termini sia di prevista predeterminata e non reiterabile durata della sospensione [...], sia di consentita rinuncia dell'interessato [...] sia, infine, di tutela efficace ed "immediata" delle ragioni della eventuale parte civile».

2.4.4. – In quarto luogo, sempre ad avviso della difesa erariale, la norma censurata non è irragionevole, perché, «in una logica conseguente ad una ponderazione e ad un bilanciamento degli interessi "in giuoco", non è certo arbitrario che la stessa sottoposizione alla giurisdizione ordinaria del Presidente del Consiglio dei ministri per reati commessi nell'esercizio delle proprie funzioni sia costituzionalmente garantita dalla prevista autorizzazione del Parlamento, chiamato perciò a previamente valutare se la condotta sia meritevole di essere sottoposta all'esame del giudice ordinario, avanti al quale la ipotizzata immediatezza del perseguimento del reato funzionale trova la sua giustificazione nella preminente rilevanza istituzionale degli interessi di carattere generale coinvolti ed incisi dalla contestata condotta (rilevanza che, contrariamente a quanto assume il rimettente, non va valutata solo in termini di pena conseguente). All'incontro, la stessa esigenza non è comunque prospettabile con riferimento ai reati "comuni", per i quali il processo è promosso dal P.M., senza necessità di alcun previo "filtro politico", e per il quale è prevista solo la sua sospensione, temporanea e predeterminata, nella ragionevole e su evidenziata considerazione del "pregiudizio" del suo svolgimento sull'esercizio delle funzioni istituzionali proprie dell'alta carica». Non sarebbe, del pari, irragionevole la «disposta limitazione della sospensione, tra gli Organi di governo, al solo Presidente del Consiglio [...], poiché è indiscutibile la posizione costituzionalmente differenziata del primo rispetto agli altri componenti del Governo, spettando al Presidente (art. 95 Cost.) il dirigere la politica generale del Governo, essendone il responsabile, e il mantenere l'unità di indirizzo politico ed amministrativo, promovendo e coordinando l'attività dei Ministri».

2.4.5. – In quinto luogo, non sussisterebbe neppure la prospettata violazione del principio della ragionevole durata del processo di cui all'art. 111 Cost., perché:

da un lato, «la previsione, da parte della legge ordinaria, di cause che comportano, per ragioni oggettive o soggettive, il temporaneo arresto del normale svolgimento del processo penale [...] non mette in crisi il menzionato principio della ragionevole durata; d'altro lato, la temporanea sospensione del processo, quale delineata e come sopra "conformata" con la disposizione in discussione, è congruamente e ragionevolmente finalizzata ad evitare il rischio che sia pregiudicato il corretto e sereno esercizio delle eminenti funzioni pubbliche delle quale sono investite le alte cariche ivi considerate».

2.4.6. – In sesto luogo, non pare decisivo alla difesa erariale «l'ulteriore rilievo della ordinanza che evidenzia la carenza di esplicita previsione circa la utilizzabilità nell'ulteriore fase del processo dei mezzi di prova già assunti», perché «la disposizione *de qua* nulla espressamente dispone al riguardo» e spetterà al giudice *a quo* «motivatamente optare per una non preclusa e perciò possibile interpretazione dell'art. 511 c.p.p. che, tenendo conto della "particolarità" del regime predisposto con la disposizione in discussione, consenta comunque [...] la utilizzazione delle prove già assunte nella precedente fase».

2.5. – Con memoria depositata in prossimità dell'udienza, la parte privata chiede che venga dichiarata inammissibile la costituzione in giudizio del pubblico ministero, svolgendo rilievi analoghi a quelli contenuti nella memoria depositata in prossimità dell'udienza nel procedimento r.o. n. 397 del 2008.

2.6. – Con memoria depositata in prossimità dell'udienza, il pubblico ministero del giudizio *a quo* insiste per l'accoglimento delle questioni proposte nell'ordinanza di rimessione, ribadendo le argomentazioni già svolte nella memoria di costituzione.

3. – Con ordinanza del 26 settembre 2008 (r.o. n. 9 del 2009), nel corso di un procedimento penale in cui è sottoposto alle indagini, tra gli altri, l'on. Silvio Berlusconi, attuale Presidente del Consiglio dei ministri, il Giudice per le indagini preliminari presso il Tribunale di Roma ha sollevato, in riferimento agli articoli 3, 111, 112 e 138 Cost., questioni di legittimità costituzionale dell'art. 1 della legge n. 124 del 2008.

3.1. – In punto di fatto, il rimettente premette che: a) «in data 4 luglio 2008 il p.m. ha avanzato richiesta di proroga dei termini di scadenza delle indagini preliminari (art. 406 c.p.p.) per il periodo di sei mesi, nell'àmbito del procedimento iscritto al n. 1349/08 del Registro delle notizie di reato»; b) «decorso il periodo di sospensione feriale dei termini di cui alla legge n. 742/1969, questo giudice si è trovato nella necessità di procedere alla notificazione della richiesta del p.m. agli indagati, in vista dell'instaurazione del contraddittorio cartolare di cui all'art. 406, comma 3 c.p.p. che in via eventuale può instaurarsi prima della relativa decisione»; c) in data 23 luglio 2008 è stata approvata dal Parlamento la norma censurata, il cui comma 1 impone la sospensione generale ed automatica dei processi penali nei confronti dei soggetti che rivestono la qualità di Presidente della Repubblica, di Presidente della Camera dei deputati e del Senato della Repubblica e di Presidente del Consiglio dei ministri dalla data di assunzione e fino alla cessazione della carica, anche per processi penali relativi a fatti antecedenti l'assunzione della carica o della funzione.

Quanto alla rilevanza delle sollevate questioni, il giudice *a quo* osserva che, anche se la locuzione «processi penali», adoperata dal censurato comma 1, «lascerebbe intendere la non operatività della legge per le fasi anteriori al giudizio propriamente inteso, da celebrarsi cioè in pubblico dibattimento», un'attenta analisi del dato normativo non autorizza una tale interpretazione restrittiva. E ciò perché — prosegue il giudice *a quo* — il successivo comma 7 stabilisce che «le disposizioni del presente articolo si applicano anche ai processi penali in corso, in ogni fase, stato o grado, alla data di entrata in vigore della presente legge». Secondo lo stesso rimettente, «se è certamente concepibile la circostanza che un processo, inteso come procedimento pervenuto alla fase del dibattimento pubblico, possa pendere in diversi gradi (primo, secondo, di legittimità) e se è certamente possibile individuare all'interno dei gradi, diversi stati (quelli ad es. degli atti preliminari al dibattimento di primo, artt. 465-469 c.p.p. e di secondo grado, art. 601 c.p.p.; atti successivi alla deliberazione della sentenza di primo grado, artt. 544-548 c.p.p.; atti preliminari alla decisione del ricorso per Cassazione, art. 610 c.p.p.), non è invece giuridicamente ipotizzabile per il giudizio dibattimentale una fase che non sia quella in cui lo stesso è per l'appunto pervenuto». Ciò dimostrerebbe «il carattere atecnico della locuzione adoperata (processo) che copre in realtà e come del resto espressamente enunciato, ogni fase, stato e grado del procedimento», anche perché altrimenti la previsione di legge sarebbe priva di rilevanza «dispositiva, precettiva o anche solo ermeneutica». Un ulteriore argomento testuale a favore dell'applicabilità della disciplina denunciata anche alla fase delle indagini preliminari si rinverrebbe nel disposto del censurato comma 3, il quale stabilisce che la sospensione non impedisce al giudice, ove ne ricorrano i presupposti, di provvedere, ai sensi degli articoli 392 e 467 cod. proc. pen., per l'assunzione delle prove non rinviabili. Tale previsione comporta — sempre secondo il rimettente — due necessarie implicazioni: a) la sospensione riguarda anche fasi precedenti il processo inteso come giudizio dibattimentale pubblico, dal momento che solo nel corso della fase delle indagini preliminari e dell'udienza preliminare è consentito il ricorso alla acquisizione anticipata delle prove mediante incidente probatorio; b) nella fase delle indagini preliminari è vietata, in linea generale, la raccolta delle prove e, al fine di permettere la celebrazione del futuro processo che potrebbe avere luogo alla scadenza del periodo di durata della carica dei soggetti considerati, è necessario ricorrere allo strumento dell'incidente probatorio. In particolare, il giudice *a quo* osserva che, «ove [...] il legislatore avesse voluto consentire [...] la raccolta delle prove anche nella fase delle indagini preliminari, nulla avrebbe detto al riguardo, laddove si è invece sentito in dovere di indicare espressamente le eccezioni [...] al principio [...] di vietare ogni acquisizione probatoria nei procedimenti a carico dei soggetti che ricoprono le cariche pubbliche».

3.1.1. – Sul piano comparatistico, il rimettente osserva che la disposizione censurata costituisce «un *unicum*» rispetto a quanto previsto da altri ordinamenti e ricorda che «solo le Costituzioni di pochi Stati (Grecia, Portogallo, Israele e Francia) prevedono l'immunità temporanea per i reati comuni; essa è peraltro limitata alla figura del Presidente della Repubblica, che rappresenta l'unità nazionale». La stessa regola — prosegue il giudice *a quo* — non vale, invece, per i Presidenti del Parlamento né tanto meno per il Capo dell'esecutivo, per il quale l'immunità non è «mai estesa ai reati comuni» e «passa attraverso la tutela del mandato parlamentare che quasi sempre [...] si cumula nella figura del premier, sotto forma di previsione di autorizzazioni a procedere concesse da organi parlamentari (Spagna), Corti costituzionali (Francia) o tribunali comuni (Stati Uniti)». Alla stessa logica sarebbero poi ispirate le soluzioni normative proprie di quei sistemi costituzionali «che prevedono fori speciali o particolari condizioni di procedibilità (in genere ed ancora: autorizzazione a procedere della Camera di appartenenza) per l'esercizio dell'azione penale nei confronti di alcune alte cariche dello Stato, per reati sia comuni che connessi all'esercizio delle funzioni (come ad es. in Spagna nei confronti del Capo del Governo e dei Ministri), mantenendo comunque la facoltà per la Corte costituzionale di esercitare un controllo sull'eventuale diniego opposto dallo organo parlamentare».

3.1.2. – Tanto premesso, il rimettente afferma che la disposizione denunciata víola, in primo luogo, l'art. 138 Cost., perché «la deroga al principio di uguaglianza dinanzi alla giurisdizione ed alla legge è stata [...] introdotta con lo strumento della legge ordinaria, che nella gerarchia delle fonti si colloca evidentemente ad un livello inferiore rispetto alla legge costituzionale, la quale [...] è stata di per sé già ritenuta insuscettibile di alterare uno dei connotati fondamentali dell'ordinamento dello Stato espresso dal suddetto principio».

Rileva il giudice *a quo* che, «anche solo per disciplinare l'esercizio dell'azione penale nei confronti dei soggetti rivestiti della carica di Ministri (tra cui lo stesso Presidente del Consiglio) in relazione ai reati commessi nell'esercizio delle relative finzioni, il legislatore è ricorso allo strumento della legge costituzionale (legge cost. 16 gennaio 1989, n. 1), in funzione derogatoria, tra gli altri, proprio dell'art. 96 Cost.». Il silenzio serbato sul punto dalla sentenza n. 24 del 2004, avente ad oggetto l'analoga disciplina della legge n. 140 del 2003, non può «valere come precedente a favore della costituzionalità della scelta dello strumento normativo allora come oggi adottato, dal momento che gli effetti delle sentenze che dichiarano l'illegittimità costituzionale delle disposizioni di legge sottoposte a scrutinio sono quelli espressamente previsti dagli artt. 27 e 30 legge 11 marzo 1953, n. 87, e non si estendono anche alle questioni meramente deducibili».

3.1.3. – È dedotta, in secondo luogo, la violazione dell'art. 3, primo comma, Cost., sul rilievo che la disciplina crea «"un regime differenziato riguardo alla giurisdizione [...] penale" (sent. Cost. n. 24/2004)», ponendosi cosí in contrasto con «uno dei princípi fondamentali del moderno Stato di diritto, rappresentato dalla parità dei cittadini di fronte alla giurisdizione, manifestazione a sua volta del principio di eguaglianza formale dinanzi alla legge».

Ad avviso del rimettente, la Corte costituzionale, con la citata sentenza n. 24 del 2004, ha affermato, «con espressioni nette e limpide, ancorché quantitativamente ridotte rispetto al corpo motivazionale», che «nessuna legge, sia costituzionale e tanto meno ordinaria, può sovvertire uno dei princípi fondamentali del moderno Stato di diritto, rappresentato dalla parità dei cittadini di fronte alla giurisdizione, manifestazione a sua volta del principio di eguaglianza formale dinanzi alla legge». L'assolutezza del principio sarebbe tale da sgombrare il campo dalla possibile obiezione che «le differenze che si riscontrano nell'articolo unico della legge n. 124/2008 rispetto all'art. 1, comma 2, della legge n. 140/2003 e l'eliminazione degli ulteriori punti di contrasto con altre norme costituzionali che caratterizzavano quella disciplina (menomazione del diritto di difesa dell'imputato e sacrificio delle ragioni della parte civile eventualmente costituita in giudizio in relazione all'art. 24 Cost., automatismo generalizzato della sospensione e stasi indefinita dei tempi del processo in relazione ancora all'art. 24 ed all'art. 111 Cost.; irragionevolezza derivante dalla previsione di un'unica disciplina per cariche dello Stato diverse per fonti di investitura e natura delle funzioni ed irragionevolezza tra regime di esenzione dalla giurisdizione per le cariche apicali dello Stato rispetto ai membri degli organi costituzionali di appartenenza o di altri soggetti svolgenti funzioni omologhe, in rapporto all'art. 3, secondo comma Cost.) possano fondare la legittimità della previsione qui censurata».

3.1.4. – Sarebbe violato, in terzo luogo, l'art. 3 Cost., per l'irragionevolezza intrinseca della disciplina derivante dall'insindacabilità della facoltà di rinunzia alla sospensione «dal momento che se l'interesse dichiaratamente perseguito dal legislatore è quello di assicurare la serenità di svolgimento della funzione nel periodo di durata in carica (sent. Corte cost. n. 24/2004), la sospensione dei procedimenti dovrebbe essere del tutto indisponibile da parte dei soggetti considerati, al fine di assicurarne appieno l'efficacia».

3.1.5. – L'articolo denunciato violerebbe, in quarto luogo, l'art. 111, secondo comma, Cost., perché si porrebbe in contrasto con «un corollario immanente al principio di ragionevole durata del processo, consistente nella concentrazione delle fasi processuali, nel senso che nell'àmbito del procedimento penale, alla fase di acquisizione delle prove deve seguire entro tempi ragionevoli quella della loro verifica in pubblico dibattimento, ai fini della emissione di una giusta sentenza da parte del giudice».

3.1.6. – Il rimettente deduce, infine, il contrasto della norma censurata con gli artt. 3 e 112 Cost., per violazione dei princípi di obbligatorietà dell'azione penale e di uguaglianza sostanziale, sotto il profilo dell'irragionevolezza del contenuto derogatorio della disciplina censurata rispetto al diritto comune, in quanto tale norma non si applica ai reati commessi nell'esercizio delle funzioni istituzionali, ma ai reati extrafunzionali «indistintamente commessi dai soggetti ivi indicati, di qualsivoglia natura e gravità, finanche prima dell'assunzione della funzione pubblica».

Ad avviso del giudice *a quo*, la Costituzione consente deroghe al principio di obbligatorietà dell'azione penale per «i soli reati commessi nell'esercizio di funzioni istituzionali e che siano intrinsecamente connaturati allo svolgimento delle medesime (artt. 68, 90, 96 e 122, quarto comma Cost.), situazione quest'ultima che fonda per l'appunto la ragionevolezza anche della deroga al regime ordinario di procedibilità dei reati». L'irragionevolezza denunziata — conclude il rimettente — risalterebbe in maniera ancora piú netta nel caso in cui la sospensione intervenisse concretamente a bloccare, sia pur temporaneamente, procedimenti per reati gravi, «con il non voluto risultato di trasformare l'assunzione dell'incarico pubblico, comportante la generale temporanea immunità, in momento di obiettivo disdoro per il prestigio intrinseco della funzione».

3.2. – Si è costituita la suddetta parte privata, svolgendo, nel merito, rilievi analoghi a quelli contenuti nelle memorie di costituzione nei procedimenti r.o. n. 397 e n. 398 del 2008 e osservando, in punto di ammissibilità, che le questioni proposte dal rimettente non sono ammissibili, perché la disposizione censurata non trova applicazione nella fase delle indagini preliminari. La difesa non condivide, cioè, l'assunto del giudice *a quo* — investito dal pubblico ministero della richiesta di proroga dei termini di scadenza delle indagini — secondo cui, poiché il termine «processo» si attaglierebbe esclusivamente al procedimento pervenuto alla fase del dibattimento pubblico all'interno del quale non sarebbero individuabili fasi diverse, il termine «fase» usato dal comma 7 dell'articolo 1 della legge n. 124 del 2008 potrebbe avere significato giuridico esclusivamente in riferimento all'intero procedimento, comprensivo ovviamente anche della fase delle indagini preliminari.

Ad avviso della difesa dell'imputato, tale assunto sarebbe erroneo, in primo luogo, perché «anche nel "processo" sono individuabili varie fasi: prima della dichiarazione di apertura del dibattimento di cui all'art. 492 c.p.p. vi è la fase che spazia dalla costituzione delle parti (art. 484 c.p.p.) alla decisione sulle questioni preliminari (art. 491 c.p.p.); poi segue la fase disciplinata dagli articoli 493, 494 e 495 c.p.p.; di seguito comincia la fase dell'istruzione dibattimentale (artt. 496-515 c.p.p.) nel corso della quale può innestarsi la fase delle nuove contestazioni (artt. 516-522 c.p.p.); segue la fase della discussione finale con la chiusura del dibattimento; e infine v'è la fase della deliberazione»; si tratterebbe di vere e proprie fasi e non di meri frammenti del processo, perché esse sono disciplinate da regole specifiche e caratterizzate, ciascuna, da specifici diritti, facoltà e decadenze.

In secondo luogo, non sarebbe «giuridicamente sostenibile che il "processo" sorga, come opina il giudice rimettente, solo quando il procedimento perviene alla fase del dibattimento pubblico. Nessuno dubita, infatti, che di processo si può e si debba parlare con l'inizio dell'azione penale che nel nostro ordinamento, com'è diffusamente noto, sorge con l'esercizio dell'azione penale da parte del pubblico ministero individuato, *ratione temporis*, dal primo comma dell'articolo 405 del codice di procedura penale».

La difesa della parte privata critica, poi, l'assunto del rimettente per cui il fatto che la norma censurata consenta al giudice di provvedere all'assunzione di prove non rinviabili ai sensi degli articoli 392 e 467 cod. proc. pen. comporterebbe che la sospensione del processo deve necessariamente essere intesa come sospensione anche del procedimento, «dal momento che solo nel corso della fase delle indagini preliminari [...] e dell'udienza preliminare [...] è consentito il ricorso alla acquisizione anticipata delle prove mediante incidente probatorio». Secondo la difesa, «l'udienza preliminare partecipa appieno della *species* del processo dal momento che in tale fase è stata già esercitata l'azione penale con il deposito della richiesta di rinvio a giudizio ai sensi del combinato disposto degli articoli 405, primo comma e 416, primo comma del codice di procedura penale», con la conseguenza che la previsione normativa richiamata dal rimettente circa l'assunzione di prove non rinviabili ben può applicarsi anche nel corso del processo.

L'interpretazione data dal rimettente sarebbe, inoltre, smentita sia dai lavori preparatori — «durante i quali è stato reso manifesto l'àmbito di applicazione della norma in riferimento esclusivo al "processo" inteso proprio in senso tecnico giuridico di quella fase introdotta dall'avvenuto esercizio dell'azione penale» — sia dalla Procura della Repubblica di Roma, la quale — secondo quanto asserito dalla difesa della parte privata — ha chiesto, nel procedimento *a quo*, «l'archiviazione del procedimento» [*recte*: la proroga dei termini delle indagini preliminari] anche nei confronti del suddetto imputato.

3.3. – È intervenuto il Presidente del Consiglio dei ministri, rappresentato e difeso dall'Avvocatura generale dello Stato, richiamando le argomentazioni già svolte negli atti di intervento nei procedimenti r.o. n. 397 e n. 398 del 2008 e concludendo nel senso che «le questioni sollevate siano dichiarate inammissibili o infondate».

4. – In prossimità dell'udienza, il Presidente del Consiglio dei ministri, rappresentato e difeso dall'Avvocatura generale dello Stato, ha depositato un'unica memoria con riferimento ai procedimenti r.o. n. 397 e n. 398 del 2008 e n. 9 del 2009, nella quale ribadisce quanto già osservato negli atti di intervento e rileva, in particolare che: a) poiché il Presidente della Repubblica e i Presidenti delle Camere «non sono parti dei giudizi, nei quali sono intervenute le ordinanze di rimessione, manca la rilevanza per l'esame delle questioni che potrebbero insorgere nei loro confronti», con conseguente inammissibilità delle questioni medesime; b) le questioni relative al comma 7 dell'art. 1 della legge n. 124 del 2008 sono inammissibili, «perché in proposito nel ricorso non sono proposti motivi autonomi e, comunque, manca qualsiasi argomentazione a sostegno»; c) il legislatore può, nella sua discrezionalità, intervenire per coordinare l'interesse personale dell'imputato a difendersi nel processo e l'interesse generale all'«esercizio efficiente delle funzioni pubbliche»; d) «poiché il pregiudizio era provocato dalla contemporaneità dell'esercizio delle funzioni e della pendenza del processo, non si poteva rimediare se non eliminando quella contemporaneità» ed escludendo, invece, «qualsiasi forma di riduzione o di sospensione» delle funzioni, «che sarebbe stata pregiudizievole per l'interesse imprescindibile a che quelle funzioni siano esercitate con continuità»; e) l'inerzia del legislatore «avrebbe comportato la tolleranza di una situazione già di per sé non conforme alla Costituzione»; f) la sospensione stabilita dalla norma censurata trova giustificazione anche nella grande risonanza mediatica che hanno i processi penali per reati extrafunzionali a carico del Presidente del Consiglio dei ministri; g) la previsione della sospensione dei processi con legge ordinaria trova giustificazione anche nell'esigenza di modificare agevolmente la relativa disciplina qualora «la situazione reale si modificasse in misura tale da comportare un diverso bilanciamento degli interessi».

5. – Con ordinanza pronunciata in udienza, la Corte costituzionale ha dichiarato inammissibile la costituzione del Procuratore della Repubblica e del sostituto Procuratore della Repubblica presso il Tribunale di Milano nei giudizi introdotti dalle ordinanze di rimessione registrate al n. 397 ed al n. 398 dell'anno 2008.

Considerato in diritto

1. – Il Tribunale di Milano (r.o. n. 397 del 2008) dubita, in riferimento agli artt. 3, 136 e 138 della Costituzione, della legittimità costituzionale dell'art. 1, commi 1 e 7, della legge 23 luglio 2008, n. 124 (Disposizioni in materia di sospensione del processo penale nei confronti delle alte cariche dello Stato). Lo stesso Tribunale di Milano (r.o. n. 398 del 2008) dubita della legittimità dell'intero art. 1 della legge n. 124 del 2008, in riferimento agli artt. 3, 68, 90, 96, 111, 112 e 138 Cost. Il Giudice per le indagini preliminari presso il Tribunale di Roma (r.o. n. 9 del 2009) dubita, in riferimento agli articoli 3, 111, 112 e 138 Cost., della legittimità dello stesso art. 1 della legge n. 124 del 2008.

La disposizione censurata prevede, al comma 1, che: «Salvi i casi previsti dagli articoli 90 e 96 della Costituzione, i processi penali nei confronti dei soggetti che rivestono la qualità di Presidente della Repubblica, di Presidente del Senato della

Repubblica, di Presidente della Camera dei deputati e di Presidente del Consiglio dei Ministri sono sospesi dalla data di assunzione e fino alla cessazione della carica o della funzione. La sospensione si applica anche ai processi penali per fatti antecedenti l'assunzione della carica o della funzione». Gli altri commi dispongono che: a) «L'imputato o il suo difensore munito di procura speciale può rinunciare in ogni momento alla sospensione» (comma 2); b) «La sospensione non impedisce al giudice, ove ne ricorrano i presupposti, di provvedere, ai sensi degli articoli 392 e 467 del codice di procedura penale, per l'assunzione delle prove non rinviabili» (comma 3); c) si applicano le disposizioni dell'articolo 159 del codice penale e la sospensione, che opera per l'intera durata della carica o della funzione, non è reiterabile, salvo il caso di nuova nomina nel corso della stessa legislatura, né si applica in caso di successiva investitura in altra delle cariche o delle funzioni (commi 4 e 5); d) «Nel caso di sospensione, non si applica la disposizione dell'articolo 75, comma 3, del codice di procedura penale» e, quando la parte civile trasferisce l'azione in sede civile, «i termini per comparire, di cui all'articolo 163-*bis* del codice di procedura civile, sono ridotti alla metà, e il giudice fissa l'ordine di trattazione delle cause dando precedenza al processo relativo all'azione trasferita» (comma 6); e) l'articolo si applica «anche ai processi penali in corso, in ogni fase, stato o grado, alla data di entrata in vigore della presente legge» (comma 7).

Le questioni proposte dai rimettenti possono essere raggruppate in relazione ai parametri evocati.

1.1. – L'art. 136 Cost. è evocato a parametro dal Tribunale di Milano (r.o. n. 397 del 2008), il quale osserva che i commi 1 e 7 dell'art. 1 della legge n. 124 del 2008, «avendo riproposto la medesima disciplina sul punto», incorrono «nuovamente nella illegittimità costituzionale, già ritenuta dalla Corte» con la sentenza n. 24 del 2004.

1.2. – L'art. 138 Cost. è evocato da tutti i rimettenti.

Il Tribunale di Milano (r.o. n. 397 del 2008) afferma che i denunciati commi 1 e 7 dell'art. 1, della legge n. 124 del 2008 violano tale parametro costituzionale, perché intervengono in una «materia riservata [...] al legislatore costituente, cosí come dimostrato dalla circostanza che tutti i rapporti tra gli organi con rilevanza costituzionale ed il processo penale sono definiti con norma costituzionale».

In relazione all'intero art. 1, lo stesso Tribunale di Milano (r.o. n. 398 del 2008) rileva che «la normativa sullo *status* dei titolari delle piú alte istituzioni della Repubblica è in sé materia tipicamente costituzionale, e la ragione è evidente: tutte le disposizioni che limitano o differiscono nel tempo la loro responsabilità si pongono quali eccezioni rispetto al principio generale dell'uguaglianza di tutti i cittadini davanti alla legge previsto dall'articolo 3 della Costituzione, principio fondante di uno Stato di diritto».

Secondo il Giudice per le indagini preliminari presso il Tribunale di Roma, l'art. 1 denunciato si pone in contrasto con l'evocato parametro, perché «la deroga al principio di uguaglianza dinanzi alla giurisdizione ed alla legge è stata [...] introdotta con lo strumento della legge ordinaria, che nella gerarchia delle fonti si colloca evidentemente ad un livello inferiore rispetto alla legge costituzionale».

1.3. – Tre delle questioni sollevate sono riferite al principio di uguaglianza, di cui all'art. 3 Cost., sotto il profilo dell'irragionevole disparità di trattamento rispetto alla giurisdizione.

Con l'ordinanza r.o. n. 397 del 2008, il Tribunale di Milano rileva che i commi 1 e 7 dell'art. 1 della legge n. 124 del 2008 violano tale parametro, per avere accomunato «in una unica disciplina cariche diverse non soltanto per le fonti di investitura, ma anche per la natura delle funzioni», ed inoltre per aver distinto irragionevolmente e «per la prima volta sotto il profilo della parità riguardo ai princípi fondamentali della giurisdizione, i Presidenti delle Camere, del Consiglio dei ministri [...] rispetto agli altri componenti degli organi da loro presieduti».

Con l'ordinanza r.o. n. 398 del 2008, lo stesso Tribunale lamenta che il parametro è violato, perché «il contenuto di tutte le disposizioni in argomento incide su un valore centrale per il nostro ordinamento democratico, quale è l'eguaglianza di tutti i cittadini davanti all'esercizio della giurisdizione penale».

Il Giudice per le indagini preliminari presso il Tribunale di Roma basa la sua censura sulla considerazione che la disposizione crea «un regime differenziato riguardo alla giurisdizione [...] penale», ponendosi cosí in contrasto con «uno dei princípi fondamentali del moderno Stato di diritto, rappresentato dalla parità dei cittadini di fronte alla giurisdizione, manifestazione a sua volta del principio di eguaglianza formale dinanzi alla legge».

1.4. – Lo stesso art. 3 Cost. è evocato anche sotto il profilo della ragionevolezza.

Secondo il Tribunale di Milano (r.o. n. 398 del 2008), tale articolo è violato, perché le «guarentigie concesse a chi riveste cariche istituzionali risultano funzionali alla protezione delle funzioni apicali esercitate», con la conseguenza che la facoltà di rinunciare alla sospensione processuale riconosciuta al titolare dell'alta carica si pone in contrasto con la tutela del *munus publicum*, attribuendo una discrezionalità «meramente potestativa» al soggetto beneficiario, anziché prevedere quei filtri aventi carattere di terzietà e quelle valutazioni della peculiarità dei casi concreti che soli, secondo la sentenza della Corte costituzionale n. 24 del 2004, potrebbero costituire adeguato rimedio rispetto tanto all'automatismo generalizzato del beneficio quanto «al *vulnus* al diritto di azione».

Ad avviso del Giudice per le indagini preliminari presso il Tribunale di Roma, l'irragionevolezza intrinseca della disciplina censurata deriva dall'insindacabilità della facoltà di rinunzia alla sospensione, dal momento che, «se l'interesse dichiaratamente perseguito dal legislatore è quello di assicurare la serenità di svolgimento della funzione nel periodo di durata in carica (sent. Corte cost. n. 24/2004), la sospensione dei procedimenti dovrebbe essere del tutto indisponibile da parte dei soggetti considerati».

1.5. – Il Tribunale di Milano formula un'articolata questione in riferimento agli artt. 3, 68, 90, 96 e 112 Cost., sul rilievo che la disposizione denunciata crea una disparità di trattamento tra la disciplina introdotta per i reati extrafunzionali e quella, di rango costituzionale, prevista per i reati funzionali commessi dalle quattro alte cariche in questione. Tale disparità sarebbe irragionevole: a) per la mancata menzione dell'art. 68 Cost. fra le norme costituzionali espressamente fatte salve dalla legge n. 124 del 2008; b) per il fatto che «il bene giuridico considerato dalla legge ordinaria, e cioè il regolare svolgimento delle funzioni apicali dello Stato, è lo stesso che la Costituzione tutela per il Presidente della Repubblica con l'art. 90, per il Presidente del Consiglio e per i ministri con l'art. 96»; c) per la previsione di uno *ius singulare* per i reati extrafunzionali a favore del Presidente del Consiglio dei ministri, che, invece, la Costituzione accomuna ai ministri per i reati funzionali in conseguenza della sua posizione di *primus inter pares*.

1.6. – Il Giudice per indagini preliminari presso il Tribunale di Roma rileva la violazione del combinato disposto degli artt. 3 e 112 Cost., sotto il profilo dell'obbligatorietà dell'azione penale e dell'uguaglianza sostanziale. Ad avviso del rimettente, la disciplina censurata pone una deroga irragionevole rispetto alla disciplina ordinaria, perché non si applica ai reati commessi nell'esercizio delle funzioni istituzionali, ma ai reati extrafunzionali «indistintamente commessi dai soggetti ivi indicati, di qualsivoglia natura e gravità, finanche prima dell'assunzione della funzione pubblica».

1.7. – Sia l'ordinanza r.o. n. 398 del 2008, sia l'ordinanza r.o. n. 9 del 2009 evocano quale parametro l'art. 111, secondo comma, Cost., sotto il profilo della ragionevole durata del processo.

Per il primo dei due rimettenti, il parametro è violato perché la disposizione denunciata blocca «il processo in ogni stato e grado per un periodo potenzialmente molto lungo» e provoca «un evidente spreco di attività processuale», oltretutto non stabilendo alcunché «sull'utilizzabilità delle prove già assunte», né all'interno dello stesso processo penale al termine del periodo di sospensione, né all'interno della diversa sede in cui la parte civile abbia scelto di trasferire la propria azione, con conseguente necessità per la stessa parte «di sostenere *ex novo* l'onere probatorio in tutta la sua ampiezza».

Il secondo dei due rimettenti rileva che la disposizione censurata si pone in contrasto con «un corollario immanente al principio di ragionevole durata del processo, consistente nella concentrazione delle fasi processuali, nel senso che nell'àmbito del procedimento penale, alla fase di acquisizione delle prove deve seguire entro tempi ragionevoli quella della loro verifica in pubblico dibattimento, ai fini della emissione di una giusta sentenza da parte del giudice».

2. – In considerazione della parziale coincidenza dell'oggetto e dei motivi delle questioni sollevate, i giudizi devono essere riuniti per essere congiuntamente trattati e decisi.

3. – Va preliminarmente esaminata l'eccezione della difesa della parte privata con la quale si deduce l'inammissibilità, per irrilevanza, delle questioni sollevate dal Giudice per le indagini preliminari presso il Tribunale di Roma (r.o. n. 9 del 2009), in quanto la disposizione censurata non trova applicazione nella fase delle indagini preliminari. La difesa contesta l'assunto del giudice *a quo*, secondo cui il termine «fase» usato dal comma 7 dell'articolo 1 della legge n. 124 del 2008 potrebbe avere significato giuridico esclusivamente in riferimento all'intero procedimento, comprensivo della fase delle indagini preliminari.

L'eccezione è fondata.

3.1. – Il giudice rimettente, al fine di giustificare l'applicazione della norma censurata anche alle indagini preliminari, si avvale di argomentazioni di natura semantica e sistematica.

Sotto il profilo semantico, il rimettente afferma, innanzi tutto, che la locuzione «processi penali» (contenuta nell'art. 1, comma 1, della legge n. 124 del 2008) non può essere interpretata in senso tecnico, in modo tale da essere restrittivamente riferita al solo giudizio dibattimentale. Il legislatore avrebbe infatti adottato, in questo caso, una locuzione generica, idonea a ricomprendere nella nozione di "processo" anche la fase delle indagini preliminari. Inoltre, assume che il termine «fase» (contenuto nel comma 7 dell'art. 1) non può che riferirsi — per avere un significato plausibile — alla fase delle indagini preliminari, posto che «non è ipotizzabile, per il giudizio dibattimentale, una *fase* che non sia quella in cui lo stesso è per l'appunto pervenuto».

Sotto il profilo sistematico, il giudice rimettente afferma che il comma 3 del medesimo art. 1 — stabilendo che «la sospensione non impedisce al giudice, ove ne ricorrano i presupposti, di provvedere ai sensi degli articoli 392 e 467 del codice di procedura penale, per l'assunzione di prove non rinviabili» — comporta necessariamente che la sospensione si applica anche alle fasi antecedenti al processo «inteso come giudizio dibattimentale pubblico», dal momento che solo nella fase delle indagini preliminari e in quella dell'udienza preliminare è consentito il ricorso all'acquisizione anticipata delle prove mediante incidente probatorio. Il primo degli articoli richiamati disciplina i casi in cui si procede con incidente probatorio; il secondo fa riferimento al precedente al fine di disciplinare l'assunzione delle prove non rinviabili. Dal richiamo congiunto a tali articoli il rimettente desume la corrispondenza biunivoca tra incidente probatorio e indagini preliminari.

3.2. – Nessuno di tali argomenti giustifica la conclusione cui il rimettente è pervenuto, vale a dire l'applicabilità della sospensione anche alle indagini preliminari. Infatti, risulta contraddittorio evocare in modo discontinuo — come fa il rimettente — il rigore linguistico del testo normativo: rigore, da un lato, escluso con riferimento alla locuzione «processo penale» e, dall'altro, affermato con riferimento al termine «fase». Inoltre, va rilevato che quest'ultimo termine — che non trova precisa connotazione nel sistema processuale penale — può denotare, in senso ampio e nell'uso comune, un punto o uno stadio della procedura, indifferentemente riferibile tanto alle "fasi del procedimento", quanto a quelle del processo. Neppure il richiamo che la disposizione censurata fa agli artt. 392 e 467 cod. proc. pen. comporta necessariamente che la sospensione si estenda alle fasi antecedenti al processo. In realtà – in forza della giurisprudenza di questa Corte (sentenza n. 77 del 1994) – non esiste alcuna preclusione all'esperimento dell'incidente probatorio durante l'udienza preliminare, la quale costituisce una fase del processo estranea a quella delle indagini preliminari. Il richiamo alla disciplina dell'incidente probatorio e dell'assunzione delle prove non rinviabili – lungi dal comprovare una reciproca implicazione tra tali istituti e le indagini preliminari – vale solo a rimarcare il necessario presupposto dell'assunzione di tali prove, e cioè il connotato dell'urgenza.

3.3. – Ulteriori considerazioni confortano un'interpretazione diversa da quella del rimettente.

A prescindere, infatti, dall'inequivoca volontà manifestata dal legislatore storico, quale si trae dai lavori preparatori (ad esempio, l'intervento del Ministro della giustizia nella seduta antimeridiana del 22 luglio 2008 dell'Assemblea del Senato), ai fini dell'esclusione della fase delle indagini preliminari dal meccanismo sospensivo, è decisivo il rilievo delle conseguenze irragionevoli che originerebbero dalla diversa opzione interpretativa. Infatti, se la sospensione fosse applicata fin dalla fase delle indagini, vi sarebbe un grave pregiudizio all'esercizio dell'azione penale, perché tale esercizio sarebbe non soltanto differito, ma sostanzialmente alterato, per l'estrema difficoltà di reperire le fonti di prova a distanza di diversi anni. Cosí interpretata, la disposizione censurata comporterebbe il rischio di una definitiva sottrazione dell'imputato alla giurisdizione; e ciò anche dopo la cessazione dall'alta carica.

La stessa interpretazione avrebbe poi il paradossale ed irragionevole effetto – anche sul diritto di difesa della persona sottoposta alle indagini – di non consentire lo svolgimento delle indagini preliminari neanche nel caso in cui altre attività procedimentali per le quali non è applicabile la sospensione prevista dalla norma denunciata (come, ad esempio, l'applicazione di misure cautelari e l'arresto obbligatorio in flagranza) fossero già state poste in essere.

3.4. – Può, quindi, affermarsi che l'interpretazione del giudice rimettente contrasta con il tenore letterale della disposizione e conduce a risultati disarmonici rispetto al principio costituzionale di ragionevolezza. Da ciò deriva che le questioni prospettate con l'ordinanza di rimessione r.o. n. 9 del 2009 dal Giudice delle indagini preliminari presso il Tribunale di Roma sono inammissibili per difetto di rilevanza, perché il rimettente non deve fare applicazione della norma oggetto del dubbio di costituzionalità.

4. – L'Avvocatura generale dello Stato ha eccepito l'inammissibilità per irrilevanza di tutte le questioni sollevate, per la parte in cui esse riguardano disposizioni non applicabili al Presidente del Consiglio dei ministri, sul rilievo che nei giudizi principali è imputato solo il titolare di quest'ultima carica e non i titolari delle altre cariche dello Stato cui si riferisce l'articolo censurato.

L'eccezione non è fondata.

Si deve, infatti, rilevare che le disposizioni censurate costituiscono, sul piano oggettivo, una disciplina unitaria, che riguarda inscindibilmente le alte cariche dello Stato in essa previste, con la conseguenza che un'eventuale pronuncia di illegittimità costituzionale limitata alle norme riguardanti solo una di tali cariche aggraverebbe l'illegittimità costituzionale della disciplina, creando ulteriori motivi di disparità di trattamento. Pertanto, ove questa Corte riscontrasse profili di disparità di trattamento della disciplina censurata che riguardassero tutte le alte cariche dello Stato, la pronuncia di illegittimità costituzionale dovrebbe necessariamente estendersi a tutte le disposizioni denunciate.

A tali considerazioni si deve aggiungere che la sentenza n. 24 del 2004 ha implicitamente — ma chiaramente — ritenuto sussistente l'indicata inscindibilità della disciplina relativa alle alte cariche dello Stato, perché, in un caso analogo, ha dichiarato l'illegittimità costituzionale dell'intero art. 1 della legge 20 giugno 2003, n. 140 (Disposizioni per l'attuazione dell'art. 68 della Costituzione nonché in materia di processi penali nei confronti delle alte cariche dello Stato), con riferimento a tutte le cariche dello Stato in esso menzionate, nonostante che il giudizio principale riguardasse solo il Presidente del Consiglio dei ministri.

5. – Occorre ora passare all'esame del merito delle questioni prospettate.

Il Tribunale di Milano (r.o. n. 397 del 2008) censura i commi 1 e 7 dell'art. 1 della legge n. 124 del 2008, in riferimento all'art. 136 Cost., per violazione del giudicato costituzionale formatosi sulla sentenza n. 24 del 2004. Il rimettente lamenta che i commi censurati hanno «riproposto la medesima disciplina» prevista dalla legge n. 140 del 2003, dichiarata incostituzionale con detta sentenza.

La questione non è fondata.

Come questa Corte ha piú volte affermato (*ex multis*, sentenze n. 78 del 1992, n. 922 del 1988), perché vi sia violazione del giudicato costituzionale è necessario che una norma ripristini o preservi l'efficacia di una norma già dichiarata incostituzionale.

Nel caso di specie, il legislatore ha introdotto una disposizione che non riproduce un'altra disposizione dichiarata incostituzionale, né fa a quest'ultima rinvio. La disposizione presenta, invece, significative novità normative, quali, ad esempio, la rinunciabilità e la non reiterabilità della sospensione dei processi penali (commi 2 e 5), nonché una specifica disciplina a tutela della posizione della parte civile (comma 6), cosí mostrando di prendere in considerazione, sia pure parzialmente, la sentenza n. 24 del 2004. È, del resto, sul riconoscimento di tali novità che si basano le note del Presidente della Repubblica – richiamate dal rimettente e dalle parti – che hanno accompagnato sia l'autorizzazione alla presentazione alle Camere del disegno di legge in materia di processi penali alle alte cariche dello Stato sia la successiva promulgazione della legge. Né può sostenersi che, nel caso di specie, la violazione del giudicato costituzionale derivi dal fatto che alcune disposizioni dell'art. 1 — quali i censurati commi 1 e 7 — riproducono le disposizioni già dichiarate incostituzionali. Si deve infatti rilevare, in contrario, che lo scrutinio di detta violazione deve tenere conto del complesso delle norme che si succedono nel tempo, senza che abbia rilevanza l'eventuale coincidenza di singole previsioni normative.

6. – Con le due citate ordinanze di rimessione, il Tribunale di Milano solleva altresí questioni di legittimità costituzionale, evocando a parametro, ora congiuntamente ora disgiuntamente, le norme costituzionali in materia di prerogative (artt. 68, 90 e 96 Cost.) e gli artt. 3 e 138 Cost. Tali questioni — al di là della loro formulazione testuale, piú o meno precisa — debbono essere distinte in due diversi gruppi, a seconda dell'effettivo contenuto delle censure: a) un primo gruppo è prospettato con riferimento alla violazione del combinato disposto degli artt. 3, primo comma, e 138 Cost., in relazione alle norme costituzionali in materia di prerogative, sotto il profilo della parità di trattamento rispetto alla giurisdizione, sia in generale sia nell'àmbito delle alte cariche dello Stato; b) un secondo gruppo è prospettato anch'esso con riferimento alla violazione dell'art. 3 Cost., sotto il profilo, però, dell'irragionevolezza intrinseca della disciplina denunciata. Tali diverse prospettazioni devono essere trattate separatamente.

7. – Quanto al primo dei suddetti gruppi di questioni, il rimettente Tribunale muove dalla premessa che la Costituzione disciplina i rapporti tra gli organi costituzionali (o di rilievo costituzionale) e la giurisdizione penale, prevedendo, a tutela della funzione svolta da quegli organi, un *numerus clausus* di prerogative, derogatorie rispetto al principio dell'uguaglianza davanti alla giurisdizione. Da tale premessa il giudice *a quo* deriva la conseguenza che la disposizione censurata si pone contemporaneamente in contrasto sia con l'art. 3 Cost., perché – con riferimento alle norme costituzionali in materia di prerogative – introduce una ingiustificata eccezione al suddetto principio di uguaglianza davanti alla giurisdizione, sia con l'art. 138 Cost., perché tale eccezione si sarebbe dovuta introdurre, se mai, con disposizione di rango costituzionale.

7.1. – Con riguardo al medesimo primo gruppo di questioni, la difesa erariale ne eccepisce l'inammissibilità per l'inadeguata indicazione del parametro evocato ed afferma, a sostegno di tale eccezione, che l'evocazione, da parte del rimettente, del solo art. 138 Cost. — il quale si limita a disciplinare il procedimento di adozione ed approvazione delle leggi di revisione costituzionale e delle altre leggi costituzionali — non è sufficiente ad individuare le altre disposizioni costituzionali dalle quali possa essere desunto l'interesse che il giudice *a quo* ritiene incompatibile con la norma censurata.

L'eccezione non è fondata.

Come si è sopra osservato, entrambe le ordinanze di rimessione non si limitano a denunciare la violazione dell'art. 138 Cost. quale mera conseguenza della violazione di una qualsiasi norma della Costituzione. Esse, infatti, non si basano sulla considerazione — di carattere generico e formale — che, in tal caso, solo una fonte di rango costituzionale sarebbe idonea (ove non violasse a sua volta princípi supremi, insuscettibili di revisione costituzionale) ad escludere il contrasto con la Costituzione. Al contrario, il Tribunale rimettente prospetta una questione specifica e di carattere sostanziale, in quanto denuncia – con adeguata indicazione dei parametri – la violazione del principio di uguaglianza facendo espresso riferimento alle prerogative degli organi costituzionali.

7.2. – La difesa della parte privata e la difesa erariale deducono, inoltre, che questioni sostanzialmente identiche a quelle riferite all'art. 138 Cost. ed oggetto dei presenti giudizi di costituzionalità sono state già scrutinate e dichiarate non fondate da questa Corte con la sentenza n. 24 del 2004, riguardante l'art. 1 della legge n. 140 del 2003, del tutto analogo, sul punto, al censurato art. 1 della legge n. 124 del 2008. In proposito, le suddette difese affermano che la citata sentenza, nel dichiarare l'illegittimità costituzionale dell'art. 1 della legge n. 140 del 2003 per la violazione solo degli artt. 3 e 24 Cost., ha implicitamente rigettato la pur prospettata questione, riferita all'art. 138 Cost., circa l'inidoneità della legge ordinaria a disporre la sospensione del processo penale instaurato nei confronti delle alte cariche dello Stato. In particolare, le medesime difese sostengono che tale ultima questione costituiva un punto logicamente e giuridicamente pregiudiziale della decisione e, perciò, non era suscettibile di assorbimento nella pronuncia di illegittimità costituzionale per la violazione di altri parametri. In questa prospettiva, viene ulteriormente osservato che la suddetta sentenza n. 24 del 2004: a) là dove afferma che è legittimo che il «legislatore» preveda una sospensione del processo penale per esigenze extraprocessuali, va interpretata nel senso che anche il "legislatore ordinario" può prevedere una sospensione del processo penale a tutela delle alte cariche dello Stato; b) là dove afferma che l'«apprezzabile» interesse «pubblico» ad «assicurare il sereno svolgimento delle funzioni» inerenti alle alte cariche dello Stato deve essere tutelato «in armonia con i princípi fondamentali dello Stato di diritto», va intesa nel senso che la legge ordinaria può ben essere adottata in materia, anche se deve operare un bilanciamento con i princípi di cui agli artt. 3 e 24 Cost. Su queste premesse, la difesa della parte privata e la difesa erariale eccepiscono che le ordinanze n. 397 e n. 398 del 2008 non prospettano profili nuovi o diversi da quelli già implicitamente valutati dalla Corte, con conseguente inammissibilità o manifesta infondatezza delle questioni riferite al combinato disposto degli artt. 3 e 138 Cost., in relazione alle norme costituzionali in materia di prerogative.

Anche tale eccezione non è fondata.

In primo luogo, è indubbio che la Corte non si è pronunciata sul punto. La sentenza n. 24 del 2004, infatti, non esamina in alcun passo la questione dell'idoneità della legge ordinaria ad introdurre la suddetta sospensione processuale.

In secondo luogo, non si può ritenere che tale sentenza contenga un giudicato implicito sul punto. Ciò perché, quando si è in presenza di questioni tra loro autonome per l'insussistenza di un nesso di pregiudizialità, rientra nei poteri di questa Corte stabilire, anche per economia di giudizio, l'ordine con cui affrontarle nella sentenza e dichiarare assorbite le altre (sentenze n. 464 del 1992 e n. 34 del 1961). In tal caso, l'accoglimento di una qualunque delle questioni, comportando la caducazione della disposizione denunciata, è infatti idoneo a definire l'intero giudizio di costituzionalità e non implica alcuna pronuncia sulle altre questioni, ma solo il loro assorbimento. È quanto avvenuto, appunto, con la citata sentenza n. 24 del 2004, la quale, in applicazione di detti princípi e in relazione alle stesse modalità di prospettazione delle questioni, ha privilegiato l'esame dei fondamentali profili di uguaglianza e ragionevolezza ed ha dichiarato «assorbito ogni altro profilo di illegittimità costituzionale», lasciando cosí impregiudicata la questione riferita all'art. 138 Cost. La violazione di princípi e diritti fondamentali, particolarmente sottolineati dal rimettente dell'epoca — come il diritto di difesa, l'uguaglianza tra organi costituzionali e la ragionevolezza —, emergeva, infatti, in modo immediato e non discutibile dalla stessa analisi del meccanismo intrinseco di funzionamento del beneficio, cosí da rendere non necessaria ogni ulteriore indagine in merito alle altre questioni sollevate e, quindi, anche a quelle concernenti l'idoneità della fonte, sia essa di rango ordinario o costituzionale.

In terzo luogo, la mancata trattazione del punto consente in ogni caso al rimettente la proposizione di una questione analoga a quella già sollevata nel giudizio di cui alla sentenza n. 24 del 2004. Trova infatti applicazione, nella specie, il principio giurisprudenziale secondo cui le questioni di legittimità costituzionale possono essere riproposte sotto profili diversi da quelli esaminati dalla Corte con la pronuncia di rigetto (*ex plurimis*: sentenze n. 257 del 1991, n. 210 del 1976; ordinanze n. 218 del 2009, n. 464 del 2005, n. 356 del 2000). Ne consegue che la questione riferita all'art. 138 Cost., posta dal Tribunale di Milano, non può essere risolta con il mero richiamo alla sentenza n. 24 del 2004, ma deve essere scrutinata *funditus* da questa Corte, tanto piú che detta questione ha ad oggetto una mutata disciplina legislativa.

7.3. – La denunciata violazione degli artt. 3 e 138 Cost. è argomentata dal Tribunale rimettente sulla base dei seguenti due distinti assunti: a) tutte le prerogative di organi costituzionali, in quanto derogatorie rispetto al principio di uguaglianza, devono essere stabilite con norme di rango costituzionale; b) la norma denunciata introduce un'ipotesi di sospensione del processo penale, che si risolve in una prerogativa, perché è diretta a salvaguardare il regolare funzionamento non già del processo, ma di alcuni organi costituzionali.

Ciascuno di tali assunti esige uno specifico esame da parte di questa Corte.

7.3.1. – Il primo, relativo alla necessità che le prerogative abbiano copertura costituzionale, è corretto.

Sul punto va precisato che le prerogative costituzionali (o immunità in senso lato, come sono spesso denominate) si inquadrano nel *genus* degli istituti diretti a tutelare lo svolgimento delle funzioni degli organi costituzionali attraverso la protezione dei titolari delle cariche ad essi connesse. Esse si sostanziano — secondo una nozione su cui v'è costante e generale consenso nella tradizione dottrinale costituzionalistica e giurisprudenziale — in una specifica protezione delle persone munite di *status* costituzionali, tale da sottrarle all'applicazione delle regole ordinarie. Le indicate prerogative possono assumere, in concreto, varie forme e denominazioni (insindacabilità; scriminanti in genere o immunità sostanziali; inviolabilità; immunità meramente processuali, quali fori speciali, condizioni di procedibilità o altro meccanismo processuale di favore; deroghe alle formalità ordinarie) e possono riguardare sia gli atti propri della funzione (cosiddetti atti funzionali) sia gli atti ad essa estranei (cosiddetti atti extrafunzionali), ma in ogni caso presentano la duplice caratteristica di essere dirette a garantire l'esercizio della funzione di organi costituzionali e di derogare al regime giurisdizionale comune. Si tratta, dunque, di istituti che configurano particolari *status* protettivi dei componenti degli organi; istituti che sono, al tempo stesso, fisiologici al funzionamento dello Stato e derogatori rispetto al principio di uguaglianza tra cittadini.

Il problema dell'individuazione dei limiti quantitativi e qualitativi delle prerogative assume una particolare importanza nello Stato di diritto, perché, da un lato, come già rilevato da questa Corte, «alle origini della formazione dello Stato di diritto sta il principio della parità di trattamento rispetto alla giurisdizione» (sentenza n. 24 del 2004) e, dall'altro, gli indicati istituti di protezione non solo implicano necessariamente una deroga al suddetto principio, ma sono anche diretti a realizzare un delicato ed essenziale equilibrio tra i diversi poteri dello Stato, potendo incidere sulla funzione politica propria dei diversi organi. Questa complessiva architettura istituzionale, ispirata ai princípi della divisione dei poteri e del loro equilibrio, esige che la disciplina delle prerogative contenuta nel testo della Costituzione debba essere intesa come uno specifico sistema normativo, frutto di un particolare bilanciamento e assetto di interessi costituzionali; sistema che non è consentito al legislatore ordinario alterare né *in peius* né *in melius*.

Tale conclusione, dunque, non deriva dal riconoscimento di una espressa riserva di legge costituzionale in materia, ma dal fatto che le suddette prerogative sono sistematicamente regolate da norme di rango costituzionale. Tali sono, ad esempio, le norme che attengono alle funzioni connesse alle alte cariche considerate dalla norma denunciata, come: l'art. 68 Cost., il quale prevede per i parlamentari (e, quindi, anche per i Presidenti delle Camere) alcune prerogative sostanziali e processuali in relazione sia a reati funzionali (primo comma) sia a reati anche extrafunzionali (secondo e terzo comma); l'art. 90 Cost., il quale prevede l'irresponsabilità del Presidente della Repubblica per gli atti compiuti nell'esercizio delle sue funzioni, tranne che per alto tradimento o per attentato alla Costituzione; l'art. 96 Cost., il quale prevede per il Presidente del Consiglio dei ministri e per i ministri, anche se cessati dalla carica, la sottoposizione alla giurisdizione ordinaria per i reati commessi nell'esercizio delle loro funzioni, secondo modalità stabilite con legge costituzionale.

In coerenza con siffatta impostazione, questa Corte ha chiaramente e costantemente affermato, in numerose pronunce emesse sia anteriormente che successivamente alla sentenza n. 24 del 2004, il principio — che va qui ribadito — secondo cui il legislatore ordinario, in tema di prerogative (e cioè di immunità intese in senso ampio), può intervenire solo per attuare, sul piano procedimentale, il dettato costituzionale, essendogli preclusa ogni eventuale integrazione o estensione di tale dettato. Al riguardo, la Corte ha affermato che: sono «eccezionalmente dettati, e da norme costituzionali, i casi di deroga al principio dell'obbligatorietà dell'azione penale» (sentenza n. 4 del 1965); è esclusa la competenza del legislatore ordinario in materia di immunità (sentenza n. 148 del 1983); vi è «concordia della giurisprudenza, della dottrina e dello stesso legislatore, nell'escludere che, attraverso legge ordinaria, sia ammissibile un'integrazione dell'art. 68, secondo comma, Cost., e comunque la posizione di una norma che attribuisca analoghe prerogative» idonee a derogare all'art. 112 Cost. (sentenza n. 300 del 1984); l'art. 3 della legge n. 140 del 2003, nella parte in cui costituisce attuazione del primo comma dell'art. 68 Cost., non víola la Costituzione, perché non comporta «un indebito allargamento della garanzia dell'insindacabilità apprestata dalla norma costituzionale», ma «può considerarsi di attuazione, e cioè finalizzata a rendere immediatamente e direttamente operativo sul piano processuale il disposto dell'art. 68, primo comma, della Costituzione» (sentenza n. 120 del 2004); il medesimo art. 3 della legge n. 140 del 2003 è una norma finalizzata «a garantire, sul piano procedimentale, un efficace e corretto funzionamento della prerogativa parlamentare» di cui al primo comma dell'art. 68 Cost. (sentenza n. 149 del 2007, che richiama la citata sentenza n. 120 del 2004).

Né può obiettarsi che le prerogative possano essere introdotte anche dalla legge ordinaria, come avverrebbe per le immunità diplomatiche previste da convenzioni internazionali, le quali, secondo la difesa della parte privata, non trovano copertura nell'art. 10 Cost., in quanto previste non dalle «norme del diritto internazionale generalmente riconosciute», ma da trattati internazionali recepiti con legge ordinaria. In proposito, va osservato che la questione posta all'esame di questa Corte attiene esclusivamente alle prerogative dei componenti e dei titolari di organi costituzionali e non alle immunità diplomatiche, le quali ultime, oltretutto, sono contemplate in leggi ordinarie che riproducono o, comunque, attuano norme internazionali generalmente riconosciute e, quindi, trovano copertura nell'art. 10 Cost. (sulla riconducibilità delle immunità diplomatiche previste da convenzioni internazionali alla categoria delle norme internazionali generalmente riconosciute, *ex multis*, sentenza n. 48 del 1979). Anche la disciplina speciale sulle prerogative del Presidente del Consiglio dei ministri e dei ministri in ordine ai reati funzionali commessi da costoro e da soggetti concorrenti, prevista dalla legge ordinaria 5 giugno 1989, n. 219 (Nuove norme in tema di reati ministeriali e di reati previsti dall'art. 90 della Costituzione) — anch'essa invocata a conforto della tesi della parte privata —, costituisce, del resto, mera attuazione della legge costituzionale 16 gennaio 1989, n. 1 (Modifiche degli articoli 96, 134 e 135 della Costituzione e della legge costituzionale 11 marzo 1953, n. 1, e norme in materia di procedimenti per i reati di cui all'articolo 96 della Costituzione) ed ha, dunque, copertura costituzionale.

Neppure può invocarsi, a sostegno della tesi dell'idoneità della legge ordinaria a prevedere prerogative di organi di rilievo costituzionale, la citata sentenza di questa Corte n. 148 del 1983, la quale ha ritenuto conforme a Costituzione la legge ordinaria sulla insindacabilità delle opinioni espresse dai componenti del Consiglio superiore della magistratura nell'esercizio delle loro funzioni e concernenti l'oggetto della discussione. Detta sentenza ha affermato il principio secondo cui il legislatore ordinario non ha competenza nella materia delle immunità, perché queste «abbisognano di un puntuale fondamento, concretato dalla Costituzione o da altre leggi costituzionali». La Corte, con tale pronuncia, ha infatti ritenuto che la legge ordinaria è fonte idonea a prevedere l'indicata insindacabilità solo in considerazione del fatto che quest'ultima trova una precisa copertura costituzionale, essendo «rigorosamente circoscritta» alle «sole manifestazioni del pensiero funzionali all'esercizio dei poteri-doveri costituzionalmente spettanti ai componenti il Consiglio superiore» della magistratura e realizza un «ragionevole bilanciamento dei valori costituzionali in gioco».

È, infine, irrilevante il fatto che il titolare di un'alta carica potesse addurre, anche prima della entrata in vigore della norma denunciata ed in mancanza di una specifica norma costituzionale di prerogativa, il proprio legittimo impedimento a comparire nel processo penale in ragione dei propri impegni istituzionali. Contrariamente a quanto sostenuto dalla difesa della parte privata, ciò non dimostra affatto l'erroneità dell'assunto secondo cui le prerogative dei componenti e dei titolari degli organi costituzionali devono essere previste da norme di rango costituzionale. La deducibilità del legittimo impedimento a comparire nel processo penale, infatti, non costituisce prerogativa costituzionale, perché prescinde dalla natura dell'attività che legittima l'impedimento, è di generale applicazione e, perciò, non deroga al principio di parità di trattamento davanti alla giurisdizione. Si tratta, dunque, di uno strumento processuale posto a tutela del diritto di difesa di qualsiasi imputato, come tale legittimamente previsto da una legge ordinaria come il codice di rito penale, anche se tale strumento, nella sua pratica applicazione, va modulato in considerazione dell'entità dell'impegno addotto dall'imputato (sentenze richiamate *infra* al punto 7.3.2.1.).

7.3.2. – Il rimettente prosegue la sua argomentazione a sostegno della sollevata questione di legittimità costituzionale assumendo altresí, come sopra detto, che la norma denunciata costituisce una prerogativa, perché introduce, tramite una legge ordinaria, un'ipotesi di sospensione del processo penale che si risolve in una deroga al principio di uguaglianza.

Anche tale assunto è corretto.

Per giungere a tale conclusione occorre, in primo luogo, individuare — come messo in evidenza sia dai rimettenti che dalle difese — la *ratio* della disposizione censurata e, in secondo luogo, valutare la sussistenza della denunciata disparità di trattamento. In relazione ad entrambi tali aspetti, occorre prendere le mosse dalla citata sentenza n. 24 del 2004, la quale — pur avendo limitato l'esame dell'art. 1 della legge n. 140 del 2003, analogo all'art. 1 della legge n. 124 del 2008, ai soli profili relativi alla violazione del diritto di difesa, all'irragionevolezza e all'uguaglianza tra organi costituzionali (come sopra rilevato al punto 7.2.) — fornisce importanti e precise indicazioni al riguardo.

7.3.2.1. – Quanto all'individuazione della *ratio*, va rilevato che, con riferimento al citato art. 1 della legge n. 140 del 2003, la sentenza di questa Corte n. 24 del 2004 ha chiarito che: a) la sospensione del processo penale prevista da quella norma per le alte cariche dello Stato (caratterizzata dalla generalità, automaticità e dalla durata non determinata) è finalizzata alla «soddisfazione di esigenze extraprocessuali»; b) tali esigenze consistono nella «protezione della serenità dello svolgimento delle attività connesse alle cariche in questione», e cioè nell'«apprezzabile interesse» ad assicurare «il sereno svolgimento delle rilevanti funzioni che ineriscono a quelle cariche»; c) detto interesse va tutelato in armonia con i princípi fondamentali dello «Stato di diritto, rispetto al cui migliore assetto la protezione è strumentale»; d) la sospensione, dunque, è «predisposta [...] alla tutela delle importanti funzioni di cui si è detto»; e) ove si ritenesse (in base ad «un modo diverso, ma non opposto, di concepire i presupposti e gli scopi della norma») che il legislatore, in considerazione dell'«interesse pubblico allo svolgimento delle attività connesse alle alte cariche», abbia stimato tale svolgimento alla stregua di «un legittimo impedimento a comparire» nel processo penale ed abbia, perciò, «voluto stabilire una presunzione assoluta di legittimo impedimento», la misura della sospensione processuale «anche sotto questo aspetto [...] appare diretta alla protezione della funzione».

Da tali inequivoche affermazioni discende il corollario che la sospensione processuale prevista dalla legge n. 140 del 2003 ha la *ratio* di proteggere la funzione pubblica, assicurando ai titolari delle alte cariche il sereno svolgimento delle loro funzioni (e, indirettamente, di quelle dell'organo al quale essi appartengono) attraverso l'attribuzione di uno specifico *status* protettivo. Non viene in rilievo, dunque, l'aspetto psicologico, individuale e contingente, della soggettiva serenità del singolo titolare della carica statale, ma solo l'obiettiva protezione del regolare svolgimento delle attività connesse alla carica stessa. Dalle sopra citate affermazioni discende, altresí, l'ulteriore corollario che è inesatto sostenere che l'istituto della sospensione processuale e quello della prerogativa costituzionale sono tra loro incompatibili. Infatti, anche una sospensione processuale può essere prevista dall'ordinamento per soddisfare l'esigenza extraprocessuale di proteggere lo svolgimento della funzione propria di un organo costituzionale e, pertanto, può costituire lo strumento di una specifica prerogativa costituzionale.

Perché queste conclusioni riferite alla sospensione prevista dall'art. 1 della legge n. 140 del 2003 possano considerarsi valide anche per la sospensione prevista dalla norma censurata, è necessario, però, valutare se le due norme abbiano la medesima *ratio*.

Ad avviso della difesa della parte privata, la diversità di disciplina della sospensione di cui alla legge n. 140 del 2003 rispetto a quella di cui alla legge n. 124 del 2008 comporta la radicale diversità delle rispettive *rationes*. Al riguardo, la medesima difesa sottolinea che, a differenza della precedente, la normativa denunciata prevede la rinunciabilità e la non reiterabilità della sospensione del processo, con la conseguenza che detta normativa ha la finalità di tutelare (in via esclusiva o principale) non già la funzione inerente alla carica, ma il diritto di difesa garantito all'imputato dalla Costituzione e, quindi, di soddisfare esigenze proprie del processo. In forza della cosí individuata *ratio legis*, la parte privata esclude che la norma denunciata introduca una vera e propria prerogativa costituzionale ed afferma che, pertanto, la sospensione processuale in esame è stata legittimamente introdotta con legge ordinaria. A conferma della sopra indicata *ratio legis*, la suddetta parte privata osserva che la finalità della tutela della difesa dell'imputato non è contraddetta dal principio della non reiterabilità della sospensione in caso di assunzione di una nuova carica, perché la legge considera l'assunzione del *munus publicum* come un legittimo impedimento solo per «la durata di un mandato», che rappresenta «il periodo di tempo [...] sufficiente [...] per affrontare contemporaneamente gli impegni istituzionali di un eventuale nuovo incarico e il processo penale».

Tale ricostruzione delle finalità della norma non può essere condivisa, per una pluralità di ragioni.

Va innanzitutto osservato che la stessa relazione al disegno di legge AC 1442 (che si è poi tradotto nella legge n. 124 del 2008) identifica espressamente la *ratio* della sospensione nell'esigenza di tutelare i princípi di «continuità e regolarità nell'esercizio delle piú alte funzioni pubbliche» e non nella soddisfazione di esigenze difensive.

In secondo luogo, va rilevato che la disposizione denunciata non può avere la finalità, prevalente o esclusiva, di tutelare il diritto di difesa degli imputati, perché in tal caso — data la generalità di tale diritto, quale espressamente prevista dall'art. 24 Cost. in relazione al principio di uguaglianza — avrebbe dovuto applicarsi a tutti gli imputati che, in ragione della propria attività, abbiano difficoltà a partecipare al processo penale. Inoltre, sarebbe intrinsecamente irragionevole e sproporzionata, rispetto alla suddetta finalità, la previsione di una presunzione legale assoluta di legittimo impedimento derivante dal solo fatto della titolarità della carica. Tale presunzione *iuris et de iure* impedirebbe, infatti, qualsiasi verifica circa l'effettiva sussistenza dell'impedimento a comparire in giudizio e renderebbe operante la sospensione processuale anche nei casi in cui non sussista alcun impedimento e, quindi, non vi sia, in concreto, alcuna esigenza di tutelare il diritto di difesa. La scelta del legislatore di aver riguardo esclusivamente ad alcune alte cariche istituzionali e di prevedere l'automatica sospensione del processo, senza alcuna verifica caso per caso dell'impedimento, evidenzia, dunque, che l'unica *ratio* compatibile con la norma censurata è proprio la protezione delle funzioni connesse all'«alta carica».

In terzo luogo, va ulteriormente osservato che il legittimo impedimento a comparire ha già rilevanza nel processo penale e non sarebbe stata necessaria la norma denunciata per tutelare, sotto tale aspetto, la difesa dell'imputato impedito a comparire nel processo per ragioni inerenti all'alta carica da lui rivestita. Come questa Corte ha rilevato, la sospensione del processo per legittimo impedimento a comparire disposta ai sensi del codice di rito penale contempera il diritto di difesa con le esigenze dell'esercizio della giurisdizione, differenziando la posizione processuale del componente di un organo costituzionale solo per lo stretto necessario, senza alcun meccanismo automatico e generale (sentenze n. 451 del 2005, n. 391 e n. 39 del 2004 e n. 225 del 2001). E se l'esigenza della tutela del diritto di difesa è già adeguatamente soddisfatta in via generale dall'ordinamento con l'istituto del legittimo impedimento, non può che conseguirne anche la irrilevanza della rinunciabilità della sospensione quale elemento per individuare la *ratio* della disposizione.

In quarto luogo, va infine sottolineato che anche la caratteristica della non reiterabilità della sospensione in caso di assunzione di una nuova alta carica da parte della stessa persona fisica non è elemento idoneo a individuare la *ratio* della normativa denunciata, perché è incoerente rispetto a entrambe le *rationes* ipotizzate. Infatti, sia l'esigenza della tutela della difesa dell'imputato, sia quella della tutela della funzione permarrebbero anche in caso di assunzione della nuova carica. La normativa censurata, inoltre, fissa solo un limite massimo di durata del beneficio e non garantisce affatto — contrariamente a quanto afferma la parte privata — un periodo minimo per approntare la difesa, né tantomeno garantisce il periodo minimo pari alla «durata di un mandato» (si consideri, ad esempio, il caso in cui il giudizio penale venga instaurato nei confronti del titolare della carica poco prima della cessazione di essa ed il medesimo soggetto persona fisica assuma, subito dopo, una nuova carica).

Deve perciò concludersi che la *ratio* della norma denunciata, al pari di quella della norma oggetto della sentenza di questa Corte n. 24 del 2004, va individuata nella protezione delle funzioni di alcuni organi costituzionali, realizzata attraverso l'introduzione di una peculiare sospensione del processo penale.

7.3.2.2. – Chiarito che la protezione della funzione costituisce la *ratio* della norma censurata, occorre ora accertare se la sospensione disciplinata dalla norma in questione abbia l'ulteriore caratteristica delle prerogative, e cioè quella di derogare al principio di uguaglianza creando una disparità di trattamento.

La risposta a tale domanda deve essere positiva.

La piú volte citata sentenza di questa Corte n. 24 del 2004 ha precisato, sia pure con riferimento all'art. 1 della legge n. 140 del 2003, che la sospensione processuale per gli imputati titolari di alte cariche «crea un regime differenziato riguardo all'esercizio della giurisdizione [...]», regime che va posto a raffronto con il principio — anch'esso richiamato dalla suddetta sentenza — della parità di trattamento rispetto alla giurisdizione, fissato dall'art. 3 Cost.

Non vi è dubbio che tali rilievi valgono anche per il censurato art. 1 della legge n. 124 del 2008. La denunciata sospensione è, infatti, derogatoria rispetto al regime processuale comune, perché si applica solo a favore dei titolari di quattro alte cariche dello Stato, con riferimento ai processi instaurati nei loro confronti, per imputazioni relative a tutti gli ipotizzabili reati, in qualunque epoca commessi e, in particolare, ai reati extrafunzionali, cioè estranei alle attività inerenti alla carica. La deroga si risolve, in particolare, in una evidente disparità di trattamento delle alte cariche rispetto a tutti gli altri cittadini che, pure, svolgono attività che la Costituzione considera parimenti impegnative e doverose, come quelle connesse a cariche o funzioni pubbliche (art. 54 Cost.) o, ancora piú generalmente, quelle che il cittadino ha il dovere di svolgere, al fine di concorrere al progresso materiale o spirituale della società (art. 4, secondo comma, Cost.).

È ben vero che il principio di uguaglianza comporta che, se situazioni uguali esigono uguale disciplina, situazioni diverse possono richiedere differenti discipline. Tuttavia, in base alla giurisprudenza di questa Corte citata al punto 7.3.1., deve ribadirsi che, nel caso in cui la differenziazione di trattamento di fronte alla giurisdizione riguardi il titolare o un componente di un organo costituzionale e si alleghi, quale ragione giustificatrice di essa, l'esigenza di proteggere le funzioni di quell'organo, si rende necessario che un tale *ius singulare* abbia una precisa copertura costituzionale. Si è visto, infatti, che il complessivo sistema delle suddette prerogative è regolato da norme di rango costituzionale, in quanto incide sull'equilibrio dei poteri dello Stato e contribuisce a connotare l'identità costituzionale dell'ordinamento.

7.3.2.3. – L'accertata violazione del principio di uguaglianza rileva, poi, sicuramente anche con specifico riferimento alle alte cariche dello Stato prese in considerazione dalla norma censurata: da un lato, sotto il profilo della disparità di trattamento fra i Presidenti e i componenti degli organi costituzionali; dall'altro, sotto quello della parità di trattamento di cariche tra loro disomogenee.

7.3.2.3.1. – Quanto al primo profilo, va rilevato che le pur significative differenze che esistono sul piano strutturale e funzionale tra i Presidenti e i componenti di detti organi non sono tali da alterare il complessivo disegno del Costituente, che è quello di attribuire, rispettivamente, alle Camere e al Governo, e non ai loro Presidenti, la funzione legislativa (art. 70 Cost.) e la funzione di indirizzo politico ed amministrativo (art. 95 Cost.). Non è, infatti, configurabile una preminenza del Presidente del Consiglio dei ministri rispetto ai ministri, perché egli non è il solo titolare della funzione di indirizzo del Governo, ma si limita a mantenerne l'unità, promuovendo e coordinando l'attività dei ministri e ricopre, perciò, una posizione tradizionalmente definita di *primus inter pares*.

Anche la disciplina costituzionale dei reati ministeriali conferma che il Presidente del Consiglio dei ministri e i ministri sono sullo stesso piano. Il sistema dell'art. 96 Cost. e della legge costituzionale n. 1 del 1989 prevede, infatti, per tali cariche lo stesso regime di prerogative, limitato ai reati funzionali; regime che risulta alterato dalla previsione per il solo Presidente del Consiglio dei ministri della sospensione dei processi per reati extrafunzionali. E ciò a prescindere dall'ulteriore *vulnus* all'art. 3 Cost. derivante dal fatto che la normativa denunciata – al pari di quella già dichiarata incostituzionale con la citata sentenza n. 24 del 2004 – continua a prevedere, per tutti i reati extrafunzionali, un meccanismo generale e automatico di sospensione del processo, che non può trovare ragionevole giustificazione in un supposto maggiore disvalore dei reati funzionali rispetto a tutti, indistintamente, gli altri reati.

Del pari, non è configurabile una significativa preminenza dei Presidenti delle Camere sugli altri componenti, perché tutti i parlamentari partecipano all'esercizio della funzione legislativa come rappresentanti della Nazione e, in quanto tali, sono soggetti alla disciplina uniforme dell'art. 68 Cost.

Questi princìpi sono già stati enunciati da questa Corte con la citata sentenza n. 24 del 2004, dove si afferma, in relazione all'art. 1 della legge n. 140 del 2003, che «La Corte ritiene che anche sotto altro profilo l'art. 3 Cost. sia violato dalla norma censurata. Questa, infatti, [...] distingue, per la prima volta sotto il profilo della parità riguardo ai princìpi fondamentali della giurisdizione, i Presidenti delle Camere, del Consiglio dei ministri e della Corte costituzionale rispetto agli altri componenti degli organi da loro presieduti». Né a tali conclusioni può opporsi – come fa la difesa della parte privata (che il Presidente del Consiglio dei ministri avrebbe assunto una posizione costituzionale differenziata rispetto a quella dei ministri in forza della legge 21 dicembre 2005, n. 270 (Modifiche alle norme per l'elezione della Camera dei deputati e del Senato della Repubblica), che ha introdotto nel d.P.R. 30 marzo 1957, n. 361 (Approvazione del testo unico delle leggi recanti norme per la elezione della Camera dei deputati), l'art. 14-bis, secondo cui, nel procedimento elettorale è necessaria la formale indicazione preventiva del capo della forza politica o della coalizione. Si deve, infatti rilevare che tale legge, in quanto fonte di rango ordinario, non è idonea a modificare la posizione costituzionale del Presidente del Consiglio dei ministri.

7.3.2.3.2. (In relazione all'ulteriore profilo della parità di trattamento di cariche disomogenee, deve essere ribadito quanto già affermato da questa Corte con la stessa sentenza n. 24 del 2004, secondo cui tale disomogeneità è da ricondurre sia alle «fonti di investitura», sia alla «natura delle funzioni».

Non ostano a tale conclusione le opinioni espresse nel corso dei lavori preparatori dell'articolo censurato in cui si osserva che l'elemento che accomuna tali cariche è che tutte «trovano la propria legittimazione — in via diretta o mediata — nella volontà popolare» e nella «natura politica» della funzione esercitata. In contrario si deve rilevare, infatti, che la "legittimazione popolare" e la "natura politica della funzione" sono elementi troppo generici, perché comuni anche ad altri organi, statali e non statali (quali, ad esempio, i singoli parlamentari o i ministri o i Presidenti delle Giunte regionali o i consiglieri regionali), e pertanto inidonei a configurare un'omogeneità di situazioni che giustifichi una parità di trattamento quanto alle prerogative.

7.3.3. – In base alle osservazioni che precedono, si deve concludere che la sospensione processuale prevista dalla norma censurata è diretta essenzialmente alla protezione delle funzioni proprie dei componenti e dei titolari di alcuni organi costituzionali e, contemporaneamente, crea un'evidente disparità di trattamento di fronte alla giurisdizione. Sussistono, pertanto, entrambi i requisiti propri delle prerogative costituzionali, con conseguente inidoneità della legge ordinaria a disciplinare la materia. In particolare, la normativa censurata attribuisce ai titolari di quattro alte cariche istituzionali un eccezionale ed innovativo status protettivo, che non è desumibile dalle norme costituzionali sulle prerogative e che, pertanto, è privo di copertura costituzionale. Essa, dunque, non costituisce fonte di rango idoneo a disporre in materia.

8. (Deve, pertanto, dichiararsi l'illegittimità costituzionale dell'art. 1 della legge n. 124 del 2008, per violazione del combinato disposto degli artt. 3 e 138 Cost., in relazione alla disciplina delle prerogative di cui agli artt. 68, 90 e 96 Cost.

Restano assorbite le questioni relative all'irragionevolezza intrinseca della denunciata disciplina, indicate al punto 6, lettera b), e ogni altra questione non esaminata.

per questi motivi
LA CORTE COSTITUZIONALE

riuniti i giudizi,

dichiara l'illegittimità costituzionale dell'art. 1 della legge 23 luglio 2008, n. 124 (Disposizioni in materia di sospensione del processo penale nei confronti delle alte cariche dello Stato);

dichiara inammissibili le questioni di legittimità costituzionale dell'art. 1 della legge n. 124 del 2008, sollevate dal Giudice per le indagini preliminari presso il Tribunale di Roma, in riferimento agli articoli 3, 111, 112 e 138 Cost., con l'ordinanza r.o. n. 9 del 2009 indicata in epigrafe.

Cosí deciso in Roma, nella sede della Corte costituzionale, Palazzo della Consulta, il 7 ottobre 2009.

F.to:
Francesco AMIRANTE, Presidente
Franco GALLO, Redattore
Giuseppe DI PAOLA, Cancelliere

Depositata in Cancelleria il 19 ottobre 2009.
Il Direttore della Cancelleria
F.to: DI PAOLA

Allegato:
ordinanza letta all'udienza del 6 ottobre 2009

ORDINANZA

Ritenuto che il Procuratore della Repubblica ed il sostituto Procuratore della Repubblica presso il Tribunale di Milano, con memorie depositate il 7 gennaio 2009, si sono costituiti nei giudizi incidentali di legittimità costituzionale introdotti dal Tribunale di Milano con le ordinanze del 26 settembre 2008 (r.o. n. 397 del 2008) e del 4 ottobre 2008 (r.o. n. 398 del 2008);

che, secondo la giurisprudenza di questa Corte (sentenze n. 361 del 1998, n. 1 e n. 375 del 1996; ordinanza n. 327 del 1995), la costituzione del pubblico ministero nel giudizio incidentale di costituzionalità è inammissibile;

che tale giurisprudenza trae argomento, essenzialmente, dalle disposizioni che disciplinano il processo costituzionale (articoli 20, 23 e 25 della legge 11 marzo 1953, n. 87; articoli 3 e 17 delle Norme integrative per i giudizi davanti alla Corte costituzionale del 16 marzo 1956 e successive modificazioni; articoli 3 e 16 delle Norme integrative davanti alla Corte costituzionale del 7 ottobre 2008), le quali, per un verso, non prevedono espressamente la costituzione del pubblico ministero nei giudizi incidentali di legittimità costituzionale e, per altro verso, distinguono costantemente il «pubblico ministero» dalle «parti» ed attribuiscono solo a queste ultime la facoltà di costituirsi in detti giudizi di costituzionalità, impedendo, così, ogni interpretazione estensiva od analogica volta ad attribuire la medesima facoltà al pubblico ministero;

che tali conclusioni vanno mantenute anche con riguardo all'attuale formulazione dell'art. 111, secondo comma, della Costituzione, come sostituito dalla legge costituzionale 23 novembre 1999, n. 2, il quale stabilisce che «ogni processo si svolge nel contraddittorio tra le parti, in condizioni di parità»;

che, infatti, questa Corte ha più volte precisato che la parità tra accusa e difesa affermata dal citato precetto costituzionale — il quale ha conferito veste autonoma ad un principio, quello di parità delle parti, «pacificamente già insito nel pregresso sistema dei valori costituzionali» (ordinanze n. 110 del 2003, n. 347 del 2002 e n. 421 del 2001) — non comporta necessariamente, nel processo penale, l'identità tra i poteri processuali del pubblico ministero e quelli dell'imputato, potendo una disparità di trattamento «risultare giustificata, nei limiti della ragionevolezza, sia dalla peculiare posizione istituzionale del pubblico ministero, sia dalla funzione allo stesso affidata, sia da esigenze connesse alla corretta amministrazione della giustizia» (sentenza n. 26 del 2007; ordinanze n. 46 del 2004, n. 165 del 2003 ed altre; nonché, sulla base del previgente testo dell'art. 111 Cost.: sentenze n. 98 del 1994, n. 432 del 1992 ed altre ancora);

che, a maggior ragione, il principio costituzionale della parità delle parti — dovendosi modulare in ragione sia della specificità della posizione dei diversi soggetti processuali, sia delle particolarità delle fattispecie, sia delle peculiari esigenze dei vari processi (nella specie, del processo innanzi a questa Corte) — non implica necessariamente l'identità tra i poteri del pubblico ministero e quelli delle parti nel processo costituzionale;

che dunque, in armonia con tali princípi e con riferimento al pubblico ministero, è da ritenersi «non irragionevole la scelta discrezionale del legislatore di distinguere tale organo rispetto alle parti del procedimento *a quo*, non prevedendone la legittimazione a costituirsi nel giudizio sulle leggi» (sentenza n. 361 del 1998).

per questi motivi
LA CORTE COSTITUZIONALE

dichiara inammissibile la costituzione del Procuratore della Repubblica e del sostituto Procuratore della Repubblica presso il Tribunale di Milano nei giudizi introdotti dalle ordinanze di rimessione registrate al n. 397 ed al n. 398 del 2008.

F.to: Francesco AMIRANTE, Presidente

Disponível em: <http://www.cortecostituzionale.it>. Acesso em: 20 out. 2009.

Informação bibliográfica deste texto, conforme a NBR 6023:2002 da Associação Brasileira de Normas Técnicas (ABNT):

MOSCHETTI, Giovanni. Affinchè la funzione pubblica non si trasformi in privilegio, è necessario rispettare il principio di proporzionalità. *In*: SARAIVA FILHO, Oswaldo Othon de Pontes; GUIMARÃES, Vasco Branco (Coord.). *Sigilos bancário e fiscal*: homenagem ao Jurista José Carlos Moreira Alves. Belo Horizonte: Fórum, 2011. p. 635-682. ISBN 978-85-7700-405-8.

Acquisizioni Bancarie e Profili Costituzionali: le Aporie della Soluzione Italiana

Salvatore Muleo

Indice: 1 Premessa: le esigenze di fondo delle acquisizioni bancarie nel contemperamento degli interessi in gioco – **2** Le disposizioni in esame tra presunzioni, finzioni e sanzioni improprie – **3** La centralità del fatto da indagare – **4** La discussa necessità del contraddittorio procedimentale e le conseguenze della sua violazione

1 Premessa: le esigenze di fondo delle acquisizioni bancarie nel contemperamento degli interessi in gioco

L'analisi dell'esperienza italiana in merito al segreto bancario ed alle ragioni della sua progressiva eliminazione nei confronti dell'Erario deve prendere le mosse anzitutto da un rapidissimo cenno storico.

Per lungo tempo, difatti, si riteneva esistesse un segreto bancario, opponibile anche all'Erario, fondato su un dato positivo, sino a quando si è preso atto in dottrina (similmente a quanto avviene nella favola in cui il bambino si rende conto che "il re è nudo") che tale segreto non era riscontrabile da alcun sostrato normativo specifico e che, semmai, era desumibile dai principi generali a tutela della *privacy* posti dagli artt. 13, 14 e 15 della Costituzione.

In linea con tale impostazione lo stesso legislatore italiano, anche nel generale momento di ripensamento della materia in occasione della riforma tributaria del 1971-1973, per lungo tempo non ha contemplato specifici poteri, per gli uffici dell'amministrazione finanziaria, al fine di acquisire informazioni e documentazioni in relazione alle operazioni bancarie ed assimilate.

La reazione dell'ordinamento alla necessità di conoscimento dei fatti è stata anzi diversamente orientata nel senso di prevedere meccanismi surrogatori di vario genere, pur imperfetti e grossolani, atti a facilitare altrimenti l'esigenza di conoscimento del fatto. Si è trattato prevalentemente di presunzioni - talora anche svincolate dai necessari requisiti della gravità, precisione e concordanza - utili ad alleviare l'onere probatorio pacificamente posto a carico dell'amministrazione finanziaria ovvero, persino, di interventi sullo stesso criterio di riparto dell'onere della prova.

Sull'onda della (ormai ricorrente) constatazione di un considerevole volume di generale evasione tributaria stimata, il legislatore ha quindi previsto, con le modifiche apportate all'art. 32 del d.p.r. n. 600 del 1973 ed all'art. 51 del d.p.r. n. 633 del 1972 da parte del d.p.r. n. 463 del 1982 (rispettivamente ai fini dell'accertamento delle imposte sui redditi e dell'iva), poteri specifici in tema di acquisizioni bancarie, costruendoli però in modo che, come si accennerà, ha dato luogo a diversi problemi interpretativi e, soprattutto, non smantellando l'impalcatura che avrebbe dovuto sopperire alla loro mancanza.

Il risultato è l'emersione di un quadro che denuncia inaccettabili sbilanciamenti a favore dell'amministrazione finanziaria e che comporta la rinuncia dei risultati in tal modo ottenuti ad ogni tensione veritativa.

Anziché prevedere, come logica avrebbe voluto, che gli uffici dell'amministrazione finanziaria possano esercitare i loro poteri nei confronti degli intermediari finanziari in relazione ai conti intrattenuti con i loro clienti, fermo restando però il rigore nella determinazione del risultato conoscitivo secondo gli ordinari canoni, la norma ha utilizzato una prosa involuta, legando tra loro elementi eterogenei e, per certi versi, effettuando un'operazione di assimilazione dei prelevamenti ai ricavi che sottende l'accettazione di un *id quod plerumque accidit* che in realtà non risponde ad ipotesi di costante verificazione.

La stessa accettazione di pieni poteri di verifica in capo all'Erario in deroga al segreto bancario in effetti sottende un'opzione ideologica che già deve considerarsi forte: vale a dire, il sacrificio dei valori costituzionali della tutela della riservatezza e della segretezza della propria corrispondenza. Tale sacrificio è giustificabile solo poiché quei valori sono confrontati con l'interesse erariale all'accertamento del tributo, ma pur sempre occorre apprezzare che ci si sta muovendo in settori delicatissimi e che l'incisione su quei valori deve esser contemplata nell'ottica di eccezione a regola.

2 Le disposizioni in esame tra presunzioni, finzioni e sanzioni improprie

a) Quanto ai versamenti non giustificati

La costruzione normativa non appare, invero, un raffinato esempio di tecnica legislativa e soffre, anzitutto, per l'inveterato costume italiano consistente nella ripetizione tralaticia di un testo di legge, semmai con moderate correzioni, in luogo di un suo ripensamento sistematico ed ordinato, palesando così una evidente resistenza anche alla sola valutazione delle critiche provenienti dalla dottrina.

Anzitutto, la norma in questione prevede che gli uffici delle imposte "pongano a base" degli accertamenti e delle rettifiche gli elementi desumibili dai conti bancari, senza specificare la funzione che gli elementi medesimi svolgerebbero ai fini del discoprimento del fatto nella sua realtà.

La giurisprudenza e la dottrina si sono divise sul punto.

Secondo un primo orientamento una siffatta previsione darebbe origine ad una presunzione *juris tantum*, superabile cioè mediante prova contraria da fornirsi dal contribuente.[1]

Per un altro orientamento, invece, la norma starebbe ad indicare solamente l'obbligo, per l'amministrazione finanziaria, di prendere in considerazione quell'elemento, fermi restando gli altri criteri circa l'onere della prova, ricadente pur sempre sulla medesima amministrazione finanziaria,[2] ed il rigore che deve esser osservato nella formazione dei mezzi di prova.[3]

b) Quanto ai prelevamenti. In particolare, l'equazione prelevamenti uguale ricavi e la difficile sopravvivenza di una sanzione impropria, ove configurabile, alla luce del d.lgs. 472 del 1997

Ai fini dell'accertamento delle imposte sui redditi, poi, l'art. 32 del d.p.r. n. 600 del 1973 assimila, con una iperbole, sempre ai ricavi od ai compensi i prelevamenti dai conti bancari in caso di mancata indicazione del soggetto beneficiario.

La norma è di difficile comprensione logica.

Da un lato, difatti, potrebbe apparire come una sorta di sanzione impropria, che colpirebbe l'omertà del contribuente che con il suo silenzio (*i.e.*, la mancata indicazione del beneficiario) coprirebbe un altro soggetto, percettore delle somme. E' chiara l'obiezione che ad una siffatta costruzione potrebbe rivolgersi: la determinazione del reddito in capo al soggetto accertato sarebbe falsata da un elemento che per definizione stessa si rivelerebbe estraneo alla propria capacità contributiva ed anzi derivante da quella di un altro soggetto. Sotto un profilo costituzionale si avrebbe quindi la violazione del fondamentale canone di capacità contributiva. Peraltro, anche la legislazione ordinaria si porrebbe in contrasto con siffatta lettura, poiché, con l'opera di rivisitazione delle sanzioni tributarie amministrative intervenuta, l'art. 29 del d. lgs. 472 del 1997 ha stabilito l'abrogazione di ogni altra norma in materia di sanzioni amministrative tributarie non compatibili con le disposizioni di quel decreto.

---

[1] Da ultimo, cfr. Cassazione, sez. trib., n. 21975 del 16 ottobre 2009, secondo la quale l'equiparazione del versamento bancario al ricavo professionale è valida senza ulteriori riscontri.
In dottrina hanno sostenuto la qualificazione della disposizione quale presunzione legale *iuris tantum*, SCHIAVOLIN, *Appunti sulla nuova disciplina delle indagini bancarie*, in *Riv. dir. trib.*, 1992, I, 40 e ss.; BARBONE, *Le norme sulla utilizzabilità dei dati bancari nell'accertamento: una matassa senza bandolo?*, in *Rass. trib.*, 1995, 724; FICARI, *Spunti in materia di documentazione bancaria ed accertamento dei redditi, tra evoluzione normativa e dibattito giurisprudenziale*, in *Riv. dir. trib.*, 1995, I, 933; CORDEIRO GUERRA, *Questioni aperte in tema di accertamenti basati su dati estrapolati da conti correnti bancari*, in *Rass. trib.*, 1998, 561; FRANSONI, *La presunzione di ricavi fondata sui prelevamenti bancari nell'interpretazione della Corte costituzionale*, in *Riv. dir. trib.*, 2005, I, 975; LUPI, *Prelevamenti uguale ricavi: l'assurdità di una presunzione contro – natura*, in *Dialoghi di diritto tributario*, 2005, 520; ID, *Prelevamenti bancari, presunzioni contro natura e occasioni perdute*, ivi, 992; ID, *La difficoltà di " interpretazioni correttive" di una presunzione contro natura*, ivi, 1454.

[2] Secondo l'insegnamento di ALLORIO, *Diritto processuale tributario*, Milano, 1969, p. 363.

[3] Per una svalutazione della regola sulle acquisizioni bancarie come presunzione sia consentito rinviare a MULEO, *"Dati", "dabili" ed "acquisibili" nelle indagini bancarie tra prove ed indizi (e cenni minimi sull'abrogazione delle c.d. sanzioni improprie)*, in *Rivista di diritto tributario*, 1999, II, p. 605 ss. Cfr. anche TOSI, *Segreto bancario: irretroattività e portata dell'art. 18 della legge n. 413 del 1991*, cit., 1396 nota 29; BUCCI, *Considerazioni sulla valenza presuntiva delle movimentazioni bancarie ai fini dell'accertamento*, in *Rass. trib.*, 2001, 135; FIORENTINO, *La Corte di cassazione e gli accertamenti bancari*, in *Riv. dir. trib.*, 2002, II, 337.

D'altro canto, secondo una diversa ricostruzione della logica sottesa, si potrebbe giustificare la rispondenza della norma al dettato della capacità contributiva solo presumendo che il contribuente sottoposto ad indagini abbia operato con un ricarico del cento per cento. In tale caso, invero, l'utile derivante dall'operazione sarà pari all'esborso iniziale. Esplicitando meglio, se un soggetto spende cento per acquisti di merce che poi rivende a duecento, il suo utile su quell'operazione è di cento ed è quindi di ammontare pari all'esborso iniziale. La equiparazione dell' utile all'esborso però rende necessaria l'accettazione di tutte le ipotesi che sono alla base del ragionamento: quindi si deve supporre sia che lo specifico contribuente effettui un'attività tale da poter ammettere la possibilità di vendita di beni o prestazione di servizi non provvedendo all'emissione delle relative fatture[4] sia che il *mark up* effettuato dal contribuente sia pari al cento per cento sia, ancora, che dalla supposta operazione aggiuntiva non derivino all'impresa od al professionista ulteriori costi.

In proposito, si deve rilevare che la Corte Costituzionale, con la sentenza n. 225 del 6 giugno 2005,[5] ha ritenuto infondata la questione di legittimità costituzionale della presunzione in esame in riferimento agli artt. 3 e 53 della Costituzione,[6] poiché essa, dopo aver affermato, in omaggio al principio di capacità contributiva, la deducibilità delle componenti negative dal maggior reddito accertato in base alla norma *de qua*, ha escluso la violazione dell'art. 53 Cost.. Per la Corte, difatti, la salvezza del principio della capacità contributiva avviene attraverso la riconosciuta legittimazione al contribuente a fornire la prova contraria mediante indicazione del beneficiario dei prelievi, anche per via del rilievo meramente probatorio del prelievo non giustificato di somme (che, oltre ad assicurare la ragionevolezza della destinazione delle stesse all'attività d'impresa, consente il rispetto del principio di uguaglianza). Si può osservare, però, che l'equiparazione del prelevamento all'utile lordo sottintenda una redditività superiore al 100%, dovendosi coprire anche i costi accessori di produzione e di vendita della supposta ulteriore operazione.

E' ovviamente da escludere ogni svalutazione di tali ipotesi che parta da considerazioni negative in ordine al comportamento tenuto dal contribuente in relazione alla mancata cooperazione nell'indicare il soggetto beneficiario dell'esborso, poiché, in tal modo, si riproporrebbe la caratterizzazione della pretesa come effetto di una sanzione impropria anziché come risultante di una esatta determinazione del reddito effettivo.

---

[4] Questo non accade per tutti i contribuenti. Si pensi al caso dell'impresa che effettui solo opere pubbliche e che quindi sia pagata in base a contratti di appalto stipulati con la pubblica amministrazione od al professionista, come potrebbe essere un ingegnere o un notaio, che concluda sempre (o. comunque, nella maggior parte dei casi) la propria opera con il deposito presso uffici pubblici di atti. In questi casi i ricavi ed i compensi non possono essere rettificati se non hanno riscontro nelle emergenze documentali degli uffici pubblici, a meno di non violare i principi costituzionali in gioco.

[5] La si veda in *Riv. dir. trib.*, 2005, II, 467, ovvero in *Boll. trib.*, 2005, 1081 e ss., con nota di VOGLINO, *Accertamento bancario e deducibilità dei costi occulti (secondo la sentenza della Corte Costituzionale 8 giugno 2005, n. 225)*, ed in *Dir. prat. trib.*, 2005, II, 991 e ss., con nota di MENTI, *L'equiparazione ai ricavi dei prelevamenti bancari di somme non annotate nelle scritture contabili*.

[6] Si veda in merito, ROCCO, *Novità apparenti e problemi strutturali in tema di accertamenti bancari (Corte Cost. 8 giugno 2005, n. 225)*, cit., 987 e ss.

3 La centralità del fatto da indagare

Lo spostamento della focalizzazione sugli elementi relativi ai versamenti ed ai prelevamenti rischia però, se letto alla luce degli automatismi cui si è accennato, di provocare un travisamento della fattispecie impositiva, poiché in definitiva, anziché accertare il possesso di (ulteriori) redditi imponibili o di (ulteriori) cessioni rilevanti ai fini iva, si riterrebbe sufficiente constatare la sussistenza di quegli elementi finanziari.

Ciò tuttavia provocherebbe, se malinteso, l'abdicazione al risultato cui ogni accertamento deve tendere: il discoprimento del fatto posto dalla norma come fattispecie impositiva.

Peraltro, se le scorciatoie cognitive (quali, in ultima analisi, sono gli automatismi previsti dalle regole sugli accertamenti bancari, pur se mitigati dalla possibilità di fornire prova contraria) possono trovare una qualche giustificazione in un sistema in cui non siano previsti poteri cospicui in capo agli uffici accertatori, esse non hanno più ragion d'essere allorquando, come nel caso italiano, l'amministrazione finanziaria goda di amplissime facoltà di verifica.

Si deve anche sottolineare che l'ottenimento di alcuni dati da parte dell' amministrazione finanziaria è, in taluni casi, più veloce ed efficiente rispetto a quanto accade se la richiesta ha origine da parte dello stesso contribuente interessato. E' il caso, ad esempio, delle richieste di copie di documenti bancari (come assegni, etc.) effettuate agli istituti di credito, che sono paradossalmente evase con maggiore celerità, se richieste dagli organi di verifica dell'amministrazione finanziaria.

Occorre quindi rilevare che l'interpretazione proposta — consistente nell'obbligo sì di tener conto degli elementi emergenti dalle movimentazioni finanziarie ma anche nell'obbligo di ricostruire le fattispecie verificatesi utilizzando gli ampi poteri officiosi — riesce ad evitare che la norma sia censurabile costituzionalmente anche alla luce del principio di proporzionalità e di ragionevolezza.

4 La discussa necessità del contraddittorio procedimentale e le conseguenze della sua violazione

I riferimenti normativi, simmetrici per le imposte sui redditi e per l'iva, considerano, come si è visto, i movimenti finanziari positivi e negativi come ricavi o compensi "se il contribuente non dimostra che ne ha tenuto conto" ai fini della determinazione, rispettivamente, dei redditi e dell'iva.

E' evidente che la sede naturale in cui il contribuente ha l'opportunità di fornire tale dimostrazione (o, deve ritenersi, l'estraneità della movimentazione finanziaria alla sfera imprenditoriale o professionale) non può che essere il procedimento di accertamento tributario.

Solo mediante la previsione di momenti in cui sia concesso al contribuente fornire le proprie giustificazioni, una volta che il quadro probatorio sia definito e quindi non inquinabile da parte del contribuente medesimo, è possibile realizzare un "giusto procedimento"; un procedimento, cioè, che riesca a contemperare le ragioni dell'Erario con le garanzie del contribuente. E, per esservi un siffatto procedimento, occorre che già in quella sede sia concesso al contribuente "contraddire" con l'amministrazione finanziaria, cioè replicare agli addebiti che questa gli abbia preventivamente rivolto.

Tuttavia, il contraddittorio procedimentale non è intravisto dalla giurisprudenza come momento indefettibile, la cui mancanza cioè valga a caducare di per sé la validità dell'atto di imposizione.

Così, ad esempio, da ultimo la Corte di Cassazione, sezione tributaria, con sentenza n. 2752 del 5 febbraio 2009 ha ritenuto che l'amministrazione finanziaria non è onerata di attivare l'instaurazione di una fase pre-contenziosa di contraddittorio con il contribuente al fine di utilizzare i dati ed elementi desumibili dalle indagini bancarie e finanziarie. L'effetto è, però, di svalutazione del dato normativo, che espressamente prevede il contraddittorio.

Ebbene, questo arresto giurisprudenziale deve essere raffrontato con la recente pronunzia della Corte costituzionale a proposito della nullità degli atti impositivi.

Difatti, l'apparente immobilismo delle posizioni giurisprudenziali nazionali sulle violazioni delle regole previste per il procedimento tributario è stato scosso, di recente, dall'ordinanza n. 244 del 24 luglio 2009 emessa dalla Corte Costituzionale, chiamata a valutare la legittimità costituzionale ex artt. 24 e 111 Cost dell'art. 12, comma 7, della legge n.212 del 2000 (c.d. Statuto dei diritti del contribuente) secondo cui "nel rispetto del principio di cooperazione tra amministrazione e contribuente, dopo il rilascio della copia del processo verbale di chiusura delle operazioni da parte degli organi di controllo, il contribuente può comunicare entro sessanta giorni osservazioni e richieste che sono valutate dagli Uffici impositori. L'avviso di accertamento non può essere emanato prima della scadenza del predetto termine, salvo casi di particolare e motivata urgenza".

La Commissione Tributaria Regionale rimettente aveva prospettato la non manifesta infondatezza della questione di legittimità costituzionale di questa norma, poiché essa non prevedeva la nullità dell'avviso di accertamento emesso prima del termine di 60 giorni nel caso in cui l'a.f. non avesse giustificato le ragioni di urgenza (non può escludersi che l'intento della CTR fosse proprio quello di fare una c.d. ordinanza-suicida, atta comunque a raggiungere un risultato interpretativo utile, come è avvenuto).

La Corte Costituzionale, con questa ordinanza (che può essere annoverata tra i provvedimenti c.d. "interpretativi di rigetto") ha rigettato l'eccezione di incostituzionalità, poiché dal combinato disposto degli artt. 12 della legge 212 del 2000, 7, comma 1, della stessa legge, e 3 e 21-septies della legge 241 del 1990, come di recente modificata, risulta che l'atto amministrativo (quale è l'atto di imposizione) non rispettoso dell'obbligo di motivazione (previsto anche dagli artt. 42 del dpr 600 del 1973 e 56 del dpr 633 del 1972, rispettivamente ai fini delle dirette e dell'iva) è nullo.

Insomma, la violazione di leggi sul procedimento, anche se non espressamente comminata, provoca la nullità per via dell'art. 21 septies della legge n. 241 del 1990, se incide sugli elementi essenziali del provvedimento. Ed ovviamente il principio deve trovare applicazione anche al di là delle ipotesi di cui all'art. 12 dello Statuto quando si riverberano su elementi essenziali.

Secondo un'acuta dottrina[7] la violazione del principio del contraddittorio procedimentale — principio che pacificamente è applicabile anche alla materia tributaria in base alla giurisprudenza comunitaria[8] — provoca nullità.

Avevo espresso in passato perplessità in ordine all'applicabilità diretta del capo IVbis della legge 241 del 1990, come modificata, poiché esso era, a mio avviso, applicabile per analogia e solo, evidentemente, allorquando ne sussistessero le condizioni (denegavo quindi l'applicabilità del 21-octies).

Prendo atto della posizione della Corte costituzionale, che riconduce la violazione degli elementi essenziali a nullità ex art. 21 septies della legge n. 241 citata.

Qualora si ritenesse, quindi, che il contraddittorio rappresenti un elemento essenziale, si dovrebbe concludere per la nullità, anche se non espressamente disposto.

Informação bibliográfica deste texto, conforme a NBR 6023:2002 da Associação Brasileira de Normas Técnicas (ABNT):

MULEO, Salvatore. Acquisizioni bancarie e profili costituzionali: le aporie della soluzione italiana. *In*: SARAIVA FILHO, Oswaldo Othon de Pontes; GUIMARÃES, Vasco Branco (Coord.). *Sigilos bancário e fiscal*: homenagem ao Jurista José Carlos Moreira Alves. Belo Horizonte: Fórum, 2011. p. 683-689. ISBN 978-85-7700-405-8.

---

[7] Cfr. MARCHESELLI, *Nullità degli avvisi di accertamento senza contraddittorio con il contribuente*, in Corriere Tributario, 2009, p. 2915 e ss.

[8] Si veda la sentenza "Sopropé", della Corte di Giustizia UE, causa C- 349-07.

Sobre os Autores

Abílio Manuel de Almeida Morgado
Licenciado em Direito pela Universidade Católica Portuguesa. Advogado e Assessor do Centro de Estudos Fiscais da Direcção-Geral dos Impostos do Ministério das Finanças.

Adilson Rodrigues Pires
Advogado. Doutor em Direito pela UGF. Professor-Adjunto de Direito Financeiro da UERJ. Coordenador do Programa de Pós-Graduação em Direito da UERJ.

Aldemario Araujo Castro
Procurador da Fazenda Nacional. Professor da Universidade Católica de Brasília (UCB). Mestre em Direito pela UCB.

Antônio de Moura Borges
Mestre e Doutor em Direito. Professor na Universidade de Brasília. Professor e Diretor do curso de mestrado em Direito da Universidade Católica de Brasília. Procurador da Fazenda Nacional.

Arnaldo Sampaio de Moraes Godoy
Professor Doutor Pesquisador do Programa de Mestrado em Direito da Universidade Católica de Brasília.

Aurélio Pitanga Seixas Filho
Professor Titular de Direito Financeiro e Tributário da Universidade Federal Fluminense (ap). Livre Docente e Professor Adjunto (ex) de Direito Financeiro da Universidade Estadual do Rio de Janeiro. Doutor em Direito Tributário pela Universidade Presbiteriana Mackenzie. Advogado.

Eurico Marcos Diniz de Santi
Doutor e Mestre pela PUC-SP. Professor de Direito Tributário e Financeiro da Escola de Direito de São Paulo da Fundação Getulio Vargas (DireitoGV).

Francisco de Assis Oliveira Duarte
Advogado da União de Classe Especial. Corregedor Auxiliar da Corregedoria-Geral da Advocacia da União.

Giovanni Moschetti
Professore a contratto di Diritto Tributario presso l'Università di Padova – Italia – facoltà di Scienze Politiche.

Ives Gandra da Silva Martins
Advogado tributarista. Doutor em Direito pela Universidade Mackenzie. Professor Emérito da Universidade Mackenzie. Presidente do Centro de Extensão Universitária (CEU).

J.L. Saldanha Sanches
Doutor em Direito. Professor na Universidade Católica Portuguesa (Lisboa).

João Taborda da Gama
Mestre em Direito. Assistente na Universidade Católica Portuguesa (Lisboa).

José Augusto Delgado
Advogado. Ministro Aposentado do STJ. Ex-Ministro do TSE. Ex-Corregedor Geral da Justiça Eleitoral. Professor universitário aposentado. Ex-Professor da PUC-Recife, PE. Magistrado durante 43 anos. Doutor *Honoris Causa* pela UERN. Doutor Honoris Causa pela Universidade Potiguar do RN. Professor *Honoris Causa* pela FARN. Chanceler Honorário do Centro de Integração Cultural e Empresarial de São Paulo. Integrante, como acadêmico, das seguintes academias: Academia Brasileira de Letras Jurídicas; Academia Brasileira de Direito Tributário; Academia de Letras Jurídicas do Rio Grande do Norte; Academia Norte-rio-grandense de Letras. Integrante da Academia de Direito Tributário das Américas. Professor Convidado Curso de Especialização CEUB. Autor de mais de 200 artigos jurídicos. Autor de quatro livros de Direito. Integrante, como coautor, de 18 obras jurídicas coletivas. Membro do Instituto dos Advogados do Distrito Federal.

José Roberto da Cunha Peixoto
Advogado da União.

Kiyoshi Harada
Especialista em Direito Tributário e Financeiro pela Fadusp. Presidente do Centro de Pesquisas e Estudos Jurídicos. Membro da Academia Paulista de Letras Jurídicas. Ex-Procurador-Chefe da Consultoria Jurídica do Município de São Paulo.

Laila José Antônio Khoury
Mestre em Direito pela Universidade Católica de Brasília. Advogada e Professora Universitária.

Mª Esther Sánchez López
Profra. Titular de Derecho Financiero y Tributario, Universidad de Castilla-La Mancha, Centro Internacional de Estudios Fiscales.

Marco Aurélio Greco
Advogado. Doutor em Direito. Professor da FGV-EDESP.

Marcos Aurélio Pereira Valadão
Doutor em Direito (SMU, EUA, 2005). Mestre em Direito Público (UnB, 1999). Mestre em Direito Internacional e Comparado (SMU, 2003). Especialista em Administração Tributária (UCG, 1992). MBA em Administração Financeira (IBMEC, DF, 1996). Professor e Pesquisador do curso de Direito da Universidade Católica de Brasília (UCB), graduação, especialização e mestrado.

Maurin Almeida Falcão
Doutor em Direito Tributário Internacional pela universidade de Paris-XI. Professor no Mestrado em Direito da Universidade Católica de Brasília (UCB).

Oswaldo Othon de Pontes Saraiva Filho
Professor de Direito Financeiro e de Direito Tributário do curso de Direito da Universidade Católica de Brasília (UCB). Professor e Coordenador do Curso de Especialização em Direito Tributário da UCB. Procurador da Fazenda Nacional de categoria especial. Consultor da União. Diretor científico e fundador da *Revista Fórum de Direito Tributário – RFDT*.

Pedro José Carrasco Parrilla
Prof. Titular de Derecho Financiero y Tributario, Universidad de Castilla-La Mancha, Centro Internacional de Estudios Fiscales.

Pedro Paulo de Rezende Porto Filho
Mestre em Direito do Estado pela Pontifícia Universidade Católica de São Paulo. Membro do Instituto dos Advogados de São Paulo. Advogado.

Ricardo Lobo Torres
Professor Titular de Direito Financeiro da UERJ.

Ricardo Mariz de Oliveira
Advogado tributarista em São Paulo. Professor de Direito Tributário em diversas entidades (EAESP/GV; Centro de Extensão Universitária – CEU; e do Instituto Brasileiro de Direito Tributário). Diretor Executivo do Instituto Brasileiro de Direito Tributário.

Rodrigo Mauro Dias Chohfi
Especialista em Direito Público. Advogado.

Salvatore Muleo
Avvocato. Professore, è specializzato in Diritto Tributario in Italia.

Tercio Sampaio Ferraz Junior
Professor Titular da Faculdade de Direito da Universidade de São Paulo.

Vasco Branco Guimarães
Professor do ISCAL – IPL/Universidade de Lisboa.

Vittorio Cassone
Advogado. Professor de 3º grau (formação PUC-SP). Professor do Centro de Extensão Universitária de São Paulo dirigido pelo Professor Ives Gandra da Silva Martins. Lecionou em curso de especialização na Universidade Católica de Brasília, coordenado pelo Professor Oswaldo Othon de Pontes Saraiva Filho. Lecionou nas Faculdades Campos Salles, São Paulo, de 1981 a 1991. Exerceu a função de Procurador da Fazenda Nacional de 2000 a 2009. É autor dos livros *Direito tributário*; *Processo tributário* e *Interpretação no direito tributário*, editados pela Atlas.

ÍNDICE DE Assuntos

                                                                                      página   página

A

Acordo Geral sobre Tarifas e Comércio (GATT) 419
Administração Fiscal 271, 288, 319
Administração Tributária 23, 243, 513, 610
- Acesso à movimentação bancária dos contribuintes 584
- Limitações 363
- Normas 523
- Sigilo bancário e fiscal 521
Aquisição bancária 683
- Fato a ser investigado (centralidade) 687
- Financiamento 683
- Necessidade de procedimento e do contraditório 687
- Pagamento não justificado 684
- Saques 685
Áreas de informação
- Fora do núcleo de proteção 592
Áreas de proteção ao sigilo 590
Autoridade fiscal
- Arbítrio e responsabilização 98
- Poder 97

C

Cadastro Informativo dos créditos não quitados (CADIN) 267
Caso Liechtenstein 182
Code of Good Pratices 149
Código (verbete)
- Definição 524
Código de Hamurabi 111
Código Tributário Nacional 27-30, 522
- Histórico 525
- Teleologia 525
Colóquio Internacional de Direito Tributário 542
Comissão Parlamentar de Inquérito
- Ampla defesa 381, 388
- Contraditório 381, 388
- Poderes 386
- Supremo Tribunal Federal (controle) 384
Comunicação de dados 116
- Inviolabilidade 19-23, 116
Comunicação telefônica 620, 622, 624
- Sigilo 117, 620
Concorrência fiscal danosa 152
Contribuição Provisória sobre Movimentação ou Transmissão
 de Valores e de Créditos e Direitos de Natureza Financeira
 (CPMF) 233, 315, 348, 421
Contribuinte
- Comportamento 507
- Garantias e os direitos 322
- Rejeição natural ao tributo 509
- Relação com o Estado (fundamento político) 502
- Restrição do uso amplo das informações 600
Convenção de Mérida 485
Crime contra a ordem tributária 255
Crime de responsabilidade 491
Crime funcional 491
Crimes de informática 128
Criminalidade internacional 578
Criptografia 128
Cúpula de Pittsburgh 439

D

Dados bancários
- Transferência à Advocacia-Geral da União 483
Dados cadastrais 74
- Dado sigiloso 75, 116
- Ministério Público 76

- Transferência 31-32
Dados, informes e documentos bancários (acesso) 40-41
- Ministério Público 69
Declaração de Imposto de Renda 64
Declaração dos Direitos Humanos e do
 Cidadão 384, 505, 535, 586
Declaração Universal dos Direitos do Homem (1948) 116
Devido processo legal 621, 628
Direito à autodeterminação informacional 201
Direito à intimidade 18, 153, 335, 470, 553, 561,
 562, 587-590, 617, 626
Ver também Sigilo bancário
Direito à privacidade 18, 23, 121, 331, 335, 534, 553, 562,
 587-590, 617, 626, 630
Ver também Privacidade
Ver também Sigilo bancário
Direito à vida privada ver Direito à privacidade
Direito Comparado
- Sigilo bancário 544-553
Direito das gentes ver Direito internacional público
Direito internacional público 528
Direito subjetivo público 106
Direito tributário 526
Direitos do contribuinte 185
Direitos e garantias individuais 224, 528, 535, 637
Direitos fundamentais ver Direitos e garantias individuais
Dogmática 105

E

Empréstimo compulsório 524
Estado moderno 110

F

Falta grave disciplinar 491
Fiscalização tributária 27-37, 179-180, 319, 516
- No exterior 362
- Simultânea 362
Ver também Código Tributário Nacional
Fisco 179, 272, 320, 322-324, 417
Fórum Global da Transparência 430, 431
Fraude fiscal ver Ilícito fiscal
Função pública 635

G

G20 .... 430, 610
Grupo dos Quatro 352

I

Ilícito fiscal 328, 409
Imposto de importação 419
Imposto sobre Circulação de Mercadorias e Serviços
 (ICMS) 179, 593
Imposto sobre Operações Financeiras (IOF) 594
Impostos 593
Informação
- A pedido (Portugal) 285
- Amplitude do uso da informação 187
- Busca 180
- Custos de obtenção da informação 184
- Importância 177
- Obtenção 180, 181
- Onde está 181
- Segurança jurídica 562
Informação automática (Portugal) 285
Informação patrimonial 487, 492
Infração político-administrativa 491

	página
Instituições financeiras	
- Direito à informação	597
Intercâmbio de informação	
- A pedido	358
- Administrações Tributárias estrangeiras	355
- Ambiente atual	430
- Aspecto constitucional	376
- Aspecto jurídico	376
- Automático	359
- Constitucionalidade da cláusula e dos acordos	370
- Entre Administrações Tributárias	418
- Entre Estados	357
- Espontâneo	360
- Modelo da OCDE	281, 354, 357, 360-365, 369, 432, 436, 485
- - Inexistência de obstáculos	433
- Modelo da ONU	432
- - Inexistência de obstáculos	433
- Tratados	429, 438
Intercâmbio internacional de informação	131, 175, 351, 410, 415
- Fiscalização	179
- Fundamento	134
- Problemas	139, 181
- - Acesso à informação	181
- - Amplitude do uso da informação	187
- - Compartilhamento	184
- - Custos de obtenção da informação	184
- - Direitos do contribuinte	185
- - Linguagem a adotar	187
- - Tempo de resposta	185
- Transcendência tributaria	144
- Tratados	429
Ver também Intercâmbio de informação	
Interesse privado	324
Interesse público	324, 452
Intimidade	113, 161, 273-275, 587
- Definição	374
- Direito à liberdade	317
- Direito à	161-164
- Preservação	161, 516
Ver também Direito à intimidade	
Irregularidade tributária	34, 39, 43
L	
Lei de Improbidade Administrativa	488
Liberdade	105
- Dogmática	105
- Finalidade	107
- Imediatidade	107
- Intimidade	317
- Poder	105, 109
M	
Mandado de Procedimento Fiscal (MPF)	308, 310
Ministério Público	
- Acesso direto de dados (impossibilidade)	69
- Funções institucionais	58
- Sigilo bancário	53, 245, 246-248
Moralidade administrativa	36-39
N	
Normas antissigilo bancário	152
O	
Obtenção de informações (formas)	156
Organização do Tratado do Atlântico Norte (OTAN)	398
Organização para Cooperação e Desenvolvimento Econômico (OCDE)	
- Convenção	161, 170, 172, 281, 354, 357, 360-365, 369, 395, 432, 433, 436, 485, 552, 577-578, 603
- Países (comparação)	605-607
- Trabalhos	172
P	
Paraíso fiscal	132, 411
Ver também Ilícito fiscal	
Parquet	54, 59, 71, 72, 256, 336, 345, 494
Poder	109
- Hierarquia	111

	página
Poder Judiciário	
- Justo e neutro	95
Prestação de informações (obrigatoriedade)	27-28
Ver também Código Tributário Nacional	
Princípio da exclusividade	113
Princípio da impessoalidade	36
Princípio da isonomia	26, 38, 238, 615
Princípio da legalidade	31, 38, 615, 620, 624
Princípio da proporcionalidade	36, 635, 637, 638
Princípio da proteção da concorrência	150
Princípio da publicidade	123
Princípio da razoabilidade	36, 629
Princípio da reciprocidade	136, 365, 366
Princípio da supremacia do interesse público	452
Princípio da tipicidade	31
Princípio da transparência fiscal	148, 157
Princípios constitucionais	27
Privacidade	85, 105, 273-275, 455, 587, 630
- Contexto do Estado	113
- Vida privada	114
Proteção da concorrência	150
Q	
Quebra de sigilo bancário	62, 71, 90, 92, 124-125, 248, 306, 326, 519, 535-536, 595
- Admissibilidade	564
- Autoridade administrativa (Responsabilidade)	575
- Autoridade fiscal	574
- Espanha	560
- Faculdade incondicionada	574
- Ministério Público	343
- Pela autoridade administrativa	345
- Reserva de jurisdição	339, 622
- Sistema mais justo para	572
- Supremo Tribunal Federal	566
Ver também Sigilo bancário	
R	
Regime Geral das Instituições de Crédito e Sociedades Financeiras	284
Reserva constitucional de jurisdição	515, 622
S	
Segredo bancário *ver* Sigilo bancário	
Segredo profissional	196, 226, 275, 332, 531
- Espanha	263
Segurança jurídica	91, 578
- Acesso à informação	562
- Criminalidade internacional	578
Sigilo	
- Areas de proteção ao sigilo	590
- Fundamento constitucional	315, 382
- Interesse público	122-123
- Natureza	161
Sigilo bancário	17, 147, 161, 223, 225, 304, 327, 517, 542
- Acesso direto	169
- Acesso indireto	170
- Administração Tributária	23, 513
- Alterações legislativas	295
- Antissigilo bancário (normas)	152
- Autorização legal	532
- Base legal	420
- Bens, negócios ou atividades de terceiros	297
- Clientes bancários	120
- Combate à criminalidade	102
- Conceito	465
- Constituição Federal	115, 235, 245, 470
- Crise financeira	281
- Critério gramatical	224
- Conceito	162
- Depositante (perspectiva)	166
- Derrogação	169, 202
- Direito brasileiro	533
- Direito comparado	544
- - Alemanha	545-546
- - Inglaterra	547
- - Itália	546
- - Líbano	547
- - Portugal	544, 548, 552

Índice de Assuntos

- - Suíça 547
- Direito fundamental à ocultação de rendimentos 269
- Direitos fundamentais 18
- Evolução legislativa 337
- Fiscalização 125-127, 238
- Flexibilização 143
- Fundamento objetivo 122
- Fundamento subjetivo 122
- Hipóteses de repasse de informações 426
- Indispensável (situações) 518
- Instituição bancária ou financeira (perspectiva) 167, 597
- Internacional 87
- Inviolabilidade de dados 455
- LC nº 104/2001 515
- LC nº 105/2001 515
- Legislação portuguesa 284
- Lei complementar 115, 522
- Liberdade 105
- Limites 141
- Ministério Público 53, 69
- - Dispensa de autorização judicial 68-69
- Nacional 87
- Natureza jurídica 332
- Operações financeiras 65
- Origem histórica 466
- Panorama atual 453
- Perspectiva global 603
- Privacidade 85, 105, 273, 455, 630
- Procuradoria do BACEN 475
- Provas ilícitas 67-68
- Quebra 62, 71, 90, 92, 124-125, 248, 306,
                                                326, 473, 519, 535-536
- - Advocacia-Geral da União 463, 373-474
- - Mediante ordem judicial 473
- - Ministério Público 343
- - Reserva de jurisdição 339
- Relação jurídico-tributária 515
- Século XXI (1ª década) 302
- Segurança jurídica 91
- Suíça 608-610, 615
- Superior Tribunal de Justiça (jurisprudência) 476-483, 494
- Supremo Tribunal Federal (jurisprudência) 476-483, 494
- Teoria consuetudinária (ou do uso mercantil) 469, 555
- Teoria contratualista 469, 554
- Teoria da boa-fé 469, 555
- Teoria da complexidade do vínculo 556
- Teoria do direito à intimidade (ou privacidade) 470, 555
- Teoria do direito à intimidade dos bancos 556
- Teoria do direito de personalidade 556
- Teoria do segredo profissional 469, 556
- Teoria extracontratualista (ou da responsabilidade civil) 469
- Teoria legalista 556
- Terceiros (perspectiva) 168
- - Autorizados 168
- - Não autorizados 169
- Transferência 44, 46, 72, 584, 595, 610, 613, 621, 626, 631, 632
- Tratamento internacional 101

- Valores constitucionais 163
Sigilo da fonte 25
Sigilo de dados 20, 62, 63, 321, 333, 530, 554, 557, 599
- Inviolabilidade 127, 333, 455
- Tecnologia 128
Sigilo fiscal 17, 147, 156, 223, 262-266, 327, 407
- Administração Tributária 23, 513
- Brasil 156
- Critério gramatical 224
- Dificuldades e caminhos para a delimitação da extensão 446
- Direito brasileiro 533
- Direitos fundamentais 18
- Disciplina constitucional 488
- Disciplina legal 488
- Extensão 450
- Legislação 416, 447
- Lei complementar 115, 522
- Ministério Público 53
- Não constitui 45
- Portugal 189
- Quebra 452
- - Advocacia-Geral da União 487
- Relação jurídico-tributária 515
- Transferência 452
Sigilo patrimonial 487, 492
Sigilo profissional *ver* Segredo profissional
Simpósio Nacional de Direito Tributário (XXV) 292-295
Sistema Público de Escrituração Digital (SPED) 177

T

Transferência (sigilo bancário) 44, 46, 72, 584, 595, 610,
                                                621, 625, 631, 632
- Ilícito da competência 612
Transparência fiscal 148, 157
Tratado brasileiro de cooperação aduaneira 439
Tratado de cooperação jurídica internacional 441
Tratado do COMUCAM 439
Tribunal de Justiça das Comunidades Europeias (TJCE) 289
Tributação 625
- Bitributação (tratados) 397, 431, 435
- Conflitos 522
- Legislação 523
- Limitações constitucionais 522
Ver também Tributo
Tributo 501, 523
- Definição 523
- Obrigação, lançamento, crédito, prescrição e decadência 523
Ver também Tributação
Troca internacional de informações *ver* Intercâmbio internacional de informações

V

Valoração Aduaneira 419
Ver também Tratado brasileiro de cooperação aduaneira
Vida privada
- Preservação da intimidade 161, 273-274
- Proteção 516

Índice da Legislação

A
ADI nº 173-6/DF 241
ADI nº 1.480-3/DF 371
ADI nº 1.790-DF 459
ADI nº 2.386 .... 571, 590
ADIN nº 1.790 633
ADIN nº 2.390 .... 570, 591
ADIN nº 2.397 .... 551, 559, 591
ADIN nº 4.010 592
Ag nº 104.4718/SC 408
AI nº 655.298-AgR 406

C
Constituição da Itália
- art. 53 257-259
Constituição da República do Brasil (1967)
- art. 153 224
Constituição da República do Brasil (1988)
- art. 5º 26, 227, 241, 621
- - inc. II 23
- - inc. X 18, 21, 23, 46, 87, 241, 316, 335, 371, 382, 447, 516, 556-557, 615, 617
- - inc. XI 516
- - inc. XII 18-21, 23, 87, 116, 316, 332, 371, 382, 516, 556-557, 615, 620, 622
- - inc. XIV 25
- - inc. XV 96
- - inc. XXIII 447
- - inc. XXXIII 25, 265, 447
- - inc. XXXIV 447
- - inc. LV 622, 628
- - inc. LIV 622
- - inc. LX 448
- art. 37 .... 23, 35, 226, 234
- - §6º 99
- art. 52 .... 227, 234
- art. 59 96
- art. 60, §4º 88
- art. 127 245
- art. 129 .... 54, 57-58, 245
- art. 136, §1º, I, "b" 21
- art. 139, III 21
- art. 145 .... 627, 628
- - §1º 23, 25, 26, 58, 234, 237, 319, 337, 370, 425, 531, 537, 618
- art. 146-A 150, 239
- art. 150
- - inc. I 23
- - inc. II 26
- art. 170 .... 150, 448
- art. 175, §1º 15
- art. 192 55
Convenção modelo da OCDE 101
- art. 25 404
- art. 26 .... 158, 168, 395, 398, 402, 432, 433, 438
- art. 27 410

D
Decreto nº 1.006/1993 267
Decreto nº 3.000/1999 262
Decreto nº 3.724/2001 .... 34, 231, 297, 308, 315, 347, 348
- art. 1º 231
- art. 2º 231
Decreto nº 4.489/2002 .... 33, 448
Decreto nº 7.020/2009
- art. 25, §2º 419
Decreto nº 61.899/1967 436

Decreto-Lei nº 1.893/1981 450
Decreto-Lei nº 2.848/1940
- art. 316, §1º 100
Decreto-Lei nº 5.844/1943 262

E
Emenda Constitucional nº 42/2003 150

H
Habeas Corpus nº 42.693-PR 56
Habeas Corpus nº 65.052/RN 408
Habeas Corpus nº 84.758 406
Habeas Corpus nº 87.654-4-PR 55, 406
Habeas Corpus nº 90.298 566
Habeas Corpus nº 90.936 568
Habeas Corpus nº 95.443 566
Habeas Corpus nº 117.733/PR 408

I
Inq. nº 2.245-AgR 406
Instrução Normativa nº 802/2007 (RFB) 33

L
Lei Complementar nº 75/1993 .... 54, 246-248, 344
Lei Complementar nº 104/2001 .... 73, 240, 264, 376, 532
- art. 198 .... 417, 447
Lei Complementar nº 105/2001 .... 24, 29, 115, 153, 229, 241, 311, 315, 347, 405, 471, 532, 534, 595, 596, 600-602, 612
- art. 1º 229, 298, 422, 449, 465, 596
- art. 2º 230, 298, 422, 466
- art. 3º 300
- art. 4º 300, 623
- art. 5º 30, 31, 33, 34, 126, 230, 300, 423, 596, 602, 623
- art. 6º 33, 34, 35, 300, 349, 424, 534, 596
- art. 7º 301
- art. 8º 301, 424
- art. 9º 230, 301, 424
- art. 10 .... 35, 230, 302, 424, 575, 596
- art. 11 .... 35, 302, 328, 424, 575, 597
- art. 12 302
- art. 13 302
- art. 19 564
Lei nº 30-G/2000 (Portugal) 552
Lei nº 94/2009 (Portugal) 285
Lei nº 4.595/1964 .... 115, 225, 597, 600
- art. 38 .... 225, 337, 338, 343, 420, 517, 598, 600-602
Lei nº 5.172/1966 .... 27, 370
- art. 5º 29, 602
- art. 6º 29, 602
- art. 7º 46
- art. 113 .... 30, 31
- art. 115 31
- art. 192 297
- art. 194 227
- art. 195 .... 32, 227, 295, 427, 527
- art. 196 227
- art. 197 .... 28, 226, 227, 296, 338-339, 427, 530, 531
- art. 198 .... 70, 88, 157, 229, 264, 265, 295, 322, 493, 533
- - §1º, II 45
- - §2º 45
- - §3º 45
- art. 199 .... 229, 295, 296, 370, 418, 531
- art. 200 229
Lei nº 6.385/1976
- art. 28 426

	página
Lei nº 6.404/1976	448
Lei nº 7.711/1988	243
Lei nº 8.021/1990	
- art. 8º	307, 338
Lei nº 8.137/1990	32, 255, 405
Lei nº 8.429/1992	
- art. 13	488
Lei nº 8.625/1993	343
Lei nº 8.730/1993	489
Lei nº 9.028/1993	
- art. 4º	492
Lei nº 9.311/1996	232, 241, 315
- art. 11	232
Lei nº 9.430/1996	158, 177, 234, 449
- art. 24	308
- art. 33	309
- art. 42	234, 309, 310
- art. 81	309
Lei nº 9.492/1997	448
Lei nº 10.174/2001	64
Lei nº 11.727/2008	158
Lei nº 11.941/2009	
- art. 24-A	158
Ley 36/2006	132

	página
M	
Mandado de Segurança nº 21.729-4/DF	54, 55, 520, 521, 610
Mandado de Segurança nº 22.801-6/DF	64
Mandado de Segurança nº 24.268/MG	388-389
Mandado de Segurança nº 25.375-PA	66
P	
Petição nº 577-5-DF	374
R	
Real Decreto 1065/2007	142
Real Decreto 1326/1987	137
RE nº 71.640	599
RE nº 158.543-9	389
RE nº 219.780	618
RE nº 261.278-AgR/PR	348
RMS nº 15.925/GB	599
RMS nº 20.892/RJ	408
RMS nº 24.632/SP	407
RMS nº 25.375/PA	409
S	
Súmula nº 182 (TFR)	91
Súmula nº 439 (STF)	27

Índice Onomástico

página

A
Abrão, Nelson 466
Acton, Lord 98
Agra, Walber de Moura 535
Alfano, Lodo 635-640
Altamirano, Alejandro 541
Alves, José Carlos Moreira 15, 17-18, 22, 85, 223, 291, 331, 382, 387, 520, 542
Alves, Rogério Pacheco 484, 490, 493
Amaro, Luciano da Silva 377
Arendt, Hannah 113
Ataliba, Geraldo 616, 625
Ault, Hugh 151

B
Baleeiro, Aliomar 28, 89, 266, 522
Balera, Wagner 41, 529
Baltazar Júnior, José Paulo 479
Barbosa, Joaquim 241
Barbosa, Rui 382
Barroso, Luís Roberto 326
Bastos, Celso Ribeiro 96, 235, 333, 559
Beleza, Tereza 582
Bellinetti, Luiz Fernando 465, 546, 554, 558
Belloque, Juliana Garcia 63
Berlinck, Deborah 156
Bielsa, Rafael 262
Borges, Antônio de Moura 351, 418, 429, 438, 691
Boucinhas Filho, José Cavalcanti 467, 469
Brandão, Antônio José 36
Britto, Carlos Ayres 61, 244, 375
Buchanan, James 507
Burkert, Walter 110, 111

C
Caamaño Anido, M.A. 139
Calderon Carrero, J.M. 136, 139
Canaris, Claus-Wilhelm 275
Canotilho, Gomes José Joaquim 163, 201
Cardoso, Fernando Henrique 597
Carneiro, Cyntia 335
Carrasco Parrilla, Pedro José 131, 693
Carvalho, Paulo de Barros 616, 618
Casado Ollero, G. 135
Cassone, Vittorio 223, 693
Castelo Branco, Humberto 597
Castro, Aldemario Araujo 445, 691
Chinen, Roberto Massao 466, 479
Chohfi, Rodrigo Mauro Dias 381, 693
Corrêa, Maurício 93, 329, 532
Costa, Regina Helena 45
Costa Jr., Paulo José da 100
Covello, Sérgio Carlos 90, 120, 336, 460, 470, 546, 553, 556, 336, 460, 470, 553
Cretella Jr., José 102, 262
Crisafulli, Vezio 257

D
Dahrendorf, Ralf 108
Dejemeppe, Benoit 582
Delgado, José Augusto 90, 541, 692
Delgado Pacheco, A. 145
Denari, Zelmo 40, 316
Dimoulis, Dimitri 587, 617
Duarte, Francisco de Assis Oliveira 513, 691

página

F
Falcão, Djaci 49, 600
Falcão, Francisco 326-327
Falcão, Maurin Almeida 501, 503, 692
Farhat, Raymond 466
Fernandes, Milton 336
Ferraz Junior, Tercio Sampaio 20, 21, 30, 74, 105, 235, 333, 373, 470, 521, 538, 595, 693
Ferreira Filho, Manoel Gonçalves 18, 100, 116, 333
Figueiredo, Marcelo 490, 492
Fischer, Felix 409
Fonrouge, Giuliani 264
Fragoso, Rui Celso Reali 575
Francisco, Joaquim 120
Franciulli Neto, Domingos 91
Fregodolli, Luciana 558
Friedman, Milton 508
Fux, Luiz 480, 485

G
Galvão, Ilmar 532
Gama, João Taborda da 269, 692
Garnier, Joseph 504
Godoy, Arnaldo Sampaio de Moraes 395, 691
Gonçalez, Antonio Manoel 333
Gonzaga, João Bernardino 336, 556
Gouvêa, Alexandra Falque de 544
Gramstrup, Erik Frederico 72
Grau, Eros Roberto 252, 406
Greco, Marco Aurélio 175, 252, 339, 541, 692
Guimarães, Vasco Branco 161, 693

H
Haddad, Gilberto 470
Hagstron, Carlos Alberto 545
Harada, Kiyoshi 331, 692
Hobsbawm, Eric 579
Hoffmann, Suzy Gomes 266
Huck, Hermes Marcelo 352
Hungria, Nelson 555

J
Jellinek, Georg 106
Jobim, Eduardo 428

K
Kelsen, Hans 337, 616
Khoury, Laila José Antônio 351, 438, 692
Kruse, Heinrich Wilhelm 263

L
Lavié, Quiroga 534
Leroy, Marc 509
Leroy-Beaulieu, Paul 504
Lewandowski, Ricardo 62
Lima, Arnaldo Esteves 408
Lima, Rogério 67, 470
Lobo, Maria Teresa Carcomo 101
Lopez, Adriana 597

M
Macedo, Fausto 244
Machado, Hugo de Brito 40, 531
Maciel, Everardo 91
Maia Filho, Napoleão Nunes 467

	página
Mallagarriga, Juan Carlos	465
Marins, James	533, 534
Marques, Carlos Alexandre	73
Marques, Karla Padilha Rebelo	466, 470, 478
Martinez Giner, L.A.	141
Martins, Humberto	408
Martins, Ives Gandra da Silva	85, 237, 292, 333, 541, 557, 691
Martins, Leonardo	617
Martins Júnior, Wallace Paiva	390
Medeiros, Rui	164
Meira, Castro	61, 408
Meirelles, Hely Lopes	99
Mello, Celso Antônio Bandeira de	123
Mello, Celso D. de Albuquerque	579
Mello, José Celso de	47, 90, 322, 339, 343, 371, 383, 390, 406, 518, 532
Mello, Marco Aurélio de	476, 532
Melo, Zenobio Simões de	576
Mendes, Gilmar Ferreira	65, 388, 588, 589, 592, 619
Mill, Stuart John	113
Miranda, Jorge	164
Miranda, Pontes de	121, 470, 528, 616
Montesquieu	97, 98
Moraes, Bernardo Ribeiro de	534
Moreira, Vital	163, 201
Morgado, Abílio Manuel de Almeida	189, 691
Moschetti, Giovanni	635, 691
Mosquera, Roberto Quiroga	374, 558, 559
Mota, Carlos Guilherme	597
Muleo, Salvatore	683, 693
Murphy, Liam	619

N

Nabais, José Cassalta	25, 276, 572
Nagel, Thomas	619
Neves, Marcelo	610
Nino, Carlos Santiago	620
Nobais, José Casalta	574
Northfleet, Ellen Gracie	95

O

Oliveira, Gonçalves de Antônio	48, 382, 600
Oliveira, Régis de	547
Oliveira, Ricardo Mariz de	291, 693
Orlando, V. E.	110

P

Pacello, Paulo Ribeiro	587
Passarinho Junior, Aldir	408
Pastorello, Dirceu Antonio	479
Paulsen, Leandro	27
Peixoto, José Roberto da Cunha	463, 692
Peluso, Cezar	180, 566
Pertence, Sepúlveda	22, 48, 61, 62, 251, 252, 339, 374, 383, 520, 610
Pinto, Paulo da Mota	274
Pires, Adilson Rodrigues	315, 691
Plácido e Silva, Oscar Joseph de	525
Plagnet, Bernard	352, 359
Porto Filho, Pedro Paulo de Rezende	381, 693
Prats, Francisco Alfredo Garcia	354
Proudhon, Pierre-Joseph	504

	página
Pugliesi, Fábio	355

Q

Quezado, Paulo	67, 470
Qureshi, Asif	355

R

Rezek, José Francisco	250, 377, 521
Ribeiro, Teixeira	280
Rocha, Cármen Lúcia Antunes	484
Rosas, Roberto	238
Ruiz, Maria Amparo	353

S

Sampaio, André Serrão Borges de	551, 559
Sanches, José Luís Saldanha	26, 269, 560, 691
Sánchez López, Maria Esther	131, 692
Santa Maria, José Serpa	336
Santi, Eurico Marcos Diniz de	583, 691
Saraiva Filho, Oswaldo Othon de Pontes	15, 17, 67, 223, 224, 237, 247, 255, 291, 331, 335, 336, 339, 479, 520, 521, 527, 529, 532, 538, 541, 692
Sarney, José	17, 85
Schier, Paulo Ricardo	538
Schifani, Lodo	636, 638
Schmitt, Carl	106
Schoueri, Luís Eduardo	541
Seixas Filho, Aurélio Pitanga	41, 261, 319, 322, 691
Silva, Eivany A.	554, 557
Silva, Jane	408
Silva, José Afonso da	336, 373, 538, 590
Silveira, Neri da	339
Sousa, Rubens Gomes de	264
Souza, Sérgio de	367
Sundfeld, Carlos Ari	326

T

Tanzi, Vito	594
Tipke, Klaus	280
Tixier, Gilbert	369
Toffoli, José Antônio Dias	571
Tôrres, Heleno Taveira	157, 411, 563, 577
Torres, Ricardo Lobo	147, 693
Tullock, Gordon	508

U

Unger, Mangabeira Roberto	595

V

Valadão, Marcos Aurélio Pereira	415, 692
Valdez Costa, Ramon	264
Valente, Christiano Mendes Wolney	425
Velloso, Carlos Mário da Silva	47, 57, 91, 95, 122, 329, 339, 344, 345, 347, 349, 374, 476, 558, 590
Villarreal, Gabriel Hernan Facal	320, 326

X

Xavier, Alberto	152, 157, 280, 356, 357, 576

W

Wald, Arnold	545, 547, 554, 556, 557, 563

Esta obra foi composta em fonte Garnet, corpo 10,5
e impressa em papel Offset 75g (miolo) e Supremo 250g (capa)
pela Gráfica e Editora O Lutador.
Belo Horizonte/MG, fevereiro de 2011.